S0-BBZ-207

Wissenschaftliche Untersuchungen
zum Neuen Testament · 2. Reihe

Herausgeber / Editor
Jörg Frey

Mitherausgeber / Associate Editors
Friedrich Avemarie · Judith Gundry-Volf
Martin Hengel · Otfried Hofius · Hans-Josef Klauck

212

Georg Gäbel

Die Kulttheologie des Hebräerbriefes

Eine exegetisch-religionsgeschichtliche Studie

Mohr Siebeck

GEORG GÄBEL, geboren 1969; Studium der Ev. Theologie in Tübingen, Durham (England) und Bonn; Vikariat, Probedienst und Ordination in der Evangelischen Kirche im Rheinland; Assistent an der Kirchlichen Hochschule Wuppertal; Wiss. Mitarbeiter an der Universität Saarbrücken; z.Zt. Religionslehrer an einer berufsbildenden Schule.

BS
2775.52
. G33
2006

ISBN 3-16-148892-X
ISBN-13 978-3-16-148892-4
ISSN 0340-9570 (Wissenschaftliche Untersuchungen zum Neuen Testament, 2. Reihe)

Die Deutsche Bibliothek verzeichnet diese Publikation in der Deutschen Nationalbibliographie; detaillierte bibliographische Daten sind im Internet über *http://dnb.ddb.de* abrufbar.

© 2006 Mohr Siebeck Tübingen.

Das Werk einschließlich aller seiner Teile ist urheberrechtlich geschützt. Jede Verwertung außerhalb der engen Grenzen des Urheberrechtsgesetzes ist ohne Zustimmung des Verlags unzulässig und strafbar. Das gilt insbesondere für Vervielfältigungen, Übersetzungen, Mikroverfilmungen und die Einspeicherung und Verarbeitung in elektronischen Systemen.

Das Buch wurde von Gulde-Druck in Tübingen auf alterungsbeständiges Werkdruckpapier gedruckt und von der Buchbinderei Held in Rottenburg gebunden.

Meiner Frau zur Erinnerung
an 1 Myriade Stunden

(Arno Schmidt)

Vorwort

Die vorliegende Arbeit wurde im Oktober 2004 abgeschlossen und der Kirchlichen Hochschule Wuppertal vorgelegt, die sie im Juli 2005 als Dissertation angenommen hat. Für die Drucklegung wurde die Arbeit leicht gekürzt und geringfügig überarbeitet. Nach Abschluss der Arbeit erschienene Literatur konnte nur mehr in begrenztem Umfang berücksichtigt werden.

Vielfach und auf vielerlei Weise habe ich Hilfe und Unterstützung erfahren. Mein Doktorvater, Herr Prof. Dr. Martin Karrer, hat mir Gelegenheit gegeben, als sein Assistent an der Kirchlichen Hochschule Wuppertal wissenschaftlich zu arbeiten; er hat das Thema der Arbeit angeregt und ihre Entstehung mit Interesse und Wohlwollen begleitet. An Rat und weiterführender Kritik hat er es nicht fehlen lassen und mir zugleich alle Freiheit eingeräumt, meine eigene Interpretation des Hebräerbriefes zu entwickkeln. An die Zusammenarbeit und an die vielen Gespräche mit ihm denke ich gern zurück. Herr Prof. Dr. Klaus Haacker erstellte das Zweitgutachten. Die Mitarbeiterinnen und Mitarbeiter der Bibliothek des Theologischen Zentrums Wuppertal haben mich bei der Beschaffung von Literatur mit großer Hilfsbereitschaft, Freundlichkeit und Geduld unterstützt. Herr Prof. Dr. Wolfgang Kraus ermöglichte mir die Mitarbeit beim Projekt »Septuaginta Deutsch« und war mir während meiner Tätigkeit für ihn an seinem Lehrstuhl in Saarbrücken ein guter Chef. Herr Prof. Dr. Thomas Pola war freundlicherweise bereit, einen Teil der im Entstehen begriffenen Arbeit zu lesen; desgleichen Herr Prof. Dr. Rainer Riesner, mit dem ich einige meiner Ergebnisse im Gespräch erörtern konnte. Herr Prof. Dr. Knut Backhaus war bei zwei Wuppertaler Studientagen zum Hebräerbrief ein anregender Referent und Gesprächspartner, und Herr Prof. Dr. Ruben Zimmermann hat freundliches Interesse an meiner Arbeit gezeigt, ebenso wie Herr Prof. Dr. Jörg Frey, der sie in die von ihm herausgegebene Reihe der Wissenschaftlichen Untersuchungen zum Neuen Testament aufnahm. Meine Freunde und theologischen Weggefährten, namentlich Pfr. Heinrich Fucks und Rev. Dr. Rainer Mogk, haben mich durch ihr Interesse und ihre Gesprächsbereitschaft ermutigt und ermuntert. Frau Ilse König und Frau Ilka Waetzoldt vom Verlag Mohr-Siebeck haben mich bei der Herstellung der Druckvorlage freundlich unterstützt. Ihnen allen sei auch an dieser Stelle herzlich gedankt.

Am meisten aber verdanke ich meinen engsten Angehörigen. Meine lieben Eltern haben mir ein langes und sorgenfreies Studium ermöglicht. Sie wie auch meine Schwiegereltern, Geschwister und Freunde haben mich mit steter Anteilnahme und Ermutigung begleitet. Meine Frau hat weit mehr als »1 Myriade Stunden« an dieses Buch, namentlich an Korrekturen und Register, gewandt: Sie hat alles mit mir geteilt. Ohne ihren Beistand wäre das Buch nicht geschrieben worden. Ihr ist es in Dankbarkeit gewidmet.

Ἰησοῦς Χριστὸς ἐχθὲς καὶ σήμερον ὁ αὐτὸς καὶ εἰς τοὺς αἰῶνας. Möge dieses Buch beitragen zum Verständnis der Theologie des Hebräerbriefes.

Essen, Pfingsten 2006   G.G.

Inhalt

Teil I.
Einleitung

1. Kapitel. Zur Forschungsgeschichte 3

2. Kapitel. Konzeption 17
2.1 Thesen 17
2.2 Aufbau 17
2.3 Zum Sprachgebrauch 19
    2.3.1 Heiligtumstheologie, Opfervorstellung und Kultkritik im Hebr –
    »Spiritualisierung«, »Kultmetaphorik« oder was sonst? 19
    2.3.2 Zum Gebrauch der Begriffe »Typologie« bzw. »typologisch« 21
2.4 Grenzen 22

Teil II.
›Der wahre Tempel‹. Frühjüdische Diskurse
über irdischen und himmlischen, gegenwärtigen
und eschatologischen Tempel und Kult

1. Kapitel. Einführung 25

2. Kapitel. Gegenwärtiger und eschatologischer, irdischer und himmlischer
Tempel und Kult im frühen Judentum 26
2.1 Zu Forschungsgeschichte, Methode und Vorgehen 26
2.2 Gottes »bereitete Wohnstatt« – zur Rezeption und Interpretation
eines Mythologumenon der Heiligtumstheologie in LXX 29
    2.2.1 Ex 15,17 in MT und LXX 29
    2.2.2 Die Aufnahme des Motivs in Sapientia Salomonis 9,8 32
2.3 Literatur des 2. Jh.s v.Chr. 34
    2.3.1 Tobit 34
    2.3.2 Jesus Sirach 35
    2.3.3 Das »Gebet Asarjas« 38
    2.3.4 Oracula Sibyllina III 39
    2.3.5 Das Buch der Jubiläen 39
    2.3.6 II. Makkabäer 43
    2.3.7 Testament Levis 47
    2.3.8 Schriften vom Toten Meer (Qumran) 52

2.3.8.1 Zur Erwartung eines neuen Tempels 52

2.3.8.1.1 »Neues Jerusalem« 52

2.3.8.1.2 Die »Temperolle« 53

2.3.8.1.3 Der sogenannte »Midrasch zur Eschatologie« 56

2.3.8.2 Zum himmlischen Tempel und zur kultischen Gemeinschaft
mit den Engeln 59

2.3.8.2.1 Die »Sabbatopferlieder« 60

2.3.8.2.2 »Gemeinderegel«, »Gemeinschaftsregel«,
»Segenssprüche« und »Hodajot« 69

2.3.8.2.3 Die »Kriegsrolle« (SM) 73

2.3.8.3 Zusammenfassung: Tempelerwartung und kultische
Gemeinschaft mit den Engeln in den Texten vom Toten Meer 74

2.4 Literatur des 1. Jh.s v.Chr. 75

2.4.1 Baruch 75

2.4.2 I. Henoch 77

2.5 Literatur um die Zeitenwende bzw. vor 70 n.Chr. 81

2.5.1 II. Henoch 81

2.5.2 Ps.-Philo, Liber Antiquitatum Biblicarum 84

2.5.3 Vitae Prophetarum 91

2.6 Literatur nach 70 n.Chr. 93

2.6.1 Paralipomena Jeremiae (IV. Baruch) 93

2.6.2 Abraham-Apokalypse 96

2.6.3 Oracula Sibyllina IV 97

2.6.4 Oracula Sibyllina V 99

2.6.5 Flavius Josephus 100

2.6.6 IV. Esra 100

2.6.7 II. Baruch 103

2.6.8 Eine Bemerkung zu III. Baruch 104

2.7 Rabbinische Literatur nach dem 1. Jh. n.Chr. 105

2.7.1 Abot de Rabbi Natan 105

2.7.2 Ein Blick auf weitere rabbinische Quellen 105

2.8 Ergebnisse 107

3. *Kapitel.* Die Relation von himmlischem und irdischen Heiligtum
und der sog. »Platonismus« des Hebr im Vergleich mit dem Mittelplatonismus
Philos von Alexandrien 112

3.1 Zur Terminologie 112

3.2 Zur Geschichte des Platonismus in der Antike:
Die platonische Akademie in der frühen Kaiserzeit 117

3.3 Die Bedeutung des Zeltheiligtums und die Auslegung von Ex 25,40
bei Philo und seine mittelplatonische Erkenntnistheorie und Kosmologie 120

3.4 Ergebnisse und Schlussfolgerungen 126

4. *Kapitel.* Ertrag 128

Teil III.
›Wir haben einen Hohenpriester im Himmel!‹
Untersuchungen zur Kulttheologie des Hebr

1. Kapitel. Einführung 131

2. Kapitel. ›Durch Leiden vollendet‹. Hebr 2,5–16 als Zugang
zur Hohepriester-Christologie des Hebr 132
2.1 Einführung 132
2.2 Hebr 2,5–16: Erniedrigung und Erhöhung Christi, des ›Menschen‹,
und der Zugang zur Hohepriesterchristologie 133
    2.2.1 Der Ansatz der Argumentation und die Verwendung
    traditioneller Motive in Hebr 2,5–16 134
    2.2.2 Einzelauslegung Hebr 2,5–16: Die Vorbereitung
    der Hohepriester-Christologie 144
2.3 Exkurs: Die Vollendungs- und Vollkommenheitsaussagen des Hebr 163
2.4 Ertrag 170

3. Kapitel. Der Weg Jesu Christi. Gehorsam, Erhörung und Erhöhung 171
3.1 Einführung 171
3.2 Hebr 5,5–10: Leidensgehorsam, Erhöhung und Fürbitte 172
3.3 Hebr 9,15 im Rahmen von 9,15–17: Testament und Bund 181
3.4 Hebr 10,5–10 im Rahmen von V.1–18: Die Hingabe des σῶμα 185
    3.4.1 Hebr 10,1–4(.9): An die Stelle des ineffizienten irdischen Kults
    tritt ein andersartiges irdisches Geschehen 185
    3.4.2 Hebr 10,5–10: Die gehorsame Selbsthingabe im irdisch-somatischen
    Leben 187
    3.4.3 Hebr 10,11–14: Erweis der These von Hebr 2,8–10. Irdisches Leiden
    und himmlisches Opfer Christi sind soteriologisch suffizient 200
    3.4.4 Hebr 10,15–18: Résumé. Wo Vergebung der Sünden ist, gibt es keine
    Opferdarbringung für Sünde 202
3.5 Hebr 10,19f mit V.21f: Der Weg seiner σάρξ 203
3.6 Ertrag 211

4. Kapitel. Himmlischer Hoherpriester und himmlischer Kult 212
4.1 Einführung 212
4.2 Hebr 2,17f mit 4,14–16: Sühne und Vergebung 213
    4.2.1 Hilfe in der Anfechtung 214
    4.2.2 Exkurs: Zum Gebrauch der Sühneterminologie in LXX 219
    4.2.3 Die Sühneaussage in Hebr 2,17 222
4.3 Hebr 7,11ff mit 6,19f: Hoherpriester auf ewig 227
    4.3.1 Hebr 6,19f – Zugang zur Argumentation in Hebr 7 227
    4.3.2 Christus Hoherpriester κατὰ τὴν τάξιν Μελχισέδεκ –
    zur Argumentation in Hebr 7,11–28 228

4.3.3 Appendix: Hebr 7,27 – »Täglich ἀνάγκη Haben« und ein Hinweis
      auf rabbinische Nachrichten über die הראשונים חסידים 233
4.4 Hebr 8,3f mit 8,1f.5f: Himmlischer Kult und himmlisches Opfer 236
4.5 Der Kultvollzug des Hohenpriesters im Tempel am Jom Kippur
     nach frühjüdischen und rabbinischen Quellen und die Darstellung des Hebr 254
    4.5.1 Einführung 255
    4.5.2 Das Eintreten ins Allerheiligste; seine Häufigkeit 256
    4.5.3 Das Vorkommen des Weihrauchaltars im Jom Kippur-Ritual 257
    4.5.4 Der Vollzug des Weihrauchopfers 263
    4.5.5 Richtung und Anzahl der Blutsprengungen 263
    4.5.6 Das Gebet des Hohenpriesters im Allerheiligsten bzw. im היכל 267
    4.5.7 Blutsprengung vor/gegen den Vorhang vor dem Allerheiligsten 268
    4.5.8 Überblick: Der Kultvollzug des Hohenpriesters im Tempel
         am Jom Kippur nach antiken jüdischen Quellen 274
    4.5.9 Die Jom Kippur-Darstellung des Hebr
         im Vergleich mit antiken jüdischen Texten 276
    4.5.10 Ergebnisse 278
4.6 Hebr 9,11f im Kontext von 7,27/8,3; 9,1–10; 9,24–28:
     Eintritt ins Allerheiligste und Selbstopfer Christi 279
    4.6.1 Die Kontexte: Hebr 7,27 mit 8,3; 9,1–10; 9,24–28 279
    4.6.2 Auslegung Hebr 9,11f 283
4.7 Exkurs: Zur Auslegungsgeschichte von Hebr 9,24f.26 292
4.8 Hebr 9,24–28: Christi himmlisches Wirken für »uns«
     und die Jom Kippur-Typologie 294
    4.8.1 Analyse 295
    4.8.2 Einzelauslegung 298
    4.8.3 Rückblick: Die pragmatische Spitze der Argumentation
         in Hebr 9,24–28 309
4.9 Hebr 13,20: »Blut ewigen Bundes« und Auferstehung 310
4.10 Ertrag 319

5. Kapitel. Eschatologische Reinheit und Zugang zum himmlischen Heiligtum 320
5.1 Einführung 320
5.2 Hebr 9,13f, 10,22, 12,24: Die Rote Kuh,
     die eschatologische Reinigung des Gewissens durch Besprengen
     und der Zugang zum himmlischen Heiligtum 321
    5.2.1 Religionsgeschichtliche Kontexte: Die Rote Kuh in Schriften Israels
         und des frühen Judentums... 322
        5.2.1.1 Einführung: Die Rote Kuh im Hebräerbrief 322
        5.2.1.2 Tora, Propheten, Psalmen 325
        5.2.1.3 Texte vom Toten Meer 339
        5.2.1.4 Philo von Alexandrien 353
        5.2.1.5 Flavius Josephus 361
        5.2.1.6 Rabbinische Literatur 362

5.2.1.7 Appendix 1: Die Rote Kuh auf einem Wandbild
der Synagoge von Dura Europos 369

5.2.1.8 Appendix 2: Die Rote Kuh im Barnabasbrief und im Koran 372

5.2.1.9 Ergebnisse 374

5.2.2 Hebr 9,13f, 12,24, 10,22: Rezeption und Deutung
des פרה-Rituals (Num 19) 375

  5.2.2.1 Hebr 9,13f: σποδὸς δαμάλεως und αἷμα τοῦ Χριστοῦ 375

  5.2.2.2 Ein Hinweis auf Hebr 9,18–23 380

  5.2.2.3 Hebr 12,24: αἷμα ῥαντισμοῦ 381

  5.2.2.4 Hebr 10,22: ῥεραντισμένοι τὰς καρδίας
  ἀπὸ συνειδήσεως πονηρᾶς 385

5.2.3 Exkurs: Zur Herkunft der christlichen Taufe und zu Reinigungsriten
im frühen Christentum 392

  5.2.3.1 Taufe und frühjüdische Reinigungsrituale 392

  5.2.3.2 Taufe und rituelle Reinigung im frühen Christentum 393

  5.2.3.3 Zusammenfassung 400

5.2.4 Ein Blick auf Hebr 13,4 (ἡ κοίτη ἀμίαντος κτλ.) 401

5.2.5 Ergebnisse 404

5.3 Hebr 9,22f mit V.18–21: Neuer Bund
und Reinigung des himmlischen Heiligtums 405

5.3.1 V.18–21: Bundesschluss und Reinigung 406

5.3.2 Exkurs: Zum Gebrauch der (Un-) Reinheitsterminologie in LXX
im Vergleich mit dem MT 413

5.3.3 V.22f: Blutkanon und Reinigung des himmlischen Heiligtums 418

5.4 Ertrag 424

6. Kapitel. Irdische Existenz und Zuordnung zum himmlischen Kult 425

6.1 Einführung 425

6.2 Hebr 11,8–10.13–16: Himmlisches Vaterland und irdische Fremdheit.
Bemerkungen zur Eschatologie des Hebr 426

6.3 Hebr 13,11–13 im Rahmen von V.7–17: Zugang zum himmlischen Heiligtum –
Ausgang aus dem irdischen »Lager« 435

6.3.1 Exkurs: ἔξω τῆς παρεμβολῆς. Das »Lager« in der priesterschriftlichen
Theologie und in frühjüdischer Literatur 435

6.3.2 Hebr 13,11–13 im Rahmen von V.7–17 445

  6.3.2.1 Zur Auslegungsgeschichte 446

  6.3.2.2 Analyse 447

  6.3.2.3 Einzelauslegung 449

  6.3.2.4 Schlussfolgerungen 464

6.4 Ertrag 466

Teil IV.
Ergebnisse und Schlussfolgerungen

1. Kapitel. Ergebnisse 469

1.1 Himmlischer und irdischer, gegenwärtiger und eschatologischer Tempel
und Kult im Hebr vor dem Hintergrund seiner Kontexte: Ein Vergleich 469

1.2 Die Kulttheologie des Hebr in systematischer Entfaltung 472

    1.2.1 Grundeinsichten 473

    1.2.2 Der rechte Gottesdienst – Möglichkeit und Wirklichkeit 474

    1.2.3 Das himmlische Selbstopfer Christi und die Funktion opferkultischer
    Kategorien für Hebr 475

    1.2.4 Die Pointe: Der Erhöhte als Hoherpriester 477

    1.2.5 Irdische Existenz und himmlischer Kult 478

    1.2.6 Die διαθήκη-Theologie und der Zusammenhang von Eschatologie,
    anthropologischem Zugang zur Christologie und Kulttheologie 480

    1.2.7 Der Vollzug des himmlischen Kults 482

    1.2.8 Die theologische Leistung des Hebr 482

2. Kapitel. Schlussfolgerungen: Erwägungen zum historischen Ort 484

Bibliographie und Register

1. Bibliographie 491

1.1 Konventionen und Abkürzungen 491

1.2 Textausgaben und Übersetzungen 492

    1.2.1 Editionen und Übersetzungen kanonisch gewordener Textüberlieferungen
    bzw. ihrer antiken Versionen (einschließlich Targumim);
    moderne Bibelausgaben 492

    1.2.2 Frühjüdische Literatur 493

        1.2.2.1 Apokryphen und Pseudepigraphen 493

        1.2.2.2 Hellenistisch-jüdische Literatur, Inschriften 496

        1.2.2.3 Schriften vom Toten Meer 496

    1.2.3 Außerkanonische frühchristliche Literatur; Altkirchliches/Patristisches 497

    1.2.4 Samaritanische Literatur 498

    1.2.5 Gnostische Literatur 499

    1.2.6 Rabbinica 499

        1.2.6.1 Mischna 499

        1.2.6.2 Tosefta 499

        1.2.6.3 Babylonischer Talmud 499

        1.2.6.4 Abot de Rabbi Natan 499

        1.2.6.5 Jerusalemer Talmud 500

        1.2.6.6 Midraschim 500

        1.2.6.7 Pesikta de Rav Kahana 500

1.2.7 Profangräzität 500
1.2.8 Sonstiges 501
    1.2.8.1 Corpus Hermeticum 501
    1.2.8.2 Koran 501
1.3 Kommentare und Sekundärliteratur 501

2. *Register* 555
2.1 Stellenregister 555
2.2 Autorenregister 583
2.3 Begriffsregister 591

Teil I.

Einleitung

1. Kapitel

Zur Forschungsgeschichte

»Mißbrauch und Mißhandlung in ihrer Auslegung haben diejenigen biblischen Schriften sich am meisten gefallen lassen müssen, welche den mit
dem Reflexionskarakter der modernen Zeit am meisten contrastirenden
symbolisch-typischen Karakter an sich tragen, wie die Apokalypse und der
Brief an die Hebräer«, schrieb Friedrich August Gottreu Tholuck 1856.
Das Problembewusstsein, das diese Äußerung Tholucks erkennen läßt, ist
bezeichnend für die Entwicklung der Hebr-Exegese im 19. Jahrhundert[1].
Der Umbruch im 19. Jh. betrifft nicht allein die Rezipierbarkeit eines
Schreibens wie des Hebr in der »modernen Zeit«, sondern ebenso sehr
auch seine sachgemäße Exegese. Einer ›realistischen‹ Auslegung, welche
die Nachrichten über das himmlische Heiligtum und den dort vollzogenen
Kult gleichsam als wirklichkeitsgetreue Beschreibungen himmlischer Topographie und himmlischen Geschehens nimmt, stellen Tholuck und andere wie nach ihm Riehm[2] eine ›idealistische‹ Auslegung gegenüber[3].

Dabei ist die jeweilige Deutung der Aussagen über himmlisches Geschehen eng verbunden mit dem Verständnis des irdischen Weges Christi.
Wird sein Sterben auf Erden als sühnender Opfertod verstanden, wie verhält sich dann sein hohepriesterliches Wirken im Himmel dazu? Mit der
Verhältnisbestimmung von Leben und Sterben Christi auf Erden und sei-

---

[1] Die hermeneutischen Probleme der Hebr-Auslegung, auf die THOLUCK hinweist,
verweisen auf Umbrüche in der Auslegungs- wie in der Frömmigkeitsgeschichte. Georg
Philipp TELEMANN hatte um die Wende vom 17. zum 18. Jahrhundert einer Karfreitags-
kantate Worte des Hebr zugrundelegen können; offenbar ohne Rezeptionsschwierigkeiten
fürchten zu müssen. Sein »Passions-Actus« (Telemann-Werkverzeichnis 1:1332) beginnt
mit einem Bass-Rezitativ über Hebr 10,7 und hat als vorletzten Teil – vor einer Strophe
des Chorals »Jesu, deine Passion« (EG 88) und nach einer Vertonung von Mk 10,45 – ein
Tenor-Rezitativ über Hebr 9,11f. Das wenig bekannte Werk, das in einer Handschrift der
Musikaliensammlung der Fürstenschule St. Augustin zu Grimma erhalten ist, ist im Jahre
2000 erstmals in einer Aufnahme veröffentlicht worden.
[2] RIEHM 1867.
[3] Vgl. THOLUCK, a.a.O. 597f. Er sieht die ›realistische‹ Auslegung in der Nachfolge
BENGELs. Das wohl profilierteste und originellste Beispiel dieses ›Realismus‹ ist Gottfried MENKEN; vgl. seine Homilien über Hebr 9f (MENKEN 1831). Zu MENKEN vgl.
GOEBEL 1858 sowie BARTH 1947, 469–483.

nem himmlischen Wirken erfolgt die entscheidende Weichenstellung für jede Hebr-Interpretation.

Die Diskussion dieser Frage, welche die Exegese bis heute beschäftigt, wurde eingeleitet durch den als Antitrinitarier bekannten Fausto Sozzini[4] (1539–1604). Er stellte die These auf, der Hebr schildere erst den in den Himmel erhöhten Christus als Hohenpriester, sein irdisches Wirken dagegen werde im Hebr nicht als ein priesterliches verstanden[5]. Sozzini ging es um Kritik an der kirchlichen Trinitätslehre und Christologie. Das mag dazu beigetragen haben, dass seine Thesen nie allgemein akzeptiert wurden. Dennoch haben sie die Auslegungsgeschichte des Hebr breit und nachhaltig beeinflusst. Sie waren in allen Forschungsepochen bis zu dieser Arbeit unter neuen Bedingungen zu reformulieren. Seit Sozzini ist der Forschung zumindest die Frage aufgegeben, ob das Hohepriestertum bereits dem präexistenten und damit auch dem irdischen Christus zukommt oder ob Hebr von einem Beginn des hohepriesterlichen Amtes Christi in seiner Erhöhung aus dem Tode spricht. Grundsätzlicher ist zu erörtern, wie sich der irdische Weg Jesu Christi und sein himmlisches Wirken nach dem Hebr überhaupt zueinander verhalten.

Im Blick auf diese Frage fand im 19. Jh. ein Umbruch statt. An der Auslegungsgeschichte eines einzigen Hebr-Verses kann man sich ihn vor Augen führen. Bis zur Mitte des 19. Jh.s wurde die Aussage von Hebr 9,26 über das endzeitliche Erscheinen Christi zur Annullierung der Sünden durch sein Opfer von manchen Auslegern so verstanden, dass Christi Erscheinen vor Gott im Himmel gemeint sei, wo demnach auch sein Selbstopfer stattfinde. Später jedoch fand diese Interpretation keine Vertreter mehr. Man sah nun das Selbstopfer Christi in seinem Sterben auf Erden[6]. In dem Maße aber, in dem der irdische Weg Christi und sein Geschick in ihrer soteriologischen Bedeutsamkeit das Interesse auf sich zogen, verlor das himmlische Geschehen an eigenständiger Bedeutung. So standen und stehen einander gegensätzliche Interpretationen gegenüber. Einerseits kann man den irdischen Weg Christi als seinen Zugang zur himmlischen Welt und zu seinem hohepriesterlichen Wirken, damit aber, pointiert gesprochen, als bloße Episode betrachten. Andere dagegen betrachten den irdischen Weg Christi, zumal sein Sterben, als das eigentliche Heilsgeschehen; die Ausführungen über himmlische Größen dienen dem-

---

[4] Zu ihm vgl. URBAN 2000 (doch ohne Bezug auf Sozzinis Bedeutung für die Hebr-Exegese).

[5] So zuerst in SOZZINIs Schrift gegen Volanus (SOZZINI 1627), vgl. RIEHM 1867, 466f. Aus den Opera Omnia (SOZZINI 1656) führt RIEHM (a.a.O. 466 Anm.) hierzu ferner an: Bd. I, 397–423; Bd. II, 465–488.

[6] Zu Einzelheiten und Nachweisen ↑ III.4.7.

nach lediglich dazu, die Bedeutsamkeit des irdischen Geschehens zum Ausdruck zu bringen. Für beide Auffassungen lassen sich Ausführungen des Hebr in Anspruch nehmen. In der Tat ist unverkennbar, dass das Schreiben an dem irdischen Weg und Geschick Christi lebhaft interessiert ist, dass seinem Gehorsam, seinem Leiden, seiner sündlosen Bewährung in der Versuchung größtes theologisches Gewicht zugeschrieben wird. Und zugleich ist der Eintritt Christi in das himmlische Allerheiligste, sein hohepriesterliches Wirken dort, der himmlische Kultvollzug, wo im Hebr davon die Rede ist, so betont als das entscheidende Heilsereignis geschildert, dass es schwierig scheint, beides – irdischen Weg und himmlisches Wirken Christi – in ein kohärentes Bild der Christologie des Hebr zu integrieren. Es überrascht daher nicht, wenn Holtzmann ein »unvermitteltes Nebeneinander von Metaphysik und Historie« zu sehen meinte. In der Christologie des Hebr besteht nach ihm »ein wahrer Hiatus zwischen der spekulativen Konstruktion von oben, die auf den präexistenten, weltschaffenden Sohn, und der geschichtlichen von unten, welche auf das Leben Jesu führt«[7]. Auch Gyllenberg sprach von der Uneinheitlichkeit der Christologie des Hebr: Einerseits schildert Hebr das himmlische Wirken des Hohenpriesters, andererseits spricht er von der geschichtlichen Tatsache des Todes Jesu[8].

Religionsgeschichtliche Herleitungen und neue Dominanz der himmlischen Orientierung. Angesichts dieser Schwierigkeit vollzog Käsemann mit seiner Monographie über »Das wandernde Gottesvolk« (1939) einen Neuansatz in der Hebr-Auslegung, welcher die Forschung für Jahrzehnte prägen sollte. Mit der Herleitung wesentlicher Motive des Hebr aus der Gnosis[9] meinte Käsemann nicht nur den religionsgeschichtlichen Hintergrund des Schreibens erfasst, sondern zugleich den Weg zu seiner angemessenen Interpretation gewiesen zu haben. Nach ihm ist Christus im Hebr der ἀρχηγός, der aus der Materiewelt in die Himmelssphäre durchbricht. Irdisch-geschichtliche und himmlisch-metaphysische Linie der Christologie kommen im Tode Christi zusammen: Einerseits ist er Heilsereignis, insofern er den Zugang zum Himmel erschließt; andererseits, in kulttheologischer Hinsicht, ist er lediglich Vorstufe zum himmlischen Geschehen. Daher ist im Hebr einmal vom irdischen, einmal vom himmlischen Heils-

---

[7] HOLTZMANN 1911, Bd.2, 337, vgl. ebd.: »Indem aber die geschichtliche Erscheinung Jesu in das alexandrinische Schema hineingestellt wird, bricht dasselbe auseinander [...]«; vgl. 337f.

[8] GYLLENBERG 1934, 674f; 676f; 681. Doch gab es auch Ausleger, welche die Einheitlichkeit der Christologie des Hebr vertraten, so etwa FEINE 1912, 650. Dagegen hätte die Verhältnisbestimmung von irdischem und himmlischem Geschehen den Hebr nach SCHMITZ 1910, 293f überhaupt nicht interessiert.

[9] Diese erschloss KÄSEMANN überwiegend aus christlich-gnostischen Schriften des 2. Jahrhunderts, doch teils auch aus späteren mandäischen und manichäischen Werken.

geschehen die Rede. Mit der Anwendung der Opfervorstellung auf den Tod
Christi auf Erden wird dieser in das himmlische Geschehen einbezogen
und ist als irdisches Ereignis kaum mehr im Blick[10]. Die beschriebene Uneinheitlichkeit schien damit aufgelöst zu sein, und zugleich war mit der
Herleitung aus der Gnosis das sachliche Übergewicht der himmlischen
Orientierung im Hebr von neuem begründet: Das Leben und Sterben Christi hatte, sofern es irdisches Ereignis war, seinen soteriologischen Sinn
gerade darin, den Weg von der Erde zum Himmel zu bahnen. Entsprechend
kam die irdische Existenz der Adressaten in den Blick, insofern sie »Himmelswanderschaft« war. Die Hebr-Auslegung der kommenden Jahrzehnte
sollte an den genannten Entscheidungen festhalten, soweit sie Käsemanns
religionsgeschichtlichen Einsichten folgte.

Das galt auch da, wo – wie bei Schierse[11] oder Braun[12] – die Herleitung aus der mittelplatonischen Religionsphilosophie Philos von Alexandrien zu derjenigen aus der Gnosis
hinzu- und ihr gegenüber in den Vordergrund trat oder wo – wie bei Grässer[13] oder
Theissen[14] – die theologiegeschichtliche Einordnung des Hebr im Rahmen des frühen
Christentums mit Käsemanns religionsgeschichtlicher Herleitung verbunden wurde.

Mit der religionsgeschichtlichen Herleitung wurde die Deutung der irdisch-himmlischen Sphärendifferenz, mit dem theologiegeschichtlichen
Ansatz Grässers zudem die Verhältnisbestimmung von Sphärendifferenz
und Eschatologie im Hebr eine vordringliche Aufgabe der Exegese. Neben
die zuvor genannten Hebr-Auslegungen traten die Beiträge von Barrett
(1956), Jeremias (1966a, 1971), Klappert (1969) und Hofius (1970, 1970a,
1970b, 1972), welche den Hebr vor dem Hintergrund frühjüdisch-apoka-
lyptischer Quellen interpretierten. Insbesondere Hofius kommt das Verdienst zu, die gnostische Herleitung des Hebr mit detaillierten religionsgeschichtlichen Einzeluntersuchungen widerlegt zu haben. Neben der Apo-

---

[10] KÄSEMANN 1961 (1939), 145–150.

[11] SCHIERSE 1955: Die σάρξ Christi, die Kirche, der Kult der irdischen Gemeinde und
zumal die Eucharistiefeier sind ›wesensbildliche‹ Vorwegname der eschatologischen
Heilsvollendung.

[12] BRAUN 1984 u.ö.: Glaube als Weltfeindschaft, Abkehr von allem Sinnlichen und
Hinkehr zum Unveränderlichen, Unsinnlichen, Noumenalen, mithin eine asketisch-intel-
lektualistisch akzentuierte Form der Entweltlichung.

[13] GRÄSSER 1964: »Parusieverzögerung« als Grund einer Umformung apokalyptisch-
futurischer Eschatologie in metaphysisch-präsentische.

[14] THEISSEN 1969: Hebr wende sich gegen einen enthusiastischen Sakramentalismus,
der das Christentum im Sinne der antiken Mysterienreligionen interpretiere und der ursprünglich mit der Tradition vom himmlischen Hohenpriester verbunden gewesen sei.

kalyptik nannte er als möglichen Hintergrund des Hebr jüdische Esoterik und Thronmystik[15, 16].

1990 hat Hurst die unterschiedlichen Vorschläge zur religionsgeschichtlichen Herleitung des Hebr neuerlich untersucht mit dem Ergebnis, der wahrscheinlichste Hintergrund sei die Apokalyptik. Neuerdings hat dagegen Eisele (2003) die These Grässers über die theologiegeschichtliche Bedeutung des Hebr für die Umformung einer futurischen in eine präsentische Eschatologie wiederholt, doch mit dem Unterschied, dass für ihn der Mittelplatonismus als religionsgeschichtlicher Hintergrund an die Stelle der Gnosis tritt. Dabei stellt sich, wie nicht anders zu erwarten, sogleich auch das Bild der metaphysischen, ganz auf die himmlisch-ewige Welt ausgerichteten Theologie des Hebr wieder ein, das Eisele allerdings nicht für eine Gesamtschau der Christologie und Kulttheologie des Hebr fruchtbar macht[17].

Keine religions- oder geistesgeschichtliche Herleitung des Hebr hat sich durchsetzen können. Einfache Alternativen führen nicht weiter. So wird mit vielfältigen Einflüssen zu rechnen sein. Für die hier verfolgte Fragestellung ist der Unterschied zwischen ›gnostischer‹ und ›apokalyptischer‹ Herleitung jedoch zu vernachlässigen. In beiden Fällen sichert der religionsgeschichtliche Ansatz das sachliche Übergewicht der himmlischen Orientierung in der Hebr-Interpretation, gleichviel, ob man die Bedeutung der himmlischen Größen nun metaphysisch oder eschatologisch deutet[18] (und schon die Arbeiten von Schierse, Barrett und Klappert verbanden beides miteinander).

Geschichtlichkeit und Kreuz. Das Zurücktreten religionsgeschichtlicher Zugänge. Eine neue Entwicklung in der Hebr-Auslegung leitete – nach dem Gesagten nur konsequent – wiederum ein Umbruch in der religionsgeschichtlichen Erforschung des frühen Christentums ein: Die Annahme einer vorchristlichen Gnosis, damit aber der Gnosis als Hintergrund frühchristlicher Theologiegeschichte in neutestamentlicher Zeit, wurde unhaltbar[19]. Der Vorordnung der himmlischen Orientierung im Hebr und der

---

[15] HOFIUS 1972; DERS. 1991, 84; ähnlich urteilen SCHENKE 1973 und WILLIAMSON 1976 sowie zuletzt ESKOLA 2001, 202–211. Forschungsbericht zum Thema NT und jüdische Mystik: FOSSUM 1995a; vgl. zum Hebr KARRER 2002, 123f.

[16] Vgl. jedoch VOLLENWEIDER 2002a zur Kritik an der Herleitung der frühen Christologie aus jüdischer Esoterik bzw. Merkabah-Mystik.

[17] Das Verdienst der Arbeit EISELEs dürfte hauptsächlich in der Erschließung umfangreichen mittelplatonischen Quellenmaterials liegen.

[18] Das hat auch LAUB 1991, 74–76, herausgestellt: Gnostische, jüdisch-apokalyptische, jüdisch-hellenistische und jüdisch-esoterische Herleitung des Hebr kommen darin überein, dass sie die himmlische Ausrichtung des Hebr betonen und dadurch zur Unterscheidung von irdischem und himmlischen Geschehen auf dem Weg Christi nötigen. Dagegen stellt LAUB (a.a.O. 76) seinen eigenen Ansatz, beides miteinander zu identifizieren.

[19] Vgl. schon die Arbeiten von COLPE 1961; SCHENKE 1962; zum neueren Forschungsstand BETZ 1976a; DERS. 1977, 421–423; SCHENKE 1987; MARKSCHIES 1991;

Unterordnung der Aussagen über irdische Größen unter diese war damit für einen einflussreichen Strang der Forschung die Grundlage entzogen. Die Folgen für die Hebr-Auslegung ließen nicht auf sich warten. Ein Vorbote der kommenden Entwicklung war die Monographie von Laub über »Bekenntnis und Auslegung« (1980), die das Programm von Laubs Lehrer Zimmermann weiterführte.

Zimmermann hatte Käsemanns Lösung für das Problem der Christologie des Hebr nicht mitvollzogen. So setzte er in seiner Arbeit von 1964[20] mit der Konstatierung der scheinbar widersprüchlichen christologischen Vorstellungen im Hebr ein, die uns bereits aus der Forschung der ersten Hälfte des 20. Jahrhunderts bekannt ist. Seine eigene Lösung bestand einmal mehr in der theologiegeschichtlichen Einordnung des Hebr, wobei er die verschiedenen Linien der Christologie auf Tradition und theologische Interpretation des Hebr respektive verteilte[21].

Laub lehnte, ebenso wie Zimmermann, die Herleitung des Hebr aus der Gnosis ab. Dem entspricht Laubs Insistieren auf dem irdischen Sterben Christi als eigentliches Heilsereignis, neben dem den Aussagen des Hebr über das Eintreten Christi in das himmlische Allerheiligste und über sein dort vollzogenes hohepriesterliches Wirken keine eigenständige Bedeutung zukomme.

An der Gegenüberstellung von Eintritt in das irdische bzw. himmlische Allerheiligste am Jom Kippur (Hebr 9,6f.11f.24f) sei »nun aber vor allem abzulesen, wie auch hier das kultchristologische εἰσέρχεσθαι nicht eingeengt auf die Erhöhung bewertet werden darf. Denn das jährliche Hineingehen des Hohenpriesters ins irdische Allerheiligste wird V 25f. das einmalige sündentilgende Opfer des Hohenpriesters Jesus gegenübergehalten. Im Zusammenhang der VV 24–26 ist es daher gar nicht anders denkbar, als dass das von Christus ausgesagte Hineingehen in das wahre Allerheiligste sich in eben diesem Opfer, d.h. im Kreuzestod ereignet«[22]. M.a.W., nach Laub ist zwischen irdischem und himmlischem Geschehen nicht zu unterscheiden; es handelt sich um eine Sacheinheit von irdischem Kreuzesgeschehen, Erhöhung und himmlischen Selbstopfer Christi[23]. »Die kulti-

---

HENGEL 1997; MARKSCHIES 2001, hier 34f.68–70.83–85. Zur Frage der jüdisch-christlichen Herkunft der Gnosis vgl. BETZ 1976a, 47–49.79f; HENGEL 1997, 219–223; MARKSCHIES 2001, 68–70.83–85.

[20] Monographisch ausgearbeitet in ZIMMERMANNs Veröffentlichung von 1977.

[21] Dass die Kulttheologie und Hohepriesterchristologie des Hebr eine Neuauslegung überkommener christologischer Bekenntnisbildung ist, war schon bei SCHWEIZER 1962 (1955), 119–125 zu lesen und darf seither bis hin zu HEGERMANN 1991, 343–345; LAUB 1991, 65f und WALTER 1997a, 154 als communis opinio gelten.

[22] LAUB 1980, 200–203, hier 200. Eine konzentrierte Darstellung seiner Sicht der Christologie und der Kulttheologie des Hebr sowie eine Auseinandersetzung mit der bis dahin weithin dominierenden Auffassung gibt LAUB in seinem Aufsatz von 1991.

[23] Das Zitat zeigt, wie sich auch hier wieder das Verständnis des christologischen Entwurfs und der kulttheologischen Ausführungen des Hebr an der Interpretation der Opferaussage in dem bereits genannten Vers Hebr 9,26 entscheidet.

schen Kategorien des Hebr sind dann nichts anderes als eine Auslegung der Heilsbedeutung des Kreuzes«[24].

Laubs Interpretation wich von der damaligen Mehrheitsmeinung deutlich ab. Doch mit dem Zurücktreten der Herleitung der Theologie des Hebr aus der Gnosis sollten sich auch andere Ausleger Laubs Auffassung zu eigen machen. Die Entwicklung der Hebr-Auslegung Grässers kann das beispielhaft verdeutlichen:

Noch in der 3. Auflage seiner »Einleitung in das Neue Testament« (1999) rechnete Schnelle[25] Grässer (zusammen mit Braun) im Unterschied zu Laub zu den Vertretern einer klaren Unterscheidung von Kreuzestod und Erhöhung Christi im Hebr. Diese Darstellung war 1999 bereits überholt, doch die Grässer zugeschriebene Position hatte dieser in der angeführten Veröffentlichung von 1973 in der Tat vertreten. Es heißt dort: »Entscheidend am priesterlichen Handeln Jesu ist aber gar nicht sein Tod, sondern das Treten vor Gottes Angesicht [...]. Kurz: Das Leben Jesu und das Kreuz behalten ihren Charakter als Episode: die Erhöhung bleibt das Ziel«[26]. Der Unterschied zu Grässers 1993 veröffentlichter Auslegung des kulttheologischen Mittelteils des Hebr ist beträchtlich. Dort machte er sich Laubs Verständnis von Kreuz, Erhöhung und Selbstopfer Christi als »Sacheinheit«[27] in vollem Umfang zu eigen[28].

Dass es sich dabei nicht eigentlich um einen exegetisch begründeten Wandel der Hebr-Interpretation handelt, liegt auf der Hand. Es war nicht die Einzelexegese, die jenen Wandel erzwang. Stattdessen muss man von einem Paradigmenwechsel im Verständnis des Gesamtentwurfs des Hebr sprechen, dem dann auch die Einzelexegese untergeordnet wurde. Die Betonung von Leiden und Sterben Christi als Heilsereignis auf Erden ist Teil einer Wandlung im Verständnis des theologischen Entwurfs des Hebr insgesamt. Ins Zentrum tritt anstelle himmlisch-urbildlicher, ewiger Wirklichkeit nun ein irdisch-geschichtliches Ereignis, und an die Stelle des Kultgeschehens von Schlachtung und Selbstopfer bzw. Blutsprengung Christi tritt sein nicht opferkultisch verstandener Tod als gehorsame Selbsthingabe.

In diesem Zusammenhang ist in der Exegese gern vom »Kreuz« bzw. vom »Kreuzestod« Christi die Rede, obgleich die einzige Erwähnung des Kreuzes im Hebr (12,2[29]) keine im üblichen Sinne des Wortes kreuzestheologische Betonung trägt und die Deutungen des Sterbens Christi in Hebr 2,9f; 5,8–10; 9,11f.24f; 10,5–10; 13,11f das Kreuz nicht explizit erwähnen.

---

[24] SCHNELLE 1999, 395.

[25] SCHNELLE 1999, 394f.

[26] In der Bibliographie dieser Arbeit: GRÄSSER 1973b. Vgl. dort besonders 224.

[27] SCHNELLE, a.a.O. 395.

[28] GRÄSSER 1993, 194 spricht von einem unauflöslichen Zusammenhang von irdischem und himmlischen Geschehen im Sinne eines »einheitlichen Vorgang[s]« oder »fließende[r] Übergänge«; ähnlich bereits RIGGENBACH 1922, 286 (»einheitlicher Akt«); LUCK 1963.

[29] Leicht überspitzt LÖHR 2005, 466: Das Kreuz werde im Hebr nirgends erwähnt.

Demnach wäre die Pointe der Rede des Hebr vom himmlischen Kult und Hohenpriester darin zu sehen, dass die Kategorie des Opferkults für die Deutung des Christusereignisses nachgerade ad absurdum geführt und so mit ihren eigenen Mitteln überwunden würde[30]. Dieses Verständnis der Christologie und Kulttheologie des Hebr prägt seit den 1990er Jahren weithin die einschlägige Literatur. Es kann derzeit als die Mehrheitsmeinung zumindest der deutschsprachigen Exegese gelten.

So scheint die Schwierigkeit der Christologie, die seinerzeit Holtzmann, Gyllenberg und später wieder Zimmermann konstatiert hatten, aufgelöst: Einen Hiatus zwischen irdischem und himmlischen Geschehen kann es schon deshalb nicht geben, weil beides, streng genommen, gar nicht voneinander verschieden ist. Bei näherem Zusehen zeigt sich jedoch, dass jene Schwierigkeit nun lediglich in anderer Gestalt erscheint. Denn da eine Sacheinheit von irdischem und himmlischen Geschehen bestehen soll, müssen alle opfer-kultischen Aussagen des Hebr über das himmlische Geschehen hier auf das irdische Ster-ben Christi (oder, wie es in der Exegese gern heißt, auf das »Kreuzesgeschehen«, das »Kreuzesopfer«, den »Opfertod am Kreuz« usw.) bezogen werden, obgleich jenes Ster-ben doch gerade das nicht-opferkultische Geschehen der gehorsamen Selbsthingabe sein soll, mit dem die Kategorie des kultischen Opfers überboten und abgetan ist. Auf der Ebene der Einzelexegese spiegelt sich dieser Widerspruch, wenn es gilt, die Aussagen des Hebr über das himmlische Geschehen in seiner Unterschiedenheit vom irdischen mit der These von der Sacheinheit von beidem zu verbinden. Das gilt besonders für die Aus-legung der Ausführungen über das himmlische Wirken Christi in Hebr 8,1–4 und 9,24f. Die Interpretationsschwierigkeiten, welche der These der »Sacheinheit« von irdischem und himmlischen Geschehen in der Christologie des Hebr entgegenstehen, treten hier so deutlich zutage, dass sie exegetisch schwerlich gelöst, allenfalls überdeckt werden kön-nen[31]. Sie betreffen auch das fortdauernde hohepriesterliche Wirken Christi im Himmel, das ja in der (vermeintlichen) Koinzidenz von Kreuz und Erhöhung nicht untergebracht werden kann[32].

Die Interpretation der Kulttheologie des Hebr hat Folgen für die Beurtei-lung der Einleitungsfragen: Ist Hebr nicht eigentlich kulttheologisch inter-essiert, so erlaubt seine kulttheologische Argumentation als solche noch keine Rekonstruktion der vorausgesetzten Adressatensituation bzw. des intendierten Adressatenverhaltens. Die Exegese neigt daher in ihren Aus-künften zu beiden Fragen in den letzten Jahrzehnten zu Generalisierun-gen[33]. Wird die heiligtumstheologische Argumentation des Schreibens – wie in der deutschsprachigen Exegese der Gegenwart weithin üblich –

---

[30] In diesem Sinne FITZER 1969; CHESTER 1991; GRÄSSER 1993, 222 u.ö.; SCHUNACK 1994; HÜBNER 1995, 53f.56.

[31] Vgl. zum einzelnen die Exegesen zu den genannten Stellen (↑ III.4.4; III.4.8); fer-ner zu Hebr 2,9f (↑ III.2.2); 9,11f (↑ III.4.6).

[32] LAUB »wendet sich gegen eine Herabminderung des Heilssinnes des Kreuzes zu-gunsten der Erhöhung und eines danach einsetzenden fortwährenden Heilshandelns Chri-sti. Er bezieht die kultische Begrifflichkeit des Hebr auf das Kreuzesgeschehen [...]« (SCHNELLE 1999, 395).

[33] Vgl. nur GRÄSSER 1990, 22–25; KARRER 2002, 98 und dazu KRAUS 2003, 68.

ohne Bezug zum zeitgenössischen Jerusalemer Tempel und Kult gedeutet, so fällt die Tempelzerstörung als Orientierungspunkt für die Abfassungszeit des Hebr aus[34]. *Beiträge zur Erforschung der Kulttheologie des Hebr.* Seit der Arbeit von Cody (1960)[35] hat es keine monographische Behandlung der Heiligtums- und Kulttheologie des Hebr gegeben. Doch erschien eine Vielzahl von Beiträgen, die – sei es in Einzelstudien, sei es im Rahmen übergreifender Fragestellungen – Aspekte der Kulttheologie des Hebr behandelten oder doch berührten[36]. Die Einsichten dieser Beiträge bzw. der dadurch ge-

---

[34] Das wird – obgleich es für sich genommen kein Argument für eine Datierung vor oder nach 70 n.Chr. sein kann – doch vielfach als Grund für die Ansetzung nach 70 n.Chr. in Anspruch genommen. Man könnte jedoch, teilte man jene Sicht der heiligtumstheologischen Argumentation des Hebr, lediglich argumentieren, dass diese nicht *für* eine Abfassung vor 70 n.Chr. ausgewertet werden dürfe. Über eine Abfassung *nach* 70 n.Chr. ist damit ebensowenig gesagt.

[35] Nach CODY ist im himmlischen Kult das auf Erden vollzogene Selbstopfer Christi ewig gegenwärtig und wirksam. Der Eintritt ins himmlische Allerheiligste ist die Verewigung seines irdischen Wirkens. Die Fürbitte des Erhöhten ist demgegenüber nichts Neues, das zum irdischen Selbstopfer Christi hinzuträte, sondern das ewige Fortwirken jenes irdischen Opfers.

[36] Ein (unvollständiger) Überblick mag das exemplarisch verdeutlichen: Die Arbeiten von MOE (1953), CAMACHO (1986) behandeln den Weihrauch-Altar im Zeltheiligtum bzw. im Jerusalemer Tempel, besonders im Hinblick auf Hebr 9,4. Der Urbild-Abbild-Relation von himmlischem und irdischen Heiligtum im Hebr gelten die Studien von FRITSCH (1966), HURST (1983) und LÖHR (1993). Die Vorstellung des Hebr vom himmlischen Zeltheiligtum untersuchen VANHOYE (1965); HOFIUS (1970); ANDRIESSEN (1971). Das Motiv des neuen Tempels im frühen Christentum (u.a. im Hebr) behandelt vor dem Hintergrund frühjüdischer Texte MCKELVEY (1969). KOESTER (1989) untersucht frühjüdische und frühchristliche Traditionen über das Zeltheiligtum der Wüstenzeit. SÖLLNER (1998) behandelt das Motiv des himmlischen Jerusalem in frühjüdischer und frühchristlicher Literatur, FASSBECK (2000) die Aufnahme des Tempelmotivs im frühen Christentum vor frühjüdischem Hintergrund. Zu der vielerörterten Aussage über das Durchschreiten des Vorhangs vor dem himmlischen Allerheiligsten seien nur die Arbeiten von ANDRIESSEN/LENGLET (1970); HOFIUS (1970a); JEREMIAS (1971) genannt. Zahlreiche Autoren beschäftigen sich mit der Frage der »Vollkommenheit« bzw. des »Vollkommen-Machens« (τελειοῦν κτλ.) im Hebr, von KÖGEL (1905) über MICHEL (1934/35), DIBELIUS (1956a) und PETERSON (1982) bis zu VANHOYE (1996). STEWART (1967/68) stellt die Aussagen des Hebr zum Hohepriestertum Christi in den Kontext frühjüdischer Aussagen zum Hohepriestertum. Konvergenzen zwischen der Hohepriesterchristologie des Hebr und frühjüdischen kulttheologischen Diskursen vor 70 n.Chr. erörtert HORBURY (1983). Aus der Literatur über frühjüdische, frühchristliche und rabbinische Melchisedek-Traditionen, einschließlich Hebr, seien (für viele) nur DELCOR (1971), HORTON (1976), FITZMYER (2000) und BÖTTRICH (2001) genannt. NISSILÄ (1979) befragt die Hohepriesterchristologie des Hebr im Blick auf das intendierte Adressatenverhalten. VANHOYE (1959) untersucht die Bedeutung der Opferaussagen in Hebr 8,3. DAVIES (1968) legt die Opferaussagen des Hebr im Blick auf das Verhältnis von irdischem Weg und himmlischen Wirken Christi aus. THORNTON (1964) erörtert die Bedeutung von αἱματεκχυσία

gebene Diskussionsbedarf werden im jeweiligen sachlichen Kontext auf-
zugreifen sein. Doch keiner der seit der Arbeit von Cody erschienen Beiträge zur Kulttheologie des Hebr macht deren Interpretation einer Rekonstruktion der Christologie und des theologischen Entwurfs des Hebr als kohärente Ganzheit dienstbar. Die Einzelergebnisse der Untersuchungen zur
Kulttheologie sind vielfältig und teils widersprüchlich. Das gilt besonders
für die Frage, ob Opfer und Kult für Hebr angemessene oder zu überwindende Kategorien theologischen Denkens sind. Auch die Beziehungen des
Hebr zu frühjüdischen kulttheologischen Diskursen sowie seine Einordnung vor oder nach der Tempelzerstörung von 70 n.Chr. werden weiterhin
kontrovers beurteilt. Und schließlich sind trotz vielfältiger Beiträge zu
kulttheologischen Themen einzelne Fragen der Hebr-Exegese noch ganz
oder weitgehend unerforscht geblieben[37].

Tendenzen gegenwärtiger Hebr-Auslegung. Backhaus (1996) interpretiert den Hebr wieder theologiegeschichtlich: Die Entwicklung der Bundestheologie dient der Vertiefung und Stabilisierung der Identität eines von
der jüdischen Mutterreligion gelösten frühen Christentums. Die Sphären-

---

Hebr 9,22. Die Monographien von VANHOYE (1980) und LOADER (1981) gelten größ-
tenteils (so VANHOYE) bzw. vollständig (LOADER) der Hohepriesterchristologie des Hebr.
SWETNAM (1981 u.ö.) möchte die Christologie des Hebr vor dem Hintergrund der
Aqedah verstehen. Auslegungen der kulttheologischen Aussagen von Hebr 9 bieten
YOUNG (1981) und CASALINI (1989). Nach BROOKS (1970) spricht Hebr von einem ewig
im Himmel vollzogenen Selbstopfer Christi. JOHNSSON (1973) untersucht die Aussagen
des Hebr über Unreinheit und kultische Reinigung, LUNCEFORD (1979) die Bedeutung
der Sühneterminologie im Neuen Testament. Im Rahmen einer Untersuchung zur Sühnevorstellung in Röm 3,25* deutet KRAUS (1991) den Tod Jesu nach Hebr 9,18–23 als Wie-
he des himmlischen Heiligtums nach Analogie der Heiligtumsreinigung am Jom Kippur.
KNÖPPLER (2001) behandelt u.a. die Belege der Sühneterminologie im Hebr. THOMPSON
(1979) vergleicht die Opferauffassung des Hebr mit dem Opferverständnis hellenistischer
Kulttheologien. Zu der vielverhandelten Frage des θυσιαστήριον von Hebr 13,10 nenne
ich nur KLAUCK (1989b); RUAGER (1990); ROLOFF (1992). Der Lager-Vorstellung in
Hebr 13,11–13 und/oder ihren traditionsgeschichtlichen Hintergründen gelten die
Beiträge von KOESTER (1962); FENSHAM (1964); LÜHRMANN (1978); JOOSTEN (2000).
SCHOLER (1991) untersucht die Anwendung priesterlich-kultischer Terminologie auf die
Adressaten des Hebr. LAUB (1991) vertieft seine 1980 vorgetragene Sicht der Kulttheologie des Hebr mit einer Studie zur Bedeutung des Eintritts in das himmlische Allerheiligste. Ein ähnliches Verständnis der Kulttheologie des Hebr vertreten CHESTER
(1991) und SCHUNACK (1994). Mittels ethnologischer, religions- und kulturwissenschaft-
licher Deutungsansätze sowie struktualer Hermeneutik sucht DUNNILL (1992) die Kulttheologie des Hebr zu interpretieren. THÜSING (1995b) fragt nach dem Sinn der Aufforderung zum kultischen »Hinzutreten« im Hebr. – Weiteres zu den genannten Themen in
den je einschlägigen Kapiteln dieser Arbeit.

[37] Besonders auffällig ist das Fehlen von Untersuchungen zur Rezeption des Reinigungsrituals von Num 19 in Hebr 9,13. Vgl. zum einzelnen den Abschnitt »Desiderate«
unter »Ergebnisse, Probleme und Desiderate der Hebr-Exegese« (s.u.).

differenz wird entsprechend axiologisch interpretiert. Die Tempelzerstörung liegt zurück; die theologische Beurteilung des irdischen Opferkults ist daher kein aktuelles Anliegen der Adressaten. Die Kulttheologie des Hebr dient vielmehr, wie der Bezug auf die Sphärendifferenz, dem Ausweis der Höherwertigkeit des gruppenspezifischen Heilswissens. Die beiden Hebr-Kommentare von Karrer bzw. Schunack (beide 2002) schreiben die in der deutschsprachigen Exegese derzeit dominierende Hebr-Auslegung fort, welche den Akzent auf das irdisch-geschichtliche Leiden und Sterben Christi legt und seine Erhöhung damit koinzidieren lässt. In diesen Zusammenhang gehört auch die Arbeit von Wider (1997). Er versteht Hebr als Vertreter einer Wort-Gottes-Theologie, die ihre Aussagen nicht in metaphysisch-weltbildhaftem Wissen verankert, sondern die Welt vom Gottesgedanken her als Schöpfung begreift. Eisele (2003) dagegen erneuert die Deutung des Hebr als Verarbeitung der »Parusieverzögerung«, nunmehr unter mittelplatonischem statt gnostischen Vorzeichen. Gelardini (2005a) möchte im Hebr eine Synagogenhomilie zum Fest Tischa be-Aw sehen. Backhaus gibt seinem Ansatz in einer neueren Studie (2005) eine wissenssoziologische Wendung: Aus dem kognitiven Bezugssystem des Christentums ergibt sich eine spezifische Gruppenethik. Das berührt sich mit religionssoziologischen Zugängen, die auf Identitätsbildung, Abgrenzung von der Mehrheitsgesellschaft bzw. Durchlässigkeit von Gruppengrenzen u.ä. abheben (so Johnson 2001) und mit hellenistisch-römischem Vergleichsmaterial operieren, dessen Auswahl allerdings nicht immer einleuchtet. Gleiches gilt für die Hebr-Exegese mit Mitteln der Soziologie und der historischen Kulturwissenschaft (deSilva 1995, 2000): In einer Kultur, der öffentliche Anerkennung als höchster Wert gilt, sind die Adressaten gesellschaftlich marginalisiert. Daher sucht Hebr das himmlische Jerusalem anstelle der irdischen πόλις als den *court of reputation* zu etablieren.

Gemeinsam ist den letztgenannten Ansätzen, dass sie die Kulttheologie des Hebr als Ausdruck eines selbst nicht kulttheologisch, sondern soziologisch zu beschreibenden Anliegens begreifen.

Im Mittelpunkt der Argumentation des Hebr steht jedoch das theologische Problem der Unreinheit und Sünde der Adressaten und seine Überwindung. Diesen Zusammenhang nimmt die sozial- bzw. kulturgeschichtliche Hebr-Interpretation jedoch nicht in den Blick. Sie beschränkt sich auf Momente, die vom theologischen Anliegen des Schreibens abgeleitet sind und die – von diesem Anliegen gelöst – der Intention des Hebr äußerlich bleiben. Hinzu kommt ein methodisches Problem: Die Ausführungen des Hebr lassen kaum Einzelheiten der wirtschaftlichen und gesellschaftlichen Stellung der Adressaten erkennen. Die Exegese muss den Hebr-Texten die Lebensumstände der Adressaten, die sie in ihnen beschrieben oder doch vorausgesetzt findet, selbst zuvor erst unterstellen. So eignet dieser Auslegung ein zirkuläres Moment.

Dagegen legen andere Ausleger wie Berger und Hahn in der Hebr-Interpretation nach wie vor das Gewicht auf die Ausführungen des Hebr zum himmlischen Selbstopfer Christi und zu seinem weiteren hohepriesterlichen Wirken im himmlischen Heiligtum[38]. Einzelne Arbeiten der letzten Jahre gehen im Rahmen übergreifender Fragestellungen u.a. auf Hebr ein und nehmen diesen vor dem Horizont frühjüdischer Bundes- bzw. Heiligtumstheologien in den Blick (Vogel 1996, Söllner 1998, Fassbeck 2000). Dabei rückt die Kulttheologie des Hebr wieder in den Mittelpunkt des Interesses. Sie erscheint nun nicht mehr als Überwindung der Kategorie des Opferkults, sondern im Gegenteil gerade als eschatologisch-christologische Intensivierung des Kultischen[39]. Zugleich wird wieder stärker die Bedeutung von Jerusalemer Tempel und Kult für die vorauszusetzende Adressatensituation bedacht und eine Abfassung vor 70 n.Chr. erwogen[40].

Ergebnisse, Probleme und Desiderate der Hebr-Exegese: (1) Ergebnisse. Überschaut man die Auslegungsgeschichte der letzten etwa 150 Jahre, muß man feststellen, dass allgemein überzeugende Ergebnisse sich nicht eingestellt haben, ausgenommen die Einsicht, dass die Hohepriesterchristologie des Hebr einen Neuansatz darstellt, mit dem er das überkommene Kerygma von Erniedrigung und Erhöhung Christi neu auslegt. Doch schon die Frage, welche Schwierigkeiten im einzelnen der Rezeption des überkommenen Kerygmas durch die Adressaten entgegenstehen, wird wieder unterschiedlich beantwortet.

(2) Probleme. Keine religionsgeschichtliche Herleitung des Hebr hat sich durchsetzen können[41]. Rechnen manche Ausleger mit einer Vielfalt von Einflüssen, so suchen andere die Gnosis als religionsgeschichtlichen Hintergrund erneut durch die Religionsphilosophie Philos von Alexandrien zu ersetzen. Mit dem Ende der Herleitung aus der Gnosis ist für viele Ausleger auch die Vorordnung der himmlischen Orientierung im Hebr zu Ende gegangen. Mit der Annahme von ›einheitlichen Vorgängen‹, ›gleitenden Übergängen‹ usw. wird das Problem eher verdeckt als gelöst. Hatte man zuvor, von der Dominanz der himmlischen Orientierung ausgehend, dieser das irdische Geschehen ein- und untergeordnet und das Sterben Christi auf Erden geradezu als Teil des himmlischen Kultvollzugs verstanden, so gilt

---

[38] Vgl. BERGER 1995, §112 (p. 218f); HAHN 2002, Bd. 1, 432–434 (p. 432, 3.1.4.4, und p. 433f, 3.1.5.4: Darbringung des Opferblutes Christi im Himmel; p. 434, 3.1.5.5: klare Unterscheidung von irdischem Tod und himmlischer Darbringung).

[39] So FASSBECK 2000, 62.

[40] VOGEL 1996, 101f (ohne ausdrücklichen Bezug auf die Datierung, doch das Bestehen des jüdischen Tempelkults explizit voraussetzend); ERLEMANN 1998, 376; STUHLMACHER 1999, 87; RIESNER 2002, 25 m. Anm. 44; unentschieden, doch mit leichter Tendenz zur Datierung vor 70 n.Chr. FASSBECK 2000, 52f (Anm. 50!). Vgl. KRAUS 2003, 69: »In der amerikanischen Forschung hingegen sind die Befürworter einer Abfassung vor 70 n.Chr. unter den Kommentatoren im Aufwind«. Er nennt DESILVA 2000, 20f; LANE 1991, Bd. 1, LXII–LXVI.

[41] Vgl. KRAUS 2003, 71.

nun weithin das Gegenteil: Das ›geschichtliche‹, irdische Leiden und Sterben Christi ist das eigentliche Heilsgeschehen, mit dem seine Erhöhung
und sein hohepriesterliches Selbstopfer in paradoxer Weise identisch sind,
sofern nicht Erhöhung und Hohepriestertum lediglich als metaphorischer
Ausdruck der Bedeutsamkeit irdischen Geschehens gelten. War einer
Hebr-Interpretation das irdische Geschehen auf dem Wege Christi als
bloße Episode erschienen, so gilt der anderen die Kulttheologie als uneigentliche Rede. Eine Deutung der Hohepriesterchristologie des Hebr jedoch, in der sowohl der irdisch-geschichtliche wie der himmlisch-kultische
Aspekt das ihnen je zukommende Gewicht tragen, und zwar im Rahmen
eines kohärenten Gesamtentwurfs, fehlt heute nicht anders als in der ersten
Hälfte des 20. Jahrhunderts. Damit hängt die Frage nach dem Sinn der
Kulttheologie des Hebr eng zusammen. Die Auskünfte der gegenwärtigen
Exegese sind widersprüchlich: Sehen manche in Hebr eine Überwindung
der Kategorie des Opferkults, so andere gerade umgekehrt eine Intensivierung des Kultischen. Vielfach begnügt sich die neuere Exegese damit, einzelne Aspekte der Theologie des Hebr zu untersuchen. Die Fragen nach
dem Sinn der Sphärendifferenz, nach der Eschatologie des Hebr sowie
nach der Adressatensituation und dem intendierten Adressatenverhalten
sind weiter umstritten.

(3) Desiderate. Das wichtigste Desiderat der Hebr-Auslegung ist eine
Untersuchung seiner kulttheologischen Neuauslegung des überkommenen
Kerygmas von Erniedrigung und Erhöhung Christi im Hebr, die es gestattet, die Hohepriesterchristologie des Schreibens in ihrer charakteristischen
Verbindung von irdischem Weg und himmlischem, hohepriesterlichen
Wirken Christi als kohärente Ganzheit zu begreifen. Von hierher ist dann
der Zugang zu nehmen zur Kulttheologie des Schreibens und zur Frage
nach ihrem Sinn: Intensivierung oder Überwindung des Kultischen? Damit
hängt die Deutung der irdisch-himmlischen Sphärendifferenz im Hebr eng
zusammen. Bei der Frage nach religionsgeschichtlichen Kontexten bzw.
Hintergründen konzentrierte sich die Exegese zwar meist auf die Alternative religiös-philosophischer Strömungen wie »Apokalyptik«, »Gnosis«
oder »Platonismus« bzw. »Mittelplatonismus«. Doch dürfte der Schlüssel
auch zum Verständnis der Sphärendifferenz im Hebr in seiner Kulttheologie zu suchen sein. Eine eingehende Untersuchung der frühjüdischen religionsgeschichtlichen Kontexte der Rede von irdischem und himmlischen,
gegenwärtigem und eschatologischen Heiligtum und Kult im Hebr, die
nicht allein einschlägiges Material sichtet und mehr oder weniger naheliegende Zusammenhänge aufzeigt, sondern nach der Funktion der Motive
im Rahmen der jeweiligen Situationen und Argumentationsstrategien fragt,
steht jedoch aus. In der Frage nach dem Sinn der heiligtumstheologischen
Aussagen des Hebr wird oft auf den schriftgelehrten Charakter der Bezug-

nahme auf das Heiligtum der Wüstenzeit hingewiesen. Doch die Bezugnahme auf das Wüstenheiligtum und auf die Kultgründungszeit Israels in
vergleichbaren frühjüdischen Schriften wurde bisher nicht untersucht.
Auch das Verhältnis der Urbild-Abbild-Relation von himmlischem und
irdischen Heiligtum im Hebr zum Mittelplatonismus Philos von Alexandrien bedarf der Klärung. Ferner sind die zahlreichen Äußerungen des
Hebr zu Einzelheiten der Kulttheologie in den Kontext frühjüdischer Kulttheologien zu stellen. So ist etwa ungeklärt, welche Gestalt das Jom Kippur-Ritual im frühen Judentum hatte oder welche traditionsgeschichtlichen
Zusammenhänge zwischen Bundes- und Heiligtums- bzw. Kulttheologie
der Hebr voraussetzt. Das Reinigungsritual mit der Asche der Roten Kuh
(Num 19) wird in Hebr 9,13 genannt, doch der Sinn dessen bleibt offen,
und Studien zur frühjüdischen Rezeption des Rituals fehlen. Im Mittelpunkt des Hebr steht der Vergleich des hohepriesterlichen Wirkens Christi
mit dem Kultvollzug des irdischen Hohenpriesters am Jom Kippur, doch
die Sühneterminologie tritt im Hebr zurück, und stattdessen tritt die Reinigungsterminologie hervor. Wie verhalten sich Sühne- und Reinigungsterminologie in LXX zueinander und zur Terminologie der hebräischen
Vorlagen, und wie ist der Sprachgebrauch des Hebr hier einzuordnen?
Hebr bezieht sich in 13,11–13 auf das »Lager« der Wüstenzeit Israels. Wie
verhält sich das zur frühjüdischen Rezeption des Lager-Motivs? – Diese
und ähnliche Fragen sind für die Hebr-Exegese fruchtbar zu machen.

2. Kapitel

Konzeption

2.1 Thesen

(1) Hebr bietet einen kohärenten christologischen Entwurf. Die Erhöhung Christi überführt den Ertrag seines auf Erden gelebten Lebens in die himmlische Sphäre. In seinem einmaligen himmlischen Selbstopfer wird dieser Ertrag dort ewig wirksam. Das himmlische Wirken Christi setzt seinen irdischen Weg voraus; der irdische Weg Christi kommt in seinem himmlischen Wirken zur Geltung. So erschließt die Hohepriesterchristologie die soteriologische Bedeutsamkeit des überkommenen Kerygmas.

(2) Die Heiligtumstheologie des Hebr nimmt die Urbild-Abbild-Relation aus den frühjüdischen Kontexten auf und prägt sie um, um die aufgrund der Erhöhung Christi im Himmel gegenwärtige unüberbietbare eschatologische Heilsfülle auszusagen. Alle Sakralität, alle legitime Kultausübung ist nach Hebr seit der Erhöhung Christi im himmlischen Heiligtum konzentriert. Mit dem himmlischen Selbstopfer Christi ist das himmlische Heiligtum geweiht und gereinigt, ist der himmlische Kult inauguriert.

(3) Die Profanität und Fremdlingschaft der Adressaten auf Erden ist die Kehrseite ihrer exklusiven Zuordnung zum himmlischen Heiligtum, ihrer Teilnahme am himmlischen Kult. Die Zuordnung zum himmlischen Heiligtum, die Teilnahe am himmlischen Kult wollen auf Erden im Gehorsam bewährt sein. So ist die irdische Existenz der Adressaten sowenig wie diejenige Christi bloßes Durchgangsstadium. Nur im irdischen Gehorsam wird der Zugang zur himmlischen Welt, der Zutritt zum himmlischen Kult gewonnen, wie bei Christus, so bei den Seinen.

2.2 Aufbau

Bevor diese Thesen im exegetischen Hauptteil der Arbeit entfaltet werden (↑ III), behandelt zunächst der religionsgeschichtliche Teil (↑ II) eingehend die frühjüdischen Kontexte der Rede des Hebr vom irdischen und himmlischen, gegenwärtigen und eschatologischen Tempel und Kult, der Bezugnahme auf das Zeltheiligtum der Wüstenzeit und der Urbild-Abbild-Relation von himmlischem und irdischen Heiligtum. Die Ergebnisse des religionsgeschichtlichen und des exegetischen Teils werden zum Schluss vergleichend zusammengeführt; der Hebr wird damit vor dem Hintergrund seiner Kontexte weiter profiliert (↑ IV.1.1).

Für die Einzelexegesen der Hebr-Texte (↑ III) legt sich eine systematische Anlage nahe, welche der leitenden Frage nach der Kohärenz der Christologie und der Kulttheologie des Hebr entspricht. Daher wird zunächst der Ansatz der Hohepriesterchristologie ermittelt (↑ III.2). Wie geht Hebr von der überkommenen christologischen Tradition über Erniedrigung und Erhöhung Christi zur Hohepriesterchristologie über, welche Verhältnisbestimmung von irdischem Weg und himmlischen Wirken Christi wird dabei grundgelegt und welcher vorausgesetzte Problemhorizont lässt sich aus der Argumentation erschließen? Auf der Grundlage der Beantwortung dieser Fragen werden in zwei weiteren Kapiteln die Ausführungen des Hebr über den irdischen Weg Christi (↑ III.3) und über sein himmlisches Wirken (↑ III.4) ausgelegt.

Darauf aufbauend werden die Folgen des Heilswerks Christi für die Adressaten in den Blick genommen. Ein Kapitel (↑ III.5) untersucht die Reinigungsaussagen des Hebr, ein weiteres (↑ III.6) diejenigen über die Teilnahme der Adressaten am himmlischen Gottesdienst sowie über das dieser Kultteilnahme entsprechende Verhalten auf Erden: Der Ansatz der Paränese im Hebr ergibt sich aus der Verhältnisbestimmung von gegenwärtig-irdischer Existenz, gegenwärtiger himmlischer Orientierung und verheißener himmlischer Zukunft. Die Untersuchungen zu den einschlägig relevanten religionsgeschichtlichen Kontexten werden jeweils in die Einzelexegesen integriert.

Dagegen werden die religionsgeschichtlichen Kontexte zu den Ausführungen des Hebr über den Jom Kippur (↑ III.4.5) und über das Reinigungsritual mit der Asche der Roten Kuh nach Num 19 (↑ III.5.2.1) wie auch über die Lager-Vorstellung (↑ III.6.3.1) in eigenen Teilkapiteln dargestellt. Da einschlägige Vorarbeiten weithin fehlen, muss das Material hier – über die unmittelbare Aufgabe der Hebr-Auslegung hinaus – grundlegend erarbeitet werden.

Der Schlussteil (↑ IV) fasst die Ergebnisse der Arbeit zusammen. Er bietet einen Vergleich der kult- und heiligtumstheologischen Aussagen der frühjüdischen Kontexte und des Hebr (↑ IV.1.1) sowie eine systematische Entfaltung der Christologie und Kulttheologie des Schreibens (↑ IV.1.2). Daraus ergeben sich Erwägungen zu den Adressaten und zur Abfassungszeit des Schreibens (↑ IV.2).

2.3 Zum Sprachgebrauch

2.3.1 Heiligtumstheologie, Opfervorstellung und Kultkritik im Hebr –
»Spiritualisierung«, »Kultmetaphorik« oder was sonst?

Zum Stand der Diskussion. Seit der Studie von Wenschkewitz über »Die
Spiritualisierung der Kultusbegriffe« (1932) ist der Begriff der Kultspiritualisierung in der neutestamentlichen Wissenschaft geläufig. Spiritualisierung meint hier, dass spirituelle und ethische Vollzüge (Gebet, Kontem-
plation, Tugend) an die Stelle des im irdischen Heiligtum real vollzogenen
Opferkults treten, dabei jedoch dessen sprachliche Ausdrucksformen für
sich in Anspruch nehmen und diese umdeuten, indem sie sie in einen andersartigen Sinnzusammenhang integrieren[1]. Von Spiritualisierung spricht
Wenschkewitz auch im Blick auf den Hebr[2]. Dort treten nach ihm Lobpreis
und Wohltun als neue, spirituelle Vollzüge an die Stelle des Opferkults[3].

In den letzten Jahren ist der Begriff »Spiritualisierung« jedoch mehrfach kritisiert worden. Schon 1972 hat Schüssler-Fiorenza statt von Spiritualisierung von der Übertragung (»*transference*«) kultischer Begriffe und
Vorstellungen – insbesondere der Tempelvorstellung – gesprochen[4]. Fassbeck (2000) ist ihr darin gefolgt[5]. Ähnlich haben Stegemann (2000)[6] und
Klawans (2002) den Begriff der Kultspiritualisierung kritisiert und stattdessen von Opfermetaphorik gesprochen. Damit ist gemeint, dass eine von
sich aus nicht-kultische Größe bzw. ein solcher Vollzug mit kultischer Terminologie beschrieben wird, um sie in das Sinngefüge kultischer Vorstellungen einzubeziehen und sie so in einen neuen Deutehorizont zu integrieren. Es handelt sich also nicht um Kultkritik. Vielmehr wird der Sinngehalt
ursprünglich nicht-kultischer Größen und Vollzüge um eine ihnen zuvor
noch nicht eigene kultische Dimension erweitert[7] (»*sacrificialization*«[8]).

Zum Sprachgebrauch in dieser Arbeit. Das beschriebene Verständnis
metaphorischer Rede setzt voraus, dass Institutionen, Personen, Sachen

---

[1] WENSCHKEWITZ 1932, 6–10, vgl. hier bes. 8.
[2] A.a.O. 131–149.
[3] A.a.O. 145.
[4] Vgl. SCHÜSSLER-FIORENZA 1972, 161 u.ö.
[5] FASSBECK 2000, 9–25: 22.25.
[6] STEGEMANN 2000, bes. 197.
[7] »The NT writers [...] do not so much re-interpret cultic institutions and terminology
but express a new reality in cultic language« (SCHÜSSLER-FIORENZA 1972, 162 Anm. 12).
»To turn sacrificial metaphors into ›spiritualizations‹ *of* sacrifice is to misread them.
These metaphors are, rather, *borrowings from* sacrifice. Sacrificial metaphors operate on
the assumption of the efficacy and meaning of sacrificial rituals, and hope to appropriate
some of that meaning and apply it to something else« (KLAWANS 2002, 13, kursiv im
Original).
[8] KLAWANS 2002, 14.

und Vollzüge zunächst aus sich heraus je als kultisch bzw. unkultisch anzusprechen sind, so dass durch metaphorische Rede einer ›eigentlich‹ kultischen bzw. unkultischen Größe dann eine neue Bedeutungsdimension zugeschrieben wird.

Für frühjüdische kulttheologische Diskurse ist jedoch charakteristisch,
dass sich der sakrale oder profane Charakter von Institutionen, Personen,
Sachen und Vollzügen aufgrund ihrer jeweiligen, unter Umständen wech-
selnden Relationen zur Gottespräsenz im Zentrum des Heiligtums bestimmt. Von dieser geht die sakrale Sphäre aus, die sich in abgestuften
Graden auf die Teile des Heiligtums erstreckt. Das Kultpersonal und andere Kultteilnehmer wie die für den Kult bestimmten Gegenstände (Kultgeräte, Votiv- und Opfergaben) gewinnen Anteil an dieser Sakralität bzw.
intensivieren ihren Weihestatus, wenn und soweit sie in die von ihr bestimmte Sphäre eintreten. Umgekehrt verlieren sie diesen sakralen Charakter bzw. büßen an Intensität ihres Weihestatus ein, wenn und soweit sie die
sakrale Sphäre bzw. den Geltungsbereich der für diese verbindlichen kultischen Verhaltensmaßregeln verlassen. Das jeweilige Verhältnis zu Sakralität und Profanität lässt sich daher, wie dies für die kulttheologischen Diskurse der Priesterschrift und ihr theologisch verwandter frühjüdischer Texte charakteristisch ist, als Zuordnung zu räumlich gedachten Sphären, von
daher dann durch die Bestimmung von Positionen und Bewegungen im
Raum relativ zum Heiligkeitsmittelpunkt der Gottespräsenz, beschreiben,
denen jeweils ein bestimmter Weihegrad entspricht[9].

Grundlegend für den Sprachgebrauch von »Kult«, »kultisch« bzw. »unkultisch« in dieser Arbeit ist daher die Unterscheidung der sakralen Sphäre
der Gottespräsenz im Heiligtum von der profanen Sphäre außerhalb des
Heiligtums. Als »Kult« bzw. »kultisch« werden die speziell dem sakralen
Bereich des Heiligtums zugeordneten Größen und Vollzüge bezeichnet, als
»profan« umgekehrt die außerhalb dieses Bereichs verorteten. Wollte man
dagegen auch gottesdienstliche Vollzüge im weiteren Sinne wie Gemein-
deversammlung, Bekenntnis, Gebet und Lobpreis als Kult bezeichnen, so
würde der für antikes und frühjüdisches Verständnis konstitutive Gegensatz von sakraler und profaner Sphäre, damit aber auch das besondere Anliegen der Kulttheologie des Hebr verfehlt.

Denn nach der im folgenden zu entfaltenden und zu begründenden Interpretation der Kulttheologie des Hebr ist mit der Erhöhung Christi der
eschatologisch-urbildliche Kult im himmlischen Heiligtum inauguriert,
und seither ist alle wahre Sakralität, aller wahre, Gott wohlgefällig Kult in
der himmlischen sakralen Sphäre, im himmlischen Heiligtum konzentriert.

---

[9] Vgl. die Ausführungen zum »Lager« Israels ↑ III.6.3.1 sowie die dort angeführte
Lit. – Zur Interpretation frühjüdischer kulttheologischer Diskurse im beschriebenen Sinne sei insbesondere auf die Arbeiten von MILGROM und DOUGLAS hingewiesen.

Himmlisches Heiligtum und himmlischer Kult sind dabei für Hebr keineswegs Abstraktionen oder bloß gedachte Größen. Vielmehr kann nur im Blick auf die himmlischen Urbilder im eigentlichen Sinne von Heiligtum und Kult die Rede sein. Was Hebr über himmlisches Heiligtum und himmlischen Kult zu sagen weiß, lässt sich daher weder als Kultspiritualisierung noch als Kultmetaphorik (im oben erläuterten Sinne der Begriffe) beschreiben. Dasselbe gilt für das geforderte Kultverhalten der Adressaten, das als priesterliches »Hinzutreten« zum und als aktive Teilnahme am himmlischen Kult geschildert wird: Weil und sofern diese Vollzüge dem Kult im himmlisch-urbildlichen Heiligtum zugeordnet sind, sind sie als kultische Vollzüge *proprie dictu* anzusprechen, unbeschadet dessen, dass die Adressaten, solange sie auf Erden leben, nur erst spirituell daran teilhaben. Umgekehrt entspricht der exklusiven Zuordnung zum himmlischen Heiligtum die Abkehr von aller irdischen Sakralität, so dass die irdische Existenz als solche als profan gelten muss (zum einzelnen ↑ III.6.3)[10].

2.3.2 Zum Gebrauch der Begriffe »Typologie« bzw. »typologisch«

In dieser Arbeit ist von Typologie bzw. von typologischen Zusammenhängen die Rede. Diese Begriffe sind in der älteren Exegese im Rahmen einer heilsgeschichtlichen Theologie verwendet worden, wie man sie u.a. mit den Namen L. Goppelt, J. Chr. K. v. Hofmann und J. T. Beck verbindet[11].

Die typologische Entsprechung von Verheißungs- und Erfüllungsgeschehen im alten bzw. neuen Bund wäre demnach Erweis der von Gott gelenkten Heilsgeschichte, die als solche zugleich Sinn und Ziel der Universalgeschichte umschreibt.

Wenn im folgenden von Typologie bzw. von typologischen Zusammenhängen die Rede ist, dann jedoch nicht als Ausdruck einer typologischen bzw. heilsgeschichtlichen Exegese im beschriebenen Sinne. Vielmehr wird in dieser Arbeit mit den genannten Begriffen lediglich die Weise bezeichnet, wie Hebr selbst in seiner Hohepriester-Christologie und Kulttheologie auf Ereignisse und Gestalten der Schriften Israels Bezug nimmt[12].

---

[10] Darin berührt sich mein Verständnis der Kulttheologie des Hebr eng mit den Hebr-Auslegungen von Dibelius 1956a, bes. 174–176, und Wick 2002, 313–327, hier bes. 320f.324: »Und es gibt für Christen keinen anderen Kult als die Beteiligung an diesem himmlischen Mysterium« (Dibelius, a.a.O. 175). »Doch der Gottesdienst der Gemeinden des Hebräerbriefes findet nicht mehr in Jerusalem statt – dort war nur das Abbild –, sondern im Himmel [...]« (Wick, a.a.O. 320). Anders als in dieser Arbeit vertreten (und anders als Dibelius), nimmt Wick jedoch an, es gebe für Hebr überhaupt keinen – auch keinen himmlischen – Kult mehr (ebd).

[11] Zu den beiden letzteren vgl. Stuhlmacher 1986, 155–158, ferner Goppelt 1991, 45–51; zu Goppelt selbst sein Werk »Typos« (Goppelt 1939); vgl. ferner Mildenberger 2000, bes. 1584f.

[12] Zur Verwendung der Begrifflichkeit um Typos, Typologie in der Exegese vgl. Hall 2002, 208f.

2.4 Grenzen

Schließlich seien Grenzen dieser Arbeit umrissen. Eine Reihe von Themen, die im Sachzusammenhang der Arbeit von Belang sind, können und sollen hier gleichwohl nicht bearbeitet werden. So sind selbständige Beiträge zur Exegese priesterschriftlicher und anderer kulttheologischer Texte der Schriften Israels nicht beabsichtigt. Diese Texte, teils auch ihre Auslegung in der gegenwärtigen alttestamentlichen Wissenschaft, werden berücksichtigt, sofern das im Blick auf ihre frühjüdische und frühchristliche Wirkungsgeschichte angezeigt ist.

Auch Zusammenhänge der Hohepriesterchristologie und der Kulttheologie des Hebr mit anderen frühchristlichen Traditionen – etwa mit der Heiligtumskritik in der Stephanusrede Act 7,38–50, der Sühnetradition Röm 3,25f* oder der Erhöhungs- und Interzessionsaussage Röm 8,34 – werden nicht untersucht[13]. Ebenso ist die Rezeption und Fortschreibung der Kulttheologie des Hebr und verwandter Motive in der frühchristlichen Theologiegeschichte (etwa im I Clem, bei Ign oder im Barn) nicht Gegenstand der Arbeit, obgleich gelegentlich auf einzelne Stellen jener Schriften – und im Falle des Barn auch auf das Vorkommen eines Motivzusammenhangs – hinzuweisen sein wird. Hintergründe und Kontexte der Kulttheologie des Hebr in der allgemeinen Religionsgeschichte können in dieser Arbeit gleichfalls nicht erörtert werden, wenn auch einzelne Bezüge zum Koran herzustellen sein werden (↑ III.2.2.1; III.5.2.1.8).

Schließlich kann und soll die Diskussion zur Hermeneutik und Rezipierbarkeit opferkultischer Aussagen unter heutigen Bedingungen – etwa im Gespräch mit der Opfertheorie René Girards – hier nicht geführt werden. Bevor über Recht und Grenze kultischer Theologie gesprochen werden kann, sollte zunächst so differenziert wie möglich wahrgenommen sein, was in unterschiedlichen Zusammenhängen jeweils darunter zu verstehen ist. So verstanden, will auch diese Arbeit ein Beitrag zur genannten Debatte sein; dies jedoch im Sinne der Versachlichung durch Zuwendung zu den antiken Quellen.

---

[13] Eine Herleitung der Theologie des Hebr aus älteren Traditionen versucht NOMOTO 1968.

Teil II.

›Der wahre Tempel‹.
Frühjüdische Diskurse über irdischen und himmlischen,
gegenwärtigen und eschatologischen Tempel und Kult

1. Kapitel

Einführung

Stand der Argumentation. Um die Kulttheologie des Hebr und zumal die Bedeutung der irdisch-himmlischen Sphärendifferenz für sie angemessen beschreiben und würdigen zu können (↑ III), werden zuvor in Teil II einschlägige Diskurse des frühen Judentums untersucht.

Fortgang der Argumentation in Teil II. Die Untersuchung der frühjüdischen Texte lässt als Konstante hervortreten, dass der rechte, Gott wohlgefällige Kult im irdischen Heiligtum vollzogen wird oder doch – wo dies aufgrund der Mängel und Schwächen der irdischen Kultpraxis nicht möglich ist – vollzogen werden soll. Die Bezugnahme auf den himmlischen Kult, auf himmlische Größen dient entweder der Legitimation des irdischen Heiligtums und Kults oder der Begründung der Hoffnung auf Erneuerung legitimen irdischen Kults. Doch wird die Kritik am irdischen Heiligtum und Kult mit der Zeit tendenziell schärfer und grundsätzlicher, bis zu einzelnen Schriften des 1. Jh.s v.Chr., die in der Zeit vor 70 n.Chr. einen künftig erneuerten irdischen Kult nicht mehr in den Blick nehmen. Mit der Zerstörung des zweiten Tempels tritt jedoch nicht das Eschaton ein, und angesichts der fortlaufenden Zeit kann in der Literatur nach 70 n.Chr. die Erwartung eines neuen irdischen Tempels wieder hervortreten.

Als Hintergrund der Aussagen des Hebr zur Urbild-Abbild-Relation ist immer wieder das Werk Philos von Alexandrien herangezogen worden. Die philosophiehistorische Einordnung dieses Werks sowie die Interpretation seiner heiligtumstheologischen Aussagen ergibt jedoch, dass die Vorstellung eines veritablen himmlischen Urbildheiligtums im Rahmen dieses mittelplatonisch geprägten Denkens keinen Platz hat.

Zum einzelnen. Ein Durchgang durch einschlägige frühjüdische Texte bildet das größere der zwei darstellenden Kapitel dieses Teils (↑ II.2). Ein Kapitel über die Urbild-Abbild-Relation von himmlischem und irdischen Heiligtum und den sog. ›Platonismus‹ des Hebr im Vergleich mit dem Mittelplatonismus Philos von Alexandrien (↑ II.3) schließt sich an.

2. Kapitel

Gegenwärtiger und eschatologischer, irdischer und himmlischer Tempel und Kult im frühen Judentum

Die folgende Untersuchung zu gegenwärtigem und eschatologischen, irdischem und himmlischen Tempel und Kult im frühen Judentum arbeitet heraus, welche Funktion die Rede von himmlischem und irdischen, gegenwärtigem und eschatologischen Tempel und Kult im Rahmen unterschiedlicher Argumentationsstrategien jeweils hat. Die anschließend (↑ III) zu untersuchenden Ausführungen des Hebr werden zum Schluss der Arbeit (↑ IV.1.1) damit zu vergleichen sein. Das wird dazu beitragen, die Argumentationsstrategie des Hebr genauer zu erfassen. Auch wird der Vergleich deutlich machen, dass und wie Hebr an frühjüdischer Tempelkritik Anteil hat.

2.1 Zu Forschungsgeschichte, Methode und Vorgehen

Zur Forschungsgeschichte. Trotz zahlreicher Einzelbeiträge zum Komplex ›Irdisches und himmlisches Heiligtum, irdischer und himmlischer Kult im frühen Judentum‹ u. ä. gibt es derzeit weder zum himmlischen Heiligtum und Kult noch zum Verhältnis von himmlischem und irdischen Heiligtum und Kult im frühen Judentum eine umfassende monographische Darstellung[1]. Einzelbeiträge widmen sich in der Regel Aspekten der Heiligtumstheologie nach einzelnen frühjüdischen Texten[2], nicht aber oder nur en passant dem Verhältnis von himmlischem und irdischen Heiligtum bzw. Kult[3].

McKelvey 1969 geht auf alttestamentliche und frühjüdische Kontexte zum Tempelmotiv im NT ein[4], allerdings ohne die hier leitende Frage nach dem Verhältnis von irdischen bzw. gegenwärtigen und himmlischen bzw. zukünftigen Größen und nach der Funktion

---

[1] Die Arbeit von EGO 1989 geht knapp auf IV Esr, II Bar ein, behandelt jedoch vorrangig rabbinische Literatur.

[2] So etwa GÄRTNER 1965; KLINZING 1971, die neben dem NT auf Schriften vom Toten Meer eingehen. Darauf wird in den einschlägigen Ausführungen dieser Arbeit Bezug genommen werden. – Einen knappen Überblick über einige gegensätzliche Beurteilungen des zweiten Tempels in frühjüdischer Literatur bietet LICHTENBERGER 2002.

[3] Vgl. jedoch ROWLAND 1991, der bei seiner Darstellung u.a. auf die Themen eschatologischer und himmlischer Tempel eingeht.

[4] A.a.O. 9–57.

einschlägiger Aussagen in der Argumentationsstrategie der betreffenden Schriften. An neueren Monographien sind die von Söllner 1998, Döpp 1998, Lee 2001, Tilly 2002, Müller-Fieberg 2003 zu erwähnen[5]. Diese gehen auf das eschatologische bzw. himmlische Jerualem (Söllner), die Deutung der Tempelzerstörung des Jahres 70 n.chr. in den ersten nachchristlichen Jahrhunderten (Döpp), die traditionsgeschichtlichen Hintergründe des neuen Jerusalem in der Apk (Lee, Müller-Fieberg) und auf das ὄμφαλος-Motiv ein (Tilly, der sich auf alttestamentliche und rabbinische Texte konzentriert; zum frühen Judentum äußert er sich knapp[6]). Um Beiträge zur hier verfolgten Fragestellung handelt es sich nicht. Doch sind wesentliche Überschneidungen bzw. Unterschiede je im einzelnen zu benennen. Fassbeck 2000 behandelt[7] anhand einzelner frühjüdischer Texte die Urbild-Abbild-Relation (im Blick auf Hebr) sowie das Motiv vom von Gottes Hand errichteten Tempel (im Blick auf Act 7), doch bleiben die Ausführungen zum erstgenannten Motiv allzu knapp. Auch bleiben wesentliche Textgruppen unbeachtet, und die Behandlung der Heiligtumstheologie bei Philo von Alexandrien bleibt zu undifferenziert (↑ II.3).

Im Blick speziell auf den Hebr gibt es zum Himmlischen Heiligtum und zum himmlischen Kult ebenfalls manche Einzelbeiträge, doch liegt dazu nur eine ältere Monographie vor (Cody 1960). Das Verhältnis von irdischem und himmlischen Heiligtum und Kult im frühen Judentum behandelt Cody nur am Rande.

Er gibt eine knappe Darstellung religionsgeschichtlicher Hintergründe bzw. Kontexte des Hebr; vom altisraelitischen bis zum rabbinischen Schrifttum[8]. Die Abschnitte zur frühjüdischen Literatur bleiben knapp[9]. Ausführlicher wird lediglich Philo von Alexandrien behandelt[10]. Die Schriften vom Toten Meer (Qumran) fehlen; die Apokryphen und Pseudepigraphen werden sehr kurz behandelt. Etwas mehr erfahren wir zur rabbinischen Literatur.

Aspekte des Themas untersuchten Hofius und Schierse.

Während Schierse 1955 die religionsgeschichtlichen Kontexte des Hebr noch knapper behandelt als Cody, untersucht Hofius 1972 detailliert gnostische und rabbinische Texte zur Vorstellung vom himmlischen Vorhang und weist nach, dass die Gnosis als Vorstellungshintergrund ausgeschlossen werden kann, während esoterisch-jüdische Texte dem Hebr in vielem nahe stehen. Doch geht die Redaktion der herangezogenen Texte teils bis ins hohe Mittelalter hinauf[11].

---

[5] Dagegen bietet die Arbeit von GRAPPE 1992, anders als der Titel »D'un Temple à l'autre« erwarten lassen könnte, keine einschlägigen Ausführungen.

[6] A.a.O. 163–194, wobei es nur zu geringen Überschneidungen mit der Fragestellung der vorliegenden Arbeit kommt.

[7] A.a.O. 39–43.69–90.

[8] A.a.O. 9–56.

[9] A.a.O. 21–23.51–55.

[10] A.a.O. 26–36.55–57.

[11] Seither wurden die Ausführungen zum himmlischen Heiligtum in ShirShabb bekannt; s.u. zu LÖHR. Vgl. für das Vorhang-Motiv immerhin noch TestIsaak 8,4 (2. Jh. n.Chr.).

Obgleich es Beiträge zum Thema ›Himmlisches Heiligtum im Hebr‹ gibt, bleiben die vorhandenen Arbeiten zu religionsgeschichtlichen Hintergründen bzw. Kontexten allgemein.

Eine Ausnahme ist Löhrs Vergleich zwischen der Darstellung des himmlischen Heiligtums in den Sabbatopferliedern vom Toten Meer (ShirShabb) und im Hebr[12]. Obgleich Löhr kein Ergebnis formuliert, wird deutlich, wie unterschiedlich beide Textgruppen sind. So sehr Hebr auf der Überlegenheit des himmlischen Heiligtums und seines Kultes insistiert, so wenig ist er daran interessiert, den himmlischen Tempel oder seine Einzelheiten zu schildern (abgesehen von den zwei Teilen [»Zelten«] des Heiligtums werden nur der Vorhang und – implizit – der Thron erwähnt, und das nur um ihrer Funktion im Wirken Christi willen[13]). Ferner besteht der Unterschied, dass die für ShirShabb so wichtige himmlische Liturgie der Engel im kulttheologischen Mittelteil des Hebr nicht vorkommt (knapp nennt Hebr 12,22 die Engel als Teil der himmlischen Festversammlung [πανήγυρις]).

Ein Vergleich zwischen dem Verhältnis von irdischem und himmlischem Heiligtum bzw. Kult im Hebr und in den religionsgeschichtlichen Kontexten fehlt bislang. Sofern das frühjüdische Material verwendet wird, wird in der Regel eine Zusammenstellung mehr oder weniger naheliegender Parallelen geboten.

Methode und Vorgehen. Es mangelt bislang nicht an Darstellungen des Materials bzw. von Teilen davon unter verschiedenen Gesichtspunkten; wohl aber an Differenzierung und Genauigkeit der Darstellungen sowie an einer angemessenen Auswertung. Es gilt, nicht nur Belege unterschiedlichster Herkunft zusammenzutragen und ihre Aussagen nebeneinander zu stellen oder zu systematisieren, sondern nach der Funktion der Rede von himmlischem oder/und eschatologischen Heiligtum und Kult für die jeweiligen Argumentationsstrategien in der jeweiligen Situation zu fragen. Dabei werden Unterschiede in den Gattungen und ihrer jeweiligen Topik ebenso hervortreten wie bestimmte, sich im Verlauf der Entwicklung verstärkende Tendenzen (etwa der Rekurs auf ideale Gründungszeiten) oder Motive bzw. Motivgruppen (z.B. das Interesse an den verlorenen Tempelgeräten und deren weiterem Geschick). Diese können in unterschiedlichen Zusammenhängen für unterschiedliche Argumentationsstrategien genutzt werden, welche ihrerseits zu erheben sind.

Die folgende Darstellung geht, soweit möglich, chronologisch vor. Die Abfassungszeiten sind teils umstritten, teils nicht sicher zu bestimmen; auch bei der Einordnung vor bzw. nach 70 n.Chr. kann letzte Sicherheit nicht immer erreicht werden. Die zeitliche Einordnung der einzelnen Schriften ist im Einzelfall eigens zu begründen.

---

[12] LÖHR 1991.

[13] Hinzugefügt sei: Legt man Hebr 13,10 (wie m.E. richtig) auf den himmlischen Altar aus, so findet auch dieser im Hebr Erwähnung. Dafür gilt die gleiche Einschränkung wie für Vorhang und Thron.

Im Mittelpunkt der folgenden Darstellung steht die Beschreibung der jeweiligen Zuordnungen von irdischem und himmlischen Heiligtum und Kult bzw. von gegenwärtigem und eschatologischen Heiligtum und Kult und die Erhellung von deren Funktion im Rahmen der jeweiligen Argumentationsstrategien. Dabei wird auf gängige Schemata wie »apokalyptisch« oder »platonisch« ebenso verzichtet wie auf systematisierende Synthesen, etwa die Rede von der himmlischen Präexistenz der Eschata. Die Phänomene selbst sollen in ihrer Vielfalt und Differenzierung hervortreten. Erst in der abschließenden Auswertung sind Entwicklungslinien nachzuzeichnen, Gemeinsamkeiten und Unterschiede herauszustellen.

2.2 Gottes »bereitete Wohnstatt« – zur Rezeption und Interpretation eines Mythologumenon der Heiligtumstheologie in LXX

2.2.1 Ex 15,17 in MT und LXX

Ich beschränke mich auf die exemplarische Darstellung einer Stelle aus LXX, Ex 15,17, die aufgrund ihrer Verbindung von Exodus-, Landgabe- und Heiligtumsthematik wirksam wurde für die Heiligtumstheologie des frühen Judentums[14].

MT Ex 15,17[15] lautet:

תבאמו ותטעמו בהר נחלתך
מכון לשבתך פעלת יהוה
מקדש אדני כוננו ידיך

Du brachtest sie und pflanztest sie ein auf dem Berg deines Erbes.
Eine Stätte für dein Wohnen (bzw. Thronen) hast du gemacht, Jhwh;
ein Heiligtum, Herr, haben gegründet deine Hände.

In LXX lautet der Vers:

εἰσαγαγὼν καταφύτευσον αὐτοὺς εἰς ὄρος κληρονομίας σου
εἰς ἕτοιμον κατοικητήριόν σου ὃ κατειργάσω κύριε
ἁγίασμα κύριε ὃ ἡτοίμασαν αἱ χεῖρές σου

Bringe hinein und pflanze sie ein auf dem Berg deines Erbes,
zu deiner fertigen (oder: bereiteten) Wohnstatt, die du errichtet, Herr;
einem Heiligtum, Herr, das bereitet deine Hände.

---

[14] Vgl. dazu HORBURY 1996, bes. 203–211; SCHWEMER 1991, 72–76; DIES. 1996, 289: »[...] der locus classicus für die Erwartung des eschatologischen Heiligtums in frühjüdischer Zeit [...]«.

[15] Der Konsonantenbestand des Samaritanus ist – von unbedeutenden Abweichungen abgesehen – derselbe.

Die Übersetzung weicht in bemerkenswerter Weise vom hebräischen Text ab[16]. Ich konzentriere mich auf ἕτοιμον κατοικητήριόν σου und ἁγίασμα [...] ὅ ἡτοίμασαν κτλ.

Κατοικητήριον ist im LXX-Pentateuch selten; es begegnet nur noch Ex 12,20 von den »Wohnsitzen« der Israeliten. Auch ἁγίασμα ist – im Sinne von »Heiligtum«[17] – untypisch für den Pentateuch; es begegnet dort in diesem Sinne nur noch Ex 25,8. Dagegen kommt die Rede von Gottes »Wohnstatt« (κατοικητήριον) in III Reg, II Par und Ψ mehrfach vor. Auch dass Gottes »Wohnstatt« »fertig« oder »bereitet« (ἕτοιμος) ist, findet sich öfter in LXX:

Im Tempelweihgebet Salomos (I Reg 8,22–53) ist mehrfach davon die Rede, Gott möge Gebete erhören »vom Himmel, dem Ort deines [Gottes] Wohnens/Thronens« (השמים מכון) שבתך) u.ä. LXX übersetzt, Gott möge erhören ἐκ τοῦ οὐρανοῦ ἐξ ἑτοίμου κατοικητηρίου σου, »aus dem Himmel, deiner bereiteten Wohnstatt«. Diese Formulierung kommt hier 4mal vor (I Reg 8,30.39.43.49). In II Παρ 6 wird das Tempelweihgebet Salomos ebenfalls überliefert; hier findet sich auch 4mal (V.21.30.33.39) dieselbe Formulierung[18].

Vergleicht man diese Belege mit Ex 15,17, fällt auf, dass, wie dort, jeweils der »Ort deines Wohnens/Thronens« (מכון [ל]שבתך) im Griechischen als »deine Wohnstatt« (κατοικητήριόν σου) wiedergegeben wird und dass LXX, ebenfalls wie dort, das griechische ἕτοιμος als Beschreibung der Wohnstatt Gottes verwendet. Das nimmt die in Ex 15,17 folgende verbale Aussage auf, wonach Gottes Hände das Heiligtum »bereitet« bzw. »gegründet« haben (ὅ ἡτοίμασαν αἱ χεῖρές σου, כוננו ידיך). Nun wird das Heiligtum selbst als ἕτοιμον κατοικητήριόν σου bezeichnet, ohne dass das Hebräische dafür an dieser Stelle eine Entsprechung böte. I Reg (III Βας) und II Chr (II Παρ) identifizieren Himmel und göttliche Wohnstatt; dagegen fehlt in Ex 15,17 die Nennung der Himmels als Ort des Thronens bzw. der Wohnstatt Gottes.

Die Verbindung von Himmel und »(bereiteter) Wohnstatt« Gottes findet sich noch mehrfach in LXX[19]. So berichtet II Chr 30 von einer Passafeier des Königs Hiskia[20], bei der die Priester Israel segnen, »und ihr Gebet kam

---

[16] So nicht zuletzt im Gebrauch des Imperativ Aorist καταφύτευσον, der auf die erhoffte Rückführung der Diaspora anspielen mag.

[17] Im Sinne von Gott geheiligten Gegenständen kommt das Wort im Pentateuch mehrfach vor: Ex 28,36; 29,6; 29,34; 30,32; 30,37; 36,37; Lev 25,5.

[18] Im MT heißt es מן־השמים statt (wie in I Reg 8) השמים. Der Text der LXX ist derselbe wie in III Βας 8.

[19] An Salomos Bitten in III Βας 8 erinnert Dtn 26,15: κάτιδε ἐκ τοῦ οἴκου τοῦ ἁγίου σου ἐκ τοῦ οὐρανοῦ καὶ εὐλόγησον τὸν λαόν σου τὸν Ισραηλ... Hier wird der Himmel als Gottes »Haus«, damit als Tempel, bezeichnet. Der MT wählte mit מעון noch einen allgemeineren Ausdruck. Doch ist die Vorstellung im wesentlichen dieselbe.

[20] Ohne Entsprechung in den Königsbüchern.

zu seiner [Gottes] heiligen Wohnung, zum Himmel« (ותבוא תפלתם למעון
קדשו לשמים), V.27. LXX übersetzt καὶ ἦλθεν ἡ προσευχὴ αὐτῶν εἰς τὸ
κατοικητήριον τὸ ἅγιον αὐτοῦ εἰς τὸν οὐρανόν. Für MT wie LXX sind
Himmel und »Wohnstatt« Gottes auch hier identisch. Diese Identifikation
wird in III Makk 2,15 ausdrücklich ausgesprochen: τὸ μὲν γὰρ κατοικητήριόν σου οὐρανὸς τοῦ οὐρανοῦ ἀνέφικτος ἀνθρώποις ἐστίν »denn deine
Wohnstatt, der Himmel des Himmels, ist für Menschen unerreichbar«[21]. In
Ψ 32 (Ps 33),14 könnte der Zion als Wohnort (oder Thronsitz) der Gottheit
gemeint sein, die von hier aus alle Erdbewohner überschaut (ממכון־שבתו
השגיח אל כל־ישבי הארץ). In LXX heißt es jedoch, Gott sehe »aus seiner
bereiteten Wohnstatt« (ἐξ ἑτοίμου κατοικητηρίου αὐτοῦ) auf alle, die die
Erde bewohnen. Diese Formulierung wird auch hier auf den Himmel zielen.

So findet sich in LXX in unterschiedlichen Zusammenhängen die (hebräisch schon in I Reg bzw. II Chr belegte) Auffassung, dass Gottes
Wohnstatt im Himmel ist bzw. dass der Himmel Gottes Wohnstatt ist. Instruktiv ist in diesem Zusammenhang Dan 2,11, wonach göttliche Wesen
bzw. Engel (MT: אלהין [aram.]; LXX: ἄγγελος) ihre Wohnstatt (מדרהון,
κατοικητήριον) grundsätzlich nicht bei Sterblichen (בשרא; σάρξ) haben.
Daneben steht die Bezeichnung der himmlischen Wohnstatt Gottes als »bereitet« oder »fertig«, ἕτοιμος, in III Βας 8/II Παρ 6 und in Ψ 32. Diese Bezeichnung ist der LXX eigen und hat, wie gesagt, keine hebräische Entsprechung. Sie betont den gegenüber dem irdischen Tempel präexistenten
Charakter der himmlischen göttlichen Wohnstatt, die vor aller menschlichen Aktivität besteht und, wie Ex 15,17 sagt, von Gottes Händen »bereitet« wurde – οὐ χειροποίητον, τοῦτ' ἔστιν οὐ ταύτης τῆς κτίσεως, wie
Hebr [9,11] sagen würde. Wo von Gottes himmlischer »Wohnstatt« die
Rede ist, steht das Bewusstsein im Hintergrund, dass Gott nicht auf der Erde wohnt, dass sein wahres Heiligtum nicht von Menschen gegründet und
errichtet werden kann. Die Wahrnehmung der göttlichen Welttranszendenz
erfordert Distanz, und ein himmlisches Heiligtum tritt dem irdischen gegenüber. LXX nimmt das auf und verstärkt es noch.

Ps 107 (Ψ 106),4.7 spricht von der Wüstenwanderung, die schließlich durch Gottes Führung in einer »Stadt des Wohnens« (עיר מושב) endet. Natürlich ist – wie in Ex 15,17 –
Jerusalem als Ziel des Exodus gemeint. LXX aber formuliert, Israel sei zur πόλις
κατοικητηρίου, zur »Stadt der Wohnstatt«, gekommen, und damit ist nun Jerusalem als
Stadt von Gottes Heiligtum im Blick. Denn die »Wohnstatt« ist hier – wie das
κατοικητήριον ἐν Σιων in Ps 76 (Ψ 75),3 – eben Gottes Wohnung[22]. Ps 107 (Ψ 106)
nimmt, wie Ex 15, auf die Situation der Wüstenwanderung Bezug, die dem Tempelbau

---

[21] Übersetzung von KAUTZSCH (Hg.) 1975 (1900).

[22] Spricht MT im ersten Stichos von »seiner Hütte« (סכו), was an den Tempel erinnert, so tritt dieser Bezug in LXX zurück, die dafür neutraler τόπος αὐτοῦ, »sein Ort«, hat
und aus dem Ortsnamen »Salem« (שלם) einen Begriff (εἰρήνη) macht.

weit vorausliegt. Das von Gottes Händen bereitete κατοικητήριον ist nicht der irdische Tempel, aber doch wohl auch nicht der himmlische. Gemeint ist wohl eher – wie in Ex 15,17 – das Wohnen bzw. Thronen Gottes auf dem heiligen Berg.

Schon die hebräische Formulierung מכון לשבתך in Ex 15,17 stellt den Bezug zur gleichlautenden Formulierung von I Reg 8,30 u.ö. her (bzw. umgekehrt); auch LXX wählt in Ex 15,17 die gleiche Formulierung wie in III Βας 8,30 usw., wobei zumal das von dort bekannte Adjektiv ἕτοιμος die Zusammengehörigkeit verdeutlicht. Wo immer der Ursprung der Rede vom מכון לשבתך liegen mag, für LXX war die Zusammengehörigkeit der Aussagen von Ex 15 und I Reg 8 vorgegeben, und damit war es das Verständnis der göttlichen Wohnstatt im Sinne der himmlischen Wohnung. Die Wiedergabe von מקדש mit ἁγίασμα verweist daneben auf Ex 25,8, den einzigen weiteren Beleg des LXX-Pentateuch i.S.v.»Heiligtum«, und damit auf die Vorstellung vom irdischen Heiligtum als Abbild eines himmlischen Modells (so dort V.9). So verweist LXX in Ex 15,17 auf das himmlische Heiligtum und zugleich auf den irdischen Tempel als sein Abbild. Sie entwickelt damit die Auffassung des hebräischen Textes – der heilige Berg als Gottes irdischer Thronsitz – hin zur aus I Reg 8 bekannten Vorstellung von der himmlischen Wohnung Gottes und entwickelt auch diese weiter, indem sie sie durch die Anspielung auf LXX Ex 25,8f im Sinne des Urbild-Abbild-Denkens deutet, das in I Reg 8 noch nicht explizit zum Ausdruck kam.

So wird eine heiligtumstheologische Aussage des hebräischen AT in LXX (und damit im frühen Judentum) im Sinne der Urbild-Abbild-Ontologie rezipiert. Diese Rezeption wird in SapSal 9,8 aufgenommen und weitergeführt. Es ist daher zweckmäßig, diese Stelle (entgegen der sonst chronologischen Anordnung des Stoffes) hier sogleich anzuschließen.

2.2.2 Die Aufnahme des Motivs in Sapientia Salomonis 9,8

Diese aus dem alexandrinischen Judentum wohl des 1. Jh.s v.Chr. stammende hellenistisch-jüdische Weisheitsschrift[23] bietet ein im 9. Kp. beginnendes Gebet Salomos um die Weisheit, das ausführlich deren Werke in Schöpfung und Geschichte schildert und in dem es in 9,8 heißt:

εἶπας οἰκοδομῆσαι ναὸν ἐν ὄρει ἁγίῳ σου
καὶ ἐν πόλει κατασκηνώσεώς σου θυσιαστήριον
μίμημα σκηνῆς ἁγίας ἣν προητοίμασας ἀπ᾽ ἀρχῆς

»Du gebotest, einen Tempel zu bauen auf deinem heiligen Berge,
und in der Stadt deines Zeltens einen Altar,
ein Abbild des heiligen Zeltes, welches du zuvor bereitet von Anfang her.«

---

[23] Zu den Einleitungsfragen vgl. ZENGER ua. 2001, 357; EISSFELDT 1964, 815; RÜGER 1978, 305; ROST 1971, 43. Über die Herkunft aus dem hellenistischen Judentum Alexandriens ist man sich einig; während die meisten die Schrift ins 1. Jh. v.Chr. einordnen, datieren ZENGER u.a. in die Zeit zwischen 30 v.Chr. und 41. n.Chr.

Die Anklänge an LXX Ex 15,17 liegen auf der Hand[24]. LXX deutete dort das Thronen Gottes auf dem heiligen Berg mittels der Anspielung auf Aussagen über die himmlische Wohnung Gottes in I Reg/III Βας u.ö. sowie auf das irdische Heiligtum als Abbild eines himmlischen Modells nach LXX Ex 25,8f. SapSal schließt hier an, geht aber weiter. Was LXX Ex 15,17 mit der Anspielung auf Ex 25,8f LXX (ἁγίασμα) andeutete, wird nun ausgesprochen: die Verbindung mit der Zelttradition im Sinne eines himmlischen Urbildes. Während Ex 25,8f nur von einem *irdischen* Zeltheiligtum sowie von einem transzendenten »Modell« (תבנית, παράδειγμα) zu sagen weiß, ist hier von einem »heiligen Zelt« die Rede, das Gott selbst von Anfang an bereitet hat. Gemeint ist weder das Zeltheiligtum der Wüstenzeit noch dessen transzendent-intelligibles Modell, sondern ein von Gott bereitetes, somit im Himmel bestehendes, veritables Zeltheiligtum, das vor der Wüstenzeit von der Schöpfung an besteht. Das irdische Heiligtum (ναός und θυσιαστήριον) ist damit nun das μίμημα des himmlischen »heiligen Zeltes«, was komplementär der unausgesprochen vorausgesetzten Aussage vom himmlischen παράδειγμα (LXX Ex 25,9) entspricht. Beide Begriffe, παράδειγμα und μίμημα, sind termini technici griechischer Philosophie; μίμημα bezeichnet bei Platon, Tim 48e, das sinnlich-veränderliche Abbild des παράδειγμα, des unveränderlich-intelligiblen Urbildes[25]. Die Verwendung von πόλις κατασκηνώσεώς σου für das irdische Jerusalem verstärkt den Eindruck der Entsprechung von himmlischem Urbild (σκηνή) und irdischem Abbild. So wird die schon in LXX gegebene ontologische Deutung des Jerusalemer Heiligtums hier durch philosophische Begrifflichkeit vertieft.

Der weisheitstheologische Kontext dessen soll hier nicht im einzelnen dargestellt werden. Es genügt, die Funktion der Stelle für die Aussageabsicht der SapSal anzudeuten: Es folgt in SapSal in Kp. 10–19 eine Schilderung der Werke der Weisheit, die von der Schöpfung über die Erzväter bis zu Exodus und Wüstenwanderung reicht. Traditionelle Theologumena werden so weisheitstheologisch vertieft. In diesem Kontext sind die Ausführungen von Kp. 9 zu sehen. Der Bezug auf den Tempelbau (V.8) wird zusammen mit der göttlichen Einsetzung Salomos zum Herrscher (V.7) zum Anknüpfungspunkt für die Bitte um die göttliche Weisheit, die der König benötigt, um sein Amt auszuüben (V.10–12). Verbunden ist beides durch die Überzeugung von der himmlischen Herkunft der Weisheit, die als Throngenossin Gottes gilt (V.10). Wie das irdische Heiligtum dem himmlischen entspricht, so soll die im himmlischen Heiligtum thronende Weisheit auch auf die Erde kommen und den irdischen König beraten. – In der erbetenen Anwesenheit der Weisheit in Jerusalem fasst sich so die Erwählung Israels und des Zion zusammen. Es liegt nahe, an den Weisheitshymnus Sir 24,3–34 zu denken, der in V.4–11 die Niederlassung der himmlischen Weisheit bei Israel auf dem Zion schildert. Diese Weisheitstheo-

---

[24] Vgl. ἕτοιμον κατοικητήριον, ἁγίασμα [...] ὃ ἡτοίμασαν κτλ. Ex 15,17 – σκηνή ἦν προητοίμασας SapSal 9,8.

[25] Statt vom μίμημα kann Platon auch von der εἰκών als dem irdischen Abbild sprechen (so Tim 29b). Vgl. WINSTON 1979, 203f.

logie dient in Sir 24 wie in SapSal zur Legitimierung Israels als des erwählten Volkes, des Zion als des wahren Kultortes.

Die Rede ist vom himmlischen Heiligtum – um des *irdischen* willen. Für SapSal dient der Rekurs auf das himmlische Urbild der Legitimation des irdischen Abbilds. Der jüdischen Diaspora erlaubt diese »philosophische« Argumentation, ihren Glauben an den Gott Israels und das Festhalten an dessen Jerusalemer Heiligtum auch in der Auseinandersetzung mit hellenistischer Kultur und Bildung zu begründen. Dieses Motiv mag auch in der Interpretationstendenz der LXX bereits wirksam sein.

2.3 Literatur des 2. Jh.s v.Chr.

2.3.1 Tobit

Tob gibt sich als ein Werk der Exilszeit. In Wirklichkeit ist es zur Zeit des zweiten Tempels, wohl um 200 v.Chr.[26], verfasst. Im abschließenden Lobpreis Tobits (Kp. 13, hier V.10–18[27]) findet sich ein Beleg für die Erwartung eines neuen Jerusalem und eines neuen Tempels.

Der Tempel ist wiedererrichtet. Doch erwartet wird ein neues, aus Gold und Edelsteinen erbautes Jerusalem (13,17f). Die Schilderung ist ideal. Von einem *himmlischen* Jerusalem kann man jedoch nicht sprechen[28]: Es handelt sich um eine innergeschichtliche, irdische Stadt. Auch die Rückkehr aus dem Exil und die Völkerwallfahrt zum Zion stehen bevor (V.11–14). In diesem Zusammenhang begegnet das Motiv des »Zeltes«, von dem es V.11 heißt, es werde wieder erbaut werden; Jerusalem möge Gott preisen, ἵνα πάλιν ἡ σκηνὴ αὐτοῦ οἰκοδομηθῇ. Gemeint ist der Wiederaufbau des Jerusalemer Tempels. Die literarische Fiktion macht die Exilssituation durchsichtig für den Mangel, der in der Zeit des zweiten Tempels empfunden wird, ebenso wie für die Zukunfshoffnungen, die man hegt. Dadurch übergeht die Hoffnung auf eine Erneuerung Jerusalems und des Tempels die Existenz des zweiten Tempels, der nicht in den Blick kommt. Die Zeltmetapher verweist auf die Gründungszeit des Kults zurück und zugleich voraus auf die künftige Erfüllung; die gegenwärtige Wirklichkeit des Erzählers dagegen hinterlässt allenfalls Spuren: Die Erwähnung des –

---

[26] Vgl. ROST 1971, 46, der das Werk um das Jahr 200 datiert; ähnlich RÜGER 1978, 300; EGO (Hg.) 1999, 899f hält »das späte dritte bzw. frühe zweite Jahrhundert« für wahrscheinlich; desgleichen datiert SCHÜNGEL-STRAUMANN 2000, 39 etwa auf 200. Dagegen gehen ZENGER u.a. 2001, 254 in die zweite Hälfte des 2. Jh.s hinunter. EISSFELDT 1964, 793: »vor der makkabäischen Erhebung«.
[27] Tob liegt in zwei Rezensionen (G^I und G^II) vor; vgl. ZENGER u.a. 2001, 252f. Ich folge jeweils der LXX ed. RAHLFS, auch in der Verszählung.
[28] Gegen SCHÜNGEL-STRAUMANN 2000, 174.

im zweiten Tempel fehlenden –»Zeltes« verweist auf die Unzulänglichkeit des gegenwärtigen Kults[29]. Diese deutet sich auch in V.10f an, wo alle in Jerusalem (V.10) bzw. dieses selbst direkt angesprochen werden: Mit der Erwähnung von Taten, die Gott strafen wird, verbindet sich die Aufforderung zu Bekenntnis und Lobpreis (V.11), und diese sind Voraussetzungen der Wiedererrichtung des »Zeltes«[30].

Der sekundäre[31] Schluss 14,2b–15 spricht in V.5 aus, was schon 13,10–18 erkennen ließ: Hier werden die Rückkehr aus dem Exil und der Wiederaufbau des Tempels berichtet. Doch wird vermerkt, dass der zweite Tempel dem ersten nicht gleichkommt (οὐχ οἷος ὁ πρότερος); insofern ist die Perspektive eine ähnliche wie in 13,10–18. Der zweite Tempel ist nur ein Interim; er soll lediglich Bestand haben, »bis die Zeiten der Welt erfüllt werden« (ἕως πληρωθῶσιν καιροὶ τοῦ αἰῶνος), und dann wird mit der Rückkehr der Diaspora der eigentlich Wiederaufbau Jerusalems und des Tempels folgen (καὶ οἰκοδομήσουσιν Ιερουσαλημ ἐντίμως καὶ ὁ οἶκος τοῦ θεοῦ ἐν αὐτῇ οἰκοδομηθήσεται), wovon, verhüllt unter der Fiktion, schon zuvor die Rede war. Dieser Tempelbau wird für alle Zeiten Bestand haben und herrlich sein. Was der Grundbestand des Buches durch Schweigen überging, wird hier deutlich ausgesprochen: die Unzulänglichkeit des zweiten Tempels und seine begrenzte Dauer sowie die Erwartung eines künftigen Heiligtums, das von Dauer und mit der verlorenen Herrlichkeit ausgestattet sein wird.

2.3.2 Jesus Sirach

Sir, eine im ersten Viertel des 2. Jh.s v.Chr. wohl von einem Jerusalemer verfasste Lehr- und Weisheitsschrift, liegt in mehreren fragmentarischen hebräischen Handschriften sowie in der davon teils nicht unerheblich abweichenden LXX-Fassung vor, die auf die griechische Übersetzung des in Alexandrien lebenden Enkels des Verfassers zurückgeht. Jener kam um 132 v.Chr. nach Ägypten, wo er die Übersetzung anfertigte[32].

Sir preist Josua und Serubbabel dafür, dass sie den Tempel nach dem Exil wiedererrichteten (Sir 49,11f), und der (zweite) »heilige Tempel« gilt dem

---

[29] Vgl. SCHÜNGEL-STRAUMANN 2000, 173: »Damit kann zur Zeit Tobits nicht der Tempel aus Stein gemeint sein, dieser steht ja seit langem wieder, der altertümliche Ausdruck für das Heiligtum deutet vielleicht an, dass es dem Verfasser um einen idealen, einen zukünftigen Ort geht [...]«.

[30] An welche strafwürdigen ἔργα gedacht ist, bleibt unklar, doch die Aufforderung zum Bekenntnis und Gottespreis lässt an kultische Verpflichtungen denken. Setzt man Tob mit ZENGER u.a. spät an, so mag man hier an die hellenistische Krise als Hintergrund denken und auch erwägen (vgl. ZENGER u.a. 2001, 253f), ob Erfahrungen der Makkabäerzeit als möglicher Hintergrund für 1,18–20; 2,8 in Frage kommen könnten.

[31] Vgl. SCHÜNGEL-STRAUMANN 2000, 176.

[32] So der Prolog zur griechischen Fassung. Zu den Einleitungsfragen vgl. EISSFELDT 1964, 807–812; ROST 1971, 47–50; ZENGER u.a. 2001, 363–370.

Siraziden als »zu ewiger Herrlichkeit bereitet« (ἡτοιμασμένον εἰς δόξαν αἰῶνος, Sir 49,12). Im 50. Kapitel schildert er das politische und kultische Wirken des Hohenpriesters Simon II. (2. Hälfte des 3. Jh.s). Er erscheint als der ideale Hohepriester. Die Religionspolitik Antiochos' IV. und die Wirren um den Jerusalemer Tempel liegen noch in der Zukunft, und von Kritik am irdischen Kult oder von der Erwartung eines künftigen idealen Tempels ist hier nichts zu erkennen[33].

Die Vorstellung eines himmlischen Heiligtums und das Abbildverhältnis des irdischen zu ihm kommt im Weisheitshymnus Sir 24,4–12 zur Sprache. Die Weisheit, die im Himmel thronte, suchte eine Ruhestätte (ἀνάπαυσις, V.7) unter den Völkern, doch fand sie keine, bis Gott ihr den Ruheplatz für ihr Zelt »in Jakob« gab (κατέπαυσεν τὴν σκηνήν μου εἶπεν ἐν Ιακωβ κατασκήνωσον V.8). So kam sie, die vor Gott im heiligen Zelt kultisch gedient hatte (V.10), nach Jerusalem (ἐν σκηνῇ ἁγίᾳ ἐνώπιον αὐτοῦ ἐλειτούργησα καὶ οὕτως ἐν Σιων ἐστηρίχθην[34])[35].

Es ist allein aufgrund des Wortlauts nicht zu entscheiden, ob mit dem »Zelt« ein himmlisches oder das irdische Heiligtum gemeint ist. Doch werden die Wüstenzeit Israels und die Toragabe am Sinai in Sir 24,1–12 nicht erwähnt. Auf das himmlische Wirken der Weisheit (V.4) bzw. ihr Wirken in der ganzen Schöpfung (V.3.5) folgen die Suche nach einem irdischen Ruheort und sodann die Einwohnung »in Jakob« (V.8). So liegt es nahe, bei der Aussage über das Dienen im Zelt (V.10) an das himmlische Wirken der Weisheit nach V.4 zu denken, worauf (V.10f) die »Ruhe« in Jerusalem folgte. Demnach wäre bei dem Zelt von V.10 an ein himmlisches Zeltheiligtum zu denken, in dem die Weisheit kultisch »diente«.

Es ist das Zelt der präexistenten himmlischen Weisheit, das auf dem Zion aufgeschlagen wird, und somit ist die Vorstellung eines präexistenten himmlischen Zelt-Heiligtums belegt. Wenngleich vom Jerusalemer Kult nicht explizit die Rede ist, steht doch im Hintergrund die Vorstellung vom Urbild des irdischen Abbilds: Wie sie im Himmel kultisch diente, ist die Weisheit nun auch hier gegenwärtig. So hat auch hier diese Vorstellung legitimierende Funktion.

Mit der Kultreform unter Antiochos IV. und dem makkabäischen Aufstand wird auch der Tempel und sein Kult kritisch betrachtet, und Hayward hat gezeigt[36], wie die (nach der hellenistischen Krise entstandene) griechi-

---

[33] Vgl. jedoch u. Anm. 39 zu Sir 36 sowie Anm. 44 zu 51,12.
[34] Der Text ist nur auf Griechisch überliefert.
[35] Aufgenommen ist die Tradition vom Zion als Gottes erwähltem »Ruheort« (מנוחה/ἀνάπαυσις bzw. κατάπαυσις) Ps 132 (Ψ 131),8.14 sowie von Davids Suche nach einem »Ruheplatz« für Gottes Lade Ps 132 (Ψ 131),3–5.8.
[36] HAYWARD 1992, 136–138.

sche Übersetzung[37] die im Original vertretene Hochschätzung Jerusalems und des Tempels abschwächt.

So erbittet der Sirazide für Jerusalem, Gottes »heilige Stadt«, den »Ort, wo du wohnst«[38], Erbarmen (רחם על קרית קדשך ירושלם מכון שבתיך), und wünscht, dass Zion mit göttlichem Glanz und der Tempel mit Gottes Herrlichkeit erfüllt werde[39] (מלא ציון את הודך ומכבודך את היכלך, 36,13f[40]). Doch der griechische Text spricht nur mehr von der πόλις ἀγιάσματός σου Ιερουσαλημ τόπος καταπαύματός σου und bittet: πλῆσον Σιων ἀρεταλογίας σου καὶ ἀπὸ τῆς δόξης σου τὸν λαόν σου: »The Temple[41] is no more ›the habitation of Thy dwelling‹, but ›the place of Thy rest‹, all overtones and echoes of Solomon's great prayer of dedication in 1 Kgs 8 being lost. The plea that God fill Zion with ›Thy majesty‹, הודך, a powerful word evocative of the splendour of priestly ritual, becomes a request for *aretalogias*, a weak and limp philosophical notion of virtuous words«[42]. Hinzuzufügen ist, dass hier aus dem היכל (ναός) der λαός geworden und damit der Heiligtumsbezug im Griechischen getilgt ist: Träger der göttlichen Doxa ist Israel; dem Tempel wird das dagegen nicht mehr zugeschrieben, was umso schwerer wiegt, als der traditionsgeschichtliche Hintergrund – das Weihegebet Salomos I Reg 8 – die Vorstellung vom »Erfüllen« (מלא) mit der (Kabod-) Wolke ja gerade dem Tempel zugeordnet hatte (dort V.10).

In 50,5 heißt es im hebräischen Text über Simon: »wie herrlich war er, wenn er heraussah aus dem Zelt« מה נהדר בהשגיחו מאהל; wichtig ist die Bezeichnung des Heiligtums als »Zelt«, welche den Jerusalemer Tempel mit dem Zeltheiligtum der Wüstenzeit in Verbindung bringt. Doch in der griechischen Fassung von Sir 50,5 fehlt der Bezug auf den אהל, und es heißt lediglich »wie herrlich war er beim Umwenden/Umkreisen des Volkes«, ὡς ἐδοξάσθη ἐν περιστροφῇ λαοῦ[43]. Die Literatur der Zeit nach der

---

[37] Der Übersetzer, Enkel des Verfassers, kam um 132 v.Chr. nach Ägypten (vgl. ZENGER u.a. 2001, 367f).

[38] Aufnahme von Ex 15,17 bzw. I Reg/III Βας 8,30 u.ö.

[39] In der Bitte um Glanz und Herrlichkeit kommt schon im hebräischen Text die Hoffnung auf zukünftige Heilsfülle zum Ausdruck. Vgl. HENGEL 1988, 273–275 zur Kritik an hellenistisch gesinnten Kreisen des zeitgenössischen Judentums, zur Feindschaft gegenüber den Seleukiden und zur endzeitlichen Hoffnung in Sir 36. Letztere bleibt ganz diesseitig bestimmt. SÖLLNER (1998, 69–73: 72) sieht in Sir 36 einen Widerspruch zu den sonstigen Aussagen des Buches und hält das Gebet für einen späteren Zusatz, der etwa aufgrund der sog. Heliodor-Affäre (vgl. II Makk 3) vorgenommen worden sein könnte (vgl. dazu ZENGER u.a. 2001, 367f). Doch auch in 48,10 findet sich Zukunftserwartung (Erscheinen Elias zur Aufrichtung der Stämme Jakobs – Sammlung der Diaspora?). Auf den Unterschied zum Wortlaut der LXX in 36,14 geht SÖLLNER nicht ein. Anders als er (a.a.O. 71–73) vermag ich hier keine Bitte um ein eschatologisches neues Jerusalem zu erkennen.

[40] So nach der Zählung des hebr. MS B bei BEENTJES (Hg.) 1997; nach der Zählung von LXX ed. RAHLFS: V.12f; nach der Zählung der Einheitsübersetzung: V.18f.

[41] Eigentlich: Jerusalem.

[42] HAYWARD 1992, 137.

[43] Auch hier tritt – wie schon in LXX 36,13 – an die Stelle des Heiligtums (hier des אהל) das Volk (wieder λαός); diese bewusste Ersetzung beruht demnach auf der redaktio-

hellenistischen Krise zieht gern das Motiv des »Zeltes« und dessen Fehlen zur Kritik am zweiten Tempel heran (vgl. u. zu II Makk u.a.). Der Unterschied zwischen hebräischem und griechischem Text von Sir 50,5 zeigt, dass auch der nach der hellenistischen Krise arbeitende Übersetzer die Gleichsetzung von Tempel und »Zelt« nicht mehr als angemessen empfand[44].

2.3.3 Das »Gebet Asarjas«

Das »Gebet Asarjas«, der Form nach eine Volksklage, findet sich in den griechischen Fassungen des Danielbuches (LXX, Θ‘) über den hebräischen bzw. aramäischen Text hinaus im Anschluss an MT Dan 3,23. Es dürfte ursprünglich selbständig gewesen, sekundär in den jetzigen Kontext eingefügt worden und in der Zeit der hellenistischen Krise (175–164 v.Chr.) verfasst worden sein[45].

Asarja preist Gottes Gerechtigkeit in seinem Gericht über Jerusalem (3,28f[46]). Israel findet sich ohne König, Prophet oder Leiter vor; ohne Opferdarbringung, ohne Kultort (V.38). In dieser Not sollen Buße, Klage und Flehen die Opfer ersetzen und Gottes Erbarmen erwirken (V.39f). Wie öfter, drückt sich hier in der literarischen Fiktion der Exilssituation das theologische Urteil über den korrumpierten Jerusalemer Kult der Gegenwart aus. Unter den Umständen der hellenistischen Krise kann der Jerusalemer Tempel nicht mehr als rechter Kultort, können die Opfer nicht mehr als Gott angenehm gelten. – Die Zukunftsaussichten bleiben vage: Erbeten wird die Überwindung der Feinde (V.44f). Auf die Zukunft des Kults geht das Gebet Asarjas nicht ein.

---

nellen Eigenart der griechischen Übersetzung, deren Distanz zum Tempel auch hier zu greifen ist.

[44] In einer mittelalterlichen hebräischen Sir-Handschrift (B) aus der Kairoer Geniza findet sich zusätzlich in Sir 51,12 eine hymnische Komposition, die in allen antiken Handschriften fehlt. Diese enthält u.a. die Erwartung eines (wohl eschatologischen) Bauens Jerusalems und des Tempels durch Gott (nach der Einteilung bei SAUER (Hg.), 1981, 635f: V.12g). Der textkritische Befund (vgl. SKEHAN/DI LELLA 1987, 569f) ist, für sich genommen, uneindeutig; doch spricht mehr für einen sekundären Einschub. SKEHAN/ DI LELLA denken (a.a.O. 569), u.a. wegen des für Sir untypischen Sprachgebrauchs in 51,12b, an einen Hymnus aus Qumran, der in ein dort geschriebenes Manuskript und so in die Textüberlieferung der Karäer eingedrungen sein könnte. Eine Auslassung durch antike Übersetzer dagegen wäre kaum erklärlich. Auch SAUER (Hg.) 1981, 635, Anm. zu V.12a, geht von einem sekundären Einschub aus. Hinzuzufügen wäre, dass die Erwartung eines neuen Jerusalem (wie SÖLLNER 1998, 74 mit Recht bemerkt) zu Aussagen über die Ewigkeit Jerusalems wie Sir 47,13; 49,12 in Spannung steht. Die Einfügung einer eschatologischen Jerusalem- und Tempelerwartung in den anders ausgerichteten Text des Siraziden ist eine bemerkenswerte Fortschreibung im Sinne einer stärker tempel- und jerusalemkritischen Auffassung, wie sie auf andere Weise auch die griechische Übersetzung anklingen lässt.

[45] Vgl. zu den Einleitungsfragen EISSFELDT 1964, 799; ROST 1971, 66f; RÜGER 1978, 308f. Die Ausführungen bei ZENGER u.a. 2001, 461f bleiben vage.

[46] Hier und im folgenden Zählung der LXX.

2.3.4 Oracula Sibyllina III

Diese Schrift aus der Zeit des zweiten Tempels – verfasst wohl um 163–145 v.Chr. in Ägypten[47] – hat ein positives Bild des Jerusalemer Tempels und seines Kults.

Als Volk idealer Frömmigkeit und Gottesverehrung (573–600) stehen die Juden den Heiden und deren Idolatrie und Immoralität (545–563.595–600) gegenüber. Zwar ist vom Exil als Strafe für Sünden Israels die Rede. Aber jede Kritik am Kult und am Tempel, ja selbst die explizite Erwähnung der Tempelzerstörung, fehlt, wenngleich von der Errichtung des zweiten Tempels die Rede ist (265–294). Würden auch die Griechen dem einen, wahren Gott opfern, so könnten sie Krieg, Seuchen und Versklavung vermeiden (564–567). Doch werden die Griechen dem wahren Gott erst in Zukunft opfern, denn erst am Ende der Zeit wird eintreffen, was Gott plant (570–572).

Wenngleich es am Ende der Zeit zu Angriffen der Heiden auf Jerusalem und den Tempel kommen wird (657–668), werden diese doch scheitern (685–690). Nach dem Endgericht werden die Söhne Gottes friedlich um den Tempel leben (669–701.702–709). Schließlich werden alle Völker den einen Gott anerkennen und Gaben zum Tempel senden (710–731). So auch im Reich Gottes; Gott wird unter den Seinen wohnen und die Schöpfung wird verwandelt werden (767–795). Von einem neuen Jerusalem bzw. Tempel ist nicht die Rede.

2.3.5 Das Buch der Jubiläen

Das um die Mitte des 2. Jh.s verfasste[48] Buch der Jubiläen gibt sich als Offenbarung an Mose auf dem Sinai, bietet jedoch im Medium einer interpretierenden Nacherzählung der Gen eine Vielzahl theologischer Aussagen, die so in eine ideale Urzeit zurückprojiziert werden und damit besondere Dignität erhalten. Wenngleich Tempel und Heiligtum nicht im Mittelpunkt der Jub stehen, spielen kultische Themen doch eine wichtige Rolle[49].

Dabei ist von einer Erneuerung des Kults in eschatologischer Zukunft die Rede (1,15–26). Auch hier steht die künftige Vollendung im Zusammenhang der Rückführung Israels aus der Diaspora (1,15). In diesem Zusammenhang steht die Verheißung eines neuen, von Gott errichteten Heiligtums, in dem Gott bei seinem Volk wohnen wird (1,17) – es folgt die Bundesformel (1,19). Gott wird auf die Erde kommen und ewig bei Israel wohnen (1,26). Für die künftige Heilszeit wird die Reinigung Israels und des Landes verheißen, wobei kultische und sittliche Reinheitsvorstellung ein-

---

[47] Vgl. COLLINS (Hg.) 1983, 355; SÖLLNER 1998, 114f.

[48] So WINTERMUTE (Hg.) 1985, 44; ähnlich (zwischen 145 und 140) BERGER (Hg.) 1981, 299f: 300; anders hingegen ältere Forscher: so ROST 1971, 100, der die Schrift um 110–105 datiert; EISSFELDT 1964, 824 nimmt »etwa 100 vChr« als Entstehungszeit an. Weiteres bei FREY 1997, 286 Anm. 106.

[49] Vgl. generell hierzu die Beiträge von EGO 1997; FREY 1997; VAN RUITEN 1999.

ander durchdringen (50,5). Neben der Ansage des neuen Heiligtums und
der Bundesthematik steht die Erwartung einer inneren Verwandlung Israels
zum willigen Gehorsam. Das erneuerte Heiligtum auf dem Zion soll im
Kontext einer neuen Schöpfung entstehen (1,27–29; 4,26).

Dem eschatologischen Zugang zur Heiligtumsthematik entspricht der
protologische. Anders als die bisher besprochenen frühjüdischen Texte,
verankert Jub die Heiligtumsgründung im Anfang der Schöpfung: Obgleich Jub vier Heiligtümer kennt – Eden, der »Berg des Ostens«, Sinai
und Zion (4,26)[50] –, gilt doch Eden als das Heiligtum schlechthin, »das
Allerheiligste«, während der Sinai die Mitte der Wüste, der Zion Mittelpunkt der Erde ist (8,19). Jub stellt Adam als den Priester des urzeitlichen
Eden-Heiligtums dar, der vor dem Eingang zum Paradies – also vor dem
Allerheiligsten des urzeitlichen Heiligtums – den Weihrauchkult vollzieht[51] (3,27).

Ähnlich wie Tob, bietet auch Jub eine literarische Fiktion, welche über
die Abfassungszeit – die Zeit des zweiten Tempels – hinaus auf eine ideale
Urzeit zurück- und auf eine ideale Endzeit vorausgreift. Aus dieser Perspektive kommt das gegenwärtige Heiligtum in Sicht, das dem Jub als unzulänglich gilt. Das betrifft schon die vorexilische Zeit. Für diese wird Abfall zu heidnischen Kulten (1,9.11) und Abfall von Gottes Geboten, von
den Festen und vom Heiligtum vorausgesagt (1,10). So verfällt auch der
erste Tempel der Kritik.

Großen Wert legt Jub auf die Sabbatpraxis, den Festkalender und die Ablehnung eines
Mondkalenders (6,17–38), und darin sind kontroverse Themen der Abfassungszeit zu
sehen (wie in Schriften vom Toten Meer[52]). Dem Mose wird angekündigt, dass es Bestre-
bungen geben werde, den Mondkalender einzuführen, und dieselben Personen würden
sich des Blutgenusses schuldig machen (6,37f), vor dem Jub ausführlich warnt, zumal
das Blut der opferkultischen Sühne dient (6,6–14).

In diesem Zusammenhang kommt Jub auf den himmlischen Kult zu sprechen: Das Wochenfest soll als Bundeserneuerungsfest zur Erinnerung an
den Noabund gefeiert werden, und diese Festpraxis wird damit begründet,
dass es so auf den »himmlischen Tafeln« geschrieben sei und dass das Fest
auch im Himmel begangen werde. Die Patriarchen feierten das Fest, doch
wurde es vergessen und muss daher von Mose neu bekannt gemacht
werden (6,17–22)[53]. Interesse an einer Schilderung des himmlischen Kults

---

[50] Zur Bedeutung dieser sakralen Geographie vgl. FREY 1997, 272–279.

[51] Vgl. EGO 1997, 215; BROOKE 1999, 294; VAN RUITEN 1999, 218–220.

[52] Vgl. einführend STEGEMANN 1994, 231–241; MAIER 3, 52–54.137–139; TALMON
2000.

[53] Es geht jedoch zu weit, wenn HIMMELFARB 1993, 34 aus der Erwähnung der Opferanweisungen in V.22 schließen will, dass auch im himmlischen Kult nach der Vorstellung des Jub Opferkult praktiziert werde. Jub will keine Beschreibung des himmli-

als solchen besteht nicht; es geht um die irdische Praxis, näherhin den
Festkalender, der durch Rekurs auf den himmlischen Kult legitimiert werden soll. Das irdische Heiligtum und sein Kult werden nicht ins Verhältnis
zum himmlischen Kult gesetzt, das himmlische Heiligtum nicht beschrieben.

Jub spricht von den Folgen der hellenistischen Krise[54]: Unrecht und
Blutvergießen verunreinigen nicht nur das Land; sie führen zur äußersten
Verunreinigung, der des Allerheiligsten (V.21).

Das könnte, über die hellenistische Krise hinaus, eine Kritik am hasmonäischen Hohepriestertum sein, ist es doch der Hohepriester, der das Allerheiligste betritt und der in
seiner Eigenschaft als Heerführer Blut vergießt[55]. Doch ließe sich die Verunreinigung
des Allerheiligsten auch als Auswirkung der von Volk und Priesterschaft begangenen
Sünden auf das Heiligtum erklären[56].

Heilvolle Gottespräsenz im Jerusalemer Heiligtum ist de facto unmöglich
geworden. Die Kultpraxis ist illegitim, sie widerspricht den göttlichen Anordnungen. Der Tempel wird zwar nicht grundsätzlich als unzulänglich bezeichnet, aber so lange die Missstände währen, fällt er als legitimer Kultort
aus. Die Verunreinigung des Allerheiligsten wiegt (so der eschatologische
Ausblick 1,15–26) so schwer, dass ein neuer, von Gott errichteter Tempel
an die Stelle des gegenwärtigen treten muss. Nach dem eschatologischen
Ausblick Kp. 23 soll auf die größte Krise (V.22–25) der Umschlag zum
Heil erfolgen (V.26), das in einer Wiederkehr des urzeitlichen Zustands
bestehen wird; wie die Krisenzeit durch abnehmende Lebensdauer bestimmt war (23,11f.15.25), soll dann die Lebensdauer Adams (4,30) wie-
dergewonnen, sogar überboten werden (23,27f). Die Wiederherstellung
eines heilvollen Zustands greift bis auf die Urzeit zurück.

Die Kritik am gegenwärtigen Tempel und dem dort vollzogenen Kult
wie auch die protologische und eschatologische Perspektive sind aus der
aktuellen Krisenerfahrung gewonnen: Der Verlust des als legitim aner-
kannten Kults und das Bewusstsein der Verunreinigung des Heiligtums

---

schen Kults geben, sondern eine bestimmte irdische Festpraxis legitimieren. Bei dem
Rekurs auf die himmlische Praxis geht es lediglich um den jährlichen Festtermin.

[54] »Jub 23,19f bezieht sich auf die makkabäische Erhebung, [...] 23,21ff deutet dann
das Versagen der Makkabäer an«: HENGEL 1988, 411 Anm. 685; vgl. FREY 1997, 286f.

[55] »Bezieht man mit Hengel Jub XXIII 21 auf das Versagen der Makkabäer, so kann
sehr wohl die Errichtung des hasmonäischen Hohepriestertums ab 153 v.Chr. [mit Jonathan Makkabäus, GG] mit im Blick stehen«: BERGER (Hg.) 1981, 300. – Gegenüber
Johannes Hyrkan (135–104) war (nach Jos Ant XIII 10,5, §§ 290–292) zudem von phari-
säischer Seite der Vorwurf erhoben worden, seine legitime Abkunft und untadelige priesterliche Herkunft seien zweifelhaft, da seine Mutter vor seiner Geburt unter Antiochos
IV. in feindliche Gefangenschaft geraten sei, weshalb man ihm (vergeblich) nahelegte,
auf das Hohepriesteramt zu verzichten.

[56] Vgl. dazu MILGROM 1990, 444–447 sowie in dieser Arbeit ↑ III.5.3 zu Hebr 9,23.

zwingen dazu, den idealen Urkult bzw. den erhofften eschatologischen Kult in den Vordergrund zu stellen, welche die Geltung des eigenen Kultkonzepts und die Aussicht auf legitimen Kult verbürgen. Die Kultkritik geht aber über den Tadel an Missständen weit hinaus: Es gab nach Jub noch nie, auch nicht in vorexilischer Zeit, einen angemessenen Jerusalemer Tempelkult. Auffällig neu ist die Betonung der erforderlichen Verwandlung der Schöpfung und die Erwartung eines von Gott erbauten (1,17) bzw. geschaffenen (1,29) Heiligtums. Die Diskontinuität der Kultgeschichte ist damit herausgestellt: Nicht innergeschichtliche Zukunft, sondern eschatologische Neuschöpfung vermag den rechten Kult zu bringen; kein von Menschen erbautes Heiligtum kann sein Ort sein.

In 31,14 findet sich eine Aussage zum Verhältnis von himmlischem und irdischen Kult (31,12–17). Levi und seine Nachkommen (V.13) werden gesegnet sein, weil sie von Gott zum priesterlichen Dienst herangezogen werden.

Gott »gebe dir und deinem Samen Größe und großen Ruhm und dich und deinen Samen bringe er sich nahe von allem Fleische, damit sie in seinem Heiligtume dienen wie die Engel des Angesichts und wie die Heiligen. Und wie sie wird der Same deiner Söhne sein zum Ruhm und zur Größe und zur Heiligung, und er mache sie groß in alle Ewigkeiten!«[57] (V.14).

Der Dienst im Heiligtum führt zum Vergleich bzw. zur Gleichsetzung von levitischen Priestern und Engeln des Angesichts. Das tertium comparationis ist die Gottesnähe: Die Gottesgegenwart im irdischen Heiligtum steht in Entsprechung zu der im Himmel; der priesterliche Zutritt zum Heiligtum entspricht dem Dienst der Engel des Angesichts vor Gott.

Die Anwesenheit der Engel im irdischen Tempel bzw. in dessen Allerheiligsten und das Entsprechungsverhältnis des irdischen Heiligtums und seiner Priester zum himmlischen Heiligtum und den Engeln kommen zusammen in der Vorstellung von der übermenschlichen Qualität des Hohenpriesters bei seinem Aufenthalt im Allerheiligsten (Philo, somn II 231–234), wozu die himmlische Einkleidung und Investitur Levis durch Engel in TestLev (s.u.) sowie der Vergleich von Engeln und Priestern in Jub 31,14 ebenso wie die Anrede Aarons als »Gott« (אל) und »Engel Gottes« (מלאך אל) in dem sog. Amram-Apokryphon vom Toten Meer[58] eine Parallele darstellt[59].

---

[57] Übersetzung von LITTMANN (Hg.) 1975 (1900).

[58] Das sog. Amram-Apokryphon vom Toten Meer (4QVisions of Amram), 4Q543; 545–548; hier 4Q543 3 1f = 4Q545 1 I 17f. Die Fragmente des Textes sind ebenfalls um die Mitte des 2. Jh.s geschrieben; vgl. BEYER 1984, 210. Der Text ist ediert bei BEYER 1984, 210–214; vgl. DSSSE 2, 1084–1095. Er bietet die Abschiedsreden des Enkels Levis. Nach einer kurzen Passage aus dem Schlussteil (bei BEYER a.a.O., 213f; DSSSE 2, 1084f; 1090f) wird Aaron erwählt werden »zu einem ewigen Priester« (יתבחר לכהן עלמין). Dann heißt es: »[...] und ein Engel Gottes wirst du heißen« (ומלאך אל תתקרה). Dass diese Anrede Aaron gilt, hat im Kontext als die nächstliegende Annahme zu gelten.

Das Privileg der Priester ist es, am himmlischen Gottesdienst der Engel und an deren Gottesnähe teilzuhaben. Das nimmt zwar auf den himmlischen Kult (nicht ausdrücklich das himmlische Heiligtum) Bezug, tut dies aber um des irdischen Kults bzw. Priestertums willen, dessen Status hervorgehoben werden soll. So ist das irdische Heiligtum in Jub 31,14 als Ort der engelgleichen Gottesnähe gekennzeichnet.

Doch diese engelgleiche Gottesnähe kann im Jerusalemer Tempel gar nicht vollzogen werden, wenn die Jerusalemer Priesterschaft und der Tempel dem Vf. bzw. dem Trägerkreis als unrein bis hinein ins Allerheiligste gilt. TestLev sowie Schriften vom Toten Meer (s.u.) haben dieses Problem weiter verfolgt, im Blick auf das Ende des levitischen Priestertums und im Blick auf die Möglichkeit, ohne den Jerusalemer Tempel am himmlischen Gottesdienst der Engel und seiner Gottesnähe teilzunehmen.

2.3.6 II. Makkabäer

In dem wohl um 120 v.chr. verfassten[60] II Makk finden sich eingangs (1,1–2,18) zwei Briefe der Jerusalemer Judenschaft an die alexandrinische; der erste (1,1–9) ist auf das Jahr 124 datiert, der zweite (1,10–2,18) blickt auf das Jahr 164 zurück und kündigt die nach der hellenistischen Krise bevorstehende Tempelreinigung an. Die Datierung des zweiten Briefes, der hier interessiert, ist schwierig; er mag kurz nach dem ersten, d.h. kurz nach 124 v.Chr., verfasst sein[61]. Thema ist der Tempel, dessen Neuweihe und Kult. Näherhin geht es um die Legitimität des neu geweihten Tempels, die im Rückblick auf Salomo, Jeremia und Nehemia erwiesen werden soll. Die Argumentation zielt auf die Diaspora, die aufgefordert wird, die Tempelweihe anzuerkennen und zu feiern und damit die Neuweihe des Tempels anzuerkennen.

Der Brief berichtet nach der Einleitung (1,10f) vom Ende Antiochos' IV. in Persien (1,12–17) und leitet zur Reinigung des Tempels nach der hellenistischen Krise über, die am 25. Kislew gefeiert werden soll und die zu begehen die Alexandriner aufgefordert werden (V.18). Dasselbe Thema nimmt der Schluss des Schreibens (2,16–18) auf (V.16), der die Hoffnung ausdrückt, ὅτι ταχέως ἡμᾶς ἐλεήσει [sc. ὁ θεός] καὶ ἐπισυνάξει ἐκ τῆς

---

[59] Vgl. zur These eines angelomorphen Verständnisses des Priestertums in Qumran ausführlich FLETCHER-LOUIS 2000; DERS. 2002.

[60] Vgl. ZENGER u.a. 2001, 288f. Andere datieren II Makk in die zweite Hälfte des 1. Jh.s v.Chr. (so EISSFELDT 1964, 787f; RÜGER 1978, 302f). Die Datierung hängt von der des zweiten Briefes in 1,10–2,18 ab; dazu sogleich.

[61] Vgl. BICKERMANN 1933 (er setzt den zweiten Brief [a.a.O. 234] »um 60 v.Chr.« an); auch RÜGER 1978, 302 erklärt den zweiten Brief für eine Fälschung aus dem Jahre 60 v.Chr.; HENGEL 1988, 178.186f datiert ihn vor 63 v.Chr.; anders ZENGER u.a. 2001, 288 (keine eindeutigen Hinweise auf die Abfassungszeit). Gegen die Echtheit macht HABICHT (Hg.) 1976, 199–202) geltend, dass nach dem Tode Antiochos' IV. im Jahre 164 nicht innerhalb kurzer Zeit die Todesnachricht hätte bekannt werden und zur Abfassung des Briefes führen können; ähnlich GOLDSTEIN 1983, 157f. GOLDSTEIN schlägt als Abfassungszeit des zweiten Briefes 103/102 v.Chr. vor (a.a.O. 162f). Keine Datierung überzeugt. Wir müssen uns damit begnügen, für den zweiten Brief eine Abfassungszeit zwischen 164 und 63 (vor der Einnahme Jerusalems) anzunehmen. Es bietet sich somit an, die Abfassung des II Makk kurz nach der des ersten, authentischen Briefes (124) anzusetzen; so auch ZENGER u.a. 2001.

ὑπὸ τὸν οὐρανὸν εἰς τὸν ἅγιον τόπον (V.18). Diese Hoffnung wird begründet: ἐξείλετο γὰρ ἡμᾶς ἐκ μεγάλων κακῶν καὶ τὸν τόπον ἐκαθάρισεν. So verweist das erfahrene Gottteshandeln auf endgültige Rettung; die Ausführungen zum Tempel stehen in eschatologischem Horizont.

Den inhaltlichen Hauptteil des Festbriefs (1,19–2,15) bilden drei Episoden aus der Geschichte des ersten und zweiten Tempels: (1) Nehemia-Legende über das Altarfeuer (1,19–36); (2) Jeremia-Legende über die Rettung der Kultgeräte (2,1–8); (3) Salomo-Legende über die Tempelweihe (2,9–12)[62].

Im Mittelpunkt der Nehemia-Legende 1,19–36 steht die Mitteilung, Nehemia habe das vor dem Exil versteckte Altarfeuer des Jerusalemer Tempels nach der Rückkehr aus dem Exil wieder auffinden und zur Darbringung eines Opfers verwenden lassen. Das Feuer habe sich in Gestalt einer zähflüssigen Masse erhalten, die, ausgegossen, im Sonnenlicht sich und die Opfer entzündete (V.19–23)[63]. Im Hintergrund steht die Frage nach dem legitimen Kult und nach dem Altarfeuer, das himmlischen Ursprungs sein muss. Die Entzündung des Altarfeuers mit himmlischem Feuer zieht sich durch die Kultgeschichte Israels:

II Makk 2,9–12 berichtet, wie nach dem Weihegebet Salomos Feuer vom Himmel fiel und das Opfer verzehrte. Ein ähnliches Vorkommnis geschah (V.10f) in der Zeit Moses (gemeint ist Lev 9,24). V.11 bietet sinngemäß ein Zitat aus Lev 10,16f und begründet damit ein achttägiges Tempelweihfest (V.12)[64]. Nadab und Abihu wollten mit »fremdem Feuer« Räucherkult üben und wurden dafür bestraft (Lev 10,1–7). Die Schilderung in II Makk 1,19–23 erinnert ferner an die Elia-Erzählung I Reg 18,30–39, wonach Elias Opfer durch Feuer vom Himmel verbrannt wurde. I Chr 21,6 überträgt das Motiv auf das erste Opfer Davids auf dem Altar, den er auf der Tenne Ornans (Arawnas, II Sam 24,18–25), dem Ort des späteren Tempelbaus, errichtet hatte; damit wird der spätere Opferkult im Jerusalemer Tempel vorwegnehmend begründet und legitimiert (vgl. 21,28–22,1). Das Geschehen wiederholt sich bei der Tempeleinweihung durch Salomo (II Chr 7,1–3), wodurch der Opferkult als rechtmäßig erwiesen ist (vgl. die Akklamation des Volkes dort V.3). Der Tempel ist der legitime Kultort, weil in ihm der von Gott selbst gestiftete Opferkult weitergeführt wird.

Der himmlische Ursprung des Feuers legitimiert den Opferkult der Wüstenzeit wie im ersten Tempel. Bezeichnend ist, dass für den Opferkult im zweiten Tempel kein neuerliches Entzünden durch himmlisches Feuer berichtet wird. Das verborgene Opferfeuer des ersten Tempels wird gefunden und wieder entzündet. Damit wird die Kontinuität begründet: Wie das Opferfeuer auf dem Brandopferaltar nicht ausgehen durfte (Lev 6,5f), so ist es auch während der Exilszeit nicht ausgegangen. Im Opferkult des zweiten Tempels brennt dasselbe Feuer, das vom Himmel fiel, als der Op-

---

[62] Vgl. WOLFF 1976, 20–26, GOLDSTEIN 1983, 154–188.

[63] Die Bezeichnung der zähflüssigen Feuermasse als νεφθαρ bzw. νεφθαι (1,36) klingt an das Griechische νάφθας bzw. νάφθα als Bezeichnung für Erdöl an.

[64] Der Gedankengang ist hier im einzelnen schwierig, doch spielt das für unsere Fragestellung keine Rolle. Eine Deutung versucht GOLDSTEIN 1983, 184–186.

ferkult unter Salomo aufgenommen wurde. Der Kult im zweiten Tempel steht – so II Makk 1,19–36; 2,9–12 – in ununterbrochener Kontinuität, die bis auf die Zeit Salomos, ja Moses zurückreicht.

Vor dem Hintergrund dieser Ausführungen ist eine knappe, doch aufschlussreiche Bemerkung in II Makk 10,3 zu lesen. Über die Neuweihe des Tempels durch die Makkabäer nach der hellenistischen Krise heißt es dort: »Sie schlugen Feuer aus Steinen und zündeten so die Opfer an, die sie nach zweijähriger Unterbrechung wieder darbringen konnten«[65]. Die Kontinuität des Altarfeuers, die für den zweiten Tempel so betont herausgestellt wurde, ist demnach abgebrochen; das Feuer musste neu und auf natürliche Weise entzündet werden[66]. Vor dem Hintergrund der Salomo- und Nehemia-Legenden tritt dieser Mangel des neubegründeten Kults deutlich hervor.

Das Problem der fehlenden kultischen Kontinuität und Legitimität kommt auch in den Episoden über die Tempelgeräte zum Ausdruck: In der Jeremia-Legende 2,1–8 wird erzählt, der Prophet habe vor der Zerstörung des ersten Tempels die Deponierung des Altarfeuers, von der die Rede war, angeordnet (V.1); er habe auf Gottes Geheiß »das Zelt und die Lade« in einer Höhle in dem Berg, von dem Mose das verheißene Land geschaut hatte, verborgen (V.4f). Nach V.5 hat Jeremia neben Zelt und Lade auch noch den Weihrauchaltar aus dem Tempel in die Höhle geschafft. Das Versteck ist unauffindbar (V.6); wenn die Diaspora wieder im Heiligen Land zusammengeführt wird (V.7), wird Gott jene Gegenstände ans Licht bringen (V.8); auch Kabod und Wolke sollen dann erscheinen, wie in den Tagen des Mose und wie es Salomo zur Heiligung des Tempels erbeten hatte (ebd.).

Frühe Fassungen der Legende finden sich bereits bei Eupolemos (Fragment 4 bei Euseb, PraepEv 9, 39,2–5; um die Mitte des zweiten Jh.s)[67] sowie im sog. Jeremia-Apokryphon[68] (4Q385a 18 I 5[69]) vom Toten Meer[70]. Nach Eupolemos konnte Jeremia den Raub von Lade und Gesetzestafeln verhindern; Näheres erfahren wir nicht. Nach dem Qumrantext entfernte Jeremia die Tempelgeräte; doch erfahren wir nicht, was dann damit geschah. Die Fassung in II Makk ist ausführlicher (soweit man das bei dem fragmentari-

---

[65] Einheitsübersetzung.

[66] Dass das Altarfeuer dem zweiten Tempel, genau wie die Lade u.a., fehlte, berichtet auch rabbinische Literatur; so jMak 32a,6–10.

[67] Übersetzung bei EUPOLEMOS, ed. WALTER 1976, 106f. Vgl. WOLFF 1976, 16f.

[68] Die Manuskripte gelten als späthasmonäisch bzw. frühherodianisch: DJD 30, 2001, 312.

[69] So nach der Zählung bei DJD 30, 2001, 159–163. Doch wurde das Fragment früher als Nr. 16 gezählt; so auch DSSSE 2, 772f.

[70] Das Interesse an den Tempelgeräten, zumal als Dingsymbole kultischer Kontinuität, lässt sich bereits im chronistischen Geschichtswerk nachweisen. Vgl. dazu WELTEN 1979; ACKROYD 1987a. Generell zur Bedeutung der Lade und zur Bewältigung ihres Verlustes: SCHÄFER-LICHTENBERGER 2000.

schen Zustand der anderen Quellen sagen kann). Zum Interesse an den Tempelgeräten dürfte auch der Raub von Tempelgeräten durch Antiochos IV. sowie die Beschaffung neuer Tempelgeräte zur Neuweihe des Tempels beigetragen haben[71].

In II Makk 2,1–8 finden sich, wie schon bei Sir und Tob, die Motive von Zelt, Lade und Weihrauchaltar. Diese Gegenstände reichen zurück auf die Zeit der Begründung des Kults durch Mose bzw. des Tempels durch Salomo. Das sind dieselben Gründungszeiten, die auch für das Altarfeuer in Anspruch genommen wurden; hier jedoch mit dem Unterschied, dass die Wiederkehr von Zelt und Lade wie von Kabod und Wolke erst für jene Zeit angesagt wird, ἕως ἂν συναγάγῃ ὁ θεὸς ἐπισυναγωγὴν τοῦ λαοῦ καὶ ἵλεως γένηται (V.7). Es handelt sich also um dieselbe eschatologische Verheißung, die am Schluss des Schreibens (2,18: ὅτι ταχέως ἡμᾶς ἐλεήσει καὶ ἐπισυνάξει ἐκ τῆς ὑπὸ τὸν οὐρανὸν εἰς τὸν ἅγιον τόπον) ausgesprochen wird, also nicht, wie beim Altarfeuer, um die nachexilische Neubegründung des Kults im zweiten Tempel, von der die Nehemia-Legende 1,19–36 sprach. Vielmehr wird dem Propheten hier eine Verheißung in den Mund gelegt, die sich auf eine zur Abfassungszeit des Schreibens noch ausstehende Zukunft richtet.

Die den wahren Kult konstituierenden, auf die Mose-Zeit zurückgehenden Größen Zelt und Lade sind von Gott verborgen worden, und er wird sie in Zukunft offenbaren. Dann erst wird die Kabod-Wolke wieder erscheinen, die in den Berichten über die Wüstenzeit Israels bzw. über die Kultgründung Salomos die göttliche Gegenwart anzeigt. Die volle Wiederherstellung des Kults bleibt Gottes endzeitlichem Handeln vorbehalten.

Diese Sicht des Jerusalemer Kults ist ambivalent. Einerseits wird der erneuerte Tempelkult in die Fluchtlinie des Mose- und Sinaigeschehens bzw. der salomonischen Tempelgründung gestellt; zugleich erscheint jedoch die Kontinuität als gebrochen, das Kultideal als innergeschichtlich nicht erreichbar. Man erwartet den endzeitlich zu erneuernden Kult, der an die ideale Gründungszeit anschließen wird. Das Fehlen von Zelt, Lade und Weihrauchaltar sowie des Altarfeuers im zweiten Tempel bzw. seit der Neuweihe des Tempels durch die Makkabäer signalisiert seine Unzulänglichkeit und die Diskontinuität zwischen der Gründungszeit und der Gegenwart des Schreibens. So scheint der Jerusalemer Kult seinen eigenen Apologeten fragwürdig zu sein[72]. Das Lade-Motiv wird, variiert durch ähn-

---

[71] Zum Raub der Tempelgeräte durch Antiochos IV. vgl. Jos Ant XII 5,4 (§ 250); I Makk 1,21–24; II Makk 5,15f; SCHÄFER 1983, 55–57; zu den neuen Tempelgeräten nach der Neuweihe JosAnt XII 7,6 (§ 318); I Makk 4,44–49; II Makk 10,2f.

[72] Daher scheint mir WOLFF 1976 die Pointe unseres Textes zu verfehlen, wenn er (a.a.O. 24) meint: »Die Legende vom Verbergen der Heiligtümer hat wenig mit der Tempelweihe zu tun, die der Anlass des Briefes ist. Die Erzählung wurde vermutlich deshalb aufgenommen, weil sie das Schicksal von Lade und Zelt, die im neuen Tempel fehlen, beinhaltet.« – Gewiss; aber gerade darin kommt die Mangelhaftigkeit zum Ausdruck, die

liche Zusammenstellungen kultischer Geräte[73], in der einschlägigen Literatur eine wichtige Rolle spielen (bis hin zu Hebr 9,2–5[74])[75].

2.3.7 Testament Levis

Über die vorchristlich-jüdische Entstehung von TestLev besteht heute Einigkeit[76]. Ein älteres aramäisches Levi-Buch[77] ist in Fragmenten vom Toten Meer (Qumran) bzw. aus der Kairoer Geniza erhalten[78]. Die Datierung der jüdischen Grundschrift des TestLev schwankt zwischen dem Anfang des 2. Jh.s v.Chr. und dessen Ende[79]. Doch bietet das aramäische TestLev, soweit erhalten, über TestLev hinaus nichts für unsere Fragestellung Bedeutsames. TestLev ist Teil der TestXII, deren vorliegende Endgestalt auf christliche Überarbeitung zurückgeht. Umstritten ist, ob TestXII eine christliche Schrift darstellt, in der die älteren TestLev und TestNapht[80] verarbeitet sind, oder ob TestXII insgesamt eine

---

charakteristisch ist für den Kult nach der Neuweihe des Tempels. Dieser erweist sich darin als Zwischenzustand bis zur eschatologischen Vollendung.

[73] Eine frühe Zusammenstellung dieser Art bietet schon II Makk selbst, wenn hier Altarfeuer, Lade, Zelt und Weihrauchaltar unter dem Gesichtspunkt der Rettung vor der Zerstörung des ersten Tempels zusammengefasst sind. Die Zusammenstellungen, zumal in der rabbinischen Literatur, sind oft sehr ähnlich.

[74] Dieser Abschnitt wird m.E. am besten vor dem Hintergrund der verschiedenen Traditionen über die Tempelgeräte – Lade, Weihrauchaltar, Mannagefäß usw. – verstanden. Dieser Zusammenhang ist in der Hebr-Exegese noch nicht hergestellt worden.

[75] Gegen Ende des Schreibens (2,13–15) kommt nochmals das Bestreben zum Ausdruck, Jerusalem als Mittelpunkt des Judentums zu stärken. Es ergeht eine Aufforderung, die von Judas gesammelten Bücher in den alexandrinischen Kanon aufzunehmen. Ein Jerusalemer Kanon soll in der Diaspora Anerkennung finden.

[76] Ausgenommen DÖPP, der TestLev für eine judenchristliche Schrift der Zeit nach 70 n. Chr hält (DÖPP 1998, 47 m. Anm. 75). Er beruft sich dabei auf DE JONGE 1975 (Wiederveröffentlichung einer Arbeit von 1953), 38–52, der TestLev für eine christliche Schrift hält, in welche älteres jüdisches Material eingeflossen ist. Angesichts des aramäischen TestLev ist diese Auffassung allerdings unhaltbar (vgl. dazu bes. die Arbeit von KUGLER 1996). DE JONGE selbst hat in seinem mit HOLLANDER veröffentlichten Kommentar von 1985 (hier 83–85) eine jüdische Grundschrift von TestLev für möglich gehalten, die Frage aber offengelassen.

[77] Vgl. die Editionen in DJD 1, 1955, 87–91, bei BEYER 1984, 188–209, bei KUGLER 1996, 34–59.61–130 (vgl. 227–229) und zuletzt PUECH (Hg.) 2002.

[78] Die Edition von BEYER 1984 folgt den Textfunden der Kairoer Geniza und am Toten Meer. KUGLER 1996 hat sowohl die Textedition als auch die literarischen Beziehungen zwischen TestLevAram und TestLev neu bearbeitet.

[79] Je nachdem, ob man die zeitgeschichtlichen Anspielungen auf die hasmonäische oder auf die vormakkabäische Zeit bezieht. Es datieren TestLev: zwischen 200 und 174 v.Chr.: BECKER (Hg.) 1974, 25; Ende des 2. Jh.s: KEE (Hg.) 1983, 777f. OEGEMA 1994, 79 vertritt für TestLev 17 eine Abfassung ab der ersten Hälfte des 2. Jh.s v.Chr. (mit späterer redaktioneller Bearbeitung), für TestLev 18 (a.a.O. 80f) eine Abfassung um die Mitte des 2. Jh.s v.Chr. mit Bezug auf die Verbindung von Hohepriester- und Fürstenamt seit Simon (I Makk 13,42).

[80] Auch das letztere ist in den Schriften vom Toten Meer fragmentarisch belegt (4Q215).

jüdische Schrift vom Anfang des 2. Jh.s v.Chr ist, die christlich redigiert und interpoliert wurde[81].

TestLev 2–5 schildert eine visionäre Himmelsreise Levis. In Kp. 3 sieht er die sieben Himmel; er beobachtet den himmlischen Kult der Engel, die Gott mit unblutigen Opfern beschwichtigen[82].

Das ist neben undeutlichen Hinweisen in ShirShabb (11Q17 IX 4f) die einzige Erwähnung himmlischen Opferkults in der frühjüdischen Literatur vor 70 n.chr.; möglicherweise jedoch eine christliche Interpolation[83].

In Kp. 5 schaut Levi den himmlischen Tempel und Gott auf seinem Thron (ohne nähere Beschreibung). Er empfängt die Verheißung, das levitische Priestertums solle dauern, bis Gott selbst komme, um auf Erden inmitten Israels zu wohnen (V.2f) – nach Jub 31,13f sollte das levitische Priestertums unbegrenzt währen.

Es ist die erste Himmelsreise, Schau des himmlischen Heiligtums und Thronvision in der hier behandelten Literatur. Korrespondenz zum irdischen Heiligtum wird nicht hergestellt. Vielmehr ist die Nähe zu den Himmels- und Thronvisionen der atl Prophetenberufungen offenkundig: Es geht um die Berufung und Beauftragung Levis.

In Kp. 8 folgt die zweite Vision, die Levis Priesterinvestitur durch Engel schildert. Hier geht es um die Begründung und Legitimation des irdischen, levitischen Priestertums. Dabei wird die Überzeugung von der Gemeinschaft zwischen den Priestern und den Engeln zum Ausdruck gebracht: Engel kleiden Levi ein mit einem ephod-artigen Gewand, salben ihn und speisen ihn mit Gaben von Brot und Wein, »dem Allerheiligsten« (oder »Heiligen«[84]), also Opferspeisen.

Darin zeigt sich die Aufnahme in den Kreis der Engel-Priester[85]. Diese tragen weiße Gewänder (V.2) und bekleiden Levi mit einem Leinengewand (V.6); dem hohepriesterlichen

---

[81] Knapper Überblick bei OEGEMA 1994, 75f. Zur älteren Foschungsgeschichte bezüglich der TestXII EISSFELDT 1964, 858–861. Er selbst vertritt (a.a.O. 861) für den Grundbestand der TestXII eine Abfassung Anfang des 2. Jh.s v.Chr. in der Qumrangemeinschaft, geht jedoch von mancherlei Redaktionsstufen aus. ROST 1971, 108f, datiert TestXII in die frühmakkabäische Zeit, vielleicht um das Jahr 153 v.Chr.

[82] ἐξιλάσκεσθαι mit Akkusativ der Person (πρὸς κύριον) 3,6.

[83] DE JONGE 1975, 48f hält TestLev für eine christliche Schrift, u.a. deshalb, weil er die in Frage stehende Formulierung als terminus technicus christlicher Abendmahlsaussagen ansieht. Anders BECKER 1970, 267f Anm. 6. Ein zwingender Nachweis ist m.E. nicht möglich. Dennoch ist die wörtliche Übereinstimmung mit den bei DE JONGE angeführten frühchristlichen Belegen eindrucksvoll.

[84] »Allerheiligstes« bei SCHNAPP/KAUTZSCH (Hg.) 1975 (1900) sowie bei UHLIG (Hg.) 1984; vgl. die textkritische Anmerkung z.St. bei letzterem p. 52 Anm. (b).

[85] Die folgende Ankündigung eines Priesterkönigs aus Juda, der nach dem Ende des levitischen Priestertums ein neues Priestertum für alle Völker begründen soll (V.14f), dürfte christliche Interpolation sein. BECKER 1970, 276f.; DERS. (Hg.) 1974, 53, Anm. (c) zu V.15.

Gewand, das am Jom Kippur beim Eintritt ins Allerheiligste zu tragen ist[86]. Die Kleidung mit Ephod und Diadem ist die des Hohenpriesters, wie auch TestLev 8,10 den Weihrauch erwähnt, den der Hohepriester am Jom Kippur darzubringen hat (Lev 16,11f). Die Schilderung der Investitur Levis nach TestLev 8 ist demnach eine in eine Himmelsvision transformierte Version des hohepriesterlichen Eintritts ins Allerheiligste, der seinerseits verstanden wird als Aufnahme in die Engel-Priesterschaft. Diese Bedeutung des Eintritts ins Allerheiligste ist auch Philo von Alexandrien bekannt. Er erläutert an der schon erwähnten Stelle somn II §§ 231–234, dass der Hohepriester während seines Aufenthalts im Allerheiligsten kein Mensch, sondern ein Mittelwesen zwischen Gott und Mensch sei. So sehr die allegorisierende Argumentation spezifisch philonisch ist, so gewiss liegt doch die Vorstellung zugrunde, wonach der ins Allerheiligste eintretende Hohepriester unter die himmlischen Wesen aufgenommen wird. Die Ankündigung in Test Lev 8,16, von den Opferspeisen genießen zu dürfen, stellt den Zusammenhang her zwischen der himmlischen Speisung und deren Entsprechung im irdischen Kult; sie zeigt die Absicht der Legitimation priesterlicher Prärogative. V.18 setzt diesen Traum in enge Beziehung zu dem ersten Traum von Kp. 5. Beide haben die Berufung bzw. Einsetzung zum Priestertum zum Inhalt. Himmelsreise und Investitur nehmen die Topik der Prophetenberufung auf.

In Kp. 14–18 gibt Levi seinen Kindern einen Ausblick auf die Geschichte, wobei er die Verderbnis der Priesterschaft ansagt (Kp. 14), um derer willen der erste Tempel zerstört werden (15,1) und das Exil sowie 70 Wochen Verunreinigung des Heiligtums (Kp. 16)[87] folgen wird. Kp. 17 gibt einen Überblick über die Geschicke des Priestertums. Es beschreibt den Niedergang des levitischen Priestertums, der von einem idealen Priester in Mose-ähnlicher Gottesnähe (»er wird mit Gott reden wie mit einem Vater«[88] V.2) zur äußersten, unnennbaren kultischen Verunreinigung (V.8) führen wird[89].

Die Interpretation ist schwierig[90], zumal wegen der V.10f, die sich auf die exilisch-nachexilische Zeit beziehen, was aber zur vorausgehenden Schilderung nicht passt, wenn man V.8 auf die hellenistische Krise bezieht[91]. Doch auch das ist nicht eindeutig. Betrachtet

---

[86] Lev 16,4 (nach V.3) schreibt für den Eintritt des Hohenpriesters ins Allerheiligste das weiße Leinengewand als Kleidung vor. Zu Leinen als Kleidung der Engel-Priester vgl. Ez 9,2f.11; 10,2; Dan 10,6. Ein Leinengewand trägt nur der Hohepriester; die anderen Priester tragen Gewänder, die aus Leinen und Wolle hergestellt sind (Ex 29,9; 39,29; vgl. MILGROM 1991, 1016).

[87] V.3 dürfte ein christlicher Einschub sein, vgl. BECKER (Hg.) 1974 und DERS. 1970, 284f z.St.

[88] Vgl. zu Mose Ex 33,11.

[89] Vgl. HOLLANDER/DE JONGE 1985, 174f.

[90] Es ist aufgrund der sehr knappen und allgemeinen Schilderung nicht möglich, alle Priestergestalten, die hier genannt werden, bestimmten Ereignissen oder Phasen der Geschichte Israels zuzuordnen.

[91] Die Einfügung von V.10 nach V.9 scheint die Deutung von V.9 im Sinne des Exils vorauszusetzen, da V.10 von Rückkehr und Neubau des Tempels handelt; eine Deutung, die ausscheiden muss, wenn man V.8 auf die hellenistische Krise bezieht; so BECKER (Hg.) 1974, 59.

man V.10f mit Becker[92] als Interpolation, dann verzichtet der Geschichtsüberblick auf die Erwähnung des Jerusalemer Tempels, seiner Zerstörung, des Exils und des Wiederaufbaus des Tempels. V.10f schildern die genannten Ereignisse; doch nur, um die Priesterschaft des zweiten Tempels als moralisch und – durch sexuelle Verfehlungen – kultisch korrupt darzustellen[93]. Im Ergebnis stimmt das mit V.8f überein: Das levitische Priestertum und sein Kult sind am Ende.

Daher folgt in Kp. 18 das Ende des (levitischen) Priestertums (V.1). Gott wird einen neuen Priester erwecken, der Gericht halten wird (V.2). Er bleibt ewig (V.8); die Völker werden erleuchtet; Sünde und Unrecht hören auf (V.9). Das Paradies wird geöffnet, die Gerechten essen vom Baum des Lebens; Beliar wird gebunden (V.10–12).

Hält man mit Becker V.3.6f für christliche Interpolationen, so fehlt jeder Kult- und Heiligtumsbezug[94], aber auch jeder Bezug auf die himmlische Welt. Das neue Priestertum wird ausschließlich in seiner auslegenden und richtenden Funktion geschildert (V.2). Das Paradies tritt als Ort der Heilsverwirklichung an die Stelle von Zion/Jerusalem und dem Tempel. Des Opferkults scheint es nicht mehr zu bedürfen, zumal keine Sünden und kein Unrecht mehr geschehen.

Während das levitische Priestertum im Mittelpunkt des TestLev steht, spielen das Jerusalemer Heiligtum und sein Kult keine Rolle, abgesehen von einem sekundären Einschub, der den zweiten Tempel als Kultort einer verderbten Priesterschaft schildert. Das levitische Priestertum endet nach glanzvollem Anfang in Verfall und Korruption. Das Moment der Diskontinuität ist scharf herausgearbeitet. Eine Anknüpfung an den bestehenden Kult und seine Priesterschaft wird es in der Heilszeit nicht geben; ein Neuanfang ist erforderlich, der mit der endzeitlichen Umformung der Welt zusammenfällt und in der Eröffnung des Paradieses und des Zugangs zum Lebensbaum gipfelt. Damit ist die Vertreibung aus dem Paradies zurückgenommen; mit der Sündlosigkeit der eschatologischen Zukunft ist es auch der Sündenfall. Die Gestalt eines unsterblichen neuen Priesters trägt somit adamitische Züge und erinnert an die Schilderung des ersten Menschen als Priester im Garten Eden in Jub. Anders als dort, wird es nach TestLev keinen (irdischen) Tempel mehr geben (doch ist die Schilderung des Gartens Eden als wahres Heiligtum in Jub vergleichbar). So ist der Jerusalemer Kult eine Episode.

---

[92] A.a.O. 60. In der Tat folgt in V.10 eine Aussage über die fünfte Woche, während schon V.8f von der siebten sprachen.

[93] V.11 wirft ihnen vor, sie seien Götzendiener, Ehebrecher, geldliebend, arrogant, gesetzlos, Lüstlinge, Päderasten, Bestialität praktizierend.

[94] V.6 spricht davon, dass aus dem himmlischen Tempel Heiligkeit über den neuen Priester kommen werde »mit väterlicher Stimme«, was unschwer als christologische Aussage zu erkennen ist (das ist in der Forschungsgeschichte nicht ganz unumstritten; doch vgl. überzeugend BECKER 1970, 292–295 u. DERS. (Hg.), 1974, 60, Anm. (a) zu V.7.)

Damit steht TestLev Jub und I Hen nahe und dürfte, wie diese, einem priesterlichen Milieu der seleukidischen oder der makkabäisch-hasmonäischen Zeit zuzuschreiben sein, das sich vom Jerusalemer Tempel und dessen Priesterschaft abgewandt hat. TestLev geht über jene Schriften[95] hinaus, sofern das Ende des levitischen Priestertums angekündigt und auf die Erwartung eines erneuerten irdischen Kults verzichtet wird. Stattdessen wird ein paradiesischer Zustand ewigen Lebens in Sündlosigkeit und Gerechtigkeit erwartet. Kein Opferkult wird dann erforderlich sein.

Die Himmelsreisen bzw. -visionen Levis stehen in der Tradition prophetischer Berufungsvisionen. Ein Bezug zum irdischen Heiligtum, etwa zur Legitimation durch das himmlische Urbild, fehlt. Berufung und Legitimation des Visionärs gelten einer priesterlichen Figur, die in die Engel-Priesterschaft aufgenommen wird. Ein Mythologumenon der Jerusalemer Priesterschaft – deren kultische Gemeinschaft mit den Engeln im Jerusalemer Kult – ist darin aufgenommen. Die Himmelsvision tritt an die Stelle des hohepriesterlichen Zutritts zum Allerheiligsten als Ort der Anwesenheit der himmlischen Priesterschaft. Ähnlich wie in Jub 31,14, kann auch in TestLev 14–18 nicht die Legitimierung der Jerusalemer Priesterschaft intendiert sein (TestLev nimmt gar nicht mehr auf das irdische Heiligtum als Ort der kultischen Gemeinschaft mit den Engeln Bezug). Die Gemeinschaft der Priesterschaft mit den Engeln wird unabhängig von der Teilnahme am Kult des Jerusalemer Tempels durch eine himmlische Investitur legitimiert. Diese begründet das Priestertum nach Art einer prophetischen Berufung. Das Verhältnis von himmlischem und irdischen Kult ist ambivalent: Einerseits dient die Gemeinschaft mit den Himmlischen der Legitimation des irdischen Priestertums; andererseits handelt es sich dabei um eine Gruppe, die sich vom Jerusalemer Tempel und seiner Priesterschaft abgewandt hat und die der himmlischen Legitimation ihres eigenen Status deshalb in besonderer Weise bedarf. Diese himmlische Legitimation richtet sich, indem sie die separatistische Gruppe legitimiert, gegen das Jerusalemer Heiligtum und dessen Priesterschaft.

Dieses Selbstverständnis bleibt eingeordnet in die Erwartung eines neuen irdischen Priestertums. Doch jeder Bezug auf den Kult im Jerusalemer Tempel ist durch den Bezug auf die Urzeit überboten. In der Gegenwart ermöglicht der Bezug auf den himmlischen Kult dem separatistischen priesterlichen Milieu, den eigenen Anspruch aufrecht zu erhalten. Empfängt es seine Legitimation aus der Investitur Levis, so ist es selbst, wie alles levitische Priestertum, eine vorläufige Größe. Das Ziel ist ein gottgefälliges irdisches Priestertum, das sich nicht mehr von Levi herleiten wird, und das wahre irdische ›Heiligtum‹ des Paradieses, das ohne Bezug zum himmlischen Heiligtum und zu den Engeln geschildert wird.

---

[95] Für I Hen gilt das nur zum Teil; zum Einzelnen s.u.

2.3.8 Schriften vom Toten Meer (Qumran)[96]

2.3.8.1 Zur Erwartung eines neuen Tempels

2.3.8.1.1 »Neues Jerusalem«

Der »Neues Jerusalem« (NJ) genannten Schrift wird eine Reihe von Textfragmenten zugeordnet (1Q32; 2Q24; 4Q554–555; 5Q15; 11Q18)[97]. 1Q32 und 4Q555 sind für eine Auswertung zu kurz und fragmentarisch. 4Q554 und 5Q15 bieten eine Beschreibung einer Stadt und ihres Tempels; diese steht literarisch und inhaltlich in der Tradition der Visionen Ezechiels (Ez 40–48) und stellt, so darf man schließen, ein utopisches Jerusalem dar. 2Q24 und 11Q18 bieten tora-artiges Material zu kultischen Vollzügen[98], doch handelt es sich um visionäre Schau eines idealen Kults. Datierung und Herkunft sind umstritten, doch mag man an die Zeit um 200 v.Chr. denken. Unklar bleibt das Verhältnis zur inhaltlich vergleichbaren »Tempelrolle«[99].

Auf das gegenwärtige Jerusalem, dessen Tempel und Kult wird nicht Bezug genommen. Doch darf man annehmen, dass die Beschreibung des idealen Tempels und Jerusalems sowie der idealen Kultpraxis impliziert, das Vorfindliche sei vorläufig bzw. unzulänglich. Dass die Visionen ein *himmlisches* (bzw. ein präexistentes) Jerusalem beschreiben, kann man nicht sagen[100]. Angemessen ist es, von einem utopischen, idealen Jerusalem und Tempel zu sprechen[101]. NJ gibt der Interpretation mehr Fragen auf, als mit einiger Sicherheit beantwortet werden können[102]. Doch handelt es sich um den Entwurf eines idealen Jerusalem, der in unbestimmter Zukunft auf Erden verwirklicht werden soll[103].

---

[96] Zu den Einleitungsfragen orientieren (neben den wissenschaftlichen Textausgaben und der übrigen Sekundärliteratur) einführend LANGE/LICHTENBERGER 1997; auch DIMANT 1984; STEGEMANN 1994, 116–193 (mit Tendenz zur Frühdatierung).

[97] Edition bei BEYER 1984, 214–222; DERS. 1994, 95–104; vgl. auch die Übersetzung von MAIER, T, 316–339.

[98] SÖLLNER 1998, 140 hält die Zusammengehörigkeit beider Textgruppen für nicht erwiesen. Doch findet man eine ähnliche Kombination von Stoffen auch in der Tempelrolle, die sich allerdings nicht als Vision, sondern als Tora gibt.

[99] Zu den Einleitungsfragen und zur theologiegeschichtlichen Stellung vgl. FREY 2000, der von nicht-essenischer Herkunft ausgeht und vorsichtig eine Abfassung um 200 v.Chr. erwägt (808–812); zum Verhältnis zu T a.a.O. 805–807.

[100] Es geht über den Textbefund hinaus, wenn BEYER 1984, 214 von einer Darstellung des »himmlische[n] Jerusalem« spricht. Angemessen ist dagegen die Charakterisierung als »eschatologische Utopie« (MAIER, T 40).

[101] Vgl. FREY 2000, 801 m. Anm. 4.

[102] Vgl. die zurückhaltende Auswertung bei SÖLLNER 1998, 140–142 sowie nochmals die Arbeit von FREY 2000.

[103] Anhangsweise seien zwei weitere Texte erwähnt: 4Q504 2 IV (DJD 7, 1982, 137–168: 143–145) schildert eine innergeschichtliche Heilserwartung. Gottes Name wird für immer in Jerusalem sein (Z.4); es ist der Ort seiner Wohnung (מ[שׁ]כנכה) bzw. Ruhe (מנוחה), Z.2. Tempel und Kult kommen nur am Rande vor: Die Völker werden dem Namen Gottes (Z.9) ihre Gaben von Silber, Gold und Edelsteinen als Opfer (מנחה Z.10)

2.3.8.1.2 Die »Tempelrolle«

Die als »Tempelrolle« (T) bezeichnete Schrift[104] ist in mehreren, teils bruchstückhaften Exemplaren belegt, von denen die wichtigsten als 11Q19; 20 gezählt werden[105]. Es wurden mehrere ursprünglich selbständige Quellen rekonstruiert[106], die in vormakkabäische Zeit zurückreichen dürften[107]. Die Endredaktion ist ins 3.–2. Jh. v.Chr.[108], vor die Gründung der Qumrangemeinde, anzusetzen[109]; Quellen und T insgesamt verdanken sich tempelkritisch-dissidenten Priesterkreisen[110].

Neben der Beschreibung eines idealen Tempels (11Q19 III–XIII; XXX–XLVIII) und des idealen Jerusalem sowie von dessen Umgebung bietet sie einen Opferkalender (XIII–XXX) sowie weitere Gesetzessammlungen (XLVIII–LXVII) teils kultischer Art. Im Interesse an Kalenderfragen kommt die Opposition zum zeitgenössischen Jerusalemer Kult ebenso zum Ausdruck wie in Bestimmungen zur kultischen Reinheit des Tempels und Jerusalems, die an 4Q394–399 (4QMMT) erinnern[111]. Wie dieses Dokument beansprucht auch T Normativität[112].

T verarbeitet Gesetzesmaterial und führt es interpretierend und erweiternd fort. Man hat T als »Rewritten Bible« bezeichnet[113]. Doch das ist anachronistisch[114], setzt es doch implizit den Kanonbegriff voraus[115]. Die Alternative von kanonischem Geltungsanspruch und Tora-Interpretation ist unangemessen. Stattdessen ist mit Najman von »Mosaic Dis-

---

bringen, um Israel, Zion und den Tempel (»dein prächtiges Haus«, בית תפארתכה Z.12) zu ehren (Z.9–12). Da es sich um ein Gebet handelt, mag (was nicht explizit gesagt wird) dieser heilvolle Zustand von Gott erfleht werden; von einem neuen Jerusalem (bzw. Tempel) ist jedoch nicht die Rede. (Gegen SÖLLNER 1998, 96f, der den Text für die Vorstellung vom neuen bzw. eschatologischen Jerusalem auswerten möchte.) – Noch weniger kann bei 11Q5 (11QPsa) XXII (DJD 4, 1965, 85–89), einem Akrostichon auf Zion, von einem eschatologischen Jerusalem die Rede sein (so jedoch SÖLLNER, a.a.O. 99–103). Dieser Text spricht von der Hoffnung auf heilvolle Zukunft, nicht jedoch von einem neuen Jerusalem. Vom Tempel ist nicht die Rede.

[104] Edition: YADIN (Hg.) 1977–1983; vgl. die deutsche Übersetzung in MAIER, T.

[105] Vgl. LANGE/LICHTENBERGER 1997, 51, 17–34; GARCÍA MARTÍNEZ 2000, 927–929.

[106] Vgl. MAIER, T 20–28.

[107] Vgl. LANGE/LICHTENBERGER 1997, 52, 37–50; GARCÍA MARTÍNEZ 2000, 932.

[108] Vgl. LANGE/LICHTENBERGER 1997, 52f; GARCÍA MARTÍNEZ 2000, 931f.

[109] STEGEMANN 1989, 129; DERS. 1994, 137 setzt T um 400 an. Doch dürfte das zu früh sein. Im Hintergrund steht seine Annahme, T beanspruche kanonischen Rang; das ist in späterer Zeit angesichts der Durchsetzung des Pentateuch schwer vorstellbar. Doch setzt diese Argumentation Kanonizität im heutigen Sinne voraus.

[110] Zu möglichen Trägergruppen und deren kultgesetzlichen Anliegen vgl. STEGEMANN 1989, 127f.131; MAIER, T 44f; GARCÍA-MARTÍNEZ 2000, 931.

[111] Zur Nähe von T und MMT vgl. SCHIFFMAN 1994/95, 122f; MAIER, T 38f; GARCÍA MARTÍNEZ 2000, 931.932.

[112] SCHIFFMAN hat in seinem Beitrag von 1999 die Entwicklung des Konflikts in 8 Stadien rekonstruiert (vgl. a.a.O. 269) und einzelne Texte vom Toten Meer darin eingezeichnet. Zu T a.a.O. 276–278.

[113] So sinngemäss auch noch LANGE/LICHTENBERGER 1997, 52, 36f.

[114] Zur Kritik MAIER, T 28–35.

[115] Damit fällt auch das Argument für STEGEMANNs Frühdatierung, T habe kanonischen Rang erlangen sollen.

course« zu sprechen[116]. Gesetzes- bzw. Auslegungstraditionen werden bearbeitet, erweitert und interpretiert, wobei Entscheidungen zu strittigen Fragen eingearbeitet werden. Diese Texte führen sich auf Mose zurück bzw. geben sich als die von ihm am Sinai empfangene Offenbarung und beanspruchen damit, Tora zu sein (ohne Kanonizität in unserem Sinne zu beanspruchen). So wird für gruppenspezifische Positionen die Autorität der Sinaioffenbarung in Anspruch genommen.

Auch T gibt sich als Offenbarung an Mose auf dem Sinai (בהר הזה LI 7) im Ausblick auf die Landnahme. Das bringen besonders Kolumnen If zum Ausdruck[117]. Gott spricht zu Mose[118] und vermittelt ihm die in T niedergelegte Offenbarung. T versteht sich selbst als Tora, wenn auch nicht als Ersatz der bereits bestehenden Tora[119].

Wie erwähnt, nimmt T (ähnlich wie Dtn) in Anspruch, die Mose geoffenbarte Tora im Blick auf das Leben im verheißenen Land zu bieten. Auf die Einleitung in Kol. If folgt als erstes die Beschreibung eines nach der Landnahme zu errichtenden Tempels. Diese folgt nicht dem Vorbild des salomonischen, ezechielischen oder herodianischen Heiligtums. T beschreibt eine Tempelanlage, die von den Bauanweisungen für das Zeltheiligtum in Ex 25–27 abhängig ist[120]. Den idealen Tempel, der nach Gottes Willen nach der Landnahme hätte errichtet werden sollen, hat es also, so T, in dieser Form nie gegeben; die Kultgesetze, Kalender und anderen Gesetzesmaterialien, die in ihm hätten gelten sollen, sind so nie beachtet worden. Nicht nur der zur Abfassungszeit bestehende Jerusalemer Tempel und sein Kult verfehlen die Intention Gottes. Gleiches gilt für den salomonischen Vorgängerbau[121].

Umstritten ist, ob T ein utopisches, nie verwirklichtes Ideal schildern will oder ob der Tempel der T tatsächlich errichtet werden sollte. Dem Text selbst lässt sich das nicht ent-

---

[116] Als Beispiele für Mosaic Discourse nennt NAJMAN namentlich Dtn, Jub und T. Vgl. ihre Arbeit von 2003, hier besonders das erste Kapitel (1–40).

[117] Nur in Kol. II ist Text erhalten. Dieser bietet eine aus Ex 34,11–13; Dtn 7,25f; Ex 34,14–16 zusammengesetzte Gottesrede. Vgl. MAIER, T 54f; zum Tora-Charakter auch NAJMAN 2003, 50–53.

[118] Zu Mose als Empfänger vgl. אהרון אחיכה »Aaron, dein Bruder« 11Q19 XLIV 5. Vereinzelt finden wir auch die Rede in der dritten Person, was auf Unterschiede in den Quellen zurückzuführen ist.

[119] Zu Selbstverständnis und Intention der T vgl. SCHIFFMAN 1994/95, 110–112; MAIER, T 28–35; GARCÍA MARTÍNEZ 2000, 929f; zum Tora-Charakter nochmals, wie schon angeführt, NAJMAN 2003, 50–53.

[120] Vgl. dazu SCHIFFMAN 1992; DERS. 2001.

[121] »Die Tempelrolle [...] setzt offenbar voraus, dass der von Gott angeordnete Tempelbau nie so durchgeführt wurde, spätere Tempelbauten also vergleichsweise unangemessene Ausführungen des Gotteswillens repräsentieren und daher auch die Relation zwischen kultischen Einrichtungen und kultrechtlichen Bestimmungen nicht in allen Punkten stimmte. Die kultrechtlichen und rituellen Bestimmungen in der Tempelrolle erhalten also durch die Kombination mit dieser Tempelbau-Anweisung den ›richtigen‹ Rahmen, und damit wird ihre eigene offenbarungsgemäße Richtigkeit eindrucksvoll untermauert«: MAIER, T 55.

nehmen. Auf die (Kult-) Geschichte Israels seit der Landnahme geht T, der literarischen Fiktion entsprechend, nicht ein; vom ersten und zweiten Tempel ist nicht die Rede.

Sicher ist dagegen, dass T die Erwartung eines eschatologischen Tempels zum Ausdruck bringt. Dies geschieht in der wohl am häufigsten behandelten und besonders kontrovers diskutierten Passage 11Q19 XXIX 2–10.

Der Abschnitt findet sich am Ende des ursprünglich selbständigen Opferkalenders. Man hält ihn meist für redaktionell[122], doch ist das nicht unumstritten[123]. Im jetzigen Kontext gipfelt der Opferkalender in der Verheißung beständigen göttlichen Wohlgefallens (ורציתים »und ich werde Wohlgefallen an ihnen haben«) und bleibender Gottespräsenz im Heiligtum (Z.7–9). Das göttliche Wohlgefallen (רצון) meint in kultischer Sprache die gnädige Annahme der Opfergaben; das Wohlgefallen, das Gott an Israel haben wird, gilt damit dem rechten, den vorangegangenen Bestimmungen konformen Kultvollzug. In diesem Kontext bietet Z.7f die Bundesformel. Die kultische Fassung des Bundesgedankens geht aus Z.9f noch deutlicher hervor.

In Z.8–10 heißt es[124]:

8 [...] ואקדשה [את מ]קדשי בכבודי

[...] und ich will heiligen mein [He]iligtum mit meiner Herrlichkeit,

אשר אשכין 9 עליו את כבודי

denn ich werde wohnen lassen auf ihm meine Herrlichkeit

עד יום [125]הבריה אשר אברא אני את מקדשי

bis zum Tage der Schöpfung, wenn ich selbst mein Heiligtum schaffen werde,

10 להכינו לי כול הימים

um es zu gründen für mich für alle Zeit

כברית אשר כרתי עם יעקוב בבית אל

gemäß dem Bund, den ich geschlossen habe mit Jakob in Bethel.

In Z.9f wird ein von Gott selbst zu erschaffendes, eschatologisches, immerwährendes irdisches Heiligtum angekündigt[126], welches das von T beschriebene ablösen wird. Mit dem »Tag der Schöpfung« (יום הבריה) ist die universale Neuschöpfung gemeint, in deren Zusammenhang die Erschaffung des Tempels gehört, wie es ähnlich in I Hen 90; Jub 1,15–17.26–29 vorausgesagt wird. Die Aussage über die Heiligtumsgründung (להכינו usw. Z.10) ist eine Anspielung auf die Gründung des von Gottes eigenen Händen erbauten Heiligtums nach Ex 15,17 (vgl. dort מקדש אדני כוננו ידיך; dazu s.o.).

---

[122] Zur Forschungs- und Auslegungsgeschichte vgl. RAPP 2001, 70–75.

[123] Vgl. RAPP 2001, 79–85. A.a.O. 85–89 gibt er eine Interpretation des Passus in seinem (s.E.) ursprünglichen Kontext sowie (88f) im Rahmen der T.

[124] Text und Übersetzung nach STEUDEL, Texte 2, 58f.

[125] Ältere Lesung: הברכה »des Segens«; vgl. MAIER, T 132 Anm. 355. Doch ist בריה heute allgemein anerkannt.

[126] Die Auffassung, es sei die Gemeinde selbst als endzeitlicher Tempel gemeint, ist unbegründet (vgl. MAIER, T 131). Diese Vorstellung ist der essenischen Literatur i.e.S. eigen.

Darauf sowie auf die Rede vom Jakobsbund von Bet-El (Z.10) hat Schiffman die Ver-
mutung gegründet, es handle sich bei dem eschatologischen Heiligtum nach 11Q19
XXIX 9f um ein Abbild des himmlischen Tempels, wobei die Erzählung von Jakobs
Traum von der Himmelsleiter (Gen 28,11–19) im Hintergrund stehe[127]. Dafür bietet der
Text der T jedoch keine Basis[128]. Die Heiligtumsgründung durch Jakob in Bet-El und die
Land- und Nachkommenverheißung (vgl. neben Gen 28,11–19 noch 35,1–15) haben in
frühjüdischer Literatur ein vielfältiges Echo gefunden[129]. Nach TestLev 8 erfährt Levi in
Bet-El im Traum seine priesterliche Investitur. Nach Jub 27,27 hatte Jakob bei seinem
ersten Aufenthalt in Bet-El den Bau eines Heiligtums gelobt. Auch nach Jub 32,1 erfährt
Levi in Bet-El in einem Traum seine Investitur. Jakob setzt ihn ins Priesteramt ein und
bringt Zehntopfer (V.2–8). Levi waltet in Bet-El des Priesteramtes (V.9). Schließlich will
Jakob sein Tempelbaugelübde in Bet-El einlösen, doch es wird ihm verwehrt, da Bet-El
nicht der rechte Ort sei (V.16.22)[130].

In die hier greifbare Auslegungstradition gehört auch die Bundesaussage
11Q19 XXIX 9f. Der Jakobsbund zielt nach der T auf die Errichtung des
eschatologischen Tempels durch Gott. Die Tempelerwartung der T ist Im-
plikat der Bundestheologie; einer Bundestheologie in spezifisch kultischer
Fassung. Der Jakobsbund in Bet-El impliziert ausweislich frühjüdischer
Auslegungstradition wie auch der Einbindung des Motivs in den Opferkalender der T die Begründung des rechten Kults und des Priestertums.
Der Bund findet seine Erfüllung in der Erschaffung des eschatologischen
Tempels. So wird der Bund im rechten Kult vollzogen. Er ermöglicht damit die Gottespräsenz, und diese verbürgt das Leben im Land[131].

2.3.8.1.3 Der sogenannte »Midrasch zur Eschatologie«

Unter der Bezeichnung »Midrasch zur Eschatologie« (4QMidrEschat) hat Steudel einen
Text ediert[132], dessen erhaltene Teile zuvor als 4QFlorilegium (4Q174) bzw. als Catena
A (4Q177) bekannt waren. Diese Schrift behandelt die bereits angebrochene letzte Ge-
schichtsepoche vor dem Anbruch der Heilszeit (das »Ende der Tage«, אחרית הימים) und
kann aufgrund ihres Inhalts in die erste Hälfte des 1. Jh.s v.Chr., vermutlich in die Jahre
um 71–63 v.Chr., datiert werden[133]. Es handelt sich um einen spezifisch essenischen

---

[127] Vgl. SCHIFFMAN 1994/95, 118; 1992, 621 spricht er sogar davon, dass T einen
»heavenly Temple built by God himself« auf Erden erwarte.

[128] So richtig auch SCHWARTZ 1979, 86: Weder T noch MidrEschat nehmen auf einen
himmlischen Tempel Bezug.

[129] Vgl. zum einzelnen den Beitrag von SCHWARTZ 1985 sowie bes. die Monographie
von RAPP 2001.

[130] Vgl. dazu RAPP 2001, 233f.

[131] Darin sind wesentliche Momente priesterlicher und deuteronomistischer Theologie
verbunden. Der Zusammenhang von Bundesschluss, Landgabe und Kultbegründung kann
in seiner Bedeutung für die nachexilische Theologie wie speziell für die Theologie der T
hier nur angedeutet werden. Instruktiv handeln davon STEGEMANN 1983, bes. 159–162;
SCHIFFMAN 1994 /95, 116f. 122f; bes. aber WISE 1989.

[132] STEUDEL 1994.

[133] Vgl. STEUDEL, Texte 2, 187.

Text. Thema sind das Selbstverständnis der Gemeinde und ihre Stellung im Endgeschehen angesichts unerfüllter eschatologischer Erwartungen[134].

In MidrEschat II 19 – III 13 werden in mehreren Schritten Verse aus II Sam 7,10–14 zitiert und ausgelegt. In III 2–7 finden sich drei verschiedene Ausdrücke für Tempel. Zunächst ist die Rede von dem »Haus« (הבית), das Gott für sich errichten werde »am Ende der Tage« (באחרית הימים Z.2). Ferner wird das »Heiligtum Israels« (מקד[ש י]שראל Z.6) genannt, das von Feinden um der Sünden willen zerstört wurde. Gemeint ist also der erste Tempel. Und schließlich ist vom מקדש אדם die Rede (Z.6f), in dem Räucherkult und »תודה-Werke«[135] dargebracht werden sollen[136].

Allein für den Ausdruck מקדש אדם sind vier verschiedene Deutungen vorgeschlagen worden: (1) ›Tempel aus Menschen [bestehend]‹, d.h. die Gemeinde als spiritueller Tempel[137]; (2) ›Tempel unter Menschen‹, d.h. im irdischen Bereich, im Gegensatz zum himmlischen Tempel[138]; (3) ›Tempel[,] von Menschen [errichtet]‹, d.h. der salomonische, im Gegensatz zum von Gott selbst zu errichtenden eschatologischen Tempel[139]; (4) ›Tempel Adams‹, d.h. die Wiederbringung des urzeitlichen Paradieseheiligtums[140]. – Die erstgenannte Deutung dürfte nach wie vor die angemessenste sein[141]. Dafür spricht sowohl die sachliche Übereinstimmung mit anderen Aussagen über die Gemeinde als spiritueller Tempel[142] als auch die angeführte Aussage über Räucherkult und תודה, metaphorischer Ausdruck für Gebet und Lobpreis als spiritueller Opferersatz der dissidenten Gemeinde[143].

Häufig wird versucht, MidrEschat III mit 11Q19 XXIX 8–10 in Übereinstimmung zu bringen[144]. Entscheidend ist, in welchem Verhältnis der מקדש אדם zum »Haus« steht, das Gott »am Ende der Tage« baut. Ist das »Haus« ein eschatologischer, von Gott selbst zu errichtender Tempel[145]? Aber dem widerrät die Angabe, das »Haus« werde »am Ende der Tage« gebaut, denn mit »Ende der Tage« ist die bereits angebrochene letzte Zeit vor

---

[134] Text und Übersetzung im folgenden nach STEUDEL, Texte 2, 187–213.

[135] Die Lesung תודה (statt, wie früher gelesen, תורה) darf als sicher gelten; vgl. STEUDEL, Texte 2, 270 Anm. 15.

[136] Davon will WISE 1994a, 154f noch einen »Tempel des Herrn« unterscheiden. Er rekonstruiert in MidrEschat III 3 (bei ihm: 4QFlor I 3) den Text מקדש אדוני »a Temple of the Lord« und nimmt an, das Zitat aus Ex 15,17 sei imperativisch gemeint (vgl. a.a.O. 174 Anm. 63). Rekonstruktion und Interpretation scheinen mir unbegründet.

[137] So (für viele) GÄRTNER 1965, 34f; DIMANT 1986, 176f; STEUDEL 1994, 165–167.

[138] So YADIN (Hg.) 1977–1983, Bd. 1, 187f Anm. 13.

[139] So SCHWARTZ 1979, 88.

[140] So WISE 1991/92; DERS. 1994a; BROOKE 1999.

[141] Vgl. STEUDEL 1994, 165–167.

[142] Vgl. dazu die Ausführungen zu H, S, Sa u.a. u. pp. 69–74.

[143] Vgl. zur Forschungsgeschichte die tabellarische Übersicht bei WISE 1994a, 158.

[144] So etwa WISE 1994a.

[145] So SCHWARTZ 1979, 89f; DIMANT 1986, 174–180.184–187. DIMANT hebt besonders den Gebrauch des Imperfekt (»future tense«) in Z.3–5 hervor. In Z.3f ergibt sich dieser jedoch aus dem Verbotscharakter der Aussage (vgl. Dtn 23,3f); Z.5 bietet einen Ausblick auf die Zukunft des Heiligtums, besagt jedoch nicht, dass es erst in Zukunft *errichtet* werden wird.

dem Ende gemeint, in der die Gemeinde lebt[146]. Deshalb ist auch die Deutung unwahrscheinlich, der מקדש אדם sei das im Eschaton zu erwartende endzeitliche Heiligtum Adams.

Den Schlüssel zum Verständnis gibt die Abfolge der Auslegungsschritte zu II Sam 7 in MidrEschat. In MidrEschat II 19 – III 2 finden wir eine Zitation von II Sam 7,10.11aα[147], der Tempelbauverheißung an David, die in III 2–7 ausgelegt wird. Mit der Zitation der Aussage über die »Ruchlosen« aus II Sam 7,10 ist die Heiligtumsthematik auf die gegenwärtige Auseinandersetzung der Gemeinde mit ihren Gegnern bezogen. Es folgt in II Sam 7,11aβ die Verheißung der »Ruhe«, zitiert und ausgelegt in MidrEschat III 7–9, sowie die Dynastieverheißung II Sam 7,11b–14, zitiert in MidrEschat III 10f und in Z.11–13 ausgelegt auf das Kommen eines »Spross Davids« (צמח דויד Z.11), der zusammen mit dem »Tora-Erforscher« (דורש התורה ebd.) auftreten werde. Hier geht es um die eschatologischen Erwartungen der Qumrangemeinde: Vor dem Eintreten des Endes sollen die genannten Gestalten aufreten. Damit wird die אחרית הימים enden. Die Gegenwart aber ist bestimmt vom Wirken Belials (II 14f), der die »Söhne des Lichts« (III 8f) zu Fall zu bringen sucht. Doch Gott wird ihnen »Ruhe« geben, also das Wirken Belials beenden (III 7–9).

Damit kann nun bestimmt werden, an welchen Stellen der Auslegung von Gegenwart bzw. Zukunft die Rede ist: Während II Sam 7,11aβff in MidrEschat III 7–9.11–13 auf die Zukunft ausgelegt wird, geht es in der Auslegung von II Sam 7,10.11aα (also in MidrEschat III 2–7) um die Gegenwart der Gemeinde am (bereits angebrochenen) »Ende der Tage«. Bevor er seinem Volk Ruhe gibt, verschafft Gott ihm einen sicheren »Ort« (מקום), an dem er es einpflanzt und an dem es auch in der Zeit des Wirkens Belials ohne Angst leben kann, – so der Sinn des Zitats aus II Sam 7,10. 11aα (II 19 – III 2) im Kontext von MidrEschat II 14ff. Schon II Sam 7,10 nahm die Terminologie von Ex 15,17 (מקום[148] »Ort«, נטע »einpflanzen«) auf; diese Stelle wird in MidrEschat III 3 zitiert. Damit wird also das von Gott am »Ende der Tage« errichtete Heiligtum nach Ex 15,17 als der gegenwärtige, vor den »Ruchlosen« geschützte »Ort« nach II Sam 7,10 gedeutet. Es liegt nahe, diesen Zufluchtsort mit der Gemeinde gleichzusetzen[149], die durch die Zitation von Ex 15,17 als Heiligtum am »Ende der

---

[146] Überzeugend nachgewiesen bei STEUDEL 1994, 161–163.

[147] Der Text von II 19 kann nur erschlossen werden. Dass hier II Sam 7,10 zitiert wurde, darf jedoch angesichts der Fortsetzung in III 1f als sicher gelten. Vgl. STEUDEL 1994, 41.

[148] MT Ex 15,17 מכון.

[149] Vgl. CD III 18–20, wo von einem von Gott erbauten »festen Haus« (בית נאמן), doch wohl der Gemeinde, die Rede ist. Zum Gebrauch des Motivs in weiteren Texten vom Toten Meer vgl. BETZ 1987b.

Tage« gedeutet wird[150] und die auch mit dem מקדש אדם (Z.6f) gemeint ist.
Der in Z.5 zum zweiten mal angeführte Vers Ex 15,18 ([ימלוך] ה[ו]הי
עולם) weist auf den dauernden Bestand des kultisch verfassten Königtums
Gottes[151], damit des gemeinten endzeitlichen Tempels, und nach Z.6f tritt
der מקדש אדם, der als das in Ex 15,17f gemeinte beständige Heiligtum
gilt, auf göttliche Weisung an die Stelle des zerstörten ersten Tempels. Die
Ausführungen von Z.6f gehören folglich noch in den Zusammenhang der
Auslegung von II Sam 7,10.11aα mittels der Zitation von Ex 15,17f und
damit in den Zusammenhang der Erläuterung des endzeitlichen »Hauses«:
Die in Z.3f aufgeführten Zugangsbedingungen sind die Aufnahmebedin-
gungen der Gemeinde[152].

Ergebnis: Nachdem die erwarteten Endereignisse nicht eingetreten sind,
will sich die Gemeinde ihrer Stellung im göttlichen Heilsplan neu versichern[153]. Die Aufmerksamkeit richtet sich nun auf die Gemeinde selbst als
Gottes gegenwärtig erfahrbares endzeitliches Werk. Die Erwartung eines
von Gott zu errichtenden eschatologischen Tempels (im Sinne eines Gebäudes) ist demnach, anders als oft angenommen[154], in diesem Text nicht
belegt[155]. Vielmehr ist sie auf die Gemeinde übertragen. Das erinnert an
die Übertragung eines Heilsgutes wie der Gemeinschaft mit den Engeln im
zukünftigen Tempelkult auf die gegenwärtige Gemeinde, wie sie sich in
Sa, Sb, H finden wird (s.u.). Die Deutung von Ex 15,17 in Midr Eschat III
unterscheidet sich demnach, dem zeitlichen Abstand und der unterschiedlichen Herkunft beider Texte entsprechend, deutlich von der in 11Q19
XXIX 9f.

2.3.8.2 Zum himmlischen Tempel
und zur kultischen Gemeinschaft mit den Engeln

Die Belege für das Motiv der kultischen Gemeinschaft mit den Engeln sind in der Literatur des zweiten Tempels nicht sehr zahlreich. Sie finden sich im Testament Levis
und im Jubiläenbuch, daneben in den Textfunden vom Toten Meer, und zwar im sog. Testament Amrams oder Amram-Apokryphon (VisAmram)[156] sowie in den Hodajot und in der
Gemeinderegel von Qumran (H, S). Eine Sachparallele – nicht im kultischen, sondern im
militärischen Sinne – bietet die sog. Kriegsrolle (SM).

---

[150] So mehrfach in älterer Literatur (vgl. GÄRTNER 1965, 31–33; LOHSE, Texte 1, 297
Anm. 2 zu 4QFlor I 2; KLINZING 1971, 80–87, identifiziert »Haus« und מקדש אדם, ist
aber nicht sicher, ob ein zukünftiger Tempel oder die gegenwärtige Gemeinde gemeint
ist); ähnlich in neuerer Zeit wieder STEUDEL 1994, 166f, bes. 167.
[151] Zur Textrekonstruktion vgl. STEUDEL 1994, 43f.
[152] Die nah verwandte Stelle Dtn 23,3f bezieht den Ausschluss auf den קהל יהוה.
[153] Vgl. STEUDEL 1994, (202.207–210) 211f.
[154] Vgl. DIMANT 1986, 177–180.185–189; SCHWARTZ 1979, 89–91.
[155] Ähnlich schon STEUDEL 1994, 166f.
[156] »4QVisions of Amram«: 4Q543; 545–548.

Die Belege aus Jub, TestLev und VisAmram wurden bereits besprochen[157]. Wie gesagt, wird das Motiv der kultischen Gemeinschaft mit den Engeln dort aufgenommen und
weiterentwickelt im Sinne einer himmlischen Investitur, die der Legitimation einer dissidenten priesterlichen Gruppe dient[158]. Diese Belege kommen darin überein, dass die
irdischen Priester bzw. der Hohepriester mit Engeln funktional verglichen bzw. als Engel
angesprochen werden. So ist von der kultischen Gemeinschaft mit den Engeln zum einen
im Blick auf die Anwesenheit von Engeln im irdischen Tempel, zum anderen im Blick
auf den Engel-Status der im irdischen Heiligtum dienenden Priester die Rede[159]. Vor diesem Hintergrund sind die »Sabbatopferlieder« in den Blick zu nehmen.

2.3.8.2.1 Die »Sabbatopferlieder«

Die sog. »Sabbatopfer-Lieder«[160] (ShirShabb) vom Toten Meer sind Liturgien für
dreizehn aufeinanderfolgende Sabbate, also für ein Quartal. Zehn fragmentarisch erhaltene Exemplare[161] (davon eines aus Masada) bezeugen ihre Hochschätzung. Datierung
und Herkunft sind nicht exakt zu bestimmen. Die Handschriften sind zwischen 75 v.Chr.
und 50 n.Chr. geschrieben. Die jeweilige Überschrift »Lied zum Sabbatopfer« (שיר עולת
השבת) muss nicht zwingend auf den Zusammenhang des Opferkults im Tempel verweisen[162], da die Gattung »Sabbatopferlied« auch außerhalb dieses Zusammenhangs im
frühen Judentum belegt ist und noch in der rabbinischen Literatur begegnet[163]. Doch
sprechen sprachliche und theologische Besonderheiten für vor-essenische Herkunft[164].
Hingegen spricht die Zugrundelegung des Sonnenkalenders gegen Herkunft aus dem Jerusalemer Tempel[165]. So hat man an proto-essenische Priesterkreise des 3./2. Jh.s zu denken, die dem in Jerusalem geltenden Kalender und dem darauf beruhenden Kult distan-
ziert gegenüberstehen.

Die einzelnen Lieder beginnen – nach einer Überschrift – jeweils mit imperativi-
schem, von der irdischen Gemeinde an die himmlische Engel-Priesterschaft gerichteten
... הללו, worauf Beschreibungen der Hymnen, Gebete und Segensworte (nicht diese
selbst im Wortlaut) folgen, die von den diensttuenden Abteilungen der Engel-Priester,
zumal von deren Fürsten, vorgebracht werden. Die Texte sind in paronomastischem No-
minalstil gehalten; die Komposition zumal des 6.–8. Liedes ist von strenger formaler
Geschlossenheit. Die Siebenzahl ist Kompositionsprinzip des ganzen Zyklus wie seiner
Teile. Das Lied des 7. Sabbat steht in der Mitte und bildet inhaltlich den Höhepunkt; die
anderen zwölf Lieder umgeben es rahmenartig, wobei einander die ersten und die letzten
beiden Lieder inhaltlich entsprechen[166]. Neben dieser ringförmigen Struktur steht das

---

[157] ApocrAmram nicht im Haupttext, sondern o. in Anm. 58.

[158] Ähnlich schon NEWSOM (Hg.) 1985, 67–71; MACH 1992, 238f.

[159] Von himmlischer Inthronisation bei den Engeln (und Verwandlung in einen Engel?) einer vielleicht priesterlichen Gestalt spricht 4Q491 11 I. Alles Nähere bleibt offen.
Vgl. ZIMMERMANN 1998, 285–310 (auch zur Diskussion in der Forschung).

[160] Grundlegend ist die Edition von NEWSOM (Hg.) 1985, der wir auch die Rekonstruktion des Zyklus der Lieder für 13 Sabbate verdanken.

[161] MasShirShabb (0QShir); 4Q400–407; 11Q17.

[162] So jedoch LANGE /LICHTENBERGER 1997, 65,26f.

[163] Vgl. SCHWEMER 1991, 49–58.

[164] Vgl. LANGE/LICHTENBERGER 1997, 65, 15–32.

[165] Diese nimmt STEGEMANN 1994, 142, an, der das Werk ins 4./3. Jh. v.Chr. datiert.

[166] Vgl. SCHWEMER 1991, 112. Sie weist darauf hin, dass die ersten und die letzten
beiden Lieder (abgesehen von ihrer Stellung in der symmetrischen Gesamtkomposition)

Fortschreiten von der Investitur der Engel-Priester im Lied des ersten Sabbats bis zum Vollzug des Opferkults durch sie im himmlischen Tempel in dem abschließenden Lied des dreizehnten Sabbats.

Die ShirShabb bieten neben der Beschreibung von Liedern und Gebeten der Engel Erwähnungen des himmlischen Heiligtums bzw. seiner Teile, denn auch diese stimmen in den Lobpreis ein, da sie als »Geister« (רוחות), d.h. als Geistwesen, aufgefasst werden. Das betrifft Säulen, Tore, Gewölbe usw. wie auch die darauf dargestellten Engelwesen, die Thronwagen (מרכבות) der sieben Engelfürsten und Gottes eigenen Thronwagen sowie die dazugehörigen Keruben und Ofannim. Eine eigentliche Beschreibung des himmlischen Heiligtums bieten die ShirShabb jedoch nicht. Aus verstreuten Bemerkungen im 9.–13. Lied[167] lässt sich entnehmen[168]: Das himmlische Heiligtum, in dem die Engel dienen, enthält sieben היכלות, wohl für jeden der sieben Engelfürsten einen, sowie mehrere (vermutlich ebenfalls sieben) מרכבות. Oberhalb einer רקיע genannten Feste (vgl. Gen 1,6–8; Ez 1,22f) erhebt sich der Gottesthron und der diesen umgebende היכל. Das himmlische Heiligtum ist erfüllt von strahlenden Lichtern, seine Ausstattung leuchtet in bunten Farben, es ertönt der Lobgesang der Engel. Ein Feuerstrom geht vom Gottesthron aus. Beschrieben werden der Thronwagen und sein Gottespreis (bzw. der seiner Keruben und Ofannim), doch keine Gottesschau. Auch fehlt das visionäre Element, das aus den Heiligtumsschilderungen prophetischer Berufungsvisionen bzw. apokalyptischer Himmelsreisen bekannt ist.

Man hat ShirShabb seit ihrer Veröffentlichung immer wieder in die Nähe der frühjüdischen Mystik rücken wollen. Hier stehen sich zwei Forschungsrichtungen gegenüber, deren eine in ShirShabb die frühesten Zeugnisse (oder doch die Wurzeln) der sog. Merkabah-Mystik sehen möchte, während die andere eine literarische Kontinuität zwischen ShirShabb und späterer Thronmystik bestreitet und stärker das schriftgelehrt-exegetische Moment der ShirShabb betont[169]. Damit hängt die Frage zusammen, ob es sich um ein literarisch-exegetisches Werk handelt oder ob die ShirShabb zur liturgisch-rituellen Rezitation bestimmt sind. Wie dem auch sei, unverkennbar bestehen Berührungspunkte mit den Himmelsschilderungen, wie sie aus Ez 1, I Hen, II Hen, III Hen und aus anderer esoterisch-jüdischer Literatur[170] bekannt sind; zumal im Blick auf die Beschrei-

---

sich inhaltlich enstprechen: Während das erste Lied die Einsetzung der Engel-Priester schildert, schließt das letzte die Komposition mit der Schilderung des tatsächlichen Opfervollzugs ab; das Thema der Kultvorschriften Gottes und ihrer Befolgung begegnet im ersten Lied und wird im zwölften wieder aufgenommen. Daneben zeigt sie (a.a.O. 116), dass in den ersten und den letzten beiden Liedern das Verständnis der מלכות Gottes im Sinne des himmlischen Tempels (als Herrschaftsbereich), im 3.–5. und im 9–11. Lied dagegen im Sinne des Königseins Gottes (als Eigenschaft) im Blick ist.

[167] Es handelt sich im wesentlichen um 4Q405 14–15 I; 15 II–16.17; 22 II–21–22; 20 II–21–22 6–14; 11Q17 (11QShirShab) 3–4 1–7 8–9.

[168] Vgl. zum himmlischen Heiligtum nach ShirShabb auch NEWSOM (Hg.) 1985, 39–58; LÖHR 1991.

[169] Zur erstgenannten Gruppe zählen u.a. SCHOLEM und SCHIFFMAN; zur zweiten u.a. SCHÄFER. Eine Einführung in die Forschungsgeschichte mit Literaturangaben bietet HAMACHER 1996.

[170] Von besonderer Bedeutung ist die sog. Hekhalot-Literatur, die jetzt in der von SCHÄFER hg. Synopse der Hekhalotliteratur vorliegt. Ein frühes Beispiel einer Auslegung der Thronvision Ez 1–3 bietet 4Q385 6 (olim 4), DJD 30, 2001, 42–51.– Vgl. zur jüdi-

bung des Gottesthrones, die Darstellungen der Engelhierarchien und ihres hymnischen Gotteslobs, wie es ähnlich auch in den Hymnen der Apk, in erstaunlicher formaler Ähnlichkeit auch noch in mittelalterlicher esoterisch-jüdischer Literatur zu finden ist[171]. Dagegen fehlen den ShirShabb wesentliche Merkmale der frühjüdisch-mystischen Literatur, zumal der Aufstieg des Adepten zur himmlischen Welt, die liturgische Gemeinschaft mit den Engeln, die Gottesschau und die Verwandlung in ein Engelwesen[172]. Newsom bezeichnet den Effekt der ShirShabb 1985 als »quasi-mystical«[173]: Sie sollten die Wirklichkeit des himmlischen Gottesdienstes evozieren und den Eindruck vermitteln, diesen mitzuerleben[174]. Die Debatte hält an[175].

Die ShirShabb beschreiben den Lobpreis der Engel und des himmlischen Tempels, den Wortlaut dieses Lobpreises aber geben sie nicht an. Die irdische Gemeinde ruft die Himmlischen zum Lobpreis Gottes auf und beschreibt, wie dieser vonstatten geht. Aber dieser Lobpreis – etwa das Trishagion – erklingt nicht in der Rezitation der ShirShabb. Auch die irdische Gemeinde selbst äußert in ShirShabb kein Gotteslob. Auch von gemeinsam oder gleichzeitig vorgebrachtem irdischen und himmlischen Gotteslob ist nicht die Rede[176]. Ebenso wenig ist von einem Aufstieg eines oder mehrerer Menschen in die himmlische Welt oder von visionärer Schau des himm-

---

schen Mystik einführend immer noch SCHOLEM 1980; DERS. 1962; an neuerer Literatur GRUENWALD 1980; HALPERIN 1988; DAVILA 2001.

[171] Vgl. das Beispiel (ein Hymnus aus den »Großen Hekhalot«) bei SCHOLEM 1980, 63.

[172] Den mystischen Charakter der ShirShabb im genannten Sinne bestreitet daher WOLFSON 1994. Er reagiert damit auf NITZAN 1994a, die trotz der genannten Unterschiede den mystischen Charakter der ShirShabb behauptet (a.a.O. 178f), wenngleich ihr die Unterschiede zur späteren Merkabah-Literatur bewusst sind (a.a.O. 183). – Diese Position steht der von SCHIFFMAN 1982 nahe; auch er benennt die Unterschiede (keine Himmelsreise in ShirShabb), möchte aber dennoch in ShirShabb die ältesten Hekhalot-Texte sehen (a.a.O. 45–47).

[173] NEWSOM a.a.O. 19.

[174] NEWSOM a.a.O. 17; 64.

[175] FLETCHER-LOUIS 2000; DERS. 2001 ist besonders für ein ›mystisches‹ Verständnis der ShirShabb eingetreten; nach ihm ginge es hier um eine ritualisierte Himmelsreise, wobei die Angehörigen der Trägergruppe sich selbst mit den in ShirShabb geschilderten Engeln identifizieren (eine Deutung, die weit über den Textbefund hinausgeht). Eine nüchternere Sicht vertritt SWARTZ 2001, hier 184–190; er betont als Unterschied zwischen ShirShabb und späteren Hekhalot-Texten vor allem (im Anschluss an NEWSOM [Hg.] 1985, 19–21; 71f), dass letztere die Möglichkeit der Himmelsreise implizieren, während die ShirShabb die himmlische Liturgie zwar evozieren, aber die Leser bzw. Hörer nicht selbst in den himmlischen Gottesdienst versetzen.

[176] »Nor is there reference to the common citation of a liturgical formula with the angels [...]«, schreibt NEWSOM (Hg.) 1985, 64. – In der Aussage über den Gottespreis »mit« (oder: »bei«, »unter«) »den Elim der Erkenntnis« (דעת באלי) und den »Heiligsten der Heiligen« ([ם]קדושי בקדושי) in 4Q400 2 1 (= 4Q401 14 I 7) bleibt offen, wer mit (bei, usw.) den Genannten Gott preist – im Kontext liegt es nahe, an andere himmlische Wesen zu denken.

lischen Tempels die Rede. Eine Partizipation der irdischen Gemeinde am himmlischen Kult wird weder als zukünftiges Heilsgut beschrieben, noch findet sie in der Gegenwart statt[177]. Wohl aber ist die irdische Gemeinde auf die Engel-Priester und auf ihren himmlischen Kult bezogen. Sie vergewissert sich dieses Bezugs; sie ist sich aber auch des Abstands bewusst.

Das Verhältnis von irdischer und himmlischer Priesterschaft wird im zweiten Sabbatlied thematisiert, und in einigen Zeilen des zweiten Sabbatlieds spricht die irdische Gemeinschaft selbst (4Q400 2 6–8):

6 מה נתחשב [ב]ם וכוהנתנו מה במעוניהם וק[...]
wie wird geachtet sein [sc. es? oder: »wie werden wir geachtet sein«?[178] [unter] ihnen und unser Priestertum wie in ihren Wohnungen und [...]

7 קודש[י]הם [מה] תרומת לשון עפרנו בדעת אל[ים...]
ihre Heiligkeiten[. Was] ein Opfer einer Zunge unseres Staubes bei/unter/verglichen mit der Erkenntnis der El[im ...]

8 [...]ל[ר]נתנו נרוממה לאלוהי דעת[...]
[...] für unseren [J]ubel. Laßt uns erheben den Gott der Erkenntnis [...]

Die vorangehenden Ausführungen (Z.2–4) über »Elim der Erkenntnis« und die »Heiligsten der Heiligen« (Z.2) führen zum Vergleich von Engeln und Menschen. In rhetorischen Fragen werden das Priestertum, das Lobopfer und das Loblied der Menschen denjenigen der Engel gegenüber gestellt. Die Antwort auf die Fragen kann nicht zweifelhaft sein: Alles Menschliche bleibt hinter den Eigenschaften und dem Tun der Himmlischen weit zurück.

Erstaunlicherweise hat Newsom gerade Z.6 zweimal als Beleg für ihre These von 1985 angeführt[179], die ShirShabb wollten das Bewusstsein erzeugen, mit den Himmlischen kultisch vereint zu sein[180]. Zwar wäre eine Aussage über das Geachtet-Sein der menschlichen Priester »unter ihnen« (ב[ם]), den Engeln, der Beleg aus ShirShabb, der dem Gedanken einer Gegenwart der irdischen Gemeinde unter den Engeln noch am nächsten käme[181]. Doch auch wenn man sich Newsoms Übersetzung zu eigen macht

---

[177] »The Shirot stop short of describing the coparticipation in the heavenly cult referred to as one of the blessings of the eschatological age«: NEWSOM (Hg.) 1985, 64. In ShirShabb selbst wird die kultische Gemeinschaft mit den Engeln als eschatologisches Heilsgut allerdings nicht thematisiert.

[178] NEWSOM fasst das נתחשב in Z.6 als 1. Pers. Pl. Impf. statt als 3. Pers. Sg. masc. Perf. und übersetzt »how shall we be considered« (a.a.O. 111). Im Parallelismus mit der Frage nach כוהנתנו ergibt das guten Sinn. Bei den finiten Verben in Z.3.5 ist aber das Perfekt gebraucht. Ich folge der Übersetzung DSSSE 2, 811: »how will it be regarded«.

[179] NEWSOM (Hg.) 1985, 17; 64.

[180] Ähnlich STUCKENBRUCK 1995, 159f, der allerdings die hier ausgesprochene »self-deprecation« der menschlichen Gemeinschaft erkennt.

[181] Auch dies nur wenn man NEWSOMs Verständnis zugrundelegt, wonach gefragt wird, »how shall we be considered« (vgl. Anm. 178).

(die sprachlich unsicher bleiben muss), ist mit dem Geachtet-Sein »unter ihnen« nicht gesagt, dass die Rezitierenden in dem Bewusstsein sprechen, sich selbst im Kreis der Engel zu befinden. Es wird lediglich gefragt, wie man dort über sie urteilen mag.

Gegen Newsoms Deutung spricht vor allem, dass sie den Skopus des Abschnitts verkennt: Es ist gerade das Bewusstsein der Unzulänglichkeit menschlichen Priestertums und Lobpreises und damit der bleibenden Distanz zum Lobpreis der Engel, das betont wird.

Newsom hat diesem Umstand in ihrer Arbeit von 1991 Rechnung getragen. Sie formuliert hier z.St.: »This is a confession of the inadequacy of all human cult, all human praise. The centuries-long struggle over the proper forms of cultic worship not only produced groups claiming ›knowledge of the hidden things in which all Israel had gone astray‹ (CD 3.13–14), but also an anxiety that even this knowledge was not wholly adequate«[182].

Aufgrund dieser Einsichten spricht sie hier nicht mehr davon, dass die ShirShabb das Bewusstsein evozieren, im himmlischen Tempel *anwesend* zu sein[183], sondern nur mehr von der *virtuellen* Erfahrung der Gegenwart im himmlischen Tempel (1991, 117: »[...] creating the virtual experience of being present in the heavenly temple«). Weiter führt sie hier aus: »The *Sabbath Shiroth* neither replace human worship nor do they merge the human and angelic priestly communities« (ebd.). »[...] the *Sabbath Shiroth* do not speak of actual co-participation in the conduct of the cult of the heavenly temple.« (ebd.). »[...] the distinction between the human and angelic realms is maintained [...]« (ebd.). Vielmehr geht es den ShirShabb um die Anregung der »religious imagination« (ebd.). Diese imaginiert eine virtuelle Erfahrung, mit deren Hilfe dem Wissen um die menschliche Unzulänglichkeit begegnet werden kann (ebd.). Damit sind Eigenart und Anliegen der Shir Shabb zutreffend erfasst.

Tatsächlich sind es nicht ShirShabb, die der kultischen Gemeinschaft mit den Engeln Ausdruck geben. Dagegen liegt die Betonung in ShirShabb auf den Themen der priesterlichen Legitimität und der korrekten Erfüllung der kultischen Anordnungen Gottes. Das kommt zumal im Lied des ersten Sabbats zum Ausdruck. Es setzt in 4Q400 1 I ein mit der Aufforderung zum Gottespreis für die Aufrichtung einer Engel-Priesterschaft[184]:

1 [...] הללו [...]

[...] Preiset [...]

3 ...[כיא יסד]185 בקדושי עד קודשים ויהיו לו לכוהני

[... Denn er hat eingesetzt] unter den Heiligen der Ewigkeit die Allerheiligsten und sie sind ihm zu Priestern geworden.

Z.19 wiederholt den zuletzt geäußerten Gedanken: [...] יסד לו כוהני קורב קדושי קדושים [...] »[...] er hat eingesetzt für sich Priester des Inneren des Allerheiligsten (oder: der Hochheiligkeit) [...]«. Damit ist auch die Bestätigung der Rekonstruktion in Z.3 gegeben.

---

[182] A.a.O. 117.
[183] So 1985, 65.
[184] Ich zitiere in Auswahl.
[185] Rekonstruktion nach NEWSOM (Hg.) 1985, 89; DSSSE 2, 806.

Es ist darauf hingewiesen worden, dass der erste Sabbat im Jahr, für den dieses Lied bestimmt ist, nach 11Q19 XVIf als Termin der Priesterweihe gilt[186]. Die irdische Priesterschaft richtet ihre Aufmerksamkeit an diesem Tag auf die himmlische und auf deren Investitur. Das Lied fährt fort; in Auswahl (weiterhin 4Q400 1 I):

5 [...] חדת חוקיו לכול מעשי רוח [...]

[...] Er hat eingeschrieben seine Vorschriften für alle Geistes-Werke [...]

9 [...] וחוק בחוק ינברו [...]

[...] und von Vorschrift zu Vorschrift erstarken sie [...]

14 [...] לוא יכלכלו כול נ[עוי] דרך וא[י]ן טמא בקודשיהם

Sie ertragen niemand, dessen Weg ver[kehrt ist], und nichts Unreines ist in ihren Heiligtümern (oder: Heiligen [sc. Dingen, d.h. Opfergaben]).

15 [וחוקי קוד]שים חרת למו בם יתקדשו כול קדושי עד ויטהר טהורי

[Und Vorschriften von Heilig]keiten hat er eingeschrieben für sie, mit denen sich heiligen alle immerdar Heiligen, und er reinigt die Reinen von

16 ...] לנמו]ל כול נעוי דרך ויכפרו רצונו בעד שבי פשע

[... zur Vergeltung?] Aller von verkehrtem Wege. Und sie sühnen nach seinem Wohlgefallen[187] für Umkehrende von Sünde.

17 [...] דעת בכוהני קורב ומפיהם הרות כול קודשים עם משפטי [...]

[...] Erkenntnis bei den Priestern des Inneren und aus ihren Mündern Weisungen aller Heiligen mit Rechtsbestimmungen von [...][188]

Die zum priesterlichen Dienst eingesetzten Engel empfangen göttliche Vorschriften und Rechte, mittels derer sie sich selbst und andere reinigen und heiligen. Wessen Weg »verkehrt« ist, wer die göttlichen Vorschriften nicht einhält, der ist nicht kultfähig. Das betrifft zuerst die Engel-Priester selbst, die sich heiligen und von Gott gereinigt werden. Nichts Unreines und kein Unreiner kann im himmlischen Heiligtum geduldet werden. Die Aufgabe der Engel-Priester ist es aber nicht nur, den himmlischen Tempel vor Verunreinigung zu schützen; sie erwirken den Bußfertigen auch Sühne.

---

[186] Vgl. NEWSOM (Hg.) 1985, 72.

[187] Dies der einzige Beleg von כפר im erhaltenen Text der ShirShabb. Die Stelle wird meist so aufgefasst, als sei רצונו Akkusativobjekt zu כפר (vgl. DSSSE 2, 809). Doch die Präposition בעד zeigt, wie auch sonst in den Texten vom Toten Meer (und sehr häufig in der priesterlichen Literatur des AT) die Empfänger der Sühne an. SCHWEMER 1991, 79f Anm. 109 verweist auf CD II 4f »[...] um die zu entsühnen, die sich von der Sünde ab-gewandt haben (לכפר בעד שבי פשע).« So ist auch an unserer Stelle zu konstruieren. רצון bezeichnet in der priesterlichen Theologie das göttliche »Wohlgefallen« (vgl. REND-TORFF 1967, 253–260; BARSTAD 1993, 643–645.648f; zu Texten vom Toten Meer a.a.O. 651). In diesem Sinne ist das רצונו an unserer Stelle aufzufassen: »nach/zu seinem Wohl-gefallen«. Zum Inhalt vgl. 1Q28 (1QS) III 11. Dort heißt es, der Fromme werde vor Gott »wohlgefällig« sein (ירצה) durch Sühnungen von Wohlgeruch. So erwirkt auch nach 1Q400 1 I 16 die Sühne der himmlischen Engel-Priester Gottes Wohlgefallen zugunsten der שבי פשע.

[188] Übersetzung v. Vf.

Die Formulierungen im Blick auf die Empfänger der Sühne sind uneindeutig. Es handelt sich um »Umkehrende von Sünde« (שבי פשע). Dabei
muss nicht an Menschen gedacht sein. Die göttlichen Gebote dienen ja der
Reinigung der Engel und ihrer Befähigung zum priesterlichen Dienst. Dass
in diesen Ausführungen auch Menschen gemeint sein könnten, ist aber
nicht auszuschließen. Auch in 4Q403 1 I 1–29 sind es – zumindest vorrangig – himmlische Wesen, die Reinigung, Sühne und Segen der Engel-
Priester empfangen[189]. Auch in der himmlischen Welt bedarf es also priesterlichen Sühnewirkens; auch hier gibt es Sünde und Unreinheit.

Das fünfte Sabbatlied erwähnt kriegerische Auseinandersetzungen, an
denen die Engel teilnehmen (von Menschen ist dabei nicht die Rede) und
die in der himmlischen Welt stattfinden (4Q402 4 6–10[190]). Zwar ist der
Text sehr fragmentarisch. Doch ist im Kontext wieder von den von Gott
»eingeschriebenen« Vorschriften die Rede (חו]קין[191] חרת, Z.3), was inhaltlich und terminologisch mit dem ersten Lied übereinstimmt. Weiter ist
– ebenfalls wie im ersten Lied – von Unreinheit die Rede (חיותו טמא, Z.4).
Ab Z.6 folgen die Aussagen zum himmlischen Krieg (vgl. Z.10). Die Unreinheit, von der die Rede war, dürfte sich, wie die göttlichen Vorschriften,
auf die Engel-Krieger und ihre Lager beziehen[192]. Im himmlischen Kult
wie im himmlischen Krieg wird keine Unreinheit geduldet – die folglich
auch dort denkbar ist. So schildert ShirShabb ein himmlisches Geschehen,
in dem Gott eine reine Priesterschaft aufrichtet, durch sie Umkehrenden
Sühne vermittelt und im himmlischen Krieg durch die Heere der Engel seine Königsherrschaft durchsetzt.

Der Gehorsam gegen Gott und die Erfüllung seiner Weisungen kommt
auch im 12. Lied zum Ausdruck (4Q405 23 I). Es handelt sich hier mit
größter Wahrscheinlichkeit um den Schluss des 12. Liedes[193]. Hier wird
der Lobgesang der Tore des himmlischen Tempelpalastes erwähnt, die
Gottes Herrlichkeit preisen, wenn die Engelscharen hindurchgehen (Z.9f).
Darauf heißt es:

10 [...] ואין במה דולג עלי חוק
[...] und nicht ist unter ihnen ein Übertretender gegen eine Vorschrift[194]

---

[189] Vgl. NEWSOM (Hg.) 1985, 196, die dazu neigt, an Engel als Empfänger des Segens
zu denken; wohl mit Recht.

[190] Vgl. NEWSOM (Hg.) 1985, 154 (Text), 156f (Übersetzung), 159 (Kommentar zu
Z.10f). – MasShirShabb I 1–7 setzt erst mit dem Text von 4Q402 4 11 ein.

[191] So mit NEWSOM (Hg.) 1985, 154; DSSSE 2, 814 rekonstruiert חו]קיו (vgl. 4Q400
1 I 5).

[192] Vgl. den Kommentar z.St. bei NEWSOM (Hg.) 1985, 157.

[193] Vgl. NEWSOM (Hg.) 1985, 325.

[194] Vgl. zur Übersetzung die Bemerkungen zum hebräischen Text bei NEWSOM (Hg.)
1985, 330.

ולוא על אמרי 11 מלך בלי יתכונו

und nicht gegen Gesagtes des Königs stellen sie sich[195];

לוא ירוצו מדרך ולוא [196]יתמהמהו מגבולו

nicht laufen sie vom Wege und nicht verweilen sie außerhalb seines
Gebietes;

[197]לוא ירומו ממשלוחתו

nicht erheben sie sich über seine Sendungen,

12 לוא ישפל[ו]

nicht steigen sie hina[b].

»Alle Geister Gottes (oder: der Elohim-Wesen)« (כול רוחות אלוהים, Z.9f)
sind es, die in das himmlische Heiligtum eintreten und es wieder verlassen,
die kultisch dienenden Engel also. Von ihnen ist in Z.10–12 die Rede. Ihr
ausnahmsloser Gehorsam, ihre Erfüllung aller göttlichen Kultvorschriften,
ihre strikte Einhaltung der hierarchischen Ordnung wird betont. Denn, so
heißt es weiter, die Furcht Gottes ist schrecklich für die Elohim-Wesen; sie
wissen um die Herrschaft seines vernichtenden Gerichtszorns, aber auch
um seine Barmherzigkeit (Z.12f). Gott ist König der kultisch dienenden
Engel (מלך אלוהים Z.13); seiner Königsherrschaft entspricht ihr Gehorsam[198].

Mehrere Sabbatlieder (das 9.–12.) hindurch war der Gottespreis des
Heiligtums und seiner Teile, bis hin zum Thronwagen Gottes, beschrieben
worden. Darauf folgt der zitierte Abschnitt, der die Heiligtumsschilderung
beschließt. Betont geschieht dies mit der Feststellung, dass im himmlischen Kult vollkommener Gehorsam, ausnahmslose Einhaltung der göttlichen Weisungen herrscht. So wird der himmlische Kult der Engel allem

---

[195] Die Formulierung wird unterschiedlich übersetzt, was mit der schwierigen Abgrenzung der syntaktischen Einheiten zusammenhängt; vgl. NEWSOM (Hg.) 1985, 324;
SCHWEMER 1991, 110; MAIER 2, 408; DSSSE 2, 835. SCHWEMER a.a.O.: »und niemals
verfestigen sie sich gegen die Worte des *Königs*« (kursiv im Original); NEWSOM a.a.O.:
»and never against the commands of the King *do they set themselves*« (kursiv im Original). Zu den Schwierigkeiten der Formulierung DIES. a.a.O. 330. – MAIER zieht בלי
יתכונו zu לוא ירוצו מדרך und übersetzt: »ohne dass sie beordert worden, laufen sie nicht
ab vom Weg«. Doch scheint diese Übersetzung für כון Hitp. nicht möglich. NEWSOM will
a.a.O. ולוא... und בלי... als doppelte Verneinung verstehen.

[196] DSSSE 2, 834 liest fälschlich יתמתמהו.

[197] Auch hier gibt es verschiedene Übersetzungen. Es geht um die Stellung in der
Hierarchie, vgl. 1Q28 II 23:

[...] ולוא ישפול איש מבית מעמדו

»Und kein Mann sei niedriger als die ihm zugewiesene Stellung,

ולוא ירום ממקום גורלו

und keiner erhebe sich über den Platz seines Loses.«

(Übersetzung von LOHSE, Texte 1).

[198] Vgl. SCHWEMER 1991, 109f.

irdischen Kult als Beispiel priesterlichen Gehorsams, priesterlicher Reinheit, vollkommener kultischer Korrektheit gegenübergestellt.

Bedeutsam ist die Stellung des Abschnitts. Er steht am Ende des vorletzten Liedes, im Übergang zum letzten, das den himmlischen Opferkult
zum Inhalt hat. Wie Schwemer gezeigt hat, entsprechen in der Komposition der ShirShabb das erste und zweite Lied respektive dem vorletzten
und letzten[199]. Das Ende des zweiten Liedes entspricht damit formal-kom-
positorisch dem des vorletzten. Am Ende des zweiten Liedes – ich zitierte
es oben (4Q400 2 6–8) – kommt die menschliche Priesterschaft zu Wort;
sie vergleicht sich und ihren Dienst mit dem der Engel und spricht die eigene Unzulänglichkeit aus. An der entsprechenden Stelle im zwölften Lied
steht die bewundernde Beurteilung des Priesterdienstes der Engel als völlig
korrekt, als fehlerlos, ganz und gar gehorsam[200].

Die ShirShabb sprechen also nicht davon, dass die irdische Gemeinschaft am himmlischen Gottesdienst der Engel teilhat oder dass sie ihren
irdischen Gottesdienst mit dem himmlischen vereint. Vielmehr besteht folgende doppelte Korrespondenz zwischen himmlischen und irdischen Priestern: Die irdische Priesterschaft blickt am Tage der Priesterinvestitur zur
himmlischen Priesterschaft und deren Investitur durch Gott auf, und im
Bewusstsein der Unvollkommenheit allen irdisch-menschlichen Kults vergegenwärtigt sie sich den vollkommenen Gehorsam und den fehlerlosen
Kultdienst der Engel-Priester. Gemeinsam ist den himmlischen wie den irdischen Priestern, dass sie demselben Gott dienen, den die ShirShabb betont als König preisen und dessen Königsherrschaft sich in der vollkommenen Befolgung seiner Vorschriften in der kultischen Verehrung durch
seine Diener vollzieht[201]. Im Aufblick zum himmlischen Kult vergewissert
sich die irdische Priesterschaft dieses vollkommenen, fehlerlosen kultischen Dienstes und damit des im Himmel wahrhaft und vollkommen ver-
wirklichten Königtums Gottes.

Es geht also nicht um Teilnahme am himmlischen Kult oder um die
Vereinigung der irdischen und himmlischen Priesterschaften[202]. Vielmehr
ist das Ideal des reinen Heiligtums, der gereinigten Priesterschaft, des vollkommenen Kults und des eschatologischen Sieges über die Feinde Gottes

---

[199] Vgl. SCHWEMER 1991, 112. Ich habe darauf bereits hingewiesen (s.o. Anm. 166).

[200] Vgl. den Ausdruck der Verehrung, die den Engelfürsten sowohl von den anderen
Engeln als auch von der menschlichen Gemeinschaft gezollt wird, im zweiten Lied
(4Q400 2 2); dazu SCHWEMER 1991, 99f m. Anm. 153; aufgenommen bei STUCKEN-
BRUCK 1995, 157–159.

[201] Diesen Aspekt der Sabbatopferlieder hat besonders SCHWEMER 1991, hier 115–
117, herausgearbeitet.

[202] So jedoch SCHWEMER 1991, 76: »Die Gemeinde feiert [...] gemeinsam mit den
Engeln im Lobpreis den himmlischen Gottesdienst, sie ›erhebt‹ sich [...] in den himmlischen Tempel«. Das geht über den Textbefund hinaus.

im Himmel bereits Realität. Die Besinnung auf den himmlischen Kult tritt für die Dissidenten an die Stelle des tatsächlichen irdischen Kultvollzugs; die Investitur der Engel-Priester und ihr vollkommener Gehorsam sind das himmlische Ideal, an dem sich die irdische Priesterschaft ihrer eigenen priesterlichen Berufung und der Geltung der ihr eigenen kultgesetzlichen Erkenntnisse vergewissert. Weil und solange es keinen legitimen irdischen Kult gibt, tritt an die Stelle seiner Ausübung für die irdische Priesterschaft die Besinnung auf den himmlischen Kult. Das dissidente Priestertum erhält daraus einstweilen seine Legitimation.

2.3.8.2.2 »Gemeinderegel«, »Gemeinschaftsregel«, »Segenssprüche« und »Hodajot«[203]

1Q28 enthält eine Sammlung von Texten[204], darunter die sog. »Gemeinderegel« (S), die »Gemeinschaftsregel« (Sa = 1Q28a) sowie eine Zusammenstellung von Segenssprüchen (Sb = 1Q28b). Einige davon sind auch in Handschriften aus der 4. Höhle erhalten[205]. 1Q28 wird paläographisch auf den Anfang des 1. Jh.s v.Chr. datiert; die enthaltenen Texte sind essenischen Ursprungs, also nach 150 v.Chr. entstanden[206]. Die »Hodajot« (H) sind Sammlungen von psalmenartigen Liedern essenischen Ursprungs, die in der zweiten Hälfte des 2. Jh.s v.Chr. entstanden sein dürften[207]. Wie bereits angedeutet, finden sich in den Segenssprüchen (Sb), der Gemeinschaftsregel (Sa), der Gemeinderegel (S) und den Hodajot (H) weitergehende Aussagen über kultische Engelgemeinschaft als in ShirShabb. Klinzings Ausführungen dazu[208] sind im Kern bis heute gültig. Ich folge ihm im wesentlichen und fassen mich im übrigen kurz[209].

---

[203] Texte und Übersetzungen im folgenden nach LOHSE, Texte 1.

[204] Näheres zu Aufbau und Inhalt bei STEGEMANN 1994, 152–164; LANGE/LICHTEN-BERGER 1997, 54–59.

[205] Überblick bei MAIER 1, 166f.

[206] Vgl. LANGE/LICHTENBERGER 1997, 54–59. Anders STEGEMANN 1994, 152, der die Abfassung der Texte vor 150 v.Chr. datiert.

[207] Vgl. STEGEMANN 1994, 151f; LANGE/LICHTENBERGER 1997, 64f. DIMANT 1984, 522f, will ins 1. Jh. v.Chr. datieren.

[208] Vgl. KLINZING 1971, 124–130. KLINZING geht davon aus, dass in der frühjüdischen Literatur außerhalb der Texte vom Toten Meer das Motiv der kultischen Engelgemeinschaft stets im Sinne einer *Entsprechung* von Engeln und Menschen, nicht im Sinne einer mystischen Vereinigung von Engeln und Menschen, begegne: Irdischer und himmlischer Kult, Engel-Priester und menschliche Priesterschaft blieben hier unterschieden (a.a.O. 125f.). Er selbst vermerkt aber (a.a.O.) zu TestLev 2,10–12, dass hier der Eindruck entsteht, »als ob Levi während seiner Reise in den himmlischen Priesterdienst eintrete« (126). Allerdings sagt er mit Recht, dass die räumliche Trennung von himmlischem und irdischen Kult auch hier strikt aufrecht erhalten bleibt (125) und dass nicht von einem *gemeinsamen* Dienst mit den Engeln die Rede ist (127). Im Blick auf die einschlägigen Texte vom Toten Meer behandelt er zunächst S und dann H. In 1QSb IV 24–26 sieht er die Gemeinschaft mit den Engeln im eschatologischen Heiligtum bezeugt; 1QSb III 25f scheidet er als Beleg für kultische Engelgemeinschaft aus. Ein gegenwärtiger Zugang zum himmlischen Heiligtum wird nicht ausgesagt (a.a.O. 126–128). In H wird mehrfach die Überzeugung ausgesprochen, dass die menschliche Gemeinschaft in

1QSb III 25–27

25 [...] יברככה אדוני מ[מעון קו]דשו
[...] Es segne dich der Herr aus seiner [hei]ligen [Wohnung],

וישימכה מכלול הדר בתוך
und er mache dich zur vollkommenen Zierde inmitten

26 קדושים וברית כהונת [עולם יח]דש לכה ויתנכה מקומכה [במעון]
der Heiligen. Und den Bund des [ewigen]Priestertums [er]neuere er dir
und gebe dir deinen Platz [in der] heiligen

27 קודש [...]
[Wohnung] [...]²¹⁰.

Dies ist der Segen, mit dem der »Unterweiser« (משכיל Z.22; ein Amt der
dissidenten Gemeinde) »die Söhne Zadoks« segnet. Gott hat sie zum priesterlichen Dienst erwählt, der in der Belehrung des Volkes in den Bundes-
satzungen besteht (Z.23f). Doch blickt der Segensspruch voraus auf die
(Wieder-) Einsetzung der Gruppe in das priesterliche Amt. Ihre priesterliche Autorität wird allgemein anerkannt sein, sie werden die Einkünfte
aus den Zehntabgaben beziehen können (Z.27f). Die Ausrichtung ist eine
eschatologische. In diesem Zusammenhang beschreiben Z.25f priesterliche
Prärogative. Der Zusammenhang macht deutlich, dass an zukünftig-irdi-
sches Geschehen gedacht ist. In den »Heiligen« (קדושים Z.26) sind die Engel zu sehen, in deren Mitte die angesprochenen Priester in der »heiligen
[Wohnung]« liturgisch dienen werden, wenn der Bund des Priestertums
erneuert sein wird. Die Gemeinschaft mit den Engeln wird dann im Kult
im irdischen Tempel stattfinden.

1QSb IV 24–26

24 [...] ואתה
[...] Und du

25 כמלאך פנים במעון קודש
[...] wie ein Engel des Angesichts in der heiligen Wohnung

---

gemeinsamem priesterlichen Dienst mit den Engeln vor Gott steht. Eine Versetzung in
den himmlischen Gottesdienst kommt dagegen auch hier nicht vor. In Parallelen (4QFlor/
4Q174 [jetzt 4QMidrEschat] I 4; 1QSb IV 25) ist als Ort der kultischen Engelgemeinschaft vielmehr der eschatologische Tempel im Blick. KLINZING vermutet daher für die
Vorstellung der kultischen Engelgemeinschaft in den Texten vom Toten Meer die Übertragung einer eschatologischen Erwartung auf die gegenwärtige dissidente Gemeinde: Da
man für den eschatologischen irdischen Tempel die kultische Gemeinschaft von Engeln
und Menschen erwartet habe, habe man dies Mythologumenon auf die Gemeinde als gegenwärtigen, spirituellen Tempel übertragen können (vgl. 1Q28 XI 7f) (a.a.O. 128f).
²⁰⁹ Im folgenden wird eine Auswahl charakteristischer Belege zugrunde gelegt. Vgl.
daneben auch KUHN 1966, 66–75, der weitere Belege für Gemeinschaft mit den Engeln,
auch aus anderen Texten, anführt und dabei auch auf andere, nicht im engeren Sinne kultische Zusammenhänge wie den »heiligen Krieg« eingeht.
²¹⁰ Übersetzung von LOHSE, Texte 1.

לכבוד אלהי צבא[ו]ת תעבוד לעולם

zur Ehre Gottes der Heerscha[ren in Ewigkeit.

ות]היה סביב משרת בהיכל

Und] rings umher mögest du sein ein Diener im Tempel/Palast

26 מלכות ומפיל גורל עם מלאכי פנים [...]

des Königtums und das Los werfen zusammen mit den Engeln des
Angesichts. [...][211]

Wie die zuvor angeführte Stelle spricht auch diese vom priesterlichen
Dienst in der »heiligen Wohnung«, im Tempel (Z.25). Es liegt nahe zu vermuten, dass es sich hier noch um den in III 22 eingeleiteten Segen für die
Söhne Zadoks handelt. Die Engelgemeinschaft wird in Z.26 angesprochen:
Das priesterliche Losorakel wird von menschlichen Priestern und Engel-
Priestern gemeinsam ›geworfen‹. Z.24f vergleicht die menschlichen Priester den »Engeln des Angesichts«, ähnlich wie Jub 31,14. Wieder ist die
kultische Engelgemeinschaft im (künftigen) irdischen Tempelkult[212] lokalisiert[213].

Besondere Bedeutung kommt schließlich einer Stelle zu, die das Verhältnis von kultischer Engelgemeinschaft und Tempel nochmals deutlich
ausspricht:

1QS XI 7–9

7 לאשר בחר אל נתנם לאוחזת עולם

Welche Gott erwählt hat, denen hat er sie zu ewigem Besitz gegeben,

וינחילם בלגורל 8 קדושים

und Anteil hat er ihnen gegeben am Los der Heiligen,

ועם בני שמים חבר סודם

und mit den Söhnen des Himmels hat er ihre Versammlung verbunden

לעצת יחד וסוד מבנית קודש

zu einem Rat der Gemeinschaft und Kreis des heiligen Gebäudes,

למטעת עולם עם כול 9 קץ נהיה

zu ewiger Pflanzung für alle künftigen Zeiten[214].

Auch hier ist von der Gemeinschaft zwischen menschlichen und Engel-
Priestern die Rede, die auf dem gemeinsamen »Los« beruht, d.h. auf der
eschatologischen Berufung zum priesterlichen Dienst[215]. Bemerkenswert
ist die Tempel-Metaphorik, die für die so entstandene Gemeinschaft von

---

[211] Übersetzung von LOHSE, Texte 1.

[212] Auf die Anwesenheit der Engel im eschatologischen Tempel will KLINZING a.a.O.
127 auch 4Q174 I 4 auslegen, wo die קדושים aber doch wohl nicht Engel sind, sondern
Israel (im Gegensatz zu den zuvor erwähnten Fremdvölkern).

[213] 1QSb III 5f sei daneben nur am Rande erwähnt; diese Stelle ist zu fragmentarisch,
um eine Auswertung zu erlauben.

[214] Übersetzung von LOHSE, Texe 1.

[215] Zum Gebrauch von גורל vgl. unten bei 1QH XI (olim III) 21–23.

Engeln und Menschen verwendet wird (מבנית קודש Z.8). Die Gemeinschaft
ist ein spiritueller irdischer Tempel und gerade so Ort der kultischen Engelgemeinschaft. Von den zuvor angeführten Stellen unterscheidet sich
diese durch ihren Bezug auf gegenwärtige Erfahrung. Da die dissidente
Gruppe den künftigen Tempel spirituell darstellt, wird das Hoffnungsgut –
künftige Gemeinschaft mit den Engeln im irdischen Tempel – schon jetzt
in der Gemeinde als spiritueller Tempel erfahren.

1QSa II 8f

8 [...] כיא מלאכי 9 קודש [בעד]תם

[...] denn die Engel der Heiligkeit sind [in] ihrer [Ge]meinde[216].

Wieder wird die Gemeinschaft mit den Engeln ausgesprochen; jedoch nun
ohne Tempelbezug. Doch fehlt nicht der Hinweis auf die עדה der menschlichen Priester als Ort der Gegenwart der Engel.

Im Blick auf Sa ist umstritten, ob dieser Text die gegenwärtige Praxis der Gemeinschaft
oder eschatologische Zukunft schildert[217]. Ohne auf Sa insgesamt einzugehen, lässt sich
sagen, dass die Gemeinschaft mit den Engeln schon in 1QS XI (s.o.) wie auch in der folgenden Stelle aus 1QH XI als gegenwärtige Realität in der dissidenten priesterlichen Gemeinde als spiritueller Tempel angesprochen wird. Dagegen wurde die Gemeinschaft mit
den Engeln in Sb für die Zukunft im wirklichen Tempel erhofft. So liegt es nahe, auch
1QSa II 8f auf gegenwärtige Erfahrung der dissidenten Gemeinschaft zu beziehen[218].

Dem stehen Aussagen der Hodajot nahe:

1QH XI (olim III) 21–23

21 ורוח נעוה טרתה מפשע רב

Und den verkehrten Geist hast du gereinigt von großer Missetat,

להתיצב במעמד עם 22 צבא קדושים

dass er sich stelle an den Standort mit dem Heer der Heiligen

ולבוא ביחד עם עדת בני שמים

und zu treten in die Gemeinschaft mit der Gemeinde der Himmelssöhne.

ותפל לאיש גורל עולם עם רוחות

Und du warfst dem Mann ein ewiges Los mit den Geistern

23 דעת להלל שמחה ביחד ר[נ]ה

des Wissens, dass er deinen Namen preise in gemeinsamem J[ub]el,

ולספר נפלאותיכה לנגד כול מעשיכה [...]

und deine Wunder erzähle vor all deinen Werken [...][219]

---

[216] Übersetzung von LOHSE, Texte 1.

[217] Vgl. LANGE/LICHTENBERGER 1997, 59,8–14; STEGEMANN 1994, 159f.

[218] Das spricht für STEGEMANNs Auffassung (vgl. die vorige Anm.), wonach sich die
Gemeinde bereits in der Endzeit weiß, ohne dass diese bereits abgeschlossen wäre.

[219] Übersetzung von LOHSE, Texte 1.

Die Nähe zur zuvor zitierten Stelle aus Sa liegt auf der Hand. Wieder wird die Vereinigung der Gemeinschaft der menschlichen Priesterschaft mit der »Gemeinde der Himmelssöhne« ausgesprochen. Doch fehlt der explizite Tempelbezug. Dafür finden sich die Begriffe מעמד »Standort« (oder »Posten«) und גורל »Los«[220]. Der »Standort« bzw. »Posten«, מעמד, begegnet schon in I Chr 23,28; II Chr 35,15 im Sinne eines Platzes oder einer Funktion im Gottesdienst. In Texten vom Toten Meer bezeichnet das Wort auch den jeweiligen Rang in der hierarchisch gegliederten Gemeinschaft (vgl. nur 1QS II 22; VI 12). – Das »Los«, גורל, bezeichnet das von Gott angewiesene eschatologische Geschick, die Erwählung zum priesterlichen Heilskollektiv (und damit zur Kultfähigkeit) oder die Verwerfung (vgl. nur 1QH XV [olim VII] 34; XIX [olim XI] 11f). In beiden Fällen handelt es sich um Bezeichnungen für Zugehörigkeit zur bzw. Rang in der Gemeinschaft. Die deutsche Übersetzung »Standort« oder »Posten« für מעמד darf nicht zu einem räumlichen Verständnis der Engelgemeinschaft verleiten. »Standort« und »Los« bezeichnen die gemeinsame Bestimmung, nämlich zum priesterlichen Dienst, und dieses »Los« bzw. diesen »Standort« zu erlangen ist gleichbedeutend mit der Zugehörigkeit zum יחד. Charakteristisch ist – auch an den beiden folgenden Stellen –, dass der Tempelbezug fehlt und der Akzent ganz auf der Gemeinschaft von Engeln und Menschen im יחד liegt.

Vom gemeinsamen »Los« mit den Angesichtsengeln ist noch 1QH XIV (olim VI) 12f die Rede; vom gemeinsamen »Los« und dem gemeinsamen »Standort« mit den Engeln 1QH XIX (olim XI) 11–14.

2.3.8.2.3 Die »Kriegsrolle« (SM)

Die »Kriegsrolle« wird nach Dan, aber vor der Mitte des 1. Jh.s v.Chr. datiert und dürfte aus voressenischen priesterlichen Kreisen stammen[221]. Hier wird zweimal (II 3; VII 11f) ein irdisches Heiligtum en passant erwähnt. Vorausgesetzt ist, dass die priesterliche Gemeinschaft zur Zeit des endzeitlichen Krieges gegen die »Söhne der Finsternis« über das irdische Heiligtum verfügen und dort kultisch wirken wird. Ob es sich dabei um einen neuen, dritten Tempel handelt, erfahren wir nicht.

Daneben wird in 1QSM XII das himmlische Heiligtum erwähnt[222]:

1 כיא רוב קדושים לכה בשמים
Denn die Menge der Heiligen ist bei dir im Himmel
וצבאות מלאכים בזבול קודשכה [...]
und die Heerscharen der Engel in deiner heiligen Wohnstatt [...]
[...] כול צבאם אתכה במעון קודשכה [...] 2
[...] ihr ganzes Heer ist bei dir in deiner heiligen Wohnung [...]

---

[220] Zu beiden vgl. KUHN 1966, 70–72.72–75; KLINZING 1971, 128f.
[221] Vgl. STEGEMANN 1994, 145; LANGE/LICHTENBERGER 1997, 61, 5–10.
[222] Text und Übersetzung nach LOHSE, Texte 1.

Gottes himmlische Wohnung ist Aufenthaltsort der Engel, die ihn umgeben. Die Vorstellung vom himmlischen Tempel begegnet hier jedoch ohne
Bezugnahme auf den irdischen Tempel. An anderer Stelle geht es um die
Gemeinschaft mit den Engeln im endzeitlichen Krieg: Nach XII 7–9 sind
die Engel und der »Held des Krieges« (גבור המלח[מה] Z.9)[223] sowie Gott
selbst (Z.8) im Aufgebot Israels anwesend und stehen ihm im Kampf bei.
Hier ist der irdische, eschatologische Kampf der Rahmen der Gemeinschaft
mit den Engeln. Doch wird dabei nicht auf den himmlischen Tempel Bezug genommen.

2.3.8.3 Zusammenfassung: Tempelerwartung und kultische Gemeinschaft mit den Engeln in den Texten vom Toten Meer

Die Gemeinschaft mit den Engeln besteht im gemeinsamen priesterlichen
Dienst mit ihnen. Dieser findet nach Sb im künftigen irdischen Tempelkult
statt. In S bzw. Sa wird die gegenwärtige dissidente priesterliche Gemeinschaft als spiritueller irdischer Tempel verstanden, in dem die Gemeinschaft mit den Engeln bereits stattfindet. Auch nach H ist die Gemeinschaft
mit den Engeln gegenwärtig im priesterlichen Dienst in der dissidenten
Gemeinschaft verwirklicht. Weder S/Sa/Sb noch H erwähnen den himmlischen Tempel oder den himmlischen Kult. Dies ist lediglich in ShirShabb
der Fall. ShirShabb spricht dabei weder von Gemeinschaft mit den Engeln
bzw. von gemeinsamem Kultvollzug mit ihnen (das bleibt den genuin essenischen Texten vorbehalten) noch von einer Versetzung in den himmlischen Bereich oder von einer Teilnahme am himmlischen Kult.

ShirShabb und H, S/Sa/Sb können nicht in der Weise zueinander ins
Verhältnis gesetzt werden, dass das Bewusstsein der Verbundenheit mit
den Engeln in ShirShabb als Teilnahme der irdischen Gemeinschaft am
himmlischen Kult inszeniert würde. Auch ist ShirShabb kein Ausdruck der
gegenwärtigen Erfahrung der Gemeinschaft mit den Engeln als eschatologisches Heilsgut. Es ist hier stärker zu differenzieren als bisher teils üblich.
Dabei ist die unterschiedliche (essenische bzw. proto-essenische) Herkunft
der Texte zu beachten:

In ShirShabb einerseits und S/Sa/Sb, H andererseits liegen zwei deutlich
unterschiedene Fortentwicklungen des ursprünglich am Jerusalemer Tempel haftenden Mythologumenons[224] von der Gemeinschaft mit den Engeln

---

[223] Nach der Deutung LOHSES (a.a.O. 295 Anm. 41) niemand anders als Gott selbst.
Doch ist diese Deutung nicht zwingend: Liegt es nicht näher, in diesem Helden den für
1SM so wichtigen Michael zu sehen?

[224] KLINZING 1971, 125–129 vermerkt zwar mit Recht, dass die kultische Gemeinschaft mit den Engeln in Texten vom Toten Meer für den eschatologischen Tempel erwartet wird. Das heißt jedoch nicht, dass das Motiv aus dieser eschatologischen Erwartung stammt und erst von dort auf die dissidente Gemeinde als spiritueller Tempel über-

im irdischen Kult vor. Gemeinsam ist ihnen, dass die Erfahrung der Gemeinschaft mit den Engeln im aktuellen Kultvollzug im Tempel zu Jerusalem den dissidenten priesterlichen Gruppen verwehrt ist und dass ein Ersatz an deren Stelle tritt. Der Unterschied besteht im himmlischen Bezug der ShirShabb bzw. dem irdischen Bezug von S/Sa/Sb und H. Im Mittelpunkt der ShirShabb stehen die Besinnung auf die himmlische Welt, ihr Heiligtum und ihren Kult und deren virtuelle Vergegenwärtigung, vermutlich durch liturgisch-rezitative Beschreibung. Dabei wird die Distanz zwischen himmlischem Kult und irdischer Gemeinschaft nicht aufgehoben, sondern schmerzlich erfahren. Weder wird Zugang zum himmlischen Kult gewährt, noch ist von der Vereinigung der Engel-Priester und der menschlichen Priester die Rede. Das Wissen um und die Besinnung auf den vollkommenen himmlischen Kultvollzug der Engel tritt an die Stelle der tatsächlich erfahrenen Gemeinschaft mit ihnen. Dagegen nehmen S/Sa/Sb, H auf den himmlischen Tempel und Kult nicht Bezug. Sie sprechen von der Gemeinschaft mit den Engeln im irdischen Kult. In H und in S/Sa wird das Mythologumenon der Gemeinschaft mit den Engeln auf den spirituellen Tempel der Gemeinschaft übertragen. Sb spricht daneben vom künftigen Kultvollzug im irdischen Tempel.

Das Motiv der kultischen Gemeinschaft mit den Engeln impliziert keine Anteilnahme am himmlischen Kult im Sinne einer mystischen oder räumlichen Versetzung in einen himmlischen Bereich. Die ShirShabb nehmen ein Motiv auf, das zuerst in TestLev begegnet und dort bereits zur Legitimation eines irdischen Priestertums dient, das sich im Gegensatz zum zeitgenössischen Tempelkult weiß[225]. Auf den himmlischen Kult wird nicht um seiner selbst, sondern um irdischer Probleme willen Bezug genommen. Die gegenwärtige Gemeinschaft der dissidenten Gemeinde mit den Engeln dient als Ersatz für die verlorene Gemeinschaft mit ihnen im Jerusalemer Tempel. Diese Situation gilt als Interim, das mit der Wiederherstellung eines gottgefälligen Jerusalemer Kults enden wird.

2.4 Literatur des 1. Jh.s v.Chr.

2.4.1 Baruch

Die Datierung ist im einzelnen unsicher. Allgemein besteht Einigkeit, dass zumindest Teile dieser Schrift aus dem 2. bzw. 1. Jh. v.Chr. stammen. Dagegen ist umstritten, ob

---

tragen wurde. Vielmehr drückt die besagte eschatologische Erwartung lediglich die Hoffnung aus, dass im eschatologischen Tempel wiederhergestellt sein wird, was traditionell vom irdischen Tempel gilt.

[225] Vgl. NEWSOM (Hg.) 1985, 71f; SCHWEMER 1991, 64–76, MACH 1992, 237–239, bes. 238f.

die Gesamtkomposition auf die Zeit um 70 n.Chr. zurückgeht[226], was jedoch wenig
wahrscheinlich sein dürfte[227]; eher ist mit der neueren Forschung von einer einheitlichen,
aus dem 1. Jh. v.Chr. stammenden (doch wahrscheinlich vor der Abfassung der PsSal[228]
[d.h. vor der Mitte des 1. Jh.s] entstandenen) Schrift auszugehen[229]. Die Schrift gibt sich
als ein in Babylonien verfasstes Werk der Exilszeit, das u.a. aus einem Klage- und Hoff-
nungslied Jerusalems besteht. Sie zeigt im Blick auf Tempel und Kult ein ganz anderes
Bild als die meisten anderen hier behandelten Texte.

Zu 1,1–15a[230]: Die Verbannten senden eine Kollekte nach Jerusalem (1,3–
7) zur Bezahlung von Opfern in Jerusalem (1,10); Baruch selbst habe Kultgeräte, die von den Babyloniern verschleppt worden waren, nach Jerusalem zurückgesandt. Es kann nach Bar keine Rede davon sein, dass der Jerusalemer Kult diskreditiert wäre. Die Betroffenheit durch den Aufruf zur
Buße (1,3–5) veranlasst nur umso mehr dazu, diesen Kult fortzuführen und
dazu durch Spenden beizutragen. Auf das Problem der Tempelzerstörung
wird nicht eingegangen: Es scheint selbstverständlich, dass man in Jerusalem Opfer darbringen kann (1,10). Das passt zu einer Situation vor 70
n.Chr.
     Die Hoffnung des Bar richtet sich auf die Rückkehr der Diaspora ins
Mutterland (4,21–5,9); eine Hoffnungsperspektive, die mehrfach in der Literatur der Zeit des zweiten Tempels begegnete. Jerusalem soll im Zusammenhang der Rückkehr der Dispora verherrlicht werden (5,1–4)[231]. Die Erwartung eines neuen Tempels und Kults wird in Bar nicht laut[232]. Er weiß
von der Sünde Israels zu reden, die zur Strafe – dem Sieg der Babylonier –
führte (1,15–2,10), aber eine Tempel- und Kultkritik nach Art des Jub
kennt diese Schrift nicht. Sie steht Tempel, Kult und Priesterschaft loyal
gegenüber[233].

---

[226] So ROST 1971, 52f.
[227] Vgl. RÜGER 1978, 307.
[228] Enge Berührungen zwischen PsSal 11 und Bar 4 lassen auf eine Abfassung von
Bar vor der von PsSal schließen. Hierzu vgl. ROST 1971, 52f; SÖLLNER 1998, 77–88;
ZENGER u.a. 2001, 439.
[229] Vgl. STECK 1993, 285–303 (er denkt an 163/162 v.Chr.); ihm folgend ZENGER u.a.
2001, 437.439. – EISSFELDT 1964, 804: vermutlich erste Hälfte des 1. Jh.s.
[230] Knappe Analyse bei ZENGER u.a. 2001, 436f; nach RÜGER 1978, 307 (der von einer Entstehung der Teile des Buches über einen längeren Zeitraum ausgeht) wäre der
jüngste Teil des Buches (1,1–14) abgefasst in der zweiten Hälfte des 1. Jh.s v.Chr.
[231] Dabei besteht eine gewisse Überschneidung mit PsSal 11,7; dazu SÖLLNER 1998,
77–89. Da Tempel und Kult in dieser Erwartung keine Rolle spielen, wird darauf hier
nicht eingegangen (zum einzelnen SÖLLNER, a.a.O.).
[232] Dagegen spricht LEE 2001, 140–143 von der Erwartung eines neuen Jerusalem. Er
folgt der älteren Forschung und datiert die Schrift in die Zeit nach 70 n.Chr.
[233] So auch ZENGER u.a. 2001, 439.

2.4.2 *I. Henoch*

Das sog. I. oder äthiopische Henochbuch besteht aus mehreren ursprünglich selbständigen, zu unterschiedlichen Zeiten entstandenen Teilen, die ursprünglich in aramäischer
Sprache verfasst wurden. Die Endredaktion mag um die Zeitenwende erfolgt sein[234]. Die
wesentlichen Teile sind das »Wächterbuch« (Kp. 1–36); die »Bilderreden« (Kp. 37–71);
das »Astronomische Buch« (Kp. 72–82); das »Traumbuch« (Kp. 83–91) und die »Epistel
Henochs« (Kp. 92–105; 106–198), welche die »Wochenapokalypse« (Kp. 93; 91,11–17)
enthält. Die genannten Teile sind (ausgenommen die »Bilderreden«) fragmentarisch in
den Schriftfunden vom Toten Meer belegt. Der vorchristliche Ursprung ist damit gesichert. In der Datierung der einzelnen Teile hat sich – mit Abweichungen im einzelnen –
folgender Konsens gebildet:
Für das »*Wächterbuch*« (Kp. 1–36): Ende 3. bis Mitte 2. Jh. v.Chr.[235] bzw. 2. Jh.
v.Chr.[236]; für die »*Bilderreden*« (Kp. 37–71): um bzw. kurz nach der Zeitenwende[237]
bzw. 1. Jh. v.Chr.[238]; für das »*Astronomische Buch*« (Kp. 72–82): 3. oder 2. Jh. v.Chr.[239]
bzw. um oder vor 150 v.Chr.[240] bzw. gegen Ende des 2. Jh.[241]; für das »*Traumbuch*«
(Kp. 83–91): 2. Jh. v.Chr.[242] bzw. Ende 2./Anfang 1. Jh. v.Chr.[243]; für die »*Epistel Henochs*« (Kp. 92–105; 106–198): 1. Jh. v.Chr.[244] bzw. erste Hälfte 1. Jh. v.Chr.[245]; für die
»*Wochenapokalypse*« (Kp. 93; 91,11–17) kurz vor der Makkabäerzeit, d.h. um 170
v.Chr.[246]. Ich gehe von den vermutlich älteren zu den vermutlich jüngeren Teilen vor.

»Wochenapokalypse« (Kp. 93; 91). Kp. 93 bietet den größeren Teil der
»Wochenapokalypse«, der die Geschichte von Henochs Zeit an schildert.
Erwähnt wird der Tempelbau (V.7) und die Zerstörung des ersten Tempels,
zusammen mit dem Ende des davidischen Königtums (V.8). Es folgt eine
Zeit des Abfalls (V.9), nach der die Auserwählten der Gerechtigkeit gesammelt werden (V.10). Der zweite Tempel wird nicht mehr erwähnt. Das
91. Kp. bietet einen eschatologischen Ausblick. Er beginnt (V.5f) mit Sünde und Not der Zukunft – d.h. der Abfassungszeit. Zur Zeit der großen Not
kommt das Gericht Gottes und die Zerstörung von Unrecht, Sünde und al-

---

[234] So UHLIG (Hg.) 1984, 494.

[235] So UHLIG (Hg.) 1984, 494.

[236] So EISSFELDT 1964, 839 (für Kp. 12–36: um oder vor 150 v.Chr.), ROST 1971, 104
(der disparates Material unterscheidet).

[237] So UHLIG (Hg.) 1984, 494. SACCHI 1986, 46f datiert zwischen die Mitte des 1. Jh.s
v.Chr. und des 1. Jh.s n.Chr.; HERRMANN 2000, 1628 lediglich in die »röm. Periode«.

[238] So EISSFELDT 1964, 839; unsicher ROST 1971, 104.

[239] So UHLIG (Hg.) 1984, 494.

[240] So EISSFELDT 1964, 839.

[241] So ROST 1971, 104.

[242] So UHLIG (Hg.) 1984, 494.

[243] So EISSFELDT 1964, 838f (er geht von einer »Tiersymbolapokalypse« Kp. 85–90
aus); ähnlich ROST 1971, 104.

[244] So UHLIG (Hg.) 1984, 494.

[245] So EISSFELDT 1964, 839 (für Kp. 91–105); ROST 1971, 104f (für Kp. 94–105).

[246] So EISSFELDT 1964, 838; ROST 1971, 104. UHLIG (Hg.) 1984, 709, bietet keine eigene Ansetzung, erwägt jedoch Abfassung in essenischer, evtl. auch etwas späterer Zeit;
vgl. HENGEL 1988, 305f: aus der Frühzeit der zadokidisch-essenischen Beewegung.

lem Heidnischen (V.7–12). In der Heilszeit (V.12f[247]) wird ein neuer Tempel gebaut, der Bestand haben wird (V.13). Es folgt (V.14–16) das Jüngste Gericht, kosmische Verwandlung und eine Zukunft ohne Sünde (V.17). – Von der hellenistischen Krise in Jerusalem ist nicht die Rede. Der zweite Tempel wird ignoriert. Erst im Rahmen der Endereignisse wird wieder rechter Tempelkult möglich.

»*Wächterbuch« (Kp. 1–36).* Mit 14,8 beginnt Henochs Himmelsreise. Er schaut das himmlische Heiligtum, welches aus zwei »Häusern« besteht (d.h. aus dem Heiligen und dem Allerheiligsten). Im zweiten »Haus« schaut er den Gottesthron und die thronende »große Herrlichkeit« (V.18–22)[248]. Es folgt die Beauftragung Henochs durch Gott zur Übermittlung der göttlichen Botschaft an die »Wächter« (gefallenen Engel) in Kp. 15f.

Im Rahmen seines Reiseberichts ab Kp. 17 schildert Henoch in Kp. 24–26 heilige Orte. In Kp. 24f ist die Rede von sieben Bergen aus Edelstein (24,2). Hierher wird Gott am Ende der Zeit herabkommen und thronen (25,3). Auch findet sich der Baum, dessen Frucht die Erwählten erhalten werden (24,4f; 25,4). Kp. 24f bietet Paradies–Motive; als Gottesberg mit flammenden Edelsteinen erscheint Eden auch Ez 28,13f; als Berg in Jub 4,25f; 8,19[249]. Dieser Paradiesesberg ist nun – der topographischen Schilderung in Kp. 26 nach – mit dem Zion identisch, wenngleich dieser Name nicht genannt wird[250]. 26,1 schildert ihn als Mittelpunkt der Erde. Der Baum des Lebens wird beim Hause Gottes (dem Tempel) gepflanzt werden (25,5); die Gerechten werden von seiner Frucht essen und in das Heiligtum eingehen (V.5f). So handelt es sich um eine Schilderung des eschatologischen Zion mit paradiesischen Zügen. Die Existenz eines Heiligtums wird in V.5f vorausgesetzt, wenn auch nicht weiter thematisiert.

Die Schau des himmlischen Tempels dient der Einsetzung Henochs (Kp. 15f). Eine Korrespondenz von himmlischem und irdischen Heiligtum wird nicht hergestellt[251]. In der Erwartung des eschatologischen, paradiesischen Zion spielt ein Tempel eine (wenig betonte) Rolle – vom eschato-

---

[247] BEER (Hg.) 1975 bietet diese Verse nicht. BLACK 1985 bietet sie p. 86 im Anschluss an 93,3–10.

[248] Vgl. HIMMELFARB 1993, 14–16. Sie weist hin auf die generelle Korrrespondenz zwischen dieser Vision des himmlischen Tempels und älteren Tempelbeschreibungen, wenngleich Unterschiede in Einzelheiten bestehen.

[249] Vgl. FREY 1997, 272–277.

[250] Dass der Zion gemeint ist, geht aus den topographischen Einzelheiten der Schilderung hervor. Vgl. SÖLLNER 1998, 24–28; TILLY 2002, 169f.

[251] Weder ist in Kp. 10 von einer eschatologischen Neuschöpfung noch auch von einem eschatologischen Tempel die Rede; auch spricht I Hen nicht vom Herabkommen des himmlischen Heiligtums auf die Erde. Beides sei gegen die Auslegung von LEE (2001, 55f) festgehalten.

logischen Kult ist dabei in 25,6 nicht die Rede –, ohne dass auf den gegenwärtigen Tempel positiv oder negativ Bezug genommen würde[252]. »Traumbuch« *(Kp. 83–90).* Das Traumbuch schildert in der sog. Tierapokalypse (85,1–90,42) die Geschichte von Adam und Eva (85,3ff) bis zur Aufrichtung des endzeitlichen Reiches (Kp. 90)[253]. In 89,36–38 werden die Errichtung der Stiftshütte und der Tod Moses erwähnt; nach 89,56 verlässt Gott Jerusalem und den Tempel (»Haus« und »Turm«). 89,72f berichtet vom Wiederaufbau Jerusalems und dem Bau des zweiten Tempels, doch der Kult in diesem ist unrein von Anfang an (V.73). In der Schilderung der hellenistische Krise, der Makkabäer-Kämpfe und der Zeit der Hasmonäer fällt die Identifikation der Personen und Ereignisse wegen der bildhaften Darstellung schwer; doch scheint die Schilderung bis zu Johannes Hyrkan zu reichen (90,6–16). Die Neuweihe des zweiten Tempels wird nicht erwähnt. Es folgt ab 90,17 das Weltgericht. Der dabei erwähnte feurige Abgrund befindet sich zur Rechten des »Hauses« (V.26), d.h. im Hinnom-Tal (90,20–27)[254]. Das »Haus« wird zerstört, seine Teile werden an einem Ort im Süden des Landes deponiert; Gott bringt ein neues, besseres »Haus« herbei, und alle »Schafe« (Israeliten) wie auch die Völker werden darin gesammelt (90,28f.30–37). Das »Haus« meint ein neues Jerusalem. Zuvor wurde zwischen »Haus« (Stadt) und »Turm« (Tempel) unterschieden (89,50.54.56.72f). Ein »Turm« wird nun nicht mehr erwähnt. Demnach handelt es sich um ein neues Jerusalem ohne Tempel[255]. Diese eschatolo-

---

[252] TILLY 2002, 169–171, interpretiert die Schilderung des eschatologischen Zion in I Hen 25f als Kritik am gegenwärtigen Jerusalemer Tempel. Solche Kritik dürfte impliziert sein; sie wird jedoch nicht ausgesprochen, wie etwa im Traumbuch (s.u.). Weder ist vom gegenwärtigen Tempel ausdrücklich die Rede, noch wird im Blick auf das eschatologische Heiligtum von Erbauen, Erneuern, Verherrlichen o.ä. gesprochen. Dass Tempelkritik das *vordringliche* Anliegen von I Hen 25f wäre, kann man daher nicht sagen. TILLY hat Recht, wenn er a.a.O. den Entwurf der eschatologischen Zukunft als Ausdruck des Ungenügens an der Gegenwart deutet. Dass »erst der eschatologische Tempel als ›Mitte der Welt‹« für den Vf. des Wächterbuches die Durchsetzung der idealen Ordnung Gottes in der Welt »repäsentiert« (TILLY, a.a.O. 171), trifft aber nicht die Darstellung des Wächterbuches (der Zion, nicht das Heiligtum wird dort als Mitte der Welt bezeichnet); auch wird die Durchsetzung der göttlichen Ordnung nicht am eschatologischen Heiligtum, sondern an der Schilderung des eschatologischen, paradiesischen Zion festgemacht (»die himmlisch geoffenbarte Topographie der paradiesischen Welt, deren Errichtung auf Erden durch Gott [...] der Verfasser erhofft«: TILLY, a.a.O. 168). Heiligtum und Kult werden weniger hervorgehoben, als es nach TILLYs Darstellung den Anschein hat; das Gewicht liegt in I Hen 24–26 auf der Wiederherstellung eines paradiesischen Zustands.

[253] Einen kommentierenden Durchgang durch die Geschichtsschilderung der Tierapokalypse bietet FASSBECK 2000, 82–90.

[254] Vgl. SÖLLNER 1998, 36 nach 24–28.

[255] Vgl. VOLZ 1934, 373: Das »Haus« muss solche Dimensionen annehmen, dass man besser an »die Stätte der Heilsgemeinde« denkt als an ein einzelnes Gebäude. VOLZ denkt

gische Stadt wird von Gott »herbeigebracht«; doch ist nicht von einem
himmlischen oder präexistenten Jerusalem die Rede[256].

Das Traumbuch spricht vom ersten und zweiten, doch nicht von einem
eschatologischen irdischen Tempel; auch nicht vom himmlischen Tempel.
Es zeigt an der Beziehung zwischen himmlischem und irdischen Heiligtum
kein Interesse. Es steht unter dem Eindruck der Verunreinigung aller kultischen Opfergaben im Jerusalemer Kult des zweiten Tempels. Zwar ist von
der hellenistischen Krise und den makkabäischen Kämpfen die Rede, die
Neuweihe des Tempels aber wird nicht erwähnt. Ein von Menschen erbautes Heiligtum wird als unzulänglich empfunden. Die endzeitliche, von Gott
erschaffene Stadt wird kein davon unterschiedenes Heiligtum mehr haben.
Die eschatologische Erwartung bleibt innergeschichtlich: Von Neuschöpfung oder Aufhebung der geschaffenen Welt ist keine Rede.

»*Bilderreden*« (*Kp. 37–71*). Die sog. Bilderreden des I Hen (Kp. 37–71)
sind hier nur insofern von Interesse, als sie in Kp. 71 eine Schilderung des
»Hauses« (des Tempels) im »Himmel der Himmel« (V.5–8) bieten. Doch
steht die Schilderung des himmlischen Heiligtums nicht in Bezug zu Jerusalem oder zum irdischen Tempel. Beide werden in den Bilderreden nicht
erwähnt; in der Schilderung der Endereignisse (Kp. 45–54) spielen sie
keine Rolle[257]. Im Blick auf die Zukunft begegnet die Erwartung eines
himmlischen Ortes der Gerechten (39,4–8); daneben steht die Erwartung,
diese sollten die Erde besitzen und auf ihr wandeln (51,1–5: 5). Ob beides
ausgeglichen werden kann, muss offen bleiben[258].

Ergebnisse. Nur in den Bilderreden und im Wächterbuch ist vom himmlischen Heiligtum die Rede. Es wird weder als Urbild eines bestehenden
noch eines künftigen irdischen Tempels geschildert und auch sonst nicht
ins Verhältnis zum irdischen Tempel und Kult gesetzt. Das Wächterbuch
und die Wochenapokalypse erwarten als einzige Teilschriften einen künftigen irdischen Tempel, verbinden das aber nicht mit dem Motiv des

---

an ein eschatologisches Jerusalem; so auch SÖLLNER 1998, 40f. Zur Tendenz, das eschatologische Jerusalem räumlich überdimensional vorzustellen, vgl. u. pp. 99f zu Sib V.

[256] Darauf hat (im Blick auf I Hen 90,28–32) schon VOLZ 1934, 373, mit Recht insistiert: »[...] wobei zwar der *unmittelbare göttliche Ursprung, aber nicht eine vorausgehende himmlische Existenz* desselben [sc. des ›Hauses‹] behauptet wird« (kursiver Text
im Original gesperrt). Es handelt sich um einen von Gott selbst auf Erden neu geschaffenen Tempel, nicht jedoch um einen präexistenten, vom Himmel auf die Erde gekomme-
nen (vgl. 11Q19 XXIX 8–10). So richtig auch SÖLLNER 1998, 37f.42.

[257] Auch das muss gegen LEE gesagt werden; dieser hat (2001, 71) I Hen 38,1f; 39,4f
in Anspruch nehmen wollen für die Auffassung, es sei hier vom Herabkommen des
himmlischen Jerusalem auf die Erde die Rede. Das ist keineswegs der Fall. 39,3.5 zeigt
vielmehr, dass Henoch hier einen himmlischen Ort sieht.

[258] Vgl. HOFIUS 1970, 63f. Angesichts der Aussage von 51,5 (Auferstehung; Wandeln
auf der Erde) scheint mir die Annahme, dass in Kp. 39 ein Zwischenzustand geschildert
sein könnte, wahrscheinlicher als ihm.

himmlischen Heiligtums. Beide Motive sind in unterschiedlichen Zusammenhängen beheimatet: Das himmlische Heiligtum dient im Rahmen der Berufungsvision der Legitimation des Offenbarungsempfängers. Dagegen gehört die Erwartung des eschatologischen Tempels bzw. Heiligtums in den Rahmen der Erwartung heilvoller Zukunft im Kontrast zur Gegenwart – auch zum gegenwärtigen Kult. Doch Tempel- und Kultkritik wie heilvolle Zukunftserwartung können auch ohne Erwartung eines neuen Tempels bleiben. Auf das Motiv des himmlischen Heiligtums als Urbild des – dadurch legitimierten – irdischen greifen die Teilschriften des I Hen nicht zurück, da sie den gegenwärtigen irdischen Tempel kritisieren.

2.5 Literatur um die Zeitenwende bzw. vor 70 n.Chr.

2.5.1 II. Henoch

Abfassungszeit und Integrität des sog. II. oder slawischen Henochbuches sind umstritten[259]. Umstritten ist zumal, ob Kp. 69–72 bzw. die Henoch- und Melchisedek-Erzählung eine späte Ergänzung darstellen. Nach dieser Erzählung wird Henoch in den Himmel entrückt, erfährt Geheimnisse und Weisungen, kehrt zurück und unterweist seine Söhne. Darauf wird er wiederum, nunmehr endgültig, in den Himmel entrückt (Kp. 1–68). Die folgenden Kapitel handeln von Henochs Nachkommen, zunächst seinem Sohn Methusalem, dann dessen Sohn Nir und Enkel Melchisedek (Kp. 69–72). Es folgt ein Schlusskapitel über Noa und die Flut (Kp. 73). – In ihrer jetzigen Gestalt will die Melchisedek-Erzählung (Kp. 71f) christlich gedeutet werden. Das zeigt zumal die Ankündigung des »Wortes Gottes« (d.h. Christi) als Hoherpriester in Entsprechung zur himmlischen Melchisedek-Gestalt (71,34)[260]. Die Melchisedek-Erzählung kann jedoch nicht aus Kp. 69–72 ausgelöst werden. Von einzelnen christlichen Interpolationen (hier: 71,32–37; 72,6f) abgesehen, ist daher mit Böttrich von einem einheitlichen Gesamtwerk auszugehen, das vor 70 n.Chr. anzusetzen ist[261].

Der erste Teil (Kp. 1–68) bietet die Schilderung der Himmelsreise Henochs, der Schau des 7. (nach Kp. 22: des 10.) Himmels sowie die Thron- und Gottesschau (Kp. 20.22) und die Verwandlung Henochs in einen Engel, die Züge einer priesterlichen Investitur (Salbung und Einkleidung)

---

[259] OEGEMA 1999, 285f nennt als Abfassungszeit lediglich das 1. Jh. n.Chr. ANDERSON (Hg.) 1983, 95f: 96 erwägt, dass »2 Enoch goes back to the turn of the era«. EISSFELDT 1964, 844, nimmt eine jüdische Grundschrift der Zeit vor 70 n.Chr. an; ROST 1971, 84 setzt die Entstehung in die erste Hälfte des 1. Jh.s n.Chr an. Andere Vermutungen reichen vom 1. Jh. v.Chr. bis zum 9. Jh. n.Chr. (vgl. ANDERSON [Hg.] 1983, 95). – Vgl. den Disput zwischen BÖTTRICH (2001) und ORLOV (2003) über Fragen der Literarkritik und der Theologie des II Hen.

[260] Das hat BÖTTRICH 1992, 225 überzeugend dargelegt.

[261] Vgl. BÖTTRICH 1992, 118–125; DERS. 2001, 452–455; DERS. 2002, 224f.

trägt; ferner seine Einsetzung als himmlischer Schreiber (22,8–11)[262]. Ein
Interesse am himmlischen Heiligtum und Kult besteht nicht. Auch vom irdischen Kult ist nicht die Rede[263]. Die Darstellung zielt darauf, den himmlischen Ursprung der Lehren Henochs zu erweisen. Nach Kp. 55 erwartet
Henoch seine Entrückung in den höchsten Himmel, das höchste Jerusalem,
sein ewiges Erbe (V.2f). Vom irdischen Jerusalem ist dabei nicht die Rede;
die Rede vom Heiligen Land als verheißenes Erbe ist auf das himmlische
Jerusalem übertragen[264].

II Hen 69–72 begründet ein urzeitlich-vorsintflutliches Priestertum und
dessen Opferkult in »Achusan«[265], dem späteren Jerusalem (vgl. 68,5;
70,17; 71,35)[266]. Dies ist der Ort, von dem Henoch in den Himmel (nach
55,2f: das himmlische Jerusalem) aufsteigt (64,2)[267]. Das erste Opfer auf
dem Zion und das melchisedekische Priestertum sind in Gen und deren
frühjüdischer Deutung mit Abraham verbunden[268]; hier wird beides vor
den Anfang der Geschichte Israels in die Urzeit verlegt.

Ich folge Böttrichs Literarkritik. Es ergibt sich dann ohne 71,32–37; 72,6f eine Fassung
der Melchisedek-Erzählung, in der Melchisedek nach seiner Geburt sogleich ins Paradies
gebracht wird, ohne Vorschau auf die Kultgeschichte Jerusalems, wie sie in den genannten Versen geboten wird[269]. Unter dieser Voraussetzung gilt:

Jerusalem wird nicht nur als Kultort legitimiert[270]; es wird charakteristisch
anders als in Gen legitimiert, nämlich so, dass jeder Bezug auf die israeli-
tisch-jüdische Geschichte und den Jerusalemer Tempel[271] fehlen[272]. Mel-

---

[262] Vg. HIMMELFARB 1993, 40f; MACH 1992, 163–169: 163f.

[263] LEE 2001, 79, will in 65,10 das neue Jerusalem erkennen (das bei ihm vom neuen
Tempel und vom Paradies nicht recht zu unterscheiden ist); dies trifft jedoch nicht zu.

[264] Vgl. zur Vorstellung vom jenseitigen »Ruheort« (מנוחה) HOFIUS 1970, 59–74.

[265] Wohl von hebr. אחזה »Grundbesitz«.

[266] Vgl. hierzu BÖTTRICH 1992, 196f m. Anm. 216.

[267] Vgl. die die Darstellung der ApkAbr, die Abraham mit dem Rauch seines Opfers
in das himmlische Heiligtum emporsteigen lässt. In rabbinischen Texten ist vielfach belegt, dass irdisches und himmlisches Jerusalem auf einer vertikalen Achse liegen (vgl.
EGO 1989, 73–95).

[268] Für das melchisedekische Priestertum versteht sich dies von selbst (Gen 14); für
die Deutung des Opfers Abrahams auf dem Berg Moria (Gen 22, zumal V.13) als Kultbegründung im frühen Judentum s. Jub 18,2.8.13, wo der Berg explizit mit dem Zion
identifiziert wird (V.13); dazu KUNDERT 1998, 87; Abraham als Begründer des Jerusalemer Kults ebenfalls in ApkAbr (s.u.). Vgl. noch die – allerdings recht interpretationsbe-
dürftige – Darstellung TestAbr I (= Rez. A) 4,2f, wo in der Beschreibung eines Gast-
mahls tempeltheologische Motive begegnen.

[269] So die überzeugende Rekonstruktion bei BÖTTRICH 1992, 18–25.

[270] Vgl. BÖTTRICH 1992, 199.203f.

[271] II Hen 51,4 fordert auf, morgens, mittags und abends in den Tempel des Herrn zu
gehen – so die meisten Übersetzungen. BÖTTRICH 1992, 200 macht mit Recht darauf
aufmerksam, dass dies für die Diaspora (in dieser werden in der Regel Verfasser und

chisedek, der Begründer des Jerusalemer Priestertums, wird aus dem Zusammenhang der Abraham-Erzählung gelöst und in die Urzeit versetzt. Zugleich wird er zum himmlischen Archetyp des Priesterums. Das irdische Priestertum, das mit Methusalem begann, endet mit dem Tode seines Sohnes Nir (vgl. 72,11): Auf den Einschnitt der Flut folgt eine priesterlose Zeit[273]. Die Begründung von Kult und Priestertum ist hinter die Gründungszeit Israels, selbst hinter die Zeit der Erzväter zurückverlegt. Der erste und zweite Tempel werden nicht erwähnt; von der nachsintflutlichen Zukunft Jerusalems oder einem Tempel verlautet nichts. Das wahre Priestertum ist in der Gestalt Melchisedeks in die Transzendenz entrückt. Es kommen das Ende der Schöpfung und eine neue, ewige Welt, in der die Gläubigen in ewiger Seligkeit im Paradies weilen werden (65,6–10[.11]). Das himmlische Jerusalem (55,2) ist als das ewige »Erbe« (ebd.) an die Stelle des irdischen Landes getreten.

Doch bleibt ein irdischer Haftpunkt erhalten: Das himmlische Ziel muss als himmlisches Jerusalem, der himmlische Hohepriester als Repräsentant der Jerusalemer Tradition – Melchisedek – bestimmt werden. Die Melchisedek-Gestalt verbindet die himmlische Welt mit der Jerusalemer Tradition, ohne dass deren Gehalt aus der Geschichte und dem Kult Israels hergeleitet würde. Möglich wird dies durch den Hinweis auf den »Achusan« genannten Ort. Als Mittelpunkt der Erde und Gegenüber zum himmlischen Jerusalem wird er aus seiner kosmographischen Lage heraus zum Legitimitätsgaranten der menschheitlichen Religion, die durch die Identität des Ortes mit Jerusalem als Judentum bestimmt bleibt.

Ist auf der erzählerischen Ebene vom irdischen Jerusalemer Kult und Tempel der nachsintflutlichen Zeit auch nicht die Rede, so bieten die paränetischen Abschnitte des Buches doch u.a. Lehren Henochs zum Kultverhalten (Kp. 45f; 59; 62). In einer für die Diaspora verfassten Schrift bleibt die Anweisung zum Opfer Theorie bzw. könnte sie sich allenfalls auf Wallfahrten beziehen[274]. So steht auch in den kultischen Weisungen die Ethik bzw. die rechte Gesinnung im Vordergrund[275].

Adressaten vermutet) keinen Sinn ergibt. Er erläutert ferner (a.a.O. Anm. 236), dass im altslawischen Text ein Ausdruck steht, der nicht die Übersetzung »Tempel« verlangt, vielmehr neutral »Haus des Herrn« bedeutet. Daher denkt er hier an die Synagoge. Auch an die christliche Kirche könnte man denken.

[272] Das »völlige Fehlen nationaler und geschichtlicher Interessen« ist ein durchgehendes Merkmal des II Hen, wie BÖTTRICH (Hg.) 1995, 815 herausstellt.

[273] Dagegen meint BÖTTRICH (1992, 204):»Aus Henochs jenseitiger Erfahrung erwächst nach dem Bild des Autors die kultische Tradition des Judentums und setzt sich in ungebrochener Kontinuität bis auf die Tage seiner Leser fort«. Von der folgenden israelitisch-jüdischen (Kult-) Geschichte ist jedoch im II Hen gar nicht die Rede!

[274] Vgl. BÖTTRICH 1992, 199.203.209.

[275] Die kultbezogenen Ausführungen heben darauf ab, rechte Gesinnung und angemessenes Verhalten im Kult zu bewähren: Das reine Herz ist es, das Gott will (Kp. 45);

Eines irdischen Haftpunktes bedarf es für die himmlische Orientierung insofern, als das Erreichen des verheißenen himmlischen Erbes an das Festhalten am Judentum geknüpft ist. Im Blick auf das kommende Gericht soll vor Götzendienst gewarnt (Kp. 66) und zum Glauben an den einen, den »unsichtbaren Gott«, von dem die geheimnisvolle Schriftrolle in 67,3 spricht, ermahnt werden[276]. Die Ankündigung des Gerichts erfüllt sich in der Sintflut, diese wird durchsichtig auf das erwartete Weltende. In der Verlegung der Kultgründung in die Urzeit und im Verzicht auf nachsintflutliche irdische Fortschreibung der Kultgeschichte spiegelt sich eine Hoffnung, die sich nicht mehr auf die Restitution irdischer Heilsgüter, sondern auf das himmlische Erbe richtet.

2.5.2 Ps.-Philo, Liber Antiquitatum Biblicarum

Die Datierung des pseudophilonischen *Liber Antiquitatum Biblicarum* (LibAnt) ist umstritten. Er stammt wohl aus dem 1. oder 2. Jh. n.Chr., wird jedoch teils vor[277], teils nach[278] 70 n.Chr. angesetzt. Hier wird eine Datierung vor 70 n.Chr. vorgeschlagen, die sich aus der tempeltheologischen Argumentation des LibAnt im Vergleich mit anderen frühjüdischen Schriften ergibt (s.u.).

Die Geschichte von Adam bis David wird mit Ausblicken auf die Zerstörung des ersten Tempels und auf das Eschaton geschildert. Das Zeltheiligtum der Wüstenzeit wird erwähnt; in 11,15 überliefert LibAnt die Anweisungen zu seiner Errichtung sowie die bekannte Auffassung, wonach das Zeltheiligtum Nachbildung eines himmlischen Urbildes war (vgl. Ex 25,8). Nach 21,10 segnet Josua Israel, damit der Bund nicht gebrochen werde, sondern eine »Wohnung« für Gott gebaut werde. Nach 22,8f bringt Josua Zelt, Lade und Kultgefäße nach Silo; erst unter Salomo kommen sie nach Jerusalem. So entsteht der Eindruck kultischer Kontinuität von der Wüstenzeit bis zum Tempel Salomos. Den Abfall zum Goldenen Kalb beantwortet Gott nach 12,4 mit der Ansage, es werde zwar zum Bau eines

---

in falscher Gesinnung gebrachte Opfer nutzen nichts (Kp. 46); das Gelübde muss gehalten werden, Verzug macht die Votivgabe unwirksam (Kp. 62). In Kp. 59 geht es um humanen Umgang mit den Opfertieren; angeschlossen ist ein Verbot, Tieren Leid zuzufügen (V.5).

[276] Nach BÖTTRICH 1992, 207–209, soll die Melchisedek-Episode das Jerusalemer Priestertum für gebildete nichtjüdische Leser akzeptabel machen. Doch Melchisedek ist kaum der geeignete Repräsentant für das zadokidische bzw. aaronitische Priestertum. Dieses kann sich nicht auf Melchisedek zurückführen, wie ja auch Hebr 7 herausstellt. Auch ist die Kontinuität des Priestertums über die Flut hinaus in II Hen nicht im Blick.

[277] So HARRINGTON (Hg.) 1985, 299. Vor 70 n.Chr. datieren auch HARRINGTON/CAZEAU (Hg.) 1976, 66–74: vor 66 n.Chr. abgefasst.

[278] DIETZFELBINGER (Hg.) 1975, 95f, datiert zwischen 70 und 132 n.Chr.; ähnlich JACOBSON, Bd. 1, 1996, 199–210; nach 70 auch VOGEL 1999, 259–261 (wenngleich zurückhaltend), dazu s.u.; an die Zeit Hadrians denkt DÖPP 1998, 162–165. – Anders MAIER 1990, 113: »... wohl erst nach dem 2./3. Jh. nach Christus entstanden...«.

Tempel kommen, dieser werde aber wegen des Abfalls des Volkes zerstört werden. Der Tempel steht von Anfang an unter dem Verdikt der künftigen Zerstörung.

Nach 19,7–13 zeigt Gott dem Mose mit dem Land auch »den Ort, wo sie mir 740 Jahre lang dienen werden«, d.h. Jerusalem (V.7). Zugleich wird bereits die Zerstörung des Tempels um der Sünden Israels willen angesagt (ebd.). Die Tempelzerstörung wird mit der Zerstörung der Bundestafeln verglichen (ebd.) Es folgt Moses Fürbitte (V.8f), wobei mit der Erwähnung »Deines Ortes« (V.8) Jerusalem gemeint ist, für das Gottes Erbarmen erfleht wird[279].

In V.10–13 folgt eine Gottesrede, bei der er Mose (V.10) das Land und geographische bzw. kosmologische Einzelheiten zeigt. Mose schaut die Maße des *sanctuarium*, des künftigen Tempels[280], die Anzahl der Opfer und die Zeichen, »mit denen sie beginnen werden, den Himmel zu betrachten[281] (*signa in quibus incipiant inspicere celum*)[282]«. In V.10 heißt es im Blick auf die Deutung der Zeichen: »Diese Dinge sind es, welche dem Menschengeschlecht verboten sind, weil sie gegen ›sich‹ gesündigt haben (*Hec sunt que prohibita sunt generi hominum quoniam peccaverunt sibi*[283])«. Diese Bemerkung wird im Zusammenhang von Kp. 26 besprochen werden (s.u.). – In V.12f schließt die Gottesrede mit einem eschatologischen Ausblick. Gott verheißt Mose Begräbnis und Ruhe, ferner künftige Auferweckung und Eingang in die unsterbliche Wohnung, die nicht der Zeitlichkeit unterworfen ist (»[...] habitabitis inhabitationem immortalem que non tenetur in tempore«) (V.12)[284]. Es wird zur kosmischen Verwandlung kommen. Der gegenwärtige Himmel wird nicht mehr sein[285]; Sonne und Mond werden ihren Schein verlieren. Der Verlauf der Zeit wird beschleunigt werden, dann wird die Auferweckung der »Schlafenden« (vgl. Dan 12,2) folgen, von denen die, welche leben können, »an dem Ort der Heiligung, den ich dir zeigte«, wohnen werden (V.13), womit der »locus, in quo mihi servient annos DCCXL« (V.7), der Zion, gemeint sein muss. Auch wer in Ägypten begraben ist, wird auferweckt und in die unsterbliche Wohnung gebracht (»Et excitabo te et patres tuos de terra Egipti in qua dormietis, et venietis simul et habitabitis inhabitationem

---

[279] VOGEL 1999, 260 macht darauf aufmerksam, dass Gott in seiner Antwort zwar auf die Bitte um Erbarmen für Israel, nicht aber auf die um Erbarmen für den »Ort« eingehe. Die Zerstörung des Tempels ist – so zeigt schon V.7 – bereits beschlossene Sache.

[280] Dass es nur die Maße, nicht das Heiligtum selbst ist, lässt darauf schließen, dass es sich um die Schau eines intelligiblen Urbildes des zukünftigen irdischen Tempels handelt. Die Aussage lehnt sich damit an Ex 25,8f an.

[281] Übersetzung von DIETZFELBINGER (Hg.) 1975.

[282] Lateinischer Text nach HARRINGTON/CAZEAU (Hg.) 1976 sowie nach JACOBSON 1996, Bd. 1.

[283] Umstritten ist, ob »peccaverunt sibi« eine Verschreibung ist für »peccaverunt mihi« (so JACOBSON 1996, Bd. 1, 637f).

[284] JACOBSON 1996, Bd. 2, 643 verweist dazu auf Ps 36 (37),29 Vulgata: »iusti autem hereditabunt terram et inhabitabunt in saeculum saeculi super eam«.

[285] Guten Sinn ergibt es, wenn man statt »celum« »seculum« liest; so JACOBSON 1996, Bd. 2, 643f. Vgl. Anm. 287.

immortalem [...]«[286] V.12). Bis zur Auferweckung bleiben die Seelen der Verstorbenen im Himmel aufbewahrt (28,6–10); die Auferweckung der Toten dagegen führt alle Glieder des Gottesvolkes am Zion zusammen[287].

Gottes Verheißung richtet sich auf das ewige Wohnen am irdischen Zion als Ort der sanctificatio. Damit wird die Landverheißung erfüllt sein. Auf dem Weg dorthin ist der irdische Tempel nur Episode. Erst mit der Auferweckung der Toten und der Umgestaltung des Kosmos kommt Gottes Weg mit seinem Volk ans Ziel.

Anhand eines besonderen Motivs, der Rede von den zwölf heiligen Steinen, soll diese Sicht des Tempels in LibAnt nun vertiefend dargestellt werden. In LibAnt 25f ist von 12 Steinen die Rede, die in der Bundeslade aufbewahrt wurden, aber vor der Zerstörung des ersten Tempels von Gott entfernt wurden. Das erinnert an das Motiv der von Jeremia aus dem Tempel entfernten heiligen Gegenstände, wie man es aus II Makk u.a. kennt.

Kenas erhält 12 Steine (26,4.8f), die durch Inschriften den 12 Stämmern Israels zugeordnet sind. Sie sollen geweiht und dem Ephod appliziert werden, gegenüber den 12 Edelsteinen auf der Brusttasche der hohepriesterlichen Tracht (26,4; ferner 26,10f; vgl. Ex 28,15–21). Die Steine werden in der Lade mit den Gesetzestafeln deponiert (26,10–12). Sie sollen bis zum Bau des salomonischen[288] Tempels darin verbleiben und im Tempel auf den beiden Keruben angebracht werden (V.12). Doch wird der salomonische Tempel zerstört werden; zuvor wird Gott die Steine – zusammen mit den auf der hohepriesterlichen Brusttasche angebrachten Steinen und den Gesetzestafeln – wieder an den Ort brin-

---

[286] Umstritten ist, ob »Egipti« ein Zusatz bzw. eine Textverderbnis ist (vgl. HARRINGTON/CAZEAU [Hg.] 1976, 133; JACOBSON 1996, Bd. 2, 642f, will das Wort ausscheiden). Doch ist eine eschatologische Sammlung Israels anzunehmen, die auch die verstorbenen Glieder des Gottesvolkes umfassen wird.

[287] Nach einer anderen Interpretation wäre mit der »inhabitatio immortalis« eine himmlische Wohnung gemeint, die dann mit dem »sanctuarium« von 19,10 bzw. dem »locus sanctificationis« von 19,13 als einem himmlischen Heiligtum zu identifizieren wäre; so HOFIUS 1970, 76. LEE 2001, 189 spricht dagegen von einem eschatologischen irdischen Jerusalem, das er, über den Textbefund hinaus, mit einem neuen Tempel gleichzusetzen scheint. – Es kann jedoch nur ein zukünftiges irdisches Jerusalem gemeint sein: In 19,7 ist mit »locus« das irdische Jerusalem gemeint, und die Rede vom locus sanctificationis, »quem ostendi tibi« (19,13), nimmt auf den Ort Bezug, den Gott dem Mose nach V.7 gezeigt hatte (V.13: »quem ostendi tibi locum sanctificationis«; vgl. V.7: »Tibi autem ostendam terram [...]. Demonstrabo tibi locum, in quo mihi servient [...]«). Mose schaut auf dem Berg das irdische, verheißene Land. Die Verheißung, nach der Auferstehung an den »locus sanctificationis« zu kommen (LibAnt 19,12f), bezieht sich darauf, dass Mose das verheißene Land zu Lebzeiten nicht betreten darf (V.7): »sed non ingredieris ibi in hoc seculo«; in der kommenden Welt wird ihm dies vergönnt sein. Daraus ergibt sich: Der in V.13 gemeinte locus ist derselbe wie der in V.7 genannte, d.h. das irdische Jerusalem. Liest man in 19,13 »Seculum autem hoc [...]« statt »Celum autem hoc [...]«, wofür manches spricht (s.o. Anm. 285), wird der Bezug auf V.7 (»in hoc seculo«) noch klarer. Diese Interpretation leuchtet um so mehr ein, als die Verheißung Gottes an Mose auf die Gabe des Landes zielt.

[288] LibAnt 26,12 spricht von »Jahel«, womit offenbar Salomo gemeint ist.

gen, wo sie von Anfang an aufbewahrt wurden (26,13). Wenn Gott die Bewohner der Erde wieder heimsuchen wird, wird er die Steine und viele weitere, bessere (von den Tafeln ist nicht mehr die Rede) nehmen, und dann wird das Licht der Steine den Gerechten scheinen mit dem Glanz der Sonne und des Mondes (ebd.). Bis »heute«, heißt es, sind »sie« – Lade, Gesetzestafeln und Steine – beisammen, was sich nur auf den geheimen Ort der Aufbewahrung beziehen kann[289]. Kenas nimmt die Steine, diese leuchten wie die Sonne (V.15).

Die 12 Steine stehen in LibAnt funktional an ähnlicher Stelle wie die Lade und andere Tempelgeräte in II Makk u.ö. Sie werden vor der Tempelzerstörung von Gott selbst entfernt. Schwierig ist 26,6. Nachdem er die Unzerstörbarkeit der heidnischen Steine und Bücher festgestellt hat, ruft Kenas aus: »Benedictus Deus qui fecit tantas virtutes in filios hominum, et fecit protoplastum Adam, et ostendit ei omnia ut, cum pecasset in ipsis Adam, tunc hec universa abnegaret ne ostendens hec generi hominum dominarentur eis«. Text und Zeichensetzung sind umstritten[290]. Kenas preist Gott, dass den Menschen nach Adams Sünde[291] das Sehen der »omnia« vorenthalten bleibt, so dass sie nicht deren Herrschaft verfallen[292]. Wie nun zu zeigen sein wird, ist dabei an die Gestirndeutung gedacht, an deren Stelle in Israel das Orakelwesen mit den Edelsteinen tritt.

---

[289] Der Herkunftsort der Steine, das Land Hawila, gilt als goldreich und als Herkunftsort von Sardonyx; es ist umflossen vom Pison, der aus Eden entspringt (Gen 2,10–12). HAYWARD 1992a, 12f hat darin einen Hinweis auf paradiesischen Ursprung der Steine gesehen; das geht jedoch über den Text hinaus (so auch JACOBSON 1996, Bd. 2, 775). Mit dem Hinweis auf das sardonyx-reiche Hawila spielt LibAnt auf die Sardonyxe auf der Schulter des hohepriesterlichen Ephod an (vgl. Ex 28,9–12). Zur Bedeutung der hohepriesterlichen Tracht in LibAnt s.u.

[290] Vgl. JACOBSON 1996, Bd. 2, 765f, dem ich hier folge.

[291] HAYWARD schliesst daraus (a.a.O. 12), dass Gott dem Adam die Steine im Paradies gezeigt haben müsse. Doch geht das über den Text hinaus, und die Steine hätten demnach auch nicht in menschliche Hände gelangen dürfen. Doch sind es die Steine und Bücher und deren Unzerstörbarkeit, die Kenas die Gefährlichkeit der »omnia« zeigen.

[292] Vgl. in diesem Sinne JACOBSON a.a.O.; ähnlich auch die Übersetzung von DIETZFELBINGER a.a.O. 175f: »Gelobt (sei) Gott, der so große Krafttaten an den Söhnen der Menschen getan hat, und er hat den Ersterschaffenen, Adam, gemacht und hat ihm alles gezeigt, damit er, als er damit gesündigt hatte, dies Gesamte (ihm) versagte und dem Geschlecht der Menschen zeigte, dass diese (Dinge) nicht über sie herrschen sollten«. M.E. müsste es jedoch am Schluss des Zitats heissen: »[...] damit nicht, wenn er dies dem Menschengeschlecht zeigte, sie durch diese beherrscht würden«. Vgl. JACOBSON a.a.O. 766: »[...] God first showed everything to Adam, then (after Adam sinned) he denied things to mankind out of fear lest these things would take control of men's lives [...]«.

Nicht zufällig stehen die 12 Steine[293] auf dem Ephod in Entsprechung zu denen auf der hohepriesterlichen Brusttasche (so 26,4), die dem Orakelbescheid dienten; die Tasche enthielt die Urim und Thummim (Ex 28,30).

Die Edelsteine, die LibAnt 26,10f aufzählt, entsprechen weithin denen der hohepriesterlichen Brusttasche nach Ex 28,17–20 (vgl. ähnlich Jos Ant III 7,5 [§§ 167f]). Die Wendung, die Steine sollten zum Gedenken Gottes an Israel dienen (LibAnt 26,12), ist eine Anspielung auf Ex 28,29; vgl. Sir 45,11. Dass die Edelsteine auf der Brusttasche zum Orakel dienten, bezeugt Josephus Ant III 8,9 (§§ 215–218). Jene Orakelpraxis war zur Zeit des zweiten Tempels erloschen, wie Josephus a.a.O. sagt. Geht man die von ihm genannten 200 Jahre zurück, gelangt man zu Johannes Hyrkan, dem Josephus mehrfach prophetische Gaben zuschreibt (Ant XIII 10,7 [§§ 299f]; Bell I 3,8 [§§ 68f])[294]. Die Orakelpraxis mit den Edelsteinen erwähnt auch die Vita des Sacharja b. Jehojada in VitProph 23 (hier 23,2): Nach dem Tode Sacharja b. Jehojadas, durch dessen Blut der Tempel verunreinigt worden war (vgl. II Chr 24,20–22; Mt 23,35), habe die Fähigkeit der Priester zum Orakelbescheid, u.a. mit dem Ephod, aufgehört[295]; gemeint sind die Edelsteine[296]. Auch das sog. Mose-Apokryphon 4Q376[297] beschreibt die prophetische Funktion der Edelsteine der hohepriesterlichen Kleidung[298]; erhalten ist in 4Q376 1 II 1f eine Bemerkung über den Sardonyx auf der Schulterpartie (vgl. Ex 28,9–12), welcher nach Jos Ant III 8,9 [§§ 214f] durch Aufleuchten die Gegenwart Gottes im Kult anzeigte[299].

Nun stehen aber die 12 Steine auf der hohepriesterlichen Brusttasche nach Philo in engem Zusammenhang mit den 12 Sternkreiszeichen, und der Orakelbescheid mit den Edelsteinen hängt mit astronomischen bzw. astrologischen Erkenntnissen zusammen.

In spec I 86–92 kommt Philo auf die Edelsteine auf den Schulterstücken des Ephod und auf der Brusttasche zu sprechen. Die Brusttasche symbolisiert den Himmel; die beiden Sardonyxe auf den Schulterstücken die beiden Hemisphären (§ 86). Die 12 Edelsteine auf der Brusttasche stehen für die 12 Sternkreiszeichen (§ 87). Die Urim zeigen, dass die himmlischen Wesenheiten (φύσεις), d.h. die Himmelskörper, alles klarmachen (δηλοῦσι), was auf Erden geschieht (§ 89). Die Umläufe von Sonne, Mond und Sternen ermöglichen Zeiteinteilung, Zahlenverhältnisse und Navigation (§§ 90f). Die Himmelskörper gewähren Aufschluss über Wetter, Fruchtbarkeit und Unfruchtbarkeit. »Für alles, was auf Erden ist, sind am Himmel die Zeichen eingeschrieben (πάντων γὰρ ἐστηλίτευται τῶν ἐπὶ γῆς ἐν οὐρανῷ τὰ σημεῖα)« (§ 92). So gibt Philo eine ›wissenschaftlich‹-kosmologische Er-

---

[293] Zur Bedeutung der Edelsteine in verschiedenen frühjüdischen Traditionen und zum Hintergrund der folgenden Ausführungen vgl. BÖCHER 1983a.

[294] Zur Anschauung von der prophetischen Funktion des Hohenpriesters im Frühjudentum vgl. BAMMEL 1954.

[295] Eingehend hierzu SCHWEMER 1996, 307–320, hier 317–319.

[296] Da die in der Brusttasche aufbewahrten Urim und Thummim a.a.O. gesondert aufgeführt werden. Die Brusttasche mit dem Edelsteinbesatz zählt als Teil des Ephod.

[297] Aus paläographischen Gründen in späthasmonäische Zeit datiert; vgl. DJD 19, 1995, 121.

[298] Vgl. DJD 19, 1995, 124 (Text und Übersetzung), 124–126 (Kommentar). Vgl. zur Sache auch den Kommentar a.a.O. 126–128.

[299] Nach Josephus ist es der Sardonyx auf der rechten, nach 4Q376 der auf der linken Schulter.

klärung des astrologischen priesterlichen Orakelwesens. Die Beziehung der Edelsteine auf der Brusttasche der hohepriesterlichen Tracht zu den Gestirnen, näherhin den zwölf Sternkreiszeichen, tritt deutlich hervor[300]. In somn I 214 bezeichnet Philo die Brusttasche der hohepriesterlichen Tracht als »Abbildung und Nachahmung der am Himmel leuchtenden Sterne« (τῶν κατ' οὐρανὸν φωσφόρων ἄστρων ἀπεικόνισμα καὶ μίμημα), wobei zweifellos an den Edelsteineinsatz gedacht ist, auch wenn er nicht eigens genannt wird.

Nun wird klar, warum LibAnt so großen Wert auf die Steine legt: Mit den »Zeichen, mit denen sie beginnen werden, den Himmel zu betrachten«[301], die Gott den Menschen ihrer Sünden wegen verboten hat, sind in LibAnt 19,10 die Gestirne gemeint[302]. Die Formulierung »hec sunt que prohibita sunt generi hominum quoniam peccaverunt« steht der nahe, die an der schwierigen Stelle 26,6 begegnete (»cum pecasset [...] abnegaret ne ostendens hec generi hominum dominarentur eis«). In beiden Fällen wird dem »genus hominum« um der Sünde willen etwas versagt; einmal die Kenntnis von »omnia«, dann die Kenntnis der himmlischen Zeichen. Gott hat nach Adams Fall den Menschen die in den Gestirnen gezeigte Erkenntnis versagt, damit sie nicht der Herrschaft der Gestirne verfallen. Die Siebenzahl paganer Steine dürfte eine Anspielung auf die Sieben Planeten sein (25,10–12). Ihnen stehen die 12 Steine gegenüber, mittels derer Israel Aufschluss über die Zukunft erlangen kann.

Hierher gehört auch der astrale Glanz, der den 12 Steinen zugeschrieben wird (vgl. 26,12f). Am Ende wird der erste Himmel beseitigt werden, dann werden statt der Gestirne die Steine den Gerechten leuchten (so 26,13). Das spielt auf Jes 60,19f an; dort ist es Gott, der Israel im Eschaton leuchten wird. Hier dagegen treten die Steine an die Stelle der Gestirne[303].

Die 12 Steine der hohepriesterlichen Brusttasche bildeten die »Zeichen des Himmels« (LibAnt 19,10) ab, die zu deuten den sündigen Menschen verwehrt ist, damit sie nicht der Herrschaft der Gestirne verfallen (26,6). Doch im Kult Israels war ein Zugang zu den astralen Geheimnissen gegeben. Mit dem Erlöschen der Orakelpraxis bzw. der Entrückung der Steine

---

[300] An anderer Stelle (Mos II 122ff) ist der rationalistische Zug stärker wirksam. Auch hier wird die Himmelssymbolik genannt (§ 122) und werden die 12 Edelsteine auf die Sternkreiszeichen bezogen (§§ 124.126.133), doch hebt die Allegorese wesentlich auf Anthropologisches ab (§§ 128–130).

[301] »Zeichen« als Bezeichnung der Sternkreiszeichen, neben der Nennung von Sonne und Sternen, auch in I Hen 48,3.

[302] Vgl. HARRINGTON/CAZEAU (Hg.) 1976, 132 (»Sans doute les signes du Zodiaque«); zurückhaltender JACOBSON 1996, Bd. 1, 637 (»Perhaps this is right«).

[303] Eine (begrenzte) Parallele findet sich in I Hen 91,16: Auch dort wird die Aufhebung des ersten Himmels in Aussicht gestellt, ein neuer Himmel wird erscheinen, und dann werden die Mächte des Himmels mit siebenfachem Glanze leuchten. Kennzeichnend für das Eschaton ist demnach die Verwandlung des Firmaments und der gesteigerte astrale Glanz. Um dasselbe Motiv handelt es sich in LibAnt 26,13, wo es jedoch auf die Steine übertragen ist.

bleiben diese Geheimnisse verborgen, bis sie allen Gerechten erkennbar sein werden. Die Steine werden dann die Schöpfung erleuchten[304].

Die aus der priesterlichen Orakelpraxis bekannten Steine werden aus ihrer Verankerung im Tempelkult gelöst und stattdessen protologisch und eschatologisch verortet. So stiften sie Kontinuität von der Zeit Adams über die Richterzeit bis zum Eschaton. Der Tempel dagegen war nur vorübergehender Aufbewahrungsort. Zwar besteht Kontinuität zwischen dem Tempel Salomos und dem Zeltheiligtum, doch der Tempel steht von Anfang an unter dem Verdikt der Zerstörung. Er erscheint als »Interim«[305], und so auch die Aufbewahrung der Steine in ihm[306]. LibAnt schließt mit dem Tode Sauls: Die davidische Dynastie und der Tempelbau werden nicht geschildert[307]. Der Tempelkult Israels bleibt Episode[308]. Das Eschaton greift auf die Zeit vor der Kultgründung zurück: Mit dem Hervortreten der Steine ist den Gerechten gewährt, was Adam und der späteren Menschheit um der Sünde willen versagt geblieben war[309].

Vogel sieht in LibAnt ein Programm für ein Israel ohne Tempel nach 70 n.Chr.[310]. Doch zeigte sich, dass Kritik am irdischen Heiligtum in der Zeit vor 70 verbreitet ist und dass die Erwartung eines neuen Tempels in der Literatur dieser Zeit fehlen kann. Auch in Vit Jer (s.u.) wird weder der zweite Tempel erwähnt noch ein neuer Tempel erwartet. Das ist kein Indiz für eine Abfassung nach 70 n.Chr.: Weil man erwartet, das Ende des (zweiten) Tempels werde mit den Endereignisse zusammenfallen, ist kein Raum für eine Folgezeit und für einen neuen Tempel. Nach 70 n.Chr. zeigte sich, dass Tempelzerstörung und

---

[304] Dies fügt sich zu unterschiedlichen in frühjüdischer Literatur bezeugten Traditionen über die Gestirne im Eschaton; sei es, dass sie umgestaltet werden, sei es, dass dann gar nicht mehr bestehen sollen. Dazu und zu Sib V 212; I Hen 72,1, 91,16; Jub 1,29; 19,25 vgl. VOLZ 1934, 339f (der allerdings auf LibAnt nicht eingeht).

[305] So VOGEL 1999, 257.

[306] Bemerkenswert ist dabei, dass über die Zukunft der Lade nichts ausdrücklich verlautet. Sie gehört nicht zu den Gegenständen, die Gott nach 26,13 aus dem Tempel holen und am Ort aufbewahren wird, von wo sie am Anfang genommen wurden. Dies wird lediglich von den Gesetzestafeln und von den Steinen gesagt. Doch heißt es in V.15, Steine und Tafeln seien »bis auf diesen Tag« in der Lade. Dennoch spielt die Lade im eschatologischen Ausblick V.13 keine Rolle.

[307] Die Bemerkung Samuels in LibAnt 56,2, es sei noch nicht an der Zeit für ein immerwährendes Königtum und für ein Haus Gottes, bezieht sich unmittelbar auf die Zeit Sauls. Die Antwort Gottes (V.3) scheint die Institution des Königtums insgesamt zu disqualifizieren; auf den Tempelbau geht sie gar nicht ein.

[308] Die Frage, ob es einen neuen Tempel geben soll, lässt VOGEL 1999, 258–260, offen; mir scheint jedoch, dass nichts für eine solche Deutung spricht. Diese vertritt aber LEE 2001, 190–194.194–196.

[309] Kenas' Lobpreis Gottes in LibAnt 26,14 steht deutlich in Entsprechung zu dem (auf Adam bezogenen) in 26,6. In beiden Fällen spricht Kenas die Sünde und Schwäche des Menschen angesichts der Größe der Werke Gottes aus, die in den ihm anvertrauten Steinen deutlich wird.

[310] VOGEL 1999, 259–261.

Weltende nicht zusammengefallen waren. LibAnt 26,13 schließt die Endereignisse an die Zerstörung des Tempels an und unterscheidet sich dadurch von der Literatur der Zeit nach 70 n.chr., die mit einem Weiterlaufen der Geschichte nach der Tempelzerstörung rechnet und daher Interesse an einem neuen Tempel entwickelt. Dass letzte Sicherheit nicht zu erreichen ist, sei zugestanden; doch scheint LibAnt der Argumentationsstrategie nach in die Zeit vor 70 n.Chr. zu gehören.

2.5.3 Vitae Prophetarum

Die Prophetenviten (Vitae Prophetarum), eine frühjüdische Schrift wohl der ersten Hälfte des 1. Jh.s n.chr., die älteres Material enthalten dürfte[311], bieten u.a. eine Jeremia-Vita (Kp. 2). Hier findet sich wieder das Motiv, der Prophet habe Ausstattungsstücke des zweiten Tempels – Lade und Gesetzestafeln – vor der Zerstörung aus dem Tempel verborgen (VitJer 9–14). Die Fassung der VitJer erweist sich als traditionsgeschichtlich älter als die in II Bar überlieferte[312].

Jeremia entrückte (»raubte«, ἥρπαξε[313]) die Lade und deren Inhalt[314] vor der Zerstörung des ersten Tempels; er ließ sie an einen Ort in einem Felsen gelangen[315] (V.9), einen Ort in der Nähe der Gräber Moses und Arons (V.13f). Gott ging vom Sinai[316] fort zum Himmel und wird wiederkommen in Macht (V.10)[317]. Erst Mose und Aaron werden die Lade und die Tafeln wieder hervorholen (V.11). Die Lade wird bei der endzeitlichen Auferstehung als erste auferstehen (καὶ ἐν τῇ ἀναστάσει πρώτη ἡ κιβωτὸς ἀναστήσεται) und auf den Sinai gestellt werden (V.12). Der Ort der Aufbewahrung der Lade ist identisch mit dem Ort ihrer Herstellung. Wie einst werden auch Kabod-Wolke und Feuersäule wieder über dem Gesetz Gottes erscheinen, auf dem für immer Gottes Herrlichkeit bleibt (V.14)[318].

VitJer stellt das Lademotiv in den Zusammenhang der Totenauferstehung. Wie Mose und Aaron, so ist die Lade in der Gegenwart begraben, und wie jene, wird auch sie auferstehen. Im Blick auf den Jerusalemer Kult besteht Diskontinuität: Es wird nach der Zerstörung des ersten Tempels

---

[311] Vgl. SCHWEMER 1995, 65.68f; HARE (Hg.) 1985, 380f.

[312] Vgl. SCHWEMER 1995, 205–207.

[313] Zur Bedeutung vgl. SCHWEMER 1995, 205f.

[314] καὶ τὰ ἐν αὐτῷ. Vgl. dazu SCHWEMER 1995, 207–210.

[315] ... καὶ ἐποίησεν αὐτὰ καταποθῆναι ἐν πέτρᾳ »... er vollbrachte, dass sie verschlungen wurde[n] von einem Felsen« (Übersetzung von SCHWEMER).

[316] Man sollte erwarten: vom Zion; doch ist »Sinai« besser bezeugt (vgl. SCHWEMER 1995, 161f.211). Den Deutungsversuch von SCHWEMER (a.a.O. 211f) mag man bezweifeln. Die Angabe »vom Sinai« entspricht der Erwartung, dass Gott dort wieder erscheinen werde (s.u.), dieser Berg also der eigentliche Ort der Gegenwart Gottes auf Erden ist. Der Zion wird damit abgewertet. Das liegt im theologischen Gefälle dieser Schrift (s.u.).

[317] Es folgen im selben Vers Ausführungen über das Kreuz; das ist natürlich eine christliche Interpolation, die wir hier nicht weiter zu berücksichtigen haben.

[318] Vgl. den Kommentar bei SCHWEMER 1995, 202–232 (zu V.9–14), der reich ist an motiv- und religionsgeschichtlichen Einzelheiten, auf die theologische Interpretation jedoch weniger eingeht.

innergeschichtlich keinen Kult mehr geben, der an die Gründungszeit Israels und seines Kults – die Zeit Moses und Aarons – anschließen könnte. Mit der Rede von Begräbnis und Auferstehung der Lade sind Abbruch und Neubeginn bezeichnet. Hierher gehört auch das Motiv des Weggehens Gottes in den Himmel. Die Zeit zwischen der Zerstörung des ersten Tempels und dem Eschaton ist eine Zeit der Gottesferne; eine Zeit, in der Gott nicht auf Erden, nicht im Tempelkult anwesend ist. Der zweite Tempel, der zur Abfassungszeit besteht, wird nicht einmal – wie sonst häufig in der Literatur der Zeit – kritisiert; er wird nicht erwähnt. Als Vermittlung heilvoller Gottespräsenz fällt er aus. Dem enstpricht, dass VitJer die Endereignisse am Sinai lokalisiert, dem Zion aber keine Bedeutung dabei zuschreibt, wie sich Gott auch nicht vom Zion, sondern vom Sinai von der Erde entfernt. Nicht der Zion, der Sinai ist der Ort der Gottesgegenwart auf Erden. Auch fehlt das Motiv eines neuen, eschatologischen oder von Gott errichteten Tempels. Vielmehr kennzeichnet die Lade den Sinai als Ort der eschatologischen Gegenwart Gottes, doch ohne Erwartung eines neuen Tempels. Die Notwendigkeit, auf den Ursprung Israels zurückzugreifen, bedeutet gegenüber dem Jerusalemer Kult einen Neuansatz. Dennoch bezeichnet die Identität von Lade und Gesetzestafeln eine Kontinuität in der Diskontinuität, die Jerusalem und seinen Tempel übergeht und sich auf das Gründungsgeschehen der Siniaoffenbarung konzentriert. An die Stelle von Zion und Tempel treten Sinai, Lade und Gesetz. Die Erfüllung des Tempels mit der göttlichen Herrlichkeit, wovon die dtr Theologie zu sagen wusste (I Reg 8,10), ist ersetzt durch das Bleiben der Herrlichkeit über dem Gesetz. Das Lademotiv wird aus dem tempeltheologischen Zusammenhang gelöst. Das unterscheidet die Funktion dieses Motivs in VitJer von derjenigen in II Makk 2. Dort zeigte das Fehlen von Zelt, Lade und Weihrauchaltar das Ungenügen des zweiten Tempels an, und die Restitution des wahren Kultes wurde nicht mehr innergeschichtlich erwartet; aber es blieb bei der Erwartung eines zu erneuernden Tempelkults in Jerusalem. Die Heilserwartung der VitJer steht dazu in Kontrast. Wie schon in LibAnt, erscheint der Jerusalemer Tempel hier als bloßes Interim.

Hingewiesen sei noch auf die Ezechiel-Vita der VitProph: Dort (VitEz 16) erfahren wir, dieser Prophet habe, wie Mose, den Typos von Mauer und breiter Umfassungsmauer gesehen (εἶδε τὸν τύπον, οὗ τὸ τεῖχος καὶ περίτειχος πλατύ[319]). Die Schilderung des idealen, utopischen Tempels in Ez 40–48 wird damit im Sinne der Nachricht von LXX Ex 25,9 verstanden, wonach Mose den τύπος des Zeltheiligtums sah[320]. Der gegenwärtige

---

[319] Text nach SCHWEMER 1995, 286.

[320] SCHWEMER 1995, 287 deutet das im Sinne eines veritablen himmlischen Urbild-Heiligtums und verweist dafür auf die Interpretation von תבנית im Sinne eines himmlischen Tempels durch die Rabbinen (vgl. τύπος für תבנית in LXX Ex 25,40). Jene Deutung sei schon frühjüdisch, so in ShirShabb, belegt. Ob dem Gebrauch von תבנית in ShirShabb diese Interpretation zugrundeliegt, scheint mir jedoch fraglich. Die Urbild-Abbild-Re-

(zweite) Tempel entspricht demnach nicht dem himmlischen Vorbild; dessen Verwirklichung ist zukünftig zu erwarten. Ähnlich wie in VitJer findet sich damit Kritik am bestehenden Heiligtum; zugleich jedoch die Erwartung eines neuen Tempels[321].

2.6 Literatur nach 70 n.Chr.

2.6.1 Paralipomena Jeremiae (IV. Baruch)

Die Paralipomena Jeremiae gehören zur frühjüdischen und frühchristlichen Jeremia- (und Baruch-) Literatur[322]. Sie behandeln, ähnlich wie II Makk, den Motivkreis der Tempelzerstörung, des Exils und der Restitution nach dem Exil, doch aus der Perspektive des – wohl frührabbinischen – palästinischen Judentums der Zeit nach 70 n.Chr[323]. Christliche Zusätze finden sich in 9,14–32, nach manchen Auslegern auch in 8,12–9,13[324.] Die Schrift berichtet von der Ankündigung der Tempelzerstörung an Jeremia (Kp. 1–3) und

---

lation von himmlischem und irdischen Heiligtum ist in ShirShabb nicht thematisch. Auch bedeuten die Belege von תבנית in ShirShabb doch wohl nicht »Modell/Urbild«; vielmehr stehen sie nahe bei מבנית* »Gebäude, Bau« (DCH 5, 127f s.v.). Vgl. nur 4Q403 1 I 44: Hier fassen beide Begriffe die zuvor genannten architektonischen Einzelheiten des himmlischen Heiligtums zusammen; sie scheinen nahezu synonym. Die englischen Übersetzungen bieten für תבנית »structure« (4Q403 1 I 44: NEWSOM [Hg.] 1985, 213) oder »construction« (4Q403 1 II 16: DSSSE 2, 820f). Auch die Wiedergabe von תבנית mit παράδειγμα LXX Ex 25,9 widerrät m.E. der Annahme, diese Stelle sei im Frühjudentum pauschal im Sinne eines veritablen himmlischen Urbild-Heiligtums gedeutet worden (vgl. zu παράδειγμα ↑ II.3.3, zu תבנית/ὑπόδειγμα p. 241 m. Anm. 122 dieser Arbeit). Dass diese Vorstellung frühjüdisch belegt ist, soll natürlich nicht bestritten werden. Doch ist damit nicht die Interpretation von Ex 25,8f.40 im Frühjudentum überhaupt bzw. die Bedeutung von τύπος VitEz 16 präjudiziert. An unserer Stelle dürfte die visionäre Schau bzw. das intelligible Modell eines künftigen Tempels gemeint sein. VitEz 16 erwartet einen künftigen Tempel, der von Gott erbaut werden wird (κτισθήσεται ebd.: passivum divinum, vgl. SCHWEMER 1995, 289); ähnlich Jub 1,17 (vgl. die Errichtung des eschatologischen Jerusalem durch Gott I Hen 90,30–37 u. dazu o. pp. 79f). Dies darf nicht ohne weiteres mit dem Gedanken eines präexistenten eschatologischen Heiligtums (wie IV Esr 8,52 u.ö.) oder eines himmlischen Tempels (wie in ShirShabb u.ö.) gleichgesetzt werden. Mit himmlischer Präexistenz, visionärer Schau bzw. idealer Utopie und zukünftiger Neuerschaffung liegen verschiedene Vorstellungen vor, die differenziert wahrzunehmen sind.

[321] Vgl. SCHWEMER 1995, 289. Sie meint, diese Erwartung belege eine Abfassungszeit vor 70 n.Chr. Jedenfalls erzwingt sie keine Datierung nach 70; die Erwartung eines neuen Tempels bei bestehendem zweiten Tempel sahen wir schon bei Tob u.ö.

[322] Vgl. zu dieser WOLFF 1976.

[323] Zu Abfassungszeit und Herkunft vgl. ROBINSON (Hg.) 1985, 414–416; bes. aber HERZER 1994, 177–192, Zusammenfassung 191f. Er setzt die Schrift um 125–132 n.Chr. an und verortet den Vf. in frühjüdischen Kreisen, die dem sich konsolidierenden rabbinischen Judentum zuzurechnen sind (a.a.O. 192). – Wenn Baruch nach 6,19 nahe dem zerstörten Jerusalem, um Papyrus und Tinte besorgen zu lassen, zum »Marktplatz der Heiden« schicken muß, dann mögen sich darin die Verhältnisse Palästinas nach 70 n.Chr. spiegeln.

[324] Vgl. ROBINSON (Hg.) 1985, 415; HERZER 1994, 171–176.

von der Rettung der Tempelgeräte: Die Erde soll die Tempelgeräte bis zum Kommen
»des Geliebten« bewahren (3,9–11.18–20). Die Tempelschlüssel schleudert Jeremia gen
Himmel und übergibt sie so in die Obhut der Sonne »bis zum Tage, an dem der Herr dich
danach fragen wird« (4,4)[325]. – 66 Jahre später kehren die Exulanten unter Jeremias Führung in die Heimat zurück (Kp. 8). Nach Opferdarbringungen (9,1f) und Gebet (V.2–6)
wird Jeremia ohnmächtig, erwacht wieder (V.7–14) und verkündet eine Prophetie auf das
Kommen Christi (V.14–20). Danach wird er gesteinigt und begraben (9,22–32).

Kp. 9 setzt ein mit der Wiederaufnahme des Opferkults in Jerusalem. Die
Zeitangaben »neun Tage« – »am zehnten Tag« (V.1f) setzen den jüdischen
Festkalender voraus (vgl. Num 29,1–12); sie datieren die Ereignisse auf
den siebten Monat, ab V.2 auf den Jom Kippur. Somit ist Jeremia, der
»Priester Gottes« (V.8), als der am Jom Kippur zelebrierende Hohepriester
gezeichnet[326]. Allerdings ist von einer Restitution des Tempels keine Rede.
Auch die Rückkehr der in der Erde verborgenen Tempelgeräte (vgl. Kp. 3)
findet nicht statt. Lediglich der Altar wird erwähnt. An diesem bringt Jeremia ein Opfer dar, das durch das folgende Gebet (V.3–6) als Weihrauchopfer bestimmt ist. Auch das weist auf das Jom Kippur-Ritual (vgl.
Lev 16,12f).

Gemeinsamkeiten und Unterschiede zwischen den Fassungen der Jeremia-Legende in
II Makk 2,1–8, VitJer und ParJer fallen auf. Alle lassen (verschiedene) Tempelgeräte
bzw. -ausstattungsstücke durch Jeremia vor der Tempelzerstörung gerettet sein. Jeweils
wird die Wiederauffindung der Tempelgeräte in eschatologische Zukunft verlegt. Anders
als in II Makk, wird die Existenz des zweiten Tempels in VitJer und in ParJer nicht erwähnt. Erklärt sich das in ParJer durch die zeitgeschichtlichen Umstände (s.u.), so in
VitJer durch die Distanz zum Jerusalemer Tempel (s.o.). Im Unterschied zu VitJer erwähnt ParJer jedoch den durch die zurückgekehrten Exulanten wieder aufgenommenen
Jerusalemer Opferkult und hält damit an Jerusalem als Mitte des Judentums und als Kultort sowie am Opferkult fest. Im Vergleich mit VitJer fällt die Kritik am vorexilischen
Israel und seiner Kultgeschichte eher milde aus. Sie trifft das Volk als unwürdige Hüter
des ihnen anvertrauten Tempels (nach 4,5: der Tempelschlüssel); dieser selbst sowie der
Kult und die Priesterschaft bleiben von Kritik verschont.

Dass vom Bau des zweiten Tempels nicht die Rede ist und lediglich ein
Altar erwähnt wird, spiegelt die Abfassungssituation nach der Tempelzerstörung von 70 n.Chr. So ist die Wiederaufnahme des Opferkults durch Je-

---

[325] ARN 4 (ed. GOLDIN 1955, 37) bietet eine geringfügig abweichende Version desselben Motivs, hier jedoch mit Bezug auf »die Hohenpriester«. Zur Wirkungsgeschichte
des Motivs vgl. DÖPP 1998, 92–99; BÖHL 1976.

[326] So auch HERZER 1994, 144f: »Diese genauen Zeitangaben für das Opferfest können nur den Sinn haben, auf ein konkretes jüdisches Fest hinzuweisen, das Jom Kippur-
Fest, bei dem am 10. Tag des Monats Tishri der Hohepriester das Versöhnungsopfer für
das Volk darbringt, nachdem am 1.–9. Tishri die Opfer des Volkes geschlachtet wurden.
Wie schon am Beginn der ParJer (2,1–3), so ist Jeremia auch am Schluss wieder in priesterlicher Weise wirksam (vgl. 9,8), diesmal aber nicht nur im Gebet (so 2,3), sondern
als Hohepriester auch mit dem Opfer.« Zu den Datumsangaben und den Opferdarbringungen
verweist er (p. 145 Anm. 537f) auf Lev 19,29; 23,27; Num 29,7; Esr 8,35.

remia und das Volk um so auffälliger. ParJer sucht keinen Ersatz für den irdischen Kult, sei es der himmlische Kult, sei es Torastudium oder Bußgesinnung. Vielmehr wird der irdische Kult nach der Rückkehr aus dem Exil fortgeführt, obgleich kein neuer Tempel errichtet wurde[327]. Das Gebet Jeremias (9,3–6)[328] stellt den Bezug zum himmlischen Kult her[329]. Jeremia bittet, dass dem von ihm dargebrachten (Weihrauch-) Opfer und dem damit verbundenen Bittgebet eine himmlische Entsprechung gewährt werde, dass also das Gebet wie (bzw. als) Weihrauch vor Gott kommen und erhört werden möge (V.4)[330]. Jeremia hofft an den himmlischen Ort zu gelangen, an den Michael die Gerechten führt (vgl. V.3.5)[331].

---

[327] Manches spricht dafür, dass noch nach 70 n.Chr. jüdischer Opferkult am Ort des Tempels und des Brandopferaltars in Jerusalem vollzogen wurde; vgl. CLARK 1960. Die Hoffnung auf einen neuen jüdischen Tempel in Jerusalem musste sich erst nach dem 130 n.Chr. von Hadrian angeordneten Bau des römischen Jupitertempels in Aelia Capitolina auf eine ungewisse Zukunft zurückziehen. Diese Maßnahme Hadrians wird bezweifelt von SCHÄFER 1983, 174; anders jedoch PROSTMEIER 1999, 117–119 sowie WENGST (Hg.) 1998, 114f zu Barn 16,3f; bei WENGST auch zur Forschungsgeschichte.

[328] Text nach DENIS 1987, 865: (3) καὶ ηὔξατο [sc. ῾Ιερεμίας] εὐχὴν λέγων ἅγιος ἅγιος ἅγιος τὸ θυμίαμα τῶν δένδρων τῶν ζώντων τὸ φῶς τὸ ἀληθινὸν τὸ φωτίζων με ἕως οὗ ἀναληφθῶ πρός σέ περὶ τοῦ ἐλέους σου παρακαλῶ περὶ τῆς φωνῆς τῆς γλυκείας τῶν δύο Σεραφὶμ (4) παρακαλῶ περὶ ἄλλης εὐωδίας θυμιάματος. (5) καὶ ἡ μελέτη μου Μιχαὴλ ὁ ἀρχάγγελος τῆς δικαιοσύνης ὁ ἀνοίγων τὰς πύλας τοῖς δικαίοις ἕως ἂν εἰσενέγκῃ τοὺς δικασίους. (6) παρακαλῶ σε κύριε παντοκράτωρ πάσης κτίσεως ὁ ἀγέννητος καὶ ἀπερινόητος ᾧ πᾶσα κρίσις κέκρυπται ἐν αὐτῷ πρὸ τοῦ ταῦτα γενέσθαι. Übersetzung: (3) [...] Heilig, heilig, heilig – Räucherwerk der lebendigen Bäume, wahres Licht, das mich erleuchtet, bis ich aufgenommen werde zu dir. Um deine Gnade bitte ich um der lieblichen Stimme der beiden Seraphim willen. (4) Ich bitte um einen anderen Wohlgeruch des Weihrauchs. (5) Und meine Sorge sei Michael, der Erzengel der Gerechtigkeit, der die Tore den Gerechten öffnet, bis er die Gerechten hineinführt. (6) Ich bitte dich, Herr, Allherrscher der ganzen Schöpfung, Ungezeugter und Unbegreiflicher, bei dem alles Urteil verborgen ist, bevor diese Dinge geworden sind. – Vgl. die Übersetzungen von HERZER 1994, 147 bzw. ROBINSON (Hg.) 1985, 424.

[329] Die Bitte περὶ ἄλλης εὐωδίας θυμιάματος (V.4) nimmt Bezug auf den zuvor als θυμίαμα bezeichneten Gott (V.3), der am Jom Kippur in der Weihrauchwolke erscheint (Lev 16,2; vgl. NIELSEN 1986, 71f.) und der hier angerufen wird. Damit ist auch auf das von Jeremia zusammen mit dem Gebet dargebrachte Opfer Bezug genommen, das demnach die Darbringung von Weihrauch einschließt. Die Deutung von HERZER 1994, 151f leuchtet mir dagegen nicht ein. Nach ihm wäre mit der ἄλλη εὐωδία von V.4 Michael bezeichnet, durch den Gott nach Jeremias Ableben zum Wohlgeruch für Israel werden solle, wie er es laut V.3 bereits jetzt für Jeremia sei. Gegen HERZER 1994, 152 Anm. 578 ist DELLING 1967, 62 Anm. 44 Recht zu geben: θυμίαμα muss in V.3.4 mit je unterschiedlichem Bezug gemeint sein.

[330] In diesem Sinne auch DELLING 1967, 62: »ἄλλης [...] scheint zurückzuweisen auf 9,3, die eigenartige Gottesprädikation: ›Du Wohlgeruch...‹; zugleich wird gesagt, dass an ein θυμίαμα gedacht ist (also an einen anderen Wohlgeruch, nämlich den eines Rauchopfers). In Ps 141[140],2 wird das Gebet anstatt des Rauchopfers dargeboten, der Gedanke begegnet auch im Neuen Testament (Apk 5,8 8,3f.). Bittet Jeremia darum, dass die Ge-

In ihrer heutigen Gestalt ist die Schrift im Blick auf den irdischen Kult
mehrdeutig. Kp. 3f lässt mit dem Vorblick auf das Kommen des »Geliebten« und auf die Rückgabe der Tempelgefäße und Tempelschlüssel eine
Restitution des irdischen Kults und des Tempels erwarten. Darauf kommt
der Schluss des Buches, trotz der Schilderung des Opfers Jeremias, nicht
zurück; himmlischer und möglicherweise zu erneuernder irdischer Kult
werden nicht aufeinander bezogen.

2.6.2 Abraham-Apokalypse

Themen der nach 70 n.Chr. abgefassten[332] Schrift sind zum einen die Bekehrung Abrahams zum Glauben an den einen Gott, zum anderen Abrahams Schau des himmlischen
»Bildes«, von dem er die ideal-präexistente, künftige Geschichte abliest. Ich beschränke
mich auf die hier interessierenden Aspekte.

Vom Horeb aus (12,1–3) bringt Abraham auf Anleitung des Engels Iaoel
ein Opfer dar, und mit dem Rauch des Opfers steigen die Engel und er zum
Himmel auf (Kp. 14f). Sie werden auf den Flügeln der geopferten Tauben
emporgetragen, die im Opferrauch scheinbar unversehrt gen Himmel steigen (15,2f)[333]. Es folgt in Kp. 17f eine Himmels- und Thronvision, die
ganz aus traditionellen Motiven, namentlich denen von Ez 1–3, gestaltet ist
(bes. Kp. 18).

Himmelsreise und Thronvision zielen auf den Offenbarungsempfang. So schließt sich die
Schau der Himmel (in denen es, wie Abraham feststellen kann, keine weiteren Götter

---

bete der Frommen um die Einführung der Gerechten in das neue Jerusalem (bald) erhört
werden? Wir können nur diese Möglichkeit zur Erwägung stellen«.

[331] V.5 benennt Michael als Psychopomp, der die Seelen der Gerechten »hineinführt«
(ins himmlische Jerusalem?); vgl. die vorige Anm. Parallelen zur Vorstellung von Michael als Psychopomp bei HERZER 1994, 151 Anm. 577; vgl. LUEKEN 1898, 43–49 (vielfach Rabbinisches); HANNAH 1999, 32.46f. Die Tradition reicht bekanntlich bis ins Re-
quiem der römisch-katholischen Liturgie (»[...] sed signifer sanctus Michael repraesentat
eas [sc. animas omnium fidelium defunctorum] in lucem sanctam«). Die Ausrichtung des
Gebets auf die endzeitliche Erfüllung kommt auch in den Prädikationen des V.6 zum
Ausdruck (vgl. HERZER 1994, 153). Sie bestimmt ebenso V.3f. Die Bitte περὶ τοῦ ἐλέους
σου erfleht das Erbarmen Gottes vor dem Tode Jeremias (ἕως οὗ ἀναληφθῶ πρός σέ), der
selbst zur Stätte der Gerechten zu gelangen hofft. Die Bitte τῆς φωνῆς τῆς γλυκείας τῶν
δύο Σεραφὶμ παρακαλῶ richtet sich auf den Lobgesang des himmlischen Hofstaats (das
Trishagion, vgl. V.3), in den Jeremia einzustimmen hofft (vgl. HERZER 1994, 148f). Vgl.
die Erwähnung des himmlischen Jerusalem als Ort des Fortlebens nach dem Tode in
5,35. Dort wünscht Abimelech einem ihm begegnenden alten Mann: »Möge Gott dich mit
Licht zur oberen Stadt, Jerusalem, geleiten!«.

[332] Vgl. RUBINKIEWICZ (Hg.) 1983, 683; PHILONENKO-SAYAR/PHILONENKO (Hg.)
1982, 419. Die Herkunft ist unklar.

[333] Darin ist der Sinn des Opferkults schön dargestellt: Im Opferrauch gelangen die
Opfer zu Gott in die himmlische Welt; das Opfer verbindet Erde und Himmel. Vgl. Test
Isaak 8,4: Der Wohlgeruch des Opfers Abrahams (bei der Aqedah) gelangt zum Vorhang,
d.h. zum himmlischen Allerheiligsten.

gibt, Kp. 19) sowie eines Bildes der künftigen Geschichte, vom Paradiese an, an. Dieses ist auf dem Firmament zu sehen (21,1f). Hier sind die Ausführungen zum Jerusalemer Kult in Kp. 25–27 von Interesse.

Im Jerusalemer Tempel wird Götzendienst vollzogen; die Märtyrer werden geopfert, so Kp. 25. Die Tempelzerstörung (27,2f[334]) wird als Strafe für diese Verfehlungen Israels verstanden (27,5[335]). Die Schrift endet mit einem Ausblick auf den eschatologischen Triumph Israels unter der Führung einer Erlösergestalt, des »Erwählten«, und die Bestrafung der Völker (Kp. 29–31) nach dem Exil (Kp. 32). In der Schilderung der Endereignisse findet sich in 29,17f die Ankündigung neuen Opferkults an dem verwüsteten Ort, also Jerusalem. Ist dabei von einem neuen Tempel auch nicht explizit die Rede, darf diese Erwartung doch mitgehört werden[336].

Wieder sind Tempelzerstörung und Exil durchsichtig für die Abfassungssituation. Obgleich das Urteil über den – implizit gemeinten – Kult im zweiten Tempel negativ ausfällt[337], ist doch das Verständnis des Tempelkults grundsätzlich positiv: Im Tempel sollen Gebete und von Gott gebotene Opfer vollzogen werden[338] (25,4f[339]). So gehört zur eschatologischen Erwartung die Erneuerung des Opferkults auf dem Zion[340].

2.6.3 Oracula Sibyllina IV

Das vierte Buch der Sib dürfte seine jetzige Textgestalt um 80 n.Chr. erhalten haben[341], wie alt einzelne Teile des Buches auch sein mögen[342]. Bei den Verfassern bzw. Träger-

---

[334] Zählung bei PHILONENKO-SAYAR/PHILONENKO (Hg.) 1982, 449. V.3–5 bei RUBINKIEWICZ (Hg.) 1983, 702.

[335] Zählung bei PHILONENKO-SAYAR/PHILONENKO (Hg.) 1982, 447f. V.7 bei RUBINKIEWICZ (Hg.) 1983, 702.

[336] LEE 2001, 178–180: 177, will die Erwartung eines neuen Tempels aus 9,8–10 entnehmen, was jedoch nicht überzeugt. Auch von bleibender Korrespondenz des irdischen und himmlischen Tempels ist nicht ausdrücklich die Rede, wenngleich man diese Vorstellung im Hintergrund der Himmelsreise im Opferrauch (s.o.) erkennen mag.

[337] Vgl. SCHWEMER 1996, 307 m. Anm. 142. Sie überzieht die Interpretation ein wenig, wenn sie von einer grundsätzlichen Ablehnung des zweiten Tempels in ApkAbr spricht; die Kritik richtet sich gegen den Kultvollzug.

[338] PHILONENKO-SAYAR/PHILONENKO (Hg.) 1982, 447, Anm. zu V.5–8) sehen hier eine Kritik an Priestertum und Opfer: an die Stelle des Opfers trete das Gebet, und der Opfernde werde in V.7 bezeichnet als »der, der mich erzürnt«. Von Priestern ist jedoch nicht die Rede. Auch ist in V.5 das von Gott angeordnete Opfer ausdrücklich in die Schilderung des intendierten Kults eingeschlossen, und V.7 bezieht sich nicht auf Opferkult überhaupt, sondern gibt die Deutung des von Abraham bildhaft geschauten falschen Kultvollzugs. Auch 29,18 (nach der Zählung bei PHILONENKO (Hg.) 1982, 452: 29,16) erwähnt Opfer als Teil des endzeitlich restituierten Kults.

[339] Zählung bei PHILONENKO-SAYAR/PHILONENKO (Hg.) 1982, 447f. V.4 bei RUBINKIEWICZ (Hg.) 1983, 701f.

[340] Ähnlich HIMMELFARB 1993, 66.

[341] So COLLINS (Hg.) 1983, 382.

gruppen hat man an jüdische Täufergruppen gedacht, die den frühchristlichen Ebioniten und Elchasaiten nahegestanden haben mögen[343]. Das kann sowohl die Aufforderung, sich taufen zu lassen, wie die Distanz zu Tempel und Kult (s.u.) erklären.

Eingangs gibt sich die Sibylle als Sprachrohr des wahren Gottes zu erkennen, der nicht den Götzen gleicht und der kein steinernes Tempelhaus hat (6–9). Diese Kritik richtet sich gegen irdische Tempel überhaupt[344], damit auch gegen den (zur Abfassungszeit bereits zerstörten) Jerusalemer Tempel[345]. Gottes Tempel dagegen kann man von der Erde aus nicht sehen, mit sterblichen Augen nicht messen, denn er ist nicht von sterblichen Händen gebaut (10f). Das könnte eine Anspielung auf einen himmlischen Tempel sein[346]. Die folgende Beschreibung der Schöpfung (12–17) könnte aber auch diese als kosmischen Tempel im Blick haben.

Selig ist, wer jeden sichtbaren Tempel, Altäre und blutige Opfer ablehnt (27–30). Die wahre Frömmigkeit besteht in der Verehrung des »großen Gottes« und in Dankbarkeit ihm gegenüber (24–26.30) sowie in sittlichem Verhalten (30–39)[347]. Der zweite Tempel wird als »der große Tempel Gottes« bezeichnet (116). Seine Zerstörung (115f) ist als Strafe für Verfehlungen anzusehen (117f). Es folgt ein eschatologischer Ausblick: Die Welt wird durch einen Weltbrand zerstört werden (171–178). Nach der Auferstehung und dem Gericht werden die Frommen auf Erden fortleben[348] (179–192).

Ein neues Jerusalem, ein neuer Tempel werden ebensowenig erwähnt wie das himmlische Jerusalem. Eine Anspielung auf einen himmlischen Tempel könnte dagegen, wie gesagt, in 10f gesehen werden. Auch vom

---

[342] COLLINS (Hg.) 1983, 381 setzt die Anfänge des Textes in die Zeit kurz nach Alexander d. Gr. an.

[343] Vgl. COLLINS (Hg.) 1983, 383.

[344] Umstritten ist allerdings der Wortlaut. Liest man mit GEFFCKEN (Hg.) 1902 und CHESTER 1991a, 63f, in V.8: ναῷ λίθον ἑλκυσθέντα »einen in den Tempel geschleppten Stein« statt ναὸν λίθον ἱδρυθέντα »einen als Tempel aufgerichteten Stein«, so handelt es sich nicht darum, dass der wahre Gott keinen aus Stein gebauten Tempel, sondern darum, dass er in diesem keinen Stein als Wohnstatt – d.h. keinen heiligen Stein, keine Stele, kein Götterbild – hat. Diese Lesart und ihre Bedeutung wären Polemik gegen Idolatrie; der Jerusalemer Tempel wäre davon nicht getroffen. Nichtsdestoweniger besagt V.10f, dass Gott keinen sichtbar-materiellen Tempel hat, wie auch V.27–30 Tempel und blutigen Opferkult insgesamt ablehnen. Beides schließt den Jerusalemer Tempel und Kult ein. Vgl. CHESTER 1991a, 63–66.

[345] Vgl. HORBURY 1999, 164.

[346] Ebenfalls erwogen bei HORBURY, a.a.O. 165.

[347] Die Polemik der IV. Sibylle richtet sich zwar besonders gegen Apollo (4f; vgl. auch HORBURY 1999, 163). Doch an dieser Stelle wird zwischen heidnischem und jüdischen Kult nicht differenziert.

[348] Die Erde soll es also trotz des Weltbrandes weiterhin (oder wieder) geben. Wie das im einzelnen vorzustellen ist, bleibt offen.

(irdischen) Kult und blutigen Opfern ist nur ablehnend die Rede. Bemerkenswert ist, dass zwischen jüdischem und heidnischen Opferkult nicht differenziert wird. Auch werden Frömmigkeit und Sittlichkeit nicht als Ersatz für den unmöglich gewordenen Opferkult dargestellt. Sib IV scheint eine grundsätzliche Opposition gegen jede Art von irdisch-sichtbarem Kult auszudrücken. Diese Position ist für antike jüdische Literatur außergewöhnlich.

2.6.4 Oracula Sibyllina V

Das fünfte Buch der Sibyllinischen Orakel stammt aus Ägypten, aus der Zeit um 80–130 n.Chr.; es nimmt mehrfach auf Nero, seinen Tod, seine vermeintliche Flucht zu den Parthern und seine Rückkehr Bezug[349]. In der Zeit zwischen den beiden Jüdischen Kriegen erwartet Sib V das Auftreten eines jüdischen Heilsbringers, das Ende Roms und die Erneuerung Israels und Jerusalems. Im Zusammenhang solcher Hoffnungen ist von der Erneuerung des Tempels die Rede.

Sib V schildert die Tempelzerstörung des Jahres 70 n.Chr. (397–413) im Tone der Anklage gegen Rom. Der Tempel wird positiv geschildert (397; 400): Keine Tempel- oder Kultkritik wird laut, vielmehr erscheinen die Erbauer des Tempels als heilig (402); die Juden halten sich von Idolatrie fern (403–405). Die Zerstörer des Tempel sind gottlos (399; 408). Den Täter ereilte schon die Strafe (411–413).

Die Zukunftserwartung schließt den Bau eines neuen Tempels und einer erneuerten Stadt ein (414–427). Eine vom Himmel kommende Gestalt wird die Völker vernichten und Stadt und Tempel herrlich erneuern (414–424). Der Mann wird ein »Haus« sowie einen »Turm« errichten (damit ist wiederum vom Tempel die Rede[350]), der bis an die Wolken reichen[351] und von Gerechten und Gläubigen gesehen werden wird (423–427). Darin wird Gottes Herrlichkeit sichtbar (426f).

Von der Erwartung des Heilsbringers und eines neuen Jerusalem spricht auch 247–266. Die Juden leben rings um die Gottesstadt in der Mitte der Erde (249f). Die Höhe und die kosmischen Dimensionen der Stadt werden betont: Die Juden werden erhoben bis an die Wolken, 249–251. Eine Mauer wird errichtet »bis nach Joppe« (252); das erneuerte Jerusalem

---

[349] Vgl. COLLINS (Hg.) 1983, 390; MERKEL (Hg.) 1998, 1065–1068: Abfassung der meisten Teile nach dem Tode Neros; Schlussredaktion in der Frühzeit Hadrians. Vgl. EISSFELDT 1964, 835f.

[350] Der Tempel wird in I Hen 89,50.73; Herm sim IX 10,3 (87,3) als Turm bezeichnet. Das Verhältnis von »Haus« und »Turm« nach Sib V 422–424 bleibt unklar. SÖLLNER 1998, 301 hält den »Turm« für ein weiteres Gebäude neben dem »Haus« (Tempel).

[351] CHESTER 1991a, 56–59, sieht darin das Motiv des Turms von Babel (Gen 11) aufgenommen: Der eschatologische Tempel werde »reverse Babel and its effects« (58). Doch liegt es m.E. nahe, die Erwartung aufgenommen zu sehen, der Gottesberg werde in den letzten Tagen über alle Berge erhöht werden (Jes 2,2).

schließt das ganze Land Israel ein[352]. Die »Griechen« werden das heilige Land nicht mehr verunreinigen[353]; sie werden Gottes Gesetz achten (264f)[354]. Der Tempelkult wird knapp beschrieben (266–268). Die Welt wird verwandelt werden (273). Alle Menschen werden sich dem Gott Israels zuwenden (276–280). Das Land wird von Milch und Honig fließen (281–285).

Sib V bezeugt die Erwartung einer positiven irdischen Zukunft mit neuem irdischen Jerusalem und Tempel sowie mit universaler Zuwendung zum Gott Israels. Tempel- bzw. Kultkrit wird nicht laut. Wenngleich die Zukunftserwartung nur durch ein Eingreifen Gottes und durch Verwandlung irdischer Verhältnisse verwirklicht werden kann, bezieht sie sich auf irdische Größen. Vom himmlischen Jerusalem, Tempel und Kult ist nicht die Rede.

2.6.5 Flavius Josephus

Josephus referiert die Behauptung eines Samaritaners, heilige Gefäße seien von Mose im Berg Garizim verborgen worden, Ant XVIII 4,1 (§ 85). Das stellt eine (begrenzte) Parallele dar zur Tradition von der Rettung und dem Verbergen der Lade und anderer Ausstattungsstücke des Tempels. Der Garizim ist aus der Sicht der Samaritaner der wahre Gottesberg. Die Anwesenheit von Kultgeräten bestätigt dies. Der Tempel auf dem Garizim war 128 v.Chr. von Johannes Hyrkan zerstört worden[355]. So geht es hier um die Legitimität des Kultorts und um den Fortbestand des Kults. Eine Analogie dazu bilden rabbinische Texte, die nach 70 n.Chr. Entsprechendes für den Zion behaupten. In beiden Fällen wird dasselbe Motiv unter ähnlichen Umständen in ähnlicher Absicht verwendet, während die frühjüdische Literatur vor 70 n.Chr. mit dem Lademotiv gerade die Kritik am bestehenden Kult verband. So kann ein Motiv je nach den Umständen zur Kritik des gegenwärtigen Kults oder zur Bewältigung des Kultverlustes verwendet werden.

2.6.6 IV. Esra

Die gegen Ende des 1. Jh.s n.Chr. oder um 100 wohl auf Aramäisch oder Hebräisch verfasste, vermutlich dem frührabbinischen, palästinischen Judentum zuzurechnende Schrift[356] nimmt fiktiv die Zerstörung des ersten Tempels und Jerusalems sowie das Exil

---

[352] Die Vorstellung eines überdimensionalen neuen Jerusalem lässt sich in der frühjüdischen Literatur bekanntlich mehrfach belegen, wobei die Ausdehnungen der zu erwartenden neuen Stadt in je späteren Schriften immer umfangreicher werden; von der »Tempelrolle« und dem »Neuen Jerusalem« vom Toten Meer bis zu Sib V, Apk 21 u.a. Vgl. FREY 2000, 814.

[353] So ist auf das Land als Ganzes übertragen, was in andern eschatologischen Erwartungen (vgl. 4QMidrEschat [olim 4Q174] III 3f) nur für den Tempel galt. Das entspricht der Ausweitung der Stadtgrenzen auf den Umfang des ganzen Landes.

[354] Vgl. dazu TILLY 2002, 184–190: 189f.

[355] Vgl. LOHSE 1989, 18; MAIER 1990, 153.158.

[356] Zu den Einleitungsfragen vgl. EISSFELDT 1964, 846–849; SCHREINER (Hg.) 1981, 301f; SÖLLNER 1998, 262f; DÖPP 1998, 125–127; SCHMID 1998, 262; DERS. 2002, 184–187; OEGEMA 1999, 135–137 .

in den Blick, will jedoch eine Deutung der Zerstörung von Jerusalem und Tempel und des Geschicks Israels im Jahre 70 n.Chr. und seither geben und die Identität des Judentums für Gegenwart und Zukunft im Toragehorsam verankern[357].

Angesichts des Verlustes von Stadt und Tempel wird auf den Trost transzendenter, eschatologischer Heilsgüter verwiesen: Das Paradies, der Baum des Lebens, der kommende Äon/die kommende Welt, die bereitete[358] Stadt, die »Ruhe« usw. sind bereits vorhanden, so betont 8,52[359]. Dem Seher wird dies vor Augen geführt durch die Erscheinung einer Frauengestalt (9,38–10,4). Auf seine Klage über die Zerstörung von Stadt und Tempel (10,5–8.21f) zeigt sie sich ihm als eine »erbaute Stadt« (10,25–28), d.h. als das »erbaute« (präexistente), damit himmlische[360] Jerusalem (vgl. V.44). Dieses wird – so 7,26 – zusammen mit dem urbildlichen »Land« (Israel) hervortreten beim Auftreten des Gesalbten[361], auf dessen vierhundertjähriges Reich die Rückführung der Welt zum Zustand vor der Schöpfung folgt (7,28–30). Auf den Untergang alles Vergänglichen folgen Auferstehung und Gericht (7,31–35), darauf Strafe bzw. Paradies (7,36–38). Vom Kommen des Menschensohnes (V.3) bzw. Sohnes Gottes (V.32. 37) spricht auch 13,1–50; demnach wird am Ende der Zeiten der (offenbar ebenfalls präexistente) Sohn Gottes offenbart werden: Er wird einen Berg »losschlagen«, dessen Herkunft Esra nicht erkennen kann (V.6f), auf diesen fliegen[362] (V.6) und das gegen ihn stürmende Heer vernichten (V.8–

---

[357] Zur theologischen Konzeption von IV Esr vgl. SCHREINER (Hg.) 1981, 301–306; SCHMID 1998; DERS. 2002; DÖPP 1998, 136–140; LICHTENBERGER 1999.

[358] Vulgata (ed. WEBER 1969) liest: praeparatum est futurum tempus, [...] aedificata est civitas.

[359] Anspielung auf LXX Ex 15,17. Vgl. auch IV Esr 10,27; 13,36. Zu LXX Ex 15,17 und der Rezeption SapSal 9,8 vgl. o. pp. 29–34. Dahinter steht die Vorstellung des von Gott im Himmel »bereiteten« oder erbauten (d.h. präexistenten) Heiligtums bzw. Jerusalems. Zur Rezeption von Ex 15,17 und der Vorstellung vom von Gott »bereiteten« Heiligtum vgl. HORBURY 1996.

[360] Vgl. die vorige Anm. Dass es sich in IV Esr um eine präexistente und himmlische Größe handelt, wird daher zu Unrecht bestritten von SÖLLNER 1998, 268f.285, der auf den Hintergrund der Vorstellung von den »bereiteten« bzw. »erbauten« transzendenten Heilsgütern in Ex 15,17 (vgl. SapSal 9,8) nicht eingeht.

[361] Vom Hervortreten der Stadt und des Landes ist in 7,26, von der Offenbarung des Gesalbten und den folgenden Ereignissen in V.28ff die Rede. HOFIUS (1970, 60–63) interpretiert dies so, als sei das urbildliche Jerusalem bzw. das Land mit dem in 7,36 erwähnten Paradies bzw. der in 8,52 erwähnten »Ruhe« identisch, deren Erscheinen auf Weltende und Weltgericht folgen soll. Ähnlich LEE 2001, 137–139. Die Erwähnung von Land und Stadt im Kontext des messianischen Reiches (V.28) legt dagegen nahe, dass beides der letzten Phase irdischer Geschichte, nicht jedoch dem Eschaton zugehört (so auch SÖLLNER 1998, 264–269). Das bestätigt sich in 13,36f (s.u.).

[362] Nach STONE 1992, 385, SÖLLNER 1998, 281.283 fliegt er auf *dem* Berg, benutzt diesen also als eine Art Flugvehikel. So auch SCHREINER (Hg.) 1981, 94 (»auf ihm«); vgl. aber im Apparat z.St. die abweichenden v.ll. Vulgata (ed. WEBER 1969) liest dage-

11). Die Deutung: Der Sohn Gottes wird auf den Berg Zion treten, Zion (die Stadt) wird »vollkommen erbaut« hervortreten – das bedeutete das »Losschlagen« in der Vision –, und der Sohn Gottes wird die Völker besiegen (13,35–38). Die Erscheinung des himmlischen Jerusalem auf Erden bzw. des himmlischen »Landes« gehört demnach in den Zusammenhang des Wirkens der Gottessohn-Gestalt, ja es wird (nach Kp. 13) von ihr hervorgerufen[363]. Nach Kp. 7 gehören Land und Stadt dem irdischen, messianischen Reich zu, das vor dem Ende der Welt und dem Weltgericht erwartet wird, und sind nicht identisch mit dem Endzustand bzw. Paradies. Es handelt sich somit um eine eigentümliche Vorstellung, wonach zum einen das urbildliche bzw. von Gott bereitete, präexistente Jerusalem auf Erden erscheint, darüber hinaus aber das Ende der Welt (und damit auch des irdisch-messianischen Reiches und Jerusalems) zu erwarten bleibt. Die künftige Erscheinung Jerusalems auf Erden ist eine irdische Verwirklichung des Urbildes, aber doch vorläufig gegenüber dem Ende alles Irdischen[364].

Insofern unterscheidet sich die Erwartung des himmlischen Jerusalem in IV Esr von der Vorstellung vom neuen Jerusalem in der Apk, dessen Herabkunft (Apk 21,2) auf das messianische Reich (20,1–6), das Weltgericht (20,11–15), das Ende der Welt und die Neuschöpfung von Himmel und Erde (21,1) folgt und der neuen, unvergänglichen Schöpfung zugehört[365].

Nach dem Ende des irdischen Jerusalem richtet sich der Blick auf das unzerstörbare himmlische. In der Erwartung der neuen Offenbarung bzw. Erscheinung Jerusalems auf Erden gilt es die Zwischenzeit zu überstehen. Doch ist von himmlischem Tempel und Kult keine Rede. Der Hinweis auf präexistente himmlische Heilsgüter soll die Hoffnung auf die irdische Erneuerung Jerusalems stärken, die aber in den Zusammenhang eines Zwischenreiches gehört, mit dem auch diese letzte Gestalt irdischen Daseins enden wird.

---

gen »volavit super eum [sc. montem]«; vgl. METZGER (Hg.) 1983, 551: »flew up upon it«.

[363] Diese Aktivität des Gottessohnes ist nicht erwähnt in 7,26; SÖLLNER 1998, 284f, sieht darin einen Widerspruch: In Kp. 7 sei er eine passive Figur; auch sei nach Kp. 13 das messianische Reich (anders als nach Kp. 7) der Endzustand. Doch beides sind argumenta e silentio.

[364] Vgl. MÜLLER-FIEBERG 2003, 169: »Komplementarität von irdischem und eschatologischem Jerusalem.« In der Urbild-Abbild-Relation geht das nicht restlos auf; ebensowenig in der Anschauung von der Präexistenz der Eschata im Himmel.

[365] FLUSSER 1976, 44f sieht das Herabkommen des himmlischen Jerusalem auf die Erde erstmals in Apk 21 belegt; seither finde sich das Motiv häufig in mittelalterlicher jüdischer Literatur. Vgl. dazu SAFRAI 1969, 16–18.

2.6.7 II. Baruch

II Bar stammt wohl aus den ersten Jahrzehnten des 2. Jh.s n.Chr.[366] und hat wahrscheinlich IV Esra rezipiert, zu dem manche Gemeinsamkeiten bestehen[367].

Was für IV Esr gesagt wurde, gilt mutatis mutandis auch für II Bar: Von Himmlischem – hier dem himmlischen Jerusalem und dem himmlischen Tempel – ist die Rede um des Irdischen willen. Die Zerstörung von Stadt und Tempel im Jahre 70 n.Chr. soll auch hier bewältigt werden, indem auf das unzerstörbare himmlische Jerusalem und dessen Tempel verwiesen wird, und dieser Hinweis dient zugleich der Begründung der Hoffnung auf ein erneuertes irdisches Jerusalem und einen künftigen irdischen Tempel und Kult.

Nicht vom irdischen Jerusalem, so 4,2, gilt der Gottesspruch Jes 49,16 (»Ich habe dich eingezeichnet in meine Hände, deine Mauern habe ich immer vor Augen«[368]), wohl aber von der Stadt, die vor der Erschaffung des Paradieses bei Gott bereitet war, die Adam, Abraham und Mose (vgl. Ex 25,8f.40) gezeigt wurde und die offenbart werden soll. Diese Stadt wird, wie das Paradies, nun bei Gott aufbewahrt (4,3–6). Es scheint sich demnach um eine veritable himmlische Stadt, nicht nur um eine intelligible Größe, zu handeln.

Nach 59,4 dagegen war es lediglich ein Bild eines künftigen Jerusalem, das Mose sah, wobei ihm auch die Maße mitgeteilt wurden. Der künftige Bau soll in Entsprechung zum »gegenwärtigen« Heiligtum errichtet werden. Der literarischen Fiktion nach (vgl. 1,1) ist damit der erste Tempel gemeint. Auffällig ist, dass hier vom Heiligtum, zugleich aber von der Schau des Gleichbildes des Zion die Rede ist. Demnach wären »Heiligtum« und »Zion« nicht unterschieden. – Ob sich diese Voraussage lediglich auf den in 68,5 angekündigten Wiederaufbau Zions und die Wiederaufnahme des Opferkults nach dem Exil bezieht oder auf eine eschatologische Zukunft, mag offenbleiben.

In Kp. 6 findet sich ein weiteres mal die Überlieferung vom Verbergen der Tempelgeräte: Ein Engel holt den Vorhang vor dem Allerheiligsten, den Ephod, die Deckplatte der Lade, die beiden (Gesetzes-) Tafeln, die priesterliche Amtstracht, den Weihrauchaltar, die 48 Edelsteine der priesterlichen Kleidung und alle heiligen Geräte des Zeltes (V.7) und vertraut sie der Erde zur Aufbewahrung an (V.8), doch mit Aussicht auf Wiederherstellung Jerusalems (V.9). Das Motiv der verborgenen Tempelgeräte, das etwa in VitJer das Ende irdischen Kults ausdrückte, dient hier dem Ausdruck der Kontinuität über die Tempelzerstörung hinaus[369].

---

[366] Vgl. SÖLLNER 1998, 287; KLIJN (Hg.) 1983, 616f; EISSFELDT 1964, 850–853; ROST 1970, 97, datiert etwa auf 90 n.Chr.; BÖHL 1976, 68f, hält II Bar (und ParJer) für frührabbinisch beeinflusst.

[367] Zum Verhältnis zu IV Esr vgl. EISSFELDT, a.a.O. 853; SÖLLNER 1998, 287.

[368] So MT; LXX weicht ab; II Bar setzt MT voraus.

[369] Vgl. BÖHL 1976, 69f.

Die Aufzählung der Tempelgeräte ist gegenüber den (untereinander differierenden) Fassungen in II Makk 2; VitJer 9; LibAnt 26,12–15; ParJer (IV Bar) 3; Hebr 9,4, mit denen sie sich in manchem berührt (vgl. nur die Erwähnung der Edelsteine in LibAnt und in II Bar) erweitert; sie nähert sich den aus der rabbinischen Literatur bekannten Fassungen der Aufzählung verlorener bzw. verborgener heiliger Gegenstände an (tJoma 3,7; bBB 14a; jSota 22c,6; ARN 41[370] u.ö.), die übrigens auch zu Hebr 9,4 zu vergleichen sind.

Ein eschatologischer Ausblick in Kp. 32 stellt den Neubau Zions in Aussicht, der ewigen Bestand haben wird (V.1–4). Es handelt sich offenbar um ein irdisches Jerusalem. Der Tempel wird nicht explizit erwähnt, auch eine Verbindung zum Motiv des himmlischen Jerusalem wird hier nicht hergestellt.

II Bar stellt eine irdische Zukunft und ein neues, irdisches Jerusalem in Aussicht. Dieses wird ewige Dauer haben. Ein neuer irdischer Tempel wird nicht ausdrücklich angekündigt; die Kultkontinuität aber, der das Verbergen der Tempelgeräte dient, legt diese Erwartung nahe. Zu dem neuen irdischen Jerusalem wird das himmlische nicht in Beziehung gesetzt. Der Bezug auf das himmlische Jerusalem dient lediglich dazu, nach der Zerstörung von Stadt und Tempel das Festhalten an Gottes Verheißung für Jerusalem zu ermöglichen[371].

2.6.8 Eine Bemerkung zu III. Baruch

Die Schrift, eine christlich interpolierte jüdische Apokalypse oder eine christliche Apokalypse auf jüdischer Grundlage, ist schwer zu datieren, dürfte jedoch aus dem 2. Jh. n.Chr. stammen[372].

Das Buch berichtet von einer Himmelsreise Baruchs und erwähnt (Kp. 11–14) die Gebete – nach dem griechischen Text: die Tugenden – der Menschen, die von Engeln gen Himmel getragen werden, wo sie Michael entgegennimmt und zu Gott bringt (Kp. 14; nur nach der griechischen Fassung). Michael bringt die Gebete (Tugenden) der Menschen Gott dar. Eine Schilderung des himmlischen Kults und eine Thronvision fehlen. Thema des III Bar ist die Theodizeefrage angesichts der Zerstörung Jerusalems und des Tempels. Schon der Anfang, 1,1–5, macht das deutlich. Baruch sieht Himmelssphären, in denen sich bestrafte Sünder bzw. Gerechte aufhalten. Die kosmische Ordnung wird durch Sünden gestört (Kp. 7f.9). In diesem Zusammenhang gehört die Darbringung der Gebete bzw. Tugenden. Sie zielt auf die Gaben, welche die Engel den Menschen zurückbringen: Erhörung und Segen den einen, Krankheit und Katastrophen den anderen (Kp. 15f). Die Menschen erhalten, was sie verdient haben. Diese Antwort auf die Theodizeefrage soll Baruch auf Erden verkündigen (Kp. 17). Das Verhältnis des himmlischen Kults zum irdischen bzw. zu dessen Verlust ist nicht Thema des III Bar.

---

[370] Ed. GOLDIN 1951, 173.
[371] Ähnlich DÖPP 1998, 131.
[372] Vgl. EISSFELDT 1964, 854f; GAYLORD (Hg.) 1983, 655f.

2.7 Rabbinische Literatur nach dem 1. Jh. n.Chr.[373]

2.7.1 Abot de Rabbi Natan

Abot de Rabbi Natan (ARN), vom Traktat mAv abhängig, mag bis ins 3./4. Jh. n.Chr. zurückgehen; die Endredaktion ist vermutlich ins 7.–9. Jh. zu datieren[374].

Das 4. Kapitel der ARN beginnt[375] mit einem Zitat aus dem Mischna-Traktat Abot (mAv 1,2), wonach die Welt auf drei Dingen steht: Tora, Tempelkult (העבודה) und Taten der Liebe (גמילות חסדים). Solange der Tempelkult besteht, ist die Welt ihren Bewohnern ein Segen. Endet der Tempelkult, so ist die Welt kein Segen mehr; die Ernte bleibt aus. Kein anderer Dienst ist Gott lieber als der Tempeldienst[376].

Zu den Taten der Liebe bietet ARN eine Anekdote um R. Josua und R. Johanan b. Zakkai[377]: R. Josua erblickt die Tempelruinen und klagt, dass der Ort wüst liegt, an dem Sühne für Israel erwirkt wurde. Da tröstet ihn Johanan b. Zakkai mit dem Hinweis, man habe eine andere, ebenso wirksame Sühnemöglichkeit, nämlich Taten der Liebe. Er führt Hos 6,6 an. Weiter wird erzählt[378], Johanan b. Zakkai habe die Bewohner Jerusalems gewarnt, Vespasian Widerstand zu leisten, da dies zur Zerstörung von Stadt und Tempel führen müsse. Aus der Stadt geflohen, habe er sich Jamnia als Ort für Gebet und Toraerfüllung erbeten. Gebet und Toraerfüllung werden Ersatz für Jerusalem und den Tempel.

Das 4. Kapitel der ARN schließt[379] mit der Anekdote über die gen Himmel geschleuderten Tempelschlüssel (vgl. ParJer [IV Bar] 4,4f) und der Klage über den Verlust des Tempels.

Die Bedeutung des Opferkults im Tempel wird bekräftigt; zugleich gilt es, Ersatz zu finden. Torastudium, -lehre und -gehorsam sowie Nächstenliebe und Frömmigkeit treten an seine Stelle. Doch der Tempelkult gilt als der Gott liebste Dienst.

2.7.2 Ein Blick auf weitere rabbinische Quellen

Abschließend sei ein Blick auf wenige weitere rabbinische Quellen geworfen. Die Vorstellung vom himmlischen Tempel als Urbild des irdischen ist

---

[373] Grundlegend ist die Arbeit von EGO 1989; vgl. STEMBERGER 2002; zu rabbinischen und anderen spätantiken und mittelalterlichen apokalyptischen Texten auch OEGEMA 1999, 185–327. Ich gehe nur auf ganz wenige Texte ein.

[374] Vgl. NEUSNER 1994, 591–608: 591f.595; STEMBERGER 1992, 224–226.

[375] ARN, ed. GOLDIN 1955, 32.

[376] ARN, ed. GOLDIN 1955, 33f.

[377] ARN, ed. GOLDIN 1955, 34f.

[378] ARN, ed. GOLDIN 1955, 35–37.

[379] ARN, ed. GOLDIN 1955, 37.

etwa in bSev 62a belegt. Hier wird die Frage beantwortet, woher die zurückgekehrten Exulanten wissen konnten, an welcher Stelle der Brandopferaltar des zweiten Tempels zu errichten sei. Da das himmlische Heiligtum auf einer vertikalen Achse über dem irdischen liegt, konnte man vom
himmlischen Vorbild den Ort des Brandopferaltars abnehmen. Der Verweis auf den himmlischen Kult dient dem Aufweis der kultischen Kontinuität.

Sodann kann der himmlische Kult als Ersatz für den fehlenden irdischen
Kult angeführt werden. So heißt es in bMen 110a, es sei ewige Ordnung
für Israel, vor Gott im Heiliggtum Gewürze zu verbrennen. Wie kann diese
ewige Ordnung eingehalten werden nach dem Ende des Jerusalemer Opferkults? bMen 110a verweist auf Michael, der als großer Fürst auf dem
himmlischen Altar steht und dort Opfergabe darbringt (ומיכאל שר הגדול
עומד ומקריב עליו קרבן). Daneben wird die Auffassung überliefert, es seien
die Schriftgelehrten, die das Gebot unter gegenwärtigen Bedingungen er-
füllten. Entweder der himmlische Kult oder aber das Torastudium soll das
Fehlen des irdischen Tempelkults kompensieren[380].

Der mittelalterliche »Midrasch der Zehn Worte«[381] berichtet, Michael
als himmlischer Hoherpriester opfere seit dem Ende des irdischen Tempelkults; wenn der irdische Tempel wieder hergestellt sein werde, werde das
himmlische Opfer eingestellt werden[382]. Damit ist ausgedrückt, was schon
bSev 62a impliziert, dass der himmlische Opferkult als Ersatz an die Stelle
des fehlenden irdischen tritt. Auch die Erwartung eines dritten Tempels
kommt zum Ausdruck[383].

---

[380] Auf spätantike Apokalypsen wie die David-Apokalypse in Hekhalot-Rabbati (vgl.
OEGEMA 1999, 286–290; SCHWEMER 1991a) kann nicht mehr eingegangen werden.

[381] Vgl. dazu STEMBERGER 1992, 325f.

[382] Übersetzung von WÜNSCHE (Hg.), Bd. 4, 1909, 73: »Michael, der Schutzpatron
(Fürst) Israels, ist Hoherpriester im Himmel seit dem Tage, wo das Heiligtum zerstört
wurde, das in unseren Tagen schnell wieder erbaut werden möge, und die Priester aufgehört (ihre Tätigkeit eingestellt) haben. [...] Bis das Heiligtum wieder erbaut sein wird,
denn dann lässt der Heilige, geb.[enedeit] s.[ei] er!, das Heiligtum, welches im Zebul ist,
nach Jerusalem unten herabsteigen«.

[383] Zur Kontinuität vom Stiftszelt über den ersten und zweiten bis zum eschatologischen Tempel in rabbinischer Literatur vgl. BÖHL 1976, 69f. WILLI (2004, 109–117) stellt
die Bedeutung des Jerusalemer Tempels und die Erwartung eines neuen Tempels im
rabbinischen Judentum heraus. Anders STEMBERGER 2002, nach ihm stehen Tempelzerstörung und Erwartung eines neuen Tempels in der rabbinischen Literatur am Rande.

2.8 Ergebnisse

Der Gewinn der voraufgegangenen Untersuchungen stellt sich im Rückblick insbesondere als ein Zugewinn an Differenzierung dar. Um das herauszustellen, geht folgende Auswertung systematisch vor. Doch tritt zugleich die gemeinsame Fragestellung hervor, welche den einschlägigen frühjüdischen Diskursen zugrundeliegt. Sie wird abschließend formuliert.

Himmlischer und eschatologischer Tempel und Kult. Himmlischer und zukünftiger bzw. eschatologischer Tempel werden nur in wenigen, späten Schriften (IV Esr; II Bar) sowie in der rabbinischen Literatur aufeinander bezogen. Beide Themen sind ursprünglich in unterschiedlichen Zusammenhängen beheimatet. Bis 70 n.Chr. gilt daher: Wo vom himmlischen Tempel und Kult die Rede ist, findet Erwartung eines neuen, eschatologischen Tempels keinen Ausdruck – und umgekehrt. Die in moderner Literatur häufige Anschauung von der himmlischen (Prä-) Existenz der irdischen Eschata geht über den Befund in der Mehrzahl der frühjüdischen Texte hinaus. Sie übersieht den wichtigen Unterschied zwischen idealer und realer Präexistenz, zwischen himmlischen und utopischen Größen. Dadurch wird weiter übersehen, dass die Vorstellung vom endzeitlichen Erscheinen himmlischer Größen auf Erden bzw. von ihrem Herabkommen auf die Erde wie in IV Esr (oder in Apk) eine bedeutsame Neubildung darstellt. Die Rede vom himmlischen und die vom eschatologischen Tempel und Kult sind daher gesondert zu interpretieren; in unterschiedlichen Zusammenhängen verankert, erfüllen sie im Rahmen je unterschiedlicher Argumentationsstrategien unterschiedliche Funktionen.

Himmlischer Tempel und Kult werden in dreierlei Zusammenhängen erwähnt, wobei wiederum die unterschiedlichen Funktionen im Rahmen der unterschiedlichen Argumentationsstrategien zu erheben sind.

(a) Die Urbild-Abbild-Relation (verstanden als Verhältnis von veritablem himmlischen Urbild-Heiligtum und abbildhaft-irdischem Heiligtum[384]) begegnet stets im Rahmen der Legitimation des irdischen Tempels

---

[384] Das himmlische Urbild kann zum einen als intelligible Größe aufgefasst werden – als himmlischer Plan bzw. Modell also –, zum anderen als veritables, im Himmel bestehendes Heiligtum, in dem himmlischer Kult vollzogen wird. Ideale und reale himmlische Größen sind also zu unterscheiden. Dabei kann die ursprünglich ideal gemeinte Aussage von Ex 25,8.39f in späterer Literatur (SapSal usw.) im Sinne eines veritablen himmlischen Urbild-Heiligtums rezipiert werden. Nur bei solchem Verständnis kann von einem *himmlischen* Tempel und Kult die Rede sein. Wo dagegen eine erst auf Erden zu verwirklichende, modellhafte Größe im Blick ist wie in Ex 25,8.39f, in den Visionen von Ez 40–48 oder im sog. »Neues Jerusalem«-Text vom Toten Meer, handelt es sich um *zukünftig-utopische* Größen, denen möglicherweise ideale, jedoch keine reale, himmlische (Prä-) Existenz zugeschrieben wird (die also, ontologisch gesprochen, intelligible Größen

und Kults. Der irdische Tempel ist der rechte Kultort, weil er, auf Erden dem himmlischen Tempel entprechend, diesen abbildhaft repräsentiert. Das hält sich durch von den Belegen in SapSal bis zu denen in rabbinischen Texten. Dabei sind jedoch Entwicklungen zu verzeichnen: Hatte etwa SapSal oder Sir die Bedeutung des irdischen Tempels herausgestellt, so dient das Motiv in II Hen nur mehr zur Legitimation Jerusalems, das als Erdmittelpunkt Zentrum des Judentums als der wahren, menschheitlichen Religion bleibt, ohne dass die National- oder Kultgeschichte des nachsintflutlichen Israel einer Erwähnung gewürdigt würde. Erst in den frührabbinischen Schriften der Zeit nach 70 n.Chr. wird das Urbild-Abbild-Motiv dann mit der Erwartung eines künftigen Tempels verbunden. Der Grund liegt auf der Hand: Während die Urbild-Abbild-Relation der Legitimation von irdischem Tempel und Kult dient, pflegt die Erwartung eines neuen Tempels gerade das Ungenügen am bestehenden Tempel und Kult auszudrücken. Erst nach dem Verlust des zweiten Tempels konnten sich beide Motive verbinden, da nun keine Kritik am gegenwärtigen irdischen Tempel mehr in der Erwartung eines neuen Tempels impliziert sein konnte. So dient die Urbild-Abbild-Relation in IV Esr, II Bar und in bSev 62a dazu, die Kontinuität des Jerusalemer Heiligtums über die Zeit der Tempelzerstörung hinaus zu gewährleisten und damit ein künftiges irdisches Heiligtum zu legitimieren.

(b) Himmelsreisen und Berufungsvisionen. Himmlischer Tempel und Kult werden gern im genannten Themenzusammenhang erwähnt. Himmelsreise bzw. -vision und himmlische Berufung dienen ebenfalls der Legitimation, hier nun für priesterliche Personen bzw. Gruppen. Entsprechend werden in diesem Rahmen himmlischer Tempel und Kult erwähnt, ohne dass sie als solche Gegenstand selbständigen Interesses wären. In Gattung und Topik stehen solche Texte manchen Prophetenberufungen nahe. Im Blick auf priesterliche Gestalten kommt es zur Verbindung der himmlischen Berufung mit dem Motiv der kultischen Gemeinschaft mit den Engeln (s.u.).

(c) Die kultische Gemeinschaft mit den Engeln, ein Mythologumenon des Jerusalemer Tempels, wird vom Kult im irdischen Tempel auf dissidente priesterliche Gruppen übertragen. So wird in TestLev die himmlische Investitur Levis als Äquivalent des hohepriesterlichen Eintritts ins Allerheiligste und damit als Aufnahme unter die himmlische Priesterschaft der Engel aufgefasst; die Gemeinschaft von Qumran versteht sich ausweislich der Texte aus 1Q28 bzw. aus H als gegenwärtiger, spiritueller Tempel, in dem die kultische Gemeinschaft mit den Engeln stattfindet, oder man hofft auf künftige kultische Gemeinschaft mit den Engeln im

---

sind, jedoch nicht subsistieren) und die daher nicht als Ur-, sondern als *Vor*-Bilder künftiger irdischer Heiligtümer anzusprechen sind.

irdischen Heiligtum, ohne dass dabei die Erwartung eines neuen Tempels zur Sprache käme.

Die besondere Form der Bezugnahme auf himmlischen Kult in den ShirShabb lässt sich hier nicht recht einordnen. Sie dient der Besinnung einer dissidenten irdischen Priesterschaft auf den himmlischen Kult und dessen Priesterschaft, um sich selbst des eigenen priesterlichen Status zu vergewissern und diesen zu legitimieren. Damit steht sie zwischen den hier unter (b) und (c) eingeordneten Motiven (doch näher bei b), ohne einem davon ganz zuzugehören.

Generell ist für die Rede von himmlischem Tempel und Kult festzuhalten: Die Zuordnung von irdischem und himmlischen Kult will ein ideales Korrespondenzverhältnis benennen oder ggf. auf die Störung dieser Korrespondenz hinweisen. Im letzteren Falle soll diese Korrespondenz in näherer oder fernerer Zukunft wieder hergestellt werden. Sie dient in allen ihren Formen der Legitimation irdischer Größen. Nie dagegen ist vom himmlischen Tempel und Kult um seiner selbst willen die Rede oder so, als könne er dauerhaft an die Stelle irdischer Größen treten und diese aufheben bzw. überflüssig machen[385].

Die Erwartung eines künftigen, erneuerten bzw. neuen irdischen Tempels ist Ausdruck des Ungenügens am gegenwärtigen Tempel und Kult und der Hoffnung auf dessen Erneuerung und Fortsetzung. Sie verbindet sich in der Regel mit Kritik am Bestehenden, die, bei Unterschieden im einzelnen, im Laufe der Zeit an Schärfe zunimmt. Diese Kritik betrifft in der Regel den zweiten Tempel, kann jedoch auf den ersten ausgedehnt werden. An die Stelle der Tempelerwartung kann die Erwartung eines paradiesisch verwandelten Zion, eines ewigen, nicht-levitischen Priestertums ohne Opferkult, eines neuen Jerusalem ohne eigens erwähnten Tempel oder des Fortlebens im himmlischen Jerusalem nach Gericht und Weltende bzw. im irdischen »Land« nach der Auferstehung treten.

Der Rückgriff auf ideale Gründungszeiten des Kults – meist die Kultbegründung zur Zeit Moses – ist mit Tempel- und Kultkritik verbunden. Am Geschick der Tempelgeräte Zelt, Lade usw. werden Kontinuität und Diskontinuität dargestellt. So kann die Identität Israels mit dem Rekurs auf Sinai, Tora und Lade im Gründungsgeschehen verankert werden, ohne dass der Tempelkult mehr wäre als eine Episode (VitJer). Darüber hinaus kann der Rückgriff bis auf Schöpfung und Paradies zurückreichen. Die National- und Kultgeschichte Israels wird damit teils relativiert, teils übergangen. Mit dem Motiv der Steine stellt LibAnt Kontinuität vom Para-

---

[385] Das mag zwar bei Aussagen über die Substitution des irdischen Kults durch den himmlischen in der Literatur nach 70 n.Chr. zuweilen so scheinen. Aber auch diese Aussagen zielen letztlich auf eine Erneuerung des irdischen Kults und auf die Begründung der Legitimität des zu erwartenden erneuerten irdischen Kults.

dies bis zum Eschaton her. Die Kultgeschichte Israels bzw. Jerusalems und seines Tempels tritt zurück. Sie kann als bloßes Interim erscheinen.

Die Bedeutung der Tempelzerstörung von 70 n.Chr. Wenngleich nicht bei allen behandelten frühjüdischen Schriften eine eindeutige Datierung möglich ist, bleibt doch eindrücklich, dass nach der Tempelzerstörung von 70 n.Chr. die Erwartung eines neuen irdischen Jerusalem wieder anzutreffen ist, die zuvor immer stärker zurücktrat; teils ohne, häufig mit expliziter Erwähnung eines neuen irdischen Tempels. Nachdem die Zerstörung des zweiten Tempels nicht mit dem Kommen des Eschaton zusammenfiel, die Geschichte vielmehr weiterlief, war die Heilserwartung Israels wieder in Dimensionen irdischer Geschichte, damit auch zu erneuernden irdischen Tempelkults, zu entwerfen. Instruktiv lässt sich dieser Wandel an den Traditionen über die Tempelgeräte darstellen. Das Motiv, das zunächst auf das Fehlen wesentlicher Teile der Tempelausstattung im zweiten Tempel verweist und damit das Ungenügen an diesem und die Diskontinuität zur Kultgründung ausdrückt, wird in frührabbinischen (ParJer, II Esr) und in späteren rabbinischen Schriften gerade zum Ausdruck der Kontinuität, denn die Tempelgeräte sollen demnach im zu erwartenden neuen Tempel wieder vorhanden sein, und nach späteren rabbinischen Traditionen sind sie weder verlorengegangen noch entrückt, sondern sie sind im Jerusalemer Tempelareal verborgen, so dass die Kontinuität des Kultorts auch nach der Tempelzerstörung gewahrt bleibt[386]. Pointiert gesprochen: Erscheint in Schriften vor 70 n.Chr. der Tempelkult Israels als bloßes Interim, so gilt Gleiches in der Literatur nach 70 n.Chr. von der tempellosen Zeit.

Die Form der Darstellung ist häufig die der literarischen Fiktion. Diese lässt die jeweiligen Schriften in jenen idealen Gründungszeiten Israels abgefasst sein, auf die sie sich in ihrer Gegenwartskritik und Zukunftserwartung berufen bzw. an der sie Maß nehmen. Bevorzugt ist das die exilischnachexilische Zeit, weil anhand der damaligen Zerstörung und Wiedererrichtung des Tempels dessen zur Abfassungszeit angenommene Unzulänglichkeit und die Hoffnung auf die Neubegründung des Tempelkults thematisiert werden können. Man nimmt also nicht direkt jene Konflikte in den Blick, sondern man spricht über vergangenes Geschehen, lässt dessen Darstellung aber für gegenwärtige Anliegen durchsichtig werden. Entsprechendes gilt vom Rückgriff auf die Kultbegründung durch Mose bzw. auf die (Kult-) Gesetzgebung unmittelbar vor der Landnahme (»Mosaic discourse«, so in T). In nicht wenigen Schriften ist nur noch von der Kultgründungs- bzw. von der exilisch-nachexilischen Zeit (teils von der Urzeit) die Rede, ohne dass die Verhältnisse der Abfassungszeit explizit erwähnt würden. Auch vom zweiten Tempel und dessen kultischen Verhältnissen zur Abfassungszeit ist häufig gar nicht mehr explizit die Rede. Doch sind

---

[386] Vgl. BÖHL 1976, bes. 68–70.

diese stets – sei es auch nur implizit – gemeint. Gilt der Kult des zweiten Tempels von Anfang als korrupt, verfällt er gleichsam einer damnatio memoriae, so ist die darin wirksame Ablehnung, nur umso deutlicher. Entsprechend versteht sich auch der mehrfach erwähnte Rückgriff auf Dingsymbole wie Zelt, Lade, Edelsteine usw. Im Medium der für den Kult grundlegenden Ereignisse und Größen werden aktuell bedeutsame Fragen erörtert. Weit davon entfernt, bloße Schriftgelehrsamkeit zu bieten, ist den Darstellungen der Gründungszeit Israels und seines Kults eigen, dass sie von der Vergangenheit sprechen – um der Gegenwart willen; auch da, wo diese selbst nicht mehr explizit erwähnt wird.

Die gemeinsame Fragestellung. Die Bezugnahme auf himmlische Größen kann der Legitimation des irdischen Heiligtums – so vorwiegend in älteren Texten – wie der Begründung der Hoffnung auf die Erneuerung legitimen Kults – so vorwiegend in späteren Texten – dienen. Doch zeigt sich bei aller Differenzierung im Blick auf die Verhältnisbestimmung von irdischem und himmlischen, gegenwärtigem und eschatologischen Tempel und Kult doch ein gemeinsames Thema: Es geht um den rechten, legitimen, den Gott wohlgefälligen Tempel und Kult; dies jedoch im Blick auf irdischen Kultvollzug.

3. Kapitel

Die Relation von himmlischem und irdischen Heiligtum und der sog. »Platonismus« des Hebr im Vergleich mit dem Mittelplatonismus Philos von Alexandrien

Im Hebr wird – explizit erstmals in 8,2.5 – die Urbild-Abbild-Relation von himmlischem und irdischen Heiligtum benannt. Zur Erklärung dessen und der dabei verwendeten Terminologie ist häufig ein vermeintlicher ›Platonismus‹ des Hebr in Anspruch genommen worden[1]. Hier wird die Terminologie in der Gegenüberstellung von himmlischem und irdischen Heiligtum sowie der (vermeintliche) ›Platonismus‹ des Heb bedacht. Der spätere Neuplatonismus kann für Hebr nicht in Anschlag gebracht werden; zeitgenössisch ist der Mittelplatonismus. Philo von Alexandrien wird anhand seiner Auslegung von Ex 25,40 als Vertreter des zeitgenössischen Mittelplatonismus vorgestellt, wobei der Aufnahme mittelplatonischer Erkenntnistheorie und Kosmologie besonderes Augenmerk gilt. Die Unterschiede zum Hebr treten hervor.

3.1 Zur Terminologie

Zu Beginn des Kapitels vergleiche ich die Terminologien, die der Hebr bzw. andere Quellen in ihrer jeweiligen Rede über den Bereich der Urbilder bzw. über den der Abbilder bieten. Dabei werden insbesondere die Schriften Philos von Alexandrien und die Werke Platons, daneben auch weitere Quellen herangezogen. Wie sich aufgrund der folgende tabellarischen Übersicht zeigen wird, weicht der Sprachgebrauch des Hebr in charakteristischer Weise von dem der anderen Quellen ab.

Vergleicht man die je verwendeten Terminologien, fällt als erstes auf, dass der ganze Bereich der speziell erkenntnistheoretischen Begrifflichkeit (ἰδέα, εἶδος, νοῦς/νοητός, αἴσθησις/αἰσθητός) im Hebr fehlt. Ebenfalls fehlt dort das für den platonischen bzw. mittelplatonischen Diskurs so charakteristische Gegenüber von παράδειγμα und μίμημα – dort die häufigsten Begriffe zur Bezeichnung von Urbild und Abbild, die sich für Hebr besonders angeboten hätten. Die Verwendung von τύπος für die urbildliche Größe ist Hebr bereits in LXX vorgegeben; das Wort findet sich nur einmal (Hebr 8,5), und zwar im Zitat aus LXX Ex 25,40.

---

[1] So mit Nachdruck GRÄSSER 1993, 83f.87f.

	Hebr	Andere Quellen
Bereich der Urbilder	ἡ σκηνή ἡ ἀληθινή 8,2 ὁ τύπος 8,5 (LXX Ex 25,40) ἡ μείζων καὶ τελειοτέρα σκηνή οὐ χειροποίητος, τοῦτ' ἔστιν οὐ ταύτης τῆς κτίσεως 9,11 αὐτὰ τὰ ἐπουράνια 9,23 αὐτὸς ὁ οὐρανός 9,24 αὐτὴ ἡ εἰκών τῶν πραγμάτων 10,1	παράδειγμα[2] ἀρχέτυπος / τὰ ἀρχέτυπα[3] ἀρχέτυπος φύσις (τῶν πραγμάτων)[4] ἀρχέτυπος σφραγίς[5] ἰδέα[6] ἀσώματος ἰδέα[7] νοητὴ ἰδέα[8] κόσμος νοητός[9] εἶδος νοητόν[10] τύπος[11] τὸ ἀγένητον[12]
Bereich der Abbilder[13]	ὑπόδειγμα καὶ σκιά τῶν ἐπουρανίων 8,5 τὸ ἅγιον κοσμικόν 9,1 ὑποδείγματα τῶν ἐν τοῖς οὐρανοῖς 9,23 χειροποίητα 9,24 ἀντίτυπα τῶν ἀληθινῶν 9,24 σκιά 10,1	μίμημα[14] ἀπεικόνισμα[15] εἰκών[16] χαραχθεῖσα εἰκών[17] αἰσθητή εἰκών[18] κόσμος αἰσθητός[19] ὁρατὸς κόσμος[20] οὐρανός[21] σκιά[22] τὰ γεγονότα[23]

---

[2] Platon, Tim 29b, 48e–49a; LXX Ex 25,9; Philo, all III 96; somn I 206; Mos II 76; ebr 133; op 16; migr 12; vgl. LS 2, 1307f.

[3] Philo, all III 101. Nach GOPPELT 1969, 259,14–16 in diesem Sinne eine philonische Prägung.

[4] Philo, plant 27; vgl. migr 12, wo ebenfalls ἀρχέτυπος und φύσις mit πρᾶγμα verbunden sind: σώμασι δὲ καὶ ἀρχετύποις [sc. ἔοικεν] αἱ τῶν διερμηνευομένων φύσεις πραγμάτων (πρᾶγμα hier im Sinne der gemeinten Sache, deren Begriff/Wesen [φύσις] vom sprachlichen Ausdruck [ἑρμηνεία] unterschieden wird; dieser wird mit σκιὰ μὲν δὴ καὶ μίμημα verglichen).

[5] Philo, ebr 133.

[6] Platon, Tim 28a–29a.

[7] Philo, Mos II 74; ebr 133.

[8] Philo, op 16.

[9] Philo, op 19.

[10] Platon, Tim 51c.

[11] LXX Ex 25,40; Philo, Mos II 76; op 19; vgl. LS 2, 1835; SPICQ 1994, Bd. 3, 384–387.

[12] Philo, all III 100.

[13] Bei Philo auch geistige Größen als intelligible Abbilder göttlicher Urbilder.

[14] Platon, Tim 48e; SapSal 9,8; Philo, all III 101; somn I 206; ebr 133; migr 12.

[15] Philo, all III 96.

[16] Platon, Tim 29b; vgl. εἰκών als Oberbegriff von σκιά Pol 509e: Λέγω δὲ τὰς εἰκόνας πρῶτον μὲν τὰς σκιάς [...]; Tim 92c εἰκών τοῦ νοητοῦ [sc. κόσμου]; Philo, all III 96. Vgl. zu Platon WILLMS 1935, 1–24; ELTESTER 1958, 27–29; zu Philo ausführlich WILLMS 1935, 35–112; ELTESTER 1958 30–59; vgl. KLEINKNECHT 1935.

Ganz ungewöhnlich ist die Verwendung von ὑπόδειγμα und ἀντίτυπος im Hebr. Ersteres begegnet in der Profangräzität und auch bei Philo selten und in der Regel im Sinne von »Beispiel, Illustration«[24], nicht jedoch im Sinne des ontologisch inferioren Abbilds[25]; im Hebr jedoch bezeichnet es eben dies und zugleich die verheißungsgeschichtlich vorausweisende Vorabbildung.

Ἀντίτυπος ist ebenfalls kein Begriff platonischer bzw. mittel- oder neuplatonischer Ontologie[26]; es bezeichnet in Hebr 9,24 im Zusammenhang

---

[17] Philo, ebr 133.

[18] Philo, ebr 132.134.

[19] Philo, op 19.

[20] Philo, op 16.

[21] Philo, op 36.

[22] Platon, Pol 515a.b (Höhlengleichnis); Philo, all III 97–101; somn I 206; migr 12; vgl. LS 2, 1609.

[23] Philo, all III 97–101.

[24] Instruktiv ist (neben SCHLIER 1935, 32f) besonders BLEEK 1836, 554f (namentlich zur Profangräzität); vgl. noch SPICQ 1994, Bd. 3, 403–405.

[25] GRÄSSER (1993, 88) schreibt, ὑπόδειγμα spiele, zusammen mit τύπος, »bei Plato und der von ihm beeinflussten Denkweise (Philo und die christlichen Alexandriner Clemens und Origenes) eine wichtige Rolle«. Er beruft sich dafür (a.a.O. Anm. 104) auf V. BLUMENTHAL 1928 sowie auf MCKELVEY 1969, »38ff«. Dazu ist jedoch zu sagen: (1.) Weder bei V. BLUMENTHAL noch bei MCKELVEY sind ὑπόδειγμα-Belege aus Platon oder Philo nachgewiesen. Die Arbeit von V. BLUMENTHAL, seit dem Artikel von GOPPELT 1969 (vgl. a.a.O. 246, Lit.) gern zitiert, hat auch keineswegs den philosophischen Sprachgebrauch zum Inhalt. Die wenigen dort begegnenden Belege für τύπος und παράδειγμα aus Platon bzw. Aristoteles gelten, wie der Artikel insgesamt, kunsthandwerklichen Beispielen. (2.) Bei Platon sind Belege von ὑπόδειγμα nicht nachweisbar. (3.) Bei Philo kommt das Wort nur viermal vor (post 122; conf 64; her 256; somn II 3); an keiner Stelle hat es die Bedeutung »Abbild« im ontologischen Sinne. (4.) Zu Clemens Alexandrinus bietet GRÄSSER weder Belege noch Literatur; zu Origenes verweist er auf GREER 1973, 8–18. Hier behandelt GREER die Stellen, an denen Origenes Hebr 8,5 zitiert und auslegt. Dass dabei ὑπόδειγμα im Sinne des ontologisch inferioren Abbilds vorkommt, ist wenig überraschend, aber auch wenig aussagekräftig. Dass Origenes seinerseits die Stelle im (neu-)platonischen Sinne versteht, besagt natürlich nichts über den geistesgeschichtlichen Hintergrund des Hebr.

[26] Nach GOPPELT 1969, 248, 8–11 soll ἀντίτυπος im Neuplatonismus (bei Plotin, Enn II 9,6, und Proklos, In Platonis Cratylum 129) Bezeichnung der phänomenalen Welt im Gegensatz zur intelligiblen werden. Das wäre eine Parallele zum Sprachgebrauch des Hebr. Doch beruhen diese Angaben auf einem Missverständnis der angeführten Belege. Tatsächlich wendet sich Plotin (ca. 205–270 n.Chr.) an der genannten Stelle gegen die Gnosis und lehnt deren Vorstellungswelt und Terminologie ab (es handelt sich bei Enn II 9 ja um Plotins Traktat »Gegen die Gnostiker«). Dabei erscheint auch der Begriff ἀντίτυπος, allerdings in Plotins Referat der von ihm als unsachgemäß erachteten gnostischen Terminologie, und auch nicht im Sinne eines phänomenalen Abbildes, sondern umgekehrt gerade im Sinne einer intelligiblen Größe. – Von gnostischer Seite ist die durch Plotin referierte Verwendung des Begriffs ἀντίτυπος belegt in dem von BAYNES edierten

der Jom-Kippur-Typologie das irdische Heiligtum. Die wörtliche Bedeutung »Gegenbild« weist explizit auf den typologischen Sinn hin[27]. Typologisches und ontologisches Denken dürfen dabei nicht als Gegensatz verstanden werden, sie durchdringen einander[28]. Auch das Wort εἰκών gebraucht Hebr ganz anders, als Platon und Philo es tun. Dort bezeichnet das Wort das ontologisch inferiore Abbild[29], im Hebr dagegen gerade umgekehrt die wesenhafte Größe[30]. Doch lassen sich für das 1. bzw. 2. Jh. n. Chr. vereinzelt Stellen namhaft machen, an denen εἰκών, ähnlich wie im

---

koptisch-gnostischen Traktat aus dem Codex Brucianus (BAYNES [Hg.] 1933, 180; vgl. ihre Erläuterung dazu a.a.O. 184 Anm. 8; zum Codex Brucianus ALTANER/STUIBER 1978, 103). Zu Plotins Kritik der Gnosis sowie zum gnostischen Sprachgebrauch vgl. auch die instruktiven Ausführungen a.a.O. 183; zu seiner antignostischen Haltung ferner ARMSTRONG (Hg.) 1967, 205–207 (hinzuzufügen wäre, dass Plotin a.a.O. die Gnosis insbesondere deshalb ablehnt, weil sie dem platonischen Gedanken der Methexis widerspricht). Weder für den Neuplatoniker Plotin noch für die von ihm bekämpfte Gnosis kann also der Sprachgebrauch von ἀντίτυπος im Sinne der sinnlich-inferioren Abbilder in Anspruch genommen werden. – Bei Proklos (412–485 n.Chr.) ist an der angeführten Stelle von Gold, Silber und Bronze die Rede. Jedes der drei Elemente wird einem menschlichen Seelenvermögen sowie einem Element des Kosmos vergleichend zugeordnet. Die Bronze wird dabei der Phantasie verglichen, da diese zwar νοῦς sei, aber doch nicht reiner νοῦς. So scheine auch die Bronze zwar die Farbe des Goldes zu haben (ὁ χαλκὸς χρυσοῦ δοκῶν ἔχειν χροιάν), sie enthalte aber auch viel Irdenes und Hartes/ Sprödes (πολὺ γε τὸ γήινον ἔχει καὶ ἀντίτυπον) und sei dem Harten und sinnlich Wahrnehmbaren verwandt (καὶ πρὸς τὰ στερεὰ καὶ αἰσθητὰ συγγενές). Ἀντίτυπον – hier ein substantiviertes Adjektiv – bezeichnet also auch an dieser Stelle keineswegs sinnlich wahrnehmbare Abbilder.

[27] So auch SCHUNACK 1992, 900f; GOPPELT 1969, 258f.

[28] Gegen GOPPELT 1969, 259,44–260,6.

[29] Vgl. neben den in obiger Übersicht genannten Belegen bes. noch Platon, Krat 439a: εἶναι εἰκόνας τῶν πραγμάτων, der Formulierung nach eine besonders nahe Parallele zu Hebr 10,1, dem Sinne nach jedoch in deutlichem Gegensatz dazu, denn die »Bilder der Dinge« ähneln diesen lediglich so, wie Worte dem ähneln, was sie benennen; die »Bilder« sind also von abgeleitetem Rang. In diesem Sinne will offenbar auch die im 𝔓[46] bezeugte v.l. zu Hebr 10,1 (καὶ αὐτὴν τὴν εἰκόνα) korrigieren: ›Platonisch‹ ist gerade nicht die Formulierung des Hebr, sondern das Verständnis der Lesart des 𝔓[46]. – Zu εἰκών bei Platon vgl. WILLMS 1935, 1–24, εἰκών steht hier παράδειγμα in demselben Sinne gegenüber wie μίμημα; zu εἰκών bei Philo a.a.O. 35–112. Bei Philo ist die intelligible εἰκών das ebenfalls noch geistige Abbild des geistigen Urbildes, die Mittelgröße zwischen Urbild und sinnlichem Abbild.

[30] Man wird εἰκών in Hebr 10,1 nicht im mittelplatonischen Sinne und wie bei Philo als intelligibles, geistiges Abbild einer urbildlichen Größe und damit als deren Vermittlung hin zur Sinnenwelt verstehen dürfen, wovon dann wiederum die phänomenalen Abbilder entstehen: Sonst müsste man ja ein der himmlisch-eschatologischen Erfüllung, die Hebr mit εἰκών bezeichnet, nochmals ontologisch (und damit auch verheißungsgeschichtlich) übergeordnetes Urbild postulieren.

Hebr, im Sinne einer urbildlichen Größe verwendet wird[31]. Unterschiedlich ist auch der Gebrauch von οὐρανός: Hebr bezeichnet damit die urbildliche Sphäre bzw. das himmlische Heiligtum selbst, Philo dagegen im Übergang von der geistigen zur phänomenalen Welt das erste materielle Abbild der ersteren und die ontologisch höchste Schicht der letzteren[32]. Σκιά schließlich ist zwar ein Begriff, der sowohl bei Platon und Philo als auch im Hebr für ontologisch inferiore Abbilder verwendet wird. Dennoch ist die Verwendung unterschiedlich.

---

[31] Vgl. WILLMS 1935, der p. 25 meint, es gebe »im späteren Platonismus« Verwendungen von εἰκών i.s.v. »Musterbild = ἰδέα«. Er nennt dafür Lukian, Vitarum Auctio 18, sowie (Ps.-) Timaios Locrus (eine Fälschung wohl des 1. Jh.s n.Chr.; vgl. DÖRRIE 1979; MARG [Hg.] 1972, 87) 99d und Plutarch (1./2. Jh. n.Chr.), quaest conviv (Συμποσιακά) VIII 2,1 (Stephanus 718 F). Ähnlich äußert sich auch KUHLI 1992, 945, der meint, dieser Sprachgebrauch von εἰκών sei für den Neuplatonismus nachweisbar. Er beruft sich dafür auf Belege aus Plotin und auf die schon bei WILLMS angeführte Lukian-Stelle. Diese Belege zeigen das Behauptete jedoch nicht. KUHLIs Stellenangaben zu Plotin sind ungenau. Richtig ist, dass in Enn. V 8,7.8.11.12 Belege für εἰκών vorliegen; doch stets gerade im Sinne des ontologisch inferioren Abbildes. Ferner nennt auch KUHLI Lukian, vit auct 18. Hier ist von den Ideen als εἰκόνες ἀφανεῖς alles Existierenden die Rede; allerdings sind sie ortlos und werden mit dem Seelenauge wahrgenommen. Es handelt sich also auch hier um intelligible Größen. Dieses Verständnis der εἰκόνες entspricht nicht dem neuplatonischen, sondern dem mittelplatonischen, wie wir es auch von Philo kennen. Auch darf man die satirische Absicht nicht verkennen (vgl. WEGENAST 1979, 775,31–40): Nach platonischem Muster wird Sokrates im Dialog dargestellt, doch dienen die ihm in den Mund gelegten Äußerungen dazu, ihn lächerlich zu machen. – Bei Plutarch ist a.a.O. davon die Rede, im geistigen Aufstieg zum intelligiblen Bereich »die ewigen, körperlosen (immateriellen) Bilder«, τῶν ἀιδίων καὶ ἀσωμάτων εἰκόνων, zu ergreifen (ἀντιλαμβάνεσθαι). Doch zeigt der Fortgang der Argumentation (a.a.O. VIII 2,2; Stephanus 719 A), dass die Rede von den »Bildern« im mittelplatonischen Sinne gemeint ist, d.h. so, dass es sich um Größen handelt, die innerhalb Gottes und durch ihn existieren, also im intellectus divinus. Es heißt dort: ἐν αὐτῷ γὰρ ἔστιν ἐκείνῳ καὶ σὺν αὐτῷ καὶ περὶ αὐτόν, »[...] in ihm nämlich ist es und mit ihm und bei ihm«. Anders verhält es sich mit der letzten der von WILLMS genannten Stellen: Bei Ps.-Timaios (vgl. die von MARG [Hg.] 1972 besorgte Edition) ist (an der genannten Stelle sowie deutlicher noch a.a.O. 105a) in der Tat εἰκών, anders als bei Philo, nicht Bezeichnung für intelligible Abbilder, sondern für die Idee als Urbild bzw. Vorbild der Schöpfung (vgl. a.a.O. 93b, wo die Idee als παράδειγμα τῶν γεννωμένων bezeichnet wird; ἰδέα, παράδειγμα und εἰκών scheinen dasselbe zu bezeichnen). Insofern handelt es sich hier tatsächlich um eine Parallele zum Sprachgebrauch des Hebr. Dennoch bleiben Unterschiede: Der Themenzusammenhang ist bei Ps.-Timaios ein kosmologischer, die verheißungsgeschichtliche Dynamik fehlt dort gänzlich, und es ist auch nicht an veritable, subsistierende himmlische, sondern an intelligible transzendente Größen gedacht.

[32] So an der angeführten Stelle (op 36); in all III 104 kann Philo »Himmel« (οὐρανός) auch als Bezeichnung des mit göttlichen Lichtern angefüllten erhabenen Logos verwenden (der Logos wird hier mit dem gestirnten Himmel identifiziert; vgl. die Anm. bei COLSON/WHITAKER [Hg.], LCL 226, 483 z.St.).

Das kann hier nur im Vorgriff auf die weitere Darstellung kurz erläutert werden: Bei Philo ist σκιά Bezeichnung für die schattenhaften, ontologisch inferioren Abbilder, womit aber intelligible geistige wie phänomenale physische Größen gleichermaßen bezeichnet werden können; dh. σκιά dient auch zur Bezeichnung einer intelligiblen, zwischen Urbild und phänomenalem Abbild vermittelnden Größe. Dagegen ist σκιά im Hebr zum einen Bezeichnung allein des irdisch-abbildhaften Heiligtums (die für den Mittelplatonismus typischen geistigen Mittelgrößen fehlen hier), zum anderen hat es neben dem ontologischen zugleich einen typologischen Sinn – der νόμος und sein Kult sind auch Vorabbildung der eschatologischen Vollendung im himmlischen Kult. Dieser Sinnaspekt wiederum fehlt bei Philo wie auch bei Platon. Im übrigen ist die Verwendung des Begriffs »Schatten«, ganz abgesehen von philosophischer Begrifflichkeit, auch sonst in jüdischen Auslegungen des Berichts über den Heiligtumsbau verbreitet[33] und kann daher nicht für eine geistesgeschichtliche Einordnung herangezogen werden.

So meidet Hebr weitgehend die typische Terminologie zeitgenössischer philosophischer Ontologie bzw. verwendet sie teils unabhängig, teils abweichend vom philosophischen Sprachgebrauch. Schon die Terminologie zeigt damit Distanz zur zeitgenössischen Philosophie[34]. Dieser Befund wird sich auf der inhaltlichen Ebene bestätigen.

3.2 Zur Geschichte des Platonismus in der Antike: Die platonische Akademie in der frühen Kaiserzeit

Hebr denkt in der Relation von himmlischem Urbild und irdischen Abbild. Das gilt unbeschadet dessen, dass diese Relation verschränkt ist mit der von verheißungsgeschichtlicher Vorabbildung und eschatologischer Erfüllung. Ontologie und Eschatologie widersprechen sich nicht, beides gehört zusammen (Näheres u. zu Hebr 8,5f). Die Urbild-Abbild-Relation, wie sie im Hebr begegnet, ist immer wieder als ›platonisch‹ bezeichnet worden, ohne dass dabei geklärt würde, was unter ›platonisch‹ eigentlich verstanden werden soll. Wird diese Bezeichnung hier problematisiert, so kann es selbstverständlich nicht darum gehen, ein vermeintlich reines, von anderen geistesgeschichtlichen Größen unbeeinflusstes ›biblisches‹ Denken zu konstruieren (das es nicht gibt)[35]. Unbestritten ist auch, dass patristische, neu-

---

[33] Vgl. LÖHR 1993, 232 Anm. 60.

[34] Das Urteil von GRÄSSER (1993, 88): »Unser Text führt jedenfalls durch die Begriffe ὑπόδειγμα, σκιά, ἐπουράνια und τύπος nahe an die platonische Ideenlehre heran« ist viel zu ungenau.

[35] Diese Intention unterstellt GRÄSSER (1993, 88 Anm. 101) WILLIAMSON und LANE, deren Argumentation seiner Meinung nach deshalb nicht »verfängt«, weil (!) sie bei ihren religionsgeschichtlichen Darlegungen (angeblich) von einer falschen Intention (nämlich schlechter Apologetik) geleitet sind. Der Verstoß gegen die Logik liegt auf der Hand. – Recht zu geben ist GRÄSSER insofern, als es zu kurz greift, wenn WILLIAMSON (1970, 566f) das Verhältnis von himmlischem und irdischen Kultvollzug im Hebr *ausschließ-*

platonisch beeinflusste Theologie im Hebr Anknüpfungsmöglichkeiten finden konnte[36]. Nichtsdestoweniger ist ›platonisch‹ ein viel zu vager Begriff, als dass er über geistesgeschichtliche Hintergründe der Urbild-Abbild-Relation im Hebr Aufschluss geben könnte.

Bezeichnend ist etwa die knappe Darstellung bei McKelvey[37]. Zunächst geht er (38f) auf Platon ein und versucht hier die Vorstellung einer transzendenten πόλις nachzuweisen. Die angezogene Stelle Platon, Pol 592a.b kann aber schwerlich als Beleg für die Vorstellung einer veritablen himmlischen πόλις gelten[38]. McKelvey selbst weist noch auf Tim 52b.c hin. Dort wird im Kontext (51b–52d) deutlich genug, dass Platon unter den Ideen ortlose, intelligible Größen versteht. Sodann (39f) geht McKelvey auf Philo ein und unterstellt auch diesem die Vorstellung veritabler transzendenter Wesenheiten, ja sogar die eines urbildlichen himmlischen Heiligtums. Obgleich er Mos II 74–76 zitiert und auf QE II 52 verweist, entgeht ihm die mittelplatonische Eigenart der philonischen Exegese. So hält er die Ausführungen über das intelligible urbildliche Heiligtumsmodell nach Mos II 74–76 für die Beschreibung eines veritablen himmlischen Heiligtums, dessen Ausstattung und Kult Philo nur deshalb nicht geschildert habe, weil es ihm hier gerade um die Anfertigung des irdischen Zeltheiligtums gegangen sei (a.a.O. 38). Doch diese Lücke meint McKelvey füllen zu können mit Angaben über den Himmel als oberen Teil des einen kosmischen Heiligtums aus somn I 34.215; spec I 66. Dass hier von etwas ganz anderem die Rede ist – nicht von einer intelligiblen geistigen Größe, sondern vom Himmel als Teil des physischen Kosmos –, ist ihm entgangen. Und schließlich hält er die Rede Philos von Gott als Schöpfer der Archetypen für ein Stück jüdischer Sachkritik an der platonischen Philosophie (a.a.O. 39), ohne zu erkennen, dass darin die gegenüber Platon neue mittelplatonische Auffassung vom göttlichen Geist als Ort und vom göttlichen Denken als Hervorbringung der Ideen – ein Stück aristotelischen Erbes – wirksam ist. Angesichts eines solchen religionsgeschichtlichen Vergleichs[39] ist hier ein genaueres Eingehen auf die Entwicklung der platonischen Philosophie bis zum Neuplatonismus und insbesondere auf die mittelplatonische Eigenart der Exegese Philos angebracht.

Vergegenwärtigt man sich die philosophiegeschichtlichen Hintergründe, so ist zu beachten, dass die platonische Akademie in der Antike eine lange und wechselvolle Geschichte gehabt hat. Auf die ältere Akademie unter den Schülern und Nachfolgern Platons folgt die durch Skepsis geprägte hellenistische Periode, die zu unterscheiden ist von der Übergangsperiode in der frühen Kaiserzeit, welche noch als Mittelplatonismus oder bereits

---

lich typologisch-verheißungsgeschichtlich verstehen und den ontologischen Aspekt ausklammern möchte. Gleiches wäre gegen MICHEL 1984, 288f; TRAUB 1954, 540f Anm. 18 zu sagen (beide sind bei GRÄSSER 1993, 83 Anm. 55 als Bestreiter des Platonismus des Hebr angeführt); desgleichen gegen HURST 1983; 1984. Besser BRUCE 1964, 167.

[36] Vgl. GRÄSSER 1993, 87f.

[37] MCKELVEY 1969, 38–40.

[38] Vgl. MICHEL 1984, 394 z.St.: »[...] letztlich keine transzendente oder apokalyptische Realität [...], sondern ein philosophisches Bild«.

[39] Eine angemessenere Darstellung bietet CODY 1960, 26–36 in seinem Vergleich des Hebr mit Philo. Die um Ausgewogenheit bemühte Zusammenfassung findet sich a.a.O. 35f. Doch wird man zwischen philonischer Auffassung und der Darstellung des Hebr m.E. stärker differenzieren müssen, als CODY es tut (s.u.).

als Vorbereitung des Neuplatonismus gilt. Wiederum davon zu unterscheiden ist der Neuplatonismus selbst[40].

Inhaltlich lassen sich die Unterschiede in aller Kürze folgendermaßen fassen: Platon bietet Transzendentalphilosophie, doch in praktischer Absicht. Die platonische Ideenlehre dient nicht der Erschließung des Zugangs zu einer himmlischen Welt, sondern der erkenntnistheoretischen Begründung der Möglichkeit objektiver und gültiger Erkenntnis. Doch werden verschiedene Bereiche antiker Wissenschaft (Physik, Kosmologie) einbezogen.

Die frühkaiserzeitliche Periode der Akademie – am Ende des Mittelplatonismus bzw. in der Vorbereitung des Übergangs zum späteren Neuplatonismus – ist geprägt durch die Aufnahme aristotelischen, stoischen und pythagoreischen Gutes und durch die Zuwendung zu religiösen Themen. In diesen Zusammenhang gehört das Werk Philos von Alexandrien. Gegenüber der Philosophie Platons selbst ist hier die Innovation[41] wesentlich, dass der Gottesbegriff – identifiziert mit dem des Einen und Guten – der Ideenlehre über- und diese ihm untergeordnet wird. D.h., für die mittelplatonische Erkenntnistheorie sind die Ideen Bewusstseinsinhalte des göttlichen Geistes und als solche intelligible Größen, nicht aber veritable, subsistierende transzendente Wesenheiten[42]. Das wird auch für die Kosmologie bedeutsam (s.u. zu Philo[43]). Aus dem platonischen Mythos vom Demiurgen, bewusst entworfen als bloß wahrscheinliche façon de parler (Tim 29b–d), wird nun eigentliche Rede, philosophische Kosmologie[44].

Der Neuplatonismus seinerseits geht über die mittlere Akademie hinaus, indem er die idealen Größen statt als Bewusstseinsinhalte des göttlichen Geistes nun als subsistierende jenseitige Größen versteht. Statt intelligibler geistiger Größen handelt es sich nun um veritable, subsistierende transzendente Wesenheiten. Als Begründer des Neuplatonismus gelten Ammonios

---

[40] Überblicke: zur älteren Akademie / Nachfolger Platos: HIRSCHBERGER 1980, 151, bzw. ARMSTRONG (Hg.) 1967, 14–38; zur mittleren Akademie bzw. zum Skeptizismus: HIRSCHBERGER 1980, 289–292 bzw. ARMSTRONG (Hg.) 1967, 53–83 (a.a.O. 53: knapper Überblick über die Geschichte der mittleren Akademie); zur Vorbereitung des Übergangs zum Neuplatonismus: HIRSCHBERGER 1980, 294–299; zum Neuplatonismus: HIRSCHBERGER 1980, 300–314 bzw. ARMSTRONG (Hg.) 1967, 195–325.

[41] Ob schon für Platon selbst die Ideen als Inhalt des intellectus divinus aufzufassen sind (so KRÄMER 1967, 222f), mag dahinstehen.

[42] Vgl. dazu knapp FRÜCHTEL 1968, 79; zum Mittelplatonismus bes. DILLON 1977, 43–51 (bes. 45–49); TARRANT 1985, 115–126. Nach ARMSTRONG (Hg.) 1967, 142, ist Philo der erste Mittelplatoniker, bei dem die – allerdings ältere – Vorstellung vom intellectus divinus als ›Ort‹ der Ideen nachweisbar ist.

[43] Zu Philo als Mittelplatoniker vgl. ARMSTRONG (Hg.) 1967, 142f; dort 142 auch zum dabei wirksamen stoisch-aristotelischen Element; DILLON 1977, 158–161; BERCHMAN 1984, 23–53.

[44] Vgl. DILLON 1977, 159.

Sakkas (gestorben 242 n.Chr.) und Plotin (204–269 n.Chr.). So ist von
Neuplatonismus erst für das 3. Jh.n. Chr. zu sprechen. Die Konsequenz
liegt auf der Hand: Der Neuplatonismus kann als geistiger Hintergrund des
Hebr nicht in Anspruch genommen werden. Zeitgenössisch ist vielmehr
der Mittelplatonismus in seiner frühkaiserzeitlichen Gestalt. Daher ist ja
gerade Philo immer wieder für die Hebr-Interpretation herangezogen worden. Doch auch die Interpretation philonischer Aussagen im Blick auf die
Hebr-Exegese leidet darunter, dass Philo gleichsam neuplatonisch gelesen
und die Eigenart mittelplatonischer Erkenntnistheorie und Kosmologie zu
wenig beachtet wird. Deren Berücksichtigung ist aber für den Vergleich
mit dem Hebr unerlässlich. Daher schließt sich hier nun eine kurze Darstellung der Bedeutung des Zeltheiligtums und der Auslegung von Ex 25,40
bei Philo an. Dabei wird deutlich werden, wie sehr Philos Denken von mittelplatonischer Erkenntnistheorie und Kosmologie geprägt ist und wie sehr
es sich dadurch vom Hebr unterscheidet.

3.3 Die Bedeutung des Zeltheiligtums
und die Auslegung von Ex 25,40 bei Philo
und seine mittelplatonische Erkenntnistheorie und Kosmologie[45]

Eine bei Philo häufige Auslegung der Berichte über das Zeltheiligtum der
Wüstenzeit ist die im Rahmen der kosmologischen und anthropologischen
Symbolik. Vorausgesetzt ist, dass der Mensch als Mikrokosmos Abbild des
Makrokosmos, des Universums, ist. Ein weiteres Abbild des Kosmos ist
das Heiligtum, das damit zugleich als symbolisches Abbild des Menschen
gelten kann. Und weiter ist der Kosmos als ganzer zugleich auch ein, ja
das eigentliche, wahre Heiligtum. Dieses umfasst Himmel und Erde gleichermaßen. Die Abbildfunktion des irdischen Heiligtums bezieht sich also
nicht auf ein himmlisches Heiligtum – ein solches kennt Philo gar nicht –,
sondern auf den Kosmos als ganzen. Der Himmel entspricht dem Allerheiligsten, die Erde dem Heiligen. Daneben gibt Philo allegorische Erklärungen auch für die einzelnen Teile des Heiligtums, die auch ihrerseits
kosmologische Bedeutung haben[46].

Von der Heiligtumstheologie Philos zu unterscheiden ist seine Auslegung von Ex 25,40, die in anderen Zusammenhängen steht. In all III 95
beginnen Ausführungen über Bezalel, den Werkmeister des Heiligtums-

---

[45] Vgl. zum Ganzen FRÜCHTEL 1968, 69–81; WILLIAMSON 1970, 557–570; KOESTER
1989, 58–67 sowie (knapp) WILCOX 1988, 652.

[46] Eine ins einzelne gehende Darstellung ist im Rahmen dieses Exkurses nicht
erforderlich. Vgl. DANIÉLOU 1957; NIKIPROWETZKY 1967, 102–104.112f; FRÜCHTEL
1968, 77f; KOESTER 1989, 59–62.

baus. Philo erklärt die Bedeutung des Namens mit »im Schatten Gottes« (ἐν σκιᾷ θεοῦ § 96). Der Schatten Gottes aber ist sein λόγος. Durch diesen hat Gott die Welt geschaffen. Und dieser Schatten, den man auch als Abbildung (ἀπεικόνισμα) bezeichnen kann, fungiert seinerseits archetypisch für Anderes (ἑτέρων ἐστὶν ἀρχέτυπον). Gott selbst ist das παράδειγμα, das Vorbild, jenes Bildes (εἰκόνος) oder Schattens, dieser seinerseits wird dann zum παράδειγμα für Anderes (ἄλλων γίνεται παράδειγμα). In diesem Sinne deutet Philo Gen 1,27 (LXX: καὶ ἐποίησεν ὁ θεὸς τὸν ἄνθρωπον κατ᾽ εἰκόνα θεοῦ), wobei die εἰκών ein intelligibles Abbild Gottes ist, das seinerseits zum Urbild (παράδειγμα) des phänomenalen, irdischen Menschen wird. In §§ 97–99 kommt Philo dann auf die Erkenntnis Gottes aus der Schöpfung zu sprechen. Die Werke der Schöpfung lassen auf einen Urheber und Verfertiger (δημιουργός) schließen. Wer Gott so erkennt, der erkennt den Werkmeister durch die Werke (διὰ τῶν ἔργων τὸν τεχνίτην κατανοοῦντες), erkennt Gott durch einen Schatten (διὰ σκιᾶς). Es gibt aber, führt Philo in § 100 aus, auch einen vollkommeneren und reineren Geist (τελεώτερος καὶ μᾶλλον κεκαθαρμένος νοῦς), und dieser erkennt die Ursache (τὸ αἴτιον) nicht aus Gewordenem (ἀπὸ τῶν γεγονότων) wie von einem Schatten (ὡς ἂν ἀπὸ σκιᾶς), sondern aus einer klaren Schau des Ungeschaffenen (ἔμφασις ἐναργῆ τοῦ ἀγενήτου). So erkennt man sowohl ihn selbst als auch seinen Schatten, d.h. sowohl den Logos als auch die Welt. In §§ 101–103 kommt Philo wieder auf die Errichtung des Wüstenheiligtums zu sprechen. Mose wollte Gott selbst schauen (hier zitiert Philo Ex 33,13), also nicht bloß aus den Werken auf den Urheber schließen. Denn die Spiegelungen Gottes im Geschaffenen sind vergänglich (αἱ γὰρ ἐν γενητοῖς ἐμφάσεις διαλύονται), während die im Ungeschaffenen bleibend sind (αἱ δὲ ἐν τῷ ἀγενήτῳ μόνιμοι καὶ βέβαιοι καὶ ἀίδιοι), so § 101. Während also, so § 102, Mose die Schau Gottes direkt vom Urheber (ἀπ᾽ αὐτοῦ τοῦ αἰτίου) erlangte, erkannte Bezalel diesen lediglich aus dem Schatten des Gewordenen (ἀπὸ σκιᾶς τῶν γενομένων) durch Schlussfolgerung (ἐξ ἐπιλογισμοῦ). Daher ist das Zeltheiligtum zunächst von Mose, dann von Bezalel erbaut worden: Mose machte die Archetypen (τὰ ἀρχέτυπα), Bezalel aber deren Abbilder (τὰ τούτων μιμήματα). Für Mose gilt, er solle alles nach dem ihm gezeigten παράδειγμα machen[47]. Bezalel aber hat Mose, der ihn belehrt.

Auch in somn I 205 geht es, wie schon in all III 95ff, um die Erkenntnis des Schöpfers aus der Schöpfung, und in § 206 taucht auch die Gestalt Bezalels wieder auf. Hier heißt es, dass Mose die Vorbilder (παραδείγματα), Bezalel die Nachahmungen (μιμήματα) herstellt. So zeichnet er gleichsam Schatten nach (σκιᾶς ὑπεγράφετο). Mose aber stellt die urbildlichen Na-

---

[47] Philo führt Ex 25,40 an; LXX liest hier τύπος, so auch Hebr 8,5; LXX Ex 25,9 übersetzt aber תבנית mit παράδειγμα.

turen/Dinge (αὐτὰς δὲ τὰς ἀρχετύπους [...] φύσεις) her. Auch hier findet
sich die Deutung des Namens Bezalel: »im Schatten Gottes«. Diese Deutung bietet Philo auch in plant 27 (hier heißt Bezalel »im Schatten wir-
kend«, Βεσελεὴλ γὰρ ἐν σκιαῖς ποιῶν ἑρμηνεύεται). So kann er nur die
Schatten bilden (σκιὰς πλάττει); Mose aber darf die urbildliche Natur der
Dinge selbst aufprägen (τὰς ἀρχετύπους φύσεις αὐτὰς τῶν πραγμάτων
ἔλαχεν ἀνατυποῦν).

So zeigt sich, dass Philo in seinen Auslegungen von Ex 25,40 nicht an
der Deutung des Heiligtums als solchen interessiert ist. Vielmehr geht es
ihm um Erkenntnistheorie, Ontologie und Kosmologie[48]. Philo kann am
Beispiel des Wüstenheiligtums das Verhältnis von Schöpfer und Geschaf-
fenem und verschiedene Weisen der Gotteserkenntnis – aus dem Geschaffenen bzw. aus dessen intelligibler Struktur – darstellen. Die Verbindung
beider Themen (Kosmologie bzw. Gotteserkenntnis und Heiligtumsbau) ist
mit dem Verhältnis von Makro- und Mikrokosmos gegeben. Dabei hat
Philo an Ex 25,40 offenbar die Einführung des παράδειγμα (LXX: τύπος)
als kosmologische und erkenntnistheoretische Mittelgröße interessiert. Er
ist damit ganz der mittelplatonischen Philosophie verpflichtet. Philo selbst
bestätigt diese Interpretation, wenn er schreibt, die Bedeutung von Ex
25,9[49] bestehe darin, »That every sense-perceptible likeness has (as) its
origin an intelligible pattern in nature[50] [...]« (QE II 52). Dieselbe Stelle,
die für Hebr den abbildlich-inferioren Rang des irdischen Heiligtums erweist, ist bei Philo von der Heiligtumsthematik gelöst und bringt für ihn
die Grundlagen eines idealistischen Verständnisses von Wirklichkeit überhaupt zum Ausdruck – was wiederum den Hebr überhaupt nicht interessiert[51].

Eine Analogie, die nicht auf den Heiligtumsbau Bezug nimmt, aber
ebenfalls das Verhältnis von Schöpfer, intelligibler Struktur und Geschaf-
fenem thematisiert, ist op 24. Hier liest man, die Welt, wahrgenommen als
intelligible Größe (der νοητὸς κόσμος), sei nichts anderes als der Logos
Gottes im Vollzuge der Weltschöpfung. Oder umgekehrt: Eine Stadt,
wahrgenommen als intelligible Größe, sei nichts anderes als das Verstan-
desvermögen (λογισμός) des Architekten im Vollzuge des Planens der
Stadt[52]. Deutlich erkennbar ist hier die mittelplatonische Auffassung, wo-

---

[48] Vgl. FRÜCHTEL 1968, 175–178.
[49] LXX: καὶ ποιήσεις μοι κατὰ πάντα ὅσα ἐγώ σοι δεικνύω ἐν τῷ ὄρει τὸ
παράδειγμα τῆς σκηνῆς καὶ τὸ παράδειγμα πάντων τῶν σκευῶν αὐτῆς οὕτω ποιήσεις.
[50] Übersetzung aus dem Armenischen von MARCUS (Hg.) 1953. Das griechische Original ist nicht erhalten.
[51] Vgl. WILLIAMSON 1970, 565.
[52] Philo kann von der Welt auch im Bilde einer großen Stadt, von der Schöpfung als
von der Planung und Erbauung der Stadt reden (op 19; 24).

nach die intelligiblen Größen nicht als veritable Wesenheiten subsistieren, sondern im Verstand bzw. im Denken ihren Ort haben.

Das zeigt, nun im Blick auf das Heiligtum, auch Mos II 71ff: Auf dem Berg Sinai wurde Mose in die Geheimnisse des priesterlichen Dienstes eingeweiht (§ 71). Durch göttliche Aussprüche wurde er über den Bau des Zeltes belehrt (§ 74). Er sah mit den Augen der Seele die immateriellen Formen der materiellen Objekte, die gemacht werden sollten (τῶν μελλόντων ἀποτελεῖσθαι σωμάτων ἀσωμάτους ἰδέας τῇ ψυχῇ θεωρῶν), und von den im Verstand wahrgenommenen Mustern entstanden Kopien, die sinnlich wahrnehmbar waren (νοητῶν παραδειγμάτων αἰσθητὰ μιμήματα). Ähnlich wie in all, ist auch hier an eine mündliche Unterweisung durch Gott gedacht. Bemerkenswert ist, wie hier die Schau sich nicht mehr auf eine Größe außerhalb des Schauenden bezieht, sondern ganz in die intellektuelle Wahrnehmung des Mose verlegt ist: Er sieht nichts Himmlisches, sondern er schaut intellektuell, schaut intelligible Formen (ἀσωμάτους ἰδέας τῇ ψυχῇ θεωρῶν).

Interessant, zumal im Blick auf Hebr 8,5 und 10,1, ist die nun schon mehrfach gemachte Beobachtung, dass Philo in der Interpretation von Ex 25,40 auf den Namen Bezalel (Βεσελεηλ) abhebt und dabei das Stichwort σκιά »Schatten« ins Spiel bringt. Dies entspricht einer auch rabbinisch belegten Deutung[53], die auch im Hintergrund von Hebr 8,5; 10,1 stehen mag (wenngleich Hebr nicht auf Bezalel eingeht). Geht man dem Gebrauch von σκιά »Schatten« bei Philo nach, so ergibt sich, dass dieses Wort das Äußerlich-Sinnliche, Vergängliche (post 112, 114), das sinnlich Wahrnehmbare (agr 42), das Unsichere und Ungreifbare (Jos 140), das Trügerisch-Veränderliche (spec I 26, 28) bezeichnet. Schattenhaft ist die bloße Nachahmung (Flacc 165), und so gelten vernunftgemäßem Denken die Gegenstände der Wahrnehmung als Schatten der unsichtbaren Begriffe (leg 320). Hier besteht eine gewisse Nähe zum Sprachgebrauch des Hebr, die aber keine gemeinsame geistig-philosophische Grundlage anzunehmen nötigt, sondern sich aus der in der Spätantike häufigen Überordnung des Unsichtbar-Intelligiblen über das Sinnlich-Materielle erklärt, zumal Philo keinerlei typologisch-verheißungsgeschichtliche Bedeutung von σκιά kennt.

Auch terminologisch unterscheidet sich Philos Rede von der Urbild-Abbild-Relation von der des Hebr. Der in LXX Ex 25,40 (und in Hebr 8,5) verwendete Begriff τύπος für das transzendente Heiligtumsmodell bzw. für das himmlische Urbild-Heiligtum begegnet bei Philo nicht in genau vergleichbarem Sinne (vgl. immerhin ἀρχέτυπος σφραγίς). In Mos II 76 bezeichnet τύπος einen Aspekt des transzendenten Urbildes (παράδειγμα): Die Form (τύπος) des Urbildes wird dem Verstand aufgesiegelt (ἐνεσφραγίζετο), und nach dieser Form wird dann das materielle Werk geschaffen.

---

[53] Vgl. dazu LÖHR 1993, 232, Anm. 60.

Der in Hebr 8,5 gebrauchte Begriff ὑπόδειγμα wird bei Philo in andersartigen Zusammenhängen im Sinne von »Beispiel, Sinnbild« verwendet, ohne ontologische Implikationen (vgl. post 122; conf 64; her 256; somn II 3). Mehrmals im Werk Philos finden sich jedoch Deutungen von Zelt und Altar im Schema von Urbild und Abbild. Das scheint dem Verständnis des Hebr nahe zu stehen. Wie sich jedoch sogleich zeigen wird, weicht Philo auch hier in charakteristischer Weise von dem oft ungenau als ›platonisch‹ bezeichneten Urbild-Abbild-Schema des Hebr ab. Ein Beispiel (ebr 127ff) sei herangezogen. In §§ 127–131 bietet Philo eine Deutung des Verbots für das Kultpersonal, vor dem Kultvollzug Wein zu genießen. Ab § 132 geht er sodann zu einer allegorischen Deutung über, die hier (bis § 134) wiedergegeben sei[54]:

»[132] Nimmt man jedoch an, mit Zelt und Opferaltar seien nicht die sichtbaren Dinge (τὰ ὁρώμενα) gemeint, die aus dem seelenlosen und vergänglichen Stoffe gebaut sind, sondern die unsichtbaren Gegenstände geistiger Betrachtung (ἀλλὰ τὰ ἀόρατα καὶ νοητὰ θεωρήματα), deren sinnlich wahrnehmbare Abbilder (αἰσθηταὶ εἰκόνες) jene sind, dann wird man die Anleitung noch mehr bewundern müssen.«

Es scheint, als sei hier das Zeltheiligtum als Abbild eines himmlischen Urbildheiligtums verstanden. Der Fortgang weist jedoch in andere Richtung:

»[133] Da nämlich der Schöpfer von allem ein Vorbild und ein Abbild geschaffen hat (ἐπειδὴ γὰρ παντὸς τὸ μὲν παράδειγμα, τὸ δὲ μίμημα ὁ ποιῶν ἐποίει), so hat er auch von der Tugend ein Urbildsiegel (ἀρχέτυπον σφραγῖδα) gemacht und dann von diesem eine sehr ähnliche Prägung (χαρακτῆρα) (im Abbild) eingedrückt. Das Urbildsiegel (ἀρχέτυπος σφραγίς) nun ist eine unkörperliche Idee (ἀσώματός ἐστιν ἰδέα), das nachgeprägte Abbild (χαραχθεῖσα εἰκών) ist bereits ein Körper (σῶμα ἤδη), seiner Natur nach zwar sinnlich wahrnehmbar (φύσει μὲν αἰσθητόν), jedoch nicht zur Wahrnehmung geeignet (οὐ μὴν εἰς αἴσθησιν ἐρχόμενον) [...]. [134] Demgemäß wollen wir uns Zelt und Altar als Symbole denken (τὴν οὖν σκηνήν καὶ τὸν βωμὸν ἐννοήσωμεν [...] εἶναι σύμβολον), jenes (als Symbol) der unkörperlichen Idee der Tugend (ἰδέας τὴν μὲν ἀρετῆς ἀσωμάτου), diesen (als Symbol) ihres sinnlich wahrnehmbaren Abbildes (τὸν δὲ αἰσθητῆς εἰκόνος) [...]«. – Anschließend (§§ 135–137) deutet Philo den einmal jährlich stattfindenden Eintritt des Hohenpriesters in das Allerheiligste als den Weg des Tugendhaften, der von der Sehnsucht nach den »unkörperlichen und unvergänglichen Gütern lebt« (§ 136).

Wieder findet sich die charakteristische mittelplatonische Unterscheidung von idealem Urbild, unsichtbarem Abbild und sinnlich wahrnehmbarer Ausprägung, wobei die Aussagen über das Heiligtum eingeordnet sind in ein idealistisches Verständnis von Wirklichkeit überhaupt. Die Abbild-Funktion des irdischen Heiligtums und seiner Teile bezieht sich nicht auf ein himmlisches Heiligtum, sondern auf eine intelligible Größe, die Idee der Tugend. Der Zugang zur Tugend führt über sinnliche Vorstellungen hin zu idealen Größen und von diesen zur Tugend selbst. Der differenzierte

---

[54] In der Übersetzung von Adler bei COHN u.a. (Hg.), Bd. 5, 1962.

Aufbau des Heiligtums und der vom Hohenpriester zurückgelegte Weg im Rahmen des Jom Kippur-Rituals bilden diesen Sachverhalt ab. Vergleichbare Ausführungen finden sich mehrfach[55]. So zeigt sich nochmals, dass die Vorstellung eines himmlischen Urbild-Heiligtums Philo fremd ist. Philo spricht vom Vorbild oder Urbild (παράδειγμα) bzw. vom urbildlichen Siegel (ἀρχέτυπος σφραγίς), vom Abdruck (χαρακτήρ), Schatten (σκιά) und vom Abbild (μίμημα) bzw. vom Bild (εἰκών) oder der Abbildung (ἀπεικόνισμα). Abgesehen vom Begriff σκιά (dazu s.o.) bleibt dieser Sprachgebrauch ohne Parallen in den Ausführungen des Hebr zur Urbild-Abbild-Relation[56].

Philo teilt die in der Spätantike weit (bis zum Hebr) verbreitete Auffassung, Unsichtbar-Transzendentes sei ewig, Sichtbar-Irdisches dagegen vergänglich und ontologisch inferior. Das macht ihn jedoch noch nicht zum ›Platoniker‹. Das gern vage als ›platonisch‹ bezeichnete Denken Philos muss differenziert als *mittelplatonisch* angesprochen werden. Die Urbild-Abbild-Relation in dem Sinne, wie sie im Hebr belegt ist, ist Philos Denken ganz fremd. Der Kosmos als ganzer ist ihm das wahre, urbildliche Heiligtum Gottes. Dieses bildet das irdische Heiligtum als Mikrokosmos ab. Daneben kann das irdische Heiligtum als Symbol für den Begriff bzw. für die unsichtbare Idee der Tugend bezeichnet werden. Irdische Größen sind Abbilder transzendenter intelligibler Größen, nicht aber veritabler, subsistierender himmlischer Wesenheiten. Die intelligiblen Größen haben ihren Ort im *intellectus divinus*, und so werden sie von Menschen auch denkend (ψυχῇ) wahrgenommen. Eine gewisse Nähe in der Terminologie darf daher nicht überinterpretiert werden: Die dahinter stehenden Vorstellungen sind von sehr unterschiedlicher Art. Die Interpretation von Ex 25,40 dient bei Philo nicht der Heiligtumstheologie, sondern der Erörte-

---

[55] Ähnliche Deutungen des Heiligtums finden sich her 112f, wo das irdische Heiligtum als Abbild der Tugend bzw. der himmlischen Weisheit gilt, und det 160. Vgl. KOESTER 1989, 64f. Philo spricht in det 160 vom irdischen Zeltheiligtum als Abbild eines göttlichen Zeltes; ähnlich wie in ebr 132–134 ist auch hier das irdische Zelt als Symbol der menschlichen Tugend und als Abbild der göttlichen Tugend gemeint. Die Behauptung von KOESTER, das irdische Heiligtum werde von Philo als Abbild eines himmlischen Heiligtums bezeichnet (a.a.O. 63 – die Aussage trifft nur auf SapSal zu; von KOESTER wohl versehentlich auf Philo übertragen), ist unzutreffend; ein himmlisches Heiligtum wäre im Weltbild Philos gar nicht unterzubringen.

[56] Doch vgl. immerhin χαρακτὴρ τῆς ὑποστάσεως αὐτοῦ [sc. θεοῦ] Hebr 1,3. Hier mag eine Spekulation über die Mittlerfunktion Christi bei der Schöpfung mitschwingen (vgl. δι᾽ οὗ καὶ ἐποίησεν τοὺς αἰῶνας 1,2), was sich dann zur Auffassung Philos über die Schöpfungsmittlerschaft des Logos (vgl. o. zu all III 95f) gut fügen würde. Dies würde auch zu der pp. 143f dieser Arbeit u.ö. ausgesprochenen Auffassung passen, dass in Hebr 1f Adam-Christologie vorliegt, wobei Hebr 1,3 vor dem Hintergrund der εἰκών-Aussage Gen 1,27 zu verstehen ist.

rung der Möglichkeit der Gotteserkenntnis aus der Schöpfung bzw. aufgrund intelligibler Größen.

3.4 Ergebnisse und Schlussfolgerungen

So führt die Wahrnehmung philonischer Exegese zu der Einsicht, dass Philos Verständnis des Mose gezeigten τύπος für das Zeltheiligtum sowie des
Zeltheiligtums selbst von dem des Hebr wesentlich verschieden ist[57]. Auch
von einem erkenntnistheoretischen Idealismus, wie wir ihn aus den Dia-
logen Platons kennen, ist Hebr weit entfernt. Die Urbild-Abbild-Relation,
wie er sie vertritt, ist spezifisch heiligtumstheologisch bestimmt. Die Annahme transzendenter, intelligibler Urbilder *aller* irdisch-sinnlichen Realitäten ist Hebr fremd[58]. Gewiss gibt es manche Übereinstimmungen mit
Philo von Alexandrien; der Mittelplatonismus vertritt jedoch gerade nicht
die Annahme eines veritablen himmlischen Urbild-Heiligtums.
Die ontologischen Anschauungen des Hebr ließen sich der neuplatonischen Ontologie eher vergleichen als der mittelplatonischen, ohne dass
doch die erstere für eine geistesgeschichtliche Herleitung in Anschlag gebracht werden könnte. Zugleich unterscheidet er sich davon durch die Verschränkung von ontologisch-›vertikaler‹ und typologischer, verheißungs-
geschichtlich-›horizontaler‹ Perspektive. Die spezifische Fassung der Urbild-Abbild-Relation im Hebr ist nicht aus der zeitgenössischen griechisch-
hellenistischen Geistesgeschichte herleitbar. Sie geht aus der frühjüdischen
Rezeption und Interpretation alttestamentlicher Aussagen hervor[59]. Schon
für die frühjüdische Rezeption ist die Verschränkung eschatologischer und
himmlischer Orientierung charakteristisch. Die alttestamentlichen Aussagen ihrerseits sind eingebettet in den Strom der altorientalischen Religions-

---

[57] So auch WILCOX 1988, 651: »We have to do [sc. im Hebr], not with a Philonic type
concept of an ›idea‹ of a Tent, perceptible only by the mind, but with the appearance of
the heavenly original itself [...]«. Vgl. schon WILLIAMSON 1970, 561: »[...] for Philo, Ex
25,40 said something not about the relationship between a Heavenly Tabernacle and an
earthly tabernacle copied from it, but about archetypal images, themselves copied from a
heavenly pattern, which form the realities which the objects of the phenomenal world
only imperfectly reflect«.
[58] Vgl. WILLIAMSON 1970, 568f; ähnlich das u. Anm. 60 gebotene Zitat aus ROSE
1994.
[59] Es scheint mir nicht sinnvoll, an die Stelle des ›Platonismus‹ nun ›die‹ Apokalyptik
als religions- und geistesgeschichtlichen Hintergrund zu setzen, als ob sich ein bestimmter Teil der frühjüdischen Literatur und Tradition abgrenzen ließe, der als einziger möglicher Hintergrund in Frage käme (so etwa HURST 1983, 1984). Stattdessen ist mit vielfältigen Einflüssen zu rechnen.

und Geistesgeschichte[60]. Ein ausgesprochener Gegensatz zur griechisch-hellenistischen Geistesgeschichte besteht dabei natürlich nicht. Das frühe Judentum kann sich in seiner Rezeption alttestamentlicher Heiligtumsvorstellungen sehr wohl philosophischer Begrifflichkeit bedienen; tatsächlich ist ja das Werk Philos nichts anderes als eine weitere frühjüdische Interpretation jener alttestamentlichen Vorgaben; in diesem Falle im Medium griechisch-hellenistischer Philosophie und ihrer Begifflichkeit. Anders als Philo erweist sich der Hebr jedoch in seiner Rezeption alttestamentlicher und frühjüdischer Heiligtumstheologie nicht vom zeitgenössischen Mittelplatonismus bestimmt[61].

Festzuhalten ist, dass die Urbild-Abbild-Relation im Hebr für das Verhältnis von irdischem und himmlischen Heiligtum in Anspruch genommen wird; dagegen ist eine allgemeine, idealistische Erkenntnistheorie ebensowenig im Blick wie eine Verbindung anderer Größen – etwa des Todes Christi auf Erden – als irdisches Abbild mit dem himmlischen, urbildlichen Kult. Die Urbild-Abbild-Relation ist im Hebr eingebunden in eine verheißungsgeschichtlich verstandene Abfolge zweier kultischer Heilssetzungen (διαθῆκαι), wie in Hebr 7 und nochmals in Hebr 8,6 deutlich wird.

---

[60] Vgl. ROSE 1994, 347–349, hier 348: »Die unübersehbare Verschränkung von zeitlich-futurischem und räumlich-ontologischem Denken (11,1.3.9f.13ff) lässt sich nicht damit erklären, dass ersteres der jüdisch-apokalyptischen, letzteres hingegen der platonisch-philonischen Tradition entlehnt sei. Vielmehr muss beachtet werden, dass die in der himmlischen Welt vorgestellten Größen für den Hebr durchweg als von Gott ›in einem Anfang‹ *geschaffene* Realitäten gedacht sind (1,2f; 11,1.3.13ff). Im Blick auf das *Weltbild* des Hebr steht fest: das Urbild-Abbild-Denken bleibt – analog den Vorstellungen der Priesterschrift des Alten Testaments – auf den kultischen Bereich beschränkt«. Vgl. ferner GOPPELT 1969, 257: »Hinter der Aussage von Ex 25 steht die Vorstellung des Alten Orients, nach der zwischen himmlischer u irdischer Welt [...] ein mythisches Analogieverhätnis besteht [...]«. Zur altorientalischen Herleitung vgl. auch die bei HURST 1984, 43 Anm. 15; 49 Anm. 40 genannte Literatur. – Vgl. zu den altorientalischen, alttestamentlichen und frühjüdischen Hintergründen: GRAY 1908; SCHMIDT 1950; METZGER 1970; EGO 1989, 11–16; ELIADE 1994, 19–29; HARTENSTEIN 2001.

[61] Dieses Ergebnis ist dem von EISELE 2003 entgegengesetzt. Er sieht im Mittelplatonismus den geistesgeschichtlichen Hintergrund des Hebr. EISELE hat sich in seiner Hebr-Exegese ganz auf die Ausführungen des Schreibens zur Eschatologie konzentriert. Zu der hier entscheidenden Frage nach der Bedeutung der Urbild-Abbild-Relation im Hebr bietet er lediglich knappe Ausführungen, so zum himmlischen und irdischen Heiligtum (a.a.O. 375–377) und zum Motiv der himmlischen Stadt (a.a.O. 378–380). Aufgrund des summarischen Charakters dieser Überlegungen entgehen ihm die tiefgreifenden Unterschiede zwischen mittelplatonischer Ontologie und Heiligtumstheologie des Hebr. Unzutreffend ist auch seine Meinung, für Hebr sei von himmlischen Archetypen für *alle* Größen der irdisch-sinnlichen Welt auszugehen (so a.a.O. 378).

4. Kapitel

Ertrag

Die gemeinsame Fragestellung der frühjüdischen Texte in bezug auf irdischen und himmlischen, gegenwärtigen und zukünftigen Tempel und Kult ist die nach der Möglichkeit des rechten, Gott wohlgefälligen Kults und nach dessen Verwirklichung. Diese Frage wird für die jeweilige Gegenwart immer skeptischer beantwortet. Rechter, Gott wohlgefälliger Kult auf Erden muss erst wieder hergestellt werden. Dies wird häufig von zukünftigem göttlichen Handeln – in einzelnen frühjüdischen Schriften auch gar nicht mehr – erwartet. Doch bleibt die Erwartung rechten Kults auf den irdischen Bereich gerichtet. Der Bezug auf himmlische Größen dient der Legitimation irdischer Größen bzw. der Begründung der Hoffnung auf deren Erneuerung[1].

Entgegen anderslautenden Auffassungen unterscheidet sich die Urbild-Abbild-Relation von irdischem und himmlischen Heiligtum, wie sie in frühjüdischen Texten und auch im Hebr vorliegt, wesentlich von einem Denken in mittelplatonischen Bahnen wie dem Philos von Alexandrien. Letzteres kennt ideale, intelligible Größen, jedoch kein veritables himmlisches Urbild-Heiligtum.

Abschließend (↑ IV.1.1) wird die Kulttheologie des Hebr im Vergleich mit den hier untersuchten religionsgeschichtlichen Kontexten zu profilieren sein.

---

[1] Für eine Zusammenfassung der wichtigsten Einzelergebnisse vgl. o. ↑ II.2.8.

Teil III.

›Wir haben einen Hohenpriester im Himmel!‹
Untersuchungen zur Kulttheologie des Hebräerbriefes

1. Kapitel

Einführung

Stand der Argumentation. Teil II galt der Frage nach Möglichkeit und Wirklichkeit des rechten, Gott wohlgefälligen Kults in den frühjüdischen Kontexten des Hebr. Nun gilt es, die Kulttheologie des Hebr selbst zu untersuchen. *Fortgang der Argumentation in Teil III.* Im Mittelpunkt der Kulttheologie des Hebr steht die Christologie. Das rechte Verständnis der Zuordnung von irdischem Weg und himmlischen Wirken Christi nach dem Hebr bestimmt das Verständnis des Schreibens. Im Mittelpunkt der folgenden Untersuchungen steht daher die Begründung einer neuen Verhältnisbestimmung der genannten Größen. Christi irdischer Weg ist Selbsthingabe im gelebten Gehorsam. Sein hohepriesterliches Wirken – einmaliges Selbstopfer und fortwährende Interzession – vollzieht sich im Himmel. Alle Sakralität ist daher im himmlischen Kult konzentriert. Die irdische Sphäre wird desakralisiert (↑ III.2–III.4). Daraus sind dann Konsequenzen zu ziehen für das Verhältnis von irdischer Existenz und himmlischer Orientierung der Adressaten (↑ III.5–III.6).

Zum einzelnen. Voran steht die Auslegung von Hebr 2,5–16 als Zugang zur Kulttheologie des Hebr (↑ III.2). Die Ergebnisse sind grundlegend zum Verständnis von Ansatz und Anliegen der Hohepriesterchristologie des Hebr. Aus den Einsichten dieser Auslegung ergibt sich die Anlage des Argumentationsgangs in Kp. III.3–III.6.

Hebr deutet den irdischen Weg Jesu Christi als nicht-opferkultische Selbsthingabe im Gehorsam gegen Gott (↑ III.3), seine Erhöhung als hohepriesterliche Investitur und so zugleich als Eintritt in das himmlische Allerheiligste und als himmlische Darbringung des hohepriesterlichen Selbstopfers. Sein himmlisches Wirken ist die Fürbitte, welche das einmalige himmlische Selbstopfer fortwährend zur Geltung bringt (↑ III.4). Dieses himmlische Selbstopfer Christi reinigt die Gewissen und das himmlische Heiligtum; so befähigt es die Adressaten zur Teilnahme am himmlischen Kult (↑ III.5). Indem sie an diesem teilnehmen, bleiben sie irdischer Sakralität, irdischem Kult fern (↑ III.6).

›Durch Leiden vollendet‹. Hebr 2,5–16 als Zugang zur Hohepriester-Christologie des Hebr

2.1 Einführung

Stand der Argumentation. Die Hohepriesterchristologie des Hebr bietet eine Neuauslegung der überkommenen christologischen Tradition, um deren Bedeutsamkeit den im Glauben verunsicherten Adressaten neu zu erschließen. Diesem Konsens der Forschung entspricht derzeit kein Konsens über Ansatz, Grundgedanken und pragmatische Ausrichtung jener Hohepriesterchristologie (↑ I.1). Es bedarf eines Neuansatzes, der sich den Zugang zur Hohepriesterchristologie und Kulttheologie des Hebr von diesem selbst vorgeben lässt.

Fortgang der Argumentation in Kapitel III.2. Hebr bietet in 2,5–16 eine wesentlich erweiterte und vertiefte Darlegung des traditionellen Erniedrigungs- und Erhöhungsschemas und lässt diese in die Einführung des ἀρχιερεύς-Prädikats 2,17f ausmünden (↑ III.4.2). Hier schon gibt Hebr Ansatz, pragmatische Ausrichtung und inhaltliche Schwerpunkte seiner Theologie zu erkennen. Die Interpretation des Abschnitts ist daher grundlegend für die Hebr-Auslegung.

Hebr 2,5–16 verbindet die traditionelle Christologie von Erniedrigung und Erhöhung so mit der Anthropologie, dass Christus als der »Mensch« schlechthin in den Blick kommt, dessen Erhöhung in eschatologischer Perspektive als Rettung der Menschheit zu verstehen ist. Die Erhöhung erschließt die soteriologische Wirksamkeit seines Leidens und Sterbens. Sie schließt die künftige Verherrlichung der Seinen bereits ein. Hebr will nicht Zweifeln an der himmlischen Herrlichkeit Christi begegnen, sondern der Anfechtung durch die gegenwärtig erfahrbare irdische Schwäche des Menschen.

Zum einzelnen. Ein erster Teil (↑ III.2.1) untersucht die Verwendung traditioneller Motive und den Ansatz der Argumentation in Hebr 2,5–16. Hebr greift auf das Motiv der Herrlichkeit Adams im Vergleich mit den Engeln sowie auf das der Versuchung Adams als Grund des Verlustes seiner Herrlichkeit zurück. Das Motiv der Rivalität von Engeln und Menschen integriert die Argumentationsstränge. Im Gegenüber zu den Engeln sagt Hebr 2,5–16 die Erhöhung Christi als Erhöhung des »Menschen«, als

Wiederherstellung der verlorenen Herrlichkeit aus. Grund der Erhöhung ist der Gehorsam, den Christus in der Versuchung bewährte.

Die Einzelauslegung (↑ III.2.2) erweist die ganze Argumentation als Auslegung des Psalmzitats aus Ps 8,5–7 in Hebr 2,6–8. Die Schwerpunkte: (a) Der im Psalmzitat angesagten Größe des Menschen widerspricht seine vorfindliche Schwäche, welche durch die Erhöhung Christi nicht behoben scheint (Hebr 2,5–8). (b) Die Erhöhung und Verherrlichung Christi erschließt die Bedeutsamkeit seines Leidens in eschatologischer Perspektive (Hebr 2,9f). (c) Aus der Überwindung des Todes geht die ἐκκλησία der »Brüder« bzw. »Geschwister« hervor. Als Kultgemeinde des himmlischen Hohenpriesters haben die »Brüder« Anteil am himmlischen Kult (Hebr 2,11–13). (d) Der Sieg über den Todesmachthaber (Hebr 2,14f) geschieht im Gehorsam in der Anfechtung des Todesleidens. So überwindet der »Mensch« schlechthin die Sünde.

Damit enthält Hebr 2,5–16 die inhaltlichen Aspekte, welche die Argumentation des Schreibens und die weitere Auslegung bestimmen werden. Die Ergebnisse von Kp. III.2 geben dem Fortgang des III. Teils seine Struktur vor: Können die Adressaten ihre eigene Situation im irdischen Weg Christi wiedererkennen (↑ III.3), so wird die soteriologische Bedeutung dieses Weges durch die kulttheologische Interpretation seiner Erhöhung in eschatologischer Perspektive entfaltet (↑ III.4). Sie begründet die Zugehörigkeit der Adressaten zum himmlischen Heiligtum, ihre Teilnahme am himmlischen Kult (↑ III.5–III.6). Hebr 2,5–16 erweist sich als grundlegend für das Verständnis des Hebr.

Der Exkurs über τελειοῦν κτλ. (↑ III.2.3) erhebt – ausgehend von Hebr 2,10 – die Bedeutung der genannten Wortgruppe im Hebr. Grundlegend ist der Gedanke eschatologischer, unüberbietbarer Erfüllung.

Die genannten drei inhaltlichen Aspekte, die in Hebr 2,5–16 miteinander verbunden sind, werden in den in Kp. III.3–III.5 zu untersuchenden Texten je separat entfaltet. Hebr wird sie in Hebr 13,7–17 wieder zusammenführen. So ergibt sich eine – auch formale – Korrespondenz zwischen Eingangs- und Schlussteil sowohl des Hebr wie auch des III. Teils dieser Arbeit. Dieser entfaltet das Gesamtbild der Kulttheologie des Hebr.

2.2 Hebr 2,5–16: Erniedrigung und Erhöhung Christi, des ›Menschen‹, und der Zugang zur Hohepriesterchristologie

Hebr 2,5–16 lenkt das Augenmerk auf den Zusammenhang von Christologie und Anthropologie. Christus ist der »Mensch« schlechthin; aufgrund seines Weges durch Leiden zur Herrlichkeit ist das Geschick des Menschen schlechthin gewandelt. Seine Erhöhung und Verherrlichung impliziert die der Seinen. Die folgende Auslegung bestimmt zunächst (↑ 2.2.1) das Thema von Hebr 2,5–16 und bietet sodann (↑ 2.2.2) die Einzelauslegung. Abschließend werden die Ergebnisse zusammengefasst und Schlussfolgerungen für den Zugang zur Hohepriesterchristologie und für deren Funktion gezogen.

2.2.1 Der Ansatz der Argumentation und die Verwendung traditioneller Motive in Hebr 2,5–16

Das Verhältnis Christi zu Gott wie sein Verhältnis zu den Menschen wird in Hebr 1f jeweils im Gegenüber zu den Engeln bestimmt. Im Hintergrund steht das Motiv der Rivalität zwischen Engeln und Menschen. Es wird hier anhand von frühjüdischen, frühchristlichen und rabbinischen Texten dargestellt.

Der Ansatz der Argumentation. Der »Sohn«, die Engel und die »Söhne«. Christologie und Anthropologie im Komparativ. Innerhalb des 2. Kp.s bilden die Verse 5.16 eine Inclusio, die Einleitung, Wortlaut (Hebr 2,6b–8a) und Auslegung des Zitats aus Ps 8,5–7 umschließt. Beide Verse nehmen negativ auf die Engel Bezug und stellen ihnen den Menschen gegenüber, dem Gott die künftige Welt unterworfen hat (V.5; zum einzelnen s.u.), bzw. die Nachkommen Abrahams (d.h. Israel), denen die Zuwendung Christi gilt (V.16). So entfaltet Hebr seine Christologie und Anthropologie hier wie schon in Hebr 1 im Gegenüber zu den Engeln[1].

Die Engel in Hebr 1f. Aspekte der Forschungsgeschichte[2]. Gegen die Annahme, Hebr wolle eine Engelverehrung oder eine Engelchristologie korrigieren[3], spricht, dass dergleichen weder hier noch sonst im Hebr explizit genannt wird. Auch fehlt im Hebr jede Polemik gegen die Engel bzw. gegen Engelverehrung. Und schließlich wäre auch in den paränetischen Abschnitten des Hebr eine Mahnung zu erwarten, Engelverehrung zu unterlassen. So tritt die genannte Erklärung heute zurück[4].

Angelomorphe Motive in der Christologie, wie sie in den letzten Jahren zunehmend Aufmerksamkeit fanden[5], liegen in Hebr 1f nicht vor. Stuckenbruck sieht im Hebr keine Polemik gegen Engelverehrung oder angelomorphe Christologie, meint aber eine Vorlage rekonstruieren zu können, die polemisch gegen Engelverehrung gerichtet gewesen sei[6].

---

[1] In Hebr 1f begegnen Formen von ἄγγελος 11mal (1,4; 1,5; 1,6; 1,7 (bis); 1,13; 2,2; 2,5; 2,7; 2,9; 2,16) von insgesamt 13mal im ganzen Hebr (die beiden weiteren Belege sind 12,22; 13,2). Im kulttheologischen Mittelteil des Hebr fehlen Belege von ἄγγελος. Die Engel-Aussagen profilieren Christus, teils auch Menschen, im Gegenüber zu den Engeln.

[2] Vgl. Leschert 1994, 99f.

[3] So unter den Neueren Hannah 1999, 138 (zurückhaltend); Gleason 2003 (Hebr wende sich gegen die Erwartung der Unterstützung durch Engel für national-jüdische Rettungserwartungen).

[4] Vgl. schon Käsemann 1961 (1939), 60; Mach 1992, 287 m. Anm. 22; ausführlich orientiert zur Forschungsgeschichte Stuckenbruck 1995, 124–127 m. Anm.; er selbst lehnt die Annahme einer von Hebr bekämpften Engelchristologie oder Engelverehrung, wenigstens auf der Ebene des vorliegenden Textes (s.u.), mit Recht ab. Von den Kommentaren nenne ich hier nur Michel 1984, 105f; Weiss 1991, 158–160.

[5] Vgl. neben Stuckenbruck 1995 noch Carrell 1997; Gieschen 1998; Hannah 1999; Fletcher-Louis 1997; 2001.

[6] Stuckenbruck 1995, 119–139: 127–135 (Rekonstruktion).

Doch bleibt die Rekonstruktion schwierig. Selbst wenn sie überzeugen könnte, wäre Hebr 1f selbst damit noch nicht erklärt. Gottfeindliche Mächte sind hier nicht im Blick. Daneben sind weitere Erklärungen für die Engelaussagen in Hebr 1f genannt worden: (1) Die Engel als Kultpersonal[7]. Doch liegt es im Zusammenhang von Kp. 1 näher, an »Diener« im Sinne von »Beamte«, zu denken – so die profangriechische Bedeutung von λειτουργός[8]. – (2) Die Engel als himmlischer Hofstaat, vor dem der inthronisierte Christus als Herrscher proklamiert wird und dem sie huldigen[9]. Doch es geht um einen Vergleich zwischen Christus und den Engeln; um ein Mehr. – (3) Die Engel als Offenbarungsmittler: Ihre Unterlegenheit unter Christus wird erwiesen, um die Unterlegenheit der durch sie vermittelten Botschaft aufzuweisen[10]. Doch geht es in Hebr 1,4–13; 2,5–18 um die Erhöhung bzw. die Erniedrigung und Erhöhung Christi in ihrer Bedeutung für die Menschen. In diesem Zusammenhang ist von den Engeln die Rede. Das wird im folgenden zu entfalten sein.

Der »Sohn«, die Engel und die »Söhne«[11]. Schon in Hebr 1,2 wird die Sohnesbezeichnung für Christus eingeführt[12], und zwar artikellos: »Einer, der Sohn ist«, tritt als eine Größe sui generis den Propheten gegenüber[13]. Das Sohnesprädikat wird darauf in der ersten Gegenüberstellung Christus – Engel (1,4f) aufgenommen. Der von Christus ererbte vorzüglichere Name (1,4) ist eben der Sohnesname (V.5), der zum Ausdruck bringt, dass Christus in einer analogielosen Gottesbeziehung steht, die ihn vor den Engeln auszeichnet und die zu seiner Herrschaftsstellung gegenüber den Engeln führt (V.5f)[14]. Auch im Gebrauch von υἱός in der Gegenüberstellung πρὸς μὲν τοὺς ἀγγέλους – πρὸς δὲ τὸν υἱόν (V.7f) kommt das Gegenüber zu den Engeln zum Ausdruck. Sachlich entspricht dem die Bezeichnung als πρωτότοκος in 1,6, die ebenfalls die Differenz zu den Engeln herausarbeitet, zugleich aber auch erstmals die Gottesbeziehung des Sohnes auf Nachgeborene hin öffnet, obgleich V.5 betonte, dass die Sohnesbezeichnung für

---

[7] KARRER 2002, 146f.

[8] Vgl. SPICQ 1994, Bd. 2, 378–384.

[9] KÄSEMANN 1961, 60. Ähnlich JEREMIAS (1947, 21f), der in seiner Auslegung von 1Tim 3,16 ein dreistufiges Schema rekonstruiert: Erhöhung; Kundgebung/Präsentation vor Völkern und Engelwelt; Thronbesteigung (doch ohne Bezug auf Hebr).

[10] SPICQ 1953, 53; ebd. Anm. 1 Belege für Mittlerfunktion der Engel bzw. (bei Platon) der Daimones.

[11] Vgl. schon KÖGEL 1904; KÄSEMANN 1961, 58–105.

[12] Zur grundlegenden Bedeutung des Sohnes- (bzw. Sohn Gottes-) Prädikates im Hebr vgl. nur LOADER 1981, 251–253 und passim; HEGERMANN 1991, 343.

[13] WESTCOTT 1906, 7: »The absence of the article fixes attention upon the nature and not upon the personality of the Mediator of the new revelation«. Es geht zunächst nicht um einen bestimmten Träger dieses Namens, sondern der Hebr benennt mit der Kategorie »Sohn« eine neue Qualität des Offenbarungsgeschehens.

[14] »Deutlich behandelt der Verfasser des Hebräerbriefes das Problem [sc. des Verhältnisses Christi zu den Engeln, GG.], indem er auf die Inthronisationsaussagen des Prooemiums (1,1–4) eine lange Auseinandersetzung folgen lässt, die den einen ›Sohn Gottes‹ den בני אלהים gegenüberstellt.«: MACH 1992, 287.

die Engel nicht in Frage kommt – ein Sprachgebrauch, der darauf abzielt, die in 2,10 folgende Aussage zum Thema der Sohnschaft der Vielen vorzubereiten.

Betonte somit die υἱός-Bezeichnung in 1,1–13 die Exklusivität der Gottesbeziehung Christi im Gegenüber zu den Engeln, so steht der nächste υἱός-Beleg (2,10) im Plural und benennt nunmehr die Menschen als πολλοὶ υἱοί. Diesen tritt Christus nicht als ὁ υἱός gegenüber, sondern als ἀρχηγὸς τῆς σωτηρίας αὐτῶν (ebd.), d.h. wieder als eine Größe sui generis. Die Sohnesbezeichnung wird in Kp. 2 überhaupt nicht mehr auf Christus angewandt. Gerade das ist angesichts des Einsatzes mit υἱός als christologisches Prädikat in 1,1f und der Exklusivität des Sohnesnamens gegenüber den Engeln in Kp. 1 um so auffälliger. Die Sohnesbezeichnung drückt in 2,10 die Inklusivität der Gottesbeziehung Christi in bezug auf die Menschen aus, welche das Gegenstück bildet zu ihrer Exklusivität in bezug auf die Engel. Der Einsatz mit dem Christusprädikat υἱός in 1,4f und die Verweigerung des Sohnesnamens für die Engel, die im Judentum als בני אלהים bezeichnet werden können[15], geschahen von vornherein in der Absicht, jenen בני אלהים nicht allein den einen υἱός, sondern mit ihm auch die πολλοὶ υἱοί gegenüberzustellen. Engel und Menschen kommen in Gegensatz zueinander zu stehen – diesen, nicht jenen, gilt Christi Zuwendung (2,16). Die Pointe besteht dabei darin, dass Christus als »der Sohn« zugleich auch der υἱὸς ἀνθρώπου und somit der ἄνθρωπος par excellence und »Bruder« (2,11) der πολλοὶ υἱοί ist.

Über die Sohnschaft hinaus lassen sich die Verhältnisse zwischen Gott und Christus bzw. Gott, Christus und den Menschen in weiteren Begriffen der Verwandtschaft beschreiben. In Hebr 2,11–17 werden aus dem Sohnestitel heraus Verwandtschaftsbeziehungen entfaltet; zunächst das der gemeinsamen Abstammung (2,11 ἐξ ἑνὸς πάντες), dann das der Bruder- bzw. Geschwisterschaft (2,12.17 ἀδελφοί) und schließlich – in Überlagerung der Aussagen über die Gotteskindschaft – das der Kindschaft im Verhältnis zu Christus (2,13f παιδία). So ergeben sich aus der Gottesbeziehung Jesu die Gottesbeziehung der Menschen als Anteil an der Sohnschaft Jesu wie die Geschwisterschaft der Menschen gegenüber Jesus:

Christus – Gott: υἱός – πατήρ 1,5
Christus – Engel: υἱός – ἄγγελοι 1,5
Christus – Menschen: υἱός – υἱοί 2,10 bzw. υἱός – ἀδελφοί 2,11f (vgl. παιδία 2,13f; ἀδελφοί 2,16).

---

[15] Vgl. BRAUN 1984, 46; MACH 1992, 75 sowie das bereits angeführte Zitat ebd. 287. A.a.O. 73–81 Belege für die Wiedergabe von בני אל bzw. בני אלהים oder אלהים durch ἄγγελοι. DAVIDSON 1992, 334f, benennt für die Schriften vom Toten Meer nur einen Beleg (11Q13 II 14) für בני אל.

So wird das Verhältnis Christi zu Gott (1,5–13) wie auch sein Verhältnis zu den Menschen (2,5–18) jeweils im Gegenüber zu den Engeln bestimmt. Nach 2,5 hat Gott nicht den Engeln die künftige Welt unterworfen. Die formale und inhaltliche Analogie von 2,5 zu 2,16 lässt darauf schließen, dass 2,5 den Engeln die Menschen gegenüberstellt, ähnlich wie 2,16. Dafür spricht auch die Fortsetzung in V.6: τί ἐστιν ἄνθρωπος ὅτι μιμνῄσκῃ αὐτοῦ, ἢ υἱὸς ἀνθρώπου ὅτι ἐπισκέπτῃ αὐτόν (zum einzelnen s.u.).

In dem folgenden Zitat aus Ps 8,5–7 (Hebr 2,6b–8a) kommen die drei Größen Engel, Mensch und »Menschensohn«, d.h. (implizit:) Christus, zur Sprache und werden in charakteristischer Weise zueinander ins Verhältnis gesetzt. Die Verheißung universaler Herrschaft des Menschen (V.8a = Ps 8,7b) ist, so legt V.9 dar, in Jesus erfüllt. Hebr denkt bei den Ausführungen über den ἄνθρωπος in 2,6–8 an die Menschheit überhaupt und zugleich an Jesus als den υἱὸς ἀνθρώπου schlechthin, wobei die Pointe darin besteht, dass das, was der Psalm über die Menschheit überhaupt aussagt, erst durch seine christologische Erfüllung auch allgemein-anthropologisch in Kraft gesetzt ist[16]. Im Hintergrund dieser Psalmauslegung stehen Adam-Traditionen sowie das Motiv der Rivalität von Engeln und Menschen in frühjüdischer, frühchristlicher und rabbinischer Literatur.

Das Motiv der Rivalität zwischen Engeln und Menschen in frühjüdischen, frühchristlichen und rabbinischen Texten. In seiner anthropologisch-christologischen Auslegung von Ps 8,5–7 schließt sich Hebr indirekt an die frühjüdische Tradition vom Neid des Satans auf Adam, von der Rivalität zwischen Engeln und Menschen und der Überlegenheit der Menschen an[17], die auch frühchristlich, rabbinisch und noch bis hin zum Koran belegt ist (s.u.). Im Mittelpunkt steht dabei die Erschaffung Adams und die ihm von Gott zugemessene Herrlichkeit und Herrschaft. Im Gegenüber zu den Engeln verdeutlicht diese Tradition an der Gestalt Adams, des »Menschen« schlechthin, die Bestimmung des Menschen zur Herrschaft über die Schöpfung. Die zahlreichen einschlägigen Texte sollen hier nicht umfassend vorgeführt werden, zumal das Material gut erschlossen ist[18]. Wenige knappe Hinweise mögen daher genügen.

---

[16] Zur Begründung im einzelnen ↑ 2.2.2.

[17] Nach Abschluss dieses Abschnitts kam mir die Arbeit von KINZER (1995) über die Auslegung von Ps 8,5 im Neuen Testament sowie im frühen und rabbinischen Judentum zur Kenntnis. Unabhängig voneinander sind KINZER und ich zu weitgehend übereinstimmenden Ergebnissen gelangt; sowohl im Blick auf frühjüdische und rabbinische Texte zum Rivalitätsmotiv bzw. zu Adamtraditionen (a.a.O. 40–208) wie auch im Blick auf die Auslegung von Ps 8,5–7 in Hebr 2 (a.a.O. 256–274).

[18] Vgl. BRANDENBURGER 1962, 50–131; FOERSTER 1964; BETZ 1977; SCHÄFER 1977; FOSSUM 1985, 266–301; KINZER 1995, 40–95; ANDERSON 1998; VAN DER HORST 1999. Einführung in die frühjüdische und frühchristliche Adam-Literatur generell bei STONE 1992.

Frühjüdische Texte. Im ›Leben Adams und Evas‹ (VitAd 10–16.47) schildert Satan die Erschaffung Adams als Grund für den Verlust seiner eigenen Gottesnähe. Gott zog den Menschen dem Engel vor. Auf Befehl Gottes betet zuerst Michael den Adam als Bild Gottes an; danach tun dies auf Aufforderung Michaels auch die anderen Engel; nur Satan tut es nicht; vielmehr will er Gott gleich werden. Als Satan sich weigert, Adam anzubeten, stürzt er auf die Erde und verliert seine Herrlichkeit. Aus Neid auf die Herrlichkeit des Menschen verführt er Eva (und durch sie Adam) zur Sünde, damit auch die Menschen ihre Herrlichkeit verlieren. Später wird Adam jedoch von Gott der Thron und die Herrlichkeit zugedacht, die zuvor Satan innehatte.

Die Sedrach-Apokalypse (ApkSedr 4f[19]) bietet den dargestellten Motivkomplex in großer Übereinstimmung mit VitAd. Deutlich wird hier die im Hintergrund stehende Auseinandersetzung mit den Themen Versuchung und Versuchlichkeit zur Sünde greifbar. Das Motiv bietet, wenngleich unvollständig, auch die Mose-Apokalypse (ApkMos 17–19.39)[20]: Das Rivalitätsmotiv fehlt. Den Bericht über die Verführung zur Sünde gibt Eva; dem Adam wird der Thron seines Verführers verheißen. In aller Kürze klingt das Rivalitätsmotiv in der griechischen Baruch-Apokalypse an (III Bar 4,8), in der erwähnt wird, dass der Engel Samaël Adam durch einen Weinstock in Versuchung führte, und zwar aufgrund seines Neides. Der Grund für den Neid wird nicht genannt, darf aber aus der Schilderung der VitAd hier vorausgesetzt werden.

In diesen Zusammenhang gehört auch die bekannte Stelle aus SapSal: »Durch den Neid des Teufels kam der Tod in die Welt« (2,23f). Der hier erwähnte Neid des Teufels gehört ebenfalls dem Rivalitätsmotiv zu. Er wird vor dem Hintergrund der genannten Traditionen als Neid auf die Bevorzugung Adams durch Gott verständlich. Aus diesem Neid heraus geschieht die Verführung zur Sünde, die den Tod nach sich zieht und Adam so seiner Herrlichkeit beraubt[21].

---

[19] Text: AGOURIDES (Hg.) 1983, 609–613. Ebd. 605–608 zu den Einleitungsfragen; im Anschluss hieran sind allfällige christliche Aussagen als vereinzelte sekundäre Einschübe anzusehen. Die Schrift wird demnach hier unter jüdischen Texten angeführt.

[20] Die ApkMos ist eine Variante bzw. Parallelüberlieferung der VitAd. Englische Übersetzung, parallel zur VitAd: JOHNSON (Hg.) 1985, 249–295. Deutsche Übersetzung (teils ApkMos und VitAd parallel) von FUCKS (Hg.) 1975, dort unter dem Titel »Das Leben Adams und Evas«.

[21] Von Interesse ist eine weitere Stelle aus SapSal, an der das Rivalitätsmotiv fehlt: »Diese [sc. die Weisheit] hat nicht nur den erst gebildeten Vater der Welt [d.h. Adam], da er geschaffen war, beschützt, sondern ihn auch aus seinem Falle wieder errettet; und sie gab ihm Kraft, über alles zu herrschen« (SapSal 10,1). – Nach dem Fall Adams wird er durch die Weisheit gerettet und wieder in seine Herrschaftsstellung eingesetzt. Auch in SapSal ist es der Fall Adams, der ihn seine Herrschaftsstellung kostet. Die Hilfe der

Im II Hen[22] finden wir Adam als einen »zweiten Engel« beschrieben, der in unvergleichlicher Herrlichkeit und Würde als König über die Erde und über die Geschöpfe Gottes herrscht (II Hen 30,11f). Sodann findet sich auch hier der Neid des Satan (hier heißt er Satanail), der Eva und durch sie Adam zur Sünde verführt, worauf Adam seinen Status als Engel verliert. Von besonderem Interesse ist hier die Begründung des Neides: »Er [sc. der Satan] wusste, dass ich [sc. Gott] eine neue Welt schaffen wollte, so dass alles dem Adam auf Erden unterworfen sei und er es beherrsche und regiere«[23]. Der Neid des Engels Satanail richtet sich nicht auf Adams geschöpfliche Stellung, sondern auf seine noch ausstehende eschatologische Herrschaft über die künftige Welt (II Hen 31,1–6) – das erinnert an Hebr 2,5: οὐ γὰρ ἀγγέλοις ὑπέταξεν τὴν οἰκουμένην τὴν μέλλουσαν[24]. Zuvor war vom Sturz Satanails berichtet worden, der Gott gleich werden und einen überirdischen Thron erlangen wollte (a.a.O. 29,4–6). Auch das Geschehen um Adam spielt im – als himmlischer Ort vorzustellenden – Paradiese[25].

Weisheit wird man hier in der ethischen Unterweisung sehen: Durch diese kann der Mensch sich zu seiner Bestimmung erheben.

[22] Übersetzung von ANDERSON (Hg.) 1983, 91–213.

[23] Übersetzung v. Vf. nach dem Englischen von ANDERSON (Hg.) 1983, 154.

[24] Mit BÖTTRICH setzte ich II Hen im Grundbestand vor 70 n.Chr. an (vgl. o. p. 81). Demnach ist in II Hen 31,1–6 eine Parallele zu Hebr 2,5 gegeben, die (je nach Datierung des Hebr) zeitgleich mit ihm oder etwas früher als dieser entstanden wäre.

[25] In diesem Zusammenhang ist die samaritanische Schrift Memar Marqah, entstanden zwischen dem 2. und 4. Jahrhundert n.Chr., zu erwähnen (zur Datierung MACDONALD [Hg.] 1963, Bd. 1, XX, KAHLE, a.a.O. Vf). Diese Schrift zeichnet in Buch 5, §4 Mose als neuen Adam (bei MACDONALD [Hg.] 1963, Bd. 1: 128; Bd. 2: 208f; vgl. KINZER 1995, 184f): Bei seinem Aufstieg zum Sinai zum Empfang der Tora wurde Mose die »Gestalt« (צלמה) verliehen, die Adam verloren hatte; d.h. die mit der Gotteseben-bildlichkeit (vgl. צלם Gen 1,26) gleichgesetzte Herrlichkeit Adams. Der Glanz, den er dabei empfing, blieb ihm bis zu seinem Tode im Alter von 120 Jahren erhalten. Dagegen hatte Adam seine Herrlichkeit nach dem Sündenfall verloren. Mose bringt demnach die Herrlichkeit Adams wieder, übertrifft ihn sogar. So bezeichnet Memar Marqah (2, §2, a.a.O. Bd. 1, 32; Bd. 2, 47) Mose auch als den, der für »uns« den Garten Eden der Tora öffnete (אשר פתח לנו גן עדן התורה), durch den Empfang der Tora also die Vertreibung aus dem Paradies aufgrund des Sündenfalls aufhob. KAHLE (a.a.O.) versteht die Ausführungen über Mose in Memar Marqah (ohne sich auf eine einzelne Stelle zu beziehen) als Adaptionen christologischer Motive (vgl. MACDONALD [Hg.], a.a.O. XVII; XVIIIf; XIX; zur samaritanischen Sicht Moses vgl. MACDONALD 1960). Doch dürfte speziell das hier angeführte Motiv des Glanzes Moses und der wiederhergestellten Herrlichkeit Adams angesichts der Übereinstimmungen mit jüdischen Mose-Darstellungen vorchristlichen Ursprungs sein: Der Aufstieg Moses zum Sinai als Himmelsreise sowie eine angelomorphe Verwandlung Moses sind auch in der rabbinischen Literatur belegt, dort jedoch – für die hier verfolgte Fragestellung von Belang – mit Einschluss des Rivalitätsmotivs. Vgl. SCHULTZ 1970/71; NAJMAN 2000. – Ein ähnlicher Vergleich Moses mit Adam muss schon dem Paulus bekannt gewesen sein, denn er schreibt in II Kor 3,7.12f, der Glanz auf

Nachbiblische christliche bzw. christlich-gnostische Texte. Das Motiv wirkt im außerkanonischen frühchristlichen Schrifttum nach[26]. So ist in der »Syrischen Schatzhöhle«[27] (Spelunca Thesaurorum[28]) das Gegenüber von Adam und den Engeln ein durchgehendes Motiv. Die Engel bewundern Adam als Ebenbild Gottes, er wird als König der Schöpfung mit der Krone der Herrlichkeit geschmückt. Alle Geschöpfe, die Engel eingeschlossen, dienen ihm und beten ihn an. Der spätere Satan verweigert dies jedoch, da er sich als geistiges Wesen dem Menschen überlegen fühlt. Er wird darauf aus dem Himmel gestürzt und der Herrlichkeit entkleidet, wohingegen Adam in das überirdische Paradies erhöht wird. Das wiederum ruft den Neid des Satans hervor, der daraufhin Eva versucht. – In den »Fragen des Bartholomäus«[29] 4,52–59 findet sich derselbe Stoff in großer Übereinstimmung bis in die Einzelheiten[30]. Das Testament Adams[31] bietet das Rivalitätsmotiv

---

Christi Antlitz übertreffe den Glanz auf Moses Antlitz; letzterer sei allmählich vergangen (vgl. KINZER 1995, 240–244). Gegenüber Christus rückt hier Mose an die Stelle des Unterlegenen, die in der Tradition Adam innehatte. Mit der Bezeichnung Christi als εἰκὼν τοῦ θεοῦ II Kor 4,4 ist die Adam-Typologie explizit aufgenommen: Nicht Mose als Empfänger der Sinai-Offenbarung, sondern Christus als das Bild Gottes und Urbild des Menschen bringt die Herrlichkeit Adams, in die »wir« verwandelt werden (II Kor 3,18); vgl. BERGER 1995, 302 (§ 166). – Die traditionelle Verbindung des Rivalitätsmotivs mit dem Aufstieg Moses zum Offenbarungsempfang verbindet auch den Vergleich Christus/Engel in Hebr 1f mit dem Vergleich Christus/Mose in Hebr 3,1–6 (vorbereitet schon in der Gegenüberstellung Offenbarungsempfang durch Engel/durch den κύριος Hebr 2,1–4, welche die Offenbarung in Christus derjenigen am Sinai überordnet): Die Überlegenheit Christi über Mose zeigt sich, wie in II Kor 3,6–9, auch nach Hebr 3,3 in Christi überlegener δόξα. Vgl. noch die Bezeichnung Moses als »Gesandter/Apostel Gottes« (שליחה דאלה) in Memar Marqah 5, § 3 (a.a.O. Bd. 1, 123; Bd.2, 201; dazu LIERMAN 2004, 71f) und die Bezeichnung Christi als ἀπόστολος Hebr 3,1. Zum Tod des Mose nach Memar Marqah vgl. HAACKER/SCHÄFER 1974, 160–164; zur Entrückung Moses im Tode und seiner Einsetzung zum himmlischen Priester nach einzelnen rabbinischen Traditionen a.a.O. 170–173. – Das Rivalitätsmotiv begegnet ferner auch im Koran. Er berichtet (Sure 15,26.28–33) von der Weigerung des Teufels (Iblis), sich nach der Erschaffung Adams huldigend vor ihm niederzuwerfen. Zur Herkunft aus jüdischer Überlieferung vgl. SPEYER 1971 (1931), 54–58; zu weiteren Adam-Motiven aus jüdischer Tradition im Koran a.a.O. 41–83; KHOURY 1991.

[26] Eine erste Orientierung zur Verbreitung unserer Motive in außerkanonischer frühjüdischer und frühchristlicher bzw. altkirchlicher Literatur bietet BONWETSCH 1897, 36–42. Bei STONE 1992, 84–124, ist die reiche jüdische und christliche Adam-Literatur bis ins Mittelalter aufgeführt.

[27] Zu dieser vgl. BRUNS 1998. Einleitendes auch bei STONE 1992, 90–95. Dort 92 zum weitreichenden Einfluss der »Schatzhöhle« auf die orientalisch-altchristliche Literatur.

[28] Eine deutsche Übersetzung wurde erstmals 1883 von Carl BEZOLD ediert. Neuere Textausgaben bei STONE 1992, 94f.

[29] Ed. BONWETSCH 1897, 25f; SCHEIDWEILER (Hg.) 1987, 435. Einleitendes a.a.O. 424–426. – Die einschlägigen Verzeichnisse bieten keine Abkürzung für den Titel der Schrift.

[30] Weitere Vorkommen in griechischen, altslawischen und koptischen Texten verzeichnet BONWETSCH, a.a.O. 38–41.

[31] Text: ROBINSON (Hg.) 1983, 993–995; Einleitendes a.a.O. 989–992.

nicht, obgleich diese Schrift stark angelologisch interessiert ist[32]; doch wird Adam hier unmittelbar nach dem Sündenfall seine künftige Vergöttlichung und die sessio ad dexteram aufgrund des zu erwartenden Heilswerkes Christi verheißen (3,4): Der Weg Christi dient der eschatologischen himmlischen Herrlichkeit und Inthronisation des Menschen.

Rabbinische Literatur. Etwas näher eingegangen sei auf rabbinische Texte, die – im Blick auf Hebr 2,5–16 bemerkenswert – das Rivalitätsmotiv mit Ps 8 verbinden. Ps 8, insbesondere 8,5f, wird in bestimmten thematischen Zusammenhängen, u.a. Erschaffung des Menschen und Toraoffenbarung, häufig angeführt[33]. Dabei wird den Engeln Ps 8,5 (»Was ist der Mensch?!«) in den Mund gelegt, und zwar im pejorativen Sinne: ›Was ist denn schon der Mensch...!‹. Ich gebe lediglich wenige Beispiele in knapper Paraphrase.

Ps 8,5 bei der Erschaffung Adams. BerR 8,5f[34]: (8,5) Die Engel nahmen teils für, teils gegen die Erschaffung Adams Partei: Sie erwarteten vom Menschen teils Gerechtigkeit, teils Unfrieden und Streit. Gott aber entschied sich für die Erschaffung des Meschen – zum Unverständnis der Engel. Eine Variante: Während die Engel noch debattierten, schuf Gott rasch den Menschen. (BerR 8,6:) Angesichts der Fürsorge Gottes für den Menschen fragten die Dienstengel bei dessen Erschaffung: »Was ist der Mensch...« (Ps 8,5). Gott erwiderte: Die Frage müsste sich auch bei allen anderen Geschöpfen (vgl. Ps 8,8f) stellen – wozu sind sie erschaffen? Wie auch der Mensch zur Freude des Schöpfers. – Darauf priesen die Engel Gott: »Wie herrlich ist dein Name...« (Ps 8,2.10) – tu, was dir beliebt[35].

Ps 8,5 bei der Tora-Offenbarung. bShab 88b[36]: Als Mose zur Höhe emporstieg (auf den Sinai, um die Tora zu empfangen), sagten die Dienstengel zu Gott: »Was hat der von einer Frau Geborene unter uns zu suchen?«. Als sie erfuhren, dass Mose die Tora empfangen solle, sagten sie: »Was ist der Mensch...« (Ps 8,5). »So herrlich dein [Gottes] Name auf der Erde ist«, die Tora soll im Himmel bleiben! Mose überzeugte sie jedoch, dass die Tora nicht für sie, sondern für Israel bestimmt sei, worauf sie wieder Ps 8,2 anstimmten, nun als Gotteslob.

Generell. MTeh 8[37]. Bei drei Gelegenheiten murrten die Engel gegen Gott: bei der Erschaffung des Menschen, bei der Gabe der Tora, beim Bau des Stiftszeltes. Jedesmal führten sie Ps 8,5f an[38].

---

[32] Vgl. dort Kp. 1–2; 4.

[33] Vgl. SCHULTZ 1970/71; SCHÄFER 1975; KISTER 1994; KINZER 1995, 41–66; BERNSTEIN 2000; NAJMAN 2000.

[34] Übersetzung: Midrash Rabbah, ed. FREEDMAN/SIMON 1951, Bd. 1, 58f; vgl. bSanh 38b (auch bei ROTTZOLL 1994, 59f). Vgl. SCHÄFER 1975, 90f.; a.a.O. 91 Parallelen; ferner SPEYER 1971 (1931), 52f.

[35] Ähnlich (doch mit Bezug auf die Rettung Israels am Schilfmeer) tSot 6,5 (ed. BIETENHARD 1986, 108/294). Das Rivalitätsmotiv in Bezug auf den Sündenfall (Eifersucht der Schlange auf Adam), doch ohne Ps 8,5 (also ähnlich wie in frühjüdischen Texten) in ARN 1 (ed. GOLDIN 1955, 10f).

[36] Vgl. STRACK/BILLERBECK 1926, 597f; SCHÄFER 1975, 127f; weiter a.a.O. 395.

[37] Übersetzung: The Midrash on Psalms, hg. v. BRAUDE 1959, Bd. 1, 120–122; vgl. 127f; vgl. SCHÄFER 1975, 161; a.a.O. 119–121.161f weitere Beispiele.

Die rabbinische Tradition von der Überlegenheit des (oder einzelner) Menschen über die Engel dürfte nach Schäfer in früher tannaitischer Zeit, näherhin in der Schule Aqibas, entstanden sein[39], der zu der jüngeren Gruppe der auf ca. 90–130 n.Chr. zu datierenden 2. Generation der Tannaiten zu zählen ist[40]. Die Auslegungstradition vom Widerspruch und der Feindschaft der Engel gegen die Menschen dagegen begegnet (wiederum nach Schäfer) in rabbinischer Literatur zum ersten mal in der Tosefta (tSota 6,5)[41]. Zwar begegnet das Rivalitätsmotiv, wie erwähnt, bereits in frühjüdischen Texten; speziell für die Anwendung auf die Aqedah ließen sich ebenfalls frühjüdische Vergleichstexte benennen. Wann die Verbindung des Rivalitätsmotivs mit Ps 8, zumal Ps 8,5, zum ersten mal hergestellt wurde, lässt sich jedoch nicht sagen. Vor den rabbinischen Texten ist sie (wenn man einmal vom Hebr selbst absieht) noch nicht belegt.

Zusammenfassend können wir sagen: Das Motiv der Rivalität zwischen Engeln und Menschen, verbunden mit der Tradition von Versuchung und Fall Adams, reicht in die frühjüdische Literatur zurück. Die Verbindung dessen mit der Auslegung von Ps 8 ist dagegen (sieht man von Hebr selbst ab) erst in rabbinischer Literatur belegt. Hebr setzt das Rivalitätsmotiv und seine Verbindung mit Versuchung und Fall Adams voraus. Ob ihm auch die Verbindung mit Ps 8,5 schon vorgegeben ist (was angesichts von Hebr 2,16 gut denkbar ist), muss angesichts der Quellenlage offenbleiben. Die Verbindung von Adamchristologie, Anthropologie und Angelologie in Hebr 2,5–16 will jedenfalls vor dem Hintergrund der frühjüdischen Texte ausgelegt werden. Die folgende Interpretation von Hebr 2,5–16 wird das im einzelnen ausführen.

Ergebnis. Rivalität zwischen Engeln und Menschen in Hebr 1f. Die Zuwendung Christi gilt den Menschen, nicht den Engeln; denn jene sind es, nicht diese, denen er sich durch die Annahme von Blut und Fleisch (Hebr 2,14) verbunden hat und die als παιδία und ἀδελφοί an seinem Sohnesverhältnis zu Gott Anteil gewinnen (2,10–13). Als υἱὸς τοῦ ἀνθρώπου (2,6c),

---

[38] Eine weitere Begebenheit, bei der Engeln Ps 8,5 in den Mund gelegt wird, ist die Aqedah (vgl. BERNSTEIN 2000). BERNSTEIN macht darauf aufmerksam, dass sich eine frühere Fassung dieser Auslegungstradition bereits in frühjüdischen Texten nachweisen lässt: Abraham wurde von dem Engelfürsten Mastema vor Gott verklagt, worauf die Aqedah folgt (doch ohne Zitation von Ps 8): 4Q225a 2 I 8–10 (Pseudo-Jubiläen[a]: DJD 13, 1994, 141–155); Jub 17,15–18; LAB 32,1–4.

[39] Vgl. SCHÄFER 1975, 239f.

[40] Vgl. STEMBERGER 1982, 76.79

[41] Hier bereits mit Bezugnahme auf Ps 8,5. Vgl. SCHÄFER 1975, 236. Die Endredaktion der Tosefta ist nach STEMBERGER 1982, 157 ins 3./4. Jahrhundert n.Chr. anzusetzen. Das Alter der Verbindung von Rivalitätsmotiv und Ps 8,5 ist damit jedoch noch nicht bestimmt.

als Repräsentant des Menschengeschlechts[42], ist Christus über alle Engel erhöht, ist er der υἱὸς τοῦ θεοῦ. Ihm, nicht den Engeln, ist die kommende Welt unterworfen (Hebr 2,5).

Hebr nimmt damit frühchristliche Adam-Christologie auf und deutet mit ihrer Hilfe die Erniedrigung und Erhöhung Christi[43]. Als ἄνθρωπος und υἱὸς ἀνθρώπου ist Christus der Mensch schlechthin[44]. In ihm wird der Ungehorsam Adams mit seinen Folgen aufgehoben; dem Menschen wird die

---

[42] »Menschensohn« ist in Hebr 2,6 nicht titular gebraucht. Zum einzelnen vgl. zu Hebr 2,6 u. p. 145f.

[43] Das ist nach meinem Urteil auch schon in Phil 2,6–11 der Fall. Zur Adam-Christologie in Phil 2,6–11 vgl. nur LOHMEYER 1928, 24–29 (und dazu STAUFFER 1948, 97f m. Anm. 369); DERS. 1961 (1929), 90–99; DIBELIUS 1937, 79–82; PETERSON 1959a, bes. 121 m. Anm. 47; CULLMANN 1957, 178–186, bes. 180–183; KÄSEMANN 1960a, bes. 70–73; HOOKER 1975; BETZ 1977, bes. 416, 36–41; FOSSUM 1985, 292–296 (vgl. 283f); DUNN 1996, 113–121 (vgl. 123–125); erwägend KARRER 1998, 315f. – Auf Einzelheiten kann und soll hier nicht eingegangen werden. Wegen der Bedeutung des Themas für die Auslegung von Hebr 1f immerhin soviel: Angesichts der bereits mehrfach erwähnten frühjüdischen Adamtraditionen bedarf es keiner Annahme eines gnostischen Erlöser- oder Urmensch-Mythos, um hier Adam-Christologie zu erkennen; die Rede von der μορφὴ δούλου Phil 2,7 braucht, auch wenn man darin eine grundsätzlich-anthropologische Aussage mithört, nicht im Sinne eines dualistischen Unterwerfenseins unter das Schicksal verstanden zu werden (so richtig MÜLLER 1992, 97–102). Dass in Phil 2,6–11 Präexistenzchristologie vorliegt, kann auch so – gegen DUNN – nicht zweifelhaft sein (vgl. schon KARRER 1998, 316). Wenn HOFIUS 1991, 56f Anm.1, die Deutung von τὸ εἶναι ἴσα θεῷ Phil 2,6 im Sinne einer res rapienda ablehnt, so ist dem zuzustimmen (wenig überzeugend in *dieser* Hinsicht die Ausführungen bei DUNN 1996, 116–118.120f bzw. FOSSUM 1985, 294, vgl. 295f), zumal das ἑαυτὸν ἐκένωσεν [...] ἐν ὁμοιώματι ἀνθρώπων γενόμενος κτλ. Phil 2,7 sonst wenig Sinn hätte. Über die Möglichkeit, Adamtraditionen als Hintergrund anzunehmen, ist damit aber (gegen HOFIUS) nicht entschieden (vgl. ähnlich HOOKER 1975, 161–163). Der Vergleichspunkt zwischen Adam und Christus ist hier einzig der Ungehorsam des einen, der Gehorsam des anderen (hierzu immer noch KÄSEMANN, a.a.O. 79–81.90). Schließlich muss die – nicht zwingende, aber sehr wahrscheinliche – Deutung der μορφή des Präexistenten (Phil 2,6) im Sinne der εἰκών von LXX Gen 1,26f nicht hindern, Konnotationen von μορφή im Hellenismus mitzuhören (dazu immer noch KÄSEMANN, a.a.O. 74–76; vgl. FOSSUM 1985, 283f; MÜLLER 1992, 93–95), wie überhaupt als Hintergrund der Adam-Anspielungen nicht primär die Genesis-Erzählung, sondern die frühjüdischen Adam-Traditionen zu bedenken sind: Der ἐν μορφῇ θεοῦ ὑπάρχων ist nicht einfachhin ein Mensch, sondern als himmlisch-göttliches Wesen zugleich Abbild Gottes und so auch Urbild des Menschen (vgl. ganz ähnlich ἀπαύγασμα τῆς δόξης καὶ χαρακτὴρ τῆς ὑποστάσεως αὐτοῦ [sc. θεοῦ] Hebr 1,3; dazu HEGERMANN 1988, 34f). KÄSEMANN 1961 (1939), 77f, sieht im Hintergrund von Hebr 2,5–10 eine »Urmensch-Lehre«; wenn man auch seine religionsgeschichtlichen Voraussetzungen nicht teilen kann, ist doch der Adam-Bezug von ihm richtig gesehen. Zur Adam-Christologie in Hebr 2,6–9 ferner BRUCE 1964, 34–36; DUNN 1996, 108–111.

[44] Schon in Hebr 1,3 mag die Ankündigung in LXX Gen 1,26f, den Menschen κατ' εἰκόνα zu schaffen, mit zu hören sein; vgl. KÄSEMANN 1961 (1939), 62–64; HEGERMANN 1989, 34f; WEISS 1991, 145.

Herrlichkeit und Herrscherstellung über alle Engeln zuteil, die schon Adam zugedacht war und welche die Engel ihm neideten. Doch müssen dazu die Folgen des Sündenfalls, Versuchung und Sünde, Tod und Todesangst, überwunden werden.

Die Ausführungen von Hebr 1,5–13 bereiten mit der Betonung der Hoheit des inthronisierten Sohnes die Aussagen über die Erhöhung des Menschen durch Erniedrigung und Erhöhung Christi (Kp. 2) vor: Hebr 1 spricht vom »Sohn« um der ab 2,10 genannten »Söhne« willen. So schaut die Gemeinde der πολλοὶ υἱοί in der Erhöhung des einen Sohnes über alle Engel zugleich ihre eigene Bestimmung, zur δόξα emporgeführt zu werden (2,10). Die Bekräftigung der Überlegenheit des Sohnes über die Engel geschieht um der zu entfaltenden Zuwendung zu den σπέρμα Ἀβραάμ (2,16) willen. Vor diesem Hintergrund ist nun die Argumentation Hebr 2,5–16 im einzelnen nachzuzeichnen.

2.2.2 Einzelauslegung Hebr 2,5–16:
Die Vorbereitung der Hohepriester-Christologie

Hebr deutet das Zitat aus Ps 8,5–7 in Hebr 2,6b–8a so, dass er das Geschick Jesu Christi als Erfüllung der im Psalmtext lautwerdenden, dem Menschen geltenden göttlichen Verheißung verstehen lehrt. Wesentlich für den Ansatz der Christologie des Hebr ist, dass die himmlische Herrlichkeit Christi nicht mit seinem irdischen Leiden koinzidiert. Vielmehr führt seine Erhöhung über seine Erniedrigung hinaus und verleiht ihr universale soteriologische Bedeutsamkeit (V.8bc.9). Aus der Erhöhung des »Sohnes« geht die ἐκκλησία der »Brüder« hervor, die, zu gleicher eschatologischer Herrlichkeit bestimmt wie er, schon jetzt mit ihm Gott preist (V.10–13). Weil Christus durch seinen Gehorsam unter den Bedingungen der conditio humana den »Todesmachthaber« Satan überwindet, ist sein Todesleiden Heilsereignis (V.14f).

Die durch die Inclusio Hebr 2,5.16 eingegrenzten Verse haben das Zitat aus Ps 8,5–7 in Hebr 2,6b–8a und dessen Auslegung zum Inhalt, die bis V.16 reicht (zum einzelnen s.u.). Dabei geht es laut V.5 darum, dass Gott die künftige Welt (ἡ οἰκουμένη μέλλουσα) nicht den Engeln unterworfen habe, sondern – so mit den Worten des Psalmzitats – dem Menschen (vgl. πάντα ὑπέταξας ὑποκάτω τῶν ποδῶν αὐτοῦ V.8a – ὑπέταξεν V.5). Die auf das Zitat folgende Auslegung vollzieht sich in drei Schritten: V.8b.c.9; V.10–13; V.14f. V.16 lenkt darauf zu der in V.5 angesprochenen Bevorzugung der Menschen vor den Engeln zurück (formal – jeweils verneinend – und bis in den Wortlaut hinein sind die beiden Verse parallel) und bildet damit eine abschließende Inclusio, bevor das 2. Kp. in die Einführung des Hohepriester-Prädikats 2,17f ausmündet. Ich folge den bezeichneten Schritten von Psalmzitat und -auslegung und stelle V.17f hier zurück (↑ III.4.2).

Das Zitat (V.6b–8a)[45]. Hebr lässt die mit V.5 implizit aufgeworfene Frage, wem, wenn nicht den Engeln, die künftige Welt unterworfen ist, zunächst offen. Das Psalmzitat spricht jedoch im Anschluss daran vom »Menschen« bzw. vom »Menschensohn« (V.6b.c) und stellt dessen Größe und Herrlichkeit heraus. Die Frage »Was ist der Mensch...?« will dabei als Ausdruck des Staunens über die Größe und Herrlichkeit des Menschen verstanden sein, dem nicht allein alles unterworfen ist (Ps 8,7b), sondern der auch nur »wenig« (מעט/βραχύ τι) geringer ist als אלהים-Wesen bzw. Engel (ἄγγελοι)[46]. Hier konnte frühe Christologie anknüpfen: Die Ansage universaler Herrschaft des Menschen (Ps 8,7b) bezieht schon I Kor 15,27 auf die Erhöhung Christi (und Paulus führt im Kontext – I Kor 15,27 – ebenfalls Ψ 109 [Ps 110],1 an). Die christologische Deutung ist also traditionell[47]. Doch die Formulierung von Ps 8,6 selbst gibt keinen Anlass, die beiden Aussagen ἠλάττωσας αὐτὸν βραχύ τι παρ' ἀγγέλους und δόξῃ καὶ τιμῇ ἐστεφάνωσας αὐτόν (so in LXX) im Sinne einer Abfolge von Erniedrigung und Erhöhung zu lesen; vielmehr wollen beide, wie gesagt, gleichermaßen die Größe des Menschen herausstellen. Das gilt auch für den griechischen Wortlaut, wenngleich dieser mit βραχύ τι eine temporale Deutung zulässt[48]. Auch der Begriff »Menschensohn« ist dabei nicht titular gemeint, soll vielmehr, semitischem Sprachgebrauch entsprechend, lediglich den einzelnen Angehörigen der Gattung »Mensch« bezeichnen[49] (nicht anders als im Psalm selbst). Die Identität des »Menschensohnes« mit Jesus wird von Hebr erst in 2,9 explizit benannt (βλέπομεν [...] Ἰησοῦν). Erst damit werden die beiden genannten Aussagen des Psalms, im Rückblick auf

---

[45] Hebr lässt Ps 8,7a aus; vermutlich, weil er die Schöpfung als Werk des präexistenten Sohnes versteht (SCHRÖGER 1968, 82; LESCHERT 1994, 107f; anders ATTRIDGE 1989, 71). Im übrigen folgt er der Textform der LXX, wie sie in den wichtigsten Handschriften vorliegt (vgl. SCHRÖGER 1968, 79–87: 80.82; KARRER 2002, 168). Diese geben das ותחסרהו מעט מאלהים des V.6 (MT) bereits mit ἠλάττωσας αὐτὸν βραχύ τι παρ' ἀγγέλους wieder. Das ambivalente אלהים wird dadurch – für die Auslegung des Hebr entscheidend – eindeutig auf »Engel« (ἄγγελοι) festgelegt (vgl. LESCHERT 1994, 88–90). – Die v.l. τίς ἐστιν ἄνθρωπος κτλ. (statt τί ἐστιν) in V.6 (Angleichung an Ψ 8,5 in A) würde zwar einen interessanten Gedankengang von der anthropologischen zur christologischen Deutung eröffnen, ist aber zu schlecht bezeugt, als dass sie ernsthaft in Frage kommen könnte (vgl. SCHRÖGER 1968, 80 Anm. 1).

[46] Vgl. SCHRÖGER 1968, 80f; LESCHERT 1994, 80–91; KARRER 2002, 168f.

[47] Vgl. LESCHERT 1994, 92–98; HENGEL 1995a, bes. 164f.

[48] Auch die Wiedergabe mit ἠλάττωσας αὐτόν macht die Auslegung des Hebr möglich, denn das hebräische ותחסרהו מעט מאלהים besagt, dass dem Menschen nicht viel zur Qualität eines אלהים-Wesens fehlt. Vgl. SCHRÖGER 1968, 83.

[49] So auch GRÄSSER 1992b, bes. 160–162; LESCHERT 1994, 103–106; abzuweisen ist dagegen die von GOULDER 2002 vorgeschlagene Auslegung, υἱὸς ἀνθρώπου sei in Hebr 2,6 christologisch verstanden und bilde so die Vorbereitung des titular gebrauchten Menschensohn-Prädikats in der Christologie.

die Erhöhungsaussagen von Kp. 1 und damit eingezeichnet in die traditionelle christologische Anschauung von Erniedrigung und Erhöhung, als ein Nacheinander gedeutet. Das ermöglicht es nun, die Erhöhung Christi nach seiner kurzfristigen (so nun βραχύ τι) Erniedrigung unter die Engel als die Verwirklichung der im Psalm ausgesagten menschlichen Größe und Herrlichkeit zu interpretieren. Die christologische Deutung bleibt damit in der Darbietung des Zitats selbst (und bis einschließlich V.8c) noch unausgesprochen im Hintergrund; dagegen steht im Vordergrund die Anthropologie: Dass Christus als der »Menschensohn« der Mensch schlechthin ist, in dessen Geschick das Menschengeschick gewendet ist, erschließt sich erst im Rückblick auf das Zitat von V.9f her, und auch das hebt die anthropologische Deutung nicht auf, so sehr es ihr einen neuen Sinn gibt[50]. So macht Hebr das Deutungspotential des Zitats für seine Adam-Christologie nutzbar. Seine Psalm-Interpretation liegt damit im Gefälle der – quellenmäßig allerdings erst später belegten – anthropologischen Auslegung von Ps 8,5 im Judentum (↑ 2.2.1), wohingegen eine Auslegung von Ps 8 auf eine messianische o.ä. eschatologische Heilsbringergestalt frühjüdisch und rabbinisch nicht belegt ist[51].

Erster Schritt (V.8b.c.9). V.8b.c.9 nehmen aus dem letzten Satz des Zitats (πάντα ὑπέταξας ὑποκάτω τῶν ποδῶν σου V.8a) das Stichwort πάντα auf (τὰ πάντα V.8b.c; ὑπὲρ παντός V.9). V.8b betont darauf die Ausnahmslosigkeit von τὰ πάντα. Mit »noch nicht« (οὔπω V.8c) ist die Gegenwart von der zukünftigen eschatologischen Erfüllung (vgl. οἰκουμένη ἡ μέλλουσα V.5) unterschieden. Gemeint ist daher in V.8b, dass die Unterwerfung von »allem« nicht auf die künftige Welt eingeschränkt werden darf, sondern schlechthin alles – auch die gegenwärtig-vorfindliche Welt – umfasst. Unter dieser Voraussetzung erhebt sich in V.8c der Einwand, dass »wir« gegenwärtig (νῦν) noch nicht τὰ πάντα »ihm« unterworfen sehen (ὁρῶμεν). Der Bezug ist eindeutig: »Er« (αὐτός) ist in V.8c nach wie vor der αὐτός von V.8b, und dieser ist kein anderer als der αὐτός des Psalmzitats in V.6c–8a, also der ἄνθρωπος bzw. der υἱὸς ἀνθρώπου im Zitat V.6b.c[52]. Auch hier also bleibt die christologische Deutung des Psalmzitats noch unausgesprochen im Hintergrund; es geht nach wie vor um Anthropologie: Der Einwand des V.8c problematisiert die Aussage des Psalms,

---

[50] Vgl. KARRER 2002, 170–173. Zwischen dem Literalsinn des Psalms und seiner Auslegung durch Hebr besteht daher bei aller theologischen Innovation des Hebr kein scharfer Gegensatz (ähnlich LESCHERT 1994, 121), wie SCHRÖGER 1968, 86f, will; dieser will allerdings – m.E. zu Unrecht – auch schon in V.7.8a die christologische Deutung erkennen.

[51] Vgl. RIGGENBACH 1922, 37f Anm. 1; KARRER 2002, 168.

[52] Vgl. schon DELITZSCH 1989 (1857), 65–58; WESTCOTT 1906, 44f; RIGGENBACH 1922, 37–43: 41; MOFFATT 1952, 23; BRUCE 1964, 37 Anm. 35; DUNN 1996, 109; KARRER 2002, 170f.

Gott habe dem Menschen alles unterworfen. Darauf erwidert (δέ) V.9 mit der These: Um des Todesleidens willen sehen wir den für kurze Zeit unter die Engel Erniedrigten – Jesus – mit Ehre und Herrlichkeit bekränzt, auf dass er durch Gottes Gnade für alle den Tod schmeckte[53]. Anstelle der – »jetzt« nicht sichtbaren – universalen Herrschaft des Menschen lenkt Hebr den Blick auf die Herrlichkeit des gegenwärtig im Himmel inthronisierten Christus (τὸν [...] ἠλαττωμένον βλέπομεν [...] ἐστεφανωμένον). Mit βλέπομεν ist – im Unterschied zu ὁρῶμεν V.8c – nicht das sinnliche Sehen des Irdisch-Vorfindlichen, sondern das geistige Wahrnehmen[54] der himmlischen Herrlichkeit Christi, des vormals Erniedrigten, gemeint. Der Einwand V.8c bezog sich demnach auf das sinnliche Wahrnehmen (βλέπειν) der irdisch-vorfindlichen conditio humana, die Erwiderung V.9 lenkt die Aufmerksamkeit dagegen auf die geistig bzw. im Glauben vollzogene Wahrnehmung (ὁρᾶν) des im Himmel erhöhten Christus.

Hebr könnte nicht ohne jede weitere Begründung das Sehen des Erhöhten im Glauben gegen die Unanschaulichkeit der Erhöhung aufbieten, wenn diese das Problem wäre[55]; dieses Sehen im Glauben wäre dann ja gerade zweifelhaft, und statt einer weiterführenden Argumentation böte Hebr lediglich einen Appell. Einleuchtend ist die Argumentation des Hebr nur, wenn – wie gesagt – das Sehen des Erhöhten im Glauben nicht gegen Zweifel an der Wirklichkeit der himmlischen Inthronisation und Herrschaft Christi, sondern gegen die Mutlosigkeit aufgrund der vorfindlichen *irdischen* Lage *des Menschen* aufgeboten wird[56].

Damit ist nun die im Psalmzitat angesprochene Herrlichkeit und Ehre des Menschen diejenige Christi geworden. Das »für alle« V.9 nimmt das τὰ πάντα des Zitats (V.8a) und des Einwands (V.8c) auf: In Christi Erniedrigung und Erhöhung liegt die Erfüllung der Aussage des Psalms für den

---

[53] So schon KÖGEL 1904, 30–35, der treffend darlegt, dass nur so die Geschlossenheit des Gedankengangs gewahrt bleibt. In der Tat: Denkt man schon in V.8a an den erhöhten Christus, ist weder V.8b nachvollziehbar (warum bedürfte es dann dieser Erläuterung?) noch der Fortgang der Argumentation von V.8c zu V.9 (was würde V.9 dann Neues mitteilen?). – Das Gegenteil vertritt GRÄSSER 1990, 120f: τὰ πάντα sei mit der οἰκουμένη μέλλουσα identisch, die »wir« aber noch nicht sehen können. Das »Sehen« Jesu V.9 solle demnach den Blick auf den *irdischen* Jesus und auf seinen Tod als Voraussetzung seiner Erhöhung lenken (a.a.O. 121). Der Unterschied von ὁρᾶν V.8 und βλέπειν V.9 ist in diese Auslegung jedoch nicht zu integrieren.

[54] So schon LÜNEMANN 1878, 100f; HOFIUS 1991, 97f; WIDER 1997, 55f.

[55] Eben dies nimmt WIDER an, der Hebr 2,9 die ausdrückliche Reflexion auf den Umstand entnehmen will, »dass es der Glaube ist, welcher sieht« (1997, 56; bei WIDER kursiv); eine ausdrückliche Thematisierung dessen vermag ich im Text jedoch nicht zu finden.

[56] Gegen WEISS 1991, 195f.

Menschen schlechthin beschlossen[57]. Das soll erwiesen werden, um so den Einwand des V.8c auszuräumen.

Dazu führt Hebr in 2,9 zwei neue Gedanken ein: Zum einen, dass die Bekränzung Christi mit Herrlichkeit und Ehre um seines Erleidens des Todes willen (διὰ τὸ πάθημα τοῦ θανάτου) erfolgte[58].

Dabei ist mit τὸ πάθημα τοῦ θανάτου, ebenso wie mit γεύεσθαι θανάτου (2,15), nicht das Sterben als solches, sondern die subjektive Qualität des Todesleidens angesprochen[59]. Warum das so ist, wird V.11–15 erläutern: Es geht um die mit dem Tode verbundene Erfahrung des Leidens, aus der Furcht und Anfechtung erwachsen.

Das Motiv der Krönung bzw. Bekränzung ist im Rahmen von Erhöhungs-aussagen bzw. Himmelsreisen geläufig und begegnet dort gern im Zusam-menhang der Verwandlung in eine theo- bzw. angelomorphe Gestalt, die häufig mit Einkleidung, Krönung und Inthronisation einhergeht[60]; es nimmt die königliche Metaphorik des Psalms[61] auf und bezieht sich damit auf die Hoheitsaussagen über den zur Rechten Gottes Inthronisierten in 1,3–13. Auf diese bezieht sich Hebr auch mit »Herrlichkeit und Ehre« und hat dabei mit präsentischem βλέπομεν die Gegenwart des Erhöhten im Blick, im Unterschied zur zurückliegenden kurzfristigen Erniedrigung. Hebr »kann jetzt den status exinanitionis des präexistenten Sohnes (1,3) als *Grund* seiner eschatologischen Herrschaftsstellung biblisch begründen (V.9): *Jesus*, der den Menschen (!) gleich und damit eine Zeit lang unter die Engel gestellt war, ist jetzt aber (bei seiner Inthronisation) mit Ehre gekrönt«[62]. Damit ist eine Deutung der Herrlichkeit Christi als paradoxe

---

[57] »Die der gefallenen Menschheit verloren gegangene und nur trümmerhaft verblie-bene Weltherrschaft ist der durch Ihn [sc. Jesus] erlösten Menschheit in voller vollende-ter Wirklichkeit beschieden. Noch ist sie nicht in deren actualem Besitze, aber in Jesu thront sie schon zur Rechten Gottes. In Ihm ist die Idee der Menschheit überschwenglich d.h. nach einem noch viel höheren Maßstabe als dem bei Grundlegung der Welt ange-legten verwirklicht. Er ist in die nur ein Weniges (βραχύ τι) unterengelische Stellung der geschaffenen Menschheit auf eine Weile (βραχύ τι) eingegangen, um die erlöste Mensch-heit überengelisch zu erhöhen. [...]«: DELITZSCH in seiner Auslegung des 8. Psalms (1883, 122). Vgl. DERS. 1989 (1857), 59 zu Hebr 2,8f.

[58] Διά c. Acc.: vgl. BDR 180, § 222,2a.

[59] Vgl. zur Begründung u. pp. 158f m. Anm. 122 (zu γεύεσθαι θανάτου und φόβος θανάτου 2,15).

[60] Das gilt nicht nur für den frühjüdischen Bereich (vgl. den Überblick über die ein-schlägigen Texte bei MACH 1992, 191–208). Das Motiv des Strahlenkranzes bzw. der Aureole ist auch in hellenistisch-römischen Götterdarstellungen wie in theomorphen Herrscherdarstellungen breit belegt (vgl. neben MACH, a.a.O. 191f u. der dort 191 Anm. 203 genannten Lit. noch bes. BERGMANN 1998, passim).

[61] Vgl. KARRER 2002, 168.

[62] GRÄSSER 1992, 159. Kursiv im Original. GRÄSSER weist a.a.O. Anm. 24 darauf hin, dass Hebr hier erstmals den Namen »Jesus« nennt.

Koinzidenz von Erniedrigung und Erhöhung im Todesleiden[63] ausgeschlossen: Beides fällt nicht etwa zusammen, sondern die Erniedrigung ermöglicht die Erhöhung, und diese folgt auf die Erniedrigung und führt darüber hinaus[64]. »Infolge seiner Erniedrigung ist er der Erhöhte: διὰ τὸ πάθημα τοῦ θανάτου ist er mit ›Herrlichkeit und Ruhm bekränzt‹ (V.9)«[65]. Diese grundlegende Entscheidung des Hebr ermöglicht den nächsten Argumentationsschritt:

Zum anderen legt Hebr in V.9 dar, dass erst Christi Verherrlichung die universale Bedeutsamkeit seines Todesleidens erschließt. Der finale Sinn (ὅπως) des Bekränzt-worden-Seins bezieht sich auf das ὑπὲρ παντὸς γεύεσθαι, wobei jedoch die himmlische Herrlichkeit und Ehre Christi seit der Inthronisation dem »Schmecken« (der Erfahrung) des irdischen Todesleidens zeitlich folgen. Die Erhöhung hat natürlich nicht die Leidenserfahrung zum Ziel[66], sondern sie hat zur Folge, dass die zurückliegende Leidenserfahrung nun eine ὑπὲρ παντός, »für einen jeden«, geschehene wird[67]. Damit bestätigt sich, dass die Herrlichkeit Christi nicht mit seinem Todesleiden koinzidiert, sondern über dieses hinaus führt. Diese Einsicht wird für das Verständnis der Hohepriesterchristologie des Hebr wesentlich sein. In diesem Sinne ist auch das χάριτι θεοῦ[68] zu verstehen: Die χάρις-

---

[63] So nachdrücklich WIDER 1997, 55–60: 56, dessen Auslegung in dieser Hinsicht das genaue Gegenteil der hier vertretenen ist; vgl. GRÄSSER 1990, 245 (Identität von Kreuzesgeschehen und Himmelfahrt); so tendenziell auch KARRER 2002, 171–174: 173f.

[64] Zum Gebrauch des Perfekt (ἠλαττωμένον) in V.9 vgl. u. Anm. 85 (in der Auslegung von V.10).

[65] GRÄSSER, a.a.O. (s. Anm. 62). Vgl. RIGGENBACH 1922, 42.

[66] Die ältere Auslegung hat sich aufgrund der finalen Aussage [...] ἐστεφανωμένον ὅπως [...] γεύηται θανάτου teils genötigt gesehen, die Verherrlichungsaussage V.9 auf ein Ereignis *vor* dem Tode Christi (etwa die Verklärung) zu beziehen (referiert bei MOFFATT 1952, 25; BRUCE 1964, 38 Anm. 37); vgl. zur älteren Exegese auch BLEEK 1836, 282–286.

[67] Das gilt auch dann, wenn man das ὅπως nicht allein auf ἐστεφανωμένον, sondern auf die ganze vorangehende Aussage διὰ τὸ πάθημα τοῦ θανάτου δόξῃ καὶ τιμῇ ἐστεφανωμένον bezieht (RIGGENBACH 1922, 44; ATTRIDGE 1989, 76): Erst von der Verherrlichung her kann das Todesleiden als heilvoll »für einen jeden« gelten.

[68] Anstelle von χάριτι θεοῦ lesen einige wenige und späte Handschriften χωρὶς θεοῦ (der Apparat zum Novum Testamentum Graece[27] nennt 0243 [10. Jh.]; 1739* [10. Jh.]; vg^ms). Ist diese Lesart damit auch handschriftlich schwach bezeugt, so ist sie daneben doch in Schriftzitaten von Kirchenvätern belegt (bei Origenes, Ambrosius, Hieronymus, Fulgentius), die auf Verbreitung seit dem 2. oder dem frühen 3. Jh. weisen (Origenes und Hieronymus kennen beide Lesarten). Vgl. HARNACK 1931a, 237–239; dazu die Textauszüge bei WESTCOTT 1906, 62f; gründliche Diskussion mit Darlegung der altkirchlichen Bezeugung auch bei BLEEK 1836, 275–282; GRÄSSER 1990, 124–126. (a) Äußere Bezeugung: Der handschriftliche Befund bedarf keiner weiteren Erwägung. Nach Erklärung verlangt jedoch der auffällige Sachverhalt, dass die Lesart χωρὶς θεοῦ aus der handschriftlichen Überlieferung nahezu völlig verschwunden ist, obgleich Origenes sie noch

Aussage bezeichnet nicht das Todesleiden Christi als solches als Gnade Gottes, sondern sie will sagen, dass es durch Christi von Gott gewährte Erhöhung aus dem Tode gnadenhaft »für einen jeden« zur Geltung kommt[69]. So ist in V.9 in knappster Form die Aussage von Hebr 5,7–10 vorweggenommen[70]. Dieser Gedanke, der sinngemäß nochmals in V.10 ausgesprochen wird, bereitet die kulttheologische Neuauslegung der Bedeutsamkeit von Erniedrigung und Erhöhung Christi vor, die – anknüpfend

---

als die häufigere kannte (Nachweis bei HARNACK, a.a.O. 237f Anm. 3). Hatte sie ohnehin nur aus theologischen Gründen (d.h. im Zusammenhang der nestorianischen Kontroverse) bzw. durch die Schriften des Origenes kurzfristig eine gewisse Beachtung gefunden? Dafür spricht das theologische Interesse, das die altkirchlichen Autoren daran nehmen (so WESTCOTT 1906, 63. Vgl. die Textauszüge a.a.O. 62f). Doch reicht das aus als Erklärung für das spätere nahezu vollständige Verschwinden aus der handschriftlichen Überlieferung? (b) Innere Kriterien: Auch eine Erklärung einer der beiden Lesarten aus einem Schreibfehler (Verwechslung von χάριτι bzw. χάρις mit χωρίς) oder als Glosse (χωρὶς θεοῦ als einschränkende Zufügung zu παντός) vermag nicht zu überzeugen. Diese Erklärung wird vertreten bei METZGER 1975 z.St. Vgl. dazu schon HARNACK 1931a, 240; MICHEL 1984, 140; GRÄSSER 1990, 125. Unter den Neueren schließen daher (nach KÖGEL 1905, 131–141; HARNACK 1931a, 239f) MICHEL, BRAUN und GRÄSSER, χωρὶς θεοῦ sei χάριτι θεοῦ in textkritischer Hinsicht wenigstens gleichwertig (MICHEL 1984, 139–142, BRAUN 1984, 57; GRÄSSER 1990, 124–126). (c) So hängt die Entscheidung an inhaltlichen Erwägungen. HARNACK, MICHEL und BRAUN ziehen χωρὶς θεοῦ vor; sie halten den Gedanken der Gottverlassenheit Jesu im Leiden für ursprünglich. Nun spricht gegen die Lesart χωρὶς θεοῦ, wie schon KÖGEL 1905, 133–135 bemerkte, nicht zuletzt die Schwierigkeit, den Sinn dieser Worte anzugeben. Die Deutung der Kirchenväter, wonach in Jesu Leiden seine göttliche Natur unbeteiligt gewesen sei (vgl. den Überblick bei WESTCOTT 1906, 62f und HARNACK 1931a, 238f), entspricht nicht dem Denken des Hebr, sondern späteren theologischen Interessen. Dass aber Jesus von Gott verlassen gelitten habe, passt nicht zur Theologie des Hebr: Nach 5,7, vgl. 4,16, war Jesus im Leiden gerade nicht von Gott verlassen (vgl. LOADER 1981, 195). Daher muss HARNACK 1931a, 245–252, in 5,7 eine Textkorrektur annehmen (der ursprüngliche Text soll nach ihm dort gelautet haben: καὶ οὐκ εἰσακουσθείς); dafür gibt es aber keinen textgeschichtlichen Anhalt. Überdies scheint jener Gedanke überhaupt erst in neuerer Zeit den Worten χωρὶς θεοῦ entnommen worden zu sein. Man darf mit DELITZSCH 1989 (1857), 65f, bezweifeln, ob sie ihn ausdrücken können. Sie müssten wohl eher übersetzt werden: »mit Ausnahme Gottes« (vgl. 4,15 χωρὶς ἁμαρτίας »mit Ausnahme von Sünde«), was sich sinnvoll nur auf ὑπὲρ παντός beziehen ließe; das spräche für die Deutung als Glosse; s.o. So sprechen inhaltlichen Erwägungen gegen die Lesart χωρὶς θεοῦ. Mit LOADER 1981, 195 und GRÄSSER 1990, 125f entscheide ich mich deshalb für χάριτι θεοῦ; zudem auch, weil der Gedankengang im Kontext dies fordert: Gott hat aus dem Leiden des Einen das Heil der Vielen hervorgehen lassen, indem er ihn verherrlichte.

[69] Vgl. DELITZSCH 1989 (1857), 66: »Dass er infolge williger Untergebung unter das Leid des Todes erhöhet worden, eben daraus erhellt die göttliche Gnade und ebendamit ist das Verdienstliche seines Sterbens besiegelt«. Vgl. HEGERMANN 1989, 68: »Jesu Erhöhung erfolgte um der Inmachtsetzung seines Todesleidens willen.« Vgl. weiter a.a.O. 69; ferner GRÄSSER 1990, 123f m. Anm. 77; WEISS 1991, 199f.

[70] ↑ III.3.2.

an 2,17f – ab Hebr 4,14 im kulttheologischen Mittelteil des Schreibens entfaltet werden wird[71].

Die Argumentation richtet sich also nicht – wie häufig angenommen – gegen Zweifel an der Wahrheit (bzw. aufgrund der Unanschaulichkeit) des traditionellen Bekenntnisses von der Erhöhung und Inthronisation des Sohnes[72] oder an der Wirklichkeit des unsichtbar-himmlischen Hoffnungsgutes[73] oder gegen Anstoß an Christi irdischer Niedrigkeit und Leiden[74]. Vielmehr wird die weitere Argumentation des Hebr – der Grundlegung in Kp. 2 gemäß – die gegenwärtige himmlische Hoheit Christi aufbieten und neu, nämlich kulttheologisch, deuten, um die darin beschlossene Heilsfülle zugunsten der Menschen zu entfalten: Es soll gezeigt werden, dass und wie in der Erhöhung Christi seinem Leiden ewig-universale Heilsbedeutung zukommt. Eben dies wird die Kulttheologie des Hebr leisten. Damit sollen Zweifel und Mutlosigkeit bewältigt werden, die an der irdisch-menschlichen, gegenwärtig-vorfindlichen Schwäche, dem Leiden und der Versuchlichkeit der Adressaten entstehen.

Doch zuvor bedarf es der näheren Erläuterung der bisher entwickelten These, dass Leiden und Erhöhung Christi das Geschick des Menschen schlechthin gewendet haben.

Zweiter Schritt (V.10–13). V.10 führt über die These von V.9 in zweierlei Hinsicht hinaus: Gott (er ist der αὐτός) hat Christus durch Leiden hindurch ›vollendet‹, und dies war ihm (Gott) angemessen (ἔπρεπεν αὐτῷ).

Das Partizip ἀγαγόντα ist aus philologischen wie inhaltlichen Gründen auf αὐτῷ zu beziehen: Handelte es sich um eine Apposition zu ἀρχηγόν, so sollte es erst nach diesem Wort und mit Artikel stehen[75]. Die Inkongruenz der Kasus ist kein Hindernis: Diese Konstruktion entspricht vielmehr klassischem Sprachgebrauch und hat daher hier als die wahrscheinlichere zu gelten[76]. Weiter ist nach der Auflösung des Partizips zu fragen. Es wird von verschiedenen Auslegern »temporal, kondizional, kausal, modal, final, koordinierend, adjektivisch oder koinzident [...] aufgefasst«[77]. Da das Partizip Aorist ἀγαγόντα, auf αὐτῷ bezogen, im Verhältnis zum Infinitiv Aorist τελειῶσαι aus inhaltlichen Gründen nicht vorzeitig übersetzt werden kann[78], ist koinzidente Auflösung zugrunde zu legen[79].

---

[71] Vgl. HEGERMANN 1989, 69: »Damit Jesus als treuer Hoherpriester die Heilsmacht seines Todes allen zuwenden könne, erlangte er die Herrlichkeit. [...] Zum Heilstod ›für alle‹ wird Jesu Sterben durch die in der Erhöhung Jesu geschehene Ermächtigung zum ewigen Hohenpriester«.

[72] Vgl. WEISS 1991, 195; WIDER 1997, 55–60 (pointiert: 56f).

[73] So ERLEMANN 1998, bes. 361–364; vgl. DERS. 2001.

[74] So KÖGEL 1904, 38f; 1905, 39; SCHRÖGER 1968, 84f.

[75] DELITZSCH 1989 (1857), 67. Allenfalls wäre ein betont vorangestellter Appositionssatz möglich: »[...] als einen, der [...] führt [...]«; vgl. THOLUCK 1836, 147f mit Berufung auf BENGEL 1915 (1773) z.St.

[76] DELITZSCH 1989 (1857), 69; BDR 339, § 410²; ZERWICK 1994, § 394.

[77] BDR 346, § 417².

[78] Man erhielte nämlich eine Aussage über die von Gott noch vor Jesus zur Herrlichkeit Geführten, was aber dem Umstand widerspricht, dass es sich bei Jesus ja um τὸν ἀρχηγὸν τῆς σωτηρίας αὐτῶν handelt. Vgl. DELITZSCH 1989 (1857) , 67–69.

[79] Vgl. DELITZSCH 1989 (1857), 69 (»coincidirend«); WESTCOTT 1906, 49; GRÄSSER 1990, 128; BDR 277f, § 339,1; ZERWICK 1994, § 262f.

Eine nachzeitige Auflösung verbietet sich aus grammatischen Gründen. Daher ist das ἀγαγόντα als dem τελειῶσαι »coincidirend«[80] aufzufassen[81].

Sind die Aussagen über das ἄγεσθαι der Vielen und über das Vollendet-Werden des ἀρχηγός »coincidirend« zu verstehen, so besagt das: »The perfecting of Christ included the triumph of those who are sons in Him«[82]. M.a.W.: Es reicht nicht hin, das Vollendet-Werden seiner Bedeutung nach mit dem δόξῃ καὶ τιμῇ στεφανοῦσθαι des V.9 gleichzusetzen[83]: Das Vollendet-Werden schließt die Verherrlichung Christi ein, bezeichnet aber darüber hinaus – wie bereits V.9 darlegte – die dadurch erschlossene eschatologische Heilsbedeutung seines Weges für »those who are sons in Him«[84]. Deshalb ist das Leiden des Sohnes der Gottes Universalität angemessene Weg (ἔπρεπεν κτλ.!) zu dessen Vollendung. Die ›Vollkommenheit‹, die dabei gemeint ist, bedeutet jene Herrlichkeit, welche die Erfahrung der menschlichen Schwäche in sich aufgenommen hat[85] und deshalb den Menschen zu helfen vermag[86] (vgl. Hebr 4,14–16).

Über den für die Hebr-Auslegung so wichtigen Sprachgebrauch von τελειοῦν, τελείωσις κτλ. im Hebr informiert der folgende Exkurs[87]. Der allen Stellen im Hebr gemeinsame Bedeutungsaspekt ist der Bezug auf die unüberbietbare, eschatologische Qualität des in Christus erschlossenen Heils.

---

[80] DELITZSCH 1989, 69. Vgl. auch BDR 346, § 417[2]: Die Auflösung des Partizips muss sich aus dem Kontext ergeben.

[81] Daneben wird von BDR vorgeschlagen, den Vers in dem Sinne zu verstehen, dass das Partizip ἀγαγόντα einen Infinitiv, der Infinitiv τελειῶσαι dagegen ein Partizip vertritt, wie dies in gehobenem Griechisch gern der Fall ist (BDR 277f, § 339,1[5]; ZERWICK 1994, § 263 nach 262; vgl. ZERWICK-GROSVENOR 1996 z.St.).

[82] WESTCOTT 1906, 49.

[83] So jedoch KÖGEL 1905, 68; RISSI 1987, 79; GRÄSSER 1990, 128 (»τελειωθῆναι = δόξῃ στεφανοῦσθαι«); SCHOLER 1991, 195f; a.a.O. 196, Anm. 1 sind weitere Autoren genannt. – LOADER 1981, 43, erkennt die Parallele zwischen den Aussagen über den ἀγαγόντα und das τελειῶσαι, zieht daraus aber nicht den in dem Zitat von WESTCOTT ausgedrückten Schluss, dass in der Vollendung Jesu die Verherrlichung der Vielen eingeschlossen sei, sondern folgert, τελείωσις bedeute »das Treten vor Gottes Angesicht«, womit er in der Sache den zuvor genannten Autoren beistimmt.

[84] Das war bereits die Kernthese von KÖGELs Auslegung (1904, 55–58; 1905, 60–62) von Hebr 2,10.

[85] Von hierher ist im Rückblick der Gebrauch des Perfekt (ἠλαττωμένον) in V.9 bedeutsam. LESCHERT 1994, 112, macht darauf aufmerksam, dass sowohl im Vergleich mit dem Aorist ἠλάττωσας V.7 als auch im Blick auf das temporal verstandene βραχύ τι V.9 der Gebrauch des Perfekt auffällt: »Perhaps the writer is employing a subtle use of tense to imply that, while Jesus did not always remain lower than the angels, he still retains his human nature which he took on to become one of us« (a.a.O.; vgl. seine Anm. 144: so schon WESTCOTT 1906, 45; LOADER 1981, 31 Anm. 7).

[86] Eben dies meinte ja schon V.9 mit der Aussage, die Verherrlichung des Sohnes habe zur Folge, dass seine Leidenserfahrung eine »für einen jeden« geschehen sei.

[87] ↑ III.2.3. Dort auch zur Auslegungsgeschichte.

Damit ist für Hebr 2,10 bereits die Bedeutung des Verbs τελειοῦν angegeben. Es bezeichnet hier das Erlangen der »Heilsmittlerqualität«[88] mit Berücksichtigung des dafür erforderlichen besonderen Weges: In dem Weg des einen »Sohnes« liegt beschlossen, dass die »vielen Söhne« einbezogen werden.

»Angemessen« war das für Gott als den, δι' ὃν τὰ πάντα καὶ δι' οὗ τὰ πάντα, als Ursprung und Ziel von allem und als der, welcher viele »Söhne« zur δόξα führt. Mit der Prädikation Gottes als δι' ὃν τὰ πάντα καὶ δι' οὗ τὰ πάντα ist das seit V.8a leitende Stichwort τὰ πάντα erneut aufgegriffen und in der Universalität Gottes verankert. Ihr entspricht es, die Vielen in das Geschick des Sohnes einzuschließen. Wie die Geltung der Verheißung nicht allein auf die οἰκουμένη ἡ μέλλουσα bezogen werden kann (V.8b), sind auch die Menschen in ihrer irdisch-vorfindlichen Schwäche vom Heilswillen Gottes nicht ausgeschlossen, denn dieser greift auf die Welt der Geschöpfe aus und zielt auf umfassende Rettung. Christus durch Leiden zu »vollenden«, war Gott angemessen, weil es diesem Ziel diente. In welchem Sinne das der Fall ist, wird in V.11–13 und in V.14f entfaltet.

Käsemann, Grässer u.a. sehen in V.11 die Vorstellung von der συγγένεια, der gemeinsamen Herkunft des Erlösers und der präexistenten Menschenseelen aus dem himmlischen Urmenschen, und vom sog. erlösten Erlöser verarbeitet. Christus sei der Erlöser, der durch seinen Tod die Macht des Satans als kosmischer Machthaber breche und für die Menschen den Weg zur himmlischen Sphäre öffne. Dazu ziehen sie nachneutestamentliches christlich-gnostisches Schrifttum (vornehmlich OdSal, ActThom und ActPhil) heran[89]. Doch schon Laub[90] hat darauf hingewiesen, dass angesichts der tiefgreifenden Unterschiede zum Denken des gnostischen Mythos fraglich ist, ob dieser überhaupt sinnvoll zur Interpretation herangezogen werden kann. Im übrigen überzeugt der Verweis auf gnostische Hintergründe schon wegen des Fehlens vorchristlich-gnostischer Quellen nicht. Die Hypothese eines vorchristlichen gnostischen Urmensch-Mythos ist religionsgeschichtlich nicht haltbar[91].

V.12f erörtert[92], ausgehend von alttestamentlichen Texten[93], das Verhältnis des »Sohnes« zu den »Brüdern« bzw. »Geschwistern«[94]. Dadurch wird die Berechtigung der These des V.11 über die ἀδελφοί-Anrede des Sohnes an

---

[88] So schon KÖGEL 1905, 60–64: 61.

[89] Vgl. KÄSEMANN 1961, 98–105; GRÄSSER 1990, 147–149; 1992c; THEISSEN 1969, 121–123: 122; BRAUN 1984, 64f; anders dagegen HEGERMANN 1988, 76–78.

[90] LAUB 1980, 86.

[91] Die Annahme der Existenz einer vorchristlichen Gnosis wie auch eines gnostischen Mythos vom Urmensch-Erlöser hat der religionsgeschichtlichen Forschung seit COLPE 1961 bekanntlich nicht standgehalten (↑ I.1).

[92] Zu ὁ ἁγιάζων und οἱ ἁγιαζόμενοι vgl. u. in der Auslegung von Hebr 2,13 zu LXX Jes 8,13f.17f.

[93] V.12: Ψ 21,23; V.13: LXX Jes 8,17f; 12,2. Zu anderen Möglichkeiten der Zuordnung vgl. Anm. 107 .

[94] Vgl. υἱός V.10; πολλοὶ υἱοί V. 10; ἀδελφοί V.11f; παιδία V.13.

die Menschen[95] erwiesen. Die mit den Verwandtschaftsbegriffen beschriebene Gemeinsamkeit ist der Grund für die in der Inkarnation erwiesene Solidarität und damit für die Angemessenheit des Leidens des Sohnes. Worin aber besteht diese Gemeinsamkeit? Beide, »Sohn« und »Kinder« bzw. »Geschwister«, sind ἐξ ἑνός (V.11). Der in V.11 genannte εἷς ist nicht Adam oder ein Urmensch, auch nicht Abraham, sondern Gott[96]; zumal im Blick auf den begründenen Anschluss an V.10 und die dort begegnende Gottesprädikation δι' ὃν τὰ πάντα καὶ δι' οὗ τὰ πάντα. Doch der gemeinsame Ursprung in Gott bezeichnet nicht die Geschöpflichkeit[97] – nach Hebr ist der göttliche Sohn und Schöpfungsmittler nicht Geschöpf – und auch nicht die Gemeinsamkeit von Blut und Fleisch (2,14), denn diese – also das »den Brüdern Gleichwerden« (2,17) – liegt nicht im Wesen des Sohnes, sondern wird von ihm erst angenommen. Das ist durch den gemeinsamen Ursprung und die Geschwisterschaft motiviert und setzt beides voraus. Den Schlüssel zum Verständnis bieten die Zitate in V.12f.

Dabei ist vorausgesetzt, dass, wie schon bei dem Zitat aus Ps 8, nicht nur einzelne Formulierungen für die eigenen Zwecke des Vf.s umgedeutet werden, sondern dass der Kontext der Zitate[98] in sinngemäßer Weise mit im Blick ist.

V.12[99]: Das als Rede des »Sohnes« verstandene Zitat ist der 23. Vers des Ψ 21[100] (Ps 22), der nach der Schilderung der Not (V.7–19) und der Bitte um

---

[95] Die Formulierung οὐκ ἐπαισχύνεται steht traditionell für ein Sich-Bekennen-Zu-Etwas (bzw. zu jemand) im Gegensatz zum Verleugnen; vgl. Mk 8,38; Lk 9,26; Röm 1,16 u.ö.; vgl. MICHEL 1984, 150; WEISS 1991, 214.

[96] Vgl. die Kommentare (mit Hinweisen zur – auch abweichenden – Auslegungsgeschichte), von DELITZSCH 1989 (1857), 72f, WEISS 1897, 80 (Abraham) und WESTCOTT 1906, 50 über MICHEL 1984, 150 und BRAUN 1984, 60f (im Sinne der συγγένεια) und ATTRIDGE 1989, 88f (Gott) bis zu GRÄSSER 1990, 133f (der, trotz Abstrichen im einzelnen, von der συγγένεια her deutet), WEISS 1991, 212f (unentschieden) und KOESTER 2001, 236 (»common origin in God«). – Die συγγένεια-Deutung geht zurück auf KÄSEMANN 1961, 98f.104f, der sie, wie GRÄSSER a.a.O., eingeschränkt sieht dadurch, dass nach Hebr die ἐκκλησία als geschichtliche, durch Gottes geschichtliche Heilstat gegründete Größe zu verstehen ist. Letzteres ist richtig (s.u.); doch passt die συγγένεια-Deutung nicht dazu.

[97] So HEGERMANN 1988, 75. Doch beachte man auch den gegenüber V.10 (für Gottes Schöpferwirken: διά c. gen.) veränderten Gebrauch der Präpositionen (hier: ἐξ).

[98] Dabei ist an den Text der LXX bzw. der dieser weithin entsprechenden Textvorlage des Hebr zu denken.

[99] Vgl. zur folgenden Interpretation GESE 1990a, bes. 190–192; KRAUS 1978, 320–334, bes. 330–332; SEYBOLD 1996, 94–100, bes. 99f.

[100] Die leichte Abweichung des Zitats von LXX (ἀπαγγελῶ statt διηγήσομαι) berührt den Sinn kaum und mag hier aussen vor bleiben. Vgl. SCHRÖGER 1968, 88 m. Anm. 1, zu verschiedenen Erklärungs- bzw. Deutungsversuchen. Zur Wiedergabe der betreffenden hebäischen Verben im Griechischen vgl. KISTEMAKER 1961, 31f m. Anm. 3. M.E. ist am wahrscheinlichsten, dass der Vf. den zitierten Wortlaut in einer von LXX abweichenden Rezension des Psalmtextes vorfand. – KISTEMAKER 1961, 32, erwägt die Möglichkeit, der

Rettung (V.20–22) des Beters in das Gotteslob der Dankopferfeier des Ge-
retteten umschlägt (V.23–32). Der zitierte V.23 markiert den Umbruch zur
Errettung und evoziert damit die Notschilderung ebenso wie den im folgenden Gotteslob entfalteten Ausblick. Das Lob schreitet vom Dank für
die Erhörung (V.23–25) fort zum Ausblick auf universale, die Verstorbenen wie auch die Nachkommen des betenden Ich[101] einschließende Anbe-
tung sowie auf die universale, die Völker wie die Verstorbenen einschließende βασιλεία (V.29f), auf ewiges Leben (V. 27: ζήσονται αἱ καρδίαι
αὐτῶν [sc. der ἐκζητοῦντες αὐτόν] εἰς αἰῶνα αἰῶνος) und auf Dank und
Gottesverehrung der kommenden Geschlechter (V.31f)[102].

In Hebr 2,12 wird der Psalm im Blick auf die Erhöhung Christi herangezogen. Die Erhörung der Rettungsbitte, die der Psalm besingt, ist für
Hebr die Erhöhung Christi aus dem Tode (vgl. Hebr 5,7[103]). Wie der
Psalmbeter vor die zur Dankopferfeier Versammelten, tritt der Sohn als der
aus dem Tod gerettete Erhöhte vor die ἐκκλησία der Seinen. Diese wird
durch die Dankopferfeier des Beters und durch seine Verkündigung des
Gottesnamens konstituiert. Die Gemeinde der »Brüder«[104] geht aus der
eschatologischen Errettung des Sohnes und aus seiner Verkündigung davon hervor.

V.13 geht von den ἀδελφοί des Psalmzitats zu den παιδία von LXX Jes
8,18[105] über. Sprach Jesaja von sich selbst und seinen leiblichen Kindern[106], so hat sich der Sinn in LXX verschoben: Hier handelt es sich um
eine Zukunftsansage über die, »die das Gesetz versiegeln, damit man es
nicht lerne« (οἱ σφραγιζόμενοι τὸν νόμον τοῦ μὴ μαθεῖν V.16), und die
anschließende Vertrauensaussage ist einem unbestimmt bleibenden »er« in
den Mund gelegt (καὶ ἐρεῖ ... »und er wird sagen...« V.17)[107]. Damit ist die

---

Hebr-Vf. benutze einen aus der christlichen Liturgie stammenden griechischen Text des
Psalms.

[101] So V.31 in LXX: σπέρμα μου (statt des uneindeutigen זרע des hebräischen Textes).

[102] Vgl. hierzu bes. GESE 1990a, 191f; ferner SEYBOLD 1995, 99f (relativ zurückhaltend).

[103] Nicht etwa die Bewahrung vor dem Todesgeschick, – diese Fehldeutung veran-
lasste HARNACK 1931a, 245–252, zu seiner sinnentstellenden Konjektur καὶ οὐκ εἰσακουσθείς in 5,7.

[104] »[...] אחי = die Kultgenossen der Israelgemeinde [...]« (KRAUS a.a.O. 330).

[105] Gott scheint sein Antlitz vom Haus Jakob abgewandt zu haben (Jes 8,17). Ange-
sichts dessen äußert der Prophet seine Entschlossenheit, nicht auf etwaige politische
Bündnisse, sondern allein auf Gott zu vertrauen, und seine Kinder folgen ihm darin
(V.18). Zum Hintergrund (syrisch-ephraemitischer Krieg) wie zur Interpretation vgl. die
Kommentare, etwa KAISER 1970, 93, zu 8,11–15; WILDBERGER 1972, 342–349.

[106] Jes 7,3; 8,3f. Vgl. KAISER, a.a.O. 94–96; WILDBERGER, a.a.O. 347f, zu Jes 8,16–
18.

[107] Für das in Hebr 2,13a gebotene Zitat bieten sich neben LXX Jes 8,17 noch LXX
Jes 12,2; II Βας 22,3 als mögliche Hintergründe an (vgl. SCHRÖGER 1968, 91f). Für die

Annahme einer künftige Gestalt nahegelegt, die im Gegensatz zur Gottes-
und Toravergessenheit der σφραγιζόμενοι handeln wird. Dieser unbenannte
Sprecher nun ist in Hebr 2,13 der Sohn. Die παιδία sind für Hebr identisch
mit den ἀδελφοί von Ψ 21,23/Hebr 2,12, d.h. die ihm von Gott ›gegebene‹
Gemeinde, die seit der Errettung des Sohnes aus dem Tode mit ihm Gott
preist und ihm dient. Das Vertrauen auf Gott gegen den Augenschein, das
Jes 8,17 betont, entspricht der Anfechtungssituation, in der sich der Gehorsam der Versuchten laut Hebr zu bewähren hat. Nach dem Preis der Errettung des Sohnes (Hebr 2,12) gilt es nun für die durch Gottes eschatologische Rettungstat konstituierte, um Christus gescharte Gemeinde, in ihren
Anfechtungen dasselbe Vertrauen zu bewähren, mit dem schon er um Erhörung betete.

LXX weicht vom hebräischen Text auch in Jes 8,13f ab. In LXX heißt
es: κύριον αὐτὸν ἁγιάσατε καὶ αὐτὸς ἔσται σου φόβος. καὶ ἐὰν ἐπ᾽ αὐτῷ
πεποιθὼς ἧς ἔσται σοι εἰς ἁγίασμα [...]. So entsteht, gegenüber dem hebräischen Text neu, ein Zusammenhang zwischen LXX Jes 8,13f und LXX
Jes 8,17f: Das Gottvertrauen des Redenden und seiner Kinder (πεποιθὼς
ἔσομαι ἐπ᾽ αὐτῷ κτλ. V.17f) entspricht der Aufforderung zum πεποιθὼς
εἶναι V.14 und ist also gleichbedeutend mit dem »Heiligen« Gottes (αὐτὸν
ἁγιάσατε V.13) bzw. es bedeutet nach V.14, dass Gott ihnen zum »Heiligtum« (ἁγίασμα) wird. Damit werden die Bezeichnungen ὁ ἁγιάζων und
οἱ ἁγιαζόμενοι in Hebr 2,11[108] verständlich: Im Durchstehen der Anfechtung im Vertrauen auf Gott erlangt der Sohn den Zutritt zum himmlischen
Heiligtum und die priesterliche Funktion, und die Geschwister bzw. Kinder
erhalten Anteil an beidem, indem sie ihm auf seinem Weg folgen. Die
Bedeutung des himmlischen Hohenpriesters für den Zugang der Adressaten zum himmlischen Heiligtum ist darin bereits impliziert. So muss auch
mit ἐν μέσῳ ἐκκλησίας ὑμνήσω σε (Hebr 2,12b) der Gottesdienst im Heiligtum des himmlischen Jerusalem (vgl. Hebr 12,23: ἐκκλησία πρωτοτόκων[109]) gemeint sein[110], zu dem die durch Christus »Geheiligten« (V.11)

Zuordnung zu LXX Jes 8,17 spricht – neben der eindeutigen Zuordnung des Zitats von
Hebr 2,13b zum folgenden Vers LXX Jes 8,18 – auch die im folgenden darzulegende
Beziehung beider Verse zu LXX Jes 8,13f und das dadurch auf Hebr 2,11 geworfene
Licht.

[108] Vgl. nur BRAUN 1984, 60; GRÄSSER 1990, 134f; WEISS 1991, 214f.

[109] Zu Christus als πρωτότοκος s.u. (Anm. 111). – Die Formulierung Hebr 2,12 verweist voraus auf 12,23 und zurück auf 1,6. Damit ergibt sich ein guter Sinn auch für die
als schwierig empfundene Formulierung ἐκκλησίᾳ πρωτοτόκων ἀπογεγραμμένων ἐν
οὐρανοῖς Hebr 12,23 (zu den Schwierigkeiten vgl. GRÄSSER 1997, 316–318): Es handelt
sich um diejenigen, die, gleich dem »Erstgeborenen«, Christus (Hebr 1,6), bereits ins
himmlische Jerusalem gelangten und dort Bürgerrecht erhielten, d.h. um die verstorbenen
Gläubigen; so auch HOFIUS 1992, 192 m. Anm. 109. »Das Hinzugetretensein [sc. der
irdischen Gemeinde zur himmlischen, Hebr 12,22] [...] kann die Glaubenden ihres ge-

Zugang haben und in dem der Erhöhte gleichsam als Chorführer der Gemeinde von Menschen und Engeln (12,22) auftritt[111]. Als die neukonstituierte Kultgemeinde des himmlischen Hohenpriesters sind die »Brüder« dessen ἁγιαζόμενοι. Mit den Zitaten in V.12f begründet Hebr seine These von V.11 über die ἀδελφοί-Anrede des Sohnes an die Menschen ganz von Gottes Heilswillen und Rettungshandeln aus[112]. Die Gemeinsamkeit von ἁγιάζων und ἁγιαζόμενοι besteht darin, dass ihnen beiden von Gott δόξα zugedacht ist: Wie der Sohn, sind auch sie »aus« Gott als die, die sie nach seinem Heilsratschluss zu werden bestimmt sind[113]. Das schließt beide zusammen als υἱός und υἱοί[114]. Die ἐκκλησία der Geschwister ist weder protologisch begründet, noch geht sie aus vorweltlicher συγγένεια hervor, sondern sie entsteht aus

---

genwärtigen Heilsstandes versichern: Als das irdisch noch wandernde Gottesvolk« haben sie »schon jetzt [...] Anwartschaft auf Vollmitgliedschaft in der ἐκκλησία πρωτοτόκων [...].« (GRÄSSER 1997, 318). – Zum Aspekt des Bürgerrechts und der Zugehörigkeit zur Bürgergemeinde (ἐκκλησία) vgl. bes. PETERSON 1935, 15–17.80f und kurzgefasst auch KOESTER 2001, 544f. Zum Zusammenhang von Bürgerrecht im himmlischen Jerusalem, Eingeschriebensein (vgl. ἀπογεγραμμένων) im Lebensbuch als Stammrolle der himmlischen Bürgerschaft und spiritueller ›Geburt‹ durch die himmlische Stadt als ›Mutter‹ vgl. neben PETERSON a.a.O. jetzt SCHWEMER 2000, bes. 203–207.221–236, sowie HENGEL 2000. Im Anschluss hieran vgl. auch πολίτευμα κτλ. Phil 3,20 sowie συμπολῖται κτλ. Eph 2,19 (und dazu HOFIUS 1992, 189f).

[110] So auch BRAUN 1984, 62; HEGERMANN 1988, 76; GRÄSSER 1990, 140; KOESTER 2001, 230f.

[111] Hier ist auf die sachlich und teils auch wörtlich nahestehende Parallele Röm 8,29 zu verweisen: ὅτι οὓς προέγνω, καὶ προώρισεν συμμόρφους τῆς εἰκόνος τοῦ υἱοῦ αὐτοῦ, εἰς τὸ εἶναι αὐτὸν πρωτότοκον ἐν πολλοῖς ἀδελφοῖς. Wie dort ist auch hier die ›Verwandtschaft‹ in der dem »Sohn« und den »Brüdern« gemeinsamen eschatologischen ›Geburt‹, nämlich der Rettung aus dem Tode, begründet, die auf Gottes Heilsratschluss (οὓς προέγνω, καὶ προώρισεν κτλ.) beruht. Christus als πρωτότοκος in diesem Sinne auch Kol 1,18; Apk 1,5. – Dass auch in Röm 8,29 εἰκών- und μορφή-Christologie und -anthropologie vorliegt, sei nur am Rande notiert (das Nötige in Kürze bei MICHEL 1978, 276–278; KÄSEMANN 1980, 235–237); desgleichen der Zusammenhang von Röm 8,29f mit dem schon herangezogenen Vers Röm 8,33f, der dem Zusammenhang von Hebr 2,11–13.14–18 entspricht.

[112] Treffend daher DELITZSCH 1989 (1857), 79: »Es ist zunächst die Gemeinschaft des Seins ἐξ ἑνός[,] d.i. aus Gott, von dem das Heilswerk ausgeht und auf den es abzielt [vgl. V.10 δι᾽ ὃν τὰ πάντα καὶ δι᾽ οὗ τὰ πάντα, GG.], welche der Verf. durch alttest. Schriftstellen erläutert hat«.

[113] Vgl. wiederum Röm 8,29: οὓς προέγνω, καὶ προώρισεν συμμόρφους τῆς εἰκόνος τοῦ υἱοῦ αὐτοῦ.

[114] Damit fällt auch BENGELs Einwand (a.a.O. zu V.11): »Si ›unus‹ hic Deum innueret, angeli includendi essent, qui removentur versu 16«.

dem Leiden und der Errettung des Sohnes: Von ihm belehrt und ihm folgend, wird sie derselben Herrlichkeit teilhaftig werden wie er[115].
Dritter Schritt (V.14f). Hebr 2,14 umschreibt die conditio humana dreifach, mit σάρξ καὶ αἷμα, θάνατος und φόβος. Das Leben in der σάρξ hat
den Tod zur Folge, und dieser ruft Furcht hervor, welche das gesamte
Menschenleben überschattet und zur Sklaverei werden lässt (V.15). Aus
geschwisterlicher Verbundenheit hat Christus diese conditio humana auf
sich genommen. Sein Tod entmachtet den διάβολος, welcher der Todesmachthaber ist, und befreit die Menschen aus der Sklaverei.

Neben der bereits zu V.11–13 besprochenen gnostisch-dualistischen Deutung, die sich
auch auf V.14f erstreckt und derzufolge Sterblichkeit und Tod hier als Folge der leiblich-
physischen Verfassung des Menschen gelten[116], stehen weitere Ansätze. Loader[117] hat zu
den Aussagen von 2,14f frühjüdische und frühchristliche Traditionen über den Tod und
seine Überwindung zusammengestellt und daraus geschlossen, dass der Hebr ganz in diesem Sinne den Sühnetod Christi am Kreuz als Unterwerfung der gottfeindlichen Mächte
interpretiere. Doch vermag sich Loader nicht zu erklären, wie das zu den Ausführungen
über die Engel passen könnte, die ja in Kp. 1f nicht als feindliche Mächte erscheinen[118].
Auch ist, wie sich zeigen wird, in Hebr 2,14f nicht von einem Sühnetod Christi die Rede.
Barth hat V.14f mit der Vorstellung von der Hadesfahrt Christi zur Befreiung der im Totenreich Gefangenen erklären wollen[119]. Er führt dafür über die Kommentare[120] hinaus
nur einen weiteren Beleg (EvNik V/XXI) an. Doch ist das EvNik eine Schrift erst des 5.
Jh. n.Chr.[121]; zudem wird nur hier im Zusammenhang der Hadesfahrt Christi der Satan
als der überwundene Beherrscher des Totenreiches benannt. Auch will sich das Hades-
fahrt-Motiv nicht in den Gedankengang von Hebr 2,5–16 fügen.

2,15 macht deutlich, dass nicht Sterblichkeit und Tod als solche, sondern
die daraus sich ergebende Todesfurcht das beherrschende Problem des
menschlichen Daseins ist. Charakteristisch sind hier die drei Formulierungen »Todesleiden« (πάθημα θανάτου 2,9), »Todeserfahrung« (γεύεσθαι
θανάτου[122] ebd.) und »Todesfurcht« (φόβος θανάτου 2,15), welche die leid-

---

[115] Vgl. treffend BENGEL 1915 (1773), 882, zu V.14: »pueri, h.l. non est nomen aeta-
tis naturalis, sed deducitur ex v. 13. Messias non commode choro puerorum naturalium
hic ingeritur. Loquitur de filiis suis spiritualibus«. Er bemerkt allerdings zu V.11: »Εἷς,
unus, ille est Abraham [...]«. – Ferner DERS., a.a.O. 882, zu V.13: »Παιδία ילדים natos
vocat, decente Primogenitum sermone, qui eosdem et fratres et minores innuit: atque hos
omnes Deo, qui eos ipsi dederat salvandos, juxta secum glorificandos sistis«. Vgl.
HEGERMANN 1988, 76.
[116] Vgl. KÄSEMANN 1961, 98–105; GRÄSSER 1990, 147–149; BRAUN 1984, 64f.
[117] LOADER 1981, 112f.
[118] A.a.O. 114.
[119] BARTH 1992, 85–97: 90–94; ähnlich jetzt wieder LÖHR 2005, 466f.
[120] A.a.O. 91 Anm. 191. Doch belegen die Quellen, auf die dort verwiesen wird, nicht
das Hadesfahrtmotiv.
[121] Vgl. ALTANER/STUIBER 1978, 127.
[122] Wörtlich: »den Tod schmecken«. Γεύεσθαι θανάτου ist ein geläufiger Ausdruck;
vgl. Mk 9,1par; Joh 8,52. Zur Übersetzung γεύεσθαι = »erfahren«, »etwas kennenlernen«

volle, mit Angst verbundene menschliche Erfahrung benennen, die mit dem Tode verknüpft ist. Nicht das Sterbenmüssen als in der leiblichen Verfassung gegründetes Faktum, sondern die leidvolle menschliche Erfahrung ist es, auf die es dem Vf. hier ankommt und in die Jesus mit der Annahme von σάρξ καὶ αἷμα eingetreten ist[123].

Wird der leidende Mensch in bezug auf sein Gottesverhältnis bedacht, so stellt sich das Leiden in seiner theologischen Qualität, als Anfechtung (πειρασμός), dar. So heißt es in 2,18: ἐν ᾧ γὰρ πέπονθεν αὐτὸς πειρασθείς. Ebenso kann der Hebr Christus in 4,15 als den πεπειρασμένον δὲ κατὰ πάντα καθ' ὁμοιότητα bezeichnen; eine Aussage, die der von 2,17 (ὅθεν ὤφειλεν κατὰ πάντα τοῖς ἀδελφοῖς ὁμοιωθῆναι) bis in Einzelheiten der Wortwahl nahekommt, die »Gleichheit« mit den Menschen aber nun nicht (wie 2,14) als Annahme von Blut und Fleisch aussagt, sondern sie in der Konsequenz, eben in der von Christus erlitten Anfechtung, zusammenfasst, die ihn die menschlichen Schwächen kennen lehrte (ebd.).

Die Aussage über die σάρξ ist also nicht dualistisch, im Sinne der Materialität, zu verstehen. Nicht die in der fleischlichen Verfasstheit des Menschen gründende Sterblichkeit als solche ist das Problem. Vielmehr entsteht aus der Sterblichkeit die Angst (φόβος V.15). Sterblichkeit und Furcht sind Ursache des πειρασμός, der zum Einfallstor der Sünde wird, wenn der Mensch der Versuchung nachgibt (vgl. 4,15). Der Todesmachthaber (2,14) versklavt die Menschen (V.15), indem er sie mittels der Todesfurcht zum Sündigen nötigt. So ist der Mensch theologisch im Blick, d.h. sofern er auf Gott bezogen ist. In die σάρξ und die damit verbundene conditio humana, damit in die Situation des πειρασμός – so ist über den Wortlaut von 2,14f hinaus zu interpretieren –, tritt Christus mit der Annahme von σάρξ und αἷμα ein[124]. Doch er erliegt der Anfechtung nicht, bleibt vielmehr gehorsam und sündlos (4,15) und überwindet so den τὸ κράτος ἔχοντα τοῦ θανάτου. Die Aussage über die Überwindung des Todesmachthabers Hebr 2,14f, der

---

BEHM 1933, 674–676: 676,3–7 (er übersetzt a.a.O., Z.4: »den Tod als das, was er ist, empfinden«); BAUER 1988, 314 sv. (2); vgl. WESTCOTT 1906, 47: »the conscious experience, the tasting the bitterness, of death«; gut auch GRÄSSER 1965, 21: »Durchkosten des Leidens im Sterben«; ferner GRIMM 1997, 416f sv. – Zwei weitere Belege von γεύεσθαι im Hebr haben wir in 6,4–6, wo es um das »Schmecken« der göttlichen Gaben, des Wortes Gottes und der Kräfte der künftigen Welt geht. Wie in 2,9 das »Schmecken« des Todes aus dem Erfasstsein von der conditio humana sich ergibt, so hier das »Schmecken« der göttlichen Gaben aus dem Berührtsein von der himmlischen Wirklichkeit. Wer von der jeweiligen Wirklichkeit erfasst ist, nimmt deren Auswirkungen an sich wahr; »schmeckt« sie. – Somit ist zugleich deutlich, dass γεύεσθαι in 6,4–6 nicht auf den Genuss sakramentaler Speisen anspielt (gegen THEISSEN 1969, 41).

[123] So schon LOADER 1981, 112.

[124] So u.a. auch HOFIUS 1972, 78; LAUB 1980, 86.

frühjüdische[125] und frühchristliche[126] Traditionen an die Seite gestellt werden können[127], bezeichnet den Tod Christi als das Heilsereignis. Indem er

---

[125] Grundlegend ist die alttestamentliche Sicht des Satan als Engel, der als Ankläger vor dem himmlischen Gericht wirkt und zur Sünde bzw. zum Abfall von Gott zu verführen sucht (so schon Hi 1,6–12, vgl. v. RAD 1935). Sie begegnet im außerbiblischen Schrifttum vielfach: Vgl. – neben den Kommentaren z.St. Hebr 2,14f – nur BOUSSET [-GRESSMANN] 1926, 352–354.406–409; VOLZ 1934, 88.189.286f.385f.310f.321; BIETENHARD 1951, (209–214.)219f; FOERSTER 1964, 152–156. Die neuere Literatur führt nicht weiter. Rabbinisches zur Sache bei STRACK/BILLERBECK 1922, 139–149. – Der Satan erscheint als Versucher zur Sünde (MartJes 2,1f; 5,8; Jub 1,20f; 17,16; TestRub 2; Test Benj 3 u.ö.) und als Ankläger vor Gott (Jub 1,20f; 48,15; I Hen 40,7 u.ö.); als Herr der Hölle und der höllischen Strafengel (ApkAbr 31; I Hen 53,3; 55,3–56,1; vgl. II Hen 31,4). Die Gottlosen gelangen in die Unterwelt bzw. in ewiges Verderben und Tod (PsSal 2,31; 3,11; 9,5 u.ö.; I Hen 99,11; 108,3 u.ö.; IV Esr 7,47f u.ö.; II Bar 30,2–5; 44,12 u.ö.). Die letztgenannten Aspekte stehen in Verbindung mit der Deutung des Satan als Gegenspieler Gottes, der im Eschaton entmachtet bzw. vernichtet werden soll (Jub 23,29; 50,5; Test Juda 25; TestSeb 9). Eine paradiesischer Zeit, in der die Menschen in Gemeinschaft mit den Engeln leben, schließt sich an. Mit dem Ende des Satans entfällt die Versuchung zur Sünde; mit der Sünde der Tod. So kann mit dem Ende von Teufel und Sünde auch das des Todes erwartet werden (IV Esr 8,53; TestLev 18).

[126] Phil 2,6–11: Im Tod gipfelt Christi Gehorsam, der mit der Annahme der menschlichen Sklavenexistenz durch den Präexistenten begann. Im Hintergrund steht Adamtradition: Christus bewährt, anders als Adam, den Gehorsam und wird so über die gottfeindlichen Mächte erhöht (vgl. KÄSEMANN 1960a, 70.73.79–81; als Möglichkeit bereits bei PETERSON 1959a, 121, erwogen; ferner HOFIUS 1991, 65–67. Vgl. auch die tiefgründige Darstellung von SCHLIER 1970, 51–57, sowie – zum Ganzen – auch SCHLIER 1963, 41–47. Zur Auslegung von Phil 2,6–11 vgl. ferner die o. bei Anm. 43 genannte Literatur.). Die Nähe dieser Stelle zu Hebr 1f wurde längst gesehen, vgl. nur KÄSEMANN 1960a, 61; HOFIUS 1991, 75–92; BERGER 1995, § 268C (p. 435); DUNN 1996, [110f.] 117–119). – Apk 12,7–12: Das Motiv des Satanssturzes ist verknüpft mit dem des Chaosdrachenkampfes. Aufgrund von Michaels Sieg verliert der Satan seinen Platz als himmlischer Ankläger der Menschen vor Gott. Nunmehr wirkt er auf Erden als Verführer zur Sünde. Doch machen sich die Glaubenden auf Erden den himmlische Sieg über ihn zu eigen, indem sie der Versuchung widerstehen und ihn so auch ihrerseits überwinden, nämlich im Bekenntnis zu Christus bis zum Martyrium (vgl. MÜLLER 1995, 237f; GIESEN 1997, 278–291; AUNE 1998, 699–703.). – Lk 22,31f: Der Satan wirkt als himmlischer Verkläger der Jünger vor Gott. Er sucht sie des Abfalls von Gott zu überführen. Im Hintergrund steht die Erfahrung der Versuchung und der dadurch ausgelösten Anfechtung. Es gilt, in Anfechtung und Versuchung Glauben zu bewahren. Denn durch Jesu Fürbitte ist die Macht des Satans begrenzt (vgl. SCHLATTER 1931, 426; BIETENHARD 1951, 213.). – Röm 8,33f: Die Stelle verbindet das Motiv von Tod und Auferstehung Christi mit dem der Erhöhung »zur Rechten« und sieht darin, d.h. in der Interzession Christi, die wirksame Verteidigung gegen alle Anklagen. Diese bilden den Hintergrund der Anfechtung der Erwählten. Christi Leiden und Sterben gibt seiner Fürsprache Gewicht. Im Hintergrund steht auch hier die Vorstellung vom himmlischen Tribunal und vom Satan als himmlischer Ankläger (vgl. V.33: τίς ἐγκαλέσει κατὰ ἐκλεκτῶν θεοῦ) (vgl. HAACKER 1999, 174f.). Vgl. zum Ganzen noch BERGER 1995, § 268E (p. 435).

den Tod erlitt und darin an Gott festhielt, hat Christus die menschliche Existenz in Blut und Fleisch, Todesfurcht und Anfechtung durchlebt, dabei aber der Versuchung zum Ungehorsam widerstanden, der einst Adam erlegen war, und so den von diesem zu erwartenden Gehorsam bewährt. Weil in der Überwindung des φόβος θανάτου durch den leidenden Christus die Überwindung des Todesmachthabers geschieht, ist sein Todesleiden Heilsereignis.

Abschluss der Psalmauslegung (V.16). Mit dem Herrschaftsgedanken und der Vorordnung der σπέρμα ᾽Αβραάμ vor den Engeln nimmt Hebr nochmals das Rivalitätsmotiv auf und lenkt zugleich zu V.5 zurück. Der Satan wurde durch den Tod, durch den er den sündigen Menschen beherrscht hatte[128], selbst überwunden, und der »Mensch« gelangte durch diesen Tod wieder in jene Stellung, die ihm die Engel neideten, die ihm aber von Gott bestimmt war. Damit hat Hebr seine Erwiderung – die These von V.9 – auf den Einwand (V.8c) gegen die Unterwerfungsaussage des Psalms entfaltet: Das Geschehen von Erniedrigung und Erhöhung Christi ist mit Recht zur Begründung des πάντα ὑπέταξας κτλ. angeführt worden, weil darin Ereignis geworden ist, was Gott allen Menschen zugedacht hat. Christus nimmt sich der σπέρμα ᾽Αβραάμ an. Dass diese dann aber wirklich in das Geschick des einen »Menschen« einbezogen werden, dafür sorgt der Erhöhte in seinem hohepriesterlichen Wirken, mit dem er den πολλοί υἱοί den Zugang zur himmlischen Herrlichkeit ermöglicht[129]. Damit verweist V.16 voraus auf die mit V.17f erstmals ansatzweise eingeführte Hohepriester-Christologie.

Ergebnisse und Schlussfolgerungen. Wie sich nun bestätigt hat, reicht die Auslegung des Zitats aus Psalm 8 bis Hebr 2,16. Zum Verständnis müssen das Motiv der Rivalität zwischen Engeln und Menschen bzw. die frühjüdischen und frühchristlichen Adam-Traditionen beachtet werden. Daran anknüpfend versteht Hebr von Ps 8,5–7 her Christus als den »Menschen« schlechthin, der als der neue Adam den Todesmachthaber Satan durch seinen Leidensgehorsam im Tode entmachtet. Die Annahme von

---

[127] Tod und Teufel stehen, wie dargelegt, schon in den o. genannten frühjüdischen und frühchristlichen Texten nahe beieinander. Auch die Auffassung vom Satan als Todesmachthaber fügt sich darin ein, wenngleich sie dort keine exakte Entsprechung findet. Besonders nahe kommt der Auffassung des Hebr darin die Darstellung in I Kor 15,24–26 (erwähnt o. p. 145 zum Zitat in Hebr 2,6b–8a), wo der Tod als der letzte Feind erscheint (V.26) und damit in eine Reihe dämonischer, gottfeindlicher Mächte (ἐχθροί V.25) gestellt wird, die bereits in V.24 aufgezählt wurden (ἀρχή, ἐξουσία, δύναμις). Vgl. CONZELMANN 1969, 321–325; WOLFF 1996, 386–388. Auch in I Kor 15,25.27 ist die Herrschaft über die Mächte mit der Kombination Ψ 109 (Ps 110),1/Ps 8,7 ausgesagt (I Kor 15,27).

[128] Deshalb διὰ τοῦ θανάτου (Hebr 2,14) und nicht: διὰ τοῦ θανάτου *αὐτοῦ* (worauf schon DELITZSCH 1989 [1857], 85 hinwies).

[129] Zum einzelnen die Auslegung von 2,17f und 4,14–16 ↑ III.4.2.

Blut und Fleisch durch den Sohn und sein Vertrauen und Gehorsam in der
Anfechtung eröffnen den Zugang zu himmlischer Herrlichkeit: Christus
wird um seiner Leidenserfahrung willen erhöht, und damit ist der Weg zur
himmlischen Herrlichkeit frei für die »vielen Söhne«. Aus der Überwindung des – in der Tradition ursprünglich als Engel gedachten – Versuchers
geht die Erhöhung über alle Engel hervor, und darin ist zugleich allen
»Söhnen« und damit dem Menschengeschlecht der Platz über allen Engeln
bei Gott angewiesen.

Damit ist der erste Teil der These von V.9 erläutert, wonach die Erhöhung Christi um seines Todesleidens willen stattfand. Der zweite Teil jener
These besagte, dass seine Erfahrung des Todesleidens durch die Erhöhung
»für einen jeden« bedeutsam wurde. Das zu entfalten, wird Aufgabe der
Kulttheologie des Hebr sein, die – nach der Vorbereitung durch die Einführung des Hohepriesterprädikats in 2,17f – in Hebr 4,14 einsetzt.

Zuvor gilt es im Rückblick festzuhalten, was die Exegese von Hebr 2,5–
16 für das Verständnis des Ansatzes der Theologie des Hebr erbracht hat.
Das Psalmwort über den Menschen – »alles hast du unter seine Füße getan« – ist in der Erhöhung des erniedrigten Christus so erfüllt, dass darin
die Erhöhung der »vielen Söhne« bereits impliziert ist. Das ist die Anwort
des Hebr auf den Einwand, die dem Menschen von Gott zugedachte Ehre,
Herrlichkeit und universale Herrschaft seien noch nicht sichtbar. Die Hohepriesterchristologie des Hebr knüpft hier also nicht an eine Deutung des
Sterbens Christi als Sühnegeschehen an (womit über das Vorkommen dieser Deutung im frühen Christentum nicht geurteilt werden soll). Vielmehr
setzt sie die traditionelle christologische Anschauung von Erniedrigung
und Erhöhung Christi voraus, wie sie etwa in Phil 2,6–11 vorliegt, die ein
»für uns«, »für unsere Sünden« o.ä. in bezug auf das Leiden und Sterben
Christi nicht zum Ausdruck bringt. Daran anknüpfend bietet Hebr seine
Kulttheologie auf, um zu erweisen, dass und warum im Weg Jesu Christi
die Heilsfülle beschlossen liegt, der die conditio humana von Blut und
Fleisch, Tod, Furcht und Anfechtung zu widersprechen scheint. Hebr 2,5–
16 ist der Ansatz zu dieser Neuauslegung. Diese selbst wird der kulttheologische Mittelteil des Hebr bieten.

Vorbereitet ist das mit der These von Hebr 2,9f, wonach in der Erhöhung und Verherrlichung Christi seinem Todesleiden universale Heilsbedeutsamkeit erschlossen wurde. Denn die Hohepriesterchristologie des
Hebr – das wird zu zeigen sein – will nichts anderes sein als die Entfaltung
der Heilsbedeutsamkeit dessen, dass der erhöhte Christus gegenwärtig im
himmlischen Heiligtum als Hoherpriester für »uns« eintritt: Die Kategorie
des Kultischen, speziell die Deutung der himmlischen Wirksamkeit Christi
als himmlischer Kult, drückt aus, dass und warum das zurückliegende Geschehen von Erniedrigung und Erhöhung des Sohnes in der gegenwärtigen

himmlischen Wirksamkeit des Erhöhten in unüberbietbarer Weise für »uns« heilvoll präsent, warum damit die Tradition von Erniedrigung und Erhöhung Christi, des Einwands von Hebr 2,8 (οὔπω ὁρῶμεν κτλ.) unbeschadet, nach wie vor sinnvoll rezipierbar ist.

2.3 Exkurs: Die Vollendungs- und Vollkommenheitsaussagen des Hebr

Die Vollendungs- und Vollkommenheitsaussagen des Hebr sind vielfach und auf vielerlei Weise ausgelegt worden. Auf einen knappen forschungsgeschichtlichen Überblick folgt hier ein Neuansatz, der die Bedeutung jener Aussagen in ihren jeweiligen Kontexten erhebt, dabei aber als gemeinsamen Bedeutungsaspekt die im Christusgeschehen begründete unüberbietbare, eschatologische Heilsfülle herausstellt.

Das Problem. Insgesamt vierzehn mal finden sich im Hebr Formen von τέλειος, τελειόω, τελείωσις, τελειότης und τελειωτής[130]. Die meisten Belege (nämlich neun) hat das Verb τελειόω[131]; das Attribut τέλειος begegnet einmal substantiviert, einmal im Komparativ[132]. Die Nomina τελείωσις, τελειότης und τελειωτής[133] begegnen je einmal[134]. Das Vorkommen dieser Belege ist über alle drei Hauptteile des Hebr[135] verteilt.

Hat man die Vollendungsaussage kultisch-sakral, gnostisch, platonisch-ontologisch, eschatologisch oder sittlich-moralisch auszulegen? In welchem Verständnis stehen die Vollendungsaussagen über Jesus und diejenigen über die Christen zueinander? Gibt es ein einheitliches Verständnis für alle Belege? – Überblickt man die Forschungsgeschichte der letzten ca. 100 Jahre, so kann man nicht sagen, dass sich eine Lösung des Problems durchgesetzt hätte. Im Gegenteil, der vorherrschende Eindruck ist der der Unübersichtlichkeit und Widersprüchlichkeit.

Zur Auslegungsgeschichte[136]. Die ältere Auslegung dachte öfter an eine sittliche Vervollkommnung[137]. Doch Hebr denkt nicht an sittlichen Fortschritt im Leben Jesu, der in

---

[130] 2,10; 5,9.14; 6,1; 7,11.19.28; 9,9.11; 10,1.14; 11,40; 12,2.23. – Im Hebr fehlt nur das Adverb τελείως.

[131] 2,10; 5,9; 7,19.28; 9,9; 10,1.14; 11,40; 12,23.

[132] 5,14; 9,11.

[133] Τελειωτής ist nur christlich belegt; im NT ist es ein hapax legomenon; so DELLING 1969, 87,9–88,5.

[134] 7,11; 6,1; 12,2.

[135] Teil I: 1,1–4,13; Teil II: 4,14–10,31; Teil III: 10,32–13,25. – Zu dieser Gliederung vgl. (für viele andere) NAUCK 1960; zur Geschichte der Gliederungsversuche GUTHRIE 1994, 3–41; vgl. KARRER 2002, 72–74.

[136] Darstellungen der Forschungsgeschichte zu τελειοῦν, τελείωσις κτλ. im Hebr finden sich bei PETERSON 1982, 1–20 und, weniger ausführlich, auch bei SCHOLER 1991, 185–195.

seinem irdischen Leben ohne Sünde war (4,15)[138]. Jesus hat nicht durch sein Handeln Vollkommenheit erworben, sondern wurde von Gott vollendet (2,10 u.ö.)[139]. Hebr 5,8 meint mit »Lernen« keinen Prozess der Vervollkommnung, sondern die Bewährung des Gehorsams[140]. Weitere Deutungen denken an die Haltung des gehorsamen Frommen[141], an eine Annäherung an den göttlich-himmlischen Bereich[142] (im Rahmen platonisierender Ontologie[143]) oder an gnostische Frömmigkeit[144]. Häufig nahm man einen terminus technicus der Kulttheologie an[145]: In neun von 17 Fällen gibt LXX mit τελειοῦν τὰς χεῖρας das hebräische יד מלא wieder[146]. Und von den 17 Vorkommen von τελείωσις in LXX sind 12 die Wiedergabe von המלאים[147]. Beide Ausdrücke sind termini technici[148] für die Priesterinvestitur. Doch überzeugt diese Deutung für Hebr nicht[149].

---

[137] Vgl. DELITZSCH 1989 (1857), 69f; WESTCOTT 1906, 49f; MOFFATT 1952, 31f; CULLMANN 1957, 92–97, bes. 92f; DUPLESSIS 1959, 216f; PETERSON 1982, 91–100: 92f.95–97.

[138] Vgl. KÖGEL 1905, bes. 37–41.64–68; DIBELIUS 1956a, bes. 165; LAUB 1980, 73f; LOADER 1981, 39; RISSI 1987, 79.102f; SCHOLER 1991, 187f.

[139] Ähnlich hat schon SCHOLER 1991, 187f, die wichtigsten Argumente gegen diese Interpration zusammengefasst.

[140] Vgl. ROSE 1994, 342 sowie die dort Anm. 39 herangezogenen Ausführungen von HOFIUS 1986, 188, dass nach Hebr 10,5ff »bereits der präexistente Christus im Gehorsam gegen den Willen des Vaters ja sagt zur Inkarnation und zur sühnenden Hingabe seines σῶμα in den Tod«.

[141] MICHEL 1934/35, 337–341. So sieht MICHEL in den Aussagen des Hebr ein sittliches Moment eingeschlossen, möchte dies aber nicht im Sinne einer inneren Entwicklung verstehen; vgl. a.a.O. 348f.

[142] Vgl. DEY 1975 und CARLSTON 1978

[143] Den Gebrauch der »τελ-words« bei Philo beschreibt CARLSTON 1978, 133–145.

[144] KÄSEMANN 1961, 86f.88f; BRAUN 1984, 59.146.155.158 u.ö.

[145] DIBELIUS 1956a, MOE 1949 und DELLING 1969. Die Aussagen von Hebr 5,14; 6,1; 9,11 lässt DIBELIUS allerdings außen vor, da sie sich seinem Verständnis nicht einfügen; vgl. a.a.O. 167 Anm. 19. DELLING nimmt a.a.O. 84,20–85,1 die Stellen Hebr 11,40; 12,23 von dieser Deutung aus. Auch die Belege für τέλειος (5,14; 9,11), τελειότης (6,1) und τελειωτής (12,2) sind bei DELLING (a.a.O. 78,1–9; 80,6f; 87,21–88,5) von der kultischen Deutung ausgenommen

[146] Und zwar nur in Ex, Lev und Num: Ex 29,9.29.33.35; Lev 4,5; 8,33; 16,32; 21,10; Num 3,3. Die übrigen LXX-Belege für τελειόω geben meist die Verben שלם und תמם wieder.

[147] Ex 29,22.26.27.31.34 sowie Lev 7,37; 8,22.26.28.29.31.33.

[148] Einzelheiten u.a. bei DELLING 1969, 81,33–82,1; 83,17–84,19; 86,27–87,6; PETERSON 1982, 26–30; HÜBNER 1992, 827f.

[149] Der terminus technicus der LXX bedeutet die Einsetzung ins Priesteramt. Die Bedeutung »Weihe« für τελείωσις könnte man in LXX allenfalls in II Makk 2,9 erwägen. PETERSON 1982, 26–30, macht ferner geltend, dass bloßes τελειοῦν (ohne τὰς χεῖρας) noch kein kultischer terminus technicus ist und dass auch die Aussagen über die Einsetzung ins Priesteramt i.S. der von ihm sog. formalen Bedeutung (d.h. i.S. von »vollenden«, »beenden«, »erfüllen«) zu verstehen sind. Bloßes τελειοῦν oder τελείωσις könne daher nicht mit Berufung auf die LXX kultisch interpretiert werden. Kritisch zu dieser Deutung mit Recht auch KLAPPERT 1969, 55.56.

Eine eschatologische Interpretation hat, bislang als einziger, Silva (1976) vorgelegt[150].

Die Integration aller Belege in die je angenommene Grundbedeutung will in keinem Falle gelingen. Das zeigt schon das Nebeneinander der verschiedenen Deutungen; ebenso aber auch die Beschränkung mancher Ausleger auf nur eine Auswahl von Belegen. So zielt etwa der Sühntag (10,14) nicht auf die Priesterweihe des Volkes, wie es in den Aussagen von 9,11; 10,1.14 auch nicht um (Priester-)Weihe, ebensowenig aber um Erlangung himmlischer Unverweslichkeit, Versetzung in die himmlische Welt oder um Entweltlichung geht, sondern offenbar um Reinigung von Sünden, usf. So haftet allen vorgestellten Deutungen etwas Willkürliches an; eine einheitliche Sicht der Belege ist mit keiner von ihnen ungezwungen zu gewinnen.

Daneben stehen Versuche, die Bedeutung der Vollendungsaussagen jeweils aus dem Kontext zu erheben[151]; insbesondere in der Monographie von Peterson. Seine Deutung von τελειοῦν – »to qualify« bzw. »to make completely adequate«[152] – ist so allgemein, dass sie je neu gefüllt werden kann und muss. Die Interpretation der Vollendungs- und Vollkommenheitsaussagen löst sich in Paraphrasen der jeweiligen Kontexte auf. Die neueren Beiträge zum Thema verfahren ähnlich[153]. In zwei neueren Kommentaren ist das Bemühen um eine einheitliche Interpretation der einschlägigen Aussagen aufgegeben worden[154].

Neuansatz. Aus den Ergebnissen Petersons u.a. ist festzuhalten, dass alle Belege für τελειοῦν, τελείωσις κτλ. in Textzusammenhängen begegnen, in denen nicht »Vollkommenheit« o.ä., für sich genommen, thematisch ist. Vielmehr handelt es sich um unterschiedliche thematische Zusammenhänge, in denen die Aussagen über τελειοῦν, τελείωσις κτλ. der jeweiligen Aussageabsicht dienen und dadurch auch je Verschiedenes zum Ausdruck bringen. Ein Durchgang durch die einschlägigen Texte wird das zeigen. Zugleich wird sich dabei erweisen müssen, ob allen Belegen von τελειοῦν, τελείωσις κτλ. im Hebr dennoch ein gemeinsamer Sinn zugrunde liegt.

Exegesen. Hebr 2,10. Im Kontext (2,8b–18) wird der Weg Jesu geschildert. Dabei ist besonders sein Leiden und Sterben im Blick. Das Stichwort πάθημα begegnet zuerst V.9b und wieder in V.10c; abschließend erscheint das Verb πάσχειν in V.18. Eng damit verbunden ist θάνατος; das

---

[150] A.a.O., hier bes. pp. 64–70.

[151] KÖGEL 1905, in neuerer Zeit vor allem PETERSON 1982.

[152] A.a.O. 66–73: 66f.73.

[153] RISSI 1987, 79.102f; LINDARS 1991, 42–47; SCHOLER 1991, 185–200; LÖHR 1994, 276–278; VANHOYE 1996.

[154] HEGERMANN 1988, 73f, interpretiert die meisten Belege im Sinne einer Kombination von Sündenvergebung und Einführung in die himmlische Herrlichkeit, ergänzt dies jedoch bei der Deutung von 5,14; 6,1 um eine mysterientheologische Deutung: Es gehe dort um das Erlangen der vollkommenen Erkenntnis. GRÄSSER 1990, 130f schließt zu 2,10 die kultisch-sakrale Deutung wie die sittliche aus; er folgt KÖGEL 1905 und deutet die Stelle auf Jesu Verherrlichung, mit der er zugleich seine Heilsmittlerqualität erhalte. DERS. 1997, 137 m. Anm. 95 interpretiert jedoch den Beleg 9,9 kultisch-sakral im Sinne der Priesterweihe vor dem Hintergrund der Terminologie der LXX und im Anschluss an DIBELIUS 1956a.

Wort erscheint V.9, V.14 (2x) und V.15. Das Leiden Christi wird in V.9f als Durchgang zu Erhöhung und Herrlichkeit des Sohnes und der Söhne dargestellt; in V.14–18 geht es um die Solidarität des Sohnes mit den ἀδελ-φοί, denen er beistehen kann, weil er selbst gelitten hat. So liegt also auch in V.10 das Gewicht auf diesem Gedanken: Der Vers will nicht besagen, dass Gott Jesus als den ἀρχηγὸς τῆς σωτηρίας vollendete, sondern vielmehr, dass die παθήματα der Gott gemäße Weg hierzu waren, da Christus hierdurch jene soteriologische Qualität erlangte, welche es ihm ermöglicht, die »vielen Brüder« zur Herrlichkeit zu führen. Die τελειοῦν-Aussage bezeichnet hier das Erlangen dieser Qualität auf dem genannten Wege.

Hebr 5,9. Thema des Kontextes (4,14–5,10) ist das Hohepriestertum Jesu Christi. Ähnlich wie in 1,2–4, wird in 5,5f die Besonderheit Jesu aus der Einsetzung durch Gott in seine himmlische Würde deutlich. Dem Träger des Sohnestitels blieben Leid und Tod nicht erspart. Wieder sind die Wörter πάσχειν (V.8) und θάνατος (V.7) bezeichnend für die conditio humana (vgl. 2,14–16). Als Ziel des Weges durch den Tod werden hier die heilsmittlerische Funktion Jesu und seine Hohepriesterwürde hervorgehoben (V.9f). Ewiges Heil ist möglich geworden aufgrund des Leidens Jesu (V.8f). Die Betonung liegt dabei auf der Ewigkeitsaussage (σωτηρία αἰώνιος). Diese nimmt die in V.6 zitierten Worte des Orakels Ps 110 (Ψ 109),4 (εἰς τὸν αἰῶνα) auf, auf die dann auch der die Erörterung beschließende V.10 zurücklenkt. Jesus ist »vollendet«, insofern er als ewiger Hoherpriester ewiges Heil zu wirken vermag. Die τελειοῦν-Aussage meint auch hier das Erlangen dieser soteriologischen Qualität auf dem Weg durch Leiden, Tod und Erhöhung[155].

Hebr 5,14; 6,1. In 5,11–6,20 finden wir eine Paränese, die vor dem Beginn der anspruchsvollen Hohepriesterlehre in 6,19f zur Hörbereitschaft mahnt. 5,11–6,3 bietet die Einleitung dieser Paränese. 5,12–14 befasst sich mit der mangelnden Reife der Adressaten, die noch nicht über die Anfangsgründe hinaus zur »festen Speise« der anspruchsvolleren Lehre gekommen sind. 6,1–3 betont dagegen die Absicht des Vf.s, sich den Anfangsgründen nicht erneut zuzuwenden, sondern stattdessen zu der in Kp. 7–10 folgenden Hohepriesterlehre fortzuschreiten. In diesem Zusammenhang ist τέλειοι in 5,14 die Bezeichnung für Menschen, die »feste Speise«, d.h. die anspruchsvollere Lehre, aufnehmen können, während in 6,1 eben diese Lehre mit ἡ τελειότης bezeichnet wird, da sie von der in 2,10; 5,9f angesprochenen, in Kp. 7–10 zu entfaltenden soteriologischen Qualität des himmlischen Hohenpriesters handelt.

Hebr 7,11–19. Hier geht es darum, dass durch die Einführung eines neuen Priesters nach melchisedekischer statt levitischer Weise (V.11) die Unzulänglichkeit und Vorläufigkeit des levitischen Priestertums sowie die

---

[155] So schon LOADER 1981, 44 . – Vgl. 2,10 διὰ παθημάτων τελειῶσαι.

Wandelbarkeit bzw. Vorläufigkeit der ihm zugrundeliegenden Anordnungen (νόμος V.19 bzw. νόμος ἐντολῆς V.16) deutlich wird (vgl. μεταθίτημι bzw. μετάθεσις V.12; ἀθέτησις V.18). Nachdem dies in V.11f thesenhaft formuliert ist, folgt in V.13–17 eine mehrgliedrige Begründung, worauf dann V.18f dahingehend zusammenfasst, dass ἐντολή abgetan, ἐλπίς aber eingeführt wird (ἀθέτησις μέν–ἐπεισαγωγὴ δέ; sc. γίνεται). Dass ein solcher Übergang stattfindet, begründet der Vf. mit einem nicht aus νόμος ἐντολῆς σαρκίνης, sondern aus δύναμις ζωῆς ἀκαταλύτου hergeleiteten Recht (V.15f), welches jenen νόμος ablöst. In diesem Zusammenhang finden sich die beiden Aussagen εἰ τελείωσις ἦν κτλ. (V.11) bzw. οὐδὲν ἐτελείωσεν ὁ νόμος (V.19a). In V. 19a ist mit νόμος demnach abbreviatorisch dasselbe gemeint wie in V.11 mit ἡ λευιτική ἱερωσύνη, von der ja gilt: ἐπ' αὐτῆς νενομοθέτηται. Die τελείωσις- bzw. τελειοῦν-Aussagen sind im Zusammenhang des Gedankens zu verstehen, dass das Vorläufige abgelöst und ersetzt wird. Die Begriffe τελείωσις und μετάθεσις stehen somit hier in Gegensatz zueinander: μετάθεσις bezeichnet die Wandelbarkeit des Vorläufigen, τελείωσις die Endgültigkeit des Bleibenden; näherhin des melchisedekischen Priestertums und der ihm zugrundeliegenden kultischen Heilssetzung.

Hebr 7,28. In V.28 wird den irdischen Hohenpriestern mit ihrer Schwäche (ἀσθένεια) Jesus gegenübergestellt, der »in Ewigkeit vollendet« ist (εἰς τὸν αἰῶνα τετελειωμένος). Auch hier liegt das Gewicht nicht auf der Vollendungsaussage als solcher, sondern auf der Ewigkeitsaussage (εἰς τὸν αἰῶνα), die die des Psalmzitats (V.17.20) wörtlich aufnimmt, zumal mit der ὁρκωμοσία ja eben das Orakel von Ps 110 (Ψ 109),4 gemeint ist, wie V.21 lehrt. Die Schwäche der menschlichen Hohenpriester, denen der vollendete gegenübergestellt wird, besteht demnach in ihrer Endlichkeit; das Vollendet-Sein Jesu (τετελειωμένος) besteht – hier – in seinem ewigen Leben.

Hebr 9,11. In Hebr 9 unterscheidet der Vf. zwischen einem »kosmischen« Zeltheiligtum (ἅγιον κοσμικόν V.1), das dem innerweltlichen Bereich zugehört, und einem »nicht dieser Schöpfung«, sondern der himmlischen Welt zugehörigen (οὐ ταύτης τῆς κτίσεως V.11). Dieses himmlische Zeltheiligtum gehört daher auch nicht zum Bereich der irdischen »Schatten« oder »Abbilder« (ὑπόδειγμα, σκιά 8,5 vgl. σκιά 10,1), sondern zu dem der Urbilder (τύπος 8,5 vgl. εἰκών 10,1) bzw. der diesen zugrundeliegenden himmlischen Realität selbst (τὰ ἐπουράνια 8,5; vgl. τὰ πράγματα 10,1), hat also höhere Seinsqualität als das irdische. Insofern ist es »besser« (μεῖζον) und »vollkommener« (τελειότερα) als dieses (V.11).

Hebr 9,9; 10,1.14. In Hebr 8–10 werden der irdische Kult und seine Opfer mit der irdischen Selbsthingabe und dem himmlischen Selbstopfer

Christi verglichen[156]. An den drei hier zu besprechenden Stellen geht es jeweils um (tatsächliche oder fehlende) Heilswirksamkeit. Von den Opfern der irdischen Priester heißt es in 9,9: μὴ δυνάμεναι κατὰ συνείδησιν τελειῶσαι τὸν λατρεύοντα bzw. vom Gesetz in 10,1: εἰς τὸ διηνεκὲς οὐδέποτε δύναται τοὺς προσερχομένους τελειῶσαι; vom Opfer Christi dagegen: καθαριεῖ τὴν συνείδησιν ἡμῶν κτλ. (9,14); τετελείωκεν εἰς τὸ διηνεκὲς τοὺς ἁγιαζομένους 10,14. In 9,9 ist die τελειοῦν-Aussage erweitert um den Zusatz: κατὰ συνείδησιν (vgl. 9,14 καθαρίζειν τὴν συνείδησιν). Der Gegensatz dazu ist eine Reinheit, welche lediglich die σάρξ betrifft (ἡ τῆς σαρκός καθαρότης 9,13) bzw. in nur äußerlichen Observanzen gründet (9,10). In 10,1.14 ist die τελειοῦν-Aussage jeweils erweitert durch den Zusatz: εἰς τὸ διηνεκές. Den Gegensatz zur alljährlich wiederholten Opferdarbringung (V.1), welche eben nicht εἰς τὸ διηνεκές wirkt, bildet die für immer gültige μία προσφορά Jesu (V.14). Die Vollendungsaussagen betonen demnach die innerliche, das Gewissen betreffende Wirkung und die ihr korrespondierende, bleibende Geltung des einmaligen Christusgeschehens.

Im Hintergrund steht das die Ausführungen zu Kult und Opfer rahmende Zitat aus LXX[157] Jer 38 (MT Jer 31),31–34 (der Vf. bringt es ausführlich in 8,8–12 und wiederholt Teile von LXX Jer 38,33f in Hebr 10,16f). Diesem Prophetenwort entnahm der Vf., dass die Setzung einer neuen διαθήκη mit der Verinnerlichung des Gesetzes verbunden sein werde, die nunmehr in die διάνοια der Menschen geschrieben werden solle (LXX Jer 38,33), und dass mit dieser eschatologischen Heilstat Gottes der Erlass aller Sünden verbunden sein werde (LXX Jer 38,34).

Den Grund fortdauernder irdischer Opferpraxis sieht Hebr 10,2 daher in dem ἔχειν ἔτι συνείδησιν ἁμαρτιῶν; in diesem Sinne meint er, die προσ ἐρχόμενοι würden dort nicht vollkommen gemacht (V.1). Die ›Vollkommenheit‹ ist hier die der eschatologischen neuen διαθήκη[158], die mit dem einmaligen Geschehen der irdischer Selbsthingabe Christi in Kraft gesetzt ist und die den himmlischen Kult zum Inhalt hat[159], der bleibend gültige Vergebung der Sünden wirkt und somit am Gewissen »vollkommen macht«.

Hebr 11,40; 12,2.23. Die πίστις intendiert, wie 11,1 lehrt, τὰ ἐλπιζόμενα, welche πράγματα οὐ βλεπόμενα sind. Das unsichtbar-jenseitige Hoffnungsgut ist sachlich identisch mit der ἐπαγγελία (V.39)[160]. Diese zu erlangen heißt hier »vollendet werden« (V.40), und damit gelangt zugleich

---

[156] Zum einzelnen ↑ III.4.4; III.4.6; III.4.8.

[157] Das Zitat weicht von der in unseren Handschriften der LXX dokumentierten Textgestalt leicht ab.

[158] Vgl. die Deutung bei SILVA 1976, 76.

[159] Zum einzelnen ↑ III.4.4; ↑ III.4.6/III.4.8.

[160] Vgl. SILVA 1976, 68.

der Glaube an sein Ziel. Jesus ist daher der τελειωτής der πίστις (12,2), denn er hat sie als erster (vgl. ἀρχηγός) zu dem von ihr intendierten Ziel geführt; zum einen in seinem persönlichen Weg; zum anderen, insofern damit auch für andere der Weg zu diesem Ziel eröffnet ist.

Doch besteht hier eine Schwierigkeit: Nach Hebr 11,39f haben die in Kp. 11 erwähnten Gläubigen die ἐπαγγελία nicht erlangt, damit sie nicht ohne »uns« vollendet würden (ἵνα μὴ χωρὶς ἡμῶν τελειωθῶσιν). Gleichwohl werden die πνεύματα δικαίων, die sich nach 12,22f im himmlischen Jerusalem befinden, als τετελειωμένοι bezeichnet. Nun ist aber mit der ἐπαγγελία im Hebr unstreitig das eschatologische Hoffnungsgut des Eintritts in die himmlische κατάπαυσις, gleichbedeutend mit dem Eintreten in das himmlische Allerheiligste, bezeichnet[161], das »wir« noch vor uns haben. Daraus folgt, dass die πνεύματα δικαίων nicht in dem Sinne »vollendet« sein können, dass sie die ἐπαγγελία von 11,39f nunmehr empfangen hätten. Vielmehr erwarten sie noch, wie »wir«, den eschatologischen Eintritt in die κατάπαυσις bzw. das himmlische Allerheiligste. In welchem Sinne ist jeweils vom »Vollendet-Werden« die Rede? Hier führt der Hinweis auf Hebr 2,10; 10,14 weiter. Christus wurde durch Leiden vollendet; d.h. sein Weg schließt die Verherrlichung der »vielen Brüder« ein[162]. Durch sein einmaliges Opfer hat er die ἁγιαζόμενοι »vollendet« (τετελείωκεν 10,14). In 10,14 und 12,23 liegt demnach ein anderes Verständnis von »Vollendet-Werden« zugrunde als in 11,39f.

Die πνεύματα von 12,23 sind schon jetzt in demselben Sinne »vollendet« wie die ἁγιαζόμενοι von 10,14: Das in Christus erworbene Heil ist bereits wirksam zugeeignet (10,14); »wir« wie die πνεύματα haben bereits jetzt Anteil daran. Dem entspricht auf Seiten der Adressaten das Hinzugetreten-Sein zum himmlischen Jerusalem (12,22), auf Seiten der πνεύματα die Anwesenheit dort (12,23).

12,23 beschreibt, gleichsam aus himmlischer Perspektive, die im Christusereignis bereits vollzogene Vollendung als schon jetzt auch die πνεύματα umfassend (darin 10,14 vergleichbar), während die Vollendungsaussage von 11,39f gleichsam aus der irdischen Perspektive das künftige Erlangen der Heilsvollendung in Aussicht nimmt. Die Belege in 11,40 und 12,23 machen nochmals deutlich, dass τελειοῦν κτλ. im Hebr in unterschiedlichen Kontexten unterschiedlich verstanden werden muss[163].

Vollendung, Erhöhung und himmlisches Hohepriestertum. Dass τελειοῦν im Hebr die (hohe-) priesterliche Investitur bezeichne, bestätigte sich nicht; auch nicht in Hebr 2,10; 5,9f. Τελειοῦν bezeichnet das Erlangen der heilsmittlerischen Qualität, die alle »Brüder« bzw. »Gehorchenden« einschließt. Damit ist das Erlangen jener Qualität gemeint, die für das Hohepriesteramt Christi grundlegend ist; nicht jedoch das Erlangen dieses

---

[161] Das hat ROSE in seinen Ausführungen von 1989 überzeugend dargelegt. Vgl. schon HOFIUS 1970, 51–58, bes. 53f.

[162] Vgl. zum einzelnen die Auslegung von Hebr 2,10 o. pp. 151–153.

[163] Insofern ergibt sich (bei Unterschieden im einzelnen) eine bemerkenswerte Nähe zur Interpretation der τελειοῦν-Aussagen bei KLAPPERT 1969, 55–58.

Amtes selbst. Nichtsdestoweniger gehört beides sachlich eng zusammen, und wenn die auf Christus bezogenen τελειοῦν-Aussagen das Hindurchgehen durch Leiden und Sterben als Voraussetzung des Vollendet-Werdens verstehen, so wurde nach Hebr auch die Ausübung des Hohepriesteramtes erst durch das Geschehen von Leiden, Sterben und Erhöhung möglich. Das stützt die hier vertretene Auffassung, wonach die Einsetzung ins Hohepriesteramt erst in der Erhöhung aus dem Tode stattfand.

Ergebnisse. Die Belege von τελειοῦν κτλ. bezeichnen nicht eine bestimmte, einzelne Vorstellung wie Zugang zur himmlischen Welt oder Priesterinvestitur. Sie benennen im jeweiligen Kontext Verschiedenes. In 2,10; 12,2 wird die universale und endgültige Bedeutung des Weges Christi durch Leiden zur Herrlichkeit ausgedrückt; in 5,14; 6,1 ist die Aufnahmebereitschaft für die Lehre von der eschatologischen Heilsbedeutung des himmlischen Hohenpriesters bzw. diese Lehre selbst gemeint; in 7,11.19. 28 geht es um das Ewige, Gültige gegen das Vorläufige, Endliche; in 9,9 um das Himmlische im Gegensatz zum Irdischen usw. Allen diesen Äußerungen liegt also, trotz der Unterschiede im einzelnen, ein gemeinsamer Sinn zugrunde: Τελειοῦν, τελείωσις, τέλειος κτλ. bezeichnet in verschiedenen Sinnzusammenhängen eschatologische, ewige, himmlische Qualität; die Fülle und Endgültigkeit dessen, was in der Heilstat Christi als eschatologisch-himmlische Erfüllung erschlossen ist.

2.4 Ertrag

Durchs Todesleiden hindurch erlangte Christus in seiner Erhöhung die Qualität des Heilsmittlers: In seiner Erhöhung ist den vielen »Brüdern« gleiche Herrlichkeit verbürgt wie ihm selbst. So ist er durch Leiden »vollendet«. Mit »Vollendung« ist im Hebr die unüberbietbare, eschatologische Heilsfülle angesprochen, die im Weg Jesu Christi erschlossen und den Seinen zugeeignet ist. Aus der Erhöhung Christi geht die Gemeinde der »Söhne«, »Brüder«, »Geschwister« hervor, welche mit der himmlischen ἐκκλησία verbunden ist. So erschließt die Erhöhung die Heilsbedeutung des irdischen Weges Christi. Dieser war der Weg des in der Versuchung Gehorsamen: Christus ist der wahre »Mensch«, in dessen Weg der Fall Adams aufgehoben und in dessen Herrschaft dem Menschengeschlecht die ihm von Gott bestimmte Herrlichkeit gegeben ist. Die Herrlichkeit des Erhöhten, die Heilsbedeutung der Erhöhung (und durch sie die des irdischen Weges Christi) bietet Hebr gegen die Anfechtung durch die vorfindlich-irdische Schwäche des Menschen auf. So begründet er die fortdauernde Geltung des überkommenen Kerygmas von Erniedrigung und Erhöhung Christi.

3. Kapitel

Der Weg Jesu Christi.
Gehorsam, Erhörung und Erhöhung

3.1 Einführung

Stand der Argumentation. Von den in Hebr 2,5–16 herausgestellten drei
Aspekten (↑ III.2.1) wird hier zunächst der erste aufgenommen: der Weg
Jesu Christi in irdischer Niedrigkeit und Gehorsam, durch Leiden und
Sterben unter der conditio humana zur Erhöhung und damit zur Einsetzung
in das Amt des himmlischen Hohenpriesters.
Fortgang der Argumentation in Kp. III.3. Die Aufmerksamkeit gilt in
der folgenden Untersuchung der theologischen Deutung des irdischen Geschehens von Leiden und Sterben Christi. Dieses wird soteriologisch interpretiert; doch dabei unterbleibt jede Deutung im Sinne opferkultischer
Sühne. Vielmehr wird der Gehorsam Christi als Erfüllung des Gotteswillens dem irdischen Opferkult prägnant gegenüber- und, als seine Überwindung, entgegengestellt.
Zum einzelnen. Hebr entfaltet seine Deutung des irdischen Weges Jesu
Christi (neben Hebr 2,5–16) insbesondere in Hebr 5,5–10 und in Hebr
10,5–10.11–18.19f.21f. Die genannten Abschnitte stehen daher im Mittelpunkt dieses Kapitels (III.3.2; III.3.4; III.3.5). Daneben behandelt III.3.3
ein – freilich bezeichnendes – Detail der Deutung von Leiden und Sterben
Christi im Hebr (9,15–17).
    III.3.2: Hebr 5,1–10 stellt Christus und irdische Hohepriester gegen-
über. Bringen diese um des Gottesverhältnisses der Menschen willen Opfer
dar, so steht dem Christi irdischer Weg in Leiden und Gehorsam gegenüber. Gerade dieser Weg aber ist es, der seine hohepriesterliche Investitur
begründet und seinem hohepriesterlichen Wirken jene soteriologische Qualität verleiht, die den irdischen Hohenpriestern fehlt.
    III.3.3: Hebr 9,15–17 bietet eine kurze rechtsmetaphorische Digression,
welche die Heilsbedeutung des Todes Christi mit der juridischen Testa-
ments-Metapher deutet. In V.15 (ausgelegt im Rahmen von V.15–17) wird
Christi Tod, wie schon in Hebr 2,14f, ohne Bezug auf das himmlisch-kultische Geschehen und damit ohne sühnetheologische Deutung als zurückliegendes Heilsereignis verstanden, dessen Geschehen-Sein die Rechtsverbindlichkeit der Heilsverheißung verbürgt.

III.3.4: Die grundlegende Auseinandersetzung des Hebr mit dem irdischen Opferkult und zugleich die theologisch gewichtigste Deutung von Christi irdischem Weg vor kulttheologischem Hintergrund findet sich in Hebr 10,1–18 (mit dem Schwerpunkt auf V.5–10). Dem soteriologisch unwirksamen, nicht Gottes Willen entsprechenden irdischen Opferkult wird der Weg Jesu Christi im Gehorsam gegen den Willen Gottes gegenübergestellt; dieser Weg ist zugleich die Überwindung des irdischen Opferkults und das Ende der ihm zugrundeliegenden ersten Heilssetzung (διαθήκη), insofern mit Christi Erfüllung des Gotteswillens auch die Verheißung der neuen Heilssetzung (διαθήκη) erfüllt ist, welche die Erfüllung des in die Herzen geschriebenen Gotteswillens bringt.

III.3.5: Dem Inhalt nach bildet Hebr 10,19f mit V.21f den Übergang vom kulttheologischen Mittelteil des Schreibens zum paränetisch geprägten Schlussteil. Der Passus stellt die Verbindung her zwischen dem Weg Jesu Christi und dem Weg der ihm zugeordneten Menschen. Christi σάρξ – Abbreviatur für seine irdische Existenz im »Fleisch« – wird zum Weg für »uns«. Es gilt, wie Christus selbst in der irdischen Existenz den Gehorsam zu bewähren. Diese im Gehorsam gelebte irdische Existenz – nicht irdische opferkultische Aktivität also und ebensowenig ein Hinauswandern aus der irdischen Welt in die himmlische – ist das Beschreiten des Weges der σάρξ Christi. Nur er führt zum Himmel.

Wenn Hebr auf eine opferkultische Deutung des irdischen Leidens und Sterbens Christi verzichtet, so ist damit (anders als in der Hebr-Auslegung zuweilen vertreten) keine grundsätzliche Verwerfung der Kategorie des Opferkults schlechthin intendiert. Die Kritik des Hebr am irdischen Opferkult problematisiert, anders als neuzeitliche Kultkritik, nicht dessen opferkultischen Charakter, sondern seine irdisch-diesseitige Natur. Die nicht-opferkultische Deutung des irdischen Weges Christi ist Komplement der kult- und sühnetheologischen Interpretation seiner Erhöhung. In diesem Zusammenhang hat sie ihr Recht und ihren Sinn. Dementsprechend treten in dieser Arbeit die Ausführungen über Christi himmlisches Wirken (↑ III.4) zu denen über seinen irdischen Weg hinzu.

3.2 Hebr 5,5–10: Leidensgehorsam, Erhöhung und Fürbitte

An die Stelle, die im irdischen Kult das Opfer innehatte, treten bei Christus wie bei den ihm zugehörigen Menschen Gottesfurcht, Gehorsam und Gebet. Diese werden als das Verhalten des irdischen Jesus hervorgehoben. Die Opferterminologie wird in 5,7 im übertragenen Sinne verwendet. Dabei wird der Leidensgehorsam Christi als Grund seiner Erhöhung aus dem Tode geschildert. Christi Hohepriestertum begann in seiner Errettung aus dem Tod (Erhöhung). Die Leidenserfahrung geht in die Fürbitte des Erhöhten ein.

Analyse. Unmittelbar an 4,14–16 anschließend, bietet Hebr 5,1–10 eine kunstvoll komponierte Einheit, die menschliches und melchisedekisches Hohepriestertum gegenüberstellt und dabei, wie die folgende Exegese erweisen wird, die in 4,14–16 geschilderte Qualität Christi als Interzessor zum entscheidenden Vorzug seines himmlischen Hohepriestertums sowie sein irdisches Leiden zum Grund dieses Vorzugs macht[1]. Mit V.6.10 bereitet Hebr – über 6,1–18 hinweg – die Erörterung der Melchisedek-Thematik ab 6,19f vor. Der Aufbau ist mehrfach analysiert worden, wobei die Ergebnisse – trotz zahlreicher Übereinstimmungen – im einzelnen voneinander abweichen. Zu Anfang der folgenden Auslegung steht daher eine eigene Analyse[2]. Der Abschnitt lässt sich, mit verkürzter Wiedergabe der einzelnen Aussagen, zunächst folgendermaßen darstellen:

V.1a	A	Jeder Hoherpriester, von Menschen genommen,
V.1b	B	bringt Gaben und Opfer für Sünden dar,
V.2	C	kann mitleiden, weil er Anteil hat an Schwachheit,
V.3	D	muss für eigene Sünden Opfer bringen;
V.4	E	nimmt sich nicht selbst die Ehre, sondern wird von Gott berufen wie Aaron.
V.5f	E'	Christus nahm sich nicht selbst die Ehre, sondern wurde von Gott berufen,
V.7	D'	brachte Gebete dar,
V.8	C'	litt und lernte Gehorsam,
V.9	B'	bewirkt ewiges Heil derer, die ihm gehorchen,
V.10	A'	ist von Gott angeredet als Hoherpriester nach der Ordnung Melchisedeks.

So zeigt sich ein Aufbau, bei dem einander jeweils Aussagen über die menschlichen Hohenpriester und über Christus entsprechen. V.5–10 bieten zu den in V.1–4 genannten Eigenschaften der menschlichen Hohenpriester jeweils Entsprechungen (s.o.). Dabei rahmen V.5f.10 den Abschnitt; V.5 formuliert eine These (ὁ Χριστὸς οὐχ ἑαυτὸν ἐδόξασεν γενηθῆναι ἀρχιερέα ἀλλ' ὁ λαλήσας πρὸς αὐτόν κτλ.), die mit zwei Schriftzitaten (V.5: Ψ/Ps 2,7; V.6: Ψ 109[Ps 110],4) unterstützt wird; V.10 nimmt das zweite der beiden Psalmzitate in verkürzter Form auf und schließt damit die Erörterung, einem quod erat demonstrandum gleich, ab: Mit seiner Anrede an Christus (vgl. προσαγορευθεὶς ὑπὸ τοῦ θεοῦ V.10), die in den Zitaten der V.5f.10 wiedergegeben ist, hat Gott ihn zum Hohenpriester (und zwar κατὰ τὴν τάξιν Μελχισέδεκ) eingesetzt. Damit hat er ihm die Würde verliehen,

---

[1] Womit die Pointe der Darlegungen über das melchisedekische Hohepriestertum in Hebr 7 – die Aussage über die immerwährende himmlische Interzession 7,25 – vorbereitet wird.
[2] Vgl. zuletzt die Analyse bei KARRER 2002, 253. Zu älteren Beiträgen vgl. LOADER 1981, 98 m. Anm. 14.

die er sich nicht selbst nehmen konnte[3]. Im Überblick ergibt sich folgende Anordnung:

Menschliche Hohepriester		Christus
A Hohepriester, von Menschen genommen Πᾶς γὰρ ἀρχιερεὺς ἐξ ἀνθρώπων λαμβανόμενος ... (V.1)	Hohepriestertum	A' Hohepriester nach der Ordnung Melchisedeks προσαγορευθεὶς ὑπὸ τοῦ θεοῦ ἀρχιερεὺς κατὰ τὴν τάξιν Μελχισέδεκ (V.10)
B eingesetzt um der Menschen willen, um Opfer für Sünden darzubringen ... ὑπὲρ ἀνθρώπων καθίσταται τὰ πρὸς τὸν θεόν, ἵνα προσφέρῃ δῶρά τε καὶ θυσίας ὑπὲρ ἁμαρτιῶν (V.1)	Funktion für Menschen	B' bewirkt ewiges Heil der Menschen, die ihm gehorchen καὶ τελειωθεὶς ἐγένετο πᾶσιν τοῖς ὑπακούουσιν αὐτῷ αἴτιος σωτηρίας αἰωνίου (V.9)
C kann mitleiden, weil er Anteil an Schwäche hat μετριοπαθεῖν δυνάμενος [...] ἐπεὶ καὶ αὐτὸς περίκειται ἀσθένειαν (V.2)	Leiden	C' litt und lernte Gehorsam καίπερ ὢν υἱός, ἔμαθεν ἀφ' ὧν ἔπαθεν τὴν ὑπακοήν (V.8)
D muss Opfer für eigene Sünden bringen καὶ δι' αὐτὴν ὀφείλει, καθὼς περὶ τοῦ λαοῦ, οὕτως καὶ περὶ αὐτοῦ προσφέρειν περὶ ἁμαρτιῶν (V.3)	Wirken für sich selbst	D' brachte Gebete dar an den, der ihn retten kann ὃς [...] δεήσεις τε καὶ ἱκετηρίας πρὸς τὸν δυνάμενον σῴζειν αὐτὸν ἐκ θανάτου μετὰ κραυγῆς ἰσχυρᾶς καὶ δακρύων προσενέγκας [...] (V.7)
E nimmt sich nicht selbst die Ehre, sondern wird von Gott berufen, wie Aaron καὶ οὐχ ἑαυτῷ τις λαμβάνει τὴν τιμὴν ἀλλὰ καλούμενος ὑπὸ τοῦ θεοῦ καθώσπερ καὶ Ἀαρών (V.4)	Berufung	E' nimmt sich nicht selbst die Ehre, sondern wird von Gott berufen nach Ordnung Melchisedeks [...] ὁ Χριστὸς οὐχ ἑαυτὸν ἐδόξασεν [...] ἀλλ' ὁ λαλήσας πρὸς αὐτόν· υἱός μου εἶ σύ, [...] καθὼς καὶ [...] λέγει· σὺ ἱερεὺς εἰς τὸν αἰῶνα κατὰ τὴν τάξιν Μελχισέδεκ (V.5f)

Gegenüberstellung von Opferkult und gelebtem Gehorsam in Hebr 5,1–10.
Vergleicht man die hohepriesterlichen Eigenschaften, die für menschliche

---

[3] Daneben hat die Hebr-Exegese an 5,7 besonders die Frage nach verarbeiten Traditionen und zumal nach Gemeinsamkeiten mit synoptischem Stoff interessiert (so besonders die ältere Exegese, vgl. etwa BLEEK 1840, 72–75; unter den Neueren noch BRUCE 1964, 98–100). Doch wird man an Traditionen neben den Synoptikern zu denken haben. Vgl. BOMAN 1967a; LOADER 1981, 108–110; FELDMEIER 1987, 61–63; BERGER 1995, § 231 (pp. 376f). An das biblische Schema des notleidenden Beters generell denkt WEISS 1991, 312f; WALTER 1997a, 157, sieht (im Anschluss an STROBEL) im Hintergrund Ps 116. – Weiter wurde die Annahme eines Hymnus als Vorlage erörtert; doch ohne allgemein überzeugende Resultate. Vgl. zum einzelnen BRANDENBURGER 1969; FRIEDRICH 1978a; KARRER 2002, 255f.

Hohepriester bzw. für Christus genannt werden, so fällt auf, dass der Opferdarbringung des menschlichen Hohenpriesters für eigene Sünden (D: V.3) bei Christus das Darbringen von Gebet und Flehen (D': V.7) entspricht. An die Stelle der Solidarität des selbst von Sünde betroffenen irdischen Hohenpriesters mit den sündigen Mitmenschen tritt bei dem sündlosen Jesus (4,15)[4], der ja für sich selbst keiner sündentilgenden Opfer bedarf, die Solidarität des Mit-Leidens. Als Leidender flehte er um Rettung. Als Grund für die Erhörung[5] wird εὐλάβεια, »Gottesfurcht«, angegeben[6]. Damit will das προσφέρειν von Gebet und Flehen nicht als kultische Darbringung eines Opfers verstanden sein[7], womit bereits das irdische Dasein Christi als ein priesterliches bestimmt wäre[8]. An die Stelle der Opferdarbringung zur Vergebung der eigenen Sünden treten beim Christus incarnatus sein Flehen um Rettung und seine in Gottesfurcht gelebte Existenz, und diese werden zum Grund der Erhörung, d.h. der Rettung durch die Erhöhung aus dem Tode. So stehen Gebet und Flehen synekdochisch für Christi ganze Existenz in Schwachheit und Leiden[9], und mit προσφέρειν wird seine Selbsthingabe zum Ausdruck gebracht[10].

---

[4] Vgl. dazu PRATSCHER 2002.

[5] Die Konjektur von HARNACK 1931a, 245–252, der statt καὶ εἰσακουσθείς lesen will: καὶ οὐκ εἰσακουσθείς (so auch BULTMANN 1935, 751,5–9), hat mit Recht keine Zustimmung gefunden. Gedacht ist nicht an Errettung *vom*, sondern *aus dem* Tode; so JEREMIAS 1966b und die Exegese seither.

[6] Dass εὐλάβεια, als Gottesfurcht verstanden, Grund der Erhörung ist (das Wort meint also nicht Angst, *aus* der Christus errettet wurde), darf nach kontroversen Diskussionen inzwischen als Konsens gelten. Vgl. nur WEISS 1991, 315; BALZ 1992e. Die ältere Anschauung bei BULTMANN 1935, 750,43–751,9.

[7] Betete er zu dem, der ihn aus dem Tode retten kann (σῴζειν αὐτὸν ἐκ θανάτου V.7) und war seine Erhöhung die Erhörung dieser Bitte (ebd.), so hatte er um seine eigene Errettung gebetet. Auch deshalb darf das προσενέγκας V.7 nicht opferkultisch verstanden werden: Christus flehte als leidender Mensch um seine eigene Rettung; doch bedurfte er für sich selbst keines Opfers. In Hebr 5,5–10 kommt es darauf an, die »ihm Gehorchenden« (V.9) für ihr Leben in irdischer Schwachheit auf den Gehorsam des schwachen, irdischen Jesus zu verweisen, nicht auf einen irdischen Kultvollzug Christi.

[8] So zuletzt KARRER 2002, 271–273; unter den Neueren noch BERGER 1995, § 231 (p. 377); ELLINGWORTH 1993, 287–289; HEGERMANN 1989, 122, doch mit Einschränkung (»Dabei braucht προσενέγκας keineswegs den Opfergedanken zu enthalten, das ist mit Recht betont worden [...]«); FELDMEIER 1987, 57f; unklar KOESTER 2001, 298f; unentschieden SCHUNACK 2002, 72.

[9] So die Mehrheit; vgl. schon BLEEK 1840, 63–65; LÜNEMANN 1878, 178f; RIGGENBACH 1922, 130f; unter den Neueren: BRUCE 1964, 98 Anm. 43; BRANDENBURGER 1969, 210 Anm. 5; LAUB 1980, 129f; LOADER 1981, 97–111: 105f; BRAUN 1984, 143; MICHEL 1984, 220; ATTRIDGE 1989, 148–152: 149 m. Anm. 153f; GRÄSSER 1990, 296 (Christus erst mit der Erhöhung Hoherpriester); a.a.O. 298 (προσενέγκας = »Gesamtheit der Lebenshingabe«); WEISS 1991, 314 m. Anm. 44f.

[10] So auch FELDMEIER 1987, 58f, ähnlich GRÄSSER 1991, 298f; WALTER 1997a, 157f.

Was dabei die sprachliche Bedeutung von προσφέρειν angeht, so erlaubt diese grundsätzlich die opferkultische wie auch die übertragene Deutung[11]. Doch erfährt die hier vertretene Interpretation Unterstützung dadurch, dass sich bei genauer Berücksichtigung des philologischen Befunds ein leichtes Übergewicht für die übertragene Bedeutung ergibt:

Προσφέρειν bezeichnet nach der Grundbedeutung generell ein Bringen, Geben, Darreichen; auch Zu-sich-Nehmen/Einnehmen (von Nahrung/Medizin), Sich-Verhalten u.a.[12]. Diese Grundbedeutung findet sich mehrfach auch in LXX (Gen 4,7; 27,31; Jdc 5,25; II Βας 17,29; III Βας 3,24; Prov 6,8), gelegentlich auch in opferkultischen Zusammenhängen (so LXX Lev 9,9.12; Num 3,4; 17,3f; 26,61), wenngleich die kultische Bedeutung i.S.v. »Opfer darbringen« (oft mit Bezeichnung der Opfermaterie als Akkusativobjekt) in LXX überwiegt[13]. Die profane Grundbedeutung ist auch bei Philo von Alexandrien und bei Josephus belegt; bei Philo fehlt der opferkultischer Gebrauch ganz[14].

Die Bedeutung »Opfer/Opfermaterie darbringen« als Bezeichnung des Opfervollzugs im Kult findet sich in LXX meist in Lev und Num; daneben in Ex, Ez u.ö. An manchen Stellen bezeichnet προσφέρειν in opferkultischem Kontext das Herbeibringen der Opfergaben durch den Opfernden, der sie dem Kultpersonal übergibt, damit dieses sie dann darbringt (so Lev 2,8[15]). Auch gibt es Belege aus dem weiteren kultischen Bereich, wo von einem Bringen von Gaben für den Heiligtumsbau (LXX Ex 36,3.6) oder von Stiftungen/Geschenken bzw. von Votivgaben die Rede ist (LXX Num 6,13; 7,2.10.11.12.13.18f; 31,50; Dtn 23,19). Προσφέρειν bezeichnet hier in kultischem Kontext das »Hinbringen« (zu Gott bzw. ins Heiligtum), doch nicht das Darbringen im Sinne des Opfervollzugs. Ähnlich ist vom »Bringen« von Abgaben bzw. Tribut an Menschen die Rede (LXX Gen 43,26; Jdc 3,17.18; III Βας 2,46/I Reg 5,1; Ps 72 [Ψ 71],10), was sprachlich mit προσφέρειν δῶρα, oft mit Dativ der Person für den Empfänger[16], ausgedrückt wird. Eine Opferdarbringung ist damit nicht ausgesagt.

Vom »Darbringen« (προσφέρειν) eines Gebetes (δέησις) oder einer Bitte (ἱκετηρία) ist in LXX nicht die Rede. Dagegen findet sich bei Josephus, Bell III 8,3 (§ 353) das »Darbringen« eines Gebetes an Gott, hier mit Dativ der Person (προσφέρει τῷ θεῷ λεληθυῖαν εὐχήν). Die gleiche Konstruktion begegnet in TestLev 3,8, wo vom προσφέρειν von Hymnen an Gott (mit Dativ der Person) die Rede ist[17].

In der Profangräzität finden sich dagegen Belege für die Verwendung von προσφέρειν mit Bezug auf Bitten (δέησις), die in unkultischem Sinne gegenüber Menschen vorgebracht werden[18], so bei Longos, Pastoralia[19] (Daphnis und Chloe) 2,33,1: »Daphnis und

---

[11] Die Schilderung des Gebets, der Rettungsbitte und der Erhörung lehnt sich an die Gebetssprache der Psalmen und des hellenistischen Judentums an und nimmt Topoi des öffentlichen Bittgebets auf. Vgl. LOADER 1981, 105f; BERGER 1995, § 231A (pp. 376f); WEISS 1991, 312f.

[12] Zur Profangräzität vgl. WEISS 1973, 67, 8–14; LS 1529f s.v.

[13] Zum Gebrauch in LXX vgl. WEISS, a.a.O. 67, 15–32.

[14] Vgl. WEISS, a.a.O. 68, 1–9.

[15] Vgl. WEISS, a.a.O. 67, 23f.

[16] Dieser fehlt in Jdc 3,18; Ψ 71,10.

[17] Daneben spricht TestLev 3,6f vom Darbringen unblutiger Opfer; dass damit Gebete gemeint sind (in diesem Sinne wird die Stelle bei MICHEL – vgl. die folgende Anm. – sowie bei BRAUN 1984, 143 genannt), geht aus dem Wortlaut dort nicht hervor.

[18] Angeführt schon bei BLEEK 1840, 68; vgl. MICHEL 1984, 220 m. Anm. 3.

Chloe nun lagen [ihm[20]] mit inständigen Bitten an [...]« (ὁ οὖν Δάφνις καὶ ἡ Χλόη πάσας δεήσεις προσέφερον κτλ.), nämlich dem Rinderhirten Philetas; ferner Achilleus Tatius, De amoribus[21] 7,1,3: »Er trägt ihm eine zweite Bitte vor« (δευτέραν αὐτῷ προσφέρει δέησιν), nämlich Thersander einem Gefängnisaufseher.

In religiösem Kontext finden sich in frühchristlicher Literatur Beispiele für das ›Darbringen‹ von Gebeten in übertragenem, nicht-opferkultischen Sinn; so mit Bezug auf eine δέησις in Barn 12,7 (hier mit ἀναφέρειν); Subjekt ist Mose. In II Clem 2,2 ist ebenfalls in übertragenem Sinne davon die Rede, dass Gebete Gott dargebracht bzw. zu Gott gebracht werden; wie in Hebr 5,7 mit πρός c. Acc. (τὰς προσευχὰς ἡμῶν ἁπλῶς ἀναφέρειν πρὸς τὸν θεόν). Ein weiteres Beispiel, hier προσφέρειν εὐχάς mit Dativ der Person in kultischem Kontext, doch in übertragenem, nicht-opferkultischen Sinne, bietet Origenes, Contra Celsum 8,13[22]: »Daher verehren wir (σέβομεν) den einen Gott und seinen einen Sohn und Logos und Bild mit unserem bestmöglichen und würdigsten Flehen, indem wir zu dem Gott des Alls die Gebete durch seinen Einziggeborenen bringen (προσάγοντες τῷ θεῷ τῶν ὅλων τὰς εὐχὰς διὰ τοῦ μονογενοῦς αὐτοῦ), dem wir sie zuvor übergeben (ᾧ πρῶτον προσφέρομεν αὐτάς), da wir glauben [oder: indem wir ihn bitten], dass er [...] als Hoherpriester unsere Gebete, Opfer und Bitten zu dem Gott über allen bringt (ἀξιοῦντες αὐτὸν [...] προσαγαγεῖν ὡς ἀρχιερέα τὰς εὐχὰς καὶ τὰς θυσίας καὶ τὰς ἐντεύξεις ἡμῶν τῷ ἐπὶ πᾶσι θεῷ).« Im Kontext kann προσφέρειν nicht »darbringen« heissen, da Christus hier als Hoherpriester nicht Empfänger, sondern Mittler der Gebete ist; sie werden ihm übergeben (προσφέρειν), damit er sie zu Gott bringt (προσάγειν)[23].

Schließlich sei hingewiesen auf Corpus Hermeticum 13,21, wo vom Lobpreis als geistiges Opfer (λογικὴ θυσία) die Rede ist, das zu Gott gesandt (πέμπειν) wird[24]. So ist der Sprachgebrauch von (ἀνα- bzw.) προσφέρειν sowohl in der Profangräzität wie auch in der hellenistisch-jüdischen Literatur uneindeutig. Das Überwiegen des opferkultischen Gebrauchs erscheint als Besonderheit der LXX. Hervorzuheben sind im Blick auf Hebr 5,7 die profangriechischen wie die frühchristlichen Belege für das ἀνα- bzw. προσφέρειν von Gebeten/Bitten/Lobopfer in übertragener Bedeutung.

Zu beachten ist ferner die Art der Konstruktion. Für opferkultischen Sprachgebrauch ist typisch die Nennung des Empfängers des Opfers im Dativ[25]; dagegen ist eine Dar-

---

[19] 2./3. Jh. n.Chr. (vgl. BUCHWALD/HOHLWEG/PRINZ 1982, 481). Text bei SCHÖNBERGER (Hg.) 1980, 110f; danach die folgende Übersetzung.

[20] Eckige Klammern vom Vf. Das »ihm« hat im griechischen Wortlaut keine Entsprechung.

[21] Ende des 2. Jh. n.Chr. (vgl. BUCHWALD/HOHLWEG/PRINZ 1982, 5). Text bei GASELEE (Hg.) 1969, 348f. Deutsche Übersetzung vom Vf.

[22] Ed. BORRET 1967ff, Bd. 4, 1969, 200–203. Deutsche Übersetzung vom Vf.

[23] BORRET (Hg.), Bd. 4, 1969, 203, übersetzt anders: »[...] C'est à lui d'abord que nous les offrons en lui demandant [...] de présenter comme Grand Prêtre au Dieu suprême nos prières [...]«. Sprachlich ist diese Übersetzung möglich. Doch Origenes versteht Christus hier nicht als Empfänger, sondern als Mittler der Gebete. Vgl. die Bezeichnung Christi als »Hoherpriester unserer Opfer« (ἀρχιερεύς τῶν προσφορῶν ἡμῶν) I Clem 36,1; vgl. I Clem 61,3: »dich [Gott] preisen wir durch den Hohenpriester [...] Jesus Christus (σοὶ ἐξομολογούμεθα διὰ τοῦ ἀρχιερέως [...] Ἰησοῦ Χριστοῦ)«. – Doch auch wenn man BORRETs Übersetzung folgen wollte, bliebe der Gebrauch von προσφέρειν mehrdeutig im Übergang von der Darbringung zur Übermittlung.

[24] Text bei NOCK/FESTUGIÈRE (Hg.), Bd.2, 1945, 208f; deutsch bei COLPE/HOLZHAUSEN (Hg.), Teil 1, 1997, 187.

bringung eines Opfers »an/zu« jemand (πρός c. Acc.) in LXX nirgends belegt. Auch die o.g. Stellen, die von der Darbringung von Gebet bzw. Gottespreis sprachen, formulierten dies mit Dativ der Person, nie mit πρός c. Acc. Dagegen nennt Hebr 5,7, wie gesagt, Gott als Empfänger der Gebete Christi mit πρός c. Acc. (ähnlich II Clem 2,2). Diese Konstruktion ist die übliche für Aussagen des Redens, Betens, Rufens usw. zu Gott (die zahlreichen LXX-Belege brauchen hier nicht aufgeführt zu werden). Ist demnach der Sprachgebrauch von προσφέρειν vielfältig und erlaubt das bloße Vorkommen dieses Wortes in Hebr 5,7 noch keinen Rückschluss auf die Bedeutung[26], so spricht die genannte Konstruktion dafür, Gott hier (und in II Clem 2,2) nicht als Empfänger einer Darbringung zu verstehen, sondern als den, an den sich Gebet und Flehen richten[27].

Damit entspricht der Sprachgebrauch von Hebr 5,7 dem, der in 10,5–10 zu beobachten sein wird.

Im Vorgriff auf die folgende Auslegung[28] sei darauf aufmerksam gemacht, dass Hebr auch in Bezug auf Christi Selbsthingabe bzw. -darbringung in 10,5–10 opferkultische Terminologie im übertragenen Sinne verwendet; dort handelt es sich um eine unkultische Hingabe im leiblichen Gehorsam, die im Tode kulminiert, ohne dass dieser als kultische Opferdarbringung verstanden würde. Diese übertragene Verwendung von προσφορά (10,10) bzw. προσφέρειν (5,7) ist wesentlich für die theologische Intention des Hebr, am Beispiel des irdischen Jesus gerade den Gehorsam des in irdischer Profanität gelebten Lebens als Zugang zur himmlischen Herrlichkeit zu erweisen: Gerade dieser unkultische Gehorsam tritt, weil Gott wohlgefällig, an die Stelle des irdischen Opferkults.

Dieses Verständnis fügt sich auch am besten zur Intention des Abschnitts, Christus als den in Leiden und Schwachheit gehorsamen, ganz auf Gott ausgerichteten Sohn darzustellen[29].

Vergleichbares lässt sich beobachten bei der anderen Eigenschaft des aaronitischen Hohenpriesters, die den Opferkult betrifft. War dieser dafür zuständig, für die Menschen Opfer darzubringen (B: V.1), so wird unter der Ordnung des melchisedekischen Hohenpriestertums das Verhalten der Menschen als Gehorsam gegenüber Christus beschrieben (B' [V.9]: οἱ ὑπακούοντες αὐτῷ), womit der in irdischer Profanität gelebte Gehorsam an die Stelle des irdischen Opferkults tritt. Damit aber folgen die Menschen Jesus, dessen irdisches Dasein seinerseits durch Leiden und Gehorsam charakterisiert wird (C' [V.8]: ἔμαθεν ἀφ' ὧν ἔπαθεν τὴν ὑπακοήν): »Man gehorcht ihm, indem man wie er gehorcht«[30]. Das Leiden Christi steht zwar in Entsprechung zum Mitleiden des aaronitischen Hohenpriesters (C: V.2). Doch seinen besonderen Akzent erhält das Verhältnis von Christus und den Seinen durch Gehorchen und Gehorsam (B', C'), die bei der Beschreibung

---

[25] So in LXX; vgl. schon RIGGENBACH 1922, 131.

[26] Anders KARRER 2002, 271f.

[27] So zu Hebr 5,7 schon RIGGENBACH 1922, 131.

[28] ↑ III.3.4.

[29] Vgl. »Irdischer Gehorsam als Zugang zu himmlischer Herrlichkeit« und »Interzession als Wirken des himmlischen Hohenpriesters«, u. pp. 179–181.

[30] BRAUN 1984, 147.

des aaronitischen Hohenpriesters und der ihm zugeordneten Menschen fehlen. *Irdischer Gehorsam als Zugang zu himmlischer Herrlichkeit.* Was bedeutet das für das Verständnis des Hohepriestertums Christi? Dieses gründet auf dem Gehorsam, den Christus in seiner irdischen Existenz bewährte und der an die Stelle des irdischen Opferkults tritt. So unterscheidet es sich vom aaronitischen Hohepriestertum. Dieser irdische Gehorsam ist Bedingung und Grundlage der himmlischen hohepriesterlichen Identität Christi. Das ist nun zu zeigen.

Der »Sohn« (V.8) nimmt die von der conditio humana bestimmte Existenz, das Leben im Fleisch, an[31] (ἐν ταῖς ἡμέραις τῆς σαρκὸς αὐτοῦ V.7). Auf sein Flehen hin wird er um seiner Gottesfurcht willen aus dem Tod errettet (V.7). Die Gottesfurcht führt ihn ins Todesleiden, aber ihretwegen wird er aus diesem auch errettet, d.h. erhöht. V.8 deutet das Geschehen mit der Zusammenstellung von Leiden (ἔμαθεν ἀφ' ὧν ἔπαθεν) und Gehorsam (ὑπακοή). Damit ist aufs knappste der Zusammenhang von irdischem Weg und Erhöhung Christi in Erinnerung gerufen, wie er schon aus 2,5–16 bekannt ist. Der im Fleisch und im Leiden bewährte Gehorsam, der bis in den Tod führt, wird zugleich zum Grund der Erhörung, der aus dem Tode rettenden Erhöhung (vgl. διὰ τὸ πάθημα τοῦ θανάτου δόξῃ καὶ τιμῇ ἐστεφανώμενος 2,9). Durch Leiden vollendet, wird er »Urheber ewigen Heils« (αἴτιος σωτηρίας αἰωνίου 5,9): Damit bezeichnet Hebr die soteriologische Funktion Christi im Gegenüber zu der des aaronitischen Hohenpriesters (B–B'). »Jesu soteriologische Bedeutung wird so als Folge der gehorsamen Selbsthingabe beschrieben – ›er litt, *obwohl* er der Sohn war, aber *weil* er zum ἀρχιερεύς werden sollte‹«[32]. Mit der Vollendungsaussage ist knapp in Erinnerung gerufen, dass (wie schon in 2,9f dargelegt) der Weg durch das Leiden zur Herrlichkeit führte: »Sohn war er (1,3 5,7f) und Hoherpriester wird er (2,17 5,10)«[33]. Das »Werden« (ἐγένετο V.9) bezeichnet eine Statusveränderung, die im irdischen Leiden begründet ist und in der Erhöhung vollzogen wird. Diese ist somit als Einsetzung ins hohepriesterliche Amt verstanden[34]. So wird der Hohepriestertitel Inbegriff jener himmlischen Herrlichkeit, in welche die Erfahrung menschlichen Leidens eingegangen

---

[31] Καίπερ ὢν υἱός ist konzessiv auf das Folgende zu beziehen; vgl. WEISS 1991, 316f.

[32] FELDMEIER 1987, 59f; das Zitat im Zitat aus BORNKAMM 1959a, 201.

[33] MICHEL 1984, 164; zustimmend ELLINGWORTH 1993, 294.

[34] Vgl. WALTER 1997a, 161: »Und es ist deutlich, wann diese Einsetzung zum Hohenpriester [...] statthat: auf der Grenze zwischen Erde und Himmel, im Überschritt aus dem Tode in die Erhöhung. Der Erhöhte kann der Hohepriester sein, weil er als der in den Tod Gehende sich dafür ›qualifiziert‹ hat [...]«. Ähnlich bereits SCHWEIZER 1962 (1955), 119–122 (und vgl. bis p. 125).

ist[35]. Hebr 5,5–10 schließt damit an die Darlegungen von 4,14–16 über die Hilfe des Inthronisierten für die Seinen an[36]. *Die Psalmzitate in V.5.6.10 als Erhöhungsaussagen.* Auf die Erhöhung verweisen auch die beiden Psalmzitate in Hebr 5,5f.10: Ψ/Ps 2,7 begegnet im Hebr zuerst in der Zitatenkatene 1,5–13, hier V.5. Den Abschluss jener Kette bildet in Hebr 1,13 Ψ 109(Ps 110),1, der Zuspruch der Inthronisation und sessio ad dexteram, der auch schon in 1,3 anklingt. Hebr 1,3–13 betont die himmlische Herrlichkeit und Herrscherstellung des zur Rechten Gottes Inthronisierten. Auch in 5,5f.10 ist an die Erhöhung (als Rettung aus dem Tode) gedacht, die zur himmlischen Inthronisation führt, doch zusammen mit Ψ/Ps 2,7 zitiert Hebr hier statt Ψ 109(Ps 110),1 nun Ψ 109(Ps 110),4 als Gottesrede, mit der Christus in sein hohepriesterliches Amt eingesetzt wurde. Die Kombination von Ψ/Ps 2 und Ψ 109/Ps 110 bezieht sich in Hebr 5 wie schon in Kp. 1 auf die Erhöhung Christi zu himmlischer Herrlichkeit. Ebenso wird das Psalmzitat auch in Kp. 7 verwendet[37]: Melchisedekisches Hohepriestertum ist für Hebr mit der Inthronisation »zur Rechten« verbundenes, himmlisches Hohepriestertum; Christus erlangt es mit seiner Erhöhung aus dem Tode[38]. So will auch in Hebr 5,10 die Hohepriesteranrede nach Ψ 109(Ps 110),4 wie das Zitat Ψ/Ps 2,7 im Zusammenhang der Inthronisationsaussage von Ψ 109(Ps 110),1 verstanden sein[39]: Die Erhöhung ist hohepriesterliche Investitur.

Damit nimmt Hebr 5,5–10 dieselbe traditionelle Christologie auf, die schon in 2,5–16 verarbeitet wurde – die von Erniedrigung und Erhöhung, wie sie etwa auch in Phil 2,6–11 (auch dort mit dem Gedanken des Gehorsams, vgl. ὑπήκοος Phil 2,8) vorliegt. Um seines Gehorsams willen wird der Erniedrigte aus dem Leiden erhöht – diese Tradition interpretiert Hebr neu, indem er die Erhöhung als Einsetzung ins himmlische Hohepriesteramt deutet[40]. Er schreibt damit dem Erhöhten die Qualität des Heilsmittlers zu, und diese besteht – dies die Pointe – darin, dass er den Leidenden helfen kann, weil er selbst gerade durchs Leiden hindurch erhöht wurde (vgl. 4,14–16).

Interzession als Wirken des himmlischen Hohenpriesters. Kp. 7 erläutert die Überlegenheit des ἀρχιερεὺς κατὰ τὴν τάξιν Μελχισέδεκ über den aaronitischen Hohepriester in 7,25 mit der Fähigkeit, als Erhöhter durch

---

[35] Vgl. HEGERMANN 1991, 348f; WEISS 1991, 310–320; WALTER 1997a, 157f.

[36] ↑ III.4.2.

[37] Vgl. zu Hebr 7 pp. 231f dieser Arbeit.

[38] So auch WEISS 1991, 320.

[39] Vgl. die knappen, doch gehaltvollen Ausführungen bei DAVIES 1968, 385f, zumal den Hinweis auf die Aorist-Formen προσαγορευθείς (5,10), γενόμενος (6,20; 7,26) und παραγενόμενος (9,11), »all referring to Christ's becoming High Priest. This is also a past event, an act of God from which Christ's present Pristhood begins« (a.a.O. 386).

[40] So auch BERGER 1995, § 268B (pp. 434f), der noch II Kor 5,21; 8,9 hinzunimmt.

seine Interzession immerdar retten zu können, die durch ihn zu Gott nahen. Daran ist auch in 5,9 mit der Beschreibung des Erhöhten als αἴτιος σωτηρίας αἰωνίου gedacht: Der himmlische Interzessor vermittelt den Menschen die Gnade (4,16), die sie benötigen, um in Schwachheit (4,15) den Gehorsam zu bewähren (vgl. τοῖς ὑπακούουσιν V.9). Der himmlische Hohepriester wird als der geschildert, der – um seines Gehorsams willen erhöht – selbst durch irdisches Leiden hindurch zum mitleidenden himmlischen Interzessor wurde. So zeigt Hebr 5,7 Jesus als irdischen Beter um Rettung, weil darin seine himmlische Interzession vorbereitet ist: Er war selbst in der Situation, die jetzt die der Adressaten ist, die seiner Fürbitte bedürfen[41]. Nicht als priesterlich wirkenden, opfernden, sondern als schwachen, leidenden, um Rettung aus dem Todesgeschick flehenden Menschen will Hebr 5,7 den irdischen Jesus schildern[42]. Im Nacheinander von Leiden und Erhöhung auf dem Wege Christi sind irdische Schwachheit und himmlische Herrlichkeit aufeinander bezogen[43]. Das wird besonders ab Hebr 10,19 für die Gegenwart der Adressaten paränetisch ausgewertet: Auch sie sollen ihre irdische Schwachheit im Gehorsam bestehen; das kann auch ihnen Zugang zum Himmel werden – durch die Fürbitte des mitleidenden himmlischen Hohenpriesters.

Ergebnis. Im Vergleich von menschlich-irdischem Hohepriestertum (Hebr 5,1–4) und Hohepriestertum Christi (5,5–10) schildern V.5–10 Christi irdischen Weg als Zugang zu seinem himmlischen, hohepriesterlichen Wirken. Christus hat im Leiden Gottesfurcht und Gehorsam bewährt. Gebet und Flehen meinen synekdochisch die ganze irdische Existenz; deren ›Darbringung‹ ist Selbsthingabe auf Erden, nicht priesterlicher Kultvollzug. Das ist der Hintergrund der übertragenen Verwendung von προσφέρειν in 5,7 (und dann auch von προσφορά in 10,5–7). In der Errettung aus Leiden und Tod wurde Christus als Hoherpriester eingesetzt. In Entsprechung zu seinem irdischem Weg tritt auch bei den ihm zugeordneten Menschen irdischer Gehorsam an die Stelle irdischer Kult teilnahme.

3.3 Hebr 9,15 im Rahmen von 9,15–17: Testament und Bund

Wie schon in 2,14f, beschreibt Hebr in 9,15–17 das irdische Sterben Christi als Heilsereignis, ohne es opferkultisch bzw. sühnetheologisch zu deuten. Die Mehrdeutigkeit des Begriffs διαθήκη erlaubt eine juridische Verwendung. Die Erfüllung des Willens Gottes

---

[41] So auch LOADER 1981, 103f.
[42] So schon BLEEK 1840, 64f.
[43] Damit ist auch die Frage beantwortet, die KARRER 2002, 271f gegen eine Auslegung wie die hier vertretene aufwirft: warum übertragener Gebrauch von προσφέρειν Hebr 5,7 gerade in einem Abschnitt angenommen werden solle, der vom Hohepriestertum spricht.

im Leben und Sterben Christi verwirklicht die neue διαθήκη; sie erschließt die Vergebung und verbürgt rechtsgültig das himmlische »Erbe«.

Analyse. Mit καὶ διὰ τοῦτο V.15 nimmt Hebr begründend auf das unmittelbar zuvor Gesagte (9,11f.13f) Bezug[44]: Es ist das himmlische Selbstopfer Christi und die dadurch ermöglichte Reinigung des Gewissens, die das Wesen der neuen διαθήκη ausmacht. Anknüpfend an 8,6 (κρείττονός ἐστιν διαθήκης μεσίτης), schaltet Hebr 9,15–17 in einem Spiel mit den Bedeutungsebenen von διαθήκη eine rechtsmetaphorische Digression in die bundestheologischen Darlegungen ein[45]. V.15 vermittelt zwischen beiden Bedeutungsebenen. Nicht vom »Bund« (bzw. von der kultischen Heilssetzung), sondern vom »Testament« ist dann in V.16f die Rede. V.16f legen knapp dar, dass ein Testament für seine Rechtsverbindlichkeit den Tod des Erblassers voraussetzt, da es vorher nicht wirksam werden kann. Die Argumentation ist eine juridische[46]. Das bedarf hier keiner näheren Erläuterung. Bedeutsam zum Verständnis der Funktion von V.15–17 im weiteren argumentativen Zusammenhang ist dagegen die Verbindung von διαθήκη, κληρονομία und ἀπολύτρωσις in V.15.

Verbindung von Bundes- und Testamentsthematik. V.15 nimmt mit διαθήκης καινῆς μεσίτης die Bundesthematik auf und leitet mit der Rede vom Tod und vom Erbe (κληρονομία) zur Testamentsthematik über. Vom Tod ist ohne Namensnennung die Rede: Die genannte Regel gilt allgemein. Im Zusammenhang ist der Tod Christi gemeint. Die juridischen Regeln von V.16f begründen die Aussage des V.15, nach Eintritt des Todes (θανάτου γενομένου) werde der Empfang des Erbes möglich. V.15 schildert den Tod Christi damit als Bedingung des Heilsempfangs, der als λαμβάνειν τὴν αἰωνίαν κληρονομίαν bezeichnet wird. In V.15–17 liegt einerseits (V.16f) eine juridische Argumentation vor, während zugleich die Bundesthematik, die in V.18–21 wieder explizit verhandelt wird, von V.15 her im Hintergrund bedeutsam bleibt.

---

[44] So der Konsens der neueren Exegese hinsichtlich der alten Frage, ob sich diese einleitenden Worte zurück- oder auf das Folgende beziehen. Vgl. nur (für viele) BACKHAUS 1996, 186f.

[45] Vgl. schon MICHEL 1984, 318: »In dem kultisch bestimmten Gedankengang von Hebr 9 ist das juristische Wortgleichnis ein Nebenmotiv, das ebenfalls die theologische Notwendigkeit und Sinnhaftigkeit des Sterbens Jesu erläutern soll«. Vgl. bes. BACKHAUS 1996, 194–198. Zur Stellung im Kontext auch WEISS 1991, 474f. – Eine kleine Minderheit von Auslegern bestreitet, dass in Hebr 9,16f διαθήκη im Sinne von »Testament« gemeint ist, so HAHN 2004 (weitere Vertreter dieser Auffassung a.a.O. 417 Anm. 5). Die Interpretation von V.16f, die sich dann ergibt (HAHN, a.a.O. 426), erscheint jedoch allzu spekulativ.

[46] Mit ἀνάγκη, βέβαιος, ἰσχύειν, διαθέμενος und θάνατον φέρεσθαι ist juristische Terminologie aufgenommen. Vgl. MICHEL 1984, 318; GRÄSSER 1993, 174f; bes. BACKHAUS 1996, 197.

Der Begriff κληρονομία bezeichnet zum einen das »Erbe« und führt damit zur Bedeutungsebene »Testament« im juridischen Sinne; zum anderen meint er in der Tradition der Bundestheologie das verheißene Land als das mit dem Bundesschluss verbundene »Erbe« (נחלה/κληρονομία), das Israel bewohnen darf. Mit der Rede vom »ewigen Erbe« (κληρονομία αἰώνιος) ist die Transzendentalisierung der Landverheißung aufgegriffen, nach der das wahre Erbe nicht das irdische Land, sondern das als himmlische Größe verstandene Verheißungsgut (ἐπαγγελία V.15), die jenseitige πατρίς, ist, in welche die »Berufenen« eingehen werden[47]. Damit steht im Hintergrund der Argumentation das für den Hebr so wichtige Motiv des eschatologischen Eingehens in die himmlische »Ruhe« (κατάπαυσις) als Umformung der Tradition über das Eingehen ins verheißene Land. Dieses »ewige Erbe« also ist – so V.15–17 – durch den Tod Christi verbürgt.

Juridische Deutung des Sterbens Christi. In diesem Rahmen ist nun auf die Regel einzugehen, mit dem Eintreten des Todes werde das Antreten des Erbes möglich (ὅπως θανάτου γενομένου [...] τὴν ἐπαγγελίαν λάβωσιν οἱ κεκλημένοι τῆς αἰωνίου κληρονομίας). Hebr hat damit – wie schon in 2,14f – das irdische Leiden und Sterben Christi soteriologisch, doch nicht kultisch (als Sühne- oder Opfertod) gedeutet: Der Testamentsgedanke ist es, der begründet, warum aus dem Gestorben-Sein Christi das Empfangen des verheißenen »Erbes« folgt. Diese Aussage ist verbunden mit der näheren Bestimmung: εἰς ἀπολύτρωσιν τῶν ἐπὶ τῇ πρώτῃ διαθήκῃ παραβάσεων. Im Kontext argumentiert Hebr dezidiert kultisch (9,13f.18–23). Dort betont er die Bedeutsamkeit von Blut zur Reinigung (V.14.18.22). Warum verzichtet er dann in V.16f auf eine kulttheologische Argumentation zugunsten der juridischen, und in welchem Sinne hängt das Erlangen der ἀπολύτρωσις τῶν [...] παραβάσεων mit der juridischen Deutung des Todes Jesu zusammen?

Der sachliche Zusammenhang zwischen διαθήκη und juridisch, nicht kultisch verstandenem Tod wird in 10,5–10 näher erläutert werden. Die neue διαθήκη, so wird dort dargelegt, hat ihr Wesen darin, dass an die Stelle der Gott nicht wohlgefälligen Opfer des irdischen Kults die Selbsthingabe im gelebten Gehorsam tritt, der bei Jesus in den Tod führt und in diesem kulminiert. Damit ist der Gotteswille erfüllt und zugleich die neue διαθήκη aufgerichtet.

Das Aufrichten des Bundes durch dieses Todesgeschehen verdeutlicht Hebr in 9,15–17 mit dem Inkraftsetzen des Testaments durch das Eintreten des Todesfalls. Da nun der Inhalt der Verheißung des neuen Bundes in der Vergebung besteht (ἵλεως ἔσομαι ταῖς ἀδικίαις αὐτῶν [...], LXX Jer 38 [MT 31],34/Hebr 8,12; 10,17), ist mit der Aufrichtung des neuen Bundes durch Christi Sterben die unter der ersten διαθήκη angehäufte Sündenlast

---

[47] Vgl. dazu BACKHAUS 2001.

getilgt, und so ist der Antritt der Erbschaft verbürgt. In diesem Sinne wirkt der Tod Christi εἰς ἀπολύτρωσιν[48] τῶν ἐπὶ τῇ πρώτῃ διαθήκῃ παραβάσεων[49]. Damit ist (wie mit der Rede vom καινῆς διαθήκης μεσίτης) die Bedeutung »Heilssetzung« für διαθήκη angesprochen. Doch wird das dazu Gesagte in V.16f juridisch begründet. Die Vergebung bleibt hier ohne sühnetheologische Begründung. Der Akzent liegt auf dem objektiven Geschehen-Sein des Todes Christi: Die Erfüllung der Bundesverheißung ist durch die Aufrichtung der neuen διαθήκη im Leidens- und Todesgehorsam Christi rechtsgültig – gleichsam testamentarisch – verbürgt.

Ergebnis. Der Akzent der Argumentation von 9,15–17 liegt darauf, die rechtliche Verbindlichkeit der mit Christi Sterben gegebenen Erfüllung der Verheißung herauszustellen – darum hier die juridische Argumentation. Auf das Sterben als irdisch-profanes Geschehen wird dies gegründet[50], weil der Inhalt des neuen Bundes – die Erfüllung des Gotteswillens jenseits irdischen Opferkults – laut 10,5–10 mit dem unkultischen irdischen Gehorsam Christi bis zum Tode gegeben ist. Infolgedessen bewirkt der Tod Christi mit der Inauguration der neuen διαθήκη auch die Erfüllung der an diese geknüpften Verheißung der Sündenvergebung.

Zwar wird diese Argumentation in 9,18–23 mit der Schilderung von himmlisch-kultischem Geschehen komplementär ergänzt werden. Diese Komplementarität entspricht dem Weg Christi, der durch irdisches Leiden zur himmlischen Herrlichkeit führte. Doch für die Adressaten, die den eschatologischen Eingang in die himmlische Welt erst vor sich haben, wird hier die irdische Seite dieses Weges herausgestellt, als Garantie dessen, dass auch ihnen der Zugang zum »Erbe« der himmlischen πατρίς – gerade aus irdischer Schwachheit heraus – gleichsam rechtlich verbürgt ist[51].

---

[48] Zum Begriff ἀπολύτρωσις vgl. GRÄSSER 1993, 171. Ursprünglich Bezeichnung des Loskaufs bzw. der Freilassung, bezeichnet es übertragen die Befreiung von etwas, d.h. die »Erlösung« von den Übertretungen; deren Vergebung also.

[49] Ἐπί c. Dat. ist hier temporal zu verstehen; nicht im Sinne des Hervorrufens der Sünden durch den ersten Bund (so SPICQ 1953, 261 [»la provocation de la Loi«]). Temporal auch BRAUN 1984, 272; WEISS 1991, 476f Anm. 10; GRÄSSER 1993, 171 m. Anm. 45. Kausal (weil die »Übertretungen« dem νόμος dieses Bundes widersprechen, aufgrund dessen als solche gelten) dagegen ELLINGWORTH 1993, 461; BDR § 235,2³. Doch bietet ἐπί c. Dat. auch die Möglichkeit der temporalen Deutung: BDR § 235,5. Vgl. BACKHAUS 1996, 191f.

[50] Die Verbindung mit dem Thema der irdischen Niedrigkeit nach Hebr 2,5–18 auch bei GRÄSSER 1993, 173.

[51] Vgl. LOADER 1981, 168f; zur pragmatisch-paränetischen Funktion des Abschnitts auch BACKHAUS 1996, 197f.

3.4 Hebr 10,5–10 im Rahmen von V.1–18: Die Hingabe des σῶμα

Im Mittelpunkt der folgenden Auslegung von Hebr 10,1–18 steht die Interpretation des in Hebr 10,5b–7 angeführten Zitats aus Ψ 39(Ps 40),7–9 und seiner Deutung in Hebr 10,8–10. Beides ist entscheidend für das Verständnis von Sterben und Tod Christi im Hebr. Wie sich zeigen wird, versteht Hebr das Sterben Christi als die Kulmination seines leiblichen Gehorsams, der als unkultische Selbsthingabe an Gott die Erfüllung des Gotteswillens ist und so dem irdischen Opferkult gegenübersteht, welcher dem Willen Gottes nicht entspricht. Die Exegese von Hebr 10,5–10 wird flankiert von knappen Auslegungen von Hebr 10,1–4.9, 10,11–14 und 10,15–18.

3.4.1 Hebr 10,1–4(.9): An die Stelle des ineffizienten irdischen Kults tritt ein andersartiges irdisches Geschehen

In 10,1–4 ist mit der Rede von alljährlichem Opfervollzug und der Nennung von Stier- und Bocksblut nach wie vor die Jom Kippur im Blick[52]. Inhaltlich wiederholt 10,1–4 Grundgedanken aus 9,6–10 (vgl. bes. 9,9 mit 10,2–4). Hebr 10,1–4 nimmt die in 9,11–28 unterbrochenen Darlegungen von 9,1–10 über den irdischen Kult auf. Was ist im Lichte der himmlisch-eschatologischen Erfüllung (9,11f.23.24–28) über irdisches Geschehen zu sagen?

Das den irdischen Kult begründende mosaische Kultgesetz, so V.1, hat lediglich einen Schatten der künftigen, eschatologischen Güter (τῶν μελλόντων ἀγαθῶν), nicht aber die »Gestalt der Dinge«[53], die εἰκών τῶν πραγμάτων selbst. Diese Inferiorität hat soteriologische Ineffizienz zur Folge: οὐδέποτε δύναται τοὺς προσερχομένους τελειῶσαι. Diese These wird in V.2–4 begründet: Wären die irdischen θυσίαι (genannt in V.1) eschatologisch-soteriologisch wirksam, so hätte ihre Darbringung bereits zum Erliegen kommen müssen, da es dann kein Sündenbewusstsein mehr gäbe (V.2); umgekehrt bedeutet ihre alljährliche Darbringung jedesmal neue Erinnerung an die Sünden (V.3). Abschließend wird apodiktisch festgestellt: Es sei unmöglich, dass Blut von Stieren und Böcken Sünden wegnehme (V.4).

Laut 10,9 geht es im Fortgang darum, dass Christus mit seinen Worten »das Erste« aufhebt, damit »das Zweite« in Geltung stehe (στήσῃ). Die Rede vom »Ersten« und »Zweiten« (τὸ πρῶτον, τὸ δεύτερον) sowie vom »Bestand haben« bzw. »Geltung haben« (ἵνα [...] στήσῃ) in 10,9 bietet einen Rückverweis auf die Verwendung von πρῶτος, δεύτερος und στάσις in 9,1–10, die ihrerseits an die Rede von der »ersten« und »zweiten« διαθήκη seit 8,7 anschließt. 9,1 verweist mit ἡ πρώτη zurück auf die Rede

---

[52] Die Verwendung des Blutes dieser beiden Tierarten ist ja dem Jom Kippur-Ritual eigentümlich.

[53] Übersetzung von GRÄSSER 1993, 200. Der Gebrauch von εἰκών im Sinne von »das Wesen« ist ungewöhnlich, doch nicht gänzlich ohne Parallele (↑ II.3 p. 116 Anm. 31).

von der ersten διαθήκη 8,6f bzw. auf die von der neuen διαθήκη 8,10.13 und verknüpft diese mit der dann folgenden vom »Ersten« und »Zweiten Zelt«, die ihrerseits im Sinne der Abfolge von gegenwärtigem (und, so ist zu ergänzen: zukünftigen) Äon bzw. auf die darin geltenden Heilsordnungen gedeutet wird. Die beiden διαθήκαι sind dabei als kultische Heilssetzungen verstanden, deren erste den irdischen, deren zweite aber den himmlischen Kult zum Inhalt hat (vgl. die Gegenüberstellung von himmlischem Kult und irdischem Kult κατὰ νόμον in 8,1–6, ↑ III.4.4). Das »Erste« von 10,9 bezeichnet knapp die erste, irdisch-opferkultische Heilsordnung, welche sich objektiviert in dem »Ersten Zelt« (ἡ πρώτη σκηνή) und in seinem »Bestand« (στάσις 9,8), somit in der heilsgeschichtlichen Eigenart des damit bezeichneten gegenwärtigen Äons (9,9). Dieser ist nämlich bestimmt durch die Geltung einer kultgesetzlichen Praxis, welche zumal die das Allerheiligste vom Zutritt abschirmende Wirkung des »Ersten Zeltes« zur Geltung bringt (9,6f), wodurch der Heilige Geist die Unzulänglichkeit des ganzen irdischen Kults verdeutlicht (9,8[54]). Und diese wiederum besteht darin, dass er keinen Zugang zum Allerheiligsten gewährt (ebd.), was abbildhaft den fehlenden Zugang zum himmlischen Kult ausdrückt. Ist also das »Erste« gekennzeichnet durch den Bestand des »Ersten Zeltes« und durch die damit angezeigte Verweigerung des Zugangs zum himmlischen Allerheiligsten, so ist mit der Bezeichnung der durch Christus inaugurierten neuen Heilsordnung als »das Zweite« auf die Rede vom »Zweiten Zelt« verwiesen, d.h. auf das Allerheiligste und damit auf den durch Christus erschlossenen Zugang zum himmlischen Allerheiligsten.

Bei dem in Hebr 10,9 genannten »Zweiten«, zu dessen Entfaltung in 10,5–10 die V.1–4 überleiten, handelt es sich demnach um ein gegenüber dem irdischen Opferkult neues, jedoch nach 10,5a um ein *irdisches* Geschehen (anders als in 9,24–28). Folgen wir dem Verweis auf 9,(1–5.)6–10, der mit der Wortwahl von 10,9 sowie mit der sachlichen Anknüpfung an Kp. 9 in 10,1–4 gegeben ist, so geht es bei dem irdischen Geschehen, das in 10,5–10 geschildert wird, darum, dass dieses, anders als der irdische Opferkult (9,8), den Zugang zum himmlischen Heiligtum zu erschließen vermag. Die Richtigkeit dieser Deutung wird dadurch bestätigt, dass es eben die durch Christus erschlossene Ermächtigung zum Zugang zum himmlischen Allerheiligsten ist, die dann 10,19f als Ertrag der voraufgegangenen Darlegung paränetisch aktualisieren wird (ἔχοντες [...] παρρησίαν εἰς τὴν εἴσοδον τῶν ἁγίων κτλ.). So haben wir in 10,5–10 die Erläuterung zu erwarten, dass und in welchem Sinne ein vom irdischen Opferkult verschiedenes irdisches Geschehen den Zugang zum Himmel

---

[54] Mit τοῦτο 9,8 verweist Hebr auf den ganzen in V.6f geschilderten Sachverhalt zurück.

erschließen konnte und somit an die Stelle des irdischen Opferkults trat, der dies nicht vermochte.

3.4.2 Hebr 10,5–10: Die gehorsame Selbsthingabe im irdisch-somatischen Leben

V.5a: Einleitung. V.5a bietet eine Zitateinleitung, die das folgende Zitat dem in den Kosmos eintretenden Christus in den Mund legt. Die Einleitung mit διό weist das Folgende als eng mit V.1–4 verbunden aus: Der irdische Kult ist soteriologisch unwirksam (V.1–4);»darum« spricht Christus bei seinem Eintritt in die Welt das folgende Zitat. An die Stelle des unwirksamen irdischen Kults tritt damit hier nun nicht der himmlische Kultakt, sondern der irdische Weg Christi in seiner durch das folgende Zitat erläuterten Bedeutsamkeit.

Das Zitat Ps 40,7–9 MT. In Ps 40 (MT) geht es nach Auskunft der heutigen Exegese[55] darum, dass der Beter Gott seine Not geklagt hatte und erhört worden war. Nun trägt er im Rückblick die Notschilderung zusammen mit dem Bericht über die Erhörung durch Gott sowie den Dank dafür vor (Ps 40,1–6). Die»Buchrolle«, in der »über mich geschrieben« steht (Ps 40,8, zitiert in Hebr 10,7), enthält den schriftlichen Bericht über Not, Klage und Erhörung (= Ps 40,1–6) und wird vom Beter als Votivgabe im Heiligtum deponiert[56]. Der öffentlich bekundete Dank des Beters ist das wahre Opfer, welches an die Stelle des herkömmlichen Opferkults tritt (Ps 40,10f, im Hebr nicht mehr zitiert). Dagegen wünscht Gott die Darbringung tierischer Opfer nicht (Ps 40,7). Auch wenn man, zumindest für die hebräische Fassung, diese Opferkritik nicht überbewerten darf[57], nimmt die umfassende Aufzählung von Opferarten Ps 40,7 doch das Opfer überhaupt in den Blick[58]. Dass V.7 mit der Aussage über die von Gott gegrabenen Ohren an das Hören des Gotteswillens denkt, scheint mir angesichts der in V.9 ausgedrückten vertieften Tora-Frömmigkeit wahrscheinlicher[59] als die

---

[55] Vgl. die Kommentare von KRAUS 1978, 456–464; SEYBOLD 1996, 165–170; ferner SCHRÖGER 1968, 173f; BORNKAMM 1968a, bes. 128–135.

[56] Es handelt sich also nicht um die Tora, von der dann V.9 des Psalms spricht (so jedoch ATTRIDGE 1989, 274f; KOESTER 2001, 433.439). Für Hebr ist davon auszugehen, dass er die Aussage im Sinne einer eschatologisch-messianischen Deutung der Schrift versteht (vgl. RIGGENBACH 1922, 303; GRÄSSER 1993, 215f).

[57] Vgl. KRAUS 1978, 462f.

[58] Schon die Argumentation von Ps 40,7 MT geht deshalb über die bloße Ersetzung des Dankopfers durch Lobpreis hinaus. Anders BORNKAMM 1968a und – im Anschluss an ihn – GRÄSSER 1993, 216.

[59] So im Anschluss an KRAUS 1978, 461–463. Das gilt unbeschadet dessen, dass in V.7 selbst, wie gesagt, noch nicht von der Tora die Rede ist.

Deutung, dass Gott dem Beter Ohren gegraben habe, damit dieser allererst vernehmen könne, dass der Opferkult nicht gottgefällig ist[60]. *Der Wortlaut des Zitats aus Ψ 39 in Hebr 10,5b–7 in textgeschichtlicher Hinsicht*[61]. Hebr zitiert in 10,5–7 die Verse Ψ 39 (Ps 40),7–9:

> θυσίαν καὶ προσφορὰν οὐκ ἠθέλησας,
> σῶμα δὲ κατηρτίσω μοι·
> ὁλοκαυτώματα καὶ περὶ ἀμαρτίας οὐκ εὐδόκησας.
> τότε εἶπον· ἰδοὺ ἥκω,
> ἐν κεφαλίδι βιβλίου γέγραπται περὶ ἐμοῦ,
> τοῦ ποιῆσαι ὁ θεὸς τὸ θέλημά σου.

In der griechischsprachigen Überlieferung variiert der Wortlaut des Zitats. Das zeigt schon ein Vergleich zwischen Hebr und den von Rahlfs edierten Textausgaben[62] (Abweichungen sind unterstrichen):

Ψ 39,7–9 (LXX ed. Rahlfs)	*Hebr 10,5–7*
[7] θυσίαν καὶ προσφορὰν οὐκ ἠθέλησας ὠτία δὲ κατηρτίσω μοι ὁλοκαύτωμα καὶ περὶ ἀμαρτίας οὐκ ᾔτησας [8] τότε εἶπον ἰδοὺ ἥκω ἐν κεφαλίδι βιβλίου γέγραπται περὶ ἐμοῦ [9] τοῦ ποιῆσαι τὸ θέλημά σου ὁ θεός μου ἐβουλήθην καὶ τὸν νόμον σου ἐν μέσῳ τῆς κοιλίας μου	[5] θυσίαν καὶ προσφορὰν οὐκ ἠθέλησας σῶμα δὲ κατηρτίσω μοι· [6] ὁλοκαυτώματα καὶ περὶ ἀμαρτίας οὐκ εὐδόκησας. [7] τότε εἶπον· ἰδοὺ ἥκω, ἐν κεφαλίδι βιβλίου γέγραπται περὶ ἐμοῦ, τοῦ ποιῆσαι ὁ θεὸς τὸ θέλημά σου.

Die Auslassung in der Zitation von Ψ 39,9 in Hebr 10,7 entsteht durch einen redaktionellen Eingriff in den Wortlaut des Psalmzitats, motiviert durch die theologische Intention des Hebr-Vf.s (für die Unterschiede in der Wortreihenfolge dagegen finden sich auch anderweitig Zeugen in der handschriftlichen Überlieferung[63]). Sie ist erst im Rahmen der Interpretation des Psalmzitats in Hebr 10,8–10 näher zu besprechen. Von grundlegender Bedeutung für die Argumentation in Hebr 10,5–10 ist ferner die

---

[60] So SEYBOLD 1996, 169: »Er (oder ein Nachbeter) beruft sich dafür auf eine besondere Eingebung (vgl. Hi 4,12ff.), die ihm das klargemacht habe (7)«. Ebenso schon BLEEK 1840, 630.

[61] Vgl. zum folgenden aus der Literatur besonders AHLBORN 1966, 122–125; SCHRÖGER 1968, 172–177; JOBES 1991; DIES. 1992; DIES./SILVA 2000, 195–198; RÜSEN-WEINHOLD 2004, 201–205; KARRER 2006, 348f. Die Darstellung bei GHEORGHITA 2003, 48f bleibt unbefriedigend.

[62] LXX Gottingensis, Bd. 11, ed. RAHLFS 1931; LXX ed. RAHLFS 1935.

[63] Vgl. RÜSEN-WEINHOLD 2004, 204f (Hebr stimmt mit der Handschrift 2013, und damit der oberägyptischen Textform, zusammen).

Wiedergabe von Ψ 39(Ps 40),7 in Hebr 10,5f. Sie ist zunächst textgeschichtlich von Interesse.

In Hebr 10,5 fällt die Wiedergabe von אזנים כרית לי »Ohren hast du mir gegraben« (Ps 40,7) mit σῶμα δὲ κατηρτίσω μοι »aber einen Leib hast du mir bereitet« auf. Die von Rahlfs edierten Textausgaben bieten dagegen in Ψ 39,7 den Wortlaut ὠτία δὲ κατηρτίσω μοι, womit der hebräische Text korrekt wiedergegeben ist. Diese Lesart ist jedoch nur selten, von der lateinischen Übersetzung sowie von wenigen griechischen Handschriften, bezeugt[64]. Die übrigen griechischen Handschriften lesen dagegen an dieser Stelle wie Hebr. So spricht alles dafür, dass Hebr hier seiner Vorlage folgt[65] (ausgenommen natürlich die Abweichung zum Schluss des Zitats in Hebr 10,7). Dass Hebr in den Psalmtext eingegriffen hätte[66], um seine eigene theologische Intention zur Geltung zu bringen[67], ist dagegen unwahrscheinlich (müsste man sonst doch fast die gesamte handschriftliche Überlieferung an dieser Stelle durch die Beeinflussung durch Hebr erklären)[68], ebenso wie die Entstehung von σῶμα δέ κτλ. durch einen Fehler aus ursprünglichem ὠτία δέ κτλ.[69]. Die nächstliegende Vermutung ist dagegen, dass die älteste Übersetzung σῶμα las[70], was später mit ὠτία an den MT angeglichen wurde[71].

Von Bedeutung ist ferner die Wiedergabe von Ψ 39,7 in Hebr 10,6: ὁλοκαυτώματα καὶ περὶ ἁμαρτίας οὐκ εὐδόκησας. Die LXX-Hauptüberlieferung bietet hier den Singular ὁλοκαύτωμα. Doch auch der Plural ist in der handschriftlichen Überlieferung mehrfach belegt, und zwar im oberägyptischen Texttyp, dem Hebr, wie sonst in unserem Psalmzitat, folgt[72]. Ferner liest die LXX-Hauptüberlieferung οὐκ ἤτησας[73], daneben ist die Lesart οὐκ

---

[64] La^G; Ga; Hex. Vgl. LXX Gottingensis ed. RAHLFS; weiterführend AHLBORN 1966, 122; RÜSEN-WEINHOLD 2004, 203.

[65] Dies die Mehrheitsmeinung. So (mit Unterschieden im einzelnen) die Kommentare (von BLEEK 1840, 630f über RIGGENBACH 1922, 301f m. Anm. 27 und SPICQ 1953, 305 bis zu GRÄSSER 1993, 217 und KOESTER 2001, 433); vgl. AHLBORN 1966, 122.123.124; SCHRÖGER 1968, 174; RÜSEN-WEINHOLD 2004, 202f.

[66] Die Annahme, auch die übrigen Abweichungen von der LXX-Hauptüberlieferung in Hebr 10,5f seien durch redaktionelle Eingriffe verursacht und bezweckten Vokalharmonie bzw. Paronomasie (so JOBES 1991; DIES. 1992; vgl. JOBES/SILVA 2000, 197), überzeugt nicht. Kritisch auch RÜSEN-WEINHOLD 2004, 202f.

[67] So JOBES/SILVA 2000, 195–197.

[68] Vgl. RÜSEN-WEINHOLD 2004, 203.

[69] Dadurch, dass ΗΘΕΛΗΣΑΣΩΤΙΑ zu ΗΘΕΛΗΣΑΣ[Σ]ΩΜΑ verlesen wurde; so BLEEK 1840, 631–634; SCHRÖGER 1968, 174; dagegen DELITZSCH 1989 (1857), 460; RIGGENBACH 1922, 301f Anm. 27.

[70] So RIGGENBACH 1922, 302; BRUCE 1964, 232; RÜSEN-WEINHOLD 2004, 203.

[71] RÜSEN-WEINHOLD 2004, 203.

[72] 2013 Bo, 2110 u.a., vgl. RÜSEN-WEINHOLD 2004, 203.

[73] B u.a.

ἐζήτησας bezeugt[74]. Die Lesart ηὐδόκησας bieten wenige Handschriften, die dem oberägyptischen Texttyp zugeordnet werden[75]; eine einzelne Handschrift liest ἠθέλησας[76]. So liegt es nahe, auch hier den Hebr seiner Vorlage folgen zu sehen[77].

Eigenständige Formulierungen des Hebr aufgrund redaktionellen Interesses liegen im Psalmzitat also nicht vor. Hebr folgt seiner Vorlage, nach Rüsen-Weinhold der oberägyptischen Textform[78]. Dies gilt auch für die übrigen Abweichungen von der Hauptüberlieferung. Für jede einzelne Abweichung des Zitats von der Textform der LXX-Hauptüberlieferung finden sich in der Textüberlieferung weitere Zeugen[79].

Die inhaltlichen Akzente der im Hebr zitierten griechischen Textform. Der Wortlaut der griechischen Übertragung mit σῶμα setzt inhaltlich einen neuen Akzent. Könnte im Hebräischen mit אזנים כרית לי noch die Eröffnung einer neuen Einsicht in Gottes Willen gemeint sein, so ist diese Deutung nun ausgeschlossen. Mit σῶμα ist nun der Mensch selbst in seiner leiblichen Existenz gemeint. Das lässt sich im Zusammenhang von Ψ 39,8f nur so verstehen, dass Gott die leibliche Erfüllung seines Willens als das wahre Opfer sucht: »The body which was ›prepared‹ for the speaker by God is given back to God as a ›living sacrifice‹, to be employed in obedient service to Him«[80]. Damit dürfte die griechische Textfassung die Intention des MT zutreffend erfasst[81], aber auch zugespitzt und verstärkt haben. Denn hier erst kommt der leiblich vollzogene, lebenspraktische Gehorsam nun in ausdrücklichen Gegensatz zum Opferkult zu stehen. Dieser Gegensatz wird im griechischen Text betont durch das δέ.

Der Plural ὁλοκαυτώματα anstelle des Singulars lässt sich ebenfalls im genannten Sinne verstehen: »Die [...] Pluralbildungen ὁλοκαυτώματα *Brandopfer* (V.6.8) generalisieren: Alle Arten von Opfer werden abgelehnt«[82].

---

[74] א, A u.a.

[75] Bo, 2013 sowie – über den Apparat der LXX Gottingensis hinaus – 2110 (Papyrus Bodmer), vgl. RÜSEN-WEINHOLD 2004, 203f.

[76] 55.

[77] RÜSEN-WEINHOLD 2004, 203f; AHLBORN 1966, 124f. – Mit Einfluss von Ψ 50,16.19 rechnet ATTRIDGE 1989, 274 m. Anm. 75; vgl. aber RÜSEN-WEINHOLD, a.a.O. Anm. 300.

[78] RÜSEN-WEINHOLD 2004, 201–205: 205.

[79] Vgl. RÜSEN-WEINHOLD 2004, 201–205.

[80] BRUCE 1964, 232 (als Aussage der dem Hebr vorliegenden griechischen Textfassung).

[81] So schon SPICQ: »Le sens de l'original et celui du LXX sont d'ailleurs assez voisins« (1953, 305); ähnlich RIGGENBACH 1922, 301f.

[82] GRÄSSER 1993, 216.

Verstärkt wird dieser Akzent noch durch einen weiteren Unterschied zwischen dem Wortlaut des Zitats im Hebr und dem der LXX-Hauptüberlieferung: die Aussage, Gott habe kein Wohlgefallen an Ganzbrandopfern und Sündopfer gehabt (ὁλοκαυτώματα καὶ περὶ ἁμαρτίας οὐκ εὐδόκησας Hebr 10,6). Εὐδοκέω ist im Psalter der LXX-Hauptüberlieferung in der Regel die Übersetzung für רצה[83], den terminus technicus für die Annahme des rite vollzogenen Opfers durch Gott in opferkultischen Kontexten. Das geht über die Aussage des MT (שאלת לא וחטאה עולה »Ganzbrandopfer und Sündopfer hast du nicht gefordert« Ps 40,7) hinaus, besagt es doch, dass Gott solche Opfer nicht nur nicht fordert, sondern dass er sie auch nicht annimmt. Damit ist der Opferkult sinnlos. Die meisten Handschriften geben שאלת לא denn auch lediglich mit οὐκ ἐζήτησας oder οὐκ ἤτησας wieder (s.o.). Schon die griechische Vorlage des Hebr bietet also einen besonders deutlichen opferkritischen Akzent, verbunden mit der Entgegensetzung von Opferkult und lebenspraktischem, leiblichen Gehorsam. Hebr steht in dieser Deutungstradition und macht sie für sein eigenes Anliegen fruchtbar.

Die Interpretation des Zitats in Hebr 10,8–10. Leiblicher Gehorsam statt Opferkult. Wie deutet nun Hebr das Psalmzitat? Eine Auslegung besagt, es gehe nach Hebr darum, den herkömmlichen Opferkult im irdischen Heiligtum durch ein anderes, besseres Opfer zu ersetzen; aber doch wieder durch ein kultisches Opfer: Das Opfer des Leibes Christi, welches er im Tode – und man fügt gern hinzu: im Tode am Kreuz – ein für alle mal dargebracht habe. Hebr begründe mit dem Zitat aus Ψ 39, dass mit dem Opfer des Leibes Christi der Opferkult aufgehoben sei. Dieses war also das letzte Opfer; ein kultisches Opfer aber war es gleichwohl[84].

Gegen diese Auslegung erheben sich aber Bedenken. Hebr hätte dann ja den Psalmtext, zumal in der griechischen Fassung seiner Vorlage, gegen dessen eigene Aussageintention gedeutet. Dieser hatte ausdrücken wollen, dass Opferkult nicht Gottes Willen entspreche. Er müsse ersetzt werden; nicht durch ein besseres Opfer, sondern durch ein gottgefälliges Tun, das nicht opferkultischer Art ist; durch Bekenntnis und Lob und durch leiblichen Gehorsam. Hebr hätte dagegen dem Psalm entnommen, der irdische Opferkult sei nicht durch etwas Andersartiges, sondern lediglich durch ein

---

[83] Vgl. RÜSEN-WEINHOLD 2004, 203f m. Anm. 300.

[84] So die Auslegungen von DELITZSCH 1989 (1857), 465f; wohl auch RIEHM 1867, 554 (uneindeutig); SPICQ 1953, 306f; HEGERMANN 1989, 195.197f; ATTRIDGE 1989, 277 m. Anm. 115; WEISS 1991, 510f; ELLINGWORTH 1993, 505f zu V.10 (als einziger der Genannten gesteht er die Sinnverschiebung zu, welche sich demnach in der Einschätzung des irdischen Opferkults von der Intention des Psalms zu seiner Deutung durch Hebr ergäbe); KOESTER 2001, 438; mit Vorbehalt auch LÖHR 2005, 472.

anderes, nämlich ein besseres und endgültiges, aber doch kultisches Opfer zu ersetzen.

Es liegt näher, das Zitat in V.5–7 und seine Deutung in V.8–10 anders zu verstehen: Christus hat den Opferkult nicht durch ein anderes, besseres kultisches Opfer – das Opfer seines σῶμα – erfüllt und zugleich beendet. Er hat dem irdischen Opferkult vielmehr etwas Andersartiges entgegengesetzt: Seine irdische Selbsthingabe im leiblichen Gehorsam gegenüber dem Gotteswillen. Mit σῶμα ist demnach die gelebte leibliche Existenz insgesamt gemeint, und die προσφορά des σῶμα ist als Selbsthingabe zu verstehen, welche im Tode kulminiert, aber das ganze im Gehorsam gelebte Leben einschließt. Diese Interpretation stimmt mit der Aussageintention von Ψ 39 überein und ist daher von vornherein die wahrscheinlichere; sie sei im folgenden weiter entfaltet und begründet[85].

Hebr gibt mit dem Psalmzitat seiner Kritik am irdischen Opferkult Ausdruck. Dieser entspricht weder Gottes Willen (V.5 οὐκ ἠθέλησας), noch wird er wohlgefällig von Gott angenommen (V.6 οὐκ εὐδόκησας). Hebr legt das Psalmzitat dem in die Welt eintretenden Christus in den Mund: Gott, so weiß Christus, hat weder Schlachtopfer noch Brandopfer gewollt; dagegen hat er ihm ein σῶμα bereitet. Indem Christus in die Welt eintritt, nimmt er das von Gott bereitete σῶμα an. Diese Bereitung des σῶμα durch Gott aber steht zu den Schlacht- und Brandopfern, die Gott »nicht gewollt« hat (Hebr 10,5), im Gegensatz. Setzte der MT die von Gott gegrabenen Ohren – also die Fähigkeit, den Gotteswillen zu vernehmen – dem Opferkult entgegen, so sieht Hebr (mit seiner Vorlage) im σῶμα die Möglichkeit, den Willen Gottes aktiv auszuführen. So tritt das σῶμα und damit das Tun des Willens Gottes an die Stelle von Schlacht- und Brandopfern.

---

[85] Diese Interpretation ist verbreitet. Vgl. LÜNEMANN 1878,322 zu V.9: »τὸ πρῶτον) sc. τὸ προσφέρειν θυσίας καὶ προσφοράς κτλ. – τὸ δεύτερον) sc. τὸ ποιεῖν τὸ θέλημα τοῦ θεοῦ«. WESTCOTT 1906, 314, zu V.10; RIGGENBACH 1922, 304f; ähnlich SCHRENK 1938, 56, 31–36; BRUCE 1964, 236 zu V.10. Ferner GRÄSSER 1993, 222: »Das sieht nach Ersatz des einen Opferrituals [...] durch ein anderes aus. Doch gelten unserem Verf. die kulischen Kategorien als hermeneutisches Instrumentarium [...], um das völlig unkultische Geschehen des Kreuzes und der Erhöhung Jesu hinsichtlich seiner soteriologischen Bedeutsamkeit [...] zurückzugewinnen. [...] Er [Hebr, GG.] legt das Kreuz mit Hilfe kulttheologischer Begriffe *kultkritisch* aus. Das Kreuz ist nicht selbst ›Opfer‹, sondern das hochaufgerichtete Zeichen dafür, dass an die Stelle der Opfer der *Gehorsam* des Sohnes getreten ist« (kursiv im Original). Ähnlich SCHUNACK 1994; HÜBNER 1995, 53f.56. – In änigmatischer Kürze, doch wohl im selben Sinne, BERGER 1995, 459f (§ 288f); im Unterschied zu GRÄSSER und HÜBNER würdigt BERGER die Aussagen des Hebr über das himmlische Kultgeschehen (vgl. dort § 288 insgesamt, bes. sub lit. [a], besonders deutlich aber § 289). Ferner SCHUNACK 2002, 140f (SCHUNACK stellt mit Recht heraus, dass es sich beim nicht-opferkultischen Gebrauch von προσφορά um eine Leistung des Hebr.-Vf.s handelt, dazu u.); zurückhaltend erwogen bei LÖHR 2005, 472.

Hebr ließ schon in in 10,7 das Zitat mit den Worten τοῦ ποιῆσαι ὁ θεὸς τὸ θέλημά σου aus Ψ 39,9 schließen, ohne das dort darauf folgende Verb ἐβουλήθην zu bieten; dadurch wurde die Aussage bereits dort syntaktisch (und sachlich) abhängig von dem in Hebr 10,7 zitierten ἰδοὺ ἥκω (Ψ 39,8): Christus drückt nicht allein den Wunsch aus, Gottes Willen zu erfüllen; er spricht, in die Welt eintretend, aus, dass er jetzt im Begriff ist, Gottes Willen zu erfüllen[86]. Hinter dieser Textauswahl steht die theologische Intention des Hebr-Vf.s, legt er doch dem in die Welt eintretenden Christus – nicht dem sterbenden – das Psalmzitat in den Mund (V.5). Auf seinen Eintritt in die Welt bzw. auf sein Leben in der Welt im menschlichen σῶμα ist es demnach zu beziehen. Damit ist die Interpretation in V.8–10 vorbereitet.

Hebr setzt nach Abschluss des Zitats in V.7 mit V.8 neu an und bekräftigt zunächst noch einmal die Ablehnung der Schlacht- und Ganzbrandopfer durch Gott. Dann fährt er in V.9 fort mit den Worten des in die Welt eintretenden Christus: ἰδοὺ ἥκω τοῦ ποιῆσαι τὸ θέλημά σου. Dieser Text ist aus Teilen von V.8f des Psalms zusammengestellt, wobei aber die Passage ἐν κεφαλίδι βιβλίου γέγραπται περὶ ἐμοῦ aus V.8b des Psalms (zitiert in Hebr 10,7) nun ausgelassen ist. Der Psalm verbindet die Aussage über das Tun des Gotteswillens mit der dort zuvor genannten »Buchrolle«. Da diese in Hebr 10,9 aber nicht mehr erwähnt wird, wird die Aussage τοῦ ποιῆσαι τὸ θέλημά σου hier zu einer Absichtserklärung Christi. Ebenfalls ausgelassen (in Hebr 10,9 wie schon in 10,7) ist das ἐβουλήθην aus V.9 des Psalms. So erhalten wir nun die Aussage: ἰδοὺ ἥκω τοῦ ποιῆσαι τὸ θέλημά σου[87]. Noch eindeutiger als in der Zitation in Hebr 10,7 bezieht sich hier die Absicht, den Willen Gottes zu tun, unmittelbar auf das Kommen Christi, also auf seinen Eintritt in die Welt und damit in die somatische Existenz[88]. Hebr stellt die Annahme des σῶμα durch den in die Welt eintretenden Christus unter das Vorzeichen der Erfüllung des Gotteswillens und zielt damit bereits auf die σῶμα-Aussage V.10. Das aber heißt: Die innerweltliche somatische Existenz dient insgesamt der Erfüllung des Gotteswillens, – und gerade die gehorsame, im Tode kulminierende Existenz ist als ›Darbringung‹ (προσφορά) des σῶμα seine Selbsthingabe. Dies aber ist, im Gegensatz zum Opferkult, die wahre, unkultische ›Darbringung‹, die Gott auf Erden vollzogen haben will.

Diese Auslegung wird gestützt durch die auffällige Terminologie in V.5.10. V.5 stellt (mit den Worten des Psalms) προσφορά und Bereitung

---

[86] JOBES/SILVA 2000, 197 formulieren leicht überzogen: »Jesus, in contrast to the psalmist, is represented as not merely desiring to do God's will but as accomplishing it«.

[87] So Hebr 10,9; in V.7 ist die Aussage ebenso von dem vorausgehenden ἥκω abhängig.

[88] So auch SCHWEIZER 1962 (1955), 119f: 120.

des σῶμα, damit Opferdarbringung und leiblichen Gehorsam, als Gegensatz dar. Nichtsdestoweniger spricht V.10 dann gerade von der προσφορά des σῶμα. Kann damit angesichts von V.5 eine Opferdarbringung gemeint sein? Das Nomen προσφορά begegnet im Hebr nur in Kp. 10 (V.5.8.10.14. 18). Ebenso vermeidet Hebr sonst das Nomen σῶμα im Blick auf Christus; auch dieses begegnet so nur in Kp. 10 (explizit V.10, implizit auf Christus bezogen auch V.5), während die irdisch-physische Existenz Christi sonst mit σάρξ bezeichnet wird (2,14; 5,7; 10,20). Σῶμα ist kein Terminus opferkultischer Aussagen. Er bezeichnet die leibliche Existenz. Als Bezeichnung von Opfern bzw. Opfermaterie kommt er dagegen nicht vor[89], kann also keinen kultisch darzubringenden ›Opferleib‹ bezeichnen[90]. Beide Nomina entnimmt Hebr dem Psalmzitat. So steht die Übernahme der genannten Begriffe in Kp. 10, auch über die direkte Zitation von Ψ 39 hinaus, mit der opferkritischen Intention des Zitats in Zusammenhang. Den Sinn dessen erschließt die genaue Beachtung des kunstvoll eingesetzten äquivoken Gebrauchs von προσφορά in Hebr 10,5.10:

Hebr übernimmt aus der opferkritischen Argumentation des Zitats den nicht-opferkultischen Terminus σῶμα in seine eigene Darlegung, um die προσφορά in V.10 neu, als προσφορά des σῶμα im Sinne leiblicher Selbsthingabe, zu determinieren. V.5 spricht (ebenso wie V.18) von der Opferdarbringung im Kult. Dabei stehen προσφορά und σῶμα mit den Worten des Psalmzitats in Gegensatz zueinander. Dagegen schafft V.10 mit der Verbindung beider Begriffe (προσφορὰ τοῦ σώματος) die Ausdrucksmöglichkeit für ein neues, vertieftes Verständnis von προσφορά. Dieses schließt durch die bewusst eingesetzte Äquivokation zugleich eine Aussage über die Opfer des irdischen Kults ein: Im Gegensatz zur προσφορά des von Gott verworfenen Opferkults und diesen eschatologisch überbietend, ist Christi ›Darbringung‹ seines σῶμα – seine gehorsame Selbsthingabe – die endzeitliche προσφορά, die dem Willen Gottes entspricht.

Tritt an die Stelle des irdischen Opferkults (θυσία καὶ προσφορά V.5) die unkultische ›Darbringung‹ des σῶμα, d.h. die Selbsthingabe, Christi (V.10), so drückt der äquivoke Gebrauch von προσφορά[91] die Dialektik in der Beurteilung des irdischen Opferkults durch den Hebr aus: Christi ›Dar-

---

[89] Vgl. SCHWEIZER 1964, 1055,19–1056,28. – Dadurch erklärt sich auch die Lesart in D*, die αἷμα statt σῶμα bietet: Versteht man die Aussage im opferkultischen Sinne, muss das σῶμα aus dem genannten Grunde als Gegenstand einer προσφορά irritieren. D* wählt daher das αἷμα, was (im Anschluss an 9,7) für eine Aussage des Hebr über die Materie von Christi Opfer naheliegt.

[90] Gegen LÖHR 2005, 472.

[91] Vgl. den Gebrauch von διαθήκη in Kp. 8 (»göttliche Verfügung«), 9,16f (»Testament«) und 10,16 (»göttliche Verfügung«); ähnlich 9,15 (»göttliche Verfügung«), 9,16f (»Testament«), 9,18 (»göttliche Verfügung«).

bringung‹ des σῶμα ist, gerade indem sie den irdischen Opferkult überbietet und ersetzt, zugleich die Erfüllung dessen, worauf der irdische Kult mit θυσία καὶ προσφορά verwies, ohne es doch selbst leisten zu können.

Die nächste Parallele zum Sprachgebrauch von 10,5.10 bietet Röm 12,1: Παρακαλῶ οὖν ὑμᾶς [...] παραστῆσαι τὰ σώματα ὑμῶν θυσίαν ζῶσαν ἁγίαν εὐάρεστον τῷ θεῷ, τὴν λογικὴν λατρείαν ὑμῶν. Auch hier finden wir die Aufnahme von kultischer Terminologie (θυσία, ἅγιος, εὐάρεστος, λατρεία), jedoch im uneigentlichen Sinne angewandt auf die σώματα; die Bezeichnung als θυσία ζῶσα ἅγια εὐάρεστος erinnert an die Rede von der ὁδὸς πρόσφατος καὶ ζῶσα in Hebr 10,20[92]. Wie Röm 12,1, nimmt Hebr 10,10 damit Opferkritik auf, für die das gottgefällige Leben an die Stelle des Opferkults tritt[93]; hier wie dort ist das σῶμα[94] Inbegriff der gelebten Erfüllung des Willens Gottes[95].

Diese Deutung stimmt auch zum weiteren Kontext. Hebr verbindet seine Kulttheologie seit 8,6 mit dem Thema der neuen διαθήκη. In 10,16f bietet er, wie schon in 8,10.12, das Zitat aus LXX Jer 38(MT 31),33f über den neuen Bund, der gekennzeichnet ist durch das in die Herzen geschriebene Gesetz. Hebr 10,9 (ἀναιρεῖ τὸ πρῶτον κτλ.) greift auf, was Hebr zuvor über die erste διαθήκη sagte: ἐν τῷ λέγειν καινὴν πεπαλαίωκεν τὴν πρώτην· τὸ δὲ παλαιούμενον καὶ γηράσκον ἐγγὺς ἀφανισμοῦ (8,13). Die erste διαθήκη hatte kultgesetzliche Verfügungen, mit denen irdischer Opferkult angeordnet wurde (9,1.6f). Mit der προσφορά Christi aber ist der irdische Opferkult, wie ihn die erste διαθήκη begründete, aufgehoben. An seine Stelle ist τὸ δεύτερον getreten, womit neben der Rede vom »Zweiten Zelt« zugleich die Verheißung des neuen Bundes aufgegriffen ist. Denn

---

[92] Vgl. BERGER 1995, 459 (§288f):»Jesus hat so Opfer im herkömmlichen Sinn vermieden und erfüllt auch ein Stück prophetischer Kultkritik (Hebr 10,5–7) [...] Die Rede von ›Leib‹ in 10,5 erinnert an das Opfer der Leiber nach Röm 12,1, das als ›lebendiges‹, dem lebendigen Gott gemäßes Opfer (vgl. ›lebendig‹ in Hebr 10,20) aufgefasst wird«. Ähnlich a.a.O. 594 (§ 409,3). Vgl. zu Röm 12,1f auch STEGEMANN 2000, 209f.

[93] Zum frühjüdischen Hintergrund der Substitution des Opferkults durch spirituell-ethischen Kult vgl. SIEGERT 1999.

[94] Vgl. in Röm 6,19 statt der Hingabe des σῶμα (dieses in 6,12 genannt) die der μέλη. Vgl. auch ἑαυτοὺς δοῦναι [...] τῷ κυρίῳ II Kor 5,18. Zu diesem Sprachgebrauch vgl. SEIDENSTICKER 1954, 257f.

[95] Vgl. SCHLIER 2002, 355: »[...] ein leibhaftiges Opfer, ein Opfer meiner Selbst, meines leiblichen Ichs in seiner gesamten Leiblichkeit, eine leibhaftige Selbsthingabe, damit eine Darbringung meines gesamten Lebens«; PETERSON 1993, 287: »[...] presenting themselves to God in a whole-person-commitment«. So auch SEIDENSTICKER 1954, 258: »Röm 12,1 sagt darum nichts anderes, als dass die Christen dem in ihnen wohnenden Pneuma gemäß leben sollen: für Gott«. SEIDENSTICKER will darin einen kultischen Vorgang sehen, nämlich die christliche Existenz als den neuen, christlichen Kult (so a.a.O., bes. 258f). – Schwieriger zu beurteilen ist Eph 5,2 ὁ Χριστὸς ἠγάπησεν ἡμᾶς καὶ παρέδωκεν ἑαυτὸν ὑπὲρ ἡμῶν προσφορὰν καὶ θυσίαν τῷ θεῷ εἰς ὀσμὴν εὐωδίας. Doch wird man wegen der paränetischen Fortsetzung (V.3–14) auch hier an eine uneigentliche Verwendung der Kultterminologie denken. Vgl. zu Röm 12,1f auch STEGEMANN 2000, 209f.

diese ist mit der Erfüllung des Gotteswillens durch Christus verwirklicht. Darum flankiert Hebr (8,8–12; 10,16f) gerade mit zweimaliger Zitation von LXX Jer 38(MT 31),33f, einer ganz unkultischen Stelle, seine kulttheologischen Ausführungen. Hier ist auf Ψ 39,9 hinzuweisen, wo es unmittelbar im Anschluss an die Aussage, den Willen Gottes tun zu wollen – von Hebr nun nicht mehr zitiert – weiter heißt: [...] καὶ τὸν νόμον σου ἐν μέσῳ τῆς κοιλίας μου. Mit diesen Worten ist in der Sache (und teils mit Übereinstimmungen in der Wortwahl) das Thema der in die Herzen geschriebenen Tora aus der Verheißung von LXX Jer 38(MT 31),33f aufgenommen[96]: διδοὺς νόμους μου ἐπὶ καρδίας αὐτῶν καὶ ἐπὶ τὴν διάνοιαν αὐτῶν ἐπιγράψω αὐτούς (Hebr 10,16; vgl. 8,10[97]). So verbindet dieser Vers die Opferkritik des Psalms mit der Verinnerlichung des Gotteswillens, die das Merkmal des neuen Bundes ist, und Jer-Zitat und Psalmzitat legen sich gegenseitig aus: Wenn im neuen Bund der Wille Gottes in die Herzen geschrieben ist, dann wird nicht mehr der irdische Opferkult, sondern die gottgefällige, unkultische ›Darbringung‹ das Tun des Gotteswillens sein. So ist die Verheißung bei Jeremia erfüllt und zugleich aller irdische Opferkult durch die wahre ›Darbringung‹ in der Erfüllung des Gotteswillens ersetzt. Das aber geschah in Christi gehorsamer Selbsthingabe bis zum Tod, mit der er den Willen Gottes erfüllte, wodurch die neue διαθήκη Wirklichkeit geworden ist. Aufgrund dieser προσφορά steht nun der Zugang zum himmlischen Allerheiligsten offen, welchen der irdische Opferkult nicht zu erschließen vermochte (vgl. V.1–4).

ἁγιάζειν V.10; ἁγιαζόμενοι V.14: Aussonderung aus der Profanität; Eröffnung des Zugangs zur sakralen Sphäre. Zum Schluss der Auslegung

---

[96] Hebr folgt damit dem Verweis, den der Psalmvers selbst gibt. KRAUS 1978, 462 schreibt zu Ps 40,9 (MT):»Die Freude am Willen Gottes und die innige Aneignung der Tora im Herzen steht im Licht der prophetischen Verheißungen Jer 31,31–34 und Ez 36,26ff. Der Beter weiß sich denen zugehörig, die das Geheimnis der Erfüllung erfahren«. Letzteres stellt den Anknüpfungspunkt für die Auslegung des Hebr dar, denn es gilt auch für ihn; doch in einem neuen Sinn. – Den Zusammenhang von Psalmzitat und Jeremiazitat in Hebr 10 und von Bundes- und Kulttheologie in der Auslegung des Zitats durch Hebr betont auch KISTEMAKER 1961, 128–130.

[97] Die Textfassungen von Hebr 8,10 und 10,16 weichen untereinander sowie von LXX Jer 38,33 leicht ab; Hebr 8,10 steht näher bei der LXX-Fassung; diese lautet: διδοὺς δώσω νόμους μου εἰς τὴν διάνοιαν αὐτῶν καὶ ἐπὶ καρδίας αὐτῶν γράψω αὐτούς. Ein Grund für die Variation in der Wiedergabe des Zitats ist nicht zu erkennen. Auch unabhängig von der Frage nach der benutzten Vorlage muss man Hebr eine gewisse Freiheit in der Wiedergabe der Zitate zugestehen. Vgl. zwar zu den Variationen in der Wortreihenfolge RÜSEN-WEINHOLD 2004, 204f (dort zu einem anderen Beispiel): »[...] es lässt sich häufig beobachten, dass die Wortreihenfolge in der Textüberlieferung schwankt« (205). Doch bleibt das Phänomen innerhalb einer einzigen Schrift desselben Autors bemerkenswert. Um präzise Zitation nach einer schriftlichen Vorlage kann es sich zumindest in diesem Falle nicht handeln.

von V.5–10 ist noch die Bedeutung der Worte ἐν ᾧ θελήματι ἡγιασμένοι ἐσμέν (V.10) zu bedenken und dabei auch die Parallele in V.14 zu berücksichtigen. Ἁγιάζειν, ἁγιασμός usw. ist im Hebr mehrfach (9,13f; 10,29; 13,12) mit Aussagen über Blut verbunden und hat an den betreffenden Stellen kultische Bedeutung. An unserer Stelle jedoch wird die Heiligung »mittels der einmaligen ›Darbringung‹ des Leibes Jesu Christi« (διὰ τῆς προσφορᾶς τοῦ σώματος Ἰησοῦ Χριστοῦ ἐφάπαξ) vollzogen, also im Sinne der hier vertretenen Auslegung gerade nicht kultisch. Die Bedeutung der Aussage erschließt sich von der Grundbedeutung von ἁγιάζειν her[98]: Es bezeichnet das Aussondern aus dem Profanen und die Eröffnung des Zugangs zum Sakralen, damit die Verleihung der Kultfähigkeit. Diese Grundbedeutung gewinnt jedoch im Rahmen der Argumentation des Hebr eine weitere Bedeutungsdimension, da der sakrale Bereich hier der himmlische ist und es damit um die Eröffnung des Zugangs zum Himmel geht. Eben diese aber bewirkt, wie dargelegt, nach Hebr 10,5–10 die Selbsthingabe Christi im leiblichen Gehorsam.

Neben der instrumentalen Aussage διὰ τῆς προσφορᾶς ist die Formulierung auffällig, »wir« seien geheiligt »im« θέλημα Gottes. Laut V.9 wird durch die Willenserfüllung das »Zweite« in Geltung gesetzt, wobei mit τὸ δεύτερον auf den neuen Bund hingedeutet wird (s.o. zu V.1–4.9). Ist dieser durch die in die Herzen geschriebene Tora ausgezeichnet, so wird das göttliche θέλημα aufgrund seiner einmaligen Erfüllung zugleich für »uns« bestimmend. Während also die Gehorsamstat der προσφορά das Mittel der Heiligung ist, besagt ἐν ᾧ θελήματι darüber hinaus, dass die Heiligung »uns« in den Gotteswillen einstiftet, den Christus erfüllte.

Das Wort θέλημα begegnet in Hebr, außer 13,21, nur hier in Kp. 10, und zwar einsetzend mit dem Psalmzitat in V.7 sowie, dieses wiederholend, V.9.10; ferner V.36. Letzterer bindet das Erlangen der ἐπαγγελία (des Verheißungsgutes) an das geduldige Tun des göttlichen θέλημα und variiert damit das Thema des irdischen Gehorsams als Zugang zum Himmel. 13,21 gibt dem Tun des Gotteswillens durch die Verbindung mit dem »Guten« ethischen Klang. Darin klingen die Aufforderungen zu Lobpreis und Wohltätigkeit V.15f – also auch hier lebenspraktische Bewährung – nach, zumal τὸ εὐάρεστον V.21 an das εὐαρεστεῖται ὁ θεός des V.16 anschließt: Wie Christi Gehorsam, so verwirklicht der christliche Gehorsam, was der irdische Opferkult nicht vermochte (vgl. οὐκ εὐδόκησας 10,6).

Mit den Aussagen von Hebr 10,10.14 berührt sich eng Hebr 2,10f:

10,10 ἐν ᾧ θελήματι ἡγιασμένοι ἐσμὲν διὰ τῆς προσφορᾶς τοῦ σώματος Ἰησοῦ Χριστοῦ ἐφάπαξ.

10,14 μιᾷ γὰρ προσφορᾷ τετελείωκεν εἰς τὸ διηνεκὲς τοὺς ἁγιαζομένους.

---

[98] Ähnlich schon RIEHM 1867, 574f.

2,10 ἔπρεπεν γὰρ αὐτῷ, δι' ὃν τὰ πάντα καὶ δι' οὗ τὰ πάντα, πολλοὺς υἱοὺς εἰς δόξαν ἀγαγόντα τὸν ἀρχηγὸν τῆς σωτηρίας αὐτῶν διὰ παθημάτων τελειῶσαι.
2,11 ὅ τε γὰρ ἁγιάζων καὶ οἱ ἁγιαζόμενοι ἐξ ἑνὸς πάντες· δι' ἣν αἰτίαν οὐκ ἐπαισχύνεται ἀδελφοὺς αὐτοὺς καλεῖν

Wie in 10,10.14 vom ἁγιάζειν, ist in 2,11 vom ἁγιάζων und von den ἁγιαζόμενοι die Rede, und wie in 10,14, werden auch in 2,11 die Empfänger des heilvollen Wirkens Christi als ἁγιαζόμενοι bezeichnet. Die in 10,14 eng verbundenen Verben τελειοῦν und ἁγιάζειν stehen auch in 2,10f nah beieinander, ja sie sind an beiden Stellen fast synonym gebraucht. Der durch das Todesleiden Christi hindurch erschlossene Zugang zur himmlischen Herrlichkeit kommt auch den Seinen zugute, wie 2,10 erläutert[99]. Dass die Seinen in seinen Weg eingeschlossen sind, sagt 2,11 mit den Bezeichnungen ἁγιάζων und ἁγιαζόμενοι aus. Betonen die τελειοῦν-Aussagen die Erschließung eschatologischen Heils, so die ἁγιάζειν-Aussagen den Einschluss der Seinen in die durch Christus erwirkte Eröffnung des Zugangs zum Himmel. Den Zugang zum Himmel aber eröffnet ihm – und damit »uns« – das gehorsame Todesleiden Christi. Und in diesem Sinne ist in 10,10 die Rede davon, dass die ἡμεῖς geheiligt wurden διὰ τῆς προσφορᾶς τοῦ σώματος Ἰησοῦ Χριστοῦ. Die »Heiligung« bedeutet mit der Zuordnung zum sakral-himmlischen Bereich und der Erschließung des »Hinzutretens« (προσέρχεσθαι) zum himmlischen Kult (10,19–22) zugleich die Ausgliederung aus jeder irdischen Sakralität. So ergibt sich paradoxerweise gerade aus der Heiligung als Aussonderung und Zuordnung zum himmlischen Sakralbereich das Komplement der gleichzeitigen Zuwendung zur irdischen Profanität. Das zeigt der Sprachgebrauch an der schon erwähnten Stelle 13,12f, wonach das Heiligen des Volkes – hier durch den himmlischen Kultakt Christi – für die Adressaten das »Hinausgehen« aus dem sakral geprägten Bereich des (irdischen) »Lagers« zur Folge hat[100]. Diese Verschränkung der Zuordnung zum himmlisch-sakralen Bereich mit dem »Hinausgehen« in den Bereich irdischer Profanität ist im Weg Christi vorgebildet (vgl. 13,12f Ἰησοῦς [...] ἔξω τῆς πύλης ἔπαθεν. τοίνυν ἐξερχώμεθα πρὸς αὐτόν [...]), denn auch Christi unkultischer Gehorsams- und Leidensweg in irdischer Profanität erschließt den Zugang zum himmlischen Sakralbereich. Die Rede vom ἁγιάζων und von den ἁγιαζόμενοι hat also in Hebr 10,10.14 einerseits durchaus kulttheologischen Sinn, insofern darin mit der Erschließung des Zugangs zum himmlisch-sakralen Bereich die Beilegung der Kultfähigkeit im »Hinzutreten« ausgesagt ist; zugleich aber geschieht das gerade durch den selbst nicht kultischen Akt der προσφορά Christi. Auch darin besteht eine Gemeinsamkeit mit den Argumentationen von 10,5–10 und 2,8–11: Der Zugang zur himmlischen Herrlichkeit

---

[99] Vgl. zum einzelnen die Auslegung von Hebr 2,10 oben pp. 151–153.
[100] Vgl. zum einzelnen die Auslegung ↑ III.6.3.2.

wird erschlossen durch den irdischen Gehorsam Christi. Kp. 10 betont die Erfüllung des Gotteswillens und bereitet damit bereits die den zweiten Hauptteil des Schreibens abschließende Zitation der bundestheologischen Aussage LXX Jer 38(MT 31),33f in Hebr 10,16f vor: Mit der Erfüllung des Gotteswillens in der Selbsthingabe Christi ist die neue διαθήκη erschlossen, die dann im Akt der himmlischen Kultinauguration in Geltung gesetzt wird.

Eine weitere Sachparallele zu unserer Stelle[101] – nun außerhalb des Hebr – findet sich Joh 17,(14–16.)17–19:

14 ἐγὼ δέδωκα αὐτοῖς τὸν λόγον σου καὶ ὁ κόσμος ἐμίσησεν αὐτούς, ὅτι οὐκ εἰσὶν ἐκ τοῦ κόσμου καθὼς ἐγὼ οὐκ εἰμὶ ἐκ τοῦ κόσμου. 15 οὐκ ἐρωτῶ ἵνα ἄρῃς αὐτοὺς ἐκ τοῦ κόσμου, ἀλλ' ἵνα τηρήσῃς αὐτοὺς ἐκ τοῦ πονηροῦ. 16 ἐκ τοῦ κόσμου οὐκ εἰσὶν καθὼς ἐγὼ οὐκ εἰμὶ ἐκ τοῦ κόσμου. 17 ἁγίασον αὐτοὺς ἐν τῇ ἀληθείᾳ· ὁ λόγος ὁ σὸς ἀλήθειά ἐστιν. 18 καθὼς ἐμὲ ἀπέστειλας εἰς τὸν κόσμον, κἀγὼ ἀπέστειλα αὐτοὺς εἰς τὸν κόσμον· 19 καὶ ὑπὲρ αὐτῶν ἐγὼ ἁγιάζω ἐμαυτόν, ἵνα ὦσιν καὶ αὐτοὶ ἡγιασμένοι ἐν ἀληθείᾳ.

Durch die Selbsthingabe Christi sind auch die Seinen »geheiligt«. Sie erhalten die göttliche Wahrheit als Lebensraum angewiesen[102]. So ist »Heiligen« auch hier die Aussonderung für den von Gott bestimmten Bereich durch die Anteilnahme am Geschick Christi. Eine opferkultische Bedeutung vermag ich in der Aussage von Joh 17,(17.)19, wie in Hebr 10,10, hingegen nicht zu erkennen[103].

Wie nach Joh 17,19 in die ἀλήθεια, so ist die Gemeinde nach Hebr 10,10 in das göttliche θέλημα hineingenommen, das ihr als Lebensraum und -element angewiesen ist, weil Christus selbst den Gotteswillen im leiblichen Gehorsam erfüllte. So ihrer alten Umgebung entnommen und in eine neue eingefügt, ist sie »geheiligt«[104]. In Hebr 10,10 ist demnach διὰ τῆς προσ-

---

[101] Auf die Nähe von Hebr 2,10f und Joh 17,19 macht schon HICKLING 1983, 113 aufmerksam.

[102] Vgl. WILCKENS 1998, 265: »Indem er [Jesus] als der gute Hirte jetzt sein eigenes Leben für sie einsetzt und hingibt (10,11.15), sind sie [die Jünger] ›geheiligt in der Wahrheit‹, die er selbst ist. Das heißt: Seine Selbsthingabe für sie bewirkt, dass sie an seiner Verherrlichung (als seiner Heiligung) teilhaben, und zwar endgültig [...]. So ist die Wahrheit Gottes, die sie von der Sünde befreit (8,32.36), ihr Lebensraum geworden.«

[103] Anders als SCHNACKENBURG 2000, 213.

[104] Vgl. ZAHN 1908, 602: »›Heilige sie in der Wahrheit.‹ Sind sie [die Jünger] als solche, die Gott durch sein von Jesus ihnen gebrachtes und von ihnen im Glauben angeeignetes Wort der Welt abgewonnen hat, eine von der Welt gesonderte heilige Genossenschaft [...], so bedürfen sie doch einer fortgesetzten Pflege, damit sie in der Wahrheit diesen ihren Charakter bewahren können [...]. Das wesentliche Mittel dazu ist aber kein anderes als das, wodurch sie der unheiligen Welt entnommen und dem heiligen Gott geweiht worden sind, nämlich die durch Jesus ihnen gebrachte Wahrheit [...]«; a.a.O. 603 zu V.19: »Das durch seine Stellung betonte ὑπὲρ αὐτῶν bildet den Gegensatz dazu, daß Jesus um seiner selbst willen, im eigenen Interesse tue, was er mit ἁγιάζειν ἐμαυτόν meint. Dies heißt aber nicht, daß er sich für sie als Opfer darbringe, eine Bedeutung, die ἁγιάζειν überhaupt nicht hat [...] Es kann hier ἁγιάζειν nur ebenso wie in 10,36, wo

φορᾶς im instrumentalen, ἐν θελήματι dagegen im lokalen Sinne aufzufassen. Die Selbsthingabe (›Darbringung‹ des Leibes) Christi (Hebr 10,10) ist es, wodurch diese Heiligung bewerkstelligt wird. Wie die Jünger nach Joh 17,14–16 an der Heiligung und Sendung Jesu Anteil gewinnen, so sind auch nach Hebr 10,10 »wir« durch Christi Selbsthingabe geheiligt, ebenso wie nach Hebr 2,9f die »vielen Brüder« in die Verherrlichung Christi hineingenommen sind.

3.4.3 Hebr 10,11–14: Erweis der These von 2,8–10. Irdisches Leiden und himmlisches Opfer Christi sind soteriologisch suffizient

Wie schon 10,5–10, steht auch V.11–14 in sachlicher und terminologischer Nähe zu 2,8–11[105]. Die sessio ad dexteram (2,8.10/10,12f) ist ebenso aufgegriffen wie das »Vollkommen-Machen« (2,10/10,14).

Hebr trat in 2,10 mit der These an, dass gerade in der traditionellen Christologie von Erniedrigung und Erhöhung die soteriologische Fülle impliziert ist, welche die Adressaten in der Gegenwart vermissen. Diese These wurde im Mittelteil des Hebr einerseits kulttheologisch begründet: Die Wirksamkeit Christi als himmlischer Hoherpriester wurde in das Erniedrigungs- und Erhöhungsschema eingezeichnet, um die in diesem implizierte Heilsfülle kulttheologisch vertieft zu begründen (9,24–28). Sodann wurde dem unwirksamen irdischen Opferkult das irdische Geschick Christi als Erschließung des Zugangs zum Himmel gegenübergestellt (10,5–10).

V.11–14 nun greifen auf 2,10 zurück und ziehen im Blick auf die genannte These das Fazit der Argumentation des Mittelteils des Hebr.

Jesus gleichfalls das Objekt, Gott aber das Subjekt ist, heißen, zu einem heiligen Beruf und Geschäft weihen, in die entsprechende Verfassung setzen. Wie Gott Jesum, da er ihn in die Welt sandte, für sein innerweltliches Berufsleben weihte und befähigte [...], so weiht er sich nun selbst für ein neues Berufswirken, indem er zu Gott geht. Da er den durch den Tod zu Gott führenden Weg freiwillig geht (cf 10,18), kann er sagen, daß er sich selbst dafür weihe. [...]«. Das Zitat verdiente die ausführliche Wiedergabe, weil die hier vorliegende christologische Anschauung der in Hebr 2,8–11 (und damit der in Hebr 10,10; s.u.) nahesteht.

[105] V.11–14 wollen, wie der terminologische und inhaltliche Rückgriff auf 2,8–11 zeigt, im Lichte jener Ausführungen gelesen werden. Nur so wird die knappe Formulierung recht verstanden. Vgl. WEISS 1991, 522 (dort zu 10,19f): »Der Weg, den einst der Hohepriester Christus gegangen ist, ist zugleich ihr [der Leser, GG.] eigener Weg, auf dem ihnen der irdische Jesus, als solcher in der Schicksalsgemeinschaft der ›Brüder‹ (2,10ff), vorangegangen ist, er [ist, GG.] also zugleich der Wegbereiter für ihren ›Eintritt in das Heiligtum‹. [...] Die Hohepriesterchristologie [...] wird hier im Interesse ihrer Ausrichtung auf die konkrete Glaubensexistenz der Adressaten unmittelbar mit jener anderen christologischen Grundkonzeption verbunden, wie sie im ersten Hauptteil des Hebr in der Kennzeichnung als ἀρχηγός (2,10ff) und unmittelbar vor der Entfaltung der Hohepriester-Christologie in der Bezeichnung Jesu als πρόδρομος ὑπὲρ ἡμῶν sich aussprach (6,19f) [...]«.

V.11–14 sind geprägt durch den auf den Opferkult bezogenen Gegensatz Vielfach (καθ' ἡμέραν, πολλάκις V.11) – Einmalig (μία V.12.14; εἰς τὸ διηνεκές V.14), womit das ἐφάπαξ des V.10 aufgenommen und entfaltet wird. Von V.11 an stellt unser Abschnitt heraus, dass fortgesetzter Opferkult aufgrund des Wirkens Christi nicht mehr erforderlich ist[106]. Dafür wird im Anschluss (V.15–17) das Zeugnis des Heiligen Geistes im Jeremia-Zitat V.16f in Anspruch genommen, das in V.18 wiederum auf denselben Gedanken hin (οὐκέτι προσφορὰ περὶ ἁμαρτίας!) zusammengefasst wird: Es geht um das Ende irdischen Opferkults aufgrund der soteriologischen Suffizienz des Heilswerks Christi.

So ruft Hebr 10,11–14 mit knappen Formulierungen die Argumentationszusammenhänge des Mittelteils in Erinnerung, um das Heilswerk Christi dem irdischen Opferkult entgegenzustellen. V.12 nennt Christi himmlisches Wirken: sein Opfer (hier θυσία im Unterschied zu σῶμα V.10) und die sessio ad dexteram, womit 1,3 aufgenommen, aber kulttheologisch präzisiert ist[107]. V.13 bezeichnet die Suffizienz des Heilswerks Christi; sein Wirken bedarf, im Gegensatz zu dem der irdischen Priester, keiner Wiederholung oder Ergänzung (vgl. schon 9,25f). Darauf nimmt V.14 mit προσφορά die Aussage des V.10 über die ›Darbringung‹ des σῶμα auf und stellt sie in engen Zusammenhang mit Christi himmlischem Wirken, so dass sein Heilswerk insgesamt den vielfach wiederholten irdischen Opfern (V.11) im Blick auf seine eschatologische Einmaligkeit gegenübersteht. Daher wird der προσφορά Christi mit der Vollendungsaussage (τετελείωκεν) zugeschrieben, was irdischer Opferkult nach 10,1 nicht vermag.

Zugleich spricht V.14, wiederum wie V.10, von der durch Christi προσφορά bewirkten Heiligung der προσερχόμενοι: Die zum himmlischen Kult Hinzutretenden sind als solche »geheiligt«, d.h. nach V.10: exklusiv für die himmlische Sakralität ausgesondert, und damit irdischer Sakralität entnommen. So will V.11–14 die Adressaten auffordern, ihre Heiligung allein auf Christi προσφορά zu gründen. In diesem Sinne werden V.15–18 nochmals die Unnötigkeit weiteren Opferkults zur Sündenvergebung betonen.

Was die τελειοῦν-Aussage Hebr 2,10 als These aussprach, das, so zeigen V.11–14, hat in der kulttheologischen Argumentation des Mittelteils seine Begründung gefunden. Leiden, Sterben und Erhöhung Christi implizieren nach Hebr eine unüberbietbare und keiner Ergänzung bedürftige Heilsfülle, die mit dem Wortfeld τέλειος, τελειοῦν usw. angezeigt wird (Hebr 2,10)[108]. So wiederholt Hebr 10,14 mit anderen Worten die These von 2,10 und zieht, einem quod erat demonstrandum gleich, das Fazit, dass sie in der Argumentation des kulttheologischen Mittelteils des Hebr ihren Erweis gefunden hat.

---

[106] Vgl. schon die Abweisung eines wiederholten Selbstopfers Christi 9,25.

[107] Vgl. zum einzelnen die Auslegungen von Hebr 9,11f (↑ III.4.6), 9,24–28 (↑ III.4.8).

[108] ↑ III.2.3.

3.4.4 Hebr 10,15–18: Résumé. Wo Vergebung der Sünden ist,
gibt es keine Opferdarbringung für Sünde

Mit V.11–14 ist die Argumentation des kulttheologischen Mittelteils des Hebr zum Ziel gekommen. Bevor Hebr ab V.19f den Übergang zur Paränese vollzieht, bleibt das Gesagte noch mit einem Schriftzitat zu belegen und mit der dadurch vollzogenen Inclusio der zweite Hauptteil auch formal abzurunden.

Hebr rahmt seine kulttheologischen Darlegungen ausleitend (wie schon einleitend 8,8–12) mit dem Jeremia-Zitat zum »neuen Bund« (V.16f, LXX Jer 38[MT 31],33f). Dieses wird ausweislich der Einleitung V.15 als Zeugnis des Heiligen Geistes für das zuvor Dargelegte, d.h. für Hebr 10,5–10.11–14, in Anspruch genommen. Die Eigenschaften des neuen Bundes, die hier genannt werden – die in die Herzen geschriebene Tora (V.16) und die Vergebung der Sünden (V.17) – sind im Christusgeschehen, wie es in 9,24–28 und 10,5–10 entfaltet wurde, gegeben. Der Abschnitt schließt mit der pragmatischen Zuspitzung V.18, welche aus dem Zitat den Schluss zieht, wo Vergebung der Sünden sei, gebe es keine Darbringung um der Sünde willen mehr[109]. Wie schon in 9,25 wird damit nochmals das Erfordernis wiederholter soteriologisch bedeutsamer Opferdarbringungen abgewiesen. Inhaltlich geht das nicht hinaus über die Argumentation von V.11–14, welche die Einmaligkeit von (irdischer) Hingabe und (himmlischem) Opfer Christi betonte; doch expliziert V.15–18 über V.11–14 hinaus die Intention, die Überflüssigkeit fortdauernden irdischen Opferkults aufzuzeigen und alternatives religiöses Verhalten zu begründen. So tritt hier das Proprium einer auf den himmlischen Hohenpriester Christus und auf den dortigen Kult ausgerichteten irdischen Existenz hervor, und zugleich wird der Übergang zu V.19f vorbereitet: In der neuen Heilssetzung gibt es keinen irdischen Opferkult mehr. Die Adressaten nehmen am himmlischen Kult teil; als dazu komplementäres Verhalten auf Erden tritt an die Stelle irdischen Opferkults der leibliche Gehorsam. Der himmlische Hohepriester Christus vermittelt ihnen die Vergebung der Sünden (Hebr 2,17f; 4,14–16, ↑ III.4.2).

Ergebnisse. Hier darf auf das Gesamtergebnis zu Hebr 10,1–20 (↑ III.3.5) verwiesen werden.

---

[109] Hebr sagt nicht: οὐκέτι προσφορά, sondern: οὐκέτι προσφορὰ περὶ ἁμαρτίας. Nicht Darbringung überhaupt ist nun obsolet, sondern solche, die auf Sündenvergebung zielt.

3.5 Hebr 10,19f mit V.21f: Der Weg seiner σάρξ

Der »Weg seiner σάρξ«, d.h. der durch Christi irdisches Leben und Sterben gebahnte Weg des irdischen Gehorsams, ist der nun für »uns« eröffnete Weg ins himmlische Allerheiligste. Auch hier liegt das Verständnis des irdischen Lebens und Sterbens Christi zugrunde, das bereits in der Auslegung von Hebr 10,1–18 erhoben wurde.

Den Übergang zum überwiegend paränetisch akzentuierten dritten Hauptteil des Hebr vollziehen die V.19–22 mit der Aufforderung, hinzuzutreten (προσερχώμεθα κτλ. V.22), da ja die παρρησία εἰς τὴν εἴσοδον τῶν ἁγίων nun gegeben sei (V.19). V.19f aktualisieren damit den Ertrag der kulttheologischen Argumentation und schließen unmittelbar an diese an. Sie bieten, recht verstanden, zugleich die Abrundung und Bestätigung der bisherigen Auslegung von Hebr 10: Der Zugang zum himmlischen Heiligtum wird im irdischen Gehorsam gewonnen; nicht im irdischen Opferkult also. *Die Bedeutung von* τοῦτ᾽ ἔστιν τῆς σαρκὸς αὐτοῦ. V.20, eine Näherbestimmung der in V.19 erwähnten εἴσοδος, bereitet der Exegese Schwierigkeiten[110]. Diese müssen ausgeräumt werden, bevor eine inhaltliche Interpretation möglich ist. Es geht dabei um das Verständnis des Nebensatzes τοῦτ᾽ ἔστιν τῆς σαρκὸς αὐτοῦ[111]: Ist er (a) auf das unmittelbar vorausgehende διὰ τοῦ καταπετάσματος zu beziehen[112], so dass vom ›Vorhang seines Fleisches‹ die Rede wäre[113]? Oder bezieht er sich (b) auf ὁδός zurück und meint also den ›Weg seines Fleisches‹[114]? Diese beiden Möglichkeiten sind in der Exegese immer wieder erwogen worden, wobei die erstere von der Alten Kirche bis zur Reformationszeit die weithin übliche war und bis heute Vertreter findet. – Daneben ist eine dritte Möglichkeit vertreten worden: (c) Bei τῆς σαρκὸς αὐτοῦ sei ein διά zu ergänzen, und diese Aussage sei – nach dem lokalen διὰ τοῦ καταπετάσματος inkonzinn – instrumental zu verstehen und auf ἣν ἐνεκαίνισεν zu beziehen. Wir hätten dann eine Aussage über die »Einweihung« des neuen Weges mittels der σάρξ Jesu[115].

---

[110] Vgl. die Übersicht bei LÖHR 1991, 195–197.

[111] Die Annahme, es handele sich um eine Glosse, entbehrt jeder textgeschichtlichen Grundlage und wird mit Recht nicht mehr vertreten. Vgl. GRÄSSER 1997, 16 Anm. 45.

[112] LÖHR 1991, 196 will noch appositionelle und attributive Bedeutung unterscheiden.

[113] GRÄSSER 1997, 17 Anm. 46: »Mehrheitsexegese«. So RIGGENBACH 1922, 315f; WINDISCH 1931, 93 (mit Reserve); KÄSEMANN 1961, 145–148; MICHEL 1984, 345; BRAUN 1984, 307f; ATTRIDGE 1989, 286f; HEGERMANN 1989, 206f; ELLINGWORTH 1993, 520f; ansatzweise GRÄSSER 1997, 15f, der sich a.a.O. 16 auf »gnostische Traditionen« beruft (doch unentschieden; vgl. a.a.O. 18f); BERGER 1995, 459 (§ 288 c).

[114] So SEEBERG 1895, 90–93; WESTCOTT 1906, 321f; SPICQ 1953, 316; CODY 1960, 161f; ANDRIESSEN/LENGLET 1970, 214f; LOADER 1981, 177f; LÖHR 1991, 195–197; tendenziell (obgleich uneindeutig) auch GRÄSSER 1997, 18f.

[115] So HOFIUS 1970a; DERS. 1972, 76-84; JEREMIAS 1971 (HOFIUS deutet die σάρξ auf die Inkarnation, JEREMIAS auf den »Opfertod« am Kreuz); ZIMMERMANN 1977, 205f; FELD 1985, 84f; BDR § 223,8; WEISS 1991, 525-527.

Eine auch nur annähernd vollständige Auseinandersetzung mit der Literatur ist hier nicht beabsichtigt und auch nicht erforderlich. Es mag genügen, die wichtigsten exegetischen Argumente zu prüfen, um zu einem eigenen Urteil zu gelangen[116].

Die erstgenannte *Auffassung (a)* legt sich aus sprachlichen Gründen nahe, spricht doch die Nähe von τοῦτ' ἔστιν τῆς σαρκὸς αὐτοῦ zu διὰ τοῦ καταπετάσματος dafür, die σάρξ-Aussage auf die καταπέτασμα-Aussage zu beziehen. Dafür spricht auch die Kongruenz im Kasus. Schwierigkeiten bereitet hier jedoch die inhaltliche Deutung. Die altkirchliche und mittelalterliche wie auch noch die reformatorische Exegese gingen von dogmatischen Voraussetzungen, genauer: von der Zwei-Naturen-Christologie, aus. Hier wurde unter dem »Vorhang« das Fleisch Christi verstanden, welches seine Gottheit verhüllt habe[117]. Wird dies heute auch nicht mehr vertreten, so konnte die Auffassung (a) im 20. Jahrhundert doch aufgrund der religionsgeschichtlichen Herleitung des Hebr aus der Gnosis neuen Zuspruch finden. Käsemann deutete Hebr 10,19f dahingehend, dass Christus durch den als Scheidewand zwischen Materie und Himmelswelt verstandenen »Vorhang« vor dem Allerheiligsten hindurchgebrochen sei, indem er seine physische Existenz (σάρξ) abgestreift habe, und manche Ausleger sind ihm hierin gefolgt[118]. Diese Interpretation hat den Vorteil, dass sie den trennend-abhaltenden Charakter des καταπέτασμα festhält, den Hebr voraussetzt (vgl. noch 6,19f). Allerdings trägt sie in die Theologie des Hebr den diesem fremden Gedanken ein, als sei die σάρξ das Himmel und Erde Trennende bzw. als stehe sie für die physische Materialität todverfallener irdischer Existenz als Inbegriff dieser Trennung, während Hebr die himmlisch-irdische Sphärendifferenz als Interpretatement der Hamartiologie und Soteriologie verwendet und gerade deshalb kulttheologisch argumentiert[119]. Doch muss die gnostische Deutung des καταπέτασμα-Motivs seit der einschlägigen Monographie von Hofius (1972) ohnehin als überwunden gelten[120]. Fallen die gnostische und die altkirchlich-dogmatische Interpretation aber aus, so

---

[116] Unklar sind die Darlegungen von WEISS 1991, 522–527, bes. 525–527. Die unterschiedlichen Auffassungen (a) – (c) stehen nebeneinander, ohne dass eine fortschreitende Argumentation erkennbar wäre. Wenngleich sich WEISS nicht für eine der drei Auslegungen entscheidet, scheint seine inhaltliche Deutung doch am meisten auf die oben sog. Auslegung (b) hinauszulaufen.

[117] Vgl. GREER 1973, 258 (zu Theodor von Mopsuestia); auch noch LUTHER vertritt diese Auffassung (1930, 155).

[118] KÄSEMANN 1961, 145–148; vgl. insgesamt 140–151; ähnlich SCHIERSE 1955, 36–39; auch noch GRÄSSER 1997, der sich zwischen Auffassung (a) – im gnostischen Sinne (a.a.O. 15f) – und (b) – im nichtgnostischen Sinne (a.a.O. 16–19) – nicht entscheiden zu können scheint.

[119] Abzuweisen ist der Hinweis auf das Zerreißen des Vorhangs im Tempel nach Mt 27,51parr (GRÄSSER 1997, 18). Davon ist im Hebr nicht die Rede. Auch dürfte dieses Detail des synoptischen Passionsberichtes nicht die Eröffnung des Zugangs zum Allerheiligsten meinen, sondern im Sinn der Prodigien-Tradition als Vorzeichen der bevorstehenden Tempelzerstörung gemeint sein (so auch SCHLATTER 1982, 784; GNILKA 2000, Bd.2, 476, möchte beide Deutungen bestehen lassen. Mit GNILKA (a.a.O. 476f Anm. 33) sei auf ein ähnliches Prodigium bei Josephus, Bell VI 5,3 (§ 293) verwiesen.

[120] Vgl. HOFIUS 1972 passim; speziell zur Kritik an der gnostischen Deutung des καταπέτασμα-Motivs Hebr 10,20 a.a.O. 76–79; daneben DERS. 1970a, 133f; HEGERMANN 1989, 206; WEISS 1991, 524.

ergibt die Vorstellung eines durch sein eigenes Fleisch als durch einen trennenden Vorhang hindurchschreitenden Christus schlechterdings keinen Sinn. Einige Ausleger suchen sich daher zu helfen, indem sie an der Gleichsetzung von καταπέτασμα und σάρξ zwar festhalten, das [διὰ] τῆς σαρκὸς αὐτοῦ aber grammatisch als lokal und zugleich dennoch dem Sinn nach als instrumental auffassen[121]. Dagegen spricht jedoch schon, dass das καταπέτασμα im Hebr nicht als Zugang, sondern gerade als Hindernis auf dem Weg in das himmlische Allerheiligste gilt[122]. Auch vermag eine so vom philologischen Befund gelöste Interpretation sprachlich nicht zu überzeugen.

Doch auch die *unter (c) genannte Auffassung* will nicht recht einleuchten. Spricht doch gegen sie, dass Brachylogie und inkonziner Präpositionsgebrauch zwar jeweils möglich sind und im Hebr an anderen Stellen auch mehrfach vorkommen[123], beides zusammen in demselben Satz aber doch unwahrscheinlich ist. Hätte der Verfasser sagen wollen, dass Christus die ὁδός πρόσφατος καὶ ζῶσα mittels seines Fleisches ([διὰ] τῆς σαρκὸς αὐτοῦ) eingeweiht habe, dann würde er dafür eine eindeutigere Formulierung gewählt haben[124].

Im übrigen bereitet diese Auffassung auch inhaltliche Schwierigkeiten. Entnimmt man V.20 mit Hofius eine Aussage über die Inkarnation, so ergibt sich ein Widerspruch zur Theologie des Hebr, wonach die Eröffnung des Zugangs zur himmlischen Herrlichkeit gerade durch den Tod Christi hindurch geschah. Geht man mit Jeremias davon aus, dass mit der σάρξ der »Opfertod« Christi bezeichnet wird, so gäbe V.20 lediglich eine Wiederholung in anderen Worten des bereits in V.19 Gesagten, dass nämlich durch das Heilswerk Christi der Zugang zum himmlischen Bereich eröffnet ist. Die Bedeutungen von αἷμα und σάρξ Christi, im Hebr genau unterschieden (Näheres s.u.), würden dadurch

---

[121] YOUNG 1973a; ATTRIDGE 1989, 287; ELLINGWORTH 1993, 520f; KOESTER 2001, 443f; ähnlich in der Sache HEGERMANN 1989, 206. Im Ergebnis ist diese Auffassung von der unter (b) vorgestellten nur wenig verschieden; in beiden Fällen gilt: »[...] Christ entered that realm [sc. den Himmel] and made it possible for others to do so, not by a heavenly journey through a supernal veil, but by means of his obedient bodily response to God.« (ATTRIDGE a.a.O.). Das ist als Auslegung der Aussage von V.20 sachlich richtig; nur wäre es konsequent, die σάρξ dann auch explizit als ὁδός zu verstehen; dann würde auch die philologisch unhaltbare instrumentale Deutung (»by means of«) der Phrase τοῦτ' ἔστιν τῆς σαρκὸς αὐτοῦ entfallen können, die nun gegen diese Auffassung spricht, zumal es die erforderliche verbale Aussage (»[he] entered«, was ἐνεκαίνισεν nun einmal nicht heißen kann) im griechischen Text gar nicht gibt.

[122] Vgl. SPICQ 1953, 316: »Pour la plupart des exégètes, rattachant τοῦτ' ἔστιν τῆς σαρκὸς αὐτοῦ à καταπετάσματος – ce qui est la construction la plus naturelle –, la mention de la chair du Christ évoquerait son sacrifice: Par son immolation, la victime obéissante a été agréée de Dieu (X,7,10,12) et a obtenu pour tous les croyants l'accès au ciel. Mais cette interprétation est obligée de donner au voile un sens insolite, celui de porte ou de moyen d'accès, alors qu'il est constamment le symbol d'une barrière qui interdit le passage (VI,19; IX,3); l'innovation de la nouvelle alliance, l'œuvre propre de Jésus est précisément de l'avoir brisée«.

[123] Nachweise bei HOFIUS 1970a, 136f; DERS. 1972, 81 m. Anm. 188.

[124] Vgl. LÖHR 1991, 195–197; zur Kritik auch GRÄSSER 1997, 18, der ferner darauf aufmerksam macht, »dass bei zwei gleichen folgenden Präpositionen, die aber in verschiedener Bedeutung verwandt werden, sonst immer die zweite wiederholt wird (vgl. 9,11f; Röm 2,28f; 4,25; 11,28)«. Ähnlich auch BRAUN 1984, 307f; ATTRIDGE 1989, 286; kritisch dazu ELLINGWORTH 1993, 520f.

ununterscheidbar. Dagegen ist in V.20 jedoch eine Weiterführung des in V.19 begonnenen Gedankengangs zu erwarten. Diese erfolgt auch, indem V.20 von der παρρησία zur εἴσοδος (V.19) zur ὁδός übergeht, auf welcher der Zugang dann tatsächlich erfolgt.

Über eben diese ὁδός erfahren wir aus V.19f Neues, wenn wir uns *Auffassung (b)* zu eigen machen, welche die ungezwungenste und einleuchtendste Auflösung der Schwierigkeit bietet[125].

»Dans ce cas, τοῦτ᾿ ἔστιν ne se rattache pas à καταπετάσματος qui le précède immédiatement, mais à ὁδόν. A l'appui de cette opinion nous faisons remarquer d'abord que c'est une particularité de l'auteur de Hébr de ne pas unir par le τοῦτ᾿ ἔστιν les substantifs immédiatement voisins; cf. 2,14; 7,5; 11,16; 13,15; (9,11?). On trouve un cas analogue en 9,2 où l'expression ›qui est appelée sainte‹ ne se rapport pas à ›la table‹ qui précède immédiatement le pronom relatif, mais à ›une tente‹ qui se trouve au début de la phrase. [...]«[126].

Auch kann die mangelnde Kongruenz zwischen ὁδόν und σαρκός nicht gegen diese Auffassung eingewandt werden, steht doch τῆς σαρκός hier, anders als die mit τοῦτ᾿ ἔστιν eingeleiteten Wörter bzw. Ausdrücke in vergleichbaren Fällen im Hebr, als abhängiger Genitiv attributiv zu ὁδός[127]. Damit kann ich nun die Auslegung von Hebr 10,19f.21f im Rahmen des Gedankengangs von Hebr 10 geben:

Die σάρξ Christi als »neuer und lebendiger Weg«. Hebr 10,19f nimmt wieder das Motiv des Zugangs ins himmlische Allerheiligste auf. Mit διὰ τοῦ καταπετάσματος ist Bezug genommen auf den Eintritt Christi in das himmlische Allerheiligste (vgl. 6,19f) und zugleich auf die Schilderung des irdischen Heiligtums 9,2–5 (das Wort begegnet im Hebr neben 10,20 nur in 9,3 und 6,19). Den Zugang zum Allerheiligsten, den der irdische Opferkult nicht hatte erschließen können (9,2–10), eröffnet die unkultische ›Darbringung‹ Christi im leiblichen Gehorsam (10,5–10). Daher kann Hebr nun sagen: Christus hat einen neuen, lebendigen Weg durch den Vorhang, d.h. in das himmlische Allerheiligste, erschlossen und eingeweiht (ἣν ἐνεκαίνισεν ἡμῖν ὁδὸν πρόσφατον καὶ ζῶσαν διὰ τοῦ καταπετάσματος V.20). Es ist der Weg seiner σάρξ (τοῦτ᾿ ἔστιν τῆς σαρκὸς αὐτοῦ ebd.). Dieses Wort aber bezeichnet im Hebr die irdische Daseinsweise, die Christus mit der Inkarnation an- und auf sich nahm (2,14; 5,7). M.a.W., den Zugang zum himmlischen Allerheiligsten, den der irdische Opferkult nicht gewähren konnte, hat Christus »für uns neu eingerichtet [...] als einen noch nicht dagewesenen und lebendigen Weg«[128], den Weg seines leiblichen Gehor-

---

[125] Vgl. SPICQ 1953, 316: »[...] et nous entendons σάρξ – rattaché à ὁδόν – de la nature humaine que Jésus a prise pour s'assimiler à nous (II,14)«. – GRÄSSER 1997, 18f, hält dies für die angemessenste Möglichkeit nicht-gnostischen Verstehens.
[126] ANDRIESSEN/LENGLET 1970, 214.
[127] Vgl. LÖHR 1991, 197.
[128] Übersetzung von MAURER 1959, 768, 8f.

3. Der Weg Jesu Christi: Gehorsam, Erhörung und Erhöhung

sams in der irdischen Existenz (τῆς σαρκὸς αὐτοῦ)[129]. Damit ist auch klar, warum dieser Weg πρόσφατος καὶ ζῶσα (ebd.) ist: »Neu«, d.h. »bisher noch nicht dagewesen« (πρόσφατος)[130], ist dieser Weg nicht allein in dem Sinne, dass er durch Christus erst neuerdings eingerichtet wurde, also im Sinne des zur Abfassungszeit (verglichen mit der Kultbegründung zur Zeit Moses) erst verhältnismäßig kurz zurückliegenden Christusereignisses. Vielmehr ist die Neuheit der ὁδός vor allem die eschatologische Neuheit der neuen Heilssetzung (διαθήκη), die ihr im Vergleich zur alten, ja vergreisenden und der Vernichtung nahen ersten Diatheke aufgrund der Neuen Setzung aus dem Reden Gottes zukommt (8,13). Diese eschatologische Neuheit ihrerseits entspricht der soteriologischen Wirksamkeit im Gegensatz zum Ungenügen der ersten διαθήκη, das im Jer-Zitat Hebr 8,8–12 zum Ausdruck kommt. Eben diese soteriologische Wirksamkeit ist ja in 10,19f mit der Rede von der Einrichtung des Zugangs zur Gottespräsenz angesprochen.

Dem entspricht weiter die Charakterisierung der ὁδός als ζῶσα. Die ὁδὸς τῆς σαρκὸς αὐτοῦ ist gerade in ihrem Gegensatz zum Weg des irdischen Opferkults, also als Weg des leiblichen Gehorsams im menschlich-diesseitigen Leben (in der σάρξ) ζῶσα; d.h. in demselben Sinne, in dem die von Paulus geforderte Hingabe des σῶμα ebenfalls eine θυσία ζῶσα ist (Röm 12,1), die in der lebendigen Selbsthingabe statt in der Opferdarbringung im irdischen Kult besteht.

Während also die erste διαθήκη opferkultisch verfasst war, ist die neue gekennzeichnet durch die Erfüllung des in die Herzen geschriebenen Gotteswillens, wie das vorausgehende Jer-Zitat darlegt (Hebr 10,16f). Eben diese Erfüllung des Gotteswillens geschah durch die Selbsthingabe Christi in seiner σάρξ, und damit war die neue Diatheke aufgerichtet und der Zugang zum Allerheiligsten »eingerichtet«.

Die παρρησία zur εἴσοδος. Zur ›Einrichtung‹ des neuen Weges durch den leiblichen Gehorsam Christi im Fleisch kommt die παρρησία hinzu, die »wir« besitzen (V.19), um die εἴσοδος in das himmlische Allerheiligste zu vollziehen, und zwar ἐν τῷ αἵματι Ἰησοῦ.

War mit der σάρξ Christi sein irdisches Dasein angesprochen, so bezieht sich die Rede von seinem αἷμα auf sein himmlisches Opfer wie auf die durch sein Blut bewirkte Reinigung des himmlischen Heiligtums und der Gewissen der Adressaten (vgl. 9,13f.22f und 12,24, ↑ III.5.2.2.1; III.5.3; III.5.2.2.3).

---

[129] Vgl. SCHUNACKs Erklärung für σάρξ in Hebr 10,20, DERS. 2002, 147: »[...] die Situation kreatürlicher Schwachheit und Anfechtung zeitlicher Existenz, die Jesus [...] im Gehorsam des Sohns geduldig durchlitt und durchstand [...]«. Erstaunlich ist, dass er (a.a.O. 147) die Möglichkeit, τῆς σαρκὸς αὐτοῦ auf ὁδός zu beziehen, gar nicht erwägt.

[130] So HOFIUS 1972, 80 m. Anm. 181 (Hinweis auf BAUER [der angezogene Text auch in der 6. Auflage des BAUER, 1988, 1440 sv.], vgl. LXX Koh 1,9; MAURER 1959, 768).

Ähnlich wie V.19 von der παρρησία, spricht V.21, der an V.19 syntaktisch unmittelbar anschließt, von Christus als himmlischem Hohenpriester, den »wir« »haben«. Beides hängt sachlich eng zusammen, denn die Funktion des himmlischen Hohenpriesters besteht nach Hebr in seiner Interzession für die Seinen, mit der er die Bedeutsamkeit seines himmlischen Selbstopfers für sie zur Geltung bringt (vgl. 2,17f; 12,24): Weil »wir« einen himmlischen Hohenpriester »haben«, »haben wir« auch die παρρησία ἐν τῷ αἵματι 'Ιησοῦ, denn der himmlische Hohepriester ist es, der »uns« die Bedeutsamkeit seines himmlischen Opfers zuwendet.

Diese Unterscheidung des irdischen Weges Christi und seines himmlischen Wirkens nach ihrer jeweiligen Bedeutsamkeit für »uns« gründet in der Anthropologie und Soteriologie des Hebr zusammen mit seiner Zuordnung von irdischem und himmlischem Bereich. Das sei in diesem Zusammenhang nur knapp angedeutet: Für Hebr kann der ›äußere‹ Aspekt des Menschen, seine σάρξ, durch irdischen Kultvollzug bzw. durch irdische Riten gereinigt werden (9,13); davon unterschieden ist jedoch der ›innere‹ Aspekt, den Hebr als συνείδησις bzw. καρδία bezeichnet. Die Reinigung (bzw. das »Vollkommen-Machen«, τελειοῦν) dieses Aspektes kann durch den irdischen Opferkult nicht erwirkt werden (9,9; vgl. 10,1.4; 7,19); sie geschieht durch den himmlischen Kult und aufgrund der durch Christus erwirkten Reinigung; 9,14, vgl. 10,22 mit dem Stichwort ῥεραντισμένοι, das auf 12,24 und damit wiederum auf 9,13f verweist[131]. Kurz: »Das unsichtbare Innere des Menschen (Gewissen) korrespondiert dem Himmlischen und Zukünftigen. Der Bereich des himmlischen Heiligtums steht nicht allein, sondern korrespondiert dem Gewissen im Inneren des Menschen [...]. Mit der Entsühnung des himmlischen Heiligtums [vgl. 9,23, GG.] wird daher zugleich auch das Gewissen der Christen gereinigt«[132].

Eben darauf beruht die παρρησία. Denn das αἷμα τοῦ Χριστοῦ vermag die συνείδησις zu reinigen (9,14), und diese Reinheit ist die Voraussetzung für den Zutritt zum himmlischen Kult (so V.22, hier ῥεραντισμένοι τὰς καρδίας ἀπὸ συνειδήσεως πονηρᾶς). Recht und Befähigung dazu bezeichnet παρρησία.

Nicht zufällig stehen beide Begriffe (παρρησία und συνείδησις) dem Sinne nach nah beieinander. Der Sprachgebrauch nimmt den des hellenistischen Judentums ebenso auf wie den der Profangrazität: Ist παρρησία zum einen das Recht, die Ermächtigung (zum Zutritt) – damit hier nahe bei ἐξουσία –, so schwingt doch mit die unbefleckte συνείδησις als Voraussetzung für das Reden mit Gott[133].

---

[131] Der Ausdruck αἷμα ῥαντισμοῦ 12,24 verweist auf ὕδωρ ῥαντισμοῦ; dieser Ausdruck wiederum begegnet nur in Num 19 LXX, wo es um den Ritus mit der Asche der Roten Kuh geht, wovon wiederum Hebr 9,13 spricht. – Zur Begründung im einzelnen vgl. wiederum Ausführungen zu Sühne und Reinheit, hier bes. zur »Roten Kuh« 9,13 und zum Sprachgebrauch von 12,24 ↑ III.5.2.

[132] BERGER 1995, 457 (§ 286,9); vgl. THÜSING 1995b, 190–192. Mit Recht betont THÜSING dabei die Ausrichtung des Hebr auf das gegenwärtige himmlische Wirken Christi für das »Hinzutreten« der Adressaten.

[133] Auf diese Verbindung von παρρησία und συνείδησις im hellenistischen Judentum macht PETERSON 1929, 289f, aufmerksam; zum Hebr a.a.O. 292; vgl. SPICQ 1994, Bd. 3,

Spricht also V.20 von der Einrichtung des Zugangs bzw. des Weges zum Allerheiligsten durch das irdische Geschick Christi, so V.19 von der fortdauernden Wirksamkeit der das Gewissen reinigenden Wirkung seines himmlischen Opfers, die es »uns« ermöglicht, in die himmlische Gottespräsenz einzutreten. Die Zusammenfassung der Ergebnisse des kulttheologischen Mittelteils nimmt also sowohl die Ausführungen zum himmlischen Kult (9,11f.23.24–28) als auch diejenigen zum irdischen Weg Christi (10,5–10.11–14) auf und spitzt beides auf die Heilsbedeutung für »uns« zu: Die Ermöglichung des Zugangs zum himmlischen Allerheiligsten[134].

Dabei geht es nicht nur um das eschatologische Eingehen in die himmlische Welt, sondern zunächst um die gegenwärtige Möglichkeit des »Hinzutretens« zum himmlischen »Gnadenthron« (4,16; vgl. 8,1), das auf dem Hinzugetreten-Sein der Adressaten zum himmlischen Jerusalem und auf dem Reden des himmlischen Besprengungsblutes beruht (12,22–24)[135].

Wie beschreitet man den »Weg seines Fleisches«? In welchem Sinne kann nun aber davon die Rede sein, dass der durch Christus eröffnete Weg seiner σάρξ »uns« zur εἴσοδος τῶν ἁγίων führt? Wie betätigt man die παρρησία und wie beschreitet man die ὁδός? Bezeichnenderweise spricht Hebr zwar an einer Stelle von Christus als πρόδρομος (6,20), doch nie davon, dass es gelte, ihm ›nachzufolgen‹ (ἀκολουθεῖν) o.ä. Dagegen fasst Hebr das Verhältnis der Seinen zu Christus in die Abfolge des Gehorsams Christi gegen Gott in seinem irdischen Leben und des Gehorsams der Seinen gegen Christus nach seiner Erhöhung (5,8f). M.a.W., den durch Christus eröffneten Weg beschreitet man nicht, indem man Entweltlichung übt oder eine ›Himmelswanderschaft‹ antritt, sondern indem man, gleich ihm, irdisch in der ὑπακοή lebt. Dasselbe meint auch die Rede von der Heiligung im θέλημα Gottes, das Christus durch seinen Gehorsam erfüllte und in das er uns damit einstiftete (10,10). Auf denselben Sachverhalt verweist die Reihe der Adhortative bzw. der adhortativ gemeinten Partizipien κατέχωμεν, κατανοῶμεν, μὴ ἐγκαταλείποντες, ἀλλὰ παρακαλοῦντες κτλ. in V.23–25, die sich an das προσερχώμεθα V.22 anschließen und diese Aufforderung damit in den Vollzug des leiblichen Gehorsams hinein entfal-

---

56–62: 59. Vgl. zur Bedeutung von παρρησία auch KÄSEMANN 1961, 23; SCHLIER 1954, 882; VORSTER 1971.

[134] Vgl. VORSTER 1971, bes. 57f. »[...] it appears that the word [sc. παρρησία] in 3:6 and 10:35 refers to the ›*conviction*‹ of the readers that they have free entrance to God through Christ. [...] In 4:16 it refers to the ›*boldness*‹ or ›*frankness*‹ of the believer to approach the throne of God and in 10:19 to the ›*freedom*‹ of the believer, to appear before God« (a.a.O. 57; kursiv im Original).

[135] Vgl. THÜSING 1995b, 190–192.

ten[136]. Bezeichnend ist dabei die Nähe der Aufforderung von V.23, κατέχωμεν τὴν ὁμολογίαν τῆς ἐλπίδος, zu 3,6, wo es heißt: οὗ [sc. Χριστοῦ] οἶκός ἐσμεν ἡμεῖς, ἐάν[περ] τὴν παρρησίαν καὶ τὸ καύχημα τῆς ἐλπίδος κατάσχωμεν (vgl. 3,1; ferner der sachliche Gegensatz zum κατέχειν, das ἀπειθεῖν bzw. – was hier gleichbedeutend ist – die ἀπιστία in 3,19). Es ist das Verheißungswort, es ist das auf das himmlische Hohepriestertum Christi gegründete Bekenntnis der Hoffnung und die daraus erwachsene παρρησία, welche im Gehorsam festgehalten wird, mithin das Heilswerk Christi selbst in seiner Bedeutsamkeit für »uns«. Darum geht es im leiblichen Gehorsam auch nicht um eine bloße Nachahmung Christi. »Wir« befinden uns tatsächlich auf dem Wege *seines* Fleisches, insofern im gehorsamen Festhalten an Bekenntnis, Hoffnung und Parrhesie das »uns« durch ihn erschlossene Heil bewährt wird, wie ja auch die Erfüllung des Gotteswillens durch Christus »uns« eben diesen Willen als Raum der Existenz anweist (10,10) und Christi Verherrlichung die der vielen υἱοί bereits einschließt (2,10). Doch geht es dabei nicht um das Verlassen der irdischen Welt, sondern um denselben innerweltlichen, leiblichen Gehorsam – die Wirklichkeit des neuen Bundes –, den Christus selbst vollzog und der allein den Zugang zum Himmel gewährt.

Ergebnis. 10,19f fasst somit im Anschluss an 10,5–10[137] die bisherigen Ergebnisse von Kp. 9f zusammen und leitet über zur Paränese: Im leiblichen Gehorsam vollziehen »wir« das »Hinzutreten« zum himmlischen Allerheiligsten und sind gerade so auf dem Weg der σάρξ Christi, der bis hin zur endzeitlichen εἴσοδος τῶν ἁγίων führen wird.

Gesamtergebnis zu Hebr 10,1–20. Was der irdische Opferkult nicht vermochte – Vollendung zu gewähren, den Zugang zum Himmel zu erschließen –, das tat die einmalige Hingabe des somatischen Lebens Christi im gelebten Gehorsam bis zum Tode. Sie erschließt auch »uns« den Zugang zum Himmel, macht kultfähig, sondert aus der irdischen Sphäre aus für die himmlisch-sakrale. Wer so geheiligt ist, kann nicht mehr in irdischer Sakralität, irdischem Kult Zugang zum Himmel suchen. Der im Fleisch vollzogene Lebensgehorsam Christi ist auch für die Seinen einziger Weg ins

---

[136] Nicht nachvollziehbar ist mir die Auffassung von Zimmermann 1977, 204, das Festhalten an der Homologie sei der Oberbegriff, der das »Hinzutreten« und das »Achten aufeinander« unter sich fasse. Aus dem syntaktischen Zusammenhang, den er dafür anführt, geht vielmehr hervor, dass, wie hier dargestellt, das »Hinzutreten« der Oberbegriff für das Folgende ist. Dieser sprachliche Befund kann nur verstanden werden, wenn man bedenkt, dass für Hebr die in der ὑπακοή gelebte irdische Existenz kein Gegensatz zur himmlischen Orientierung ist, sondern der Modus des Bestimmtseins durch die Zugehörigkeit zum himmlischen Heiligtum und Kult.

[137] Den sachlichen Zusammenhang der beiden Abschnitte betont schon Westcott 1906, 322.

himmlische Allerheiligste: der »Weg seiner σάρξ«. Ihn beschreitet, wer auf Erden in der ὑπακοή lebt.

3.6 Ertrag

Das irdische Geschehen von Leiden und Sterben Christi wird im Hebr nicht opferkultisch bzw. sühnetheologisch gedeutet. Der irdische Weg Jesu Christi ist die gehorsame Erfüllung des Willens Gottes im Leben und Leiden und kulminiert in der ›Darbringung‹ (προσφορά) des Leibes Christi, d.h. in seiner Selbsthingabe, die er auf Erden vollzieht. Diese tritt auf Erden an die Stelle des irdischen Opferkults und erweist ihn als unzulänglich. Damit ist die in der ersten Heilssetzung (διαθήκη) begründete irdische Kultordnung obsolet. Hebr versteht das irdische Leiden und Sterben Jesu als Grund seiner Erhöhung. Diese ist seine Einsetzung in sein himmlisches Amt, Beginn seines Hohepriestertums. Als himmlischer Hoherpriester bringt er seine Erfahrung der conditio humana fürbittend für die Seinen zur Geltung. In seinem Weg durch Schwachheit und Leiden ist der angefochtenen Gemeinde der eigene Weg zu himmlischer Herrlichkeit vorgezeichnet. Ihr erschließt weder irdischer Opferkult noch Entweltlichung die Verbindung mit dem himmlischen Kult, sondern die irdische ὑποκοή auf dem »Weg seiner [Christi] σάρξ«, dem Weg des gehorsamen Festhaltens an Verheißung, Hoffnung und Bekenntnis.

4. Kapitel

Himmlischer Hoherpriester und himmlischer Kult

4.1 Einführung

Stand der Argumentation. Der irdische Weg Jesu Christi war ein Weg des Gehorsams, kein priesterlich-opferkultisches Wirken. In einem weiterführenden Schritt ist nun auf die Hebr-Texte einzugehen, welche die soteriologische Bedeutung der Erhöhung Christi kulttheologisch darlegen. *Fortgang der Argumentation in Kp. III.4.* Die Interpretation der Erhöhung Christi als Hohepriester-Investitur erläutert, warum in dieser Erhöhung die Verherrlichung der Seinen beschlossen liegt. Christus ist himmlischer Hoherpriester. Er kann die Seinen durch seine Interzession, durch die Vergebung der Sünden und durch die Hilfe in Anfechtung retten.

Die Deutung der Erhöhung als Hohepriester-Investitur ist daher die Pointe (κεφάλαιον) der Kulttheologie des Hebr (Hebr 8,1f). Sie impliziert, dass Christus ein himmlisches Opfer dargebracht haben muss: das Opfer seiner selbst. Dieses Opfer geschah in seiner Erhöhung, verstanden als Eintritt in das himmlische Allerheiligste. Seither wirkt er als himmlischer Hoherpriester fürbittend im himmlischen Heiligtum.

Christus wird bei der Parusie das himmlische Heiligtum verlassen und wieder erscheinen. Aufgrund der Annullierung der Sünden, die sein Opfer bewirkte, dürfen die Seinen sein zweites Erscheinen als heilvolles Geschehen erwarten. So ist das gegenwärtige und das künftige Wirken des Erhöhten durch die kulttheologische Interpretation als hohepriesterliches und damit als heilvolles Wirken bestimmt.

Zum einzelnen. Hebr 2,17f mit 4,14–16 (↑ 4.2) sprechen von Christi Interzession, in der er sein Selbstopfer zur Geltung bringt und damit Vergebung und Hilfe erwirkt. Die Sühneaussage Hebr 2,17 ist im Sinne der Zuwendung gnädiger Vergebung zu verstehen. Um die Fürbitte des Erhöhten geht es auch in Hebr 7 (vgl. V.25): Christi Hohepriestertum ist ewig-himmlischer Art, setzt die Erhöhung aus dem Tode voraus und bewirkt ewige Rettung (↑ 4.3). So ergibt sich eine Linie von Hebr 2,17f über 4,14–16 und 7,25 zu 8,7–13: In Christi himmlischem Hohepriestertum erfüllt sich die Verheißung der Vergebung aus Jer 31 (LXX 38), mit der Hebr seinen kulttheologischen Mittelteil rahmt. Dieses Zitat folgt daher auf die Darlegung der »Pointe« des Schreibens (κεφάλαιον Hebr 8,1): Der

Erhöhte ist Hoherpriester; ihm obliegt der himmlische Kult; er hat als Hohepriester ein himmlisches Opfer dargebracht (Hebr 8,1–6; ↑ 4.4).

Die Darbringung dieses Opfers schildert Hebr in Entsprechung zum Ritual des Jom Kippur. Ein Überblick über antike jüdische Schilderungen dieses Rituals (↑ 4.5) zeigt, dass hinsichtlich des Kultvollzugs im Heiligtum so zahlreiche Varianten bestehen, dass eine allgemein verbreitete Vorstellung davon der Hebr-Auslegung nicht zugrunde gelegt werden kann. Die Auffassung des Hebr ist allein aus seinen eigenen diesbezüglichen Ausführungen zu erheben. Diese schildern in Hebr 9,11f (↑ 4.6) den Eintritt Christi in das himmlische Allerheiligste mit seinem eigenen Blut in Analogie zur Darbringung von Blut durch den irdischen Hohenpriester bei dessen Eintritt in das dortige Allerheiligste (Hebr 9,7). Der Eintritt in das himmlische Allerheiligste ist als solcher die Darbringung des Ertrags der irdischen Existenz Christi, seiner im Blut repräsentierten somatischen Lebendigkeit.

Der Auslegung von Hebr 9,24–28 steht ein Abschnitt (↑ 4.7) zur Auslegungsgeschichte voran. Dieser zeigt, dass sich das Verständnis an der Auslegung der Opfer-Aussage V.26 entscheidet; sie folgt dem jeweiligen Verständnis der Zuordnung von irdischem und himmlischen Wirken Christi.

Hebr 9,24–28 (↑ 4.8) bindet das himmlische Opfer Christi an seinen irdischen Weg. Wie dieser ist es eschatologisches Geschehen. So hat es Anteil an der eschatologischen Einmaligkeit seines irdischen Erscheinens. Es bedarf keiner Wiederholung. Gegenwart und Zukunft bleiben dadurch bestimmt bis zur Parusie.

In Hebr 13,20 (↑ 4.9) wird, ähnlich wie in 9,11f, mit der Erwähnung des Blutes Christi auf den Ertrag seines irdischen Weges und auf sein himmlisches Opfer Bezug genommen. Bundesvorstellung und Auferstehungstradition werden verknüpft: Die Aufrichtung der neuen διαθήκη begründet die Auferstehungshoffnung.

So werden Erhöhung, gegenwärtiges Wirken und Wiederkunft Christi kulttheologisch interpretiert: Die Erhöhung ist hohepriesterliche Investitur, Eintritt ins himmlische Allerheiligste und Darbringung des himmlischen Selbstopfers. Christus wirkt gegenwärtig im himmlischen Heiligtum fürbittend für die Seinen. Ihnen zum Heil wird er nach vollzogenem Kult bei der Parusie aus dem himmlischen Heiligtum hervortreten.

4.2 Hebr 2,17f mit 4,14–16: Sühne und Vergebung

Hebr 2,17f; 4,14–16 gehören eng zusammen. Zu 4,14–16 herrscht weithin Konsens; der Abschnitt kann daher für die Interpretation von 2,17f fruchtbar gemacht werden; diese steht im Mittelpunkt der folgenden Exegese. Die Auslegung umreißt eingangs knapp das Wirken des himmlischen Hohenpriesters nach beiden genannten Abschnitten: Er ist durch das Todesleiden hindurchgegangen und kann den Versuchten helfen, den Gehorsam zu bewähren. Hebr erläutert damit seine These von 2,9f, in der Erhöhung Christi sei die Verherrlichung der »vielen Söhne« impliziert: Die soteriologische Bedeutsamkeit der Erhöhung Christi wird mittels der Hohepriesterchristologie entfaltet. In diesem Zusammenhang begegnet die Sühneaussage Hebr 2,17. Dazu informiert ein Exkurs über den Gebrauch der Sühneterminologie in LXX im Vergleich mit dem MT. Darauf aufbauend, wird eine neue Auslegung von Hebr 2,17 begründet: Gemeint ist nicht opferkultische Sühne, sondern die Zuwendung der Sündenvergebung durch den erhöhten, den Seinen fürbittend beistehenden Hohenpriester.

4.2.1 Hilfe in der Anfechtung

Anschluss an Hebr 2,5–16 in 2,17f; 4,14–16. Mit 2,5–16 gewann Hebr den Zugang zu seiner Hohepriester-Christologie, die mit der Einführung des ἀρχιερεύς-Prädikats 2,17 und der ersten Darstellung des hohepriesterlichen Wirkens in 2,17f; 4,14–16 beginnt. Diese Hohepriesterchristologie nimmt die Schilderung des Weges Christi und seines darin begründeten Verhältnisses zu den Menschen aus 2,5–16 auf. Die Argumentation von 2,5–16 war bestimmt durch den Gedanken, dass die dem Menschen schlechthin zugedachte Herrlichkeit noch nicht sichtbar, aber in der Erhöhung Christi bereits verwirklicht ist. In der Erhöhung und Verherrlichung Christi – so die These von 2,9f – ist die Herrlichkeit der »vielen Söhne« bereits impliziert. Das kam im Gebrauch von τελειοῦν 2,10 zum Ausdruck: Christus erlangte die Qualität des Heilsmittlers. Als der, welcher den Weg durch das Leiden zur Herrlichkeit beschritt, wird er als ἀρχηγός, Vorläufer/Anführer, der vielen Söhne bezeichnet (2,10). Nach dem Beschreiten seines Weges ›vollendet‹, ist er der erhöhte Hoherpriester, der für die Seinen die Funktion des Heilsmittlers ausübt[1].

Die Anknüpfung an 2,17f in 4,14–16. Mit ἔχοντες [...] ἀρχιερέα μέγαν und κρατῶμεν τῆς ὁμολογίας knüpft Hebr 4,14 an 3,1 (τὸν [...] ἀρχιερέα τῆς ὁμολογίας ἡμῶν) und über 3,1 an die Einführung des Hohepriesterprädikats in 2,17 an. Der enge Zusammenhang von 4,14–16 und 2,17f zeigt sich bis in die Einzelheiten der Wortwahl (vgl. die Übersicht auf der folgenden Seite). Im einzelnen:

Hebr 4,16 fordert auf, zum »Gnadenthron« hinzuzutreten, um Erbarmen und Gnade zur rechtzeitigen Hilfe zu empfangen. Damit ist wörtlich die Beschreibung des Hohenpriesters Christus aufgenommen, der barmherzig ist (2,17) und helfen kann (2,18). Nach 4,15 kann Christus mitleiden, da er in jeder Hinsicht versucht worden ist; ebenso sagt 2,18, dass er den Versuchten helfen kann, weil er selbst versucht wurde. 2,17f und 4,14–16 sind demnach zusammen auszulegen.

---

[1] Vgl. zu ἀρχηγός und ἀρχιερεύς WEISS 1991, 209; zu τελειοῦν und der Einsetzung ins Hohepriesteramt KÖGEL 1905, 60–64.

Hebr 2,17f	Hebr 4,14–16
V.17	V.14
ἵνα ἐλεήμων γένηται καὶ πιστὸς	Ἔχοντες οὖν
ἀρχιερεύς	ἀρχιερέα μέγαν
	V.15
κατὰ πάντα	κατὰ πάντα
τοῖς ἀδελφοῖς ὁμοιωθῆναι	καθ' ὁμοιότητα
V.18	
αὐτὸς πειρασθείς	πεπειρασμένον
πέπονθεν	συμπαθῆσαι
τοῖς πειραζομένοις βοηθῆσαι	πεπειρασμένον δὲ κατὰ πάντα καθ'
	ὁμοιότητα
	V.16
δύναται τοῖς πειραζομένοις βοηθῆσαι	εἰς εὔκαιρον βοήθειαν

Hinzutreten zum himmlischen Gnadenthron (4,16). Dass in 4,14–16 Christus als *himmlischer* Hoherpriester im Blick ist, liegt auf der Hand: Schon V.14 spricht davon, dass er »die Himmel durchschritten hat« (Perfekt: Er befindet sich nun im obersten Himmel). Im Hintergrund steht die Vorstellung von mehreren übereinander liegenden »Himmeln« oder himmlischen Sphären, die man durchschreiten muss, um zum höchsten Himmel, dem Ort des himmlischen Thrones, zu gelangen. Zum himmlischen Gnadenthron gilt es daher hinzuzutreten (V.16), wobei das προσέρχεσθαι mit seiner kultischen Konnotation deutlich macht, dass der himmlische Thron im himmlischen Heiligtum steht, wie das frühjüdischen und frühchristlichen Himmelsdarstellungen entspricht[2]. Um das Wirken des himmlischen Hohenpriesters geht es – schon des sachlichen Zusammenhangs beider Abschnitte wegen – auch in 2,17f. Das ergibt sich auch aus der Exegese von 2,17, wie nun zu zeigen ist:

Mit κατὰ πάντα τοῖς ἀδελφοῖς ὁμοιωθῆναι fasst 2,17 knapp zusammen, was er in 2,9f über das Todesleiden Christi sagte, und das κατὰ πάντα wie auch die teils wörtlich übereinstimmende Formulierung πεπειρασμένος δὲ κατὰ πάντα καθ' ὁμοιότητα 4,15 bezeichnet, wie gesagt, die Situation des πειρασμός bis hin zum Tode und einschließlich des Todes. Das γίγνεσθαι ἀρχιερεύς setzt also nach 2,17 den Weg Jesu Christi bis zum Tode und einschließlich des Todes bereits voraus[3]. Dass dabei mit Bezug auf Christi Hohepriestertum von einem »Werden« die Rede ist, bestätigt die hier vertretene Auffassung, dass Christus nach dem Hebr nicht schon von Ewigkeit her und nicht schon während seines irdischen Lebens Hoherpriester war.

---

[2] Vgl. nach wie vor BIETENHARD 1951, 53–56; ferner GRÄSSER 1990, 261f.
[3] So schon SWETNAM 1996, 16.

Dasselbe zeigte bereits die Exegese von Kp. 5 (s.o.), und das wird die Exegese von Kp. 7 weiter bestätigen (s.u.): Christus ist Hoherpriester κατὰ
δύναμιν ζωῆς ἀκαταλύτου (7,16), d.h. kraft seiner Erhöhung zu unzerstörbarem Leben aus dem Tode, und daher währt sein Hohepriestertum εἰς τὸν
αἰῶνα. 2,17 drückt also aus, dass Christus aufgrund seines Todesleidens
zur himmlischen Herrlichkeit erhoben wurde, wie das bereits 2,9 sagte,
und zwar zur Herrlichkeit des himmlischen Hohenpriesters. Zugleich aber
ist gemeint – und auch damit knüpft 2,17f an 2,9f an, führt jedoch inhaltlich weiter –, dass der Ertrag des irdischen Weges Christi in sein himmlisches Hohepriesteramt eingeht und es bestimmt: Er wurde barmherziger
und zuverlässiger Hoherpriester; er kann helfen, weil er gelitten hat und
versucht wurde (2,18; 4,16). Damit erst ist die These von 2,9 erläutert, dass
die Erhöhung das Todesleiden Christi ὑπὲρ παντός wirksam werden ließ:
Kraft der Erhöhung Christi geht seine irdische Leidenserfahrung in sein
himmlisches Dasein ein, kommt sie in der Barmherzigkeit und Hilfe des
himmlischen Hohenpriesters für die Versuchten zur Geltung.

Wie das »Hinzutreten« im einzelnen vonstatten geht, wird im Hebr nie
erläutert. Für 4,16 wäre am ehesten an Gebete zu denken, in denen Hilfe
und Vergebung erfleht werden[4].

ἵνα ἐλεήμων γίνηται καὶ πιστὸς ἀρχιερεὺς τὰ πρὸς τὸν θεόν (2,17)[5].
Christus wurde Hoherpriester »auf der Grenze zwischen Erde und Himmel,
im Überschritt aus dem Tode in der Erhöhung«[6]. Den hohepriesterlichen
Dienst tut er »in Bezug auf das Gottesverhältnis« (mit accusativus graecus:
τὰ πρὸς τὸν θεόν), und zwar das der hilfsbedürftigen Menschen, die er in
seiner Fürbitte vor Gott vertritt: Als Hoherpriester vermittelt er zwischen
Mensch und Gott[7]. »Barmherzig« meint die Haltung gegenüber den
hilfsbedürftigen Menschen (vgl. »barmherzig sein« 2,18; »mitfühlen«
4,15). In ihr wirkt sich der Weg durch das menschliche Leiden aus, der zur
Einsetzung als Hoherpriester führte (vgl. ὤφειλεν [...] ὁμοιωθῆναι κτλ.).

---

[4] GRÄSSER 1990, 259f, denkt an die gottesdienstliche Versammlung; allgemeiner
THÜSING 1995b; WEISS 1991, 299 (»ganze christliche Existenz«). Zu den Unterschieden
in der Verwendung von προσέρχεσθαι im Hebr vgl. LÖHR 1994, 262–264.

[5] Man könnte übersetzen »damit er barmherzig werde und ein zuverlässiger Hoherpriester«; sprachlich ist das möglich, vgl. KARRER 2002, 160 Anm. 16; ELLINGWORTH
1993, 181f; kritisch LAUB 1980, 88 Anm. 137. LAUB macht (mit Berufung auf KÄ-
SEMANN 1961 [1939], 151f) geltend, dass Barmherzigkeit von 4,14; 5,2 her zum Wesen
des Hohenpriesters gehöre. In der Tat soll Christi Hohepriestertum beschrieben werden.

[6] So treffend WALTER 1997a, 161; zustimmend angeführt bei GRÄSSER 1990, 249
(dort zitiert nach der Paginierung der Erstveröffentlichung).

[7] So wörtlich auch in Hebr 5,1. In beiden Fällen geht es darum, dass der Hohepriester
die Aufgabe hat, durch sein Wirken das Gottesverhältnis der Menschen zum Guten zu
wenden, wie der Fortgang in 5,1f zeigt; dort wird als Aufgabe des Hohenpriesters das
Darbringen von Gaben und Opfern für Sünden genannt. Von der Bewältigung der Sünden
ist (auf andere Weise) dann auch in 2,17 die Rede.

Entsprechendes gilt für die Bezeichnung als πιστός. Auch das Zuverlässig-/ Vertrauenswürdig-Werden ist an das vorausgehende Gleichwerden mit den Menschen gebunden: Weil er sich zuvor als treu erwies, ist er jetzt vertrauenswürdig. Den Menschen gegenüber ist Christus »zuverlässig/vertrauenswürdig« (πιστός), d.h. sie dürfen auf seine Hilfe vertrauen.

Zwar spricht Hebr 3,2.5 davon, Christus sei zuverlässiger/vertrauenswürdiger (πιστός) Diener Gottes[8]. Daher hat man auch für 2,17 an die zuverlässige Erfüllung der von Gott gegebenen Aufgabe des Hohenpriesters gedacht[9]. Dagegen ist der Auslegung von Laub[10] zuzustimmen, der zu Hebr 3,1–6 darlegt, dass die Zuverlässigkeit/Vertrauenswürdigkeit dort jeweils dem »Haus« – bei Mose Israel, bei Christus der Gemeinde der »Wir« (3,6) – gilt; im Falle Christi handelt es sich also um seine Zuverlässigkeit/Vertrauenswürdigkeit gegenüber der Gemeinde[11]. Seine Zuverlässigkeit/Vertrauenswürdigkeit ergibt sich für die Gemeinde aus dem Vertrauen, das er auf seinem irdischen Weg bewährte (2,13)[12].

Die Situation der Anfechtung, der Rückgriff auf 2,9f.14f und die »Hilfe« (4,16). Hebr 2,18 nimmt mit πέπονθεν auf das Todesleiden Christi (πάθημα τοῦ θανάτου 2,9) Bezug. Ebenso bezeichnet Hebr 4,15 mit πεπειρασμένος κατὰ πάντα ein Versuchtsein »in jeder Hinsicht«, d.h. bis hin zum Tode. Dabei sind in 2,18 wie in 4,14f die »Wir« als Versuchte im Blick. Die Versuchung hängt mit Schwachheit und Leiden zusammen (πέπονθεν 2,18; συμπαθῆσαι ταῖς ἀσθενείαις 4,15). Damit ist auch hier an die Schilderung der conditio humana nach Hebr 2,14f zu denken. Die conditio humana ist bestimmt durch die Begriffe αἷμα καὶ σάρξ, θάνατος, φόβος. Der Todesmachthaber übt seine Herrschaft durch die Todesfurcht aus, welche die Sterblichen versklavt. Im Hintergrund steht, wie andernorts dargelegt, der in 2,18; 4,15 erwähnte πειρασμός[13]. Wenn Hebr in 2,17f; 4,14–16 damit beginnt, seine Hohepriesterlehre zu entfalten, dann sind dabei die Darlegungen von Hebr 2,5–16 über den »Sohn« als den angefochtenen Menschen schlechthin aufgenommen. Weil er Leiden und Anfechtung kennt, kann Christus den Angefochtenen helfen (2,17f; 4,15f).

---

[8] Mit πιστός ist in 2,17 also nicht – vor dem Hintergrund der Vertrauensaussage 2,13 – das Gottvertrauen bezeichnet. So mit SWETNAM 1996, 17f.

[9] So ELLINGWORTH 1993, 182. Er weist auch auf die einzige (allerdings ungenaue) sprachliche Parallele in LXX (ἱερεύς πιστός I Βας 3,35) hin; ähnlich WEISS 1991, 216; KARRER 2002, 184f. Hingegen HEGERMANN 1989, 80; ATTRIDGE 1989, 95 im Sinne der Zuverlässigkeit gegenüber den Menschen (letzterer verbindet beide Aspekte); unklar GRÄSSER 1990, 52; SCHUNACK 2002, 42f. Die ältere Literatur bei LAUB (vgl. folgende Anm.).

[10] LAUB 1980, 90–92, hier bes. 91f.

[11] Unabhängig von LAUB – aufgrund einer Auslegung von Num 12,7 – kommt zum selben Ergebnis auch SWETNAM 1996, 17f.

[12] Vgl. SWETNAM 1996, 15.18: Die Zuverlässigkeit/Vertrauenswürdigkeit Gottes und dann auch Christi ist aus seiner bereits erwiesenen Treue herzuleiten. So auch LAUB 1980, 92.

[13] Vgl. die Auslegung von Hebr 2,14f, o. pp. 158–161.

Worin besteht diese Hilfe? Als Hoherpriester ist Christus Urheber ewigen Heils – und zwar als der Gehorsame für die Gehorsamen, vgl. 5,8–10. Wenn er die, welche durch ihn Gott nahen, durch seine Fürbitte erretten kann (7,25), so dadurch, dass er ihnen durch seine Interzession hilft, in Anfechtung den Gehorsam zu bewähren[14]. So ist in der Verheißung der εὔκαιρος βοήθεια an die Anfechtungssituation gedacht, wie der Kontext zeigt[15]. Die Hilfe wird »rechtzeitig« (εὔκαιρος)[16] sein: Sie könnte zu spät kommen, wenn der Angefochtene zuvor der Versuchung nachgegeben hätte. Bezeichnet also Hebr 2,17f Christus als »barmherzigen Hohenpriester«, so korrespondiert dem in Hebr 4,16 die die Ermunterung, »Barmherzigkeit« zu empfangen: Christi Barmherzigkeit besteht darin, dass er die Angefochtenen durch seine Interzession zur Bewährung des Gehorsams stärkt[17].

εἰς τὸ ἱλάσκεσθαι τὰς ἁμαρτίας τοῦ λαοῦ (2,17). Darüber hinaus bewirkt Christus die Sündensühne (2,17). Doch wie verhält sich diese Sühneaussage zur zuvor erwähnten Hilfe für die Versuchten und zur Kulttheologie des Hebr insgesamt? Ist an opferkultische Sühne des himmlischen Hohenpriesters zur Sündenvergebung zu denken? Dagegen wird im folgenden vertreten, dass mit ἱλάσκεσθαι κτλ. ebenfalls die Fürbitte Christi gemeint ist, durch die er für die Seinen Sündenvergebung bei Gott erwirkt.

Das wird nun im einzelnen zu begründen sein. In diesem Zusammenhang ist der ungewöhnliche Sprachgebrauch in Hebr 2,17 eingehend zu bedenken. Im folgenden biete ich daher zunächst einen Exkurs zum Gebrauch der Sühneterminologie in LXX im Vergleich mit dem MT. Sodann vergleiche ich die Sühneaussage in Hebr 2,17 hinsichtlich ihrer Konstruktion mit sprachlichen Parallelen aus LXX und mit anderen Beispielen aus der frühjüdischen und frühchristlichen Literatur sowie mit ausgewählten Textstellen aus den Schriften vom Toten Meer (Qumran). Vor diesem Hintergrund deute ich sodann Hebr 2,17 und setze die Stelle ins Verhältnis zur Kult- und Sühnetheologie des Hebr.

---

[14] So auch LOADER 1981, 111, vgl. 138f.

[15] Vgl. V.15 πεπειρασμένος καθ᾽ ὁμοιότητα.

[16] Dazu vgl. GRÄSSER 1990, 262f. Nur wenn man an den irreparablen Schaden der Apostasie denkt (so GRÄSSER 263), muss man sich zwischen ›rechtzeitig‹ und ›zur rechten/guten Zeit‹ entscheiden. Doch dürfte die Versuchung allgemeiner gefasst sein. Vgl. KARRER 2002, 246: »zu rechter/guter Zeit (der Zeit nach dem Maßstab Gottes; vgl. Ps 104 [LXX 103],27)«.

[17] Dies will auch die Bezeichnung des Hohenpriesters als »barmherzig und zuverlässig« besagen. Vgl. LAUB 1980, 89f.

4.2.2 Exkurs: Zum Gebrauch der Sühneterminologie[18] in LXX[19]

Außerhalb des Pentateuch finden wir in LXX 105 Belege für (ἐξ-) ἱλάσκεσθαι κτλ.[20] Zwar wird כפר usw. in LXX meist mit (ἐξ-) ἱλάσκεσθαι κτλ. übersetzt. Doch sind andererseits die meisten der Belege für (ἐξ-) ἱλάσκεσθαι κτλ. außerhalb des Pentateuch keine Übersetzungen von כפר usw.[21]. Oft übersetzen sie hebräische Ausdrücke des Vergebens (meist סלח usw.) oder des Gnädig- oder Geneigtseins. Dies ist in den Psalmen der Fall[22]; ebenso im chronistischen Geschichtswerk[23], in den übrigen »Schrif-

---

[18] Zur Forschungsgeschichte: DODDs klassischer Beitrag (DODD 1964a, Erstveröffentlichung 1931) prägt die Forschung bis heute. Seine These: Die LXX gebrauche die Wortgruppe um (ἐξ-) ἱλάσκεσθαι κτλ. im Sinne der expiatio (Gottes Handeln zugunsten des Menschen). Sie schließe sich an das hebräische AT an; in der Profangräzität werde die Wortgruppe in der Regel im Sinne der propitiatio (Gnädigstimmen) verwendet. Ähnlich YOUNG 1973, 133–135; LUNCEFORD 1979, 5–29; LANG 1984, 306. Andere, wie BÜCHSEL (bei HERRMANN/BÜCHSEL 1938, 300f.311–318.320f), LYONNET 1970, 124–126.130f.137–146 und BREYTENBACH 1989, 86–92; KNÖPPLER 2001, 26–53 bemühen sich um differenziertere Darstellung. Sie bringen Unterschiede von opferkultischen und nicht-opferkultischen Sühneaussagen zur Geltung und weisen auf Reinigungs- und Vergebungsaussagen in Übersetzungen von כפר usw. hin. Sie zeigen, dass LXX vereinzelt das Gnädigstimmen mit (ἐξ-) ἱλάσκεσθαι κτλ. ausdrücken kann. Doch wo hebräische Sühneterminologie im opferkultischen Zusammenhang mit (ἐξ-) ἱλάσκεσθαι κτλ. wiedergegeben wird, ist nicht Gott Empfänger bzw. Objekt menschlichen Handelns. (BREYTENBACH 2000 und DERS. 2000a führen nicht weiter.) Andersartige Deutungen des Sprachgebrauchs von (ἐξ-) ἱλάσκεσθαι κτλ. in LXX (besonders KOCH 1956, 99–107: 101–104; DERS. 1995; GRAYSTON 1981) überzeugen nicht.

[19] Textgrundlage ist die LXX-Ausgabe von RAHLFS. Lesarten bzw. evtl. abweichende textkritische Entscheidungen der Göttinger LXX-Ausgabe sind nicht berücksichtigt. Die Rezensionen von Aquila und Theodotion vermehren die einschlägigen Belege gegenüber der Hauptüberlieferung. Beispiele bei BREYTENBACH 1989, 88f.

[20] Schriftpropheten 31; I, II Βας 6; III, IV Βας 8; chronistisches Geschichtswerk 13; übrige ›Schriften‹ 5; Ps 9; Weisheit 1; Apokryphen 32.

[21] Sehen wir von den Apokryphen ab, bei denen der Vergleich mit hebräischen bzw. aramäischen Vorlagen meist nicht möglich ist, so bleiben noch 73 Belege von ἱλάσκεσθαι κτλ. außerhalb des Pentateuch, von denen jedoch nur 20 einer Form von כפר usw. im MT entsprechen.

[22] Von den 9 dortigen Belegen (Ψ 24[Ps 25],11; 48[Ps 49],8; 64[Ps 65],4; 77[Ps 78],38; 78[Ps 79],9; 98[Ps 99],8; 102[Ps 103],3; 105[Ps 106],30; 129[Ps 130],4) übersetzen 4 hebräische Ausdrücke des Vergebens: Ψ 24,11; 98,8; 102,3; 129,4. – Auch in Ψ 105,30 wird keine Form von כפר usw. übersetzt.

[23] Hier finden sich 13 Belege (I Chr 6,34; 11,19; 28,11; II Chr 6,21.25.27.30.39; 7,14; 29,24(bis); 30,18; Neh 10,34), von denen 7 Ausdrücke des Verzeihens und Gnädigseins (II Chr 6,21.25.27.30.39; 7,14) bzw. des Entsündigens (II Chr 29,24) übersetzen; einmal finden wir eine Schwurformel (I Chr 11,19). Nur die übrigen 5 Belege übersetzen Formen von כפר usw. – Die Stellen III Esr 8,53; 9,20 s. bei den Apokryphen.

ten«[24], in den Königsbüchern[25], im Zwölfprophetenbuch[26] und bei Jeremia[27].

Anders verhält es sich in der LXX der Samuelbücher, des Jesajabuches, von Ezechiel, Hiob und Proverbien. Jes, Hi und Prov meiden den Stamm ἱλασ- weitestgehend[28], obgleich im hebräischen Text Belege von כפר usw. vorkommen[29]. In den Samuelbüchern sind die ἱλασ-Aussagen in der Hälfte der Fälle Übersetzungen von Formen von כפר[30]. In Ez kommt beides vor: ἱλάσκεσθαι κτλ. als Übersetzung von כפר usw.[31] ebenso wie als Übersetzung anderer hebräischer Wörter[32].

In den Apokryphen ist unser Wortstamm neben Sir[33] besonders im II Makk[34] bzw. IV Makk[35] vertreten. Die übrigen Apokryphen kommen auf 7 Belege[36]. Doch können wir

---

[24] Von den 5 Belegen (Thr 3,42; Dan Θ' 9,9.19; Dan 9,24; Est 4,17) sind mit einer Ausnahme (Dan 9,24) alle Aussagen des Verzeihens und Gnädigseins und übersetzen auch solche aus dem Hebräischen, soweit erkennbar (Est 4,17 [h] hat kein hebräisches Äquivalent). – Dan 3,40 (aus dem »Gebet Asarjas«) s. bei den Apokryphen.

[25] III Βας 8,30.34.36.39.50; IV Βας 5,18(bis); 24,4. Alle Belege übersetzen hebräische Aussagen des Verzeihens (סלח).

[26] Von den 7 Belegen in LXX (Am 7,2; 8,14; 9,1; Hab 1,11; Sach 7,2; 8,22; Mal 1,9) übersetzt keiner ein mit כפר usw. gebildetes hebräisches Wort. Dagegen wird in Am 5,12 LXX das Nomen כפר nicht mit einem vom Stamm ἱλασ- gebildeten Wort, sondern (wie öfter) mit ἀντάλλαγμα übersetzt. – In Am 9,1 liest LXX offenbar הכפורת statt הכפתור (so MT), vertauscht also lediglich die Reihenfolge dreier hebräischer Konsonanten, und übersetzt das Ergebnis konsequent mit ἱλαστήριον. Doch könnte dies bereits auf eine hebräische Vorlage zurückgehen.

[27] Die 5 Belege bei Jer übersetzen Formen von סלח (Jer 5,1.7; 27,20[= 50,20 MT]; 38,34[= 31,34 MT]; 43,3[= 36,3 MT]). – In Jer 18,23 dagegen wird כפר mit ἀθῳόω übersetzt, auch dies ein Verb des Verzeihens.

[28] Ausnahmen: Jes 54,10 (für רחם »barmherzig sein«); Prov 16,14 (für כפר i.S.v. »beschwichtigen, besänftigen«).

[29] Jes 6,7; 22,14; 27,9; 28,18; 43,3; 47,11; Hi 33,24; 36,18; Prov 6,35; 13,8; 16,6.14; 21,8.

[30] So in I Βας 3,14; 12,3; II Βας 21,3. – In I Βας 6,3 fehlt überhaupt eine exakte hebräische Entsprechung für das ἐξιλάσκεσθαι der LXX; doch wohl aus – nicht auf-zuklärenden – textgeschichtlichen Gründen: Die LXX-Vorlage mag hier eine Form von כפר geboten haben. II Βας 20,20; 23,17 übersetzen in einer Schwurformel eine andere hebräische Wurzeln.

[31] 6mal: Ez 16,63; 43,20 (einer von zwei Belegen) .26; 45,15.17.20.

[32] 10mal: Ez 7,25; 43,14(ter).17.20 (einer von zwei Belegen) 22.23; 44,27; 45,18.19. Ausgenommen Ez 7,25; führt LXX an allen genannten Stellen Sühneterminologie in opferkultischen Kontexten ein, wo sie im MT fehlt; in 43,22f; 44,27; 45,18f für Formen von חטא Pi. bzw. für חטאת. Zu Ez 43,14.17.20 vgl. KRAUS 1991, 23.60–63.

[33] 15mal: Sir 3,3.30; 5,5.6; 16,7.11; 17,29; 18,12.20; 20,28; 28,5; 34,19; 35,3; 45,16.23.

[34] 5mal: II Makk 2,7.22; 3,33; 7,37; 12,45.

[35] 5mal: IV Makk 6,28; 8,14; 9,25; 12,17; 17,22.

[36] Dan 3,40 (aus dem Gebet Asarjas); III Esr 8,53 (vgl. Esr/ IV Esr 8,23; dort griechisch anders übersetzt); III Esr 9,20 (vgl. Esr/IV Esr 10,19; dort griechisch anders übersetzt); I Makk 2,21; Jdt 16,15; OdSal 4,17 (= Hab 3,17 v.l.); Weish 18,21. – Keine Belege bieten demnach Tob und III Makk.

das Griechische der LXX nur in Sir mit der hebräischen Vorlage vergleichen; hier an 7 Stellen[37]. Dabei zeigt sich, dass in 4 der Fälle dem griechischen (ἐξ-) ἱλάσκεσθαι κτλ. ein hebräischer Ausdrucks des Verzeihens (חלס, נשא) entspricht[38].

Zwischenergebnis: Neben Büchern der LXX, die den Stamm ἱλασ- weitestgehend vermeiden (Jes, Hi, Prov) und solchen, die damit meist Formen von כפר usw. wiedergeben (Jer; teils auch Ez), stehen andere, die außerhalb des Pentateuch die Mehrheit stellen; dort übersetzt die Mehrzahl der Belege keine Formen von כפר usw., sondern Ausdrücke des Verzeihens und Gnädigseins. Die Bedeutung von (ἐξ-) ἱλάσκεσθαι κτλ. lässt sich hier nur zum geringeren Teil von der hebräischen Sühneterminologie her erheben.

Die Pentateuch-LXX bietet mit 106 Belegen für (ἐξ-) ἱλάσκεσθαι κτλ. etwa die Hälfte der 211 LXX-Belege, von denen allein 59 sich in Lev[39], weitere 20 in Ex[40], 22 in Num[41] und die übrigen 5 in Gen bzw. Dtn finden[42]. Dabei entsprechen, namentlich in Lev, die Belege von (ἐξ-) ἱλάσκεσθαι κτλ. in der Regel solchen von כפר usw. im MT und umgekehrt. In 98 der 106 Fälle gibt LXX hier mit griechischen Wörtern vom Stamm ἱλασ- hebräische Wörter der Wurzel כפר wieder; in Lev ist dies ohne Ausnahme der Fall. Lediglich 8mal wird in der Pentateuch-LXX mit dem Stamm ἱλασ- verwendet, ohne dass im MT an der entsprechenden Stelle eine von כפר abgeleitete Form erschiene[43]. Von den 116 Belegen von כפר usw. im Pentateuch-MT sind nur 18 in LXX nicht mit Formen von (ἐξ-) ἱλάσκεσθαι κτλ. übersetzt; davon allein 15 in Ex[44]; keiner jedoch in Lev[45]. Von den 15

---

[37] Sir 3,30; 5,5.6; 16,7.11; 45,16.23. Vgl. die vollständige Edition aller derzeit bekannten hebräischen Sir-Texte bei BEENTJES 1997.

[38] So in 5,5.6; 16,7.11. Die übrigen Stellen haben Formen von כפר.

[39] Lev 1,4; 4,20.26.31.35; 5,6.10.13.16.18.26; 6,23; 7,7; 8,15.34; 9,7(bis); 10,17; 12,7.8; 14,18.19.20.21.29.31.53; 15,15.30; 16,2(bis).6.10.11.13.14(bis).15(bis).16. 17(bis).18.20.24.27.30.32.33(ter).34; 17,11(bis); 19,22; 23,27.28(bis); 25,9.

[40] Ex 25,17.18.19.20(bis).21.22; 30,10(bis).15.16; 31,7; 32,12.14.30; 35,12; 38,5 (vgl. Ex 37,6a MT); 38,7(bis; vgl. Ex 37,8a MT); Ex 38,8 (vgl. Ex 37, 9a MT).

[41] Num 5,8(bis); 6,11; 7,89; 8,12.19.21; 14,19.20; 15,25.28(bis); 17,11.12; 25,13; 28,22.30; 29,5.11(bis); 31,50; 35,33.

[42] Gen: 2 Belege (32,21; 43,23); Dtn: 3 Belege (21,8[bis]; 29,19).

[43] Gen 43,23; Ex 32,12.14; Ex 38,7a LXX (entspricht Ex 37,8a MT); Num 14,19.20; Num 29,11; Dtn 29,19. In Ex 38,7a bietet LXX 2mal das Wort ἱλαστήριον für nur einen Beleg von הכפרת im MT; inhaltlich ändert sich dadurch nichts. In Num 29,11 ist das ἐξιλάσασθαι περὶ ὑμῶν eine Textzufügung über die Bestimmung חטאת »als Sündopfer« des MT hinaus, die auch schon auf eine hebräische Vorlage zurückgehen könnte. In Dtn 29,19 LXX handelt es sich um eine Form des sprachlich (und in der Bedeutung) eng verwandten εὐιλατεύω »(sehr) gnädig sein«.

[44] Ex 21,30; 26,34; 29,33.36(bis).37; 30,6(bis).10(s.u.).12.16(s.u.); 37,7b.9b; 39,35; 40,20 (alle Angaben nach der Verszählung des MT). – In Ex 30,10.16 ist jeweils nur einer von mehreren כפר-Belegen im Griechischen nicht mit dem Stamm ἱλασ- wiedergegeben. – Ungefähre Entsprechung zu Ex 37,7 MT ist Ex 38,6 LXX, doch fehlt dort die zweite Vershälfte; ungefähre Entsprechung zu Ex 37,9 MT ist Ex 38,8 LXX, doch bietet LXX eine Entsprechung nur zum ersten Versteil des MT; ungefähre Entsprechung zu Ex 39,35 MT ist Ex 39,14 LXX, doch weicht LXX ab und erwähnt die כפרת nicht; Ex 40,20 LXX bietet den letzten Versteil des MT (Ex 40,20c) nicht. – Zu den Schwierigkeiten der LXX-Textüberlieferung in Ex (Umstellungen, Kürzungen) vgl. SIEGERT 2001, 292–294.

[45] Die übrigen drei Belege: Num 35,31.32, Dtn 32,43.

Stellen in Ex erklären sich 11 aus abweichender Textgestalt[46] bzw. abweichender Übersetzungspraxis[47]. So wird das genannte Ergebnis für den Pentateuch insgesamt noch deutlicher.

Ergebnis: In Ex, Num und besonders Lev überwiegt der kulttheologische Gebrauch; er findet sich außerhalb des Pentateuch besonders in Ez[48] und I, II Chr, sonst vereinzelt. Wo כפר usw. in opferkultischem Kontext begegnet, wird es in aller Regel mit Formen von (ἐξ-) ἱλάσκεσθαι κτλ. übersetzt; in nicht-opferkultischem Zusammenhang gibt dieser griechische Stamm meist Derivate anderer hebräische Wurzeln wieder. In der Mehrzahl der Fälle werden im Pentateuch Formen von כפר durch Formen des Stamms ἱλασ- wiedergegeben; umgekehrt wird dieser in aller Regel zur Wiedergabe von כפר und Derivaten verwendet. Den Sprachgebrauch ›der‹ LXX gibt es ebenso wenig wie einen ›Sühnebegriff der LXX‹. Nur im Pentateuch sowie in Ez, teils in I, II Chr, ist die Bedeutung von ἱλάσκεσθαι κτλ. primär im Rekurs auf die Sühneterminologie des Hebräischen zu erheben. Eine konsistente Wiedergabe von כפר Pi. usw. mit ἱλάσκεσθαι κτλ. lässt sich nur für den Pentateuch, besonders LXX-Lev, feststellen.

4.2.3 Die Sühneaussage in Hebr 2,17

Angesichts dieses Befundes gestattet der Gebrauch der Sühneterminologie noch keinen unmittelbaren Schluss auf das Bedeutungsprofil von Hebr 2,17, eröffnet vielmehr mehrere Deutungsmöglichkeiten.

Der Sprachgebrauch des Hebr weicht von dem der LXX schon deshalb ab[49], weil diese, von verhältnismäßig wenigen Ausnahmen abgesehen, meist das Kompositum ἐξιλάσκεσθαι bevorzugt[50]. Die Formulierung des Hebr spricht nicht – wie meist in opferkultischen Kontexten – mit Präposition (meist περί) vom Sühnen für Personen oder für das Heiligtum bzw. dessen Teile oder aufgrund von bzw. zur Bewältigung von Unreinheit oder Sünden, wie häufig in LXX Lev (etwa 4,20.26.31.35). Sie hat auch nicht das Gnädigstimmen (mit Akkusativ der Person) im Blick, wie etwa LXX Gen 32,21[51]; LXX Mal

---

[46] Ex 26,34; 30,6(bis); 37,7b.9bc; 39,35; 40,20. Hier fehlt für die Belege von כפר usw. im MT jede Entsprechung in LXX. An den genannten Stellen erwähnt MT die כפרת, was an den entsprechenden Stellen der LXX ausgelassen ist.

[47] LXX übersetzt כפר usw. Ex 29,33.36(bis).37 mit καθαρίζειν bzw. ἁγιάζειν, versteht den Sühneritus am Brandopferaltar also als Heiligtumsreinigung bzw. Heiligung. Es zeigt sich ein vom übrigen Pentateuch und von der ganzen übrigen LXX verschiedenes Profil; im Rahmen der Ex-LXX werden wir hier mit anderen Übersetzern als sonst zu rechnen haben. Zur Annahme unterschiedlicher Übersetzer in Ex-LXX: SIEGERT 2001, 292–294.

[48] Auch in den 10 (von 16) Belegen (s.o.), die Derivate anderer hebräischer Wurzeln als כפר übersetzen, ist der Zusammenhang ein opferkultischer.

[49] Vgl. hierzu BREYTENBACH 2000, 235f.

[50] In den Apostolischen Vätern findet sich nur das Kompositum, im NT dagegen nur das Simplex; doch ist verbaler Gebrauch der Sühneterminologie (im engeren Sinne) dort ohnehin selten (nur Lk 18,13; Hebr 2,17). Nach BREYTENBACH 1989, 85 ist das Simplex im Sinne der Sündensühne – abgesehen von Hebr 2,17 – erst ab dem 2./3. Jh. n. Chr. belegt. Doch ist, wie hier gezeigt wird, Hebr 2,17 nicht opferkultisch zu deuten.

[51] Hier schon im hebräischen Text.

1,9; Herm vis I 2,1 (2,1)[52]. Und sie spricht nicht vom Gnädigsein gegenüber jemand (mit Dativ der Person), wie etwa Lk 18,13.

Nahe kommt der Formulierung von Hebr 2,17 eine Variante der letztgenannten Konstruktion, die sich mehrfach in den Psalmen findet (Ψ 24 [Ps 25],11; Ψ 77 [Ps 78],38; Ψ 78 [Ps 79],9) und die das Gnädigsein Gottes in Bezug auf Sünden (im Dativ) ausdrückt. Übersetzt wird einmal סלח »vergeben« (Ψ 24,11), zweimal dagegen Formen von כפר Pi. Noch näher steht unserer Stelle Ψ 64 (Ps 65),4: [...] καὶ τὰς ἀσεβείας ἡμῶν σὺ ἱλάσῃ [...]. Gottes Gnädigsein wird hier auf die gottlosen Taten als direktes Akkusativobjekt bezogen. Ähnlich (doch unpersönlich) formulieren I Βας 3,14 ([...] εἰ ἐξιλασθήσεται ἀδικία [...]) und Dan 9,24 θ' ([...] τοῦ ἐξιλάσασθαι ἀδικίας [...]). Die nächsten sprachlichen Parallelen zu Hebr 2,17 finden sich jedoch bei Sir (3,3.30; 5,6; 28,5; 34,19), wo jeweils ἐξιλάσκεσθαι mit ἁμαρτία (im Plural) bzw. (in 5,6) mit πλῆθος τῶν ἁμαρτιῶν als Akkusativobjekt konstruiert ist. In Sir 5,6; 28,5 steht ἁμαρτίαι jeweils mit bestimmtem Artikel.

Die meisten der sprachlich engen Parallelen finden sich somit in der poetischen und weisheitlichen Literatur des griechischen Alten Testaments. Dabei wird Sühne nicht opferkultisch verstanden, sondern im Sinne des Erbarmens/Gnädigseins/Vergebens Gottes im Blick auf die Sünde (so in den Psalmen), der Vergebung der Sünden (Sir 5,6; 28,5; 34,19) bzw. der Kompensation der Sünden durch Frömmigkeit, Almosen usw. des Menschen (Sir 3,3.30). Auch in Dan 9,24 θ' scheint Sühne unkultisch[53], im Sinne der Kompensation durch Strafe, gemeint zu sein. Ein weiterer Beleg mit gleicher Konstruktion der Sühneaussage findet sich in Sib IV 167–169: »Mit Lobpreisungen sühnt bittere Gottlosigkeit; Gott wird Umkehr geben und nicht verderben« (εὐλογίαις ἀσέβειαν πικρὰν ἱλάσκεσθε· θεὸς δώσει μετάνοιαν οὐδ' ὀλέσει). Auch hier ist Gott gnädig (d.h. vergebungsbereit) aufgrund der Sündensühne, die durch menschliches Verhalten (Lobpreis) bewirkt wird.

Eine bislang nicht beachtete hebräische Parallele zur Konstruktion ›verbale Sühneaussage mit Sünde o.ä. als direktes Akkusativobjekt‹ findet sich in Texten vom Toten Meer (Qumran). Sechs mal finden sich dort Formen von כפר mit direktem Objekt ohne Präposition. Hinzu kommt ein weiterer Beleg aus der Damaskusschrift[54]. Von diesen zusammen sieben Belegen ist bei sechs ein Wort für Schuld oder Sünde das direkte Objekt zur verbalen כפר-Aussage (fünf dieser sechs Belege finden sich in Texten aus 1Q, der sechste in der Damaskusschrift[55]). Ein weiterer Beleg hat als Objekt zur verbalen כפר-Aussa-

---

[52] Und häufig in der Profangräzität, vgl. BREYTENBACH 2000, 234f m. Anm. 119.

[53] So auch KNÖPPLER 2001, 39.

[54] Nicht in diesen Zusammenhang gehört 4Q400 1 I 16. Dort heißt es von den Engelfürsten im himmlischen Tempel: ויכפרו רצונו בעד שבי פשע. Eine ähnliche Formulierung begegnet in CD II 4f: Langmut ist bei ihm und reiche Vergebung, »um die zu entsühnen, die sich von der Sünde abgewandt haben (לכפר בעד שבי פשע)« – darauf macht SCHWEMER 1991, 79 Anm. 109, aufmerksam. Entsprechend ist in 4Q400 1 I 16 zu konstruieren. רצונו ist somit – gegen eine häufige Auffassung (vgl. die Übersetzungen von MAIER [Hg.] 1995b, 378; NEWSOM 1985, 93) – nicht Akkusativobjekt der verbalen Aussage ויכפרו. Dagegen spricht auch, dass die Präposition בעד in Sühneaussagen das Objekt der Sühne bezeichnet. Dagegen versteht man רצונו am besten als Umstandsbestimmung (so mit SCHWEMER 1991, 79 Anm. 109). Es handelt sich der Konstruktion nach nicht um eine Parallele zu Hebr 2,17.

[55] 1QHa XXIII unten, 13; 1QH XII (olim: IV) 37; 1Q28 (1QS) II 8; III 6; III 8; CD XIV 18f.

ge (im Hiph'il) »Veruntreuung/Untreue« (4Q509 54 2)[56]. Vergleichen kann man einen weiteren Beleg, der unschuldig vergossenes Blut als Subjekt einer passivischen כפר-Aussage nennt[57] (11Q19 LXIII 7; Zitat Dtn 21,8[58]). Erwähnt sei noch 1Q22 III 7, wo es sich aber um ergänzten Wortlaut handelt; die Stelle wird daher nicht weiter berücksichtigt.

Gott bzw. Gottes Geist ist Subjekt der Sühneaussagen aus 1QHa, 1QH, 1Q28 und – zumindest indirekt – auch 4Q509; der Gesalbte Aarons und Israels ist Subjekt in CD XIV 18f. Da es sich hier um eine priesterliche Gestalt handelt, mag der Kontext der Sühnevorstellung ein opferkultischer sein; der Text teilt über den Sühnevollzug jedoch – wie 4Q509 – nichts Näheres mit. In 1QHa, 1QH und in 1Q28 (1QS) ist der Kontext jeweils kein opferkultischer. Es geht um Sühne zur Vergebung der Sünden aufgrund der Gnade Gottes, die im Gebet erfleht wird, wie 1Q28 II 8 explizit sagt. Ähnlich ist in 1QH XII (olim IV) 37 Gottes Erbarmen Grund der Sühne, die inhaltlich mit Reinigung von Verschuldung gleichgesetzt wird. An den Stellen aus 1Q28 geht es im Kontext um Umkehr und Beitritt zur Bundesgemeinde; in 1QHa XXIII 13 der Formulierung nach um Vergebung.

Ergebnis: Die Konstruktion von verbalen Sühneaussagen mit Ausdrücken für Sünde und Schuld als direktes Akkusativobjekt ist in LXX wie in Texten vom Toten Meer typischerweise in nicht-opferkultischen Kontexten anzutreffen. Sie bezeichnet die Gnade gegenüber dem Sünder bzw. die Vergebung der Sünden, vereinzelt auch die Kompensation der Sünden durch religiöses Verhalten.

Vor diesem Hintergrund ist Hebr 2,17, der Konstruktion der Sühneaussage nach, in den nicht-opferkultischen Sprachgebrauch einzuordnen: Die Sünden sühnen heißt in Bezug auf die Sünden gnädig sein bzw. die Sünden vergeben.

Diesem sprachlichen Befund scheint aber die Kulttheologie des Hebr zu widersprechen. Fordert sie nicht, das ἱλάσκεσθαι auf das Opfer Christi als einmaligen Sühnakt zu beziehen[59]? Dem widersprechen jedoch folgende Beobachtungen:

Auffällig ist – zumal bei der Betonung der Jom Kippur-Typologie – die starke Zurückhaltung des Hebr bei der Sühneterminologie. 2,17 bietet den einzigen verbalen Beleg[60]. Daneben begegnet einmal (9,5) das Nomen ἱλαστήριον. Dort geht es jedoch um die Keruben, die das ἱλαστήριον überschatten. Von der Funktion des ἱλαστήριον am Jom Kippur verlautet nichts. In der Schilderung des irdischen Kultvollzugs am Jom Kippur (9,6f) wird es nicht erwähnt[61]; ebensowenig wird die Blutsprengung am Jom Kippur (Lev

---

[56] »Veruntreuung hast du sühnen lassen« (Übersetzung MAIER 2, 630). Der Kontext ist bruchstückhaft. Angesprochen ist Gott, von dem die Sühne ausgeht. Wer unmittelbares Subjekt der Sühne ist und wie sie vollzogen wird, muss unklar bleiben.

[57] Gleiche Konstruktion in Jes 22,14; 28,18.

[58] In Dtn 21,8 im Niphal, in 11Q19 LXIII 7 im Pual.

[59] So die übliche Argumentation; vgl. BREYTENBACH 2000, 235f; KNÖPPLER 2001, 215f; sinngemäß auch KARRER 2002, 185; SCHUNACK 2002, 42 (die beiden letzteren zurückhaltend).

[60] Es ist zugleich neben Lk 18,13 der einzige verbale Beleg im NT.

[61] KNÖPPLER 2001, 206, überzieht die Interpretation, wenn er zu Hebr 9,5 schreibt, das ἱλαστήριον werde als der entscheidende Kultgegenstand im Rahmen der ersten διαθήκη hervorgehoben. Von den Blutriten am Jom Kippur ist nicht die Rede (KNÖPPLER

16,14f) im Hebr explizit erwähnt (9,7 spricht von einer Darbringung des Blutes, ohne diese näher zu schildern).

Daneben steht in Hebr 8,12 das Zitat aus LXX Jer 38 (MT 31),34, wo Gott verheißt, im Blick auf die Unrechtstaten Israels gnädig zu sein (ἵλεως ἔσομαι) und ihrer Sünden nicht mehr zu gedenken. Hier ist nicht opferkultische Sühne im Blick; LXX übersetzt mit ἵλεως εἶναι das hebräische סלח »vergeben«. Gemeint ist gnädige Zuwendung und Vergebungsbereitschaft. Hebr erörtert im Anschluss an das Jer-Zitat die Eigenart der neuen kultischen Heilssetzung (διαθήκη) im Gegenüber zur alten, wobei die Vergebungsbereitschaft Gottes auf dem einmaligen Selbstopfer Christi beruht. Dieses selbst bzw. seine Wirkung wird jedoch nicht mit der Sühneterminologie beschrieben. Die Sühneterminologie wird also – sieht man von 2,17 zunächst ab – im Hebr nicht zur Beschreibung des opferkultischen Wirkens Christi herangezogen.

Wo Hebr dagegen die Wirksamkeit des Kultgeschehens und/oder des Wirkens Christi schildert, bedient er sich vorzugsweise der Reinigungsterminologie. Das gilt für den irdischen Kult (9,13, 9,22; 10,2) wie für das Wirken Christi (1,3; 9,14; 9,23; 10,22). Gereinigt wird das himmlische Heiligtum (9,23) bzw. das Gewissen (9,14); der irdische Kult reinigt die σάρξ, zielt ferner auf Reinigung des Gewissens, vermag sie aber nicht zu erwirken (9,13; 10,2). Das Reinigungsmittel ist Blut (9,13f; 9,22); die Aussage von 9,22 zielt auf die Blutriten im Rahmen des Opferkults, die gemeinhin als Sühneriten angesprochen werden, die Hebr aber dezidiert als Reinigungsriten versteht[62]. Zur Beschreibung des Opfers Christi in seiner soteriologischen Bedeutsamkeit hätten wir im Hebr also Reinigungs-, nicht Sühneterminologie zu erwarten.

---

a.a.O: »Eine Aussage über das Geschehen der Sühne ist damit freilich noch nicht formuliert«. KNÖPPLER fährt fort: »Der auctor ad Hebraeos begnügt sich mit der Beschreibung des irdischen Heiligtums, ohne auf die Symbolik des Geschilderten weiter einzugehen«. Im Gegenteil: Die Symbolik wird in 9,6–10 entfaltet; aber sie besteht nicht in der Offenbarung der gnädigen Zuwendung Gottes mittels des ἱλαστήριον (vgl. KNÖPPLER a.a.O.), sondern in der Verwehrung des Zutritts zum Allerheiligsten und somit im soteriologischen Unvermögen des irdischen Kults. – Auf die Heiligtumsbeschreibung Hebr 9,2–5 kann hier nicht näher eingegangen werden. Nur soviel: Die Einzelheiten zielen darauf, die Erschwerung des Zugangs zur Gottespräsenz herauszuarbeiten, was die Deutung in V.6–10 vorbereitet. So wird der Aaronsstab erwähnt (V.4), der nach Num 17,16–26 darauf hinweist, dass alle Nicht-Aaroniden vom Zutritt ausgeschlossen sind; der Weihrauchaltar wird gegen Ex 30,1–10 ins Allerheiligste versetzt (V.4), so dass es den Priestern, die das Allerheiligste nicht betreten dürfen, verwehrt ist, den ihnen obliegenden täglichen Weihrauchkult zu vollziehen; die Keruben (V.5) gelten biblischer und frühjüdischer Tradition als Wächter, die den Transzendenzbereich beschirmen, usw.

[62] ↑ III.5.2.2.1; III.5.3.

Eben dies trifft auf Hebr 1,3 zu. Dort bezeichnet Hebr mit dem Partizip Aorist καθαρισμὸν ἁμαρτιῶν ποιησάμενος[63] das einmalige Opfer Christi nach seiner Wirkung. Was gereinigt wird, wird nicht gesagt; nach Kp. 9 das Gewissen der Menschen (9,14) und das himmlische Heiligtum (9,23). Während die Reinigung nach 1,3 der Inthronisation einmalig vorausging und fortan gültig bleibt, beschreibt der Infinitiv Präsens ἱλάσκεσθαι in 2,17 ein fortdauerndes Wirken, das die einmalige Sündenreinigung durch das Opfer Christi immer neu – nun aber nicht opferkultisch – zur Geltung bringt[64].

Christus wurde ein barmherziger und zuverlässiger Hohepriester, indem er in allem den Brüdern gleich wurde, und zwar εἰς τὸ ἱλάσθεσθαι κτλ. Wollte man die Sühneaussage auf das einmalige Opfer Christi beziehen, so widerspräche dem der Gebrauch des Infinitiv Präsens, der fortgesetztes Sühnewirken in der Gegenwart beschreibt. Dieses kann nicht mit der einmaligen Sündenreinigung (1,3) gleichgesetzt werden; es geschieht, indem Christus den Seinen fortwährend hilft (2,18; 4,16), d.h. ihnen Gnade und Vergebung zuwendet[65]. Nur so fügt sich die ἱλάσκεσθαι-Aussage in den Gedankengang von 2,17 sinnvoll ein[66].

Der Befund in Hebr 2,17 ist eindeutig: ἱλάσκεσθαι τὰς ἁμαρτίας τοῦ λαοῦ meint die Zuwendung von Gnade und Vergebung. Dies geschieht – so ist zu ergänzen – »in Bezug auf das Gottesverhältnis« (τὰ πρὸς τὸν θεόν) der hilfsbedürftigen Menschen durch die Fürbitte des erhöhten Hohenprie-

---

[63] Als sprachliche Analogie zur Formulierung καθαρισμὸς ἁμαρτιῶν lässt sich aus LXX nur eine Stelle – Ex 30,10 – anführen (vgl. HEININGER 1997, 61f). Dort ist im Blick auf den Jom Kippur vom Blut »der Reinigung von den Sünden zur Sühne« (αἷμα τοῦ καθαρισμοῦ τῶν ἁμαρτιῶν τοῦ ἐξιλασμοῦ) auf dem Weihrauchaltar die Rede. Zur Formulierung von LXX Ex 30,10 im Vgl. mit dem MT vgl. p. 414 dieser Arbeit. – Darf man von dieser Analogie ausgehen, wäre in 1,3 vorrangig an die Heiligtumsreinigung am Jom Kippur gedacht. Doch ist diese für Hebr nicht von der Reinigung des Gewissens zu trennen. Zum einzelnen vgl. die Auslegung von Hebr 9,18–23 (bes. V.23) ↑ III.5.3.

[64] So im Blick auf die Zeitverhältnisse schon NISSILÄ 1979, 38 (2.2.1): »[...] das aor.part. ποιησάμενος bezeichnet eine der Haupthandlung (ἐκάθισεν) vorausgegangene Nebenhandlung. Die Sühnung der Sünden (2,17c) dagegen ist eine durative Handlung (εἰς τὸ ἱλάσκεσθαι τὰς ἁμαρτίας, inf.praes.).«. Ähnlich LUNCEFORD 1979, 54f.

[65] Vgl. 7,25: ὅθεν καὶ σῴζειν εἰς τὸ παντελὲς δύναται τοὺς προσερχομένους δι᾽ αὐτοῦ τῷ θεῷ, πάντοτε ζῶν εἰς τὸ ἐντυγχάνειν ὑπὲρ αὐτῶν.

[66] Bemerkenswert bleibt die Erwähnung der »Sünden des Volkes«. Von diesen ist im Hebr mehrfach (2,17; 5,3; 7,27) die Rede; in 5,3; 7,27 wird jeweils auf das Wirken des Hohenpriesters am Jom Kippur Bezug genommen (vgl. die Auslegung von 7,27 ↑ III.4.3.3). Das dürfte auch in 2,17 im Hintergrund stehen: Das fortwährende Wirken Christi für die Seinen bringt sein einmaliges Opfer zur Geltung. Wie die Auslegung von 9,27f (vgl. pp. 304–308) zeigen wird, ist Christus gegenwärtig als im Allerheiligsten verweilender Hoherpriester vorgestellt; seine Fürbitte (7,25) entspricht typologisch der des Hohenpriesters im Tempel bzw. im Allerheiligsten am Jom Kippur, in der er Erbarmen für Israel erfleht (↑ III.4.5.6).

sters[67]. Darin stimmen der Sprachgebrauch, der Gedankengang in V.17, der Vergleich mit Hebr 1,3 und die kultische Terminologie des Hebr überein.
Ergebnis. Im Wirken des himmlischen Hohenpriesters ist der Ertrag seiner Niedrigkeit und seines Leidens für die Gemeinde in ihrer Schwäche und Anfechtung bleibend und hilfreich präsent[68]. So weist die Hohepriesterchristologie die soteriologische Bedeutsamkeit der Erhöhung aus dem irdischen Todesleiden auf. Im Hinzutreten zum im Himmel inthronisierten Christus empfängt die Gemeinde immer neu seine Hilfe: Beistand in der Versuchung zur Bewährung des Gehorsams und Vergebung der Sünden aufgrund seines einmaligen Opfers.

4.3 Hebr 7,11ff mit 6,19f: Hoherpriester auf ewig

4.3.1 Hebr 6,19f – Zugang zur Argumentation in Hebr 7

Hebr 6,19f schildert den Weg Christi zur himmlischen Herrlichkeit, von dem bereits mehrfach im Hebr die Rede war, erstmals als Eintritt in das himmlische Allerheiligste, auf das V.19 mit der Nennung des Vorhangs (καταπέτασμα) zu sprechen kommt[69]. Die Erhöhung Christi ist der Eintritt in das himmlische Allerheiligste. Mit der Bezeichnung Christi als Hoherpriester »nach der Weise Melchisedeks« leitet Hebr 6,19f die Argumentation von Kp. 7 ein.

Die Hoffnung, die »wir« »wie einen Anker haben«, reicht bis in das Innere hinter dem Vorhang hinein (εἰσερχομένη εἰς τὸ ἐσώτερον τοῦ καταπετάσματος), also bis in das Allerheiligste des himmlischen Heiligtums. Durch die Hoffnung also sind »wir« im himmlischen Allerheiligsten verankert. Dorthin nämlich ist Jesus um unseretwillen als Vorläufer eingetreten (ὅπου πρόδρομος ὑπὲρ ἡμῶν εἰσῆλθεν Ἰησοῦς V.20). Damit ist die Funktion von 6,19f für die Argumentation des Hebr bezeichnet: (1) Die Erhöhung Christi wird in Kp. 7–10 kulttheologisch als Eintritt in das himmlische Heiligtum und näherhin in das Allerheiligste (τὸ ἐσώτερον τοῦ καταπετάσματος) beschrieben und damit kulttypologisch dem Weg des

---

[67] So in der Literatur – soweit ich sehe – bisher nur LYONNET 1970a, 147. KNÖPPLER 2001, 217f erwägt, das unkultische ἵλεως ἔσομαι κτλ. Hebr 8,12 (Jer LXX 38,34) als Schlüssel zum Verständnis der Sühneaussage in Hebr 2,17 zu verstehen, verfolgt dies jedoch nicht weiter.

[68] Das hat LAUB 1980 (hier 87–104) eindrücklich dargelegt. Vgl. WALTER 1997a, 154. – Der Unterschied der hier vertretenen Auslegung zu derjenigen LAUBs besteht darin, dass für diesen das irdische Todesleiden als das Opfer Christi. Entsprechend betont er in seiner Auslegung von 2,9f (1980, 65–77) die Bedeutung der Niedrigkeits- und Leidensaussagen.

[69] Vgl. HOFIUS 1972, 84–94, bes. 87f; DERS. 1991, 135f; ferner (für viele) WEISS 1991, 367; GRÄSSER 1991, 384f. Zum Vorkommen des Vorhangs in den Sabbatopferliedern vom Toten Meer (ShirShab) vgl. LÖHR 1991, 193.

irdischen Hohenpriesters am Jom Kippur verglichen. Dieser Vergleich wird in Kp. 9 entfaltet werden. (2) In 6,20 wird Christus als Hoherpriester »nach der Ordnung Melchisedeks« (κατὰ τὴν τάξιν Μελχισέδεκ) bezeichnet; mit dieser Anspielung auf Ψ 109,4 ist nicht nur Kp. 7 vorbereitet, das diesen Psalmvers interpretiert (s.u.), sondern die Einsetzung in das Hohepriestertum κατὰ τὴν τάξιν Μελχισέδεκ durch den göttlichen Eidschwur ist damit auch dem Eintritt Christi in das himmlische Allerheiligste zugeordnet. (3) Indem in V.20 Christus als πρόδρομος bezeichnet wird, ist impliziert, dass »wir« ebenfalls in das himmlische Allerheiligste gelangen sollen[70]; damit aber ist bereits die Thematik von 9,1–12; 10,1–14 – die Unfähigkeit des irdischen Kults, den Zugang zum himmlischen Allerheiligsten zu erschließen, und die Eröffnung dieses Zutritts durch Christus – angedeutet. (4) Mit ὑπὲρ ἡμῶν ist, wenngleich noch ganz allgemein, der soteriologische Ertrag des Eintritts in das Allerheiligste angesprochen: Die kulttheologische Interpretation der Erhöhungsaussagen dient der Soteriologie. So leitet 6,19f die kulttheologische Argumentation der Kp. 7–10 ein und impliziert bereits die wichtigsten theologischen Aussagen jenes zweiten Hauptteils des Hebr.

4.3.2 Christus Hoherpriester κατὰ τὴν τάξιν Μελχισέδεκ – zur Argumentation in Hebr 7,11–28

Im ersten Teil des 7. Kp.s (V.1–10) überwiegt die Sammlung von Informationen über die Melchisedek-Gestalt, verbunden mit Deutungsansätzen. Im zweiten Teil (V.11–28) werden die Informationen weiter interpretiert. Die folgende Auslegung beschränkt sich darauf, Grundlinien der Argumentation in Hebr 7,11–28 im Blick auf das Verhältnis von aaronitisch-levitischem und melchisedekischen (Hohe-) Priestertum darzustellen[71]. In Hebr 7 ist das Hohepriestertum Christi als ewiges, himmlisches Hohepriestertum verstanden und irdischem, zeitlichen Hohepriestertum gegenübergestellt. Aus dem Tode errettet, wurde Christus zum himmlischen Hohenpriester erhöht und trat in das himmlische Allerheiligste ein. Die Möglichkeit, im Himmel allezeit fürbittend für »uns« einzutreten und die Suffizienz seines einmaligen Selbstopfers machen die Überlegenheit des Hohenpriesters Christus gegenüber endlichen, sterblichen, irdischen Menschen aus.

Die Ewigkeit des melchisedekischen Hohepriestertums als Grundgedanke in Kp. 7. Mit dem Zitat Ψ 109,4 in Hebr 6,20 ist Christus als Hoherpriester

---

[70] Darin nämlich besteht das in V.18 als ἐλπίς bezeichnete Hoffnungsgut. Vgl. HOFIUS 1972, 85–88; ROSE 1989.

[71] Ich biete also keine vollständige Exegese von Hebr 7. Insbesondere erörtere ich weder die religions- und traditionsgeschichtlichen Probleme im Zusammenhang der Melchisedek-Gestalt (vgl. dazu zuletzt KARRER 2002, 263–271; ferner LESCHERT 1994, 204–228; BERNHARDT/WILLI/BALZ 1992; knapp auch ANDERSON 2001, 208–213 sowie – immer noch – die Monographie von HORTON 1976) noch die in der Argumentation von Hebr 7 vorausgesetzte kultgesetzliche Praxis (im Blick auf die Zehntabgaben, V.5, und im Blick auf die Opferpraxis der Hohenpriester, V.27; zu letzterer jedoch ↑ III.4.3.3).

κατὰ τὴν τάξιν Μελχισέδεκ [...] εἰς τὸν αἰῶνα ausgewiesen. Kp. 7 entfaltet die Eigenart des genannten Hohepriestertums. V.3 zieht aus dem biblischen Befund die Konsequenz, Melchisedek sei ἀπάτωρ ἀμήτωρ ἀγενεαλόγητος. Aus dem Fehlen genealogischer Angaben[72] schließt Hebr, Melchisedek sei μήτε ἀρχὴν ἡμερῶν μήτε ζωῆς τέλος ἔχων. Aufgrund eines auf die biblische Tradition bezogenen argumentum e silentio wiederholt Hebr mit eigenen Worten die Aussage des Psalms, das Hohepriestertum κατὰ τὴν τάξιν Μελχισέδεκ bestehe εἰς τὸν αἰῶνα, und gibt damit zu erkennen, worauf es ihm bei der Aufnahme der Melchisedek-Tradition ankommt (μένει ἱερεὺς εἰς τὸ διηνεκές Hebr 7,3). Darin besteht die Ähnlichkeit Melchisedeks zu Christus (ebd.).

Das Zitat aus Ψ 109,4 wird in V.17 angeführt, vorbereitet durch die Aussage des V.16, wonach Jesus »nach Kraft unauflöslichen Lebens« (κατὰ δύναμιν ζωῆς ἀκαταλύτου) zum Hohenpriester nach der Weise Melchisedeks wurde. Das Psalmzitat wird nochmals in V.20 angeführt; es bricht hier aber nach der Ewigkeitsaussage (εἰς τὸν αἰῶνα) ab. In V.8 bringt der Vf. den Unterschied zwischen den levitischen Priestern und Melchisedek auf die Begriffe: ἀποθνήσκοντες ἄνθρωποι – μαρτυρούμενος ὅτι ζῇ. So ist für den Vf. in dem εἰς τὸν αἰῶνα das Wesen der τάξις Μελχισέδεκ ausgesprochen: Der Gegensatz zwischen dem levitischen und dem melchisedekischen Priestertum liegt darin, dass die levitischen Priester sterben (V.23; vgl. V.8), während Jesus in Ewigkeit »bleibt« (μένει V.24), d.h. immer lebt (V.25 vgl. V.17.20) und ein immerwährendes Hohepriestertum innehat.

Hebr 7,11–25. Aufgrund göttlichen Eidschwurs ein neues Hohepriestertum zur immerwährenden Fürbitte. Hätte das levitische Priestertum eschatologische Heilsvollendung (τελείωσις)[73] vermitteln können, so hätte es neben dem Hohepriestertum nach der Weise Aarons nicht des Hohepriestertums nach der Weise Melchisedeks bedurft (V.11). Die Unzulänglichkeit des levitischen Priestertums bzw. der ihm zugrundeliegenden gesetzlichen Kultordnung erschließt Hebr zunächst aus der stattgehabten Wandlung des Kultgesetzes (νόμου μετάθεσις V.12), die sich aus der Veränderung im Priestertum (μετατιθεμένης [...] τῆς ἱερωσύνης κτλ.) ergibt: Das Hohepriestertum Christi bedeutet gegenüber dem levitischen Priestertum eine Wandlung, und diese impliziert eine Wandlung der Kultgesetzgebung.

---

[72] Von den Vorfahren Melchisedeks (Henoch, Methusalam, Nir) ist in II Hen 68–72 die Rede; eine Tradition, die hier offenkundig nicht im Blick ist. Hebr legt seiner Argumentation lediglich den biblischen Befund zu Melchisedek zugrunde. In II Hen ist Melchisedek, anders als in der Abraham-Erzählung Gen 14, eine Gestalt der vorsintflutlichen Zeit.

[73] Zu dieser Interpretation von τελείωσις im Hebr ↑III.2.3.

Diese These wird zweifach begründet: Die Wandlung im Blick auf das Kultgesetz ergibt sich zum einen aus der judäischen Herkunft ›unseres Herrn‹, welche der kultgesetzlichen Anordnung über die levitische Herkunft der Priester widerspricht (V.13f). Sodann wird die These des V.12 in V.(15.)16 damit begründet, dass die Einsetzung Christi als Hoherpriester nach der Weise Melchisedeks nicht auf dem (Kult-) Gesetz des (hier als »fleischlich« bezeichneten[74]) Gebotes beruht, sondern »unzerstörbarem Leben« gemäß ist. Das bestätigt der nochmals zitierte Eidschwur über das ewige Priestertum (V.17)[75]. Beides konvergiert darauf, dass das »voraufgegangene Gebot«, also die den levitischen Kult begründende mosaische gesetzliche Ordnung, annulliert (ἀθέτησις V.18[76]) wird. Sie wird ersetzt durch eine bessere Hoffnung, »durch die wir Gott nahen« (V.18f) – ein Vorgriff auf die Erschließung des Zugangs zum himmlischen Kult.

Auf den in Ψ 109,4 (vgl. Hebr 6,20) erwähnten Eidschwur kommt Hebr in V.20–25 zu sprechen (ὁρκωμοσία V.20.21). Er tritt als Begründung von Christi Hohepriestertum und Kult an die Stelle der mosaisch-aaronitischen Kultgesetzgebung (vgl. V.28).

Auch dieser Gedanke wird zweifach durchgeführt: V.20–22, 23–25 stellen jeweils die levitischen Hohenpriester (οἱ μέν V.20.23) und Christus als melchisedekischen Hohenpriester (ὁ δέ V.21.24) gegenüber. In Entsprechung zur Argumentation von V.11–19 legen V.20–27 zunächst dar, dass Christus, durch Gottes Eidschwur Hoherpriester geworden (V.21), Bürge einer besseren kultischen Heilssetzung (διαθήκη) ist (V.22). Ferner ist sein Hohepriestertum, anders als das levitische, unwandelbar (V.24) und ermöglicht daher für immer die Rettung der προσερχόμενοι durch seine Interzession (V.25).

Die Überlegenheit der ›besseren διαθήκη‹ beruht also auf der Unwandelbarkeit des Hohepriestertums, das sie begründet. Dagegen gilt von den levitischen Priestern, dass sie das Priestertum als eine Mehrzahl von Personen erlangten, weil sie alle durch den Tod gehindert sind, zu »bleiben« (καὶ οἱ μὲν πλείονές εἰσιν γεγονότες ἱερεῖς διὰ τὸ θανάτῳ κωλύεσθαι

---

[74] Also dem irdisch-vergänglichen Bereich zugeordnet und analog dazu – vgl. 9,13 – auf äußerliche Kultvollzüge sowie auf die Reinigung der bloß äußerlichen Aspekte des Menschen beschränkt. So richtig auch WEISS 1991, 400.

[75] Die Aussage περισσότερον ἔτι κατάδηλόν ἐστιν V.15 bezieht sich, obgleich sie an die Formulierung von V.14 anschließt, nicht auf V.13f, sondern auf die in V.12 genannte μετάθεσις von Priestertum und Gesetz zurück, für die neben dem historisch-genealogischen Befund V.13f nun insbesondere das Zeugnis der Schrift – eben Ψ 109,4 – und, von daher, die Erhöhung Christi und die himmlisch-überlegene Eigenart seines Hohepriestertums in Anspruch genommen wird (so ZERWICK 1996 z.St.; BLEEK 1840, 367–369; ATTRIDGE 1989, 201f – er nennt p. 202 als das ›Klarere‹ die Veränderung von Priestertum und Gesetz [vgl. V.12!], will das aber aus V.15f entnehmen). Vgl. daneben ELLINGWORTH 1993, 377f, der an eine Begründung für die Argumentation als ganze denkt, aber die Komposition in 7,11–25 nicht beachtet; ähnlich GRÄSSER 1993, 42–44, der auf die höhere theologische Dignität der in V.15–17 gegebenen Begründung abhebt.

[76] Das Wort bedeutet von der Profangräzität her – auch als juristischer Terminus – die Annullierung, Ungültigkeitserklärung; so im NT noch Gal 3,15 (hier: ein Testament aufheben, annulllieren). Vgl. MAURER 1969, 158–160 (158,37–159,3; 160,10f); BAUER 1988, 39 s.v.; LIMBECK 1992, 85.

παραμένειν V.23), so dass die lebenden Repräsentanten levitischen Priestertums schon durch ihre Vielzahl einen Hinweis auf den entscheidende
Mangel der ganzen Institution – das Unvermögen, den Tod zu überwinden
– geben.

Führte die Argumentation in V.11–19 aus der Schrift den Nachweis,
dass die kultgesetzliche Grundlage des levitischen Priestertums – und damit dieses selbst – ersetzt wird durch die überlegene Setzung des melchisedekischen Hohepriestertums im göttlichen Eidschwur, so erläutern V.20–
25 die soteriologische Bedeutsamkeit dessen. Der qualitative Unterschied
der gegenübergestellten Priestertümer wird aus der Ewigkeitsaussage des
Psalmzitats entnommen: Christi ewiges Leben ermöglicht ihm dauerndes
interzessorisches Wirken (V.25). Die Hoffnung auf das »Nahen« bzw.
»Hinzutreten« zu Gott (V.19.25) hat ihren Grund im interzessorischen
Wirken des himmlischen Hohenpriesters Christus, das, da er allezeit lebt,
den Zugang der Hinzutretenden für alle Zeit verbürgt[77].

*V.26f.28. Der himmlische Hohepriester und die Suffizienz seines ein-
maligen Selbstopfers.* V.26 benennt Eigenschaften des Hohepriestertums
Christi: Er ist heilig, getrennt von Unreinheit und von den Sündern (ὅσιος
ἄκακος ἀμίαντος, κεχωρισμένος ἀπὸ τῶν ἁμαρτωλῶν). Jene durch nichts
Irdisches beeinträchtigte Reinheit und Heiligkeit, die zum Wesen seines
Hohepriestertums gehört, erlangte er durch die Erhöhung (ὑψηλότερος τῶν
οὐρανῶν γενόμενος). Dieses Hohepriestertum ist daher ein himmlisches.
Die christologische Argumentation des Hebr ist ja seit 1,3 von der Inthronisationsaussage Ψ 109,1 geleitet. Bezieht Hebr nun in Kp. 7 Ψ 109,4 und
Ψ 109,1 aufeinander, so besagt das: Er bezieht den Eidschwur nach Ψ
109,4 auf die Intronisation nach Ψ 109,1, d.h. auf die Erhöhung. Die Einsetzung in das Hohepriesteramt ist »nicht ohne Eidschwur« (οὐ χωρὶς
ὁρκωμοσίας 7,20) – also mit Eidschwur (μετὰ ὁρκωμοσίας 7,21) – vollzogen worden, welcher Christus seine Einsetzung zum Hohenpriester nach
der Weise Melchiseds in der Erhöhung zusprach. Diese war seine priesterliche Investitur[78]. Auch Aussagen über ein ewiges Hohepriestertum

---

[77] Zum Eintreten des himmlischen Hohenpriesters für die Seinen in der Fürbitte vor
Gott vgl. schon Hebr 2,17f; 4,14–16; 5,5–10 (↑ III.4.2, III.3.2). Jeweils besteht im
himmlischen Hohepriesterdienst Christi der soteriologische Gewinn seiner Erhöhung.

[78] Vgl. ANDERSON 2001, 231: »And for the author of Hebrews Psalm 110 was the key
scriptural proof that he has been exalted to begin his ministry as a priest. Thus Ps 110:4
has made an indispensable contribution to the priestly ministry of Christ. As Heb 8:4 is
about to say, if he were still on earth, he would not be a priest. But he is not on earth. Ps
110:4 proves it«. – Schon in Hebr 5,5–10 zeigte sich, dass der göttliche Eidschwur von Ψ
109 (Ps 110),4 als Einsetzung ins Hohepriesteramt bei der Erhöhung aus dem Tode verstanden ist (s.o. p. 180). So bestätigt Kp. 7 die aus Kp. 2; 5,7–10 gewonnenen Erkenntnisse über den Durchgang durch den Tod als Zugang zum Himmel und zur Herrlichkeit
des himmlischen Hohepriesteramtes.

»gemäß [der] Kraft [seines] unzerstörbaren[79] Lebens« (κατὰ δύναμιν ζωῆς ἀκαταλύτου 7,16) können nur gemeint sein im Blick auf den durch den Tod hindurchgegangenen, erhöhten Christus.

Von der Aussage über die »Kraft unzerstörbaren Lebens« (V.16) her mag man dann auch in den ἀνίστημι-Aussagen über die hohepriesterliche Investitur Christi in V.11.15 eine Anspielung auf die Auferstehung/Erhöhung mitschwingen hören, welche der Vollzug dieser Investitur durch Gott war.

Sein Hohepriestertum ist ewig, weil er ewig lebt (V.8.23f): auch dies gilt erst für Christi Wirken nach dem Hindurchgang durch das Todesgeschehen; erst dieses also ist hohepriesterliches Wirken »nach der Weise Melchisedeks«[80].

Was mit der Aussage über die Befähigung des ewigen Hohenpriesters zu immerwährender Fürbitte (V.25) nur erst angedeutet ist, wird in 9,24–28 entfaltet werden: Dass es das eine, keiner Wiederholung bedürftige Opfer ist (vgl. 7,27)[81], das Christus in seiner fortwährenden Fürbitte (7,25; vgl. 9,24) vor Gott zur Geltung bringt.

Dieser Suffizienz seines Opfers ensprechen die Einmaligkeit seines irdischen Weges und die Unzerstörbarkeit seines Lebens seit der Erhöhung.

V.28 bringt den Ertrag von Kp. 7 auf eine knappe Formel: der Eidschwur, der über das Gesetz hinausgeht, begründet das ewige Hohepriestertum des Sohnes im Gegensatz zum Hohepriestertum der schwachen Menschen, das auf das Gesetz gegründet ist.

Ergebnis. Der Eidschwur Ψ 109,4 ermöglicht es, dem levitischen (Hohe-) Priestertum und seiner Grundlage – dem Kultgesetz der Schrift – ein anderes Hohepriestertum, ebenfalls auf Schriftgrundlage, gegenüberzustellen. Die alte kultische Satzung (ἐντολή V.18) wird annulliert.

Das Hohepriestertum »nach der Weise Melchisedeks« ist dem himmlischen Wirken des erhöhten Christus – nach 7,25 seinem interzessorischen Wirken, nach 7,27 (mit 8,3) seinem himmlischen Selbstopfer[82] – zugeordnet[83]. Es begründet durch die fortwährende Interzession die bleibende

---

[79] Wörtlich »unauflöslichen«.

[80] Ein anderes, etwa bloß aaronitisches Hohepriestertum hat Christus nie besessen. – RIEHM 1867, 479f, versucht die Ausführungen des Hebr mit seiner eigenen Auffassung auszugleichen: Christus sei auf Erden Hoherpriester gewesen, aber erst durch die Erhöhung sei er Hoherpriester nach der Ordnung Melchisedeks geworden. Letzteres ist richtig, ersteres aber dem Hebr fremd.

[81] τοῦτο [sc. θυσίας ἀναφέρειν] γὰρ ἐποίησεν ἐφάπαξ ἑαυτὸν ἀνενέγκας.

[82] Im Licht von 8,3 ist 7,27 auf ein himmlisches Selbstopfer Christi zu deuten. Zur Begründung ↑III.4.4.

[83] Vgl. ANDERSON 2001, 222f: »For Rissi [vgl. RISSI 1987, 89, GG.] the significance of Ps 110:4 as alluded to in Heb 7:3 is to set up the heavenly/earthly dualism of the priesthood, of which Christ is the prototype and Melchizedek the copy. If this is true, then part of the priestly contribution of Psalm 110 is to establish a ›kind‹ of priesthood being practiced in heaven today which had its antitype on earth in the person of Melchi-

Hoffnung auf Zutritt zum himmlischen Heiligtum. Darin erweist sich seine Überlegenheit.

4.3.3 Appendix: Hebr 7,27 – »Täglich ἀνάγκη Haben« und ein Hinweis auf rabbinische Nachrichten über die הראשונים חסידים

Hebr 7,27 scheint dem mosaischen Kultgesetz und frühjüdischer Opferpraxis zu widersprechen. Hier wird vorgeschlagen, für eine mögliche Erklärung dieser Aussage des Hebr rabbinische Nachrichten über die Kultfrömmigkeit einer Gruppe von Frommen während der letzten Jahrzehnte des Jerusalemer Tempels in den Blick zu nehmen.

Hebr 7,27 hat der Exegese viel Mühe bereitet. Es heißt hier, Christus habe nicht, wie »die ἀρχιερεῖς« (d.h. die des irdischen, in der mosaischen Kultgesetzgebung gegründeten Opferkults) Tag für Tag[84] ἀνάγκη, erst für die eigenen Sünden, dann für die des Volkes Opfer darzubringen. Eine kultgesetzliche Regel, wie sie hier vorausgesetzt scheint, ist weder aus dem kanonisch gewordenen Kultgesetz noch aus dem frühen Judentum bekannt.

Alle Versuche, eine Hebr 7,27 entsprechende kultgesetzliche Regel bzw. opferkultische Praxis nachzuweisen, sind gescheitert[85]. Gewiss wird mit dem Tamidopfer täglich Sühne und Vergebung für Israel erwirkt (Ex 29,38–42; Num 28,3–8). Doch weder muss das Tamidopfer täglich vom Hohenpriester dargebracht werden, noch ist zuvor ein Opfer für die Sünden des Opfernden vorgeschrieben. Vielmehr stellt Hebr, wie in 9,6–10.11–14, auch in 7,26 die vielen Opfer der irdischen Hohenpriester dem einmaligen Opfer Christi gegenüber. Und die Abfolge ›Zuerst für die eigenen Sünden, dann für die des Volkes‹ hat ihre genaue Entsprechung, zumal im Blick darauf, dass die ἀρχιερεῖς im Blick sind, in Lev 16,6.11.14 (eigene Sünden des Hohenpriesters bzw. die des Hauses Aaron) – Lev 16,15f (Sünden Israels); vgl. die Rezeption dessen in Hebr 9,7.

Man wird daher nicht fehlgehen, wenn man die Gegenüberstellung von 7,27 in der Tat von der Jom Kippur-Typologie her entworfen sieht, wie sie

---

zedek, not the Aaronic or Levitical priests. This concept is highly significant for establishing the superiority of the priesthood of Christ as opposed to that of Aaron«.

[84] καθ᾽ ἡμέραν kann nur heißen: »Tag für Tag«; so heute der Konsens; vgl. nur GRÄSSER 1993, 70 m. Anm. 48.

[85] Vgl., auch zur Auslegungsgeschichte: BLEEK 1840, 405–409; DELITZSCH 1989 (1857), 313–318; WESTCOTT 1906, 197f; RIGGENBACH 1922, 212–214; MICHEL 1984, 281–283; ATTRIDGE 1989, 213f; WEISS 1991, 422–426; ELLINGWORTH 1993, 394–396; GRÄSSER 1993, 70–72; zum Vgl. mit frühjüdischer opferkultischer Praxis bes. wertvoll sind BLEEK, DELITZSCH, MICHEL; dazu noch STRACK-BILLERBECK 1926, 696–700. Doch bleiben die gängigen Lösungsversuche (Deutung auf das tägliche himmlische Wirken Christi; auf den Jom Kippur; auf die tägliche מנחה des Hohenpriesters; auf Kombination von Jom Kippur- und Tamidopfer) unbefriedigend; auch die gern angeführte Stelle Philo, spec III 131 (tägliches Opfer des Hohenpriesters) hilft nicht weiter: Die in Hebr 7,27 genannte Eigenart der Opfer erfüllen nur die alljährlichen Opfer des Jom Kippur.

in 9,6–10.11–14 vorliegt[86]. Dennoch: Wäre der Jom Kippur gemeint, müsste es κατ᾽ ἐνιαυτόν o.ä. heißen, nicht καθ᾽ ἡμέραν, und aufgrund der Verknüpfung von ἔχειν [...] ἀνάγκην mit καθ᾽ ἡμέραν liegt auf der καθ᾽ ἡμέραν-Aussage das Gewicht[87]. Muss man aus Hebr 7,27 also schließen, dass Hebr über die kultgesetzliche Praxis nur ungenau informiert ist bzw. unabhängig davon disponiert[88]?

Doch von einer kultgesetzlichen Verpflichtung sagt Hebr nichts. Jeder Bezug auf διαθήκη, νόμος, ἐντολή o.ä. fehlt. Das ἔχειν [...] ἀνάγκην benennt keine kultgesetzliche Verpflichtung, sondern eine faktisch bestehende Notwendigkeit, für die keine kultgesetzliche Begründung in Anspruch genommen wird. Das ἔχειν [...] ἀνάγκην bezieht sich auf καθ᾽ ἡμέραν, nicht auf θυσίας ἀναφέρειν: Nicht dass die ἀρχιερεῖς Opfer darbringen müssen, wird gesagt, sondern – und darauf ruht das Gewicht –, dass Tag für Tag ἀνάγκη besteht. Geht man davon aus, dass 7,27 von der Jom Kippur-Typologie her (und auf sie hin) entworfen wurde, so ergibt sich: Angesichts der sich je erneuernden Sündenlast besteht für die ἀρχιερεῖς Notwendigkeit, das Jom Kippur-Ritual täglich zu vollziehen; eine Notwendigkeit, die, über jede kultgesetzliche Verpflichtung und über jede tatsächliche opferkultische Praxis hinaus, als soteriologische Notwendigkeit anzusprechen ist. Das ein für alle mal vollzogene Opfer Christi (τοῦτο γὰρ ἐποίησεν ἐφάπαξ ἑαυτὸν ἀνενέγκας) steht dem um so eindrücklicher gegenüber. Ist aber die Behauptung täglicher ἀνάγκη zur Opferdarbringung für Sünden nicht erst von der Einmaligkeit des Opfers Christi her retrospektiv postuliert; geht sie nicht an frühjüdischer Praxis vorbei?

Der rabbinischen Überlieferung lässt sich jedoch eine Reihe von Hinweisen auf Personen entnehmen, denen zugeschrieben wird, empfunden zu haben, was Hebr 7,27 benennt: Das Erfordernis täglicher ἀνάγκη zur Opferdarbringung für Sünden, in einem Falle ausdrücklich auch in Bezug auf die Wirksamkeit des Jom Kippur-Rituals.

---

[86] So, teils mehr, teils weniger eindeutig, auch die in der vorigen Anm. genannten Ausleger.

[87] Das ist das Wahrheitsmoment der früher öfter vertretenen Auslegung, die καθ᾽ ἡμέραν nur auf das Wirken Christi beziehen will. Zur Analyse der Syntax neben den in Anm. 85 genannten älteren Autoren (BLEEK, DELITZSCH, WESTCOTT, RIGGENBACH) noch v. HOFMANN 1873, 294–300; SEEBERG 1895, 23–25. Trotz allen philologischen Scharfsinns haben jedoch auch die älteren Ausleger das Problem von Hebr 7,27 nicht gelöst.

[88] Vgl. WINDISCH 1931, 69; VIELHAUER 1975, 247; ähnlich ATTRIDGE 1989, 214: »The inexactitude that the verse displays suggests that our author, like Philo, was not intimately acqainted with the temple ritual, but based his understanding of it on his interpretation of the sacred texts filtered through an exegetical tradition«.

Die rabbinischen Quellen sprechen in diesem Zusammenhang von den sog. »Frommen« (חסידים)[89] bzw. »alten/früheren Frommen« (חסידים הראשונים)[90]. Mit der Bezeichnung »Alte Fromme« blicken die in Mischna, Tosefta und Talmud genannten Referenten auf die Zeit vor der Zerstörung des Zweiten Tempels zurück. Wie weit es sich dabei um eine historisch greifbare und klar umrissene Gruppe handelt, mag dahinstehen.

Von Baba b. Buta[91] wird berichtet (mKer 6,3), dass er täglich ein Schuldopfer freiwillig dargebracht habe, d.h. ohne dass ein konkretes Verschulden den Anlass gegeben hätte; somit über die kultgesetzliche Vorschrift hinaus. Bemerkenswert ist eine Anekdote, wonach er an einem Festtag gegen die kultgesetzliche Praxis seiner Zeit und über die vorgeschriebenen Opfer hinaus weitere, persönliche Opfer darbrachte und auch andere zu gleichem Tun anzuhalten suchte: Über die kultgesetzlich vorgeschriebenen Opfer hinaus sollte für die Sünden des einzelnen Vergebung durch persönliche Opfer erwirkt werden[92].

Im Blick auf Hebr 7,27 interessiert eine von R. Elieser überlieferte Äußerung Baba b. Butas über den Jom Kippur. Wie gesagt, soll er täglich ein freiwilliges Schuldopfer ohne konkreten Anlass dargebracht haben; nicht jedoch am Jom Kippur. Dazu wird ihm der Ausspruch zugeschrieben: »Bei diesem Heiligtum! Wenn man mich lassen würde, würde ich auch da eines bringen; aber man wendet mir ein: Warte, bis du wieder in einen Zweifel hast kommen können«[93] (mKer 6,3). Demnach wurde die Darbringung eines Schuldopfers unmittelbar nach dem Jom Kippur-Ritual nicht gestattet, solange kein konkreter Anlass vorlag, neuerlich Vergebung zu suchen. Für Baba b. Buta dagegen war – folgt man den rabbinischen Nachrichten – Opferkult nicht an einzelne, konkrete Veranlassungen gebunden; vielmehr bestand für ihn das Bedürfnis, ein Opfer für Sünden darzubringen, selbst nach vollzogener Sühne am Jom Kippur unverändert fort; in einer Situation also, in der eine kultgesetzliche Verpflichtung dazu gar nicht bestehen konnte.

Doch stellt sich die methodische Frage, ob und wieweit rabbinische Nachrichten zur Rekonstruktion des Judentums der Zeit vor 70 n.Chr. herangezogen werden können. Zur Beantwortung bedürfte es nach heutigem Forschungsstand einer Untersuchung, bei der eine Zusammenstellung rabbinischer Nachrichten über die חסידים הראשונים und über Kultfrömmigkeit zur Zeit des Zweiten Tempels im Blick auf die rabbinischen Referenten

---

[89] Vgl. BÜCHLER 1968 (1922), generell zu den חסידים הראשונים 68–127; zum Opferkult 68–78; zur Datierung 78.

[90] Vgl. BÜCHLER, a.a.O. 78.

[91] Vgl. zu ihm BÜCHLER, a.a.O. 73–75. Mischnajot Bd. 5, 406 vokalisiert den Namen (mKer 6,3): בָּבָא בֶן בּוּטִי »Baba ben Buti«.

[92] Vgl. jHag 78a, 47–57; dazu BÜCHLER, a.a.O. 74.

[93] Übersetzung nach Mischnajot, Bd. 5, 406. Zu Text und Übersetzung vgl. ebd. Anm. 26 z.St.

auf ihren jeweiligen terminus ad quem zu befragen wäre, um mit dem so gewonnenen Material Aspekte frühjüdischer Kultfrömmigkeit vor 70 n.Chr. rekonstruieren zu können. Das kann und soll hier jedoch nicht geleistet werden[94].

Ich beschränke mich darauf, auf die rabbinischen Nachrichten über die חסידים הראשונים hinzuweisen. Darf man die einigen von ihnen zugeschriebene Haltung zum Opferkult zur Deutung von Urteilen des Hebr über den irdischen Opferkult wie in Hebr 7,27; 10,1.4 heranziehen, hieße dies, dass Hebr sich auch mit Äußerungen wie in 7,26; 10,1 im Rahmen dessen bewegt, was für einzelne Segmente frühjüdischer Kultfrömmigkeit zumindest ansatzweise nachvollziehbar sein konnte und was jedenfalls nicht bloße, verständnislose Polemik gewesen wäre.

4.4 Hebr 8,3f mit 8,1f.5f: Himmlischer Kult und himmlisches Opfer

Im Mittelpunkt der folgenden Auslegung steht Hebr 8,3(.4). Sie zeigt: Das Opfer Christi wurde vom himmlischen Hohenpriester im himmlischen Heiligtum dargebracht. Voraussetzung zum Verständnis ist die Interpretation des Kontextes Hebr 8,1f.5f. Mit κεφάλαιον V.1f bezeichnet Hebr die Pointe des ganzen Schreibens, die darin besteht, dass der Erhöhte Hoherpriester ist: Die Hohepriesterchristologie als Interpretament der Erhöhungsvorstellung schließt diese soteriologisch auf. Hebr 8,1f.5f fasst die Gegenüberstellung von zweierlei Hohepriestertum und Kult seit 5,5–10 zusammen: Der levitische, durch das mosaische Kultgesetz begründete Kult findet im irdischen Abbild-Heiligtum, der durch göttlichen Eidschwur begründete Kult Christi, des melchisedekischen Hohenpriesters, im himmlischen Urbild-Heiligtum statt. Unter dieser Voraussetzung legt V.3f dar, dass Christi hohepriesterliches Wirken – näherhin sein Opfervollzug – nur im Himmel stattfinden kann, da der irdische Bereich, dem dort gültigen mosaischen Kultgesetz gemäß, dem levitischen Priestertum und seiner Opferdarbringung vorbehalten ist.

Analyse Kp. 8. Das Kp. zerfällt in zwei Teile. Der erste (V.1–6) nimmt die Argumentation zum Hohepriestertum Christi aus Kp. 7 auf und führt sie weiter. Der zweite (V.7–13) bietet das Zitat aus LXX Jer 38 (MT 31),31–34 mit einer Ein- und Ausleitung (V.7.8a; 13). Der Zusammenhang beider

---

[94] Vgl. zur Heranziehung rabbinischer Quellen für die neutestamentliche Exegese VAHRENHORST 2002, 30-37. Ich gehe davon aus, dass die Zuschreibung einer Äußerung an eine namentlich bekannte Persönlichkeit im Falle halachischen Materials aus den älteren Traditionskorpora im allgemeinen eine zumindest ungefähre Datierung im Sinne des terminus ad quem ermöglicht (vgl. STEMBERGER 1992, 67-69). Speziell zu den hier herangezogenen Nachrichten: Es handelt sich um Äußerungen zweier namentlich benannter Rabbinen. Die in den Quellen angeführten Referenten sind R. Elieser (d.h. vermutlich Elieser b. Hyrcanus, da dieser in der Mischna gewöhnlich ohne Patronym genannt wird; er gehört der 2. Generation der Tannaiten [ca. 90-130 n.Chr.] an; zu ihm vgl. STEMBERGER 1992, 179) und R. Jehuda b. Ilai, ein Schüler Akibas, welcher der 3. Generation der Tannaiten (ca. 130-160 n.Chr.) zugehört (vgl. STEMBERGER 1992, 85).

Teile lässt sich auf der Ebene von Stichwortverbindungen durch die Belege von διαθήκη V.6/V.8f.10 aufweisen; die Anknüpfung an 7,22 zeigt zudem, dass auch die bundestheologischen Ausführungen die Argumentation von Kp. 7 her weiterführen. *Einführung zu V.1–6.* Der Zusammenhang des Argumentationsgangs ist nicht auf den ersten Blick ersichtlich[95]. Das betrifft besonders V.3. Nach dem Einsatz mit V.1f ist offenkundig, dass V.1–6 mit dem Hohepriestertum Christi als einem himmlischen (V.1), im himmlischen Heiligtum lokalisierten (V.2) befasst ist. V.4f fügen sich dieser Thematik ein. Im Kontext von Kp. 7 ist auch der Zusammenhang mit V.6 nicht schwer zu erkennen (s.u.). Anders bei V.3. Er redet von der Opferdarbringung als einem für Christus notwendigen Aspekt hohepriesterlichen Dienstes. Wäre dabei an irdisches Geschehen gedacht, wie fügte sich das zum Kontext V.1f.4f.6[96]? Wäre aber an himmlisches Geschehen gedacht, müsste man dann nicht an ein ewiges, immerwährendes bzw. wiederholtes himmlisches Selbstopfer Christi denken, welches dem betonten (ἐφ᾿) ἅπαξ des Hebr (7,27; 9,12.26.

---

[95] Vgl. die Kommentare z.St., von BLEEK 1840, 413–444 bis GRÄSSER 1993, 76–95 und KOESTER 2001, 374–384; ferner die Monographie von LAUB 1980, 203–205.

[96] So hat man gemeint, dass V.4 unmittelbar an V.2 angeschlossen werden könnte, und erwogen, V.3 als Glosse auszuscheiden. Doch dafür gibt es keine textgeschichtliche Evidenz (vgl. schon BLEEK 1840, 429f). – Schwierigkeiten mit V.3 unter den Neueren bes. bei LAUB 1980, 203–207, hier bes. 203f (da Hebr kein immerwährendes Selbstopfer Christi kennt, müsse an das einmalige irdische Kreuzesgeschehen gedacht sein); GRÄSSER 1993, 84f, der V.3 für entbehrlich erklärt (a.a.O. 84) und die Bedeutung von V.4 schlicht übergeht. Im Hintergrund dieser Schwierigkeiten steht, dass, wenn man der Argumentation von V.1–6 folgt, die Annahme eines himmlischen Selbstopfers Christi unvermeidlich ist. Das hat schon BLEEK (a.a.O. 430) eindrücklich herausgestellt; seine Auslegung sei hier im Wortlaut angeführt: »Ein wesentlicher Charakter des Hohen-priesters besteht in der Darbringung von Gaben und Opfern (V. 3); so mußte auch Christus als solcher [d.h. als Hoherpriester, GG.] Etwas darbringen; das konnte er nicht auf Erden, wo diese Darbringung nach dem Gesetze nur von den Levitischen Priestern geschieht (V. 4); doch liegt darin kein Hinderniß gegen seine hohepriesterliche Würde, da er dieses Amt nicht im abbildlichen irdischen, sondern im urbildlichen himmlischen Heiligthume verwaltet (V. 6). Da scheint mir denn aber klar zu sein – denn sonst würde die ganze Argumentation hier gar keinen Halt haben – daß der Verfasser auch das hier gemeinte hohepriesterliche προσφέρειν Christi nicht als auf Erden, sondern als im Himmel verrichtet betrachtet, und daß es sich daher nicht darauf beziehen kann, daß der Erlöser den Kreuzestod gelitten hat, sondern darauf, daß er seinen auf Erden dahin gegebenen Leib und sein vergossenes Blut darnach bei seinem Eintritt in das himmlische Heiligthum dem Vater als Opfer dargestellt hat, gleich wie nach Kap. 9,7 das προσφέρειν des Levitischen Hohenpriesters am großen Versöhnungstage, womit das des Erlösers ja überhaupt besonders verglichen wird, darin besteht, daß er mit dem Blute des (vorher getödteten) Thieres in das Allerheiligste hineingeht und dasselbe hier Gotte darbringt«. – WEISS 1991, 435: »Diese ›Darbringung‹ [sc. das Selbstopfer von 7,27; GG.] aber gehört nun im Sinne des Autors des Hebr eben nicht auf die Seite des irdischen Priesterdienstes, sondern auf die Seite der himmlischen ›Liturgie‹ des zur Rechten Gottes Erhöhten!«.

27.28; 10,10) widersprechen würde[97]? – Es liegt daher nahe, V.3 (zusammen mit V.4) zunächst zurückzustellen und V.1f.5f für sich zu nehmen, um in einem zweiten Schritt zu fragen, wie sich V.3f in diesen Zusammenhang einfügt.

V.1f. ἐκάθισεν ἐν δεξιᾷ τοῦ θρόνου κτλ. und τῶν ἁγίων λειτουργός κτλ. Als Pointe[98] der Darlegung bezeichnet Hebr 8,1f die folgenden Eigenschaften des Hohenpriesters, den »wir haben«: ἐκάθισεν ἐν δεξιᾷ τοῦ θρόνου τῆς μεγαλωσύνης ἐν τοῖς οὐρανοῖς und τῶν ἁγίων λειτουργός κτλ.

Vom kultischen Dienen (λατρεύειν) der irdischen Priester spricht V.5; V.6 spricht von der Christus zuteilgewordenen λειτουργία. Λειτουργία, in der Profangräzität Bezeichnung für öffentliche Dienste und Ämter[99], ist von LXX her ganz im Sinne des kultischen Dienstes geprägt[100], und λειτουργός, in der Profangräzität Bezeichnung des (Hand-) Arbeiters, vereinzelt auch des kultisch Dienenden[101], kann in LXX sowohl den Priester als auch den Diener bezeichnen[102]. Beide Wörter haben in Hebr 8,2.6; 9,21; 10,11 deutlich kultischen Sinn[103] (1,7.14 sind uneindeutig, doch dürfte der kultische Aspekt hier allenfalls im Hintergrund stehen[104]). Λειτουργία ist, schon vom Sprachgebrauch in LXX her, ein umfassender Begriff, der insbesondere den Opferkult bezeichnet[105], ebenso aber auch den Gottesdienst im weiteren Sinn, Gebet u.a. priesterliche Pflichten, kurz, »den Tempeldienst der Priester und Leviten« allgemein[106]. So ist in frühchristlicher Literatur mit λειτουργία, λειτουργεῖν vom Tempelkult in Jerusalem wie auch vom frühchristlichen Gottesdienst die Rede[107]. Als Bezeichnung der Priester findet sich οἱ λειτουργοῦντες τῷ θυσιαστηρίῳ LXX Joel 1,9.13; für Priester und Leviten I Clem 32,2.

---

[97] So KUSS 1966, 107; ähnlich BROOKS 1970, bes. 211–214.

[98] Zu diesem Verständnis von κεφάλαιον vgl. u. pp. 240f.

[99] Dies die Grundbedeutung; daneben auch für Dienstleistungen sowie für kultischen Dienst gebraucht. Vgl. STRATHMANN 1942a, 222–225; BALZ 1992b, 859; SPICQ 1994, Bd. 2, 378–381.

[100] Vgl. STRATHMANN 1942a, 225,49–228,18; BALZ 1992b, 859.

[101] Vgl. STRATHMANN 1942a, 236,29–237,14.

[102] Vgl. STRATHMANN 1942a, 237,15–28.

[103] Vgl. STRATHMANN 1942a, 232,46–233,14; BALZ 1992b, 859; SPICQ 1994, Bd. 2, 383f; von den Kommentaren etwa ATTRIDGE 1989, 217; 220 Anm. 55; ELLINGWORTH 1993, 400f; GRÄSSER 1993, 81.

[104] So auch STRATHMANN 1942a, 238,32–35; BALZ 1992c, 859; SPICQ 1994, Bd. 2, 382 m. Anm. 16.

[105] Vgl. STRATHMANN 1942a, 225–228, bes. 227,10–43, 227,44–228,18.

[106] BALZ 1992c, 859, der ebd. fortfährt: »[...] in späterer Zeit auch übertr. auf das Gebet, Weish 18,21 [...]«. Das ist für die weitere Argumentation des Hebr zu beachten.

[107] Hebr 10,11 spricht vom λειτουργεῖν und vom προσφέρειν θυσίας und meint damit doch wohl, dass in der Darbringung der Opfer das λειτουργεῖν der Priesterschaft besteht (so richtig STRATHMANN 1942a, 233,2–5; dagegen scheint BALZ 1992c, 859, beides unterscheiden zu wollen; vgl. ebd. zum Sprachgebrauch der LXX). Lk 1,23 nennt »die Tage der λειτουργία«, d.h. die Tage der Dienstverpflichtung als Priester am Heiligtum, zu der Zacharias nach Jerusalem gekommen war; vgl. Act 13,2 (Λειτουργούντων δὲ αὐτῶν τῷ κυρίῳ καὶ νηστευόντων εἶπεν τὸ πνεῦμα τὸ ἅγιον κτλ.), dazu SPICQ 1994a, 383 Anm.

Für das himmlische, priesterliche Wirken Christi in der Gegenwart ist an die Interzession zu denken[108].

Τὰ ἅγια ist Bezeichnung für das Heiligtum allgemein, im Fortgang qualifiziert durch ἡ σκηνή ἡ ἀληθινή, ἣν ἔπηξεν ὁ κύριος, οὐκ ἄνθρωπος.

Das Motiv des von Gott aufgerichteten »wahren Zeltes« ist im Hebr zuvor noch nicht begegnet; es ist jedoch im frühen Judentum verbreitet[109]. Aus dem von Gott gegründeten Heiligtum auf dem Zion (Ex 15,17) wird das himmlische, von Gott bereitete Heiligtum bzw. das urbildliche, himmlische Zeltheiligtum (SapSal 9,8). Die Tradition des von Gott selbst errichteten Heiligtums ist in Hebr 8,2 aufgenommen. Daher ist sicher, dass in Hebr 8,2 die Wendung οὐκ ἄνθρωπος auf ὁ κύριος zu beziehen ist und nicht etwa auf λειτουργός (vgl. 9,24 χειροποίητα i.S.v. »von Menschen erbautes« [sc. Heiligtum][110]).

Christus ist demnach der Hohepriester, der im Himmel zur Rechten Gottes inthronisiert ist und der im urbildlichen himmlischen Zeltheiligtum den priesterlichen Dienst innehat[111].

Diese Angaben über Christus werden eingeleitet mit τοιοῦτον ἔχομεν ἀρχιερέα. Hebr bezieht sich damit auf 7,26 zurück (Τοιοῦτος γὰρ ἡμῖν καὶ ἔπρεπεν ἀρχιερεύς) und erklärt die dort ausgesprochenen Bedingungen als erfüllt. Der Hohepriester, der σῴζειν εἰς τὸ παντελὲς δύναται τοὺς προσερχομένους (7,25), – »wir« haben ihn; es ist Christus. Das τοιοῦτον lässt eine Qualifikation erwarten. Sie besteht darin, dass es sich bei Christus um einen zur Rechten Gottes inthronisierten Hohenpriester handelt[112]. Damit kann nun die Bedeutung der κεφάλαιον-Aussage V.1 im Blick auf den größeren Argumentationszusammenhang gewürdigt werden.

20, bemerkt: »This liturgy includes preaching, prayer, songs (hymns and canticles), charismatic manifestations, celebration of the Eucharist [...]« (mit Verweis auf Did 15,1; I Clem 44,3).

[108] Vgl. in dieser Arbeit die Auslegungen von 2,17f; 4,14–16; 5,5–10; 7,25. SPICQ 1994, Bd. 2, 384: Hebr 8,2.6 bieten »the assurance that he [sc. Christus] carries out a priestly function in heaven [...]. [...] Thus it would be clear that the exercise of the heavenly liturgy is something other than a sinecure. The title of heavenly high priest [...] is the appropriate description for the *archēgos* who is always interceding for the salvation of humans (Heb 2:10)« (kursiv im Original).

[109] ↑ II.2.

[110] Vgl. Act 7,48: ἀλλ᾽ οὐχ ὁ ὕψιστος ἐν χειροποιήτοις κατοικεῖ [...]; LXX Ex 15,17: ἕτοιμον κατοικητήριόν σου ὃ κατειργάσω κύριε ἁγίασμα κύριε ὃ ἡτοίμασαν αἱ χεῖρές σου.

[111] »*Tōn hagiōn leitourgos* is the priest in charge of the sanctuary, the one who presides at worship there« (SPICQ 1994a, 383, kursiv im Original). SPICQ fährt fort: »A double nuance must be retained. On the one hand, this minister is active, since the *leitourgos* is a worker; thus his intercession to God is constant. On the other hand, since it is emphasized that this tabernacle is pitched not by any human but by God, the accent falls on the absolute nature of Christ's accomplishment [...]« (a.a.O. 383f).

[112] Vgl. schon DELITZSCH 1989 (1857), 322; WESTCOTT 1906, 215.

V.1. κεφάλαιον. Mit betontem Κεφάλαιον δέ setzt die Darlegung ein und markiert damit das nun zu Sagende als entscheidend zum Verständnis des Schreibens insgesamt. Das Hohepriestertum Christi und dessen Eigenart, die im Fortgang beschrieben wird, sind nicht die »Hauptsache« im Sinne des wichtigsten Themas oder der Summe; schon deshalb nicht, weil sie dafür im Gesamtschreiben zu wenig prominent sind; mehr noch, weil sich die Gesamtheit der behandelten Anliegen des Hebr nicht unter den genannten subsumieren lässt. Wie längst erkannt wurde[113], ist unter κεφάλαιον nicht die »Hauptsache« oder »Summe« zu verstehen, wie auch τὰ λεγόμενα nicht allein das bisher Gesagte, sondern die Darlegung insgesamt meint[114].

So »[...] zeigt das Präsens in λεγομένοις, dass der Verfasser hier nicht grade ausschließlich Dasjenige meint, was er bisher vorgetragen hat, so wenig als ausschließlich dasjenige, was er in Begriff ist vorzutragen [...], sondern überhaupt die ganze Auseinandersetzung, welche hier von dem Charakter des Neutest.[amentlichen] Hohenpriesters gegeben wird [...]. Da läßt es sich wohl nur fassen: bei dem, was ich hier vortrage und meine, bei unserer Auseinandersetzung ist Hauptsache, worauf sich alles Uebrige zurückführen und woraus sich alles ableiten läßt.«[115]
Es geht um den leitenden Gesichtspunkt, unter dem die Argumentation als ganze betrachtet und verstanden werden will und durch die alles andere erst seinen Sinn erhält[116]. Am besten übersetzt man κεφάλαιον i.d.S. mit »Pointe«, nämlich Pointe der ganzen Argumentation[117].

Nachdem Hebr in Kp. 7 den Eidschwur Ψ 109,4 ausgelegt hatte, verbindet er in Kp. 8 die Hohepriester-Thematik mit der sessio ad dexteram nach Ψ 109,1. In 8,1f kommen die beiden Hauptstränge der Christologie des Hebr (und die grundlegenden Belegstellen dafür aus der Schrift, Ψ 109,1.4) ausdrücklich zusammen; Hebr lehrt den zu Gottes rechter Hand inthronisierten Christus des traditionellen Erniedrigungs- und Erhöhungsschemas als den himmlischen Hohenpriester zu verstehen. Die traditionelle Christologie und ihre Erhöhungsaussage werden durch die Hohepriesterchristologie kulttheologisch interpretiert[118]: Dass Christus der Erhöhte ist, erlaubt es, ihn als melchisedekischen Hohenpriester nach 7,26 zu zeichnen; dass er in den Himmel erhöht und dort inthronisiert ist, wird durch die Kulttheologie

---

[113] Fast alle Ausleger stimmen hier (mit geringen Unterschieden im einzelnen) überein. Vgl. von den Neueren nur WEISS 1991, 431; GRÄSSER 1993, 79f; BACKHAUS 1996, 126 m. Anm. 266. Instruktiv zumal WILLIAMSON 1970, 127–129.

[114] So auch BACKHAUS 1996, 126 Anm. 267.

[115] BLEEK 1840, 418.

[116] In diesem Sinne kann man κεφάλαιον als terminus technicus antiker Rhetorik verstehen (so BACKHAUS 1996, 153).

[117] Vgl. SEEBERG 1895, 29; er übersetzt mit »Gipfelpunkt« bzw. »Krone«, was »Pointe« recht nahe kommt.

[118] Vgl. ähnlich schon WALTER 1997a, 154.

in seiner soteriologischen Bedeutsamkeit erschlossen. Eben darin, so 8,1f, besteht die Pointe der ganzen Argumentation des Hebr[119]. *V.5. ὑποδείγματι καὶ σκιᾷ λατρεύουσιν κτλ.* Wirkt Christus als Hohepriester im himmlischen, von Gott selbst errichteten Heiligtum (V.2), so haben die auf Erden wirkenden Priester (in V.4 erwähnt: οἱ προσφέροντες κτλ.) ein Heiligtum, das als ὑπόδειγμα καὶ σκιά [...] τῶν ἐπουρανίων (sc. ἁγίων, s. V.2) bezeichnet wird.

Aus der Verwendung von ὑπόδειγμα in 8,5; 9,23 hat Hurst schließen wollen, es müsse, da ὑπόδειγμα seiner Meinung nach kein ontologisch inferiores Abbild bezeichnen könne, eine skizzenhafte Vorabbildung der eschatologischen Erfüllung gemeint sein[120]. Doch wird an den eingangs des Kapitels zum ›Platonismus‹ zusammengestellten Hebr-Stellen eindeutig das irdische Heiligtum in seinem ontologisch inferioren, abbildlichen Charakter dem himmlischen Urbild-Heiligtum gegenübergestellt. Der Sprachgebrauch von ὑπόδειγμα im Sinne von »Abbildung eines Urbildes« ist nicht weit verbreitet, doch nicht ohne Parallelen: Zum einen lässt er sich erschließen aus dem Sprachgebrauch der Profangräzität über die Bedeutung »Exempel« und von daher dann »Illustration« (eines Gedankens durch Beispiele); in übertragenem Sinne auch als graphische Veranschaulichung eines Gedankens, z.B. des in einer Vorlesung Gesagten[121]; daneben aus dem Sprachgebrauch des griechischen AT (zur Rezension A᾽ vgl. die nächste Anm.), wo ὑπόδειγμα als Übersetzung von תבנית mit ὁμοίωμα wechselt. Bezeichnend ist dabei der Doppelsinn (der dem von תבנית entspricht), wonach ὑπόδειγμα die bildliche Darstellung meint und dabei einmal das »Modell/Vorbild«, zum anderen das »Abbild, Nachbild« bezeichnen kann[122].

---

[119] Dass die κεφάλαιον-Aussage auf die Verbindung von Herrscher- und Hohe-priesterchristologie hinweist, betont auch ANDERSON 2001, 233. Doch bleibt seine Deutung von κεφάλαιον unbefriedigend, und er thematisiert auch den theologiegeschichtlichen Zusammenhang nicht.

[120] HURST 1983, bes. 156–165. LÖHR 1993, 221f Anm. 21, folgt ihm, zumindest im Blick auf seine Übersetzung von ὑπόδειγμα mit »Umriss«. Dass HURST den Nachweis erbracht habe, dass ὑπόδειγμα nicht »Abbild« heißen kann (so LÖHR a.a.O.), kann ich keineswegs finden (Näheres sogleich).

[121] Vgl. SPICQ 1994, Bd. 3, 403-405: 404: »Thus in medicine graphic representation or drawings make a teacher's lesson easier to grasp«; vgl. a.a.O. Anm. 7.

[122] Vgl. SCHLIER 1935, 32,48–33,9: »Vorbild« bzw. »Modell« bedeutet ὑπόδειγμα als Übersetzung von תבנית in LXX Ez 42,15 (gemeint ist der prophetisch geschaute Tempel) wie in I Παρ 28,11 (David übergibt Salomo ein Modell des zu erbauenden Tempels). Es geht dabei gar nicht um die Frage, ob sich Hebr bewusst dem Sprachgebrauch dieser Stellen anschließt – das problematisiert LÖHR 1993, 221f Anm. 21 –, sondern lediglich darum, dass die Verwendung des Wortes in diesem Sinne belegt ist; das gilt auch für die folgenden Belege. LXX Dtn 4,17 übersetzt תבנית mit ὁμοίωμα, A᾽ hat an derselben Stelle ὑπόδειγμα. Gemeint ist das »Abbild«, d.h. eine plastische Darstellung (i.S.v. Kultbild), deren Anfertigung verboten wird. In Ez 8,10 geht es wieder um bildliche Darstellungen – nach Ez: Idole – von Tieren bzw. mythischen Gestalten, hier als Gravur (oder Relief?) im Torhaus des Tempels (vgl. EICHRODT 1966, 59–61); auch hier bietet A᾽ die v.l. ὑπόδειγμα. תבנית wie ὑπόδειγμα bezeichnet also an den genannten Stellen eine bildhafte Darstellung, die je nach Kontext Vorbild/Modell wie auch Abbild sein kann. (So auch schon DELITZSCH 1989 [1857], 335; WESTCOTT 1906, 218.)

So ist mit ὑπόδειγμα καὶ σκιά Hebr 8,5 das irdische Heiligtum als »Abbild« und »Schatten«, als ontologisch inferiore Kopie des wahren himmlischen Urbild-Heiligtums bezeichnet. Doch ist der Doppelsinn von ὑπόδειγμα zu beachten: Weil das irdische Heiligtum nur als Abbild des himmlischen gelten kann, muss es zugleich als ›Vorabbildung‹, als verheißungsgeschichtlicher[123] Hinweis auf die eschatologische Erfüllung im himmlischen Kult, verstanden werden[124]. Dem widerspricht nicht die Nähe der Begriffe ὑπόδειγμα und σκιά in 8,5, denn auch σκιά kann, wie 10,1 zeigt, im Sinne der verheißungsgeschichtlichen Vorabbildung verstanden werden (vgl. σκιά [...] τῶν μελλόντων ἀγαθῶν). Vorabbildung eschatologischer Vollendung und irdische Kopie des himmlischen Urbildes widersprechen einander nicht[125], gehören vielmehr zusammen[126].

Darauf ist gegen Attridge zu bestehen. Er macht geltend, erst in 10,1–10 könne ein verheißungsgeschichtlicher Sinn erkannt werden, in 8,1–6 dagegen sei nur im ontologischen Sinne von der Urbild-Abbild-Relation die Rede[127]. Diese Interpretation würdigt jedoch nicht die durchgehende verheißungsgeschichtliche Implikation der Rede vom himmlischen Kult im Hebr[128]. Schon im folgenden Vers (8,6) wird die verheißungsgeschichtliche Differenz der beiden διαθῆκαι zum Maßstab des Vergleichs von irdischer und himmlischer λειτουργία, und damit ist die Rede von der besseren διαθήκη aus 7,22 aufgenommen, die in der verheißungsgeschichtlichen Abfolge des Redens Gottes im mosaischen Kultgesetz und im Eidschwur gegründet ist (vgl. unten zu V.6). Die Unterscheidung der εἰκών τῶν πραγμάτων von der σκιά des Kommenden, die dem νόμος eignet (10,1), ist daher auch in Kp. 7f thematisch; auf sie verweist das κατὰ νόμον 8,4 (vgl. u. zu diesem V.). Die beiden διαθῆκαι von Kp. 7f haben in ihrer verheißungsgeschichtlichen Unterschiedenheit jeweils irdischen bzw. himmlischen Kult zum Inhalt. Typologischer (verheißungsgeschichtlich-horizontaler) und ontologischer (vertikaler) Aspekt der Urbild-Abbild-Beziehung sind daher untrennbar verschränkt.

---

[123] Die Begriffe »Verheißungsgeschichte, verheißungsgeschichtlich« werden hier im Anschluss an BACKHAUS 1996 verwendet. Backhaus führt sie a.a.O. 39–41: 41 anstelle von »Heilsgeschichte, heilsgeschichtlich« ein. Zugrunde liegt die Einsicht in die konstitutive Bedeutung der ἐπαγγελία für die Theologie des Hebr (vgl. nur a.a.O. 134–138; 149–153).

[124] So schon SCHLIER 1935, 33,10–27.

[125] Vgl. das eingangs des Kapitels zum ›Platonismus‹ († II.3) über ἀντίτυπος Hebr 9,24 Gesagte (pp. 114f).

[126] Darin besteht die particula veri der These von HURST. Vgl. auch seinen Beitrag von 1984. Wie schon in der Veröffentlichung von 1983 (vgl. a.a.O. 165–168), möchte er auch hier (1984, 67f) im Rahmen seiner Herleitung des Hebr aus der Apokalyptik das irdische Zeltheiligtum als das »erste Zelt« im Sinne der zeitlichen Priorität verstehen, das als Vorabbildung der eschatologischen Erfüllung das Modell des zweiten, himmlischen Zeltheiligtums sei. Das allerdings stellt das Urbild-Abbild-Verhältnis im Hebr auf den Kopf.

[127] ATTRIDGE 1989, 219; ihm schließt sich LÖHR 1993, 222 Anm. 21, an.

[128] Vgl. die Auslegung von Hebr 8,1–6 bei BACKHAUS 1996, 126–153.

Im irdischen, abbildhaft-vorabbildenden Heiligtum vollziehen die irdischen Priester ihren kultischen Dienst (λατρεύουσιν). Dafür führt Hebr als Begründung ein Schriftzitat an[129] (LXX Ex 25,40), wonach Gott selbst Mose beauftragte, das Zeltheiligtum der Wüstenzeit gemäß dem ihm auf dem »Berg« (Sinai) gezeigten τύπος anzufertigen.

Während MT Ex 25,39f mit תבנית noch ein intelligibles transzendentes Modell bezeichnete, denkt die frühjüdische Tradition – etwa SapSal 9,8 – an ein veritables himmlisches Urbild-Heiligtum. SapSal ist dabei von platonischer Terminologie (μίμημα) beeinflusst[130]. Mit τύπος gibt LXX das hebräische תבנית in Ex 25,40 wieder (in LXX Ex 25,9 wird dasselbe hebräische Wort mit παράδειγμα übersetzt). Hebr identifiziert diesen τύπος mit den eingangs des Verses genannten ἐπουράνια, die hier wiederum das himmlische Heiligtum bezeichnen.

M.a.W., für Hebr – wie schon für SapSal 9,8 u.a. – handelt es sich bei dem Mose gezeigten τύπος des irdischen Heiligtums um das himmlische Heiligtum selbst und nicht nur um ein intelligibles Modell. Dem entspricht der Sprachgebrauch in Hebr 9,23: Auch dort ist von den ὑποδείγματα die Rede, womit das irdische Heiligtum gemeint ist, dem das als τὰ ἐπουράνια bezeichnete himmlische Heiligtum gegenübersteht. Auch entspricht die Bezeichnung des irdischen Heiligtums als »Gegenbild«, τὰ ἀντίτυπα (9,24), der des himmlischen als »Vorbild« (τύπος). Endlich wird in 9,24 das irdische Heiligtum als τὰ χειροποίητα bezeichnet, womit die Aussage über das himmlische Heiligtum (ἣν ἔπηξεν ὁ κύριος, οὐκ ἄνθρωπος 8,2) ihr Gegenstück findet. Dass das sonst zur Legitimierung bzw. Aufwertung des irdischen Heiligtums herangezogene Abbild-Verhältnis, in dem es zum

---

[129] Zum Wortlaut des Zitats im Vergleich mit LXX Ex 25,40 vgl. SCHRÖGER 1968, 159f; LÖHR 1993, 220f. Die in den Wortlaut des Zitats eingeschobenen Worte des Hebr-Vf.s γάρ φησιν zeigen an, dass er das Zitat als Erweis der voraufgegangenen Aussage über den Abbildcharakter, damit der These von der ontologischen Inferiorität, des irdischen Heiligtums versteht; so schon BLEEK 1840, 437; vgl. LÖHR 1993, 220. Auch das πάντα in Hebr 8,5 geht über den Wortlaut der LXX hinaus; im Hintergrund könnte Einfluss von LXX Ex 25,9, aber auch eine von den uns vorliegenden LXX-Handschriften abweichende Texttradition stehen, zumal sich das πάντα auch bei Philo, all III 33.102 findet; vgl. SCHRÖGER 1968, 160 Anm. 3; WEISS 1991, 438 Anm. 38. Da Ex 25,31–40 nur der Anfertigung des Leuchters gilt, geht die Auslegung des Hebr über den Sinn dieser Stelle jedenfalls hinaus und bezieht – wenigstens der Sache nach – auch den Gehalt von Ex 25,8f mit ein. Man könnte fragen, ob jene Stelle sich nicht für das Anliegen des Hebr viel eher angeboten hätte als die tatsächlich angeführte. Angesichts der Bedeutung, die Ex 25,40 auch bei Philo hat (↑ II.3), mag man an eine Auslegungstradition denken, die sowohl Philo als auch dem Hebr-Vf. bekannt war, von beiden aber in eigenständiger Weise verarbeitet wurde. Dafür spricht auch, dass Ex 25,40 in der rabbinischen Literatur aufgegriffen und nicht nur auf die Anfertigung des Leuchters, sondern auch des Heiligtums und seiner sonstigen Ausstattung bezogen wurde (vgl. SCHRÖGER a.a.O. 161; STRACK/BILLERBECK 1926, 702f).
[130] Zum einzelnen vgl. die Darstellung pp. 32–34 dieser Arbeit.

himmlischen Heiligtum steht, hier gerade umgekehrt zur Relativierung des irdischen Heiligtums dient, ist bezeichnend für Hebr[131]: Auch das irdische Heiligtum hat seine einzigartige Legitimität, die auf göttlicher Offenbarung beruht[132]; aber in seinem Abbild-Charakter besteht auch seine Begrenzung, welche die Schrift selbst bestätigt[133].

Die soteriologische Qualität des Kults hängt nun für Hebr eng zusammen mit dem ontologischem Status des Heiligtums, in dem er vollzogen wird, und zwar beim irdischen wie beim himmlischen Kult. Zudem ist, wie in V.6 deutlich werden wird, der ontologische Status eines Heiligtums und seines Kults wiederum begründet in deren verheißungsgeschichtlichen Status.

Zunächst zum Zusammenhang von ontologischem Status und soteriologischer Qualität: Wie in 8,5 davon die Rede ist, dass die, welche die Opfer darbringen, einem Abbild und Schatten der himmlischen Dinge kultisch dienen (ὑποδείγματι καὶ σκιᾷ λατρεύουσιν τῶν ἐπουρανίων), womit im Fortgang des Verses das Zeltheiligtum gemeint ist, so ist in 13,10 die Rede von denen, die »dem Zelte kultisch dienen« (τῇ σκηνῇ λατρεύοντες). Gemeint ist in beiden Fällen der priesterliche Dienst im Kult des irdischen Heiligtums, das mit der Nennung des »Zeltes« als das im mosaischen Kultgesetz angeordnete Heiligtum bezeichnet ist (vgl. 8,5 καθὼς κεχρημάτισται Μωϋσῆς μέλλων ἐπιτελεῖν τὴν σκηνήν). Λατρεύειν/λατρεία ist schon von LXX her ganz im Sinne kultischer Gottesverehrung geprägt[134]. Der Anschluss an V.4 zeigt, dass das Verb im Hebr die Opferdarbringung einschließt[135]. Den Vollzug des kultischen Dienstes bezeichnet λατρεύειν auch in 9,9; 10,2; an beiden Stellen steht die Opferdarbringung im Vordergrund. 9,9 spricht davon, dass die Gaben und Opfer das Gewissen des »kultisch Dienenden« (ὁ λατρεύων) nicht vollkommen machen können. Damit ist das soteriologisch defiziente Gepräge der »gegenwärtigen Zeit« benannt, das in der Beschaffenheit des irdischen Heiligtums (9,2–5) und in der dadurch gegebenen Erschwerung des Zugangs zum Allerheiligsten (9,6f) und Ausdruck kommt, welche den fehlenden Zugang zum himmlischen Allerheiligsten anzeigt (9,8). M.a.W., der Zugang zum himmlischen Allerheiligsten setzt das »vollkommen gemachte« Gewissen voraus, und dieses – damit den Zugang zum himmlischen Kult – vermag der Opferkult im irdischen Heiligtum nicht zu gewähren. So wird auch in 10,2 aus den fortgesetzen Opferdarbringungen geschlossen, dass das Sündenbewusstsein der

---

[131] Vgl. die Ergebnisse des Kapitels über gegenwärtig-irdischen und eschatologisch-himmlischen Kult, pp. 107–111.

[132] Vgl. SPICQ 1953, 233: »[l'auteur ...] authentique ce culte de la façon la plus haute qui soit. Ce n'est pas une invention humaine, mais l'expression de la volonté divine. Il est par suite supérieur à toutes les organisations ou pratiques cultuelles du paganisme. Reflet des réalités invisibles, il était ordonné à orienter le peuple élu vers Dieu dans une adoration et un service efficaces par leur symbolisme même.«

[133] Vgl. die Fortsetzung bei SPICQ, ebd.: »Mais le culte chrétien est supérieur au précédent de toute la distance qui sépare la réalité du symbole, le ciel de la terre, et l'éternel de l'éphémère, cette dernière nuance étant mise en relief par le terme σκιά, impliquant à la fois l'idée d'inconsistance, de vanité et de transitoire«. – Zum Ganzen in dieser Arbeit ↑ II.2.

[134] Vgl. STRATHMANN 1942, 59–62; BALZ 1992b, 849.

[135] So auch BALZ 1992b, 851.

kultisch Dienenden fortbesteht, an das der Kultvollzug jeweils erinnert (10,3). In 8,5; 9,9; 13,10 besteht jeweils ein enger Zusammenhang zwischen der Eigenart des Kults und der Beschaffenheit seines Heiligtums. Doch wird das Verb λατρεύειν auch in Bezug auf die Adressaten bzw. die »Wir« angewandt (9,14; 12,28). Wie die Adressaten, an der συνείδησις gereinigt, schon jetzt Zugang zu Gott im himmlischen Heiligtum haben (9,11–14), so werden sie in der eschatologischen Erfüllung vollends dort eingehen[136]. Der Kult der ›Wir‹ ist schon jetzt im himmlischen Heiligtum verortet, zu dem sie bereits ihren Zugang genommen haben (vgl. προσεληλύθατε 12,22). So ist auch in den Aussagen über das λατρεύειν der Adressaten der Kultort – hier das himmlische Heiligtum (9,11f) bzw. Jerusalem (12,22–24) – mit im Blick.

Daher hängt die Qualität des kultischen Dienstes zusammen mit der des Heiligtums, an das er gebunden ist. Die Fundierung von beidem in der verheißungsgeschichtlichen Differenz zweier kultischer Heilssetzungen (διαθῆκαι) legt nun V.6 dar.

V.6. διαφορωτέρας τέτυχεν λειτουργίας und die κρείττονες ἐπαγγελίαι.
V.6 vergleicht die Christus zuteilgewordene λειτουργία[137] (vgl. λειτουργός V.2) mit der der irdischen Priester (s. λατρεύουσιν V.5) und bezeichnet jene als um soviel »vorzüglicher« als diese, wie auch die Verheißungen »besser« sind, auf die hin die διαθήκη gesetzlich angeordnet wurde, deren Mittler er geworden ist. Schematisch: A verhält sich zu B wie C zu D[138]. Von V.1f.5 her hätte man erwarten können, der priesterliche Dienst Christi würde als um soviel vortrefflicher als der irdische bezeichnet werden, wie das himmlische Heiligtum vortrefflicher ist als das irdische. So argumentiert Hebr jedoch nicht. Es ist bezeichnend, dass nicht die ontologische Differenz himmlischer und irdischer Größen zum Maßstab dient, sondern umgekehrt eine verheißungsgeschichtliche Differenz in der himmlisch-irdischen Sphärendifferenz zum Ausdruck kommt[139].

Die Formulierung von V.6 greift auf die Argumentation von Kp. 7 zurück, insofern hier ausdrücklich davon die Rede ist, die vortrefflichere διαθήκη Christi sei »gesetzlich«, d.h. kultgesetzlich, »angeordnet« worden (νενομοθέτηται). Dasselbe Wort begegnet in der Aussage über die kultgesetzliche Anordnung des levitischen Priestertums 7,11. Kp. 7 hatte zwar bereits dem levitischen Hohepriestertum das melchisedekische, der kultgesetzlichen Anordnung die im Gotteswort des Eidschwurs gegebene gegenübergestellt (7,28),

---

[136] Vgl. HOFIUS 1972, 86f.

[137] Man beachte auch das resultative Perfekt τέτυχεν, das auf den zeitlichen Beginn des Hohepriestertums Christi mit seinem Übertritt von der irdischen Welt in das himmlische Heiligtum und die seitherige Ausübung seiner λειτουργία verweist. Vgl. DAVIES 1968, 385.

[138] Darauf hat bereits LÖHR 1993, 228 hingewiesen.

[139] Ähnlich in 1,4, wo sich dieselbe Argumentationsstruktur (A:B = C:D) findet; auch dort handelt es sich um verheißungsgeschichtliche Größen: Der »Name« Christi ist der Sohnesname, der die endzeitliche Erfüllung im Gegenüber zur früheren Offenbarungsgeschichte zum Inhalt hat (1,1f). – Das war im Kern schon die Hebr-Auslegung von KLAPPERT 1969. Auf die Bedeutung dessen für das Verständnis von ὑπόδειγμα καὶ σκιά in V.5 wurde bereits hingewiesen.

hatte es jedoch vermieden, im Blick auf das melchisedekische Hohepriestertum von νόμος bzw. von gesetzlicher Anordnung zu sprechen, da Kp. 7 auf den Gegensatz von mosaischem Kultgesetz und Eidschwur abhebt. Hier (8,6) nun wird auch für das Hohepriestertum Christi eine gesetzliche Anordnung in Anspruch genommen, womit in der Sache nichts anderes gemeint ist als der Eidschwur von Ψ 109,4. Dem Sprachgebrauch nach aber wird die Symmetrie im Vergleich von alt und neu, irdisch und himmlisch usw. damit auch in dieser Hinsicht hergestellt.

Vom νόμος – wiederum im Sinne von »Kultgesetzgebung« – heißt es in 10,1, er habe eine σκιά der künftigen Güter (Σκιὰν γὰρ ἔχων ὁ νόμος τῶν μελλόντων ἀγαθῶν κτλ.). Dieser »Schatten« zeigt sich, folgt man dem Fortgang ebd., in der alljährlich wiederholten Opferdarbringung, im Kontext der des Jom Kippur (vgl. 10,4). Wie das irdische Heiligtum der Schatten des himmlischen ist (8,5), so ist die irdische Begehung des Jom-Kippur-Rituals, begründet auf dem νόμος des levitischen Kultgesetzes, eine σκία des urbildlichen himmlischen Kultvollzugs, der wiederum auf der verheißungsgeschichtlich überlegenen kultgesetzlichen Anordnung der prophetischen Verheißung beruht (8,6). Darum heißt es in 10,1, dass sich in der irdischen Kultpraxis »*künftige* Güter« (τὰ μέλλοντα ἀγαθά) abschatten, nicht himmlische (obwohl auch das nicht unzutreffend wäre): Horizontaler und vertikaler Aspekt gehören zusammen, und die verheißungsgeschichtliche Differenz ist grundlegend für die ontologische[140]. »Zukünftig« sind jene Güter deshalb, weil Hebr erst noch den eschatologischen Eingang in die himmlische Welt erwartet. Die verheißungsgeschichtliche Differenz als Grundlage des Gegenüber von irdischem und himmlischen Kult ist das Thema von V.6.

Was ist demnach der Inhalt der »vorzüglicheren Verheißungen«, von denen V.6 spricht?

Hier denkt man zunächst an das Zitat aus LXX Jer 38 (MT 31) in V.8–12. Die dort verheißene neue διαθήκη soll zum einen den Vorzug haben, dass der göttliche νόμος in die menschlichen Herzen geschrieben sein wird (LXX Jer 38 [MT 31],33f; zitiert Hebr 8,10f). Die Rede des V.6 von der gesetzlichen Anordnung der vorzüglicheren διαθήκη diente bereits der Vorbereitung des Jer-Zitats, insofern sie an den dort erwähnten νόμος anklingt. Zum anderen soll der Vorzug jener διαθήκη in der Gnade und Sündenvergebung Gottes bestehen (LXX Jer 38 [MT 31],34; zitiert Hebr 8,12). Die bessere kultische Heilssetzung (διαθήκη) hat nämlich den kultischen Dienst des himmlischen Hohenpriesters zum Inhalt, und dieser vermittelt durch unbegrenzt fortgeführte himmlische Interzession Vergebung der Sünden. (Inwiefern auch die andere Eigenschaft der neuen διαθήκη, der in die Herzen geschriebene νόμος, mit der besseren λειτουργία sachlich zusammenhängt, zeigte die Auslegung von Kp. 10: Die freudige Erfüllung des Gotteswillens tritt an die Stelle irdischen Opferkults[141].) So versteht Hebr neben Ψ 109,4 auch Jer LXX 38 als

---

[140] So richtig auch LAUB 1980, 207; BACKHAUS 1996, 129; 137f; 156. BACKHAUS betont in seiner Auslegung von Hebr 8,6 (a.a.O. 129–153) durchgehend die Bedeutung der Verheißung für die Rede von der neuen διαθήκη.

[141] Näheres in der Auslegung von Hebr 10,5–10 ↑ III.3.4.

göttliche Begründung des neuen Kults bzw. Priestertums; denn durch die »besseren Verheißungen« wird diejenige διαθήκη begründet, welche den neuen und neuartigen, himmlischen Kult des Hohenpriesters Christus zum Inhalt hat.

Doch weiter meint die Verheißung (ἐπαγγελία) im Hebr den noch ausstehenden, endzeitlichen Eintritt ins himmlische Allerheiligste[142], und das ist der eigentliche Grund, warum in 10,1 vom Schatten *künftiger* Güter die Rede sein wird; geht es doch in Kp. 10, in Fortführung der Kulttypologie 9,1–12, um die Erschließung des Zugangs zum himmlischen Allerheiligsten[143]. Diese hängt mit der διαθήκη-Thematik eng zusammen, denn es ist die Erfüllung des Gotteswillens in der neuen διαθήκη, die den Zugang zum Himmel eröffnet (↑ III.3.4; III.3.5). So geht es auch in 8,6 bei den »vorzüglicheren Verheißungen« um das für Hebr zentrale Verheißungsgut, den Zutritt zum himmlischen Allerheiligsten, den der himmlische Hohepriester erschlossen hat[144]. Das ist der Zusammenhang zwischen den Themen »himmlisches und irdisches Heiligtum« (8,1–5) und »alte und neue διαθήκη« (8,7–13)[145].

Rückblick. V.1f.5f und der Argumentationsgang seit Hebr 7,1. Im Rückblick lässt sich die bisherige Argumentation so zusammenfassen: Von Hebr 5,1–10 an steht einander zweierlei Hohepriestertum gegenüber. Unterscheidung und Vergleich werden in Kp. 7 und 8,1f.5f systematisch entfaltet. Dabei werden einander gegenübergestellt und verglichen:

	Christus	*Menschliche Priester*
Priestertum	Hohepriestertum »nach der Weise Melchisedeks« 6,20; Kp. 7	Levitisches (Hohe-) Priestertum 7,11
Institution	Institution durch Eidschwur 6,20; 7,28	Institution durch (mosaischen) νόμος 7,28
Gesetzl. Anordnung	Durch »bessere Verheißungen« 8,6	Durch mosaische Kultgesetzgebung 7,11
Leben und Tod	»Einer, der lebt«; »kraft unauflöslichen Lebens« 7,8.24f	Sterbliche Menschen 7,8.23
Dauer u. Wandel	Hoherpriester auf ewig 7,24	Wechsel/Aufhebung von Priestertum, Kultinstitution und gesetzlicher Grundlage 7,12.23
διαθήκη	Bessere διαθήκη 7,22; 8,6	Inferiore διαθήκη 8,7
Sphäre	Himmlischer Hoherpriester 8,1	Irdische (Hohe-) Priester 8,4
Heiligtum	Himmlisches Heiligtum 8,2 (vgl. 7,26)	Irdisches Heiligtum 8,5
λειτουργία	λειτουργία im himmlischen Heiligtum 8,2; bessere λειτουργία 8,6	λειτουργία im irdischen Heiligtum 8,4.5; inferiore λειτουργία 8,5

---

[142] Überzeugend begründet von ROSE 1989.

[143] Vgl., auch zum Folgenden, die Darlegungen zu Kp. 10, pp. 185–187 dieser Arbeit.

[144] So richtig schon ROSE 1989, 74–78 m. Anm. 96.

[145] Vgl. weiter den Abschnitt »Das Jer-Zitat als Rahmen des kulttheologischen Mittelteils des Hebr« (u. p. 253).

In diesem Zusammenhang erschließt sich nun auch die Bedeutung von V.4: *V.4. Opferdarbringung κατὰ νόμον.* Subjekt des Satz ist noch »dieser« (vgl. καὶ τοῦτον V.3), also Christus als Hoherpriester (vgl. V.1f). Von ihm wird gesagt, dass er, wäre er auf der Erde, nicht Priester wäre (εἰ μὲν οὖν ἦν ἐπὶ γῆς, οὐδ' ἂν ἦν ἱερεύς).

Sprachlich möglich ist auch das vorzeitige Verständnis, wonach Christus nicht Priester *gewesen* wäre, wenn er sich (ergänze: bei seinem Opfervollzug, V.3) auf Erden befunden haben würde. Diese Aussage hätte ihren Sinn im Anschluss an V.3: Christus musste als Hoherpriester etwas darbringen; er hätte das auf Erden nicht tun können, da er ja – wäre er (ergänze: beim Opfervollzug) dort gewesen – gar nicht Hoherpriester gewesen wäre. Dieser Gedanke ergibt im Zusammenhang von Hebr 8,1–6 guten Sinn; er entspricht der Sache nach der Argumentation des Hebr (s.u.). Doch lässt sich die Geltung der Aussage nicht auf die Vergangenheit einschränken (sie gilt auch für diese: Die Ambivalenz der Formulierung mag gewollt sein[146]). Denn im Zusammenhang geht es auch um die Gegenwart; um den Hohenpriester, den »wir haben« (V.1) und dem der Kult im himmlischen Heiligtum zuteil wurde (V.2.6).

Wäre Christus auf Erden, so wäre er nicht Priester (bzw. als er auf Erden war, war er nicht Priester). In Wirklichkeit aber, so darf man hinzufügen, ist er im Himmel; und dort ist er Hoherpriester (so schon V.1f). Das ist im Rahmen von 8,1f.5f nicht überraschend. Die Bedeutsamkeit dessen ergibt sich erst aus dem Fortgang der Argumentation.

Zur Begründung der bisherigen Aussage heißt es, solche, die nach dem Gesetz die Gaben darbringen, gebe es ja bereits (ὄντων τῶν προσφερόντων κατὰ νόμον τὰ δῶρα). Entscheidend ist die Angabe, die vorhandenen »Darbringenden« (Priester) brächten die Gaben dar κατὰ νόμον. Das besagt, dass dieser Opferkult auf der mosaischen kultgesetzlichen Anordnung des levitischen Priestertums und seines Kults beruht. Vorausgesetzt ist, was Kp. 7 über den Geltungsbereich des mosaischen Kultgesetzes ausführte: Es gilt für die sterbliche, levitische Priesterschaft. Näherhin wissen wir – ebenfalls in Aufnahme von Kp. 7 – bereits aus 8,1f.5f, dass die Heilssetzung (διαθήκη V.6), welche den mosaisch-levitischen Kult zum Inhalt hat, sich auf den irdischen Kult im abbildhaften irdischen Heiligtum bezieht. M.a.W.: Kult menschlicher Priester im irdischen Abbild-Heiligtum ist durch das mosaische Kultgesetz begründet, und – so nun die Argumentation von V.4 – aufgrund dieser gesetzlichen Anordnung ist auf Erden für ein weiteres, andersartiges Priestertum bzw. für einen anderen Opferkult neben dem levitischen gar kein Platz. Nun ist aber ein Hohepriestertum κατὰ τὴν τάξιν 'Ααρών (7,11) Christus durch das mosaische Kultgesetz verwehrt. Es kann für ihn daher nur das andere Hohepriestertum κατὰ τὴν τάξιν Μελχισέδεκ geben, wie das Kp. 7, bes. V.11–14, herausgestellt

---

[146] Sie wiederholt die Ambivalenz der Zeitverhältnisse in der Aussage des V.3. Auch dort ist in ὅθεν ἀναγκαῖον ἔχειν τι καὶ τοῦτον ὃ προσενέγκῃ vorzeitiges wie gleichzeitiges Verständnis möglich. Zum einzelnen s.u.

hat. Daher zieht Hebr 8,4 nun die Konsequenz, dass es irdisches Priestertum bzw. Hohepriestertum Christi nicht gibt und auch nicht geben kann, melchisedekisches Hohepriestertum dagegen himmlischer Art ist und auch nur sein kann. Damit sagt V.4 in der Sache dasselbe wie schon Kp. 7, betont aber darüber hinaus die je ausschließliche Situierung der beiden Priestertümer in der irdischen bzw. himmlischen Sphäre.

Im Zusammenhang ist nun aber wesentlich, dass V.4b nicht Priestertum überhaupt, sondern speziell die Opferdarbringung benennt. Diese ist es, welche auf Erden nach dem mosaischen Kultgesetz (κατὰ νόμον) stattfindet; statt Priestern nennt V.4b daher ausdrücklich »die, welche die Gaben darbringen« (οἱ προσφέροντες [...] τὰ δῶρα) und spitzt damit das Priestertum auf die eine Funktion zu, auf die es hier ankommt. Kann es also ein anderes als das levitische (Hohe-) Priestertum – eben dasjenige Christi – auf Erden gar nicht geben, so heißt das nach der Argumentation von V.4 genauerhin: Eine andere als die nach dem mosaischen Kultgesetz vollzogene, levitische hohepriesterliche *Opferdarbringung*, nämlich diejenige Christi, kann es auf Erden gar nicht geben[147]. Die zuvor erwogene vorzeitige Auffassung der Aussage von V.4 ist also ihrem Sinn nach mitgemeint: Die Geltung der Aussage des V. erstreckt sich auf die zurückliegende Opferdarbringung Christi wie auf seine gegenwärtige hohepriesterliche Kultausübung gleichermaßen.

Damit ist nochmals erwiesen, dass ein priesterlich-kultisches Wirken Christi auf Erden im Hebr nicht im Blick ist. Das einmalige Opfer Christi ist daher nach Hebr nicht in seinem irdischen Sterben und Tod zu sehen. Das ist zumal bei der Opferaussage 8,3 zu beachten. Zwar hat man immer wieder versucht, diese doch auf Christi irdischen Weg zu beziehen (s.u.). Aber das widerspricht der sorgfältigen und eindeutigen Argumentation des Hebr in 8,1–6, die diese Deutung ausschließt.

Die sinnvolle Einordnung von V.3 innerhalb V.1–6 ergibt sich damit von selbst. Mit V.4 ist V.3 das Thema der (hohe-) priesterlichen Opferdarbringung gemeinsam. Aufgrund von V.4 kann auch in V.3 im Blick auf Christus nur eine himmlische Opferdarbringung gemeint sein. Dass V.3 aus dem Gedankengang von V.1–6 herausfiele, wird man daher nicht sagen können. Dieser Eindruck müsste freilich entstehen, wenn man V.3 auf irdisches Geschehen zu beziehen suchte, wie oftmals geschehen. Doch hieße das dem Hebr eine ihm fremde christologische Anschauung aufzuzwingen.

---

[147] Vgl. SPICQ 1953, 235f, der die Argumentation von V.4 gut zusammenfasst: »Le V.4 donne la preuve de l'office sacerdotal du Christ au ciel. Le Christ est prêtre. Or il ne peut officier sur terre ou son ministère serait superflu puisque la Loi a déjà institué tout un sacerdoce pour offrir continuellement des sacrifices sanglants et non sanglants; et – comme il est constitué par les descendants de Lévi –, Jésu, issu de Juda (VII,14), ne serait pas grand prêtre, pas même prêtre (cf. *Nomb*. XVI,40). Il n'y a donc qu'au ciel qu'il peut exercer son office. Ces deux sacerdoces s'excluent radicalement«. So schon BLEEK 1840, 430–433; DELITZSCH 1989 (1857), 334.

V.3. Jeder Hohepriester, auch Christus, muss ein Opfer darbringen. Vor der Besprechung der exegetischen Einzelfragen sei die Funktion des V. im Gedankengang skizziert. Wie die Anknüpfung mit γάρ zeigt, beginnt in V.3 eine Begründung für die Aussage von V.1f. Diese Begründung umfasst V.3f. V.3 geht von der schon aus 5,1 bekannten Regel aus, dass jeder Hohepriester die Aufgabe hat, Gaben und Opfer darzubringen. Ist also Christus ein Hoherpriester, so muss diese Regel auch für ihn gelten (ὅθεν ἀναγκαῖον ἔχειν τι καὶ τοῦτον ὃ προσενέγκῃ 8,3). Nun kann er aber auf Erden nicht Hoherpriester sein und dort auch keine Opfer darbringen, denn ein irdisches, kultgesetzlich begründetes Priestertum mit seinem Opferdienst gibt es bereits, so dass Christi Priestertum und Opferdarbringung nicht auf Erden zu verorten sind (V.4). Daher, so lautet die unausgesprochene Schlussfolgerung, kann Christus nur im himmlischen Heiligtum Hoherpriester sein und nur dort seinen hohepriesterlichen Dienst vollziehen – womit die Berechtigung der Aussagen von V.1f (τῶν ἁγίων λειτουργός κτλ.) erwiesen ist[148].

Der Vollzug eines Opfers durch Christus im himmlischen Kult ist also nicht eigentlich *das Thema* von V.3f. Wohl kommt dieser Gedanke zum Ausdruck; er hat aber dienende Funktion: Die Aussage von V.1f soll begründet werden. Daraus erklärt sich die Ungenauigkeit der Formulierung V.3 (τί) im Blick auf die Beschaffenheit bzw. den Gegenstand des himmlischen Opfers Christi. Nähere Auskunft über Art und Vollzug dieses Opfers werden wir erst in 9,11f; 9,24–28 erhalten.

Hebr greift in 8,3 mit der Formulierung πᾶς γὰρ ἀρχιερεύς κτλ. auf den wörtlich identischen Satzanfang von 5,1 zurück und knüpft auch mit dem Fortgang von 8,3 (εἰς τὸ προσφέρειν δῶρά τε καὶ θυσίας καθίσταται) fast wörtlich an die Formulierung von 5,1 sowie an das damit genannte Thema an (ὑπὲρ ἀνθρώπων καθίσταται τὰ πρὸς τὸν θεόν, ἵνα προσφέρῃ δῶρά τε καὶ θυσίας ὑπὲρ ἁμαρτιῶν).

Die Auslegung von Hebr 5,1–10 hatte fünf hohepriesterliche Eigenschaften (A)–(E) herausgearbeitet, von denen zwei – (A); (E) – in Hebr 7 eingehend erörtert worden sind. Das Verhältnis zum menschlichen Leiden (C) wurde in 2,8–18; 4,14–16 behandelt. Dagegen sind die Aussagen über die Opferdarbringung für die Sünden der Menschen (B) sowie für eigene Sünden (D) in Kp. 7 nur ganz summarisch angewandt worden (7,27). Die Frage eines hohepriesterlichen Opfers für eigene Sünden – (D), Hebr 5,3 – ist für Christus al-

---

[148] Vgl. SPICQ 1953, 232: »Tout ministère sacerdotal consiste à offrir des sacrifices (V.3 [...]). Or le Christ est prêtre (λειτουργός), donc il offre. Mais il ne peut offrir sur terre, donc il offre au ciel, où il y a un sanctuaire qui fut révélé à Moïse«. A.a.O. 235: »Mais s'il est vrai que Jésus est prêtre, la question se pose de savoir à quel sanctuaire il est attaché, quel sacrifice il pourra offrir? Quelle en sera la matière? Car, évidemment, il ne peut immoler des animaux. [...] Sacerdoce et sacrifice étant intrinsèquement liés, si le Christ possède un sacerdoce réel, it était indispensable [...] qu'il ait *quelque chose* à offrir. [...] il [sc. l'auteur] concède le principe, et il affirme que le Christ au ciel exerce un véritable ministère sacerdotal«; vgl. ferner RIGGENBACH 1922, 222f.

lerdings gegenstandslos aufgrund seiner Distanz zu Unreinheit und Sündern (7,26), vor allem aber aufgrund seiner Sündlosigkeit (4,15). Umso mehr interessiert die Opferdarbringung für Sünden anderer.

In Hebr 8,3 wird also eine der in Hebr 5,1–4 genannten konstitutiven hohepriesterlichen Eigenschaften aufgenommen, und schon das zeigt, dass dieser V. für den Vf. keine Abweichung vom Gedankengang, sondern einen wesentlichen Schritt darstellt.

Dabei bezieht sich 5,3 mit der Erwähnung der eigenen Sünden und derjenigen des Volkes auf den Jom Kippur, für den diese Zweckbestimmung charakteristisch ist[149]. Mit dem Rückgriff von 8,3 auf 5,1 bzw. 5,1–4 ist also auch hier das Wirken des Hohenpriesters – nun Christi – am bzw. nach Analogie des Jom Kippur im Blick.

Die ἀναγκαῖον-Aussage kann präsentisch oder vorzeitig aufgefasst werden[150]. Der Konjunktiv Aorist προσενέγκῃ erzwingt keine vorzeitige Deutung[151] (schließt sie natürlich auch nicht aus), ergibt sich vielmehr lediglich aus dem qualitativ-konsekutiven Relativsatz und der Vermischung von Relativ- und deliberativem Fragesatz[152], welche dieses Tempus erfordern, erlaubt also so oder so keinen Rückschluss auf die Zeitverhältnisse[153]. Auch bei präsentischem Verständnis muss nicht an ein ewiges bzw. immerwährend dargebrachtes himmlisches Opfer Christi gedacht sein. Ausgeschlossen ist dies jedoch, weil die bereits angeführten ἅπαξ-Aussagen des Hebr ein solches Verständnis unmöglich machen. So will denn V.3 lediglich eine allgemeine Regel nennen, deren Geltung auch für Christus in Anspruch genommen wird zum Erweis der These von V.1f. Insofern ist die Wahl des Präsens angemessen[154]. Gerade darum ist aber aus der Aussage nicht zu entnehmen, an welche, wann anzusetzende Opferdarbringung der Vf. denkt. Ein einmaliges, in der Vergangenheit vollzogenes Opfer widerspricht dem nicht. Dass der Vf. tatsächlich an ein einmaliges Ereignis der

---

[149] Vgl. die Auslegung von 7,27 ↑ III.4.3.3.
[150] Erörtert etwa bei BLEEK 1840, 428; vgl. WEISS 1991, 434f.
[151] Gegen BLEEK 1840, 428.
[152] BDR § 368,4⁵; § 379,1².
[153] GRÄSSER 1993, 85 m. Anm. 71 möchte (mit Berufung auf HOFFMANN/v. SIEBENTHAL 1990, 290c; BDR § 379,1²) der Konstruktion sogar entnehmen, dass ein kontinuierliches Opfer ausgeschlossen sei; doch machte bereits VANHOYE 1959 geltend, dass aufgrund der Syntax durchaus auch eine gleichzeitige Auffassung der Zeitverhältnisse und damit eine Interpretation im Sinne eines immerwährenden himmlischen Opfers Christi möglich wäre. Zwar denkt Hebr durchaus nicht an ein immerwährendes himmlisches Opfer – darin ist GRÄSSER zuzustimmen –, doch das ergibt sich aus inhaltlichen, nicht aus grammatischen Gründen.
[154] So auch SCHUNACK 2002, 109: »Präsens fortwährend gültiger, kultischer Bestimmungen«.

Vergangenheit denkt[155], kann aber nur aus seinen anderweitigen Ausführungen erschlossen werden[156]. Der Bedeutungsumfang von λειτουργία (V.6; vgl. λειτουργός V.2) ist weiter als der von προσφέρειν und umgreift ihn (s.o. zu V.1f). Die λειτουργία umfasst auch die immerwährende Interzession (vgl. πάντοτε ζῶν εἰς τὸ ἐντυγχάνειν 7,25). So kann der gegenwärtige Vollzug der λειτουργία auch deshalb nicht in dem προσφέρειν des V.3 aufgehen, weil dieses, wie Hebr immer wieder betont, ein einmaliges Ereignis meint, während die λειτουργία darüber hinausgeht. Denn die Interzession ist Christus als bleibendes hohepriesterliches Wirken im himmlischen Heiligtum zugefallen. Eine einmalig vollzogene, himmlische Opferdarbringung also ist der eine der beiden Aspekte der Christus zuteilgewordenen himmlischen λειτουργία; der andere ist die immerwährende Interzession für die Seinen[157].

Der Hinweis auf Christi himmlisches Opfer V.3 verweist zurück auf die Erwähnung seines Selbstopfers in 7,27, das demnach in 8,3 als himmlisches Opfer beschrieben wird. Vom Selbstopfer Christi ist auch in 9,14.25, vgl. 9,28, die Rede. Auch in 9,11f.14.25.28 ist, wie die Auslegungen jener Abschnitte zeigen werden[158], an ein himmlisches Selbstopfer gedacht. Die-

---

[155] So etwa BLEEK 1840, 428.

[156] DELITZSCH 1989 (1857), 331 will in V.3 unter dem προσφέρειν die λειτουργία mit einem ein für alle mal dargebrachten Opfer verstehen. Offenbar hält er es für unvermeidlich, V.3 als Aussage über gegenwärtiges Geschehen und damit über ein immerwährendes himmlisches Opfer aufzufassen. Diese Deutung sucht er mit dem Insistieren des Hebr auf dem (ἐφ') ἅπαξ auszugleichen, indem er προσφέρειν und λειτουργία gleichsetzt. Auf eine ähnliche Lösung läuft auch die sonst vorzügliche Auslegung von RIGGENBACH (1922, 222f) hinaus, da er das in V.3 genannte προσφέρειν als »Geltendmachung der im Sterben vollzogenen Selbsthingabe, gleichsam die dauernde Vergegenwärtigung der einmal vollzogenen Handlung vor dem Angesicht Gottes in der Person des erhöhten Christus« versteht (a.a.O. 223). Doch soll dieses nicht zu der (irdischen) »Selbstdargabe des Herrn« als ein weiterer Akt hinzutreten, sondern lediglich deren Relevanz zum Ausdruck bringen (a.a.O. 223). Beide Autoren gehen davon aus, dass Christi Selbstopfer ein einmaliges irdisches Geschehen ist; eine Annahme, die der Aussage von Hebr 8,3f widerspricht.

[157] In welche Schwierigkeiten der Versuch führt, den Gedanken eines himmlischen hohepriesterlichen Opfers Christi zu vermeiden, zeigt besonders LAUB 1980, 203–207, der die Ausführungen des Hebr nachgerade in ihr Gegenteil verkehrt. LAUB meint, ein himmlisches Opfer Christi könne nur ein immerwährendes himmlisches Selbstopfer sein (a.a.O. 204), und da er ein solches für Hebr mit Recht ablehnt, glaubt er gezwungen zu sein, die Aussage des V.2 über den Priesterdienst Christi im himmlischen Heiligtum umzudeuten (a.a.O. 205–207) und Hebr 8,3 für eine Aussage über das irdische Kreuzesgeschehen zu halten (a.a.O. 205f), was doch der ausdrücklichen Darlegung von Hebr 8,3f und der Intention der ganzen Argumentation in Kp. 7f aufs genaueste widerspricht. Er begründet dies mit der ebenfalls unzutreffenden Behauptung, προσφέρειν bzw. ἀναφέρειν sei im Hebr stes auf das »Kreuzesopfer« Christi bezogen (a.a.O. 205).

[158] ↑ III.4.6; III.4.8.

ses himmlische Geschehen ist jedoch deutlich zu unterscheiden von der προσφορά τοῦ σώματος nach 10,10.14.18 (vgl. 10,5.8). Diese ist die irdische, unkultische Selbsthingabe, die bis zum Tode reicht und in diesem kulminiert. Beides findet nacheinander statt: Auf die irdische Selbsthingabe im Tode folgen die Erhöhung und das hohepriesterliche Wirken im Himmel. Doch wird die Art und Weise des himmlischen Selbstopfers Christi erst in Kp. 9, bes. V.11f.24–28, näher erläutert werden. Von daher wird sich dann das Verhältnis des himmlischen Selbstopfers Christi zur himmlischen λειτουργία im weiteren Sinne klären: Christus tritt in das himmlische Allerheiligste ein, vollzieht damit sein Selbstopfer[159] und verbleibt danach, zur Rechten Gottes inthronisiert, im Allerheiligsten, um erst bei der Parusie wieder hervorzutreten. Bis dahin tritt er als Interzessor für »uns« ein[160] (vgl. auch 1,3; 10,12f).

Das Jer-Zitat als Rahmen des kulttheologischen Mittelteils des Hebr. Ab 8,6 geht Hebr, 7,22 aufnehmend, zur Bundesthematik über, die in V.8–12 mit dem Zitat aus LXX Jer 38(MT 31),31–34 fortgeführt wird. V.8a bietet eine knappe Zitateinleitung (μεμφόμενος γὰρ αὐτοὺς λέγει), V.13 eine wenig längere Schlussfolgerung.

Zum Schluss des kultthologischen Mittelteils wird Hebr das Jer-Zitat nochmals anführen (Hebr 10,16f), dort jedoch nicht nur kürzer als zuvor, sondern auch mit anderer Akzentuierung. Laut 10,15 begründet das Zitat die Aussage von 10,14, Christus habe die zu Heiligen vollkommen gemacht μιᾷ γὰρ προσφορᾷ. In 10,18 greift Hebr diesen Gedanken auf und sagt, wo Vergebung sei, gebe es keine Opfer für Sünden mehr. Damit konzentrieren sich Einleitung und Ausleitung des Zitats dort auf das einmalige Geschehen von Selbsthingabe und Selbstopfer Christi in seiner soteriologischen Bedeutung, die wiederum kulttheologisch zugespitzt wird auf das Ende irdischen Opferkults.

Das Jer-Zitat verklammert den kulttheologischen Mittelteil des Hebr mit den Ausführungen über die Fürbitte des himmlischen Hohenpriesters (2,17f; 4,14–16, ↑ III.4.2) im einführenden Teil des Schreibens (vgl. ἱλάσκεσθαι τὰς ἁμαρτίας 2,17/ ἵλεως ἔσομαι ταῖς ἀδικίαις αὐτῶν καὶ τῶν ἁμαρτιῶν αὐτῶν οὐ μὴ μνησθῶ ἔτι 8,12): Die vorzüglichere λειτουργία, von der Hebr 8,6 spricht, der kultische Dienst des himmlischen Hohenpriesters, umfasst sein einmaliges Selbstopfer wie seine fortwährende Fürbitte für die Seinen. Der himmlische Hohepriester vermittelt Gnade und Vergebung wie Hilfe zum Gehorsam. Damit ist die Verheißung von LXX Jer 38,31–34 für die Seinen erfüllt.

---

[159] Vgl. zum einzelnen die Auslegung von 9,11f ↑ III.4.6.
[160] Zum einzelnen vgl. die Auslegungen zu Hebr 2,17f; 4,14–16 (↑ III.4.2), 7,25 (↑ III.4.3); 9,24 (↑ III.4.8).

Ergebnisse. Hebr 8,1–6 bringt die Gegenüberstellung von zweierlei Priestertum und Kult in 5,5–10 und Kp. 7 auf den Begriff: Der levitische, durch das mosaische Kultgesetz begründete Kult ist irdisch und findet im irdischen Abbild-Heiligtum, der durch göttlichen Eidschwur begründete Kult des melchisedekischen Hohenpriesters ist himmlisch und findet im himmlischen Urbild-Heiligtum statt. Damit ist von 8,1–6 her die Argumentation von Kp. 9f vorgezeichnet: Wie das irdische Heiligtum Abbild des himmlischen ist, so ist das irdische Kultgeschehen des Jom Kippur schattenhaftes Abbild des himmlischen, und zwar des himmlischen Selbstopfers Christi.

V.3 hat in der Argumentation von V.1–6 eine untergeordnete Funktion. Zum Erweis dessen, dass Christus Hoherpriester des himmlischen Heiligtums ist und es auch nur dort sein kann, dient das Argument, irdischer Opferkult sei durch das mosaische Kultgesetz angeordnet, und daher sei neben dem levitischen Opferkult auf Erden kein anderer Opferkult möglich. Da auch Christus als Hoherpriester Opferkult vollziehen müsse, könne sein Opferkult also nur im himmlischen Heiligtum stattfinden. Christi Opfer als himmlisches Geschehen kommt zum Ausdruck, ohne hier schon näher erörtert zu werden.

Diese Gegenüberstellung im Rahmen der himmlisch-irdischen Sphärendifferenz ist ihrerseits eingeordnet in das verheißungsgeschichtliche Nacheinander der zwei kultischen Heilssetzungen (διαθῆκαι), deren erste durch die zweite, die den himmlischen Kult Christi zum Inhalt hat, abgelöst wird. Darin findet die Verheißung aus LXX Jer 38,31–34 ihre Erfüllung.

Die Hauptlinien der Christologie des Hebr – die herrscherliche nach Ψ 109,1 und die hohepriesterliche nach Ψ 109,4 – werden verbunden. Die Hohepriesterchristologie wird zum Interpretament traditioneller Erniedrigungs- und Erhöhungsaussagen. Die kulttheologische Deutung von Christi himmlischem Wirken erschließt die soteriologische Bedeutsamkeit der in der sessio ad dexteram ausgesprochenen Erhöhung. Die ›Pointe‹ des Hebr ist das gegenwärtige[161], himmlische Wirken des Erhöhten als Hoherpriester.

4.5 Der Kultvollzug des Hohenpriesters im Tempel am Jom Kippur nach frühjüdischen und rabbinischen Quellen und die Darstellung des Hebr

Folgende Darstellung vergleicht biblische, frühjüdische und rabbinische Beschreibungen des Wirkens des Hohenpriesters im Tempel am Jom Kippur und stellt die Unterschiede heraus. Es zeigt sich, dass es eine einzige, allgemein verbreitete Auffassung vom Wirken

---

[161] Vgl. ἔχομεν V.1!

des Hohenpriesters im Tempel am Jom Kippur um die Zeitenwende nicht gibt. Vor diesem Hintergrund wird die Jom Kippur-Darstellung des Hebr und seine Darstellung des Wirkens Christi in Analogie zum Jom Kippur-Ritual knapp umrissen. Angesichts der Diversität der Quellen kann die Darstellung des Hebr nicht von einer bestimmten Fassung des Rituals her betrachtet werden, in deren Rahmen die mitgeteilten Einzelheiten zu integrieren und aufgrund dessen sie zu ergänzen wären. Vielmehr ist die Darstellung des Hebr in ihrer Eigenständigkeit wahrzunehmen.

4.5.1 Einführung

Hebr vergleicht in Kp. 9 das Wirken Christi mit dem des Hohenpriesters am Jom Kippur. Die Durchführung der Jom Kippur-Typologie in Hebr 9,7.11f spitzt die Ritualschilderung auf den Eintritt ins Allerheiligste mit Blut zu. Dabei spricht Hebr 9,7 – abweichend von anderen Quellen – davon, dass der Hohepriester das Blut, das er ins Allerheiligste bringt, darbringt[162]. Ich vergleiche verschiedene Schilderungen des Jom Kippur-Rituals[163] und beschränke mich auf den Aspekt, der vom Hebr her von Belang ist – das Wirken des Hohenpriesters im Tempel[164] (vgl. Lev 16,12–15.18f[165])[166].

Ich gehe von MT Lev 16 aus und behandle in thematischen Einheiten das Eintreten ins Allerheiligste, das Vorkommen des Weihrauchaltars, den Vollzug des Weihrauchopfers, Anzahl und Richtung (bzw. Fehlen) der Blutsprengungen, das Gebet des Hohenpriesters im Allerheiligsten bzw. im Tempel und alternative Fassungen des Rituals (bzw. ein eng verwandtes

---

[162] Vgl. die Auslegungen von Hebr 9,11f; 9,22f mit V.18–21 und 9,24–28 (↑ III.4.6; III.4.8; III.5.3).

[163] Texte, in denen der Jom Kippur angesprochen wird, ohne dass auf den Kultvollzug des Hohenpriesters im Tempel Bezug genommen wird, werden nicht berücksichtigt, es sei denn, dass sie (wie etwa ParJer [IV Bar] 9) auf diesen Kultvollzug Licht werfen.

[164] Unter dem Tempel verstehe ich hier das zweiteilige Tempelhaus mit dem Heiligen (היכל) und dem Allerheiligsten; nicht also die weitere Tempelanlage. Daher behandle ich im folgenden nicht die Schilderung des Wirkens des Hohenpriesters Simon in Sir 50,5–21, denn diese beschränkt sich auf Simons Wirken am Altar nach Verlassen des Tempelhauses. Im übrigen ist umstritten, ob es sich dabei um eine Jom Kippur- oder um eine Tamid-Schilderung handelt. Vgl. Ó FEARGHAIL 1978, der sich für das Tamidopfer entscheidet; so auch SKEHAN/DI LELLA 1987, 551f. Anders SCULLION 1990, 77–82.

[165] Ob V.18f sich auf das Wirken im Tempel (am Weihrauchaltar) oder außerhalb (am Brandopferaltar) beziehen, ist im Frühjudentum wie in rabbinischen Texten umstritten. Zum einzelnen s.u.

[166] Vgl. generell zum Jom Kippur in biblischen und frühjüdischen Quellen die Arbeit von SCULLION 1990, 85–199 (ohne Berücksichtigung rabbinischer Texte). Die neueste Monographie zum Jom Kippur – die Arbeit von STÖKL BEN EZRA 2003 – konzentriert sich auf die frühchristliche Jom Kippur-Rezeption. Zur vorchristlichen Literatur führt sie nicht über SCULLION hinaus. Zur rabbinischen Literatur vgl. STÖKL BEN EZRA 2003, 118–134; zum Wirken des Hohenpriesters dort 124–127; zur Fragestellung dieses Kapitels tragen jene Ausführungen jedoch nichts bei.

Ritual) mit Blutsprengung an den Vorhang vor dem Allerheiligsten. Abschließend skizziere und bewerte ich vor diesem Hintergrund die Darstellung des Hebr.

MT Lev 16. Nach MT Lev 16 (vorliegender Endtext) geht der Ritualvollzug im Zeltheiligtum folgendermaßen vonstatten: Der Hohepriester nimmt glühende Kohle vom »Altar, der vor dem Herrn [ist]« auf eine Räucherpfanne (V.12). Er betritt das Allerheiligste und legt dort »vor dem Herrn« das Räucherwerk auf das Feuer, so dass die entstehende Weihrauchwolke die Sühnplatte über der Lade einhüllt (V.13). Danach sprengt er mit dem Blut des Sündopfer-Jungstiers zunächst »gegen die Vorderseite der Sühnplatte«, danach sieben mal »vor die« (bzw. vor der) »Sühnplatte« (V.14). Beides wiederholt er sodann mit dem Blut des Sündopfer-Bocks (V.15). Danach geht er »hinaus zu dem Altar, der vor dem Herrn [ist]«, bestreicht ringsum dessen Hörner mit Blut und vollzieht eine weitere siebenfache Blutsprengung (V.18f). Damit ist dieser Teil des Jom Kippur-Rituals abgeschlossen. Betrachten wir die Motive, die hier vorkommen:

4.5.2 Das Eintreten ins Allerheiligste; seine Häufigkeit

MT Lev 16. Nach Lev 16,12.14f betritt der Hohepriester das Allerheiligste am Jom Kippur dreimal: zunächst zum Weihrauchopfer (V.12f), dann zur Sprengung mit Stierblut (V.14), schließlich zur Sprengung mit Bocksblut (V.15).

Philo, Legatio ad Gaium. Nach Philo, leg 307, darf der Hohepriester am Jom Kippur das Allerheiligste nur zweimal betreten[167].

Josephus, Antiquitates. Nach Jos Ant III 10,3 (§§ 240–243) betritt der Hohepriester das Allerheiligste am Jom Kippur gar nicht. Er vollzieht den Kult im vorderen Raum des Tempels, dem Heiligen[168].

mJoma. mJoma setzt voraus, dass vor dem Allerheiligsten in geringen Abstand hintereinander zwei Vorhänge angebracht sind[169]. Zum Weihrauchopfer soll der Hohepriester den Zwischenraum zwischen beiden Vorhängen betreten. Dass er auch ins Allerheiligste eintritt, wird nicht explizit gesagt (das mag stillschweigend vorausgesetzt sein). Die Blutsprengungen werden am gleichen Ort vollzogen wie das Weihrauchopfer[170]. Nach mJoma 5,1–4; 7,4 tritt der Hohepriester viermal in den Bereich hinter dem vorderen Vorhang bzw. in das Allerheiligste ein[171]: (1) Zur Darbringung

---

[167] Wie die einzelnen Ritualvollzüge sich auf die beiden Eintritte ins Allerheiligste verteilen, sagt Philo nicht. Vgl. weiter zu Philo u. p. 265.

[168] Zum einzelnen vgl. zu Josephus u. pp. 266f.

[169] Näheres u. Anm. 248.

[170] Zum einzelnen vgl. zu tJoma u. p. 273f.

[171] So auch nach BemR 7,8 (Midrash Rabbah, ed. FREEDMAN/SIMON, Bd.5, 1951, 195).

des Räucherwerks, mJoma 5,1; (2) zur Sprengung mit dem Blut des Stiers, mJoma 5,3; (3) zur Sprengung mit dem Blut des Bocks, mJoma 5,4; (4) zum Herausholen von Kohlenschaufel und Weihrauchschale, mJoma 7,4[172].

Dagegen hält sich der Hohepriester beim Vollzug der Blutsprengungen am Jom Kippur nach einer R. Juda zugeschriebenen Lehrmeinung (mJoma 5,4) im vorderen Tempelraum, dem Heiligen, auf[173].

Ein Hinweis auf Clemens Alexandrinus, ExcTheod 38,1f; 27,1f. Anhangsweise sei hingewiesen auf Clemens Alexandrinus, bei dem sich in den Excerpta 38,1f eine jüdische, sekundär in gnostischen Rahmen eingefügte, jedoch nicht datierbare Tradition[174] über den Eintritt des Hohenpriesters ins Allerheiligste findet. Im Zusammenhang geht es um den himmlischen Gottesthron und den Vorhang vor diesem und damit vor dem himmlischen Allerheiligsten. In 38,2 heißt es dann[175]: »Nur der Erzengel tritt zu ihm [d.h. zu Gott] ein. Als Abbild dessen ging auch der [irdische] Hohepriester einmal im Jahr in das Allerheiligste [des irdischen Tempels]« (Μόνος δὲ ὁ Ἀρχάγγελος εἰσέρχεται πρὸς αὐτόν, οὗ κατ᾽ εἰκόνα καὶ ὁ ἀρχιερεὺς ἅπαξ τοῦ ἐνιαυτοῦ εἰς τὰ ἅγια τῶν ἁγίων εἰσῄει). Über Einzelheiten des Kultvollzugs erfahren wir nichts. Die Überzeugung vom Abbildcharakter des irdischen Kults gegenüber dem himmlischen, formuliert speziell im Blick auf das alljährliche Eintreten des Hohenpriesters ins Allerheiligste, legt dennoch den Vergleich mit Hebr 9,6f.11f.24f nahe. Umso deutlicher treten die Unterschiede hervor: Die alljährliche Wiederholung des irdischen Rituals bildet einen himmlischen Kult ab, der auch seinerseits wiederholt wird. Entsprechend sind himmlisches und irdisches Geschehen einander parallel; einen Überschritt von der irdischen in die himmlische Sphäre gibt es nicht. In Kp. 27,1f derselben Schrift berichtet Clemens, der Hohepriester lege vor dem Eintritt ins Allerheiligste den goldenen Stirnreif mit dem Gottesnamen am Weihrauchaltar ab; eine Nachricht, die sich sonst nicht findet und über deren Alter und Herkunft nichts auszumachen ist.

4.5.3 Das Vorkommen des Weihrauchaltars im Jom Kippur-Ritual

Die Heiligtumsbeschreibung der Tora weiß von zwei Altären, einem außerhalb des Zeltheiligtums (bzw. des Tempels) im Vorhof aufgestellten, mit Bronzeblech bekleideten Brandopferaltar (s. Ex 27,1–8; 38,1–7; 40,6.29 u.ö.) und einem im Inneren des Gebäudes aufgestellten, mit Goldblech überzogenen Altar für die Verbrennung von Weihrauch (s. Ex 30,1–10; 37,25–28; 40,5.26; Lev 4,7.18), der als »Altar zum Räuchern des Räucherwerks« (קטרת מקטר מזבח Ex 30,1) bzw. als »Weihrauchaltar« (הקטרת מזבח Ex 37,25; vgl. θυσιαστήριον θυμιάματος LXX Ex 30,1), aber auch als »Goldener Altar für das Räuchern« (קטרת לקטר הזהב מזבח, LXX: τὸ θυσιαστήριον τὸ χρυσοῦν εἰς τὸ θυμιᾶν Ex 40,5) oder als »Altar des wohlriechenden Räucherwerks vor dem Herrn, der im Zelt der Begegnung ist« bezeichnet werden kann (מזבח, קטרת הסמים לפני יהוה אשר באהל מועד

---

[172] Vgl. tJoma, ed. HÜTTENMEISTER/LARSSON 1997, 225 Anm. 146.

[173] Zum einzelnen vgl. zu mJoma u. p. 273.

[174] Vgl. dazu HOFIUS 1970, 13–16, hier 15f m. Anm. 81, sowie die dort angeführte Literatur.

[175] Text nach SAGNARD (Hg.) 1970, 140–143; Übersetzung vom Verfasser.

LXX: τὸ θυσιαστήριον τοῦ θυμιάματος τῆς συνθέσεως ὅ ἐναντίον κυρίου ὅ ἐστιν ἐν τῇ σκηνῇ τοῦ μαρτυρίου Lev 4,7)[176].

MT Lev 16. Der Altar, »der vor dem Herrn [ist]«. Die Notiz des V.18 (vgl. V.12) über den »Altar, der vor dem Herrn [ist]«, lässt fragen, um welchen Altar es sich handelt. Lev 16,18 wird von modernen Auslegern gern auf den Brandopferaltar gedeutet[177]. Doch Lev 4,18 bezieht die mit 16,18 gleichlautende Erwähnung des »Altar[s], der לפני־יהוה« ist, durch die Formulierung אשר באהל מועד eindeutig auf den Weihrauchaltar. Dieser dürfte auch in Lev 16,18 gemeint sein. Die LXX tut in Lev 4,18 ein Übriges und übersetzt das המזבח אשר לפני־יהוה des MT überdeutlich mit τοῦ θυσιαστηρίου τῶν θυμιαμάτων τῆς συνθέσεως ὅ ἐστιν ἐνώπιον κυρίου; LXX wiederholt damit wörtlich die Übersetzung des entsprechenden Passus in V.7, der dort auch im MT in der Tat lautet: מזבח קטרת הסמים לפני יהוה אשר באהל מועד. So wird Jacob das Richtige treffen, wenn er in der Kommentierung von Ex 30,1–10 im Blick auf Lev 16,18 schreibt, dass »der Altar, der vor IHM ist« (Lev 16,18, vgl. 4,7.18) »unmöglich vom Opferaltar gesagt werden konnte«[178]. Damit wäre der Altar, von dem in MT Lev 16,18 die Rede ist, der Weihrauchaltar, der im vorderen Raum des Zeltheiligtums steht und der nach der Blutsprengung im Allerheiligsten (V.14f) ebenfalls mit Blut bestrichen und besprengt wird. Das entspricht der Anweisung zur Blutmanipulation am Weihrauchaltar am Jom Kippur in Ex 30,10.

Lesarten zu LXX Lev 16. Der Weihrauchaltar im Allerheiligsten. In späten Lesarten zu LXX Lev 16[179] finden wir im Rahmen des Jom Kippur-Rituals eine Blutsprengung an den Weihrauchaltar, und zwar anstelle der Sühnplatte, bezeugt[180]:

In V.2 (Haupttext: εἰς πρόσωπον τοῦ ἱλαστηρίου) lesen 318 und Sa¹ statt ἱλαστηρίου das Wort θυσιαστηρίου; an anderer Stelle des Verses (Haupttext: ἐπὶ τοῦ ἱλαστηρίου) lesen 82, b, f, 767, 628, 55, 426 statt ἱλαστηρίου das Wort θυσιαστηρίου.

---

[176] Vgl. noch τὸ θυσιαστήριον τοῦ θυμιάματος II Makk 2,5; ferner mJoma 5,5, wo der »Altar, der vor Gott steht« (Lev 16,18) mit dem Zusatz מזבח הזהב »der goldene Altar« eindeutig als der Weihrauchaltar identifiziert wird; desgleichen spricht Josephus, Ant III 10,3 (§ 243), knapp vom ὁ χρύσεος βωμός, was zur Unterscheidung vom Brandopferaltar genügt. Vgl. weiter zum Sprachgebrauch τὸ θυσιαστήριον τοῦ θυμιάματος Lk 1,11; τὸ θυσιαστήριον τὸ χρυσοῦν τὸ ἐνώπιον τοῦ θρόνου (im himmlischen Tempel) Apk 8,3; τὸ θυσιαστήριον τὸ χρυσοῦν τὸ ἐνώπιον τοῦ θεοῦ Apk 9,13.

[177] So NOTH 1985, 106; MILGROM 1991, 1036 z.St.

[178] JACOB 1997, 891.

[179] Ich beziehe mich auf die Edition der Lev-LXX von WEVERS (Hg.) 1986.

[180] Darauf hat bereits ATTRIDGE 1989, 235 m. Anm. 67 aufmerksam gemacht; vgl. SCULLION 1990, 134–136.

V.2 handelt vom Eintritt Aarons in das Allerheiligste, so dass es sich bei dem θυσιαστήριον nicht um den außerhalb des Tempels stehenden Brandopferaltar, sondern nur
um den Weihrauchaltar handeln kann, den die genannten Lesarten demnach im Allerheiligsten plazieren. Beide zu V.2 genannten Lesarten setzen den Weihrauchaltar – seiner
Funktion im Jom Kippur-Ritual nach – an die Stelle der im Allerheiligsten befindlichen
Sühnplatte. Auch wird die als Erscheinungsort Gottes betrachtete Weihrauchwolke als
über dem Weihrauchaltar, nicht über der Sühnplatte befindlich angesehen.

In V.13 (Haupttext: καὶ ἐπιθήσει τὸ θυμίαμα ἐπὶ τὸ πῦρ ἔναντι κυρίου
καὶ καλύψει ἡ ἀτμὶς τοῦ θυμιάματος τὸ ἱλαστήριον) lesen 458; 44[181] statt
ἱλαστήριον: θυσιαστήριον.

Auch hier wird das Tun des Hohenpriesters nach seinem Eintritt ins Allerheiligste (vgl.
V.12) geschildert, und wieder steht der Weihrauchaltar an der Stelle der Sühnplatte; er,
nicht sie, wird von der Weihrauchwolke verdeckt. Das zuvor erwähnte »Feuer, das vor
dem Herrn ist« ist demnach hier das Altarfeuer des Weihrauchaltars.

In V.14 lesen 64–381'–708*, 16', 53', 130[txt], 509, 799, Cyr II 581 (zum
Haupttext: καὶ ῥανεῖ τῷ δακτύλῳ ἐπὶ τὸ ἱλαστήριον κατὰ ἀνατολάς κατὰ
πρόσωπον τοῦ ἱλαστηρίου ῥανεῖ ἑπτάκις ἀπὸ τοῦ αἵματος τῷ δακτύλῳ)
statt ἱλαστήριον: θυσιαστήριον, und die Handschriftengruppe 53' liest zusätzlich statt κατὰ πρόσωπον τοῦ ἱλαστηρίου: κατὰ πρόσωπον τοῦ θυσιαστηρίου[182].

In V.15 (Haupttext: καὶ ῥανεῖ τὸ αἷμα αὐτοῦ ἐπὶ τὸ ἱλαστήριον κατὰ
πρόσωπον τοῦ ἱλαστηρίου) lesen Cyr IX 960 statt ἐπὶ τὸ ἱλαστήριον κατὰ
πρόσωπον τοῦ ἱλαστηρίου den Text: ἐπὶ τὴν βάσιν τοῦ θυσιαστηρίου. Im
selben Vers lesen 16', 458, 392, 799, ferner b (mit dem aus V.14 entnom-
menen Zusatz κατὰ ἀνατολάς) statt ἐπὶ τὸ ἱλαστήριον den Text: ἐπὶ τὸ
θυσιαστήριον. Und die Handschriftengruppe 53', ferner b (mit dem Zusatz
ῥανει) lesen statt κατὰ πρόσωπον τοῦ ἱλαστηρίου den Text: κατὰ
πρόσωπον τοῦ θυσιαστηρίου.

Die genannten – durchweg späten – Lesarten setzen voraus, dass der
Weihrauchaltar im Allerheiligsten steht und dass er beim Jom Kippur-Ritual eine Rolle spielt, die der des ἱλαστήριον nach der Hauptüberlieferung
entspricht.

LXX Lev 16,18 diff MT. »Auf« den Altar. Gleichsam das Gegenstück zu
obigem Befund bietet eine Beobachtung in LXX Lev 16,18. Hier ist davon
die Rede, dass der Hohepriester »zu dem Altar«, der vor dem Herrn ist,
»hinausgehen« solle (MT: usw. ויצא אל־המזבח). LXX übersetzt, der Hohepriester solle »hinausgehen *auf* den Altar« (ἐξελεύσεται ἐπὶ τὸ θυσιαστήριον; also ἐπί statt אל). »Hinauf« geht man zum äußeren Brandopferaltar, denn diesen erreicht man über eine Rampe. Damit ist die Identi-

---

[181] Dafür gibt WEVERS (Hg.): »Ausfall durch Homoioteleuton mit V.14«.
[182] Samaritanus liest wie MT, und in der Überlieferung vom Toten Meer (Qumran)
sind die Verse nicht erhalten.

fizierung mit dem Brandopferaltar in LXX eindeutig, während im MT der Bezug auf den inneren Weihrauchaltar möglich – und wohl beabsichtigt – ist. Der Übersetzer der LXX hat die Deutung auf den Weihrauchaltar ausgeschlossen.

TPsJ Lev 16,18. Der Altar »außerhalb des Heiligtums«. Unter den Targumim zu Lev ist TPsJ dasjenige, das am ehesten frei übersetzt und gern exegetische bzw. theologische Erklärungen über den MT hinaus bietet. Es fügt in Lev 16,18 über MT hinaus den (auf die Erwähnung des Altars bezogenen) Passus ein: »außerhalb des Heiligtums«. Durch diese Erweiterung des Textes erzielt der Übersetzer eine Klärung, welche die Uneindeutigkeit von MT Lev 16,18 beseitigen und die Interpretation abweisen will, wonach der Hohepriester am goldenen Weihrauchaltar Blut streiche und sprenge. Wenn der Hohepriester »außerhalb des Heiligtums« geht, kann es sich bei der Blutsprengung nur um den äußeren, den Brandopferaltar handeln. Demnach ist die anderslautende Auslegungstradition bekannt; sie wird nicht explizit erwähnt, aber es wird ein kurzer Textzusatz eingeschoben, um sie auszuschließen, ähnlich wie mit der Übersetzung in LXX Lev 16,18.

Die Art der Blutriten am Altar nach Lev 16 (und Josephus). Schon der MT unterscheidet zwischen verschiedenartigen Blutriten bei unterschiedlichen Ritualen (Belege s.u.). So wird der Brandopferaltar mit dem Blut der Sündopfer nicht besprengt, sondern bestrichen. Das Blut der Brandopfer dagegen wird nach der hebräischen Überlieferung an den Brandopferaltar gesprengt. In der griechischen Überlieferung wird daraus das Ausgießen am Altarsockel. Damit wird am Brandopferaltar nun jede Blutsprengung – beim Brandopfer wie auch beim Sündopfer – vermieden. Das dient der Systematisierung: Blut*sprengung* kommt dann nur noch bei *den* Blutriten vor, die *im Tempelhaus* vollzogen werden, also nur bei denen von Lev 4 und Lev 16.

Im einzelnen: Das Sprengen des Blutes (an den Vorhang nach Lev 4,6.17 und an die Sühnplatte der Lade nach Lev 16,14f) ist den Sündopferriten vorbehalten, bei denen Blut ins bzw. zum Allerheiligsten gebracht wird, während am äußeren Brandopferaltar lediglich Blut an die Hörner gestrichen bzw. an die Basis des Altars gegossen wird. Einzige Ausnahme ist das Blut des Brandopfers, das am äußeren Altar gesprengt wird (MT Ex 29,16.20; Lev 1,5.11; 8,19.24; II Chr 29,21f). Doch bleibt auch hier eine Differenzierung, da für die Sprengungen im Tempel das Verb נזה Hi., für die an den Brandopferaltar dagegen זרק Q. verwendet wird. Eine weitere Differenzierung besteht darin, dass die Siebenzahl den Sprengungen im Tempel vorbehalten bleibt[183]. LXX nimmt diese Differenzierung auf und führt sie weiter. Sie übersetzt נזה Hi. mit ῥαίνω und זרק Q. (wo es

---

[183] Einzige Ausnahme, in Sprachgebrauch wie Siebenzahl der Sprengungen: Num 19,4. Allerdings handelt es sich auch hier um ein Sündopfer, das den anderen genannten darin gleichkommt, dass die Regel von Lev 4,11f.21; Lev 16,27 (vgl. Hebr 13,11) in Num 19,5.9 angewandt wird. ↑ III.5.2.1.2.

um Blutmanipulation am Altar geht[184]) mit προσχέω. Dieser Sprachgebrauch ist in LXX durch unterschiedliche Bücher und Kanonteile hin konsistent, s. LXX Ex 24,6; 29,16.20; Lev 1,5.11; 8,19.24; II Chr 29,21f[185]. Damit tritt an die Stelle der Sprengung des Blutes der Brandopfer an den Brandopferaltar (so MT) ein Ausgießen (so LXX)[186]. So wird der Ritualvollzug des Brandopfers an den des Sündopfers angeglichen; bei diesem ist (Lev 4,7.18) ebenfalls vom Ausgießen (שׁפך Q.; LXX: ἐκχέω) am Brandopferaltar die Rede. Derselbe Sprachgebrauch findet sich auch bei Philo, spec I 205 (zu Lev 1,5.11); in Mos II 143–158, hier: 150 (zu Ex 29,1–37; Lev 8,1–36) ist ebenfalls vom Ausgießen rings um den Altar (ἐν κύκλῳ τοῦ βωμοῦ σπένδει[187]) die Rede. Die griechische Überlieferung differenziert und systematisiert also über die hebräische hinaus: Auch beim Brandopfer findet keine Blutsprengung an den Brandopferaltar mehr statt. Die schon im MT erkennbare Unterscheidung ist damit noch konsistenter durchgeführt: Jegliche Blutsprengung ist nunmehr allein den Blutriten im Inneren des Tempels vorbehalten[188].

Die siebenfache Sprengung (in der griechischen Überlieferung dann: die Sprengung überhaupt) kommt nur innerhalb des Tempelhauses (Lev 4,6.17; 16,14f) vor. Bestreichen und Besprengen sind alternative Blutmanipulationen. Das Besprengen bringt die geweihte Substanz mit dem Heiligen in Kontakt, ohne dass der Priester dieses dabei berührt. Es ist die sublimere Weise, den Kontakt herzustellen, und wird im Bereich höchster Heiligkeit angewandt.

Was bedeutet das für die Vollzüge am Altar am Jom Kippur? Lev 16,18 fordert das Bestreichen der Hörner des Altars mit Blut, V.19 darauf das siebenmalige Besprengen des Altars. Letzteres ist nach der Systematik der Blutriten den Vollzügen im Tempelhaus vorbehalten, bezieht sich demnach auf den Weihrauchaltar; ersteres dagegen gilt dem Brandopferaltar. Die Kombination alternativer Arten von Blutriten in Lev 16,18f erscheint als Harmonisierung disparaten Materials im Blick auf die Identifikation des gemeinten Altars.

Auch Josephus spricht für den Jom Kippur (Ant. III 10,3 [§ 243]) von siebenfacher Blutsprengung, und zwar ausdrücklich am Weihrauchaltar. Das Bestreichen (Lev 16,18) erwähnt er nicht. Doch spricht er ebd. von Blutsprengung am äußeren Brandopferaltar, was

---

[184] Anders dagegen Ex 24,8, wo זרק Q. mit κατασκεδάννυμι übersetzt wird (vgl. in V.6 זרק Q. – προσχέω!); Num 19,13.20, wo es mit περιραντίζω wiedergegeben wird (zur Terminologie in Num 19 LXX ↑ III.5.2.1.2).

[185] Die Chronik (II Chr 29,22) verlegt auch beim Sündopfer die Blutsprengung an den äußeren Brandopferaltar. MT hat für alle in diesem V. genannten Opferarten זרק, ebnet also die Differenzierung der P ein. LXX übersetzt beim Sündopfer wie beim Brandopfer mit προσχέω, macht also ein Ausgießen daraus.

[186] Der Samaritanische Pentateuch geht an den oben genannten Stellen gegen LXX mit MT.

[187] Das Verb kann u.U. auch »sprengen« heißen, bezeichnet aber in der Regel das Ausgießen geweihter Flüssigkeit, zumal im Weiheguss (σπονδή) der Trankspende.

[188] In I, II Chr ist von der Sühnplatte nie die Rede. Obgleich LXX hier dem beschriebenen Sprachgebrauch folgt, ergibt sich daraus also in diesem Fall keine Differenzierung zwischen innerhalb bzw. außerhalb des Heiligtums vollzogenen Blutriten.

an MT wie LXX Lev 16 keinen Anhalt hat, für Sündopfer vielmehr biblisch gar nicht belegt ist.

mJoma. Der goldene Altar. Nach mJoma 4,3–5,2 nimmt der Hohepriester die glühende Kohle vom äußeren (d.h. dem Brandopfer-) Altar, tritt in den vorderen Tempelraum ein und durchschreitet ihn, geht ins Allerheiligste, setzt die Räucherpfanne dort auf die Stangen der Lade (im Zweiten Tempel auf einen Stein), spricht ein kurzes Gebet und kehrt auf den Vorhof bzw. zur »Opferhalle«, dem Ort der Schlachtungen, zurück. Sodann (5,3–6) betritt er mit dem Blut des Sündopferstiers den Ort, an dem er das Weihrauchopfer darbrachte, und sprengt einmal aufwärts und siebenmal abwärts. Er stellt das Gefäß mit dem Blut im vorderen Raum des Tempels (היכל) ab (5,3). Sodann schlachtet er den Ziegenbock, geht mit dessen Blut erneut an denselben Ort wie zuvor und vollzieht damit ebensolche Sprengungen wie zuvor mit dem Blut des Stiers (5,4). Anschließend geht er zum Altar »vor dem Herrn« (Lev 16,18), d.i. nach mJoma der goldene (Weihrauch-) Altar, und sprengt dort mit Blut an die vier »Hörner« des Altars (5,5) – nach Lev 16,18 sollte man Blutstreichung erwarten –, anschließend sprengt er sieben mal auf die Oberfläche des Altars (welcher Altar das ist, wird nicht gesagt) und gießt das verbliebene Blut an die Basis des »äußeren«, also nun des Brandopferaltars (5,6), zu dem er demnach inzwischen hinausgegangen ist. Man sieht, wie hier versucht wird, die Uneindeutigkeit von Lev 16,18f im Blick auf die Blutriten an den Altären auszuräumen: Zunächst wird die Angabe von Lev 16,19 über die Blutsprengung vorgezogen, und diese bleibt damit, biblischer Systematik entsprechend, auf den Weihrauchaltar bezogen; danach wird im Sinne von Lev 16,18 eine Blutmanipulation am explizit benannten äußeren Altar eingefügt, wobei aber das Bestreichen ausgelassen ist und stattdessen gegen MT (und LXX) das Ausgießen des Blutes gefordert wird, das nach der biblischen Systematik der Blutriten (wenigstens auf dem in LXX repräsentierten Stand der Entwicklung) nur am Brandopferaltar zu vollziehen ist, aber in Lev 16 fehlt. Die Künstlichkeit der Lösung zeigt sich im abrupten Übergang von den Vollzügen am Weihrauchaltar im Inneren des Tempels zu denen am Brandopferaltar außerhalb, ohne dass vom Hinausgehen die Rede wäre[189].

Ob diese Systematisierung auf die Rabbinen zurückgeht oder ob mJoma einer vom MT verschiedenen Überlieferung von Lev 16 folgt, die bereits systematisiert, kann nur gefragt werden.

---

[189] Dieses erwähnt tJoma 4,2: Nach den Blutriten am Weihrauchaltar verlässt der Hohepriester den Tempel und schüttet das übrige Blut am Brandopferaltar aus.

4.5.4 Der Vollzug des Weihrauchopfers

Nach mJoma 5,1 bringt der Hohepriester erst im Allerheiligsten das Räucherwerk auf die Kohlenschaufel und erzeugt so eine Weihrauchwolke. Abweichend vertraten die Boëthosäer (so tJoma 1,8) die Auffassung, der Weihrauch müsse bereits vor dem Eintreten in das Allerheiligste auf die glühenden Kohlen aufgelegt werden[190]. Dieselbe Lehrmeinung wird in Sifra, Achare mot zu Lev 16,12[191]; bJoma 19b den Sadduzäern zugeschrieben.

tJoma, bJoma und Sifra berichten je a.a.O. von einem Boëthosäer bzw. Sadduzäer, der den Weihrauch vor dem Eintritt ins Allerheiligste auf die glühende Kohle auflegte und wenig später starb.

4.5.5 Richtung und Anzahl der Blutsprengungen

LXX Lev 16,14f diff MT[192]. Der Hohepriester sprengt das Blut nach MT Lev 16,14f (und ähnlich nach mJoma 5,3f, s.o.) je einmal »gegen die Vorderseite der Sühnplatte« (עַל־פְּנֵי הַכַּפֹּרֶת) und sieben mal »vor der/die Sühnplatte« (וְלִפְנֵי הַכַּפֹּרֶת). LXX übersetzt: ῥανεῖ τῷ δακτύλῳ ἐπὶ τὸ ἱλαστήριον κατὰ ἀνατολάς κατὰ πρόσωπον τοῦ ἱλαστηρίου [...] ἑπτάκις [...] (V.14) und ῥανεῖ τὸ αἷμα αὐτοῦ ἐπὶ τὸ ἱλαστήριον κατὰ πρόσωπον τοῦ ἱλαστηρίου (V.15). In beiden Versen ist aus den zwei aufeinanderfolgenden Sprengungen des MT – erst einmal, dann siebenmal – je eine einzige (nach V.14: siebenfache) Sprengung geworden. LXX weicht damit von MT[193] wie von der rabbinischen Tradition in mJoma (dazu s.u.) ab. Doch steht sie hierin Josephus nahe (s.u.), der ebenfalls die Abfolge einfache Sprengung – siebenfache Sprengung nicht kennt.

Da LXX in V.14f von nur je einem (siebenfachen) Akt der Sprengung spricht, wird aus den je zwei Richtungsangaben des MT in V.14f (für jeden Sprengungsvollzug eine) in LXX je eine – komplizierte – Richtungsangabe für je einen Sprengungsvollzug[194].

4Q156 (TgLev)[195]. Blutsprengung »vor den Deckel«: Das aramäische ›Targum‹ zu Lev 16 vom Toten Meer (4Q156)[196] liest in Fragment 1,6 (Lev

---

[190] Vgl. hierzu tJoma, ed. HÜTTENMEISTER/LARSSON 1997, 131–134 m. Anm. 126–134.

[191] Ed. WINTER 1938, 455f.

[192] Vgl. SCULLION 1990, 137f.

[193] Zu diesem u. Anm. 211.

[194] Der Samaritanische Pentateuch geht hier mit MT gegen LXX. Zwar gibt es eine Handschrift (bei VON GALL [Hg.] 1918 unter der Sigle D⁴; datiert [a.a.O. V–VII: VII] etwa auf das 16. Jahrhundert), die in V.14 statt dem לפני הכפרת des MT die Lesart על פני הכפרת bietet, die Richtungsbezeichnungen der beiden Sprengungen also angleicht. Doch erklärt sich dies als sekundäre Angleichung.

[195] Dies ist der einzige Text vom Toten Meer, der die Blutsprengung im Tempel am Jom Kippur schildert (zu 1Q22 s.u.; zu 4Q375 s.u. pp. 268–273. Generell zum Jom Kip-

16,14): [...] על[ל כסיא: וקדם כסיא למדנחא[197]. Dieser Text bezeichnet die Sühnplatte – ohne Sühnebezug[198] – als כסיא »Deckel«. Anders als im MT, wo das lokale קדמה die Ostseite der Sühnplatte (also die dem in westliche Richtung blickenden Hohenpriester zugewandte Seite) bezeichnet[199], ergibt sich in 4Q156 der Sinn »vor den Deckel« (וקדם כסיא) »nach Osten hin« (למדנחא)[200]. Der Hohepriester steht im Allerheiligsten. Er blickt nach Westen: Hinter ihm hängt der Vorhang, vor ihm steht die Lade. Er soll »vor den Deckel nach Osten hin« sprengen, also in den Zwischenraum zwischen seinem eigenen Standort und der Lade, östlich von dieser bzw. in den östlichen Teil des Allerheiligsten[201]. Diese Richtungsangabe gilt für die zweite Blutsprengung. Die Sprengung erfolgt offenbar auf den Boden. Auch nach dem MT soll der Hohepriester bei der zweiten Sprengung »vor der/die Sühnplatte« (ולפני הכפרת) sprengen. Es besteht auch eine gewisse Nähe zu den Angaben bei Josephus (s.u.) über eine siebenfache Sprengung auf den Boden.

1Q22. Ausgießen auf die Erde. In 1Q22[202] findet sich im Rahmen der Gottesrede an Mose u.a. ein Abschnitt zum Jom Kippur[203] (III 10–IV 11). Vom Tun des Hohenpriesters (bzw. Aarons) und vom Eintritt ins Allerheiligste scheint nicht explizit die Rede zu sein. Überhaupt ist die Interpretation aufgrund des an dieser Stelle fragmentarischen Zustands des Textes schwierig. Bemerkenswert ist hier die Anweisung in IV 2, etwas (wohl Blut) auf die Erde zu gießen: ו[ל]ק[ח] מן [דמו וי]שפך בארץ. Von einem

---

pur in Texten vom Toten Meer SCULLION 1990, 85–125). Vom Jom Kippur-Gebet 1Q34 1+2 6 bleibt fast nichts als die Überschrift. In der »Tempelrolle« (hier 11Q19 XXVf) sind die Lev 16,12f.14 entsprechenden Anweisungen für die Vollzüge im Tempel verloren gegangen; in XXVI 5f findet sich die Entsprechung zu Lev 16,15, die aber summarischer formuliert als der biblische Text und die Blutsprengung im Allerheiligsten nur impliziert. Über Lev 16,15 hinaus schreibt 11Q19 XXVI 6 die Benutzung einer goldenen Sprengschale vor. – SCULLION 1990, 112 schließt aus dem Fehlen der Anweisung zum Eintritt ins Allerheiligste in 11Q19, es handele sich um das Jom Kippur-Ritual, wie es in Qumran vollzogen worden sei; gewiss unzutreffend.

[196] Vgl. SCULLION 1990, 85–89.

[197] Text nach BEYER 1984, 278–280: 280 (vgl. DJD 6, 1977, 86–89). Vgl. zum Ganzen FITZMYER 1978.

[198] Vgl. FITZMYER 1978, 15–17.

[199] Vgl. MILGROM 1991, 1032; so auch die Übersetzung von NOTH 1985, 98.

[200] So die Übersetzung von BEYER 1984, 280. Vgl. die Übersetzung bei DSSSE 21, 303: »[...] And in front of the cover, towards the East [...]«. S.a. FITZMYER 1978, 9.11.

[201] Vgl. MILGROM 1991, 1032.

[202] DJD 1, 1955, 91–97.

[203] Vgl. die Datumsangabe in III 10 und die Sühneaussagen III 11 sowie (rekonstruiert) IV 3; ferner die Erwähnung des Ausgießens IV 2 (wohl von Blut; vgl. obige Interpretation) sowie die des Priesters in IV 8 und der Handauflegung in IV 9; IV 11 scheint die beiden Böcke zu nennen (doch ist der Text fragmentarisch), die als Opfertiere am Jom Kippur vorgeschrieben sind. Vgl. KNÖPPLER 2001, 91f.

Ausgießen auf die Erde ist sonst in Schilderungen des Jom Kippur-Rituals nicht die Rede, wohl allerdings in mJoma 5,6; tJoma 4,2 (anders als in Lev 16) vom Ausgießen des Blutes an den Sockel des Brandopferaltars. Wann im Ritualverlauf und an welchem Ort das Ausgießen nach 1Q22 IV 2 geschehen soll, muss offen bleiben[204].

Philo, Legatio ad Gaium u.ö. Philo erwähnt den Sühntag (er nennt ihn »Fasten«, νηστεία[205]) unter anderem[206] in leg 306f. Nur einmal im Jahr darf allein der Hohepriester das Allerheiligste betreten, »um Weihrauch zu entzünden und nach Vätersitte um den Segen Gottes, ein glückliches Jahr und Frieden für alle Menschen zu bitten«[207] (ἐπιθυμιάσων καὶ κατὰ τὰ πάτρια εὐξόμενος φορὰν ἀγαθῶν εὐετηρίαν τε καὶ εἰρήνην ἅπασιν ἀνθρώποις). Wir hören vom Betreten des Allerheiligsten und vom Weihrauchopfer[208]. Alle anderen Opfer und zumal die Blutsprengungen fehlen. Man könnte das mit der so knappen Schilderung und der Aussageabsicht an dieser Stelle erklären. Doch ist auffällig, dass die Blutsprengung im Allerheiligsten bei Philo – mit einer Ausnahme[209] – stets zurücktritt. Dabei verschweigt Philo Blutriten nicht grundsätzlich (wenngleich er ihren religiösen Wert für begrenzt hält: spec I 274f). Er weiß vom Ausgießen[210] des Blutes am Brandopferaltar nach Lev 1,5.11 (spec I 205) bzw. nach Lev 4,7.18 (spec I 231) und von der Blutsprengung an den inneren Vorhang sowie vom Blutstreichen an den Weihrauchaltar nach Lev 4,6f.17f zu berichten (spec I 231f). Aber ebenso wie in leg 306 schildert Philo in spec I 186–188 den Fastentag (νηστεία, d.h. den Jom Kippur), ohne die im Inneren des Tempels vollzogenen Blutriten zu erwähnen; desgleichen in spec II 193–203 und in Mos II 23f.

---

[204] SCULLION 1990, 97–100: 99f, will zu Unrecht eine Quelle für ein Jom Kippur-Ritual von Qumran sehen.

[205] Vgl. Lev 16,29; 23,29.32; Num 29,7.

[206] Zur νηστεία sind die wichtigsten Stellen bei Philo spec I 186–188; spec II 193–203, wo der Akzent auf Tugendstreben und Buße liegt. spec I 186–188 nennt die Opfertiere, nicht aber Einzelheiten des Rituals. Vgl. SCHMITZ 1910, 148–152; DEIANA 1987; SCULLION 1990, 152–187; BREYTENBACH 2002, 233f. Zum Opferkult bei Philo vgl. die gegensätzlichen Auffassungen von SCHMITZ 1910, 133–175 und NIKIPROWETZKY 1967; LAPORTE 1989.

[207] Übersetzung von COHN/HEINEMANN (Hg.) 1964.

[208] In § 307 sagt Philo, dass niemand das Allerheiligste am Jom Kippur drei- oder viermal (also mehr als zweimal) betreten darf. Ob Weihrauchopfer und Fürbitte auf zwei Eintritte ins Allerheiligste verteilt sind, sagt er nicht.

[209] Soweit ich sehe, erwähnt Philo die Blutsprengung im Allerheiligsten nur in all II 56. Er deutet sie hier allegorisch als eine Trankspende, bei der das Seelen-›Blut‹ gesprengt bzw. ausgegossen wird (σπεῖσαι τὸ ψυχικὸν αἷμα; COLSON/WHITAKER [LCL 226] übersetzen: »pour as a libation«).

[210] So LXX. MT: Sprengen. S.o.

Josephus, Antiquitates. Josephus schildert den Jom Kippur in Ant III 10,3 (§§ 240–243). Ab § 242 kommt er auf die Riten zu sprechen, die der Hohepriester mit dem, wie Josephus sagt, von ihm selbst bezahlten Sündopferstier und -bock ausführt. Vom Weihrauchopfer erfahren wir nichts. Doch schildert Josephus die Blutsprengung. Dabei erwähnt er den Weihrauchaltar. Nach der Schlachtung des Stiers bringt der Hohepriester das Blut des Stiers und des Bocks zugleich in den »Tempel« (εἰσκομίσας [sc. der Hohepriester] εἰς τὸν ναὸν τοῦ αἵματος ἅμα καὶ τοῦ ἐρίφου, 242) und sprengt es dort je sieben mal gegen Decke und Boden (ῥαίνει τῷ δακτύλῳ τὸν ὄροφον ἑπτάκις, τοῦ δ᾽ αὐτοῦ καὶ τὸ ἔδαφος), ebenso oft »in den Tempel« hinein (καὶ τοσαυτάκις εἰς τὸν ναόν, 243) und – ebenfalls sieben mal? – rings um den goldenen Altar (καὶ περὶ τὸν χρύσεον βωμόν), d.h. den Weihrauchaltar. Das restliche Blut sprengt er an den äußeren Brandopferaltar. Ein Ausgießen von Blut am Brandopferaltar wird nicht erwähnt.

Die je siebenmalige Blutsprengung gegen Decke und Boden des Tempelhauses sowie in dieses hinein ist mit der Blutsprengung an die Sühnplatte im Allerheiligsten nach Lev 16,14f und mJoma 5,3f nicht gleichzusetzen. Viermal sieben Sprengungen im ναός und eine weitere am Brandopferaltar (oder dort nochmals sieben Sprengungen) lassen sich mit dem biblischen Bericht[211] ebenso wenig übereinbringen wie mit dem der Mischna (dazu s.o.). Auch kennt Josephus nicht die Abfolge von einmaligem und danach siebenmaligem Sprengen. Darin berührt sich seine Angabe mit LXX Lev 16,14f. Wie in MT Lev 16, wird das Ausgießen des Blutes am Brandopferaltar nicht erwähnt. Und vom Eintritt ins Allerheiligste ist bei Josephus ebenfalls nicht die Rede[212]. Alles findet im ναός, im Hauptraum des Tempels (bzw. des Zeltheiligtums), statt[213]. So erfahren wir nichts über die Bedeutung von Lade und Sühnplatte, sie werden gar nicht

---

[211] Lev 16,14f.18f: Je einmalige, dann siebenmalige Blutsprengung an bzw. vor die Sühnplatte mit dem Blut des Stiers, dann ebenso mit dem des Bocks; dann siebenmalige Sprengung des Blutes beider Tiere an den »Altar, der vor dem Herrn ist«; das Ausschütten des Blutes an der Basis des Brandopferaltars wird nicht erwähnt.

[212] Jedoch andernorts von ihm knapp erwähnt; s. Bell V 5,7 (§ 236) (ohne Schilderung des Rituals); vgl. noch Bell I 7,6 (§ 152) (ohne expliziten Jom Kippur-Bezug).

[213] Mit diesem Begriff kann Josephus in seiner Schilderung der Entstehung des Zeltheiligtums das ganze Zeltheiligtum bezeichnen (Ant. III, §§ 125; 130). Öfter allerdings nennt er es ἡ σκηνή (III, §§ 115; 121; 122; 133; 150). Aber er kann auch das Heilige im Unterschied zum Allerheiligsten als ναός bezeichnen (so etwa III 139 nach 138). Daneben verwendet er ναός aber auch, in einem Vorblick auf den Tempelbau (III 129), als Bezeichnung für den Jerusalemer Tempel. Natürlich weiß er auch von der Einteilung in das Heilige und das Allerheiligste zu berichten; letzteres nennt er meist τὸ ἄδυτον (III 122; 138) oder auch ὁ μυχός (III 142), und er berichtet von der Aufstellung der Lade mit der Sühnplatte im ἄδυτον (III 138). Dennoch erfahren wir in III, §§ 240–243 über das Allerheiligste, die Lade und die Sühnplatte im Ritual des Jom Kippur nichts.

erwähnt, ebenso wenig das Allerheiligste (bei Josephus τὸ ἄδυτον) und der Eintritt des Hohenpriesters in dieses. Vielmehr ist ohne Differenzierung vom ναός die Rede.

mJoma. Nach mJoma 4,2f; 5,3–6 sprengt der Hohepriester im Allerheiligsten mit dem Blut des Stiers, dann ebenda mit dem des Bocks je einmal nach oben, dann siebenmal nach unten; sodann mit dem vermischten Blut beider Tiere sieben mal an den Weihrauchaltar. Schließlich gießt er das restliche Blut an die Basis des äußeren Altars, eine Sprengung gibt es dort nicht. mJoma stimmt insofern mit Josephus überein, als auch hier beide Altäre mit Blutriten bedacht werden.

4.5.6 Das Gebet des Hohenpriesters im Allerheiligsten bzw. im היכל

Das Gebet des Hohenpriesters im Allerheiligsten bzw. im היכל wird in Lev 16 nicht erwähnt.

Philo, leg 306. Die Stelle wurde soeben angeführt: Der Hohepriester erbittet nach Philo beim Weihrauchopfer im Allerheiligsten Segen, ein glückliches Jahr und Frieden für alle Menschen von Gott[214].

ParJer (IV Bar). Auf ParJer (IV Bar) 9,1–6 wurde an anderer Stelle eingegangen[215]. Dort wird Jeremia als am Jom Kippur wirkender Hoherpriester geschildert; auch dabei wird das Weihrauchopfer und das Gebet, aber kein sonstiger Kultvollzug erwähnt, und das Weihrauchopfer des Jom Kippur und das Gebet gehören hier zusammen.

Rabbinische Texte. Nach mJoma 5,1; tJoma 3,5 hatte der Hohepriester am Jom Kippur im Tempel ein Gebet zu sprechen, das aber kurz sein musste, um die ihn draußen Erwartenden nicht zu ängstigen; wurde das Gebet länger, machte man ihm Vorwürfe (tJoma 5,1[216]). Das Gebet wurde nach diesen Quellen gesprochen, nachdem der Hohepriester das Weihrauchopfer im Allerheiligsten dargebracht und dieses wieder verlassen hatte, d.h. im vorderen Raum des Tempels[217]. Letztgenannte Stelle gibt als Inhalt des Gebets die Fürbitte für Israel und den Tempel an.

---

[214] Wenn Philo a.a.O. den Hohenpriester für die ganze Menschheit beten lässt, mag das captatio benevolentiae sein.

[215] Vgl. o. pp. 95f; siehe dort auch zur Begründung der hier vertretenen Auslegung. Doch handelt es sich nicht um eine Ritualanweisung; auch ist ParJer nach 70 n.Chr. verfasst.

[216] HÜTTENMEISTER/LARSSON (Hg.) 1997, 217f; ähnlich in jJoma 42c,17 (vgl. STRACK/BILLERBECK 1924, 77f).

[217] Vgl. für das tägliche Tamid-Opfer Lk 1,8–13.22 (die Szene spielt am Weihrauchaltar); vgl. ferner das Hervortreten des Johannes Hyrkan aus dem Tempel nach dem Weihrauchopfer am Jom Kippur Jos Ant XIII 10,3 (§§ 282f), wobei er den Wartenden das ihm zuteil gewordene Orakel mitteilt. Dass der Jom Kippur gemeint ist, zeigt die Angabe »er war allein im Tempel als Hoherpriester und räucherte« (ἐν τῷ ναῷ θυμιῶν μόνος ὢν ἀρχιερεύς) § 282.

Eine Parallele zu Philo, leg 306, und ParJer (IV Bar) 9,1–6 – Gebet während des Weihrauchopfers – findet sich in bBer 7a: Ein Hoherpriester sah am Jom Kippur beim Weihrauchopfer im Allerheiligsten Gott über der Lade thronen; er wurde von ihm aufgefordert, den Segensspruch zu sprechen, und bat darauf um Erbarmen für Israel[218].

4.5.7 Blutsprengung vor/gegen den Vorhang vor dem Allerheiligsten

4Q375 (»Mose-Apokryphon«) – eine Analogiebildung zum Jom Kippur-Ritual. Dieser Text schildert ein sonst unbekanntes Ritual, bei dem es um einen Propheten geht, der im Verdacht steht, Falschprophet zu sein (so I 1–9). Um Klarheit zu gewinnen, wird ein Ritual durchgeführt, doch dessen Beschreibung (Kolumne II) ist nur fragmentarisch erhalten[219]. Viel hängt von der Rekonstruktion ab, die Verständnis für die literarische Eigenart des Textes voraussetzt[220].

Es handelt sich um einen Text, der sich selbst, ähnlich wie etwa die »Tempelrolle« (11Q 19 u.a.)[221], als Tora versteht[222], also nach Stil, Wortgebrauch und Typologie der beschriebenen Inhalte am besten mit den nächstliegenden Analogien aus der kanonischen Tora verglichen wird[223]. Charakteristisch ist in 4Q 375 – wie in 11Q19, aber etwa auch in der sog. »Gemeinderegel« (1Q) – die Verbindung deuteronomistischer Elemente mit priesterschriftlichen. In diesem Falle wird ein Ritual zur Prüfung eines Propheten (vgl. das Prophetengesetz Dtn 18,20–22)[224] mit einem Sündopferritus, wie wir ihn aus der Priesterschrift kennen, zu einer neuartigen Einheit verbunden (s.u.). Zum besseren Verständnis ist 11Q19 LVI 1–18 heranzuziehen: Die Entscheidung einer strittigen Rechtssache wird dem Kultpersonal an dem von Gott erwählten Ort (der dtr Ausdruck für Jerusalem und den Tempel) überlassen. In LVI 8–9.11 wird zunächst »untersucht« bzw. »nachgeforscht« (דרש); dann wird die Entscheidung (משפט) aus dem »Buch der Tora« (מספר התורה) entnommen. Da sich 4Q375 I 7–9 bis zu wörtlichen Übereinstimmungen mit 11Q19 LVI 6–8 (der Anweisung, in Jerusalem bei Priester oder Richter die Entscheidung zu suchen) berührt, haben wir in 4Q375 II die Ausführungsbestimmungen für ein Ritual

---

[218] Vgl. bJoma 44a: Das Weihrauchopfer am Jom Kippur bewirke im Sinne von Lev 16,17 Sühne für den Hohenpriester, sein Haus, die Priester und die ganze Gemeinde Israels.

[219] »[...] the prophet is brought to the sanctuary and into the presence of the high priest who, after some ill-defined proceedings in col. ii, will in some way resolve the case.« (DJD 19, 1997, 118)

[220] Neben DJD 19, 1997, 111–119 ist DSSSE 2, 740-743 heranzuziehen; auf beide wird im folgenden ggf. eigens verwiesen.

[221] Zum Selbstverständnis der Tempelrolle als Tora vgl. etwa SCHIFFMAN 1994, 110.

[222] Vgl. MAIER 1995a, 324 zu 4Q375.

[223] »In style and phraseology it is a pastiche from various parts and levels of the Pentateuch, with some elements added from the rest of the Hebrew Bible«. (DJD 19, 1997, 118)

[224] Das deuteronomische Prophetengesetz ist auch aufgenommen in 11Q19 LXI 7–12.

derartiger Entscheidungsfindung am bzw. im Tempel vor uns[225]. Vor diesem Hintergrund nun erlauben die verhältnismäßig knappen erhaltenen Textpartien der zweiten Kolumne weitgehende Schlussfolgerungen.

Wir erfahren, dass ein Sündopfer dargebracht wird (לחטאת II 6), also jenes Ritual, wie wir es u.a. in den Opferanweisungen in Lev 4 und in Lev 16 finden, und zwar ein solches, bei dem »Aaron« (ואה]רון, so die wahrscheinliche Ergänzung in II 6), mithin der Hohepriester, selbst zelebriert; vgl. I 8–9: לפני [ה]כוהן המשיח »vor den gesalbten Priester«[226]. Die Worte »mit [seinem] Finge[r]« (באצב]עו, II 4) weisen sodann auf die Blutmanipulationen – Streichungen wie Sprengungen –, die im Rahmen des Sündopferrituals mit dem Finger ausgeführt werden[227]. In II 7 erfahren wir dann, dass »vor dem [den?] Vorhang«, לפני פרכת, und »zur Lade« (oder in Bezug auf sie), לארון, etwas geschieht. Das Ritual führt uns also ins Innere des Tempels und dort zu Vorhang und Lade. Das »Sühnen für die ganze Gemeinde« (וכ]פר בעד כול העדה II 6) zeigt wiederum, dass es um eine solenne Begehung zur Bewältigung der Schuld der Gesamtgemeinde geht, wie wir sie in Lev 4,13–21 und in Lev 16 (vgl. V.18!) sowie in Num 15,22–27 (V.25!), einer Sachparallele zu Lev 4,13–21, vor uns haben. Eine letzte Beobachtung bestätigt und präzisiert diese Schlussfolgerung: In II 5 erfahren wir, dass ein Widder und ein Bock als Opfertiere vorkommen. Der Widder ist ein typisches Opfertier für das Brandopfer, der Bock für das Sündopfer[228]. Die Zusammenstellung dieser beiden Opfertiere ist in den Opfergesetzen Lev 1–7 nicht vorgesehen. Sie ist dagegen typisch für das Ritual des Jom Kippur (Lev 16,5) und kommt sodann in den kalendarischen Opfervorschriften für verschiedene Feste Num 28,11–29,39 vor[229]. Lev 16 ist – zusammen mit Lev 4,1–21 – daher die biblische Analogie, die hier in Frage kommt. So ist ja auch der »gesalbte Priester« in Lev 4,1–21 bzw. »Aaron« in Lev 16 Protagonist. Auf Lev 16 weist zudem der Ablauf des Rituals, bei dem auf ein Opfer, dessen Blut zur Blutmanipulation mit dem Finger dient (II 3–4)[230], der Brandopfer-Widder und der Sündopferbock folgen (II 5–6). Diese Abfolge passt weder zu Lev 4,1–21 noch zu

---

[225] In 4Q376 sehen wir dann die Ausführung eines priesterlichen Orakels mithilfe der in den Brustlatz des Hohenpriesters eingelassenen Edelsteine; vgl. auch die Verpflichtung des Königs, den Losentscheid durch den Hohenpriester einzuholen: 11Q19 LVIII 18–21 (Zählung der Zeilen bei MAIER, T 256) bzw. 25–28 (Zählung bei STEUDEL, Texte 2, 128f).

[226] Der priesterschriftliche Ausdruck für den Hohenpriester, vgl. Lev 4,3.5.16 u.ö.

[227] Sprengung: vgl. Lev 4,6.17; 16,14f; Streichung: vgl. Ex 29,12; Lev 4,25.30.34; 8,15; 9,9; 16,19.

[228] Vgl. etwa Lev 8,8–23 (Widder); 4,22–26 (Bock).

[229] Vgl. noch Num 7,87f, aber in einem ganz andersartigen Ritual.

[230] Nur um ein weiteres Sündopfer – vermutlich einen Stier – kann es sich demnach handeln.

den Ritualen von Num 28f, sie entspricht aber genau den Opfertieren von Lev 16: Sündopferstier, Sündopferbock und Widder zum Brandopfer. Daher haben wir in 4Q375 an ein Sündopferritual i.S.v. Lev 16, in dem verlorenen Text von II 3 an einen Sündopferstier i.S.v. Lev 16,11.13 zu denken[231].

Aufgrund dieser Einsichten legen sich einige Textrekonstruktionen mit teils größerer, teils geringerer Wahrscheinlichkeit nahe. Ich gebe im folgenden Rekonstruktion und Übersetzung nach DSSSE 2[232] und kommentiere kurz.

II 3	ולקח ‏[פר בן בקר ואיל אחד ...‏	And he shall take [a young bullock from
	‏[והזה	the herd and a ram... and he shall sprinkle]
II 4	‏[... הכפרת‏] באצבן[עו על פני	with his fing[er on the surface of the place
		of atonement...] ... [...]

In II 3 läge m.E. die Ergänzung mit einem Text wie Lev 16,14 (»er nehme vom Blut des Stiers...«) näher, wie auch die Fortsetzung des Textes Lev 16,15–17 entspricht. Bei dem rekonstruierten Wort והזה, zusammen mit dem Anfang von II 4, ist der Rekonstruktion zuzustimmen: Angesichts der Einordnung in die Typologie der in der Tora bekannten Sündopfer-Rituale (s.o.) kann es in der Tat nur um eine Blutsprengung im Sinne von Lev 16 gehen. Der Rest von II 4 ist nicht sicher rekonstruierbar. Im Zusammenhang eines an Lev 16 orientierten Rituals mit der Abfolge Sündopferstier – Sündopferbock ist hier, wie vorgeschlagen, die Sprengung mit dem Blut des Stiers im Allerheiligsten (Lev 16,14) naheliegend, obgleich nicht sicher ist, ob das Allerheiligste wirklich betreten werden soll.

II 5	בשר האי[ל ...]ושעיר עז[ים אחד	The flesh of the ra[m...] and [one] he-goat
	אשר]	
II 6	לחטאת יק[ח ושחט אותו וכ]פר	for the sin-offering, he shall ta[ke] it [and
	בעד כול העדה	slaughter it, and at]one for all the congregation.

II 5–6 entspricht weithin sinngemäß Lev 16,15.17 (vgl. ‏[...]וכפר ובעד כל־קהל ישראל Lev 16,17), wobei die fehlende Angabe über die Blutsprengung (Lev 16,15) in II 6–7 anzunehmen ist (s.u.). Der Ritualverlauf in 4Q375 entspricht auch hier dem von Lev 16.

II 6	ואה[רון יזה מן הדם]	And Aa[ron shall sprinkle with some of the blood]
II 7	לפני פרכת]הקודש	before the veil of[233] [the sanctuary

---

[231] Vgl. zu dieser Rekonstruktion DJD 19, 1997, 116: »Note the numerous linguistic parallels to be found in Leviticus 16, the description of the sacrifices offered on the Day of Atonement [...]. For the association of this ritual with the Day of Atonement, the reference to a transaction concerning the ark (ארון) is a very strong argument, as is the term used to describe the goat sacrifice. [...]«. In diesem Sinne auch BRIN 1992, bes. 38–44.

[232] DSSSE 2, 740–743: 742f. Anders dagegen MAIER (Hg.) 1995a, 324f.

[233] DSSSE 2, 742f rechnet das »of« zum gesicherten Text. Die Hg. gehen von einer Konstruktus-Verbindung aus. Dass ein weiteres Wort folgt, ist unzweifelhaft. Da mir eine andere Ergänzung plausibler scheint (s.u.), zähle ich das »of« zur Rekonstruktion.

Hier wäre denkbar, dass פרכת (Z.7) eine Verschreibung für כפרת sein könnte[234]. In diesem Falle handelte es sich um eine Schilderung der Blutsprengung vor die Sühnplatte im Allerheiligsten (vgl. Lev 16,14f, auch dort mit לפני.) Doch hätten wir dann das Nomen כפרת im status constructus, was unwahrscheinlich ist[235]. Lesen wir hingegen פרכת, so ist der Vorhang vor dem Allerheiligsten gemeint. Was genau geschieht dort?

Die Rekonstruktion in Z.6 ist unsicher. Wir benötigen einen Kultakt vor dem Vorhang des Allerheiligsten (Z.7) nach der Schlachtung des Sündopferbocks (Z.5f). Nach Lev 16,15 folgt auf die Sprengung mit dem Blut des Sündopferstiers (V.14) sogleich die Schlachtung des Sündopferbocks und die Sprengung mit dessen Blut. Angesichts des erhaltenen Wortlauts לפני פרכת ist eigentlich nur eine Sprengung vor den Vorhang möglich. Insofern ist die wiedergegebene Rekonstruktion von DSSSE 2, wenngleich letzte Sicherheit fehlt, sehr plausibel[236].

Damit würde hier in die Schilderung eines dem Jom Kippur-Ritual analogen Ritualablaufs ein Element (die Sprengung vor bzw. gegen den Vorhang) eingeführt, das sonst nur aus Lev 4,1–21 (hier V.6.17) bekannt ist. Lev 4,1–21 bietet jene Fassung des Sündopferrituals, bei der, außer beim Ritual des Jom Kippur selbst, die größte Nähe zur Gottespräsenz im Allerheiligsten gesucht wird, indem der Hohepriester bis zum Vorhang vor dem Allerheiligsten vordringt. Für eine analog zum Jom Kippur-Ritual gebildete Begehung an einem anderen Tag bietet sich daher Lev 4,1–21 als Vorbild. Damit hätten wir in der Sache eine Parallele zur Schilderung des Jom Kippur in der rabbinischen Tradition, die ebenfalls neben der Sprengung an und vor die Lade von einer abweichenden Ritualfassung mit Sprengung an den Vorhang weiß (mJoma 5,4 u.ö.; s.u.).

II 7	ונגש ע]ד לארון העדות	and shall approach] the ark of the
	ודרש את] כול מצוות]	testimony and shall study [all the precepts
II 8	... [הנסת]רות ממכה יהוה לכול	of] YHWH concerning all [... which have
	וי[]צא לפני כו]ל ראשי אבות]	been hid]den from you. And he shall [g]o out before a[ll the chiefs
II 9	[...]ל [...] העדה וזה	of the assembly. And this [...] ... [...]

Dieser Schlussteil des Textes (II 7–9) ist schwerer zu interpretieren. Denn es gibt dafür keine Analogien in kanonisch gewordenen Texten und auch keine in den Schriften vom Toten Meer. Dort wird zwar die Bundes- bzw. »Zeugnis«-Lade vereinzelt erwähnt[237], sie spielt aber keine wichtige Rolle. So fehlen Vergleichstexte, und daher ist die mitgeteilte Rekonstruktion von 4Q375 in DSSSE 2 hier m.E. weniger gut gesichert als zuvor[238].

---

[234] Das kommt öfter vor. Vgl. DJD 19, 1997, 117 Anm. 3.

[235] Vgl. DJD 19, 1997, 117 Anm. 3.

[236] Vgl. zur Begründung auch DJD 19, 1997, 117.

[237] Etwa 11Q19 VII 12; VIII 2.

[238] Doch mag man (mit DJD 19, 1997, 114.117) an 1Q29 denken, einen Text, der 4Q376 nahe steht. Geht es in 4Q376 um den priesterlichen Bescheid aufgrund des Orakels der Edelsteine im hohepriesterlichen Brustbesatz, so in 1Q29, hier zumal den Fragmenten 5–7, um einen Bescheid aufgrund priesterlicher Toraauslegung, welcher der Rekonstruktion von DSSSE 2 in 4Q375 II 7–9 Plausibilität verleiht. Vgl. dazu auch 11Q19 LVI 8–11.

In Z.7 scheint es mir wenigstens ebenso plausibel, statt ע[ד ונגש [הקודש לפני פרכת
ל[פני פרכת [אשר לנג]ד לארון העדות :zu lesen לארון העדות[239]. Diese Formulierung wäre
eine fast wörtliche Parallele zu den einschlägigen rabbinischen Stellen, die ebenfalls von
einer Sprengung am Jom Kippur »von außen an den Vorhang gegenüber der Lade« sprechen (vgl. על[240] הפרכת שכנגד הארון מבחוץ mJoma 5,4)[241]. Damit erhält die Rekonstruktion לפני פרכת [הדם] [ויזה מן in Z.6f eine zusätzliche Stütze. Ein Eintritt ins Allerheiligste wäre damit an dieser Stelle des Rituals nicht anzunehmen. Immerhin ist die
Bezeichnung [ה]ארון העדות[242] (vgl. anders etwa הכפרת אשר על־הארון Lev 16,2) auffällig[243]; sie bezeichnet die Lade nicht als Ort des Sühnrituals, sondern der Gotteser-
scheinung und des Offenbarungsempfangs (vgl. Ex 30,6) wie auch als Behältnis der Bundestafeln. Und im Blick auf die Verwendung von דרש in der Sachparallele 11Q19 LVI 8
und die Bedeutung der Tora für die Urteilsfindung des Priesters ebd. Z.9–11 scheint es
plausibel, auch in 4Q375 (vgl. דרש II 7) eine Urteilsfindung durch priesterlichen Rechtsbescheid aus der geschriebenen Tora anzunehmen. Dass der Hohepriester dazu die in der
Lade aufbewahrten Bundestafeln heranzieht, wie die Rekonstruktion von DSSSE 2 na-
helegt, ist im erhaltenen Text m.E. weniger gut begründet[244]. Auch ist die Rekonstruktion, wonach in II 3–4 die Blutsprengung an die Sühnplatte und in II 6–7 die vor dem
Vorhang zu ergänzen ist, wahrscheinlich, aber nicht mit letzter Sicherheit nachweisbar.
Das ist hier von untergeordneter Bedeutung.

Soviel kann man mit Sicherheit sagen: Es handelt sich nach Terminologie
und Ritualverlauf um eine Analogie zu Lev 16[245], doch an einem anderen
Datum, wobei ein gegebener Anlass das Ritual erforderlich macht[246]. Zugleich sind neue Elemente in den Verlauf eingefügt. Mit wenigstens einer
Blutsprengung ist zu rechnen, selbst wenn die Rekonstruktion ihrer Beschreibung bzw. ihrer genauen Stelle im Ablauf unsicher bleibt. Eine Blutsprengung an den Vorhang nach Lev 4,1–21 ist nicht eindeutig rekonstruierbar, hat aber aufgrund des Wortlauts in II 6f große Wahrscheinlichkeit.

---

[239] Erwogen in DJD 19, 1997, 117 z.St., doch dort verworfen, da von einem Aufenthalt des Hohenpriesters im Allerheiligsten auszugehen sei. Doch das »Hinausgehen
vor...« von Z.8 muss sich auf das Tempelhaus beziehen, nicht auf das Allerheiligste, da
die עדות bzw. ihre Häupter (Z.9) nicht in den Tempel eintreten können.

[240] Die Präposition על ist hier untypisch; in Lev 4,6.17 heißt es את פני הפרכת; näher
steht der Formulierung in 4Q375 das על פני הכפרת Lev 16,14f (dort aber auch לפני
הכפרת).

[241] Bereits gesehen in DJD 19, 1997, 117 z.St. Dort auch Parallelen zur Verwendung
der beiden Präpositionen נגד und ל hintereinander.

[242] Diese Bezeichnung begegnet nicht in Lev, ist dagegen typisch für Ex.

[243] Vgl. DJD 19, 1997, 117 z.St.

[244] So jedoch auch BRIN 1992, 41–43.

[245] »[...] the sacrificial procedures of [sc. II,] lines 3–7 [...] belong (linguistically) to
an account of the Day of Atonement.« DJD 19, 1997, 116.

[246] Vgl. DJD 19, 1997, 116: »[...] an account of a special Day of Atonement, or an
intercalated day of similar expiatory rites [...]«. – Schon MILGROM hat die Möglichkeit
erwogen, dass das Ritual des Jom Kippur ursprünglich das ganze Jahr hindurch je nach
Bedarf durchgeführt worden sein könnte (vgl. DJD 19, 1997, 116 Anm. 2). Er verweist
auf Lev 16,1f und ShemR 38,10. Vgl. MILGROM 1983c, 78 Anm. 14.

So tritt neben die Vielgestaltigkeit von Traditionen über das Jom Kippur-Ritual eine freie Synthese aus Elementen dieses und eines ähnlichen priesterschriftlichen Rituals.

mJoma. mJoma 5,4 überliefert eine dem R. Juda zugeschriebene Tradition: Der Hohepriester sprenge sowohl mit dem Blut des Stiers wie auch mit dem des Ziegenbocks nicht an oder vor die Sühnplatte, überhaupt nicht im Allerheiligsten, sondern vom vorderen Raum des Tempels aus, der Lade gegenüber vor dem Vorhang stehend, von außen auf diesen (והזה על הפרכת שכנגד הארון מבחוץ [sc. vom Blut] ממנו). Eine solche Blutsprengung an den Vorhang kommt in Lev 16 nicht vor, wohl aber im Sündopferritual nach Lev 4,6.17. So ergibt sich eine Fassung des Jom Kippur-Rituals, bei der (wie in Jos Ant III) der Eintritt ins Allerheiligste und die Blutsprengung an bzw. vor Lade und Sühnplatte fehlen. Die Sprengung an den Vorhang, sinngemäß nach Lev 4, tritt – ähnlich wie im rekonstruierten Text von 4Q375 – an deren Stelle. Diese Fassung wird in mJoma 5,4 als abweichende Lehrmeinung vorgetragen. In 5,3 wird eine andere Darstellung gegeben; demnach erfolgt die Blutsprengung an demselben Ort, an dem das Weihrauchopfer stattfand; in 5,1 scheint stillschweigend vorausgesetzt zu sein, dass dies das Allerheiligste ist.

tJoma. Nach tJoma[247] 3,3f betritt der Priester den Tempel mit Räucherschaufel, glühenden Kohlen und Weihrauch (3,3). Wo der äußere Vorhang[248] an die Südwand des Tempels stößt, ist er zurückgeschlagen; dort betritt der Hohepriester den Zwischenraum zwischen den beiden Vorhängen (3,4)[249], schreitet diesen bis zur Nordwand des Tempels ab, dreht sich

---

[247] Ich beziehe mich auf Wortlaut und Zählung der Edition von ZUCKERMANDEL (Hg.) 1970 (1881) bzw. der Übersetzung von HÜTTENMEISTER/LARSSON (Hg.) 1997. Die Edition von LIEBERMAN (Hg.) 1962 und die darauf basierende englische Übersetzung von NEUSNER (Hg.) 1981 weichen in Wortlaut und Zählung ab.

[248] Nach rabbinischer Tradition hingen zwischen dem Heiligen und dem Allerheiligsten des Zweiten Tempels zwei in geringem Abstand hintereinander angebrachte Vorhänge. Vgl. mJoma 5,1; tJoma 3,4f; mMid 4,7; jJoma 42b,62–67.67–70; bBB 3a. Zur Sache auch tJoma, ed. HÜTTENMEISTER/LARSSON (Hg.) 1997, 212 Anm. 69; STRACK/BILLERBECK 1926, 733–736. BUSINK 1970, 206–208, nimmt an, dass es im Ersten Tempel in der Wand zwischen Heiligem und Allerheiligstem ein Portal gegeben habe, das einen gestaffelten, zum Allerheiligsten verjüngten, eine Elle tiefen Zwischenraum bildete, der auf einer Seite durch Türflügel, auf der anderen durch einen Vorhang abgeschlossen war. Die Talmudim führen aus, dass sich der mit zwei Vorhängen eingegrenzte Zwischenraum im Zweiten Tempel dadurch ergeben habe, dass man sich über die Zugehörigkeit des Zwischenraums zum Heiligen oder zum Allerheiligsten nicht im klaren gewesen sei. Da man jenen 1 Elle tiefen Abschnitt weder dem Heiligen noch dem Allerheiligsten habe zuordnen wollen, habe man ihn mit zwei Vorhängen abgegrenzt (jJoma 42b, 62–67; bBB 3a).

[249] Vgl. HÜTTENMEISTER/LARSSON (Hg.) 1997, 216 Anm. 85.

nach Süden und schreitet wiederum »den Vorhang links entlang«[250] bis zur Lade. Er schiebt den die Stangen bedeckenden Vorhang mit den Hüften zurück und setzt seine Räucherschaufel zwischen den Stangen ab, bringt das Weihrauchopfer dar, verlässt den Zwischenraum zwischen den Vorhängen, wie er ihn betrat, spricht im vorderen Raum des Tempels ein kurzes Gebet und verlässt den Tempel (3,5). Danach kehrt der Hohepriester mit Blut an den Ort zurück, wo er zuvor das Weihrauchopfer darbrachte, und sprengt von hier aus Blut an den Vorhang gegenüber den zwei Stangen der Lade, einmal nach oben und sieben mal nach unten (3,8). Anders als in mJoma, heißt es hier aber nicht, die Sprengung erfolge »von außen« (מבחוץ). Anschließend folgt das Bestreichen der Hörner des Altars – hier wohl des Weihrauchaltars – und die Sprengung an diesen; sodann das Ausgießen des restlichen Blutes an die Basis des äußeren Brandopferaltars (4,1f).

Halten wir fest: Nach tJoma 3,8 erfolgt die Blutsprengung am Jom Kippur an einen der Vorhänge vor dem Allerheiligsten.

Wo das Weihrauchopfer und die Blutsprengung stattfinden, wird – wie schon in der Mischna – nicht explizit gesagt; man denkt gewöhnlich an das Allerheiligste. Für die Deutung der Angaben zur Blutsprengung ergeben sich daraus Probleme, die hier jedoch nicht erörtert werden sollen[251].

jJoma. Blutsprengung an den Vorhang vor dem Allerheiligsten. Auch der Jerusalemer Talmud kennt die Tradition, wonach die Blutsprengung am Jom Kippur vor den Vorhang vor dem Allerheiligsten zu erfolgen hat (jJoma 42c,73–42d,1; 42d,2–7).

4.5.8 Überblick: Der Kultvollzug des Hohenpriesters im Tempel am Jom Kippur nach antiken jüdischen Quellen

Bei allen Vollzügen, die vom Hohenpriester am Jom Kippur im Tempel auszuführen sind, bestehen in den biblischen, frühjüdischen und rabbinischen Quellen Unterschiede: Tritt der Hohepriester am Jom Kippur in das Allerheiligste ein, und wenn ja, wie oft? Kommt der Weihrauchaltar im Ritualvollzug des Jom Kippur vor, kommt lediglich der Brandopferaltar oder kommen beide Altäre vor? Welche Blutmanipulationen werden daran vollzogen? Wo wird die Blutsprengung vollzogen, wie oft und in welcher Richtung? Wird sie im Allerheiligsten vollzogen, was wird dann dort mit

---

[250] Übersetzung von HÜTTENMEISTER/LARSSON (Hg.) 1997.

[251] Der Hohepriester müsste sich ja, wenn er sich im Allerheiligsten befindet und dort, nach Westen blickend, zwischen Vorhang und Lade steht, nach Osten hin umdrehen, um an den Vorhang sprengen zu können. Dann aber könnte er die Sprengung natürlich nicht »gegenüber den zwei Stangen der Lade« ausführen. Zur Diskussion vgl. tJoma, ed. HÜTTENMEISTER/LARSSON 1997, 225–227, Anm. 148. Die dort vorgeschlagene Lösung bleibt m.E. unbefriedigend. Doch kann das hier nicht vertieft werden.

Blut besprengt – die Sühnplatte oder der (dann dort anzunehmende) Weihrauchaltar? Wird das Blut ausgegossen? Oder wird der Vorhang vor dem Allerheiligsten von außerhalb besprengt? Wie viele Vorhänge gibt es dort? Wird ein Gebet vollzogen, und wenn ja, wann im Ritualablauf und wo im Tempel?

Kurz, zu allen Einzelheiten des Kultvollzugs durch den Hohenpriester im Tempel am Jom Kippur gibt es in den antiken jüdischen Quellen Abweichungen bzw. (teils mehrere) alternative Fassungen. Neben dem Kultvollzug, wie ihn MT Lev 16 (und weithin auch LXX Lev 16) schildert, gibt es eine Variante, die vom Eintreten ins Allerheiligste nichts weiß, ferner eine, die von einer Blutsprengung von außen an den Vorhang vor dem Allerheiligsten spricht. Daneben ist 4Q375 als Analogiebildung zum Jom Kippur-Ritual von Lev 16 (mit Elementen von Lev 4) bemerkenswert. Dieser Text zeigt, dass zur Entstehungszeit noch ein Ritual entworfen werden konnte, das Gesetzesmaterial unterschiedlicher Herkunft zu einem neuen Ganzen verarbeitet und das die Verbindlichkeit von Tora für sich beansprucht.

Für 4Q375 kann man (wie für die »Tempelrolle«) von »Mosaic Discourse« sprechen[252]: Gesetzes- bzw. Auslegungstraditionen werden bearbeitet, erweitert und interpretiert. Diese Texte beanspruchen, Tora zu sein (ohne Kanonizität in unserem späteren Sinne zu beanspruchen). So wird für gruppenspezifische Positionen die Autorität der Sinaioffenbarung in Anspruch genommen.

Die Unterschiede zwischen den Fassungen des Jom Kippur-Rituals lassen sich daher nicht als Abweichungen von bzw. Auslegungen der Vorgaben von Lev 16 verstehen. Sie reichen bis auf die Aus- und Fortbildung von Ritualvollzügen nach der Entstehung der Priesterschrift (und in den verarbeiteten Traditionen teils vielleicht neben dieser) zurück. Dabei mag die Vielfalt der Ritualfassungen teils durch die Verschiedenheit der einzelnen Trägerkreise und durch deren jeweilige Kultnähe bzw. -distanz, teils durch die Unterschiedlichkeit schriftgelehrter Diskussionen und Auslegungstraditionen begründet sein. Auch das Fehlen von Lade und Sühnplatte im zweiten Tempel mag dabei seinen Niederschlag gefunden haben. Doch dürfte eine Rekonstruktion der Kultgeschichte des Jom Kippur kaum möglich sein[253].

---

[252] Vgl. NAJMAN 2003, 1–40.

[253] Dazu sei auf die These von SEIDL 1999 (vgl. RENDTORFF 2000) hingewiesen, wonach das Kp. Lev 16 erst spät entstand (ähnlich AARTUN 1980, Zusammenfassung a.a.O. 103). Der Opferkalender von Num 29,7–11 wäre demgegenüber das ältere Gesetzesmaterial zum Jom Kippur. Dieses schweigt zu den Einzelheiten der Kultvollzüge. Dazu stimmen die Ergebnisse der Studie von POLA 1995 über »Die ursprüngliche Priesterschrift«. Er weist nach, dass dem Zeltheiligtum in der ursprünglichen Priesterschrift (P^g) noch keine sühnetheologische Bedeutung zukam, diese vielmehr erst in der Priesterschrift (P) hinzutrat (vgl. a.a.O. 313–317; 347). Trifft das zu, könnte der Befund in den Schriften

Lev 16 bietet eine von mehreren voneinander abweichenden Fassungen des Jom Kippur-Rituals im Frühjudentum. Neben den Übersetzungen (1Q156; LXX; TPsJ) ist 11Q19 XXVf unter den frühjüdischen Fassungen die einzige, die der Schilderung von MT Lev 16 (weithin) nahe steht.

4.5.9 Die Jom Kippur-Darstellung des Hebr im Vergleich mit antiken jüdischen Texten

Fasst man zusammen, was Hebr über das Jom Kippur-Ritual im irdischen Kult mitteilt, so ergibt sich folgendes Bild: Einmal im Jahr wird das Ritual vollzogen (9,7.25; 10,1.4). Dabei werden Opfer dargebracht (10,1). Opfertiere sind Stiere und Böcke (9,13; 10,4). Deren Blut soll Sünden wegnehmen (10,4). Der Hohepriester bringt Opfer dar für die eigenen Sünden wie für die des Volkes (5,3; 7,27[254]; 9,7). Der Hohepriester tritt mit dem Blut der Opfertiere in das Allerheiligste ein (9,7.24f; 13,11). Das Blut bringt er für die Sünden dar; es wird als Opfermaterie verstanden (9,7). Die Kadaver der Opfertiere werden außerhalb des Lagers verbrannt (13,11).

In dieser Darstellung werden weder das Weihrauchopfer (Lev 16,12) noch die Blutsprengung im Allerheiligsten (Lev 16,14f) noch die Blutmanipulationen am Altar (Lev 16,18f) noch das Gebet im Tempel bzw. im Allerheiligsten (vgl. die frühjüdischen und rabbinischen Quellen) erwähnt. Über das Wirken des Hohenpriesters im Tempel hinaus erwähnt Hebr auch folgende Teile des Rituals nicht: die Opferschlachtung (Lev 16,11.15), die Darbringung von Fett des Sündopferstiers auf dem Brandopferaltar (Lev 16,25) – wie ja der Brandopferaltar schon in Hebr 9,2–5 unerwähnt blieb – und das ›Sündenbock‹-Ritual (Lev 16,10.21f). Die Mischna weiß noch mehr Details vom Wirken des Hohenpriesters am Jom Kippur zu berichten, doch das mag hier außen vor bleiben. Die Schilderung des Hebr spitzt das Ritual also ganz auf den einen Aspekt zu, auf den es ihm ankommt: Den

---

Philos – neben dessen theologischen Interessen sowie der Ferne der Diaspora vom Jerusalemer Kult – auch ein älteres Verständnis des Jom Kippur widerspiegeln, bei dem die Sühnriten von Lev 16 unbetont sind, wohingegen Fasten, Buße und Bitten um Vergebung im Mittelpunkt stehen. Zu dieser Annahme passen die sog. Rachegebete von Rheneia aus dem 2. Jh. v.Chr. (SIG 1181; CIJ 725; vgl. DEISSMANN 1923, 351–362). Sie gehören zu den wenigen Quellen über den Jom Kippur in der hellenistisch-jüdischen Diaspora neben den Werken Philos, werden jedoch in der Literatur kaum berücksichtigt (so fehlen sie auch bei STÖKL BEN EZRA 2003, 101–118 [»Yom Kippur in the Greek Diaspora«]). Auch diese Inschriften verstehen den Jom Kippur als Tag der Selbstminderung und Buße und bitten (mit Anspielung auf Dtn 21,1–9), ungesühnte Blutschuld möge nicht der jüdischen Gemeinde zur Last fallen. Zur Interpretation immer noch DEISSMANN, a.a.O. Vgl. dazu die These von AARTUN 1980, 96–98, der Buß- und Fasttage als eine der Wurzeln des späteren Rituals von Lev 16 bestimmt.

[254] Dass in 7,27 an den Jom Kippur gedacht ist, begründe ich im Appendix über das »Täglich ἀνάγκη Haben«, ↑ III.4.3.3.

Eintritt des Hohenpriesters in das Allerheiligste »nicht ohne [d.h.: mit] Blut« (9,7) und die Darbringung des Blutes als Opfermaterie, die auf Sündenvergebung zielt (ebd.). Bemerkenswert ist die wiederholte Erwähnung der Sündenvergebung/-entfernung (5,3; 7,27; 9,7; 10,4) als Zweck des Jom Kippur-Rituals, während die Reinigung des (abbildlichen und urbildlichen) Heiligtums, die in Lev 16 neben der personalen Reinigung von Sünden mehrfach erwähnt wird[255], in 9,23 ohne expliziten Jom Kippur-Bezug vorkommt[256]. Ganz außergewöhnlich ist schließlich die Deutung des Eintritts ins Allerheiligste mit Blut im Sinne einer Darbringung von Opfermaterie in Hebr 9,7.

Nach MT/LXX Lev 1,5; 7,33; Ez 44,7.15 wird Blut als Opfermaterie dargebracht (קרב Hi./προσφέρειν), wobei nach Lev 1,5 die Blutsprengung/-ausgießung[257] an den Brandopferaltar als Vollzug der Darbringung verstanden ist. Doch wird die Blutsprengung im Allerheiligsten in Lev 16 und in anderen biblischen bzw. antiken jüdischen Quellen nicht als Opferdarbringung bezeichnet (immerhin spricht Philo in all II 56 allegorisierend vom ›Sprengen/Ausgießen‹ des ›Blutes‹, d.h. der Seele, als Libation). Aufgrund der genannten Stellen ist aber begreiflich, dass Hebr die Blutsprengung im Allerheiligsten am Jom Kippur als Opferdarbringung bezeichnen kann.

Bei aller Vielfalt der Ritualschilderungen in frühjüdischen und rabbinischen Texten ist eine Darbringung des Blutes als Opfermaterie am Jom Kippur dort nicht belegt. Nach Hebr 9,7 geschieht sie als Opfer für die Sünden, soll also Vergebung erwirken.

Schildert Hebr das Wirken Christi nach Analogie des Jom Kippur-Rituals, so spricht er vom Eintritt hinter bzw. durch den Vorhang ins himmlische Allerheiligste (6,19f; indirekt 10,19f); den Eintritt ins himmlische Allerheiligste erwähnt er auch 9,11f.24f, in V.24f verbunden mit der Absicht der Selbstdarbringung[258]. Die hohepriesterliche Fürbitte des Erhöhten (Hebr 2,17f; 4,14–16; 7,25) wird nicht explizit in den Rahmen der Jom Kippur-Typologie eingezeichnet[259]. Mit der »Sündenreinigung« 1,3 ist das Opfer Christi seiner Wirkung nach ebenfalls in Analogie zum Jom Kippur-Ritual geschildert[260]. Zusammenfassend kann man sagen, dass die Deutung

---

[255] Vgl. zum Verhältnis von Person- und Heiligtumssühne nach Lev 16 die Auslegung von Hebr 9,22f ↑ III.5.3, hier bes. pp. 411f Anm. 349.

[256] In Hebr 1,3 mag sie ebenfalls im Blick sein, ohne dass dort zwischen Person- und Heiligtumssühne (bzw. -reinigung) differenziert werden könnte.

[257] Nach dem MT: Blutsprengung (mit זרק Q.); nach LXX: Ausgießen (προσχεῖν) des Blutes. Zu dieser Differenzierung der Blutriten am Altar vgl. o. »Die Art der Blutriten am Altar nach Lev 16 (und Josephus)« (pp. 260–262).

[258] ↑ III.4.6; III.4.8.

[259] Doch vgl. dazu die Auslegung zu Hebr 9,27f, pp. 304–308 dieser Arbeit; zur Fürbitte des himmlischen Hohenpriesters ferner die Auslegungen von Hebr 2,17f mit 4,14–16 ↑ III.4.2; Hebr 5,5–10 ↑ III.3.2.

[260] Vgl. dazu o. p. 291 (im Rahmen der Auslegung von Hebr 9,11f) sowie p. 226 (im Rahmen der Auslegung von Hebr 2,17f).

des Wirkens Christi im Rahmen der Jom Kippur-Typologie den einen Aspekt betont, der schon in der Schilderung des irdischen Jom Kippur-Rituals hervorgehoben wurde: Er tritt kraft seines eigenen Blutes und mit diesem[261] in das himmlische Allerheiligste ein. Daneben steht der Vergleich des irdischen Leidens Christi mit der Verbrennung der Kadaver der Opfertiere (13,11f), – nicht mit der Opferschlachtung, die Hebr nicht erwähnt[262].

In Hebr 2,17f liegt trotz der Sühneaussage keine Bezugnahme auf den Jom Kippur vor, sondern es handelt sich um eine Aussage über das fortwährende interzessorische Wirken Christi[263].

Wie der irdische Hohepriester im Allerheiligsten bzw. im Tempel am Jom Kippur den Kult vollzieht, darüber wissen die biblischen, frühjüdischen und rabbinischen Quellen viel und vielfältig zu berichten. Im Hebr erfährt man darüber nichts[264]. Dieser Befund ist auf seine Weise ebenso auffällig wie die Zuspitzung auf den Eintritt ins Allerheiligste mit Blut und die eigenartige Rede von der Darbringung des Blutes. Auch vom Wirken des himmlischen Hohenpriesters berichtet Hebr den Eintritt ins Allerheiligste mit seinem Blut; auch hier erfährt man nichts Näheres über das Wie des Opfervollzugs[265].

4.5.10 Ergebnisse

Eine bestimmte, allgemein bekannte und verbreitete Auffassung vom Ritualablauf am Jom Kippur gibt es im Frühjudentum streng genommen nicht. Vielmehr wurden teils erheblich voneinander abweichende Fassungen des Rituals überliefert. Der Aspekt, auf den hin Hebr seine Jom Kippur-Typologie zuspitzt (der Eintritt ins Allerheiligste mit Blut), tritt in einem Teil der anderen Quellen zurück bzw. kommt nicht vor. Dagegen hat Hebr zahlreichen anderen, in den verglichenen Quellen unterschiedlich behandelten Einzelheiten des Rituals keine Aufmerksamkeit geschenkt. Für seine Rede von der Darbringung des Blutes im irdischen Allerheiligsten gibt es keine antiken jüdischen Parallelen. Die Jom Kippur-Typologie des Hebr greift zwar gegebenes Material auf, ist jedoch in Auswahl und Deutung eigenständig.

Für die Exegese der einschlägigen Stellen bedeutet das, dass die Bezugnahmen des Hebr auf den Jom Kippur nicht als Hinweise auf einen be-

---

[261] Nicht nur »kraft« seines Blutes, sondern auch »mit« Blut. Zur Begründung vgl. die Auslegung von Hebr 9,11f pp. 285f.288.290.

[262] Vgl. dazu die Auslegung von Hebr 13,11f, pp. 459–463 dieser Arbeit.

[263] Zur Begründung ↑ III.4.2.

[264] Hebr 9,7 spricht zwar von der Darbringung des Blutes, die mit dem Eintritt ins Allerheiligste verbunden ist; doch wir erfahren nicht, wie sie vonstatten geht.

[265] Zu αἷμα ῥαντισμοῦ Hebr 12,24 vgl. pp. 381–385 dieser Arbeit.

stimmten, allgemein bekannten Ritualverlauf zu lesen sind, der vorausgesetzt wäre. Insbesondere darf nicht einfach davon ausgegangen werden, dass Hebr eine Darstellung dessen geben will, was besser und genauer aus Lev 16 bekannt ist, und sich daher auf ohne weiteres verständliche Andeutungen und Hinweise beschränken kann. Vielmehr muss die Auslegung die Darstellung des Hebr und deren besonderes Profil ernstnehmen. Wird die Eigenart der Darstellung des Hebr gewürdigt, so wird sich auch ihre Intention erschließen, zumal in 9,6f.11f.

4.6 Hebr 9,11f im Kontext von 7,27/8,3; 9,1–10; 9,24–28: Eintritt ins Allerheiligste und Selbstopfer Christi

Folgende Auslegung konzentriert sich auf die Bedeutung des Eintritts in das Allerheiligste und der diesbezüglichen Aussagen über Blut. Schon die Beschreibung des irdischen Jom Kippur-Rituals durch Hebr ist auf die typologische Entsprechung im himmlischen Geschehen hin angelegt: Vom Akt der Blutsprengung ist schon für das irdische Geschehen nicht die Rede; stattdessen spricht Hebr im Zusammenhang des Eintretens ins Allerheiligste »mit Blut« vom Vollzug eines Opfers, betrachtet das Blut also als Opfermaterie. So kann er auch das Eintreten Christi ins himmlische Allerheiligste mit seinem eigenen Blut als Opferdarbringung auffassen. Die typologische Entsprechung wird also durchgeführt, ohne dass für das himmlische Geschehen Einzelheiten eines Blutritus zu schildern wären: Die Überführung der im Blut repräsentierten Hingabe des somatischen Lebens Christi in das himmlische Allerheiligste ist als solche sein himmlischer Opfervollzug. Diese Interpretation wird in den Kontext der Aussagen über das Selbstopfer Christi (bzw. über die Jom Kippur-Typologie in 7,27 mit 8,3, 9,1–10 und 9,24–28) gestellt, der eingangs knapp dargestellt wird.

4.6.1 Die Kontexte: Hebr 7,27 mit 8,3; 9,1–10; 9,24–28

Hebr 7,27 mit 8,3. Die Auslegung von Kp. 8 führte zu dem Ergebnis, dass hier von einem Opfer des himmlischen Hohenpriesters Christus die Rede ist, das er im himmlischen Heiligtum darbrachte. Dass »auch dieser etwas haben« müsse, »das er darbringe« (ἀναγκαῖον ἔχειν τι καὶ τοῦτον ὃ προσενέγκῃ 8,3), bleibt im unmittelbaren Kontext zunächst eine ungeklärte Aussage. Was Christus dort darbringt, geht aus 7,27 hervor; dort heißt es, Christus habe sich selbst ein für allemal dargebracht. 8,3 bezieht sich auf 7,27 zurück, meint also Christi himmlisches Opfer seiner selbst[266]. In welchem Sinne aber das ἀναφέρειν ἑαυτόν 7,27 das προσφέρειν τί 8,3 näher erläutert, wie man sich also Art und Weise des himmlischen Selbstopfers Christi vorzustellen hat, bleibt zunächst unklar. Kp. 9 führt hier weiter.

Hebr 9,1–10. Der einleitende V.1 knüpft mit ἡ πρώτη an Kp. 8 an, indem er dessen Rede von der ersten διαθήκη (i.S.v. kultische Heilssetzung)

---

[266] Vgl. etwa BLEEK 1840, 410f; ATTRIDGE 1989, 218.

aufnimmt und deren kultgesetzliche Grundlage als »kultische Satzungen«, δικαιώματα λατρείας, bezeichnet (in Kp. 7f war von νόμος bzw. von Gesetzgebung die Rede), was sogleich auf das ἅγιον κοσμικόν zugespitzt wird. M.a.W., die Kultgesetzgebung bestimmt in den δικαιώματα die Beschaffenheit des irdischen Heiligtums, und diese wird sodann in V.2–5 geschildert. Auf die Einzelheiten braucht hier nicht eingegangen zu werden.

Die Rede vom »ersten« bzw. »zweiten« Zelt in Hebr 9 hat unterschiedliche Deutungen gefunden[267]. Das m.E. zutreffende Verständnis hat Hofius dargelegt und begründet[268]. Daher braucht dazu hier – im Anschluss an Hofius – nur wenig gesagt zu werden:

Abgesehen von der traditionellen Terminologie in 9,2f bezeichnet Hebr das Allerheiligste des irdischen wie des himmlischen Heiligtums als τὰ ἅγια. Hebr spricht ferner vom »ersten« bzw. »zweiten« Zelt. Er denkt sich das irdische wie das himmlische Heiligtum als Zeltheiligtümer; beide Heiligtümer stehen einander als Abbild und Urbild gegenüber. Sie bestehen jeweils aus zwei Teilen, dem vorderen oder »ersten« und dem hinteren oder »zweiten« Zelt. Dabei handelt es sich nicht um zwei verschiedene Zelte, sondern je um die beiden Teile des einen Zeltheiligtums. Das erste Zelt ist das Heilige, das zweite Zelt das Allerheiligste des Heiligtums. Die σκηνή ἡ ἀληθινή von 8,1 ist das ganze himmlische Heiligtum, dasselbe meint ἡ σκηνή 9,11. Τὰ ἅγια 9,12 dagegen meint das Allerheiligste des himmlischen Heiligtums. Die kosmische Symbolik, wonach (wie bei Philo von Alexandrien oder Flavius Josephus) das vordere Zelt des irdischen Heiligtums die Erde, das hintere dagegen den Himmel symbolisiert, spielt im Hebr keine Rolle. Dagegen hat der zweiteilige Aufbau des Zeltes für Hebr eine verheißungsgeschichtliche Bedeutung: Das »erste« Zelt (d.h. der vordere Teil) des irdischen Heiligtums entspricht abbildlich dem Heiligen des himmlischen Heiligtums, dessen Allerheiligstem entspricht abbildlich das »zweite« Zelt des irdischen Heiligtums. Das »erste« oder vordere Zelt des irdischen Heiligtums nun verwehrt den Eintritt in das »zweite« und bringt damit, so 9,8, das Wesen der irdischen Kultordnung zum Ausdruck, das darin besteht, keinen Zugang zum himmlischen Allerheiligsten (auf das ja das »zweite« irdische Zelt abbildlich verweist) gewähren zu können. Darin ist der Bestand (στάσις) des »ersten« Zeltes, d.h. die Geltung der dieses und seine Funktion begründenden Kultordnung (vgl. V.1.6), Ausdruck der durch den irdischen Kult der ersten διαθήκη bestimmten Zeit. Auf diese und damit auf die Gegenwart des Vf.s bzw. der Adressaten (καιρὸς ἐνεστηκώς V.9) verweist daher das »erste« Zelt« nach seinem sinnbildlichen Gehalt (V.9), denn es selbst sowie die damit ihrem Wesen nach bezeichnete erste διαθήκη und der darin gründende irdische Kult haben nach wie vor Bestand (στάσις V.8), wenngleich von der ersten διαθήκη (und damit von dem darin begründeten Kult) gilt, sie sei »veraltet und vergreisend, nahe der Vernichtung« (8,13)[269]. Dagegen ist der καιρὸς διορθώσεως (V.10) die Zeit der richtigen, eschatologischen Ordnung[270], welche die neue διαθήκη und den darin gründenden himmlischen Kult umfasst und mit dem Heilswerk Christi begonnen hat. So ergibt sich eine Zwischenzeit, in der die alte Kultordnung noch fortbesteht und die eschatologische neue Ordnung bereits inauguriert ist[271]. Mit Grässer[272] ist die Unterscheidung von καιρὸς ἐνεστηκώς 9,9

---

[267] Vgl. das knappe Referat bei HOFIUS 1972, 50–55.
[268] Vgl. HOFIUS 1970a; ders. 1972, 50–65.
[269] Zur Übersetzung von ἀφανισμός vgl. BAUER 1988, 250 s.v.; LS 1, 286 s.v.
[270] Vgl. PREISKER 1954, 451,34–452,8.
[271] Anders HOFIUS 1972, 63f.
[272] GRÄSSER 1993, 134f.141.

und καιρὸς διορθώσεως 9,10 im Sinne der Spannung von noch bestehender gegenwärtig-irdischer Ordnung und bereits angebrochener himmlisch-eschatologischer Neuheit zu verstehen[273].

V.6f schildert den Eintritt des Hohenpriesters in das Allerheiligste am Jom Kippur (vgl. Lev 16,14f). Hervorzuheben ist hier zweierlei: Erstens wird die Weise des Kultvollzugs aus der Beschaffenheit des Heiligtums herge-leitet (Τούτων δὲ οὕτως κατεσκευασμένων κτλ. V.6), die ihrerseits auf den kultischen Satzungen (V.1) beruht. Und zwar bewirkt der zweiteilige Auf-bau des Zeltes, dass der Zutritt zur Gottespräsenz für fast alle Menschen unmöglich, für den Hohenpriester aber nur einmal im Jahr möglich ist. Sodann wird der Kultakt im Allerheiligsten als Darbringung von Opfer-materie, nämlich Blut, geschildert (vgl. ὃ προσφέρει V.7), wobei die Mit-nahme von Blut, das im Allerheiligsten dargebracht wird, mit doppelter Verneinung hervorgehoben wird (οὐ χωρὶς αἵματος), und diese Darbrin-gung geschieht um der unwissentlichen Sünden willen (ὑπὲρ ἑαυτοῦ καὶ τῶν τοῦ λαοῦ ἀγνοημάτων). Damit ist das Ritual des Jom Kippur knapp geschildert.

V.8–10 bieten nun die theologische Deutung und Beurteilung des bisher Beschriebenen. Solange das »erste Zelt« Bestand hat, das den Zugang zum irdischen Allerheiligsten verwehrt, solange also die in 9,1 angesprochenen Kultsatzungen und die darin verfasste Kultordnung gelten, ist der Eingang in das Allerheiligste nicht offenbart (V.8): Der Heilige Geist hat den Kult-vollzug, bei dem nur einmal jährlich ein einzelner Mensch in das irdische Allerheiligste eintreten darf, bzw. den Aufbau des irdischen Heiligtums aufgrund der δικαιώματα λατρείας, in dieser Weise eingerichtet, um durch die Erschwerung des Eintritts in das irdische Allerheiligste zu veranschau-lichen, dass unter der Geltung der ersten διαθήκη der Eintritt ins himmli-sche Allerheiligste nicht gewonnen werden kann. Die von dieser Heilsin-stitution und ihrem kultischen Gehalt bestimmte Zeit kennt nur irdischen Opferkult, der jedoch am Gewissen nicht vollkommen zu machen vermag (9,9), und eben das bringt das »erste Zelt« (d.h. der vordere Teil des zwei-teiligen irdischen Zeltheiligtums) zum Ausdruck, indem es den Zutritt zum Allerheiligsten verwehrt (ebd.). Die Gegenwart, sofern sie von der durch das »erste Zelt« angezeigten irdischen Kultordnung bestimmt ist (V.9), hat nur »Fleischessatzungen« (V.10; mit der Aufnahme von δικαιώματα wer-den hier die »Satzungen« der ersten διαθήκη [V.1] qualifiziert). Daran wird V.13f anschließen, denn dort geht es um die Reinigung des Gewis-

---

[273] Die Adressaten sind dem himmlischen, der eschatologischen Ordnung entspre-chenden Kult verbunden und müssen sich zugleich zum auf Erden bestehenden, der alten Ordnung verpflichteten Kult verhalten. Beides bringt 13,11–13 zum Ausdruck: Im Blick auf irdische Sakralität wird zum »Hinausgehen« aufgerufen, weil die Adressaten zur himmlischen Sakralität »hinzugetreten« sind. ↑ III.6.2; III.6.3.2; vgl. GRÄSSER 1993, 141.

sens durch das Blut Christi (V.14) im Gegensatz zur Reinigung der σάρξ. Zuvor jedoch (V.11f) ist vom Eintritt Christi ins himmlische Allerheiligste die Rede.

Ein doppelter Zusammenhang ist damit gegeben. Zum einen hängt das Erwirken der Vergebung zusammen mit dem Eintritt ins Allerheiligste »nicht ohne Blut«, dem Vollzug der Opferdarbringung. Zum anderen hängt die Reinigung des Gewissens zusammen mit dem dadurch ermöglichten Hinzutreten zum Kult bzw. dem Eintreten in das himmlische Allerheiligste[274]. Eben weil der irdische Kult nur Fleischessatzungen hat und keine Reinigung des Gewissens erwirkt, erschließt er auch nicht den Zutritt zum himmlischen Kult. Nur deshalb kann auch V.9 sagen, das erste Zelt (in seiner Eigenschaft, den Zugang zum irdischen Allerheiligsten zu verwehren) sei Gleichnis auf die gegenwärtige, von der äußerlich-fleischlichen Kultordnung bestimmten Zeit, denn die Mangel dieser Zeit und der in ihr geltenden Kultordnung – das Gewissen nicht reinigen zu können – hat ja gerade zur Folge, dass der Zutritt zum himmlischen Kult verwehrt bleibt. Vom Selbstopfer Christi ist neben 7,27 und 9,25f auch in 9,14 die Rede. Die erstgenannten Stellen sowie der Anschluss von V.13f an V.11f verlangen, die Erwähnung des Selbstopfers Christi auch hier auf das himmlische Geschehen zu beziehen[275]. Im Blick auf 9,11–14.23–28 sei daher hinzugefügt: Eben weil Christus seinen Kultakt im himmlischen Heiligtum vollzog, erwirkte er damit die Reinigung des Gewissens, die auch »uns« das Recht zum kultischen »Hinzutreten« und dann auch zum eschatologischen »Eintreten« in das himmlische Allerheiligste erschließt.

Zusammenfassend ist zu V.1–10 festzuhalten: Die Jom Kippur-Typologie stellt diejenigen Aspekte des Jom Kippur-Rituals heraus, zu denen das Wirken Christi in Entsprechung bzw. Gegensatz gestellt werden soll. Das sind positiv der Eintritt ins Allerheiligste, die Mitnahme und Darbringung von Blut und das Erstreben der Vergebung; negativ das Unvermögen, den Zutritt zum himmlischen Allerheiligsten zu erschließen (und ergänzend wäre von V.14 her zu sagen: das Unvermögen, das Gewissen zu reinigen).

Hebr 9,24–28. Die Jom Kippur-Typologie von 9,6–11.13f wird in 9,24–28 fortgeführt. Dort wird dem εἰσέρχεσθαι Christi εἰς αὐτὸν τὸν οὐρανόν das εἰσέρχεσθαι des irdischen Hohenpriesters εἰς τὰ ἅγια verglichen, dem προσφέρειν ἑαυτόν Christi das (εἰσέρχεσθαι) ἐν αἵματι ἀλλοτρίῳ des irdischen Hohenpriester. Mit γάρ an V.23 anschließend, setzt V.24–26 das dort Gesagte (Reinigung/Weihe des himmlischen Allerheiligsten) voraus. Zu ergänzen ist die Aussage von 9,7: Wie dort vom προσφέρειν des Blutes durch den Hohenpriester, so spricht 9,25 vom προσφέρειν seiner selbst durch Christus; dem entspricht seine θυσία dort nach 9,26[276]. So ist also die Darstellung des irdischen Jom Kippur-Rituals von vornherein auf die Entsprechung zum Selbstopfer Christi hin entworfen, und hierhin gehören auch die Aussagen über das himmlische Selbstopfer Christi nach 8,3/7,27.

---

[274] ↑ III.5.2.2; III.5.3.
[275] Zur Begründung vgl. die folgenden Auslegungen von 9,11f sowie von 9,24–28.
[276] Dass in V.26 von *himmlischem* Geschehen die Rede ist, wird in der Einzelexegese von Hebr 9,24-28 (↑ III.4.8) begründet werden.

Daher bedarf Hebr in seiner Schilderung des Eintritts ins irdische Allerheiligste am Jom Kippur einer Opferdarbringung, um die typologische Beziehung zum Selbstopfer Christi durchführen zu können[277].
Folgende Übersicht stellt irdisches und himmlisches Geschehen gegenüber:

	Hoherpriester – auf Erden	*Christus – im Himmel*
Eintritt ins Aller- heiligste	9,7 εἰς δὲ τὴν δευτέραν [sc. σκηνήν] ἅπαξ τοῦ ἐνιαυτοῦ μόνος ὁ ἀρχιερεύς [...] 9,25 [...] ὥσπερ ὁ ἀρχιερεὺς εἰσέρχεται εἰς τὰ ἅγια κατ' ἐνιαυτὸν	9,24 οὐ γὰρ εἰς χειροποίητα εἰσῆλθεν ἅγια Χριστός, ἀντίτυπα τῶν ἀληθινῶν, ἀλλ' εἰς αὐτὸν τὸν οὐρανόν
mit Blut	9,7 [...] οὐ χωρὶς αἵματος [...] 9,25 [...] εἰσέρχεται εἰς τὰ ἅγια [...] ἐν αἵματι ἀλλοτρίῳ	
Darbrin- gung des Opfers	9,7 [...] ὃ προσφέρει [...]	7,27 [...] ἑαυτὸν ἀνενέγκας 8,3 [...] ἀναγκαῖον ἔχειν τι καὶ τοῦτον ὃ προσενέγκῃ 9,25 οὐδ' ἵνα πολλάκις [= ἵνα ἐφ' ἅπαξ] προσφέρῃ ἑαυτόν 9,26 διὰ τῆς θυσίας αὐτοῦ
Wirkung	7,27 ὑπὲρ τῶν ἰδίων ἁμαρτιῶν θυσίας ἀναφέρειν ἔπειτα τῶν τοῦ λαοῦ 9,7 ὑπὲρ ἑαυτοῦ καὶ τῶν τοῦ λαοῦ ἀγνοημάτων	7,27 [...] τοῦτο [sc. ὑπὲρ τῶν ἰδίων ἁμαρτιῶν θυσίας ἀναφέρειν ἔπειτα τῶν τοῦ λαοῦ[278]] γὰρ ἐποίησεν ἐφάπαξ 9,26 [...] εἰς ἀθέτησιν [τῆς] ἁμαρτίας

Zwischenergebnis. Aus 9,1–10 sei festgehalten, dass Hebr seine Schilderung des Jom Kippur-Rituals ganz auf das Eintreten des Hohenpriesters in
das irdische Allerheiligste »nicht ohne Blut« und auf die Darbringung des
Blutes abgestellt hat. Hebr 9,24–26 mit 8,3f/7,27 stellt die genaue Entsprechung dazu her: Christus tritt in das himmlische Allerheiligste ein,
vollzieht sein Selbstopfer und erwirkt Vergebung.

4.6.2 Auslegung Hebr 9,11f

Mit Hebr 9,11f ist der Höhepunkt der Jom Kippur-Typologie und damit der
Argumentation des Hebr erreicht: In der Gegenüberstellung von irdischem
und himmlischen Kult Hebr 9,1–12 haben wir die formale und sachliche
Mitte des Schreibens vor uns[279].

---

[277] Vgl., auch zur Begründung im einzelnen, pp. 288f dieser Arbeit.
[278] Sinngemäß wäre im Blick auf Christus das ὑπὲρ τῶν ἰδίων ἁμαρτιῶν auszulassen.
[279] So etwa WEISS 1991, 462; GRÄSSER 1993, 142f.

Gliederung. Der kunstvolle Aufbau der V.11f ist bereits beschrieben worden[280]:

(I) 11 Χριστὸς δὲ
    (II) παραγενόμενος ἀρχιερεὺς τῶν γενομένων ἀγαθῶν
        (III) διὰ τῆς μείζονος καὶ τελειοτέρας σκηνῆς
            (III.1) οὐ χειροποιήτου,
            (III.1a) τοῦτ' ἔστιν οὐ ταύτης τῆς κτίσεως,
        (IV) 12 οὐδὲ δι' αἵματος τράγων καὶ μόσχων διὰ δὲ τοῦ ἰδίου
        αἵματος
(I') εἰσῆλθεν ἐφάπαξ εἰς τὰ ἅγια
    (V) αἰωνίαν λύτρωσιν εὑράμενος.

Die syntaktischen Verhältnisse sind aufgrund dieser Darstellung deutlich. Der Hauptsatz (I; I') lautet: Χριστὸς δὲ εἰσῆλθεν ἐφάπαξ εἰς τὰ ἅγια. Im Rahmen der Argumentation des Hebr tritt dem Eintritt des irdischen Hohenpriesters in das irdische Allerheiligste derjenige Christi in das himmlische gegenüber. Dem Hauptsatz sind die beiden Nebensätze untergeordnet: παραγενόμενος ἀρχιερεὺς τῶν γενομένων ἀγαθῶν und αἰωνίαν λύτρωσιν εὑράμενος. Die beiden Nebensätze mit den διά-Aussagen (III; IV) sind syntaktisch vom Prädikat des Hauptsatzes, εἰσῆλθεν, abhängig.

V.11. Mit Χριστὸς δέ setzt Hebr neu an und markiert den Unterschied zum beschriebenen Kult der irdischen Hohenpriester. Dieser wird vierfach entfaltet: Christus ist (a) erschienen als Hoherpriester der wirklichen Güter[281].»Christus hat die wirklichen ἀγαθά vermittelt, das sind die im alten Bund verheißenen, aber nicht realisierten Gaben der messianischen Zeit (vgl. Röm 10,15 = Zitat aus Jes 52,7 [...]), die unser Verf. auch ›ewige Erlösung‹ (9,12) und ›ewiges Erbe‹ nennt (9,15)«[282], während der νόμος und der darauf beruhende irdische Kult ja nur schattenhafte Abbilder der himmlischen Güter besitzt (so 10,1).

Es gibt keinen Grund, das παραγενόμενος auf das irdische Auftreten Christi zu beziehen[283]. Es bezeichnet das Hervortreten, In-Erscheinung-Treten Christi als Hoherpriester, das nach den Ausführungen von Hebr 5,5–10; 7 auf die Erhöhung zu beziehen ist[284].

---

[280] Vgl. ähnlich HOFIUS 1970, 66f.

[281] So mit der Lesart τῶν γενομένων ἀγαθῶν. Zur Textkritik vgl. GRÄSSER 1993, 144f.

[282] GRÄSSER 1993, 145.

[283] So jedoch DELITZSCH 1989 (1857), 377f und GRÄSSER 1993, 143. Er muss aber zugestehen, dass dies den sonstigen Ausführungen des Hebr über Christi Hohepriester-Investitur in der Erhöhung widerspricht, und behilft sich mit der Auskunft, es komme auf Einzelheiten nicht an (a.a.O. 143f). DELITZSCH sucht sich mit der Unterscheidung von Hohepriestertum Christi auf Erden und Hohepriestertum nach der Weise Melchisedeks seit der Erhöhung zu behelfen, was ebensowenig überzeugt.

[284] Vgl. WEISS 1991, 464. Er will die Erhöhung aber mit Christi Tod in eins sehen.

Christus ist ferner (b) nicht nur durch das irdische Vorzelt hindurch ins dortige Allerheiligste eingetreten, sondern durch den vorderen Teil des himmlischen Heiligtums in dessen Allerheiligstes (zu den Einzelheiten der Zeltvorstellung s.o. bei V.1–10). Damit gelang ihm, was der irdische Kult erstrebte, aber nicht vermochte.

V.12. Christus hat ferner (c) nicht fremdes Blut, sondern sein eigenes in das himmlische Allerheiligste gebracht (zum Verständnis von διὰ δὲ τοῦ ἰδίου αἵματος s.u.), und er hat (d) dadurch ewige Erlösung erlangt. Die letzten beiden Aussagen sind allerdings exegetisch umstritten.

διὰ δὲ τοῦ ἰδίου αἵματος. Hier ist zunächst zu beachten, dass διά c. Gen.[285] sowohl instrumental wie auch im Sinne einer Umstandsbestimmung verstanden werden kann[286]. Beide Möglichkeiten haben in der Exegese Vertreter gefunden[287]; sie müssen einander nicht ausschließen, zumal Mittel zur Bewerkstelligung und Umstand der Bewerkstelligung nicht immer klar zu unterscheiden sind. Die Entscheidung muss aus dem Kontext begründet werden. Man hat vielfach argumentiert, nur vom irdischen Hohenpriester heiße es, dass er mit Blut eintrete (9,7.25); dagegen verwende Hebr in V.12 in Bezug auf Christus bewusst διά c. Gen., um zu zeigen, dass er nicht mit seinem Blut, sondern kraft seines Blutes ins himmlische Allerheiligste eintrete[288]. Dabei wird jedoch nicht berücksichtigt, dass Hebr in V.12 ja ebenso wie vom Blut Christi selbst, so auch vom Blut der Opfertiere, mit dem der irdische Hohepriester ins Allerheiligste eintritt, mit διά c. Gen. spricht. Denn mit οὐδὲ δι' αἵματος κτλ. greift V.12 das οὐ χωρὶς αἵματος von V.7 auf. Nun kann aber das in Bezug auf Christus gesagte διά c. Gen. in διὰ τοῦ ἰδίου αἵματος 9,12 nicht anders gemeint sein als das im Blick auf den irdischen Hohenpriester gesagte in δι' αἵματος τράγων καὶ μόσχων ebd. Beim irdischen Hohenpriester ist offenkundig, dass er *mit* dem Blut in das irdische Allerheiligste eintritt. An anderer Stelle heißt es von ihm, er vollziehe den Eintritt ins Allerheiligste ἐν αἵματι, »mit Blut«[289] (9,25); ferner heißt es betont mit doppelter Verneinung, dieser Eintritt geschehe οὐ χωρὶς αἵματος (9,7), und dabei ist die Mitnahme des Blutes im Blick. Wie Hebr sich für das irdische Geschehen des Jom Kippur einmal der Präposition ἐν c. Dat., einmal der Präposition

---

[285] Gegenüber dem lokalen Gebrauch des διά c. Gen. in V.11 ist die Verwendung in V.12 inkonzinn, gleichviel, ob man für V.12 nun von instrumentalem Sinn oder von einer Umstandsangabe ausgeht.

[286] Vgl. BDR 180f, § 223,4[8]; ZERWICK 1994, § 114; BAUER 1988, 360 (A III 1 b–c).

[287] Knapper Überblick über einige Vertreter der einen wie der anderen Auffassung in der älteren Literatur bei LOADER 1981, 167f Anm. 23.

[288] So von BLEEK 1840, 539, über DELITZSCH 1989 (1857), 384f und MICHEL 1984, 312f bis zu GRÄSSER 1993, 151f und SCHUNACK 2002, 123.

[289] So mit BDR 160, § 198,2[2] (dativus sociativus zur Angabe begleitender Umstände bzw. der Art und Weise).

διά c. Gen. bedient, daneben die doppelte Verneinung verwendet, in allen drei Fällen aber dasselbe meint, so ist auch im Blick auf Christus das διά c. Gen. im Sinne der Jom Kippur-Typologie zu verstehen, d.h. so, dass beim Eintritt ins himmlische Allerheiligste das eigene Blut mitgeführt wird. Ferner ist hinzuweisen auf die Abfolge von drei Aussagen über die Bedeutsamkeit von Blut mit χωρίς und doppelter Verneinung in Kp. 9: 9,7 (οὐ χωρὶς αἵματος), 9,18 (οὐδὲ [...] χωρὶς αἵματος) und – als Kulmination – 9,22 (χωρὶς αἱματεκχυσίας οὐ γίνεται ἄφεσις). Sie sprechen jeweils vom irdischen Kult; im Hintergrund steht die dem Blut zugeschriebene sühnend-reinigende Kraft (V.22). Im Blick auf das Handeln Christi stellt das διὰ τε τοῦ ἰδίου αἵματος V.12 die Entsprechung dazu her. Nun ist das οὐ χωρίς des V.7 im Sinne von ›mit‹, d.h. ›unter Mitnahme von‹, gemeint, ebenso wie das διά c. Gen. in Bezug auf den irdischen Hohenpriester in V.12. Doch wird in beiden Formulierungen – wie in dem ἐν αἵματι V.25 – auch die instrumentale Bedeutung mitschwingen. Jedenfalls muss das auf Christus bezogene διά c. Gen. in V.12 die Bedeutung »mit« im Sinne von ›unter Mitnahme von‹ meinen oder doch mit einschließen: Bei Christus wie beim irdischen Hohenpriester ist mit εἰσέρχεσθαι διὰ αἵματος ein Eintreten gemeint, bei dem Blut mitgeführt wird[290] und das zudem »kraft« der dem Blut zugeschriebenen sühnend-reinigenden Kraft stattfindet.

εἰσῆλθεν ἐφάπαξ εἰς τὰ ἅγια αἰωνίαν λύτρωσιν εὑράμενος. Εὑρίσκειν bedeutet das Erwerben, Erlangen von etwas, im Medium: durch eigenes Wirken, eigene Mühe[291]. Dabei kommt es auf die Zeitverhältnisse an: Wann fand das Erlangen der Erlösung statt, vor dem Eintritt ins himmlische Allerheiligste, gleichzeitig damit (im Vollzug dieses Geschehens), oder gar danach? Im erstgenannten Fall müsste die λύτρωσις bereits auf Erden erlangt worden sein[292]. Das Sterben Christi auf Erden wird in der Typologie 9,11f jedoch gar nicht erwähnt, ebensowenig wie die Schlachtung der Opfertiere als Teil des Jom Kippur-Rituals (der Christi Sterben typologisch entsprechen würde) von Hebr je erwähnt wird. Die einzige Stelle, an der das irdische Sterben Christi in die Typologie eingezeichnet

---

[290] So auch WINDISCH 1931, 78 (vgl. a.a.O. 79f; 42 zu 5,7); SPICQ 1953, 271–285 (280: »il entre dans le sanctuaire véritable avec son propre sang«, daneben 257: »grâce à la vertu (διά) du sang«); CODY 1960, 170.180f; LOADER 1981, 167.189f; ATTRIDGE 1989, 248; CASALINI 1989, 81–87: 84; BERGER 1995, § 112 (pp. 218f: 218). ELLINGWORTH 1993, 452, will mit dem Blut das Selbstopfer Christi bezeichnet sehen, das dieser im himmlischen Kult darbringt, dabei aber zwischen Blut und Christus selbst nicht unterscheiden.

[291] Vgl. nur DELITZSCH 1989 (1857), 385; SPICQ 1953, 157; BAUER 1988, 659; GRÄSSER 1993, 154.

[292] So LOADER 1981, 186; mit besonderem Nachdruck HÜBNER 1995, 51. Merkwürdig ist bei HÜBNER die einseitige Darstellung der syntaktischen Verhältnisse, als müsse das Partizip Aorist vorzeitig aufgefasst werden.

wird, setzt es in Entsprechung zur Verbrennung der Kadaver der Opfertiere und gerade nicht zu ihrer Schlachtung (13,11). – Im anderen Falle wäre die Erlösung erlangt worden, weil und indem bzw. nachdem Christus mit seinem Blut ins himmlische Allerheiligste eintrat[293]. Das Partizip Aorist kann im Verhältnis zum finiten Verb vorzeitig oder gleichzeitig[294] aufgefasst werden[295]; Spicq hält, im Anschluss an Chambers[296], die gleichzeitige oder nachzeitige (jedenfalls nicht vorzeitige) Auffassung sogar für zwingend, sofern das Partizip Aorist auf das finite Verb folgt[297]. Das mag dahinstehen. Die Entscheidung muss auch hier vom Kontext her fallen. Dieser wurde zuvor dargestellt. Dabei wurde deutlich, dass das Gewicht in der Jom Kippur-Typologie ganz auf dem Eintritt des irdischen Hohenpriesters ins Allerheiligste liegt und dass 9,1–10 den Mangel des irdischen Kults darin sieht, dass er nicht den Zugang zum himmlischen Allerheiligsten erschloss. Ferner wurde an V.11f bereits deutlich, dass das Wirken Christi dem des irdischen Hohenpriesters u.a. darin überlegen ist, dass jener durch das himmlische »Zelt« in das wahre, himmlische Allerheiligste eintrat. So überbietet das Wirken Christi dasjenige des irdischen Hohenpriesters darin, dass er eine »ewige Erlösung« erlangte, und dieses Erlangen der ewigen Erlösung wird mit dem Eintritt Christi in das himmlische Allerheiligste verbunden. Entsprechend zielten ja schon im irdischen Kult Eintritt ins

---

[293] So mit Recht schon CHRYSOSTOMUS (MPG 63, 199): [...] διὰ μιᾶς εἰσόδου αἰωνίαν λύτρωσιν εὕρατο; vgl. ferner DELITZSCH 1989 (1857), 384; WESTCOTT 1906, 260f; WINDISCH 1931, 78; SPICQ 1953, 257; CODY 1960, 178–180; ATTRIDGE 1989, 248f; ELLINGWORTH 1993, 453; GRÄSSER 1993, 154 (»Εὑράμενος ist gegenüber εἰσῆλθεν jedenfalls keine zweite, sondern ein und dieselbe Aktion«).

[294] Vgl. ZERWICK 1994, §§ 261–267: §§ 261–264 (pp. 85–87); MOULTON 1967, Bd. 1, 132; BDR § 339,1⁴.

[295] Umstritten ist, ob u.U. eine nachzeitige Deutung zulässig ist; so SPICQ (vgl. Anm. 297); bes. beachtenswert CHAMBERS 1923; CODY 1960, 178f und ZERWICK 1994, § 264f (p. 87). Vgl. auch BDR § 339,1⁴. Kritisch MOULTON a.a.O. (vgl. die vorige Anm.). Doch mag das hier offen bleiben.

[296] CHAMBERS 1923.

[297] SPICQ 1953, 257: »Après un verbe principal, en effet, le participe aoriste (actif ou moyen) exprime une action concomittante ou subséquente à celle du verbe principal«. In diesem Sinne auch WINDISCH 1931, 78. – CASALINI 1989, 91 macht auf Hebr 1,3f aufmerksam, wo das Partizip Aorist ποιησάμενος dem finiten Verb ἐκάθισεν vorausgeht, auf das in V.4 das Partizip Aorist γενόμενος folgt. CASALINI will belegen, dass im Verhältnis des Partizip Aorist zum finiten Verb vor- wie gleichzeitige Auflösung möglich sei. Doch ist zu unterscheiden zwischen einem dem finiten Verb vorangehenden und einem ihm folgenden Partizip: So ist in 1,3 das dem Verb vorangehende ποιησάμενος vorzeitig aufzulösen (nach der Sündenreinigung setzte Christus sich zur Rechten); das dem Verb folgende γενόμενος V.4 dagegen ist gleichzeitig zu verstehen: Er ist in der Inthronisation (ἐκάθισεν) »größer geworden« (κρείττων γενόμενος) als die Engel. Entsprechend auch in εἰσῆλθεν [...] εὑράμενος 9,12. Zu diesem Ergebnis kommt auch CASALINI (a.a.O. 90f), der es jedoch nur aus dem Gedankengang des Hebr begründen will. Zum einzelnen s.u.

Allerheiligste und Darbringung des Blutes auf die Vergebung (9,7). Die Bedeutung des Eintritts Christi ins himmlische Allerheiligste zeigt auch seine Bezeichnung als ein Geschehen ἐφάπαξ. Dieses für Hebr so charakteristische Wort bezeichnet die Einmaligkeit, Allgenügsamkeit und Unwiederholbarkeit des Heilsereignisses. In 9,12 beschreibt es gerade nicht den Tod Christi auf Erden, sondern seinen Eintritt in das himmlische Allerheiligste. Auf dem Eintritt liegt demnach bei der Darstellung des Heilswerks Christi (in Entsprechung zu der des Jom Kippur-Rituals) das Gewicht. Auch deshalb muss das Erlangen der Erlösung, von dem V.12 spricht, mit dem »Eintreten« verbunden, das Verhältnis des Partizips zum finiten Verb also im Sinne der Gleichzeitigkeit aufgelöst werden[298]. Damit ist für V.12 die Bedeutung geklärt: Die »ewige Erlösung« erlangte Christus, weil und indem er in das himmlische Allerheiligste eintrat; er tat das kraft seines eigenen Blutes und mit diesem.

Damit ist ausgeschlossen, dass das ›Erwerben‹ der Erlösung mit dem irdischen Vorgang von Sterben und Tod koinzidiert[299]. Das ist darüber hinaus auch schon im Blick auf die Darlegungen zum himmlischen Charakter des Selbstopfers Christi und zur Unmöglichkeit einer irdischen Opferdarbringung durch ihn in Hebr 8,1–6, bes. V.3f, unmöglich[300]. Und schließlich widerspricht der Annahme der Koinzidenz von irdischem Todesgeschehen und himmlischem Opfervollzug die Grundentscheidung des Hebr seit 2,9f, mit der Tradition die Erhöhung Christi als über Niedrigkeit und Todesleiden hinausführenden, neuen Schritt seines Weges zu schildern[301].

Der Vollzug des himmlischen Selbstopfers. Gegen diese Auslegung könnte eingewandt werden, dass die Entsprechung von irdischem Jom Kippur-Ritual und himmlischen Wirken Christi im Hebr nicht konsistent durchgeführt sei, weil eine himmlische Entsprechung zum Akt der Blutsprengung im Allerheiligsten fehle. In der Tat ist (trotz αἷμα ῥαντισμοῦ 12,24) an keiner Stelle explizit von einer Blutsprengung Christi im himmlischen Allerheiligsten die Rede. Doch will beachtet sein, dass Hebr ja auch im Blick auf das irdische Jom Kippur-Ritual die Blutsprengung im Allerheiligsten nicht explizit erwähnt: Es wird überhaupt nicht geschildert, was im irdischen Allerheiligsten geschieht. Vielmehr betont Hebr auch hier den Eintritt in das Allerheiligste mit Blut und spricht dabei von der Darbringung des als Opfermaterie verstandenen Blutes, ohne diese zu schildern. Dazu steht der Vollzug des Selbstopfers Christi in genauer Entsprechung. Tatsächlich ist die Bedeutung der προσφέρειν-Aussage Hebr 9,7 bisher zu wenig beachtet worden, denn durch sie wird die Durchführung der Jom Kip-

---

[298] So auch CASALINI 1989, 90f.
[299] So GRÄSSER 1993, 148.
[300] ↑ III.4.4.
[301] Die These der Einheit von Kreuz und Himmelfahrt bereits in GRÄSSERs Auslegung von Hebr 2,9, DERS. 1990, 245; zur Kritik vgl. in dieser Arbeit pp. 147–151.

pur-Typologie in 9,11f und in 9,24–28 erst möglich. Hebr versteht, wie die hier vertretene Auslegung von 9,25f erweisen wird[302] und wie Hebr 8,3/7,27 bestätigt, das Selbstopfer Christi als himmlisches Geschehen. Hebr hat für den irdischen wie für den himmlischen Kultakt am Jom Kippur vom Eintreten in das Allerheiligste διὰ αἵματος (kraft des Blutes und mit dem Blut) gesprochen und in 9,7 die Darbringung des Blutes als Opfermaterie erwähnt. Die Blutsprengung wird dagegen nicht genannt. Die Darstellung weicht also von der priesterschriftlichen Tradition zweifach ab: Durch die Rede von einem Opfer des Blutes im Zusammenhang des Eintritts ins Allerheiligste[303] und durch die fehlende Erwähnung der Blutsprengung im Allerheiligsten. Das zeigt, dass der irdische und der himmlische Aspekt der Typologie konsequent aufeinander hin entworfen sind: Der irdische Kultakt wird als Darbringung des Blutes beim Eintritt ins irdische Allerheiligste geschildert, damit in typologischer Entsprechung auch der Eintritt ins himmlische Allerheiligste als Vollzug der Darbringung des eigenen Blutes und damit als himmlischer Kultakt gedeutet werden kann. Wie aber hat sich Hebr den Kultvollzug im himmlischen Allerheiligsten vorgestellt?

Hier könnte man Gründe dafür anführen, dass Hebr an eine Blutsprengung im himmlischen Allerheiligsten denke[304]. So hat Hebr die in 9,1–12 nicht erwähnten kultischen Blutsprengungsriten im Rahmen der Schilderung des Bundesschlussrituals Hebr 9,18–21 aufgegriffen und lehrt mit dem Blutkanon 9,22[305] die Aussage über die Reinigung des himmlischen Heiligtums 9,23 im Sinne des Kultakts im himmlischen Heiligtum zu verstehen. Insbesondere aber ist nach dem genannten Blutkanon ἄφεσις, Sündenvergebung, ohne Blutvergießen (richtiger: ohne kultisches Blutausgießen[306]) nicht möglich. Zusätzlich wird das im himmlischen Heiligtum gegenwärtige Blut ausdrücklich als »Besprengungsblut« (αἷμα ῥαντισμοῦ) bezeichnet (12,24). Der Vergleich mit 12,24 lehrt, dass Hebr das »Blut« Christi im himmlischen Jerusalem anwesend denkt, und zwar als eine von Christus selbst unterschiedene Größe (Christus selbst ist im Rahmen derselben Aufzählung unmittelbar zuvor genannt). Die Formulierung αἷμα ῥαντισμοῦ, die Hebr selbständig in Anlehnung an Num 19 LXX (dort ist vom ὕδωρ ῥαντισμοῦ die Rede) gebildet hat[307], zeigt den kulttheologischen Sinn der Erwähnung des Blutes: Hebr denkt dabei an kultische Besprengungsriten. Dass das Blut »redet«, zeigt, dass kein Gegensatz besteht zwischen der Vorstellung von der zeitübergreifenden Gültigkeit des einmaligen Kultaktes

---

[302] Dazu die Auslegung u. pp. 298–304.

[303] Darauf weist schon YOUNG 1981, bes. 207f, hin. Zur Darbringung von Blut als Opfermaterie in MT und LXX außerhalb des Jom Kippur-Rituals vgl. o. p. 277.

[304] Von der Darbringung des Blutes Christi im Himmel spricht HAHN 2002, Bd. 1, 432f (3.1.4.4; 3.1.5.4). Vgl. SPICQ 1953, 235 (zu 8,3): »Jésus est prêtre au ciel, il officie dans le vrai sanctuaire, il offre son sang.« Vgl. BLEEK 1840, 430; JEREMIAS 1966a, 327f; HOFIUS 1970, 181f Anm. 359; FREY 1996, 286f; LÖHR 2005, 471f: »Die Blutsprengung findet ohne Zweifel [!] im himmlischen Heiligtum statt«; vgl. DERS. 1991, 204.

[305] Vgl. dazu die Auslegung von Hebr 9,18–23 ↑ III.5.3.

[306] Vgl. die Auslegung von 9,22 u. pp. 418f.

[307] Vgl. BALZ 1992; 1992a.

einerseits und der des immerfort und immer wieder für »uns« fürbittend eintretenden Hohenpriesters andererseits. Vielmehr zeigt die ungewöhnlich Aussage über das redende »Besprengungsblut«, dass beides zusammengehört: Die Interzession bringt das einmalige Kultgeschehen immer neu zur Geltung. Mit dem im Himmel redenden Blut ist dieses einmalige Kultgeschehen in seiner bleibenden Bedeutsamkeit dargestellt[308].

Doch die Ausführungen in 9,1–12 bleiben in der Schilderung des Kultvollzugs so zurückhaltend, dass man gut daran tut, über den Wortlaut nicht hinauszugehen. Das ergibt sich auch aus dem Überblick über antike jüdische Schilderungen des Kultvollzugs am Jom Kippur (↑ III.4.5): Da keine allgemein verbindliche Fassung des Rituals vorausgesetzt werden kann, verbietet es sich, die Ausführungen des Hebr aus anderen Quellen zu ergänzen, zumal Hebr die Blutsprengung hätte explizit benennen können, wenn ihm daran gelegen gewesen wäre. Gleiches ergibt sich aus der besprochenen Syntax des V.12: Das gleichzeitige Verständnis des Partizips εὑράμενος in V.12 lässt sich nicht auf eine Blutsprengung beziehen, die auf den Eintritt folgt; vielmehr lässt es das Erwirken der ewigen Erlösung mit dem Eintritt ins himmlische Allerheiligste vollzogen sein.

Dem Hebr genügt es daher, zu sagen, dass Christus mit seinem eigenen Blut in das himmlische Allerheiligste eingetreten ist. Typologisch entspricht das der Darbringung des Blutes durch den Hohenpriester im irdischen Allerheiligsten. Das Blut gilt kultischer Theologie als Träger und Repräsentant der physisch-somatischen Lebendigkeit (vgl. Lev 17,11[309]). Daher die betont vorgetragene Einzelheit, es sei gerade sein *eigenes* Blut gewesen, mit dem Christus eintrat. Nicht zufällig spricht Hebr hier nicht (wie in 7,27; 9,25) direkt vom Selbstopfer Christi, sondern differenziert zwischen Christus selbst als Hoherpriester und Blut Christi: Letzteres repräsentiert als Opfermaterie die Hingabe seines Lebens[310]. In der Aussage, Christus sei eingetreten διὰ τοῦ ἰδίου αἵματος, kommt beides zur Geltung: Die im Blut repräsentierte gehorsame Selbsthingabe seiner irdischen Existenz erschließt Christus den Zugang zum himmlischen Allerheiligsten (›*kraft* seines eigenen Blutes‹)[311]. Sein Eintreten in das himmlische Allerheiligste ›*mit* seinem eigenen Blut‹ entspricht dem als Opferdarbringung gedeuteten Eintritt des irdischen Hohenpriesters ins Allerheiligste und hat somit die Qualität einer Opferdarbringung. Christi unkultische Selbsthingabe auf Erden hat im himmlischen Geschehen ihr kultisches Komplement.

---

[308] Vgl. zum einzelnen die Auslegung u. pp. 381–385.

[309] Vgl. dazu in der Auslegung des ›Blutkanons‹ Hebr 9,22, u. pp. 410–418.420f.

[310] Vgl. BARRETT 1958, 389: »Christ dies on earth, ascends with his own blood to the heavenly sanctuary and there appears before God on our behalf [...]«; CODY 1960, 181: »[...] with his own blood – that is to say, with Himself as the victim – He has entered [...] the heavenly sanctuary«. WALTER 1997a, 161: Der Erhöhte bringt »als der Getötete zugleich sich selbst als das makellose Opfer mit [...]«. A.a.O. 159: Jesus hat »[...] in seinem Tode zugleich ein Opfer erworben, [...] das er nun in die himmlische Opferdarbringung mit einbringt: sich selbst (9,14)«. Ähnlich KRAUS 1991, 244.

[311] Vgl. die Auslegung von 10,5–10, in dieser Arbeit ↑ III.3.4.

So erklärt sich nun die Formulierung Hebr 1,3: καθαρισμὸν τῶν ἁμαρτιῶν ποιησάμενος ἐκάθισεν ἐν δεξιᾷ τῆς μεγαλωσύνης ἐν ὑψηλοῖς. Auf die Sündenreinigung folgt die Thronbesteigung. Beide Vollzüge finden im Himmel statt. Da der καθαρισμὸς τῶν ἁμαρτιῶν mit dem als Opferdarbringung verstandenen Eintritt in das himmlische Allerheiligste vollzogen ist, folgt auf den Eintritt ins Allerheiligste sogleich die Thronbesteigung[312].

Damit können in die oben (p. 283) gegebene Übersicht nun auch die Aussagen von Hebr 9,11f sinngemäß eingefügt werden:

	Hoherpriester – auf Erden	*Christus – im Himmel*
Eintritt ins Aller-heiligste	9,7 εἰς δὲ τὴν δευτέραν [sc. σκηνήν] ἅπαξ τοῦ ἐνιαυτοῦ μόνος ὁ ἀρχιερεύς [...] 9,25 [...] ὥσπερ ὁ ἀρχιερεὺς εἰσέρχεται εἰς τὰ ἅγια κατ᾽ ἐνιαυτὸν	**9,11f** Χριστὸς δὲ [...] διὰ τῆς μείζονος καὶ τελειοτέρας σκηνῆς [...] εἰσῆλθεν ἐφάπαξ εἰς τὰ ἅγια 9,24 οὐ γὰρ εἰς χειροποίητα εἰσῆλθεν ἅγια Χριστός, ἀντίτυπα τῶν ἀληθινῶν, ἀλλ᾽ εἰς αὐτὸν τὸν οὐρανόν
mit Blut	9,7 [...] οὐ χωρὶς αἵματος [...] 9,25 [...] εἰσέρχεται εἰς τὰ ἅγια [...] ἐν αἵματι ἀλλοτρίῳ,	**9,12** οὐδὲ δι᾽ αἵματος τράγων καὶ μόσχων διὰ δὲ τοῦ ἰδίου αἵματος
Darbrin-gung des Opfers	9,7 [...] ὃ προσφέρει [...]	7,27 [...] ἑαυτὸν ἀνενέγκας 8,3 [...] ἀναγκαῖον ἔχειν τι καὶ τοῦτον ὃ προσενέγκῃ 9,25 οὐδ᾽ ἵνα πολλάκις [= ἵνα ἐφ᾽ ἅπαξ] προσφέρῃ ἑαυτόν 9,26 διὰ τῆς θυσίας αὐτοῦ
Wirkung	7,27 ὑπὲρ τῶν ἰδίων ἁμαρτιῶν θυσίας ἀναφέρειν ἔπειτα τῶν τοῦ λαοῦ 9,7 ὑπὲρ ἑαυτοῦ καὶ τῶν τοῦ λαοῦ ἀγνοημάτων	7,27 [...] τοῦτο [sc. ὑπὲρ τῶν ἰδίων ἁμαρτιῶν θυσίας ἀναφέρειν ἔπειτα τῶν τοῦ λαοῦ[313]] γὰρ ἐποίησεν ἐφάπαξ **9,12** [...] αἰωνίαν λύτρωσιν εὑράμενος 9,26 [...] εἰς ἀθέτησιν [τῆς] ἁμαρτίας

Ein Blick auf Hebr 9,14. Abschließend ist auf eine Formulierung des V.14 einzugehen[314]: Christus vollzog seine Selbstdarbringung an Gott διὰ πνεύματος αἰωνίου. Im Kontext soll auf die überlegene Wirkung des Opfers Christi gegenüber den Sühn- und Reinigungsriten des irdischen Kults (V.13) hingewiesen werden: Während das Bocks- und Stierblut sowie die Asche einer Kuh nur Fleischesreinheit erwirken, reinigt das Blut Christi das Gewissen, hat er sich doch διὰ πνεύματος αἰωνίου Gott dargebracht. Es ist das einzige Vorkommen von πνεῦμα αἰώνιον im Hebr (und im NT).

---

[312] Zu den Zeitverhältnissen in Hebr 1,3f vgl. o. Anm. 297; zur Reinigungsaussage 1,3 ferner o. p. 226.

[313] Sinngemäß wäre im Blick auf Christus das ὑπὲρ τῶν ἰδίων ἁμαρτιῶν auszulassen.

[314] Zum einzelnen pp. 375–380 dieser Arbeit.

Schwierig ist die Entscheidung, ob an den Heiligen Geist oder an das πνεῦμα Christi selbst gedacht ist. Gegen ersteres spricht, dass der Artikel fehlt. Auch wäre die Bezeichnung als »ewiger Geist« ungewöhnlich; der Heilige Geist wird im Hebr 5mal als (τὸ) πνεῦμα (τὸ) ἅγιον bezeichnet (2,4; 3,7; 6,4; 9,8; 10,15)[315]. So liegt es näher, hier an den ewigen Geist Christi selbst zu denken, der in seiner himmlischen Selbstdarbringung am Werk ist[316] (vgl. κατὰ δύναμιν ζωῆς ἀκαταλύτου 7,16, was in der Sache dasselbe meinen dürfte: das nicht dem Tode unterworfene Leben Christi, der im Durchgang durch das Todesleiden das Hohepriesteramt erlangt [so 7,16] bzw. ausübt [so 9,14]). Das Selbstopfer Christi zeichnet sich dadurch aus, dass es »durch ewigen Geist« vollzogen wurde. Das gehört zu seiner Überlegenheit über die Opfer und Reinigungsriten des irdischen Kults, die dem Bereich der σάρξ zugehören, wie sie ja auch dem »fleischlichen Gebot« (7,16), den »Rechtssatzungen des Fleisches« (9,10) entsprechen und daher nur die σάρξ zu reinigen vermögen (9,13). Das Selbstopfer Christi dagegen hat an der geistig-ewigen Natur der himmlischen Dinge Anteil[317], da es ja selbst himmlisches Geschehen ist. Der himmlischen, der Kraft ewigen Geistes entsprechenden Art des Selbstopfers Christi korrespondiert das Vermögen seines Blutes, den inneren Aspekt des Menschen – die συνείδησις – reinigen zu können (9,14).

Ergebnisse. Die Jom Kippur-Typologie ist konsistent durchgeführt. Schon die Schilderung des irdischen Geschehens ist, anders als die Schilderung in Lev 16, auf dessen himmlische Entsprechung hin entworfen. Die Einzelheiten brauchen nicht wiederholt zu werden. Das Gewicht liegt ganz auf dem Eintritt ins Allerheiligste, den Hebr als Darbringung, damit als Vollzug des himmlischen Opfers Christi, versteht.

4.7 Exkurs: Zur Auslegungsgeschichte von Hebr 9,24f.26

Um folgende Auslegung von Hebr 9,24–28 zu entlasten, schicke ich ihr als Exkurs eine Skizze wichtiger Stationen der Auslegungsgeschichte von V.24f.26 während der letzten ca. 150 Jahre voraus.

Dass in V.26 vom irdischen Geschick, nämlich vom Todesleiden (παθεῖν) Christi, die Rede ist, steht außer Zweifel; desgleichen, dass in V.24f vom Eintritt »in den Himmel selbst« (εἰς αὐτὸν τὸν οὐρανόν) im Sinne des

---

[315] Dagegen πνεῦμα τῆς χάριτος 10,29.

[316] So auch DELITZSCH 1989 (1857), 399–401; WESTCOTT 1906, 263f; RIGGENBACH 1922, 266–268; WINDISCH 1931, 78; SPICQ 1953, 258; JEREMIAS 1966a, 327f; HOFIUS 1970, 181f Anm. 359; BRAUN 1984, 269; ATTRIDGE 1989, 250f; CASALINI 1989, 95–101; 98–100 (101: freies Wollen als Modus des Selbstopfers); unklar SCHUNACK 2002, 124f.

[317] So auch GRÄSSER 1993, 159f.

himmlischen Allerheiligsten nach Analogie des Jom Kippur-Rituals die Rede ist. Wie aber ist Christi irdisches Leiden und Sterben im Rahmen der Jom Kippur-Typologie aufzufassen, und wie verhält es sich zu seinem himmlischen Wirken?

(a) In der älteren Exegese (vor 1850) wurde teils vertreten, Hebr 9,24–28 rede ausschließlich von einem himmlischen Selbstopfer Christi. Man entnahm das V.24f, fand es aber auch in V.26 wieder. Das πεφανέρωται deutete man so, dass (analog zum ἐμφανισθῆναι V.24) ein φανεροῦσθαι Christi im Himmel vor Gott gemeint sei, wo auch seine θυσία stattgefunden habe[318].

Diese Exegese scheitert daran, dass das ἐκ δευτέρου [...] ὀφθήσεται des V.28 das φανεροῦσθαι des V.26 als ein diesem vorhergegangenes erstes Erscheinen auf Erden qualifiziert und dass der Vergleich mit I Petr 1,20; I Joh 3,5 (Näheres ↑ 4.8) die Rede vom endzeitlichen Erscheinen Christi im Sinne des Erscheinens auf Erden zu verstehen nötigt. Ferner ist διὰ τῆς θυσίας zweifellos zu εἰς ἀθέτησιν, nicht zu πεφανέρωται, zu ziehen. So ist diese Auslegung seit etwa der Mitte des 19. Jh.s mit Recht nicht mehr vertreten worden.

(b) Nun musste die Exegese irdisches und himmlisches Geschehen anders in Beziehung setzen. Zwei Möglichkeiten stehen nebeneinander:

(1) Einige Ausleger legen den Akzent auf das himmlische Geschehen der Selbstdarbringung Christi (V.25). Der Tod Christi auf Erden (V.26) wäre dann θυσία in dem Sinne, dass er der Schlachtung eines Opfertieres entspräche, oder dass er als unerlässlicher irdischer Ausgangspunkt des himmlischen Kultaktes zwar noch auf Erden geschehen, aber eigentlich bereits als Teil des himmlischen Vorgangs aufzufassen wäre. Priesterliches Handeln und Kultakt Christi stricte dictu wären auf den Himmel beschränkt, während der Tod auf Erden lediglich im Vorblick auf das himmlische Kultgeschehen als θυσία bezeichnet wäre[319].

(2) Andere sehen einen unauflöslichen Zusammenhang von irdischem und himmlischen Geschehen im Sinne eines »einheitlichen Vorgang[s]« oder »fließende[r] Übergänge«[320], wobei der Akzent teils auf dem Tode Christi, teils auf der himmlischen Selbstdarbringung liegen kann. Der Tod Christi fällt mit seinem Eintritt ins himmlische Allerheiligste oder/und mit seiner Selbstdarbringung dort in eins zusammen. Die anderslautenden Aussagen des Hebr werden dieser Lösung untergeordnet[321].

---

[318] Vgl. zum 18. und frühen 19. Jh. BLEEK 1840, 597f; DELITZSCH 1989 (1857), 436.

[319] So BLEEK 1840, 593f; DELITZSCH 1989 (1857), 434; RIEHM 1867, § 61 (519–535), bes. 520.523f.528f.530f.532f; vgl. SEEBERG 1912, 106f; BÜCHSEL 1922, 65–68; BERTRAM 1927, 213f; WINDISCH 1931, 85; KÄSEMANN 1961 (1939), 141–151, bes. 149f.; SPICQ 1952, 312–314; JEREMIAS 1966a, 326–328, bes. 327; BARRETT 1956, 389 (ohne das irdische Sterben Christi als Opfer zu bezeichnen); vgl. a.a.O. 386; HOFIUS 1970, 181f Anm. 359.

[320] Beide Zitate bei GRÄSSER 1993, 194; ähnlich bereits RIGGENBACH 1922, 286 (»einheitlicher Akt«).

[321] RIGGENBACH 1922, 285–292, hier 286: Man dürfe sich »[...] bei der Feststellung des Gedankens nicht allzu ängstlich an den Wortlaut des einzelnen binden. [...] Jedenfalls

Bis bis vor ca. 30 Jahren wurden irdisches und himmlisches Geschehen meist deutlich unterschieden. Die seither veröffentlichten Exegesen des Abschnittes – fast alle unter (b2) genannten Auslegungen erschienen während der letzten 20–30 Jahre – ordnen irdisches und himmlisches Geschehen einem einheitlichen Verständnis ein, wobei Tod Christi, Eintritt ins himmlische Allerheiligste und himmlisches Selbstopfer in einen einzigen Vorgang zusammengezogen werden. Die Tendenz geht dahin, Todesleiden und himmlisches Opfer Christi in dialektischer Verschränkung bzw. paradoxer Koinzidenz zu sehen, den Akzent auf das irdische Geschehen zu legen und Aussagen über himmlisches Geschehen als metaphorischen Ausdruck der Bedeutsamkeit des ersteren zu deuten[322]. Das Verständnis der θυσία-Aussage V.26 schlägt damit auf die Interpretation von V.24f durch[323]: Man unterstellt, der Hebr-Vf. habe in V.25 nicht vom himmlischen Selbstopfer Christi sprechen wollen, sich jedoch unzutreffend ausgedrückt[324], oder man identifiziert das in V.25 geschilderte himmlische Opfer gegen den Wortlaut des Hebr mit dem irdischen Tode Christi[325].

4.8 Hebr 9,24–28: Christi himmlisches Wirken für »uns« und die Jom Kippur-Typologie

Folgende Auslegung konzentriert sich auf die Argumentation der V.25f und arbeitet den Zusammenhang von irdischem Erscheinen und Leiden sowie Eintritt ins himmlische Allerheiligste und himmlischem Opfer heraus. Vom letzteren ist nicht nur in V.25 die Rede, sondern – das wird hier erstmals seit ca. 150 Jahren vertreten – auch in der θυσία-Aussage V.26. Zur Begründung wird eine neue Interpretation von V.26 geboten.

Hebr nimmt die Jom Kippur-Typologie aus 9,6f.11f.13f auf und stellt in V.25f im Rahmen der typologischen Entsprechung von irdischem und himmlischen Geschehen den Unterschied von vielfach wiederholtem und eschatologisch-einmaligem Vollzug heraus. Das erreicht Hebr, indem er Christi Eintritt ins himmlische Allerheiligste und himmlischen Opfervollzug an die eschatologische Einmaligkeit seines Erscheinens auf Erden und seines irdischen Leidens bindet. Diese wiederum entnimmt er dem bereits

---

will der Vf durch die Aussage v. 25 feststellen, dass das als einheitlicher Akt gedachte Selbstopfer Christi keiner Wiederholung bedarf [...]«. Hierher gehören auch die Auslegungen von DAVIES 1968, bes. 386f; MICHEL 1984, 325f; HEGERMANN 1989, 189; ATTRIDGE 1989, 262–266, bes. 263–265. Vgl. WEISS 1991, 485–498, bes. 488f.491f; GRÄSSER 1993, 190–200, bes. 193–196; vgl. a.a.O. 193 m. Anm 60 (Identifikation von προσφέρειν ἑαυτόν [vgl. V.25] mit dem Tod Christi unter Berufung auf YOUNG 1981, 208f); vgl. daneben, das himmlische Geschehen akzentuierend, a.a.O. 202 zu 9,24–28.

[322] So besonders prägnant bei LAUB 1991; HÜBNER 1995, 46–57.

[323] Sofern man nicht die Verhältnisbestimmung von irdischem Erscheinen und Leiden V.26, Eintritt ins himmlische Allerheiligste V.25; Selbstdarbringung V.25 und θυσία V.26 unterlässt und die Frage danach nicht stellt (SCHUNACK 2002, 132f).

[324] So sinngemäß BRAUN 1984, 283.

[325] So etwa LAUB 1980, 211f.

traditionellen Revelationsschema. Mittels der Jom Kippur-Typologie deutet Hebr das gegenwärtige Wirken des Erhöhten neu: Es entspricht typologisch dem Wirken des Hohenpriesters im Tempel am Jom Kippur nach vollzogenem Blutritus. Erst bei der Parusie wird der himmlische Hohepriester wieder aus dem himmlischen Tempel hervortreten, um den Seinen heilvoll zu erscheinen.

Ein Appendix hebt auf die Bedeutsamkeit für die Adressaten ab. Die pragmatische Spitze der Argumentation in Hebr 9,24–28 ist die Bestimmung der Gegenwart des erhöhten und der Zukunft des wiederkommenden Christus (V.24.28) als heilvoll für die Adressaten. Dazu dienen die Ausführungen zur nicht ergänzungsbedürftigen soteriologischen Wirkung seines einmaligen Opfers.

4.8.1 Analyse

Stellung im Kontext. Nach dem rechtsmetaphorischen Einschub Hebr 9,15–17 wandte sich Hebr in 9,(18–22.)23 wieder dem Wirken Christi im himmlischen Heiligtum zu und knüpfte damit an 9,11f an. Schon 9,13f und 9,22f hatten die Bedeutsamkeit von Christi Eintritt ins himmlische Heiligtum kulttheologisch erläutert[326]. Dies wird in 9,24–28 fortgeführt.

Die Bedeutung dieses Geschens wird dreifach im Gegenüber zum irdischen Kult entfaltet: (1.) in V.13f anthropologisch (innere statt bloß äußerlicher Reinigung); (2.) in V.23 im Rahmen der Urbild-Abbild-Relation (Reinigung der himmlischen Urbilder, nicht nur der irdischen Abbilder); (3.) in V.24–28 im Blick auf Zeitlichkeit bzw. Ewigkeitsbedeutung (einmaliges, nicht wiederholtes Opfer).

Zugleich verbindet V.24–28 die beiden Aspekte des himmlischen Wirkens Christi – sein Opfer und seine Interzession – und setzt sie zueinander ins Verhältnis (vgl. zu V.27f). Ist also Kp. 9 das Zentrum der kulttheologischen Argumentation des Hebr, so bildet V.24–28 den Abschluss und führt die in 1,3 bzw. in 2,17f eingeführten hohepriesterlichen Funktionen Christi – Reinigung von Sünden (durchs Opfer) und Fürbitte[327] – zusammen.

Aufnahme von Traditionen. V.26. Wie ein Vergleich von Hebr 9,26 mit I Petr 1,20; I Joh 3,5 zeigt, greift Hebr hier auf traditionelle Vorstellungen und Formulierungen zurück (vgl. die Übersicht auf der folgenden Seite). Mit diesem Rückgriff bezieht sich Hebr auf eine traditionelle christologische Aussage, und zwar die von der endzeitlichen Erscheinung Christi, der vor bzw. von Grundlegung der Welt an von Gott erkannt, ausersehen, erwählt usw. war. Traditionell ist die Gegenüberstellung von ἀπό (bzw. πρό) καταβολῆς κόσμου und συντελεία τῶν αἰώνων bzw. ἔσχατον τῶν χρόνων, also Welturspung und Zeitenende; ebenso die Verwendung der Erschei-

---

[326] ↑ III.5.2.2; III.5.3.

[327] Dass Christus im himmlischen Heiligtum Fürbitte übt, geht schon aus Hebr 7,25; 9,24 hervor. Dagegen wird die Fürbitte des Hohenpriesters im Heiligtum am Jom Kippur in Lev 16 nicht erwähnt. Wohl aber findet sie sich in anderen Quellen. Vgl. dazu den Exkurs über den Kultvollzug im Heiligtum am Jom Kippur ↑ III.4.5.

nungsterminologie (φανεροῦσθαι)[328], welche der endzeitlichen Offenbarung Christi auf Erden bzw. »im Fleisch« zugeordnet ist[329] (so I Tim 3,16: ἐφανερώθη ἐν σαρκί κτλ.[330]); dies wird herkömmlich als »Revelationsschema«[331] bezeichnet. Eine Verbindung der Erscheinungsaussage mit der Sündenvergebung bzw. -wegschaffung findet sich neben Hebr 9,26 noch in I Joh 3,5, sie wird ebenfalls traditionell sein.

Hebr 9,26	*I Petr 1,20*
ἐπεὶ ἔδει αὐτὸν πολλάκις παθεῖν ἀπὸ καταβολῆς κόσμου· νυνὶ δὲ ἅπαξ ἐπὶ συντελείᾳ τῶν αἰώνων [...] πεφανέρωται	προεγνωσμένου μὲν πρὸ καταβολῆς κόσμου φανερωθέντος δὲ ἐπ᾽ ἐσχάτου τῶν χρόνων δι᾽ ὑμᾶς

	I Joh 3,5	*I Petr 1,20*
[...] εἰς ἀθέτησιν ἁμαρτίας διὰ τῆς θυσίας αὐτοῦ πεφανέρωται	καὶ οἴδατε ὅτι ἐκεῖνος ἐφανερώθη, ἵνα τὰς ἁμαρτίας ἄρῃ	[φανερωθέντος δέ ...] δι᾽ ὑμᾶς

V.28. In V.28 ist die Formulierung von LXX Jes 53,12 über den Gottesknecht[332] aufgenommen[333]: καὶ αὐτὸς ἁμαρτίας πολλῶν ἀνήνεγκεν. Auch I Petr 2,22.24 nimmt auf Jes 53 Bezug, wobei in I Petr 2,24 (ὃς τὰς ἁμαρτίας ἡμῶν αὐτὸς ἀνήνεγκεν) ebenso ein Anklang an LXX Jes 53,12 vorliegt wie in Hebr 9,28[334]:

LXX Jes 53,12	*Hebr 9,28*	*I Petr 2,24*
[...] καὶ αὐτὸς ἁμαρτίας πολλῶν ἀνήνεγκεν καὶ διὰ τὰς ἁμαρτίας αὐτῶν παρεδόθη	οὕτως καὶ ὁ Χριστὸς ἅπαξ προσενεχθεὶς εἰς τὸ πολλῶν ἀνενεγκεῖν ἁμαρτίας [...]	ὃς τὰς ἁμαρτίας ἡμῶν αὐτὸς ἀνήνεγκεν ἐν τῷ σώματι αὐτοῦ ἐπὶ τὸ ξύλον [...]

---

[328] Weitere Belege bei BRAUN 1984, 284.

[329] Vgl. noch Herm sim IX 12,3 (89,3): [...] ἐπ᾽ ἐσχάτων τῶν ἡμερῶν [vgl. Hebr 1,2] τῆς συντελείας φανερὸς ἐγένετο [...] [vgl. Hebr 9,26]; dies im tempeltheologischen Kontext von sim IX, doch ohne opferkultische Deutung.

[330] Hier aber ohne expliziten eschatologischen Bezug und im Schema von Erniedrigung und Erhöhung, das an den anderen angeführten Stellen fehlt, die stattdessen das eschtologische Ereignis in der irdischen Offenbarung des verborgenen himmlischen Ratschlusses Gottes erblicken.

[331] Vgl. dazu ATTRIDGE 1989, 265; WEISS 1991, 490; GOPPELT 1978, 125f.

[332] Dass eine frühjüdische Tradition über die Gestalt des leidenden Gottesknechts aufgegriffen sei (zur Kritik vgl. ISAACS 1992, 149), wird damit jedoch nicht postuliert.

[333] Vgl. – für viele – ATTRIDGE 1989, 266; GRÄSSER 1993, 198; SCHUNACK 2002, 133; ferner SCHRÖGER 1968, 203; weitere bei ISAACS 1992, 149 Anm. 5.

[334] Zur Aufnahme von LXX Jes 53,12 in I Petr 2,24 vgl. GOPPELT 1978, 209f; BROX 1979, 138; DAVIDS 1990, 112f; ELLIOTT 2000, 532. Ein weiteres Zitat aus LXX Jes 53,12 (καὶ ἐν τοῖς ἀνόμοις ἐλογίσθη) bietet Lk 22,37. Die Fassung des Lk (καὶ μετὰ ἀνόμων ἐλογίσθη) weicht von der LXX (nach den uns überkommenen Haupthandschriften) geringfügig ab.

Aufbau. Eine begründete Kompositionsanalyse zu V.24–28 liegt bisher nicht vor. Die Einsicht in den Aufbau ist hier jedoch besonders wichtig für das Verständnis der Argumentation.

V.24   *I. 1*   [24] οὐ γὰρ εἰς χειροποίητα εἰσῆλθεν ἅγια Χριστός, ἀντίτυπα τῶν ἀληθινῶν,

         2   ἀλλ' εἰς αὐτὸν τὸν οὐρανόν, νῦν ἐμφανισθῆναι τῷ προσώπῳ τοῦ θεοῦ ὑπὲρ ἡμῶν·

V.25f   *II. 1*   [25] οὐδ' ἵνα πολλάκις προσφέρῃ ἑαυτόν, ὥσπερ ὁ ἀρχιερεὺς εἰσέρχεται εἰς τὰ ἅγια κατ' ἐνιαυτὸν ἐν αἵματι ἀλλοτρίῳ, [26] ἐπεὶ ἔδει αὐτὸν πολλάκις παθεῖν ἀπὸ καταβολῆς κόσμου·

         2   νυνὶ δὲ ἅπαξ ἐπὶ συντελείᾳ τῶν αἰώνων εἰς ἀθέτησιν ἁμαρτίας διὰ τῆς θυσίας αὐτοῦ πεφανέρωται.

V.27f   *III. 1*   [27] καὶ καθ' ὅσον ἀπόκειται τοῖς ἀνθρώποις ἅπαξ ἀποθανεῖν, μετὰ δὲ τοῦτο κρίσις,

         2   [28] οὕτως καὶ ὁ Χριστὸς ἅπαξ προσενεχθεὶς εἰς τὸ πολλῶν ἀνενεγκεῖν ἁμαρτίας ἐκ δευτέρου χωρὶς ἁμαρτίας ὀφθήσεται τοῖς αὐτὸν ἀπεκδεχομένοις εἰς σωτηρίαν.

Es handelt sich in V.24–28 um drei je zweigliedrige Aussagen (I–III), bei denen jeweils im zweiten Gliede die Eigenart des Wirkens Christi geschildert wird. Die Aussagen (I) und (II) sind jeweils als Gegensatzpaare gestaltet (οὐ – ἀλλά, οὐδέ – νυνὶ δέ), die dritte als Entsprechung (καθ' ὅσον – οὕτως). Jede der drei Aussagen bietet in ihrem je zweiten Gliede ein Verb des Erscheinens bzw. Sehenlassens (V.24: ἐμφανισθῆναι, V.26: πεφανέρωται, V.28: ὀφθήσεται) als Aussage über Christus, und dieses zweite Glied enthält jeweils eine Angabe, welche die Gegenwärtigkeit bzw. die Zukünftigkeit des Beschriebenen bezeichnet (V.24: νῦν, V.26: νυνὶ δέ, V.28: ἐκ δευτέρου).

Die ersten beiden Aussagen vergleichen das Wirken Christi (je im zweiten Glied) mit demjenigen des irdischen Hohenpriesters (je im ersten Glied), die dritte vergleicht es (wiederum im zweiten Glied) mit dem menschlichen Geschick überhaupt (hier im ersten Glied). Dem Inhalt nach stellt die erste Aussage (I) das Eintreten in irdisches bzw. himmlisches Heiligtum einander gegenüber; die zweite (II) vielfaches und einmaliges Geschehen; die dritte (III) stellt die Entsprechung zwischen dem einmaligen menschlichen Todesgeschick und der Einmaligkeit der Darbringung Christi heraus. Diese Gliederung wird im folgenden vorausgesetzt; mit den Angaben I.1, II.1, III.1 usw. wird auf sie verwiesen.

Es ergibt sich, wie die auf der folgenden Seite gebotene Übersicht zeigt, eine Gegenüberstellung des Wirkens des irdischen Hohenpriesters und des Wirkens Christi:

Irdischer Hoherpriester	Christus
εἰσέρχεσθαι εἰς χειροποίητα [I.1] (= εἰς τὰ ἅγια [II.1])	εἰσέρχεσθαι εἰς αὐτὸν τὸν οὐρανόν [I.1]
εἰσέρχεσθαι ἵνα πολλάκις προσφέρηταί τι [II.1] (= κατ᾽ ἐνιαυτόν [II.1])	φανεροῦσθαι ἅπαξ εἰς ἀθέτησιν ἁμαρτίας διὰ τῆς θυσίας τινός [II.2]
εἰσέρχεσθαι ἐν αἵματι ἀλλοτρίῳ [II.1]	προσφέρειν σεαυτόν [II.1] = θυσία τινός [II.2]

4.8.2 Einzelauslegung

V.24f. Eintritt Christi in den Himmel zu einmaliger Selbstdarbringung und gegenwärtigem Wirken für »uns«. Strukturiert die Differenz von Vergangenheit (V.25–27), Gegenwart (V.24) und Zukunft (V.28) die Argumentation, so steht doch die Gegenwart betont voran. Entsprechend wird mit νῦν V.24 die Gegenwartsbedeutung des geschilderten Geschehens herausgestellt. Dies geschieht, indem das Vergangene (der einmal vollzogene Eintritt in den Himmel) final der Gegenwart zugeordnet wird. So bestimmt V.24 den Zweck des Eintritts Christi in den Himmel: νῦν ἐμφανισθῆναι τῷ προσώπῳ τοῦ θεοῦ ὑπὲρ ἡμῶν. Er gilt dem Wirken »für uns«. Der Aorist ἐμφανισθῆναι, ingressiv zu fassen[335], lässt das Erscheinen Christi vor Gott auf den Eintritt folgen und noch die Gegenwart prägen: Christi gegenwärtiges Wirken aktualisiert die Relevanz seines abgeschlossenen Heilswerkes. Die Vorordnung der Gegenwart zeigt damit das Gefälle der Argumentation in 9,24–28 an: Sie zielt auf die Bestimmung dessen, was gegenwärtig (und dann zukünftig, vgl. V.28) von Christus und seinem Wirken in seiner Bedeutung für die Adressaten zu sagen ist. So ist der himmlische Aspekt der gegenwärtigen und zukünftigen Bedeutsamkeit Christi für »uns« zugeordnet[336].

Aus dem komplexen Gefüge der V.24–26 lassen sich, gekürzt und vereinfacht, folgende zwei Sätze herausschälen:

Οὐ γὰρ εἰς χειροποίητα εἰσῆλθεν ἅγια Χριστός, ἀλλ᾽ εἰς αὐτὸν τὸν οὐρανόν.

Νυνὶ δὲ ἅπαξ ἐπὶ συντελείᾳ τῶν αἰώνων εἰς ἀθέτησιν ἁμαρτίας διὰ τῆς θυσίας αὐτοῦ πεφανέρωται.

Subjekt und Prädikat des ersten Satzes, Χριστὸς εἰσῆλθεν, beherrschen noch V.25. Sinngemäß wird hier gesagt: Χριστὸς εἰσῆλθεν εἰς αὐτὸν τὸν οὐρανόν οὐδ᾽ ἵνα πολλάκις προσφέρῃ ἑαυτόν, ›Christus ist auch nicht in den Himmel selbst eingetreten, um sich selbst vielmals darzubringen‹. V.24–26 stellen dem κατ᾽ ἐνιαυτόν des irdischen Kults das οὐδ[έ ...]

---

[335] So auch NISSILÄ 1979, 204.
[336] Vgl. die textpragmatische Analyse bei NISSILÄ 1979, 197–217, hier bes. 201–206. 208f.215.

πολλάκις (der Sache nach also: das ἅπαξ) des Werkes Christi gegenüber. Die οὐδ[έ]-Aussage will also die denkbare Möglichkeit von Wiederholungen der Selbstdarbringung Christi im Himmel verneinen, nicht jedoch die Selbstdarbringung Christi im Himmel selbst. M.a.W.: Der Eintritt in den Himmel hat die dort zu vollziehende Selbstdarbringung zum Ziel (ἵνα [...] προσφέρῃ ἑαυτόν), was sachlich mit 8,3 mit 7,27 übereinstimmt.

Eine weitere Beobachtung ist zu ergänzen. Die irdischen Hohenpriester bringen im Allerheiligsten nicht nur nicht sich selbst, sondern nach der Tradition gar nichts dar. Wie bereits Young[337] herausgestellt hat, gibt es zu der Formulierung des Hebr in 9,7 ([...] οὐ χωρὶς αἵματος ὃ προσφέρει [...]) keine alttestamentlichen oder frühjüdischen Entsprechungen. Die Blutsprengung im Allerheiligsten wird nicht als Darbringung eines Opfers bezeichnet. Mit der Formulierung des V.7 hat Hebr den Kultakt im Allerheiligsten als Opferdarbringung gedeutet, also die Jom Kippur-Typologie, abweichend von den religionsgeschichtlichen Kontexten, von vornherein daraufhin entworfen, das himmlische Wirken Christi, analog zu dem des Hohenpriesters im irdischen Allerheiligsten, als ein Opfer bezeichnen zu können.

V.26. Einmaliges irdisches Erscheinen und einmaliges himmlisches Opfer. Nach V.26 zielte das Erscheinen Christi auf die Aufhebung der Sünde mittels seines Opfers. Wann und wo das Opfer stattfand, ist damit nicht gesagt; doch denkt die Exegese der letzten etwa 150 Jahre dabei an irdisches Geschehen, da mit πεφανέρωται zweifellos das Erscheinen auf Erden gemeint ist[338]. Diese Auffassung steht jedoch in Widerspruch zu den Aussagen von 8,3 mit 7,27 und 9,24f über das himmlische Selbstopfer Christi. So ist zu vermuten, dass auch in V.26 von einer himmlischen θυσία die Rede ist. Dass dies in der Tat der Fall ist, wird im folgenden begründet.

Entscheidend für das Verständnis von V.26 ist der Argumentationszusammenhang zwischen dem irrealen ἐπεὶ ἔδει αὐτὸν πολλάκις παθεῖν (II.1) und dem νυνὶ δὲ ἅπαξ [...] πεφανέρωται (II.2). Der mit νυνὶ δὲ beginnende Satz in V.26 (II.2) führt – über den Nebensatz ἐπεὶ ἔδει αὐτόν κτλ. hinweg – die Ausführungen über das alljährliche Eintreten des irdischen Hohenpriesters in V.25 fort. Verneint wird, dass sich die Analogie zwischen dem Wirken des irdischen Hohenpriesters und demjenigen Christi auch auf die vielmaligen Wiederholungen erstreckt.

Der Sinn der Aussage ist – rein sprachlich – eindeutig: Wäre Christus in den Himmel eingetreten, um sich selbst vielfach darzubringen (V.25), dann »hätte er vielfach leiden müssen seit Grundlegung der Welt« (ἐπεὶ ἔδει αὐτὸν πολλάκις παθεῖν ἀπὸ καταβολῆς

---

[337] YOUNG 1981, bes. 207f. Seine eigene Auslegung, wonach Hebr den Kreuzestod Christi als Opfer deuten wolle, bleibt dennoch unbefriedigend.
[338] Vgl. den Exkurs zur Auslegungsgeschichte ↑ III.4.7.

κόσμου). Es handelt sich um eine Aussage im Irrealis über ein unter bestimmten Bedingungen als notwendig zu betrachtendes, aber tatsächlich nicht eingetretenes Ereignis in der Vergangenheit; daher wäre wörtlich zu übersetzen: »demnach würde er vielfach gelitten haben müssen«[339]. M.a.W., fortgesetzte Wiederholungen von Christi Selbstdarbringung im Himmel in Gegenwart und Zukunft wären nur dann als möglich denkbar, wenn man auch auf mehrfach wiederholtes Todesleiden Christi in der Vergangenheit zurückblicken könnte, er also seit Grundlegung der Welt vielfach auf Erden gelitten haben würde[340].

Die Argumentation zielt also nicht darauf, den Gedanken eines vielfachen Leidens Christi durch den Hinweis auf dessen offenkundige Absurdität zurückzuweisen[341], sondern darauf, die Möglichkeit wiederholten himmlischen Opfervollzugs auszuschließen. Darum wird herausgestellt, was freilich schon der Tradition bekannt war, dass das Erscheinen (und damit das Todesleiden) Christi auf Erden als eschatologisches Ereignis nicht bloß für einen begrenzten Abschnitt der Geschichte bedeutsam war (so dass es von Zeit zu Zeit hätte wiederholt werden müssen), sondern in seiner Bedeutsamkeit alle Zeit von der Erschaffung der Welt bis zum Ende umfasst. Dies ist – wie gesagt – keine neue Einsicht des Hebr; der Vf. übernimmt sie aus dem traditionellen Revelationsschema, aktualisiert sie aber an dieser Stelle eigens, um sie auch für das Geschehen im himmlischen Heiligtum beanspruchen zu können. Denn dieses Geschehen wird in V.25f mittels der Verbindung von Jom Kippur-Typologie und Revelationsschema an das einmalige irdische Erscheinen und Todesleiden Christi angebunden: Weil Eintritt ins Allerheiligste und himmlisches Selbstopfer in der Fluchtlinie des einmaligen, eschatologischen irdischen Erscheinens liegen, haben sie Anteil an deren eschatologischer Einmaligkeit und Endgültigkeit, bedürfen also keiner Wiederholung.

Die Aussage in II.2 über das einmalige Erscheinen Christi zum Zwecke der Sündenaufhebung durch sein Opfer geht also von dem zuvor (II.1) dargelegten Gedanken aus, dass der Eintritt in das himmlische Heiligtum und

---

[339] Vgl. BDR 289, § 358,1²; ZERWICK/GROSVENOR 1996, 674 z.St.

[340] Nicht ist dagegen in V.26 gesagt, dass Christus immer wieder neu auf dem Wege irdischen Leidens und Sterbens zum Himmel gelangen müsste, um sich dort immer neu opfern zu können. Vielmehr wird für das gegenwärtige himmlische Geschehen wiederholtes Selbstopfer Christi ausgeschlossen mit dem Argument, dass das ja wiederholtes, bereits zurückliegendes irdisches Leiden voraussetzen würde. (Zur sprachlichen Begründung vgl. DELITZSCH 1989 (1857), 434f; v. HOFMANN 1873, 369f; erwogen bei SCHUNACK 2002, 132.) – Zugrunde liegt dieser Argumentation die aus 9,11f bekannte Anschauung des Hebr, dass für eine himmlische Selbstdarbringung, gleichsam als Opfermaterie, der Ertrag eines gelebten irdischen Lebens erforderlich ist; *ein* himmlisches Opfer kann daher immer nur *einem* irdischen Leben (und Leiden) entsprechen. Die Einmaligkeit des himmlischen Opfers ergibt sich somit aus der Einmaligkeit des irdischen Lebens Christi.

[341] So etwa SPICQ 1953, 268; ATTRIDGE 1989, 264.

das himmlische Selbstopfer das vorherige Erscheinen auf Erden und das irdische Leiden voraussetzen, dass sie dadurch ermöglicht werden. Von hier aus ist nun die knappe Formulierung von II.2 zu interpretieren:
In II.2 ist von der Einmaligkeit von Christi irdischem Erscheinen die Rede. Dabei ist das Todesleiden (vgl. παθεῖν V.26 [II.1]) mit im Blick. Die Rede vom Erscheinen Christi in der Welt ist als Abbreviatur für die Annahme der menschlichen Daseinsweise[342] (der σάρξ, 5,7), des menschlichen Geschicks und des damit verbundenen Todesleidens zu lesen. Deshalb wird dann V.27 das menschliche Geschick in die Worte fassen: ἀπόκειται τοῖς ἀνθρώποις ἅπαξ ἀποθανεῖν. Der Einmaligkeit des unentrinnbaren Sterbens V.27 entspricht die eschatologische Einmaligkeit des Erscheinens Christi auf Erden V.26; und dieses Erscheinen war eben die Annahme jenes menschlichen Geschicks, das unentrinnbar auf den Tod zuläuft.

Diese Interpretation von V.26(f) entspricht den einschlägigen Ausführungen des Hebr an anderen Stellen: So ist von der Annahme des menschlichen Geschicks und des damit verbundenen Todesleidens 2,14f die Rede, wobei die Einmaligkeit des Todes Christi als Heilsereignis geschildert wird, und im Kontext argumentiert Hebr, dass Christi irdischer Weg durch Leid und Tod zum Himmel und damit zur Einsetzung Christi in den hohepriesterlichen Dienst führt, wie Kp. 2, kulminierend in der Einführung des ἀρχιερεύς-Prädikats, darlegt (ἵνα ἐλεήμων γένηται καὶ πιστὸς ἀρχιερεύς [...] εἰς τὸ ἱλάσκεσθαι τὰς ἁμαρτίας τοῦ λαοῦ 2,17). Der zuletzt zitierte Vers macht zugleich deutlich, dass der Vollzug der Sühne (εἰς τὸ ἱλάσκεσθαι κτλ.) an das vorausgehende Erlangen des himmlischen Hohepriestertums und an den Weg dorthin geknüpft war. Ebenso schildern 5,8–10 den Weg Christi durch das Leiden (ἔμαθεν αφ' ὧν ἔπαθεν V.8) zum Hohepriestertum. Diese Zusammenhänge sind in der Erwähnung des πάσχειν Christi 9,26 in Erinnerung gerufen.

Nach dieser Deutung von V.26 sind das πεφανέρωται sowie die Leidensaussage auf den irdischen Weg Christi zu beziehen; die θυσία dagegen ist als himmlisches Opfer Christi zu verstehen. Damit lässt sich eine weitere Beobachtung verknüpfen:
Ellingworth macht darauf aufmerksam, dass die Aussagen von V.26 und V.28 einander in Aufbau und Aussage entsprechen[343]:

V.26 (1) ἅπαξ [...] (2) εἰς ἀθέτησιν ἁμαρτίας (3) διὰ τῆς θυσίας αὐτοῦ

V.28 (1) ἅπαξ [...] (2) εἰς τὸ πολλῶν ἀνενεγκεῖν ἁμαρτίας (3) προσενεχθείς

Die beiden Opferaussagen – jeweils (3) – bezeichnen denselben Sachverhalt. Und wie Riggenbach darlegt[344], beziehen sich V.25.28 mit der jewei-

---

[342] Vgl. 10,5: εἰσερχόμενος εἰς τὸν κόσμον λέγει· [...] σῶμα δὲ κατηρτίσω μοι.
[343] Vgl. ELLINGWORTH 1993, 482.
[344] RIGGENBACH 1922, 289 (»Der Gebrauch des gleichen Verb.[ums] wie v. 25 wäre geradezu irreleitend, wenn die Bedeutung des Wortes an den beiden Stellen eine ganz verschiedene wäre«).

ligen Verwendung von προσφέρειν ebenfalls auf dasselbe Ereignis. So ist in der θυσία-Aussage V.26 ebenso wie in den beiden προσφέρειν-Aussagen V.25.28 das himmlische Selbstopfer Christi gemeint. Eine sprachliche Einzelheit bestätigt das:

Der Ausdruck θυσία αὐτοῦ bezeichnet den Akt einer Opferung/Opferdarbringung und damit das Subjekt (αὐτός) als denjenigen, welcher diesen Akt vollzieht. Der Ausdruck bezeichnet damit kein Selbstopfer (was προσφορά ἑαυτοῦ heißen müsste). Hervorgehoben ist vielmehr der Opfernde als der priesterlich Aktive[345]. Dagegen charakterisiert der Vf. das Sterben Christi als Todesleiden und wählt mit παθεῖν »Leiden, Erleiden« (V.26) eine die Passivität betonende Formulierung.

V.25 betont mit reflexivem προσφέρειν ἑαυτόν die Selbstdarbringung des Erhöhten. In formalem Unterschied dazu bezeichnet θυσία αὐτοῦ ›ihn‹ (Christus) als aktives Subjekt der Opferhandlung. Damit wird innerhalb von V.26 der Gegensatz von passivem Todesleiden (παθεῖν) und aktivem Opfervollzug (θυσία αὐτοῦ) herausgestellt, wobei beides respektive als himmlisches bzw. irdisches Geschehen anzusprechen ist[346].

V.24f legten dar: Christi Eintritt ins himmlische Allerheiligste zielte auf seine einmalige Selbstdarbringung (V.24 εἰσῆλθεν [...] Χριστός εἰς αὐτὸν τὸν οὐρανόν, V.25 οὐδ' ἵνα πολλάκις [d.h.: ἵνα ἅπαξ[347]] προσφέρῃ ἑαυτόν). Nichts anderes sagt in der Sache auch V.26: Das Erscheinen, Leiden und Sterben Christi auf Erden wurde ihm zum Zugang zum Himmel. In diesem Sinne zielt das Erscheinen Christi in der Welt auf die Aufhebung der Sünde durch sein Opfer (εἰς ἀθέτησιν ἁμαρτίας διὰ τῆς θυσίας αὐτου πεφανέρωται V.26): Es zielt darauf in dem Sinne, dass Christus durch sein Erscheinen in der Welt und durch das damit verbundene Todesleiden den Zugang zum himmlischen Allerheiligsten nahm. Dort brachte er sein Opfer dar und annullierte dadurch die Sünde. Damit erst ist die Parallelität der beiden finalen Aussagen V.24f/V.26[348] erklärt: Beide benennen das himmlische Opfer Christi als das Ziel seines Weges, wobei in V.24 der Eintritt ins himmlische Allerheiligste genannt wird, V.26 aber mit der Erscheinungsaussage den Zusammenhang von irdischem Leben, Leiden und Sterben und Zugang zum Himmel voraussetzt. Der argumentative Gewinn von

---

[345] Das Nomen θυσία kann »Opferung; Opfer; Opfermahl« heißen (so THYEN 1992, 399 [Überschrift]). Im Hebr begegnet es häufig als Akkusativobjekt zu Formen von προσφέρω (5,1; 7,27; 8,3 u.ö.). In 9,26 ist mit θυσία wegen des instrumentalen διά c. Gen. sowie aufgrund der inhaltlichen Entsprechung zu προσφέρειν ἑαυτόν (V.25) der Vorgang der Opferung/Darbringung gemeint.

[346] Die Wahl von ἑαυτόν in V.25 lässt den Kontrast hervortreten. Sie spricht auch dagegen, das αυτου der Handschriften in V.26 etwa als αὐτοῦ zu lesen.

[347] Zur doppelten Negation οὐ πολλάκις = ἅπαξ vgl. die doppelte Negation οὐ χωρὶς αἵματος V.7 = ἐν αἵματι V.25.

[348] οὐδ' ἵνα πολλάκις [=ἵνα ἅπαξ] προσφέρῃ ἑαυτόν und εἰς ἀθέτησιν [...] διὰ τῆς θυσίας αὐτοῦ.

V.25f über V.24f hinaus besteht in der Begründung der eschatologischen Einmaligkeit und Endgültigkeit des himmlischen Opfers aufgrund der Anbindung an das Revelationsschema.

Ein Blick auf Hebr 13,11f. Die hier gebotene Auslegung von Hebr 9,26 wird abschließend bestätigt durch die formale und inhaltliche Parallele in Hebr 13,12[349].

9,26 (1) [Ἰησοῦς] (2) εἰς ἀθέτησιν ἁμαρτίας διὰ τῆς θυσίας (3) πεφανέρωται.
αὐτοῦ

13,12 (1) Ἰησοῦς, (2) ἵνα ἁγιάσῃ διὰ τοῦ ἰδίου αἵματος τὸν (3) ἔξω τῆς πύλης
λαόν, ἔπαθεν.

Heißt es in 9,26: [Ἰησοῦς ...] πεφανέρωται, so formuliert 13,12: Ἰησοῦς [...] ἔπαθεν. Jeweils wird im Hauptsatz ([1]+[3]) die Erscheinung Christi auf Erden, die ja laut 9,26 eng mit seinem παθεῖν verbunden ist, bzw. dieses Leiden selbst (so in 13,12) genannt. Das irdische Erscheinen und Todesleiden (dieses ist selbstverständlich gemeint) ist dabei jeweils in einer finalen Aussage (2) auf die Sündenvergebung bzw. Heiligung hingeordnet, von der es heißt, dass Christus sie mittels seines Opfers (διὰ τῆς θυσίας αὐτοῦ 9,26) bzw. mittels seines eigenen Blutes (διὰ τοῦ ἰδίου αἵματος[350] 13,12) erwirkt habe. Auch dabei ist jeweils derselbe Sachverhalt im Blick. Beide Sätze sind also inhaltlich wie formal parallel gebaut. Wie nun der finale Zusammenhang von Erscheinen bzw. Leiden und kultischem Akt zu verstehen ist, das lehrt der Kontext von 13,12. Auch dort verwendet Hebr, wie in 9,24–28, die Jom Kippur-Typologie[351]. Sinntragend ist hier die Opposition des εἰσφέρεται in V.11 zum ἐξερχώμεθα des V.13, welche auf der des »Innen« (des Allerheiligsten) zum »Außen« (des profanen Bezirks außerhalb des Lagers) beruht. Dem ἔξω τῆς παρεμβολῆς der Verbrennung (V.11) nämlich, so erläutert er, entspricht beim Leiden Christi das ἔξω τῆς πύλης (V.12). Dem irdischen Leiden Christi entspricht mithin im Jom-Kippur-Ritual die profane Verbrennung der Kadaver der Opfertiere außerhalb des Lagers[352]. Seinem kultischen Akt διὰ τοῦ ἰδίου αἵματος dagegen entspricht die Blutsprengung des Hohenpriesters im Allerheiligsten[353]:

---

[349] Für eine ausführlichere Auslegung von Hebr 13,11f ↑ III.6.3.2.

[350] Vgl. dagegen vom Eintritt des irdischen Hohenpriesters ins irdische Allerheiligste Hebr 9,25: ἐν αἵματι ἀλλοτρίῳ. Auch in 13,12 steht der Vergleich mit dem Tun des irdischen Hohenpriesters im Hintergrund. Hier zeigt sich die bis ins einzelne gehende Konsistenz der in Kp. 9 und Kp. 13 durchgeführten Jom Kippur-Typologie.

[351] Vgl. ὧν γὰρ εἰσφέρεται ζῴων τὸ αἷμα περὶ ἁμαρτίας εἰς τὰ ἅγια διὰ τοῦ ἀρχιερέως V.11.

[352] Wenn 𝔓[46] in V.12 statt ἔξω τῆς πύλης wie in V.11 liest: ἔξω τῆς παρεμβολῆς, so gibt er mit dieser vermeintlichen (allerdings anachronistischen) Verbesserung zu erkennen, dass er die beschriebene typologische Auslegung des Hebr verstanden hat: Das Sterben »außerhalb des Tores« entspricht dem Verbrennen »außerhalb des Lagers«. Hebr kann einmal von der παρεμβολή, dann von der πύλη reden, weil der frühjüdischen Auslegung das »Lager« der Wüstenzeit Israels für Jerusalem steht. ↑ III.6.3.1.

[353] Darauf hat schon DAVIES 1968, 387, aufmerksam gemacht: »In 13,11–13 the parallelism is particularly instructive: Jesus' death corresponds to the burning of the bodies outside the camp, but the sanctifying of the people by his blood – i.e. the work of redemption – corresponds to the bringing of his blood (εἰσφέρεται) into the Holy Place«.

	Jom Kippur (13,11)	*Christus-Ereignis (13,12)*
Kultvollzug mit Blut im Allerheiligsten	εἰσφέρεται ζῴων τὸ αἷμα περὶ ἁμαρτίας εἰς τὰ ἅγια διὰ τοῦ ἀρχιερέως	ἵνα ἁγιάσῃ διὰ τοῦ ἰδίου αἵματος τὸν λαόν
Profanes Geschehen außerhalb des Lagers / des Tores	τούτων τὰ σώματα κατακαίεται ἔξω τῆς παρεμβολῆς.	Ἰησοῦς ἔξω τῆς πύλης ἔπαθεν

Die Brachylogie von 13,12 (mit V.11) ist demnach folgendermaßen aufzulösen: ›Wie im irdischen Jom-Kippur-Ritual das Blut der Tiere ins Allerheiligste gebracht wird, wohingegen die Kadaver außerhalb des Lagers verbrannt werden, so hat auch Christus sein schmachvolles Todesleiden als profanes Geschehen außerhalb der sakralen Sphäre ertragen, um dann im himmlischen Allerheiligsten mittels seines eigenen Blutes die Heiligung zu erwirken‹. Dass in 13,12 keine Koinzidenz beider Vorgänge bzw. kein ›einheitlicher Vorgang‹ oder dergleichen gemeint sein kann (sowenig wie in V.11), liegt auf der Hand; die ganze Typologie wie die sinntragende Opposition von Allerheiligstem und ›Außerhalb des Lagers‹ würde sonst zerstört; die der beiden gegenläufigen Bewegungen (εἰσφέρεται V.11 – ἐξερχώμεθα V.13) ignoriert. Entsprechendes gilt auch für die Interpretation der Jom Kippur-Typologie in 9,24–28. So bietet 13,12 dieselbe Zuordnung von Todesleiden und Kultakt Christi wie 9,26, in genauer Entsprechung bis in den Satzbau hinein.

Zwischenergebnis zu V.25f. Es ergibt sich damit für Hebr 9,25f eine inhaltliche wie formale Entsprechung der Teile II.1 und II.2, die sich, paraphrasierend, folgendermaßen fassen lässt:

V.25f II. 1 [V.25] Christus ist nicht zu vielmaligem Selbstopfer ins himmlische Allerheiligste eingetreten [V.26] (wie die irdischen Hohenpriester vielfach mit Blut ins irdische Allerheiligste eintreten),

2 sondern durch sein einmaliges Erscheinen auf Erden und sein einmaliges Todesleiden erlangte er Zugang zum Himmel, in der Absicht, dort durch sein Opfer die Sünde zu annullieren.

Die aus der Tradition überkommene Überzeugung von der eschatologischen Einmaligkeit des Erscheinens Christi auf Erden wird aufgegriffen und in die Jom Kippur-Typologie eingefügt. Es ergibt sich, dass der durch das einmalige Erscheinen und Leiden auf Erden ermöglichte Eintritt Christi in den Himmel auch seinerseits an jener Einmaligkeit teilhat. Desgleichen hat auch das dadurch ermöglichte himmlische Selbstopfer Christi an der eschatologischen Einmaligkeit teil. Das gegenwärtige himmlische Sein und Wirken Christi bleibt dadurch bestimmt.

V.27f. Einmaliges Opfer zur Annullierung der Sünden und künftiges Wiedererscheinen bei der Parusie. Die Folge καθ᾽ ὅσον V.27 – οὕτως V.28 drückt nicht nur den Vergleich zweier Sachverhalte aus, sondern die Begründung des einen – der Einmaligkeit des Selbstopfers Christi V.28 – durch den anderen, nämlich durch die Unvermeidlichkeit des Todes als menschliches Geschick V.27[354]. Möglich ist diese Begründung, weil Christus das menschliche Geschick übernommen hat und weil sein himmlisches Selbstopfer (so V.26) deshalb einmalig und bleibend gültig ist, weil es sein irdisches Geschick voraussetzt und an dessen eschatologischer Einmaligkeit teilhat.

Dass mit demselben Verb wie in V.25 (προσφέρειν) hier auch dieselbe Sache gemeint ist wie dort, nämlich die himmlische Selbstdarbringung Christi, wurde bereits erwähnt[355]. Anders als in V.26 (und in V.25), betont die Opfer-Aussage der Form nach nun die Passivität Christi bei seinem Opfer (προσενεχθείς). Anders als in V.26, ist damit der für den irdischen Christus charakteristische Leidensgehorsams (vgl. παθεῖν V.26) in die Schilderung seines himmlischen Werkes übernommen. Darin mag der Gedanke des Gehorsams gegen Gott, der ja besonders nach 5,7–10 und dann wieder 10,5–10 den ganzen Weg Christi bestimmt, wirksam sein[356]: Die irdische Selbsthingabe in Leiden und Gehorsam führt Christus in den Himmel und kommt in seinem himmlischen Opfer zur Geltung.

Mit V.(27.)28 nimmt Hebr die Jom Kippur-Typologie wieder auf. Wenn er dabei von Christus sagen kann: ἅπαξ προσενεχθείς, so setzt das voraus, was V.26 mit den Worten ἐπεὶ ἔδει αὐτὸν πολλάκις παθεῖν ἀπὸ καταβολῆς κόσμου formuliert hatte. Christus hatte Anteil am menschlichen Todesgeschick (V.27) und gelangte so ins himmlische Allerheiligste. Gerade deshalb gilt von ihm auch: ἅπαξ προσενεχθεὶς εἰς τὸ πολλῶν ἀνενεγκεῖν ἁμαρτίας.

Die Bedeutung von ἀναφέρειν an dieser Stelle bedarf näherer Erwägung.

Schon die Frage nach verarbeiteten Traditionen ergab, dass LXX Jes 53,12 in Hebr 9,28 wie in I Petr 2,24 im Hintergrund steht. In LXX Jes 53,12 ist ἀναφέρειν (wie schon das φέρειν LXX Jes 53,4) aufgrund der hebräischen Entsprechungen (נשא V.4.12; סבל V.4.11) nicht im opferkultischen Sinne zu verstehen, sondern im Sinne des Aufhebens, Auf-sich-Nehmens, was sowohl als Fortschaffen, Beseitigen als auch als Erleiden, Büßen der Sünden(folge) gedeutet werden kann[357]. In I Petr 2,24 ist das Verb ἀναφέρειν, bezogen auf die Sünden, mit Richtungsakkusativ gebraucht (τὰς ἁμαρτίας ἡμῶν αὐτὸς ἀνήνεγκεν ἐν τῷ σώματι αὐτοῦ ἐπὶ τὸ ξύλον), so dass das »Tragen« hier nicht ein Auf-sich-Nehmen oder Büßen der Sünden (-folge), sondern das Wegtragen, Fortschaffen der Sünden meint. Doch mag daneben, vom häufigen kultischen Gebrauch von ἀναφέρειν in LXX her, eine Opferaussage bezüglich des σῶμα Christi mitschwingen[358]. Vom »Forttragen/Wegschaffen« (αἴρειν) der Sünden ist auch an der bereits zu Hebr 9,26 herangezogenen Stelle I Joh 3,5 die Rede. I Joh 3,5 seinerseits nimmt Joh 1,29 auf; schon dort

---

[354] So schon RIGGENBACH 288.

[355] Vgl. GRÄSSER 1993, 194: »[...] Selbsthingabe des Erhöhten (V 25) [...]« – »[...] προσφέρειν des Erhöhten (V 28) [...]«.

[356] Vgl. ELLINGWORTH 1993, 483: »in the light of 10:5ff, it is best to think of Christ as offering himself in sacrifice in submission to the will of God«.

[357] Vgl. WEISS 1973, 62,27–32.

[358] So SCHNEIDER 1954, 39,26–41; WEISS 1973, 63,21–29; KREMER 1992, 227; SCHELKLE 2002, 85; vgl. ferner die Kommentare zu Hebr 9,28 (s. Anm. 363); anders GOPPELT 1978, 209f, der an das Erleiden der Sündenstrafe denkt.

war das αἴρειν der Sünden, wie das ἀναφέρειν in I Petr 2,24, im Sinne des Forttragens, Beseitigens gemeint[359]. Zugleich ist hier mit der Bezeichnung Christi als ἀμνὸς τοῦ θεοῦ eine opferkultische Deutung (vermutlich im Sinne des Tamid-Opfers) intendiert; daneben schwingt eine Anspielung auf das Passa-Lamm sowie auf den Gottesknecht von Jes 53 mit (vgl. dort ἀμνός V.7)[360]. So überlagern sich die Bedeutungsebenen. Nicht auszuschließen ist daher, dass die opferkultische Bedeutung auch bereits in dem αἴρειν von Joh 1,29 und I Joh 3,5, neben der Hauptbedeutung »Forttragen, Wegschaffen«, mitschwingt[361].

Wie dem auch sei, es findet sich mehrfach die Verbindung von Opferaussagen einerseits und (primär) unkultischem »Wegtragen, -schaffen« (αἴρειν, ἀναφέρειν) der Sünden andererseits; teils in Aufnahme von LXX Jes 53,12. Die genannten Elemente finden sich auch in Hebr 9,26.28. In beiden Versen ist die Deutung des Heilswerks Christi als ἀθέτησις, »Aufheben« (Annullieren) der Sünden bzw. ἀναφέρειν, »Tragen« (Beseitigen, Tilgen) der Sünden dem Hebr bereits vorgegeben. Hebr greift also in V.26.28 traditionelle Formulierungen auf, die Christi Heilswerk als Bewältigung der Sünden, und zwar als ein (Fort-)Tragen, Beseitigen, Tilgen (αἴρειν, ἀναφέρειν) deuten. Diese Bedeutung ist auch für Hebr 9,26.28 in Anschlag zu bringen. Ob dabei – angesichts der Überlagerung der Bedeutungsaspekte von αἴρειν und ἀναφέρειν schon in der vorausliegenden Tradition – für Hebr an dieser Stelle noch eine Unterscheidung der opferkultischen und der nicht-opferkultischen Bedeutungen anzunehmen ist, darf bezweifelt werden.

Die Auslegung von V.26 zeigte, dass V.26.28 parallel aufgebaut sind. Die inhaltliche Übereinstimmung der jeweils dritten Satzteile wurde bereits benannt. Doch auch die jeweils zweiten Teile – also die beiden Finalaussagen – entsprechen einander. Beide bringen die Bewältigung der Sünden zum Ausdruck, auf die das Opfer Christi zielte. Was V.26 mit ἀθέτησις c. Gen. sagt, ist also nichts anderes als was V.28 mit ἀναφέρειν c. Acc. meint[362]: Durch das Opfer Christi werden die Sünden ein für alle mal an-

---

[359] Zu dieser Bedeutung von αἴρειν in I Joh 3,5 sowie zur Aufnahme von Joh 1,29 vgl. WENGST 1990, 131–134; SCHNACKENBURG 2002, 187.
[360] Vgl. (mit Unterschieden im einzelnen) ZAHN 1908, 118 m. Anm. 19; WILCKENS 1998, 40f; SCHNACKENBURG 2000, 285–288; ferner STUHLMACHER 1996a; SÖDING 1998, 186f.
[361] Diese Bedeutung nimmt STRECKER 1989, 162f an, der in I Joh 3,5 ebenfalls Joh 1,29 aufgenommen sieht, das αἴρειν hier aber (im Anschluss an JEREMIAS 1933, 185), anders als in LXX Jes 53,12, im Sinne von »wegnehmen, sühnend tilgen« versteht; ähnlich KLAUCK 1991, 187.
[362] Auf kompositorische Entsprechung und sachliche Nähe von ἀθέτησις V.26/ ἀναφέρειν V.28 macht auch WEISS 1991, 494 aufmerksam.

nulliert, weggenommen, getilgt[363]. Daher besagt ἀναφέρειν ἀμαρτίας 9,28 in der Sache dasselbe wie ἀφαιρεῖν ἀμαρτίας 10,4[364]. So ist in V.28 gesagt, dass das himmlische Wirken Christi von seinem einmaligen Opfer bestimmt bleibt und darin besteht, dieses vor Gott für »uns« geltend zu machen (vgl. V.24: νῦν ἐμφανισθῆναι τῷ προσώπῳ τοῦ θεοῦ ὑπὲρ ἡμῶν). Es ist die himmlische Gegenwart Christi (und damit die Gegenwart der Adressaten), die so ihre eindeutige soteriologische Bestimmung erhält. M.a.W., die Aufhebung der Sünde (ohne Artikel: Sünde überhaupt!) liegt dem Wirken Christi im Himmel in der Gegenwart zugrunde und wird auch seine Parusie prägen. Auf diese kommt V.28 zu sprechen mit den Worten ἐκ δευτέρου χωρὶς ἁμαρτίας ὀφθήσεται τοῖς αὐτὸν ἀπεκδεχομένοις εἰς σωτηρίαν.

Auch die Parusie kommt hier – wie der Weg Christi insgesamt – im Rahmen der Jom Kippur-Typologie zur Sprache. Hebr schildert Christi Weg als Eintritt in den Himmel selbst (V.24), wo er sich selbst darbringt (V.25.28) und wo er seither vor Gott für uns erscheint (V.24). Damit sind die beiden Aufgaben des Hohenpriesters am Jom Kippur aufgenommen: Er hat im Allerheiligsten den Sühnakt mit Blut sowie die Fürbitte vor Gott[365] zu vollziehen. Christus, der gegenwärtig zur Rechten Gottes für uns eintritt, wird erst bei der Parusie wieder aus dem himmlischen Heiligtum hervortreten (ἐκ δευτέρου [...] ὀφθήσεται V.28). So qualifiziert Hebr die Gegenwart im Rahmen der Jom Kippur-Typologie als die Zeit, während derer der Hohepriester fürbittend im היכל bzw. im Allerheiligsten verweilt, bevor er es wieder verlässt, um dem wartenden Volk (τοῖς αὐτὸν ἀπεκδεχομένοις) sichtbar zu werden[366].

---

[363] So die Mehrheit der Kommentare: BLEEK 1840, 604f; LÜNEMANN 1878, 307f; SPICQ 1953, 269f; BRUCE 1964, 223 Anm. 169; MICHEL 1984, 327; ATTRIDGE 1989, 266; WEISS 1991, 494; GRÄSSER 1993, 198; SCHUNACK 2002, 133; so auch WEISS 1973, 63,21–32; KREMER 1992, 227; ansatzweise auch SCHRÖGER 1968, 203 Anm. 4. – Daneben wird auch die Deutung i.S.v. »Übernehmen/Erleiden« der Sünden (-folge) vertreten: DELITZSCH 1989 (1857), 440–443; v. HOFMANN 1873, 372f; RIGGENBACH 1922, 291; HEGERMANN 1989, 190; ELLINGWORTH 1993, 487. Kritisch dazu GRÄSSER 1993, 198 Anm. 102f.

[364] So schon BLEEK 1840, 605 und GRÄSSER 1993, 198. Anders KARRER 1998, 124 (opferkultisches »Darbringen« der Sünden, was für kultisches Denken jedoch unmöglich sein dürfte). Auch ISAACS 1992, 149 (vgl. KARRER 1998, 124 Anm. 146) übersetzt ἀναφέρειν hier mit to bear. – Die vielverhandelte Frage nach der Bedeutung der אשם-Aussage von MT Jes 53,10 für die frühe Christologie (zur Rezeption in frühjüdischen Handschriften bzw. Übersetzungen: KARRER, a.a.O. 123f) bleibt davon unberührt, denn auf letztgenannte Stelle nimmt Hebr nicht Bezug.

[365] Vgl. den Exkurs über den Kultvollzug im Heiligtum am Jom Kippur ↑ III.4.5.

[366] Bereits gesehen bei WESTCOTT 1906, 280 (»[...] even as the people of Israel waited for the return of the High-priest from the Holy of Holies after the atonement had been made«); ähnlich BARRETT 1956, 385 Anm. 4; STÖKL BEN EZRA 2003, 181. Vgl. NISSILÄ

Christus hält sich im himmlischen Allerheiligsten auf, um vor Gott für »uns« einzutreten (vgl. Hebr 2,17f; 4,14–16; 7,25; 9,24). Er wird es erst wieder zur Parusie verlassen. Diese darf daher als ein heilvolles Ereignis (vgl. εἰς σωτηρίαν) erwartet werden: Christus wird χωρὶς ἁμαρτίας kommen, d.h. sinngemäß: ohne noch mit Sünde befasst zu sein[367]. Er wird aufgrund des erfolgreich vollzogenen himmlischen Opfers den Seinen nicht zum Gericht, sondern zur Rettung erscheinen.

Ergebnisse. In Hebr 9,24–28 ist vom Selbstopfer Christi durchgängig als von einem himmlischen Geschehen die Rede, das im Rahmen der Jom Kippur-Typologie dargestellt und dabei mittels des traditionellen Revelationsschemas an das irdische Geschehen von Erscheinen und Todesleiden Christi angebunden wird. Im Überblick:

V.24   *I.*   *1*   Eintritt Christi nicht in das irdische Abbild-Heiligtum,

             2   sondern in den Himmel selbst, um für uns vor Gott zu erscheinen.

V.25f   *II.*   *1*   Nicht vielfache Selbstdarbringung Christi im Himmel, wie vielfacher Eintritt des irdischen Hohenpriesters ins Allerheiligste (nicht vielfaches irdisches Todesleiden Christi seit der Schöpfung),

             2   sondern einmaliges, eschatologisches Erscheinen in der Welt, Eintritt in den Himmel und dort Darbringung des Selbstopfers zur Sündenaufhebung.

V.27f   *III.*   *1*   Entsprechend dem menschlichen Geschick und Tod, welche er auf sich nahm,

             2   einmaliges himmlisches Opfer Christi zur Beseitigung der Sünde sowie künftige Wiederkehr zur Erde aus dem himmlischen Allerheiligsten ›ohne Sünde‹ zum Heil.

Der Überblick zeigt, dass jeweils im zweiten Gliede der drei Aussagen das himmlische Wirken Christi genannt wird: sein Eintritt in den Himmel (I.2), sein himmlisches Selbstopfer (II.2) und nochmals dasselbe sowie die Aussicht auf sein Hervortreten aus dem Himmel (III.2).

Ferner ergibt sich damit von I.2 bis III.2 eine durchgängig am Jom Kippur-Ritual orientierte Schilderung des Weges Christi: Eintritt in das himmlische Allerheiligste (I.2), Selbstopfer (II.2) und Hervortreten zur Anzeige des erfolgreichen Vollzuges der Sühne (III.2). Die formale Konsistenz bestätigt die Exegese.

1979, 203, der im Rahmen seiner pragmatischen Auslegung auf die Bedeutsamkeit für die soteriologische Qualifikation der Gegenwart der Adressaten hinweist.

[367] »[...] ohne weiter in sühnender Weise Sünden wegschaffen zu müssen«: DE-LITZSCH 1989 (1857), 444; zustimmend zitiert bei GRÄSSER 1993, 199 (m. Anm. 111); ebenso WEISS 1991, 496; »[...] his return, unlike the first coming, will have nothing to do with atonement for sin«: ELLINGWORTH 1993, 487. Die Belege stehen repräsentativ für die übliche (und richtige) Auslegung.

Die Ergebnisse in Kürze: (I.) Das Heilswerk Christi ist nicht von irdischer, sondern von überlegen-himmlischer Art, (II.) an das eschatologische irdische Geschehen anknüpfend, ist auch das himmlische Opfer einmalig-eschatologisch und bedarf keiner Wiederholung, (III) daher ist die Sünde ein für alle mal beseitigt, und die Wiederkehr Christi wird τοῖς αὐτὸν ἀπ-εκδεχομένοις zum Heil gereichen.

4.8.3 Rückblick: Die pragmatische Spitze der Argumentation in Hebr 9,24–28

Die Exegese legt hier gewöhnlich das Gewicht auf die Betonung der Einmaligkeit und überzeitlichen Geltung des Selbstopfers Christi. Angesichts der Wiederholungen des Motivworts ἅπαξ im Gegensatz zu πολλάκις/κατ' ἐνιαυτόν ist das begreiflich. Doch ist damit die Pointe des Abschnitts unvollständig erfasst. Die Anschauung von der einmaligen, eschatologischen und soteriologischen Bedeutung des Erscheinens und des Sterbens Christi ist traditionell. Gleiches gilt für die Deutung des Christusereignisse im Sinne der Sündenannullierung. Hebr will nicht das *Dass* der bleibenden Geltung des einmaligen Heilsgeschehens erweisen, sondern die Konsequenz dessen für das Verständnis der traditionellen Erhöhungsaussagen entfalten: Sein Interesse gilt – so zeigte die Exegese von V.24 – dem himmlischen Wirken Christi in Gegenwart und Zukunft für die Glaubenden[368]. Mittels der Kulttheologie kann Hebr die Erinnerung an den Weg und das Todesleiden des irdischen Jesus in die Anschauung vom erhöhten Herrn einbringen[369]. Diese bindet er an Christi irdischen Weg zurück, den er mittels der Jom Kippur-Typologie in sein himmlisches Selbstopfer einmünden lässt[370].

---

[368] Eine Untersuchung von Hebr 9,24–28 unter pragmatischem Gesichtspunkt hat NISSILÄ 1979, 197–217 vorgelegt. Wenngleich er im Blick auf die Verhältnisbestimmung von irdischem und himmlischen Geschehen anders urteilt, berühren sich seine Ergebnisse doch in bemerkenswerter Weise mit der hier gebotenen textpragmatischen Auswertung der Einzelexegese. Besonders sei hervorgehoben, dass Hebr 9,24–28 auch nach NISSILÄ darauf zielt, die soteriologische Relevanz des gegenwärtigen himmlischen priesterlichen Wirkens Christi für Gegenwart und Zukunft der irdischen Gemeinde herauszustellen; vgl. bes. a.a.O. 201, 203, 205f, 213, 215.

[369] Aus der Literatur kommt dieser Auslegung eine knappe Bemerkung bei KLAPPERT 1969, 24, am nächsten: Der Hebräerbrief vollziehe »*die Transposition des Christusgeschehens in die Sphäre des Urbildlichen*, d.h. [...] die Verlagerung der Versöhnung am Kreuz in das himmlische Heiligtum« (kursiv im Original). Indem er das einmalige Geschehen des Kreuzes in die himmlisch-urbildliche Sphäre versetze, bringe Hebr dessen andauernde eschatologische Gültigkeit auf neue Weise zur Geltung.

[370] Vgl. ähnlich schon KÄSEMANN 1972, 196f: »Der Brief entfaltet dieses Stück urchristlicher Liturgie [die Fürbitte des Erhöhten, GG.] außerordentlich breit [...]. Wieder dominiert dabei das seelsorgerliche Interesse: Das Heil der Gemeinde ist durch den verbürgt, der unablässig beim Vater sich für sie einsetzt. Mit Jesu Passion ist das aufs engste

Kann die Wiederkunft Christi für die αὐτὸν ἀπεκδεχόμενοι überhaupt εἰς σωτηρίαν ausfallen (V.28)? Diese Frage ist umso drängender, wenn man annimmt, dass es bis zur Parusie (ὁ ἐρχόμενος ἥξει καὶ οὐ χρονίσει 10,37[371]) »nur noch ganz, ganz kurz« (ἔτι [...] μικρὸν ὅσον ὅσον ebd.[372]) dauern wird[373]. Hebr weiß Christi gegenwärtiges himmlisches Sein und Wirken in der Jom Kippur-Typologie so unterzubringen, dass die Gegenwart als Zwischenzeit zwischen seinem himmlischen Selbstopfer und seiner Parusie eine neue Deutung erhält. Sorgen hinsichtlich der Vergebung der seither (also gegenwärtig) begangenen Sünden werden ausgeräumt: Das eine Opfer Christi bedarf keiner Wiederholung; einmalig wie sein irdisches Erscheinen, gilt es auch, wie dieses, bis zu Parusie und Zeitenende[374]. Gab es einen einmaligen himmlischen Kultakt, so ist die Gegenwart die Zeit, während derer der himmlische Hohepriester nach vollzogenem Opfer fürbittend im himmlischen Heiligtum verweilt, um die Wirkung seines Opfers vor Gott für die Seinen zur Geltung zu bringen, bevor er es zur Parusie wieder verlässt, um ihnen heilvoll zu erscheinen.

4.9 Hebr 13,20: »Blut ewigen Bundes« und Auferstehung

Das Emporführen Christi »aus den Toten« geschah, so Hebr 13,20, ἐν αἵματι διαθήκης αἰωνίου. Das ἐν αἵματι von Hebr 13,20 hat den gleichen Doppelsinn wie das δι᾽ αἵματος Hebr 9,12: Das Blut steht als Repräsentant und Träger irdisch-physischer Lebendigkeit für die gehorsame Lebenshingabe. Diese ist die Erfüllung des Gotteswillens und als solche Inhalt des neuen bzw. ewigen Bundes und Grund der Erhöhung Christi. Zum anderen ist das Blut Opfermaterie, die in den Himmel eingebracht wird. Das Emporführen geschah demnach kraft (instrumental) ewigen Bundesblutes und *mit* (soziativ) diesem Blut. Die Auferstehungsvorstellung in Hebr 13,20 führt im Blick auf die Schilderung des

---

verknüpft. Der himmlische Hohepriester erinnert Gott ständig an das auf Golgatha gebrachte Opfer. Es wird gleichsam in Ewigkeit gegenwärtig gehalten [...]«.

[371] Zitat LXX Hab 2,3.

[372] Zitat LXX Jes 26,20.

[373] Angesichts der Parusieerwartung in Hebr 9,28; 10,37 muss man von einer Naherwartung sprechen (vgl. noch 12,25–29). Zwar bleibt diese Erwartung eher im Hintergrund. Aber das liegt daran, dass Hebr den Adressaten Zuversicht einflößen will und daher die Bedeutung des Heilswerks Christi in den Vordergrund stellt.

[374] Nach Hebr 10,26f bleibt für Sünden, die nach dem Empfang der Wahrheits-erkenntnis in der Gegenwart noch willentlich begangen werden, kein Opfer mehr, sondern nur schreckliche Gerichtserwartung. Diese Warnung muss als Kehrseite dessen verstanden werden, dass auch gegenwärtig begangene Sünden das Verhältnis zu Christus bzw. zum himmlischen Heiligtum nicht zerstören können. Damit dies nicht als Freibrief missbraucht werde, aktualisiert der Hebr-Vf. die Unterscheidung von unwissentlichen und absichtlichen Sünden. Die Warnung richtet sich an Menschen, welche versucht sein könnten, die Botschaft des Hebr im Sinne der Maxime von Röm 6,1 (ἐπιμένωμεν τῇ ἁμαρτίᾳ, ἵνα ἡ χάρις πλεονάσῃ, dort natürlich als rhetorische Frage) aufzunehmen.

Weges Christi nicht über die Erhöhungsaussagen des Hebr hinaus. Sie wird aufgegriffen, um im Blick auf die Auferstehung der Toten die Bedeutsamkeit des Christusgeschehens darzulegen.

Stellung und Funktion im Kontext. V.20f bildet einen einzigen Satz, der die christologischen und die paränetischen Anliegen des Hebr aufs kürzeste zusammenfasst. V.20 enthält eine elaborierte Gottesprädikation (ὁ δὲ θεὸς ὁ ἀναγαγών κτλ.), V.21 einen Segenswunsch, der sachlich eng mit V.15f verbunden ist. Er bezeichnet die dort geforderten Opfer als das »Tun seines [Gottes] Willens«, wobei, anknüpfend an V.16 (und an 12,28), der Gehorsam in opferkultischer Terminologie als das Gott »Wohlgefällige« (τὸ εὐάρεστον) bezeichnet wird. Ist damit die pragmatische Spitze von V.7–17 (und damit von Kp. 1–12) aufgenommen, so greift V.20 die christologische und opfertheologische Begründung aus V.11f (und damit von Kp. 1–12) auf. V.20f bieten damit einen rekapitulierenden Abschluss für die Darlegungen des Schreibens[375].

Die Besonderheit des Verses. Hebr 13,20 verbindet den Bezug auf die Bundes- und Kulttheologie mit der Auferstehungsvorstellung (s.u.), wobei das »Emporführen aus den Toten« ἐν αἵματι διαθήκης αἰωνίου geschah. So ist zu fragen, ob mit der Erwähnung des Blutes an das irdische Sterben Christi oder an sein himmlisches Opfer gedacht ist und wie sich das jeweils zur Aussage über das ›Heraufführen‹ verhält. Ich gehe zunächst auf die Auferstehungsvorstellung in Hebr 13,20, dann auf die Verbindung von »Blut« und »Bund« im Hebr als Hintergrund dieses Verses ein und interpretiere danach die Aussage über das Emporführen ἐν αἵματι. Abschließend frage ich nach der Absicht der Aufnahme der Auferstehungsvorstellung in Hebr 13,20.

Die Auferstehungsvorstellung. ὁ ἀναγαγών ἐκ νεκρῶν κτλ. Hebr setzt anderweitig das Schema von Erniedrigung und Erhöhung voraus: Sterben, Erhöhung und Eintritt ins himmlische Heiligtum bilden eine Abfolge[376]. Christus wird »aus dem Tod« gerettet (vgl. 5,7–10; 2,9f)[377]. Dagegen ist ›Heraufführen aus den Toten‹ (ἀνάγειν ἐκ νεκρῶν) Hebr 13,20 eine Formulierung, die an frühchristliche Auferweckungs- bzw. Auferstehungsaussagen, besonders Röm 10,7 (τίς καταβήσεται εἰς τὴν ἄβυσσον; τοῦτ' ἔστιν Χριστὸν ἐκ νεκρῶν ἀναγαγεῖν), anklingt[378]. Im übrigen Neuen Testament sind Aussagen über die Auferstehung Christi ἐκ νεκρῶν mit

---

[375] Vgl. GRÄSSER 1997, 400.407.

[376] Vgl. HOFIUS 1972, 78 Anm. 166.

[377] BERTRAM spricht im Titel seines Beitrags von 1927 von der »Himmelfahrt Jesu vom Kreuz aus«, und für Hebr ist das nicht unzutreffend. Zu Hebr, bes. 13,20, a.a.O. 213–215.

[378] Vgl. dazu KÄSEMANN 1980, 278; CRANFIELD 1983, 525; FITZMYER 1993, 590f.

ἀνίστημι bzw. ἀνάστασις oder mit ἐγείρειν gebildet; ἀνάγειν begegnet in diesem Sinne nur in Röm 10,7 und Hebr 13,20[379].

Die jeweils mit Formen von ἐγείρειν gebildete Erweckungsformel, die Gott in partizipialer Wendung als den bekennt, »der ihn (bzw. Jesus; Christus; unseren Herrn Jesus Christus o.ä.) von den Toten auferweckt hat«[380], ist in Hebr 13,20 aufgenommen und abgewandelt. Das zeigt die partizipiale Wendung ὁ θεὸς [...] ὁ ἀναγαγών, ferner die Bezeichnung Jesu als ὁ κύριος ἡμῶν Ἰησοῦς, die sich in den Erweckungsformeln Röm 4,24; II Kor 4,14 findet[381]. Überhaupt folgt der Satz Hebr 13,20f formal dem in I Petr 5,10 greifbaren traditionellen Vorbild aus dem Briefschluss-Formular[382], wie der ganze Zusammenhang V.18–25 an die Form des frühchristlichen, besonders paulinischen Briefschlusses angelehnt ist[383].

So ist V.20, wenn auch mit sprachlicher Abwandlung, in der Tradition frühchristlicher Auferweckungsaussagen formuliert[384]. Immer bezieht sich dabei das ἐκ νεκρῶν auf ein Auferwecken bzw. Auferstehen »von den Toten«, d.h. aus dem Totenreich als dem ›Ort‹ der Toten. In Röm 10,7 zeigt auch die Erklärung von εἰς τὴν ἄβυσσον (dort aus Ψ 106,26 aufgenommen) durch ἐκ νεκρῶν, dass an das Totenreich gedacht ist, aus dem Christus in der Auferstehung »heraufgeführt« wird[385]. Im Hintergrund steht die alttestamentliche Rede von Gott, der »ins Totenreich hinabführt und wieder hinauf« o.ä.[386].

Die traditionelle Verbindung von κατάγειν, ἀνάγειν mit der Unterweltvorstellung und die Vorstellung vom Heraufführen ἐκ νεκρῶν in den genannten Aussagen stehen schon hinter der Auferstehungsaussage Röm 10,7 wie auch hinter Hebr 13,20.

Vgl. THURÉN 1973, 223 Anm. 770.

[380] Röm 4,24; 8,11; II Kor 4,14; Gal 1,1; Kol 2,12; Eph 1,20; I Petr 1,21. Vgl. ATTRIDGE 1989, 405f.

[381] Κύριος Ἰησοῦς begegnet im Hebr sonst nicht. Vgl. WEISS 1991, 753 m. Anm. 24f.

[382] Vgl. THURÉN 1973, 222; WEISS 1991, 753 m. Anm. 23.

[383] Guter Überblick bei ATTRIDGE 1989, 404f. Vgl. GOPPELT 1978, 343 Anm. 27; WEISS 1991, 748–753.

[384] Vgl. MICHEL 1984, 538, der seine Auslegung von Hebr 13,20 mit den Sätzen schließt: »Dieser liturgischer Stoff ist für das Heilsverständnis des Hebr von besonderer Bedeutung. Auch wenn sein eigener exegetischer Entwurf in eine andere Richtung geht, erkennt er eine ältere Traditionsschicht an, die gerade *die Auferstehung* in den Vordergrund stellt. Dazu gehört die Aufzählung der katechetischen Grundstücke Hebr 6,2, dahin gehören die auffallenden Hinweise 11,19.35. Es ist wohl nicht zufällig, dass sie alle in *überkommenem Material* verlagert sind« (kursive Wörter im Original gesperrt). – Auch GRÄSSER 1997, 400, rechnet damit, dass Hebr hier Tradition, und zwar liturgisch geformtes Material, aufnimmt.

[385] Vgl. JEREMIAS 1966a, 329.

[386] Vgl. I Βας 2,6: κύριος [...] κατάγει εἰς ᾅδου καὶ ἀνάγει; Ψ 29(Ps 30),4; 70(71),20; SapSal 16,13; Tob 3,10; 13,2; Od 3,6; dazu THURÉN 1973, 223f; WEISS 1991, 754 Anm 29.

»Bund« und »Blut« im Hebr[387]. Die Verbindung von »Bund« und »Blut« im Hebr verweist auf den kultischen Charakter der beiden Heilssetzungen (διαθήκαι), näherhin auf deren Inauguration mit opferkultischen Blutriten. Vom »Bundesblut« spricht auch Hebr 10,29, wo der (hypothetische) Fall erwähnt wird, dass jemand den Sohn Gottes mit Füßen trat »und das Blut des Bundes gemein achtete, in welchem er geheiligt wurde« (καὶ τὸ αἷμα τῆς διαθήκης κοινὸν ἡγησάμενος, ἐν ᾧ ἡγιάσθη) usw. Wer das Gesetz des Mose »annulliert« (ἀθετέω 10,28), verlässt den ersten Bund; wer das Bundesblut (Christi) gering achtet (10,29), verlässt den mit diesem inaugurierten Bund und verliert damit den in diesem Blut gegebenen Zugang (10,19) zum himmlischen Kult[388].

Diese Verbindung von Gesetz, Bund und Blut verweist auf Hebr 9,19–21 zurück[389]. Hebr schildert dort den Bundesschluss am Sinai nach Ex 24,3–8, wobei es in 9,20 (leicht abweichend von LXX Ex 24,8) heißt: τοῦτο τὸ αἷμα τῆς διαθήκης ἧς ἐνετείλατο πρὸς ὑμᾶς ὁ θεός. Das Blut ist »Bundesblut«[390], weil dadurch der Bund inauguriert und das Gesetzbuch in Geltung gesetzt wird (Hebr 9,19 abweichend von Ex 24,7f). Der Schilderung der Heiligtumsweihe bzw. -reinigung durch Blut im Rahmen des Bundesschlusses am Sinai (Hebr 9,21, vgl. τὰ μὲν ὑποδείγματα [...] καθαρίζεσθαι V.23) tritt die Reinigung des himmlischen Heiligtums nach 9,23 im Rahmen der neuen διαθήκη urbildlich gegenüber[391]. Charakteristisch ist ferner die Erwähnung Jesu als καινῆς διαθήκης μεσίτης unmittelbar neben der des αἷμα ῥαντισμοῦ in 12,24. Die Bezeichnung »Besprengungsblut« (αἷμα ῥαντισμοῦ) verweist zurück auf die Schilderung des Bundesschlusses nach 9,19.21 (Μωϋσέως [...] λαβὼν τὸ αἷμα [...] ἐρράντισεν κτλ.) und nimmt damit auch die Rede vom »Bundesblut« 10,29 auf. Zugleich denkt Hebr an die Besprengung an den Herzen (10,22), die, auf das Innere der Menschen bezogen, dem himmlischen Kultgeschehen korrespondiert wie das irdische Kultgeschehen dem Äußeren (der σάρξ) der Menschen. Blut ist damit unverzichtbares Element kultischer Bundesschlüsse. Mit Christi eigenem Blut wird der neue Bund und dessen himmlischer Kult inauguriert sowie die Bundesgemeinde geweiht. Daher heißt es Hebr 13,12, Jesus habe gelitten, ἵνα ἁγιάσῃ διὰ τοῦ ἰδίου αἵματος τὸν λαόν: Sein irdisches Leiden zielte auf die Heiligung des Volkes durch das

---

[387] Zu den einschlägigen Einzelheiten in Hebr 9,11f.13f.18–21.22f; 12,24: ↑ III.4.6; III.5.2.2; III.5.3. Vgl. ferner VOGEL 1996, 97–101; BACKHAUS 1996, 201–203. Im Blick auf die kultische Prägung der einschlägigen Ausführungen des Hebr ist der Interpretation von VOGEL der Vorzug zu geben.

[388] Vgl. die Auslegung von Hebr 10,29 bei VOGEL 1996, 100.

[389] Vgl. die Auslegung pp. 406–410 dieser Arbeit.

[390] Zu einer möglichen Bezugnahme auf die Abendmahlstradition vgl. p. 406 Anm. 334 dieser Arbeit.

[391] Vgl. die Auslegung pp. 419–424 dieser Arbeit.

Selbstopfer im himmlischen Heiligtum[392]. Die Rede vom Blut ewigen Bundes spielt auf die Inauguration des neuen Bundes mit Christi Blut an und bindet diesen so an das Opfer Christi zurück. Damit sind die zwei (neben der Hohepriestervorstellung) wichtigsten Theologumena des Hebr – Opfer Christi und neuer Bund – miteinander verknüpft. So ruft die Formulierung von Hebr 13,20 mit der Verbindung von »Bund« und »Blut« den Kern der Kulttheologie des Hebr in Erinnerung.

ὁ ἀναγαγών [...] ἐν αἵματι διαθήκης αἰωνίου. Die Worte ἐν αἵματι διαθήκης αἰωνίου sind auf das ὁ ἀναγαγών zu beziehen[393]. Nicht ohne weiteres erschließt sich jedoch der Zusammenhang von »Bundesblut« und Auferstehungsaussage. Das hängt mit der Schwierigkeit zusammen, die Auferstehungsvorstellung überhaupt im Rahmen der Erhöhungsaussagen des Hebr unterzubringen.

Zwei Lösungen sind es, die gegenwärtig vertreten werden: (1) »Jesus stirbt am Kreuz (= προσφορά τοῦ σώματος 10,10) und fährt unmittelbar danach auf zum himmlischen Allerheiligsten, wo er selbst διὰ πνεύματος αἰωνίου (9,14) sein eigenes Blut darbringt (9,25). Es handelt sich hier also um eine Aussage über ›das im Tode vom Leibe getrennte πνεῦμα Jesu‹[394] [...]. Bei der Auferweckung Jesu, die 13,20 erwähnt wird, sind dann Leib und πνεῦμα wieder miteinander vereinigt worden«[395]. Diese Auferweckung, so ist hinzuzufügen, geschah kraft ewigen Bundesblutes, d.h. sie setzte den vom πνεῦμα Jesu vollzogenen Bundesschluss und die Kultinauguration im himmlischen Allerheiligsten voraus[396]. (2) Andere sehen in V.20 eine Erhöhungsaussage[397] oder sehen die Erhöhung in der Auferstehungsaussage des V.20 mit angesprochen[398]. Instrumentale und soziative Deutung des ἐν αἵματι sind in Hebr 13,20 ebensowenig streng zu unterscheiden wie Auferstehung und Erhöhung[399]. Bleek fasst das ἐν αἵματι soziativ: Christus sei *mit* seinem Blut – dieses mitführend – in den Himmel gelangt[400].

Angesichts der knappen Formulierung in Hebr 13,20 und des Fehlens eindeutiger Hinweise auf das postmortale Wirken eines vom Leibe getrennten πνεῦμα Christi im Hebr[401] lässt sich die in 13,20 aufgenommene Auferste-

---

[392] Vgl. die Auslegung pp. 462–464 dieser Arbeit.

[393] Vgl. WEISS 1991, 756f. Einige ältere Ausleger beziehen diese Worte dagegen auf ὁ ποιμήν; vgl. dazu das Referat bei BLEEK 1840, 1031f; dieser selbst bezieht die Worte auf den ganzen Partizipialsatz; auf den Ausdruck τὸν ποιμένα τῶν προβάτων τὸν μέγαν bezieht sie LÜNEMANN 1878, 432f.

[394] HOFIUS zitiert hier JEREMIAS 1966a, 330. Vgl. diesen Beitrag insgesamt, bes. a.a.O. 328–331.

[395] HOFIUS 1970, 181 Anm. 359.

[396] Vgl. JEREMIAS 1966a, 327f; HOFIUS 1970, 181f Anm. 359; DERS. 1972, 77 Anm. 159f; 78 Anm. 166; ROSE 1994, 323–333.

[397] So unter den Neueren BRAUN 1984, 478; ATTRIDGE 1989, 405f.

[398] Vgl. GRÄSSER 1997, 402.

[399] Vgl. GRÄSSER 1997, 403.

[400] BLEEK 1840, 1032.

[401] Denken könnte man jedoch an διὰ πνεύματος αἰωνίου Hebr 9,14, wo vermutlich an das πνεῦμα Christi gedacht ist (vgl. die Auslegung z.St. o. p. 291f).

hungsvorstellung nicht mit den anderweitigen Erhöhungsaussagen des Schreibens zu einem Gesamtbild integrieren, das einen Geschehensablauf von Erhöhung, leiblosem Zwischenzustand, himmlischen Opfer, Auferweckung und Wiedervereinigung von Geist und Leib Christi darstellte[402]. Dennoch bleibt die Frage, in welchem Sinne Hebr sagen kann, das ἀνάγειν ἐκ νεκρῶν sei ἐν αἵματι erfolgt, und wie sich dies zur Kulttheologie des Hebr insgesamt verhält.

Mit der Rede vom »Emporführen« Christi nimmt Hebr 13,20 jenen Überschritt von der Erde in den Himmel in den Blick, von dem Walter sagt, dass darin nach Hebr die Einsetzung Christi zum Hohenpriester statthatte.

An der bereits in der Auslegung von Hebr 9,11f angeführten Stelle fährt Walter fort: »Der Erhöhte kann der Hohepriester sein, weil er als der in den Tod Gehende sich dafür ›qualifiziert‹ hat; und weil er als der Getötete zugleich sich selbst als das makellose Opfer mitbringt, ist sein hohepriesterlicher Dienst es wert, nunmehr im himmlischen Heiligtum vollzogen zu werden«.[403] Jesus hat »[...] in seinem Tode zugleich ein Opfer erworben, das weit besser ist als jedes Opfertier des irdischen Kultus (vgl. 9,12 u.ö.) und das er nun in die himmlische Opferdarbringung mit einbringt: sich selbst (9,14)«[404]. Im Blick auf die Formulierung von Hebr 9,11f ist präzisierend zu sagen: Nach Hebr 9,11f trat Christus διὰ τοῦ ἰδίου αἵματος, kraft seines eigenen Blutes und mit seinem eigenen Blut, in das himmlische Allerheiligste ein. Die Hingabe seines irdischen Lebens brachte er in Gestalt des Blutes (das Träger und Repräsentant physischer Lebendigkeit ist) in den Himmel ein und brachte sie – damit sich selbst – mit seinem Eintritt in das himmlische Allerheiligste als Opfer dar[405]. Das διά c. Gen. ist daher zum einen instrumental zu verstehen (Christus hat sich »als der in den Tod Gehende« für die Erhöhung »›qualifiziert‹«, so Walter, und sein Blut repräsentiert diese gehorsame Selbsthingabe); zum anderen ist Christi Blut eben als Repräsentant des auf Erden dahingegebenen Lebens Christi die von ihm in das himmlische Allerheiligste eingebrachte Opfergabe. Diese Deutung kommt (sieht man von den Einzelheiten des im himmlischen Heiligtum vollzogenen Sühnopfers ab) mit der oben unter (1) dargestellten Lösung weithin überein.

Setzt man diese Interpretation von Hebr 9,11f voraus, so bereitet auch die Formulierung von Hebr 13,20 keine Schwierigkeit. Das »Bundesblut« Christi ist auch hier als Träger seines irdischen, physischen Lebens und Repräsentant von dessen gehorsamer Hingabe im Blick. Diese gehorsame Hingabe ist als Erfüllung des Gotteswillens der Inhalt des neuen Bundes und der Grund der Erhöhung Christi aus dem Tode bzw. (so der Wortlaut

---

[402] Während LÜNEMANN 1878, 431; RIGGENBACH 1922, 451f; WEISS 1991, 752–755 die Verschiedenheit von Erhöhungs- und Auferstehungsvorstellung betonen, sieht LOADER 1981, 52f, dem LÖHR 1997, 182 m. Anm. 50, folgt, in der Auferstehungsaussage eine solche über die Erhöhung Christi aus dem Tode. So auch BRAUN 1984, 478; ATTRIDGE 1989, 405f; GRÄSSER 1997, 402f.
[403] WALTER 1997a, 161.
[404] WALTER, a.a.O. 159.
[405] ↑ III.4.6.

in 13,20) des Emporführens von den Toten. Zugleich ist auch an dieser Stelle das Blut als Opfermaterie für die Darbringung im himmlischen Kult im Blick, und in diesem Sinne ist ἐν αἵματι als dativus sociativus zur Umstandsbestimmung aufzufassen (wie ἐν αἵματι Hebr 9,25)[406]. Beide Bedeutungsaspekte – »kraft Blutes« und »mit Blut« – schließen einander auch hier nicht aus[407], ergänzen einander vielmehr[408] wie schon bei δι᾽ αἵματος Hebr 9,12[409].

Der Sinn der Auferstehungsvorstellung und die alttestamentlichen Zitate bzw. Anspielungen[410]. Erklärungsbedürftig bleibt jedoch die Aufnahme der Auferstehungstradition in 13,20. Für die Intention des Hebr an dieser Stelle, soweit bisher erhoben, hätte es nicht speziell der Auferstehungsaussage bedurft. Deren Sinn an dieser Stelle lässt sich jedoch den damit verbundenen alttestamentlichen Zitaten bzw. Anspielungen entnehmen[411].

Im Hintergrund der Formulierung ἐν αἵματι διαθήκης steht LXX Sach 9,11: καὶ σὺ ἐν αἵματι διαθήκης ἐξαπέστειλας δεσμίους σου ἐκ λάκκου οὐκ ἔχοντος ὕδωρ. LXX macht aus der Gottesrede des hebräischen Textes eine Anrede Israels an Gott. So werden die Exulanten zu Gottes »Gebundenen«. Um des Bundesblutes willen – des Blutes, das beim Bundesschluss vergossen wurde – hat Gott seine Gebundenen »aus der Grube« herausgesandt. Gemeint ist die Freilassung und Rückkehr der Exulanten in die Heimat[412]. Die Erwähnung der »Grube« bzw. »Zisterne« (λάκκος) lässt daneben für die Rezeptionsebene an das Totenreich, das Heraussenden aus der »Grube« an das Heraufführen aus dem Totenreich denken[413]. Die »Ge-

---

[406] Darin folge ich BLEEK 1840, 1032, der das ὁ ἀναγαγών κτλ. auf die Auferstehung bezieht (a.a.O. 1029f), darin aber zugleich die Erhöhungsaussage findet.

[407] Darin schließe ich mich GRÄSSER 1997, 403 an.

[408] Schon BLEEK 1840, 1032 versteht die Aussage ähnlich.

[409] Dagegen entscheiden sich etwa DELITZSCH 1989 (1857), 694; WEISS 1991, 756f für das instrumentale Verständnis allein.

[410] Zur inhaltlichen Auswertung vgl. bes. THURÉN 1973, 222–226. LOADER 1981, 49–54: 50f, bleibt undeutlich; SCHRÖGER 1968, 205 bietet keine inhaltliche Auswertung.

[411] Neben den im folgenden zu besprechenden Zitationen alttestamentlicher Stellen (bzw. Anklängen an diese) steht im Hintergrund von Hebr 13,20 die Verheißung eines ewigen Bundes, die in der alttestamentlichen Prophetie mehrfach ausgesprochen wird (vgl. Jes 55,3; 61,8; Jer 32 (LXX 39),40; Bar 2,35; Ez 16,60; 37,26), ohne dass in Hebr 13,20 eine einzelne Stelle angezogen wäre. Doch findet sich die Rede vom ewigen Bund auch anderweitig, etwa im Blick auf den Abrahambund Gen 17,7 u.ö.

[412] Vgl. REVENTLOW 1993, 98. Er erörtert zunächst die Möglichkeit, dass das »Bundesblut« auch das Blut um des Bundes willen dargebrachter Opfer meinen könnte, entscheidet sich aber, da der Ausdruck »Bundesblut« im AT nur noch Ex 24,8 vorkommt, für den Bundesschluss am Sinai als Grund der göttlichen Zusage. Dieses Verständnis darf auch für den Hebr-Vf. vorausgesetzt werden (vgl. Hebr 9,18–21.22f). Vgl., auch zum Heraussenden »aus der Grube« als Ausdruck für das Exil wie als Metapher für das Totenreich, MEYERS/MEYERS 1993, 140f.

[413] REVENTLOW ebd.: »Der Begriff kann auch das Grab, die Unterwelt bezeichnen«.

bundenen« können dann auch als im Totenreich weilende Verstorbene gedeutet werden.

Die Formulierung von Hebr 13,20 nimmt ferner LXX Jes 63,11 auf. Dort ist die Rede von Gott als ὁ ἀναβιβάσας ἐκ τῆς γῆς τὸν ποιμένα τῶν προβάτων, nämlich den Mose als Hirten Israels. Im Vergleich mit MT fällt das abweichende ἐκ τῆς γῆς auf (im hebräischen Text steht מִיָּם)[414].

Die Formulierung ἐκ τῆς γῆς ist anstelle von ἐκ νεκρῶν auch in einer v.l. zu Hebr 13,20 belegt, die zwar wegen ihrer schlechten Bezeugung[415] nicht beanspruchen kann, den ursprünglichen Text zu bieten, die aber Licht auf die Auslegungsgeschichte der Stelle wirft: Wenngleich diese v.l. unter dem Einfluss von LXX Jes 63,11 zustande gekommen ist, zeigt sie doch das Bemühen, die Aussage von Hebr 13,20 mit der sonstigen Darstellung des Hebr vom Geschick Christi nach seinem Tode auszugleichen. Denn ein Heraufführen »von der Erde« wäre im Sinne der Erhöhung aus dem auf Erden erlittenen Tode zu verstehen[416].

In LXX Sach 9,11 und in LXX Jes 63,11 geht es um ein »Hinaufbringen/-führen« (ἀναβιβάζω LXX Jes 63,11) aus Ägypten bzw. um ein »Hinaussenden« (ἐξαποστέλλω LXX Sach 9,11) aus dem Exil, wobei für Ägypten bzw. das Exil bildhaft das Meer (MT Jes 63,11) bzw. die »Grube« (Sach 9,11) eintritt, und diese Bilder konnotieren den Bereich der Chaosmacht bzw. des Grabes, der Unterwelt[417]. Das Exodusgeschehen bzw. die Rückführung aus dem Exil erscheinen im Bilde des Sieges über die Chaosmacht, des Heraufführens aus dem Totenreich. Das Bundesblut ermöglichte nach LXX Sach 9,11 die Freilassung der Gefangenen (ἐν αἵματι διαθήκης ἐξαπέστειλας δεσμίους σου). Der »Hirte der Schafe« wurde nach LXX Jes 63,11 von Gott »emporgeführt« (ὁ ἀναβιβάσας ἐκ τῆς γῆς τὸν ποιμένα τῶν προβάτων)[418]. Das greift Hebr auf[419]: Christus als der Aufer-

---

[414] Doch findet sich eine v.l. ἐκ τῆς θαλάσσης in B*, in der hexaplarischen Origenes-Rezension u.ö. (vgl. den Apparat bei ZIEGLER [Hg.] 1983 z.St.).

[415] Die Apparate der gängigen Textausgaben des griechischen NT verzeichnen sie gar nicht. Doch vgl. RIGGENBACH 1922, 450 Anm. 24; BRAUN 1984, 478; GRÄSSER 1997, 402 Anm. 16.

[416] Vgl. RIGGENBACH 1922, 450 Anm. 24; WINDISCH 1931, 121.

[417] Zu Jes 63,11 vgl. WESTERMANN 1966, 309 (»ein letzter Nachhall des mythischen Redens vom Spalten des Meerungeheuers mag hierin mitklingen«); KOOLE 2001, 363 (»Perhaps the notion of destruction is also connoted in the word ›sea‹«; zu Sach 9,11 vgl. REVENTLOW 1993, 98 (»Der Begriff kann auch das Grab, die Unterwelt bezeichnen«); so auch MEYERS/MEYERS 1993, 141.

[418] Wie eingangs erwähnt, liest LXX ἐκ τῆς γῆς »von der Erde«, im Gegensatz zu dem מִיָּם »aus dem Meer« des MT. Doch bietet die Handschrift B* die v.l. ἐκ τῆς θαλάσσης. Welche Lesart dem Hebr-Vf. vorgelegen haben mag, muss dahinstehen. Doch nimmt er LXX Jes 63,11 ohnehin nicht wörtlich auf, sondern verarbeitet die Aussage im Sinne der traditionellen Auferstehungsvorstellung über das ἀνάγειν ἐκ νεκρῶν.

[419] Vgl. WESTCOTT 1906, 450: »The work of Moses was a shadow of that of Christ: the leading up of him with his people out of the sea was a shadow of Christ's ascent from

weckte ist der »große Hirte der Schafe«, der die Seinen – wie Mose Israel aus Ägypten – aus dem Totenreich emporführen wird[420]. Hebr greift demnach die Auferstehungsvorstellung und die Hirtenmetapher in 13,20 auf, um die Bedeutung des Heilswerks Christi für die Verstorbenen aufzuzeigen[421].

Die Rede von der διαθήκη αἰώνιος erinnert an die Abfolge der beiden Heilssetzungen (vgl. 8,6–13). Hebr spricht sonst von der neuen διαθήκη, hier jedoch von der διαθήκη αἰώνιος. Deren Ewigkeitsbedeutung wird durch die Aufnahme der Auferstehungsvorstellung zum Ausdruck gebracht. Diese gehört in den Zusammenhang futurischer Eschatologie. Die in Kp. 11 zweimal angesprochene Auferstehungshoffnung der Glaubenszeugen der alten διαθήκη – Abrahams (11,19) und nicht näher bezeichneter ἄλλοι (11,35[422]) – kann erst aufgrund der Errichtung der neuen διαθήκη eingelöst werden. Die Bedeutsamkeit des Heilswerks Christi, hier zumal seiner Auferstehung, umfasst die Zukunft bis zur Auferstehung der Toten[423]: Die Aufrichtung des neuen, ewigen Bundes bestimmt durch die Begründung der Auferstehungshoffnung die Zukunft bis hin zu den Endereignissen und wandelt zugleich das Geschick der bereits Verstorbe-

---

the grave: the covenant with Israel a shadow of the eternal covenant«; ähnlich BRUCE 1964, 411: »The words [des Zitats Jes 63,11; BRUCE zieht noch Ps 77,20 heran] in their original context refer to Moses [...]. Here they are applied to Jesus as the second Moses, who was brought up not from the sea, but from the realm of the dead. (In the Exodus typology of the New Testament the ›sea of reeds‹ which Israel crossed on the way out of Egypt is a token of the death and resurrection of Christ into which His people are baptized.)«; THURÉN 1973, 225: »Hbr 13:20 gründet sich also auf die Überzeugung, dass Gott durch die Heraufführung Jesu einen neuen Bund gestiftet hat. ›Ägypten‹ der Tora und der Propheten und das ›Totenreich‹ der Psalmen [THURÉN führt a.a.O. 224 an: Ψ 29,4f; 55,12–14; 70,20; 85,13] werden als Vorbilder des Todes Jesu verstanden.« Ähnlich SCHUNACK 2002, 235f.

[420] Vgl. THURÉN 1973, 225: »Wie die Heraufführung des Moses die Herausführung des Volkes einleitete, so ist auch Jesus als erster seines Volkes heraufgeführt worden«.

[421] Vgl. ähnlich I Petr 4,6 nach 3,18–21. Zum Gebrauch der Hirtenmetapher vgl. ATTRIDGE 1989, 406.

[422] Wobei nur mit der noch zu erwartenden κρείττων ἀνάστασις die eschatologische Totenauferstehung gemeint ist. Die im selben V. zuvor genannten γυναῖκες haben ihre Toten ja bereits zurückerhalten; dabei ist nicht an die eschatologische Auferstehung, sondern an eine Wiederbelebung gedacht. Vgl. nur GRÄSSER 1997, 204f.

[423] Vgl. EISELE 2003, 423–425. Auch er sieht die grundlegende Bedeutung der neuen διαθήκη für die Möglichkeit der »besseren Auferstehung« (vgl. Hebr 11,35); a.a.O. 424. EISELEs Verständnis des Hebr unterscheidet sich sonst in vielem von dem meinen. Für ihn ist die Sphärendifferenz, die er als »Dualismus« bezeichnet, grundlegend; so bleibt bei ihm als Gehalt der Auferstehungshoffnung (a.a.O. 425) die Betonung der personalen Identität jedes einzelnen. Dagegen ist m.E. mit der ewigen διαθήκη auf die für Hebr grundlegende verheißungsgeschichtliche Differenz verwiesen, die in der Sphärendifferenz ihr Interpretament hat.

nen, denen Christus als Hirte vorangeht. Hebr setzt damit einen Akzent futurischer Eschatologie, der die διαθήκη-Theologie des Schreibens abrundet. Diese erweist sich erneut als Deutehorizont seines theologischen Entwurfs.

Ergebnis. Ähnlich wie in Hebr 9,12, ist das Blut Christi in 13,20 als Träger und Repräsentant seines irdischen Lebens im Blick. Mit der Erwähnung des Blutes ist daher sowohl die Begründung der Erhöhung in der gehorsamen Selbsthingabe angesprochen als auch Christi himmlisches Opfer. Mit der Aufnahme der Auferstehungsvorstellung stellt Hebr die Bedeutsamkeit des Heilswerks Christi für die Erfüllung der διαθήκη-Verheißung heraus und verbindet damit abschließend nochmals Kult- und διαθήκη-Theologie.

4.10 Ertrag

Die kulttheologische Deutung der Erhöhung Christi ist bestimmt durch die Jom Kippur-Typologie: Die Erhöhung Christi ist sein Eintritt ins himmlische Allerheiligste, seine hohepriesterliche Investitur und so auch die Darbringung seines Selbstopfers. Dieses bewirkt die Annullierung der Sünden. Deren Wirkung erstreckt sich auf alle Zeit von Grundlegung der Welt bis zur Parusie. So bleiben Gegenwart und Zukunft durch das zurückliegende Ereignis der Erhöhung Christi bestimmt. Auch das findet seinen Ausdruck im Rahmen der Jom Kippur-Typologie: Die Gegenwart entspricht der Zeit, während derer der Hohepriester am Jom Kippur nach vollzogenem Sühnakt im Heiligtum Fürbitte hält; die Parusie wird dem Hervortreten des Hohenpriesters aus dem Heiligtum entsprechen. Die Hohepriesterchristologie des Hebr erschließt durch die kulttheologische Deutung der Erhöhung deren unüberbietbare soteriologische Bedeutsamkeit.

5. Kapitel

Eschatologische Reinheit
und Zugang zum himmlischen Heiligtum

5.1 Einführung

Stand der Argumentation. Angesichts der Aussagen über die künftige Heilsvollendung stellt sich die Frage, wie sich der Status der Adressaten durch das Heilswerk Christi bereits in der Gegenwart verändert hat. Und angesichts der Ausführungen über die Annullierung der Sünden bleibt die Frage, wie die Wirkung des Heilswerks Christi, über den forensischen Aspekt hinaus, in kult- und reinheitstheologischer Hinsicht zu beschreiben ist.

Damit wird nach den beiden Phasen des Weges und Wirkens Jesu Christi nun der dritte und letzte der bereits in Hebr 2,5–16 (↑ III.2.2) auweisbaren thematischen Zusammenhänge – der Einbezug der Adressaten in den himmlischen Kult – in den Blick genommen.

Fortgang der Argumentation in Kapitel III.5. Die Wirkung des Opfers Christi wird hier nicht als Annullierung der Sünde, sondern als Reinigung beschrieben. Schon in Lev 16 gehören die Reinigung des Heiligtums und die Reinigung des Volkes zusammen. Wie die Menschen durch Sünden kontaminiert werden, so auch das Heiligtum. Das gilt auch hier. Nach dem Hebr werden durch das Opfer Christi die Gewissen der Menschen sowie das himmlische Heiligtum gereinigt. Die Reinigung der Gewissen gewährt den Zugang zum Heiligtum und das Recht zur Teilnahme am Kult. Die Reinigung und Weihe des Heiligtums ermöglicht den Vollzug des Kults und inauguriert ihn. So zielt das Opfer Christi auf den Kult der neuen Heilssetzung (διαθήκη), den eschatologischen Kult im himmlischen Heiligtum, und auf die Ermöglichung der Teilnahme der Adressaten am himmlischen Kult.

Im einzelnen. Das erste der zwei folgenden Teilkapitel (5.2) ist umfangreich und komplex. Es behandelt (5.2.2) die Hebr-Texte, die – vor dem Hintergrund des Reinigungsrituals mit der Asche der Roten Kuh nach Num 19 – von der eschatologischen Reinigung durch Besprengung reden (Hebr 9,13f; 10,22; 12,24). Religionsgeschichtliche Vorarbeiten fehlen bisher; ebenso eine Auslegung der einschlägigen Hebr-Stellen selbst vor ihrem religionsgeschichtlichen Hintergrund. Diese Reinigungsaussagen und ihre

Bedeutung im Ganzen der Kulttheologie des Hebr werden daher eingehend untersucht.

Zunächst werden Grundlagen in den Schriften Israels sowie deren Rezeption in frühjüdischer und rabbinischer Literatur erarbeitet (5.2.1). Das Reinigungsritual von Num 19 dient vorrangig der Erlangung des Zugangs zum Heiligtum und der Kultfähigkeit. Zugleich sind Erwartungen eschatologischer Reinigung daran geknüpft. Beides nimmt Hebr auf. Er versteht die Taufe als Zueignung der Reinigung des Herzens bzw. Gewissens (Hebr 10,22) durch das Reden des himmlischen »Besprengungsblutes« Christi (Hebr 12,24). So wird die Reinigung des Gewissens erwirkt (Hebr 9,13f), die zur Teilnahme am himmlischen Kult befähigt. Hebr versteht die Taufe als einmalig-eschatologischen Vollzug, weiß jedoch, dass die Adressaten wiederholte Tauchbäder zur rituellen Reinigung kennen (Hebr 6,2). Vergleichbare Verbindungen von Taufe und (auch wiederholter) ritueller Reinigung finden sich in frühchristlichen Aussagen bis ins 3./4. Jh. (5.2.3). Entsprechend lässt sich ein Wissen um die Bedeutung ritueller (Un-) Reinheit für die Adressaten auch aus der Bemerkung Hebr 13,4 entnehmen (5.2.4).

Das Teilkapitel 5.3 behandelt darauf die Reinigung und Weihe des himmlischen Heiligtums Diese wird in typologischer Entsprechung zum Bundesschluss nach Ex 24 dargestellt. Die Untersuchung arbeitet die kulttheologischen Akzente der Darstellung in Hebr 9,19–21 heraus, die den Bundesschluss als Reinigung von Volk und Heiligtum und so auch als Heiligtumsweihe und Kultinauguration schildert. Hebr 9,22 benennt die Bedeutung der Blutriten für Reinigung und Vergebung; dies wird vor dem Hintergrund der Reinigungsterminologie in LXX interpretiert. Die Reinigung des himmlischen Heiligtums nach 9,23 befreit dieses von der Verunreinigung, die durch die Sünden der ihm zugeordneten Menschen entstand. In diesem Zusammenhang ist auf das Verhältnis von Person- und Heiligtumssühne, besonders von Lev 16 her, einzugehen.

Leitgedanke und gemeinsame thematische Grundlage aller Teilstudien des 5. Kapitels ist somit die Ermöglichung und Inauguration des eschatologisch-himmlischen Kults durch die Reinigung mittels des Opfers Christi.

5.2 Hebr 9,13f, 10,22, 12,24: Die Rote Kuh, die eschtaologische Reinigung des Gewissens durch Besprengen und der Zugang zum himmlischen Heiligtum

Hebr erwähnt mehrfach das Ritual mit der Asche der Roten Kuh bzw. dem »Reinigungswasser« (vgl. Num 19) bzw. spielt darauf an. Für die Interpretation dieser Aussagen werden hier erstmals die religionsgeschichtlichen Grundlagen gelegt. Dieses Kapitel geht daher über die Hebr-Auslegung weit hinaus. Ausgehend von einigen Stellen des Hebr

(5.2.1.1) wird das Ritual mit der Asche der Roten Kuh und seine Rezeption in Tora- bzw. Prophetentexten (5.2.1.2) sowie in frühjüdischen und rabbinischen Texten untersucht (5.2.1.3–5.2.1.8; Ergebnisse: 5.2.1.9). Vor diesem Hintergrund werden die einschlägigen Hebr-Stellen ausgelegt und insbesondere auf ihr Reinheitsverständnis befragt (5.2.2). Ein Exkurs (5.2.3) behandelt die Herkunft der Taufe und den Zusammenhang von Taufe und ritueller Reinigung; Hebr 10,22; 6,2 werden in diesen Zusammenhang eingeordnet. Anschließend wird (5.2.4) die Bedeutung ritueller Unreinheit im Hebr anhand von Hebr 13,4 und im Blick auf Hebr 6,2 erörtert. Der letzte Abschnitt (5.2.5) fasst die Ergebnisse zusammen.

5.2.1 Religionsgeschichtliche Kontexte: Die Rote Kuh in Schriften Israels und des frühen Judentums

5.2.1.1 Einführung: Die Rote Kuh im Hebräerbrief

Hebr 9,13 erwähnt neben dem »Blut von Böcken und Stieren« scheinbar nebenbei »Asche einer Kuh« (σποδὸς δαμάλεως), welche, auf die Unreinen gesprengt (ῥαντίζουσα τοὺς κεκοινωμένους), zur Fleischesreinheit heiligt/ weiht (ἁγιάζει πρὸς τὴν τῆς σαρκὸς καθαρότητα). V.12 spricht vom Eintritt Christi ins Allerheiligste mit seinem eigenen Blut. Im Zusammenhang ist deutlich, dass in V.13 von den Opfern des Jom Kippur die Rede ist, bei denen das Blut eines Stieres und eines Bockes ins Allerheiligste gebracht wird. Hebr verbindet zwei Rituale: Das des Jom Kippur nach Lev 16 und das mit der Roten Kuh und ihrer Asche nach Num 19.

Der hebräische Text spricht in Num 19,2 von einer פָּרָה אֲדֻמָּה, einer roten Kuh; LXX von einer δάμαλις πυρρά, einer roten Kuh/Färse; der Hebr nur noch von einer δάμαλις, einer Kuh/Färse[1]. Auffällig ist der Gebrauch von ῥαντίζειν in Hebr 9,13. Das Verb kommt im NT nur viermal vor, alle Belege finden sich im Hebr (9,13.19.21, 10,22). Hebr verweist damit auf das nur in LXX Num 19 vorkommende Verb περιρραντίζειν, aber auch auf die Aufnahme von Num 19 in Ez 36,25 (dort ebenfalls ῥαντίζειν)[2].

Während die Aussage ῥαντίζουσα τοὺς κεκοινωμένους Hebr 9,13 wegen des femininen Partizips nur auf die Asche der Kuh bezogen sein kann, muss das ἁγιάζει als Prädikat auch zu τὸ αἷμα τράγων καὶ ταύρων aufgefasst werden. Überraschend fasst Hebr somit beide Rituale unter dem Gesichtspunkt der Heiligung/Weihe/Reinigung, und zwar der des Fleisches, zusammen. Warum die Asche der Roten Kuh hier genannt wird, scheint unklar. Der Jom Kippur-Typologie des Hebr scheint sie willkürlich eingefügt[3].

---

[1] Vgl. PROSTMEIER 1998, 318f Anm. 3.

[2] Zum einzelnen im folgenden.

[3] Vgl. z.B. GRÄSSER 1993, 156: »Die typologische Ausdeutung des kombinierten Rituals [...] ist allerdings konfus«. MICHEL 1984, 313 fragt: »Gab es einen Zusammenhang zwischen den Opfern des großen Versöhnungstages und dem Reinheitsopfer von Num 19?«, beantwortet die Frage jedoch nicht. – Ausführlich behandelt den Ritus von Num 19 DELITZSCH 1989 (1857), 395–397, gibt jedoch keine Erklärung für die Aufnahme an unserer Stelle.

Eine weitere, indirekte Bezugnahme auf Num 19 findet sich in Hebr 12,24. Hier schildert Hebr das himmlische Jerusalem (V.22–24), zu dem die Adressaten hinzugetreten sind (προσεληλύθατε V.22). V.24 nennt Jesus, den Mittler des neuen Bundes und das »Besprengungsblut« (αἷμα ῥαντισμοῦ)[4]. Der Ausdruck αἷμα ῥαντισμοῦ begegnet im Neuen Testament nur an dieser Stelle[5].

Im Vergleich mit ῥαντισμὸς αἵματος (»Besprengung mit Blut«, I Petr 2,1) hat unser Audruck seine sprachliche Eigenart in der Verbindung des nomen regens αἷμα mit dem nomen rectum ῥαντισμός. Herkunft und Bedeutung dieser Verbindung erklären sich durch einen Vergleich mit dem Sprachgebrauch der LXX. Dort steht ῥαντισμός immer als nomen rectum bei dem nomen regens ὕδωρ in dem Ausdruck (τὸ) ὕδωρ (τοῦ) ῥαντισμοῦ (»Besprengungswasser«). Dieser kommt nur in Num 19 vor, wo es um Besprengungswasser mit der Asche einer Roten Kuh geht. Dieses Besprengungswasser wird mit dem terminus technicus (τὸ) ὕδωρ (τοῦ) ῥαντισμοῦ bezeichnet. So ist αἷμα ῥαντισμοῦ Hebr 12,24 als neue, bewusst in Anlehnung an (τὸ) ὕδωρ (τοῦ) ῥαντισμοῦ gebildete Formulierung zu verstehen[6].

Daraus ergibt sich, dass Hebr das Blut Christi in 12,24 von dem aus der Asche der Roten Kuh gewonnenen Besprengungswasser nach Num 19 her verstanden wissen will.

Die Terminologie der Besprengung kommt nochmals in Hebr 10,22 vor. Die Besprengung (vgl. ῥεραντισμένοι[7]) mit reinem Wasser (ὕδωρ καθαρόν) verweist auf LXX Ez 36,25 (ῥανῶ ἐφ' ὑμᾶς ὕδωρ καθαρόν)[8], und auch die Erwähnung des Herzens hat hier Anhalt, geht es doch in Ez 36 um die Erneuerung des Herzens durch Reinigung (V.26f). Ez 36,25 verweist zurück auf Num 19[9]. Hebr 10,22 verweist damit seinerseits zurück auf Hebr 9,13f: Bewirkten das Blut der Opfertiere und die Besprengung mit der Asche der Kuh Reinigung des Fleisches, so bewirkt das Blut Christi die Reinigung der συνείδησις. 10,22 spricht daher nun von einer Besprengung am Herzen zur Reinigung von der bösen συνείδησις und drückt damit die Wirkung der

---

[4] Vgl. Balz 1992; 1992a.

[5] Es gibt für das nomen ῥαντισμός im NT nur zwei Belege (neben unserer Stelle noch I Petr 2,1).

[6] So schon Balz 1992a, a.aO.: »Die Wendung dürfte dem atl. Terminus ὕδωρ ῥαντισμοῦ nachgebildet sein (vgl. Num 19,9.13) [...].«

[7] Die in LXX für Besprengungsriten verwendeten Verben ῥαίνειν, περιρραίνειν und περιρραντίζειν kommen im NT nicht vor.

[8] Ὕδωρ καθαρόν in LXX neben Num 5,17 (dazu s.u.) und Ez 36,25 nur noch Hi 11,15; mit ῥαίνειν nur Ez 36,25. Vgl. schon Grässer 1997, 23 Anm. 114. Näheres zur Terminologie s.u.

[9] Vgl. zum einzelnen u. pp. 335–337.

Reinigung durch Christus im Rückgriff auf das Besprengungsritual nach Num 19,12.19[10] aus.

Hebr 9,15–21 spricht von Bundesschluss und Blutsprengung. V.15 bezeichnet Jesus als Bundesmittler, und zwar in Aufnahme der Typologie von V.13f. Nach dem rechtsmetaphorischen Einschub V.15–17 geht Hebr zu einer Schilderung des Bundesschlusses am Sinai über (V.18–21). Nach Ex 24 sprengte Mose Blut an den Altar und an das Volk. Nach Hebr 9,19–21 dagegen wurde das Blut mit Wasser, scharlachroter Wolle und Ysop auf das Bundesbuch, das Volk sowie an das Zeltheiligtum und alle liturgischen Gefäße gesprengt. Mit der Erwähnung von Wasser, scharlachrote Wolle und Ysop verweist Hebr wiederum auf Num 19 (hier V.6). Darüberhinaus ist mit dem Verb ῥαντίζειν (V.19) die Terminologie von LXX Num 19 und LXX Ez 36,25 aufgenommen, während LXX Ex 24,8 die Blutsprengung beim Bundesschluss mit κατασκεδάννυμι ausdrückt. Hebr 10,29 nimmt die Worte Moses aus LXX Ex 24,8 (ἰδοὺ τὸ αἷμα τῆς διαθήκης) – angeführt schon in Hebr 9,20 – auf und spricht vom αἷμα τῆς διαθήκης, nun im Blick auf das Blut Christi. Das greift Hebr 12,24 auf und spricht vom Bundesmittler Jesus und – wie erwähnt – vom Besprengungsblut (αἷμα ῥαντισμοῦ); in diesem Ausdruck kommt der terminologische Rückgriff auf Num 19 mit der Rede vom Bundesblut zusammen, dessen Sprengung schon Hebr 9,19 mit der Erwähnung der reinigenden Ingredienzien in Anlehnung an Num 19 geschildert hatte.

Einen Bezug auf die Rote Kuh und auf die Opfer des Jom Kippur mag man auch in Hebr 13,11 finden.»Denn die Leiber der Tiere, deren Blut durch den Hohenpriester für die Sünde in das Heiligtum hineingetragen wird, werden außerhalb des Lagers verbrannt«, formuliert Hebr im Anschluss an Lev 4,11f.21; 6,23; 16,27. Aber auch die Rote Kuh wird außerhalb des Lagers vollständig verbrannt (Num 19,3–5). Ihr Blut wird nicht ins Heiligtum gebracht, doch in Richtung auf dieses in die Luft gesprengt (Num 19,4). Hebr 13,12 nimmt die Jom Kippur-Typologie aus Hebr 9,1–14 auf. Wie schon in 9,13, hat Hebr auch in 13,11 Lev 16 und Num 19 unter einem gemeinsamen Gesichtspunkt zusammengestellt.

Die Aufnahme von Num 19 ist kein unwesentliches Detail, sondern sie durchzieht in ihrer Verknüpfung mit den Jom Kippur- und Bundesschluss-Typologien die kulttheologische Argumentation des Hebr. Es handelt sich um ein wesentliches Motiv der Kulttheologie des Hebr, das bisher nur wenig beachtet wurde. Die Argumentation des Hebr ist, wie sich zeigen wird, ganz in den einschlägigen kulttheologischen Diskursen seiner frühjüdischen Kontexte verwurzelt und kann nur vor deren Hintergrund nachgezeichnet und interpretiert werden.

---

[10] Zum einzelnen s.u.

5.2.1.2 Tora, Propheten, Psalmen

Num 19 MT/LXX. Grundlage der frühjüdischen Ausführungen sind die Anweisungen für das Ritual mit der Asche der Roten Kuh in Num 19 und thematisch verwandte Texte in Tora, Prophetenbüchern und Psalmen.

In Num 19 wird der Ritus mit der Asche der Roten Kuh folgendermaßen beschrieben: Eine rote Kuh wird außerhalb des Lagers Israels vom Priester Eleasar geschlachtet. Der Priester sprengt sieben mal vom Blut der Kuh in Richtung auf das Heiligtum. Der Kadaver wird sodann von anderen Personen vollständig verbrannt. Eleasar setzt dem Brand Zedernholz, Ysop und Scharlach (שני/κόκκινος)[11] zu. Die Asche wird an einem reinen Ort aufbewahrt. Sie wird im Bedarfsfalle mit Wasser gemischt; so entsteht »Reinigungswasser« (מי נדה/ὕδωρ ῥαντισμοῦ). Dieses wird verwendet, um Verunreinigung durch Berührung mit Toten bzw. mit Leichenteilen zu reinigen. Auch Zelte und darin befindliche Geräte müssen gereinigt werden, wenn im Zelt ein Todesfall stattgefunden hat. Dies geschieht durch Besprengen (זרק Q.; נזה Hi./περιρραίνειν, περιρραντίζειν) mit dem »Reinigungswasser« mit Hilfe eines Ysop.

Zur alttestamentlichen Exegese: Die alttestamentliche Exegese haben drei Fragenkreise besonders beschäftigt: (1) Die Frage nach Herkunft, Überlieferung und Entwicklung des Rituals von Num 19; (2) die Frage nach dem Verhältnis des Rituals zum Opferkult und nach dem Zusammenhang von Sündopfer, Reinigung und kultischer Sühne und (3) die Frage nach dem Verhältnis der reinigenden bzw. verunreinigenden Wirkung der Asche. – Ad (1): Da der *auctor ad Hebraeos* Num 19 in seiner Endgestalt rezipiert hat, dürfen die literarkritischen und überlieferungsgeschichtlichen Probleme[12] zurückgestellt werden. Ad (3): Die verunreinigende Wirkung der Asche wird mit dem Tabucharakter des Heiligen erklärt, so Noth[13], Kraus[14], Baumgarten[15] und zuletzt Seebass[16]. – Hier soll nur auf die zweite der genannten Fragen näher eingegangen werden.

---

[11] Hebr 9,19: ἔριον κόκκινος »Scharlach[farbene] Wolle«.

[12] Vgl. dazu MAYER (Hg.), Para, 1964, 3–12; NOTH 1982, 123–126; WEFING 1981; SEEBASS 2003, 244–247. Letzterer meint, die Entstehung des Rituals von Num 19 sei nur aus der Abwehr gegen den Totenkult verständlich (a.a.O. 248–253). Selbst wenn dies zutreffen sollte, für das frühe Judentum spielt es keine Rolle. NOTH schreibt, der Ritus von Num 19 gehöre »[...] zu den Überresten magischer Vorstellung und Praxis [...] ohne auch nur den Versuch einer Einbeziehung in den ganz anders gerichteten alttestamentlichen Gottesglauben« (NOTH 1982, 126); ähnlich wieder SEEBASS 2003, 244.248. Solche Urteile mögen dazu beitragen, dass Num 19 in der Hebr-Auslegung nach wie vor eher am Rande beachtet wird. Vgl. GRÄSSER 1993, 156f z.St.

[13] NOTH 1982, 124.

[14] KRAUS 1991, 57–59, Anm. 66; hier: 58f.

[15] BAUMGARTEN 1993 (gegen die Deutung MILGROMs, s. dessen Entgegnung von 1994).

[16] SEEBASS 2003, 246. Dagegen will KIUCHI (1987, 135–141) die verunreinigende Wirkung der Asche der roten Kuh mit der von Totem ausgehenden Unreinheit erklären.

Ad (2): Mayer[17], Noth[18] und Milgrom[19] sehen in der Blutsprengung in Richtung auf das Zeltheiligtum eine Weihe des Blutes. Nach Milgrom[20] geht die sühnende Kraft des geweihten Blutes in die Asche des verbrannten Tierkadavers ein, diese gewinnt reinigende Wirkung[21]. Wie bei den Sündopfern nach Lev 4,1–21; 6,23; 16,27 wird bei der roten Kuh der Kadaver verbrannt. Daher sei in Num 19 die Bezeichnung als Sündopfer sinnvoll; sie beziehe sich auf die Asche, denn diese sei gleichsam ein konserviertes Sündopfer[22]. Das Sündopfer habe die Eigenschaft, die zu überwindende Unreinheit zu absorbieren[23]. Durch Verbrennen werde das Sündopfer und mit ihm die absorbierte Unreinheit eliminiert[24]. Die Asche des Sündopfers übertrage Unreinheit vom Gereinigten auf den Reinigenden[25]. Im Hintergrund von Num 19 stehe das Verständnis der Sünde als einer der Heiligkeit des Heiligtums entgegengesetzt Macht, durch welche dieses verunreinigt wird. Das Sündopfer sei erforderlich, um die Sündenfolge – die Verunreinigung des Heiligtums – zu beheben[26]. Auch Willi-Plein sieht mit Milgrom in der Asche der roten Kuh ein konserviertes Sündopfer zu dem Zweck, »gewissermaßen als pulverisierte, wasserlösliche Instant-Chattat gebraucht werden zu können«[27]. Gegen Milgrom führt sie aus, dass die Blutsprengung nicht der Weihe des Blutes diene, sondern – wie im Ritus des Versöhnungstages nach Lev 16 – der Herstellung eines Zusammenhanges zwischen »dem die Verfehlung zum Ausdruck bringenden Tier und dem Ort der göttlichen Präsenz«[28].

Die Frage, wie und warum die Asche der Roten Kuh reinigende Wirkung hat, hat die frühjüdische Auslegung (abgesehen von Philo von Alexandrien[29]) nicht beschäftigt. Um die Grundlagen für das Verständnis der frühjüdischen Auslegung von Num 19 zu gewinnen, sollen im folgenden die einschlägigen Texte in ihrer Endgestalt befragt werden.

---

[17] A.a.O. 6f.

[18] NOTH 1982, 124, z. St.; vgl. DERS., 1985, 29, zu Lev 4f: durch das Verspritzen werde das Blut und mit ihm das ganze Tier geweiht, und dadurch werde die sühnende Wirkung des Blutritus an den Hörner des Altars (nach Lev 4f) – der in Num 19 natürlich fehlt – erst möglich.

[19] Vgl. MILGROM 1990, 438–443, (Excursus 48: The Paradox of the Red Cow), hier: 440.

[20] Vgl. MILGROM 1990, 438–443 (Excursus 48) = MILGROM 1991, 270–278; MILGROM 1990, 444–446 (Excursus 49) = MILGROM 1991, 254–261.

[21] Vgl. MILGROM 1990, 439: »[...] the blood [...] infuses the ashes with their lustral power.«

[22] Vgl. MILGROM 1990, 441.

[23] Vgl. MILGROM 1990, 439 sowie DERS., Leviticus, 263f.

[24] MILGROM 1991, 261f sieht in der Verbrennung der Tierkadaver eine Parallele zum Verzehr des Opferfleisches durch die Priester und – mit Bezug auf Lev 10,17b – in beidem die Eliminierung des Sündopfers und der darin absorbierten Unreinheit.

[25] Vgl. MILGROM 1990, 439.

[26] Vgl. MILGROM 1991, 254–261 (mit weiteren Einzelheiten).

[27] WILLI-PLEIN 1993, 102.

[28] Ebd.

[29] ↑ III.5.2.1.4.

Zur Terminologie. Folgende Übersicht führt das Vorkommen der Terminologie für »Reinigungswasser« und Verwandtes sowie für »Besprengen« auf:

	MT	LXX
Lev 14,6f *Aussatz*	Blut und Wasser mit Zeder, Karmesin und Ysop נזה Hi. sprengen	Blut und Wasser mit Zeder, Karmesin und Ysop περιρραίνειν sprengen
Lev 14,51 *Aussatz*	Blut und Wasser mit Zeder, Karmesin und Ysop נזה Hi. sprengen	Blut und Wasser mit Zeder, Karmesin und Ysop περιρραίνειν sprengen
Num 5,17 *Verdacht auf Ehebruch*	מים קדשים »Heiliges Wasser« (Wasser trinken aus dem Reinigungsbecken im Tempel[30])	ὕδωρ καθαρόν »Reines Wasser« trinken
Num 8,7 *Levitenweihe*	מי חטאת »Entsündigungswasser« נזה Hi. sprengen	ὕδωρ ἁγνισμοῦ »Weihwasser« περιρραίνειν besprengen
Num 19 *Leichenunreinheit*	מי(ה)נדה »Reinigungswasser« נזה Hi. sprengen (Blut) V.4 זרק Q. sprengen (Reinigungswasser) V.13.20 נזה Hi. sprengen (Reinigungswasser) V.18f.21	ὕδωρ (τοῦ) ῥαντισμοῦ »Besprengungswasser« ῥαίνειν sprengen (Blut) V.4 περιρραντίζειν sprengen (Reinigungswasser) V.13.20 περιρραίνειν sprengen (Reinigungswasser) V.18f.21
Num 31,23 *Reinigung von Beute*	מי(ה)נדה Reinigungswasser חטא Hitp. entsündigen	ὕδωρ ἁγνισμοῦ Weihwasser ἁγνίζεσθαι Weihen
Ez 36,25 *Bundeserneuerung*	מים טהורים Reines Wasser זרק Q. sprengen	ὕδωρ καθαρός Reines Wasser ῥαίνειν sprengen
Ps 51 [Ψ 50],9 *Sünde*	באזוב mit Ysop חטא Pi. entsündigen	ὕσσωπος Ysop ῥαντίζειν sprengen (vgl. waschen usw. V.4)

Der Ausdruck (τὸ) ὕδωρ (τοῦ) ῥαντισμοῦ findet sich in LXX nur in Num 19, und zwar als Übersetzung für מי נדה, was im MT neben Num 19 nur noch in Num 31,23 vorkommt. LXX übersetzt in Num 31,23 mit ὕδωρ τοῦ ἁγνισμοῦ, was daneben in LXX nur noch in Num 8,7 vorkommt, dort aber als Übersetzung für das מי חטאת des MT, das seinerseits im MT nur hier begegnet. Schließlich ist noch מים קדשים Num 5,17 (LXX: ὕδωρ καθαρός) zu vergleichen (dazu s.u.). Ein weiteres hapax legomenon der LXX in Num 19 ist ἅγνισμα »Weihemittel«, die Übersetzung für חטאת »Sündopfer« in V.9. In V.17 wird החטאת mit ἁγνισμός übersetzt; einem Wort, das im Pentateuch auf Num beschränkt ist und hier in Reinigungs- und Weiheritualen verwendet wird, von denen die meisten auf Leichenunreinheit bezogen sind bzw. mit dem מי נדה ausgeführt werden (Num 6,5; 8,7; 19,17; 31,23)[31].

---

[30] Vgl. MILGROM 1990, 39 z.St.

[31] Außerhalb des Pentateuch gibt es nur einen Beleg von ἁγνισμός (Jer 6,16 LXX), wo es aber מרגוע »Ruhe« wiedergibt.

Die Terminologie um ῥαίνειν, ῥαντίζειν, ῥαντισμός κτλ. findet sich in LXX, abgesehen von Ex 29,21[32]; IV Βας 9,33, nur in Lev und Num. ῾Ραίνειν[33] bzw. περιρραίνειν[34] bezeichnet im Pentateuch, stets als Übersetzung von נזה Hi., das meist kultische Spritzen oder Sprengen, meist mit Blut, doch auch mit Öl[35], das in Sühne-, Weihe- und Reinigungsakten für Personen oder Geräte oder zum Erwirken von Sühne zur Sündenvergebung durch Priester ausgeführt wird[36]. Das Simplex ῥαίνειν bezeichnet die Blutsprengung in opferkultischen Ritualen, u.a. an den Vorhang des Heiligtums, an den Altar, an die heiligen Gewänder bei der Priesterinvestitur. Daneben kann aber auch Wasser »gesprengt« werden, so bei der Weihe (so LXX: ἁγνισμός) der Leviten (Num 8,7) und bei dem Ritus mit der Asche der Roten Kuh (Num 19). περιρραίνειν begegnet in der LXX Lev 14,7.51; Num 8,7; 19,18.19.21. Es wird also ausschließlich im Zusammenhang von Reinigungsriten (wenn auch in Einzelfällen [Lev 14,7.51] vom Sprengen von Blut) verwendet.

Auch das Verb περιρραντίζειν findet sich in LXX nur in Num 19; ῥαντίζειν dagegen in Lev 6,20; IV Βας 9,33; Ψ 50,9. ῾Ραντίζειν bedeutet ein unspezifisches Bespritzen[37], kann aber auch mit Bezug auf den Reinigungsritus von Num 19 verwendet werden, so in Ψ 50 (Ps 51),9 (s.u.): LXX bietet hier ῥαντίζειν statt חטא Pi. und verweist damit – allerdings in übertragen-hamartiologischem Verständnis – auf Num 19. Das im Parallelismus erscheinende Verb καθαρισθήσομαι und die Erwähnung des ebenfalls der Reinigung dienenden Ysop (vgl. Num 19,6.18) sichern die Bedeutung. In Num 19 kommt zweimal das Kompositum περιρραντίζειν vor (V.13.20), daneben das Kompositum περιρραίνειν (V.18.19.21). Περιρραντίζειν begegnet in der LXX nur Num 19 (V.13.20), d.h. es wird nur von der Wassersprengung im Rahmen des Reinigungsritus mit der Asche der Roten Kuh gebraucht. Nur in Num 19 verwendet LXX das Nomen ῥαντισμός.

---

[32] An dieser Stelle übersetzt LXX mit ῥαίνειν das hebräische נזה. In V.20 spricht MT vom »Sprengen« (זרק) auf den Altar; die Aussage fehlt in LXX.

[33] Ex 29,21; Lev 4,17; 5,9; 8,11; 14,16; 14,27; 16,14f.19; Num 19,4.

[34] Lev 14,7.51; Num 8,7; 19,18.19.21.

[35] Anders ist es an den beiden Stellen Jes 45,8; Ez 36,25. In Jes 45,8 ist davon die Rede, dass Gerechtigkeit vom Himmel regnen soll. Obertöne kultischer Sprache mögen mitschwingen, doch ist der Gebrauch ein metaphorischer; die Stelle gehört nicht in unseren Zusammenhang. In Ez 36,25 wird eine Reinigung des Volkes Israel angesagt. Im Hintergrund steht deutlich die Vorstellung vom Reinigungsritus mit Besprengung durch Reinigungswasser.

[36] Außerhalb des Pentateuch gibt es Ausnahmen: In Jes 45,8; Ez 36,25 steht nicht das hebräische Verb נזה Hi., das sonst an unseren LXX–Stellen mit ῥαίνειν κτλ. wiedergegeben wird, sondern נזל Q. (Jes 45,8) bzw. זרק Q. (Ez 36,25).

[37] Ob in Lev 6,20 ein kultischer Bezug zu hören ist, mag dahingestellt bleiben.

LXX differenziert damit über den hebräischen Text hinaus: Sie übersetzt bei der Blutsprengung im Zusammenhang des Sündopfers das נזה Hi. des hebräischen Textes mit ῥαίνειν; im Zusammenhang von Reinigungsriten gibt sie dasselbe hebräische Wort mit περιρραίνειν wieder[38]. In Num 19 ist περιρραντίζειν die griechische Übersetzung für זרק Q., dasselbe hebräische Wort, das auch in Ez 36,25 begegnet, von der LXX dort allerdings mit ῥαίνειν übersetzt wird[39]. זרק Q., das im MT 35mal begegnet, erscheint nur in Num 19,13.20 und in Ez 36,25 mit dem Objekt מים. So ist auch in Num 19 der Ritus der Blutsprengung terminologisch von der Sprengung des ὕδωρ (τοῦ) ῥαντισμοῦ unterschieden: Während das Blut der Roten Kuh von dem Priester gesprengt wird (ῥαίνειν V.4), wird das Wasser mit der darin gelösten Asche durch nicht näher bezeichnete reine Personen auf unreine Personen gesprengt (περιρραίνειν bzw. περιρραντίζειν V.17–21).

Ergebnis: Mit מי נדה/ὕδωρ ῥαντισμοῦ bzw. מי חטאת/ὕδωρ ἁγνισμοῦ, זרק Q. + Objekt מים sowie περιρραντίζειν lässt sich eine Terminologie namhaft machen, die dem Ritual von Num 19 (bzw. Num 8,7) eigen ist; mit περιρραίνειν greift LXX Num 19 ferner auf die Terminologie speziell der kultischen Reinigungsriten zurück.

Der Bezug auf das Lager und auf das Heiligtum. Während das Zeltheiligtum den Heiligkeitsmittelpunkt des Lagers bildet (Num 2,2.17), findet das Ritual mit Asche der Roten Kuh außerhalb des Lagers statt (Num 19,3). Trotzdem soll der Priester das Blut an das im Mittelpunkt des Lagers stehende Zelt bzw. in dessen Richtung, »gegen die Vorderseite des Zeltes der Begegnung hin«, sprengen[40].

Ziel der Herstellung und Anwendung des Reinigungswassers ist nach Num 19,20 die Gewährleistung der Bedingungen für bleibende Reinheit des Heiligtums. Die Unreinheit der Bewohner des Lagers gefährdet die Reinheit des Heiligtums. Die Unreinheit geht aus vom Sterben der Menschen, bzw. von der Todessphäre als Gegensatz zur Reinheit und Heiligkeit Gottes (V.11f). Bei Todesfällen haftet der Leiche und dem Ort des Sterbens und den dort benutzten Gegenständen Unreinheit an (V.14–16). Wenn Menschen mit dem Tod bzw. der Todessphäre in Berührung kommen, werden sie selbst unrein und verunreinigen damit das Heiligtum, in dessen Nähe sie leben, wenn ihre Unreinheit nicht innerhalb einer begrenzten Zeit entfernt wird (V.13.20; vgl. Lev 15,31). Hier wird erkennbar, wie

---

[38] Sowohl נזל als auch רזק und נזה können sowohl für das für das Sprengen in Sühnriten als auch in Reinigungsriten angewandt werden.

[39] Hebr hat in 10,22, wo er auf Ez 36,25 anspielt, anders als die LXX das hebr. זרק Q. mit ῥαντίζειν übersetzt; das Verb brachte er schon 9,13. Die Verben ῥαίνειν, περιρραίνειν und περιρραντίζριν bietet der Hebr – wie das ganze NT – nie.

[40] Vgl. DELITZSCH 1989 (1857), 395–397, zu 9,13.

die Reinigung der Menschen im Lager Israels mit dem Heiligtumsbezug des ganzen Ritus zusammenhängt[41].

Deutlicher wird dieser Zusammenhang, vergegenwärtigt man sich die Lagerordnung nach Num 2,2.17, vgl. 5,3b[42]. Hiernach besteht das Lager Israels aus zwei konzentrischen Kreisen – dem Lager der Leviten als innerer Kreis und dem Lager des übrigen Volkes als äußerer Kreis –, die um das Zentrum des Begegnungszeltes angeordnet sind. Gott wohnt inmitten Israels. Das Lager ist ein Bereich zum Zentrum hin zunehmender Heiligkeit mit dem Ort der Gottespräsenz als Mittelpunkt[43]. Es ist abgeschlossen gegen den Bereich, der als »außerhalb des Lagers« bezeichnet wird. Vom Heiligtum gehen Heiligkeit und Reinheit aus und erstrecken sich in unterschiedlicher Intensität über den Lagerbereich, wie umgekehrt jede Störung durch im Lagerbereich auftretende Unreinheit auf das Heiligtum als sein Zentrum zurückwirkt. Daher muss Unreinheit aus dem Lagerbereich entfernt werden (s. Num 5,1f; Lev 13,46; 14,2f.8[44]). Expliziter Bezug auf das Betreten des Heiligtums fehlt in Num 19.

Neben Num 19 kommt Leichenunreinheit noch an anderen Stellen vor. Num 5,1–4 nennt die Unreinheitsarten, die ihre Träger vom Zugang zum Lagerbereich ausschließen. Genannt werden Aussatz, Ausfluss (זב), d.h. Gonorrhöe, Leichenunreinheit, von Verunreinigung betroffene Männer und Frauen. Num 5,1–4 will das »Lager« insgesamt vor den schwersten Verunreinigungen schützen. Auch dabei ist der Heiligtumsbezug leitend: »›Outside the camp‹ differs from ›within‹ in one respect only: It is out of the contamination range of the sanctuary, so that impurities there cannot contaminate the sanctuary.«[45] Möglicherweise liegt dabei bereits die im Frühjudentum verbreitete Anschauung zugrunde, dass das »Lager« der Wüstenzeit mit dem Bereich des Tempels in Jerusalem gleichzusetzen ist[46]. Auch im Hintergrund von Num 5,3 steht das Wohnen Gottes inmitten des Volkes, also die Reinerhaltung des Heiligtums als Ort der Gottespräsenz. In Num 19 liegt, anders als in 5,1–4, die Voraussetzung zugrunde, dass Leichenunreine im Lager bleiben dürfen[47]. Priester haben nach Lev 21,1–4 die Verunreinigung durch Leichenunreinheit generell zu meiden, es sei denn,

---

[41] Vgl. näher zum »Lager« Israels ↑ III.6.3.1.

[42] Vgl. MILGROM 1990, 340f (Excursus 3).

[43] Nach einer anderen Tradition befindet sich das Zelt der Begegnung außerhalb des Lagers, s. Ex 33,7. – Hier (Num) ist jedoch das Gegenteil vorausgesetzt.

[44] Bei Unreinheit durch Geburt muss sich die Wöchnerin lediglich vom Heiligtum fernhalten, s. Lev 12,4.

[45] MILGROM 1990, 33, z.St.

[46] Vgl. ↑ III.6.3.1.

[47] Vgl. HARRINGTON 1993, 144f.

es handle sich um ihre engsten Angehörigen[48]. Selbst deren Leichen darf der Hohepriester nicht berühren (V.11). In diesen Zusammenhang gehört auch die im folgenden Abschnitt zu erwähnende Reinigung der Leviten nach Num 8,7. Durchgehend zeigt sich der Bezug auf das Lager, das Heiligtum und das Kultpersonal bzw. den Kultvollzug, dessen Reinheit vor Leichenunreinheit und ihren Trägern zu schützen ist.

Besprengung mit Reinigungswasser und Verwandtes in Num. Von der Reinigung durch Reinigungswasser (מֵי נִדָּה) spricht auch Num 31,21–23 (hier V.23)[49]. Es geht um Kriegsbeute, die gereinigt werden muss, bevor sie in das Lager gebracht werden kann. Im Zusammenhang (V.19) wird eine siebentägige Reinigungszeit angeordnet, wobei für den dritten und siebenten Tag Entsündigung (חטא Hitp.) angeordnet wird. Das entspricht dem Reinigungsritual von Num 19,12.19. Erst danach ist der Zutritt zum Lager erlaubt. Das entspricht der Regel von Num 5,1–4. Die Reinigung von Leichenunreinheit wird in V.21–23 auf die Beute ausgedehnt.

Eine Reinigung von Leichenunreinheit ist besonders für den Nasiräer vorgeschrieben (Num 6,9). Erwähnt wird die siebentägige Reinigungszeit, ohne Anwendung des Reinigungsritus von Num 19,12.19, die aber vorausgesetzt werden darf[50]. Für den Nasiräer gilt damit im Blick auf Leichenunreinheit die gleiche Regel (Num 6,6f) wie für den Hohenpriester (Lev 21,11)[51].

Besprengung mit Reinigungswasser (hier מֵי חַטָּאת, LXX: ὕδωρ ἁγνισμοῦ)[52] ist auch Teil der Levitenweihe nach Num 8,5–22 (hier V.7). Eine aktuelle Verunreinigung durch Leichenunreinheit ist dabei nicht vorausgesetzt.

Schließlich ist das Ritual bei Verdacht des Ehebruchs der Frau nach Num 5,11–31 zu erwähnen. Dabei soll der Priester nach V.17 ein Gemisch aus heiligem Wasser (מַיִם קְדֹשִׁים, LXX: ὕδωρ καθαρός) und Staub (עָפָר) vom Boden des Stiftszeltes bereiten und es der Frau zu trinken geben. Gemeint ist Wasser aus dem bronzenen Wassergefäß im Vorhof des Heilig-

---

[48] Vgl. dazu CARMICHAEL 2003. Vgl. Ez 44,25–27. Dort wird in V.27 eine einwöchige Reinigung für Priester – über die siebentägige Reinigungsperiode von Num 19 hinaus – angeordnet, die mit einem Sündopfer schließt.

[49] Vgl. MILGROM 1990, 260f zu Num 31,19–24.

[50] Ausdrücklich vorgeschrieben für den Fall der Verunreinigung durch Leichenunreinheit während des Nasiräats in mNaz 7,2.

[51] mNaz 7,1 erörtert entsprechend die Forderung an beide, Nasiräer und Hohenpriester, sich vor Leichenunreinheit zu hüten: Welcher von beiden hätte ggf. eher die Pflicht, eine herumliegende Leiche zu bestatten, die Reinheitsforderung also hintanzustellen? Vgl. MILGROM 1990, 45f.

[52] Die Gleichsetzung mit dem Reinigungswasser von Num 19 mit Recht auch bei MILGROM 1990, 61 z.St.

tums[53]. Auffällig ist dabei, dass עפר »Staub« nur dreimal in Num vorkommt; außer 5,17 und 19,17 (also jeweils bei der Anweisung zur Zubereitung eines besonderen Gemischs) nur noch 23,10. Auffällig ist dies zumal, weil man in 19,17 eigentlich אפר »Asche« erwarten sollte. Die Formulierung »Staub« vom Sündopfer-Brand« (עפר שרפת החטאת) statt »Asche« ist auffällig umständlich. LXX übersetzt an dieser Stelle dagegen mit »Asche« (σποδιά), während in LXX Num 5,17 gar kein griechisches Äquivalent für עפר geboten wird. M.a.W., LXX bietet den »Staub« an keiner der beiden Stellen. Aber im MT sind die beiden Riten einander durch die jeweiligen Erwähnungen des Staubs ähnlich.

Diese Beobachtung haben bereits die Rabbinen gemacht: Nach Sifre 165 (§128)[54] zu Num 19,17 weist das Wort »Staub« (עפר) in Num 19,17 auf die Bestimmung von Num 5,17 hin. Das Wort עפר sei hier gewählt worden, um zu zeigen, dass es sich in Num 5,17 und Num 19,17 um gleichartige Vollzüge handelt.

Angesichts des auffälligen Unterschiedes zwischen MT und LXX dürfte es sich beim hebräischen Wortlaut um eine bewusst herbeigeführte Angleichung der Rituale handeln[55].

Vergleich mit anderen Sündopferriten. Num 19,9 bezeichnet die Rote Kuh als Sündopfer (חטאת), obgleich keine Opferdarbringung stattfindet. Der Kadaver wird vollständig außerhalb des Lagers verbrannt (V.3.5). Das hat der Ritus von Num 19 mit einigen anderen Sündopferriten gemeinsam, bei denen ebenfalls die Kadaver der Opfertiere außerhalb des Lagers verbrannt werden (Lev 4,11f.21; 6,23; 16,27). Hebr 13,11 formuliert im Anschluss an Lev 6,23 (vgl. Lev 10,18) die Regel: ὧν γὰρ εἰσφέρεται ζῴων τὸ αἷμα περὶ ἁμαρτίας εἰς τὰ ἅγια διὰ τοῦ ἀρχιερέως, τούτων τὰ σώματα κατακαίεται ἔξω τῆς παρεμβολῆς. Die betreffenden Riten haben eine weitere Gemeinsamkeit darin, dass dabei die Blutsprengung nicht auf den Brandopferaltar gerichtet ist, sondern durch den Hohenpriester im Inneren des Heiligtums stattfindet, und zwar siebenfach (s. Lev 4,6.16f; 16,14f). Die Kadaver eben dieser Opfertiere werden außerhalb des Lagers verbrannt (s. Lev 4,11f.21; 6,23; 16,27). Wie der Kadaver der Roten Kuh außerhalb des Lagers verbrannt wird, so findet sich bei ihr auch eine siebenfache Blutsprengung, die zwar nicht im Inneren des Heiligtums stattfindet, aber doch auf das Zeltheiligtum hin vollzogen wird (V.4). Wenn Num 19 dafür auch nicht den Hohenpriester vorsieht, gilt dies doch für frühjüdische Traditionen (s.u.)[56]. Insofern lässt sich auch die Rote Kuh unter die genannte Regel subsumieren. Das Ritual Num 19,1–10 besitzt

---

[53] Vgl. MILGROM 1990, 39.
[54] BÖRNER-KLEIN (Hg.) 1997, 281.
[55] Über Num 31,19–24 hinaus nehmen also auch noch Num 5,17 und 8,7 auf Num 19 Bezug (gegen SEEBASS 2003, 243).
[56] Vgl. MILGROM 1990, 158.

also die unterscheidenden Merkmale der Sündopferriten, welche die Verfehlungen der Priester und des ganzen Volkes sühnen, indem sie einen Zusammenhang zwischen dem Blut der Opfertiere und dem Ort der Gottespräsenz im Heiligtum herstellen.

Vergleich mit anderen Reinigungsriten. Daneben hat Num 19 Ähnlichkeiten mit anderen Reinigungriten, wie folgender Überblick[57] zeigt.

	Unreinheit/Anlass der Reinigung	*Reinigungsvollzug*
Lev 12	Geburt und Wochenbett	Sieben- bzw. vierzehntägige Unreinheit
Lev 14,1–9	Aussatz	Vogelopfer, Blut in Wasser, Zusatz von Scharlach und Zeder, Besprengen mittels Ysop. Kleider waschen und sich waschen, siebentägige Unreinheit, erneut sich waschen
Lev 15,1–15	Ausfluss (זב)	Siebentägige Unreinheit, Kleider waschen, sich waschen
Lev 15,16–18	Pollution / Verkehr	Sich waschen, Unreinheit bis zum Abend
Lev 15,19–24	Menstruation	Siebentägige Unreinheit
Lev 15,25–30	Blutfluss	Siebentägige Unreinheit
Num 6,6–9	Reinigung des Nasiräers	Siebentägige Unreinheit, Scheren des Haupthaars
Num 19,1– 10.11f.19	Leichenunreinheit	Schlachtung der Kuh, Blutsprengung und Verbrennung, Zusatz von Scharlach und Zeder, Asche mit Wasser gemischt, siebentägige Unreinheit, Besprengen mittels Ysop am dritten und siebenten Tag, Kleider waschen und sich waschen.
Num 31,21–23	Reinigung der Beute	Feuer, Reinigungswasser (מי נדה), Wasser
Num 31,24	Reinigung nach dem Krieg	[Siebentägige Unreinheit[58],] Kleider waschen am siebenten Tag

Gemeinsam ist allen Reinigungsriten, dass eine gewisse Zeit der Reinigung (meist sieben Tage) verstreichen muss. Bei den meisten Riten treten Waschungen, teils auch das Waschen der Kleider, hinzu. Nur bei zwei Riten wird der bzw. das zu Reinigende mittels Ysop besprengt: bei Reinigung von Aussatz (Lev 14) und von Leichenunreinheit (Num 19). Auch sonst sind diese beiden Reinigungsriten einander ähnlich: Am Anfang steht jeweils ein Opfer; das Blut bzw. die Asche des geopferten Tieres wird mit

---

[57] Die Darstellung ist gegenüber der biblischen Beschreibung vereinfacht. Nicht berücksichtigt werden die Formen abgeleiteter Unreinheit und die wiederum für diese vorgesehenen Reinigungsvollzüge.

[58] Nicht explizit erwähnt.

Scharlach und Zeder in Wasser gelöst, das so gewonnene Gemisch wird
mittels Ysop gesprengt, eine siebentägige Unreinheitszeit endet mit Waschen und Kleiderwaschen. Doch unterscheidet sich das Ritual von Num
19 von dem von Lev 14 – abgesehen von der Verwendung der Asche der
Kuh – durch die je siebenfache Besprengung am dritten und siebenten Tag.
Die Rituale von Lev 14 und Num 19 zeigen durch ihre besondere Ausge-
staltung, dass sie besonders schwerer Unreinheit gelten; so besonders die
zweifache Besprengung am dritten und siebenten Tag nach Num 19,12.19.
Rabbinischer Auslegung gilt Leichenunreinheit als stärkste Form von Unreinheit (s.u.).

Die Schlachtung der Roten Kuh und die Gewinnung und Verwendung
ihrer Asche entsprechen (mit einer gewissen Künstlichkeit) den Vollzügen
speziell der für die Priester und das ganze Volk sühnenden Sündopfer.
Dem Bereich der Reinigungsriten ist die Verwendung von Scharlach, Zeder und Ysop, Asche und Reinigungswasser zuzurechnen. Die Besonderheit von Num 19 liegt in der Verbindung von Sündopfer und Reinigungsritus[59].

Hag 2,12–14. Nach Hag 2,10–14[60] holt der Prophet einen priesterlichen
Rechtsbescheid zu zwei kultrechtlichen Fragen ein (V.12f): Ob alltägliche
Speisen geheiligt werden durch die Berührung mit einem Gewand, in dem
heilige Speisen (Opferspeisen) getragen werden (V.12) und ob die Unreinheit eines durch Leichenunreinheit Verunreinigten sich durch Berührung
auf die Speisen überträgt (V.13). Ersteres wird verneint, letzteres bejaht.
Der Prophet schliesst seine Verkündigung (V.14) an, wonach das Volk,
sein Tun und seine Opfergaben unrein sind. Die heiligende Kraft der Opfergaben ist weniger durchdringend als die verunreinigende Kraft der Leichenunreinheit. Auch das Volk wird folglich nicht durch seinen Kultvollzug geheiligt, sondern die Unreinheit des Volkes wirkt umgekehrt auf alle
seine Opfer. Im Hintergrund steht die unerfüllte Forderung des Tempelbaus. Bemerkenswert ist die Wahl der Leichenunreinheit als Inbegriff der
Unreinheit, die das dadurch Kontaminierte für den Kult disqualifiziert. Die
Bedeutung ist ausgeweitet auf das Tun des Volkes insgesamt. »Die Alternative zwischen der moralischen Deutung der Unreinheit [...] und der kultischen [...] ist unzutreffend, denn beide Bereiche gehören zusammen.«[61]
Leichenunreinheit steht hier für alles das, was im Gegensatz zur Heiligkeit
Gottes steht. Doch der Kultbezug bleibt wesentlich.

---

[59] Es dürfte sich bei der jetzigen Fassung demnach um einen verhältnismäßig späten
Text handeln, der das פרה-Ritual dem System der priesterschriftlichen חטאת- und Reinigungsvollzüge angleichen will.
[60] Zur Auslegung vgl. REVENTLOW 1993, 23–27.
[61] REVENTLOW, a.a.O. 26f.

Ez 36. In Ez 36,25–28 heißt es: »Ich werde reines Wasser auf euch sprengen (מים מים טהורים ρανῶ ἐφ' ὑμᾶς ὕδωρ καθαρόν), und ihr werdet rein sein; von all euren Unreinheiten und von all euren Götzen werde ich euch reinigen« (V.25).

Die Formulierungen von V.25 spielen einerseits auf das Reinigungsritual von Num 19, andererseits auf das Ritual von Lev 16 an: Während das Besprengen (זרק Q.) mit Wasser zur Reinigung (bzw. Reinigungswasser)[62] auf Num 19,13.20 verweist[63], greift die Formulierung »von all euren Unreinheiten werde ich euch reinigigen« auf Lev 16,16.19 zurück[64]. Schon Ez 36 verbindet also in seiner Ansage der eschatologischen Reinigung Jom Kippur und Rote Kuh. Reinigung und Vergebung sind nicht scharf abgegrenzt, überschneiden einander vielmehr. Das Geschehen zwischen Gott und Volk wird hier als Reinigungsritus mit Wassersprengung dargestellt. Konsequent erscheint die Sünde des Volkes in dieser Wahrnehmung als Menstruationsblut, d.h. als Verunreinigung im kultischen Sinne (V.17). »Absolution is described in terms drawn from the realm of purity/impurity, according to the priestly view underlying vss. 17–19 that the exile resulted from the accumulated impurity caused by bloodshed and idolatry«[65]. Im Blick auf die noch zu besprechenden Texte vom Toten Meer (s.u.) liegt die

---

[62] Vgl. GREENBERG 1997, 730, zu מים טהורים: »Lit. ›pure water,‹ a unique phrase. Ehrlich takes it to be a euphemism for the lustral ›water of impurity‹ [...], but it is more likely a resultative adjective [...]« (ebd.).

[63] »The figure uses terms drawn from the ritual of the ›water of lustration‹ (*my nidh* [...]), which was ›thrown‹ on persons or objects to cleanse them of corpse impurity (Num 19:13, 20).« (GREENBERG ebd.). GREENBERG weist ebd. weiter darauf hin, dass die Targumim in Ez 36,25 und Num 19,13.20 denselben aramäischen Ausdruck verwenden (aram. מי אדיותא in TPsJ Ez 36,25/TO Num 19,13.20). Es wurde bereits erwähnt, dass nur in Num 19,13.20 und in Ez 36,25 זרק Q. mit dem Objekt מים erscheint. Vgl. auch ZIMMERLI 1969, Bd. 2, 878f z.St. (»[...] Wenn dabei von einem ›Besprengen mit reinem Wasser‹ die Rede ist, so düfte dahinter [...] das Vorbild eines rituellen Aktes der Besprengung mit Wasser zum Zwecke der kultischen Reinigung zu erkennen sein. Nu 19,9–22 reden von einem solchen Akt der Besprengung mit Wasser [...]«). Hinzuzufügen wäre: Wie die Übersicht über die Reinigungsriten zeigte, gibt es Besprengung mit Wasser neben Num 19 nur noch in Lev 14, und was immer im einzelnen in Ez 36,25 mit מים טהורים gemeint sein mag – die Anspielung auf die Besprengung mit מי נדה Num 19 liegt auf der Hand. – ZIMMERLI (a.a.O.) irrt übrigens, wenn er in der Verwendung von זרק Q. in Ez 36,25 einen Unterschied zu Num 19 sieht; das Verb begegnet dort V.13.20. – Den Zusammenhang von Ez 36,25 und Num 19 stellt auch BemR 7,10 her (Midrash Rabbah, ed. FREEDMAN/SIMON, Bd.5, 1951, 201): Entsprechend der Reinigung von Lepra, Ausfluss und Leichenunreinheit werde Gott bei der Reinigung Israels nach Ez 36,25 Reinigungswasser auf das Volk sprengen.

[64] »Terms taken from Lev 16, the ritual for the Day of Atonement; note especially the plural ›impurities‹ that occurs only there (vss. 16,19) and here (see also ahead, vs. 29)« (ebd.).

[65] GREENBERG a.a.O.

Frage nahe, ob bereits in Ez 36 eine Verwendung des Besprengungsritus mit מֵי נִדָּה für andere Unreinheitsarten als Leichenunreinheit im Hintergrund steht.

Der Vorgang ist in Ez 36 über alles bisherige Maß gesteigert. Nicht einzelne Personen, sondern das ganze Volk bzw. das ganze Land sind verunreinigt; nicht einzelne Verfehlungen, sondern der ganze »Weg«, die Lebens- und Religionspraxis Israels, wird als unrein bezeichnet. Auf die Rückführung aus dem Exil soll daher eine Reinigung folgen, bei der Gott Israel mit reinem Wasser besprengen wird (V.25). Das hier erwähnte Menstruationsblut ist eine der wichtigsten Quellen von kultischer Unreinheit; desgleichen Verehrung von »Götzen«, d.h. Kult fremder Götter. Schließlich verheißt Gott, Israel von allen seinen Sünden zu reinigen (V.33). Damit ist die Terminologie der kultischen Reinigung explizit auf die Sünde angewandt. Die zu erwartende Reinigung geht daher qualitativ weit über die bekannten Reinigungsriten hinaus. Sie setzt die Beziehung zwischen Gott und Gottesvolk neu, bedeutet also eine Erneuerung des Bundesschlusses, was darin zum Ausdruck kommt, dass zur Beschreibung des neuen Verhältnisses von Gott und Volk die Sprache der Landgabe und die Bundesformel verwendet werden:

»Und ihr werdet in dem Land wohnen, das ich euren Vätern gegeben habe, und ihr werdet mir zum Volk, und ich werde euch zum Gott sein.« (V.28)

Mit der Erneuerung von Bund und Landgabe verbindet sich die Erneuerung der Toragabe, d.h. eine neue, vertiefte Ermöglichung eines bundesgemäßen Lebens vor Gott:

»Und ich werde euch ein neues Herz geben und einen neuen Geist in euer Inneres geben; und ich werde das steinerne Herz aus eurem Fleisch wegnehmen und euch ein fleischernes Herz geben. Und ich werde meinen Geist in euer Inneres geben; und ich werde machen, dass ihr in meinen Ordnungen lebt und meine Rechtsbestimmungen bewahrt und tut.« (V.26f)

Die neue Toragabe ist zugleich die Gabe eines neuen Herzens, die aus der Reinigungsbesprengung hervorgeht. Ziel des hier angesagten Gotteshandelns ist die Heiligung des Gottesnamens (V.20–23). An die Stelle des Zeltheiligtums tritt der Name, der inmitten Israels wohnt und der durch die als Unreinheit wahrgenommene Sünde Israels entweiht wird. Durch die Reinigung Israels wird auch das Wohnen des Gottesnamens in seiner Mitte wieder möglich. Die Gabe des neuen Herzens und des neuen Geistes ist als Folge des Reinigungsrituals (V.25) an dieses angeschlossen. Die Verheißung von V.26f steht der von Jer 31,33 nahe. Wie dort geht es um die Erneuerung des Herzens, die zum Tun des Gotteswillens befähigt. Tatsächlich hat Ez hier, wie sonst mehrfach, die Verheißung des neuen Bundes aus Jer aufgenommen; doch hier so, dass die Bundeserneuerung an einen Reinigungsritus gebunden wird, der die in kultischen Kategorien als

Unreinheit vorgestellte Sünde beseitigt und damit die Gabe des neuen Herzens ermöglicht[66]. Ez 36 bietet also eine Verbindung von Reinigungsritus, Bundeserneuerung, Toragabe und Erneuerung der Herzen. Auf diese Verbindung kann Hebr, der in 10,22 auf diesen Text anspielt, zurückgreifen.

Ψ 50(Ps 51),9. Auf kultische Reinigungsriten spielt auch Ψ 50(Ps 51),9 an: תחטאני באזוב ואטהר תכבסני ומשלג אלבין, »entsündige mich mit Ysop, und ich werde rein sein; wasche mich, und ich werde weißer sein als Schnee«. Das Ergebnis der Endsündigung wird mit טהר »rein sein«, metaphorisch mit לבן Hiph. »weiß machen/werden« umschrieben. Zusammen mit der Erwähnung des Ysop ist der Bezug auf kultische Reinigungsriten eindeutig[67]. LXX verdeutlicht ihn; statt חטא Pi. steht hier ῥαίνειν besprengen«: ῥαντιεῖς με ὑσσώπῳ καὶ καθαρισθήσομαι. Damit sind Reinigungsriten mit Besprengung im Blick, wie sie aus Lev 14; Num 19 bekannt sind. Bezeichnend ist, dass der Bezug auf rituelle Reinigung hier metaphorisch die Vergebung der Sünden meint, von der V.1–11 spricht. V.4 verbindet ausdrücklich Reinigung und Vergebung: »Wasche mich von meiner Schuld, und von meiner Sünde reinige mich!«. In V.12–14 schließt sich die Bitte um ein reines Herz (V.12) und um einen neuen Geist an. Die Bitte um Erneuerung des Herzens durch den Geist als Folge des Reinigungsrituals erinnert stark an Ez 36,25–27[68].

Auffällig ist die Nähe von Ps 51,4.9 zu den Reinigungs- und Bußritualen in den Texten vom Toten Meer, die Besprengung mit Reinigungswasser voraussetzen[69]: Reinigung und Besprengung sind schon in Ψ 50/Ps 51 mit Sündenbekenntnis und Vergebungsbitte verbunden, und die Wahrnehmung der Sündhaftigkeit wird ins Grundsätzlich-Anthropologi-

---

[66] Vgl. zur Aufnahme und Verarbeitung der Verheißung des neuen Bundes aus Jer 31 in Ez 36 LEVIN 1985, 209–214, bes. 212f.

[67] Vgl. KRAUS 1978, 545: »Wenn einige Exegeten in der Reinigung mit Ysop eine Heilung von Aussatz erblicken wollen (vgl. Lev 14,4f.49ff), so ist darauf hinzuweisen, dass die Reinigungsriten im Alten Testament auch in anderem Zusammenhang erwähnt werden (z.B. Ex 12,22; Nu 19,6.18). [...] Es liegt doch nahe, an alte kultische Maßnahmen zu denken, die nur noch in den konventionellen Formeln der Bittgebete nachleben«. Der letzteren Vermutung ist zu widersprechen: Wie die Reinigungsrituale und die damit verbundenen Bußgebete in den Texten vom Toten Meer sowie die rabbinischen Texte zeigen (s.u.), ist zur Zeit des Zweiten Tempels die Besprengung mit Reinigungswasser nach Num 19 sehr wohl in kultischem Kontext geübt worden. – SEYBOLD 1996, 213, denkt an »den Ritus der Krankenreinigung (wie Lv 14). Er [sc. der Beter] wählt das auffallende Mittel [...], um diesen rituellen Akt zu bezeichnen, mit dem er die Befreiung von seiner Schuld und die Reinigung von den Wirkungen der Krankheit verbindet«.

[68] Vgl. HOSSFELD/ZENGER 2000, 52f, die zu V.12–14 auf Anklänge an die Schriftprophetie (Jes, Jer, Ez) aufmerksam machen, dabei allerdings gerade die besonders naheliegende Stelle Ez 36,25–27 nicht nennen.

[69] Vgl. u. pp. 345–348.

sche vertieft, so dass schon Empfängnis und Geburt als sündenbehaftet wahrgenommen werden (V.7). Schon hier könnten Buß- und Reinigungsrituale im Hintergrund stehen.

Ergebnisse. Die Heiligkeit und Reinheit des Lagers Israels, insbesondere des Heiligtums in seiner Mitte und des darin anwesenden Gottes, ist gefährdet durch die Unreinheit der Menschen aufgrund des Todes. Leichenunreinheit muss vom Heiligtum und den darin wirkenden Priestern ferngehalten werden. Die Leviten werden bei ihrer Weihe von Leichenunreinheit gereinigt. Durch den Ritus mit Blut und Asche der Roten Kuh wird das Bleiben Gottes in der Mitte Israels wie das Leben Israels in der Sphäre der Gottespräsenz unter den Bedingungen von Sterblichkeit und Tod möglich[70].

Das Ritual nach Num 19 erinnert in vielem an andere Reinigungsrituale der Priesterschrift, doch findet sich Besprengung daneben nur noch bei der Reinigung von Aussatz (Lev 14). Die Besprengung am dritten und siebenen Tag und die Verwendung der in Wasser gelösten Asche unterscheiden das Ritual von Num 19 von allen anderen Reinigungsvollzügen.

Die Besonderheit des Rituals mit Blut und Asche der Kuh besteht in der Verbindung von Elementen der Reinigungsriten mit solchen derjenigen Sündopferrituale, durch die eine Sühne erwirkt wird, die symbolisch bis in das Heiligtum hinein reicht. Zu diesen Sündopferritualen gehört auch das Ritual des Jom Kippur nach Lev 16.

Ez 36 nimmt das Ritual von Num 19 und daneben Anklänge an Lev 16 auf und spricht von einer eschatologischen Reinigung ganz Israels von den Sünden, welche die Erneuerung von Bund und Landgabe und die Gabe eines neuen Herzens einleiten wird. Schon in der prophetischen Tradition ist damit die Verbindung von Lev 16 und Num 19 mit den Motiven der Bundeserneuerung, der Gabe neuer Herzen und der Gabe der Tora in die Herzen vorgegeben. Auch Ψ 50 (Ps 51) nimmt das Motiv der Reinigung mit Besprengung auf und verbindet es – ähnlich wie Ez 36 – mit der Vergebung der Sünden und der Gabe eines neuen Herzens und eines neuen Geistes. Die Verbindung des Reinigungsrituals nach Num 19 mit den Themen der Buße, Sündenvergebung und Bundeserneuerung wird in der frühjüdischen Literatur aufgenommen und weitergeführt (s.u.). Dadurch wird die Rezeption in Hebr 9,13f.19–21; 10,22; 12,24 ermöglicht.

---

[70] Hellenistisch-römische Parallelen zum Gegensatz von Leichenunreinheit und Heiligtum, Priesterschaft und Kult bei HARRINGTON 1993, 172–174.

5.2.1.3 Texte vom Toten Meer

Einführung. Das Ritual von Num 19 bzw. das Problem der Leichenunreinheit kommt in Texten vom Toten Meer[71] mehrfach vor[72]. Zur Halacha der Texte vom Toten Meer gibt es umfangreiche Sekundärliteratur, die meist nicht speziell mit der Roten Kuh befasst ist, dieses Thema jedoch häufig berührt[73]. Für die Interpretation des Hebr wurden die betreffenden Quellen noch nicht herangezogen[74].

Wegen des fragmentarischen Zustands vieler Manuskripte ist die Interpretation geschlossener Textzusammenhänge nur selten möglich. Stattdessen müssen hier zahlreiche Einzelheiten zusammengetragen werden, um Aspekte der Rezeption von Num 19 zu beleuchten. Der Hauptteil der folgenden Untersuchung (»Theologische Aspekte«) gilt folgenden Fragen: Wie werden priesterschriftliche Aussagen über das »Lager« auf frühjüdische Verhältnisse übertragen? Geben die Texte Hinweise, dass das Ritual von Num 19 über Leichenunreinheit hinaus zur Reinigung von anderen Verunreinigungen oder für rituelle Reinigung generell eingesetzt wurde? Wie werden rituelle Reinigung und Sühne, Buße und Vergebung verbunden? Welche Bedeutung hat das Ritual von Num 19 für den Bundesgedan-

---

[71] Die Texte aus der 4. Höhle (4Q) werden nach den Editionen in DJD zitiert. Fragmenten- und Zeilenzählungen in anderen Ausgaben weichen zuweilen ab; desgleichen auch Einzelheiten der Transskription (etwa י/ו).

[72] Hier sollen nur die Aussagen der Texte behandelt werden. Die von BOWMAN 1958 positiv beantwortete Frage: »Did the Qumran Sect burn the Red Heifer?« steht dagegen nicht zur Debatte. Ob man seitens der essenischen Gemeinschaft eigene Asche fürs Reinigungswasser bereitete (dies vermuten DOERING 1999, 243 Anm. 663, sowie die dort Genannten) oder ob man sich anderweitig Asche zu verschaffen wusste, die den halachischen Anforderungen der Gruppe gerecht wurde, kann nur spekuliert werden. Immerhin sei bemerkt, dass nach rabbinischer Überlieferung von Moses Zeiten an nicht mehr als neun Kühe verbrannt worden sein sollen (mPara 3,5): Liegt dem eine auch nur einigermaßen realistische Einschätzung der für längere Zeiträume erforderlichen Aschenmenge zugrunde, dann müsste zumindest um der Versorgung mit Asche willen eine eigene Verbrennung der פרה אדמה in Qumran nicht angenommen werden.

[73] Die einschlägige Halacha, im Vergleich mit biblischen und rabbinischen Texten, ist Gegenstand zahlreicher Untersuchungen der letzten ca. 20 Jahre gewesen. An Literatur (nur zu den hier einschlägigen Texten!) seien genannt: BAUMGARTEN in DJD 35, 1999, 79–97 (zusammenfassend); ferner bes.: BAUMGARTEN 1980; 1992; 1994; 1995; 1995a; 1999a; MILGROM 1978; 1983e; 1990a; 1991a; 1992; 1995; SCHIFFMAN 1990b; 1994. Vgl. generell auch den ersten Band (1983) von YADINs Edition der Tempelrolle, Kp. 5 (pp. 277–343) sowie DJD 10, 1994, 123–200 (zu den halachischen Regeln in 4QMMT). – Generell zum Vergleich von Reinheitshalacha in Texten vom Toten Meer und in rabbinischer Literatur: HARRINGTON 1993. Zur Halacha in Qumran, mit forschungsgeschichtlicher Orientierung, DOERING 2003.

[74] Auf das Ritual von Num 19 in frühjüdischer Rezeption geht auch DEINES 1993, 205–217, ein; jedoch anhand rabbinischer Texte und, seiner Fragestellung gemäß, im Hinblick speziell auf die Bedeutung jüdischer Steingefäße im Hintergrund von Joh 2,6.

ken und für die Mitgliedschaft in der Gemeinde des »neuen Bundes«? Wie
verhält es sich zur eschatologischen Erwartung?

Zuvor biete ich, da eine Gesamtdarstellung derzeit fehlt, eine Bestands-
aufnahme des Vorkommens einschlägiger Äußerungen sowie Beispiele terminologischer Einzelheiten.

Vorkommen. In der »Tempelrolle« werden neben dem Verbot für von Leichenunreinheit
Behaftete, die »Stadt des Heiligtums« zu betreten (11Q19 XLV 24f), in Kolumnen
XLVIII 11–LI 10 ausführliche Anweisungen zum Umgang mit Verunreinigung durch
Leichen gegeben, die im einzelnen über Num 19,11ff hinausgehen (die Anweisungen von
Num 19,1–10 sind nicht aufgenommen).

Im sog. »Damaskus-Dokument« findet sich (CD XII 17f) eine Anweisung hinsichtlich
der Verunreinigung von Geräten, die in durch Leichen verunreinigten Häusern aufbewahrt werden.

In 1QS III 4 ist vom Reinigungswasser (נדה מי) die Rede; IV 21 spricht im Vergleich
von der Besprengung mit dem Geist Gottes »wie mit Reinigungswasser«.

4Q265 und 4Q274[75] geben Anweisungen für Reinigungsvollzüge. 4Q265 7 II 3 enthält ein Verbot für Priester (»kein Mann vom Samen Aarons«), am Sabbat (Z.2) zu
»sprengen« (נזה Hi.), vermutlich Reinigungswasser[76]. 4Q274 enthält Anweisungen zum
»Sprengen« (נזה Hi.), vermutlich dem des Reinigungswassers (4Q274 2 I 1f), was am
Sabbat verboten ist; an anderer Stelle bezieht sich der Text auf Leichenunreinheit (4Q274
1 I 9).

Mehrere Belege für (ה)נדה מי »Reinigungswasser«, die in der Fassung der Damaskusschrift aus der Kairoer Geniza nicht enthalten sind, finden sich in fragmentarisch erhaltenen umfangreicheren Fassungen aus der 4. Höhle von Qumran (4Q266–273)[77]: 4Q266 6
III 2[78] erwähnt das Reinigungswasser, doch Näheres bleibt unklar, denn der unmittelbare
Kontext ist nicht erhalten. 4Q269 8 II 4–6/4Q271 2 10–13[79] handeln vom Besprengen
von verunreinigten Gegenständen mit Reinigungswasser[80]. 4Q272 1 II 15[81] erwähnt ei-

---

[75] DJD 35, 1999, 57–78; 99–109.

[76] Dieses Verbot begegnet auch noch in 4Q274 2 I 2–3 sowie – nach DOERINGs Interpretation – in 4Q251 1–2 6; vgl. DOERING 1999, 242–246.

[77] DJD 18, 1996. Die Fassungen aus der 4. Höhle (4Q266–273; auch 4QD[a-h]) haben
gegenüber der aus der Kairoer Geniza bekannten Fassung der Damaskusschrift teils erheblichen Mehrbestand.

[78] DJD 18, 1996, 23–93: 58.

[79] DJD 18, 1996, 123–136: 130–132; 169–183: 173–175.

[80] Nach 4Q269 8 II 4–6 / 4Q271 2 10–13 müssen Häute, Kleidung oder Gefäße gemäß
der Ordnung der Reinigung mit Reinigungswasser besprengt werden von einem Mann,
der sich von seiner Unreinheit gereinigt und bis zum Sonnenuntergang gewartet hat. Im
Hintergrund dürfte die Regel von Num 31,22–24 stehen, die mit deutlichem terminologi-
schen Rückgriff auf Num 19 für Kriegsbeute die Reinigung durch Reinigungswasser
verlangt, bevor sie ins »Lager« gebracht werden darf. Num 31,22 ordnet auch die Reinigung von Metall an; 4Q269 8 II 2 (4Q271 2 8f) bezieht das auf Metalle, die für pagane
Götterbilder verwendet worden waren, und untersagt generell, sie »hineinzubringen«.
Dieses Metall kann – anders als nach Num 31,22f – nach dieser Halacha nicht mit Reinigungswasser gereinigt werden; es bleibt unrein. Vgl. BAUMGARTEN in DJD 18, 1996, 131
z.St.

[81] DJD 18, 1996, 185–191: 189–191.

nen Vollzug mittels (u.a.) Reinigungswasser (ובמי הנדה) im Kontext der Reinigung einer ausflussbehafteten Frau (Z.7ff); wie das Reinigungswasser dabei im einzelnen eingesetzt wird, bleibt wegen der Bruchstückhaftigkeit des Textes unklar.

4Q276 und 4Q277[82] sind Reste (vermutlich von zwei Exemplaren desselben Texts) einer Schilderung der Vollzüge von Num 19 (Verbrennung der Kuh, Sprengung von Reinigungswasser zur Reinigung), wobei über das Thema von Num 19 hinaus weitere Arten von Unreinheit erwähnt werden.

4QMMT (4Q394–399)[83] B13–17 behandelt das Ritual von Num 19 und erörtert den Ort der Verbrennung der Kuh sowie die Unreinheit bzw. Reinigung der Personen, die an der Herstellung der Asche und am Sprengen des Reinigungswassers beteiligt sind.

4Q284[84] sowie 4Q414/4Q512[85] bieten Reinigungs- und Bußliturgien, die Segensformeln und Gebete für einzelne oder Gruppen enthalten, die sich Reinigungsritualen unterziehen. 4Q284 1 bietet eine Regel für das Sprengen von Reinigungswasser (vgl. Z.7, wie es scheint, zur Reinigung nach Pollution: Z.8); Fragment 2 I 2 erwähnt die »sieben Tage« der Reinigung; Fragment 4 5 spricht von einem toten Menschen. 4Q414 2 II, 3, 4 spricht von Reinigungsvollzügen am ersten, dritten und siebten Tag (Z.1f) – es geht also um die sieben Tage der Reinigung, und der gemeinte Vollzug kann nur die Besprengung mit Reinigungswasser sein, die nach Num 19,12.19 vorgeschrieben ist[86]. Vom Sprengen spricht auch Fragment 13 5 desselben Textes. 4Q512 1–6 XII 3 erwähnt die Asche der Roten Kuh als »heilige Asche«, Z.5–7 desselben Fragments bieten verschiedene Ausdrücke für das Reinigungswasser.

Zur Terminologie. Die Rote Kuh selbst wird im erhaltenen Text selten genannt. Sie heißt in 4Q276 3 und in 4Q277 1 II 3 lediglich »die Kuh« (הפרה); in 4QMMT B13 »die Sündopfer-Kuh« (פרת החטאת); ein Ausdruck, der in Num 19 nicht begegnet[87]. Die Asche (אפר) der Kuh heißt in 4Q512 1–6 XII 3 »heilige Asche« (אפר קודש); in 4Q276 7 wird die Asche der Kuh (אפר הפרה) erwähnt. Der Ausdruck »Reinigungswasser« (מי נדה[ה]), der sich in der hebräischen Bibel neben Num 19,9.13.20.21 nur noch Num 31,23 findet, begegnet in den Texten vom Toten Meer häufig; »Reinigungswasser« ist in der Regel das Akkusativobjekt, auf das sich verbale Aussagen über das »Sprengen« beziehen, das – ebenfalls wie in der hebräischen Bibel – mit נזה Hi. bezeichnet wird. Daneben begegnen weitere Bezeichnungen; so spricht 11Q19 L 2 von »Wasser der Reinigung« (מי טהר[ה]), ein Ausdruck, der in der hebräischen Bibel nicht belegt ist. Mit טהרה ist ein Ausdruck für Reinigung allgemein gewählt; נדה dagegen bezeichnet nicht nur, aber vor allem die Verunreinigung durch Sekrete bzw. Ausflüsse der Sexualorgane. Daneben findet sich in 4QMMT B14f die Bezeichnung »Entsündigungs-[Wasser]« (מי] החטאת), die schon Num 8,7 begegnet, dort im Zusammenhang der Levitenweihe. 4Q512 1–6 XII 6 spricht vom »Besprengungswasser« (מימי ה[ז]יה[88]), auch das eine Neubildung über die

---

[82] DJD 35, 1999, 111–113.115–119.

[83] DJD 10, 1994, 3–13. Zu den Einleitungsfragen vgl. p. 442 dieser Arbeit.

[84] DJD 35, 1999, 123–129.

[85] DJD 35, 1999, 135–154/DJD 7, 1982, 262–286. Vermutlich zwei Manuskripte wenn nicht desselben Textes, so doch zweier teils abweichender Fassungen desselben Textes (vgl. DJD 35, 1999, 136f). Die Erstedition von 4Q414 (ESHEL 1997) ist, einschließlich der Textinterpretation, in DJD 35, 1999, 135–154 weitgehend eingegangen.

[86] Zum in der Bibel nicht erwähnten Reinigungsvollzug am ersten Tag vgl. u. zu den halachischen Einzelheiten.

[87] Doch vgl. Num 19,9: »Sie ist ein Sündopfer« (חטאת הוא).

[88] Das Wort ה[ז]יה ist über der Zeile nachgetragen.

hebräische Bibel hinaus, die an den gleichbedeutenden, nur in Num 19,9.13.20.21 begegnenden Ausdruck ὕδωρ ῥαντισμοῦ[89] der LXX erinnert[90]. Während die Terminologie um
כפר in Num 19 fehlt, bezeichnet 4Q277 1 II 3 das Sprengen des Blutes der Kuh (vgl.
Num 19,4) als Sühnen (vgl. הכוהן בדם הפרה), desgleichen spricht Z.4 von den
»tönernen [Gefäßen], mittels derer sie sühnten« (אש[ר] כפרו בם [החלמה] [כלי])[91]. Im
Kontext des Rituals nach Num 19, von dem hier seit Z.1–3 offenkundig die Rede ist,
dürften damit Mischgefäße für die Herstellung des Reinigungswassers gemeint sein[92].
Demnach wird auch der Vollzug der Sprengung von Reinigungswasser als Sühnevollzug
verstanden[93].

Reinheit des »Lagers« und Reinheit des Heiligtums. Nach Num 5,1–4 ist
u.a. den durch Leichenunreinheit Verunreinigten der Zugang zum Lager
Israels verwehrt. Diese Regel gilt auch im frühen bzw. rabbinischen Judentum; doch ist umstritten, was unter dem Lager zu verstehen ist[94].
4QMMT B29–32; B60–62 vertritt die Auffassung, das Lager sei mit Jerusalem gleichzusetzen[95]. Entsprechend schreibt 11Q19 XLV 17 vor, dass
u.a. durch Leichen Verunreinigte die »Stadt des Heiligtums« nicht betreten
dürfen, denn Gott wohne in ihrer Mitte (Z.13f). Nach rabbinischer Auffassung dagegen ist es den durch Leichen Verunreinigten erlaubt, Jerusalem
und den äußeren Teil der Tempelanlage (den Tempelberg) zu betreten[96]. So
werden die Bestimmungen über das Lager aus Num 5,1–4; 19 so auf die
Gegenwart angewandt, dass sie sich auf den Zugang zu Jerusalem bzw.
zum Heiligtum beziehen. Wie Yadin darlegt[97], setzt T für die »Stadt des
Heiligtums« denselben Heiligkeitsstatus voraus, der nach Ex 19,10–15

---

[89] Allerdings ist dieser Ausdruck mit ῥαντισμός gebildet, wobei in Num 19,13.20
περιρραντίζειν das hebräische זרק Q. wiedergibt, wohingegen מימי הזיה mit dem für das
Sprengen bei Reinigungsriten typischen נזה Hi. gebildet ist. זרק Q. kommt in vergleichbarem thematischen Zusammenhang nur an den beiden genannten Stellen sowie in Ez
36,25 vor.

[90] Dagegen dürfte in 4Q512 1–3 5 »Waschungs-/Reinigungswasser« (מי רחץ) – ebenfalls in der hebräischen Bibel nicht belegt – nicht das zur Besprengung genutzte Wasser,
sondern das Wasser der Reinigungsbäder bezeichnen.

[91] Vgl. BAUMGARTEN 1995, 115f.

[92] So die Deutung von BAUMGARTEN in DJD 35, 1999, 118; er weist auf die Plural-
form (בם) hin (wäre eine Schale für die Blutsprengung – vgl. Z.3 – gemeint, sollte man
einen Singular erwarten).

[93] Entsprechend bestimmt 4Q277 1 II 5f, dass die das Ritual Ausführenden »reine
Priester« sein müssen. Auch in 4Q265 7 3 ist in diesem Zusammenhang vom »Samen
Aarons« die Rede. So handelt es sich bei dem Ritual nach Num 19 nach Auskunft dieser
Texte um ein spezifisch priesterliches Ritual

[94] Zur Lagervorstellung im AT sowie im frühen und rabbinischen Judentum und zu
den damit verbundenen Kontroversen ↑ III.6.3.1; zur Reinigung von Leichenunreinheit
als Bedingung für den Zutritt zum Heiligtum ↑ III.5.2.1.4, III.5.2.1.6.

[95] Zum einzelnen vgl. pp. 442–444 dieser Arbeit.

[96] Vgl. u. pp. 364–366.

[97] Vgl. YADIN (Hg.), The Temple Scroll, Bd. 1, 1983, 287f.

dem Sinai zukam, und verlangt für das Betreten der Stadt entsprechende Reinheit[98]. So werden die Auffassung von der Heiligkeit des Heiligtums und die daraus sich ergebenden Reinheitsforderungen von den priesterschriftlichen Texten in die Wüstenzeit Israels zurückprojiziert, und in diesem Sinne legt das Frühjudentum jene Reinheitsbestimmungen sachgemäß aus.

Generelles Verständnis von Unreinheit. Dass es sich nach Auffassung unserer Texte um ein priesterliches Sühneritual handelt, wurde bereits herausgestellt. Sodann gibt es (wie in anderen Quellen, s.u.) Hinweise darauf, dass das Reinigungsritual mit der Asche der Kuh auch für andere Arten von Unreinheit als Leichenunreinheit verwendet wurde. Sie finden sich vor allem in 4Q277, 4Q284 und in 4Q414/4Q512[99]. Dem Sprengen des Reinigungswassers soll nach 4Q277 1 II 7–9; 4Q512 1–6 XII 5f ein Bad vorausgehen[100], das bereits eine erste Reinigung von Leichenunreinheit bewirkt (4Q277 1 II 8: ‏ויט[ה]רו מטמאת הנפש‎ ‏יאבואו במים‎); eine Praxis, von der Num 19 noch nichts weiß. Die anschließende Reinigung durch Besprengen (Z.9) könnte nach einer Rekonstruktion für alle Formen von Unreinheit gelten[101]: In 4Q277 1 II 1–9 geht es offenkundig um das Reinigungsritual nach Num 19. In Z.6.8 ist explizit von Leichenunreinheit die Rede. Ab Z.10 geht es um Verunreinigung durch Ausfluss (‏זב‎). Als Erklärung für diese Zusammenstellung hat Baumgarten eine Rekonstruktion von Z.8f vorgeschlagen, wonach das Reinigungsritual sowohl Leichenunreinheit als auch andere Unreinheit beseitige[102]:

‏ויט[ה]רו מטמאת הנפש ב[אדם](?)‎   8 [...] und sie sollen rein sein von der
‏ומכל[‎   Unreinheit einer Leiche [eines Menschen]
[und von jeder]

‏[טמאה] אחרת‎   9 anderen [Unreinheit ...]

Diese Rekonstruktion muss hypothetisch bleiben. Doch würde sie erklären, warum die genannte Zusammenstellung verschiedener Unreinheitsarten begegnet.

In dieselbe Richtung weisen Beobachtungen in den anderen genannten Texten: In 4Q284 1 ist zunächst (Z.3–5) von den Zeiten und Gelegenheiten

---

[98] Tatsächlich verhält sich der Entstehungszusammenhang umgekehrt: »Als wäre nicht die Sinaiszene analog zum Tempelbesuch konzipiert worden!« (MAIER, T 192).

[99] Vgl. dazu BAUMGARTEN 1999a, 201.211 sowie DERS. in DJD 35, 1999, 79–97: 83–87.

[100] Vgl. BAUMGARTEN 1992, 206f; 1995, 117.

[101] Vgl. DJD 35, 1999, 116–118.

[102] Vgl. DJD 35, 1999, 116–118.

der Reinigung die Rede[103]. Z.7 erwähnt das Reinigungswasser (מי נדה), und in Z.8 ist darauf – nach einer Lücke im Text – von Samenerguss (שוכבת הזרע[104]) die Rede. Wenngleich der Text aufgrund seiner Bruchstückhaftigkeit nicht eindeutig ist, liegt es nahe, eine Reinigung durch Besprengung mit Reinigungswasser bei Verunreinigung durch Samenerguss anzunehmen[105]. In 4Q284 3 5 ist generell von Unreinheit die Rede (Z.3 scheint das Reiniungswasser zu erwähnen[106]), und Fragment 4 kommt in Z.4f auf Reinheit im Blick auf eine sterbende Person (לנפש אדם אשר ימות) zu sprechen. Insgesamt scheint es, dass 4Q284 für verschiedene Unreinheitsarten, darunter Leichenunreinheit, das Reinigungsritual nach Num 19 vorsieht.

Von diesem Ritual ist, wie erwähnt, auch in 4Q414 die Rede. Dort fällt jedoch auf, dass die Art der zu bewältigenden Unreinheit nicht konkret benannt wird. Doch ist generell von der Reinigung/den Reinheiten Israels (בטהרת ישראל 7 8), den Zeiten der Reinigung (7 6) und von gerechter Reinheit (בטהרת צ]דק 13 4) die Rede – jeweils also von kollektiver, an vorgegebene Anlässe gebundener oder ethisch verstandener Reinheit. In diesem generellen Zusammenhang begegnen die erwähnten Hinweise auf das Ritual nach Num 19.

Eine vergleichbare Beobachtung kann man in 4Q274 1 I machen. Hier wird in Z.4–6 für die Blutflüssige, Z.7f für verschiedene Unreine, die sich siebentägiger Reinigung unterziehen (das betrifft die meisten Unreinheitsarten[107]), das Berühren anderer Unreiner (des Ausflussbehafteten: Z.4, der Menstruierenden: Z.7) untersagt. Auch wer eine Pollution hatte, verunreinigt andere durch Berührung (Z.8). Abschließend heißt es sodann (Z.8f), jeder, der einen der genannten Unreinen während seiner siebentägigen Reinigungszeit berühre, dürfe nicht essen, ebenso wie der Leichenunreine. Was sonst nur für Leichenunreinheit galt, soll nun auch für andere Arten von Unreinheit gelten: Eine Regel wird durch Generalisierung auf neue Geltungsbereiche übertragen. Im Hintergrund steht der Ausschluss von der Teilnahme an den Speisen der Gemeinschaft[108].

Ergänzend sei hier schon erwähnt, dass auch Philo von Alexandrien (s.u.) vom Ritus mit der Asche der Kuh im Sinne eines generellen Verständnisses von (Un-) Reinheit spricht,

---

[103] Nach DSSSE 2, 638f, spricht Z.6 darauf von der Regel der Unreinheiten für Israel (סרך הנדות לישראל); anders DJD 35, 1999, 124f (dort p. 124 סרך הדות).
[104] Das ו ist über der Zeile nachgetragen.
[105] So schon BAUMGARTEN in DJD 35, 1999, 125.
[106] So die Rekonstruktion in DJD 35, 1999, 127.
[107] Vgl. die Übersicht o. p. 333.
[108] Vgl. MILGROM 1995, 65–68; 1992, 568. Der vergleichbare Text 4Q514 (DJD 7, 1982, 295–298) behandelt ebenfalls das Verbot, ohne vorherige Reinigung von den Speisen der Gemeinschaft zu essen – nach MILGROM 1992, 564f.567–570 als Buße für das Versäumnis der vorgeschriebenen Reinigung.

und zwar im Blick auf die Erlangung der Kultfähigkeit. Ferner finden sich in rabbinischen Texten ebenfalls Aussagen über die Anwendung des Rituals nach Num 19 für andere Unreinheitsarten als Leichenunreinheit (s.u.). Und schließlich wird auch in 1QS III 4–9 auf das Ritual nach Num 19 in einem generellen, vom konkreten Anlass der Leichenunreinheit gelösten Sinne von Reinheit Bezug genommen (s.u.).

Reinigung, Sühne und Vergebung; kollektive Reinigungsvollzüge zu vorgeschriebenen Terminen. Einzelne Texte (4Q284; 4Q414/512) beschreiben Waschungen bzw. Bäder und Sprengungen im Rahmen von Bußliturgien[109]: Nach der Reinigung ist von den im Wasser Stehenden ein Segensspruch bzw. ein Gebet zu sprechen[110] (vgl. nur 4Q512 42–44 II/I; 29–32 VII; 1–6 XII). Die Liturgien für die Reinigungs- und Bußrituale sind geprägt durch die Verbindung von Buße und Sündenbekenntnis sowie Sühne und Vergebung mit der Reinigung. Das stark ethisch bzw. grundsätzlich-anthropologisch bestimmte Verständnis von Reinheit, das sich hier niederschlägt, ist ein weiterer Aspekt des dargestellten generellen Verständnisses von Unreinheit.

4Q512 bietet Anweisungen für die Reinigungs- und Bußzeremonie an bestimmten Festtagen (vgl. 4Q512 33 + 35 IV 1–4). Genannt werden neben dem Sabbat einzelne Feste des Jahres[111] sowie nach der wahrcheinlichen Rekonstruktion in DJD und in DSSSE[112] die Ersten jedes Monats[113]. »Vor dem heiligen Tag hat der Mensch ›sich zu reinigen‹; dies ist hier im Sinne der *rituellen Reinigung* interpretiert.«[114] 4Q414 7 6 erwähnt Reinheitszeiten (מועדי טוהר), während derer offenbar die einschlägigen Rituale auszuführen sind, und auch 4Q512 29–32 VII 6 spricht davon, dass die beschriebenen Reinigungs- und Segenszeremonien vor »dir« (Gott) zu bestimmten Zeiten stattfinden ([לפניכה במועד]). Auch 4Q284 1 3–5 spricht von den Zeiten – unter anderem die Sabbate, aber auch andere –, an denen die Reinigung stattfinden soll. 4Q414 1 II–2 I bietet den Segensspruch, wonach »wir« (Z.3) vor »dir« (לפניכה Z.4), d.h. Gott, immerdar rein sind (להיות]טהורים לפניכה 5 תמיד Z.4f); Z.2 nennt »die Gereinigten für seine Zeiten« (טהורי מועדו), d.h. für bestimmte Festtermine. 4Q512 1–6 XII 5f unterscheidet zwischen der Reinigung durch das Wasser der Waschung (מי רחץ), das der Reinigung über einen Zeitraum (לטהרת עתים) dient, von

---

[109] Vgl. BAUMGARTEN 1992; 1999a; DERS. in DJD 35, 1999, 79–97: 92–97.

[110] Nach 4Q512 1–6 XII 6f dagegen folgt der Segen auf die Besprengung, die ihrerseits auf das Bad folgt. So oder so: Entscheidend ist, dass der Segen erst im gereinigten Zustand zu sprechen ist. Der Unreine kann nicht beten oder preisen.

[111] Vgl. DOERING 1999, 238.

[112] DJD 7, 1982, 264; DSSSE 2, 1036f.

[113] Ferner: »The complete list would probably have included the biblical festivals« (BAUMGARTEN, DJD 35, 1999, 94).

[114] DOERING 1999, 239.

der durch das »Besprengungswasser« (ה[ז]יה‎[115] מימי Z.6), nach der der Segen gesprochen wird (Z.7). Das legt nahe, dass die vorangehende Waschung in Wasser die Reinigung eröffnet, die sich über einen Zeitraum erstreckt, während die Sprengung des Reinigungswassers sie fortsetzt, selbst
jedoch erst durch die erste Reinigung ermöglicht wird.

Die angestrebte Reinheit bezieht sich also auf den Kult, und zwar für
bestimmte Festtermine. So sind die Reinigungszeremonien für einzelne Feste vorgeschrieben, wie auch die Priesterschaft bzw. die Tempelbesucher
sich für die Teilnahme an den Festen zu reinigen hatten[116]; doch wird dies
hier auf die Mitglieder der Gruppe insgesamt übertragen[117]. Die Reinigung
greift nicht nur über die konkrete Veranlassung, sondern auch über den
einzelnen hinaus: 4Q414 7 3 erwähnt ein reines Volk (לעם טה[ור), Z.8 die
Reinheiten bzw. Reinigungen Israels (בטהרת [י]שראל). Zu einem bestimmten Termin (Z.6) wird eine kollektive Reinigung durchgeführt[118].

Für die Reinigung sind Segensworte vorgeschrieben, die von dem zu
Reinigenden, im Wasser stehend, gesprochen werden (4Q512 42–44 II/I
2f). Die Segensworte preisen Gott für die Gebote der Reinigung und für
die gewährte Reinheit und Vergebung. Für »uns« wird gesühnt (לכפר לנו
4Q414 1 II–2 I 3) und »wir« sind rein vor »dir« (Gott) (טהורים [להיות]
לפניכה a.a.O. Z.4). 4Q414 2 II; 3, 4, ein Fragment, das ausdrücklich die
Reinigung am ersten, dritten und siebten Tag zum Gegenstand hat (Z.2),
also die Anweisungen von Num 19,12.19 voraussetzt, spricht im Zusammenhang der Reinigung davon, dass ein Vollzug – doch wohl die Reinigung selbst – durch die Wahrheit »deines« (Gottes) Bundes (באמת
[ה]בריתכ Z.3) geschieht. 4Q414 13 2 nennt es Gottes Wohlgefallen, dass
man sich vor ihm (»di[r]«) reinige (רצו[נ]כה להטהר לפנ]יכה), Z.3 spricht
darauf vom Gesetz/Gebot der Sühne (חוק כפור]). Man soll in gerechter
Reinheit sein (ולהיות בטהרת צ[דק Z.4). Im Anschluss ist vom Waschen
(ור[ח]ץ Z.5) und Besprengen (והזה ebd.) die Rede sowie von der Reinigung des Volkes mittels Wasser der Waschung (מטהר עמו במימי רחץ Z.7).

---

[115] Dieses Wort ist über der Zeile nachgetragen.

[116] Vgl. BAUMGARTEN 1999a, 205: »That public purification was customary before
the pilgrimage festivals may already be inferred from biblical sources, such as the account of Hezekiah's Passover.« (In seiner Anm. 18 verweist er dazu auf II Chr 30,17.)
»The Mishnah indicates that even ordinary people (עמי הארץ), who at other times were
not scrupulous about purity, were considered trustworthy at the time of the festivals« (In
seiner Anm. 19 verweist er dazu auf mSheq 8,1; mHag 3,6; tHag 3,24).

[117] Vgl. BAUMGARTEN in DJD 35, 1999, 94f: »The editor of 4Q512 suggested that the
purifications intended were those of the priests before their cultic service. [Vgl. DJD 7,
1982, 264: »Le passage doit être le début de la section concernant les purifications des
prêtres avant les actes cultuels.«] However, it is more likely that the purifications were
shared by the people at large in preparation for the sacred days of the year«.

[118] Vgl. BAUMGARTEN in DJD 35, 1999, 94–96.

Auch 4Q512 39 II/I 1 erwähnt Sühne ([ם]כפורי) und in Z.2 die Reinigung, die der Sprecher von Gott empfing (טהרתני). In 4Q512 34 V 15[119]
wird Gottes Erbarmen für alle [»meine«] verborgene Schuld erbeten
(אשממ]תי[120 תחנן על כול נסתר]ו[ת). Der Segen in 4Q512 29–32 VII 8f
nennt in engster Verbindung Gottes Vergebung der Sünden (ברוך אתה
אל ישראל [אשר] 9 [הצלתני מכו]ל פשעי) und die von ihm gewährte Reinigung, wobei diese der Unreinheits-Scham gilt (ותטהרני מערות נדה Z.9; zu
ערות נדה vgl. u.), sowie Sühne (ותכפר Z.9[121]). Z.20 bittet um Aussetzen
der Strafe bis zum Gericht (תנקה עד משפט), und Z.21 erwähnt Sühnungen
(ולכפורי]). 4Q512 1–6 XII nimmt mit der Erwähnung der heiligen Asche
(Z.3) und des Besprengungswassers (Z.6) deutlich auf das Ritual nach
Num 19 Bezug; auch in diesem Zusammenhang ist von Sühne die Rede
(בכפו]רי Z.3). Der Segen, der hier auf die Besprengung folgt (Z.7ff), ist
leider weitgehend verloren gegangen.

Der erwähnte Ausdruck Unreinheits-Scham (wörtl. »Blößen von Unreinheit«, ערות נדה 4Q512 29–32 VII 9) verweist mit dem Ausdruck für
Unreinheit der Sexualorgane bzw. ihrer Sekrete, נדה, und der Bezeichnung
für die Scham/Blöße (i.S.v. Geschlechtsorgane), ערוה, auf die leibliche
Verfasstheit des Menschen, wobei Unreinheit durch Sexualität in der Perspektive dualistischer Anthropologie, über die rituelle Bedeutung hinaus,
in generell anthropologischem Sinne als Quelle von Sünde, Schwäche und
Gottferne erscheint. Ähnlich spricht 4Q512 36–38 III 17 – vermutlich von
einer Reinigung – von aller Scham/Blöße »unseres« Fleisches (מכול ערו]ת
בשרנו[ ) und identifiziert damit ebenfalls die fleischliche Verfassheit des
Menschen generell als reinigungsbedürftig; vgl. Ex 28,42, wo »Schames-
Fleisch« (בשר ערוה) Bezeichnung der Geschlechtsorgane ist[122]. Kurzum,
»What may be safely said is that the authors of this liturgy [4Q512] viewed
purification from any defilement as a gift of divine grace and a restoration
of one's spiritual and social integrity.«[123]

Zu den genannten Reinigungsrituale gehört die Rezitation von Segens-
worten, welche die Reinigung mit Gerechtigkeit, Sühne und Sündenverge-

---

[119] DSSSE 2, 1038f: Z.3.

[120] DJD 7, 1982, 265: ה]אשממ; doch als alternative Lesart wird auch אשממ]תי erwogen;
so DSSSE 2, 1038f.

[121] Oberhalb der Zeile nachgetragen.

[122] »ערוה and בשר are the words regularly used for the dualistic portrayal of man's
corporal nature«: BAUMGARTEN 1999a, 203. Vgl. auch DOERING 1999, 239f, der mir
jedoch die mit מער bzw. ערוה gegebene geschlechtliche Konnotation zu wenig zu beachten scheint: Gewiss geht es hier um Reinigung des Fleisches, und das mit deutlichen
Obertönen von Buße und Vergebung. Die Schwäche und Sündigkeit des Fleisches wird
jedoch speziell mit den Ausdrücken für »Scham/Blöße« und damit mit der leiblich-ge-
schlechtlichen Verfassung des Menschen in Verbindung gebracht.

[123] BAUMGARTEN 1992, 201.

bung verbinden. Auch der Bundesgedanke kommt zum Ausdruck. Die Reinigungen sind für bestimmte Zeiten und Feste vorgeschrieben; die auf
Priester bzw. Festteilnehmer bezogene Reinheitsforderung für bestimmte
Feste wird auf die Gruppenmitglieder übertragen. Die Reinigungen nehmen über konkrete Veranlassung hinaus grundsätzlich auf die menschliche
Natur, auf das Fleisch als Quelle von Schwäche und Unreinheit, Bezug.
Reinigung wird, ohne von der konkreten Veranlassung etwa durch Ausfluss oder Leichenunreinheit gänzlich gelöst zu sein, darüber hinaus im
ethischen, ja im grundsätzlich-anthropologischen Sinne verstanden.

Reinigung, Eintritt in die Gemeinschaft, Eintritt in den Bund. Das bestätigt sich bei einer Textpassage aus 1QS. In der in 1QS I 1 – III 12 erhaltenen sog. Gemeinderegel ist eine Agende für das Fest der Bundeserneuerung überliefert (I 18 – II 25)[124]. Dabei werden neue Mitglieder in die
Gemeinschaft aufgenommen, d.h. sie treten in den Bund ein (I 18)[125]. Die
Festagende in 1QS If erinnert insofern an die zuvor besprochenen
Reinigungs- und Bußriten, als sie ein Sündenbekenntnis (1QS I 24–26)
einschließt[126]. Von einem Reinigungsritual im Rahmen der Aufnahmezeremonie ist nicht die Rede. Doch unmittelbar anschließend an die Schilderung der Bundeszeremonie folgt in 1QS II 25–III 12 ein Abschnitt, der auf
Sühne und Reinigung zu sprechen kommt und beides eng mit der Zugehörigkeit zur Bundesgemeinschaft verbindet.

Hier wird zunächst der Fall eines Menschen bedacht, der nicht in den
Bund einzutreten und die Gebote Gottes (in der Auslegung der Gemeinschaft) einzuhalten bereit ist (II 25–III 6). Reinigungsrituale, so heißt es in
der viel zitierten Passage III 4–6, sind dann wirkungslos:

לוא יזכה בכפורים	4 Nicht wird er entsühnt durch Sühnungen,
ולוא יטהר במי נדה	und nicht darf er sich reinigen durch Reinigungswasser, [...]
ולוא יטהר בכול מי רחץ	5 [...] und nicht darf er sich reinigen durch irgendein Wasser der Waschung.
טמא טמא יהיה כול יומי מואסו במשפטי אל	Unrein, unrein soll er sein alle Tage, da er verwirft die Satzungen 6 Gottes [...][127]

---

[124] Vgl. nur Stegemann 1994, 153; Nitzan 1994, 129–135; Knibb 2000, 793;
VanderKam 2000, 153f.
[125] So schon Betz 1958, 215–220; Black 1961a, 91–97; Thiering 1980, 269; Pfann
1999, 338–345. Ausführliche Interpretation bei Weise 1961, 61–112. Rekonstruktionen
des Festablaufs bzw. der Aufnahmezeremonie geben Betz und Pfann; vgl. Black. Zu
Gattung und Sitz im Leben noch Nitzan 1999, 146–160. – Über die Aufnahme von
neuen Mitgliedern berichten auch 1QS VI 13–23 sowie Jos Bell II 8,7 (§§ 137–142).
[126] Vgl. Nitzan 1999, 146–160.
[127] Übersetzung von Lohse, Texte 1.

Als Sühnung (כפורים Z.4) kann, wie zuvor dargestellt, auch das Reinigungsritual mit der Asche der Kuh angesprochen werden, das hier mit dem Stichwort מי נדה in Z.4 ausdrücklich im Blick ist. Ohne Mitgliedschaft in der Gemeinschaft und Anerkennung der Satzungen Gottes kann es keine Reinigung geben; wer beides verwirft, hat – solange er dies tut – als unrein zu gelten. Denn, so legt III 6–8 dar, durch den heiligen Geist werden Sünden gesühnt und Menschen gereinigt; dieser Geist aber ist der Gemeinschaft verliehen. Reinigung und Sühne kann es nur geben, wenn jemand sich demütigt unter die Gebote Gottes (8), diese anerkennt und einhält (10f). Das gereicht ihm zur Sühne und zum »Bund ewiger Gemeinschaft« (לברית יחד עולמים 11f). M.a.W., die Bereitschaft, sich in den יחד des ewigen Bundes aufnehmen zu lassen und ihre Toraauslegung anzuerkennen, ermöglicht die Sühne und Sündenvergebung, die sonst kein Reinigungsritual zu gewähren vermag. In diesem Zusammenhang heißt es in Z.8f:

ובענות נפשו לכול חוקי אל	8 [...] Und wenn er seine Seele demütigt unter alle Gebote Gottes,
יטהר בשרו	wird sein Fleisch gereinigt werden,
להזות במי נדה	9 dass man [ihn] mit Reinigungswasser besprenge
ולהתקדש במי דוכי	und dass er sich heilige durch Wasser der Reinheit [...][128].

Die Reinigung, von der hier die Rede ist, kann erfolgen, wenn jemand sich zur Demütigung unter die Gebote Gottes entschlossen hat, sich also den Regeln des יחד unterstellt, in ihn eintritt. Denn Demütigung (Buße) und Verpflichtung auf die Gebote sind die Inhalte der Aufnahmezeremonie in die Bundesgemeinde nach 1QS I 18–II 25. Ist ohne den Eintritt in die Gemeinschaft eine Reinigung nicht möglich (III 4–6), so geschieht diese mit der erfolgten Selbstdemütigung (בענות נפשו), d.h. mit bzw. nach der Aufnahme. Gedacht ist also – auch wenn das nicht explizit gesagt wird – an ein Reinigungsritual im Zusammenhang bzw. in der Folge der Aufnahme in den Bund[129], weshalb es ja zum Schluss heißt: והיתה לו לברית יחד עולמים (11f).

Dieses Reinigungsritual, das mit dem Eintritt in den יחד und der Unterstellung unter seine Regeln zusammenhängt, vermittelt Reinigung des Fleisches, und durch Demut und Gehorsam erlangt man Sühne und Vergebung. Beschränkt man sich auf den zuletzt angeführten Textauszug (III 6–12), so mag es scheinen, als sei hier eine innere Reinigung durch Demut und Buße

---

[128] Übersetzung von LOHSE, Texte 1.
[129] So schon BETZ 1958, 215–220, und PFANN 1999, 338–345.

von der äußeren durch Reinigungswasser usw. unterschieden[130], ja als bedürfe es der Reinigung mit Wasser usw. für die innere Reinigung gar nicht. Nimmt man aber III 4–6 hinzu, so wird deutlich, dass Sühne und Reinigungsritus eng verbunden sind. Wie schon in III 4, dürfte auch in III 11f die Sühneterminologie die Reinigungsriten mit im Blick haben, denen die Gruppenmitglieder sich unterziehen und die ihnen Reinheit, Sühne und Vergebung vermitteln. Zum Vergleich dürfen die – wie die Gemeinderegel genuin essenischen – besprochenen Bußliturgien herangezogen werden. Dort wurde deutlich, dass innere (moralische) Reinigung bzw. Sündenvergebung durch Buße und Bekenntnis mit dem als Sühnakt verstandenen äußerlichen Reinigungsvollzug mit Reinigungswasser usw. aufs engste zusammenhängen, ja dass Buße und Sündenbekenntnis Teil des Reinigungsakts sind, der seinerseits Sühne und innere Reinigung erwirkt. Das darf auch hier in Anschlag gebracht werden[131].

Das Reinigungsritual wird konkret als Reinigung des Fleisches durch Besprengen (נזה) mit Reinigungswasser (מי נדה) beschrieben; anschließend ist vom Sich-Heiligen (קדש Hitp.) mit Wasser der Heiligkeit (במי דוכי) die Rede (III 8f). Es handelt sich um einen Reinigungsritus, bei dem zunächst das Wasser mit der Asche der Kuh gesprengt wird, worauf eine Waschung oder ein Bad folgt. Damit liegt ein weiterer Beleg vor für das generelle Verständnis von Unreinheit und für die Verwendung des Reinigungsrituals nach Num 19 zu einer Reinigung, die vom konkreten Anlass einer Verunreinigung durch eine Leiche gelöst ist und die auch innere Reinigung (Vergebung) bedeutet.

Bedeutsam ist dabei ferner der Bundesbezug (II 26; III 11f), der bereits in anderen Reinigungs- und Bußritualen (4Q414 2 II 3; 4 3: באמת בריתכ]ה; s.o.) auffiel: Es ist der Eintritt in den Bund bzw. die Gemeinschaft des Bundes, der den Vollzügen ihre reinigende und sühnende Wirkung verleiht.

»There was apparently no sharp dichotomy between the ablution of neophytes and the bathing to remove ritual uncleanness.«[132] »[...] the confession, the priestly blessing given

---

[130] So die Interpretation von THIERING 1980; ähnlich HIMMELFARB 2001. Auch JANOWSKI/LICHTENBERGER 1983, 48f, überziehen m.E. die Interpretation, wenn sie schreiben: »Sühne und Reinheit sind demnach nicht von kultischen Reinigungsriten, sondern allein [!] von dem der Gemeinde verliehenen Geist Gottes abhängig, der die Glieder der Gemeinde zur rechten Demut [...] bringt, die ihrerseits auf Erfüllung der Gebote gerichtet ist«. Dagegen ist einzuwenden, dass in 1QS III 8f Reinigung durch den Geist bzw. durch die Demütigung unter die Gebote Gottes und Reinigung des Fleisches durch Besprengung mit מי נדה und mit reinem Wasser ausdrücklich zusammengehören. Dass Reinigung *ohne* Geist und Demütigung nicht möglich ist, ist natürlich nicht zu bestreiten.

[131] Vgl. BOCKMUEHL 2001, 401f.

[132] BAUMGARTEN 1992, 201.

to those who repent of their sins, and the curse against those who remain steadfast in the path of sin – that is, all those recitations which constituted the ceremony of entering the covenant – symbolize the establishing of a new covenant, one that distinguished between ›the men of God's lot who walk perfectly in all His ways‹ and ›the men of Belial's lot.‹ In the new covenant, the blessing and the corresponding curse are utilized in accordance with ancient custom, but together constitute an instrument for a new idea: the idea of dualistic separation.«[133]

Bundesvorstellung, Gruppenidentität und Reinheit hängen somit eng zusammen: Reinheit ist nicht ohne den Eintritt in die Bundesgemeinde zu erlangen; Reinheit durch Befolgung der gruppenspezifischen Halacha ist zugleich ein abgrenzendes Identitätsmerkmal der Gruppe gegenüber anderen. Das Reinigungsritual nach Num 19 aber, im Sinne genereller Reinigung von Unreinheit und Sünde verstanden, markiert – zusammen mit der Reinigung im Wasser – den Eintritt in den Bund und verleiht die ihm gemäße Reinheit.

Eschatologische Reinigung. Der letzte der hier zu besprechenden Belege (1QS IV 20–23) findet sich in einem Text (1QS III 13 – IV 26), der als Annex der Bundeserneuerungsliturgie in 1QS I–III angefügt ist, jedoch nicht ursprünglich dazugehört, sondern eine ehemals eigenständige Darstellung zur Prädestination aller Menschen durch Gott und zum künftigen Gericht bietet[134]: Von Anfang an steht die Bestimmung jedes Menschen fest. Entsprechend ist jeder Mensch durch einen der beiden von Gott erschaffenen Geister – den Geist der Wahrheit (רוח האמת) oder den des Frevels (רוח העול) – bestimmt (III 18f); demgemäß handelt er im Leben (III 15–19). So stehen sich zwei Prinzipien gegenüber, die immer im Streit liegen (IV 15–18; 23–25). Doch Gott hat dem Frevel ein Ende gesetzt; er wird ihn vernichten (IV 18f). Da aber auch die Erwählten in mehr oder weniger hohem Maße Anteile des Geistes des Frevels in sich tragen und entsprechende Taten verrichten (IV 15f), bedarf es am Ende einer Verwandlung, durch die alle Anteile des Geistes des Frevels bei den Erwählten getilgt werden (IV 20f). Diese Verwandlung wird als eschatologische Reinigung durch den Geist geschildert (IV 20f).

Dabei greift der Text auf die Erwartung der eschatologischen Reinigung Israels nach Ez 36 zurück. Bezeichnend ist die Verbindung von Elementen des Reinigungsrituals nach Num 19 mit der Bundesvorstellung und der Reinigung durch den Geist. Nach Ez 36,26f wird Israel durch die Gabe des neuen Geistes erneuert werden; entsprechend soll die Reinigung nach 1QS IV 21 durch den heiligen Geist (רוח קודש) erfolgen. Nach Ez 36,25 wird

---

[133] NITZAN 1994, 135. Vgl. a.a.O. 124–129.129–135.

[134] Vgl. zu Textrekonstruktion und Interpretation STEGEMANN 1988; nach DEMS. 1994, 154 ein voressenischer, vom babylonischen Judentum beeinflusster Text. Doch fand er immerhin soviel Anklang, dass er zusammen mit der Gemeinderegel und anderen Texten in einer Schriftrolle überliefert wurde.

Gott »reines Wasser« (מים טהורים) über Israel sprengen (זרק Q.); nach 1QS
IV 21 wird er den Geist der Wahrheit (רוח אמת) wie Reinigungswasser
(כמי נדה) sprengen (נזה Hi.). Mit מי נדה ist, anders als in Ez 36, ausdrücklich die Terminologie von Num 19 aufgenommen; doch dürfte jenes Ritual, wie schon erwähnt[135], bereits bei Ez im Hintergrund stehen[136]. Nach
Ez 36,17 wird die Sünde Israels der Menstruations-Unreinheit (טמאת
הנדה) verglichen; in 1QS IV 21f wird neben gottlosen Taten (עלילות רשעה)
und Greueln der Lüge (תועבות שקר) auch der Geist der (Sexual-) Unreinheit (רוח נדה) genannt. Und wie in Ez 36,27 auf die jeremianische Ansage
des neuen Bundes zurückgegriffen wird, so sind nach 1QS IV 22 die von
Gott Gereinigten zu einem ewigen Bund (לברית עולמים) berufen.

Damit finden sich Elemente, die auch in anderen Texten vom Toten
Meer begegneten: Die Betonung der inneren Reinheit und die Verbindung
von Reinheitsthematik und Ethos, das von konkreten Anlässen gelöste, ge-
neralisierte Reinheitsverständnis, die (hier übertragene) Anwendung des
Besprengungsrituals mit Reinigungswasser nach Num 19 auf eine als רוח
נדה bezeichnete, vom Problem speziell der Leichenunreinheit gelöste und
dabei grundsätzlich-anthropologisch als widergöttliches Prinzip verstandene Unreinheit, ferner die Verbindung dieser Reinigung mit der Bundesthematik. Doch steht daneben als Besonderheit, dass diese Reinigung eschatologisch, nach dem Gericht, erfolgen und die Erwählten vollständig
vom Geist des Frevels befreien soll. Auch steht diese Reinigung mit der
Erwählung zu einem ewigen, also ebenfalls eschatologisch verstandenen
Bund in Zusammenhang. Dem entspricht, dass zwar terminologisch deutlich auf das Reinigungsritual nach Num 19 Bezug genommen wird, jedoch
– wie schon in Ez 36 – nur mehr übertragen, d.h. ohne äußerlich-leiblichen
Vollzug von Wasser- und Besprengungsriten: Der das Innere des Menschen reinigende Geist ist an die Stelle äußerlich-leiblicher Ritualvollzüge
getreten; zugleich konzentriert die Reinigung sich auf das dem Menschen
innewohnende Handlungsprinzip.

Ergebnisse. Unreinheit ist, über die konkreten Verursachungen hinaus,
um die Zeitenwende zu einem Merkmal der fleischlichen Verfasstheit des
Menschen geworden. Rein und unrein umfassen rituelle wie ethische
Aspekte; das Reinigungsritual nach Num 19 wird darum in den Texten aus
der Umgebung von Qumran als Sühnevollzug verstanden. Buße, Sündenbekenntnis, Sühne und Vergebung gehen mit Reinigungsritualen einher.
Die Reinigung ist in der Qumrangemeinschaft selbst Merkmal des Bundes,
in den eintritt, wer der Gemeinschaft beitritt. Mit dem Beitritt geschieht

---

[135] Vgl. o. Anm. 63.

[136] Was auch auf der Rezeptionsebene deutlich wird: Es wurde bereits darauf hingewiesen (s.o. Anm. 63), dass in TPsJ Ez 36,25 dieselbe aramäische Wiedergabe für
»Reines Wasser« gewählt ist wie in TO Num 19,13.20 für »Reinigungswasser«.

Umkehr und Anerkennung der Tora in der Auslegung der Gemeinschaft. Nur der Beitritt eröffnet die Möglichkeit der Reinigung; nur der Bundesgemeinde ist sie gegeben. Zur Bundesaufnahme und -erneuerung sowie zu den Sabbat- und Festterminen finden die kollektiv durchgeführten Reinigungs- und Bußrituale statt. Die sonst von Priesterschaft und Festpilgern geforderte Reinheit soll nun die ganze Gemeinschaft erlangen: Dienten die Reinheitsvorschriften der Priesterschrift der Reinheit des »Lagers« bzw. des Heiligtums, so versteht sich die Trägergruppe der essenischen Texte vom Toten Meer selbst als spiritueller Tempel. Daher ihr großes Reinheitsbedürfnis: Es gilt, die im Tempel erforderliche Reinheit herzustellen. Die Besprengung mit Reinigungswasser nach Num 19 wird teils konkret auf Leichenunreinheit bezogen, doch vielfach dient sie der Bewältigung generell und als sündig verstandener Unreinheit. So verhält es sich bei der Aufnahme in den Bund, so auch bei den Buß- und Reinigungsliturgien zu den Festterminen. Auch Gegenstände werden durch Besprengen mit dem Reinigungswasser gereinigt. Selbst die eschatologische Verwandlung des Menschen wird als Reinigung durch den Geist – metaphorisch als Besprengung nach Num 19 – dargestellt. Auch dabei ist, Ez 36 aufnehmend, der Bundesbezug wesentlich: Die so Gereinigten erhalten Anteil am ewigen Bund.

5.2.1.4 Philo von Alexandrien

Nimmt man die einschlägigen Ausführungen Philos von Alexandrien in den Blick[137], fällt auf, dass das Thema der Verunreinigung durch Leichen weitgehend zurücktritt. Dagegen tritt ein generelles Verständnis von Rein und Unrein in den Vordergrund, das jedoch kultische Ausrichtung behält: Die Gewinnung der Kultfähigkeit und des Zutritts zum Heiligtum ist nach Philo Zweck der Reinigung nach Num 19[138].

spec III 205–209 u.a. Nur in spec III 207 erläutert Philo (auf seine Weise) das Wesen der Leichenunreinheit: Durch den Verlust der Seele des Menschen wird alles, was zurückbleibt, unrein. Philo erwähnt dies im Rahmen einer Paraphrase (§§ 205–209) der Bestimmungen von Num 19,11ff zur Reinigung von durch Leichen verunreinigten Personen, Häu-

---

[137] Die bisher eingehendste Untersuchung dazu hat SANDERS 1990, 263–269, vorgelegt.

[138] Wenn dabei in der Forschung bisher besonders auf spec III 205 eingegangen wurde (dazu s.u.), dann deshalb, weil hier eine Reinigung bezeugt ist, die, über die Erlangung des Zugangs zum Heiligtum hinaus, für den häuslich-alltäglichen Bereich vorgesehen ist (zum einzelnen s.u.). Das interessiert im Rahmen der viel erörterten Frage nach der Anwendung von Reinheitshalacha außerhalb des im engeren Sinne kultischen Bereichs. Dabei bleibt aber zu beachten, dass spec III 205 nicht repräsentativ ist für Philos Ausführungen zu diesem Thema insgesamt und dass auch im Rahmen des Zusammenhangs spec III 205–209 der Akzent klar auf dem Heiligtums- und Kultbezug liegt.

sern und Gegenständen (die Anweisung zur Herstellung der Asche V.1–10 lässt er aus[139]). Er erwähnt die Reinigungsriten (§§ 205f.208), so die Besprengung und Waschung, die nach dem Berühren einer Leiche erforderlich sind (§ 205). Schon den eines natürlichen Todes Gestorbenen habe der Gesetzgeber als verunreinigend erklärt, um erst recht vom Mord abzuschrecken (ebd.)[140]. Der Gesetzgeber lässt schon die bloße Berührung einer Leiche verunreinigend sein, so dass man, auch ohne Schuld am Tode des Verstorbenen, erst nach Besprengung und Waschung wieder rein werden kann. Die für den Tempelbesuch erforderliche Reinheit ist nochmals größer und fordert siebentägige Reinigung und Weihe[141]. Die Unreinheit durch Mord ist gleichsam die durch die Schuld gesteigerte Stufe der Leichenunreinheit. Rituelle und moralische Unreinheit gehen ineinander über[142].

Philo sagt dabei, diejenigen, die eine Leiche berührt haben, könnten nicht rein sein, solange sie sich nicht, besprengt und gewaschen, reinigten: οἴεται (sc. der Gesetzgeber) δεῖν μὴ εὐθὺς εἶναι καθαρούς [sc. diejenigen, die eine Leiche berührt haben], μέχρις ἂν περιρρανάμενοι καὶ ἀπολουσάμενοι καθαρθῶσιν. Darauf fährt Philo fort: In das Heiligtum aber habe er

---

[139] Ähnlich wie in 11Q19 XLIXf die Bestimmungen von Num 19,11ff, nicht aber die von V.1–10 erläuternd paraphrasiert werden. Das Interesse der frühjüdischen Rezeption liegt eben ganz überwiegend auf den halachischen Einzelheiten der Anwendung des Rituals.

[140] Diese Begründung nennt auch Jos Ap II 27 (§ 205).

[141] Die gleiche Argumentation bietet Philo in aller Kürze auch in spec III 89 (hier ohne auf die Leichenunreinheit einzugehen): Da selbst denen, die nicht gesündigt haben (das entspricht in der Sache den σφόδρα καθαροί von § 205), das Betreten des Tempels verboten ist, bevor sie sich mit den üblichen Reinigungsriten durch Waschen und Besprengen gereinigt haben, ist es da angemessen, dass diejenigen eintreten und darin verweilen, die untilgbarer Taten schuldig sind, deren Befleckung keine Zeit abzuwaschen vermag? – Dass Rein und Unrein hier im moralischen Sinne aufgefasst sind, liegt auf der Hand. – Dass der Mörder das Heiligtum nicht betreten darf, erwähnt Philo noch in spec I 159.

[142] Daneben stehen allegorisch-moralische Erwägungen: Dass die Leichen-Verunreinigung von der verunreinigten Person weiter übertragen wird, erklärt sich daraus, dass der im emphatischen Sinne Unreine (ἀκάθαρτος [...] κυρίως) – d.h. der Ungerechte und Gottlose – durch seine Leidenschaften und Laster alles besudelt und durcheinander bringt (πάντα φύρων καὶ συγχέων, §§ 208f). Dass Philo die Leichenunreinheit als solche wenig interessiert, zeigt er auch in seiner Auslegung von Lev 21,11. Während alle Priester sich von Leichenunreinheit möglichst fernzuhalten haben, sich aber an den Leichen ihrer engsten Angehörigen verunreinigen dürfen (Lev 21,1–4), ist dem Hohenpriester jede Leichenberührung – selbst die der Leichen von Vater und Mutter – untersagt (V.11). Philo bietet in fug 108f eine allegorische Deutung: Der wahre Hohepriester, der Logos, kann weder durch seinen Vater, den Geist, noch durch seine Mutter, die Sinnlichkeit, befleckt werden (§ 109). Das Thema der Leichenunreinheit tritt völlig hinter die Allegorese zurück.

(der Gesetzgeber) auch den ganz Reinen innerhalb von sieben Tagen nicht einzutreten gestattet (εἰς μέντοι τὸ ἱερὸν οὐδὲ τοῖς σφόδρα καθαροῖς ἐφῆκεν εἰσιέναι ἐντὸς ἡμερῶν ἑπτά), da er ihnen geboten habe, sich am dritten und siebenten Tage zu weihen (τρίτῃ καὶ ἑβδόμῃ κελεύσας ἀφαγνίζεσθαι). Dabei bezeichnet ἀφαγνίζεσθαι (sich weihen) den Erwerb der Kultfähigkeit.

Philo unterscheidet somit zwischen verschiedenen Graden von Reinheit. Nach der Berührung einer Leiche muss sich jedermann durch Besprengung und Waschung reinigen[143]. Für den Tempelbesuch bedarf es einer davon unterschiedenen siebentägigen Reinigungs- und Weihezeit mit Weihe am dritten und siebenten Tag. Beides ist aus Num 19,11ff bekannt, nur dass dort beides zusammenfällt: Die Besprengung und Waschung finden am dritten und siebenten Tag der siebentägigen Reinigungszeit statt. Erforderlich wird Philos über den Wortlaut von Num 19 hinausgehende Unterscheidung durch die in jenem Kp. nicht explizit begründete Annahme, dass die Reinigung der Ermöglichung des Zutritts zum Heiligtum dient, dieser also einen Reinheitsgrad erfordert, der über den sonst üblichen hinausreicht. Sanders vermutet hinter der erstgenannten Reinigung nach Leichenberührung eine von paganen Reinigungsriten beeinflusste lokale Sitte der alexandrinischen Diaspora[144], zumal er bei Philo (mit Recht) eine über Leichenunreinheit hinausgehende Anwendung des Besprengungsritus erkennt (s. dazu im folgenden), die er sich aus paganem Einfluss erklärt[145]. Doch ist aus den Texten vom Toten Meer bekannt, dass Besprengung mit Reinigungswasser mehr als nur *eine* Art von Unreinheit bewältigen kann. – Dagegen sieht Harrington hier einen Beleg für die von Milgrom sog. ›first day ablutions‹[146], d.h. die aus Texten vom Toten Meer bekannte Praxis einer Reinigung am ersten Tag einer mehrtägigen Reinigungszeit[147]. Doch überzeugt auch diese Deutung nicht[148].

---

[143] COLSON schreibt dazu (in der Philo-Ausgabe von COLSON/WHITAKER [Hg.], Bd. 7 [LCL 320], 603 Anm. c), man solle annehmen, dass Philo meine, die Betreffenden seien aufgrund der bloßen Berührung einer Leiche sogleich unrein, also nicht μὴ εὐθὺς εἶναι καθαρούς, sondern εὐθὺς μὴ εἶναι καθαρούς. Doch ergibt Philos Formulierung guten Sinn: Sie will das Erfordernis der Reinigung herausstellen; nicht sogleich (μὴ εὐθύς), ohne jene Vollzüge, kann man nach Leichenberührung Reinheit erwerben, und das gilt auch unabhängig vom Tempelbesuch.

[144] SANDERS 1990, 264–267; ähnlich DEINES 1993, 185.

[145] A.a.O. 267–269

[146] Nach 11Q19 XLIX 16f beginnt die siebentägige Reinigung von Leichenunreinheit mit einem Bad und dem Waschen der Kleider; eine Regel, die Num 19 nicht kennt. Nach MILGROM 1983e, 98f; 1992; 1995, 66f dient diese Innovation dazu, die Unreinheit des Betreffenden vom höchsten auf einen niedrigeren Grad herabzumindern und ihm dadurch den Genuss der gewöhnlichen, aber reinen Verpflegung (im Unterschied zu Opferspeisen) schon während der Reinigungszeit zu ermöglichen. MILGROM macht ferner (1995, 66f) darauf aufmerksam, dass Entsprechendes auch nach 4Q274 1 I 7f gilt: Wer während der siebentägigen Reinigung (etwa von Ausfluss) eine Pollution hat, überträgt durch Berührung seine Unreinheit; ohne zusätzliche Verunreinigung durch Pollution also wäre die Ausfluss-Unreinheit nach dem Beginn der Reinigung – anders als nach der priesterschriftlicher Auffassung (Lev 15,1–15) – nicht mehr übertragbar.

[147] HARRINGTON 1993, 174 entnimmt daraus: »Thus, according to Philo, a Jew must bathe immediately after contracting corpse-uncleanness even though that will not readmit him or her to the Tempel precincts. To enter the Temple, the individual must have com-

Ich schlage daher vor, unter den σφόδρα καθαροί – ähnlich wie beim טהור איש in 11Q19 XLIX 8f[149] – diejenigen zu verstehen, die eine besondere, über das alltägliche Maß hinausgehende Reinheitsforderung erfüllen wollen, die zum Tempelbesuch erforderlich ist. M.a.W.: Die Reinigung vor dem Tempelbesuch ist nach spec III 205 nicht die Fortsetzung einer ersten Reinigung unmittelbar nach der Verunreinigung, sondern sie ist grundsätzlich immer, auch ohne konkrete Veranlassung durch Leichenunreinheit, erforderlich[150] – eine Interpretation, die durch die im folgenden besprochenen Stellen bestätigt werden wird.

spec I 261–272. Im Rahmen seiner Erklärung der Gesetzgebung zum Opferkult kommt Philo von § 257 an auf die Reinheit zu sprechen, die zur Opferdarbringung erforderlich ist. Der Reinheit der Seele dienen die Opfertiere, die man darbringt, der des Leibes Waschungen und Besprengungen (wörtlich: περιρραντήρια »Sprengwassergefäße«) (§ 258). Dass die Opfertiere fehlerlos sein müssen, hält zu einem fehlerlosen Lebenswandel

---

pleted the whole seven-day rite«. Diese teils richtige Wiedergabe (zum einzelnen s.u.) verbindet sie p. 176 mit den von MILGROM sog. ›first day ablutions‹. Wir hätten dann in Philo einen weiteren Zeugen für die ›first day ablutions‹ als Anfang des Reinigungsprozesses; die Reinigung des ersten Tages würde eine anfängliche Reinheitsstufe erwirken, die für das alltägliche Leben ausreichend wäre; anschließend würde die siebentägige Reinigungsperiode die volle, zum Tempelbesuch erforderliche Reinheit herstellen.

[148] Nach 11Q19 XLIX 16f haben am ersten Tag der siebentägigen Reinigungsperiode ein Bad und das Waschen der Kleider zu stehen. Philo erwähnt dies nicht. Er spricht zwar in § 205 von Besprengung und Waschung nach dem Berühren einer Leiche, und danach erwähnt er die siebentägige Reinigungszeit vor dem Tempelbesuch. Aber erst in § 206 spricht er von Bad und Waschen der Kleider nach dem Betreten des Totenhauses, und dabei erwähnt er keine anschließende siebentägige Reinigungsperiode. Bei HARRINGTON dagegen entsteht der Eindruck, als stünden das Bad und das Kleiderwaschen von § 206 am Anfang der siebentägigen Reinigungsperiode von § 205; erst dadurch ergibt sich die scheinbare Parallele zur Regel von 11Q19. Die von HARRINGTON zitierte englische Übersetzung von COLSON, »[...] even the fully cleansed [...]«, erweckt den Eindruck, als handele es sich um Personen, die sich bereits einer Reinigung unterzogen haben; damit ist das griechische οἱ σφόδρα καθαροί jedoch nicht zutreffend wiedergegeben. Auch könnte man Personen, die eine erste Reinigung hinter sich, den Erwerb der vollständigen Reinheit jedoch noch vor sich haben, nicht als »fully cleansed« oder σφόδρα καθαροί bezeichnen.

[149] Hier wird unterschieden zwischen »reiner Mann« (טהור איש) und »jeder Israelit« (מישראל אדם כול, Z.9). Es geht um die Unreinheit eines Hauses und dessen, was darin ist, nach einem Todesfall. Dabei findet eine Differenzierung über Num 19,14f hinaus statt: Während offene Gefäße und ihr Inhalt jeden Israeliten verunreinigen, ist der Inhalt von nicht-offenen Gefäßen nur für den »reinen Mann« verunreinigend; für alle anderen dagegen nicht (zum einzelnen vgl. YADIN (Hg.), The Tempel Scroll, Bd. 1, 1983, 325–327; vgl. SCHIFFMAN 1990b, 141f; BAUMGARTEN 1994, 98). טהור איש bezeichnet demnach denjenigen, der einer höheren Reinheitsforderung, über die alltägliche Reinheit des gewöhnlichen Israeliten hinaus, entspricht.

[150] So verstanden, entspricht die Regel für die σφόδρα καθαροί in spec III 205, wie bereits erwähnt, dem in spec III 89 genannten Erfordernis der Reinigung vor dem Tempelbesuch selbst für Personen, die keine Sünden begangen haben.

an; dadurch wird die Seele gereinigt (§§ 259f). Den Leib dagegen reinigt das Gesetz durch Waschungen und Besprengungen (wörtlich: durch Waschungen und Sprengwassergefäße, λουτροῖς καὶ περιρραντηρίοις καθαίρει), man muss sich während einer siebentägigen Reinigungsperiode am dritten und siebenten Tag besprengen lassen, sich dann baden und hat darauf Zutritt und kann den Kult ausüben (§ 261). Wieder ist das Reinigungsritual nach Num 19,12.19 vom Anlass, der Verunreinigung durch eine Leiche, gelöst und zur Zulassungsbedingung für den Eintritt in das Heiligtum und für die Kultausübung geworden. Zugleich steht es für die Erlangung der zur Kultausübung erforderlichen leiblichen Reinheit überhaupt, nicht für eine Reinigung von einer bestimmten Art von Unreinheit.

In §§ 262–267 beschreibt Philo das Reinigungswasser. Es besteht aus einem Gemisch von Wasser und Asche[151], mit dem die zu Reinigenden mit Hilfe von Ysop besprengt werden (§ 262). Die Sprengung wird von einem Priester ausgeführt (ebd.). Darin stimmt Philo mit den Texten vom Toten Meer überein. Asche und Wasser weisen hin auf die Bestandteile, aus denen der Leib des Menschen besteht, Erde (bzw. Asche) und Wasser (§ 264). Die Besprengung dient der menschlichen Selbsterkenntnis, und das bewahrt vor Hochmut, so dass man Gott wohlgefällig wird (§§ 264f). Die äußere Reinigung bewirkt, dass man sich bewusst wird, selbst wieder zu Asche und Wasser werden zu müssen, sterblich zu sein (§ 266).

Mit dieser Schilderung ist wiederum auf Num 19 Bezug genommen (vgl. Num 19,17f). Philo sieht hier eine Erinnerung an Tod und Sterblickeit; diese soll nach seiner Deutung zu einer demütigen Geisteshaltung führen. Das Thema »Tod« kommt nur in übertragenem Sinne vor; Leichenunreinheit, überhaupt rituelle Verunreinigung, spielt hier *als solche* keine Rolle. – In §§ 267f erläutert Philo im Anschluss an Num 19,1–10 die Schlachtung der Roten Kuh, die Blutsprengung (die nach ihm der Hohepriester ausführt [§ 268][152]), die Verbrennung der Kuh und die Gewinnung der Asche. Nur hier kommt dieser Teil des Rituals bei Philo vor[153]. Daran schließt sich in §§ 269f nochmals eine Deutung an:

Wer in den Tempel eintreten will zur Teilnahme am Opfer, muss sich zuvor am Leib, davor noch an der Seele reinigen. Den Unheiligen dagegen ist das Heiligtum des wahrhaft Seienden unzugänglich. Denn – so heißt es in §§ 271f – Gott bedarf nicht der Opfergaben; doch das beste Opfer ist die Selbstdarbringung des Opfernden (αὐτοὺς φέροντες πλήρωμα καλοκαγαθίας τελειότατον τὴν ἀρίστην ἀνάγουσι θυσίαν § 272); ein Gedanke, den Philo in §§ 273–279 mit weiteren Beispielen nochmals ausführt. Auf

---

[151] In spec I 262–268: τέφρα.

[152] So auch Jos Ant IV 4,6 (§ 79) und mPara 3,8. Nach beiden Quellen hatte der Hohepriester die Kuh auch zu schlachten. Nach mPara 4,1 war umstritten, ob der Hohepriester das Ritual ausführen müsse oder ob ein anderer Priester das tun dürfe. Doch muss es auch nach der Mischna wenigstens durch einen Priester ausgeführt werden.

[153] Philo weist anfangs des § 269 darauf hin, dass er davon an anderer Stelle ausführlicher gehandelt habe. Doch sind solche Ausführungen nicht bekannt. Vgl. COLSON/ WHITAKER (Hg.), Bd. 7 (LCL 320), 254f Anm. c.

die mit καλοκαγαθία bezeichnete Haltung und Lebenspraxis zielen demnach rituelle Reinigung und Opferkult gleichermaßen. Um seiner tieferen Bedeutung willen ist daher das Reinigungsritual nach Num 19 für Philo, vom Anlass der Leichenunreinheit gelöst, die unabdingbare Vorbereitung für jeden Zutritt zum Heiligtum und Kultvollzug. *somn I 189–226*. In somn I 189–226 legt Philo den Traum Jakobs nach Gen 31,10–13 aus. Dort ist von gestreiften, gefleckten und scheckigen Tieren die Rede (Gen 31,10.12), und LXX gibt ברד »scheckig« mit σποδοειδὴς ῥαντός wieder, wörtlich also »aschenartig gesprengt«. Philo findet darin einen Hinweis auf das Ritual von Num 19,17f, bei dem die in Wasser gelöste Asche (σποδός) gesprengt (ῥαίνω) wird. Diese Deutung entfaltet er in §§ 209–214. Es geht, so § 209, um den Weg zum Schönen und Guten (καλοκαγαθία wie schon spec I 272), und auf diesem muss man (so §§ 210–212) mit Asche[154] und Wasser besprengt werden, um zur Selbsterkenntnis zu gelangen, da der Mensch aus Erde und Wasser gemacht ist. So hält man sich rein vom Hochmut, der Gott am meisten verhasst ist. Wer Kult ausüben will, muss sich daher mit den genannten Dingen besprengen lassen, da er (sc. der Gesetzgeber) keinen des Opfers für würdig hält, der nicht zuvor sich selbst erkannte und die menschliche Nichtigkeit begriff. Auch hier nimmt Philo auf das Reinigungsritual nach Num 19,12.19 Bezug. Die Deutung ist dieselbe wie in spec I 261ff: Die Besprengung mit Wasser und Asche wird zur Erlangung der Kultfähigkeit gefordert, und diese Forderung wird, unabhängig vom konkreten Thema der Leichenunreinheit, mit der Förderung von Selbsterkenntnis und Demut motiviert.

Darüber hinaus teilt Philo in § 214 mit, der heilige Logos schreibe dem großen Hohenpriester vor, sooft dieser sich anschicke, die im Gesetz vorgeschriebenen Kulthandlungen auszuführen, sich zuvor mit Wasser und Asche besprengen zu lassen, um sich seiner selbst zu erinnern (τὸν μέγαν ἀρχιερέα ὁπότε μέλλοι τὰς νόμῳ προστεταγμένας ἐπιτελεῖν λειτουργίας, ὁ ἱερὸς ἐδικαίωσε λόγος ὕδατι καὶ τέφρᾳ περιρραίνεσθαι τὸ πρῶτον εἰς ὑπόμνησιν ἑαυτοῦ), bevor er die priesterlichen Gewänder anlege. Damit ist die Besprengung mit Reinigungswasser nach Num 19 zur Vorbereitung hohepriesterlichen Kultvollzugs überhaupt erklärt[155]. Auch damit ist die Reinigung nach Num 19 wieder in besonderer Weise mit der im Kult erfor-

---

[154] In § 210: σποδός; in §§ 211.219.220: τέφρα; in § 214 beide Wörter (σποδός hier jedoch im Zitat Gen 18,27).

[155] In der deutschen Philo-Ausgabe von COHN/HEINEMANN (Hg.), Bd. 6, 216 Anm. 1, wird dies auf die Priesterinvestitur nach Ex 29,4f gedeutet; Philo habe jenen Bericht mit Num 19 verbunden. Doch abgesehen davon, dass ein Bezug auf Ex 29 nicht erkennbar ist, trifft diese Deutung auch sprachlich nicht zu. Ein einmaliges Geschehen (»Als der Hohepriester [...]«, so die genannte Übersetzung a.a.O.) ist nicht im Blick, denn ὁπότε m. Optativ (μέλλοι) muss iterativ verstanden werden. Es handelt sich daher um eine Reinigung vor *jeder* Kultausübung des Hohenpriesters.

derlichen Reinheit verbunden, und zwar ohne dass eine aktuelle Verunreinigung vorausgesetzt wäre[156]. *Sonstiges.* Dass zum Betreten des Heiligtums und zur Teilnahme am Opferkult Reinigung bzw. Waschung und Besprengung erforderlich sind, hat Philo noch mehrfach ausgesprochen (spec I 190f[157]; Deus 8[158]; fug 80f[159]). Gleiches gilt für Philos Auslegung des Sabbatgebots in decal 158: Demnach steht dieses Gebot exemplarisch für sämtliche von Gott angeordneten Feste sowie für die dabei jeweils vorgeschriebenen Weihen und Besprengungen (wörtlich: Sprengwassergefäße) (τῶν διατεταγμένων εἰς ἑκάστην [sc. ἑορτήν] ἁγνευτικῶν, περιρραντηρίων κτλ.) sowie für die Gebete und Opfer, mit denen der Kult vollzogen wird. Auch hier sind die »Besprengungen« nicht durch einen konkreten Fall von Verunreinigung veranlasst, sondern für die Kultausübung bei den Festen vorgeschrieben. Das erinnert an die Reinigungsvorschriften für die Sabbate und Feste aus den besprochenen Texten vom Toten Meer. Doch geht aus den zuletzt angeführten Stellen nicht explizit hervor, dass es sich auch hier um Besprengung mit der in Wasser gelösten Asche der Roten Kuh handelt. Bei zahlreichen Belegen ist von Sprengwassergefäßen (περιρραντήρια) die Rede, die in paganen Kulten eine große Rolle spielen, nicht jedoch im Jerusalemer Kult[160]. An manchen Stellen, die von Besprengung bzw. Sprengwassergefäßen sprechen (etwa Mos I 216; II 138) ist gewiss nicht an das Ritual von

---

[156] Vgl. dazu Philos Auslegung des Sabbatgebots in decal 158 (s.u.).

[157] Schon in spec I 258 war aufgefallen, dass die Reinigungsriten der leiblichen, die Opfertiere dagegen der inneren Reinigung dienen sollen. So auch hier. Zusätzlich zu den Brandopfern (ὁλόκαυτοι) sind für die Feste jeweils auch Sündopfer (περὶ ἁμαρτίας) vorgeschrieben, und diese dienen der Sündenvergebung (εἰς ἁμαρτημάτων ἄφεσιν, spec I 190). Dieses zusätzliche Opfer (und, so ist zu interpretieren, das darin angezeigte Erfordernis der Sündenvergebung) verweist – so heißt es dann in § 191 – darauf, dass nicht nur die Opfertiere fehlerlos sein sollen, sondern dass auch die τοῦ θύοντος διάνοια durch die λουτροὶ καὶ περιρραντήριοι gereinigt werden muss, welche die rechte Vernunft der Natur in die Ohren derer schöpft, die Gott lieben (§ 191). – Die Argumentation ist der bereits aus spec I 258–260 Bekannten ähnlich: Die Waschungen und Besprengungen zielen auf eine veränderte geistige Haltung. Doch ist hier äußerliche Reinigung im buchstäblichen Sinne schon nicht mehr im Blick; die reinigende Funktion erfüllt das gehörte Wort, das zu innerer Reinigug anhält.

[158] Auch hier findet sich wieder die Unterscheidung und Zuordnung von äußerer und innerer Reinheit, wobei die innere, moralische Reinheit die höherwertige darstellt (vgl. o. zu spec III 205–209).

[159] Letztere Stelle bringt in § 81 nochmals sehr schön den bereits in spec I 269 ausgesprochenen Gedanken zum Ausdruck, dass das wahre Opfer in der Selbstdarbringung der Seele des Menschen besteht.

[160] Immerhin bezeichnet Josephus (Ant III 6,2 [§ 114]) das Wassergefäß vor dem Eingang zum Tempelhaus als περιρραντήριον und gibt an, die Priester hätten sich daraus die Hände gewaschen und die Füße besprengt. LXX (Ex 30,18 u.ö.) spricht vom λουτήρ.

Num 19 gedacht[161]. So wird man mit Sanders[162] annehmen, dass Philos häufige Erwähnungen der Sprengwassergefäße auf lokalem Einfluss beruht[163].

Ergebnisse. Die Bedeutung des Rituals von Num 19 hat Philo nur einmal eingehend erläutert, doch die Besprengung mit Reinigungswasser (im Sinne von Num 19) kommt bei ihm öfter vor. Wenn auch manche Belege für περιρραίνω, περιρραντήριον uneindeutig sind, ist doch verschiedentlich klar von der Sprengung des Reinigungswassers nach Num 19 die Rede.

Forscher wie Sanders und Harrington haben betont, dass Philo Besprengung und Reinheitsforderung auch für den alltäglich-häuslichen Bereich kennt[164]. Das trifft zu, doch liegt der Schwerpunkt bei Philo auf Besprengung mit Reinigungswasser als Bedingung für den Zutritt zum Tempel und für die Teilnahme am Kult. Das wird zwar allegorisch-moralisch interpretiert. Doch ist die Interpretation von der vorausgesetzten Praxis zu unterscheiden.

Vergleicht man Philos Ausführungen mit den Texten vom Toten Meer, ergeben sich bemerkenswerte Konvergenzen: Die Besprengung mit Reinigungswasser dient als Vorbereitung auf den Tempelbesuch der Reinigung allgemein, ohne Beschränkung auf eine bestimmte Art der Verunreinigung. Dabei sind äußere und innere, rituelle und ethische Reinigung, Reinigung und Sündenvergebung eng verbunden; rituelle Reinigung zielt immer auf innere Reinheit. Die Reinigungsriten sind zu bestimmten Festterminen vorgeschrieben. An Einzelheiten sei festgehalten: Philo spricht in stehenden

---

[161] Mit Recht weist SANDERS 1990, 267, darauf hin, dass Philo auch übertragen, d.h. im Sinne von kultischer Reinigung generell, von Sprengwassergefäßen bzw. Besprengung reden kann.

[162] SANDERS 1990, 264.268f.

[163] Das dürfte auch für zwei weitere Beispiele gelten: Nach spec III 63 ist auch nach Geschlechtsverkehr die Reinigung durch Wasser und Besprengung (wörtlich: περιρραντήριον, Sprengwassergefäß) erforderlich (vgl. SANDERS 1990, 267). – Am Passa handelt jeder Israelit priesterlich und bringt sein eigenes Opfer dar (Mos II 224), er darf sich als Priester wissen und so die Festfreude genießen (§ 225). Dasselbe sagt Philo nochmals decal 159. In spec II 148 heißt es dann, alle Gäste erschienen zum Passamahl in Privathäusern durch weihende Besprengung (wörtlich: Sprengwassergefäße) gereinigt (ἁγνευτικοῖς περιρραντηρίοις κεκαθαρμένοι). Vgl. ebenso Jos Bell VI 9,3 (§§ 426f): Alle Teilnehmer an der Passafeier sind rein und geweiht (καθαρὸς καὶ ἅγιος). Aussätzige, mit Ausfluss Behaftete, Menstruierende und andere Unreine dürfen an diesem Opfer nicht teilnehmen. – Damit sind die für den Zutritt zum Tempel geltenden Reinheitsregeln (vgl. Bell V 5,6 [§ 227]; Ap II 8 [§§ 103f]) auf die Teilnahme an der häuslichen Passafeier übertragen.

[164] Diese einseitige Auswertung erklärt sich forschungsgeschichtlich aus der Auseinandersetzung mit der Auffassung, die Geltung von Reinheitsforderungen über den engeren kultischen Bereich hinaus sei eine rabbinische Innovation.

Ausdrücken, besonders gern verbindet er ἀπολούειν und περιρραίνειν/ περιρραντήριον. Die Besprengung ist demnach mit Waschung verbunden; anders als in Num 19, doch wie in den Texten vom Toten Meer. Es gibt unterschiedliche Reinheitsstufen, wobei eine geringere häuslich-alltägliche Reinheit und die besondere, für den Tempelbesuch erforderliche Reinheit unterschieden werden. Die Schlachtung der Kuh und die Bereitung der Asche ist ein priesterlicher, ja hohepriesterlicher Vollzug. Vor dem kultischen Wirken des Hohenpriesters wird dieser mit Reinigungswasser besprengt.

5.2.1.5 Flavius Josephus

In Ant III 11,3 (§§ 258–273) erwähnt Josephus die Reinigung von Leichenunreinheit nur ganz knapp (§ 262). Er schließt an die Bestimmungen zum Ausschluss aus der »Stadt« in § 261 an, welche Regeln für das »Lager« (Num 5,1–4) auf Jerusalem übertragen. Die in § 261 erwähnte Reinigung der Menstruierenden (vgl. Lev 15,19) ähnelt der Reinigung von Leichenunreinheit darin, dass jeweils siebentägige Reinigungszeiten vorgeschrieben sind (Lev 15,19; Num 19,11f). Josephus sagt daher, für letzteres gelte eine ähnliche Regel wie für ersteres; damit meint er offenbar nicht nur die Reinigungszeit, sondern auch den Ausschluss aus dem »Lager« bzw. der Stadt, denn er sagt, nach den sieben Tagen der Reinigung dürften die durch Leichen Verunreinigten wieder in der Stadt leben (ἐνδημεῖν). Über die Einzelheiten der jeweils vorgeschriebenen Reinigungsriten, insbesondere über die Besprengung mit Reinigungswasser nach Num 19,17f, sagt Josephus hier nichts. In § 263 erwähnt er Ausfluss sowie Pollution durch Geschlechtsverkehr, und in § 264 erwähnt er die Leprösen, von denen gelte, sie unterschieden sich (hinzuzufügen wäre: hinsichtlich ihrer Unreinheit) in nichts von einem Toten (καὶ νεκροῦ μηδὲν διαφέροντας, sc. τοὺς λεπρούς). Die Darstellung der §§ 261–264 erweist sich somit als orientiert an Num 5,1–4; sie erwähnt dieselben Unreinheitsarten wie jener Text in abweichender Reihenfolge. Bemerkenswert ist, dass Josephus damit einem Text folgt, der unterschiedliche Arten von Unreinheit, die in der Tora an unterschiedlichen Stellen im einzelnen behandelt werden – Verunreinigung durch Lepra bzw. durch Ausflüsse oder Sekrete der Geschlechtsorgane (נדה) bzw. durch Leichenunreinheit[165] –, systematisch, d.h. unter

---

[165] Lev 14: Lepra bzw. Hautausschläge; Lev 15: Ausfluss (Gonorrhöe [זב]), Pollution (auch bei Geschlechtsverkehr), Menstruation, Blutfluss; Num 19: Leichenunreinheit; Num 5,1–4: Lepra, Ausfluss (Gonorrhöe [זב]), Leichenunreinheit, Mann und Frau (d.h. Pollution, Menstruation).

dem Gesichtspunkt des Ausschlusses vom bzw. des Zutritts zum »Lager« (für Josephus: Jerusalem) zusammenstellt[166]. Ausführlicher kommt Josephus in Ant IV 4,6 (§§ 79–81) auf die Rote Kuh zu sprechen. Er flicht den Stoff in den Bericht über die Wüstenwanderung Israels ein und schließt ihn an die Schilderung der Beisetzung Miriams (§ 78) an. Erwähnt werden die Schlachtung und Verbrennung der Kuh (§§ 79f), wobei Josephus berichtet, dass es der Hohepriester ist, der die Kuh schlachtet und ihr Blut sprengt (wie Philo [spec I 268] und mPara 3,8). Von den Regeln für die einschlägigen Reinigungsrituale (Num 19,11ff) bietet Josephus hier nur die, dass durch eine Leiche Verunreinigte am dritten und siebten Tag ihrer siebentägigen Reinigungsperiode mit Wasser und der Asche der Kuh besprengt werden müssen.

In Ap II 27 (§ 105) kommt Josephus auf die Reinigung von Leichenunreinheit zu sprechen, wobei er nur die Reinigung des Hauses und der darin befindlichen Gegenstände erwähnt und weder auf die der verunreinigten Personen noch auf die Art und Weise der Reinigung eingeht. Doch bietet er die schon aus Philo (spec III 205) bekannte Deutung, die Reinigung von Leichenunreinheit solle vom Mord abschrecken.

In den bisher angeführten Texten lässt Josephus keinen Heiligtumsbezug des Themas Leichenunreinheit erkennen. Doch berichtet er in Ant XVIII 2,2 (§ 30), dass Samaritaner den Tempel an einem Passafest mit menschlichen Gebeinen verunreinigt hätten.

Anhangsweise sei noch auf die Darstellung der Levitenweihe (vgl. Num 8,5–26) in Ant III 11,3 (§ 258) hingewiesen: Num 8,7 fordert dafür eine Besprengung (נזה Hi.; LXX: περιρραίνειν) mit »Sündopferwasser« (מי חטאת, LXX: ὕδωρ ἁγνισμοῦ). Dass dabei an das Reinigungswasser von Num 19 gedacht ist, wurde schon erwähnt. Josephus dagegen spricht lediglich davon, dass Mose die Leviten mit den »Wassern immerwährender Quellen weihte« (ἥγνιζε πηγαίοις ὕδασι καὶ ἀενάοις).

Ergebnis. Leichenunreinheit wird mit anderen Unreinheitsarten systematisch zusammengefasst unter dem Gesichtspunkt des Ausschlusses aus der Stadt (Jerusalem). Die Verbrennung der Kuh und die Sprengung ihres Blutes werden vom Hohenpriester durchgeführt. Auch die Reinigung von Leichenunreinheit im alltäglich-häuslichen Rahmen wird erwähnt.

5.2.1.6 Rabbinische Literatur

Einführung. Die rabbinische Literatur äußert sich vielfach zu Num 19. Die Traktate Para in den rabbinischen Traditionskorpora handeln davon; ebenso die Auslegungen von Num 19 in den Midraschim. Auch TPsJ arbeitet in die Übersetzung von Num 19 zahlreiche – teils kontroverse – halachische

---

[166] Wobei Josephus allerdings über Num 5,1–4 hinaus weitere Einzelheiten aus Lev 15 bzw. Num 19 (so neben der siebentägigen Reinigungsperiode die Opferbestimmungen bei Übertretung des Reinigungsgebots in § 262) einarbeitet.

Einzelentscheidungen seiner Zeit ein[167]. Ferner sind die Traktate Ohalot einem Spezialproblem der Leichenunreinheit, den »Zelten« bzw. Überdachungen, gewidmet, innerhalb bzw. unterhalb von denen Leichenunreinheit auch ohne Berührung weitergegeben wird[168]. Daneben finden sich verstreute Einzelheiten an anderen Stellen[169]. Ein vollständiger oder auch nur repräsentativer Überblick über die einschlägigen Ausführungen der rabbinischen Literatur kann und soll hier nicht gegeben werden. Ich beschränke mich auf ausgewählte Einzelheiten, die im Rahmen dieser Arbeit von Interesse sind. Ich gehe knapp auf den derzeitigen Stand der Forschung ein, biete dann eine Skizze der unterschiedlichen Heiligkeitszonen des Jerusalemer Heiligtums und der zum Betreten erforderlichen unterschiedlichen Reinheitsgrade und weise auf die Bedeutung der Leichenunreinheit dabei hin. Danach gehe ich auf ausgewählte Einzelheiten aus mPara sowie aus Sifre und Sifre Zuta zu Num 19 ein, soweit sie im Rahmen dieser Arbeit von Interesse sind. Es folgt die Auswertung.

Zum Stand der Forschung. Die einschlägige Forschung ist weithin mit der Frage befasst, wieweit die rabbinische Reinheits-Halacha, speziell das rabbinische Interesse an Reinheit über den priesterlich-kultischen Bereich hinaus, schon für die Zeit des Zweiten Tempels nachgewiesen werden kann[170]. Auch die Erforschung der einschlägigen Bestimmungen in Texten vom Toten Meer steht vielfach unter dieser Fragestellung. Handelt es sich bei den rabbinischen einschlägigen Texten um den Versuch, das פרה-Ritual, als es bereits nicht mehr praktiziert wurde, im Rückblick als einen sakralen, kultischen Ritus zu definieren (der es zur Zeit des Zweiten Tempels demnach gar nicht war) und damit die für den Tempel und die Priesterschaft geforderte Reinheit über jenen Bereich hinaus auszudehnen[171]? Demgegenüber hat Harrington herausgestellt, dass Philo, Josephus und das

---

[167] Vgl. zum einzelnen HAYWARD 1992b.

[168] Leichenunreinheit verunreinigt, wie mKel 1,4 erwähnt, schon באהל, wörtlich in einem »Zelt« (nicht nur durch direkte Berührung). Gemeint sind die »Zelte«, die nach Num 19,14f samt den darin befindlichen Personen und offenen Behältern unrein werden, wenn sich eine Leiche in ihnen befindet.

[169] Hinzuweisen wäre etwa auf PesK (hg. v. THOMA/LAUER 1986). In PesK 4,8 (a.a.O. 137f) wird die Rote Kuh dem Goldenen Kalb gegenübergestellt und einer Frau verglichen, die den Unrat (Sünde) ihres Sohnes (Israel) im Palast des Königs (Gott) beseitigt. Die Rote Kuh, heißt es hier, sühnt für die Sünde mit dem Goldenen Kalb. – Vgl. weiter PesK 9,5 (a.a.O. 158–160): Dort ist die Rede von einer Frau, die ihren Sohn (Israel) verklagt, ihn dann aber vor dem Richter (Gott) durch ihre Aussage entlastet. Die liturgische Einordnung des Gleichnisses bezieht die Frau auf die Rote Kuh (vgl. a.a.O. 159f). – Zu PesK vgl. STEMBERGER 1992, 287–291.

[170] Vgl. HARRINGTON 1993, 162–164, zu Forschungspositionen.

[171] Vgl. HARRINGTON 1993, 164f.168f.

Neue Testament ein Interesse an ritueller Reinheit über den Bereich des Kults hinaus für die Zeit des Zweiten Tempels bezeugen[172].

Ergänzend ist auf zweierlei hinzuweisen: (1) In den Texten vom Toten Meer, die eindeutig aus der Zeit des Zweiten Tempels – und zwar bei den hier einschlägigen Texten in das 1. bzw. 2. Jh. v. Chr. – datieren, werden polemische Auseinandersetzungen mit abweichenden Meinungen geführt, wie wir sie aus den rabbinischen Texten kennen[173]. (2) Deines[174] hat archäologische Funde dargestellt und interpretiert, auf die hier kurz hingewiesen sei: Er behandelt jüdische Steingefäße aus Judäa und Galiläa, die im ganzen jüdischen Siedlungsgebiet (wenn auch in je unterschiedlicher Dichte) in Fundlagen des 1. Jh. n.Chr. belegt sind[175]. Die Funde stammen weitgehend aus der Zeit vor 70 n. Chr[176]. Stein vermag rituelle Unreinheit weder aufzunehmen noch weiterzugeben[177] und eignet sich daher besonders für die Aufbewahrung etwa des Reinigungswassers des פרה-Rituals, aber auch generell für Wasser, das zur Reinigung benutzt werden soll (Ausgangspunkt sind für Deines die Wassergefäße von Joh 2,6). Aufgrund der zeitlichen Eingrenzung der Funde können die Traditionen über Benutzung und Eigenschaften von Steingefäßen in der rabbinischen Literatur auf den genannten Zeitraum zurückgeführt werden[178]. Näherhin zeigt die weite Verbreitung der Steingefäße, dass sie keineswegs nur im Kult Verwendung fanden. Dabei spielen Steingefäße (neben anderen, etwa tönernen) u.a. auch in den rabbinischen Texten zum פרה-Ritual eine Rolle. So wurde Reinigungs- (in der Mischna bzw. Tosefta usw.: Sündopfer-) Wasser nach der rabbinischen Literatur in Steingefäßen in Privathäusern aufbewahrt[179]. Insgesamt ist davon auszugehen, dass wir in einschlägigen rabbinischen Ausführungen einen Niederschlag bzw. das Fortwirken halachischer Regeln und Praktiken der Zeit des Zweiten Tempels vor uns haben[180].

Heiligkeitszonen und die ihnen entsprechenden Reinheitsgrade. Die rabbinische Literatur kennt ein differenziertes System verschiedener Grade von Unreinheit und dadurch wiederum verursachter abgeleiteter Unreinheit

---

[172] Vgl. HARRINGTON, a.a.O. 164–179.

[173] Vgl. SCHIFFMAN 1991.

[174] Vgl. DEINES 1993.

[175] Beschreibung der Funde a.a.O. 71–161; Zusammenfassung a.a.O. 161–165; vgl. a.a.O. 15: »Die archäologischen Funde und ihre Datierung verweisen als Beginn der Entwicklung auf die 2. Hälfte des 1. vorchristlichen Jahrhunderts«.

[176] So a.a.O. 19.

[177] Vgl. a.a.O. 243.

[178] Vgl. a.a.O. 21f. – Natürlich ist anzunehmen, dass das Thema auch später erörtert wurde. Unwahrscheinlich ist dagegen, dass das Interesse daran nicht zu der Zeit besonders lebhaft gewesen sein sollte, in der die Steingefäße tatsächlich in Gebrauch waren.

[179] Vgl. a.a.O. 215–217.

[180] Vgl. a.a.O. 243–246.

(vgl. nur mKel 1,1–4; mToh 2,2–8)[181]. Als stärkste Form von Unreinheit gilt Leichenunreinheit (mKel 1,4). Die Reinheits- bzw. Unreinheitsregeln nehmen einen erheblichen Teil der rabbinischen Traditionskorpora ein[182].

mKel 1,6–9 unterscheidet zehn Bereiche mit je unterschiedlichen Graden von Heiligkeit, vom Land Israel in aufsteigender Folge bis zum Tempelhaus (היכל). Danach wird als Ort höchster Heiligkeit noch das Allerheiligste genannt. Innerhalb Jerusalems wird unterschieden zwischen Jerusalem insgesamt, Tempelberg (הר הבית, der 500x500 Ellen messende Platz, auf dem der Tempel stand, vgl. mMid 2,1),»Zwinger« (החיל, innerhalb des Gitters [סורג], das den engeren Heiligtumsbezirk abgrenzte, vgl. mMid 2,3), Frauenvorhof, Vorhof der Israeliten (עזרת ישראל, d.h. der männlichen Israeliten), Priestervorhof, Raum zwischen Vorhalle und Altar sowie Tempelhaus (so mKel 1,8f). Mit dieser differenzierten Einteilung kann angegeben werden, wie weit bestimmte Personen entsprechend ihrer jeweiligen Reinheits- bzw. Unreinheitsstufe in das Heiligtum eintreten dürfen. Dabei werden jeweils von den im folgenden genannten Heiligkeitszonen an vom Zutritt ausgeschlossen (wiederum nach mKel 1,8f):

»Tempelberg«	Mit Ausfluss behaftete Männer; menstruierende und mit Blutfluss behaftete Frauen; Wöchnerinnen
»Zwinger«	Nicht-Israeliten; mit Leichenunreinheit Behaftete
Frauenvorhof	טבול יום
Israeliten- (d.h. Männer-) Vorhof	Wem zur Reinigung das abschließende Sündopfer fehlt[183]
Priester-Vorhof	»Israeliten«, d.h. Nicht-Priester; es sei denn zur Handauflegung auf das Opfertier, zu seiner Schlachtung oder zum Schwingen des Opfers
Raum zwischen Vorhalle und Altar	Mit körperlichen Fehlern behaftete Priester
Tempel	Priester, der sich nicht zuvor Hände und Füße gewaschen hat
Allerheiligstes	Alle außer dem Hohenpriester am Sühntag

Eine weniger differenzierte Einteilung in Heiligkeits- bzw. Reinheitszonen ist die in dreierlei »Lager«. Bezugnehmend auf das »Lager« (מחנה) Israels während der Wüstenzeit (vgl. Num 2) wird Jerusalem in dreierlei »Lager« eingeteilt, nämlich das Lager Israels, das Lager der Leviten und das Lager

---

[181] Vgl. die Darstellung bei HARRINGTON 1993, 35–43.

[182] »Nearly 25% of the laws of the Mishna are related to ritual purity, and the Order of Purities, which is devoted to the subject, is probably the oldest of the six orders of the Mishna« (HARRINGTON 1993, 35 mit Berufung auf NEUSNER 1973, 8).

[183] Hinzuzufügen wäre: Frauen. Sie werden in mKel 1,8 nicht eigens erwähnt, da ihr Ausschluss vom Männervorhof und den weiter innen liegenden Bereichen nicht auf zeitlich begrenzter Unreinheit beruht.

der Schechina[184]. Letzteres umfasst das Heiligtum im engeren Sinn, das man auch als »innerhalb der Umhänge« (לפנים מן הקלעים) bezeichnet (vgl. nur mSev 5,3.5), ersteres die Stadt Jerusalem; das Levitenlager entspricht der weiteren Tempelanlage mit Einschluss des Tempelberges. Die Bestimmungen von Num 5,1–4 zum Ausschluss unreiner Personen aus dem »Lager« werden auf die drei Lager folgendermaßen angewandt:

»Lager Israels« (= Jerusalem)	Kein Zutritt mit Aussatz (צרעת)
»Lager der Leviten« (= Tempelanlage), äußerer Teil – Tempelberg	Kein Zutritt für mit Ausfluss (זב, d.h. Gonorrhöe) Behaftete
»Lager der Leviten« (= Tempelanlage), innerer Teil – ab dem »Zwinger«	Kein Zutritt für Leichenunreine
»Lager der Schechina« (= Tempelhaus und innerster Vorhof)	Zutritt nur für Priester

Das »Lager der Leviten« ist demnach unterteilt in einen inneren und einen äußeren Bezirk; der äußere umfasst den Tempelberg, der innere beginnt mit dem »Zwinger« und reicht bis zum Israeliten- (d.h. Männer-) Vorhof. Während also Lepröse bzw. Ausfluss-Behaftete Stadt bzw. Heiligtum gar nicht betreten dürfen, kann der Leichenunreine den Tempelberg und damit den äußeren Bereich des Heiligtums betreten, darf jedoch nicht in den »Zwinger«, den Zugang zum Bereich der Tempelvorhöfe, eindringen. Entsprechend wird Asche zur Bereitung des Reinigungswassers am Eingang vom »Zwinger« zum Frauenvorhof aufbewahrt[185]. Die Reinigung von Leichenunreinheit ist somit die Bedingung für den Zutritt zum inneren Heiligtumsbereich und damit auch für die aktive Teilnahme am Opferkult: Wer ein Opfer darbringen wollte, musste ja, um dem Tier zuvor die Hand auflegen zu können, bis in den Priestervorhof vordringen.

Über das Reinigungsbad und das Waschen der Kleider hinaus ist für Leichenverunreinigung das Besprengen mit »Reinigungswasser«[186] am dritten und siebenten Tag einer siebentägigen Reinigungsperiode vorgeschrieben.

mPara. Nach mPara 3,1 wurde der Priester, der die Kuh verbrennen sollte, sieben Tage vorher dem Ritual der Reinigung von Leichenunrein-

---

[184] Zum einzelnen vgl. den Exkurs über ἔξω τῆς παρεμβολῆς und die Lagervorstellung in der Priesterschrift und im frühen Judentum ↑ III.6.3.1.

[185] Die Asche der Kuh wurde nach mPara 3,11 in drei Teile geteilt; die Teile wurden jeweils im »Zwinger«, auf dem Ölberg sowie (wiederum in gleichen Teilen) von den vierundzwanzig Priesterabteilungen aufbewahrt. Vgl. Sifre 158 (§ 125) zu Num 19,9 (ed. BÖRNER-KLEIN 1997, 268); TPsJ Num 19,9 u.ö.; vgl. DALMAN 1909, 35.

[186] Die Mischna nennt es »Sündopferwasser«, מי חטאת. Wie erwähnt, spricht Num 19 vom מי (ה)נדה. Dagegen kommt מי חטאת im Pentateuch nur Num 8,7 vor. Doch wurde auch schon erwähnt, dass in Num 8,7 mit מי חטאת das מי (ה)נדה von Num 19 gemeint ist.

heit unterzogen. Während dieser Zeit musste er sich in einer Kammer im Tempel aufhalten, die »Steinhaus« (בית אבן) genannt wurde[187]. Er wurde an allen sieben Tagen (nach anderen am dritten und am siebenten Tag) mit dem Reinigungswasser besprengt. Dazu wurde Asche von allen zuvor verbrannten Kühen verwendet. Die Asche wurde im Heiligtum aufbewahrt. Auch der Hohepriester wurde vor dem Jom Kippur der siebentägigen Reinigungsperiode unterzogen und dabei am dritten und am siebenten Tag besprengt (mPara 3,1[188]). Dazu ist anzumerken, dass der Hohepriester, sofern er die Regeln von Lev 21,1–4.10f einhielt, gar keine Gelegenheit hatte, sich mit Leichenunreinheit zu verunreinigen. Doch gilt hier, wie schon anderweitig beobachtet, dass die Reinigung unabhängig vom konkreten Anlass zu erfolgen hat. Wie erwähnt, berichtet auch Philo (somn I 214) davon, dass der Hohepriester sich vor der Ausführung seiner kultischen Pflichten der Reinigung von Leichenunreinheit zu unterziehen hatte.

Nach 3,8 ist es der Hohepriester, der die Schlachtung und Verbrennung der Kuh durchzuführen hat (4,1 überliefert diesbezügliche Diskussionen), was, wie erwähnt, mit Jos Ant IV 4,6 (§§ 79f) und Philo, spec I 268, übereinstimmt. Auch Sifre 153 (§ 123) zu Num 19,3[189] bezeugt, dass die Verbrennung der Kuh vom Hohenpriester durchgeführt wurde. Auch auf die Notiz von Philo, somn I 214 fällt damit nochmals Licht, denn wenn der Hohepriester die Kuh schlachtet und verbrennt, dann ist er es, der sich nach mPara 3,1 während der vorangehenden sieben Tage von Leichenunreinheit reinigt. Damit wären es zwei Gelegenheiten, bei denen der Hohepriester vor seinem kultischen Wirken mit Reinigungswasser besprengt wird: Vor der Verbrennung der Kuh und vor dem Jom Kippur. Auch mPara 12,4 setzt voraus, dass er sich dieser Reinigung unterzieht.

Auch sonst sind Entsprechungen zwischen den Para- und Jom Kippur-Ritualen festzustellen[190]; neben dem Vollzug durch den Hohenpriester die Mitwirkung der »Ältesten« (mPara 3,7/mJoma 1,3), das Anlegen der weißen Priestergewänder (mPara 4,1/mJoma 3,6) und das Waschen der Hände und Füße vor dem Vollzug (ebd.).

---

[187] Nach Mischnajot Bd. 2, p. 330 Anm. 4 wurden dabei nur Steingefäße oder vergleichbare Gefäße benutzt, weil diese keine Unreinheit annehmen und übertragen können.

[188] mJoma 1,1.4 erwähnt nur die siebentägige Reinigungszeit vor dem Jom Kippur, nicht jedoch die Besprengung mit Reinigungswasser.

[189] BÖRNER-KLEIN (Hg.) 1997, 259f.

[190] Im Anschluss an MAYER (vgl. die von ihm hg. Edition von mPara, 1964, 42f Anm. 4 zu mPara 3,1).

Sifre und Sifre Zuta (SifS)[191] *zu Num 19.* SifS 307f legt Num 19,13 da-hingehend aus, dass auch für den Tempel (מקדש) in Jerusalem gelte, was hier für die »Wohnung« (משכן), d.h. das Heiligtum der Wüstenzeit, gesagt ist. Die Verhältnisse der Wüstenzeit Israels werden auf die Verhältnisse des Jerusalemer Tempels übertragen. Dabei wird stillschweigend vorausge-setzt, dass es – anders als in Num 19 – um das Betreten der »Wohnung« bzw. des Heiligtums geht. »Wie der Unreine, der zur Wohnung hineingeht, der Ausrottung schuldig ist, so soll der Unreine, der zum Heiligtum hinein-geht, der Ausrottung schuldig sein«[192].

In SifS 305[193] ist von der Aufnahme von Proselyten in den Bund Gottes mit Israel die Rede. Zugrunde liegt Num 19,10, wo es heißt, es handele sich um eine ewige Satzung für die Israeliten und für den Fremden (הגר), »der in eurer Mitte wohnt«. Hier wird Num 31,19 hinzugezogen, wo für die gefangenen Frauen der Midianiter eine Reinigung gefordert wird. Of-fenbar versteht SifS dies analog zur Reinigung der Kriegsbeute nach Num 31,21–23 als eine Besprengung mit Reinigungswasser: Wie die Beute, so müssen auch die Gefangenen gereinigt werden, bevor sie in den sakral um-friedeten Bereich des »Lagers« aufgenommen werden können[194]. Darum heißt es in der Auslegung von Num 19,10 in SifS 305: »Wie ihr als Söhne des Bundes eine Besprengung empfangt, so soll auch die Gefangene, wenn sie zum Bund kommt und sich verunreinigt, eine Besprengung empfan-gen«[195]. Die Stelle erinnert an die Ausführungen von 1QS I–III über den Zusammenhang von Reinigung mit Besprengungswasser und Zugehörig-keit zur Bundesgemeinschaft (s.o.).

Nach SifS 314 (zu Num 19,19) werden nicht nur Leichenunreine, son-dern alle Unreinen besprengt: »Alle Unreinen bekommen eine Bespren-gung wie die männlichen und weiblichen Flußkranken, die Menstruieren-den und die Wöchnerinnen«[196]. Wenig später heißt es in der Auslegung von Num 19,21, mit »Reinigungswasser« (מי נדה) sei Wasser gemeint, »das für [die Besprengung] einer Menstruation[sunreinheit] (נדה) geeignet ist [...]«[197]. So finden sich zwei wichtige Belege für die Verwendung von

---

[191] Vgl. STEMBERGER 1992, 263–265; 265f. Hier werden die deutschen Ausgaben von BÖRNER-KLEIN (Hg.) (1997, 2002) zugrundegelegt. Zu SifS vgl. auch BÖRNER-KLEIN 2003, 39–41; a.a.O. 41–46 zur Auslegung von Num 19,1f in SifBem und SifS.

[192] Übersetzung von BÖRNER-KLEIN (DIES. [Hg.] 2002, 230).

[193] BÖRNER-KLEIN (Hg.) 2002, 220.

[194] Vgl. dazu den Exkurs zum »Lager« ↑ III.6.3.1.

[195] Übersetzung von BÖRNER-KLEIN (DIES. [Hg.] 2002, 220).

[196] Übersetzung von BÖRNER-KLEIN (DIES. [Hg.] 2002, 249). BÖRNER-KLEIN (a.a.O. 249 Anm. 369) verweist dazu auf bSev 93a, wonach auch eine Menstruierende mit Reini-gungswasser besprengt wird.

[197] Übersetzung von BÖRNER-KLEIN (DIES. [Hg.] 2002, 249).

Reinigungswasser über die Reinigung speziell von Leichenunreinheit hinaus. *Die sühnende Funktion der Roten Kuh* ist umstritten. Nach den Schriften vom Toten Meer (s.o.) kommt sie ihr zu. Anders in der rabbinischen Literatur; hier ist die sühnende Kraft der Kuh ausdrücklich bestritten worden, und zwar gerade im Vergleich mit den Opfern des Jom Kippur: Anders als diese diene die Kuh nicht zur Sühne (bJoma 2a[198]). Doch gibt es auch die entgegengesetzte Anschauung: WaR 20,12[199] überliefert, der Tod Miriams werde (Num 20,1) unmittelbar im Anschluss an das Kapitel über die Rote Kuh (Num 19) berichtet, um zu lehren, dass der Tod des Gerechten Sühne wirke wie die Asche der Kuh.

Ergebnisse. Die Darstellung hat sich auf die kulttheologische Bedeutung des Rituals nach Num 19 in rabbinischer Auslegung konzentriert. Ähnlich wie bei Philo von Alexandrien, geht es auch hier – trotz mancher Ausführungen zur Bedeutung der Reinheit für den häuslich-alltäglichen Bereich – im Kern um den Zugang zum Heiligtum und die Gewinnung der Kultfähigkeit. Das betrifft zum einen die vor dem Tempelbesuch erforderliche Reinigung: Der Zutritt zum inneren Heiligtumsbereich ist den nicht von Leichenunreinheit Gereinigten untersagt. Zum anderen bedarf es der Reinigung des Hohenpriesters mit Reinigungswasser vor der Schlachtung und Verbrennung der Roten Kuh wie vor dem Jom Kippur. Auch sonst konnten Übereinstimmungen zwischen den genannten Ritualen festgestellt werden[200]. Teils wird der Kuh sühnende Kraft ab-, teils zugesprochen. Schließlich ist auch in rabbinischer Literatur die Besprengung mit Reinigungswasser für andere Unreinheitsarten als Leichenunreinheit bezeugt.

5.2.1.7 Appendix 1: Die Rote Kuh auf einem Wandbild der Synagoge von Dura Europos

Unter den Wandbildern der Synagoge von Dura Europos finden sich links bzw. rechts über der Nische für den Toraschrein zwei Darstellungen von Tempeln[201]. Hier interessiert das (aus der Sicht des Betrachters) linke der beiden Bilder, das auf der folgenden Seite wiedergegeben wird:

---

[198] ופרה בת לאו כפרה היא. Vgl. BAUMGARTEN 1995, 116 zu 4Q277 1 II 3, wo die Sprengung des Blutes der Kuh mit dem Verb כפר bezeichnet wird.

[199] Midrash Rabba, ed. FREEDMAN/SIMON, Bd. 4, 1951, 264.

[200] Darauf, dass diese Verbindung hinter Hebr 9,13 steht, hat bisher, soweit ich sehe, nur HORBURY 1983, 52f knapp hingewiesen. Er beschränkt sich auf rabbinische Texte und geht auf die Bedeutung von Num 19 im frühen Judentum und im Hebr nicht näher ein. Beachtenswert sind insbesondere seine Worte (a.a.O. 52): »The association of the two rites in Hebrews 9.13 thus probably reflects not unconcern over details of the cult [...], but first century understanding of the Day of Atonement«.

[201] Vgl. die Wiedergabe der ganzen Westwand auf Tafel I bei GOODENOUGH 1964a.

Abbildung 1: Der Tempel Aarons[202]

Es zeigt[203] das Tempelhaus. Man sieht den Vorhang vor dem Allerheiligsten sowie die Lade. Vor dem Eingang steht der siebenarmige Leuchter, flankiert von zwei Räucheraltären. Rechts neben dem Leuchter (aus der Sicht des Betrachters) steht ein Altar, auf dem ein Opfertier zu sehen ist; rechts daneben eine Gestalt, die durch den Namenszug ΑΡΩΝ bezeichnet wird, zu seiner Rechten zwei Personen, die auf Hörnern blasen. Unterhalb davon sieht man zwei Tiere, ein Rind sowie einen Bock (oder einen Widder)[204]. Auf der gegenüberliegenden Bildseite sieht man ein rotbraunes Rind, geführt von einer Person, die eine Axt in einer Hand hält. Oberhalb dieser Person sind zwei weitere Gestalten dargestellt, die ebenfalls Schofarhörner in Händen haben.

Wenngleich die Darstellung in manchem von den biblischen Vorgaben abweicht, ist offenkundig, dass der Jerusalemer Tempel im Blick ist. Die Darstellung ist gewollt anachronistisch: Aaron hat nach dem priesterschriftlichen Bericht in einem Zeltheiligtum gewirkt. Mit der Gestalt Aarons ist jedoch auf die Begründung des Kults verwiesen, weshalb diese Gestalt in den Rahmen des dargestellten Tempels eingezeichnet werden kann: Nicht ein bestimmter historischer Tempel soll demnach dargestellt werden, sondern der (irdische) jüdische Tempelkult überhaupt, und zu diesem gehört das aaronitische (Hohe-) Priestertum, das durch die Gestalt Aarons repräsentiert wird[205].

---

[202] Nach Tafel X »The Temple of Aaron« bei GOODENOUGH 1964a. Reproduktion mit freundlicher Genehmigung der Princeton University Press, Princeton, N.J., USA. Eine farbige Wiedergabe war nicht möglich. Es empfiehlt sich, zusätzlich die detailgenauere Zeichnung heranzuziehen, die GOODENOUGH a.a.O. als Abb. 332 bietet.

[203] Vgl. zu dieser Beschreibung GOODENOUGH 1964, 4–19.

[204] GOODENOUGH 1964, 18 bezeichnet dieses Tier als Schaf. M.E. handelt es sich um einen Ziegenbock (oder eine Ziege).

[205] Vgl. GOODENOUGH 1964, 20: »[...] an idealized generalization of the priesthood of Aaron, the ›temple cultus as such‹«.

Das gegenüberstehende, korrespondierende Bild zeigt einen Tempel, dessen Türen geschlossen sind. Ausstattungsstücke, Kultpersonal und Opfertiere sind nicht sichtbar.

Abbildung 2: Der intelligible Tempel[206]

Goodenough spricht hier vom transzendent-intelligiblen Tempel, der dem irdischen Tempel gegenübersteht[207]. Diese Gegenüberstellung von aaronitischem und intelligiblen Tempel ist der von himmlischem und irdischen Tempel in Hebr 8–10 vergleichbar.

Im irdisch-aaronitischen Tempel sind, wie gesagt, drei Opfertiere dargestellt. Das rotbraune Rind ist nach aller Wahrscheinlichkeit die Rote Kuh nach Num 19. Dafür spricht neben der Farbe auch, dass das Tier außerhalb des Tempelbereichs dargestellt wird[208]. Die Kuh wird außerhalb des Tempels geschlachtet und verbrannt. Der Kuh stehen ein Stier und ein Bock (oder Widder) gegenüber. Wenn, wie m.E. wahrscheinlicher, ein Bock dargestellt ist, handelt es sich um die für den Jom Kippur nach Lev 16 charakteristischen Opfertiere. Dann wären, wie in Hebr 9,13, die Rote Kuh und die Opfertiere des Jom Kippur zusammen dargestellt, und zwar als die bezeichnenden Opfer des irdisch-aaronitischen Kults. Im Blick auf die frühjüdischen Texte überrascht das nicht: Ohne Anwendung des Reinigungswassers nach Num 19 ist Kultteilnahme gar nicht möglich, ebenso wie Kult ohne die zentralen Sündopferriten und die dadurch erwirkte Vergebung

---

[206] Nach Tafel XI »The closed Temple« bei GOODENOUGH 1964a. Reproduktion mit freundlicher Genehmigung der Princeton University Press, Princeton, N.J., USA. Eine farbige Wiedergabe war nicht möglich.
[207] Vgl. GOODENOUGH 1964, 42–73.
[208] Vgl. GOODENOUGH 1964, 18.19.

und Heiligtumsreinigung nicht möglich ist. Das Bildprogramm von Dura Europos bringt dies noch Jahrhunderte nach der Tempelzerstörung zum Ausdruck.

5.2.1.8 Appendix 2: Die Rote Kuh im Barnabasbrief und im Koran

Abschließend sei auf die Rezeption von Num 19 in einer frühchristlichen Schrift – dem Barnabasbrief (um 130 n.Chr.[209]) – sowie im Koran (7. Jh. n.Chr.) hingewiesen. *Barn 8.* Barn kommt in Kp. 8 auf die Rote Kuh zu sprechen. Er ist damit neben dem Hebr die einzige frühchristliche Schrift, welche die Rote Kuh erwähnt. Die allegorische Auslegung des פרה-Rituals in Barn 8 folgt auf die Jom Kippur-Allegorie in Kp. 7. In 8,1 gibt Barn eine knappe Wiedergabe von Num 19 in Auswahl. Die Darstellung weicht von der in Num 19 gegebenen vielfach ab.

Hier interessiert ein Detail: Es sind Kinder (παιδία), welche die Asche aufheben, in Gefäße füllen und dann die Sprengung ausführen. Diese Nachricht, die an Num 19 keinen Anhalt hat, berührt sich mit mPara 3,2f, wonach Kinder das Wasser für die Herstellung des Reinigungswasser schöpften und zum Tempel brachten, wo es mit der Asche gemischt wurde. Dass sie auch die Asche aufhoben und die Sprengung ausführten, ist nach allem, was die jüdischen Quellen ergaben, unzutreffend. Doch erweist sich die Darstellung des Barn in diesem Punkt als Nachwirkung einer missverstandenen, aber zutreffenden Erinnerung an das Wirken von Kindern bei der Bereitung des Reinigungswassers[210].

In V.2–6 gibt Barn seine Deutung des פרה-Rituals, die in V.1 bereits vorbereitet ist. Sie steht unter dem in V.7 ausgesprochenen Gedanken, dass das damit Gemeinte »jenen«, d.h. den Juden, dunkel sei, »uns« aber offenbar, da »jene« nicht auf die Stimme des Herrn gehört hätten. V.2 deutet die Schlachtung der Kuh[211] auf die Hinrichtung Jesu. Die »darbringenden sündigen Männer« wurden schon in V.1 erwähnt. Dort heißt es, dass an ihnen »vollkommene Sünden« (ἁμαρτίαι τέλειαι) seien. Gedacht ist daran, dass durch das Kommen Christi und seine Hinrichtung das Maß der Sünden derer, die zuvor schon die Propheten getötet hatten (vgl. Barn 5,11; 14,5), vollgemacht werde[212]. Die Hinrichtung Jesu aber bereitet der δόξα der ἄνδρες ἁμαρτωλοί ein Ende. Denn da nun der wahre Sinn der Schrift und zumal ihrer kulttheologischen Aussagen enthüllt und erfüllt ist, ist auch offenbar, dass der Vollzug kultischer Riten jeder Schriftgrundlage entbehrt und schon immer entbehrte[213]. Nach Barn 5,1 diente Christi Tod dazu, dass »wir« rein/ geweiht würden (ἁγνισθῶμεν) durch die Vergebung der Sünden, d.h. durch die Besprengung (ῥάντισμα) mit Christi Blut. 8,1 hatte als Sinn der Besprengung die Reinigung/Weihe (ἁγνίζεσθαι) von den Sünden angegeben. V.3 deutet darauf die Knaben, die besprengen, als zwölf Gestalten (d.h. die Apostel), »die uns die Vergebung der Sünden verkündigen und die Reinigung des Herzens« (εὐαγγελιζόμενοι ἡμῖν τὴν ἄφεσιν τῶν ἁμαρτιῶν καὶ τὸν ἁγνισμὸν τῆς καρδίας).

---

[209] Vgl. WENGST (Hg.) 1998, 114f; BAUER/HUTTER 1999, 52. Zum Verhältnis von Barn und Hebr PAGET 1994, 214–225; a.a.O. 216 knapp zur Roten Kuh in Hebr und Barn. Zur Verbindung von Jom Kippur- und פרה-Ritual in Hebr 9,11f.13f a.a.O. 216 Anm. 143 (Verweis auf HORBURY 1983, 51f); zur Abfolge der Rituale in Barn 7f und zur Bedeutung dessen für das Verhältnis von Barn und Hebr äußert sich PAGET nicht.

[210] Vgl. CHANDLER 1985, 111f Anm. 28.

[211] Bzw. hier des Stieres (μόσχος), denn Barn spricht, da er jetzt an Jesus denkt, von einem männlichen Tier.

[212] So mit CHANDLER 1985, 104.

[213] PROSTMEIER 1998, 327 Anm. 45 erwägt, δόξα hier im Sinne von »Meinung« bzw. »Irrtum, Wahn« zu verstehen.

Die Deutung des Besprengungsritus als Hinweis auf die Reinigung/Weihe des Herzens durch Christus entspricht dem Verständnis des Hebr (vgl. Hebr 9,14; 10,22). Auch liegt es nahe, die Rede von der Reinigung/Weihe des Herzens durch die Besprengung mit dem Blut Christi in Barn 5,1 vor dem Hintergrund der פרה-Typologie Hebr 9,13, des »Besprengungsblutes« Hebr 12,24 und der Besprengung der Herzen nach Hebr 10,22 zu verstehen[214].

Dem Barn ist dabei mit Hebr die Überzeugung gemeinsam, dass die Kultgesetzgebung von Anfang an als Hinweis auf das Christusgeschehen gemeint war und dass mit diesem ihr Sinn erfüllt ist. Anders als Barn, lehnt Hebr den Literalsinn der Kultgesetzgebung jedoch nicht als bloßes Missverständnis ab. Vielmehr ist der aaronitisch-irdische Opferkult nach Hebr in der Tat in der mosaischen Kultgesetzgebung begründet, entspricht also dem Willen und der Anordnung Gottes; dies allerdings nur unter der genannten christologischen Prämisse. Da aber der irdische Kult mit dem Christusgeschehen obsolet geworden ist, ist es auch der Literalsinn der Kultgesetzgebung, sofern dieser fortan noch zur Begründung irdischer Kultpraxis herangezogen werden sollte. Doch haben das irdische Heiligtum und sein Kult nach Hebr als irdische Abschattung himmlisch-eschatologischer Wirklichkeit Anteil – wenn auch begrenzten – an dieser Wirklichkeit gehabt[215]. Der Unterschied zwischen den hermeneutischen Strategien von Hebr und Barn wie auch zwischen den jeweiligen Beurteilungen des irdischen Opferkults lässt sich pointiert so fassen: Für Barn steht die prophetisch-christologische Aussageintention der Schrift im *Gegensatz* zu ihrem Literalsinn (und damit zu dessen Umsetzung in irdische Kultpraxis); für Hebr dagegen sind der Literalsinn der Kultgesetzgebung und dessen Umsetzung in irdische Kultpraxis gerade *Träger* der christologischen Aussageintention der Schrift. Entsprechend bedient sich Hebr der Typologie, Barn dagegen der Allegorese. Bezeichnend ist, dass Barn an den Inhalten von Num 19 sowie an den damit im Frühjudentum verknüpften Themen (Reinigung von Leichenunreinheit; Heiligtums- und Kultbezug; neuer Bund; Initiation) kein Interesse zeigt und auch keine Kenntnis dieser Themen verrät[216].

Koran 2,67–73. Der Koran kommt in seiner zweiten, danach herkömmlich mit »Die Kuh« (al-Baqara) bezeichneten Sure auf die Rote Kuh zu sprechen (2,67–73), die hier allerdings als »gelb« bezeichnet wird (V.69). Offenkundig ist in V.67–71 der Stoff von Num 19,1–10 aufgenommen[217]. Doch wird daraus hier ein Gespräch zwischen Mose und »seinem Volk«. Auf die Mitteilung Moses, Gott gebiete, eine Kuh zu schächten, unterstellt das Volk ihm zunächst, er wolle es verspotten (V.67); in V.68–71 werden Fragen nach der Beschaffenheit der Kuh gestellt, doch, wie es scheint, nur um die Anordnung in Frage zu stellen bzw. die Ausführung zu verweigern (V.68)[218]. Schließlich wird die Kuh

---

[214] Der Sprachgebrauch von ῥαντίζειν, ῥάντισμα im Barn verweist auf die übertragene Deutung des Besprengungsritus mit Reinigungswasser (LXX Num 19), während in den kultischen Weiheriten der Priesterschrift mit Blutbesprengung bei der Priesterweihe (LXX Ex 29/Lev 8) ῥαίνειν begegnet.

[215] Vgl. ähnlich PAGET 1994, 217f.221–224.

[216] Vgl. HORBURY 1998a zum Verhältnis von Juden und Christen bei Barn (und Justin).

[217] Vgl. nur PARET 2001, 21 z.St.; ferner SPEYER 1971 (1931), 345f.

[218] Vgl. SPEYER 1971 (1931), 345: »Daß Mohammed es als Anmaßung der Juden empfindet, daß sie eine genaue Schilderung der Kuh verlangen, geht wohl darauf zurück, daß er gehört hatte, daß das Gebot der Schlachtung der Kuh als eine *ḥuqqā* anzusehen sei, d.h. als ein Gebot, das einer näheren Begründung nicht bedarf (Pes.[ikta] d.[e] R.[ab]

doch geschächtet; es heißt abschließend: »Doch beinahe hätten sie es nicht getan«[219] (V.71). Bis hierher ist der Sinn der Schächtung der Kuh nicht deutlich geworden (die Einzelheiten des Rituals von Num 19 kommen nicht zur Sprache). Der Akzent ist ein israelkritischer: Das Volk nimmt Moses Anordnung nicht ernst und hätte die Ausführung fast verweigert. Die Darstellung ist Teil einer Sure, die vielfach das Verhältnis der Juden (daneben auch der Christen) zu Muhammad bzw. zu der von ihm vorgetragenen Offenbarung problematisiert und dabei u.a. den Vorwurf erhebt, die Schrift sei von den Juden verfälscht worden (Sure 2,75). Die antijüdische (in Passagen teils antichristliche) Argumentation will darlegen, dass die Juden (und Christen) ohnehin nicht geneigt seien, der Offenbarung Gottes die gebührende Aufmerksamkeit zu schenken. Die in Sure 2,67–71 geschilderte Reaktion Israels auf das Gebot, die »gelbe« Kuh zu schächten, ist ein Beispiel für diese unterstellte Haltung.

Die (begrenzte) Nähe von Koran 2,67–73 zu Barn 8 liegt auf der Hand: Auch Barn verfolgt die Absicht, die Schriften Israels als Kronzeugen des eigenen Glaubens – hier der Christologie – in Anspruch zu nehmen und unterstellt den Juden, diesen eigentlichen Sinn ihrer Schriften nicht verstanden zu haben, »weil sie nicht auf die Stimme des Herrn gehört haben« (Barn 8,7). Auffällig ist, dass Barn 8 und Koran diese ähnlichen Argumentationsstrategien anhand desselben Beispiels – eben der Roten (bzw. gelben) Kuh – verfolgen. Zwar soll keine direkte Beeinflussung des Koran durch Barn postuliert werden. Doch liegt die Frage nahe, ob die Tradition, die der Koran hier verarbeitet, die Rote Kuh bereits als Gegenstand christlich-antijüdischer Polemik kannte.

In 2,72f wird der Zweck des Rituals angegeben: Wenn jemand erschlagen wurde und Streit entsteht (d.h. der Täter kann nicht festgestellt werden), wird Gott die Wahrheit ans Licht bringen (V.72). Man soll dann mit einem Stück der Kuh auf den Erschlagenen schlagen, und Gott wird ihn wieder zum Leben erwecken (V.73). So verbindet der Koran die Thematik von Num 19 mit der von Dtn 21,1–9[220]. Eine sachliche Verbindung beider Riten zeigt schon die Aufnahme des Themas von Dtn 21,1–9 in Num 19,16. Die in Dtn 21,1–9 bzw. Num 19 erwähnten beiden Kühe werden bereits in mPara 1,1 nebeneinander genannt[221]. So dürfte auch hinter der Kombination von Num 19 und Dtn 21,1–9 in Koran 2,72f eine Auslegungstradition stehen[222].

5.2.1.9 Ergebnisse

Zutritt zum Heiligtum und Kultfähigkeit. Die Reinigung von Leichenunreinheit dient insbesondere der Bewahrung der Reinheit des Lagers Israels und des Heiligtums – und damit der Gottespräsenz – in seiner Mitte. Wie insbesondere die Rezeption bei Philo von Alexandrien und in der rabbinischen Theologie zeigt, bezieht sich das zumal auf die Erlangung der Kultfähigkeit und des Zutritts zum Heiligtum. Der konkrete Anlass – die Rei-

---

K.[ahana] 4)«. – Die von SPEYER herangezogene Stelle ist wiedergegeben bei MILGROM 1990, 438.

[219] Übersetzung von KHOURY.

[220] Vgl. SPEYER 1971 (1931), 346; PARET 2001, 21.

[221] Die Kuh von Dtn 21,1–9 ist hier mit »das Rind/die Jungkuh« (עגלה, vgl. Dtn 21,3.4.6) im Unterschied zur sogleich hernach genannten (Roten) »Kuh« (פרה) gemeint. Vgl. den Kommentar z.St. in Mischnajot Bd.6, 323.

[222] SPEYER 1971 (1931), 345 hält die Kombination von Num 19,1–10 und Dtn 21,1–9 für Verwechslung.

nigung von Leichenunreinheit – tritt hinter diesen Zwecken häufig ganz zurück.

Äußere und innere Reinheit. Schon die prophetische Rezeption geht über die Reinigung von Leichenunreinheit hinaus und verbindet das Ritual von Num 19 bzw. deutliche Anspielungen darauf mit Reinigung im weiteren Sinne, wobei bereits Ez 36 Bezüge auf Lev 16 (Jom Kippur) und auf Num 19 (פרה) verbindet. Metaphorisch wird der Reinigungsvollzug auf Buße und Sündenvergebung bezogen. Zugleich verbindet Ez 36 die Rezeption von Num 19 mit der Erwartung einer eschatologischen Reinigung, welche im Rahmen des neuen Bundes die Gabe des neuen Herzens bringen wird. Buße, Sühne und Vergebung sind auch in den Texten vom Toten Meer eng mit den Reinigungsritualen – zumal denen in den Buß- und Reinigungsliturgien der 4. Höhle – verbunden. Desgleichen gibt auch Philo eine allegorisch-moralische Deutung des Reinigigungsrituals.

Reinigungsritual, neuer Bund und Initiation. Das Reinigungsritual mit Besprengung ist an einer Stelle mit der Initiation in die Gemeinde des neuen Bundes verbunden. An anderer Stelle ist es verbunden mit der Erwartung der eschatologischen Reinigung nach Art von Ez 36,25–27 sowie mit der Erwartung des neuen Herzens und des ewigen Bundes.

5.2.2 Hebr 9,13f, 12,24, 10,22:
Rezeption und Deutung des פרה-Rituals (Num 19)

5.2.2.1 Hebr 9,13f: σποδὸς δαμάλεως und αἷμα τοῦ Χριστοῦ

Im Kontext geht es um den Zutritt zum himmlischen Heiligtum. Der Eintritt Christi in das himmlische Allerheiligste mit seinem eigenen Blut (9,11f) wird durch den alljährlichen Eintritt des irdischen Hohenpriesters (9,6f) abbildlich dargestellt. Das Werk Christi ist eschatologische Erfüllung dessen, was aller irdische Opferkult abbildlich darstellt, aber nie selbst vollzieht[223].

Christus ist ein für alle mal mit seinem eigenen Blut in das himmlische Allerheiligste eingetreten und hat damit sich selbst dargebracht (V.12). So hat er »ewige Erlösung erworben« (ebd.). Denn sein Selbstopfer ist »kraft ewigen Geistes« (διὰ πνεύματος αἰωνίου V.14) vollzogen, d.h. es hat als himmlisches Geschehen himmlisch-ewige, eschatologische Qualität[224].

Die Typologien von V.6f.11f.13f sind eingezeichnet in die himmlisch-irdische Sphärendifferenz. Diese ist aufgrund der Gegenüberstellung von erster (Kp. 8; 9,1) und neuer διαθήκη (9,15) eingebunden in die verheißungsgeschichtliche Dynamik: Wie die neue διαθήκη das himmlische Heiligtum und den himmlischen Kult, so hatte die erste irdisches Heiligtum und irdischen Kult zum Inhalt. Entsprechend hat die erste διαθήκη ihre kultischen Satzungen (δικαιώματα λατρείας 9,1), die jedoch 9,10 als fleischliche Satzun-

---

[223] ↑ III.4.6.
[224] Vgl. zur Auslegung von διὰ πνεύματος αἰωνίου V.14 pp. 291f (↑ III.4.6).

gen (δικαιώματα σαρκός) bezeichnet, die nur bis zur Zeit einer besseren (Kult-) Ordnung (μέχρι καιροῦ διορθώσεως) auferlegt sind. Diese Reinigung kann nicht dem Gewissen nach (κατὰ συνείδησιν) »vollkommen machen« (τελειοῦν), V.9; d.h. sie vermag diejenige Reinheit nicht zu erwirken, die eschatologisch ist und die den Zugang zum himmlischen Heiligtum gewährt. Dem steht das himmlische Opfer Christi kraft ewigen Geistes (9,14) gegenüber. Dem irdisch-vorläufigen, fleischlichen steht der himmlisch-eschatologische, pneumatische Kult gegenüber. Vermag der irdische Kult kraft seiner fleischlichen Satzungen nur das Fleisch zu reinigen (δικαιώματα σαρκός V.10 – πρὸς τὴν τῆς σαρκὸς καθαρότητα V.13), so erweist der himmlische Kult seine Überlegenheit darin, dass er kraft ewigen Geistes das Gewissen reinigt (διὰ πνεύματος αἰωνίου V.12 – καθαριεῖ τὴν συνείδησιν V.14)[225]. Dem pneumatischen Charakter des himmlisch-eschatologischen Kults entsprechend, ist ihm der innere Aspekt der Anthropologie zugeordnet, dem irdisch-vorläufigen Kult dagegen seines sarkischen Charakters wegen der äußerliche. Das erweist die durch Christus erwirkte Reinigung als die eschatologische.

Diese Überbietung des irdischen Kults durch den himmlischen ist Thema von V.13f, und Hebr bringt sie mittels seiner פרה-Typologie zum Ausdruck. Hebr nennt in V.13 das Blut von Stieren und Böcken und auf die Verunreinigten gesprengte Asche einer Kuh. Er kombiniert so die Jom Kippur- und פרה-Rituale. Im typologischen Gegenüber zur Reinigung des Fleisches erscheint in V.14 die Reinigung durch das Blut Christi. Obgleich die Aussage über das Blut Christi an die über das Blut der Opfertiere des Jom Kippur in V.13 anknüpft, greift Hebr in V.14 doch das פרה-Ritual auf, denn mit der Reinigung des Gewissens von »toten Werken« nimmt er typologisch auf die Reinigung von Leichenunreinheit Bezug.

Aufschlussreich ist der Vergleich mit den Aussagen über die Reinigung des Fleisches in 4Q512. Dort geht es um die Reinigung von Unreinheits-Scham (ערות נדה 4Q512 29–32 VII 9) bzw. von aller »unserer« Fleisches-Scham (בשרנו[ת]מכיל ערו[ת 4Q512 36–38 III 17). Das »Fleisch« ist hier als leiblich-geschlechtliche Verfasstheit des Menschen[226] im Blick, die nicht nur zu ritueller Verunreinigung führt, wie das traditioneller priester(-schrift-) licher Anschauung von der verunreinigenden Wirkung des Geschlechtlichen entspricht, sondern – wie die Rede von Sünde, Buße und Vergebung im Rahmen der Reinigungsliturgien zeigt – als eine grundsätzliche Schwäche des Menschen gilt, die eine besondere Affinität zur Sünde hat. Gemeinsam mit den Reinigungs- und Bußliturgien aus der 4. Höhle von Qumran ist dem Hebr die ethische Auffassung von Unreinheit und Reinigung. Für Hebr aber ist nicht die σάρξ und ihre rituelle Unreinheit zugleich auch Quelle und Trägerin der ethischen Unreinheit. Die Reinigung des Fleisches wird als unzulänglich zur Erlangung der Kultfähigkeit

---

[225] »Das unsichtbare Innere des Menschen (Gewissen) korrespondiert dem Himmlischen und Zukünftigen. Der Bereich des himmlischen Heiligtums steht nicht allein, sondern korrespondiert dem Gewissen im Inneren des Menschen [...]«: BERGER 1995, 457 (§ 286,9).

[226] Vgl. die Ausführungen pp. 347f.

im himmlischen Heiligtum bezeichnet. Die Besonderheit der durch Christus erwirkten Reinigung besteht darin, dass sie – was jene nicht vermag – die συνείδησις reinigt. Diese wird, statt von Leichenunreinheit, von νεκρὰ ἔργα (9,14) gereinigt, und die Reinigung durch Christus bezieht sich damit auf Handlungen, nicht mehr auf rituelle Unreinheit des Fleisches: Die innere Unreinheit, die schon in den Reinigungsaussagen des frühen Judentums betont wurde, wird damit von der des Fleisches gelöst. Anstelle des Fleisches wird durch das Blut Christi die συνείδησις gereinigt.

Eine – begrenzte – Parallele zum Hebr bietet in dieser Hinsicht Philo: Auch für ihn ist die Reinigung des Leibes (σῶμα) äußerlich, und die kultischen Reinigungsriten weisen hin auf die innere Reinigung, die der Seele (ψυχή). Dabei besteht gegenüber Hebr aber der Unterschied, dass Philo den kultischen Reinigungsriten die äußerlich-leibliche Reinigung, den Opfern dagegen die innere Reinigung des Menschen zuschreibt (spec I 258), während Hebr dieses Vermögen dem irdischen Opferkult gerade abspricht. Wörtlich allerdings sagt Philo nicht, dass die Opferdarbringungen, sondern dass die Opfertiere die innere Reinigung bewirken[227], da die strenge Auswahl fehlerloser Tiere zu einem makellosen Lebenswandel anhalten soll (§§ 259f). Unter der Reinigung der Seele versteht Philo also – anders als Hebr unter der Reinigung des Gewissens – nicht die Vergebung der Sünden, sondern die ethische Besserung, das Annehmen eines sittlich reinen Lebenswandels.

Zwar hat auch Philo vereinzelt ausgesprochen, dass die Darbringung von Opfern darauf zielt, Sündenvergebung zu erlangen bzw. Gott gnädig zu stimmen (spec I 190; Mos II 147). Solche Äußerungen sind aber eher untypisch. Die allegorisch-moralische Deutung kultischer Praktiken überwiegt. Insbesondere beschreibt Philo die Wirkung der Opferdarbringung nicht als Reinigung der Seele oder des Gewissens. Vielmehr wirkt nach ihm das Opfer auf Gott, den es gnädig stimmen soll (ἐξευμενίζεσθαι Mos II 147). Die Notwendigkeit dazu ergibt sich nach derselben Stelle nicht aus bestimmten einzelnen Sünden (vgl. ἔργα Hebr 9,14), sondern aus der Sünde im außermoralischen Sinne als geschöpfliche Unzulänglichkeit, d.h. als ontologischer Mangel.

Zu vergleichen ist die Äußerung des Ps.-Phokylides (dort Z.228), eines anderen hellenistisch-jüdischen Autors aus Alexandrien[228]: »Weihe der Seele, nicht des Leibes, sind [kultische] Reinigungsvollzüge« (ἁγνείη

---

[227] spec I 258: κάθαρσιν δ'ἐνεπόησεν [sc. das Gesetz] [...] ψυχῇ μὲν διὰ τῶν πρὸς τὰς θυσίας εὐτρεπιζομένων ζῴων [...].
[228] Nach DENIS 1970, 215–219, aus Ägypten, zur Abfassungszeit teilt er keine eigene Meinung mit (219: andere Autoren datieren auf das 1. oder 2. Jh. n.Chr.); nach VAN DER HORST (Hg.) 1985, 565–572: 567f, ein hellenistisch-jüdischer Autor, vermutlich im Alexandrien des 1. Jh.s v. oder n.Chr.; vgl. WALTER in VOGT/WALTER (Hg.) 1983, 193: Alexandria, 1. Jh. v.Chr. bis 1. Jh. n.Chr.

ψυχῆς οὐ σώματός εἰσι καθαρμοί)[229]. Die Reinigungsriten – so ist zu paraphrasieren – zielen nicht eigentlich auf leibliche Reinheit, sondern auf
seelische. Die Äußerung ist mehrdeutig. Die innere Reinheit gilt jedenfalls
– wie bei Philo – als das Ziel des Kults. Das könnte zum einen auf Reinigung von Schuld durch den Opferkult zielen; zum anderen könnte – wie
bei Philo – der Kult als Hinweis auf und Mahnung zur seelischen Reinigung durch sittlichen Lebenswandel gemeint sein. So oder so wird ihm
eine Funktion zugeschrieben, die er nach Hebr nicht erfüllen kann.

Dagegen nennt Hebr 10,4 das »Aufheben« (ἀφαιρεῖν) der Sünden das
(allerdings prinzipiell unerreichbare) Ziel des irdischen Opferkults, wobei
mit dem Blut von Stieren und Böcken wiederum die Opfertiere des Jom
Kippur genannt sind (αἷμα ταύρων καὶ τράγων 10,4; vgl. die ähnliche
Formulierung 9,13). Wie 9,14 spricht auch 10,2 von der συνείδησις, und
wie 9,9 erwähnt 10,1 das »Vollkommenmachen« (τελειῶσαι). In 10,1–4
haben wir eine knappe Rekapitulation der Ergebnisse von 9,1–14 vor
uns[230]. Hätte man nicht, fragt 10,2, den irdischen Opferkult längst eingestellt, wenn er es vermocht hätte, die Sünden zu annullieren, so dass die
den Kult Übenden kein Sündenbewusstsein (συνείδησις ἁμαρτιῶν) hätten?
Das wiederum wäre Folge einer Reinigung (καθαρίζεσθαι ebd.). Kurz, das
Reinigen des Gewissens in 9,14 meint nichts anderes als das Vollkommen-
machen des Gewissens in 9,9: das Ende des Sündenbewusstseins; demnach
nicht allein die objektive Aufhebung/Annullierung der Sünden, sondern,
darauf beruhend, auch das subjektive Bewusstsein dessen. Während das
»Blut von Stieren und Böcken«, der Vollzug des Opferkults, auf das »Aufheben«, die objektive Annullierung, der Sünden zielt, sollen die Reinigungsriten – so Hebr – das Gewissen bzw. das subjektive Sündenbewusstsein (10,22 spricht von der καρδία) reinigen. Hebr hat damit ein Verständnis der Reinigung, das an Tendenzen des frühen Judentums anknüpft, dabei
aber sehr eigenständige Akzente setzt: Das auf Verhalten und Vergebung
bezogene Verständnis der Reinheit teilt Hebr mit frühjüdischen Rein-
heitsaussagen, die Betonung der inneren Aspekte der Anthropologie mit
Philo von Alexandrien. Demgegenüber besteht die Besonderheit des Hebr
in der Verbindung von Gewissensreinigung und himmlischem Heiligtum,
in der Betonung der Reinigung des Bewusstseins als individuelle Applika-
tion der objektiv durch Christi Opfer erfolgten Aufhebung der Sünde sowie
in der Betonung des »Vollkommenmachens« des Gewissens durch das eschatologische Heilswerk Christi. Im Vergleich mit den Texten vom Toten

---

[229] Text nach DENIS 1987. Zu Konjekturen (ἀγενείαι; ἀγνείῃ) vgl. den Apparat bei
WALTER, a.a.O. 216 z.St. WALTERs Übersetzung (a.a.O.): »(Rituelle) Reinigungen bedeuten die Heiligung der Seele, nicht des Körpers« (vgl. zur Übersetzung den Apparat
a.a.O.). Englisch bei VAN DER HORST (Hg.) 1985.
[230] Zum einzelnen ↑ III.3.4.

Meer fehlt die Betonung des Fleisches als Quelle von Unreinheit und Sünde; gegenüber Philo fehlt der moralistische Zug.

Die Reinigung, die durch das Blut Christi ermöglicht wird, ist eschatologisch, weil sie die συνείδησις des Menschen reinigt: Wie schon Ez 36,25–27 eine Reinigung und Erneuerung der Herzen durch den Geist erwartet und 1QS IV 20–22 im Anschluss an Ez 36 die eschatologische innere Verwandlung des Menschen der Besprengung mit Reinigungswasser vergleicht, so sieht Hebr durch das Blut Christi die innere Reinigung des Menschen gegeben, die dem Gewissen nach vollkommen macht. Dieses ethische und eschatologische Verständnis der Reinigung bleibt eingebunden in den Sinn des פרה-Rituals, den Zutritt zum Kult zu eröffnen: Die Reinigung zielt auf τὸ λατρεύειν [sc. ἡμᾶς] θεῷ ζῶντι (Hebr 9,14). Damit ist das Anliegen des פרה-Rituals aufgenommen: die Reinigung von Leichenunreinheit (bzw. hier von den νεκρὰ ἔργα) zur Ermöglichung des Zutritts zum Heiligtum und zur Erlangung der Kultfähigkeit. Dies aber ist – wie noch deutlich werden wird – auf den Zutritt zum *himmlischen* Heiligtum bezogen. M.a.W., über die Jom Kippur-Typologie hinaus geht es nicht nur um den Eintritt eines einzelnen ins himmlische Allerheiligste. Die פרה-Typologie macht zugleich deutlich, warum dieser eine damit auch »uns« den Zutritt zum himmlischen Allerheiligsten erschloss.

Auch der Übergang zur Bundesthematik ab 9,15 ist aufgrund der frühjüdischen Rezeption des פרה-Rituals leicht nachvollziehbar: Der neue Bund bringt nach frühjüdischer Erwartung die Verwandlung des Herzens, die nach Ez 36,25–27 und nach 1QS IV 20–22 das Ergebnis eschatologischer Reinigung sein soll, und nach 1QS I–III ist die Aufnahme in die Gemeinschaft des neuen Bundes mit einer Reinigung verbunden, bei der die Besprengung mit Reinigungswasser nach Num 19 vorkommt. Die Aufnahme solcher eschatologischen Reinheitserwartungen erlaubt die Differenzierung von äußeren und inneren Aspekten der Anthropologie, die wiederum der irdischen bzw. himmlischen Sphäre zugeordnet werden, und das Motiv des Zugangs zum Heiligtum, das am פרה-Ritual haftet, bezieht sich daher im Hebr auf den Zugang zum himmlischen Heiligtum.

Hinzu kommt, dass in 9,15 mit dem »Ewigen Erbe« die traditionell mit der Bundesthematik verbundene Landverheißung, hier bezogen auf den Eingang in die himmlische πατρίς, angesprochen ist; sachlich kommt das überein mit dem eschatologischen Eingang in die himmlische »Ruhe« bzw. in das himmlische Allerheiligste als Gehalt der ἐπαγγελία[231]. Da aber der Zutritt zum himmlischen Heiligtum die Reinigung im Sinne der פרה-Typologie voraussetzt und da diese auch von Ez 36,25–27 her mit der Bundesthematik verbunden ist, ist die Bezeichnung Christi als διαθήκης καινῆς μεσίτης in 9,15 keineswegs »ohne inneren Zusammenhang«[232] mit 9,13f.

---

[231] Vgl. die Auslegung von 9,15 ↑ III.3.3.
[232] So jedoch VOGEL 1996, 327.

M.a.W., die Motive, die Hebr in Kp. 9 verknüpft – eschatologisch-pneumatische, innere Reinigung, neuer Bund und Zugang zum (himmlischen) Heiligtum –, haften jeweils am פרה-Ritual bzw. sind schon in der frühjüdischen Rezeption von Num 19 mit diesem verbunden, und dadurch sind sie es auch miteinander. Die פרה-Typologie ermöglicht das Ineinandergreifen der einzelnen Argumentationsstränge und erweist sich damit als grundlegend für die kulttheologische Argumentation in Hebr 9. Diese wird dadurch vertieft und erweitert über das hinaus, was die bloße Jom Kippur-Typologie auszusagen vermöchte.

5.2.2.2 Ein Hinweis auf Hebr 9,18–23

Hebr 9,18–23 bedarf einer eigenen, eingehenden Auslegung[233]. Doch darf ein Hinweis auf Bundesschluss und Heiligtumsreinigung nach Hebr 9,18–23 hier nicht fehlen. Hängen innerer Aspekt des Menschen (Gewissen/Herz) und himmlischer Kult zusammen, so gehört zur Reinigung des Gewissens komplementär die des himmlischen Heiligtums. Auf die Jom Kippur- und פרה-Typologien Hebr 9,11f.13f folgt daher in 9,18–23 die mit der Bundesschlusstypologie verbundene Heiligtumsreinigung: Wie er durch seinen himmlischen Kultvollzug das Gewissen von toten Werken gereinigt hat (V.14), so reinigte Christus auch das himmlische Heiligtum (V.23). Hebr 9,13f und 9,18–23 ist gemeinsam, dass das eschatologisch Neue, das das Christusereignis gebracht hat, als bis dahin unmöglicher Reinigungsvollzug beschrieben wird. Dass dabei Bundesschluss, Kultinauguration und Heiligtumsreinigung in Zusammenhang gebracht werden, ergibt sich aus dem Verständnis des Bundes als Kultbegründung[234] und aus der Interpretation des Bundesschlussritus als Reinigungsakt[235]. Wichtig ist an dieser Stelle, dass Hebr in V.18–23 das Netz der kulttheologischen Deutung weiter knüpft, indem er in die Schilderung des Bundeschlussrituals Motive der Reinigungsrituale einarbeitet und damit die Heiligtumsreinigung verbindet. So werden die Themen von Num 19 und Ex 24 verbunden. Damit ist der Zusammenhang von Reinigungsritus nach Num 19 und Bundesschluss, den schon Hebr 9,15 mit dem an V.13f anknüpfenden διὰ τοῦτο andeutete, näher erläutert. Zugleich bereitet Hebr damit die Stelle vor, der ich mich nun zuwende – Hebr 12,24 –, denn dort sind Bundesgedanke und Aufnahme des Reinigungsrituals nach Num 19 wiederum miteinander verbunden. Danach erst lege ich Hebr 10,22 aus, um dabei auf die Einsichten aus der Exegese von 12,24 zurückgreifen zu können.

---

[233] ↑ III.5.3.

[234] Vgl. die Ausführungen zu Hebr 9,18–23 ↑ III.5.3 sowie die zum Jakobsbund von Bethel o. p. 55. – Dieser Aspekt wird in der sonst instruktiven Studie von VOGEL 1996 über frühjüdische und frühchristliche Bundestheologien nicht genügend beachtet.

[235] ↑ III.5.3.

5.2.2.3 Hebr 12,24: αἷμα ῥαντισμοῦ

Hebr 12,24 erwähnt das »Besprengungsblut« (αἷμα ῥαντισμοῦ). Von diesem wird ein »Reden« (λαλεῖν) ausgesagt. Wie sich zeigen wird, ist »Reden« u.ä. durchgehendes Element des ganzen Zusammenhangs 12,18–29. Dieser spricht in gesteigerter Abfolge von der Sinai-Offenbarung (V.18–21), dem himmlischen Jerusalem (V.22–24) und dem Empfang der unerschütterlichen βασιλεία (V.25–29) und begründet darin die Aufforderung zum rechten Gottesdienst (V.28f). Dieser rechte Gottesdienst ist, wie Kp. 13 entfalten wird, das von den Adressaten gegenwärtig geforderte Verhalten[236]. Zuerst ist der Gedankengang von Hebr 12,18–29 darzustellen, bevor die Bedeutung des redenden »Besprengungsblutes« in V.24 in diesen Kontext eingezeichnet werden kann.

Gedankengang Hebr 12,18–29. Hebr leitet den Schluss des Schreibens ein und nimmt ein Motiv des Anfangs auf: Das Sprechen (λαλεῖν) Gottes, von dem besonders in 1,1–4,13 die Rede war. Verbunden mit dem Motiv des Sprechens Gottes ist das des »Hinzutretens«[237]. Der Begriff hat von LXX her die Konnotation des priesterlichen Hinzutretens zum Altar bzw. des Hinzutretens zum Kult generell. Während an anderen Stellen des Hebr zum »Hinzutreten« aufgefordert wird (4,16; 10,22), spricht 12,22 im Perfekt von einem vergangenen, doch nach wie vor bestimmenden Ereignis: Ein für allemal sind die Adressaten dem himmlischen Kult zugeordnet, sind sie zu ihm »hinzugetreten« und haben darin schon jetzt Teil am himmlischen Kult und an der himmlischen Festversammlung (πανήγυρις). Das ist durch das andernorts geforderte »Hinzutreten« je neu zu aktualisieren.

In Hebr 12,18–21.22–24 stehen einander das Hinzugetreten-Sein zur Sinaioffenbarung bzw. zum himmlischen Jerusalem gegenüber. Es wurde an anderer Stelle bereits erwähnt, dass in den Reinheitsvorschriften für die Sinaioffenbarung Ex 19,10–15 die Vorbereitung auf den Tempelbesuch auf die Sinaioffenbarung projiziert wird und dass umgekehrt die Tempelrolle vom Toten Meer die Vorschriften für den Offenbarungsempfang am Sinai für das Betreten der »Stadt des Heiligtums« verbindlich sein lässt[238]. Weder das Volk noch ein Priester dürfen den Sinai während der Theophanie betreten oder ihn auch nur berühren (Ex 19,20.22.24). Nur Mose und Aaron betreten den Berg und nahen sich dem Ort der Gottespräsenz. Die Heiligkeit des Sinai bei der Theophanie entspricht damit der des Allerheiligsten im Zeltheiligtum bzw. im Tempel, das nur von Mose sowie einmal im Jahr vom Hohenpriester (»Aaron«) betreten werden darf.

Auf die Vorschrift von Ex 19,13 nimmt denn auch Hebr 12,20 ausdrücklich Bezug: Der Bereich des Heiligen darf von keinem Tier, viel weniger von Menschen betreten werden (κἂν θηρίον θίγῃ τοῦ ὄρους, λιθοβοληθήσεται). Das mysterium tremendum erregt religiöse Scheu (οὐκ ἔφερον γὰρ τὸ διαστελλόμενον κτλ., V.20.21), die, trotz Aufzählung der traditionellen Theophanieelemente (V.18f), ausdrücklich auf den erschreckenden Gehalt der göttlichen Anordnung von V.20/Ex 19,13 zurückgeführt wird. Vom Inhalt der Sinai-Offenbarung, der Toragabe, ist gar nicht die Rede; stattdessen berichtet Hebr allein von jener göttlichen Anordnung, die selbst Tiere mit dem Tode bedroht,

---

[236] ↑ III.6.3.2.
[237] Vgl. SCHOLER 1991, 91–149: 91–95.140–148.148f; LÖHR 1994, 262–264.
[238] Vgl. o. pp. 342f.

wenn sie die Grenze zum Bereich des Heiligen überschreiten. Damit wird herausgestellt, dass der Zutritt zum Bereich der Gottespräsenz unter den Bedingungen der Sinaioffenbarung nicht möglich ist. Vielmehr erfordert die göttliche Reinheit und Heiligkeit das Fernbleiben der Menschen. Selbst Mose, der einzige, dem der Zutritt gestattet sein wird, zittert vor Furcht (V.21). Die Siniaoffenbarung wird damit zum Paradigma der Verwehrung des Zugangs zur Gottespräsenz unter der ersten διαθήκη[239]. Einerseits steht die παρρησία, mit der »wir« Zugang zum himmlischen Allerheiligsten nehmen (vgl. 10,19f), dazu in Gegensatz; andererseits schärft Hebr jedoch ein, dass vom himmlischen Kult nicht etwa geringere, sondern noch weit größere Gefahr ausgeht:

12,28f verweisen auf V.18–21 zurück, indem sie zum Kultvollzug »mit Gottesfurcht und Scheu« ermahnen und dies damit begründen, dass Gott ein verzehrendes Feuer sei (vgl. πῦρ V.18). Wie Israel am Sinai als Kultgemeinde »hinzugetreten« war, so sind es die Adressaten zum himmlischen Zion und Jerusalem (οὐ προσεληλύθατε V.18 – ἀλλὰ προσεληλύθατε V.22). Die Mahnung von V.28f bezieht sich demnach auf die Teilnahme am Kult des himmlischen Jerusalem. Nicht allein V.18–24 sind also, gleichsam als Diptychon, zusammenhängend auszulegen: Vielmehr bilden V.18–29 ein Triptychon (V.18–21.22–24.25–29), das unter dem gemeinsamen Thema des Redens Gottes, des Zugangs zur Gottespräsenz und der Kultteilnahme steht. Wie in der Vergangenheit am Sinai, so ist in der Gegenwart vom himmlischen Jerusalem her Rede zu vernehmen (vgl. λόγος V.19; λαλεῖν V.24; ὁ λαλῶν; ὁ ἀπ' οὐρανῶν [sc. λέγων] V.25), und wie die Siniaoffenbarung durch »Stimmen« (φωνὴ ῥημάτων V.18) gekennzeichnet war und dadurch die Erde erschüttert hatte (V.26), so wird auch in der Zukunft die Stimme Gottes Erde und Himmel erschüttern (V.26). Da aber jene Erschütterung nur das Geschaffene betreffen wird, »wir« aber ein unerschütterliches Reich (nämlich das himmlische) empfangen, sollen »wir« jetzt schon dankbar am himmlischen Kult teilnehmen (V.27f). Denn wenn schon »jene«, d.h. Israel, den auf Erden Weisung Gebenden verachtend, nicht entkamen, wieviel mehr gilt das für »uns«, wenn »wir« uns von dem vom Himmel her (sc. Redenden) abwenden (V.25). Wie schon in 1,1f; 2,1–4, wird Gottes Reden einst und jetzt (sowie in Zukunft: V.26f) aufeinander bezogen. Dabei geht es nicht um einen Gegensatz. Grundlegend ist vielmehr, wie schon an den genannten Stellen, die Argumentationsfigur: ›Wie längst zuvor, so jetzt erst recht und mehr noch in Zukunft‹. Nicht Gesetz und Drohung einst gegen Gnade und Vergebung jetzt[240], sondern himmlische gegenüber irdischer Verpflichtung kommen zum Ausdruck, damit aber gesteigerte Verbindlichkeit. War schon am Sinai die Gottespräsenz gefährlich und ehrfurchtgebietend, so ist sie es im himmlischen Jerusalem noch weit mehr. Dem entspricht der Gegensatz der betonten sinnlich-materiellen Eigenart der irdischen Theophanie und der geistig-intelligiblen Art des himmlischen Jerusalem: Sind V.18f geprägt durch Adjektive, die sinnlich Wahrnehmbares beschreiben, so findet sich in V.22–24 dazu keine Entsprechung. Dieser Steigerung vom Sinnlichen zum Intelligiblen entspricht in V.25–29 der Gegensatz von Erschütterlich und Unerschütterlich, und das Reden bzw. die Stimme Gottes führt zur Erschütterung des Irdisch-Geschaffenen, so dass nur das Unerschütterliche – die himmlische βασιλεία – bleiben wird.

κρεῖττον λαλῶν παρὰ τὸν Ἄβελ. In diesen Zusammenhang gehört nun der Beleg für λαλεῖν, der das 12,18–29 verbindende Motiv des Sprechens

---

[239] Das Stichwort διαθήκη begegnet zwar nicht in V.18–21, sondern erst in V.24, dort aber wird mit καινὴ διαθήκη implizit auf den ersten Bund zurückverwiesen.

[240] So VIELHAUER 1947.

Gottes auch in V.22–24 einführt: [προσεληλύθατε] καὶ διαθήκης νέας μεσίτῃ Ἰησοῦ καὶ αἵματι ῥαντισμοῦ κρεῖττον λαλοῦντι παρὰ τὸν "Αβελ V.24. In der Beschreibung des himmlischen Jerusalem bildet die Aussage über das sprechende Besprengungsblut Höhepunkt und Abschluss, gekrönt durch den Vergleich mit dem Reden Abels.

Die verbreitete Deutung des Blutes Jesu im Gegensatz zum Blute Abels – dieses schreie nach Rache (vgl. Gen 4,10), jenes flehe um Gnade[241] –, ist unzutreffend[242]. Das ergibt sich schon aus dem Wortlaut. Das Besprengungsblut redet besser als *Abel*, – nicht als dessen Blut. Es müsste sonst heißen: παρὰ τὸ [sc. αἷμα] τοῦ "Αβελ – statt παρὰ τὸν "Αβελ. Hebr 12,24 bezieht sich nicht auf Gen 4,10, sondern auf Hebr 11,4, wo es von Abel heißt: ἀποθανὼν ἔτι λαλεῖ.»Das Reden Abels selbst ist nach 11,4 dasjenige des Gerechten, vor Gott Wohlgefälligen«[243]. Der Vergleich von 12,24 ist daher im Sinne der Steigerung, nicht des Gegensatzes, zu verstehen. Die Vergleichsgröße ist die Überwindung des Todes des Gerechten[244] und die jenseitige μισθαποδοσία Gottes (vgl. 11,6): Gilt schon von Abel ἀποθανὼν ἔτι λαλεῖ, so spricht um so mehr (κρεῖττον παρὰ τὸν "Αβελ) Christi Blut über seinen Tod hinaus. Nicht auf dem Inhalt der Rede also liegt der Akzent, sondern darauf, dass sie ergeht. Indem sie es tut, legt sie Zeugnis ab von der Überwindung des Todes. Das Besprengungsblut Christi »redet um so mehr als Abel«. Es legt Zeugnis ab vom Zugang Christi zum himmlischen Heiligtum durch den Tod hindurch, in dem das Geschick Abels und der anderen Gerechten und Märtyrer des Ersten Bundes (Kp. 11) überboten ist. In diesem Sinne entspricht das »Besser« (κρεῖττον 12,24) des Redens des Blutes Christi dem »Besseren« (κρεῖττόν τι 11,40), das Gott zuvor ersehen hatte: Es bezeichnet die den Zugang zum himmlischen Kult erschließende Kraft[245]. Die Aussage fügt sich also ganz in den Gedankengang von V.18–29 ein: Es geht um das Hingelangen zum himmlischen Jerusalem, zur βασιλεία ἀσάλευτος, die »wir« empfangen[246].

---

[241] So etwa KUHN 1933: »Das αἷμα ῥαντισμοῦ Jesu, das Versöhnung schafft, *ruft stärker als (das Blut) Abel(s)* (παρὰ τὸν "A.), das Sühne fordert.« (a.a.O. 7,25–27, kursiv im Original).

[242] Vgl. schon SCHIERSE 1955, 182 Anm. 124: »Der Vergleich mit dem Abel-Blut besteht nicht darin, dass Abel um Rache schreit, Christi Blut um Vergebung fleht, [...] – im Gegenteil: Wer sich an Christi Blut schuldig macht, verdient eine viel furchtbarere Rache (cf. 10,29!). So verstanden[,] ist der Übergang zu der scharf einsetzenden Warnung von v 25 zwanglos gegeben. [...]«. – Ähnlich LÖHR 1997, 192 Anm. 78: »Eher könnte man fragen, ob die geläufige Deutung, das Blut Abels schreie nach Rache, das Richtige trifft. [...]«

[243] LÖHR 1997, 192 Anm. 78.

[244] Vgl. GRÄSSER 1965, 56: »›Durch den Glauben hat Abel den Tod überdauert‹ (V 4: δι' αὐτῆς ἀποθανὼν ἔτι λαλεῖ)«. Vgl. HAHN 1965/66, 79f Anm. 22.

[245] Zum Verhältnis von Hebr 11,39f und 12,22–24 ↑ III.2.3, pp. 168f.

[246] Ähnlich schon FREY 1996, 294.

αἷμα ῥαντισμοῦ. Die Pointe der Aussage liegt darin, dass das κρεῖττον λαλεῖν nicht Jesus, sondern seinem als αἷμα ῥαντισμοῦ bezeichneten Blut zugeschrieben wird. Wie bereits gezeigt, schließt diese Formulierung an ὕδωρ ῥαντισμοῦ Num 19,9.13.20.21 an. Gemeint ist also, dass das Blut Christi im himmlischen Jerusalem als »Besprengungsblut« eine Funktion analog der des »Besprengungswassers« im Ritual von Num 19 hat. Hebr greift damit auf 9,13f; 10,22 (dazu s.u.) zurück. In 9,13f hatte er der Reinigung des Fleisches durch Stier- und Bocksblut sowie durch gesprengte Asche einer Kuh die Reinigung des Gewissens durch das Blut Christi gegenüber gestellt. Dort wurde jedoch noch nicht klar, in welchem Sinne das Blut Christi mit auf Verunreinigte gesprengter Asche einer Kuh (σποδὸς δαμάλεως ῥαντίζουσα τοὺς κεκοινωμένους) verglichen werden kann. Hebr 12,24 erläutert das durch die Rede vom »Besprengungsblut«: Im himmlischen Kult tritt das Blut Christi an die Stelle des Reinigungswassers, das auf die Verunreinigten gesprengt wird, damit sie den Zutritt zum Heiligtum und die Kultfähigkeit erlangen. Mit dem redenden Besprengungsblut ist das Reinigungsmittel, das die Kultteilnahme ermöglicht, bleibend im Himmel vorhanden, wie die Asche der Kuh im irdischen Tempel aufbewahrt wird[247]. Sind den Adressaten die Reinigungsmöglichkeiten des irdischen Kults verwehrt, so ist ihnen im himmlischen Kult weit Größeres gegeben. Wer dort hinzutritt, darf wissen, dass das αἷμα ῥαντισμοῦ Christi vorhanden ist und »spricht«. Es sagt darin die Bedeutsamkeit des himmlischen Selbstopfers Christi und damit den Ermöglichungsgrund der in der Taufe vollzogenen[248] Reinigung von συνείδησις und καρδία aus. Darin unterscheidet sich das himmlische Jerusalem vom Sinai: Wie erwähnt, wird das Hinzutreten zum Sinai in Anlehnung an Ex 19 als kultischer Akt geschildert. Auch vor der Sinaitheophanie war rituelle Reinigung erforderlich (Ex 19,10.14f, worauf Hebr nicht explizit eingeht), diese ermöglichte jedoch nur die Wahrnehmung der Theophanie aus der Distanz, während jeder Zutritt, außer für Mose und Aaron, bei Todesstrafe untersagt war (Ex 19,12f.21. 23; vgl. Hebr 12,20). Das αἷμα ῥαντισμοῦ dagegen erschließt den Adressaten den Zugang zu dem weit erhabeneren und heiligeren himmlischen Jerusalem und dessen Kult, – nicht weil von der Reinheitsforderung das Geringste nachgelassen würde, sondern weil dem Blut Christi die Kraft eignet, nicht nur das Fleisch zu reinigen, sondern am Gewissen vollkommen zu machen (9,13f), d.h. unüberbietbare eschatologische Reinheit zu erwirken.

In 12,24 ist zunächst vom διαθήκης νέας μεσίτης Ἰησοῦς, dann erst vom Besprengungsblut die Rede. So nimmt Hebr 12,24 aus 9,18–23 die Verbindung von Bundesgedanke und Reinigungsritual auf. Die Bezeichnung »Be-

---

[247] Nämlich im »Zwinger« des Tempels; vgl. o. p. 366.
[248] Vgl. u. zu Hebr 10,22.

sprengungsblut« (αἷμα ῥαντισμοῦ) verweist zurück auf die Schilderung des Bundesschlusses nach 9,19.21 (Μωϋσέως [...] λαβὼν τὸ αἷμα [...] ἐρράντισεν κτλ.) und erinnert damit zugleich an das »Bundesblut« 10,29 (vgl. »Blut ewigen Bundes« 13,20) und an die Heiligtumsreinigung nach 9,23: Der Vollzug des Bundesschlusses reinigt das himmlische Heiligtum von den Verunreinigungen durch die Verfehlungen der ihm auf Erden zugeordneten Menschen wie auch deren eigenes Gewissen und ermöglicht damit den Gott wohlgefälligen Kult im himmlischen Heiligtum, der Inhalt des neuen Bundes ist.

Der Weg Christi durch den Tod hindurch ins himmlische Jerusalem überbietet das Geschick des gerechten Abel und erschließt so den Zugang für die Glaubenszeugen der ersten διαθήκη wie auch für »uns«. »Besprengungsblut« aber verleiht, dem Besprengungswasser vergleichbar, die für den Zugang zum himmlischen Heiligtum erforderliche Reinheit: Der kultische Sinn des Reinigungsrituals und der theologische Sinn des Gehorsamsweges Christi, auf den der Vergleich mit Abel und seinem Reden verweist – den Zugang zum himmlischen Jerusalem und seinem Heiligtum zu erschließen –, fallen damit in eins zusammen. Die Wirkung des αἷμα ῥαντισμοῦ vollzieht sich im Reden, zielt sie doch auf die συνείδησις (9,13f), die καρδία (10,22). Die in der Taufe gewährte Reinigung an συνείδησις und καρδία versteht man in ihrer Bedeutsamkeit, wenn man *hört*: in kultischen Kategorien die Bedeutsamkeit des Christusgeschehens neu ausgelegt hört, wie Hebr sie darlegt. Das Hören als subjektive ›Wahr-Nehmung‹ entspricht dabei dem Bezug der Reinigung auf die συνείδησις als das subjektive Bewusstsein der objektiv vollzogenen Annullierung der Sünden.

So hat Hebr mit dem αἷμα ῥαντισμοῦ, das »besser redet als Abel«, den Sinn seiner Kulttheologie in einem einzigen Ausdruck zusammengefasst. Zugleich sind darin die wesentlichen Motive dieser Kulttheologie – Zutritt zum himmlischen Heiligtum; Bundesschluss als Kultinauguration; eschatologische Reinigung – abschließend zusammengeführt. Auch ist mit 12,28f der Übergang zu den kulttheologischen Ausführungen von 13,7–17[249] vorbereitet.

5.2.2.4 Hebr 10,22: ῥεραντισμένοι τὰς καρδίας ἀπὸ συνειδήσεως πονηρᾶς

Anschließend an die Auslegung von 9,13f; 12,24 kann nun Hebr 10,22 interpretiert werden. Auch hier nimmt Hebr auf das Reinigungsritual nach Num 19 Bezug. Der Gebrauch von ῥαντίζειν verweist zurück auf σποδὸς δαμάλεως ῥαντίζουσα κτλ. 9,13 und voraus auf αἷμα ῥαντισμοῦ 12,24. Vor der Einzelauslegung sind die thematischen Zusammenhänge zu beachten, in denen Hebr 10,22 steht.

---

[249] Vgl. u. pp. 447f.

Das Netz thematischer Zusammenhänge. Die mit dem Ritual von Num 19 schon in der frühjüdischen Rezeption wie auch in Hebr 9,13–23 und 12,24 verbundenen Themen – Zugang zum (himmlischen) Heiligtum, neuer Bund und Reinigung als Sündenvergebung – sind auch in Hebr 10,22 bzw. im engeren Kontext mit dem Rückgriff auf Num 19 verbunden. Das ist nun zu zeigen. Vom Eintritt ins Allerheiligste ist in V.19f explizit die Rede. Zuvor erwähnte V.16f mit Worten aus LXX Jer 31,33f den neuen Bund. Hebr 10,22 nimmt mit der Formulierung ῥεραντισμένοι τὰς καρδίας und mit der Erwähnung von ὕδωρ καθαρός auf die Aufnahme von LXX Num 19 in LXX Ez 36,25–27 Bezug[250]. So bezieht sich Hebr in 10,16f.22 also auf Jer 31,33f und auf Ez 36,25–27 und drückt damit aus, dass mit der Stiftung des neuen Bundes auch die damit verbundene Erwartung eschatologischer Reinigung und der Gabe eines neuen Herzens erfüllt ist. Eschatologische Reinigung durch Besprengung und neues Herz sind schon in Ez 36 durch Anklänge an Jer 31 mit der Erwartung des neuen Bundes verbunden. Ferner wiederholt Hebr 10,16f das schon in 8,10.12 angeführte Zitat Jer 31,33f und betont mit der Auswahl dieser beiden Jer-Verse (Hebr 8,8–12 führte Jer 31,31–34 an) die in V.18 nochmals herausgestellte Vergebung der Sünden als Merkmal des neuen Bundes. Schon in 9,13f; 10,2 hatte Hebr die Reinigung des Herzens bzw. Gewissens als Beseitigung des bösen Gewissens bzw. des Sündenbewusstseins interpretiert. So ist die Reinigung des Herzens auch in 10,22 im soteriologischen Sinne, als Beseitigung des Sündenbewusstseins, verstanden. Auch auf die Worte ἐν τῷ αἵματι Ἰησοῦ V.19 fällt Licht. Zu denken ist an die Erwähnungen des Blutes Christi im Rahmen der Typologien 9,13f; 12,24: Das Blut Christi ist auch hier als Reinigungsmittel im Blick, das, analog zum Reinigungs-/Besprengungswasser von Num 19, den Zugang zum Heiligtumsbereich eröffnet (vgl. παρρησία εἰς τὴν εἴσοδον τῶν ἁγίων ἐν τῷ αἵματι Ἰησοῦ 10,19), und zwar durch die in V.22 erwähnte Besprengung des Herzens. So kommen in Hebr 10,22 Zugang zum (himmlischen) Heiligtum, neuer Bund und Reinigung als Sündenvergebung zusammen.

Besprengung und Waschung – innere und äußere Reinheit. Hebr 10,22 spricht vom Besprengen an den Herzen sowie vom Waschen des Leibes (σῶμα). Letzteres geschieht durch »reines Wasser«, ersteres wird nicht näher beschrieben. Bemerkenswert ist, dass von einer Besprengung τὰς καρδίας, »hinsichtlich der Herzen/an den Herzen«, die Rede ist, die folglich übertragen zu verstehen ist. Im Hintergrund steht die Vorstellung vom »Besprengungsblut« (12,24). Wie der innere Aspekt der Anthropologie dem himmlischen Heiligtum zugeordnet ist, so erfährt das Herz des Menschen seine Reinigung durch das im himmlischen Jerusalem redende αἷμα ῥαντισμοῦ. Hebr 10,22 verbindet also die Reinigung des Leibes mit Wasser

---

[250] Vgl. o. pp. 335–337.

als äußerlichen Aspekt und die Besprengung »hinsichtlich der Herzen« als inneren Aspekt der Reinigung. In der Tat hatte schon 9,13f die Reinigungsriten des irdischen Kults nicht als gänzlich nutzlos bezeichnet, sondern ihnen eine – eingeschränkte – Wirksamkeit zugestanden; die, zur Reinheit des Fleisches zu dienen.

Die übetragene ›Besprengung‹ des Herzens vom Himmel her unterscheidet sich deutlich vom buchstäblichen Waschen mit Wasser[251]. Wie verhalten sich dann leibliche und Herzens-/Gewissensreinigung zueinander? Werden lediglich zwei Sinnaspekte *eines* Rituals geschildert, oder sind unterschiedliche Vollzüge zu unterscheiden[252]? Welche Vollzüge stehen im Hintergrund der Aussage von Hebr 10,22? Man denkt bei den Worten λελουσμένοι τὸ σῶμα ὕδατι καθαρῷ an die christliche Taufe[253]. Darf aber eine einmalige Taufe für Hebr überhaupt vorausgesetzt werden, oder kennt er wiederholbare Reinigungsrituale? Die andere Stelle im Hebr, die gemeinhin auf die Taufe bezogen wird – Hebr 6,2 –, bietet Schwierigkeiten: Das im Neuen Testament ungewöhnliche[254] βαπτισμός bezeichnet in der Regel Tauchbäder zur rituellen Reinigung, und zumal der Plural fügt sich schlecht zur einmaligen Taufe, um so besser aber zu den unterschiedlichen, wiederholbaren Reinigungsriten, die den fleischlichen Kultsatzungen zugehören, wie sie Hebr 9,10 mit dem selben Wort (διαφόροι βαπτισμοί) bezeichnet. Hebr 6,2 könnte über die Taufe hinaus wiederholte Reinigungsvollzüge unter den Adressaten im Blick haben[255]. Was aber ist in Hebr 10,22 gemeint, und auf welche kultischen Reinigungsrituale bezieht sich Hebr dabei?

Zum religionsgeschichtlichen Hintergrund von Hebr 10,22. An wiederholte Reinigungsvollzüge zu denken, liegt bei Hebr 10,22 nicht nahe. Die Aufforderung zum »Hinzutreten« verweist, wie erwähnt, auf das in V.19 erwähnte Allerheiligste: Das Eintreten bzw. Hinzutreten zum Kult im himmlischen Heiligtum ist möglich, da die dafür erforderliche rituelle Reinigung erfolgte. Handelte es sich für Hebr um eine wiederholbare Reinigung, so müsste er dazu auffordern, die zum Hinzutreten erforderliche Reinheit jeweils zu erneuern. Dagegen verweisen die beiden Perfekta ῥεραντισμένοι und λελουσμένοι auf ein zurückliegendes, doch für die Ge-

---

[251] So richtig schon DELITZSCH 1989 (1857), 485.

[252] DELITZSCH 1989 (1857), 486f, unterscheidet zwichen dem Waschen (Taufe) als einmaliger sakramentaler Akt und dem Besprengen als nicht-sakramentaler, wiederholbarer und rein innerlicher Vorgang. Verschiedenheit der Vollzüge erwägt WINDISCH 1931, 93; vgl. schon BRANDT 1910, 120f.

[253] Dies die communis opinio.

[254] Außerhalb Hebr nur noch Mk 7,4; 7,8 v.l. (Reinigung von Essgeschirr); Kol 2,12 (Taufe, doch im Singular). U.a. an Reinigung von Essgeschirr könnte man auch in Hebr 9,10 denken; unmittelbar zuvor ist von Speisen und Getränken die Rede.

[255] Vgl., auch zur Literatur, u. pp. 400f mit Anm. 319.

genwart bestimmendes Geschehen[256]. Eine weitere Beobachtung bestätigt dies: Nach 9,14 dient das Blut Christi zur Reinigung des Gewissens von den νεκρὰ ἔργα. Dieselbe Reinigung ist auch in 10,22 im Blick. Nun gehört aber nach 6,1 die Umkehr von toten Werken (μετάνοια ἀπὸ νεκρῶν ἔργων) mit dem Glauben an Gott zur ἀρχή und zur grundlegenden Glaubensunterweisung. Demnach gehört die Reinigung des Gewissens von toten Werken bzw. vom Sündenbewusstsein, daher auch die »Besprengung«, an den Anfang des Glaubens, liegt also zurück. Das legt es nahe, an die Taufe zu denken.

Das bestätigt der Vergleich von Hebr 10,22 mit I Petr 3,21. Dort heißt es von der Taufe, sie sei συνειδήσεως ἀγαθῆς ἐπερώτημα, nicht aber σαρκὸς ἀπόθεσις ῥύπου. Ersteres entspricht der Aussage des Hebr über die Besprengung zur Reinigung von der συνείδησις πονηρά, letzteres lehnt ab, was Hebr mit λελουσμένοι τὸ σῶμα ὕδατι καθαρῷ zum Ausdruck bringt. Wie σῶμα und συνείδησις im Hebr stehen hier σάρξ und συνείδησις nebeneinander, doch anders als im Hebr nicht im Sinne der Steigerung, sondern als Gegensatz. Beide Stellen beziehen sich in unterschiedlicher Weise auf ein Taufverständnis, wonach die Taufe eine äußerliche (d.h. rituelle) Reinigung ist bzw. einschließt[257]. Schon im Hintergrund von I Petr 3,21 könnte die Bitte von Ψ 50,12 stehen: καρδίαν καθαρὰν κτίσον ἐν ἐμοί ὁ θεός[258], welche auf die Verheißung des neuen Herzens im Rahmen der prophetischen Ansage des neuen Bundes Bezug nimmt und sie auf die Taufe bezieht[259]. Diese Tauftradition ist auch im Hintergrund von I Tim 1,5.9 anzunehmen[260].

Ist also in Hebr 10,22 die Taufe als einmaliges Geschehen in der Vergangenheit gedacht, das die Gegenwart bestimmt, so stellt sich um so mehr die Frage, wie Besprengung und Waschung zusammengehören. In welchem Sinne kann im Blick auf die Taufe von einer Besprengung die Rede sein; wie verhält sich diese metaphorische Aussage zum konkreten Taufvollzug[261]? Die Antwort wird sich erst aus der Einsicht in das von Hebr zur

---

[256] Vgl. z.B. WEISS 1991, 528f; LÖHR 1994, 263f.

[257] Die Interpretation der Stelle ist im einzelnen schwierig (vgl. SCHELKLE 2002 [1980], 109; GOPPELT 1978, 257–260; BROX 1979, 177–179; ELLIOTT 2000, 677–682). Das Gegenüber von σαρκὸς ῥύπος und συνείδησις ἀγαθή lässt letzteres im Sinne der inneren Reinheit verstehen. Bei ἐπερώτημα wird die Verpflichtung (stipulatio) mitschwingen. Dennoch kann man συνείδησις nicht nur als Gesinnung oder Haltung gegenüber Gott verstehen, sondern als in der Taufe verpflichtend erbetenes (und geschenktes) gutes Gewissen als Signum von Gottes Retten, auf das sich der Täufling in der Taufe einlässt (mit GOPPELT, a.a.O. 260).

[258] So MAURER 1964, 918,8–13; ECKSTEIN 1983, 109.

[259] Mit ברא/κτίζειν ist in Ψ 50 (Ps 51),12 an eine Neuschöpfung des Herzens gedacht; damit sind die Jer- und Ez-Texte über die Gabe des neuen Herzens im Rahmen des neuen Bundes aufgenommen. Vgl. MAURER 1964, 907,25–35; ECKSTEIN 1983, 109 Anm. 10; HOSSFELD/ZENGER 2000, 52f.

[260] Vgl. ROLOFF 1988, 67f.

[261] Die meisten Ausleger betonen die Einmaligkeit der Taufe sowie die Einheitlichkeit des auf den ganzen Menschen bezogenen Reinigungsvollzugs, der mit beiden Partizipien – λελουσμένοι und ῥεραντισμένοι – gemeint sei. So richtig das ist, so unklar bleibt

Deutung der Taufe herangezogene Reinigungsritual ergeben. Verschiedene Möglichkeiten sind dazu erwogen worden:

Zum einen dachte man an die Priesterinvestitur, bei der die Priester gewaschen und mit Blut besprengt werden (Ex 29,4.21)[262]. »Reines Wasser« begegnet dabei jedoch nicht. Von rituellen Waschungen ist in unterschiedlichen Kontexten vielfach die Rede, doch nie findet sich in LXX ein »Waschen« (λούειν) mit »reinem Wasser« (ὕδωρ καθαρόν)[263]. So ergibt der Sprachgebrauch keinen eindeutigen Hinweis auf die Priesterinvestitur[264]. Auch sind Priestertum und Priesterinvestitur im Blick auf die Adressaten im Hebr bisher nicht explizit vorgekommen. Zwar erwähnt Hebr das kultische »Hinzutreten«, legt jedoch an keiner Stelle Wert darauf, ein Priestertum der Adressaten explizit oder gar titular zu beschreiben. Wäre dies hier gemeint, sollte man einen deutlicheren Hinweis erwarten. Auch bleibt bei dieser Herleitung der Bezug auf das Herz bzw. auf die Reinigung vom bösen Gewissen unklar; ferner fehlt dabei ein Bezug auf Num 19 bzw. auf Ψ 50,12; Ez 36,25–27; Jer 31,31–34, damit auf den Zusammenhang von Reinigung, Erneuerung des Herzens und neuen Bund. Schließlich sind Waschung und Besprengung in Ex 29 zwei deutlich unterschiedene Vollzüge im Rahmen des einen Investitur-Rituals. Sowenig man also einen Anklang an die Priesterinvestitur ganz ausschließen kann, sowenig sollte man die Taufaussage in Hebr 10,22 vorrangig vor diesem Hintergrund verstehen.

Denken kann man ferner an die Besprengung mit Reinigungswasser vor dem Betreten des inneren Heiligtumsbezirks[265] sowie an das für die Priester vor Betreten des Zeltheiligtums bzw. des Tempelhauses sowie vor dem Opferdienst am Altar vorgeschriebene Waschen der Hände und Füße mit Wasser aus dem Wasserbecken im Tempelvorhof (vgl. Ex 30,17–21; mKel 1,9). Jenes Wasser nämlich wird als »reines Wasser« bezeichnet[266]. Doch kommt der Ausdruck, wie erwähnt, auch anderweitig vor. Auch bleibt fraglich, ob man das Waschen der Hände und Füße (nach Josephus werden die Füße mit Wasser besprengt: Ant III 6,2 [§ 114]) tatsächlich als ein Waschen des σῶμα bezeichnen kann, zumal die biblischen Anweisungen zum »Waschen« (רחץ) eher auf ein Bad hinweisen und nach dem Verständnis der frührabbinischen Literatur diese biblische Forderung zur Zeit des Zweiten Tempels durch Tauchbäder erfüllt wurde[267]. Insbesondere bleibt die

---

doch, warum Hebr die Taufe gerade so beschreiben kann. Vgl. nur WEISS 1991, 529f. Nicht überzeugend auch GRÄSSER 1997, 23, der jeden Bezug auf äußerlich-rituelle Reinigung in λελουσμένοι τὸ σῶμα ablehnt: gemeint sei ausschließlich die Sündenvergebung.

[262] Vgl. DELITZSCH 1989 (1857), 484; RIGGENBACH 1922, 317; HOFIUS 1970, 133f.

[263] Dagegen ist in TestLev 8,5 im Rahmen der Priesterinvestitur Levis vom Waschen mit »reinem Wasser« die Rede. Doch vgl. auch JosAs 14,12.15; 18,8–10 ohne kulttheologischen Bezug im engeren Sinne: Hier geht es um Aseneths Übertritt zum Judentum. – In LXX begegnet »Reines Wasser« Num 5,17, Ez 36,25, Hi 11,15.

[264] So schon LÖHR 1994, 264f.

[265] ↑ III.5.2.1.4; III.5.2.1.6.

[266] Vgl. MILGROM 1990, 39, zu Num 5,17 sowie SPICQ 1953, 317 zu Hebr 10,22.

[267] So versteht mJoma 3,3 unter dem »Waschen« (רחץ/λούειν) von Lev 16,4.24 Tauchbäder (טבילות): Bei jedem Kleiderwechsel am Jom Kippur (nach mJoma fünfmal) habe der Hohepriester gebadet; jeweils habe er vor dem Ablegen eines Gewandes und nach dem Anlegen eines anderen die »Heiligung« der Hände und Füße, d.h. das Waschen mit dem Wasser des Wasserbeckens auf dem Vorhof, vollzogen (vgl. mJoma 3,2f). Entsprechend übersetzt JACOB (1997, 822) Ex 29,4: »[...] dann sollst du sie ein Wasserbad

Einmaligkeit des Geschehens nach Hebr 10,22 dann unverständlich: Nach Analogie der priesterlichen Reinigung müsste vor jedem neuen Hinzutreten zum himmlischen Heiligtum eine neue Reinigung erfolgen. Wir hätten dann in Hebr 10,22 eine Mahnung zu neuerlicher Reinigung zu erwarten, nicht zum Hinzutreten aufgrund erfolgter Reinigung.

Endlich hat man an den Jom Kippur gedacht, an dem der Hohepriester sich mehrfach Waschungen zu unterziehen hatte (Lev 16,4.24; mJoma 3,3)[268]. Wie oben erwähnt, wurde der Hohepriester vor dem Jom Kippur auch mit Reinigungswasser besprengt (mPara 3,1). Damit ist die Abfolge ῥεραντισμένοι – λελουσμένοι erklärt, und auch der Bezug zu Num 19 ist gegeben. Doch handelt es sich auch hier nicht um Teile eines einzigen Rituals, sondern die Besprengungen finden an den sieben Tagen vor dem Jom Kippur, die Waschungen an diesem selbst statt. Auch ist bei dieser Herleitung weder die Einmaligkeit des Geschehens noch der Bezug auf Herz und Gewissen sowie die Verbindung von Herzensreinigung und neuem Bund erklärt.

So bleiben diese Herleitungen unbefriedigend. Wenngleich Konsens über den Taufbezug besteht, bleibt der religionsgeschichtliche Hintergrund der Taufaussage – damit aber deren theologisches Profil – unklar.

Gesucht wird ein Reinigungsritual, das Tauchbad und Besprengung nach Num 19 verbindet sowie den Bezug zur Herzens- bzw. Gewissensreinigung und zur Erwartung des neuen Bundes herstellt und ferner als einmaliger Vollzug grundlegende Bedeutung für das weitere Leben hat. Die Antwort kann nach den vorausgegangenen Untersuchungen zur frühjüdischen Rezeption von Num 19 nicht schwerfallen: Bei der Besprechung der Reinigungs- und Bußrituale nach 4Q284; 512 war aufgefallen, dass hier Bad und Besprengung verbunden sind. Die Segensworte der Liturgien werden gesprochen, während der Sprecher im Wasser steht. Sühne, Buße und Vergebung sind mit der rituellen Reinigung eng verbunden. Ein solcher Zusammenhang von Bad und Besprengung vermag die Formulierung von 10,22 am besten zu erklären. In 1QS I–III wird die Bundeserneuerung und die Aufnahme in die Gemeinschaft des neuen Bundes geschildert, die mit einer rituellen Reinigung verbunden ist, bei der auch das Reinigungswasser nach Num 19 verwendet wird. Der Initiationsakt setzt damit einen für das weitere Leben bestimmenden Neuanfang. In 1QS IV 20–22 wird die eschatologische Reinigung des Menschen erwartet, die, in deutlichem Rückgriff auf Ez 36,25–27, metaphorisch als Reinigungsritus nach Num 19 geschildert wird und welche die Erfüllung der Bundesverheißung und die innere Verwandlung des Menschen bringt. Damit sind alle für Hebr 10,22 wesentlichen Elemente gegeben.

Hebr deutet in 10,22 die Taufe vor dem Hintergrund solcher oder vergleichbarer Reinigungsrituale, die Initiationsakt, Bad und Besprengung nach Num 19 sowie äußere Reinigung und Buße/Vergebung miteinander verbinden und welche die innere Reinigung im Sinne der Bitte um ein gu-

---

nehmen lassen«. – Generell zu diesem Verständnis (»Waschen« [רחץ] = Tauchbad) auch SANDERS 1990, 268 (ohne Belege).

[268] Vgl. schon DELITZSCH 1989 (1857), 484; WESTCOTT 1906, 325.

tes Gewissen (vgl. I Petr 3,21) verstehen im Blick auf die Erwartung des neuen Bundes und die damit verbundene Gabe des neuen Herzens. An die Stelle der Besprengung mit Reinigungswasser nach Num 19 tritt dabei das Reden des himmlischen Besprengungsblutes nach 12,24; eine Besprengung bei der Taufe kennt Hebr also nur im metaphorische Sinne. Doch kann Hebr mit der Kombination von Waschung und Besprengung die Aspekte der inneren Reinigung, der Verwandlung des Herzens, des neuen Bundes und des Zugangs zum Heiligtum aufnehmen, die von der alttestamentlichen und frühjüdischen Tradition her mit Num 19 verbunden sind, und die Taufe dadurch im Rahmen seiner Kulttheologie interpretieren. Die Taufe vermittelt die Reinigung des Herzens ἀπὸ συνειδήσεως πονηρᾶς und damit die eschatologische Verwandlung, die im Anschluss an Ez 36,25–27 schon 1QS IV 20–22 erwartete. Demnach verteilt Hebr nicht, wie etwa das aramäische TestLev 5,6–6,5[269] oder Jos Ant XVIII 5,2 (§117), äußere und innere Reinigung auf zwei verschiedene Akte: Auch die innere Reinigung ist dem Taufakt zugeordnet, und das drückt Hebr mit dem Rekurs auf das Reinigungsritual nach Num 19 aus. Die innere, eschatologische Reinigung macht die Taufe einmalig und unwiederholbar. Das unterscheidet sie von allen anderen Renigungsvollzügen. Gerade dass die innere, eschatologische Reinigung von dem äußeren Reinigungsakt nicht getrennt, sondern mit ihm zusammen vollzogen wird, drückt den eschatologischen Gehalt der Taufe im Unterschied zu den frühjüdischen Reinigungsvollzügen (einschließlich der Johannestaufe[270]) aus.

Diese Deutung ermöglicht auch eine Lösung für die genannte Schwierigkeit in Hebr 6,2. Dort ist von Reinigungsbädern die Rede; bezieht man das auf die Taufe, ist diese wiederum im Sinne eines rituellen Reinigungsvollzugs verstanden. Dort war fraglich, ob mit βαπτισμοί die einmalige Taufe gemeint sein kann oder ob darüber hinaus wiederholte Reinigungsbäder im Blick sind. Die hier gegebene Deutung von 10,22 eröffnet die Möglichkeit, über den einmaligen und grundlegenden Initiationsakt hinaus fortgesetzte Reinigungsvollzüge zur äußeren Reinigung anzunehmen, denen jedoch nicht die grundlegende Bedeutung der Initiation zukommt. Hebr rechnet die Lehre über solche βαπτισμοί den Themen zu, die er nicht erörtern will. Sie gehören nicht zur τελειότης (6,1f), um die es in seiner Kulttheologie geht. Für den Zutritt zum himmlischen Heiligtum kommt es allein auf die einmalige Taufe an. Deren Unwiederholbarkeit beruht auf der eschatologischen Bedeutung der dadurch vermittelten Reinigung und Sündenvergebung. Zur Erneuerung der leiblichen Reinheit aufzurufen,

---

[269] Zählung von BEYER (Hg.) 1984; Text dort 193f; ferner bei KUGLER 1996, 68–70 (nach dessen Zählung: Ar. Levi supp. 1–19). Auf die äußere Reinigung folgt das Bittgebet mit der Bitte um Herzensreinigung.

[270] Vgl. ROBINSON 1962a, 19f.

sieht sich Hebr nicht veranlasst. Sofern es bei den Adressaten wiederholte Reinigungsvollzüge gibt, tragen sie für Hebr kein theologisches Gewicht und werden in 6,2 nur am Rande erwähnt. Vielmehr will Hebr das Interesse der Adressaten von den elementaren Inhalten gerade auf die τελειότης lenken[271].

Vollzieht Hebr in 10,22 demnach eine kultische (Um-) Deutung der frühchristlichen Taufe[272]? Gewiss gehört die Verbindung von Waschung und Besprengung in den Zusammenhang der besonderen Kulttheologie des Hebr. Dennoch könnte darüber hinaus in der Deutung der Taufe als rituelle Reinigung eine Wurzel der christlichen Taufe in frühjüdischen Reinigungsritualen nachwirken. Näheres dazu im folgenden Exkurs.

5.2.3 Exkurs: Zur Herkunft der christlichen Taufe und zu Reinigungsriten im frühen Christentum

5.2.3.1 Taufe und frühjüdische Reinigungsrituale

Eine Deutung der Taufe als Reinigungsvollzug findet sich neben Hebr 10,22 öfter im NT. I Kor 6,11; Eph 5,26; Tit 3,5 verbinden eine Reinigung mit Heiligung bzw. Neugeburt. Zwischen einem buchstäblichen und einem übertragenen Verständnis des Reinigungsvollzugs ist dabei kaum exakt zu unterscheiden. Daneben ist die erwähnte Stelle I Petr 3,21 zu nennen, welche die Taufe als Reinigungsvollzug explizit ablehnt (οὐ σαρκὸς ἀπόθεσις ῥύπου) und damit das abgelehnte Verständnis voraussetzt. Wie sich die frühchristliche bzw. die Johannestaufe zu frühjüdischen Reinigungsritualen verhält, ist umstritten. Die synoptischen Berichte über die Johannestaufe sprechen nicht von Reinigung, sondern von Buße und Sündenvergebung (Mk 1,4f par), während Jos Ant XVIII 5,2 (§ 117) der Johannestaufe lediglich die Reinigung des Leibes, die innere, moralische Reinigung der Seele dagegen der Gerechtigkeit und Frömmigkeit zuschreibt. Auch unterscheidet sich die Taufe von Reinigungsriten dadurch, dass man sich taufen *lassen* muss, die Taufe also nicht selbst vollziehen kann. Dennoch ist öfter auf frühjüdische Reinigungsrituale als möglicher Hintergrund der Taufe des Johannes hingewiesen worden[273]. Der proleptische Bezug der Johannestaufe auf das von ihm angekündigte Gericht und der darin begründete eschatologische Charakter der Taufhandlung erlauben jedoch nicht die Wiederholung, die für die rituelle Reinigung unabdingbar ist. Andererseits befriedigt es nicht, die Entstehung der Taufe ohne Einbezug vergleichbarer frühjüdischer Vollzüge zu rekonstruieren.

---

[271] Vgl. ähnlich schon BLACK 1961a, 114f.

[272] Vgl. LÖHR 1994, 266: Die Taufe werde hier kultisch »rechiffriert«.

[273] Vgl. BAUMGARTEN 1999a, 208–212; PFANN 1999, 345–349.

In der Tat stehen die Buß- und Reinigungsrituale aus 4Q mit ihrer Verbindung von Tauchbad, Buße und Vergebung der Sünden der Johannestaufe bzw. der frühchristlichen Taufe auffällig nahe. Zwar bleibt auch hier das Problem der Wiederholung im Gegensatz zur eschatologischen Einmaligkeit der Taufe. Die hier vorgeschlagene Erklärung für Hebr 10,22 führt aber weiter: Stehen im Hintergrund der Taufe einmalige frühjüdische Reinigungsvollzüge zur Initiation[274] sowie die Erwartung einer eschatologischen Reinigung durch den Geist, dann erklärt sich die Nähe der frühchristlichen Taufe zu frühjüdischen Buß- und Reinigungsritualen wie auch die einmalig-eschatologische Bedeutung der Taufe und die damit verbundene Verwandlung bzw. Neuschöpfung des Menschen durch den Geist[275].

5.2.3.2 Taufe und rituelle Reinigung im frühen Christentum

Trifft diese Vermutung über den Ursprung der Taufe zu, müssten sich Belege finden für ein Verständnis der Taufe als (auch) rituelle Reinigung bzw. für ein Interesse an fortlaufender äußerlich-ritueller Reinigung nach der Taufe. Das ist der Fall. Wenige Hinweise mögen genügen[276].

Das Buch Elchasai[277]. Elchasai verkündet eine erneute Taufe[278] zur Buße und Vergebung, besonders bei geschlechtlichen Verfehlungen[279] (mehrfach wird Ehebruch genannt). Bei Schwindsucht und Besessenheit

---

[274] DAUBE 1956, 106–113, denkt an die Proselytentaufe. LÖHR 1994, 262 erwägt einen möglichen Anklang von προσεληλύθατε Hebr 12,22 an das Proselyt-Werden.

[275] Das haben vor dem Hintergrund von 1QS I–III; IV und anderen Texten schon BETZ 1958; BLACK 1961a; ROBINSON 1962a für die Herleitung der christlichen Taufe fruchtbar gemacht; ähnlich neuerdings, wie erwähnt, BAUMGARTEN 1999a, 208–212; PFANN 1999, 345–349. Nicht überzeugend sind dagegen die Spekulationen über die psychologische Entwicklung Johannes des Täufers bei CHARLESWORTH 1999.

[276] Weiteres zum Thema – neben der im folgenden genannten Literatur – bei LICHTENBERGER 1992a sowie in der dort (p. 96f) genannte Literatur.

[277] Elchasai gilt als Haupt einer judenchristlichen Gruppe, die vermutlich kurz nach der Wende zum 2. Jahrhundert im Ostjordanland entstand. Das nach ihm benannte Buch, verfasst wohl um 101–115 n. Chr., gelangte um 220 n.Chr. nach Rom, als die Elchasaiten dort Anhänger zu gewinnen suchten. Zu unterscheiden ist zwischen dem Offenbarungsbuch Elchasais und späteren, mehr synkretistischen Zusätzen (LICHTENBERGER 1992a, 94). »Die Grundsubstanz ist judenchristlich und verweist nach Westsyrien« (ebd.). Nur wenige Fragmente des Buches Elchasai bzw. der Lehre der Elchasaiten sind – im Medium häresiologischer Referate Epiphanius' und Hippolyts – überliefert. Diese (Text und Übersetzung) bei LUTTIKHUIZEN 1985, 42–53; 94–113. – Vgl. BRANDT 1910, 99–112; LIETZMANN Bd. 1, 1936, 194–197; STRECKER 1959; LUTTIKHUIZEN 1985; SCHMIDT 1998; VAN OORT 1999; ferner die Einleitung zur Übersetzung von IRMSCHER (Hg.) 1989, 619–621. Die von IRMSCHER übersetzten Fragmente a.a.O. 621–623. Auf diese Übersetzung und ihre Fragmentenzählung bezieht sich folgende Darstellung.

[278] Fragment 3, a.a.O. 621f: 622.

[279] Vgl. bes. Fragmente 2 und 3 (ed. IRMSCHER, a.a.O. 621f).

werden vierzig Tauchbäder vorgeschrieben[280]. Zwischen (wiederholter) Taufe und späteren Reinigungsbädern scheint unterschieden zu werden[281]; bei den Reinigungsbädern sollen die Betreffenden sich selbst untertauchen, bedürfen also keines Täufers. Das zugrundeliegende Tauf- bzw. Reinigungsverständnis erschließt Petersons Interpretation von Fragment 4[282]: Wer von einem tollwütigen Hund gebissen wurde, soll im Wasser untertauchen. Der »Biss« (eines Hundes bzw. – nach einer anderen Überlieferung – einer Schlange[283]) steht bildhaft für die Sünde, zumal für die Konkupiszenz[284]. Darum nennt Fragment 4 als gebissene Personen Mann oder Frau, Jüngling oder Mädchen, nicht aber das Kind[285]. So richtet sich die Botschaft der Elchasai-Fragmente vorrangig an Personen, die durch sexuelle Sünden schuldig geworden sind. Die erneuerte Taufe bzw. die wiederholten Reinigungsbäder sollen die Konkupiszenz im Herzen der Menschen überwinden[286]. Der Zusammenhang von Taufe und Konkupiszenz hat im frühen Christentum weiter gewirkt[287]. Peterson verweist dazu auf die Taufliturgie von Mailand[288], die eine besondere Fußwaschung kennt. Ambrosius von Mailand erläutert, die Fußwaschung solle das Gift der Schlange abwaschen, die Adam gebissen habe (»quia Adam subplantatus a diabolo est et venenum ei suffusum est supra pedes, ideo lavas pedes [...] Lavas ergo pedes ut laves venena serpentis«[289]). Die »Füße« stehen euphemistisch für die Geschlechtsorgane. Die Reinigung der Füße als Aspekt der durch die Taufe erwirkten Reinigung (d.h. als rituelle Reinigung, na-

---

[280] Fragment 4, a.a.O. 622.

[281] Vgl. LICHTENBERGER 1992a, 92f.

[282] PETERSON 1959b; dazu Fragment 4, a.a.O. Zur Interpretation vgl. LUTTIKHUIZEN 1985, 75–78.

[283] Die Erwähnung des tollwütigen Hundes in der Fassung Hippolyts, dies das Fragment 4 bei IRMSCHER a.a.O. Der Schlangenbiss dagegen nur in der Parallelüberlieferung des Epiphanius, Haer 30,17,4, nicht bei IRMSCHER a.a.O.

[284] PETERSON kann a.a.O. 227–230 mit Zitaten aus den Pseudoclementinischen Homilien die Bedeutung des beissenden »Hundes« (Ehebruch; Unzucht) sowie den Zusammenhang der »Schlange« mit der im menschlichen Herzen wohnenden Sünde belegen: Hom 4,21,4; 10,5,1; 11,11,4; 11,18,1. Hom 11,26,4 nennt die Flucht zum Wasser (der Taufe) die Rettung vor dem Biss und der Flamme (d.h. der sexuellen Leidenschaft); wer nicht zum Wasser kommt, trägt den Geist der Leidenschaft in sich. – Text der Ps.-clementinischen Homilien bei REHM (Hg.) 1953. Zur Taufe als Mittel gegen die Konkupiszenz in den Ps.-Clem vgl. CIRILLO 1988.

[285] Vgl. PETERSON, a.a.O. 229 Anm. 10.

[286] Die Darstellung bei Hippolyt verschleiert dies, dient sie doch dazu, eine magische Bedeutung zu unterstellen. Vgl. PETERSON, a.a.O. 226; LUTTIKHUIZEN 1985, 77.

[287] Vgl. PETERSON, a.a.O. 234.

[288] Nach PETERSON, a.a.O. 234, ebenfalls östlicher, näherhin syrischer Herkunft.

[289] Ambrosius, De Sacramentis 3,7 (ed. SCHMITZ 1990, 122–125); vgl. dazu ABRAMOWSKI 2005, 193–195.

mentlich im Blick auf die Sexualität[290] wird in der Tauflehre der Hippolyt von Rom zugeschriebenen »Apostolischen Tradition« wieder begegnen (s.u.).

Die sog. Pseudoclementinischen Homilien (Hom)[291] bezeugen ein Judenchristentum, das neben der Taufe wiederholte Tauchbäder kennt, wie sie etwa von Petrus berichtet werden (Hom 10,1; 11,1). Zur Tauflehre ist besonders instruktiv Hom 11,25–33[292]. §§ 25–27 rufen zur Taufe auf. Sie ist die Wiedergeburt, ohne die niemand gerettet werden kann.

Während der Menstruation der Frau soll es keinen Beischlaf geben (§ 28), wobei Wert auf innere und äußere Reinheit gelegt wird (§ 28f):

»Denn das Sich-rein-Halten ist wahrhaftig nicht in der Weise erstrebenswert, dass die Reinheit des Körpers der Reinigung des Herzens voraufgeht, sondern die Reinheit soll dem Guten folgen« (§ 28,3). »Denn wenn der Geist durch Erkenntnis erleuchtet ist, kann der Belehrte gut sein, worauf dann die Reinheit folgt. Denn aus der inneren Gesinnung entsteht die rechte Fürsorge für den äußeren Körper, wie ja aus der Vernachlässigung des Körpers die Fürsorge für die Gesinnung nicht entstehen kann. So kann der reine Mensch sowohl das Innere als auch das Äußere reinigen« (§ 29,3f)[293].

Zum Vergleich bietet sich die Schilderung der Johannestaufe nach Josephus[294] an: Demnach war Johannes ein edler Mann,

»der die Juden anhielt, nach Vollkommenheit zu streben, indem er sie ermahnte, Gerechtigkeit gegeneinander und Frömmigkeit gegen Gott zu üben und so zur Taufe zu kommen. Dann werde, verkündigte er, die Taufe Gott angenehm sein, weil sie dieselbe nur zur Weihe/Reinheit [ἁγνείᾳ] des Leibes, nicht aber zur Entschuldigung für ihre Sünden

---

[290] Das dürfte auch hinter Joh 13,4–11 stehen: Die einmalige Reinigung (in der Taufe) bedarf lediglich der Aktualisierung durch die Waschung der »Füße« (V.10). Die schwierige Argumentation des V.10 versteht man am besten, wenn man die Fußwaschung nicht als zusätzliche Reinigung, sondern – ähnlich wie in der »Apostolischen Tradition« (s.u.) – als erneute Inanspruchnahme der in der Taufe geschenkten Reinigung versteht. Schon BRANDT 1910, 121f vermutet, dass Joh hier die Einmaligkeit der Taufe im Gegensatz zu wiederholten Reinigungsvollzügen vertritt, wie sie im frühen Judenchristentum offenbar verbreitet waren (vgl. neben Elchasai die PsClem und die Didascalia [s.u.]). Vgl. PETERSON, a.a.O. 234f, der annimmt, dass den »judenchristlichen Kreisen, die das Buch Elchasai benutzten, das Johannes-Evangelium nicht bekannt war« (234). Zumindest sahen sie die Taufe nicht als das Ende fortlaufender ritueller Reinigungen. – Vgl. zur neueren Exegese von Joh 13,4–11 ABRAMOWSKI 2005, 189–192.

[291] Eine anfangs bzw. um die Mitte des 4. Jahrhunderts entstandene Rezension einer Grundschrift aus der 1. Hälfte des 3. Jahrhunderts. Vgl. ALTANER/STUIBER 1978, 134f; HOFMANN 1998.

[292] Ed. IRMSCHER/STRECKER 1989. Vgl. zur Tauflehre den schon erwähnten Beitrag von CIRILLO 1988.

[293] Übersetzung von IRMSCHER, a.a.O. 487.

[294] Ant XVIII 5,2 (§ 117).

[ἀμαρτάδων παραίτησις] anwendeten; die Seele nämlich sei dann ja schon vorher durch ein gerechtes Leben gereinigt [τῆς ψυχῆς δικαιοσύνῃ προεκκεκαθαρμένης]«[295].

Ähnlich wie Josephus unterscheiden die PsClem innere und äußere Reinheit bei Vorordnung der ersteren. Innere Reinheit wird betont, zugleich wird am Erfordernis ritueller Reinigung festgehalten. Auch nach dem Beischlaf bedarf es der rituellen Reinigung (§ 30; § 33,4). Doch ist in PsClem, anders als bei Josephus, der einmaligen Taufe (im Unterschied zu den wiederholten Reinigungsriten) die innere Neugeburt zugeordnet, aus der die guten Taten hervorgehen sollen (Hom 11,26,1).

Die »Apostolische Tradition« Hippolyts[296] bietet wichtiges Material zum Verhältnis von Taufe und ritueller Reinigung im frühen Christentum[297]. Besonders instruktiv zum Verhältnis von Taufe und Reinheit sind die Ausführungen über das mitternächtliche Gebet[298]: Um Mitternach soll der Mann die Hände waschen (nach einer Lesart mit »aqua pura«) und danach beten (»Circa mediam vera noctem exsurgens lava manus aqua et ora«)[299]; wenn seine Frau anwesend ist, mit ihr zusammen; ist sie ungläubig, von ihr getrennt. Wer »ehelich gebunden« ist (hier doch wohl: Verkehr hatte), ist deswegen nicht unrein und soll nicht zögern zu beten:

---

[295] Übersetzung in Anlehnung an CLEMENTZ.

[296] Eine griechisch um 200–215 n.Chr. wohl in Rom verfasste Kirchenordnung (die Autorschaft Hippolyts ist zweifelhaft), die aber älteres liturgisches Gut verarbeitet. Vgl. ALTANER/STUIBER 1978, 82; BAUER/HUTTER (Hg.) 1999, 362. – Editionen und Übersetzungen: DIX (Hg.) 1937; TIDNER (Hg.) 1963; BOTTE (Hg.) 1984; SCHÖLLGEN/ GEERLINGS (Hg.) 1991. Ich zitiere nach der Edition von BOTTE, der den lateinischen Text in zwei verschiedenen Fassungen (mit einzelnen griechischen Wörtern) bietet. – Vgl. generell zur Taufe in der Traditio Apostolica (im Vergleich mit der rabbinischen Proselytentaufe) WERBLOWSKY 1957.

[297] Die Täuflinge müssen sich waschen und reinigen als Vorbereitung auf die Taufe. Menstruierende sind von der Taufe ausgeschlossen: Ed. DIX 1937, § 20,5f (pp. 31f); ed. BOTTE 1984, § 20 (pp. 78–81).

[298] Ed. DIX 1937, § 36,9–11 (pp. 65f); ed. BOTTE 1984, § 41 (pp. 128–131).

[299] Ed. BOTTE 1984, § 41 (p. 128). – Vgl. I Tim 2,8: Βούλομαι οὖν προσεύχεσθαι τοὺς ἄνδρας ἐν παντὶ τόπῳ ἐπαίροντας ὁσίους χεῖρας. Die Eingrenzung des ὅσιος auf die Sittlichkeit ist mir mehr als zweifelhaft, so gewiss der Ton auf den dann folgenden Qualifikationen χωρὶς ὀργῆς καὶ διαλογισμοῦ liegt. »ὅσιοι χεῖρες sind bei den Tragikern die kultisch reinen Hände« (DIBELIUS 1955, 36; dort weiteres Vergleichsmaterial). Die zum Gebet erforderliche kultische Reinheit schwingt auch hier zumindest mit. Ausgleichend OBERLINNER 2002, 85f. – Vgl. die Parallele I Clem 29,1: προσέλθωμεν οὖν αὐτῷ ἐν ὁσιότητι ψυχῆς, ἁγνὰς καὶ ἀμιάντους χεῖρας αἴροντες πρὸς αὐτόν [...]. Wenngleich die ὁσιότης ausdrücklich der ψυχή zugeordnet wird, dürfte doch auch hier die kultische Reinheitsforderung mitschwingen. Im kultischen Hinzutreten zu Gott (προσέρχεσθαι wie Hebr 4,16; 10,22; 12,22), das sich hier im Gebet vollzieht (χεῖρας αἴροντες: Orantenhaltung), hebt man »geweihte und unbefleckte«, d.h. rituell reine, »Hände auf zu ihm«. I Clem 30,1 erläutert das näher durch Aufzählung zu vermeidenden Verhaltens.

»Noli autem piger esse ad orandu(m). Qui in nuptias ligatus est non est inquinatus«; Parallelüberlieferung: »Tu autem qui ligatus es in matrimonio ne haesites orare, quia non estis inquinati«[300].

Das ist offenbar keineswegs selbstverständlich (»ne haesites«!). Warum also bedarf es vor dem Gebet keiner Reinigung? Zur Begründung wird auf das vorangegangene Bad – die Taufe also – verwiesen: Durch das Bad ist man rein und muss sich nicht nochmals waschen (»Qui enim loti sunt non habent necessitatem lavandi iterum quia mundi sunt«; Parallelüberlieferung: »quia sunt mundi et puri«), heißt es mit Bezug auf den Bericht von der Fußwaschung Joh 13,10[301]. Die Taufe beseitigt demnach Unreinheit, hier im Blick auf Verunreinigung durch den Vollzug der Ehe. Obgleich rituelle Unreinheit immer wieder auftritt, bedarf es keiner wiederholten Tauchbäder. Das wird folgendermaßen begründet[302]: Der ganze Körper, bis zu den Füßen, wird gereinigt, wenn man vor dem Gebet die Hand vor den Mund führt, hineinhaucht und sich mit der Feuchtigkeit bzw. dem Speichel »siegelt« (σφραγίζειν)[303]:

»Per consignationem cum udo flatu et per manum sp(iritu)m[304] amplectens, corpus tuu(m) usque ad pedes sanctificatum est«; Parallelüberlieferung: »Cum insufflas in manum tuam et signaris (σφραγίζειν) cum sputo ex ore tuo, purus es totus usque ad pedes«[305].

Die Reinheit »bis zu den Füßen« versteht sich nach dem zu Elchasai und der Mailänder Taufliturgie Gesagten als rituelle Reinheit; näherhin im Blick auf rituelle Verunreinigung durch Sexualität. Zur Begründung heißt es weiter: Die Gabe des Heiligen Geistes und das Wasser des Bades, wenn sie von einem gläubigen Herzen wie aus einer Quelle dargebracht würden, reinigten die Gläubigen. Die Parallelüberlieferung formuliert dasselbe noch eindeutiger: Das zuvor erwähnte Hauchen sei die Gabe des Heiligen Geistes, und die Tropfen [sc. des Speichels] seien die Wasser der Taufe, die aus der Quelle, nämlich dem gläubigen Herzen, hervorgingen. Diese reinigten die Gläubigen:

»Donum enim sp(iritu)s et infusio lavacri, sicuti ex fonte corde credente cum offertur, sanctificat eum qui credidit«; Parallelüberlieferung: »Donum (δῶρον) enim est hoc spiri-

---

[300] Ed. DIX 1937, § 36,10 (p. 65); ed. BOTTE 1984, § 41 (p. 128).

[301] Dieser Bezug wird hier wegen der folgenden Bemerkung über die Reinheit der »Füße« hergestellt. Schon die oben angeführte Mailänder Taufliturgie nahm auf den johanneischen Bericht über die Fußwaschung Bezug. Vgl. dazu schon o. Anm. 289, 290.

[302] Ed. DIX 1937, § 36,11 (p. 66); ed. BOTTE 1984, § 41 (pp. 130f).

[303] Dasselbe Wort begegnet wenig später im Blick auf das Bekreuzigen.

[304] BOTTE bemerkt dazu (a.a.O. 131 Anm. 1): »L'abbréviation *spm* de L devrait se lire normalement *spiritum*, mais c'est une erreur de lecture d'un copiste. Il faut corriger en *sputum*« (kursiv im Original). In diesem Sinne ja auch die Parallelüberlieferung. SCHÖLLGEN/GEERLINGS (Hg.) 1991, 304 lesen »sp(iritu)m« (Apparat: a.a.O. 304f).

[305] Ed. BOTTE 1984, § 41 (p. 130).

tus sancti et guttae sunt aquae baptismatis quae exeunt ex fonte, hoc est, corde fideli, quae purificant eos qui credunt«[306].

Bemerkenswert ist der Zusammenhang von Taufe und Geist, gläubigem Herzen und Atem/Hauch. Die Erwartung der Verwandlung des Herzens durch den Geist in der eschatologischen Reinigung ist auch hier auf die Taufe bezogen. Die Verbindung von Geist und Hauch liegt nahe; vgl. die Geistverleihung durch Anhauchen Joh 20,22. So macht die Verwandlung des Herzens durch den Geist in der Taufe das Herz des Gläubigen zu einer fons aquae baptismatis, und der daraus hervorgehende Hauch seines Mundes wird zum donum spiritus sancti. Die Feuchtigkeit des Atems reinigt wie Taufwasser bzw. aktualisiert die reinigende Wirkung des Taufwassers. So kann die einmalige Taufe in ihrer rituell reinigenden Wirkung durch einen Reinigungsvollzug aktualisiert werden, der auf die Taufe zurückgreift, ohne dass diese selbst wiederholt werden müsste.

Hier ist das Verständnis der Taufe (auch) als rituelle Reinigung, der Gegensatz von ritueller Unreinheit und Kontakt mit dem Heiligen im Gebet sowie das Bedürfnis nach je erneuerter ritueller Reinheit lebendig. Zugleich wird die Einmaligkeit und Unwiederholbarkeit der Taufe festgehalten. Reinigungsbäder nach der Taufe werden abgelehnt (das Händewaschen vor dem Gebet allerdings wird, wie gesagt, praktiziert[307]). Der Reinigungsritus mit der Atemfeuchtigkeit stellt eine originelle Verbindung von beidem – Einmaligkeit der Taufe und Erneuerung der rituellen Reinheit – her. Diese Lösung unterscheidet sich von den judenchristlichen Tauf- und Reinigungspraktiken (vgl. Elchasai, PsClem) durch die Ablehnung von Tauchbädern o.ä. über die Taufe hinaus, zeigt aber auch, wie wirksam die Anschauung von der Taufe als rituelle Reinigung und von ritueller Verunreinigung durch Sexualität im stadtrömischen Christentum um die Wende vom 2. zum 3. Jahrhundert war[308].

---

[306] Ed. BOTTE 1984, § 41 (p. 130).

[307] Ähnlich wie wohl schon im Frühjudentum, vgl. SANDERS 1990, 258–260. So auch im Islam, vgl. KHOURY 1991b, 281f: Dort ist neben der Teilwaschung vor dem Gebet bei sexueller Verunreinigung die Ganzkörperwaschung vorgeschrieben. Das Benetzen mit Wasser aus einem am Eingang des Heiligtums aufgestellten Gefäß, wie in der römisch-katholischen Kirche üblich, entspricht pagan-hellenistischem Brauch, vgl. SANDERS 1990, 263.264.

[308] Nicht zu vergessen ist dabei, dass der von Hippolyt repräsentierte Teil der stadtrömischen Christenheit sich im Schisma gegenüber der Partei des Kallist als der konservativere, in Fragen zumal der Sexualethik rigorosere gegen die unterstellte Laxheit Kallists abgrenzte. Vgl. KRAFT 1991, 99–104: 100. Zum traditionellen Charakter der Traditio Apostolica auch DIX (Hg.) 1937, XI.

Die Didascalia Apostolorum[309] sucht ihre Adressaten – ein jüdisches Christentum, das rituelle Reinigung praktiziert – für ein Christentum ohne rituelle Reinigung zu gewinnen[310]. Im einzelnen geht es in Didascalia 56,22–63,8[311] um rituelle Verunreinigung durch Sexualität. Die Didascalia wendet sich dagegen, dass man sich im Zustand ritueller Unreinheit des Gebets, der Eucharistie und der Lesung heiliger Schriften enthält (56,22–57,1[312]); eine Praxis, die demnach für die Adressaten anzunehmen ist. Wiederholte Reinigungen – ausführlich wird die Reinigung nach der Menstruation angesprochen (57,17–59,35[313]) – sind nicht erforderlich, nachdem die Taufe den Geistbesitz vermittelt hat (57,1–9[314]). Tauchbäder und Waschungen sowie das Waschen der Kleider und des Bettes nach Pollution und Beischlaf werden abgelehnt (59,34–60,15[315]). Die Didascalia vertritt die Auffassung, dass Menstruation, Pollution und Beischlaf nicht verunreinigen. Doch bewirken Ehebruch und Verkehr mit Prostituierten eine Verunreinigung, von der kein Bad reinigen kann (62,22–33[316]). Rituelle Reinigungen sollen unterbleiben, rituelle Unreinheit soll unbeachtet bleiben. Doch ist der Leib unbefleckt (»inmaculatum et absque inquinatione« 63,4f) zu erhalten (62,33–63,8; vgl. 61,2–9[317]). Als verunreinigend – nun aber im moralischen Sinne – gilt nicht die Sexualität als solche, sondern die Sexualität außerhalb der Ehe; diese kann nicht durch rituelle Reinigung bewältigt werden.

---

[309] Eine griechisch verfasste, syrisch und teils lateinisch erhaltene, wohl aus Syrien stammende Kirchenordnung des 3. Jahrhunderts. Text: CONNOLLY (Hg.) 1929 (englische Übersetzung der syrischen Fassung mit lateinischen Parallelen); TIDNER (Hg.) 1963 (lateinisch); zu den Einleitungsfragen vgl. CONNOLLY (Hg.) 1929, LXXXVII–XCI; ALTANER/STUIBER 1978, 84f; STEIMER 1998, 167f; BAUER/HUTTER (Hg.) 1999, 88. Die Entstehungszeit ist umstritten; teils wird die erste Hälfte, teils die Mitte des 3. Jh.s vertreten.

[310] Generell geht es um den Versuch, die angesprochenen judenchristlichen Kreise von der Schädlichkeit der Beschneidung und des jüdischen Ritualgesetzes zu überzeugen. Zur Charakterisierung der angesprochenen Kreise als Judenchristen sowie zur Intention der Didascalia vgl. STRECKER bei BAUER 1964, 248–260.

[311] Ed. TIDNER 1963, 91–100; ed. CONNOLLY 1929, 242–257. Die Stellenangaben im Text nach der Zählung bei TIDNER.

[312] Ed. TIDNER 1963, 91f; ed. CONNOLLY 1929, 242f.

[313] Ed. TIDNER 1963, 92–95; ed. CONNOLLY 1929, 244–249.

[314] Ed. TIDNER 1963, 92; ed. CONNOLLY 1929, 242f.

[315] Ed. TIDNER 1963, 95f; ed. CONNOLLY 1929, 248–251.

[316] Ed. TIDNER 1963, 100; ed. CONNOLLY 1929, 254f.

[317] Ed. TIDNER 1963, 100; vgl. a.a.O. 97f; ed. CONNOLLY 1929, 254–257; vgl. a.a.O. 250–253.

5.2.3.3 Zusammenfassung

Im Überblick zeigt sich ein differenziertes Feld frühchristlicher Reinheits-
vorstellungen – von der Wiederholung der Taufe mit folgenden Reinigungsbädern (Elchasai) über die einmalige Taufe, gefolgt von wiederholten Reinigungsbädern (PsClem) und die einmalige Taufe und deren Aktualisierung ohne Reinigungsbäder, doch mit ritueller Reinigung mit Atemfeuchtigkeit aus dem Herzen als fons aquae baptismatis (Apostolische Tradition) bis hin zur strikten Ablehnung jeglicher rituellen Reinigung (Didascalia)[318]. Bemerkenswerter noch scheinen die Gemeinsamkeiten (die Didascalia ausgenommen) im Blick auf rituelle Verunreinigung durch Sexualität bzw. Reinigung davon. Diese halten sich bis in die stadtrömische Gemeinde des 2./3. Jahrhunderts durch. Es scheint nicht geraten, für das Christentum der neutestamentlichen Zeit generell eine strikte Abkehr von ritueller Reinigung anzunehmen oder einschlägige Äußerungen (z.B. I Tim
2,8) nur ethisch zu verstehen.

Vor dem Hintergrund der skizzierten – wenngleich späteren – frühchristlichen Tauf- und Reinigungsaussagen lassen sich Hebr 6,2; 10,22
folgendermaßen interpretieren: Hebr vertritt die einmalige Taufe (vgl. o.
zu 10,22) und weiß daneben von Tauchbädern (βαπτισμοί 6,2), welche von
den Adressaten praktiziert werden[319]. Diese werden zum Stoff der elementaren Anfangsunterweisung gezählt. Ihr Wert ist gering (vgl. 9,10). Hebr
geht es dagegen um die eschatologische Reinigung des Gewissens (9,14;
10,22), die es »vollkommen macht« (vgl. 9,9; 10,1) und daher dem Stoff
der als τελειότης bezeichneten kulttheologischen Hauptlehre (6,1) zugehört. Die Taufe reinigt den Leib und das Herz. Der Bezug auf den inneren
Aspekt der Anthropologie, das Herz/Gewissen, zeichnet sie vor anderen
Reinigungsvollzügen aus. Die innere Reinigung wird mit Bezug auf den

---

[318] Vgl. Justin, dial 47 (Text bei GOODSPEED [Hg.] 1984, 90–265; Übersetzung bei
HAEUSER (Hg.) 1917, 70–72): Wer als Jude an Christus glaube, werde selig werden, auch
wenn er das jüdische Ritualgesetz halte; doch nur, wenn er nicht auch Heidenchristen
zum Einhalten des Ritualgesetzes anhalte. Auch Heidenchristen, die zur Beachtung des
jüdischen Ritualgesetzes übergingen, würden selig. Doch werde von manchen vertreten,
wer das Ritualgesetz einhalte, könne nicht selig werden (vgl. HORBURY 1998a zum Verhältnis von Juden und Christen bei Barn und Justin). Ein bemerkenswerter Einblick in die
Pluralität der Einstellungen zum Ritualgesetz im frühen Christentum der 1. Hälfte bzw.
um die Mitte des 2. Jh.s, über die bloße Unterscheidung von Juden- und Heidenchristen-
tum hinaus.

[319] Vgl. schon BLEEK 1840, 155–160 (auch zur älteren Exegese, einschließlich Patri-
stik); BRANDT 1910, 120f; erwägend WINDISCH 1931, 50; BLACK 1961a, 114f; ATTRIDGE
1989, 164f, bes. Anm. 123f. Die von BLEEK (im Anschluss an [Ps.-] Oecumenius und
Theophylakt) angenommene Abweisung fortgesetzter Reinigungsvollzüge lässt sich nicht
nachweisen; so sehr Hebr zum Fortschreiten über die Anfangsunterweisung hinaus anleiten möchte, fehlt doch jede polemische Abgrenzung.

Reinigungsritus nach Num 19 als »Besprengen« (ῥαντίζειν) mit dem Blut Christi (Hebr 9,13f; 10,22; 12,24) zum Ausdruck gebracht. Die durch die Taufe erwirkte Reinigung des Gewissens ist damit streng christologisch verstanden, während in der Forderung der Taufe zur Neugeburt in PsClem oder bei Elchasai ein konstitutiver christologischer Bezug der Taufe nicht erkennbar wurde. Die innere Reinigung nach Hebr 9,14; 10,22 hat eschatologischen Rang; sie macht das Gewissen »vollkommen«. Ihrem eschatologischen Charakter entsprechend, ist sie einmalig und daher ein Ereignis in der Vergangenheit, das – gemäß der Korrelation von Innerem des Menschen und himmlischem Heiligtum – die Getauften kultfähig gemacht und ihnen den Zutritt zum himmlischen Allerheiligsten ein für alle mal eröffnet hat. Die bleibende Bedeutung der Taufe bringt – nach der einmaligen Besprengung an den Herzen in der Taufe – das fortwährende Reden des Besprengungsblutes zum Ausdruck. Solche Bedeutung kommt der leiblichen Reinigung in den βαπτισμοί nicht zu. Sie werden nur en passant erwähnt, jedoch nicht abgelehnt.

Damit stehen die Hebr-Adressaten in ihrem Tauf- und Reinigungsverständnis vermutlich einem täuferischen Judenchristentum[320] nahe, wie es zumal aus syrischen Quellen des 2. und 3. Jahrhunderts bekannt ist. Hebr weiß um die wiederholten Reinigungsvollzüge, doch legt er selbst darauf keinen Wert.

5.2.4 Ein Blick auf Hebr 13,4 (ἡ κοίτη ἀμίαντος κτλ.)

Im Rahmen der abschließenden Paränese heißt es in 13,4: Τίμιος ὁ γάμος ἐν πᾶσιν καὶ ἡ κοίτη ἀμίαντος πόρνους γὰρ καὶ μοιχοὺς κρινεῖ ὁ θεός. Das Sexualverhalten der Adressaten, das hier offenkundig im Blick ist, interessiert den Hebr speziell im Blick auf *rituelle* Reinheit bzw. Unreinheit. Das wurde bisher kaum zur Kenntnis genommen[321].

Κοίτη ist die übliche Übersetzung der LXX für מִשְׁכָּב »Bett/Lager«. Mit μιαίνειν, ἀμίαντος, μίασμα κτλ. ist speziell rituelle Reinheit bzw. Unreinheit angesprochen, und zwar vorrangig verursacht durch kultische oder durch sexuelle Verfehlungen, wie ebenfalls der Sprachgebrauch der LXX lehrt[322] (so bezeichnet das Wort im Hebr [7,26] den

---

[320] Vgl. dazu neben der voraufgegangenen Darstellung LICHTENBERGER 1992a, 96: Demnach findet sich in judenchristlichen Taufbewegungen zweierlei Taufverständnis und -praxis; zum einen die Praxis des Selbst-Untertauchens zur rituellen Reinigung, zum anderen die auf Johannes den Täufer zurückgehende Initiationstaufe.

[321] Vgl. nur WEISS 1991, 703f; LÖHR 1994, 130f; GRÄSSER 1997, 353–356; explizit abgelehnt wird die rituelle Bedeutung von ELLINGWORTH 1993, 697.

[322] Die zahlreichen Belege für μιαίνειν, μίασμα usw. in LXX-Lev bezeichnen unterschiedliche Formen ritueller Verunreinigung: unkorrekter Kultvollzug, Berührung unreiner Gegenstände oder Tiere, Tierkadaver, Leichen, Aussatz, Ausflüsse, Fremdkult und »Greuel«, d.h. geschlechtliche Verfehlungen. In den Schriftpropheten wird die Terminologie gern in kultischem Sinn angewandt, wenn etwa Israel Abfall zu Fremdgöttern vor-

himmlischen Hohenpriester als kultisch rein; auch in Hebr 12,15 ist rituelle Bedeutung anzunehmen[323]. »Il faut certainement lui [sc. diesem Wort] conserver cette nuance cultuelle«[324].

Die κοίτη ἀμίαντος ist demnach die nicht rituell verunreinigte Bettstatt. Im Blick ist primär Verunreinigung durch unerlaubte Sexualität, wie durch den unmittelbaren Kontext (πόρνος, μοίχος) gesichert ist. Γάμος wird meist mit »Ehe« übersetzt, was aber zu stark verallgemeinert; das Wort bedeutet (neben »Eheschließung/Hochzeit«, was hier keinen guten Sinn ergibt) das Beilager bzw. den Beischlaf[325]. Zu übersetzen ist daher: »Ehrsam sei der Beischlaf [...] und nicht rituell verunreinigt das Lager«. »Ehrsam« ist derjenige Beischlaf, der nicht von Gott im Gericht gestraft wird (der Fortgang nennt das künftige Gericht über Unzüchtige und Ehebrecher). Solcher Beischlaf verunreinigt das Lager nicht.

Die nächste sachliche Parallele zu Hebr 13,4 in LXX ist Gen 49,4: Ruben befleckte das Lager seines Vaters, auf dem er dessen Ehe brach (vgl. Gen 35,22). Als rituell verunreinigend wird Ehebruch auch in Num 5,13.20 bezeichnet (vgl. ähnlich Ez 23,17; Hi 31,11[326]); LXX Gen 34,5.13.27 bezeichnet die Schändung der Dina als rituelle Verunreinigung (mit μιαίνειν[327]).

Eine zweimal geschiedene Frau ist nach Dtn 24,4 für ihren ersten Mann rituell verunreinigt: Er kann sie nicht wieder zur Frau nehmen μετὰ τὸ μιανθῆναι αὐτήν (LXX). SapSal 3,13 preist die unfruchtbare/kinderlose Frau, sofern sie »unbefleckt« ist (μακαρία στεῖρα ἡ ἀμίαντος) und »kein Beilager in Übertretung kannte« (ἥτις οὐκ ἔγνω κοίτην ἐν πα-

---

geworfen wird, was mit Verunreinigung durch Prostitution und Unzucht verglichen wird. Besonders häufig begegnet die Terminologie bei LXX-Ez. Er spricht von Verunreinigung von Menschen bzw. Israel durch Fremdkult bzw. verbotene Kultpraktiken oder durch verbotene sexuelle Beziehungen. Die recht zahlreichen Belege in den Pseudepigraphen und Apokryphen konzentrieren sich ebenfalls auf rituell-kultischen Gebrauch, wobei meist der Heiligtumsbezug im Vordergrund steht (z.B. Jdt 9,8; I Makk 1,46; 4,45; PsSal 2,3 u.ö.); seltener kommt sexuelle Verunreinigung (z.B. Jdt 9,2 u.ö.) oder andere rituelle Verunreinigung (durch Genuss unreiner Speisen oder durch Tote, vgl. Tob 2,9; I Makk 1,63) vor.

[323] Hebr 12,15 warnt vor Verunreinigung dadurch, dass jemand an der Gnade Gottes Mangel habe. Die Warnung vor Verunreinigung der Vielen (μιανθῶσιν πολλοί) dürfte jedoch kaum nur im übertragenen Sinne gemeint sein: Sie bezieht sich auf die Gefahr einer aufschießenden »bitteren Wurzel«, und damit ist in Dtn 29,17, worauf Hebr hier Bezug nimmt, der Abfall zum Fremdkult – eine der stärksten Quellen ritueller Unreinheit – gemeint. Bei Schilderungen der Idolatrie ist die Erwähnung der Unzucht traditionell nicht fern (vgl. die vorige Anm.), die auch hier sogleich folgt (vgl. πόρνος Hebr 12,16); auch sie verunreinigt rituell.

[324] SPICQ 1953, 418 (doch ohne den Sinn dessen näher zu entfalten).

[325] Vgl. BAUER 1988, 303 (s.v. γάμος 2a).

[326] Nur in LXX.

[327] Das entspricht dem MT, der ebenfalls von Verunreingung (טמא) spricht.

ραπτώματι)[328]. Über den Ehebruch hinaus deklariert 4Q270 (4QD^e) 2 II 15–17[329] als unerlaubten Geschlechtsverkehr den Verkehr eines Mannes mit einer Schwangeren, eines Mannes mit seiner Nichte und eines Mannes mit einem Mann. Ps-Phok[330] zählt an zu vermeidenden Formen des Geschlechtsverkehrs auf: Verkehr mit der Stiefmutter, der Konkubine des Vaters, der Schwester, den Frauen der Brüder (179–183), der Schwangeren (186), mit Tieren (188); ferner schamlose Weisen des Verkehrs mit der eigenen Gattin (189) sowie homosexueller Verkehr unter Männern wie unter Frauen (190–192).

Hebr 13,4 mahnt, der Beischlaf solle ehrsam sein ἐν πᾶσιν, »in jeder Hinsicht«[331]. Das verweist, über die explizit genannte Unzucht und den Ehebruch hinaus, auf weitere Möglichkeiten, die κοίτη durch nicht-ehrsamen Beischlaf zu verunreinigen. Man mag an den Verkehr mit der Schwangeren oder an die anderen in 4Q270 und/oder bei Ps-Phok genannten Formen des Verkehrs denken. Ferner ist von der rituellen Verunreinigung des Bettes (κοίτη/משכב) mehrfach in Lev 15 die Rede; sie entsteht durch Ausfluss (זב/ Gonorrhöe), Pollution, Menstruation oder Blutfluss (Lev 15,2–4.16f.19–21.24–26). Dabei übersetzt LXX den hebräischen Ausdruck für »Pollution«, שכבת־זרע, mit κοίτη σπέρματος. Die κοίτη der betreffenden Personen wird jeweils mit ἀκάθαρτος als unrein bezeichnet[332]. – Zwar ist rituelle Unreinheit als solche nicht schuldhaft. Doch ist es eine Verfehlung, die dann erforderliche Reinigung zu versäumen bzw. das bei ritueller Unreinheit gebotene Verhalten zu unterlassen. Hierher gehört etwa der Verkehr mit der Menstruierenden, den PsClem H 11,28 verbietet, oder die Forderung der rituellen Reinigung nach dem Verkehr in den behandelten frühchristlichen Quellen (s.o.); vgl. schon Lev 15,18.

So kann rituelle Unreinheit zu schuldhaftem Verhalten führen, und umgekehrt ist Ehebruch und anderes schuldhafte Sexualverhalten Quelle rituel-

---

[328] Vgl. den Lasterkatalog I Clem 30,1; darin u.a. die Aufforderung, »schmutzige und unreine Umarmungen« (μιαράς τε καὶ ἀνάγνους συμπλοκάς) zu meiden; ferner die Mahnung, das Fleisch nicht zu beflecken Herm mand IV 1,9 (29,9); sim V 7,1–4 (60,1–4). Vgl. NIEDERWIMMER 1975, 162–169: 164–167.

[329] DJD 18, 1996, 137–169: 144–146. Nicht enthalten in der aus der Kairoer Geniza bekannten Fassung der Damaskusschrift.

[330] Zu dieser Schrift vgl. o. p. 377 Anm. 228.

[331] Daneben wird die Übersetzung »bei allen« vertreten (so z.B. GRÄSSER 1997, 355). Die neutrische Auffassung schon bei BLEEK 1840, 988–990; WESTCOTT 1906, 434; SPICQ 1953, 418; ELLINGWORTH 1993, 697. – Die Auffassung als masculinum i.S.v. »bei allen« ist nur sinnvoll, wenn man eine Aussage über die Wertschätzung der Ehe annimmt, die gegenüber »allen« – auch etwaigen Asketen – vertreten werden soll; das wird von der Mehrheit der Ausleger mit Recht abgelehnt. Überdies ist die Wiedergabe von γάμος mit »Ehe«, wie erwähnt, nicht überzeugend. Wenig sinnvoll ist die Aufforderung, der Beischlaf (= γάμος) solle bei allen wertgeachtet sein; einleuchtend dagegen die, er solle in jeder Hinsicht »ehrsam« sein (d.h. vollzogen werden). Schließlich sollte man für »bei allen« andere griechische Formulierungen erwarten (vgl. BLEEK a.a.O.).

[332] LXX V.4: πᾶσα κοίτη [...] ἀκάθαρτον ἔσται; V.16: καὶ ἄνθρωπος ᾧ ἐὰν ἐξέλθῃ ἐξ αὐτοῦ κοίτη σπέρματος [= שכבת־זרע »Pollution«] [...] ἀκάθαρτος ἔσται; V.20: πᾶν ἐφ᾽ ὃ ἂν κοιτάζηται ἐπ᾽ αὐτὸ ἐν τῇ ἀφέδρῳ αὐτῆς ἀκάθαρτον ἔσται; V.21 καὶ πᾶς ὃς ἐὰν ἅψηται τῆς κοίτης αὐτῆς [...] ἀκάθαρτος ἔσται; V.24: πᾶσα κοίτη ἐφ᾽ ἣν ἂν κοιμηθῇ ἐπ᾽ αὐτῆς ἀκάθαρτος ἔσται; V.26: καὶ πᾶσαν κοίτην ἐφ᾽ ἣν ἂν κοιμηθῇ ἐπ᾽ αὐτῆς πάσας τὰς ἡμέρας τῆς ῥύσεως κατὰ τὴν κοίτην τῆς ἀφέδρου ἔσται αὐτῇ.

ler Unreinheit. Beide Sphären sind nicht strikt gegeneinander abgegrenzt. Das gilt auch für Hebr 13,4: Wie die Erwähnung der πόρνοι καὶ μοιχοί zeigt, geht es um Ehebruch bzw. illegitimen Verkehr überhaupt. Darüber hinaus mag die Verunreinigung der κοίτη durch Beischlaf unter den Bedingungen ritueller Unreinheit bzw. durch das Versäumen ritueller Reinigung mit im Blick sein. Wenngleich Hebr kein eigenes Interesse an solcher ritueller Reinigung erkennen lässt, lehnt er sie auch nicht ab. Bei den Adressaten sind rituelle Reinigungen nach Pollution, Beischlaf und Menstruation vorstellbar, wie sie aus den PsClem bekannt sind und wie sie in der Didascalia abgewiesen werden (s.o.). Auch die Erwähnung der – als Praxis der Adressaten vorausgesetzten – Reinigungsbäder (βαπτισμοί Hebr 6,2) weist in diese Richtung.

5.2.5 Ergebnisse

Der Rückgriff auf Tora- und Prophetentexte sowie auf frühjüdische Texte zum Reinigungsritual nach Num 19 erlaubt eine neue und vertiefte Deutung der einschlägigen Aussagen und Anspielungen des Hebr. Insbesondere die Bedeutung dieses Rituals für den Eintritt ins Heiligtum und für die Beteiligung am Kultvollzug ist für die Hebr-Auslegung zu beachten: Im Kontext der einschlägigen Hebr-Belege (9,13f; 10,22; 12,24) begegnet jeweils das genannte Thema. Ferner sind dem Reinigungsritual von Num 19 schon von Ez 36; Ψ 50 (Ps 51) her, zumal aber von den frühjüdischen Rezeptionstexten her die Themen der Buße und Sündenvergebung, der Reinigung des Herzens und der Bundeserneuerung zugeordnet. Damit wird die innere Logik der Verbindung von neuem Bund, eschatologischer Reinigung und Zugang zum himmlischen Allerheiligsten im Hebr nachvollziehbar: Sie nimmt die frühjüdische Erwartung eschatologischer Reinigung auf und sagt damit die eschatologische Bedeutung des Christusgeschehens aus. Die Zuordnung der genannten Themen wie auch die Verbindung von Jom Kippur- und פרה-Typologie steht in der Kontinuität frühjüdischer Auslegungstraditionen.

Die Verhältnisbestimmung von innerer und äußerer Reinigung, Gewissen und σάρξ und die Einzeichnung dessen in die irdisch-himmlische Sphärendifferenz machen das besondere Profil der Reinigungsaussagen des Hebr im Vergleich sowohl mit hellenistisch-jüdischen (Philo, Josephus) wie mit Aussagen der Texte vom Toten Meer zur Reinigung aus.

Die Erwähnung des redenden himmlischen »Besprengungsblutes« 12,24 ist Teil der kulttheologischen Neuauslegung der Bedeutsamkeit des Christusereignisses: Die Rede des Blutes sagt kulttheologisch aus, was Weg und Geschick Christi bedeuten – Zugang zum (himmlischen) Heiligtum.

Die Kombination von Waschung und Besprengung wie in Hebr 10,22 findet sich auch in frühjüdischen Buß- und Reinigungsritualen, die an Num

19 anschließen, und läßt sich von daher besser als bisher erklären. Mit der metaphorischen Deutung der Besprengung nach Num 19 als Besprengung »an den Herzen« durch das redende himmlische Besprengungsblut Christi bringt Hebr die eschatologische, innere Reinigung als einen der beiden Aspekte des Taufrituals zum Ausdruck und gibt damit eine eigenständige Deutung der Taufe im Rahmen seiner Kulttheologie. Diese Deutung ist im frühen Christentum in dieser Form einzigartig. Das wirft neues Licht auf die Beziehung der Taufe zu frühjüdischen Buß- und Reinigungsritualen. Das besondere – eschatologische wie christologische – Profil der Taufe tritt hervor. Zugleich können die »Tauchbäder« (βαπτισμοί Hebr 6,2) als wiederholte rituelle Reinigungen erklärt und von der einmaligen Taufe unterschieden werden. Die Adressaten sind damit ihrem Taufverständnis nach im Judenchristentum zu verorten. Hebr lehnt rituelle Reinigung – deren Nutzen er für begrenzt hält – nicht ab. Er teilt die Anschauung von der rituell verunreinigenden Wirkung der (illegitimen) Sexualität und steht damit in einer bis in altkirchliche Zeit reichenden Kontinuität.

Der Aufnahme von Num 19 im Hebr lassen sich im frühen Christentum nur Barn 5,1; 8 an die Seite stellen[333]. Auch dort wird Num 19 christologisch interpretiert; doch, anders als im Hebr, ohne Verständnis für die zugrundeliegende kulttheologische Bedeutung. Auch hier gilt, was bereits an anderer Stelle gesagt wurde: Für Barn steht die prophetisch-christologische Aussageintention der Schrift im *Gegensatz* zu ihrem Literalsinn (und damit zu dessen Umsetzung in irdische Kultpraxis); für Hebr dagegen sind der Literalsinn der Kultgesetzgebung und dessen Umsetzung in irdische Kultpraxis gerade die *Träger* der christologischen Aussageintention.

5.3 Hebr 9,22f mit V.18–21:
Neuer Bund und Reinigung des himmlischen Heiligtums

In Hebr 9 steht neben der Personsühne (Gewissensreinigung, 9,14) die Heiligtumssühne und -reinigung in 9,23. Folgende Auslegung konzentriert sich auf das Verständnis der Blutriten als unerlässlich zur Reinigung und Vergebung nach V.22 sowie auf die Reinigung des himmlischen Heiligtums nach V.23. Schon von Lev 16 her gehören Person- und Heiligtumssühne zusammen. Ein Exkurs zum Gebrauch der Reinigungsterminologie in

---

[333] Zu nennen wäre noch I Petr 1,1f: [...] ἐκλεκτοῖς [...] εἰς ὑπακοὴν καὶ ῥαντισμὸν αἵματος Ἰησοῦ Χριστοῦ. Ein Bezug auf Num 19 ist hier jedoch wenig wahrscheinlich, denn eine Besprengung mit dem Blut der Roten Kuh gibt es im Reinigungsritual von Num 19 nicht. Näher liegt es daher, in diesem Fall an die Blutsprengung beim Ritual der Priesterweihe (Ex 29,20f; Lev 8,23f) zu denken, zumal I Petr auf den priesterlichen Status der Adressaten Bezug nimmt (I Petr 2,5.9). Schwieriger wäre die Annahme, dass in I Petr eine Deutung des Blutes als Besprengungsblut vorläge, die ohne eindeutige Bezugnahme auf Num 19 ausgedrückt werden könnte.

LXX klärt den Hintergrund der Aussage des V.22: Unter der Kategorie der Reinigung werden Reinigungs- bzw. Weihevorgänge und Sündenvergebung zusammengefasst, wobei das Gewicht auf dem Aspekt der Reinigung liegt. Vorbereitend schildern V.19–21 den Bundesschluss am Sinai, abweichend von Ex 24,3–8, als Reinigungsvollzug für Volk und Zeltheiligtum sowie als Kultinauguration und nimmt darin Motive der schon in Hebr 9,13f angesprochenen Reinigungsrituale auf. Darauf spricht V.23 von der Reinigung des himmlischen Heiligtums durch das Opfer Christi. Wie das irdische Heiligtum von den Sünden der ihm zugeordneten Kultgemeinde und Priesterschaft gereinigt wird, so das himmlische von denen der diesem zugeordneten.

5.3.1 V.18–21: Bundesschluss und Reinigung

V.18: Anschluss an V.15–17. V.18 schließt an den rechtsmetaphorischen Einschub V.15–17 an und begründet mit dem Grundsatz des V.17, dass ein Testament »bei Toten« (im Todesfalle) gültig sei, dass auch »die Erste« (sc. διαθήκη) nicht ohne Blut »eingeweiht« (inauguriert) wurde.

V.19–21: Schilderung des Bundesschlusses am Sinai als Reinigungsvollzug. Es folgt in V.19–21 eine Schilderung des Bundesschlusses am Sinai. V.19f schließen sich (mit Unterschieden im einzelnen) an Ex 24,3–8 an; V.21 geht darüber hinaus. V.19f verarbeiten aus Ex 24,3–8 die Angaben der V.3.7, 6.8. Diese betreffen den Vortrag des Gesetzes durch Mose (Ex 24,3.7), die Besprengung des Volkes durch Mose mit dem Blut der geopferten Stiere (Ex 24,6.8) sowie die Worte Moses über das Bundesblut (Ex 24,8)[334]. Andererseits hat Hebr aus Ex 24,3–8 die formelle Annahme des Gesetzes durch das Volk (V.3.7) sowie den Altarbau und die Darbringung der Opfertiere auf dem Altar und die Blutmanipulation an diesem (V.4–6) ausgelassen. Wie beim Jom Kippur-Ritual, hat Hebr auch hier aus der Ritualschilderung das für ihn wesentliche Element – in diesem Falle Bundesschluss und Blutsprengung – übernommen und die übrigen Aspekte zurückgestellt. Für die Darbringung auf dem Brandopferaltar und für die Blutmanipulationen an diesem hat er im Rahmen seiner christologisch-typologischen Deutung keine Verwendung.

Hebr nennt das Blut von Kälbern [und Böcken] (τῶν μόσχων [καὶ τῶν τράγων][335]); LXX Ex 24,5 nennt lediglich μοσχάρια »Kälber«. Weiter

---

[334] Während Mose nach LXX Ex 24,8 sagt: ἰδοὺ τὸ αἷμα τῆς διαθήκης κτλ., heißt es in Hebr 9,20: τοῦτο τὸ αἷμα τῆς διαθήκης κτλ. Man könnte in dieser Abweichung einen Anklang an die Abendmahlsworte Jesu sehen (Mk 14,24: τοῦτό ἐστιν τὸ αἷμά μου τῆς διαθήκης; vgl. VOGEL 1996, 97 m. Anm. 115; BACKHAUS 1996, 200.228–232, bes. 231f m. Anm. 760). Doch mag das dahinstehen, zumal Hebr seine Bundestheologie inhaltlich unabhängig von der Abendmahlstradition entwirft (so auch VOGEL 1996, 97).

[335] Sollte der Textbestandteil καὶ τῶν τράγων in Hebr 9,19 ursprünglich sein – was zweifelhaft ist –, so handelte es sich um eine Angleichung des Bundesschlusses an das Jom Kippur-Ritual, für das diese Kombination von Opfertieren (Stier und Bock) charakteristisch ist. Jene Worte fehlen u.a. in 𝔓[46]. The Greek New Testament[3] bietet sie nicht.

schildert Hebr über Ex 24 hinaus die Beigabe von Wasser, Scharlach und Ysop zum Blut der Opfertiere sowie die Besprengung des βιβλίον. Für letztere gibt es in der biblischen und frühjüdischen Tradition keine Entsprechungen. Dagegen knüpft die Zugabe von Wasser, Scharlach und Ysop zum Blut an die Besprengungsriten an, die im Rahmen von Reinigungsritualen vorgeschrieben sind. Das gilt für die Reinigung von Leichenunreinheit (vgl. Num 19,6) wie für Reinigung von Aussatz (vgl. Lev 14,4); in beiden Fällen wird noch Zedernholz zugesetzt. Mit dem Gemisch von Wasser, Blut, Zedernholz, Scharlach und Ysop wird die zu reinigende Person bzw. Sache besprengt. Sein Interesse an Reinigungs und Besprengungsriten zeigt Hebr auch in 9,13f; 12,24. In 9,13 wird, wie erwähnt, die »Rote Kuh« nach Num 19 aufgenommen; V.14 spricht vom Erzielen der Reinigung des Gewissens, während das Blut von Böcken und Stieren (der Opfertiere des Jom Kippur also) und der »Kuh« (von Num 19) nur Reinigung des Fleisches erziele. Auch der Ausdruck »Besprengungsblut« (ὕδωρ ῥαντισμοῦ) 12,24 spielt auf die Reinigungs- und Besprengungsriten an. Mit der Nennung von Wasser, Scharlach und Ysop deutet Hebr den Bundesschluss – das wird in der Exegese bisher zu wenig beachtet – speziell als Reinigungsritual, wofür Ex 24 keine Anhaltspunkte gibt[336].

Nach V.21 wurden beim Bundesschluss auch das Zeltheiligtum und die Kultgeräte von Mose besprengt. Dagegen wird die Anfertigung des Zeltheiligtums und seiner Ausstattung nach dem Bericht der Tora erst nach dem Bundesschluss angeordnet (Ex 25,1–31,11); ausgeführt wird die Anordnung erst weit später (Ex 35,4–39,41), nach dem Abfall zum Goldenen Kalb und der Offenbarung des kultischen Dekalogs. Ex 40 berichtet darauf von der Weihe des Heiligtums, wobei in V.9–11 das Salben der »Wohnung« (משכן, σκηνή), der Geräte, des Altars usw. mit Öl angeordnet wird (vgl. Lev 8,10f). Von Öl und vom Salben ist in Hebr 9,21 nicht die Rede; aber es soll doch auch hier die Weihe des Heiligtums geschildert werden, und Hebr hat den als Reinigungsritual verstandenen Bundesschluss (Ex 24) und die Heiligtumsweihe (Ex 40) zu einem einzigen Kultakt zusammengefasst[337].

Zum einzelnen vgl. GRÄSSER 1993, 180 m. Anm. 126 (er bleibt skeptisch; ebenso BRAUN 1984, 276).

[336] Mit der Nennung der Opfertiere wäre, den Wortlaut τῶν μόσχων καὶ τῶν τράγων vorausgesetzt (dazu aber die vorige Anm.), auch ein Anklang an den Jom Kippur gegeben. Die Kombination von Reinigung und Jom Kippur erinnert an Hebr 9,13f, wo ebenfalls die Opfertiere des Jom Kippur mit denen eines Reinigungsrituals – dessen von Num 19 – kombiniert werden.

[337] Die Priesterweihe nach Ex 29/Lev 8 steht dagegen nicht im Hintergrund von Hebr 9,19–21.

Zum Vergleich wird gern auf Philo, Mos II 146, und Josephus, Ant III 8,6 (§ 206) hingewiesen[338]. Es handelt sich dort jeweils um Schilderungen der Heiligtumsweihe nach Ex 40. Philos Bericht erinnert insofern an Hebr 9,21, als auch dort von der Besprengung des Heiligtums und seiner Ausstattung die Rede ist, während Ex 40,9–11, wie gesagt, lediglich vom Salben spricht. Doch nach Philo wurde lediglich Öl verwendet, das Hebr nicht erwähnt; dagegen ist von Blut, Wasser usw. bei Philo nicht die Rede. Heiligtumsweihe und Bundesschluss verbindet Philo nicht; auf Ex 24 nimmt er hier keinen Bezug. Das siebenmalige Besprengen von Altar und Wassergefäß nach Mos II 146 erinnert an die siebenmalige Blutsprengung beim Sündopfer nach Lev 4,6.17 bzw. Lev 16,14. – Auch die Schilderung des Josephus stellt a.a.O. keinen Bezug zu Ex 24 her. Doch verbindet er a.a.O., §§ 205f, die Schilderung der Priesterweihe nach Ex 29/Lev 8 mit der der Heiligtumsweihe nach Ex 40 und übernimmt aus Ex 29,20f/Lev 8,23f die Besprengung der Priester und ihrer Gewänder mit einem Gemisch aus Öl und Blut, mit dem er dann, von Ex 40,9–11 abweichend, auch das Heiligtum und seine Ausstattung besprengt sein lässt. Die Kombination der beiden Weihevorgänge von Ex 29/Lev 8 und Ex 40 weicht zwar vom biblischen Bericht ab, ist aber nachvollziehbar, da es sich um sehr ähnliche Vollzüge handelt. – Beide Autoren gehen also in ihrer Schilderung der Heiligtumsweihe über Ex 40 hinaus und nehmen dabei Einzelheiten, sei es aus anderen biblischen Zusammenhängen, sei es aus anderweitigen Traditionen, auf. Insofern sind die Kombinationen biblischer Stoffe und ritueller Vollzüge, die sich Hebr in seiner Aufnahme des Berichts von Ex 24 gestattet, in frühjüdischer Auslegungspraxis nicht außergewöhnlich.

Gilt dies für die Stoffbehandlung generell, so bleibt die Vorgehensweise von Hebr 9,19–21 doch auffällig. Das gilt zum einen für die Schilderung des Bundesschlusses als Reinigungsritual, die einen dezidierten inhaltlichen Akzent setzt, der nicht aus der Freiheit frühjüdischer Auslegungspraxis allein erklärt werden kann. Gleiches gilt mehr noch von der Verbindung von Bundeschluss und Heiligtumsweihe, die in so auffälliger Weise der Reihenfolge der biblischen Erzählung widerspricht. Doch obgleich die Darstellung des Bundesschlusses am Sinai als Reinigungsvollzug und Kultinauguration nicht aus frühjüdischen Parallelen herleitbar ist, so lässt sich doch die thematische Verbindung von Bund, Reinigung und Heiligtum von biblischen bzw. frühjüdischen Traditionen her erhellen. Dazu ist auf ein Beispiel, Ez 36,16–30.33, einzugehen. Der Text ist schon oben im Zusammenhang der פרה-Typologie herangezogen worden[339]. Das an dieser Stelle Wesentliche sei knapp wiederholt:

Gott verheißt, Israel von allen seinen Sünden zu reinigen (V.33). Damit ist die Terminologie der kultischen Reinigung explizit auf die Sünde angewandt. Die zu erwartende Reinigung bedeutet eine Erneuerung des Bundesschlusses, was darin zum Ausdruck kommt, dass zur Beschreibung des dadurch entstehenden neuen Verhältnisses von Gott und Volk auf Landverheißung und Bundesformel zurückgegriffen wird (V.28). In diesem Zusammenhang findet sich auch die Verheißung des neuen Herzens und des neuen Geistes V.26f. Die Gabe des neuen Herzens und des neuen Geistes wird als Folge des Reinigungsrituals V.25 an dieses angeschlossen. Die Verheißung von V.26f steht der von Jer

---

[338] Z.B. WEISS 1991, 481.
[339] ↑ III.5.2.1.2.

31,33 nahe. Wie dort, geht es um die Erneuerung des Herzens, die zum Tun des Gotteswillens befähigt. Ez hat die Verheißung des neuen Bundes aus Jer aufgenommen; doch hier so, dass die Bundeserneuerung an einen Reinigungsritus gebunden wird, der die in kultischen Kategorien als Unreinheit vorgestellte Sünde beseitigt und damit die Gabe des neuen Herzens ermöglicht.

Der Zusammenhang mit Hebr 9,18–23 liegt auf der Hand: Auch hier wird der Bundesschluss als Reinigungsritual gedeutet, der dem ganzen Volk gilt; auch hier geht es zugleich um die Annahme des in der Tora verfassten Gotteswillens (V.19); daher auch die Besprengung des βιβλίον (ebd.), die, soweit das Ritual zugleich als Inauguration (vgl. ἐγκεκαίνισται V.18) des Bundes gilt, damit zugleich das Bundesbuch und das darin enthaltene Gesetz in Geltung setzt. Schließlich bezieht Hebr 9,13f – darin Ez 36,25–27 ähnlich – die Reinigung durch das Blut auf das Gewissen, damit auf den inneren Aspekt des Menschen, der an anderer Stelle (Hebr 10,22) auch als καρδία bezeichnet wird.

Auch der Zusammenhang von Bundesschluss und Heiligtumsweihe in Hebr 9,21 kann von frühjüdischen Traditionen her erklärt werden. Dazu sei hier nur knapp in Erinnerung gerufen, was an anderer Stelle dieser Arbeit ausführlicher dargelegt wurde[340]:

Schon die biblische Tradition lässt die Anweisung zum Heiligtumsbau in einer unmittelbar auf den Bundesschluss folgenden Sinai-Offenbarung gegeben sein (Ex 25,1ff nach 24,18), und die Priesterschrift versteht das Wohnungnehmen Gottes im Heiligtum als Verwirklichung und Vollzug der Gottesgemeinschaft des Bundes[341]. Ex 15,17 lässt den Exodus auf das Erreichen des Zion als Gottesberg und Stätte seines Heiligtums zielen, und Ps 132 verbindet den Davidsbund mit der Erwählung des Zion als Ort des Lade-Heiligtums. Das chronistische Werk ist ganz auf den Kult im Zionsheiligtum ausgerichtet und sieht diesen als Ziel des Weges Israel vom Sinai her[342]. Frühjüdische Tradition (TestLev 8; Jub 27,27; 32,1; 11Q19 XXIX 9f) weiß vom Jakobsbund von Bet-El, der in der Errichtung des Tempels und dem darin vollzogenen Kult Ziel, Inhalt und Vollzug findet[343]. Kurz, in biblischen und frühjüdischen Traditionen besteht ein enger Zusammenhang zwischen Bund, Heiligtumsbau und Kultvollzug: Der Bund zielt auf das Heiligtum und wird selbst im Kult vollzogen. Das ist in die Bundesschluss-Schilderung Hebr 9,19–21 eingegangen.

So schildert Hebr in 9,19–21 ein Bundesschlussritual, das Bundesschluss, Reinigung des Volkes und Reinigung/Weihe des Heiligtums verbindet. Die Abweichungen von der biblischen Tradition sind weder aus Unverständnis noch aus bloßer Freiheit im Umgang mit den Stoffen zu erklären. Sie deuten den Bundesschluss von Ex 24 in einer Weise, welche frühjüdischer Rezeption und Interpretation alttestamentlicher Bundes- und Kulttraditio-

---

[340] ↑ II.2, pp. 53–56.
[341] Vgl. BLUM 1990, 296f; POLA 1995, 309–327.
[342] Vgl. zu diesem Schwerpunkt chronistischer Theologie die Darstellung von WELTEN 1979.
[343] Näheres in dieser Arbeit p. 56.

nen entspricht. Zugleich ist diese Deutung ganz auf die Deutung des Christusgeschehens in V.23 hin entworfen, zu der V.22 überleitet.

V.22: ›Blutkanon‹ und Gebrauch der Reinigungsterminologie. Die Behauptung des ersten Versteils von V.22 (καὶ σχεδὸν ἐν αἵματι πάντα καθαρίζεται κατὰ τὸν νόμον) geht über die explizit als Reinigungsrituale bezeichneten Vollzüge der Tora hinaus, zumal bei diesen nicht immer Blut verwendet wird (das wichtigste Element zur Erzielung ritueller Reinheit ist Wasser[344]). Blut kommt dagegen (zusammen mit Wasser) in nur zwei Reinigungsritualen vor; denen, bei denen auch Scharlach, Ysop und Zedernholz verwendet wird (Lev 14,4–7; Num 19,1–7). Hebr denkt hier also noch an seine eigene Schilderung des Bundesschlussrituals als Reinigungsritual in V.19–21. Die weite Formulierung ἐν αἵματι πάντα καθαρίζεται geht aber darüber hinaus. Schon Lev 16 verbindet Sühne- und Reinigunsterminologie, sowohl im Blick auf die Wirkung für Personen (Lev 16,30; vgl. V.17.24) als auch auf die für das Heiligtum (Lev 16,16.18f; vgl. V.33). Die Aufzählung der Opfertiere in Hebr 9,19 (τὸ αἷμα τῶν μόσχων [καὶ τῶν τράγων]) klingt ja, wie dargestellt, an Lev 16 an[345]. Auch an die bekannte Stelle Lev 17,11 ist zu erinnern, wonach im Blut das Leben des Fleisches ist und das Blut Israel von Gott für den Altar gegeben ist, »dass ihr damit entsühnt werdet. Denn das Blut ist die Entsühnung, weil das Leben in ihm ist«[346]. Hebr dürfte dabei auch an die Sühneriten im Zusammenhang des Opferkults denken, bei denen Blut verwendet wird und als deren Ergebnis Sündenvergebung genannt wird (vgl. καὶ χωρὶς αἱματεκχυσίας οὐ γίνεται ἄφεσις)[347]. Entsprechend gibt die Kombination von כפר und סלח zum Abschluss von Sühneriten deren Ergebnis an: so Lev 4,20.26.31.35; 5,10.13.16.18 u.ö.; LXX gibt סלח mit ἀφίημι wieder. Die Blutriten also zielen nach den Ritualanweisungen der Priesterschrift auf Vergebung der Sünden[348] (Hebr 9,22: ἄφεσις). Insbesondere Lev 16 ver-

---

[344] Lev 11,32; 14,8.9; 15,8.12.13; 17,15; Num 5,17; 31,23; vgl. III Reg 5,12; Ez 36,25. Vgl. den Überblick über die Reinigungsrituale p. 333.

[345] Zur Blutregel von Hebr 9,22 werden gern rabbinische Stellen zum Vergleich herangezogen, etwa bJoma 5a, bSev 6a (»Es gibt keine Sühne außer durch Blut«). Vgl. STRACK/BILLERBECK 1926, 742.

[346] Übersetzung der Luther-Bibel (1984). Zur Interpretation des schwierigen Satzes vgl. JANOWSKI 2000, 242–247. Er übersetzt (a.a.O. 246): »Denn gerade das Leben des Fleisches ist im Blut. Und ich (Gott) selbst habe es euch auf/für den Altar gegeben, damit es euch persönlich Sühne schafft; denn das Blut ist es, das durch das (in ihm enthaltene) Leben sühnt«. Vgl. KNÖPPLER 2001, 17–20.

[347] So auch KRAUS 1991, 240 Anm. 30.

[348] Das ist in der alttestamentlichen Exegese nicht unumstritten. Insbesondere MILGROM versteht unter dem Sündopfer (חטאת) ein »purgation offering« und sieht seinen Sinn *ausschließlich* in der Bewältigung ritueller Verunreinigung (Heiligtumssühne); nicht aber in der Sündenvergebung für Menschen (vgl. MILGROM 1983c; 1983d; 1985; 1990, 444–446; 1991, 253f); vgl. KRAUS 1991, 45–59. Diese Deutung ist jedoch zu einseitig,

bindet, wie gesagt, Sühne- und Reinigungsterminologie und lässt beides sowohl der Heiligtumsreinigung als auch der Reinigung der Menschen von Sünden dienen[349]. So verbindet auch Hebr 9,22 die ἄφεσις als Wirkung

insbesondere für die Ritualanweisungen zum Sündopfer in Lev 4, aber auch für Lev 16. Vgl. zum einzelnen die folgende Anm.

[349] In Lev 16, wo die rituelle Reinigung des Heiligtums eine große Rolle spielt (vgl. Lev 16,16.18f), ist auch der Aspekt der Sühne für bzw. der Reinigung von Sünden (Personsühne) wesentlich (V.6.11.24.30), ohne dass er auf den ›Sündenbock‹-Ritus eingegrenzt oder auch nur bezogen werden könnte (im Blick auf diesen nämlich fehlt in Lev 16,20–22 Sühne- bzw. Reinigungsterminologie; vielmehr handelt es sich um einen Eliminationsritus: vgl. JANOWSKI/WILHELM 1993; EBERHART 2002, 148–150; anders allerdings Lev 16,10; der dort angesprochene Sühnevollzug bezieht sich jedoch in unspezifischer Weise auf den V.21 beschriebenen Bußakt). Lev 16,33 fasst abschließend Heiligtums- und Personsühne zusammen (nach V.16f gehören schon beim Sühnakt im Allerheiligsten beide Aspekte zusammen; vgl. RENDTORFF 1985ff, 160; GERSTENBERGER 1993, 200. GERSTENBERGER hält die Personsühne V.17 für ursprünglich, die Heiligtumssühne V.16.18f für späteren Zusatz). EBERHARD 2002, 144–148, scheint den Blutriten im Heiligtum die Heiligtumssühne vorbehalten, dem ›Sündenbock‹-Ritus und den folgenden Brandopfern dagegen die Sündenelimination bzw. Personsühne zuschlagen zu wollen (148–151). Dazu muß er Lev 16,17 so verstehen, dass die Blutriten im Heiligtum »im Namen« Aarons, seines Hauses und der Gemeinde Israels stattfinden (148); das damit übersetzte בעד bzw. περί bezeichnet jedoch die Empfänger bzw. Nutznießer der Sühnewirkung. Die Trennung beider Aspekte ist für Lev 16 unsachgemäß, wenngleich es sich ursprünglich um zwei verschiedene Vollzüge gehandelt haben dürfte: Die älteren Anweisungen für Sühneriten in Ez 43,18–23.26 zielen *nur* auf Heiligtumssühne (vgl. KRAUS 1991, 61–64); die ebenfalls älteren in Lev 4 *nur* auf Personsühne; Lev 16 verbindet beides miteinander. Vgl. RENDTORFF 2000, bes. 187f:»In dem höchst komplexen Kapitel Lev 16 verbinden sich diese beiden Aspekte: Reinigung des Heiligtums und Reinigung der Israeliten. Und dabei verbinden sich auch Unreinheit und Sünde.« (187). Vgl. dazu SEIDL 1999: Nach SEIDL ist Lev 16 bewußt als Synthese bzw. Steigerung verschiedener anderer Riten der Sühne und Vergebung angelegt. SEIDL versteht Lev 16 als kohärente Einheit und betont darum, aber auch wegen der Zusammengehörigkeit von Person- und Heiligtumssühne schon in altorientalischem Vergleichsmaterial, dass Person- und Heiligtumssühne in Lev 16 nicht getrennt werden sollten (a.a.O. 225; vgl. 226f). Zur Funktion des Rituals, Sündenvergebung zu erwirken (= Personsühne) a.a.O. 240–243. Vgl. die ähnlich ausgerichteten Arbeiten von RENDTORFF (1985ff, 159–165; 2000, bes. 185–188; dort 187 knappe Auseinandersetzung mit MILGROM) und neuerdings HARTENSTEIN 2005, bes. 124ff; vgl. zur Ritualgeschichte des Jom Kippur und zur Überlieferungsgeschichte von Lev 16 schon AARTUN 1980, hier bes. 83; auch er hält Lev 16 für eine Kombination der ursprünglich selbständigen Vollzüge der Heiligtumsreinigung und der Reinigung des Volkes. Zur Zusammengehörigkeit von Heiligtums- und Personsühne und zur Unangemessenheit der Trennung beider Aspekte in Lev 16 vgl. weiter die zutreffenden Ausführungen von KNÖPPLER 2001, 22–26 (Auseinandersetzung mit KRAUS 1991; KNÖPPLERs Ausführungen zur Literar- bzw. Redaktionskritik von Lev 16, a.a.O. 20–22, mache ich mir nicht zu eigen). Kritisch zur Trennung von Heiligtums- und Personsühne in Lev 16 auch STÖKL BEN EZRA 2003, 202f. – Die Unterscheidung der Eigenarten älterer Sühneaussagen ist für das Verständnis der Kult- und Theologiegeschichte ein Gewinn, darf aber nicht auf die frühjüdische bzw. neutestamentliche Rezeption angewandt werden. Für

von Blut mit der im ersten Versteil genannten Reinigung (vgl. die Reinigung des Gewissens durch Blut nach 9,14). Entsprechend gehören, wie in Lev 16, so auch in Hebr 9,22f Sündenvergebung bzw. innere Reinigung und Heiligtumsreinigung zusammen[350]. Dennoch bleibt das Verhältnis von ritueller und sittlicher (Un-) Reinheit näherer Erläuterung bedürftig.

Klawans[351] hat das Verhältnis von ritueller und sittlicher Unreinheit im Sinne der strikten Abgrenzung beider Vorstellungen beschrieben. Er sieht diese Auffassung, die er als die des rabbinischen Judentums beschreibt, als konsequente Entfaltung eines schon in der hebräischen Bibel angelegten[352] und im frühen Judentum gegebenen Verständnisses von (Un-) Reinheit[353]. Das (Un-) Reinheitsverständnis in den essenischen Texten vom Toten Meer – dort werden rituelle und sittliche Unreinheit nicht strikt unterschieden – erscheint als Ausnahme[354]. Wenngleich Hebr zwischen innerer und äußerer Reinheit unterscheidet (vgl. 9,13f), stehen doch in 9,22f rituelle Reinigung mittels Blut, Sündenvergebung aufgrund von kultischen Blutausgießungs-Riten[355] und rituelle Reinigung des (himmlischen) Heiligtums ähnlich eng nebeneinander wie schon Heiligtumssühne/-reinigung und personale Sühne/Reinigung in Lev 16[356]. Folgte man Klawans, müssten also die Reinigungsaussagen des Hebr im frühjüdischen Kontext außergewöhnlich scheinen. Eine eingehende Auseinandersetzung ist hier nicht möglich. Doch scheint Klawans' Darstellung nicht

---

diese ist zu beachten, dass alttestamentliche Texte in ihrer Endgestalt gelesen wurden. Die Kombination von Person- und Heiligtumssühne entspricht dem Verständnis des Hebr, wie schon die Komplementarität von Hebr 9,14.23 zeigt.

[350] In nicht-opferkultischem Zusammenhang findet sich eine Bemerkung Philos (spec III 150), die gleichwohl zum Vergleich einlädt: Αἵματι γὰρ αἷμα καθαίρεται. Er meint das Blut des Ermordeten, das nur durch das des Mörders kompensiert werden kann. Bemerkenswert auch hier die Verbindung von »Blut« und »reinigen«. Aus der Gesetzgebung der Tora ist Dtn 21,1–9 (Sühnritual für einen Erschlagenen) zu vergleichen; dort allerdings wird das Volk bzw. die Blutschuld »entsühnt« (כפר V.8); das Blut wird »weggetan« (בער V.9).

[351] KLAWANS 2000; vgl. seine kleinere Arbeit von 1997.

[352] Doch schon in den biblischen Texten scheint mir KLAWANS' Unterscheidung von ritueller und sittlicher Unreinheit (a.a.O. 21–42, Zusammenfassung 41f) willkürlich. Dass ›natürliche‹ Unreinheitsquellen (Krankheit, Geburt usw.) rituell, alle anderen (Blutvergießen, Ehebruch, Prostitution u. dgl.) dagegen sittlich verunreinigen sollen, trägt in die Texte eine Differenz ein, die wenigstens der Priesterschrift fremd ist. Ob etwa sexueller Verkehr mit nahen Verwandten, Homosexualität, Sodomie usw. *moralisch* verwerflich sind, ist in Lev 18 nicht im Blick; vgl. nur das Nebeneinander von ehelichem Geschlechtsverkehr im Zustand ritueller Unreinheit (Lev 18,19) und Ehebruch (V.20), Kinderopfer an Moloch (V.21), Homosexualität (V.22) und Sodomie (V.23). Der gemeinsame Nenner ist der Bezug auf die Heiligkeit Gottes: Es geht um die Vermeidung von תועבה »Greuel« (V.26f.29) bzw. Profanierung des Gottesnamens (V.21).

[353] Vgl. a.a.O. VII–IX; 158–162.

[354] A.a.O.67–91; vgl. 90: »Ritual and moral impurity were melded into a single conception of defilement [...]«.

[355] Zu diesem Verständnis von αἱματεκχυσία vgl. im folgenden die weitere Auslegung von Hebr 9,22.

[356] Wenn man nämlich, wie hier vertreten, MILGROMs Interpretation von Lev 16 als unzulänglich betrachtet, vgl. o. Anm. 348f.

unproblematisch. Die Auswertung der Pseudepigraphen und Apokryphen und der Schriften Philos von Alexandrien sowie weiterer frühjüdischer Literatur[357] bleibt bei Klawans knapp[358]; die LXX wird gar nicht in Betracht gezogen[359]. Am Beispiel der Reinigung von Leichenunreinheit (vgl. Num 19) habe ich an anderer Stelle dieser Arbeit[360] dargestellt, dass rituelle und sittliche Reinigung schon in alttestamentlichen und zumal in frühjüdischen Rezeptionstexten ineinander übergehen können. In solchen Sprachgebrauch fügt sich der des Hebr ein. Und für die rabbinische Literatur kann schon der berühmte Schluss des Mischna-Traktats Joma (mJoma 8,9), der – mit Anspielung auf Ez 36,25 – Gott metaphorisch als das rituelle Reinigungsbad (מקוה) Israels bezeichnet, Zweifel daran wecken, dass sittliche und rituelle (Un-) Reinheit im rabbinischen Denken immer strikt geschieden sein müssen. Um den Hintergrund des Sprachgebrauchs des Hebr zu erhellen, gebe ich in einem Exkurs einen Abriss von Grundlinien des Sprachgebrauchs der LXX im Vergleich mit dem MT.

5.3.2 Exkurs: Zum Gebrauch der (Un-) Reinheitsterminologie in LXX im Vergleich mit dem MT

Die hebräische Terminologie um טמא bzw. טהר bezeichnet im Pentateuch meist rituelle Unreinheit. Sie wird in der LXX des Pentateuch, von wenigen Ausnahmen abgesehen[361], mit der griechischen Terminologie um μιαίνειν bzw. καθαρίζειν wiedergegeben. Umgekehrt gibt dagegen der Stamm καθαρ- auch andere hebräische Wörter wieder; teils solche, die sittliche Unschuld bezeichnen. Für die Terminologie um μιαίνειν gilt das nicht. Sie wird hier nicht weiter untersucht[362]. Der folgende Überblick zeigt jedoch, dass auch im Pentateuch die Reinheitsterminologie nicht strikt gegen andere Terminologien – etwa die des Schuldig- bzw. Unschuldigseins, aber auch Sühne- und Entsündigungsaussagen – abgegrenzt ist. So verwendet die Gen-LXX Reinheitsterminologie im übertragenen Sinne für sittliche Reinheit (Gen 20,5f; 24,8; 44,10). In LXX Ex 20,7 wird נקה Pi. »schuldlos sein, schuldlos erklären« mit καθαρίζειν wiedergegeben; desgleichen in Ex 34,7.

Zwei Stellen aus LXX-Ex, 29,36 und 30,10, sollen um ihres bemerkenswerten Sprachgebrauchs willen näher dargestellt werden. In LXX Ex 29,36 weicht die Wiedergabe der

---

[357] Vgl. nur die pp. 377f bereits angeführte Stelle Ps.-Phok 228: »Weihe der Seele, nicht des Leibes, sind [kultische] Reinigungsvollzüge« (ἀγνείη ψυχῆς οὐ σώματός εἰσι καθαρμοί)!

[358] A.a.O. 43–60; 64–66.

[359] Vgl. nur u. zu LXX Lev 14,19 mit Anm. 365.

[360] ↑ III.5.2.1.

[361] Lev 10,14 LXX gibt den »reinen Ort« des MT als »heilige Stätte« (τόπος ἅγιος) wieder. Die Opfermahlzeit muß somit im Heiligtum verzehrt werden. Lev 15,33 übersetzt die Aussage über eine »Unreine [Frau]« (טמאה) mit ἀποκαθημένη (»eine Abgesonderte«). Num 8,6.21 übersetzen je eine hebräische Reinigungsaussage (mit טהר) mit dem Stamm ἁγνι-, sprechen also von Weihe.

[362] Zu ihr vgl. die Ausführungen in der Auslegung von Hebr 13,4 ↑ III.5.2.4.

Begriffe für Sühnen, Reinigen und Verwandtes deutlich von der in der Pentateuch-LXX sonst beobachteten Regel (der konsistenten Wiedergabe je einer hebräischen Wurzel durch je einen griechischen Stamm) ab[363]. Es geht um den Brandopferaltar; MT spricht von einem Sündopferstier »täglich zur Sühnung« (ליום על־הכפרים), wobei »du« »bei deinem Entsühnen« (בכפרך) »auf dem Altar entsündigen« sollt (וחטאת על־המזבח). Der Vers bezieht sich auf die siebentägige Periode der Priesterinvestitur. Während dieser Tage soll »täglich« (ליום) ein Sündopferstier dargebracht werden. Sieht man von diesem Zusammenhang ab, muss die Aufforderung, täglich einen Sündopferstier zu schlachten, überraschen, da als tägliche Sündopfer sonst Widder bekannt sind. Auch dienen diese zur Sühne der Sünden Israels, nicht zur Altarsühne. Einen Sündopferstier zur Altarsühne schreibt dagegen das Ritual des Sühntags vor (Lev 16,18). Es lag also nahe, an diesen zu denken. So macht LXX aus dem »täglich zur Sühnung« (ליום על־הכפרים) zu opfernden Stier das Opfer am »Tag der Reinigung«, ἡ ἡμέρα τοῦ καθαρισμοῦ, was wir als Hinweis auf den – nun als Reinigungstag verstandenen – Jom Kippur lesen dürfen[364]. Dieser nämlich dient der Reinigung (καθαρίζειν) des Altars (LXX Lev 16,19); und mit demselben Verb übersetzt Ex 29,36 die חטא-Aussage. Das »Entsühnen« (כפר) des Altars wird mit »heiligen« (ἁγιάζειν) wiedergegeben. Dasselbe griechische Verb steht für die folgende קדש-Aussage. So sind zum einen die Bergiffe Sühne, Reinigung und Heiligung/Weihe nicht streng gegeneinander abgegrenzt, und zum anderen kann der Sühntag als »Tag der Reinigung« bezeichnet werden.

In Ex 30,10 geht es um die Sühne, die einmal im Jahr, am Sühntag, »auf« (על) den Hörnern des Weihrauchaltars vollzogen werden soll. Während MT die Aufforderung zur Sühne mit Blut an den Hörnern des Altars zweimal mit (על) כפר zum Ausdruck bringt, übersetzt LXX nur beim ersten mal mit ἱλάσκεσθαι (ἐπί), beim zweiten mal jedoch καθαρίζειν (mit direktem Objekt αὐτό): Die Sühne wird als Reinigung des Weihrauchaltars verstanden. Ein weiteres mal erscheint καθαρίζειν im selben Vers bei der Übersetzung von חטאת: LXX gibt »Blut des Sündopfers zur Sühnung« (דם חטאת הכפורים) wieder mit »Blut der Reinigung von der Sünde zur Sühnung« (αἷμα τοῦ καθαρισμοῦ τῆς ἁμαρτίας τοῦ ἐξιλασμοῦ). Die übliche Übersetzung von חטאת mit ἁμαρτία (bzw. περὶ ἁμαρτίας) wäre hier sinnentstellend gewesen. LXX will mit ὁ καθαρισμὸς τῆς ἁμαρτίας eine sinngemäße Wiedergabe von חטאת bieten. Diese paraphrasierende Wiedergabe gibt, wie schon die Wiedergabe von כפר mit καθαρίζειν, zu erkennen, dass das חטאת-Ritual als Reinigung von Sünde verstanden wird. Auch hier sind Sühne und Reinigung eng verbundene Vorstellungen.

LXX-Lev bietet zahlreiche Belege für καθαρίζειν κτλ., die fast immer hebräisches טמא bzw. טהר wiedergeben. Ausnahmen sind selten (Lev 8,15; 19,23). In Lev 8,15 wird eine Form von חטא mit καθαρίζειν wiedergegeben. Es geht um den Brandopferaltar, dieser ist direktes Objekt. Aussagen über das »Reinigen« (טהר) des Altars kommen im hebräischen AT nur zweimal, und nur außerhalb des Pentateuch (II Chr 29,18, LXX: ἁγνίζειν; Ez 43,26, LXX: καθαρίζειν), vor. Vom »Entsündigen« (חטא) des Altars ist nur

---

[363] Schon im MT von Ex 29 fehlt die Terminologie um כפר in V.1–32; erst V.33.36.37 MT tragen die Sühneterminologie nach. V.33ff müssen daher – so NOTH 1982, 191 – als Zusatz gelten. Eine Textfassung ohne V.33ff hat LXX offenbar nicht vorgelegen. Doch anders als MT Ex 29,33ff, meidet LXX hier die Terminologie um ἱλάσκεσθαι. So entsteht in LXX ein Text, der die Sühneterminologie meidet und das ganze Kapitel hindurch einheitlich vom Gedanken der Weihe und Reinigung (vgl. ἁγιάζειν κτλ. in V.1; 6; 21; 27; 29; 30; 31; 33; 34; 36; 37; 43; 44) bestimmt ist.

[364] Der Ausdruck ist aber singulär.

3mal die Rede (Ex 29,36; Lev 8,15; Ez 43,22); LXX übersetzt im Pentateuch jeweils mit καθαρίζειν, in Ez mit ἱλάσκεσθαι. Neben den genannten Stellen spricht LXX noch in Ex 29,37 vom »Reinigen« des Altars (mit καθαρίζειν; im Hebräischen steht כפר). Wiederum zeigt sich, wie nah Reinigen, Entsündigen und Sühnen einander im Sprachgebrauch der LXX stehen. Doch bemüht sich die Pentateuch-LXX um konsistente Wiedergabe je einer hebräischen Wurzel durch je einen griechischen Wortstamm.

Von Interesse sind daneben sachliche Abweichungen der Lev-LXX vom MT. Ich greife zwei Beispiele heraus: Laut MT Lev 14,19 soll der Priester mittels des Sündopfers »sühnen für den, der sich der Reinigung unterzieht, von seiner Unreinheit« (וכפר על־המטהר מטמאתו). Die Sühne bezieht sich auf den als rituell unrein verstandenen Leprösen (על־המטהר). LXX übersetzt zunächst, der Priester solle »sühnen für den Unreinen, der sich der Reinigung unterzieht« (ἐξιλάσεται [...] περὶ τοῦ ἀκαθάρτου τοῦ καθαριζομένου). Die Sühne wird nun aber vollzogen ἀπὸ τῆς ἁμαρτίας αὐτοῦ, »von seiner Sünde«; dies steht für das hebräische מטמאתו, »von seiner Unreinheit«. An die Stelle der Unreinheit (טמאה) tritt die Sünde (ἁμαρτία). Aus der rituellen Beeinträchtigung durch Krankheit wird eine schuldhafte durch Sünde. Der Vorgang ist in der Pentateuch-LXX singulär. Doch zeigt er erneut, dass die Grenzen zwischen den beiden genannten Vorstellungsbereichen durchlässig sind[365].

LXX Lev 16,20 bietet zusätzlich zum MT die Angabe, der Hohepriester solle nach dem Entsühnen (ἐξιλάσκεσθαι) von Heiligtum, Begegnungszelt und Altar »auch für die Priester reinigen« (καὶ περὶ τῶν ἱερέων καθαριεῖ). Dem entspricht die Erwähnung der Priester, wieder über MT hinaus, in LXX V.24, wo sie, neben dem Hohenpriester und seinem Haus sowie dem Volk, als Empfänger der Sühne erscheinen[366]. Die Änderung scheint auf Vollständigkeit abzuzielen. Bemerkenswert ist der offenbar als unproblematisch empfundene Übergang von der Sühne- zur Reinigungsterminologie. Schon für den MT von Lev 16 ist ja das Nebeneinander von Sühne- und Reinigungsaussagen zur Beschreibung der Wirkung des Jom Kippur-Rituals charakteristisch.

In LXX-Dtn findet sich eine metaphorisch-sittliche Reinheitsaussage (5,11); daneben in 30,6 ein Beleg im metaphorischem Sinne für eine Wandlung des Herzens. Mehrfach übersetzt LXX mit (ἐκ-) καθαρίζειν κτλ. hebräische Ausdrücke, die טהר bzw. טמא sachlich nahekommen (19,13; 26,13 für בער; 32,43 für כפר). Erneut zeigt sich, dass Reinheits- und Sühneterminologie nicht streng gegeneinander abgegrenzt sind.

Außerhalb des Pentateuchs geht schon der MT in der Verwendung der Reinheitsterminologie über rituelle Reinheit hinaus und kann Aussagen über rituelle Unreinheit bzw. über Reinigung metaphorisch in Bezug auf Sünden verwenden; ebenso ist von Reinigung

---

[365] KLAWANS 2000, 25, weist darauf hin, dass in Num 12 und in II Chron 26 (V.16–21) der Aussatz als Strafe erscheint, fügt jedoch hinzu, dass in den Gesetzestexten des AT nichts Vergleichbares zu finden sei. Daher will er seine strikte Unterscheidung von moralischer und ritueller Unreinheit durch die genannten Beispiele nicht in Frage gestellt sehen. Auch in Lev 14 geht es um Aussatz, und LXX Lev 14,19 gibt für die griechische Textfassung den Beleg, dass Aussatz als Sündenfolge bzw. -indikator verstanden wurde.

[366] Vgl. FRANKEL 1972 (1831), 164, der meint, LXX V.20.24 sei Angleichung an die Aussage des V.33.

von Sünde die Rede. Der Wortlaut der LXX stimmt damit überein. Dieser Sprachgebrauch findet sich bei den großen Schriftpropheten (z.B. Jes 6,5; 64,5; Jer 33[LXX 40],8; Ez 14,11; 36,17.25.33) und in poetischer und Weisheitsliteratur (z.b. Hi 4,17; Ψ 50[Ps 51],4.9; 105[106],39; Prov 20,9). Entsprechendes gilt für den griechischen Text einiger Apokryphen (z.b. Tob 12,9; PsSal 3,8; 9,6; 10,1f; Sir 23,10; 38,10), während in anderen – etwa I–III Makk – übertragener Gebrauch der (Un-) Reinheitsterminologie fehlt[367]. IV Makk 6,29 dagegen bietet einen bemerkenswerten Beleg (καθάρσιον αὐτῶν ποίησον τὸ ἐμὸν αἷμα καὶ ἀντίψυχον αὐτῶν λαβὲ τὴν ἐμὴν ψυχήν), bei dem die erbetene reinigende Wirkung des Blutes zum einen im übertragenen Sinne die Sündenvergebung meint, wobei zugleich vom »Blut« metaphorisch im Sinne der als Opfer verstandenen Lebenshingabe im Martyrium die Rede ist. Im Hintergrund steht die Übertragung der Sühnopfervorstellung auf das Märtyrergeschick im IV Makk[368], wobei in 6,29 anstelle der Sühneterminologie eine Reinigungsaussage steht[369].

In der poetischen und der Weisheitsliteratur lässt sich in LXX gegenüber dem MT noch eine Zunahme der (Un-) Reinheitsterminologie zum Ausdruck schuldhafter Verfehlung bzw. der Freiheit davon feststellen. So werden Formen von נקה Pi.»unschuldig sein«/»für schuldlos erklären« bzw. des Adjektivs נקי »unschuldig« mit Formen von καθαρίζειν bzw. καθαρός wiedergegeben (Ψ 18[Ps 19],13.14; Hi 4,7). Das hebräische תועבה »Greuel« – ein Ausdruck stärksten Gegensatzes zur Heiligkeit Gottes –, griechisch eigentlich βδέλυγμα, wird in Prov 3,32; 6,16; 16,5; 17,15; 20,10 mit ἀκάθαρτος, ἀκαθαρσία wiedergegeben. תועבה bezeichnet in Lev 18,22–30 Verfehlungen wie etwa homosexuellen Geschlechtsverkehr, an anderen Stellen etwa Idolatrie (Dtn 12,29–31); an den hier angeführten ProvStellen dagegen hat damit schon der MT ein sittlich schuldhaftes Verhalten im übertragenen Sinne bezeichnet. LXX verwendet die leichter verständliche (Un-) Reinheitsterminologie (doch vgl. Prov 17,15: ἀκάθαρτος καὶ βδελυκτός).

Neben diesem übertragenen Sprachgebrauch ist außerhalb des Pentateuch auch der Gebrauch im Sinne ritueller (Un-) Reinheit breit belegt, so etwa bei Ez. Das bedarf hier keiner Darstellung. Aufschlussreich ist aber Ez 43,26, wo Sühne und Reinigung des Altars nebeneinander stehen (יכפרו את־המזבח וטהרו אתו/ἐξιλάσονται τὸ θυσιαστήριον καὶ καθαριοῦσιν αὐτό)[370], ohne dass eine inhaltliche Differenzierung möglich oder intendiert wäre. Das erinnert an einige der Belege in LXX-Ex bzw. -Lev, die oben besprochen wurden.

---

[367] In III Makk 2,17 ist die Eingrenzung auf die rituelle Bedeutung allerdings nicht eindeutig.

[368] Vgl. BREYTENBACH 2000; 242; KNÖPPLER 2001, 52–54.

[369] Zu datieren ist IV Makk auf das 1. Jh. n.Chr. (vgl. ZENGER u.a. 2001, 276; nach ANDERSON (Hg.) 1985, 531–543: 534, eher in der 1. Hälfte jenes Jh.s. BREYTENBACH (vgl. die vorige Anm.) denkt offenbar an die 2. Hälfte desselben Jh.s.

[370] Möglicherweise ist im MT auch die Aussage über die Weihe (מלא) auf den Altar bezogen; LXX konstruiert anders.

Im stark kultisch ausgerichteten chronistischen Geschichtswerks bleibt die Reinheitsterminologie auf rituelle (Un-) Reinheit beschränkt. Auch bei den kleinen Propheten ist der übertragene Gebrauch selten und uneindeutig (vgl. Hag 2,13f[371]). In Jos 5,4 wird מול »beschneiden« von LXX mit περικαθαίρειν »ringsum reinigen« (statt, wie gewöhnlich, περιτέμνειν) wiedergegeben. Andere Belege im übertragenen Sinne können hier zurückstehen. Weithin überwiegt in den vorderen Propheten der Sprachgebrauch im Sinne der rituellen (Un-) Reinheit.

Die rituelle Reinigung des Heiligtums ist – neben Lev 16 – Thema der Chronik (II Παρ 29,15f.18), bei Daniel (8,14) und naturgemäß besonders häufig in den Makkabäerbüchern (I Makk 4,36.41.43; II Makk 1,18; 2,16.18f; 10,3.5.7; 14,36). Während in den Belegen der Chronik kein Unterschied zwischen dem einschlägigen Sprachgebrauch des MT und der LXX festzustellen ist, übersetzt LXX Dan 8,14 mit καθαρίζεσθαι eine Form von צדק Ni., interpretiert also die nicht ganz leicht verständliche hebräische Formulierung. Von der rituellen Reinigung Jerusalems spricht PsSal 17,22.30.

Insgesamt findet sich im MT außerhalb des Pentateuch, mehr noch als schon in Gen und Dtn, ein übertragener Gebrauch der (Un-) Reinheitsterminologie für sittliche Schuld bzw. für die Freiheit oder die Befreiung von ihr[372]. Zugleich ist die Verwendung im Sinne der rituellen Unreinheit breit belegt; in einzelnen Kanonteilen bzw. Büchern ausschließlich bzw. überwiegend. Sühne, Reinigung und Heiligung/Weihe werden nicht strikt voneinander abgegrenzt, werden vielmehr kombiniert. Auch in Lev 16 stehen bereits im MT Sühne- und Reinigungsaussagen eng beieinander. Von der Heiligtumsreinigung ist neben Lev 16 im chronistischen Geschichtswerk, bei Daniel und in den Makkabäerbüchern die Rede.

Im Blick auf Hebr ist zweierlei festzuhalten: Zum einen die übertragene Verwendung der Reinheitsterminologie für Schuldlosigkeit bzw. Vergebung, zum anderen die gegeneinander durchlässigen und kombinierten Verwendungen der Terminologien von Sühne und Reinigung in opferkultischen Kontexten. So leuchtet ein, wie sich in Hebr 9,22 rituelle Reinigung und Sündenvergebung verbinden: Aufgrund des Sprachgebrauchs schon der LXX kann Hebr die Bereiche der kultischen Reinheit und der Vergebung unter der Kategorie der Reinheit/Reinigung zusammenfassen und diesem auch die Aspekte der Sühne und Weihe (vgl. ἐγκεκαίνισται V.18) ein- und unterordnen.

---

[371] Näheres zu dieser Stelle p. 334.

[372] Das entspricht der Entwicklung in der Profangräzität; dort nimmt καθαρός, καθαρίζειν κτλ., von der rituellen Reinheit herkommend, allmählich stärker den Sinn der inneren, ethischen Reinheit an. Vgl. HAUCK 1938, 418f; knapp THYEN 1992, 538.

5.3.3 V.22f: Blutkanon und Reinigung des himmlischen Heiligtums

V.22: »*Blutausgießen*« *und Vergebung*. Der zweite Teil des V.22 – καὶ χωρὶς αἱματεκχυσίας οὐ γίνεται ἄφεσις – formuliert grundsätzlicher als der erste. In 10,4 wird Hebr dem Blut der Opfertiere des irdischen Kults jede Wirksamkeit zur Sündenvergebung absprechen. 9,22 geht demnach mit der Aussage über die ἄφεσις über den irdischen Kult nach dem νόμος der ersten διαθήκη hinaus[373]; der zweite Versteil will allgemeingültig verstanden sein: Sündenvergebung – das gilt auch im himmlischen Kult der neuen διαθήκη – bedarf der αἱματεκχυσία[374]. Bei Αἱματεκχυσία könnte es sich nach einer Vermutung von Grässer um eine Neubildung des Hebr-Vf.s handeln[375]. Wörtlich könnte man »Blutausgießen« als »Blutvergießen« i.S.v. »gewaltsam zu Tode bringen« verstehen. Doch ist mit Recht schon mehrfach darauf hingewiesen worden[376], dass die Verbindung von αἷμα und ἐκχέω in kulttheologischen Kontexten speziell das rituelle Ausgießen von Blut bei Opferdarbringungen bzw. Sühneriten bezeichnet. Diese Bedeutung ist auch hier die nächstliegende; zum einen, weil mit αἱματεκχυσία auf die Schilderung des Bundesschlussrituals V.19–21 mit seinen Blutriten zurückverwiesen wird; zum anderen, weil der ausdrückliche Verweis auf den νόμος und seine Reinigungsbestimmungen bzw. auf das Erzielen von ἄφεσις mit Blut gemäß dem νόμος eben jene kulttheologischen Texte der Tora im Blick hat, in denen die kultischen Blutriten vorgeschrieben sind. Es ist daher hier nicht an Blutvergießen allgemein, sondern speziell an das Blutausgießen im Rahmen kultischer Riten gedacht.

So ist auch nicht speziell an den Tod Christi zu denken[377]. Vielmehr hat Hebr mit αἱματεκχυσία einerseits Blutriten im irdischen Opferkult im Blick; andererseits bereitet er damit die Aussage des V.23 über die kultische Reinigung der »himmlischen Dinge« vor. An das ›Kreuzesgeschehen‹[378] ist dagegen nicht gedacht.

Mit der doppelten Verneinung χωρίς – οὐ nimmt V.22 die beiden formal und inhaltlich ähnlichen Aussagen über die Bedeutung von Blutriten V.7.18 auf. Dort handelt es sich um Beschreibungen des Kultgeschehens

---

[373] So schon KUSS 1966, 121.123; THEISSEN 1969, 72. Anders GRÄSSER 1993, 186, der hier lediglich eine Regel des altbundlichen Kultgesetzes sehen will. So viel ist daran richtig: Es wird doch *auch* an die Kultgesetzgebung der Tora gedacht sein; diese gibt das Vorbild ab, an dem sich die Notwendigkeit der αἱματεκχυσία ablesen läßt.

[374] So auch WEISS 1991, 482.

[375] Vgl. GRÄSSER 1993, 185.

[376] Vgl. THORNTON 1964; MICHEL 1984, 320; KRAUS 1991, 240 Anm. 30; WEISS 1991, 482 Anm. 32.

[377] So aber KRAUS (1991, 240f Anm. 30, hier: 241) in Auseinandersetzung mit GRÄSSER.

[378] Hebr setzt es ja in typologische Entsprechung zur unkultischen Verbrennung der Kadaver, nicht etwa zum kultischen Blutritus im Allerheiligsten (vgl. 13,11–13).

der ersten διαθήκη und ihres νόμος. Auf letzteren führt V.22 die Blutriten zurück; er wurde schon in V.19 erwähnt. Blutriten sind kultgesetzlich vorgeschrieben. Mit νόμος (und ἐντολή V.19) sowie διαθήκη V.20 (und ἡ πρώτη V.18; vgl. dass. 9,1) ist der Zusammenhang von Heilssetzung, Kult als deren Inhalt und dem diesen Kult regelnden »Gesetz« (bzw. »Gebot« [ἐντολή V.19] oder »Satzung« [δικαίωμα V.1]) von Kp. 7f und 9,1–10 her in Erinnerung gerufen. M.a.W.: Die Blutriten des irdischen Opferkults entsprechen dem Kultgesetz (νόμος) der ersten διαθήκη. Nun bringt aber nach 10,1 der νόμος die himmlisch-eschatologischen, künftigen Güter schattenhaft zur Vorabbildung. M.a.W.: Die Blutriten des irdischen Opferkults sind schattenhafte Vorabbildungen des eschatologischen, einmaligen, himmlischen Selbstopfers Christi.

Die verheißungsgeschichtliche Differenz von erster und zweiter διαθήκη und ihren jeweiligen Kulten hat zwei Entsprechungen: Zum einen, auf der ontologischen Ebene, die Sphärendifferenz von irdischem und himmlischen Kult; sodann, auf der Sachebene, die inhaltlich-qualitative Differenz. Diese besteht darin, dass die Blutriten in der Opferdarbringung des irdischen Kults dem Selbstopfer als Inhalt des himmlischen Kults auf qualitativ niedrigerer Stufe entsprechen. M.a.W.: Aller irdische Opferkult verweist mit seinen Blutriten auf das wahre Opfer – das Selbstopfer Christi. Im irdischen Kult nämlich bringt der Opfernde stets etwas anderes statt seiner selbst dar (vgl. ἐν αἵματι ἀλλοτρίῳ 9,25). Dagegen ist das wahre, das Selbstopfer nun im himmlischen Kult vollzogen (vgl. διὰ τοῦ ἰδίου αἵματος 9,12). Damit ist vollzogen, worauf der irdische Kult verwies; er ist daher obsolet geworden. Der Zuordnung zum wahren Kult des himmlischen Heiligtums kann nunmehr auf Erden nur noch die Selbsthingabe im unkultischen, leiblichen Gehorsam entsprechen. Das ist schon im begründenden ὅθεν von 9,18 impliziert: Es verweist auf die unkultische Selbsthingabe Christi im Tode nach 9,15–17 zurück und begründet damit, dass die Inauguration der ersten διαθήκη nicht ohne Blutausgießen vollzogen werden konnte. Denn auch beim ersten Bundesschluss waren die Blutriten Vorabbildung des Geschehens der neuen διαθήκη.

Doch sollte man daraus nicht schließen, dass die Bedeutung von Blut im Hebr auf den irdischen, nach dem kultischen νόμος der ersten διαθήκη vollzogenen Kult beschränkt würde, so dass einander irdischer und himmlischer Kult als blutig einerseits, unblutig andererseits gegenübergestellt würden. Gewiss, die Bedeutung von Blut und Blutausgießung wird dezidiert für das Kultgesetz der ersten διαθήκη herausgestellt. Doch dem Eintreten des irdischen Hohenpriesters διὰ αἵματος steht das des himmlischen gleichfalls διὰ αἵματος gegenüber (beides V.12); dem Blut der Stiere und Böcke steht dasjenige Christi gegenüber (V.13f); den kultischen Besprengungsriten mit Blut nach V.19–21 entspricht das himmlische »Besprengungsblut« (12,24). Für himmlischen wie irdischen Kult gilt: Keine Vergebung ohne Blutausgießen (V.22). Und wie der erste Bund nicht ohne Blut geschlossen werden konnte (V.18; vgl. τὸ αἷμα τῆς διαθήκης V.20), so spricht Hebr auch für den zweiten Bund vom αἷμα διαθήκης αἰωνίου (13,20). Der Unterschied besteht in der Qualität des Opfers Christi als Selbstopfer.

V.23: Die Reinigung des himmlischen Heiligtums; Person- und Heiligtumssühne. Hatten V.18–22 die Kultthematik mit der Erwähnung von διαθήκη und νόμος in die verheißungsgeschichtliche Differenz eingezeichnet, so wird letztere in V.23 in die irdisch-himmlische Sphärendifferenz umgesetzt. Denn V.23 stellt mit τὰ μὲν ὑποδείγματα τῶν ἐν τοῖς οὐρανοῖς und αὐτὰ δὲ τὰ ἐπουράνια irdische Abbilder der himmlischen Dinge und diese himmlischen Dinge selbst einander gegenüber. Wie sonst im Hebr, ist dabei auch hier an irdisches und himmlisches Heiligtum gedacht. Das ergibt sich aus dem Rückverweis auf die Heiligtumsweihe/-reinigung nach V.19–21; es ergibt sich ebenso aus der Fortsetzung in V.24–28, die in Anknüpfung an 9,11f explizit vom himmlischen Allerheiligsten im Gegenüber zum irdischen Abbild spricht. Der Infinitiv καθαρίζεσθαι bezieht sich auf Abbilder und auf »himmlische Dinge« gleichermaßen. V.23 argumentiert im Rahmen der irdisch-himmlischen Sphärendifferenz a minori ad maius: Was für das irdische Heiligtum gilt (nämlich die Regel von V.22), gilt auch, ja in noch höherem Maße, für das himmlische. Die »Abbilder« werden »mit solchen gereinigt«, nämlich – wie die Fortsetzung zeigt – mit solchen Opfern, d.h. den in V.19–21 erwähnten. Dagegen sind für »die himmlischen Dinge selbst« »bessere Opfer« erforderlich. Für beide ergibt sich daher aus V.19–22 die Notwendigkeit der Reinigung durch Opfer mit kultischen Blutriten. So bringt V.23 die verheißungsgeschichtliche, die irdisch-himmlische und die qualitative Differenz zusammen: Die Opfer im Kult der neuen διαθήκη sind »besser«; sie sind das in dem qualitativen Sinne, dass hier nicht »fremdes Blut« (vgl. 9,25) ins Allerheiligste gebracht wird, sondern Christi »eigenes Blut« (9,12); dass es also nicht um Darbringung eines vom Opfernden verschiedenen Opfers, sondern um die Darbringung seiner selbst geht. Es ist dieses wahre Opfer, das im himmlischen Kult dargebracht wird und das als himmlisches das eschatologische Opfer ist, das die irdischen Kultvollzüge lediglich unvollkommen abbildeten und das die neue διαθήκη inauguriert.

Dass von den »besseren Opfern« im Plural die Rede ist, obgleich doch das eine, eschatologische Opfer Christi ein für alle mal vollzogen wurde, erklärt sich am besten aus der Angleichung an den Plural ταύτας mit einem Plural der Kategorie, d.h. einem generischen Plural[379].

Es bleibt eine Schwierigkeit: In welchem Sinne kann von einer Reinigung »der himmlischen Dinge«, d.h. des himmlischen Heiligtums, die Rede sein[380]? Warum bedarf es dessen, und wie ist diese Reinigung vorzustellen? Aus den vorgeschlagenen Erklärungen[381] sei die von Kraus[382] näher

---

[379] So WESTCOTT 1906, 273; ähnlich ATTRIDGE 1989, 261; KRAUS 1991, 242, Anm. 41f; ELLINGWORTH 1993, 478; GRÄSSER 1993, 188.

[380] Das Verb in V.23 lediglich auf die irdischen Abbilder zu beziehen (Zeugma), widerspricht der Entsprechung von irdischem und himmlischen Heiligtum und der typologischen Beziehung zur Reinigung des irdischen Heiligtums nach V.21. So jedoch KUSS 1966, 125.

[381] Überblick bei GRÄSSER 1993, 188f, der dann selbst (a.a.O. 191) auf eine Lösung verzichtet: Die Darstellung des Hebr sei hier wenig gelungen.

vorgestellt[383]: Die Reinigung, von der Hebr 9,23 spricht, sei als Weihe des himmlischen Heiligtums zu verstehen; damit greife V.23 das ἐγκαινίζειν des V.18 auf[384]. Die Weihe geschehe durch das himmlische Selbstopfer Christi:

»Jesus ›reinigt‹ also das himmlische Heiligtum, indem er (Hebr 9,24) mit seinem eigenen Blut im himmlischen Allerheiligsten erscheint, um sich selbst darzubringen und das himmlische Heiligtum eschatologisch einzuweihen und die unerkannte Sünde durch sein Opfer zu tilgen«[385].

Wenn dieser Auslegung auch grundsätzlich zuzustimmen ist[386], bleibt doch die Frage, ob der Sinnaspekt der Reinigung vollständig in dem der Weihe aufgehen darf. V.23 spricht ausdrücklich von einer Reinigung des irdischen wie des himmlischen Heiligtums und greift damit, vermittelt durch die Reinigungsaussage V.22, auf die Schilderung des Bundesschlusses in V.19–21 zurück. Zwar spricht V.18 von der Weihe, bezieht sich dabei aber auf ἡ πρώτη (sc. διαθήκη). Dieser Aspekt ist zwar mit der Kombination von Bundesschluss und Heiligtumsweihe auch in V.19–21 weiterhin wirksam. Doch es fiel bereits auf, dass Hebr dort mit der ungewöhnlichen Beschreibung der Sprengung von Blut und Wasser mit Scharlach und Ysop gerade ein Reinigungsritual darstellen will. Die Schilderung von Bundesschluss und Heiligtumsweihe als Reinigungsritual scheint geradezu auf V.22f hin entworfen. Angesichts der Übereinstimmung zwischen den auffälligen Einzelheiten in V.19–21 und der Verwendung der Reinheitsterminologie in V.22f hilft auch der Hinweis auf die mehr oder weniger synonyme Verwendung von καθαρίζειν und ἐγκαινίζειν/ἁγνίζειν nicht viel weiter[387].

---

[382] KRAUS 1991, 238–245.

[383] Zur älteren Forschung vgl. KRAUS, a.a.O. 243 Anm. 55. – Eine Reinigung der himmlischen Dinge i.e.S. vertritt BIETENHARD 1951, 130 Anm. 1 im Anschluß an MICHEL z.St. (in der 14. Aufl. 1984, 323f ist dieser wesentlich zurückhaltender; BIETENHARD benutzte die 8. Aufl. 1949). Die Reinigung der himmlischen Dinge als Heiligtumsweihe auch bei SPICQ 1952, 299; DERS. 1953, 267; ELLINGWORTH 1993, 477.

[384] So KRAUS, a.a.O. 243f.

[385] KRAUS, a.a.O. 244 m. Anm. 58–61; so schon BLEEK 1840, 587f. Zum Verständnis von ἐμφανισθῆναι V.24 bei KRAUS vgl. a.a.O. Anm. 59: Er versteht es i.S.v. »Gang des Hohenpriesters ins Allerheiligste und dessen Eintreten vor Gott«. Tatsächlich ist an das aktuelle hohepriesterliche Wirken »für uns«, d.h. an sein fürbittendes Eintreten vor Gott, zu denken (KRAUS beruft sich auf HOFIUS 1972, 71 Anm. 130; auch dieser denkt jedoch an die Interzession Christi).

[386] Für Sühne und Reinigung als nicht strikt voneinander abgegrenzte Bedeutungsaspekte eines Vorgangs vgl. die bereits angeführte Altarweihe nach Ez 43,26 MT/LXX (nach MT wäre das als letztes angeführte Weihen vielleicht ebenfalls auf den Altar zu beziehen).

[387] Dass nicht in erster Linie von Weihe, sondern von Reinigung die Rede ist, betonen auch RIGGENBACH 1922, 283; SCHIERSE 1955, 46; ATTRIDGE 1989, 261. Im beschriebenen Sinne jedoch SPICQ 1953, 267; KRAUS 1991, 243f.

Wenngleich die Aspekte der Weihe und der Vergebung (ἄφεσις V.22), wie erwähnt, in die καθαρίζεσθαι-Aussagen eingeschlossen sind, wird der Aspekt der Reinigung von Hebr doch deutlich in den Vordergrund gestellt. Die Reinheits-Terminologie hatte Hebr schon von 1,3 an und so auch in 9,13f verwendet. Dort schließt an die Aussage vom Eintritt Christi in das himmlische Allerheiligste (V.11f) die andere an, das Blut Christi erwirke nicht nur – wie das Blut der Opfertiere und die Asche der »Kuh« – Reinheit des Fleisches, sondern solche des Gewissens. Die Überlegenheit des Opfers Christi wurde zuvor nach der irdisch-himmlischen Sphärendifferenz dargestellt (V.11f); hier drückt die anthropologische Unterscheidung von σάρξ und συνείδησις dasselbe aus. Die kultische Reinheit (des Fleisches) und die sittliche (des Gewissens) sind nicht grundsätzlich verschiedener Art; sie unterscheiden sich nach ihrer Qualität, gleichsam nach dem Grad ihrer Intensität. Dem Geschehen der himmlischen Sphäre entspricht dabei, wie bereits mehrfach erwähnt, der innere Aspekt der Anthropologie, während das irdische Geschehen sich lediglich auf den äußeren Aspekt auswirkt. Schon hier wird die Wirkung des himmlischen Geschehens als Reinigung bezeichnet; als Reinigung des Gewissens. Doch ist dieses, wie gezeigt, dem himmlischen Heiligtum zugeordnet. Die gleiche Zuordnung von Mensch und Heiligtum veranschaulicht auch die Darstellung des Bundesschlusses am Sinai Hebr 9,19–21, die das Volk und das Heiligtum gleichermaßen besprengt sein lässt; hier allerdings das irdische Heiligtum, und dem entspricht, dass der Reinigungsritus mit dem Blut der Opfertiere nach Hebr 9,13f die betroffenen Menschen nur äußerlich zu reinigen vermag. Die Reinigung von Mensch und Heiligtum gehört jedenfalls zusammen, sei es äußerlich-irdisch oder innerlich-himmlisch. Es ist daher nur konsequent, dass zur Reinigung des Gewissens nach V.14 die des himmlischen Heiligtums nach V.23 gehört wie zur Reinigung der σάρξ nach V.13 die des irdischen Heiligtums nach V.21[388].

Wovon aber wird das himmlische Heiligtum gereinigt? Der irdische Opferkult der ersten διαθήκη vermag keine Gewissensreinigung (9,13f), keine Sündenvergebung zu bewirken (10,1–4). So hat sich zur Zeit der ersten διαθήκη eine unvergebene Sündenlast angesammelt (αἱ ἐπὶ τῇ πρώτῃ διαθήκῃ παραβάσεις 9,15). Doch ist Sünde keine nur Menschen betreffende Größe: Sie verunreinigt das Land und das Heiligtum. Hebr nimmt das auf, denkt aber an das himmlische Heiligtum, das der Reinigung bedarf. Dass Sünden das Heiligtum verunreinigen, ist in der priesterschriftli-

---

[388] Vgl. SCHIERSE 1955, 48; CODY 1960, 190. Dagegen greift es zu kurz, wenn ATTRIDGE (1989, 262) in den »himmlischen Dingen« von V.23 lediglich einen Hinweis auf das Gewissen von V.14 sehen will und die Reinigungsaussage des V.23 auf dieses bezieht (ähnlich BRUCE 1964, 219).

chen Theologie wie auch bei Ez geläufig[389]. Es besteht geradezu eine Korrelation zwischen der Schwere der Sünden und dem Grad der Verunreinigung, und je höher dieser ist, desto weiter muss der Sühnevollzug in das Heiligtum vordringen, um die Verunreinigung bewältigen zu können; diese Reinigungssystematik hat ihren Höhepunkt alljährlich am Jom Kippur, an dem der Hohepriester bis zur Gottespräsenz im Allerheiligsten selbst vordringt[390]. Lev 16 verbindet denn auch mit der Reinigung Israels von seinen Sünden (Lev 16,17; vgl. V.24.30) diejenige des Heiligtums von der durch diese Sünden verursachten Unreinheit (Lev 16,16; vgl. V.18f.33).

Milgrom hat den Zusammenhang von Sünden des Volkes und Unreinheit des Heiligtums mit der Bezeichnung des Heiligtums als »the priestly image of Dorian Gray« wiedergegeben[391]: Wie in dem Roman von Oscar Wilde das Bildnis Dorian Grays so altert, wie es dem fortschreitenden Lebensalter der dargestellten Person entspricht, so findet die Sünde Israels in der Verunreinigung des Heiligtums ihren Niederschlag.

Dieser Zusammenhang ist in Hebr 9,23 vorausgesetzt: Die zur Zeit der ersten διαθήκη zwangsläufig unvergeben gebliebenen Sünden haben nicht allein die Gewissen, sondern auch das Heiligtum verunreinigt; und da dem inneren Aspekt der Anthropologie – dem Gewissen – das *himmlische* Heiligtum entspricht, ist es hier dieses, das verunreinigt wurde und nun gereinigt wird[392].

Eine – begrenzte – Parallele dazu fand sich in ShirShabb[393], wo davon die Rede ist (4Q400 1 I 14–16; 4Q402 4 3–10), dass die Engel als himmlische Priester die Reinheit des himmlischen Heiligtums zu wahren und dabei göttliche Vorschriften einzuhalten haben, dass für die Himmlischen Reinigung von Sünde erforderlich ist und dass die (Kriegs-) Lager der Engel ebenfalls kultisch rein sind. Auch in der himmlischen Welt gibt es Sünde und Unreinheit und ist daher Sühne und Reinigung erforderlich.

Damit ist ein weiterer Aspekt des Jom Kippur-Rituals aufgenommen: die Langmut Gottes, mit der er unvergebene Sünde, die erst am Jom Kippur vergeben werden kann, bis zu diesem erträgt. In Röm 3,26 dürfte daran mit

---

[389] Vgl. KRAUS 1991, 45–69; ferner MILGROM (bei Anm. 348). Es ist KRAUS' Verdienst, auf die (in deutschsprachiger Literatur bis dahin teils wenig beachtete) Heiligtumssühne bzw. -reinigung als wesentlichen Aspekt des Jom Kippur aufmerksam gemacht zu haben. Es hätte in der Fluchtlinie dieser Einsicht gelegen, die Entsühnung/ Reinigung des Heiligtums wie in Röm 3,25f* auch in Hebr 9,23 in Anschlag zu bringen.

[390] Vgl. MILGROM 1983c; DERS. 1990, 444–447.

[391] Vgl. den Titel des Beitrags von MILGROM 1983c.

[392] So WINDISCH 1931, 85; BRAUN 1984, 281 (neben anderen Erklärungen); BERGER 1995, § 288a.b (p. 458); ähnlich DELITZSCH 1989 (1857), 430; WESTCOTT 1906, 272; RIGGENBACH 1922, 283; doch sei (so letzterer) lediglich an zukünftige Sünden gedacht, die das himmlische Heiligtum durch den Zutritt der Adressaten erreichen könnten und die vorwegnehmend bewältigt worden seien. Das ist unnötig kompliziert und widerspricht auch dem ausdrücklichen Hinweis auf die Sünden unter der ersten διαθήκη Hebr 9,15.

[393] Vgl. dazu o. pp. 65f dieser Arbeit.

der Erwähnung der ἀνοχὴ τοῦ θεοῦ gedacht sein[394]. In Hebr 9 ist mit der Erwähnung der zur Zeit der ersten διαθήκη geschehenen Sünden V.15 derselbe Sachverhalt im Blick: Das alljährlich ausgeführte irdische Jom Kippur-Ritual hatte zwar die Reinigung des Fleisches und des irdischen Heiligtums bewirken können, nicht aber die des Gewissens und des himmlischen Heiligtums. Beides wurde erst mit dem Vollzug des eschatologischen, himmlischen Selbstopfers Christi möglich.

Ergebnisse. Bundesschluss, Reinigung des Volkes (als innere Reinigung) sowie Heiligtumsreinigung und -weihe gehören zusammen. Dem himmlischen Kultgeschehen entspricht der innere, dem irdischen der äußere Aspekt der Anthropologie: Das Gewissen ist dem himmlischen Heiligtum zugeordnet. In diesem Zusammenhang dominiert Reinigungsterminologie die Ausführungen zur Wirkung des Kultgeschehens. Sie erfasst die Wirkung auf Gegenstände bzw. Einrichtungen wie auf Personen. Kultische wie sittliche Reinheit sind darin zusammengefasst. Durch das himmlische Selbstopfer Christi ist das Gewissen der Adressaten und zugleich das himmlische Heiligtum von der zur Zeit der ersten διαθήκη aufgehäuften Sündenlast gereinigt und der himmlische Kult des Hohenpriesters Christus inauguriert.

5.4 Ertrag

Hebr stellt neben die Jom Kippur-Typologie die Bundesschluss-Typologie und versteht den Bundesschluss als Reinigung und Weihe von Volk und Heiligtum. Hinzu kommt die פרה-Typologie, welche den Sinn des Opfers Christi mit Bezug auf das Reinigungsritual von Num 19 erläutert. Der himmlische Kultakt mit dem Blut Christi, kulttypologisch als Bundesschluss verstanden, zeigt seine überlegene soteriologische Wirkung in der Reinigung des Inneren (Gewissen) des Menschen von »toten Werken« wie des himmlischen Heiligtums. So wird durch die Erhöhung Christi, kulttheologisch gedeutet, der himmlische Kult der neuen, eschatologischen Heilssetzung inauguriert. Die christliche Taufe gilt als Bundesinitiation, welche den Getauften die Reinigung der Gewissen vermittelt. Dadurch erhalten sie Zutritt zum himmlischen Heiligtum und Befähigung zur Teilnahme am himmlischen Kult. Die Adressaten sind die Gemeinde des neuen Bundes, die auf Erden in eschatologischer Reinheit lebt und dem himmlischen Heiligtum zugehört. Die Hohepriesterchristologie des Hebr zielt auf die Befähigung der Adressaten zur Teilnahme am himmlischen Kult.

---

[394] Vgl. KRAUS 1991, 148f. Er verweist für dieses Verständnis des Jom Kippur noch auf Jub 5,17–19; mJoma 8,8.

6. Kapitel

Irdische Existenz und Zuordnung zum himmlischen Kult

6.1 Einführung

Stand der Argumentation. Der Kult der eschatologischen neuen Heilssetzung (διαθήκη), der Kult im himmlischen Heiligtum, wurde inauguriert. Die Adressaten erhielten die Zugangsberechtigung zum himmlischen Heiligtum und die Befähigung zur Kultteilnahme. *Fortgang der Argumentation in Kapitel III.6.* Hier wird nun der dritte der in Hebr 2,5–16 bereits angesprochenen thematischen Aspekte, die gegenwärtige Teilnahme der Adressaten am Kult der himmlischen ἐκκλησία im himmlischen Jerusalem (↑ III.2.2), behandelt. Sie vollziehen diese Teilnahme im Leben auf Erden, nicht im Verlassen der irdischen Welt. Aus der Zugehörigkeit zum himmlischen Kult heraus verstehen sie ihre irdische Existenz als Fremdlingschaft. Die irdische Existenz ist durch die Ausrichtung auf den Himmel bestimmt. Die Zuordnung und Spannung von irdischer Existenz und himmlischer Zugehörigkeit ist kulttheologisch als Zuordnung und Spannung von irdischer Profanität und himmlischem Kult zu beschreiben. Die Adressaten nehmen am himmlischen Kult teil. Dem entspricht auf Erden das Fernbleiben von der Sakralität irdischer Kultstätten. *Zum einzelnen.* Das erste Teilkapitel (↑ 6.2) greift eingangs auf die Auslegung von Hebr 10,19f (↑ III.3.5) zurück: Die σάρξ Christi, seine irdische Existenz, ist der Weg in das himmlische Allerheiligste. Dieser Weg aber ist in der irdischen ὑπακοή zu beschreiten. Kp. 6.2 differenziert und begründet das im Blick auf Aussagen über das »Hinausgehen« Abrahams und anderer im Glauben: Ohne aus der irdischen Welt auszuziehen, lebten sie auf Erden, auf das himmlische Vaterland ausgerichtet, als Fremdlinge. Dem entspricht die Situation der Adressaten, die aufgefordert sind, sich im gegenwärtig-irdischen Leben aus ihrer Zugehörigkeit zum himmlischen Heiligtum und damit auf Erden als Fremde zu verstehen. Die eschatologische Heilserwartung richtet sich auf das noch ausstehende Eingehen in das himmlische Allerheiligste. Erwartet wird die Heilsvollendung mit dem Ende des geschaffenen Kosmos. Das zweite Teilkapitel (↑ 6.3) entfaltet das Verhältnis von Leben in irdischer Profanität und Teilnahme am himmlischen Kult nach Hebr 13,7–17.

Aus der Zuordnung zum himmlischen Altar (Hebr 13,10) ergibt sich die Forderung, jede Teilnahme an irdischem Kult zu unterlassen. Stattdessen wird, was in irdischer Profanität gelebt wurde, als das (spirituelle) Opfer der Adressaten auf dem himmlischen Altar dargebracht.

Im Zentrum der Argumentation steht Hebr 13,11–13, eine (wie der ganze Passus V.7–17) überaus sorgfältig komponierte Einheit, welche die Kulttheologie des Hebr in nuce enthält. Die christologischen Ausführungen des kulttheologischen Mittelteils des Hebr (↑ III.3–III.4) werden hier aufs knappste wiederholt und zusammengefasst und dabei so unmittelbar mit der Paränese verknüpft wie nirgendwo sonst im Hebr. Grundlegend ist die Verschränkung der vertikalen Opposition von irdischem und himmlischen Heiligtum mit der horizontalen Opposition von irdischem Heiligkeitsmittelpunkt (Allerheiligstes) und Außerhalb des Lagers.

Zum rechten Verständnis dieser Argumentation steht der Einzelauslegung (↑ 6.3.2) ein Exkurs voran (↑ 6.3.1), welcher die religionsgeschichtlichen Kontexte der Rede vom Lager und seinem »Außerhalb« klärt. So bestätigt sich in Hebr 13,11 nochmals, dass Hebr das irdische Sterben Christi als profanes, nicht-opferkultisches Geschehen versteht, zu dem sein himmlisches Selbstopfer (Hebr 13,12) komplementär hinzutritt.

Diese Deutung des Weges Christi ist integriert in die Paränese (V.7–17), deren Ziel, das Darbringen des irdischen Tuns der Adressaten als himmlisches Opfer (V.15f), ihr »Hinausgehen« aus dem irdischen Sakralbereich (V.13) voraussetzt. Das entspricht dem nicht-opferkultischen Leiden Christi »vor dem Tor«, außerhalb der sakral umfriedeten Sphäre.

So werden in Hebr 13,7–17 die einzelnen Stränge der Theologie des Hebr abschließend zusammengeführt: Die Schilderung von irdischem Weg und himmlischem Wirken Christi wird verbunden mit der kulttheologischen Deutung der Adressatensituation. Daher lässt sich hier wie an keinem anderen Passus des Schreibens beobachten, wie Hohepriester-Christologie und Paränese des Hebr aufeinander und auf die Bewältigung der Adressatensituation hin entworfen sind.

6.2 Hebr 11,8–10.13–16:
Himmlisches Vaterland und irdische Fremdheit.
Bemerkungen zur Eschatologie des Hebr

Hebr spricht in Kp. 11 im Blick auf Abraham und andere von einem Verlassen der Heimat und vom Leben in der Fremde sowie vom Erwarten der himmlischen Stadt, nicht aber vom Hinausgehen aus der irdischen Welt in die himmlische. Dem entspricht die eschatologische Erwartung des Hebr, wonach am Ende die irdische Welt erschüttert werden wird, so dass die unerschütterliche himmlische βασιλεία bleiben wird. Dieses Ereignis erwartet Hebr in Bälde.

Die Verhältnisbestimmung von himmlischer Orientierung und irdischer Existenz, wie sie in der Auslegung von Hebr 10,1–18.19–22 vertreten wurde[1], führte u.a. zu der Einsicht, dass die himmlische Orientierung der Adressaten nicht in der Entweltlichung oder in einer Wanderschaft hinter dem Vorläufer Christus her zum himmlischen Jerusalem, sondern in innerweltlicher ὑπακοή zu vollziehen ist. Diese Einsicht gilt es durch die Darstellung des Verhältnisses von irdischer Fremdlingschaft und himmlischer Beheimatung in Hebr 11 und durch einige Bemerkungen zur Eschatologie im Hebr zu stützen und zu differenzieren.

Leben in der Fremde – Erwartung der künftigen Stadt (Hebr 11,8–10. 13–16)[2]. Nach Hebr 11,8–10 zog Abraham aus und siedelte sich im »Land der Verheißung« an, wo er als Fremdling weilte (V.8f). Er erwartete die von Gott selbst gegründete und erbaute Stadt (V.10). Dabei handelt es sich um die himmlische, von Gott bereitete Stadt, die identisch ist mit der himmlischen πατρίς (V.16), die ihrerseits nichts anderes ist als das himmlische Jerusalem von 12,22–24. Diese Stadt sahen Abraham u.a. jedoch nur von ferne (V.13). Stets auf der Suche nach dem himmlischen Vaterland (V.14), blieben sie auf Erden fremd und ohne Bürgerrecht (V.13). Ebenso gilt auch von »uns«, dass »wir« auf Erden keine bleibende Stadt haben, sondern nach der zukünftigen streben bzw. diese ersehnen (οὐ γὰρ ἔχομεν ὧδε μένουσαν πόλιν ἀλλὰ τὴν μέλλουσαν ἐπιζητοῦμεν 13,14). Wie aber vollzieht sich dieses Streben?

Das Motiv der »Wanderschaft« aus der irdischen Welt zur himmlischen »als Grundmotiv des Hebräerbriefes«[3] zu erweisen, war die Absicht des ersten der drei Teile von Käsemanns Monographie »Das wandernde Gottesvolk«. Das Gottesvolk verlasse die irdische Welt und wandere der himmlischen Heimat zu. So bildet Hebr 3,7–4,13, wo vom Israel der Wüstenzeit die Rede ist, zunächst die Textgrundlage. Auch »Hebr 10,19ff« versteht Käsemann im Sinne der Aufforderung zum Streben nach der von Gott verheißenen himmlische Heimat[4]. Die Rede vom »wandernde[n] Gottesvolk« kommt jedoch im Hebr nicht vor. Gewiss spricht Hebr 3,7–4,11 von der Wüstenzeit Israels[5]. Aber es müsste nach Maßgabe der Einleitung dieses Abschnitts (Hebr 3,7–11) mit dem Zitat aus Ψ 94(Ps 95),7 nicht vom »wandernde[n]«, sondern vom *angeredeten* Gottesvolk gesprochen werden. Die Wüstenzeit Israels ist dem Hebr das Paradigma der Glaubensverweigerung auf göttliche Anrede hin. In diesem Sinne wird das glaubende Hören der göttlichen Anrede zur Bedingung des endzeitlichen Eintritts in die himmlische »Ruhe«. In Hebr 10,19ff

---

[1] ↑ III.3.4; III.3.5.
[2] Vgl. dazu die Exegese bei SÖLLNER 1998, 171–175.
[3] Überschrift des Ersten Teils (A) bei KÄSEMANN 1961, 5.
[4] KÄSEMANN 1961, 8–39.
[5] Doch nicht das Israel der Wüstenzeit nach 3,7–4,13 (oder gar seine Wanderung) geben das Basismotiv des Hebr ab; dieses ist vielmehr im priesterlich-kultisch verstandenen Motiv des Zugangs der Adressaten zum himmlischen Allerheiligsten (in Analogie zum Weg des himmlischen Hohenpriesters Christus) zu sehen. So richtig schon DIBELIUS 1956a, 164, Anm. 5; vgl. HOFIUS 1970, 91–101.106–110.115.144–151.

begegnet das Motiv der Wanderschaft des Gottesvolkes – gegen Käsemann – ebenfalls nicht. Die Verben der Bewegung[6] bezeichnen hier den gegenwärtigen Zutritt zum himmlischen Heiligtum, sind also kulttheologisch zu interpretieren. Vom Berg Zion als »*Ziel der Glaubenswanderschaft*«[7] ist hier gerade nicht die Rede – vielmehr sind nach 12,22–24 die Adressaten dort bereits angekommen (προσεληλύθατε 12,22: resultatives Perfekt). Auch hier geht es um die gegenwärtige Teilnahme am himmlischen Kult. Und so sehr der Hebr die himmlische πατρίς als Land der Verheißung im Blick hat[8], so wenig ist von einer Wanderschaft dorthin die Rede. Wir haben zu unterscheiden: Eines ist die Rede von dem von Gott angeredeten Israel der Wüstenzeit, ein anderes die Rede vom himmlischen Vaterland, ein anderes das gegenwärtige Hinzugetreten-Sein der Adressaten zum himmlischen Kult. Und wiederum etwas anderes ist das Motiv der »Himmelswanderschaft«, für das im Hebr jeder Beleg fehlt[9].

Das »Vaterland« der Adressaten ist die künftige, himmlische Stadt. Dem entspricht auf Erden ein Leben in der Fremde. Und wie Abraham »hinausging« (11,8), so sind auch die Adressaten aufgefordert zum »Hinausgehen« (13,13). Von einem Verlassen der irdischen Welt schlechthin ist jedoch nicht die Rede.

Das Ausziehen Abrahams meint nicht den Auszug aus der irdischen Welt. Vielmehr ist es der Auszug aus der Beheimatung in einer irdischen πόλις. Der Auszug führt zu einer ebenfalls irdischen Existenz, die durch die Ausrichtung auf die himmlische Stadt bestimmt ist und die deshalb als Fremdlingschaft auf Erden vollzogen wird. Das »Land der Verheißung« (11,9) steht daher nicht für die himmlische Welt. Gemeint ist das irdische Land Israel. Die Pointe dieser Formulierung ist darin zu sehen, dass angesichts der himmlischen Orientierung nunmehr jedes irdische Land – selbst das verheißene – nicht Heimat, sondern nur mehr Fremde sein kann. »Das Land, auf das die Verheißung zielte, wird zum

---

[6] KÄSEMANN 1961, 9. KÄSEMANN nennt diese Verben nicht. Doch ist an προσέρχεσθαι und εἰσέρχεσθαι zu denken. Vgl. dazu SCHOLER 1991, 91–184.

[7] KÄSEMANN 1961, 9 (Hervorhebung von mir, GG.).

[8] Vgl. KÄSEMANN 1961, 11–19; zum Thema »Land der Verheißung« im Hebr BACKHAUS 2001.

[9] Als »Basismotiv« des Hebr bezeichnet das »Wandernde Gottesvolk« nach wie vor GRÄSSER 1992d, der sich darin u.a. mit der Argumentation von HOFIUS 1970 auseinandersetzt (a.a.O. 232f). GRÄSSERs Argumentation vermag jedoch nicht zu überzeugen. Eine starre Alternative von hellenistischer und apokalyptischer Eschatologie (a.a.O. 235–238) ist nicht hilfreich, zumal die Entscheidung für die sog. hellenistische Eschatologie nicht schon die Ergebnisse der Einzelexegese des Hebr präjudizieren darf. Von einem Hinausstreben der Adressaten aus der irdischen Welt zum Himmel hin ist im Hebr nirgends die Rede; ebensowenig von einer Wanderung. Angesichts der Bezeichnung Christi als πρόδρομος 6,20; ἀρχηγός 2,10; 12,2 ist vielmehr gerade das vollständige Fehlen von auf die Adressaten bezogenem ἀκολουθεῖν o.ä. bezeichnend. Wo sie auf die Adressaten angewandt wird, bezieht sich die Wegmetapher im Hebr stets, die Aussagen über das Hingehen, Hineingehen (προσέρχεσθαι, εἰσέρχεσθαι) usw. meist, auf den schon gegenwärtig möglichen Eintritt ins himmlische Allerheiligste bzw. auf den bereits erfolgten Hinzutritt zum himmlischen Jerusalem. Der endzeitlich-endgültige Eingang der Adressaten in die himmlische Welt begegnet mit Verben der Bewegung (εἰσέρχεσθαι) Hebr 4,1.11. Dies ist aber nicht im Rahmen eines zeitlosen irdisch-himmlischen Dualismus zu verstehen, sondern im Rahmen eines endzeitlichen Geschehens. Zum einzelnen s.u.

fremden Land, in dem die Verheißung gilt«[10], und diese richtet sich nun auf die himmlische Heimat. Aus der Geschichte Israels wird gerade jene Zeit aktualisiert, in der sich das Leben im Lande noch nicht in Städten, sondern nomadisch, in Zelten, vollzog. Von hier aus grüßt man die himmlische Heimat von ferne (11,13). Erreichen wird man sie jedoch erst in Zukunft. Sesshaftigkeit im irdischen Lande ist dagegen keine angemessene Existenzform[11]. Weder verlässt man also die irdische Welt, noch ist man in ihr sesshaft. Vielmehr bleibt es bei irdischem Dasein – doch vorläufig, gleichsam im Wartestand.

Charakteristisch ist, dass die Stadt, der »wir« zugeordnet sind, in 13,14 als die »künftige« (μέλλουσα), nicht als die gegenwärtige himmlische Stadt bezeichnet wird (vgl. Ἰερουσαλὴμ ἐπουράνιος 12,22), obgleich zweifellos dieselbe Größe gemeint ist. Doch kann von der Beheimatung im himmlischen Jerusalem nur futurisch gesprochen werden. Der Modus der Zuordnung zum himmlischen Jerusalem stellt sich also einerseits als kultisches, perfektisch-resultatives Hinzugetreten-Sein (προσεληλύθατε 12,22), zum anderen als eschatologische Erwartung (ἐξεδέχετο 11,10) bzw. als Erstreben/Suchen/Begehren (ἐπιζητοῦμεν 13,14; vgl. 11,14) dar. Das eine meint die gegenwärtige Zugehörigkeit zum himmlischen Kult, das andere die erwartungsvolle Ausrichtung auf ein erst künftiges Hineingelangen in das himmlische Allerheiligste.

Das »Hinausgehen« Abrahams nach Hebr 11,8 bezieht sich also nicht auf das Verlassen der irdischen Sphäre zugunsten der himmlischen. Gemeint ist vielmehr das Hinausgehen aus jeder irdischen πατρίς bzw. πόλις, das Aufgeben jeder irdischen Beheimatung und Sesshaftigkeit und das Leben in Fremdlingschaft. Es gilt, im Glauben zu leben, d.h. für Hebr: durch die himmlisch-zukünftigen Größen bestimmt zu leben, – auf Erden[12]. Diese irdische Existenz ist als Heimatlosigkeit zu vollziehen. Denn die πατρίς der Adressaten wie der Glaubenszeugen von Kp. 11 kann nur die himmlische sein. Dem entspricht das Verlassen jeder vermeintlichen irdischen Heimat. An die Stelle scheinbarer Geborgenheit in einer Stadt tritt das Wohnen in Zelten (11,9). Die himmlische Stadt ist zugleich die künftige (13,14), die man in der Gegenwart – an anderem Ort lebend – von ferne grüßt (11,13). Blieb doch auch den Glaubenszeugen von Kp. 11 das Erlangen der ἐπαγγελία versagt (11,39f): Der Eingang in das himmlische Allerheiligste bleibt unabgegoltenes, eschatologisches Verheißungsgut[13].

Dieser Ausrichtung auf die himmlische Heimat in einem Leben irdischer Fremdlingschaft entspricht aufs genaueste die Aufforderung zum »Hinausgehen« Hebr 13,13[14]. Dort geht es darum, die durch das irdische Jerusalem repräsentierte irdische Sakralität hinter sich zu lassen und sich

---

[10] BACKHAUS 2001, 174.
[11] Vgl. dazu bes. BACKHAUS 2001, 172–176; ferner LAUB 1980, 259f.
[12] Vgl. ähnlich SÖLLNER 1998, 184.
[13] Zu dieser Bedeutung von ἐπαγγελία im Hebr vgl. bes. die Studie von ROSE 1989.
[14] Zum einzelnen ↑ III.6.3.2.

auf Erden ausschließlich aus der Zuordnung zum himmlischen Kult zu verstehen. Dieser Zuordnung entspricht ein Leben in irdischer Profanität: Schon das irdische Leben ist ausschließlich und vollständig bestimmt durch die Erwartung des endzeitlichen Eintritts in die himmlische κατάπαυσις und durch die gegenwärtige Teilnahme am himmlischen Kult. Diese verlangt den Verzicht auf jede irdische Kultteilnahme. Die Zuordnung von gegenwärtiger Teilnahme am himmlischen Kult und zukünftiger himmlischer Heilsvollendung kommt in 12,28 zum Ausdruck: Aus der Hoffnung auf die künftige himmlische Heilsvollendung, auf die βασιλεία ἀσάλευτος, ergibt sich die Aufforderung zur gegenwärtigen Teilnahme am himmlischen Kult (λατρεύωμεν κτλ.), die in Kp. 13 entfaltet werden wird[15].

Damit entspricht das Verhältnis zur himmlischen Stadt ganz dem Verständnis des Glaubens, das in Hebr 11 entfaltet wird, ist doch Glaube im Hebr das Bestimmtsein des Lebens auf Erden durch das unsichtbare himmlische Hoffnungsgut, so dass die Ausrichtung darauf alle Entscheidungen prägt.

So leben die Adressaten einerseits noch im καιρὸς ἐνεστηκώς, der gegenwärtigen Zeit, welche durch das Bestehen des »ersten Zeltes«, nämlich des vorderen Teils (des »Heiligen«) des irdischen Heiligtums sowie durch die dadurch repräsentierte irdisch-mosaische Kultordnung bestimmt ist (Hebr 9,9). Und zugleich leben sie bereits im καιρὸς διορθώσεως, der Zeit der richtigen, eschatologischen kultischen Ordnung (9,10), welche von Gott heraufgeführt wurde, insofern sie dem himmlischen Hohenpriester und seiner Kultausübung im himmlischen Heiligtum zugeordnet sind[16]. Beide »Zeiten« überlappen gleichsam: So ergibt sich eine Zwischenzeit, in der die alte, irdische Kultordnung noch fortbesteht, während die eschatologische neue, himmlische Ordnung bereits inauguriert ist[17]. Daraus ergibt sich die Spannung von gegenwärtiger kultischer Zuordnung zum himmlischen Allerheiligsten, himmlischer Orientierung aus der Fremde irdischer Heimatlosigkeit heraus und noch ausstehender eschatologischer Heilsvollendung.

Zur Eschatologie des Hebr. Abschließend sei skizziert, wie sich dieses Verständnis zur Eschatologie des Hebr fügt[18]. Grundlegend ist die Ein-

---

[15] Zu Hebr 13,7–17 ↑ III.6.3.2.

[16] Vgl. die Auslegung von Hebr 9,1–10 pp. 279–282 dieser Arbeit.

[17] GRÄSSER 1993, 134f.141.

[18] Die Eschatologie des Hebr ist kein selbständiges Thema dieser Arbeit. Sie kann und soll hier auch nicht annähernd vollständig dargestellt werden. Dazu bedürfte es einer Studie monographischen Umfangs. Dagegen wird die Eschatologie des Hebr in dieser Arbeit nur insofern thematisiert, als es zum Verständnis der Kulttheologie des Schreibens erforderlich ist. Im vorliegenden Kapitel geschieht das nur, sofern es erforderlich ist, um den eschatologischen Horizont der Aussagen über die gegenwärtige irdische Fremdlingschaft bzw. über die gegenwärtige Teilnahme am himmlischen Kult zu skizzieren.

sicht, dass die eschatologische Heilsvollendung nach wie vor aussteht und dass sie zu unterscheiden ist von dem gegenwärtig bestehenden Zutritt zum himmlischen Heiligtum und Kult, wenngleich beides sachlich zusammenhängt, da die Verankerung im himmlischen Allerheiligsten bereits jetzt auch den künftigen, endzeitlichen Einzug in dieses verbürgt. Die Heilsvollendung besteht im Empfang des Verheißungsgutes (ἐπαγγελία), das wiederum als Eintritt in die κατάπαυσις (4,1.11) bzw. in das himmlische Allerheiligste in der Folge des Eintretens Christi (6,19f) verstanden ist. Dass es sich dabei um eschatologische Erwartung handelt, ergibt sich schon daraus, dass diese Erwartung sachidentisch ist mit der Erwartung des Eintretens in die himmlische κατάπαυσις, wobei an den eschatologischen Eingang in die Ruhe Gottes und an den σαββατισμός der eschatologischen Vollendung gedacht ist[19].

Daraus folgt, dass auch die im himmlischen Jerusalem anwesenden πνεύματα δικαίων von Hebr 12,23 gegenwärtig noch nicht in *dem* Sinne »vollendet« sein können, dass sie die ἐπαγγελία von 11,39f nunmehr empfangen hätten. Obgleich sie im himmmlischen *Jerusalem* sind, erwarten sie, wie »wir«, den eschatologischen Eintritt in die κατάπαυσις bzw. in das himmlische *Allerheiligste*[20].

Auf die Endereignisse kommt Hebr mehrfach, doch stets nur knapp zu sprechen. Nach 9,28 ist an ein zweites Erscheinen Christi (im Blick auf 9,26: ein zweites Erscheinen auf Erden) zu denken. Nach 10,37 wird »der Kommende« nach einer sehr kurzen Weile kommen und nicht verziehen. Von 9,28 her ist dabei an den wiederkommenden Christus zu denken. Nach 1,10–12 werden die Werke der Hände Gottes – Himmel und Erde – veralten und wie ein Mantel zusammengerollt, wie ein Gewand gewechselt werden[21]. Die Endereignisse sind folglich im Rahmen einer kosmischen Verwandlung vorzustellen.

---

[19] Vgl. HOFIUS 1970, passim; 1992a,b; KARRER 2002, 216–221 zu Hebr 4,3–10 (der einen Ausblick auf die Gnosis eröffnet und nach wie vor von Wanderschaft spricht).

[20] So mit ROSE 1989. Dazu sei wiederholt, was schon im Exkurs über τελειοῦν κτλ. (↑ III.2.3) gesagt wurde: Nach Hebr 2,10; 10,14 wurde Christus durch Leiden vollendet; durch sein einmaliges Opfer hat er die ἁγιαζόμενοι »vollendet« (τετελείωκεν 10,14). In 2,10, 10,14 und 12,23 liegt ein anderes Verständnis von »Vollendet-Werden« zugrunde als in 11,39f. Die πνεύματα von 12,23 sind schon jetzt »vollendet«, wie die ἁγιαζόμενοι von 10,14: Das in Christus erworbene Heil ist bereits wirksam zugeeignet (10,14); »wir« wie die πνεύματα haben bereits Anteil daran. Dem entspricht auf Seiten der Adressaten das Hinzugetreten-Sein zum himmlischen Jerusalem (12,22), auf Seiten der πνεύματα die Anwesenheit dort (12,23). 12,23 beschreibt, gleichsam aus himmlischer Perspektive, die im Christusereignis bereits vollzogene Vollendung als schon jetzt auch die πνεύματα umfassend (darin 10,14 vergleichbar), während die Vollendungsaussage von 11,39f gleichsam aus der irdischen Perspektive das künftige Erlangen der Heilsvollendung – den Eintritt in das himmlische Allerheiligste – in Aussicht nimmt.

[21] Vgl. KARRER 2002, 144. Demnach greift Hebr damit Motive apokalyptischer Zukunftserwartung auf.

Mehr darüber erfahren wir in der wichtigsten einschlägigen Textpassage, Hebr 12,26–29[22]. In 12,26f ist von der Stimme Gottes die Rede, welche Himmel und Erde erschüttern wird[23]. Die kosmische Erschütterung ist ein geläufiges apokalyptisches Motiv; sie leitet gewöhnlich die Endereignisse ein[24]. Dazu gehört häufig die Verwandlung bzw. Neuschöpfung der Welt. Die Verwandlung der erschütterlichen Dinge wird nach Hebr 12,27 nur die unerschütterlichen bestehen lassen. Dass damit ein endzeitliches Geschehen in den Blick genommen ist und kein zeitlos-gegenwärtiges, liegt angesichts des Gegensatzes von τότε (V.26) – ἔτι ἅπαξ (V.27)[25] ebenso auf der Hand wie angesichts der Verankerung des Erschütterungs-Motivs in apokalyptischen Schilderungen der Endereignisse und angesichts der damit verbundenen Erwartung einer Umgestaltung (μετάθεσις) des geschaffenen Kosmos. Denn das »Erschütterliche« ist nach V.27 gleichzusetzen mit dem Geschaffenen, wobei Himmel und Erde (V.26) als Gesamtheit des Kosmos im Blick sind, d.h. der »Himmel« meint hier nicht die Transzendenz, sondern einen Teil der physischen Welt. Demnach wird von der physischen, erschütterlichen, weil geschaffenen Welt (V.27) nur bleiben, was an der Qualität der transzendenten Welt teilhat, die hier als »unerschütterlich« bezeichnet wird[26]. Wenn aber nur die unerschütterlichen Dinge Bestand haben werden (so V.27), so ist damit vorrangig die βασιλεία ἀσάλευτος von V.28 gemeint. Diese darf mit dem himmlischen Jerusalem (12,22, vgl. 11,10) bzw. mit dem himmlischen Vaterland (11,16) bzw. mit der künftigen Stadt (13,14) gleichgesetzt werden.

Die endzeitliche »Verwandlung« ist daher weder als Totalvernichtung des geschaffenen Bereichs aufzufassen – dann wäre die Wahl des Wortes μετάθεσις allzu erklärungsbedürftig –, noch als Umgestaltung der Schöpfung insgesamt – dann bliebe unklar, warum nur das »Unerschütterliche« bleibt, wenn diese Eigenschaft doch der himmlischen βασιλεία zukommt[27]. Vielmehr ist daran gedacht, dass vom Bereich des Geschaffenen nur bleibt, was bereits jetzt mit der himmlisch-ewigen Welt verbunden ist und daher an deren Eigenschaft der Unerschütterlichkeit Anteil hat. Während jene Teile der Schöpfung in

---

[22] Vgl. zur folgenden Exegese (mit Unterschieden im einzelnen): MICHEL 1984, 473–476; ATTRIDGE 1989, 380–382; ELLINGWORTH 1993, 685–690. Vgl. LAUB 1980, 253–257.

[23] Zu den Unterschieden zwischen Hag 2,6 MT, LXX und dem Zitat in Hebr 12,26 vgl. SCHRÖGER 1968, 190–194; ELLINGWORTH 1993, 686f; GRÄSSER 1997, 332.

[24] Vgl. ATTRIDGE 1989, 380 m. Anm. 34.

[25] Wenngleich die Erschütterung typologisch dem Sinaigeschehen entspricht, ist sie durch die Zeitangabe ἔτι ἅπαξ endzeitlich ausgerichtet. Das ἔτι ἅπαξ besagt Einmaligkeit und damit Endgültigkeit, freilich zukünftig-ausstehend.

[26] Soweit ist der Exegese bei GRÄSSER 1992d, 240–242, zu folgen.

[27] Die Unzulänglichkeit der beiden genannten Deutungen hat schon VÖGTLE 1970, 77–83 herausgearbeitet. Seine eigene Lösung – Hebr sei an zukünftig-kosmischen Ereignissen überhaupt nicht interessiert; es handele sich lediglich um eine metaphorische Gerichtswarnung (so a.a.O. 84–89, bes. 88f) – bleibt allerdings ebenfalls unbefriedigend.

himmlisches Wesen aufgehoben werden und mit diesem zusammen »bleiben«, vergeht alles Übrige. Beides zusammen ist die τῶν σαλευομένων μετάθεσις[28].

Zu denken ist bei der angesagten Verwandlung an die Adressaten selbst, welche die βασιλεία ἀσάλευτος und damit das Hoffnungs- und Verheißungsgut empfangen werden (V.28). Sie sind Teil der geschaffenen Welt, haben aber zugleich Teil an der himmlischen und gehören ihr zu. Denn im Hören auf das Wort, im Empfang der Gnade und im Festhalten der Hoffnung erlangen sie Anteil an der himmlisch-jenseitigen Eigenschaft der Festigkeit und Unveränderlichkeit Gottes[29].

»Fest« (βέβαιος Hebr 2,2) ist das verkündigte Wort; dem Festsein des Wortes als seiner Geltung entspricht sein Fest- oder Befestigtwerden durch die Glaubenden (2,3). Das zeigt näher Hebr 3,14, die Aufforderung, die ἀρχὴ τῆς ὑποστάσεως bis zum Ende als eine feste (βέβαιαν) zu greifen/zu erhalten (κατασχῶμν). Klingt ἀρχὴ an die ἀρχὴ τῆς σωτηρίας in 3,3 an, so erinnert die Erwähnung der ὑπόστασις an die Aussage über den Glauben in 11,1. Im Ergreifen und Festhalten der ἀρχή, des Ursprungs des Heils im Verkündigungsgeschehen bzw. im Reden Gottes, vollzieht sich das Festwerden bzw. Als-fest-Bewahren. Dieses ist den Glaubenden aufgegeben. Festigkeit als himmlische Qualität verwirklicht sich im Glauben schon an denen, die das feste Wort ergreifen und es fest bewahren[30].

Eine auffällige Konzentration der Festigkeits- bzw. Unveränderlichkeits-Terminologie findet sich mit Belegen von βεβαίωσις, βέβαιος, ἀσφαλής, τὸ ἀμετάθετον in Hebr 6,16–19. Der Vf. führt aus, dass Gott die ἐπαγγελία durch Schwur bekräftigte, um die Unwandelbarkeit (τὸ ἀμετάθητον) seines Willens zu zeigen, wie auch beim Menschen der Eid zur Festigkeit (hier: zur unbezweifelbaren Geltung), βεβαίωσις, dient. Weiter heißt es, dass »wir« die uns dargebotene Hoffnung als festen und sicheren (βέβαιαν καὶ ἀσφαλή) Anker ergreifen. Wort Gottes und Festigkeit hängen zusammen: Gottes Unveränderlichkeit wird für Menschen greifbar im Wort. Im Ergreifen der Hoffnung bzw. des verheißenen Hoffnungsgutes (ἐλπίς V.18b) gewinnen sie feste Verankerung. Gottes eigene Festigkeit verleiht Anteil an eschatologischer Qualität. In diesem Sinne ist auch die Aussage Hebr 13,9 zu verstehen, wonach das Herz fest wird (βεβαιοῦσθαι) durch die im himmlischen Kult vermittelte Gnade. Denn dies geschieht, wenn die Glaubenden an Lehre und Vorbild der Lehrer festhalten, statt sich von anderen Lehren irritieren zu lassen (vgl. V.9a nach 7f).

---

[28] Die Frage, ob hier eine mehr apokalyptische oder eine mehr hellenistische Eschatologie vorliege, scheint mir fruchtlos, die vorausgesetzte Alternative unsachgemäß. Dass auch apokalyptischem Denken die Erwartung *himmlischer* Zukunft nicht fremd ist, ergab Teil II dieser Arbeit. Eine entfaltete apokalyptische Schilderung endzeitlichen Geschehens bietet Hebr allerdings nicht. Mit einem zeitlichen Ende der physisch-geschaffenen Welt ist nach Hebr gleichwohl zu rechnen. Das zeigt auch die Korrespondenz von 12,26–28 mit 1,10–12.

[29] Ähnlich EISELE 2003, 120f. Schön a.a.O. 121: »Wenn die Christen beim Bleibenden bleiben, bleiben sie auch dann, wenn das Erschütterliche vernichtet wird«.

[30] Daher hat GRÄSSER zu Hebr 3,14 mit Recht das Stichwort ἀσάλευτος ins Spiel gebracht und dadurch die sachliche Verbindung mit Hebr 12,27f anklingen lassen: »In dieser Situation rät der Vf., die einmal eingenommene Ausgangsposition ›vollkräftig‹ und unverrückt festzuhalten, sie gleichsam ἀσάλευτος zu bewahren« (1964, 18).

Das Empfangen der βασιλεία ἀσάλευτος wird die Folge der in V.27 genannten μετάθεσις, der eschatologischen Verwandlung, sein. Die Endereignisse werden das Verhältnis der Adressaten zur himmlischen Welt, deren himmlisch-ewigen Charakters unbeschadet, verändern[31]. Kosmische und individuelle Eschatologie sind damit eng verbunden. Das ist möglich, weil das Ende, wie gesagt, als nahe bevorstehend betrachtet wird. Ein vorzeitiges Eintreten in die himmlische Welt durch Himmelswanderschaft ist dagegen ebensowenig im Blick wie das Eintreten in die himmlische κατάπαυσις bzw. in das himmlische Allerheiligste nach dem Tode des einzelnen.

Letzteres ist die These von Eisele[32]. Wenn er Hebr 9,27f in dem Sinne auslegt, als sei an das Sehen des himmlischen Christus beim Eintritt der Adressaten in das himmlische Allerheiligste nach ihrem Tode gedacht, so übersieht er, dass das Von-neuem-gesehen-Werden von 9,28 vom Revelationsschema 9,26 her nur als ein neues Gesehen-Werden *auf Erden*, d.h. bei der Parusie, verstanden werden kann. – Leitend ist für Eiseles Exegese die Annahme, der Mittelplatonismus sei der geistesgeschichtliche Hintergrund des Hebr. Vgl. dazu jedoch in dieser Arbeit ↑ II.3.

Ergebnis. So bewährt sich die These: Der himmlischen Orientierung entspricht im Hebr die in der ὑπακοή gelebte irdische Existenz. Diese ist als unabänderliche Fremdlingschaft auf Erden das Ziel des »Hinausgehens«, von dem Hebr spricht. In diesem »Hinausgehen« aus jeder irdischen Beheimatung in die Fremdlingschaft, das gleichwohl die Erde nicht verlässt, vollzieht sich die gegenwärtige Zuordnung zum himmlischen Kult ebenso wie die Erwartung des künftigen Endes, das den Eintritt in die himmlische κατάπαυσις bringen wird. Kp. 13 wird dies für die Gegenwart der Adressaten entfalten: Der Zuordnung zum himmlischen Altar (13,10) entspricht die Distanz vom irdischen, der Teilnahme am himmlischen Kult der Verzicht auf irdische Kultteilnahme.

---

[31] Gegen GRÄSSER 1992d, 243. Die Schwierigkeit bei GRÄSSERs Darstellung besteht darin, dass er aus dem jenseitig-himmlischen, ewigen Charakter der βασιλεία ἀσάλευτος auf ein zeitlos-dualistisches Verhältnis der Adressaten zu ihr schließen zu können meint. So ordnet er das Überkommen der βασιλεία (12,28) dem gegenwärtigen Hinzugetreten-Sein der Adressaten zum himmlischen Jerusalem (12,22) zu (a.a.O. 243). Er wird damit dem Umstand nicht gerecht, dass letzteres die gegenwärtige, kultische Verankerung im himmlischen Heiligtum, ersteres dagegen die eschatologische Heilsvollendung meint.

[32] EISELE 2003, 66–85, Ergebnisse: 84f.

6.3 Hebr 13,11–13 im Rahmen von V.7–17: Zugang zum himmlischen Heiligtum – Ausgang aus dem irdischen »Lager«

Zum Verständnis der Argumentation in Hebr 13,11–13 muss die Rede vom »Lager« und seinem ›Außerhalb‹ in den Kontext alttestamentlicher »Lager«-Aussagen und ihrer frühjüdischen Rezeption gestellt werden. Daher steht der Auslegung der folgende, diesem Thema gewidmete Exkurs voran. Für den Vergleich mit dem »außerhalb des Lagers« Hebr 13,11 sind die priesterschriftliche »Lager«-Vorstellung und deren Rezeption in 4QMMT und in der sog. Tempelrolle (T) besonders wichtig. Darauf wird folgende Darstellung sich konzentrieren. Zuvor ist eine knappe Auseinandersetzung mit einer anderen Auslegung erforderlich.

6.3.1 Exkurs: ἔξω τῆς παρεμβολῆς. Das »Lager« in der priesterschriftlichen Theologie und in frühjüdischer Literatur[33]

Das Lager-Motiv bei Philo von Alexandrien als Hintergrund von Hebr 13,11–13? Der Bericht von der Wüstenwanderung Israels spricht vom »Lager« (מחנה, LXX: παρεμβολή[34]). Zwei verschiedene Lagerordnungen werden im Alten Testament mitgeteilt. Nach Ex 33,7–11[35] befindet sich das »Zelt der Begegnung« (אהל מועד) außerhalb des Lagers (V.7; vgl. V.8–10). Diese Darstellung[36] unterscheidet sich von der priesterschriftlichen (dazu u.)[37]. Nach Lührmann[38] hätte Hebr »einen festen traditionsgeschichtlichen Zusammenhang« – die Verbindung der Lager- und Zeltvorstellung von Ex 33,7–11 mit dem Jom Kippur-Ritual – aufgegriffen und die Verbrennung »außerhalb des Lagers« nach Lev 16,27 in diesem Sinne verstanden[39]. Dieser Zusammenhang lasse sich bei Philo aufweisen. – Philo hat die Tradition aus Ex 33,7–11 über das außerhalb des Lagers aufgeschlagene Zelt in der Tat mehrfach aufgegriffen. Prüfen wir Lührmanns Behauptung jedoch anhand der von ihm angeführten Philo-Stellen nach, so erweist sie sich als nicht stichhaltig:

Nach somn I 189–256 zieht der Hohepriester beim Eintritt ins Allerheiligste am Jom Kippur (Lev 16,4) ein weißes Kleid an (§§ 216–218). Bezug auf Ex 33,7 nimmt Philo hier nicht. – Nach all III 46 ist das »Zelt« die Weisheit. Es wird außerhalb des Lagers (Ex

---

[33] Zum Hintergrund von Hebr 13,11f in priesterschriftlichem und frühjüdischem Denken vgl. bisher FENSHAM 1964, 561; JOOSTEN 2000, 119; zur priesterschriftlichen Lager-Vorstellung KUSCHKE 1952 sowie MILGROM (s.u. Anm. 43), VON RAD und HARRINGTON (s.u. Anm. 50).

[34] Das Wort hat militärische Konnotationen (vgl. MICHEL 1984, 506 Anm.1); diese werden sich im Dtn sowie in der Kriegsrolle vom Toten Meer finden (s.u.).

[35] Vgl. HELFMEYER 1982, 14f.18f.

[36] NOTH 1988, 210 hält den Abschnitt für eine vordtr Ergänzung zu dem (von ihm der Quellenschicht J zugeordneten) Kontext.

[37] Vgl. NOTH, a.a.O. 210: »Das Zelt war gedacht als ein Ort der ›Begegnung‹, also nicht etwa als eine Stätte ständigen ›Wohnens‹ Gottes, sondern jeweiligen Erscheinens. Darin unterscheidet sich die Auffassung vom Zelt sehr wesentlich von den mit der Lade verbundenen Vorstellungen, nach denen diese ein Platz ständiger (unsichtbarer) Gottesgegenwart war (vgl. 4. Mos. 10,35f)«.

[38] Vgl. dazu bes. LÜHRMANN 1978, 181–185. Ihm folgt WEISS 1991, 732f.

[39] So LÜHRMANN, a.a.O. 184.

33,7), d.h. des Körpers, aufgestellt. Bezug auf das Jom Kippur-Ritual nimmt Philo hier nicht. – Nach det 160 bedeutet die Absonderung des Zeltes vom Lager (Ex 33,7) die Trennung vom Körper und den Aufstieg der Seele zu Gott. Bezug auf das Jom Kippur-Ritual nimmt Philo hier nicht. – Nach ebr 100 steht das Lager für das leibliche Leben. So hat Mose das Zelt außerhalb des Lagers aufgeschlagen (Ex 33,7), was bedeutet, dass der Weise zum göttlichen Leben auswandert. Bezug auf das Jom Kippur-Ritual nimmt Philo hier nicht. – An zwei Stellen kommen Ex 33,7 und Lev 16 nebeneinander vor: In gig 52 deutet Philo das Eintreten des Hohenpriesters ins Allerheiligste auf die nicht jederzeit mögliche Beschäftigung mit heiligen Lehren. In § 54 erwähnt er Mose, der außerhalb der Umzäunung, fern vom körperlichen Heer, sein Zelt aufschlug (Ex 33,7) und dort Mysterien feierte. Beide Beispiele werden nicht miteinander verbunden; der Eintritt des Hohenpriesters ins Allerheiligste wird nicht im Sinne des Hinausgehens aus dem Lager (oder das Hinausgehen Moses zum Zelt im Sinne des Eintritts ins Allerheiligste am Jom Kippur) gedeutet. Beide Beispiele stehen in Philos Deutung für Verschiedenes: Mose steht für den Weisen, der in der geistigen Welt lebt, der Hohepriester für Menschen, die sich mit weltlichen Geschäften abgeben und nur selten Gelegenheit zur Beschäftigung mit heiligen Lehren finden (vgl. §§ 60f). – Nach all II §§ 53–70 ist eine nackte Seele weder mit Tugend noch mit Laster bekleidet (§ 53). So steht das außerhalb des Lagers von Mose errichtete Zelt (Ex 33,7) dafür, alle Leidenschaften hinter sich zu lassen (§ 54). Die Seele, die Gott liebt, entkleidet sich vom Leib (§ 55), und das ist der Grund, warum der Hohepriester das Allerheiligste unbekleidet betritt: Er lässt Meinungen und (Sinnes-) Eindrücke hinter sich (§ 56). Auch hier wird der Eintritt ins Allerheiligste nicht mit dem Hinausgehen aus dem Lager in Verbindung gebracht; beides steht nebeneinander als Beispiel für Abkehr vom Äußerlich-Sinnlichen. An keiner der besprochenen Stellen greift Philo die Verbrennung der Kadaver außerhalb des Lagers nach Lev 16,27 auf; er bringt sie nicht mit dem außerhalb des Lagers errichteten Zelt von Ex 33,7 in Verbindung. Es gibt keine Grundlage für die Annahme einer Tradition, in welcher der Eintritt in das Allerheiligste am Jom Kippur bzw. die Verbrennung außerhalb des Lagers nach Lev 16 mit dem außerhalb des Lagers errichteten Zelt nach Ex 33,7 in Verbindung gebracht würde[40].

---

[40] Ein weiteres Beispiel sei angeführt, das LÜHRMANN nicht berücksichtigt: In all III 151f deutet Philo die Regel von Dtn 23,12, wonach die Israeliten außerhalb des Lagers ihren Stuhlgang verrichten und die Exkremente mit einer Schaufel verscharren sollen. Wie in der Priesterschrift, ist auch hier die Anwesenheit Gottes im Lager Grund für den Ausschluss von Unreinheit und »Hässlichem« (Dtn 23,14). Philo weiß um den Zusammenhang. So deutet er das »Lager« auf die Tugend (§ 151f). Der Bereich außerhalb des Lagers steht für »Freunde des Leibes«. So wird die Unterscheidung des sakralen Bereichs und des Außerhalb aufgenommen und moralisch gedeutet; doch so, dass die Zuordnung von Innen und Außen im Sinne von Rein-Sakral und Unrein-Profan erhalten bleibt. Im übrigen ist mit KOESTER zu sagen: »The phrase ›outside the camp‹ is the designation of Jesus' place of suffering and reproach, and therefore totally different from Philo's understanding of the same phrase [folgt Zitat aus Philo, gig 54]. Here, in Philo's understanding, ›outside the camp‹ is indeed the place of unwordliness, the presence of the divine as it is attainable already now in seclusion from all worldly and secular things, i.e., in the initiation into the ›mysteries‹. For Hebrews, ›outside the camp‹ is identical with the worldliness of the world itself [...]«: KOESTER 1962, 302.

Nach Philo bezeichnet »außerhalb des Lagers« auch keinen Ort außerhalb der Welt[41], sondern das intellektuelle und moralische Streben nach körperlosen, intelligiblen Ideen und nach der Tugend. Auch erwähnt Philo in somn I 214ff kein himmlisches Heiligtum (so Lührmann[42]). Er sagt in § 215 lediglich, dass das Universum – Erde und Himmel – ein Heiligtum ist, dem das irdische Heiligtum abbildlich entspricht.

Das Lager Israels in der Priesterschrift. Das Lager, sein ›Außerhalb‹ und sein Inneres sind durch die Anwesenheit des inmitten Israels weilenden Gottes bestimmt. Nach Num 2,2 befindet sich das Zeltheiligtum in der Mitte des Lagers; die Stämme lagern ringsherum. Um die Mitte des heiligen Zeltes lagern die Leviten (Num 2,17), ihnen ist die Fürsorge für das Zelt anvertraut (Num 1,50f.53). Es ergibt sich ein in konzentrischen Zonen angeordnetes Lager. In dessen Mitte steht das Heiligtum, um das die Leviten lagern, darum wiederum die übrigen Israeliten[43]. Entsprechend dem Heiligkeitsgrad jeder Zone gelten je unterschiedliche Bedingungen für den Zutritt: Das Allerheiligste darf nur der Hohepriester – einmal im Jahr – betreten; das Heiligtum zu betreten und den Dienst am Altar zu vollziehen, ist den Priestern vorbehalten (Num 18,1–3.7). Den weiteren Heiligtumsbereich dürfen die Leviten betreten; nur sie dürfen mit heiligen Gegenständen umgehen (Num 1,50f; 18,2–4.6). Die Anwesenheit Gottes im Lager Israels schließt Personen, die durch Aussatz, Ausfluss oder Tod verunreinigt sind, aus. Sie werden in das Außerhalb des Lagers hinausgewiesen, denn sie würden den Ort der Gottespräsenz verunreinigen (Num 5,1–4). Das Heiligtum zieht alle Opfervorgänge an sich; von allen Opferschlachtungen soll das Blut ins Lager gebracht, sollen die Blutriten am Eingang des Heiligtums vollzogen werden (Lev 17,1–7). Der Gegensatz von Heiligkeit Gottes und kultischer Unreinheit der Menschen drückt sich in der räumlichen Anordnung der Teile des Lagers und seiner Bewohner relativ zum Heiligkeitsmittelpunkt aus. Ebenso drückt sich der Reinheits bzw. Weihegrad von Personen darin aus, welche Bewegungen sie vollziehen müssen bzw. dürfen – hinaus aus dem Heiligtum oder aus dem Lager; hinein in das Lager, in die Nähe des Heiligtums oder gar in dieses selbst. Die Bewegung hin zum Heiligkeitsmittelpunkt drückt den Kontakt mit der Gottespräsenz aus und vollzieht ihn. Die Eliminierung von Unreinheit und Sünde wird durch die Entfernung der sie repräsentierenden Elemente ausgedrückt und vollzogen. Die Relation zum in der Mitte Israels anwesenden Gott drückt sich jeweils in Richtungssinn und Reichweite der Bewegungen aus.

Bei der חטאת (Sündopfer) wird nun das Blut als Repräsentant des Lebens (נפש, ψυχή, Lev 17,11) in Kontakt mit der Gottespräsenz im Heilig-

---

[41] So jedoch LÜHRMANN, a.a.O. 183.
[42] A.a.O. 184.
[43] Vgl. die schematische Darstellung bei MILGROM 1990, 340.

tum gebracht: bei den Ritualen nach Lev 4,1–12.13–21 bis an die Grenze zum Allerheiligsten, bei dem חטאת-Ritual am Jom Kippur (Lev 16) in das Allerheiligste zur Blutsprengung dort. In gegenläufiger Bewegung werden die Opfertiere, deren Blut hineingebracht wurde, nicht auf dem Altar dargebracht, sondern ihre Kadaver werden ins Außerhalb des sakral umfriedeten Bereichs getragen und dort durch profane Verbrennung eliminiert[44] (Lev 4,11f.21; 16,27; vgl. Ex 29,14; Lev 8,17).

Dass dies ein unkultischer Akt ist, zeigt sich, abgesehen vom Ort der Ausführung, auch im Gebrauch des Verbs שׂרף »Verbrennen«, das nicht für kultische Vorgänge, sondern für profane Vernichtung durch Verbrennen verwendet wird[45]. Insbesondere die Darbringung der Opfer auf dem Brandopferaltar wird nie als »Verbrennen«, sondern als »räuchern, etwas als Rauch aufsteigen lassen« (קטר Hi.) bezeichnet; ein terminus technicus, der dem kultischen Darbringen der Opfermaterie durch das Aufgehen-Lassen in Rauch vorbehalten bleibt[46]. Auch das Gebot, wer die Verbrennung vollzieht, müsse sich und seine Kleider waschen, bevor er Zugang zum Lager erlangt (Lev 16,28; vgl. Num 19,7f.10), zeigt in Analogie zu den Waschungen etwa bei der Reinigung vom Aussatz (Lev 14,8f), dass die Verbrennung der Kadaver der חטאת rituell verunreinigt[47]. Komplementär zum Zugang zum Zentrum der Heiligkeit steht also die gegenläufige Bewegung ins Außerhalb des Lagers. Diese Bewegung hat eliminatorischen Charakter, ähnlich dem Fortschicken des Sündenbocks Lev 16,20–22 (wer dieses Ritual ausführt, muss sich in gleicher Weise reinigen, bevor er wieder ins Lager eintreten darf, Lev 16,26) und der Entfernung der durch Lepra verursachten Unreinheit durch das Vogelopfer (Lev 14,1–8: V.7).

So werden nach priesterschriftlichem Ritualsystem Bewegungen vollzogen, die Kontakt zum Heiligen ermöglichen, Unreinheit aus dem sakral umfriedeten Bereich ausschließen und die Intaktheit des durch das Heiligkeitszentrum konstituierten Raumes und seiner abgestuften Zonen wahren bzw. herstellen[48].

---

[44] Die Fettstücke vom Sündopfer werden zuvor auf dem Altar dargebracht (Lev 16,25).

[45] So auch EBERHART 2002, 151.171. Josephus bezeichnet den Verbrennungsakt ebenfalls als profan, indem er (Ant III 10,3 [§ 241]) schreibt, man verbrenne den Sündopferstier, ohne ihn oder seine Teile irgendeinem Reinigungsvollzug zu unterziehen (κατακαίουσι [...] μηδὲν ὅλως καθάραντες).

[46] Vgl. CLEMENTS 1993, bes. 13f; EBERHART 2002, 289–331.

[47] Mit der Waschung des Hohenpriesters vor dem Brandopfer am Jom Kippur (Lev 16,24) ist die Waschung nach der profanen Verbrennung der Kadaver (Lev 16,27f) natürlich nur insofern vergleichbar, als erstere der Reinigung vor dem Kontakt mit dem Heiligen bei der Opferdarbringung dient, letztere dagegen der Reinigung vor dem Eintritt in den sakral umfriedeten Bereich des Lagers. Daraus zu folgern, es sei der kultische Kontakt mit dem Heiligen, der verunreinigt, wäre eine Umkehrung der priesterschriftlichen Heiligkeits- und Reinheitssystematik.

[48] Besonders MILGROM hat das in seinen zahlreichen Veröffentlichungen minutiös beschrieben. Daneben sind die Arbeiten von DOUGLAS hervorzuheben.

In Dtn 23,9–14 ist das »Lager« als Kriegslager verstanden[49]. Es gelten Reinheitsbestimmungen, die den priesterschriftlichen ähnlich sind (V.10f; 12f), nur dass das Kriegslager nicht das Zeltheiligtum, sondern Gott in seiner Mitte hat (V.14). Dem »Lager«
kommt ähnliche Heiligkeit zu wie in der Priesterschrift[50].

*Zur Rezeption des priesterschriftlichen Lager-Verständnisses in frühjüdi-
scher Literatur.* Die halachische Anwendung der priesterschriftlichen Aussagen über Zeltheiligtum und Lager war im Frühjudentum kontrovers[51].
Vorausgesetzt war jeweils, dass das Heiligtum den Mittelpunkt des Lagers
bildet[52]. Zwei Tendenzen lassen sich erkennen: Die Aussagen über das Lager auf den Bereich des Tempelhauses bzw. der Tempelanlage und damit
die Reinheitsbestimmungen auf Kultpersonal und Tempelbesucher zu beschränken, oder die Aussagen über das Lager wörtlich zu nehmen und die
einschlägigen Bestimmungen auf ganz Jerusalem, sogar auf das ganze
Land bzw. die einzelnen als Lager verstandenen Siedlungen auszudehnen[53]. Erstere Tendenz hatte sich zur Abfassungszeit von T und MMT am
Jerusalemer Heiligtum durchgesetzt; sie ist auch in der rabbinischen Literatur belegt[54]. Dagegen vertreten T und MMT die entgegengesetzte Tendenz.

Rabbinische Texte unterscheiden zwischen drei Lagern: Dem »Lager der Schechina«
(מחנה שכינה), dem »Lager der Leviten« (מחנה לויה) und dem »Lager Israels« (מחנה

---

[49] Doch ist in Dtn 2,14f; 29,10 die Situation der Wüstenwanderung zugrundegelegt.
Bei den Bestimmungen für das Lager in Dtn 23 gilt jedoch das oben Gesagte.
[50] Vgl. v. RAD 1964, 105 z.St. Zum Verhältnis von Lager und Kriegslager vgl. HAR-
RINGTON 1993, 144f.
[51] Vgl. – neben der in Anm. 53 genannten Literatur – MAIER, T 186.
[52] Dieses Verständnis teilt auch Jos Ant III 12,5 (§§ 289f).
[53] Vgl. The Tempel Scroll, ed. YADIN, Bd. 1, 1983, 278–281. – Im Bereich der Judai-
stik wird kontrovers diskutiert, ob die Geltung von Reinheitsregeln im frühen Judentum
im wesentlichen auf den Bereich des Tempels, auf die Priesterschaft und auf den Verzehr
heiliger Speisen eingeschränkt blieb. Dies hatte ALON in seiner forschungsgeschichtlich
wichtigen Arbeit 1977a bestritten, doch E. P. SANDERS suchte jene These zu belegen
(Nachweise in den im folgenden genannten Arbeiten); kritisch dazu HARRINGTON 1993,
267–281 (»Did the Pharisees eat ordinary food in a state of ritual purity?«; Antwort: Ja)
sowie HENGEL (mit DEINES) 1996a und zuletzt POIRIER 2003, der SANDERS' von ihm sog.
»minimalist view« ablehnt. Unbeschadet dessen gilt für die Frage nach der zeitgenössischen Entsprechung des »Lagers« Israels, dass sich Texte wie T und MMT gegen eine
Eingrenzung auf den Tempelbereich wenden.
[54] In den zu besprechenden Texten aus hasmonäischer Zeit, T und MMT, wird halachische Praxis abgewiesen, wie sie in einzelnen Fällen in rabbinischen Texten den Phari-
säern zugeschrieben wird, während einige Aspekte der von T und MMT selbst vertretenen Halacha in rabbinischen Texten den Sadduzäern zugeschrieben werden – ein Umstand, der dazu beigetragen hat, rabbinische Nachrichten über Pharisäer und pharisäische
Halacha im Jerusalemer Tempel historisch ernster zu nehmen, als es in der Vergangenheit teils der Fall gewesen ist. Vgl. SCHIFFMAN 1989, 250–253; DERS. 1990, bes.
456f; LANGE/LICHTENBERGER 1997, 54, 32–37.

ישראל). Ersteres wird dem inneren, das zweite dem weiteren Tempelbereich gleichgesetzt; das »Lager Israels« entspricht der Stadt Jerusalem (BemR 7,8[55]; Sifre §1 zu Num 5,3[56]; bSev 116b u.ö.)[57].

Die Tempelrolle. Die Tempelrolle[58] spricht von der »Stadt des Heiligtums« (עיר המקדש). Gemeint ist Jerusalem, das nicht beim Namen genannt wird. In 11Q19 XLV–XLVIII werden Reinheitsvorschriften zum Schutz der Stadt und der Gottespräsenz im Heiligtum behandelt[59]. Pollution schließt vom Betreten des Heiligtums (nicht der Stadt) aus (XLV 7–10). Ejakulation durch Beischlaf (XLV 11f), Blindheit (XLV 12–14), Ausfluss (זב, XLV 15–17), Leichenverunreinigung (XLV 17) sowie Lepra (XLV 17f/XLVI 1–3) verunreinigen so, dass Betroffene vor entsprechenden Reinigungen die »Stadt des Heiligtums« nicht betreten dürfen[60]. Ferner darf es in ihr keine Aborte geben (XLVI 13–16)[61]. Der Ort für Aborte soll »außerhalb der Stadt« liegen (ועשיתה להמה מקום יד חוץ מן העיר XLVI 13), wie es mit der charakteristischen Formulierung heißt (vgl. Dtn 23,13: ויד תהיה לך מחוץ למחנה). Nichts Unreines darf in die Stadt gelangen (XLVII 3–6; vgl. XLVI 6–XLVIII 5). Vergleicht man diese Bestimmungen mit

---

[55] Midrash Rabbah, ed. FREEDMAN/SIMON, 1951, Bd. 5, 193.

[56] Sifre, ed. BÖRNER-KLEIN 1997, 6; vgl. Sifre, ed. KUHN 1959, 12 m. Anm. 93f.

[57] Vgl. DALMAN 1909, bes. 33; STRACK/BILLERBECK 1924, 684; JEREMIAS 1959, 921 Anm. 7; SCHIFFMAN 1990b, 135f sowie tJoma, hg. v. HÜTTENMEISTER/LARSSON 1997, 268f Anm. 214.

[58] Zu den Einleitungsfragen vgl. o. pp. 53f dieser Arbeit.

[59] Vgl. die Einleitung und Kommentierung bei MAIER, T 184–187; 189f. Vermutlich handelt es sich um eine ursprünglich selbständige Überlieferung; vgl. MAIER a.a.O. 184f.

[60] Vgl. zu den einzelnen Ausschlussbestimmungen MAIER, T 90–94, sowie die in Anm. 57 und 64 genannten Arbeiten von SCHIFFMAN.

[61] Vgl. HARRINGTON 1993, 199f. In diesen Zusammenhang gehört auch die Frage nach der verunreinigenden Wirkung von Exkrementen, die in T bejaht, von den Tannaiten dagegen verneint wird (vgl. HARRINGTON, a.a.O. 100–103 m. Hinweis auf mMakh 6,7). Josephus vermerkt (Bell II 8,9 [§ 149]) als eine Besonderheit der Essener, dass sie nach dem Stuhlgang das Waschen für erforderlich hielten, »als hätten sie sich verunreinigt« (καθάπερ μεμιασμένοις). YADIN (Hg.) vermutet (The Temple Scroll, Bd. 1, 1983, 303f), dass das sog. Essenertor von Jerusalem den dort ansässigen Mitgliedern der Gemeinschaft dazu gedient haben könnte, ihre – gemäß dieser Halacha außerhalb Jerusalems angelegten – Aborte aufzusuchen. So berichtet auch Josephus (Bell V 4,2 [§ 145]), dass vor dem Essenertor von Jerusalem ein Ort namens Βηθσώ gelegen habe; eine Bezeichnung, die wohl am besten als Transskription von צואה בית »Ort des Exkrements« (d.h. Abort) zu verstehen ist. Vgl. die Anordnung der T (11Q19 XLVI 13–16), »außerhalb der Stadt« (חוץ מן העיר) einen Ort anzulegen mit Gräben, in die das Exkrement (הצואה Z.15) hinabfallen konnte. Vgl. MAIER, T 196f; RIESNER 1998, 30–35. MAIER weist a.a.O. 197 darauf hin, dass es nach rabbinischer Information im Tempel eine Toilettenanlage für das Kultpersonal gab (ohne Stellenangabe; vgl. aber mTam 1,1).

denen von Num 5,1–4[62]; Dtn 23,10–15, so zeigt sich, dass die dort genannten Gründe zum Ausschluss aus dem Lager (מחנה) in der T auf die
»Stadt des Heiligtums« übertragen werden[63].

Abweichend meint Schiffman, dass T unter der »Stadt des Heiligtums« die mittlere der
drei Heiligkeitszonen Heiligtum, Levitenlager und Lager Israels verstehe[64]. Doch überzeugt diese Interpretation nicht.

Das Wort מחנה »Lager« ist im Textbestand der T nicht erhalten. An einer
Stelle (XVI 15f[65]) bietet es jedoch DSSERL 2 im rekonstruierten Text. Die
Rede ist hier von der Verbrennung der Kadaver der Opfertiere, die, so der
erhaltene Text,]מחו erfolgen soll; es muss natürlich ל מחוץ, »außerhalb
von«, heißen[66]. DSSERL 2 liest: מחוץ]ל למחנה[, außerha[lb des Lagers].
Doch scheint im Blick auf die Größe der auszufüllenden Textlücke und auf
den Sprachgebrauch der T der Rekonstruktionsvorschlag einleuchtender,
»außerhalb der Stadt des Heiligtums« ([עיר ל]מחוץ ל[עיר המקדש]) zu lesen[67]. Im
Hintergrund der Formulierung mit ל מחוץ stehen natürlich die priesterschriftlichen »Lager«-Aussagen. Folgt man also dem genannten Vorschlag,
dann wäre auch hier die Übertragung der »Lager«-Vorstellung auf die
»Stadt des Heiligtums« vorausgesetzt gewesen.

---

[62] Anders als Num 19, verpflichtet Num 5,1–4 u.a. die Leichenunreinen zum Verlassen des Lagers. Nach Num 19,18 dagegen halten sich die Verunreinigten in ihrem Zelt
und damit im Lager auf. Die T folgt Num 5,1–4. Vgl. HARRINGTON 1993, 76; zum Unterschied zwischen Num 5,1–4 und 19,18 a.a.O. 144f.

[63] Vgl. The Temple Scroll, hg. v. YADIN, Bd. 1, 1983, 278–304; ähnlich (knapp)
DIMANT 1984, 528, die (wie YADIN und anders als SCHIFFMAN) korrekt vermerkt, dass
für T Stadt und »Lager« identisch sind.

[64] SCHIFFMAN 1990, 443 Anm. 38; DERS. 1996, 89; DERS. 1985a, 317f. SCHIFFMAN
scheint mir die Unterschiede zwischen T bzw. MMT und der tannaitischen Auffassung zu
unterschätzen. Die Darstellung YADINs (vgl. die vorige Anm.) ist vorzuziehen.

[65] Nach der Zählung von DSSSE 2, 1237: 11Q19 XVI 11f.

[66] Der Text ist auch in ritualgeschichtlicher Hinsicht bemerkenswert. Hier handelt es
sich um eine Innovation der T, die alljährlich im Rahmen des Neujahrsfestes zu erneu-
ernde Priesterweihe (vgl. dazu MILGROM 1984, 127f). Die besonderen Opfer der Erneuerung der Priesterweihe (11Q19 XV 19 – XVI 22) sind offenbar dem Ritus der Priesterweihe von Ex 29,10–14 nachempfunden, doch sollen sie nach T vom Hohenpriester (nach
Ex 29: von Mose) ausgeführt werden. Auch der sehr fragmentarische Text von 11Q19
XVI 6f erklärt sich durch den Vergleich mit Ex 29,20. Aus der Priesterweihe nach Ex
29,14 (die aber nach der Tora ein einmaliges Ereignis der Vergangenheit war) wird ein
jährlich zu wiederholendes Ritual (wenn man nicht schon im Hintergrund von Ex 29 ein
zu wiederholendes Ritual der Priesterweihe annehmen will; der Vergleich mit T spricht
dafür. Auf die Einzelheiten kann hier nicht eingegangen werden; vgl. MAIER, T 100f).

[67] So The Temple Scroll, hg. v. YADIN, Bd. 1, 1983, 70 (hier ebenfalls Z.11f); DSSSE
2, 1236f; MAIER, T 99.

4QMMT. Der in 6 Exemplaren (4Q394–399) erhaltene, in modernen Editionen als MMT[68] bezeichnete Text gibt sich als Brief an einen politischen Führer Judäas[69]. Datiert wird er in die Anfänge der essenischen Bewegung; möglicherweise kurz vor Amtsantritt des Hohenpriesters Jonathan (153 v.Chr.)[70]. MMT behandelt halachische Streitfragen im Umkreis von Heiligtum und heiliger Stadt. Dabei geht es u.a. um den Zutritt zum Heiligtums- bzw. Stadtbereich[71].

MMT greift auf die priesterschriftliche Lagervorstellung zurück, wobei die Pointe in der Identifikation des »Lagers« mit Jerusalem besteht. Es heißt hier: »Jerusalem ist das Lager der Heiligkeit« (מחנה היאה ירושלים הקדש, B60) »und es ist der Ort, den er erwählt hat unter allen Stämmen I[sraels]« (י[שראל] שבטי מכל בו שבחר המקום והיא, B60f). »[Denn Jer]usalem ist das Haupt der [L]ager Israels« (ראש היא וירושלים יר[כי] [מ]חנות ישראל, B61f). MMT kennt mehrere Lager Israels, doch kommt Jerusalem dabei besondere Bedeutung zu, die in der Bezeichnung »Lager der Heiligkeit« (מחנה הקדש) zum Ausdruck kommt. Detaillierter argumentiert B29–32. Mit »Und wir sind der Auffassung, dass...« (ואנחנו חושבים, B29) wird eine Äußerung zu halachischen Fragen eingeleitet, die im Gegensatz zur abgelehnten Auffassung der Adressaten steht. Genannt wird »das Heiligtum« (המקדש, B29), also der Tempel, »und Jerusalem« (וי[רושלי[ם], B29) sowie ein weiterer Bereich – der Text ist nicht erhalten –, der als »das Lager ihrer Städte« (מחנה ערן[יהם B30f) bezeichnet wird. Diese drei Bereiche werden mit den drei Heiligkeitszonen der priesterschriftlichen Lagerordnung gleichgesetzt. Die Entsprechung für »das Heiligtum« ist nicht erhalten; »Jerusalem« wird (wie schon in B60–62) mit dem »Lager« gleichgesetzt (מחנה היא, B30), und der letzte der drei Bereiche – »das Lager ihrer Städte« (B30f) – entspricht dem biblischen »Außerhalb des Lagers« (למחנה [צה]וחו B30; vgl. [חנה]ממ חוץ B31). B31f spricht, wie B60f, die Erwählung Jerusalems aus. – Es ergeben sich die auf der folgenden Seite dargestellten Entsprechungen:

---

[68] Abkürzung für מקצת מעשי התורה, »Ein wenig über Tora-Praxis«. Die Formulierung findet sich in C27. Zugrunde liegt die Rekonstruktion in DJD 10, 1994. Danach wird zitiert.

[69] Die Einleitungsfragen sind im einzelnen schwer zu beantworten. FRAADE 2000 sieht in MMT einen fiktiven Brief, der in Wirklichkeit die Separation der Trägergruppe und ihre besonderen halachischen Auffassungen nach innen legitimieren will. Auf Gemeinsamkeiten von MMT und Dtn als Hilfe zur Gattungsbestimmung von MMT weist VON WEISENBERG 2003 hin. Beides mag hier dahinstehen.

[70] Vgl. dazu wie zu Einleitungsfragen und inhaltlicher Charakterisierung insgesamt STEGEMANN 1994, 148–151; LANGE/LICHTENBERGER 1997, 53f.

[71] Zum Verhältnis der halachischen Regeln in MMT und T vgl. SCHIFFMAN 1989, 245–250; DERS. 1990a; LANGE/LICHTENBERGER 1997, 52,3–28.

Priesterschriftliche Aussage		*Zeitgenössische Anwendung*
B29 [משכן אוהל מועד]	– המקדש	B29
B30 מחנה	– [וי]רושלי[ם]	B29
B30 [וחו]צה] למחנה	– [חוצה לירושלים] / מחנה ער[י]הם	B30/ 30f

Die dreifach abgestufte Lagerordnung wird auf Jerusalem und das Heilige Land übertragen: Das Heiligtum entspricht dem Zeltheiligtum (in der ersten Zeile der obigen Übersicht ist »das Zeltheiligtum« o.ä. zu rekonstruieren[72]); Jerusalem entspricht dem »Lager«, und der Bereich des Außerhalb des Lagers wird mit den Siedlungen Israels gleichgesetzt[73].

Eine Deutung dessen besagt, dass MMT die drei priesterschriftlichen Lagerbereiche Zeltheiligtum, levitisches Lager und Lager ganz Israels, entsprechend rabbinischer Hermeneutik, auf den Tempel, die Stadt Jerusalem und die übrigen Städte im Lande respektive übertrage[74]. Das widerspricht jedoch zum einen dem klaren Wortlaut des Textes, der Jerusalem mit dem »Lager« gleichsetzt und die Städte im Lande mit dem Bereich »außerhalb des Lagers«. Sodann wäre es auch halachisch sinnlos, für Jerusalem den Status des levitischen Lagerbereichs zu aktualisieren, denn die halachischen Regelungen, die MMT im folgenden für Jerusalem bzw. für das, was außerhalb Jerusalems zu geschehen hat, trifft, nehmen ja gerade priesterschriftliche Bestimmungen über das Außerhalb des Lagers auf, wie es sie dort in dieser Form für den levitischen Lagerbereich gar nicht gibt. Das zeigt besonders B31f, wo die Gleichsetzung von Jerusalem und Lager daraufhin ausgewertet wird, dass außerhalb Jerusalems der Ort zu suchen sei für das Deponieren der Asche des Brandopferaltars[75] (B31f) sowie für ein Verbrennen (B32) – das der Kadaver der Sündopfer[76] oder derer der Roten Kuh; das Akkusativobjekt ist nicht erhalten:

Die Praxis, die Kadaver außerhalb der Stadt zu verbrennen und die Asche dort zu deponieren, war nicht kontrovers[77]. Der Sinn der Passage dürfte sein: Aus der Praxis, Verbrennung bzw. Deponieren von Asche außerhalb Jerusalems zu vollziehen, folgt doch, dass der ganze Stadtbereich als das »Lager« der Priesterschrift zu betrachten ist. Dann ist es aber inkonsequent, in anderen halachischen Fragen nicht die Stadt, sondern nur den

---

[72] So die Rekonstruktion in DJD 10, die hier משכן אוהל מועד zu lesen vorschlägt.

[73] So auch DJD 10, 1994, 143–145. Der verlorene Text in B30 kann daher mit DJD 10 als »außerhalb Jerusalems«, חוצה לירושלים, ergänzt werden.

[74] So SCHIFFMAN 1996, 88f, der Jerusalem mit dem »middle camp«, d.h. dem Lagerbereich der Leviten, gleichsetzen will. – In seinem Beitrag 1990a, 443 Anm. 38, hatte dagegen auch SCHIFFMAN die hier vertretene Deutung vorgetragen, dass MMT das »Lager« mit Jerusalem gleichsetzt.

[75] Vgl. Lev 6,4.

[76] DJD 10 ergänzt: את החטאת.

[77] Vgl. nur tJoma 4,17, wonach die Verbrennung »außerhalb Jerusalems« und damit »außerhalb der drei Lager« stattzufinden hatte; so auch bSev 106a. mJoma 6,7 bemerkt lediglich: »Er (sc. der Hohepriester) lässt sie (sc. die Kadaver von Stier und den Bock) zum Verbrennungsort (בית השרפה) hinausschaffen«.

Tempelbereich mit dem »Lager« zu identifizieren und die Geltung der Reinheitsbestimmungen entsprechend einzuschränken[78].

Für die Stadt wird geltend gemacht, was die Priesterschrift für das Lager vorschreibt. So will MMT den Geltungsbereich von Reinheitsregeln über den engeren Heiligtumsbereich hinaus auf Jerusalem ausdehnen. Die Identifikation des Außerhalb des Lagers mit dem Außerhalb Jerusalems lässt vermuten, dass diese Frage umstritten war[79]. Die Gleichsetzung von Jerusalem und Lager und die Verbindung dessen mit dem Verbrennen bzw. Deponieren der Asche außerhalb des Lagers, d.h. außerhalb Jerusalems, ist eine frühjüdische Parallele zur Formulierung von Hebr 13,11f[80].

Sonstige Texte. Auch die »Damaskusschrift« (CD)[81] kennt »Lager« (מחנות) Israels, in denen man die Siedlungen der Trägergruppe zu sehen hat (VII 6; XII 19f.23–XIII 7; XIV 8–10; XIX 2–5). Die »Stadt des Heiligtums« kennt CD und untersagt, wie T, für den Aufenthalt in ihr den Beischlaf (XII 1f). Die Ausstoßung der Gegner wird als Ausstoßung aus dem »Lager« vorgestellt (XX 26; einziger Beleg im Singular). Die »Kriegsrolle« (SM)[82] nimmt das »Lager« (מחנה) als Heerlager auf und greift darin auf die Priesterschrift wie auf Dtn zurück[83]. SM geht von einer Mehrzahl von Lagern aus (vgl. 1SM III 14; 1SM VII 3.6f). Knaben, Jünglinge und Frauen dürfen nicht eintreten (1SM III 14); Personen, die nicht kultfähig oder kultisch unrein sind, dürfen nicht in den Kampf ziehen, da Engel anwesend sind (1SM VII 4–7; vgl. XII 7; vgl. Num 5,1–4). Zwischen Lager und Abort besteht ein vorgeschriebener Abstand (1SM VII 6f; vgl. Dtn 23,12f).

Nach Josephus wird der Sündopferstier »in der Gegend außerhalb« (ἐν τοῖς προαστείοις) verbrannt (Ant III 10,3 [§ 241]). Gewöhnlich bezeichnet τὸ προάστειον die Gegend außerhalb der Stadt; demnach identifiziert auch Josephus »Lager« und Stadt (Jerusalem)[84]. Er kennt (Bell V 5,6 [§ 227]) den Ausschluss der an Ausfluss Leidenden und Leprösen aus der Stadt (Jerusalem); dagegen sind Menstruierende sowie Männer, »die nicht vollständig geweiht waren« (οἱ μὴ καθάπαν ἡγνευκότες)[85], aus dem Tempel bzw.

---

[78] In der Tat ist die spätere rabbinische Position hier von einer gewissen Inkonsequenz. Dass die Kadaver außerhalb der Stadt verbrannt werden müssten bzw. die Asche dort zu sammeln sei, begründete man damit, dass das »Lager« in einschlägigen biblischen Texten dreimal erwähnt werde, woraus hervorgehe, dass die Kadaver aus allen drei Lagern zu entfernen seien (bSev 105b; bSanh 42b). Der Kontext zeigt jeweils, dass Begründungsbedarf empfunden wurde.

[79] Vgl. DJD 10, 1994, 50 (Kommentar zu Z.30f); ferner a.a.O. 144, 2B.

[80] Vgl. noch Philo, spec I 268 (ἔξω πόλεως – mit Bezug auf die Verbrennung der Roten Kuh nach Num 19,5).

[81] Zitiert nach LOHSE, Texte. CD ist nach STEGEMANN 1994, 166 eine um 100. v.Chr. entstandene essenische Schrift, die frühere Regeln aufnimmt und zusammenfasst; vgl. DIMANT 1984, 490–497; LANGE/LICHTENBERGER 1997, 59f.

[82] Zu den Einleitungsfragen vgl. o. p. 73 dieser Arbeit.

[83] Vgl. zum einzelnen YADIN 1962, 70–75; FENSHAM 1964, 558–560.

[84] Im Kontext spricht Josephus auch vom Tempel (ναός), nicht vom Zelt.

[85] Ob sich das generell auf ein Versäumnis in der Reinigung bezieht oder (m.E. wahrscheinlicher) auf Personen, die das Sündopfer, welches die Reinigung vor dem Tempelbesuch abschließt, noch vor sich haben (vgl. mKel 1,8), mag offenbleiben.

seinen Vorhöfen ausgeschlossen[86]. Nach Ant III 11,3 (§§ 261–264) sind Lepröse und an Ausfluss Leidende aus der Stadt ausgeschlossen (§§ 261.264); für Menstruierende, durch Leichen sowie durch Pollution oder Beischlaf Verunreinigte wird Absonderung von der Gemeinschaft und Reinigung vorgeschrieben; nicht jedoch der Ausschluss aus der Stadt (§§ 262f). Die Angaben bei Josephus kommen denen der Rabbinen in manchem nahe: Nach deren Auffassung ist der Lepröse aus allen drei »Lagern« (Jerusalem insgesamt) auszuschließen; der mit Ausfluss Behaftete aus dem Lager der Leviten (dem Tempelbereich), der Leichenunreine aus dem Lager der Schechinah (dem inneren Tempelbereich)[87], so Sifre §1 zu Num 5,2[88]; Sifre Zuta 228 zu Num 5,2[89]; vgl. mKel 1,1–9; BemR 7,8[90]. T geht weiter, hier werden durch Beischlaf sowie durch Leichen Verunreinigte aus der Stadt ausgeschlossen[91].

Wenn es Apk 20,9 heißt, die Völker würden τὴν παρεμβολὴν τῶν ἁγίων καὶ τὴν πόλιν umzingeln, so sind »Lager« und »Stadt« gleichgesetzt wie in frühjüdischen Texten. Die Regel von Apk 22,15 (ἔξω οἱ κύνες!) greift – in übertragenem Sinn – auf die Lagervorstellung zurück. 4QMMT (B58f) fordert, Hunde aus dem Lager fernzuhalten[92]. Apk spricht 22,14 vom Eingehen durch die πυλῶνες, gemeint ist der Eingang ins neue Jerusalem als Bereich des Lagers. In Hebr 13,11f wie in Apk 22,14 ist πυλών (bzw. πύλη Hebr 13,12) die Schnittstelle von sakraler Sphäre und Außerhalb[93].

6.3.2 Hebr 13,11–13 im Rahmen von V.7–17

Die folgende Auslegung von Hebr 13,11–13 wird zeigen, dass in V.12 (wie auch sonst im Hebr) das Leiden und Sterben Christi als irdisch-profanes Geschehen seinem himmlischen Opfer gegenübersteht. Beides wird im Rahmen der Jom Kippur-Typologie (V.11) dargestellt. Aus der Opposition des sakral umfriedeten Lagers und seines profanen Außerhalb leitet V.13 die Aufforderung zum ›Hinausgehen‹ in die Profanität irdischen Da-

---

[86] Zu den Heiligkeitszonen des Jerusalemer Heiligtums und den Personengruppen, die gemäß ihrem jeweiligen Reinheitsstatus Zutritt hatten, vgl. Jos Ap II 8 (§§ 103–105); eine Darstellung, die an mKel 1,6–9 (bes. 8f) erinnert.

[87] Vgl. DALMAN 1909, 33 sowie die Übersicht zum Ausschluss aus der »Stadt des Heiligtums« nach T im Vergleich mit rabbinischen Ausschlussbestimmungen bei SCHIFFMAN 1985a, 306–315.

[88] Sifre, ed. KUHN 1959, 6 m. Anm. 39; dass., ed. BÖRNER-KLEIN 1997, 3. Zur Erläuterung vgl. die genannte Anm. bei KUHN.

[89] Sifre Zuta, ed. BÖRNER-KLEIN 2002, 11f.

[90] Midrash Rabbah, ed. FREEDMAN/SIMON, Bd.5, 1951, 194–196.

[91] Es zeigt sich, dass die Unstimmigkeit, auf die bereits o. Anm. 78 hingewiesen wurde, im frühen Judentum zu unterschiedlichen halachischen Regelungen führte: Die von Josephus bezeugte Praxis folgt im Blick auf Verunreinigung durch Tod der Regel von Num 19,18, während T Num 5,1–4 folgt.

[92] Κύων ist gängig als Bezeichnung für unreine Personen Mt 7,6; für Nichtjuden Mt 15,26f; Phil 3,2 (dort gegen Gegner des Paulus gewendet). In Apk 22,14f ist aber deutlich die Lagervorstellung und die dazugehörige Reinheitshalacha der Hintergrund.

[93] Während für Apk die Feinde von außen kommen und die »Heiligen« sich im Lager aufhalten, fordert Hebr dazu auf, dieses zu verlassen. Apk spricht vom himmlischen, auf die Erde herabgekommenen Jerusalem (Kp. 21). Hebr sieht die Adressaten zum himmlischen Jerusalem hinzugetreten (12,22–24) und fordert sie auf, sich von dem irdischen und dessen Kult zu trennen.

seins ab, die der exklusiven Zuordnung zu himmlischer Sakralität, der Teilnahme am himmlischen Kult, entspricht. Im Kontext (V.7–17) wird die Komplementarität von Leben in irdischer Profanität und Teilnahme am Kult des himmlischen Heiligtums entfaltet.

6.3.2.1 Zur Auslegungsgeschichte

Die Schwierigkeiten konzentrieren sich in V.9f. In V.9 ist strittig, was unter den »verschiedenartigen und fremden Lehren« zu verstehen ist. Sind sakramentalistische Abendmahlslehren gemeint[94], geht es um Abgrenzung nach außen, etwa gegenüber dem Judentum[95]? Bezieht sich der Hinweis auf βρώματα auf Speisegebote[96], oder ist Teilnahme an sakralen Mahlzeiten gemeint[97]?

In V.10 ist die Bedeutung von θυσιαστήριον strittig; es wird auf das Kreuz bzw. das Leiden oder das Opfer Christi[98], auf den himmlischen Altar[99] oder auf alles Genannte zusammen[100] gedeutet. Eng verbunden ist damit die Interpretation der Bezeichnung »die dem Zelt Dienenden«; bezieht sie sich auf die Priesterschaft des irdischen Heiligtums[101] oder auf »alle Christen«[102]? Wie ist der Hinweis zu verstehen, es fehle den λατρεύοντες an ἐξουσία zum Essen? Ist V.10 eine Abendmahlsaussage oder -anspielung? Wenn ja, soll die Überlegenheit des christlichen Abendmahls betont werden, das, im Gegensatz zur הטמאה, Verzehr sakraler Speisen erlaubt[103], oder soll eine sakramentalistische Abendmahlsauffassung zurückgewiesen werden[104]? Oder will der Vf. sich gar nicht zum Abendmahl äußern[105]?

Schließlich hängen diese Fragen mit der Deutung von V.11f.13f zusammen. Die Kultregel V.11 ist, für sich genommen, klar genug[106]. Doch was ist mit »Außerhalb des To-

---

[94] So SCHIERSE 1955, 192–195; THEISSEN 1969, 86f, spricht von einer »Abwertung der Sakramente« durch Hebr.

[95] RIGGENBACH 1922, 444; NISSILÄ 1979, 272.

[96] So BERGER 1995, 376 (§ 230B).

[97] RIGGENBACH 1922, 437f; NISSILÄ 1979, 269; HEGERMANN 1989, 273f.

[98] STROBEL 1991, 179; WEISS 1991, 729; GRÄSSER 1997, 381.

[99] So etwa NISSILÄ 1979, 269; HAHN 1986a, 299f.

[100] So SCHIERSE 1955, 190f (doch mit deutlicher Dominanz des himmlischen Aspekts); ROLOFF 1992, 407: »Zusammenschau« von »Sühnetod« Jesu und christlichem Abendmahlstisch.

[101] RIGGENBACH 1922, 439f; WEISS 1991, 722 (doch ohne konkreten Gegenwartsbezug).

[102] So GRÄSSER 1997, 378f: 379. Daher kann er die Aussage von V.10 dann paraphrasieren: »Wir haben einen Altar, von dem wir aber nicht essen« (a.a.O 382). Aber dann müsste es heissen: ἔχομεν θυσιαστήριον ἐξ οὗ φαγεῖν οὐκ ἔχομεν ἐξουσίαν τῇ σκηνῇ λατρεύοντες (»[...] als solche, die dem Zelte dienen«). So, wie V.10 formuliert ist, kann mit οἱ τῇ σκηνῇ λατρεύοντες nur eine andere Gruppe gemeint sein als die in ἔχομεν implizierten »Wir«.

[103] So AALEN 1963, 146f.

[104] THEISSEN 1969, 78; SCHIERSE 1955, 187–195.

[105] So WILLIAMSON 1974/75; KNOCH 1992; GRÄSSER 1997, 379f.

[106] Unnötig sind die Überlegungen von MARTIN 1995, der bei V.11 an die »Rote Kuh« nach Num 19 denkt und daraus Rückschlüsse auf die Lokalisierung der Kreuzigungsstätte ziehen zu können meint. Vgl. dazu die Einzelauslegung zu V.11 (s.u.).

res« V.12 bzw. ἔξω V.13 gemeint[107] – die Trennung von der jüdischen Mutterreligion[108], ein Ort irdischer Profanität[109], eine Metapher für die Abkehr von »weltlicher Sicherheit und kultischer Religiosität«[110] oder der Ort der wahren Heiligkeit[111] und ein Symbol der Entweltlichung[112]?

6.3.2.2 Analyse

Analyse Hebr 13; Stellung im Kontext[113]. Kp. 13 besteht aus zwei Teilen: den Paränesen V.1–17 und dem briefartigen Schluss V.18–25. V.1–17 besteht wiederum aus zwei Teilen, wobei V.1–6 durch Formulierungen von prägnanter Kürze in rhythmischer Sprache – teils (V.4a.5a) handelt es sich um Nominalsätze – hervorstechen. Der zweite Teil, V.7–17, ist geprägt durch kultische Thematik und Terminologie (V.10–12; 15f); er könnte »Der wahre Gottesdienst des Neuen Bundes«[114] überschrieben werden.

Vorausgesetzt ist damit nach wie vor die Bundesschluss-Typologie von Hebr 9,19–21: Dem zum Sinai kultisch hinzugetretenen Israel (vgl. Hebr 12,18–21) wurden mit dem Bundesschluss die Reinigung des Volkes und die Reinigung und Weihe des Heiligtums zuteil. Der Bund zielte auf den Kultvollzug; die Bundesgemeinde war Kultgemeinde. Nicht anders verhält es sich bei den Hebr-Adressaten. Auch die Gemeinde des neuen Bundes ist Kultgemeinde; auch sie wurde, ebenso wie das himmlische Heiligtum, gereinigt, damit wurde auch der himmlische Kult inauguriert (vgl. Hebr 9,13f.22f, ↑ III.5.2, III.5.3). Die Gemeinde des neuen Bundes ist nicht zum irdischen Sinai, sondern zum himmlischen Zion hinzugetreten, um dort den rechten, Gott wohlgefälligen, den himmlischen Kult zu vollziehen (vgl. Hebr 12,22–24.25–28). Das wird in Hebr 13,7–17 entfaltet[115].

---

[107] Abgesehen davon, dass die Kreuzigungsstätte außerhalb der Stadtmauer Jerusalems lag. Vgl. FRENSCHKOWSKI 1995; MARTIN 1995.

[108] So HOLTZMANN 1911, Bd. 2, 324.

[109] So KOESTER 1962.

[110] So SCHUNACK 2002, 228.

[111] So LÜHRMANN 1978; WEISS 1991, 732–734.

[112] So BRAUN 1984, 467 (»Antiweltlichkeit«).

[113] Vgl. bes. VANHOYE 1976, 210–215; THURÉN 1973, 57–73; an Kommentaren bes. WEISS 1991, 697–700.708f.746–748; GRÄSSER 1997, 343–345.346f.365–367.

[114] GRÄSSER 1997, 376 (zu V.10–16).

[115] Neuerdings hat WEDDERBURN (2004) die Auffassung vertreten, Hebr 13 stelle einen Nachtrag zu Kp. 1–12 dar. Die Unterschiede in der Auffassung des irdischen Opferkults, die er zwischen Kp. 1–12 und Kp. 13 zu sehen meint (a.a.O. 400–403), ergeben sich jedoch aus einem unzureichenden Verständnis der Argumentation in Hebr 13, die in Wahrheit – wie zu zeigen sein wird – der Argumentation von Kp. 1–12 nicht widerspricht, sondern vielmehr die verschiedenen Stränge der Argumentation des Hebr (irdischer Weg und himmlisches Wirken Jesu Christi, irdische Existenz und himmlische Orientierung der Adressaten) abschließend zusammenführt. Schon FILSON (1967) hatte den unauflöslichen Zusammenhang von Hebr 1–12 mit Kp. 13 seiner Auslegung des 13.

Hebr 13,7–17 entfaltet die Mahnung aus 12,28 (ἔχωμεν χάριν, δι' ἧς λατρεύωμεν εὐαρέστως τῷ θεῷ μετὰ εὐλαβείας καὶ δέους). Das Thema Gottesdienst/Kult beherrscht auf unterschiedliche Weise V.9–16. Deutlich ist die Bezugnahme von 13,15f auf 12,28 (vgl. λατρεύειν 12,28 / ἀναφέρειν θυσίαν 13,15; λατρεύειν εὐαρέστως θεῷ 12,28 / τοιαύταις θυσίαις εὐαρεστεῖται θεός 13,16). Die Stichworte εὐαρέστως/εὐαρεστεῖται weisen auf die durch 12,28 aufgeworfene Frage, welche Art von Kult und Opfer von Gott angenommen wird. Diese wird in 13,15f beantwortet. Daher sind V.13.15 das Ziel der Argumentation[116]. 13,7–17 ist insgesamt unter kulttheologischer Fragestellung zu verstehen: Wie vollziehen die Adressaten unter den Bedingungen ihres gegenwärtigen irdischen Daseins ihre Teilnahme am himmlischen Kult?

Analyse V.7–17. Hebr 13,7–17 ist gerahmt durch Erwähnungen der »Leiter« (ἡγούμενοι)[117]. Innerhalb von V.7–17 bilden V.10–14 eine Einheit, markiert durch ἔχομεν V.10 / οὐ γὰρ ἔχομεν V.14. Beide Verse sind inhaltlich analog; sie thematisieren das Verhältnis von irdischen und himmlischen Größen, himmlischem Altar, himmlischer und irdischer Stadt. Von diesen V. eingeschlossen, sind V.11–13 durch das Motivwort ἔξω geprägt, wiederum in Gestalt einer Inclusio: Zweimal (V.11.13) begegnet ἔξω τῆς παρεμβολῆς, davon eingeschlossen heißt es V.12 ἔξω τῆς πύλης. V.11.13 sind durch Verben geprägt, die gegenläufige Bewegungen (εἰσφέρειν V.11/ἐξέρχεσθαι V.13) benennen. Im einleitenden Teil (V.10f) sind »Haben« und »Hineinbringen«, im ausleitenden Teil (V.13f) »Nicht-Haben« und »Hinausgehen« einander zugeordnet. Im Zentrum steht mit V.12 die Erinnerung an das Leiden Jesu »außerhalb des Tores«. V.13 formuliert mit dem Konjunktiv ἐξερχώμεθα die pragmatische Spitze, die mit V.10–12 begründet wird. Durch den Sachzusammenhang von βρώματα V.9 und φαγεῖν V.10 sind auch diese beiden V. miteinander verbunden. Schließlich zeichnet V.14 die Argumentation in die himmlisch-irdische Sphärendifferenz und zugleich in die verheißungsgeschichtliche Perspektive (πόλις μέλλουσα) ein.

Wie V.7/17, 10/14; 11/13, entsprechen einander auch V.8f/15f. Thematisieren V.8f die Selbigkeit Christi durch die Zeiten im Gegensatz zu den

---

Kp.s zugrundegelegt. Zur diesbezüglichen Forschungsgeschichte sowie zur Einheitlichkeit des Schreibens vgl. GRÄSSER 1997, 343–345.

[116] So schon NISSILÄ 1979, 271 (4.1.3).

[117] Nach VANHOYE 1976, 211f.302 wäre die Entsprechung ἀναστροφή (V.7)/ ἀναστρέφεσθαι (V.18) hinzuzunehmen. Nach THURÉN 1973, 74f wären V.10–14.15f zwei Doppelmahnungen, die den Kern des Kp.s bilden. V.7–9; 17–19 wären der Rahmen. Doch greift das zu weit; V.18f gehören zum briefähnlichen Schluss, und die Entsprechung der ἡγούμενοι-Belege V.7/17 markiert die Grenzen eines Abschnitts. Stichwortverbindungen wie die von V.8/18 gibt es auch sonst, das bedeutet aber noch nicht zwingend ein Gliederungssignal.

fremden Lehren über kultische Mahlzeiten, so spricht V.15f vom Gott wohlgefälligen Kult, der stets durch Christus dargebracht werden soll[118]. So zeigt sich folgender Aufbau[119]:

A »Leiter« V.7

    B Jesus Christus zu allen Zeiten derselbe – fremde Lehren über unnütze sakrale Mahlzeiten V.8f

        C Wir haben einen Altar V.10

            D Außerhalb des Lagers – Hinausbringen V.11
            E Christus hat außerhalb des Tores gelitten V.12
            D' Außerhalb des Lagers – Hinausgehen V.13

        C' Wir haben hier keine bleibende Stadt V.14

    B' Das Gott wohlgefällige Opfer – durch Jesus Christus allezeit V.15f

A' »Leiter« V.17

Die Auslegung wird dem Aufbau von außen (A/A', B/B' usw.) nach innen (E) folgen und die Zuordnung der einander je entsprechenden Teile (A/A' usw.) beachten.

6.3.2.3 Einzelauslegung

V.7/17: Vorbild der Leiter und Kontinuität der Lehre. Zwei Belege von ἡγούμενοι rahmen den Abschnitt in V.7.17. Die Bedeutung der ἡγούμενοι zeigt V.8 im Zusammenhang V.7–9. Diese geben mit ἡγούμενοι, λαλεῖν/ λόγος (τοῦ θεοῦ), διδαχαί das Thema der Leitungsautorität, des Kerygma und der Lehre bzw. Lehrvermittlung an. Mit ἡγούμενοι, πείθειν, ὑπείκειν, ἀγρυπνεῖν spricht V.17 Autorität, Kontrolle und Unterordnung an. Und mit μνημονεύειν, μιμεῖσθαι, ποίκιλος/ξένος, βεβαιοῦν ist in V.7.9 das Anliegen der Identität und Stabilität der Überlieferung im Gegensatz zu Veränderung und Varianz im Blick. So zielt die Erwähnung der ἡγούμενοι auf das Festhalten an der durch diese vermittelten Tradition, hier im Blick auf das Kultverhalten.

V.8f/15f: Zuordnung zum himmlischen Kult versus Teilnahme an irdischen sakralen Mählern. Hebr bietet nicht nur eine kulttheologische Neuinterpretation der christologischen Tradition; er reflektiert auch selbst den Umstand, dass er dies tut. Darum geht es in V.8. Die Identitätsaussage nimmt die Folge der Zeiten auf: »Gestern« – »Heute« – »in die Äonen«.

---

[118] Vgl. die Gegenüberstellung V.9 βρώματα (mit ἐκ θυσιαστηρίου φαγεῖν V.10) – V.15 θυσία αἰνέσεως (= תּוֹדָה זֶבַח, Opfer mit Gemeinschaftsmahl; Einzelheiten u. in der Auslegung von V.15).

[119] Eine abweichende Kompositionsanalyse, die jedoch die Gliederungssignale des Textes missachtet, bei THURÉN 1973, 74.

Man hat daher von einer Aufnahme der auch sonst vielfach belegten Drei-Zeiten-Formel gesprochen[120]. »Äonen« meint nicht Ewigkeit im qualitativen Sinne, sondern Öffnung über die Gegenwart hinaus auf unabsehbare Zukunft. Auch diese ist in der ausgesagten Identität Jesu Christi eingeschlossen.

Grundlegend ist die Identität von »Gestern« und »Heute«. So wird die Gegenwart an die Vergangenheit zurückgebunden. Aus dieser nämlich ergibt sich die Bestimmung der hier ausgesagten Identität. Die Zukunft wird gebunden an die Gegenwart und – über diese – ebenfalls an die Vergangenheit. Die Gegenwart Christi, so die grundlegende Aussage, bleibt durch das »Gestern« bestimmt – und ebenso seine Zukunft: V.8 bringt zum Ausdruck, dass die himmlische Identität Christi bestimmt bleibt durch seine irdische Geschichte.

Hebr bietet eine kulttheologische Neuinterpretation der christologischen Tradition von Erniedrigung und Erhöhung[121]. Das ist der Grund für das Interesse des Hebr am irdischen Jesus[122]. Hebr 13,12 ist dafür charakteristisch[123]: Die Erinnerung an Jesus wird aufgenommen, sein Tod wird im Rahmen der Jom-Kippur-Typologie als Zugang zum himmlischen Heiligtum gedeutet. So greift Hebr die Tradition über den irdischen Jesus und seine Erhöhung auf und bringt sie in die Darstellung des gegenwärtigen erhöhten Christus und seines Wirkens ein: Der himmlische Christus ist und bleibt, der der irdische war[124]. Die Leiter haben der Gemeinde das Kerygma übermittelt; sie stehen nun mit ihrem Wandel und dessen Ausgang als Vorbilder da, weil sie mit ihrem Festhalten an Christus die Verbindlichkeit der Überlieferung zusätzlich begründen (V.7). Das überlieferte Kerygma von Leidensgeschick und Erhöhung Jesu, wie es die ἡγούμενοι vertreten hatten, wie es über die Generationen verkündigt worden war (2,1–4), bleibt gerade kraft seiner kulttheologischen Neuauslegung durch Hebr bedeutsam und in Geltung – weil der erhöhte Christus der Hohepriesterchristologie »derselbe« ist und bleibt, welcher der irdische war.

Im Blick auf den Kontext erweist sich der Hinweis auf die Identität Christi als Begründung für das Kultverhalten. Die »verschiedenartigen und fremden Lehren« (V.9) setzen an die Stelle des himmlischen, hohepriesterlichen Dienstes Christi etwas Anderes bzw. Zusätzliches. Die Adressaten sollen sich auf den himmlischen Altar und dessen Kult ausrichten. Damit

---

[120] Vgl. GRÄSSER 1997, 370f.

[121] LAUB 1991, 65f; vgl. WALTER 1997a, 154.

[122] Zum irdischen Jesus im Hebr vgl. GRÄSSER 1973a; LAUB 1989; ROLOFF 1990a; WALTER 1997a. Eine ähnliche Sicht der Bedeutung des irdischen Jesus für die theologische Intention des Hebr wie die hier vertretene bei ROLOFF (a.a.O. 165–167) und WALTER (a.a.O. 160–162).

[123] Vgl. GRÄSSER 1973a, 172–177; LAUB 1989, 417.432; WALTER 1997a, 160.

[124] Gut erfasst bei WALTER 1997a, 161.

wird das Bedürfnis nach fortlaufenden irdischen Kultvollzügen abgewiesen[125]. *V.9* thematisiert im Anschluss an V.8 Identität und Stabilität bzw. Varianz und verbindet dies mit der Frage der βρώματα. Diese steht mit dem Thema der Lehrkontinuität in Zusammenhang, denn als deren Gefährdung sind solche »verschiedenartigen und fremden Lehren« im Blick, bei denen es um »Speisen« geht. Der Zusammenhang mit V.10 (ἐκ θυσιαστηρίου φαγεῖν) zeigt, dass es sich dabei um ein »Essen vom Altar«, also um sakrale Mähler handelt[126], durch die das βεβαιοῦσθαι τὴν καρδίαν erzielt werden soll (vgl. auch die dem V.9 kompositorisch entsprechenden θυσία-Aussagen V.15f).

V.9 spricht ferner vom »Festwerden« des Herzens (βεβαιοῦσθαι τὴν καρδίαν), das durch Gnade, nicht Speisen, zu erlangen sei. Vom Herzen ist die Rede, weil die καρδία (bzw. die συνείδησις), wie mehrfach ausgeführt, der Aspekt des Menschen ist, welcher dem himmlischen Bereich und dem himmlischen Kult zugeordnet ist[127]. »Festigkeit« und »Festwerden« (βέβαιος, βεβαίωσις, βεβαιόω) zieht sich durch den Hebr[128].

»Festigkeit« im Sinne der (Rechts-) Gültigkeit schreibt Hebr dem Wort Gottes sowie der Verkündigung zu, die durch die Generationen weitergegeben wird (2,2–4). »Fest« (βέβαιος) sollen die Adressaten auch den »Anfang der ὑπόστασις« halten (3,14), womit ebenfalls das Festhalten an der Heilsverkündigung gemeint sein wird, von deren »Anfang« schon 2,3f die Rede war. So ist auch die Hoffnung ein »fester« (βέβαιος) Anker (6,19). Im Hören des Wortes, im Festhalten daran und an der Hoffnung, am Bekenntnis und an der παρρησία (3,6; 4,14 10,35) gewinnen die Adressaten bzw. ihre καρδία Anteil an der Festigkeit, welche dem Wort Gottes eignet. Dieses Festhalten ist nichts anderes als die Bewährung des Gehorsams im Hinblick auf das himmlische Ziel. Zu dieser Bewährung bedarf es der Gnade, wie 4,16 sagt. Christus, der mit den Leidenden mitleiden kann, wird ihnen Gnade gewähren, d.h. Hilfe zum Gehorsam in der Anfechtung[129].

Diese Gnade erlangt man im kultischen »Hinzutreten« zum himmlischen »Gnadenthron«, so 4,16[130]; in der Teilnahme am himmlischen Kult also, in dem der Hohepriester Christus als Interzessor die Gnade vermittelt[131]. Damit stehen zwei einander ausschließende Möglichkeiten kultischen Verhaltens gegeneinander, die beide das »Festwerden« des Herzens zum Ziel

---

[125] So besteht eine Parallele zu 9,24–28, hatte Hebr dort doch gegenwärtige Wiederholungen des Selbstopfers Christi im Himmel abgelehnt.
[126] Vgl. RIGGENBACH 1922, 437.
[127] Vgl. pp. 375f dieser Arbeit u.ö.
[128] Belege in Hebr 2,2.3; 3,14; 6,16.19; 9,17; 13,9.
[129] Zum Zusammenhang von 4,14–16 mit 2,5–18 vgl. die Ausführungen pp. 213–215, 217f dieser Arbeit.
[130] So auch CONZELMANN 1973, 389; NISSILÄ 1979, 268f.
[131] Vgl. die Auslegung von Hebr 2,17f mit 4,14–16 ↑ III.4.2.

haben: die Communio im irdischen sakralen Mahl und das Hinzutreten zum himmlischen Gnadenthron.

In diesem Zusammenhang ist das Vorkommen von βρῶσις in 12,16 bemerkenswert: Esau tauschte seine Erstgeburt gegen eine »Speise«. Er ist das negative Gegenbeispiel zu den Glaubensvorbildern von Kp. 11, denn er hat das Sichtbar-Vorfindliche dem unsichtbaren Gut vorgezogen. Die Verwendung von βρῶσις in 12,16 ist von 13,9 her bezeichnend: Wer an irdischen sakralen Mählern teilnimmt, handelt töricht wie Esau, denn Zuordnung zum himmlischen Heiligtum und Teilnahme an irdischen sakralen Mählern schließen einander aus. Der vorfindlich-habhafte Gewinn ist in Wahrheit Verlust des himmlischen Heils. Die nachdrückliche Warnung vor Heilsverlust durch das Essen der βρῶσις (12,17) gewinnt mit dem Hinweis auf die βρώματα der irdischen sakralen Mähler 13,9 konkreten Bezug.

Nicht die sakralen Mähler, nur das Hinzutreten zum himmlischen Gnadenthron vermag die Gnade zu gewähren, die zur Bewährung und zum »Festwerden« des Herzens erforderlich ist.

V.15f sind im Rahmen der Komposition komplementär zu V.8f. Θυσίας ἀναφέρειν ist opferkultische Terminologie und bezeichnet die Darbringung der Opfer[132]. V.16 nimmt mit nochmaligem θυσίαι sowie mit εὐαρεστεῖν, dem terminus technicus für die Annahme des rite vollzogenen Opfers durch Gott, ebenfalls kultische Terminologie auf. V.15f sprechen vom Kult, den die Adressaten allezeit durch Christus vollziehen sollen. V.15 besagt, wie man den in V.9 geforderten Zutritt zum himmlischen Kult zum Empfang der χάρις vollzieht: Durch Christus als himmlischen Hohenpriester bringen die Adressaten im himmlischen Kult Opfer dar. Sie bedürfen keiner Opfer zur Sühne mehr; wohl aber sollen sie aus Dankbarkeit Opfer darbringen.

LXX übersetzt mit θυσία αἰνέσεως (»Lobopfer«) das hebräische תודה זבח, die Bezeichnung einer Opferart, die dem Bekenntnis und Dank für Rettung aus der Not gilt[133] und zu deren Vollzug das gemeinsame Opfermahl gehört[134], womit der Bezug zu βρώματα und ἐκ θυσιαστηρίου φαγεῖν V.9f nochmals deutlich wird.

An die Stelle der Teilnahme am irdischen Opferkult und an dessen Kultmahl tritt das dem himmlischen Kult zugeordnete Lobopfer der Lippen und der guten Werke. Dasselbe ist in V.21 abbreviatorisch mit πᾶν ἀγαθόν sowie mit dem Tun des göttlichen θέλημα gemeint. Es handelt sich um den lebenspraktischen Gehorsam (einschließlich Gebet und Lobpreis), von dem schon in 10,5–10 die Rede war. Darin verwirklicht sich das »Hinzutreten«

---

[132] Vgl. Hebr 9,9; GRÄSSER 1997, 390.

[133] תודה bezeichnet das Lob- und Danklied für Gott, זבח תודה ist eine Form des Gemeinschafts-Schlachtopfers (זבח שלמים), die aufgrund eines Gelübdes dargebracht wird und zu deren Vollzug das Loblied gehört. Näheres bei MAYER 1982, 465–469.

[134] Da es sich, wie gesagt, bei der תודה (זבח) um eine Form des (שלמים) זבח handelt und da zum (שלמים) זבח stets das gemeinsame Opfermahl gehört. Vgl. RENDTORFF 1967, 144f; BERGMAN 1977 (bes. 513).

zum Gnadenthron (4,16) bzw. zum himmlischen Allerheiligsten, so schon Hebr 10,19–22[135]. Was auf Erden außerhalb irdischen Kults und seiner sakralen Sphäre – auf dem Wege der σάρξ (vgl. 10,19f) – an Gotteslob und Wohltun vollzogen wird, das gelangt als wohlgefälliges Opfer im Himmel vor Gott. Dargebracht werden diese Opfer δι' αὐτοῦ (sc. Χριστοῦ), den himmlischen Hoherpriester.

Zum Vergleich eignet sich die Bezeichnung Christi als »Hoherpriester unserer Darbringungen« (ἀρχιερεύς τῶν προσφορῶν ἡμῶν)[136] I Clem 36,1[137]; vgl. 61,3: »dich [Gott] preisen wir durch den Hohenpriester [...] Jesus Christus (σοὶ ἐξομολογούμεθα διὰ τοῦ ἀρχιερέως [...] Ἰησοῦ Χριστοῦ)«; 64,1: »auf dass sie [jede Seele] seinem [Gottes] Namen wohlgefällig sei durch unseren Hohenpriester [...] Jesus Christus (εἰς εὐαρέστησιν τῷ ὀνόματι αὐτοῦ διὰ τοῦ ἀρχιερέως [...] ἡμῶν Ἰησοῦ Χριστου)«[138].

Zum himmlischen Heiligtum hinzugetreten, empfangen die Adressaten nicht allein Gnade (4,16; vgl. 13,9), sie bringen auch ihren leiblichen, in irdischer Profanität geleisteten Gehorsam sowie Lobpreis und Bekenntnis (καρπὸς χειλέων V.15) durch Christus im himmlischen Kult als Lobopfer vor Gott[139]: Δῶμεν, φησί [sc. der Hebr-Vf.], τοιαύτην αὐτῷ θυσίαν, ἵνα ἀνενέγκῃ τῷ Πατρί (Chrysostomus z.St.[140]). Diese Aufforderung bildet (mit V.13) die pragmatische Spitze des Zusammenhangs V.7–17[141]. Und

---

[135] ↑ III.3.5.

[136] Es ist nicht zufällig, dass I Clem 36,1 auf eine Belehrung (ab 35,5) über den »Weg der Wahrheit«, nämlich den Glaubensgehorsam, folgt, worin denn auch die Opfer bestehen dürften (so mit LONA 1998, 390; ähnlich KNOPF 1920, 106f; LINDEMANN 1992, 110). Das Lobopfer (wie Hebr 13,15) in I Clem 52,3.

[137] Vgl. BERGER 1995, 448, § 278A (doch halte ich I Clem für abhängig von Hebr); YOUNG 1972, 279.

[138] Weitere frühjüdische und frühchristliche Parallelen zur Vorstellung von Gebet und gelebtem Gehorsam als im Himmel dargebrachtes Opfer: III Bar 14f: Michael und die anderen Engel bringen Gebete bzw. Tugenden der Gerechten als Opfergaben vor Gott; Tob 12,15: Die sieben heiligen Engel (d.h. die Erzengel) tragen das Gebet der Heiligen empor und treten damit vor Gott; Apk 5,8: Die Thronwesen bringen Gott Gebete als Weihrauchopfer dar; Herm mand X 3,1–3 (42,1–3): Gebete sollen zum Himmel emporsteigen und auf den dortigen Altar gelangen; Clemens Alexandrinus, Exc ex Theod 27,1–3: Die Engel sind im himmlischen Heiligtum »kultische Diener der emporgetragenen Gebete«.

[139] Vgl. RIGGENBACH 1922, 446f; ähnlich BEST 1960, 283f; NISSILÄ 1979, 274f; HAHN 1986a, 300. SPICQ 1953, 429: »La cité à venir ou Jérusalem céleste est un sanctuaire où le Christ exerce sa médiation sacerdotale; on y a accès dès cette terre en s'associant à cette liturgie, c'est à dire en informant toute la vie (διὰ παντός) par la vertue de religion. Ainsi ce v. et le suivant [...] envisagent la vie dans la foie et la charité comme un culte rendu à Dieu dans le Christ«.

[140] MPG 63, 229.

[141] Vgl. NISSILÄ 1979, 271.

wie in 10,5–10, gilt auch hier: Diese Opfergabe ist – anders als irdischer Opferkult[142] – Gott wohlgefällig (V.16)[143].

V.10/14: Zuordnung zum himmlischen Altar und Heimatlosigkeit außerhalb der irdischen πόλις. Wie in V.8f/15f, stehen einander auch hier gegenwärtig-irdische und eschatologisch-himmlische Größe gegenüber. Mit θυσιαστήριον V.10 ist der kultische Bezug offenkundig. Die πόλις μέλλουσα, von der V.14 spricht, ist das himmlische Jerusalem, zu dem »wir« priesterlich hinzugetreten sind (12,22–24). Die Zuordnung zum himmlischen Kult ist gegenwärtige Realität (ebd.) wie Zukunftshoffnung (10,19; 13,14). Die eschatologische Vollendung steht aus. Dem Hinzutreten zum himmlischen Jerusalem und der Erwartung des Eingehens ins himmlische Allerheiligste entspricht auf der gegenwärtig-irdischen Ebene das Hinausgehen aus der irdischen Stadt und deren Kultbereich. Wie einander himmlisches προσ- bzw. εἰσέρχεσθαι und irdisches ἐξέρχεσθαι entsprechen, so das »Haben« und das »Nicht-Haben« (V.10/14), wobei das eine auf die himmlische, das andere auf die irdische Größe bezogen ist. Dem »Nicht-Haben« einer bleibenden irdischen Stadt als sakrale Sphäre und Ort eines Heiligtums entsprechen die Ausrichtung auf die himmlische Stadt und das »Haben« des himmlischen Altars.

Die ἔχομεν-Aussagen des Hebr[144] bezeichnen den gegenwärtigen Heilsbesitz der Adressaten[145]. Nimmt man 13,10 zunächst aus, so haben 6 der verbleibenden 8 Stellen im Indikativ Präsens Aktiv zum Inhalt, was »wir« aufgrund des Heilswerks Christi an soteriologischem Gewinn bzw. an darauf gegründeter Hoffnung und Erwartung »haben«: den Hohenpriester, der die Himmel durchschritten hat (4,14) und der mitleiden kann (4,15 mit doppelter Verneinung); die Hoffnung, die »uns« im himmlischen Allerheiligsten verankert und die im Erlangen des Heilsgutes, des eschatologischen Zutritts zum himmlischen Allerheiligsten, besteht (6,19f); den Hohenpriester, der zur Rechten Gottes im himmlischen Heiligtum wirkt (8,1f); den Freimut zum Eintritt in das himmlische Allerheiligste (10,19); ferner: Aufgrund der Zuordnung zur himmlischen πόλις, die »wir« erwarten, »haben wir« hier keine bleibende Stadt (13,14). Was »wir haben«, ist jeweils eine himmlische Größe (Hoherpriester, Allerheiligstes, πόλις) bzw. die Ausrichtung darauf (Hoffnung, παρρησία) und das darin gründende Verhältnis (Nicht-Haben) zum Irdi-

---

[142] Vgl. das auf den himmlischen Kult bezogene εὐαρέστως Hebr 12,28 bzw. εὐαρεστεῖται ὁ θεός 13,16 mit der gegenteiligen Aussage über den irdischen Opferkult Hebr 10,6.8 (οὐκ εὐδόκησας).

[143] Ähnlich THURÉN 1973, 163–170.

[144] Aussagen mit Formen von ἔχω in der 1. Pers. Pl. finden sich im Hebr 12 mal (4,14.15; 6,18.19; 8,1; 10,19; 12,1.9.28; 13,10.14.18), davon im Indikativ Präsens Aktiv 9 mal (daneben im Konjunktiv 6,18; 12,28; im Imperfekt 12,9). Die Belege im Indikativ Präsens Aktiv bestehen aus 3 partizipialen (4,14; 10,19; 12,1) sowie 6 finiten, davon 4 mal bejaht (6,19; 8,1; 13,10.18), 2 mal verneint (4,15; 13,14). Hebr 12,28 formuliert mit dem Konjunktiv ἔχωμεν die Aufforderung, aufgrund der eschatologischen Hoffnung den rechten Kult zu vollziehen.

[145] Vgl. nur SCHIERSE 1955, 190 (»ἔχομεν: Der bekannte Audruck für den gegenwärtigen Besitz eines himmlischen Gutes [...]«); WEISS 1991, 722.

schen. Die Verankerung im himmlischen Allerheiligsten, die Hoffnung auf den Eintritt, die παρρησία sind priesterliche Heilsgüter; sie korrespondieren dem kultischen »Hinzu-getreten-Sein« der Adressaten (προσεληλύθατε 12,22). Das »Haben« bezieht sich dem-nach in 13,10 auf den himmlischen Altar bzw. auf den Zugang zu dem dort vollzogenen Kult.

Der Zugang zum himmlischen Jerusalem und seinem Altar und die Teil-habe an der irdischen sakralen Sphäre schließen einander aus. »Wir« sind zum himmlischen Jerusalem hinzugetreten und »haben« den himmlischen Altar (V.10), wie wir auf Erden keine bleibende Stadt haben, diese viel-mehr verlassen (V.13) und aus der Ausrichtung auf das himmlische Jeru-salem leben sollen (V.14). Von hier aus können nun die Einzelfragen der Auslegung von V.10 geklärt werden.

ἔχομεν θυσιαστήριον. Selbst in Hebr 9,2–5 kommt der Altar nicht vor. Von einem θυσιαστήριον war im Hebr erst einmal die Rede (7,13)[146]; dort steht προσέχειν τῷ θυσιαστηρίῳ, »sich um den Altar kümmern, sich mit dem Altar befassen«[147], sinngemäß »Priesterdienst innehaben, Priester sein«. So nennt I Clem 32,2 Priester und Leviten »die dem Altar Gottes kultisch Dienenden« (οἱ λειτουργοῦντες τῷ θυσιαστηρίῳ τοῦ θεοῦ); eben-so begegnet LXX Joel 1,9.13 οἱ λειτουργοῦντες τῷ θυσιαστηρίῳ für die Priester. Die ἔχομεν-Aussage verweist auf himmlisch-eschatologischen Heilsbesitz (s.o.). Hier fügt sich Hebr 13,10 ein: »Wir haben einen Altar«, und zwar (im Gegenüber zur irdisch-abbildhaften σκηνή [s.u.] wie ange-sichts der Verwendung von ἔχομεν, ἔχοντες im Hebr) einen *himm-lischen* Altar, dem zugeordnet zu sein, wie bei den anderen himmlischen Größen auch, auf der Verbindung mit dem himmlischen Hohenpriester Christus beruht und Berechtigung zur Teilnahme am himmlischen Kult be-sagt. Der erwähnte Beleg Hebr 7,13 bestätigt diese Deutung: »Wir« haben Anteil an Priestertum und -dienst des himmlischen Heiligtums und an des-sen Altar[148]. Damit stehen sich nicht nur himmlischer Altar und irdisches Zeltheiligtum gegenüber, sondern auch die Priesterschaften der jeweiligen Heiligtümer.

οἱ τῇ σκηνῇ λατρεύοντες. Mit den »dem Zelt Dienenden« sind demnach die Priester des irdischen Heiligtums in ihrer der ersten διαθήκη gemäßen

---

[146] Der Weihrauchaltar wird in Hebr 9,4 erwähnt, heißt dort jedoch θυμιατήριον, nicht θυσιαστήριον. Mit θυσιαστήριον kann nur der Brandopferaltar gemeint sein.

[147] Vgl. BAUER 1988, 1430f sv., 1b/c.

[148] Der Altar, den »wir« haben – der des himmlischen Heiligtums –, ist der, zu dem »wir« priesterlich »hinzutreten«; so auch NISSILÄ 1979, 269; HAHN 1986a, 299f. Zur Verwendung von προσέρχεσθαι: LÖHR 1994, 262–264. Vgl. προσέρχεσθαι τῷ θρόνῳ τῆς χάριτος 4,16 – προσέρχεσθαι Σιὼν ὄρει καὶ πόλει θεοῦ ζῶντος, Ἰερουσαλὴμ ἐπουρανίῳ 12,22–24; ferner ἔχειν θυσιαστήριον 13,10 – προσέχειν τῷ θυσιαστηρίῳ 7,13 – λειτουρ-γεῖν τῷ θυσιαστηρίῳ I Clem 32,2 – λατρεύειν ὑποδείγματι καὶ σκιᾷ Hebr 8,5 – λατρεύειν τῇ σκηνῇ 13,10).

Kultausübung gemeint[149]. Das bestätigt der Vergleich mit ähnlichen Formulierungen des Hebr: Die Bedeutung von λατρεύειν »kultisch dienen«
(einschließlich der Opferdarbringung) wurde in der Auslegung von Hebr
8,5 geklärt. Dort ist auch die Rede von denen, die auf Erden »nach dem
Gesetz die Gaben darbringen« (so 8,4) und die »einem Abbild und Schatten kultisch dienen« (ὑποδείγματι καὶ σκιᾷ λατρεύουσιν 8,5). Mit ὑπόδειγμα καὶ σκιά ist, wie dort die Einleitung des Zitats aus LXX Ex 25,40 zeigt,
nichts anderes gemeint als das irdische Zeltheiligtum, so dass man statt
ὑποδείγματι καὶ σκιᾷ λατρεύειν Hebr 8,5 gleichbedeutend τῇ σκηνῇ
λατρεύειν sagen kann wie in 13,10 und damit, wie in 8,4, das προσφέρειν
κατὰ νόμον τὰ δῶρα im irdischen Abbild-Heiligtum meint. Eben dies ist in
13,10 mit τῇ σκηνῇ λατρεύειν bezeichnet (auf LXX Joel 1,9.13; I Clem
32,2 wurde schon hingewiesen). Die Gegenüberstellung von σκηνή und
θυσιαστήριον wie die von »Wir« und den λατρεύοντες ist im Rahmen der
irdisch-himmlischen Sphärendifferenz zu verstehen: Irdisches Zeltheiligtum und himmlischer Altar stehen einander nach Hebr 13,10 gegenüber
wie irdisches Abbild und himmlisches Urbildheiligtum nach 8,2.4f. Mit
der σκηνή ist das irdische Heiligtum als Kultort genannt, das im Hebr ontologisch wie typologisch dem urbildlich-himmlischen Kult zu- und untergeordnet ist. Jeder der beiden Kulte hat seine eigene Priesterschaft: ›Uns‹
bzw. die τῇ σκηνῇ λατρεύοντες.

ἐξουσίαν ἔχειν φαγεῖν ἐκ θυσιαστηρίου. Durch Verzehr heiliger Speisen gewinnt man Anteil am Opfer.

Durch Verzehr der den δαιμόνια geweihten Speisen wird man κοινωνὸς τῶν δαιμονίων,
I Kor 10,20, da man beim Opfermahl an ihrem Tisch teilhat, I Kor 10,21. Paulus fragt
rhetorisch, ob nicht die, welche die Opfer verspeisen, Teilhaber am Altar seien (I Kor
10,18). In besonderer Weise aber ist das Recht, ἐκ θυσιαστηρίου zu essen, ein Prärogativ
der Priester[150]. »Teilhabe und Tischgemeinschaft am Altar«, sagt Philo (spec I 221),

---

[149] So auch RIGGENBACH 1922, 439f.

[150] »Vom Altar essen« heißt: Den anderen Teil derjenigen Opfermaterie essen, deren
einer Teil auf dem Brandopferaltar verbrannt wird. Verzehren kann man nur Fleisch solcher Opfertiere, deren Kadaver nicht außerhalb des Lagers verbrannt werden (vgl. Hebr
13,11/Lev 16,27; Lev 6,23). Außerhalb des Lagers verbrannt werden die Kadaver der Opfertiere einer חטאת, die zur Sühne für Vergehen der Priester (bzw. *auch* dafür) dargebracht wird und deren Blut ins Heiligtum bzw. ins Allerheiligste gebracht wird (Lev 4,1–
12.13–21; 6,23; 10,18; 16; vgl. auch Ex 29,10–14; Lev 8,14–16); ferner der Kadaver der
ebenfalls als חטאת bezeichneten Roten Kuh (Num 19,1–6). Dagegen verzehren die Priester Teile vom Fleisch derjenigen חטאת, die für Verfehlungen anderer dargebracht wird
(Lev 6,19.22); desgleichen beim אשם (Lev 7,6f) und bei anderen Opfern. – Bei (זבח)
שלמים (Lev 19,5–8) und bei תודה (זבח) (Lev 22,29f) sowie beim Passamahl (Ex 12,3–11;
Dtn 16,5–7) wird Opferfleisch auch von den opfernden bzw. geladenen Laien verzehrt.
Die Priester verzehren ferner vegetabile Opferspeisen bzw. Brotopfer (Mehl, Öl) der
מנחה (Lev 6,9.11; 10,12f). Von den Priestern wird das Brot auf dem Schaubrottisch

habe Gott der »Mahlgesellschaft derer, welche das Opfer verrichten«, der Priesterschaft, »verliehen« (κοινωνὸν ἀπέφηνε τοῦ βώμου καὶ ὁμοτράπεζον τὸ συμπόσιον τῶν τὴν θυσίαν ἐπιτελούντων). So »werden« die Priester »Genossen Gottes an den Dingen, die zum Dankopfer abgesondert sind« (κοινωνοὶ τῶν κατ' εὐχαριστίαν ἀπονεμομένων γίνονται θεῷ, spec I 131).

Auf den Altar, den »wir« haben, erstreckt sich dieses Prärogativ jedoch nicht; zumindest nicht für die »dem Zelte Dienenden«. Die Priesterschaft des irdisch-abbildhaften Zeltes vermag zum himmlischen Urbild-Heiligtum und zu seinem Altar nicht hinzuzutreten, besteht der Mangel des irdischen Kults doch darin,dass er den Zutritt zum himmlischen Heiligtum nicht erschließen kann (Hebr 9,1–10; 10,1–4[151]). 13,10 besagt also: Die Communio mit heiligen Speisen irdischer sakraler Mähler vermag nicht Anteil zu geben am himmlischen Kult und seiner Heilsvermittlung. Zu diesem Kult und seinem Altar hat nicht die Priesterschaft des irdischen Heiligtums Zutritt; »wir« aber haben ihn und treten dort priesterlich hinzu.

Damit ist die Bedeutung von V.10 wiedergegeben. Doch gehen manche Interpretationen darüber hinaus. Zwei häufige Fehldeutungen sind abzuweisen: die Identifikation des »Altars« mit dem Kreuz bzw. mit dem Sterben Christi und die Deutung auf das Abendmahl.

Zwar hat man an das Abendmahl gedacht[152]. Doch versteht Hebr unter dem Altar eine himmlische Größe. Zwar spricht er vom φαγεῖν ἐκ θυσιαστηρίου, doch nicht positiv als Aussage über das, was »wir« tun, sondern negativ. Wenn es den τῇ σκηνῇ λατρεύοντες an ἐξουσία zum Essen vom himmlischen Altar gebricht, folgt dann nicht, dass »wir« jene ἐξουσία besitzen? Nur wenn man den konzentrischen Aufbau von Hebr 13,7–17 verkennt und den Zusammenhang von V.8f/15f übersieht, wird man aus der Formulierung von V.10 jenen Schluss ziehen. Beachtet man dagegen den Aufbau, so zeigt sich: Auf dem himmlischen Altar werden die Gott wohlgefälligen θυσίαι der Adressaten nach V.15f dargebracht, und das ist der himmlische Kult, der den irdischen sakralen Mählern gegenübersteht[153]. Will Hebr sagen, dass ›unser‹ Altar schlechterdings nicht von der Art ist, dass man davon Speisen genießen könnte? Dürfte das auch seiner Anschauung entspre-

---

verzehrt (Lev 24,8f), der aber nie als θυσιαστήριον, sondern stets als τράπεζα (κυρίου) oder als πρόθεσις (τῶν ἄρτων) bezeichnet wird; er ist erwähnt in Hebr 9,2.

[151] Vgl. die Auslegungen o. pp. 185–187, 279–282 dieser Arbeit.

[152] So unter den Neueren (mit Unterschieden im einzelnen): SCHIERSE 1955, 187–195; BORNKAMM 1959a, 195; AALEN 1963, 146f; THEISSEN 1969, 78; VANHOYE 1980, 255; MICHEL 1984, 503; HAHN 1986a, 300; SWETNAM 1989; RUAGER 1990; STROBEL 1991, 179; ROLOFF 1992, 407; CAHILL 1994; STUHLMACHER 1999, 97; KNÖPPLER 2001, 201.

[153] Angesichts der Übersetzung von זבח תודה mit θυσία αἰνέσεως könnte man allenfalls fragen, ob das Lobopfer von V.15 im Rahmen der Mahlgebete seinen Platz haben könnte. Dabei könnte das Mahl selbst dem Opferschmaus des זבח תודה entsprechen. Doch fragt sich, ob damit nicht schon eine irdische Sakralität etabliert wäre, die im Rahmen der Kulttheologie des Hebr keinen Platz hätte. Gegen diese Deutung spricht auch schon der Textbefund: Die Mahnung, die rechten Opfer διὰ παντός zu bringen, geht über jede einzelne liturgische Begehung hinaus. Ein Mahl der Adressaten wird jedenfalls nicht Thema des Hebr.

chen, die Aussageintention ist doch eine andere; heißt es in V.10 doch nicht: ἔχομεν θυσιαστήριον ἐξ οὗ φαγεῖν οὐκ ἔχομεν ἐξουσίαν. In Hebr 13,10 geht es nicht um Polemik gegen ein Abendmahlsverständnis, sondern darum, generell die Heilsvermittlung durch Mahlteilnahme im Rahmen irdischen Kults abzulehnen, wie er durch οἱ τῇ σκηνῇ λατρεύοντες repräsentiert wird[154].

Eine andere Deutung bezieht den Altar V.10 auf das Kreuz bzw. die Hinrichtungsstätte Christi V.12. Die Thematik des Essens vom Altar V.10 und die Jom-Kippur-Typologie V.11f dürfen jedoch schon der Eigenart des Jom Kippur-Rituals wegen nicht vermengt werden. Es handelt sich um verschiedene Sach- und Bildkreise. Der Brandopfer-Altar kommt im Jom-Kippur-Ritual wohl vor – Lev 16,18f.25 –, doch nicht in der Jom Kippur-Typologie des Hebr. Auch in 13,11f ist vom Altar nicht die Rede. Die Kadaver der Sündopfer werden verbrannt, nicht geopfert; man kann davon ohnehin nicht essen[155]. Es bedürfte daher nicht erst des Hinweises auf den irdischen Charakter des Kults der τῇ σκηνῇ λατρεύοντες, um ein Recht zum Essen heiliger Speisen abzuweisen: Im Blick auf V.11 wäre die Argumentation des V.10 überflüssig. Vielmehr sind aufgrund der Komposition wie aufgrund der Thematik V.11–13 zu verbinden: Der Tod Christi (V.12) entspricht nicht der Darbringung auf einem Altar, sondern der unkultischen Verbrennung in der Profanität des Außerhalb (V.11), wo es keinen Altar geben kann. V.10 dagegen gehört nach Komposition wie Thematik mit V.14 zusammen. Deshalb darf man das Leiden »außerhalb« (V.12) nicht mit dem Altar (V.10) verbinden und es gegen die Intention des Hebr zu einem kultischen Opfer machen.

V.10 ist im Rahmen der Komposition nicht V.11–13, sondern V.14 zugeordnet: Auf der vertikalen Achse stehen himmlischer Altar V.10 und künftige himmlische Stadt V.14 dem irdischen Heiligtum urbildlich gegenüber; im Blick auf das Kultverhalten steht dem irdischen Kultmahl der τῇ σκηνῇ λατρεύοντες V.9 das Gott wohlgefällige Opfer V.15f gegenüber. Von dieser vertikalen Achse ist die horizontale zwischen irdischem Allerheiligsten und »Außerhalb« des irdischen Lagers V.11–13 zu unterscheiden. Hier ist das »Außerhalb« des Lagers bzw. des Tores als Gegensatz zum Sakralbereich, zum irdischen Allerheiligsten, definiert. Aufgrund der Verschränkung der vertikalen Opposition (Urbild-Abbild) mit der horizontalen (sakral-profan) kann nun Hebr die Pointe bieten: Nicht der Kult im irdischen Allerheiligsten, Zentrum irdischer Sakralität, sondern der schmachvolle Tod im profanen »Außerhalb« wurde Christi Zugang zum himmlischen Heiligtum (vgl. 9,1–12). Das bedeutet für »uns«: Nicht der Kult bzw. das Kultmahl in irdischer Sakralität, sondern der Gehorsam außerhalb der sakral eingefriedeten Sphäre des »Lagers«, in Profanität und Schmach, entspricht der Zuordnung zum himmlischen Kult, ist der Ort, von dem aus das »Hinzutreten« geschieht[156].

---

[154] Auch in Hebr 6,4 sehe ich keine Anspielung auf das Abendmahl. Wie in 2,9 (γεύεσθαι θανάτου) und 6,5 (γεύεσθαι θεοῦ ῥῆμα κτλ.), dürfte auch in 6,4 mit γεύομαι an eine Erfahrung überhaupt gedacht sein, nicht konkret an das »Schmecken« von Speisen.

[155] Scharfsinnig dazu RIGGENBACH 1922, 440.

[156] Wenn V.10 dennoch häufig mit V.11 verbunden wird, dann wegen des Anschlusses von V.11 mit γάρ. V.11–13 zeigen am Vorbild Christi, wie profaner Gehorsam auf Erden und himmlisches Kultgeschehen zugeordnet sind. Sie begründen, dass die Adressaten den irdischen sakralen Bereich verlassen müssen, dass ihr Tun in irdischer Profanität das Gott wohlgefällige Opfer ist (V.15f). Das, nicht irdische Mahlfeiern, ist ihre Teilnahme am himmlischen Kult, auf die V.10 zielt. In diesem Sinne begründet V.11–13 das ἔχομεν θυσιαστήριον des V.10.

V.11/13: Die Profanität des »Außerhalb« und die Mahnung zum »Hinausgehen«. Hebr 13,11 schließt sich im Wortlaut an LXX Lev 16,27 an:

LXX Lev 16,27	Hebr 13,11
καὶ τὸν μόσχον τὸν περὶ τῆς ἁμαρτίας καὶ τὸν χίμαρον τὸν περὶ τῆς ἁμαρτίας ὧν τὸ αἷμα εἰσηνέχθη ἐξιλάσασθαι ἐν τῷ ἁγίῳ ἐξοίσουσιν αὐτὰ ἔξω τῆς παρεμβολῆς καὶ κατακαύσουσιν αὐτὰ ἐν πυρί καὶ τὰ δέρματα αὐτῶν καὶ τὰ κρέα αὐτῶν καὶ τὴν κόπρον αὐτῶν	ὧν γὰρ εἰσφέρεται ζῴων τὸ αἷμα περὶ ἁμαρτίας εἰς τὰ ἅγια διὰ τοῦ ἀρχιερέως, τούτων τὰ σώματα κατακαίεται ἔξω τῆς παρεμβολῆς

Hebr lässt die Aufzählung der einzelnen Opfertiere aus und bietet auch nicht die Aufzählung der Bestandteile der Kadaver – im Blick auf die Übertragung in V.12 verständlich. Die Formulierung ist so allgemein, dass sie auch für die Rituale nach Lev 4,1–12.13–21 zutrifft. Das gilt zumal für die Ersetzung der Tierbezeichnungen durch den Begriff ζῷον sowie für die Ersetzung der Sühneterminologie (ἐξιλάσασθαι Lev 16,27) durch die des Sündopfers (περὶ ἁμαρτίας Hebr 13,11). Die Sühneterminologie fehlt auch in Lev 4,1–12 (in Lev 4,13–21 begegnet sie V.20). Das allgemeine ζῷον dürfte auch im Blick auf die Rote Kuh nach Num 19 gewählt sein; das dort beschriebene Ritual kommt denen von Lev 4,1–21 und Lev 16 in manchem nahe, wenngleich die in Hebr 13,11 formulierten Bedingungen nicht restlos dazu passen[157].

Das Ritual mit Blut und Asche der Kuh nach Num 19,3f ist von Eleasar auszuführen, nach Philo, spec I 268 (vgl. somn I 214) sowie Josephus, Ant IV 4,6 (§ 79) wird es jedoch vom Hohenpriester ausgeführt. Damit werden die Rituale nach Lev 4, Lev 16 und Num 19 einander angenähert[158]; vgl. διὰ τοῦ ἀρχιερέως Hebr 13,11.

Die knappe, gegenüber Lev 16,27 vereinfachte und verallgemeinerte Formulierung von Hebr 13,11 weitet den Bedeutungsumfang über das Jom Kippur-Ritual hinaus. Zugleich arbeitet sie die konstitutiven Elemente des Rituals heraus: Die gegenläufigen Bewegungen von Sühne- und Eliminationsritus – Hineinbringen des Blutes ins Heiligtum und Hinausbringen der Kadaver aus dem Lager – und den Gegensatz τὰ ἅγια und ἔξω τῆς παρεμβολῆς, profan-unreines Außerhalb und sakrales Zentrum des Lagers.

Zwei Vorstellungen vom Lager fanden sich im Pentateuch, die beide in frühjüdischer Literatur aufgenommen werden:

Das Lager als sakral umfriedeter Bereich mit der Gottespräsenz im Allerheiligsten als Mittelpunkt, dem als Gegensatz der Bereich des Außerhalb gegenübersteht, sowie das

---

[157] Zum Vergleich der Rituale von Lev 4,1–12.13–21, Lev 16 und Num 19 sowie zur Bedeutung von Num 19 für Hebr (bes. Hebr 9,13) ↑ III.5.2.

[158] ↑ III.5.2.1.3 – III.5.2.1.6.

Heiligtum außerhalb des Lagers. Hebr 13,11f nimmt ersteres auf. Das zeigt die Aufnahme der priesterschriftlichen Regel von Lev 16,27 (vgl. 4,11f.20f; Num 19,3.5) in Hebr 13,11, denn sie setzt das priesterschriftliche Verständnis von Lager und Außerhalb voraus. Das zeigt ferner die Formulierung von V.11, welche die beiden gegenläufigen Richtungs- bzw. Ortsangaben εἰσφέρειν bzw. ἔξω einander gegenüberstellt und damit den Gegensatz von Allerheiligstem und Außerhalb anspricht. Und schließlich zeigt die Entsprechung von ἔξω τῆς παρεμβολῆς V.11 und ἔξω τῆς πύλης V.12, dass Hebr in der Tradition frühjüdischer Auslegung steht, die das »Lager« der Wüstenzeit auf Jerusalem, das Zeltheiligtum auf den Tempel und den Bereich außerhalb der Stadttore als Bereich des Außerhalb deutet.

Vor diesem Hintergrund wird die Pointe von Hebr 13,11f deutlich. Zum einen: Die παρρησία zum kultisch-priesterlichen »Hinzutreten« (προσέρχεσθαι) bzw. »Eintreten« (εἰσέρχεσθαι) ist eines der tragenden Motive des Hebr. Voraussetzung ist das Erlangen kultischer Reinheit. Frühjüdische halachische Diskussion erörtert die Grenzen des »Lagers« und die Regeln, die in Teilen des Tempels und der Stadt gelten. Die Geltung der Reinheitsregeln für das Heiligtum wird teils auf das Stadtgebiet ausgedehnt. 4QMMT und T fordern auf, Sorge zu tragen, dass Quellen von Unreinheit nicht in die Stadt gelangen, sondern außerhalb bleiben. Hebr 13,11–13 setzt die Diskurse über Heiligkeitszonen und Zugangsmöglichkeiten voraus, gibt ihnen aber einen neuen Sinn. Denn »wir« haben den Zugang schon, und zwar zum urbildlichen himmlischen Heiligtum. Die durch Christus begründete Reinheit und Vergebung übertrifft alle Sühn und Reinigungsriten des irdischen Kults. Zugleich ergibt sich die Aufforderung zum Hinausgehen (ἐξέρχεσθαι), in bezeichnender Umkehrung des Richtungssinnes der auf den irdischen Heiligkeitsmittelpunkt gerichteten Bewegung.

Vgl. προσέρχεσθαι 4,16; 7,25; 10,1.22; 11,6; 12,18.22 bzw. εἰσέρχεσθαι 3,11.18.19; 4,1.3.5.6.10.11; 6,19.20; 9,12.24.25; 10,5. Ersteres bezeichnet das priesterliche Hinzutreten im Kult, letzteres[159] den endgültigen Eintritt Christi in das himmlische Allerheiligste bzw. den der Adressaten in die himmlische »Ruhe« (κατάπαυσις); beides zielt auf die himmlische Gottespräsenz. Wie Christus in die Gottespräsenz des himmlischen Allerheiligsten eintrat, so werden es auch »Wir« in der eschatologischen Vollendung tun; doch schon jetzt sind die Adressaten zum himmlischen Jerusalem »hinzugetreten« (12,22), sind sie berufen, sich dem himmlischen Thron zu nahen (4,16).

Darin besteht die Pointe: Der himmlischen Orientierung entspricht auf der horizontalen Ebene nicht die Hinwendung zum Mittelpunkt abbildlich-irdischer Heiligkeit, sondern die Wendung nach außen, das Verlassen der Sphäre des irdischen Kults, das Leben in Profanität und Schmach[160]. Die

---

[159] Ausgenommen εἰσερχόμενος εἰς τὸν κόσμον 10,5.

[160] Vgl. die Erläuterung von NISSILÄ 1979, 271: »Die Paränese ist dem horizontal-typologischen Bilde gemäss angelegt. Während die Vf. in 10,19.22 seinem vertikal-typologischen Bilde gemäss die Ermahnung προσερχώμεθα μετὰ ἀληθινῆς καρδίας gab, lautet

Adressaten können jetzt nicht »eintreten« (εἰσέρχεσθαι) im Sinne des eschatologischen Eingangs ins himmlische Allerheiligste; daher müssen sie gegenwärtig ihre Zugehörigkeit zum Himmlischen unter irdischen Bedingungen als ἐξέρχεσθαι vollziehen.

Damit wird die Korrelation von himmlischer und irdischer Heiligkeit gegenüber frühjüdischer Kulttheologie gleichsam umgepolt: Nicht der Eintritt ins irdische Allerheiligste gewährt Nähe zum himmlischen Kult[161]. »Wir« sind vielmehr berufen, in die Sphäre der Profanität »außerhalb des Tores« hinauszugehen. Dort hat Jesus gelitten. Sein Leiden und Sterben auf Erden entspricht im Rahmen der Jom Kippur-Typologie nicht dem Eintritt des Hohenpriesters ins Allerheiligste, sondern dessen Gegensatz, dem Verbrennen der Kadaver in der profanen Sphäre ἔξω τῆς παρεμβολῆς. Keinen Opfertod ist Jesus gestorben, sondern einen profanen, der durch die Schmach des Kreuzes (12,2)[162] gekennzeichnet war. Christi himmlischer, hohepriesterlicher Herrlichkeit entsprechen auf Erden Leiden, Sterben und Schmach. Wurde in 12,2 von der Schande (αἰσχύνη) gesprochen, so erwähnt 13,13 als Folge des Hinausgehens »zu ihm« den ὀνειδισμός und denkt an die Schmach des Gekreuzigten. Wie Christi Tod auf Erden profan und schmachvoll war (V.12), so gilt es für die Adressaten, irdische Sakralität zu verlassen (V.13) und, von der dort konstituierten religiösen Identität ausgeschlossen, ihre Heimat allein in der himmlischen Stadt (V.14) zu suchen; allein im Kult am himmlischen Altar (V.10) Gnade (V.9) zu empfangen[163]. So überträgt V.13 das, was Hebr 10,5–10 vom irdischen Weg

---

die entsprechende Ermahnung auf horizontalem Niveau ἐξερχώμεθα πρὸς αὐτὸν ἔξω τῆς παρεμβολῆς. Mit diesen Variationen der zweidimensionalen Typologie lässt sich u.E. die Spannung im Wortlaut der beiden Ermahnungen προσερχώμεθα (10,22a) und ἐξερχώμεθα (13,13) erklären. In beiden handelt es sich um die Nachfolge des Hohenpriesters Jesus. Wenn Christus als ein ins himmlische Allerheiligste hineingegangener Hoherpriester dargestellt wird, zielt die Ermahnung, zu ihm zu wandern, sozusagen auf ein zukünftiges Begegnen. Die Ermahnung dagegen, zu ihm vor das Lager hinauszugehen, ist auf eine Lösung der konkreten Situation der Adressaten ausgerichtet«. Gegen NISSILÄ wäre lediglich einzuwenden, dass es nicht (wie er im Fortgang behauptet) um die Lösung vom Judentum, sondern um die vom irdischen Kult geht, und dass das kulttheologische εἰσέρχεσθαι sich auf die eschatologische Erfüllung bezieht, aber das kulttheologische προσέρχεσθαι gegenwärtiges priesterliches »Hinzutreten« zum himmlischen Kult meint. – Die tragende Sinnstruktur der Argumentation – die Opposition von Innen und Außen auf der horizontalen Ebene – ist auch bei KOESTER 1962 gut herausgearbeitet.

[161] Zum Tempel bzw. dem Allerheiligsten als Ort der Anwesenheit der Engel in frühjüdischen Kulttheologien vgl. pp. 42f, 48f dieser Arbeit.

[162] Wie schon mehrfach erwähnt, ist vom Kreuz Christi im Hebr nur hier die Rede, und das nicht unter dem Vorzeichen eines Opfertodes, sondern unter dem der Niedrigkeit und Schmach.

[163] Vgl. DESILVA 1995, 208: »Like the martyrs, they are not to accept release from the tension created between them and the host society on account of their commitment to God [...].« Ebd. 319: »The author of Hebrews clearly reveals a subcultural relationship to

Christi als wahre, unkultische προσφορά des Gehorsams sagte, auf das Leben der Adressaten: »Hinausgehen« meint, den irdischen sakralen Bereich zu verlassen, um außerhalb im »Opfer des Lobes«, in der »Frucht der Lippen« und in »Wohltätigkeit und Mitteilen« die θυσία darzubringen, die Gott wohlgefällig ist (V.15f).

V.12: Leiden »außerhalb des Tores« und himmlischer Kultakt Christi; Zuordnung von irdischem »Außerhalb« und himmlischer Orientierung. In 13,11f nimmt Hebr die Jom-Kippur-Typologie auf. In Kp. 9 hatte er den himmlischen Eintritt Christi in das Allerheiligste in Entsprechung gesetzt zum irdischen Eintritt des Hohenpriesters in das Allerheiligste. Die Typologie bietet nun in V.12 auch eine Entsprechung für Christi irdisches Leiden und Sterben. V.12 betont das Leiden Christi »außerhalb des Tores« – wohl eine Erinnerung an seine Hinrichtungsstätte[164]. Hebr vergleicht dieses Leiden und Sterben »außerhalb« in V.12 damit, dass die Kadaver der Opfertiere, deren Blut in das Allerheiligste[165] gebracht wird, »außerhalb des Lagers« in einem unkultischen Akt verbrannt werden (V.11). Schon Wenschkewitz war aufgefallen, dass dies nicht zur gängigen Deutung des Todes Christi als Opfer passt:

»Wenn er aber Hebr 13,11 die Verbrennung der Opfertiere außerhalb des Lagers und den Tod Christi außerhalb der Stadt in Parallele setzt, so ist das Willkür. Denn dem Tode

---

Jewish culture. His use of the Hebrew Scriptures, exemplars from the Jewish tradition, and shared values place him within the frame of that culture. [...]«. Hebr 13,10–14 bearbeitet jedoch näherhin das Problem einer Gruppe, die sich von der umgebenden religiösen Mehrheit durch ihre Distanz zum herkömmlich identitätsstiftenden *Kult* abrenzt. – Unter soziologischen Gesichtspunkten behandelt auch JOHNSON 2001, bes. 74–78, Hebr 13,11–13. Die Zusammenstellung religionsgeschichtlichen Vergleichsmaterials a.a.O. 74 scheint jedoch willkürlich. Die eigentümliche Sinnstruktur frühjüdischer »Lager«-Aussagen wird nicht erkannt. JOHNSON kommt zu dem Schluss: »By associating this boundary crossing language [sc. in V.11–13] with the believers' anticipated, eschatological city (13.14), the author implied that this permeable boundary is characteristic of the implied society; therefore, that society is open to interaction with outsiders« (a.a.O. 75). Doch dürfte das Thema von Hebr 13,11–13 damit verfehlt sein. Grundlegend ist die Zuordnung zum himmlischen Altar (V.10) im Gegensatz zu derjenigen zum irdischen sakralen Mittelpunkt. Es geht daher nicht um (soziale) Grenzüberschreitung bzw. Marginalisierung schlechthin, sondern präzise um Fremdheit und Schmach derer, die sich der Integration in eine Kultgemeinde verschließen müssen, die durch den gemeinsamen Bezug auf irdische Sakralität konstituiert wird.

[164] Vgl. Anm. 107.

[165] τὰ ἅγια dürfte hier, wie in Kp. 9, für das Allerheiligste stehen (so HOFIUS 1972, 57); darüber hinaus kommen aber mit Lev 4 auch Riten in den Blick, bei denen die Blutsprengung außerhalb des Allerheiligsten an den Vorhang erfolgt (Lev 4,5f.16).

Christi entspricht die Schlachtung der Opfertiere, nicht ihre Verbrennung«[166]. – Der Hebr-Vf. war offenbar anderer Meinung.

Doch die Darstellung des Hebr ist konsistent. Er nimmt das Sterben Christi nicht als Opfer, sondern als profanes, schmähliches Leiden in den Blick (vgl. 2,9; 12,2; 13,13); dagegen versteht er das Opfer Christi als himmlisches Geschehen. V.11 stimmt daher mit der sonstigen Darstellung im Hebr völlig überein.

Christi Leiden »außerhalb des Tores« entspricht der Verbrennung der Kadaver der irdischen Opfertiere; dagegen entspricht der Eintritt Christi in das himmlische Allerheiligste und die von ihm vollzogene Sühne dem Hineinbringen des Blutes in das irdische Allerheiligste. Demnach muss die ἵνα-Aussage über Christi Blut (ἵνα ἀγιάσῃ διὰ τοῦ ἰδίου αἵματος τὸν λαόν) im Rahmen der Jom Kippur-Typologie auf den Eintritt Christi ins himmlische Allerheiligste bezogen werden[167]. Das entspricht der Darstellung des Hebr vom himmlischen Opfer in Hebr 8,3; 9,11f; 9,24f[168]. Das bestätigt auch der Vergleich der Darstellungen in Kp. 9 und Kp. 13:

		Ort	*Sühnmittel*	*Zweck*
Irdischer Hoherpriester	*Kp. 9*	Irdisches Allerheiligstes V.7	nicht ohne Blut V.7	für sich und das Volk V.7
	Kp. 13	Irdisches Allerheiligstes V.11	Blut der Lebewesen V.11	als Sündopfer / um der Sünde willen (περὶ ἁμαρτίας) V.11
Christus	*Kp. 9*	Himmlisches Allerheiligstes V.11	sein eigenes Blut V.12	ewige Erlösung V.12
	Kp. 13		sein eigenes Blut V.12	das Volk heiligen V.12

Die Formulierung des ἵνα-Satzes klingt an Hebr 9,12 an: Wie dort, ist von »seinem« (Christi) »eigenen Blut« die Rede; diese Formulierung kommt im Hebr nur 9,12 und 13,12 vor. Während der Hohepriester in das Allerheiligste eintritt mit dem Blut der Opfertiere – so 9,7 (vgl. 13,11: εἰσφέρεται ζῴων τὸ αἷμα περὶ ἁμαρτίας εἰς τὰ ἅγια διὰ τοῦ ἀρχιερέως) –, ist Christus »mit seinem eigenen Blut« (διὰ δὲ τοῦ ἰδίου αἵματος) in das himmlische Allerheiligste eingetreten, so 9,11f, »und hat eine ewige Erlösung erworben« (αἰωνίαν λύτρωσιν εὑράμενος; vgl. ἵνα ἀγιάσῃ διὰ τοῦ

---

[166] WENSCHKEWITZ 1932, 140. Auch BRUCE (1964, 402) meint: »The parallel may seem inexact, since the animals of the sin-offering were actually slaughtered within the camp [...]«.Ähnlich MICHEL 1984, 508; WEISS 1991, 730. Anders RIGGENBACH 1922, 442.

[167] So schon DAVIES 1968, 387.

[168] ↑ III.4.4; III.4.6; III.4.8.

ἰδίου αἵματος τὸν λαόν 13,12[169]). Auch im Aufbau entsprechen einander die Ausführungen zur Jom Kippur-Typologie in Kp. 9 und in Kp. 13. Wenn 13,12 vom ἁγιάζειν τὸν λαόν die Rede ist, dann ist die Heiligung auf den inneren Aspekt (καρδία, συνείδησις) der Adressaten zu beziehen, der, wie mehrfach ausgeführt, für Hebr dem himmlischen Heiligtum und seinem Kultgeschehen korreliert[170]. Entsprechend vollzieht Christus das ἁγιάζειν τὸν λαόν 13,12 durch sein Opfer im himmlischen Heiligtum.

Die Typologie deutet das Kultgeschehen des Jom Kippur demnach so, dass die einzelnen Teile des Ritualvollzugs auf irdisches und himmlisches Geschehen im Wege Christi aufgeteilt werden. Im Überblick stellt sich das so dar:

	Jom Kippur (13,11)	*Christus-Ereignis (13,12)*
Kultvollzug mit Blut im Allerheiligsten	Das Blut der Lebewesen wird als Sündopfer ins Allerheiligste gebracht durch den Hohenpriester	... damit er durch sein eigenes Blut das Volk heilige
Profanes Geschehen »außerhalb«	Deren Kadaver verbrennt man außerhalb des Lagers	Jesus hat außerhalb des Tores gelitten...

So ist in 13,12 der aus Kp. 9f bekannte Zusammenhang von Christi irdischem Todesleiden und Opfer im Himmel knapp in Erinnerung gerufen. Irdisches Leiden und himmlisches Opfer zeichnet V.12 in die Jom Kippur-Typologie ein. Die im Tode kulminierende Selbsthingabe der profanen irdischen Existenz wird im himmlischen Kult als Opfer dargebracht.

6.3.2.4 Schlussfolgerungen

Die Bedeutsamkeit von 13,7–17 für die Interpretation des Hebr besteht darin, dass hier die christologische Argumentation des Schreibens mit seiner paränetischen Intention verzahnt ist wie nirgends im kulttheologischen Mittelteil. Die Verschränkung der beiden Bewegungen auf der Vertikalen bzw. Horizontalen – hin zum himmlischen Allerheiligsten bzw. hinaus aus dem irdischen Sakralbereich – wird christologisch begründet. Im Zentrum steht die Erinnerung an das irdische Geschick Christi, zugespitzt auf sein Todesleiden in der Schmach irdischer Profanität, und an sein kultisches Wirken im himmlischen Heiligtum. Beides findet seine Entsprechung in der Jom Kippur-Typologie. Der christologische Kern der Argumentation (V.12) gibt in knappster Form den Ertrag von Hebr 9,11f.24–28; 10,5–10 wieder; die rahmende Paränese bringt zur Geltung, was schon in 10,19–25; 12,22–24 thematisch war. Der Weg der σάρξ Christi wird »unser« Weg

---

[169] Diese Formulierung erinnert wiederum an die von 9,7: ὑπὲρ ἑαυτοῦ καὶ τῶν τοῦ λαοῦ ἀγνοημάτων.
[170] Vgl. die Auslegungen zu 9,13f, ↑ III.5.2.2, und 9,22f, ↑ III.5.3.

zum himmlischen Heiligtum, wenn »wir«, gleich ihm, in irdischer Profa-
nität gehorsam sind; denn wie er den Ertrag seines irdischen Weges im
Himmel als Selbstopfer Gott darbrachte, so wird vor Gott im himmlischen
Kult auch »unser« in irdischer Profanität vollzogenes Tun zum wohlge-
fälligen Opfer[171]. Beides, christologische Begründung und paränetische
Schlussfolgerung, entspricht einander aufs genaueste.

Daher lässt sich hier erkennen, dass und wie kulttheologische Argumentation und Weisung für die Adressatensituation aufeinander hin entworfen
sind. Die Ringkomposition lässt das kulttheologische Zentrum umschlos-
sen sein von der Mahnung, wie sich die Adressaten zu Sakralität und Profanität zu verhalten haben. Ihre Situation ist bestimmt durch die Infrage-
stellung ihres Heilsbesitzes durch die Profanität der eigenen irdischen Existenz; ferner durch die Konfrontation mit irdischer Sakralität und deren
Angeboten der Heilsvermittlung. Das aufgeworfene Problem und die vom
Hebr-Vf. dargebotene Kulttheologie haben das Thema der Zuordnung von
Sakralität und Profanität gemeinsam. So vermag diese Kulttheologie die
fortdauernde Bedeutsamkeit der Christus-Homologie auf die Adressatensituation hin neu zu erschließen. Im Licht dieser Kulttheologie werden die
Schwächen der Adressaten – irdische Profanität der Existenz und Ausschluss von der Heilsvermittlung irdischer Sakralität – als das sichtbar,
was sie sind: Komplement ihrer Stärke, der Zuordnung zum himmlischen
Hohenpriester und Kult.

Zur Frage nach dem Hintergrund der sakralen Mähler derer, »die dem
Zelte dienen«, kann hier soviel gesagt werden: Es handelt sich nicht um eine theoretische oder schriftgelehrte, sondern um eine gegenwärtige und
praktische Frage, von deren Beantwortung der Heilsbesitz abhängt und die
deshalb zu Warnungen Anlass gibt. Es kann nur um jüdischen Kult gehen,
da die σκηνή und die »ihr Dienenden« für den irdischen Kult der ersten
διαθήκη stehen[172]. Dabei verweist die Identifikation der »Lagers« der
Wüstenzeit mit der Stadt auf Jerusalem als Stadt des Tempels (↑ 6.3.1) und
damit als sakrales Zentrum des Judentums, auch in der Diaspora[173]: »We
can think of the sacrificial meals in the temple. But if, as seems more likely, the readers are far away in the Dispersion, the reference is probably to
synagogue meals, held especially at festival times to give the worshippers

---

[171] Vgl. GRÄSSER 1992e, 223f. Allerdings ist zu betonen, dass es nicht um Abwen-
dung vom Kult überhaupt, sondern vom irdischen Kult zugunsten des himmlischen geht.

[172] Manche Ausleger denken an sakrale Mähler jüdischer Gruppen, sei es im Mutterland, sei es in der Diaspora, sei es vor, sei es nach 70 n. Chr. Vgl. RIGGENBACH 1922,
437f; THURÉN 1973, 187–202; HEGERMANN 1989, 176, 273f; DERS. 1991, 350f; LINDARS
1991, 10; ferner den Exkurs »Strange Teachings and Foods« bei ATTRIDGE 1989, 394–
396, bes. 395. – Knapp zur Bedeutung des Jerusalemer Tempels für die Diaspora:
LINDARS 1991a, 412f.

[173] Vgl. die Erwägungen zum historischen Ort des Hebräerbriefes (↑ IV.2).

a stronger sense of solidarity with the worship of the temple of Jerusalem [...] where the whole sacrificial system, with ist daily offerings, is performed on behalf of Jews everywhere«[174].

6.4 Ertrag

Die Adressaten leben in der Welt als Fremde, bestimmt durch ihre Zugehörigkeit zum Himmel. Sie sollen ausziehen aus der irdischen Stadt, fort von ihrem sakralen Zentrum, denn sie sind kultisch hinzugetreten zum himmlischen Heiligtum und Kult. Ihre irdische Existenz vollziehen sie, sofern sie irdisch ist, als Fremdheit bzw. unkultisch-profan. Doch ist das nur Komplement ihrer himmlischen Verankerung. Nichts weniger als unkultisch-profan ist nämlich ihre Existenz, sofern sie vom Himmlischen bestimmt ist. Die Heimat der Adressaten ist die himmlische Stadt. Hier sind sie bereits jetzt priesterlich hinzugetreten. Durch den himmlischen Hohenpriester bringen sie bereits jetzt ihren Gehorsam, ihr Lob und ihr Wohltun als Opfer auf dem himmlischen Altar dar. Die Kulttheologie des Hebr zielt auf den himmlischen Kultvollzug der Kultgemeinde des neuen Bundes, deren Hoherpriester im Himmel ist.

---

[174] LINDARS 1991, 10.

Teil IV.

Ergebnisse und Schlussfolgerungen

1. Kapitel

Ergebnisse

1.1 Himmlischer und irdischer, gegenwärtiger und eschatologischer Tempel und Kult im Hebr vor dem Hintergrund seiner Kontexte: Ein Vergleich

Nach dem Abschluss der Untersuchungen zur Kulttheologie des Hebr (↑ III.) lenkt der folgende Abschnitt zu den einschlägigen Diskursen der frühjüdischen Kontexte (↑ II.) zurück und setzt die Ergebnisse der beiden Teile II. und III. so zueinander ins Verhältnis, dass das besondere Profil des Hebr herausgestellt wird. Dabei werden Aussagen des Hebr und seiner Kontexte jeweils unter thematischen Gesichtspunkten verglichen.

Zur Kultkritik. Die Kultkritik des Hebr scheint, gemessen an dem, was im frühen Judentum vertreten werden konnte, moderat: Das Heiligtum und seine Priesterschaft insgemein als korrupt, die ganze Institution als im Wesen unrein und der Intention Gottes zuwider zu schildern, wie das in manchen frühjüdischen Quellen geschieht (↑ II.2), liegt ihm fern. Der irdische Kult verweist auf Christi himmlisches Opfer. Ist er auch unzulänglich, so ist er doch nicht geradezu vom Übel.

Die Erwartung eines eschatologischen irdischen Tempels fehlt im Hebr. Im Hebr gilt das nicht mit Händen (sondern von Gott) gemachte Heiligtum als dasjenige »nicht dieser Schöpfung« (9,11), als das himmlische also. Dagegen kann in der Literatur vor 70 n.Chr. ein von Gott selbst bereitetes neues irdisches, doch nicht präexistent-transzendentes Jerusalem erwartet werden (I Hen 90,29). Im Hebr jedoch richtet sich die Heilserwartung auf das Verheißungsgut, das im eschatologischen Eingehen in das himmlische Allerheiligste besteht. Das Motiv der kosmischen Erschütterung, das in der frühjüdischen Literatur im Kontext der Umgestaltung bzw. Neuschöpfung der Welt begegnet, kommt auch im Hebr (12,26f) vor. Die kosmische Erschütterung leitet jedoch nach Hebr nicht eine Neuschöpfung bzw. paradiesische Umgestaltung der Welt ein, sondern eine Verwandlung, bei der nur das »Unerschütterliche« bestehen bleibt (Hebr 12,27). Durch den Wegfall der irdisch-vorfindlichen Welt wird die himmlische Stadt, die in irdischer Fremdlingschaft erwartet wurde (11,9f.14–16), die βασιλεία ἀσάλευτος, allein übrig bleiben und von den Adressaten in Empfang genommen werden (12,28). Sie ist ihnen von Gott »bereitet« (ἡτοίμασεν γὰρ αὐτοῖς πόλιν 11,16) – im Himmel. Damit begegnet das aus LXX Ex 15,17 u.ö. bekannte Motiv der von Gott »bereiteten« himmlisch-präexistenten Größe (hier, ähnlich wie in IV Esr 8,52, das himmlische Jerusalem), doch diese kommt weder auf die Erde herab noch legitimiert sie ein irdisches Heiligtum. Vielmehr werden allein die himmlisch-präexistenten Größen Bestand haben.

Die Urbild-Abbild-Relation von himmlischem und irdischen Heiligtum in der Rezeption des Hebr sucht in den frühjüdischen Kontexten ihresgleichen[1]. Selbst II Hen, der Hebr in seiner himmlischen Orientierung wohl relativ am nächsten kommt, benötigt den in den Himmel versetzten Melchisedek bzw. die Mittelpunktsstellung von »Achusan« zur Legitimation des irdischen Jerusalem. Im Hebr dagegen liest man, das irdische Heiligtum sei Abbild des himmlischen und dürfe infolgedessen keine bleibende Geltung beanspruchen, sei vielmehr unzulänglich: Die Abbildhaftigkeit des irdischen Heiligtums legitimiert dieses nicht, relativiert es vielmehr. Hebr spricht vom irdischen Heiligtum, weil und sofern dieses auf das himmlische verweist (9,2–5.6–10). Gerade darin besteht nach Hebr die Pointe des irdischen Heiligtums und der ihm zugrundeliegenden Kultinstitution. Das himmlische Urbild überbietet das irdische Abbild. Der Vergleich zeigt dessen Unzulänglichkeit. Das irdische Heiligtum und sein Kult sind angesichts des himmlischen Heiligtums und des darin von Christus vollzogenen hohepriesterlichen Dienstes obsolet geworden. Das stellt die Verwendung des Motivs in vorchristlichen wie in rabbinischen jüdischen Texten nachgerade auf den Kopf[2].

Die kultische Gemeinschaft mit den Engeln bzw. mit den Himmlischen findet sich auch im Hebr (12,24). Diese hat jedoch weder im (zukünftigen) irdischen Tempel noch in einer irdischen Gemeinschaft als spirituellen Tempel ihren Ort, sondern im himmlischen Jerusalem, zu dem die Adressaten bereits hinzugetreten sind. Zur gegenwärtigen spirituellen Versetzung der Gesamtgemeinde in das himmlische Heiligtum und zur kultischen Gemeinschaft mit den Engeln dort gibt es in frühjüdischer Literatur – entgegen anderslautenden Interpretationen etwa der ShirShabb – keine echten Analogien[3]. Die kultische Gemeinschaft mit den Engeln und den anderen Himmlischen hat im Hebr nicht den Sinn, die irdische Gemeinschaft zu

---

[1] Zum Vgl. mit dem Mittelplatonismus Philos von Alexandrien ↑ II.3.

[2] So auch GRÄSSER 1993, 91: »Dem Hebr beweist Ex 25,40 – dualistisch exegesiert – so ziemlich das Gegenteil [...]«, nämlich dessen, was die religionsgeschichtlichen Kontexte aus derselben Stelle entnehmen; von GRÄSSER formuliert im Blick auf rabbinische Traditionen (mit Bezug auf EGO 1989, vgl. GRÄSSER a.a.O. Anm. 156). Was EGO a.a.O. 59f über rabbinische Traditionen sagt (Immanenz und Transzendenz durchdringen einander im irdischen Tempel), gilt, wie gesagt, auch für vorchristliche Texte. Vor diesem Hintergrund ist der Kontrast des Hebr um so größer (GRÄSSER a.a.O. Anm 135: »Daran läßt sich das Ausmaß der Neuinterpretation im Hebr ermessen!«).

[3] Vgl. dazu die Ausführungen pp. 60–69 dieser Arbeit (↑ II.2).

legitimieren. Der himmlische Kult ist hier um seiner selbst willen von Interesse. In der Teilnahme an ihm kommen die Zuordnung zum himmlischen Hohenpriester Christus und die Geltung seines Heilswerks zum
Ausdruck.

Der Rückgriff auf die Kultgründungszeit als Darstellungsmittel findet
sich auch im Hebr. Er behandelt das Wesen des irdischen Kults anhand der
mosaischen Kultinstitution und der ihr zugrundeliegenden Kultgesetzgebung, zumal im Blick auf das irdische Zeltheiligtum und den dort vollzogenen Kult (Hebr 9,1–10). Vom Jerusalemer Tempel ist nicht die Rede.
Man hat daraus schließen wollen, der Hebr sei am Tempel und Kult seiner
Zeit gar nicht interessiert, da er ihn nicht erwähne, sondern rein schriftgelehrt argumentiere. Angesichts der Ausführungen über irdischen und
himmlischen, gegenwärtigen und eschatologischen Tempel und Kult im
frühen Judentum (↑ II.2) ist dieses Argument jedoch hinfällig. Erwies sich
doch der Rekurs auf die Kultbegründung als verbreiteter Topos der Kritik
am gegenwärtigen Kult; auch da, wo dieser selbst gar nicht mehr explizit
erwähnt wird. In diesen Zusammenhang gehören auch die Ausführungen
des Hebr. Die Kritik am gegenwärtig-irdischen Tempelkult wird zur Kritik
an irdischem Kult überhaupt vertieft. Die Bezugnahme des Hebr auf die
mosaische Kultinstitution und auf das Zeltheiligtum der Wüstenzeit Israels
bietet jedoch angesichts der Funktion dieses Motivs in frühjüdischer Tem-
pel- und Kultkritik keinen Grund für die Annahme, die Argumentation des
Hebr sei rein schriftgelehrt und ohne aktuelle heiligtumstheologische Ausrichtung.

So zeigen sich im Vergleich folgende Unterschiede. Durchgängig kann
man für die frühjüdischen Texte sagen: Spricht man vom himmlischen
Heiligtum und seinem Kult, tut man es um des irdischen, um irdischer Verhältnisse und Probleme, willen. Im Hebr dagegen geht es nicht darum,
durch Rekurs auf das himmlische Heiligtum und seinen Kult die Kontinuität des irdischen Kultorts zu wahren und das Interim einer tempellosen Zeit
zu überbrücken. Wie das himmlische Heiligtum nicht in den Blick genommen wird, um das irdische zu legitimieren, so ist es umgekehrt nach Hebr
gerade die Pointe des irdischen Heiligtums, über sich hinaus auf das himmlische zu verweisen. Thema des Hebr ist nicht der irdische Tempel, nicht
dessen Bedeutsamkeit, sein Mangel, sein Fehlen oder die Erwartung seiner
künftigen Neubegründung, sondern das himmlische Kultgeschehen und
dessen Überlegenheit und bleibende Geltung. Entsprechend ergibt sich die
Unzulänglichkeit des irdischen Kults nach Hebr nicht aus behebbaren Ver-
säumnissen, sondern aus seinem irdischen Charakter schlechthin. Gehen
die frühjüdischen Texte von einer Korrespondenz von himmlischem und
irdischen Heiligtum aus, die, wenn sie auch gestört sein mag, bleibende
Bedeutung hat und die ggf. wiederhergestellt werden muss, so gilt dies für

Hebr nicht. Hier ist die Korrespondenz von himmlischem und irdischen Heiligtum mit dem irdischen Weg, der Erhöhung und dem himmlischen Selbstopfer Christi aufgehoben. Waren die frühjüdischen Texte gleichsam vom irdischen Kult und seinen Problemen aus und in diesem Sinne aus der irdischen Perspektive entworfen, so denkt Hebr nicht vom Irdischen aus über das Himmlische, sondern umgekehrt vom Himmlischen aus über das Irdische nach. Die Rede des Hebr vom himmlischen Heiligtum in seinem Gegenüber zum irdischen nimmt ein verbreitetes Motiv auf. Doch die Weise, wie dieses hier verwendet wird, hat in den untersuchten frühjüdischen Texten keine Entsprechung. Sie ist eine Innovation des Hebr. Sie entspringt nicht der Verarbeitung eines irdischen Mangels, sondern der Wahrnehmung einer unüberbietbaren eschatologisch-himmlischen Heilsfülle. So muss man für den Hebr von einer grundlegenden Umprägung des Motivkreises im Vergleich mit den Kontexten sprechen.

Ergebnis. Gemeinsame Fragestellung – unterschiedliche Lösungsansätze. Hebr hat mit einschlägigen frühjüdischen Diskursen eine gemeinsame Fragestellung. Gefragt wird nach dem rechten, Gott wohlgefälligen Kult, nach der Bedingung seiner Möglichkeit und nach seinem tatsächlichen Vollzug. Viele frühjüdische Texte sehen Gottes eschatologisches Eingreifen, die Errichtung eines neuen irdischen Tempels durch Gott, als Bedingung der Möglichkeit des rechten Kults. Der Bezug auf himmlische Größen dient in älteren Texten der Legitimation des irdischen Heiligtums und Kults, in späterer Literatur der Begründung der Hoffnung auf Wiederherstellung eines legitimen irdischen Heiligtums und Kults. Der Hebr dagegen geht vom Geschehen-Sein des eschatologischen Heilsereignisses, verstanden als himmlisch-eschatologisches Opfer, Sühne, Reinigung und Kultinauguration, aus. Die Sphärendifferenz ist Interpretament der Eschatologie; das himmlisch-eschatologische Heilsgeschehen ist um seiner selbst willen von Belang. Die Adressaten dürfen sich als Teil der Kultgemeinde des himmlischen Jerusalem verstehen.

1.2 Die Kulttheologie des Hebr in systematischer Entfaltung

Hier handelt es sich nicht um eine erneute Zusammenstellung der Einzelergebnisse am Leitfaden der Kapitelfolge[4]. Vielmehr bietet Kapitel IV.1.2 eine interpretierende Entfaltung der Ergebnisse in systematischer Zusammenschau. Zunächst werden die wesentlichen Ergebnisse dieser Hebr-Auslegung, zugespitzt auf drei Grundeinsichten sowie auf drei diesen entsprechende Pointen zur Textpragmatik, dargeboten. Anschließend wird die

---

[4] Aus den jeweils mit »Einführung« bzw. »Ertrag« überschriebenen Abschnitten in Teil III. ergibt sich eine Darstellung, welche den Argumentationsgang der Arbeit in seinen wesentlichen Schritten nachzeichnet und résumiert.

Kulttheologie des Hebr thematisch entfaltet. Zum Schluss wird die theologische Leistung des Hebr, zumal in pragmatischer Perspektive, knapp gewürdigt.

1.2.1 Grundeinsichten

Bestimmend für die hier vorgetragene Interpretation der Kulttheologie des Hebr sind drei Grundeinsichten, deren jede eine Pointe zur Textpragmatik im Gefolge hat.

Die erste Grundeinsicht: Die Aussagen über den irdischen Weg und das himmlische Wirken Christi sind aufeinander hin angelegt und ergänzen einander. Christi auf Erden gelebtes Leben sowie seine nicht-opferkultische Hingabe bis zum Tod und im Tode sind der Grund seiner Erhöhung; durch die Erhöhung wird seine auf Erden vollzogene Selbsthingabe zum Inhalt seines himmlischen Opfers. Sein irdischer Weg führt Christus zum himmlischen Hohepriesteramt; sein himmlisches Hohepriestertum bringt die Bedeutsamkeit seines irdischen Weges fortwährend zur Geltung. So tragen die Aussagen über Christi irdisches Leben, Leiden und Sterben und die über seine Erhöhung und deren Konsequenzen gleichermaßen Gewicht. Einen Widerspruch zwischen beidem gibt es nicht. Jede der beiden Aussagenreihen ist nur möglich im Bezug auf die jeweils andere.

Daraus ergibt sich eine erste Pointe: Aller wahre Kult, alle wahre Sakralität sind mit der Erhöhung Christi in den Himmel verlegt. Daraus folgt Kritik am irdischen Kult. Denn das Komplement der Aussagen über den himmlischen Kultvollzug sind nicht solche über den irdischen Kultvollzug, sondern es ist die Schilderung des irdischen Weges Christi als nichtopferkultisches Geschehen. Ex negativo ist auch das Kulttheologie: Was erst der irdische Weg Jesu Christi ermöglichte – den Zutritt zum himmlischen Heiligtum –, das hatte der irdische Kult erstrebt, ohne es bewirken zu können.

Daneben steht die zweite Grundeinsicht: Auch die Schilderung des irdischen Weges Christi und die Paränese zur Bewältigung der Adressatensituation sind aufeinander hin angelegt. Wie Christus auf seinem irdischen Weg Gehorsam bewährte, den Willen Gottes erfüllte und deshalb zum himmlischen Hohenpriester erhöht wurde, so ist der auf Erden gelebte Gehorsam für die Adressaten der Zugang zum himmlischen Heiligtum und Kult, der Weg zu himmlischer Herrlichkeit. Deshalb verzichten sie auf irdische Sakralität, irdischen Opferkult.

Daraus folgt die zweite Pointe: Nicht Entweltlichung oder Himmelswanderschaft, auch nicht irdischer Opferkult, sondern ein gehorsames Leben auf Erden, wie es Christus führte, fordert die Paränese von den Adressaten. Dementsprechend tritt an die Stelle des bisherigen irdischen Opferkults kein neuer irdischer Kult, sondern eine gehorsame Existenz in irdischer Fremdlingschaft, fern von irdischer Beheimatung und irdischer Sakralität.

Schließlich die dritte Grundeinsicht: Aufeinander hin angelegt sind auch die Schilderung des himmlischen Selbstopfers Christi und die des gegenwärtigen Kultvollzugs der Adressaten. Wie Christus seine auf Erden im Gehorsam hingegebene Existenz als Opfer im himmlischen Kult darbrachte, so bringen die Adressaten ihren Lobpreis und ihr Wohltun durch seine Vermittlung auf dem himmlischen Altar dar.

Daher die dritte Pointe: Auch für die Adressaten gilt, dass der wahre Kult, die wahre Sakralität in den Himmel verlegt sind. Die Existenz der Adressaten in irdischer Fremdlingschaft und irdischer Profanität ist in Wahrheit nichts weniger als unkultisch und profan, vielmehr ist sie zur Gänze kultisch geprägt, insofern die Adressaten im himmlischen Allerheiligsten verankert und zum himmlischen Jerusalem hinzugetreten sind und so am himmlischen Kult teilnehmen.

So findet die Christologie in der Paränese ihre Entsprechung, diese in der Christologie ihre Begründung.

1.2.2 Der rechte Gottesdienst – Möglichkeit und Wirklichkeit

Wie ist der rechte, Gott wohlgefällige Gottesdienst möglich? Die Antwort des Hebr ergibt sich aus seiner Christologie. Diese besagt nämlich zum eien, dass durch die Erhöhung Christi das einmalige, eschatologische Opfer im Himmel vollzogen wurde und dass damit zugleich der rechte, Gott wohlgefällige Kult inauguriert ist. Sie besagt ferner, dass kraft der Erhöhung Christi auch »wir« – die Adressaten – im himmlischen Heiligtum verankert sind, dass »wir« kraft des einen Opfers Christi gereinigt und zur Kultteilnahme befähigt sind. Und sie besagt drittens, dass aufgrund der in Christi irdischem Weg und himmlischen Werk verfassten Heilsfülle von »uns« gegenwärtig nichts anderes mehr gefordert wird als der gelebte Gehorsam, das Festhalten an der Hoffnung, zu dem der himmlische Hohepriester verhilft – der Hoffnung, aufgrund des Heilswerks Christi am Ende ins himmlische Allerheiligste zu gelangen –, und das Betätigen der παρρη-σία, des Freimuts, gegenwärtig zum himmlischen Kult hinzuzutreten. Das Hinzutreten zum himmlischen Kult umfasst den ganzen Lebens- und Glaubensvollzug: Gebet und Lobpreis ebenso wie im Gehorsam gelebtes Leben. Es geschieht im Vertrauen darauf, dass in der Erhöhung und hohepriesterlichen Investitur Jesu Christi den Seinen bereits der Platz im himmlischen Kult angewiesen ist.

Mit der Erhöhung und dem himmlischen Selbstopfer Christi ist alles erfüllt, worauf irdischer Opferkult nur schattenhaft verweisen konnte, ist irdischer Opferkult obsolet geworden. Zugang zum himmlischen Heiligtum vermochte er nie zu erschließen; nun könnte er die Adressaten nur noch davon abhalten, ihren Platz im himmlischen Kult einzunehmen. Das Betätigen der παρρησία bedeutet demgegenüber, sich durch irdische Schwachheit nicht anfechten zu lassen, bei irdisch-sakraler Heilsvermittlung nicht Zuflucht zu suchen, auf Teilnahme an irdischem Kult, irdisch-sakralen Riten zu verzichten. Die Adressaten sind gehalten, sich ganz von ihrer Zugehörigkeit zum himmlischen Kult bestimmen zu lassen. Das einzige Hindernis rechten, Gott wohlgefälligen Kults – nachdem ihn Gott selbst aufgerichtet hat, ihn gerade so aufgerichtet hat, dass die Adressaten in diese neue, himmlische Realität einbezogen sind –, das einzige Hindernis, das dem Vollzug dieses Kults nun noch entgegenstehen könnte, wäre Mangel an παρρησία, an Freimut zum Hinzutreten aufgrund mangelnden Zutrauens zur Zuverlässigkeit des in Christus ein für alle mal ergangenen Verheißungswortes. Dieses Zutrauen gewährt denen, die daran festhalten, mit der Eröffnung des Zugangs zum himmlischen Heiligtum bereits jetzt Anteil an der endzeitlichen Vollendung. Darin ist die künftige Erfüllung verbürgt. Das Zutrauen zu stärken, den Freimut zum Hinzutreten zu vermitteln und damit den Vollzug des rechten, Gott wohlgefälligen himmlischen Kults zu gewährleisten – das ist das Anliegen der Kulttheologie des Hebr. Denn nur im himmlischen Kult können die Adressaten schon jetzt Anteil haben an der Heilsvollendung, können sie die Vergebung der Sünden und die Hilfe zur Bewährung erlangen, die sie benötigen, um am Ende in das himmlische Allerheiligste einzugehen.

1.2.3 Das himmlische Selbstopfer Christi und die Funktion opferkultischer Kategorien für Hebr

Sachliche Grundlage der Theologie des Hebr ist darum, dass im himmlischen Selbstopfer Christi das himmlische Heiligtum gereinigt und geweiht, der eschatologische, himmlische Kult aufgerichtet und der Zugang zu ihm erschlossen ist. Damit knüpft Hebr an die traditionelle Erniedrigungs- und Erhöhungschristologie an und erschließt deren Bedeutsamkeit kulttheologisch: Die Erhöhung Christi aus dem Tode deutet er als Eintritt in die kultisch verstandene Gottespräsenz, das himmlische Allerheiligste. Damit ist die Erhöhung zugleich seine hohepriesterliche Investitur und die Darbringung seines himmlischen Selbstopfers. Denn mit seinem Eintritt in das himmlische Allerheiligste überführt Christus die auf Erden erfolgte nichtopferkultische Hingabe seines Lebens in Gestalt seines Blutes in die himmlische Gottespräsenz und bringt sie so als Opfer dar. Umgekehrt wird der einmalige irdische Weg Christi durch sein einmaliges himmlisches Selbstopfer ewig gültig gesetzt und geltend gemacht. Die verschiedenen Fassungen des Jom Kippur-Rituals halten die Elemente bereit, deren Hebr bedarf, um Christi Erhöhung kulttheologisch neu auslegen zu können: den hohepriesterlichen Eintritt ins Allerheiligste, den Vollzug der Sühne dort, die Fürbitte des Hohenpriesters im Heiligtum und sein Hervortreten aus dem Heiligtum zum wartenden Volk. So vermag Hebr seine kulttheologische Neuauslegung von Erhöhung, gegenwärtigem himmlischen Wirken und Wiederkunft Christi in den Rahmen der Jom Kippur-Typologie einzuzeichnen (↑ III.4.5–III.4.8). Die Bundesschluss- und פרה-Typologien treten mit der Betonung von Volks- und Heiligtumsreinigung hinzu (↑ III.5.2– III.5.3).

Aus diesem Verständnis des himmlischen Selbstopfers Christi ergibt sich die Kritik am irdischen Opferkult. Hebr greift die Urbild-Abbild-Relation von irdischem und himmlischen Heiligtum und Kult auf, gibt ihr jedoch einen neuen Sinn in eschatologischer Perspektive und mit christologischer Begründung. Was irdischer Opferkult unvollkommen abbildete, ist im himmlischen Selbstopfer Christi vollkommen verwirklicht. Daher ist der wahre Kult, ist wahre Sakralität nun ausschließlich in der himmlischen Sphäre konzentriert. Die irdische Sphäre aber wird desakralisiert.

Kann also, wie vielfach vertreten, nach Hebr von einem Opfer Christi nur mehr im uneigentlichen Sinne die Rede sein, besteht der Sinn seiner Kulttheologie letztlich darin, die Kategorie des Kultischen zu überwinden[5]? Das Gegenteil ist der Fall: Nach dem Hebr ist nur im eschatologischen, himmlischen Selbstopfer Christi vollzogen worden, was im eigentlichen Sinne und mit vollem Recht als Opfer bezeichnet zu werden verdient. Gerade weil er das irdische Geschehen der Selbsthingabe Christi nicht opferkultisch deutet, kann Hebr nun von seinem vollkommenen himmlischen Opfer sprechen. Erst dieses hat gezeigt, was Opfer wahrhaft ist; nur hier ist der Sinn des Opferkults erfüllt. Dass lediglich in uneigentlichem Sinne von Opfer die Rede sein könne, wäre nach Hebr eine zutreffende Aussage über den *irdischen* Opferkult. Der Mangel des irdischen Opferkults bestand darin, dass er irdisch, nicht darin, dass er Opferkult war. Er konnte das himmlische Kultgeschehen nur in Abschattungen darstellen. Nun aber ist der wahre, himmlische Opferkult an die Stelle des unvollkommenen irdischen getreten. Das bedeutet nicht allein, dass jeder irdische Opferkult nun obsolet geworden ist. Vor allem besagt es positiv, dass das Verhältnis der Adressaten schon jetzt ganz durch ihre Zugehörigkeit zum himmlischen Hohenpriester bestimmt ist, zu dessen »Gnadenthron« sie hinzutreten und durch dessen Vermittlung sie selbst am himmlischen Kult teilnehmen[6]. So zielt die Kulttheologie des Hebr nicht darauf, die Kategorien des Kultischen oder des Opfers schlechthin zu überwinden,

---

[5] Vgl. nur FITZER 1969; CHESTER 1991; GRÄSSER 1993, 222 u.ö.; SCHUNACK 1994; HÜBNER 1995, 53f.56 (53: »Die soteriologischen Ausführungen des Hebr sind die Durchstreichung der kultischen Denkweise des Alten Testaments«, im Original fett und kursiv). Ähnlich schon SCHMITZ 1910, 283–299 (für das NT insgesamt: 300).

[6] Gerade das Schon-Hinzugetreten-Sein zum himmlischen Kult führt ja zur Entwertung der irdischen Sakralität. Ähnlich schon die Hebr-Interpretation bei DIBELIUS 1956a sowie, im Anschluss an ihn, GRÄSSER 1992e, 223f.

so als wären sie ungeeignet, die Bedeutsamkeit des Christus-Ereignisses auszusagen. Der kultischen Kategorien bedient sich Hebr, weil sie geeignet sind, das Christusgeschehen und den dadurch begründeten Heilsstand der Adressaten gegenüber der Tradition neu und damit umfassender und angemessener als zuvor auszudrücken[7].

1.2.4 Die Pointe: Der Erhöhte als Hoherpriester

Damit zeigt sich der Sinn der neuen, kulttheologischen Interpretation der Erhöhung Christi, deren »Pointe« (κεφάλαιον). Mit betontem κεφάλαιον δέ setzt Hebr 8,1 ein. Es geht um den Gesichtspunkt, unter dem die Argumentation des Schreibens als ganze verstanden werden will. Diese »Pointe« der ganzen Argumentation lautet: τοιοῦτον ἔχομεν ἀρχιερέα, ὃς ἐκάθισεν ἐν δεξιᾷ τοῦ θρόνου τῆς μεγαλωσύνης ἐν τοῖς οὐρανοῖς, τῶν ἁγίων λειτουργός κτλ. Hebr lehrt den zu Gottes rechter Hand inthronisierten Christus des traditionellen Erniedrigungs- und Erhöhungsschemas als den Hohenpriester zu verstehen, der im himmlischen Urbild-Heiligtum den priesterlichen Dienst innehat. Das Bekenntnis zum Erhöhten erweist sich als Bekenntnis zum im Himmel gegenwärtig für »uns« hohepriesterlich wirkenden Christus. Seine eschatologische Inthronisation, von der die Tradition zu sagen wusste, erweist sich als heilvoll für »uns«. Die traditionelle Christologie und ihre Erhöhungsaussage werden durch die Hohepriesterchristologie kulttheologisch und damit soteriologisch interpretiert: Eben darin besteht die Pointe des Hebr (↑ III.4.4).

So sehr es bei dieser Pointe um die Neuinterpretation des Kerygmas von Erniedrigung und Erhöhung Christi geht, so sehr zielt sie doch auf die Wahrnehmung seines gegenwärtigen himmlischen Wirkens und damit auf das ἔχομεν als Ausdruck gegenwärtig-himmlischen Heilsbesitzes, wie es auch in Hebr 8,1; 13,10 vorliegt. Diesen Sinn der Verknüpfung von herrscherlicher und hohepriesterlicher Christologie zeigt Hebr 10,12–14: Der herrscherlich Inthronisierte erwartet die eschatologische Unterwerfung der Feinde (V.13). Doch was in herrscherlicher Perspektive der ausstehenden endzeitlichen Vollendung wartet, das ist in kulttheologischer Perspektive bereits vollkommen: Durch sein einmaliges Opfer hat Christus die Seinen vollendet; es bedarf keiner Ergänzung (V.12.14). Blieb die traditionelle Christologie auf das zurückliegende Ereignis der Erhöhung Christi und auf die vorausliegende universale Durchsetzung seiner Herrschaft ausgerichtet, so erschließt die Hohepriesterchristologie, inwiefern schon jetzt von Vollendung die Rede sein kann (↑ III.2.3; vgl. Hebr 10,14, ↑ III.3.4). An die Stelle des Rückblicks auf zurückliegendes und des Vorblicks auf künftiges

---

[7] Vgl. ähnlich schon FASSBECK 2000, 61f: 62; vgl. 56f. Mit Recht spricht sie daher a.a.O. 62 von einem gegenüber dem irdischen Opferkult noch »intensivierten kultischen Modell« des Hebr (im Original kursiv).

Geschehen tritt der Aufblick zum gegenwärtigen Christus und das Innewerden seines Wirkens für »uns« (Näheres dazu s.u.). In dem charakteristischen Ausdruck »Gnadenthron« (θρόνος τῆς χάριτος Hebr 4,16), der in LXX wie im NT ohne Analogie ist, kommt die kulttheologische Deutung der Erhöhung prägnant zum Ausdruck: Als Hoherpriester verstanden, ist der Inthronisierte der, welcher pro nobis wirkt. Das hohepriesterliche Wirken Christi ist der Modus, in dem er gegenwärtig seine eschatologische Herrschaft für die Seinen heilvoll ausübt. Dies heilvolle Wirken beruht auf seiner Vergangenheit, bestimmt dadurch die Gegenwart und umgreift die Zukunft: »Jesus Christus ist gestern und heute derselbe, und in Ewigkeit« (Hebr 13,8).

Von hier aus erklärt sich das vielbeachtete Interesse des Hebr am irdischen Jesus. Grundlegend ist die Identität von »Gestern« und »Heute«. Hebr 13,8 erweist sich als Formulierung eines theologischen Programms: Hebr greift die Tradition über den irdischen Jesus und seine Erhöhung auf und bringt sie mittels der Kulttheologie in die Darstellung des erhöhten Christus und seines gegenwärtigen Wirkens ein. Christi gegenwärtige, himmlische Identität bleibt bestimmt durch seine Geschichte (»Gestern«). So erschließt die Hohepriester-Christologie die Bedeutsamkeit des überkommenen Kerygmas für Gegenwart und Zukunft.

Denn der himmlische Hohepriester Christus ist kein anderer geworden, als der irdische Jesus war: Durch seine Erhöhung wurde ewig wirksam, was in seinem irdischen Weg beschlossen liegt. Das himmlische Dasein und Wirken des Erhöhten ist bleibend durch sein Menschsein, durch seinen irdischen Weg bestimmt. Der himmlische Hohepriester ist darum jetzt der, welcher Schwachheit, Leiden und Versuchung kennt »wie wir« und darum auch »uns« in Leiden und Versuchung beistehen kann. Dieser Beistand aber wird empfangen im Hinzutreten zum himmlischen Gnadenthron (Hebr 4,14–16; vgl. 5,5–10). Der himmlische Hohepriester bringt vor Gott sein einmaliges Selbstopfer für die Seinen zur Geltung. Er vermittelt ihnen Vergebung und Hilfe in Anfechtung (↑ III.3.2; III.4.2). Beides ermöglicht ihnen die Teilnahme am himmlischen Kult, die Erwartung der Wiederkunft Christi εἰς σωτηρίαν (Hebr 9,28) und einst den eschatologischen Eingang in das himmlische Allerheiligste.

1.2.5 Irdische Existenz und himmlischer Kult

So leben die Adressaten in zwei Welten. Auf Erden sind sie Fremde, solange der Eingang in die himmlische πατρίς aussteht (Hebr 11,8–10, ↑ III.6.2). Sie leben außerhalb des »Lagers«, der irdischen, kultisch umfriedeten Zone, ohne Anteil an deren Sakralität (Hebr 13,11–13, ↑ III.6.3). Doch leben sie schon jetzt auch in der himmlischen Welt, sofern sie, die dort verankert sind und Heimatrecht besitzen, im himmlischen Kult »hinzugetreten« sind, sich zur kultischen Festversammlung (πανήγυρις Hebr 12,22) des himmlischen Jerusalem zählen dürfen. Die Adressaten sollen sich nicht, wie Esau (Hebr 12,16), durch Vorfindlich-Irdisches davon abhalten lassen, sich vom Unsichtbar-Himmlischen bestimmen zu lassen. Sie können und sollen am himmlischen Kult teilnehmen, weil sie einen Hohenpriester haben im Himmel (Hebr 8,1f), durch dessen Vermittlung sie die Gnade empfangen, die zum Festhalten an der Zugehörigkeit zum himmlischen Heiligtum nötig ist (Hebr 4,14–16) und durch den sie den Ertrag ihres im Gehorsam gelebten irdischen Lebens auf dem himmlischen Altar darbringen (Hebr 13,15f).

Dazu bedarf es des Festhaltens an der Hoffnung, des Vertrauens auf das göttliche Verheißungswort, kurz, des Glaubens. Im irdischen Leben sich bestimmen zu lassen von der himmlischen Wirklichkeit, das heißt im Hebr glauben. Im Glauben und Festhalten ist der Glaubende bereits vom himmlischen Hoffnungsgut bestimmt. Indem die Adressaten festhalten an dem Wort, das selbst »fest« (βέβαιος) ist bzw. wurde (Hebr 2,3f), und so die ἀρχὴ τῆς ὑποστάσεως »fest erhalten« (βεβαίαν κατέχειν 3,14), gewinnen sie auch ihrerseits Anteil an jener Festigkeit, die dem Verheißungswort eignet. Dies geschieht gerade am Herzen, demjenigen Aspekt des Menschen, welcher dem Himmlischen entspricht und zugewandt ist (χάριτι βεβαιοῦσθαι τὴν καρδίαν Hebr 13,9 ↑ III.6.3). Das Festhalten an der Verheißung und an dem Heilsgut in seinem objektiven Gegebensein (ὑπόστασις) gibt also den Glaubenden schon jetzt an der (sinngemäß mit βεβαιότης zu bezeichnenden[8]) Qualität des himmlischen Hoffnungsgutes Teil. Darum ist nach Hebr 11,1 der Glaube selbst jener ›Feststand‹ (ὑπόστασις), dessen ἀρχή es nach 3,14 fest zu erhalten gilt. Ähnlich erstreckt sich die durch das himmlische Selbstopfer Christi erwirkte Reinheit durch die Taufe auf die auf Erden lebende Gemeinde der neuen διαθήκη (↑ III.5.2.3). Diese wird dadurch zur Kultgemeinde des himmlischen Heiligtums. So ist das Verhältnis der in der Welt lebenden Adressaten zur himmlischen Sphäre zu beschreiben als Ausrichtung auf die Heimat aus der Fremde heraus, als Glaube, Festhalten usw., als Festwerden des Herzens, als Empfang der im Himmel herbeigeführten Reinheit (wiederum am Herzen) sowie als Hinzugetreten-Sein zum himmlischen Kult und als Teilnahme an ihm. In allen diesen Zusammenhängen geht es um die Zugehörigkeit der auf Erden lebenden Adressaten zur himmlischen Sphäre, um das Bestimmtwerden durch sie. Sowohl in kulttheologischer als auch in metaphysischer Hinsicht wird den Adressaten zugeschrieben, dass sie bereits in ihrer irdischen Existenz Anteil gewinnen an den Eigenschaften (Reinheit bzw. Festigkeit) des himmlischen Kults bzw. der himmlischen Welt.

---

[8] Das Wort selbst kommt im Hebr nicht vor. Vgl. aber βέβαιος, βεβαιοῦσθαι, βεβαίωσις Hebr 2,2f; 3,14; 6,16.19; 9,17; 13,9.

Vor diesem Hintergrund ist die Aussage von Hebr 12,27 zu verstehen, die endzeitliche Erschütterung des Geschaffenen werde bewirken, dass die nicht erschütterlichen Dinge (τὰ μὴ σαλευόμενα) bleiben. Es sind dies also die Dinge, die schon jetzt an der Unerschütterlichkeit der himmlischen βασιλεία (βασιλεία ἀσάλευτος 12,28) Anteil haben. Hier zeigt sich dieselbe Beziehung von himmlischer Qualität (Unerschütterlichkeit) und Teilhabe daran, wie sie schon bei Reinheit und Festigkeit zu beobachten war. So sind es die Adressaten selbst und ihr Leben, soweit es von der Ausrichtung am Himmlischen bestimmt ist, die nicht erschüttert werden. Denn sie haben durch die ihnen vom Himmel her verliehene Festigkeit schon Teil an der Qualität der βασιλεία ἀσάλευτος. Himmlische Festigkeit wie himmlische Reinheit aber erlangt man nur aufgrund des himmlischen Opfers Christi, durch das Hinzutreten zum himmlischen Gnadenthron: Durch den himmlischen Kult erlangen die Adressaten Anteil an himmlischer Qualität. Damit ist der Ort der Kulttheologie in der Anlage der Theologie des Hebr bestimmt: Sie hat die Vermittlung von gegenwärtig-irdischem Leben und eschatologisch-himmlischer Heilsvollendung zum Thema. Grundlegend für die Theologie des Hebr ist somit die Eschatologie; ihr dient die Kulttheologie.

1.2.6 Die διαθήκη-Theologie und der Zusammenhang von Eschatologie, anthropologischem Zugang zur Christologie und Kulttheologie

Die Eschatologie ist darum der Horizont, der die metaphysischen wie die kulttheologischen Aussagen des Hebr integriert und vor dem diese ihren Sinn haben. Grundlegend ist die verheißungsgeschichtliche Differenz. In der irdisch-himmlischen Sphärendifferenz findet sie ihren Ausdruck: Im irdischen Weg von Leiden und Sterben Christi ist der Wille Gottes und damit die Verheißung der neuen διαθήκη erfüllt; das ist in der Erhöhung und im himmlischen, kultischen Wirken Christi für alle Zeit wirksam in Geltung gesetzt. Die in der neuen διαθήκη gegebene soteriologische Wirklichkeit – Reinigung des Gewissens, Vergebung der Sünden – vermittelt der himmlische Kult den Glaubenden aller Zeiten. Darum kann, wer auf Erden lebt, gegenwärtig Anteil haben an der Wirklichkeit der eschatologischen Heilsvollendung. Dies geschieht aufgrund der von Gott heraufgeführten »rechten Ordnung« (διόρθωσις Hebr 9,10), der eschatologisch-himmlischen Kultordnung. Doch lebt man auf Erden nach wie vor in der »gegenwärtigen Zeit« (καιρὸς ἐνεστηκώς Hebr 9,9), d.h. in der Zeit, die bestimmt ist vom Bestand des irdischen Heiligtums und Kults und von dem beidem zugrundeliegenden mosaischen Kultgesetz der ersten διαθήκη. So entsteht eine eigentümliche Spannung zweier Zeiten, die sich in der Zugehörigkeit zu zwei Sphären ausdrückt: Es gilt, in der irdischen Sphäre zu leben, doch bestimmt von der eschatologischen Heilsvollendung, deren Wirklichkeit im himmlischen Kult verfasst ist. Zur rechten Bewältigung dieser Spannung will Hebr anleiten.

Darum setzt Hebr bei der Grundlegung seiner Hohepriesterchristologie in 2,5–16 anthropologisch an: Christus ist als der, welcher unter irdischen Bedingungen den Willen Gottes gehorsam erfüllt hat, der Mensch schlechthin. Der anthropologische Ansatz der Christologie in Hebr 2,5–16 kommt in Hebr 10 zum Tragen: Die gehorsame Erfüllung des Gotteswillens, von Hebr 2,5–16 her Bedingung und Grund der Erhöhung Christi, wird in Hebr 10,5–10 als die rechte, Gott wohlgefällige προσφορά auf Erden verstanden, die dem irdischen Opferkult als seine endzeitliche Überbietung gegenübersteht. So begründet der anthropologische Ansatz der Christologie nicht allein, warum Christi Erhöhung das Geschick des ganzen Menschengeschlechts in eschatologischer Perspektive gewendet hat (so Hebr 2,5–16, ↑ III.2.2). Er begründet zugleich, wie die irdische Existenz in der Spannung der zwei Zeiten und Sphären zu leben ist: Wer dem himmlischen Kult zugehört, lebt auf Erden in dem Gehorsam, den auch Christus auf Erden bewährte. So wird die menschliche Existenz in Schwachheit und Leiden als Bedingung und Modus des Zugangs zum himmlischen Kult gedeutet statt als Hindernis dessen. Denn wer in irdischer Schwachheit so lebt, wie es Christus tat, der ist auf dem »Weg seiner [Christi] σάρξ«; dessen irdische Existenz ist – als solche! – schon einbezogen in und bestimmt von der neuen, eschatologischen, himmlischen Heilssetzung (διαθήκη). Wer so lebt, entflieht nicht der irdisch-vorfindlichen conditio humana, sondern erkennt in ihr die unvermeidliche Gestalt des Fremdseins in der Welt. Unter dieser conditio humana ist die Zugehörigkeit zum himmlischen Kult auf Erden zu vollziehen. Gerade so gewinnt man Anteil an der eschatologischen Herrlichkeit, welche dem Menschengeschlecht verheißen und die in der Erhöhung des einen »Menschen« Jesus Christus erfüllt ist[9].

Die διαθήκη-Theologie ist die Klammer, welche himmlischen und irdischen, gegenwärtigen und zukünftigen Aspekt der Theologie des Hebr integriert. Auf Erden wird die neue διαθήκη vollzogen im nicht-opferkultischen, gelebten Gehorsam. Dieser wird im himmlischen Kult als Opfer dargebracht (s.u.) und erhält darin himmlisch-ewige Qualität. So gewinnt das irdische Leben unter der neuen διαθήκη schon jetzt Anteil an der ewigen Heilsvollendung in der Orientierung auf den himmlischen Kult hin und im Hinzutreten zu ihm. Diese ewige Heilsvollendung ist im Himmel gegenwärtige Wirklichkeit; am Ende wird sie die alleinige Wirklichkeit sein. Doch schon jetzt schließt sie diejenigen ein, welche sich in der irdischen Sphäre von ihr bestimmen lassen.

---

[9] Als Beitrag zur Anthropologie ist Hebr bisher kaum wahrgenommen worden.

1.2.7 Der Vollzug des himmlischen Kults

Komplementär zu der auf den irdischen Opferkult bezogenen Kulttheologie ex negativo erfolgt die positive Darlegung über den Vollzug des himmlischen Kults. Dieser umfasst das einmalige himmlische Selbstopfer Christi wie sein fortwährendes hohepriesterliches Wirken. Letzteres besteht aus seiner Interzession für die Seinen sowie aus der Darbringung ihres irdischen Gehorsams und Lobpreises als Opfer im himmlischen Kult, die er vermittelt. Als irdisches Geschehen steht die nicht-opferkultische Selbsthingabe dem irdischen Opferkult gegenüber. Im himmlischen Kult wird die auf Erden gelebte Existenz bzw. der gelebte Gehorsam als das wahre Opfer dargebracht. Dies nun aber nicht so, als wäre die Rede vom himmlischen Kult uneigentliche Rede, als wäre sie bloßer Ausdruck theologischer Bedeutsamkeit irdischen Geschehens. Vielmehr ist die eschatologische Perspektive leitend, wonach die irdische Sphäre am Ende aufgehoben wird. Wenn sie erschüttert werden wird, dann wird vergehen, was in ihr nicht an himmlischer Festigkeit teilhat. Das Tun des Gotteswillens aber hat ewige Bedeutung; es bleibt. Die Darbringung als Opfer im himmlischen Kult ist gleichsam die Verwandlung vergänglichen, irdischen Daseins in bleibendes, himmlisch-ewiges. Ermöglichungsgrund und Paradigma dessen ist die Erhöhung Christi zur Darbringung seiner selbst im Himmel.

1.2.8 Die theologische Leistung des Hebr

Die theologische Leistung des Hebr besteht darin, das überkommene christologische Kerygma neu ausgelegt zu haben, und zwar so, dass mittels der Kulttheologie deutlich wird, dass und wie die Adressaten an der im Himmel gegenwärtigen Heilsvollendung schon jetzt Anteil haben, obgleich ihr eschatologischer Eingang in diese Heilsvollendung noch bevorsteht. Deutlich wird dies dadurch, dass mittels der Jom Kippur-Typologie die Erhöhung Christi als Vollzug des eschatologischen Sühneopfers und so – durch die Fürbitte des Erhöhten – als bleibend soteriologisch bedeutsam bis hin zur Parusie gedeutet wird. So vermag die Jom Kippur-Typologie das einmalige Opfer Christi in der Vergangenheit, sein gegenwärtiges Wirken und die Parusieerwartung zu integrieren. Die Pointe dieser kulttheologischen Deutung der Erhöhung aber ist, dass durch die Darbringung als himmlisches Opfer das auf Erden einmalig gelebte Leben Christi bleibend gültig gesetzt wird.

Diese Kulttheologie erlaubt es dem Hebr, in breitem Maße Kultkritik zu rezipieren und die Hingabe im gelebten Leben dem irdischen Opferkult entgegen zu stellen; dies jedoch nicht, um die Kategorie des Opferkults auf die des Ethisch-Existentiellen hin zu überschreiten, sondern um die auf Erden gelebte Hingabe zum Gegenstand des himmlischen Opferkults zu erklären. Auch das gegenwärtige Leben der Adressaten soll, seiner Ausrichtung auf den Himmel unbeschadet, auf Erden gelebt werden.

So zeigt sich die theologische Leistung des Hebr darin, dass die Schwächen und Probleme der gegenwärtigen irdischen Existenz der Adressaten im Lichte der kulttheologischen Deutung der Erhöhung Christi als Stärken in den Blick kommen: Der Ausschluss vom Kult und vom »Lager« ist in Wahrheit Kehrseite der Zugehörigkeit zum himmlischen Heiligtum, himmlischen Kult und himmlischen Jerusalem. Die Unmöglichkeit, auf Erden weiterhin Sühne und Reinigung zu erzielen, ist in Wahrheit Kehrseite der Teilhabe am Opfer Christi, an der dadurch erwirkten unüberbietbaren Reinheit und an der Vergebung, die keiner Wiederholung bedarf, weil ihre eschatologische Geltung alle Zeiten umfasst. Das Leben im Fleisch, in Schwachheit und Versuchlichkeit ist in Wahrheit der Weg, der zur himmlischen Herrlichkeit führt.

2. Kapitel

Schlussfolgerungen: Erwägungen zum historischen Ort

Hebr ist am wahrscheinlichsten in die Zeit vor 70 n.chr. anzusetzen. Die Adressaten sind in jüdisch geprägten Kreisen zu suchen.

Abschließend sei kurz darauf eingegangen, welche Adressatensituation im Hintergrund der kulttheologischen Argumentation des Hebr am plausibelsten anzunehmen ist[1], nämlich, wie hier vertreten werden soll, die Situation einer jüdisch geprägten Gruppe, die unter dem Eindruck der Attraktivität jüdischen Kults, genauerhin des Jerusalemer Tempelkults, steht. Demnach wäre eine Abfassungszeit vor 70. n.chr. anzunehmen.

Bis in die erste Hälfte des 20. Jh.s waren diese Annahmen in der deutschsprachigen Forschung verbreitet[2]. In den letzten Jahren finden sie vermehrt Befürworter[3]. Auch in der englischsprachigen Exegese wächst die Offenheit für die Frühdatierung und für die Interpretation des Hebr vor dem Hintergrund frühjüdischer Kulttheologien des 1. Jh.s n.chr[4].

Die Kritik am irdischen Opferkult. Diese Sicht des Hebr gründet sich auf dessen kulttheologische Argumentation und zumal auf seine Kritik am irdischen Heiligtum und Kult sowie auf die Betonung der Überlegenheit des himmlischen Heiligtums und Kults. Für Hebr ist der irdische, aaronitische Opferkult und damit der Kult in Jerusalem durch das Christusereignis obsolet geworden. Er warnt die Adressaten davor, sich durch irdische Sakralität vom Hinzutreten zum himmlischen Kult sowie von der Teilnahme daran abhalten zu lassen. Bezeichnend ist, dass zur Beurteilung des irdischen

---

[1] »As the identity of the author and of his readers, the place of writing and the date are all unknown, we are completely dependant on internal evidence« (LINDARS 1991, 6).

[2] Ich nenne nur LÜNEMANN 1878, 36–57; SEEBERG 1912, 2–4; RIGGENBACH 1922, XVIII–XXVI.XXXIII–XLVIII. Forschungsgeschichte: FELD 1985, 15–18; SCHMITHALS 1997, 322–330.

[3] STROBEL 1991, 11f; VOGEL 1996, 101f (setzt das Bestehen des jüdischen Tempels voraus); ERLEMANN 1998, 376; STUHLMACHER 1999, 87; RIESNER 2002, 25 m. Anm. 44; mit leichter Tendenz vor 70 n.chr. FASSBECK 2000, 52f (Anm. 50!). WICK 2002, 326 hält die Abfassung vor 70 n.chr. für ebenso gut möglich wie die nach 70 (326), sieht die Adressaten jedoch als jüdisch geprägte Gruppe, die in Gefahr steht, zu irdischen Kultinstitutionen zurückzukehren (326f).

[4] Vgl. HORBURY 1983; LINDARS 1991, 19f, ausführlicher DERS. 1991a; CHESTER 1991, 62f.64–66: 66; ELLINGWORTH 1993, 21–27 (überwiegend jüdisch geprägte christliche Adressaten) 29–33 (Abfassung wahrscheinlich vor 70 n.chr.); knapp auch PAGET 1994, 222 Anm. 170; ferner DESILVA 2000, 20f; dazu KRAUS 2003, 69.

Opferkults eine Kulttheologie ex negativo entworfen wird. Es genügt nicht, den nicht-opferkultischen Gehorsam auf Erden als Modus der Zuordnung zum himmlischen Kult unter den Bedingungen irdischer Fremdheit darzustellen. Vielmehr entwickelt Hebr eine Kritik am irdischen Opferkult und an dessen soteriologischer Wirksamkeit. Diese Kritik bezieht sich nicht auf die erste διαθήκη bzw. auf die mosaische Gesetzgebung als Signatur einer verheißungsgeschichtlich überholten Epoche überhaupt, sondern speziell auf die Ausübung des Opferkults im irdischen Heiligtum und der dazugehörigen Reinigungsriten. Dieser Bezug auf den irdischen Opferkult hat seinen Ort in der Ermutigung und Mahnung zum Hinzutreten zum himmlischen Gottesdienst. Es ist nicht das Befangensein im irdischen Dasein schlechthin, das diesem Hinzutreten entgegensteht. Vielmehr ist die irdische Sphäre gekennzeichnet durch den Bestand der mosaischen Gesetzgebung in ihrer Eigenart als Kultgesetzgebung, die ihren Ausdruck findet im irdischen Heiligtum und in dem Kultvollzug, welcher der Anlage und Eigenart dieses Heiligtums entspricht (vgl. Hebr 9,1–10, ↑ III.4.6). Zugleich ist damit die Signatur des καιρὸς ἐνεστηκώς (Hebr 9,9) gegeben: Dieser ist die Zeit, die durch die mosaisch-irdische Kultordnung und ihren Vollzug im irdischen Heiligtum bestimmt ist. Es ist demnach die Möglichkeit der irdisch-sakralen Heilsvermittlung durch irdische opferkultische Praxis nach Maßgabe des mosaischen Kultgesetzes, welche dem Hinzutreten zum himmlischen Kult entgegensteht, und das vermeintliche Erfordernis, weiterhin Reinigung und Sündenvergebung zu erwirken, könnte die Adressaten veranlassen, solche Möglichkeiten irdisch-sakraler Heilsvermittlung in Anspruch zu nehmen[5].

So erweist sich die kulttheologische Argumentation des Hebr gerade in ihrer Kritik an irdischem Opferkult als konkret auf die Adressatensituation bezogen, und zwar speziell in der Bezugnahme auf den irdischen Opferkult, das irdische Heiligtum und irdische Reinigungsvollzüge. Dieser kritische Bezug auf den irdischen Opferkult als eine bestehende Größe, die der Heilsaneignung durch Teilnahme am himmlischen Kult entgegensteht, lässt sich an zwei Stellen im Hebr besonders deutlich greifen:

In Hebr 9,9f werden καιρὸς ἐνεστηκώς und καιρὸς διορθώσεως als zwei gleichsam überlappende Zeiten geschildert, in denen die Adressaten – als auf Erden lebende Menschen einerseits, als im himmlischen Jerusalem hinzugetretene Kultteilnehmer andererseits – existieren. Angesichts der Bedeutung, die das irdische Heiligtum und dessen στάσις für den Kult der ersten Heilssetzung (διαθήκη) und für die dadurch bestimmte »gegenwärtige Zeit« hat (s.o.), setzt die Argumentation des Hebr hier den Bestand des irdischen Heiligtums und Kults voraus. Diese Rede von der στάσις des irdischen Heiligtums und des ihm entsprechenden irdischen Opferkults als

---

[5] Das hat LINDARS 1991, 13–15, näher ausgeführt.

Signatur des καιρὸς ἐνεστηκώς wäre nach der Zerstörung des Jerusalemer Tempels nicht möglich.

Zum anderen in Hebr 13,7–17. Der kritische Bezug des Hebr auf den irdischen Opferkult als bestehende Größe lässt sich zum anderen in Hebr 13,7–17 (↑ III.6.3) greifen. Hier entspricht der Aufforderung zur Teilnahme am himmlischen Kult die zum »Hinausgehen« aus dem irdischen sakral umfriedeten Bezirk des »Lagers«, wobei in frühjüdischer und rabbinischer Kulttheologie der Jerusalemer Tempel bzw. die Stadt Jerusalem als das »Lager« bezeichnet wird[6]. Die Gleichsetzung des »Lagers« der Wüstenzeit mit dem Tempel bzw. mit Jerusalem widerlegt die Behauptung, Hebr beziehe sich rein schriftgelehrt auf Traditionen über die Kultgründungszeit Israels, ohne auf das zeitgenössische Jerusalem als Kultort Bezug zu nehmen. Dass konkret an die Teilnahme an irdischen sakralen Mählern gedacht ist, zeigte die Auslegung von Hebr 13,9: Der Empfang der Gnade am himmlischen Gnadenthron steht im Gegensatz zu der Überzeugung, durch das Verzehren des βρῶμα irdischer sakraler Mähler Festigkeit des Herzens zu erlangen. Die Mahnung, das Unanschaulich-Himmlische nicht um einer vorfindlich-irdischen βρῶσις willen zu verlieren (so Hebr 12,16), gewinnt durch die Abwertung irdischer sakraler Speisen (βρῶμα Hebr 13,9) konkreten kultischen Bezug[7]. Zugleich sind die Fremdheit und Schmach, welche die Adressaten zu erleiden haben, nicht allein soziologisch durch Außenseitertum gegenüber der umgebenden Mehrheitsgesellschaft definiert, sondern sie ergeben sich durch den Auszug aus der identitätstiftenden sakralen Sphäre.

Die Attraktivität des irdischen Opferkults. Dass es keiner wiederholten Opfer zur Sündenvergebung mehr bedarf, spricht Hebr 10,18 als Ergebnis des kulttheologischen Mittelteils aus. Die (vermeintliche) Möglichkeit, im irdischen Opferkult Vergebung zu erlangen, wird in 10,4 schroff abgewiesen. Hebr 9,24–28 (↑ III.4.8) stellt die Einmaligkeit und bleibende Gültigkeit des Opfers Christi und der dadurch erwirkten Vergebung heraus (vgl. 10,26). Im Hintergrund dieser Argumentation steht die Attraktivität des irdischen Opferkults, die angesichts der Möglichkeit je neuer Sünden (Hebr 12,1.4) gerade darin besteht, dass er durch wiederholte Opfervollzüge je neue Vergebung erwirken zu können scheint. Vor diesem Hintergrund wird der Ansatz des Hebr verständlich, das überkommene Kerygma kulttheologisch und *gerade so* soteriologisch auszulegen.

Bloß schriftgelehrter Heiligtums- und Kultbezug? Nun ist gegen eine solche Auswertung der tempel- und kulttheologischen Aussagen des Hebr

---

[6] Vgl. die Nachweise ↑ III.6.3.1.

[7] Vgl. HEGERMANN 1991, 350f, der an kultische Veranstaltungen der DiasporaSynagoge denkt, die es vor 70 n.Chr. gegeben habe und die Anteil an himmlischem Heil geben sollten. Man denke auch an Philos Bericht über die Therapeuten (cont 73.81f).

immer wieder eingewandt worden, diese Aussagen seien schriftgelehrter Art und nähmen keinen Bezug auf den Jerusalemer Tempel und Kult, sondern lediglich auf die mosaische Kultgesetzgebung, unabhängig von zeitgeschichtlichen Verhältnissen; sie könnten daher ebensogut vor wie nach der Zerstörung des Zweiten Tempels verfasst worden sein. Dazu ist jedoch folgendes zu sagen:

(1) Dieser Einwand ignoriert die Textpragmatik des Hebr. Gewiss ist dort nicht ausdrücklich vom Jerusalemer Tempel und Kult die Rede. Doch unzweifelhaft bezieht sich die Argumentation des Hebr, indem sie vom Zeltheiligtum der Wüstenzeit spricht, auf die Situation der Adressaten, sofern diese im καιρὸς ἐνεστηκώς leben, der durch den Bestand der mosaisch-irdischen Kultordnung und deren Objektivierung im irdischen Heiligtum bestimmt ist. (2) Der genannte Einwand ignoriert ferner die frühjüdischen tempel- und kulttheologischen Diskurse, wie sie in in dieser Arbeit (↑ II.2) untersucht wurden. Es zeigte sich, dass der Rückgriff auf die Gründungszeit des Kults, namentlich auf das Zeltheiligtum und seine Ausstattung wie Lade, Gesetzestafeln usw. (vgl. Hebr 9,2–5), ein verbreiteter Topos der Kritik am je zeitgenössischen Jerusalemer Tempel und Kult ist, wobei dieser Tempel und Kult selbst häufig nicht ausdrücklich erwähnt werden. In den Rahmen dieser Diskurse gehört auch die heiligtums- und kultkritische Argumentation des Hebr. (3) Der Sinn dieser Argumentation erschließt sich daher vollständig erst, wenn man sie in den Kontext jener frühjüdischen Tempel- und Kultkritik stellt (↑ IV.2.1): Drücken frühjüdische Texte die Hoffnung aus, dass der rechte, Gott wohlgefällige Tempel und Kult in eschatologischer Zukunft wiederhergestellt werden wird, so spricht Hebr davon, dass jener eschatologische Kult durch das einmalige Selbstopfer Christi bereits inauguriert ist, dass die zur Teilnahme erforderliche Reinheit aufgrund jenes Selbstopfers in der Taufe vermittelt wird und dass die Adressaten durch Christi Erhöhung im himmlischen Allerheiligsten verankert sind, so dass ihre Teilnahme am himmlischen Kult gegenwärtige Wirklichkeit ist.

Kenntnis kult- und reinheitstheologischer Diskurse. Bedeutsam ist die Verankerung der Kulttheologie des Hebr in kulttheologischen Diskursen des frühen Judentums: Weit davon entfernt, bloße Schriftgelehrsamkeit zu bieten, erwies sich die Argumentation des Hebr auch hier als gekennzeichnet durch Detailkenntnis zeitgenössischer Kult- und Reinheitstheologien. Schließlich konnte für Hebr 7,27 auf rabbinische Texte hingewiesen werden, nach denen in den letzten Jahrzehnten des Jerusalemer Tempels vereinzelt die Überzeugung von der Notwendigkeit täglicher Sündopfer vertreten wurde (↑ III.4.3). So gewiss diese Diskurse über das Jahr 70 hinausreichen, werden sie doch vor 70 n.Chr. besonders plastisch[8]. *Die Adressaten: judenchristlich geprägt.* Diese Ergebnisse legen es ferner nahe, die Adressaten in jüdisch geprägten Kreisen[9] zu suchen, die unter dem Eindruck irdischer opferkultischer Praxis stehen. Diese Annahme ist in der Hebr-Exegese der letzten Jahrzehnte (zumindest in der deutschsprachigen), wie erwähnt, nur mehr selten vertreten worden[10].

Als wichtigstes Argument für die Annahme mehrheitlich heidenchristlich geprägter Adressaten wird herkömmlich die Erwähnung des Glaubens an Gott (πίστις ἐπὶ θεόν) als Thema der Anfangsverkündigung bzw. der Elementarunterweisung in Hebr 6,1 geltend gemacht (vgl. 3,12). Doch ist das nicht zwingend, zumal der Glaube hier in engem Zusammenhang mit der Umkehr von toten Werken (μετάνοια ἀπὸ νεκρῶν ἔργων) genannt wird. Versteht man das Tun »toter Werke« als Abkehr von Gott, so kann durchaus auch ein an Juden bzw. jüdisch geprägte Christen gerichteter Bußruf zugleich von der erneuten Hinwendung zu Gott und in diesem Sinne von der πίστις ἐπὶ θεόν sprechen[11].

Dass wir es mit jüdisch geprägten Christen zu tun haben[12], bestätigte die Untersuchung der Aussagen über Reinigung, Taufe und Tauchbäder in Hebr 6,2; 10,22, die Gemeinsamkeiten mit Tauf- und Reinigungsaussagen aus judenchristlicher Literatur des 2. und 3. Jh.s zumal syrischer Herkunft aufwies (↑ III.5.2.2–5.2.5). Desgleichen zeigte sich in Hebr 13,4 ein Interesse an kultischer Reinheit bzw. Unreinheit speziell im Hinblick auf die verunreinigende Kraft unerlaubter Sexualpraktiken (↑ III.5.2.4)[13]. So haben wir in den Adressaten jüdisch geprägte Christen zu sehen, die – wo sie auch leben mögen – unter dem Eindruck der vermeintlichen soteriologischen Wirksamkeit des jüdischen irdischen Opferkults und jüdischer Reinigungsvollzüge geneigt sein könnten, sich diesem Kult – ergänzend zum Heilswerk Christi oder alternativ dazu – zuzuwenden.

---

[8] Dazu sei auf KARRER 2002, 99 hingewiesen, der erwägt, dass die wenig ausgeprägte Ämterstruktur bei den Hebr-Adressaten ein Stadium des nachapostolischen Paulinismus widerspiegeln könnte, das der in den Past dokumentierten Entwicklung vorausliegt.

[9] Es geht nicht um ethnisch-religiöse Herkunft als solche (man könnte auch an jüdisch geprägte Christen paganer Herkunft denken), sondern darum, dass wir ein jüdisch geprägtes Milieu vor uns haben.

[10] Zur Forschungsgeschichte FELD 1985, 8–10; ELLINGWORTH 1993, 22 m. Anm. 67; SCHMITHALS 1997, 322–330.

[11] Vgl. BRUCE 1964, XXVI, der auf den Hintergrund der Argumentation – das ungläubige Israel der Wüstenzeit (vgl. ἀπιστία 3,12; πίστις 4,2) – aufmerksam macht; ferner RIGGENBACH 1922, XX–XXIII.152f; FELD 1985, 9f; STROBEL 1991, 11; VOGEL 1996, 318f: 319. Er zeigt, dass der Glaube an Gott in Hebr 6,1 nicht (wie in I Thess 1,9) in Gegensatz zu paganer Gottesverehrung gestellt wird und dass von Glaube und Umkehr vielfach in der frühjüdischen Literatur die Rede ist.

[12] So auch STROBEL 1991, 10f; VOGEL 1996, 320f; WICK 2002, 327.

[13] Das gilt natürlich unabhängig von der zeitlichen Ansetzung des Schreibens.

Bibliographie und Register

1. Bibliographie

1.1 Konventionen und Abkürzungen

Die Sekundärliteratur wird in alphabetischer Folge der Autoren- bzw. Herausgebernamen aufgeführt. Mehrere Werke desselben Autors/Herausgebers werden mit Angabe des Jahres der Veröffentlichung unterschieden; zu den Jahreszahlen treten ggf. Buchstaben hinzu. Mehrbändige Werke werden ggf. mit Bandzahlen zitiert. Werden Nachdrucke älterer Werke angeführt, so wird nach Möglichkeit in Klammern das Jahr der Veröffentlichung der nachgedruckten Ausgabe gegeben.

Die Abkürzungen für die Namen der biblischen Bücher sowie für die Titel von Reihen, Zeitschriften und Sammelwerken richten sich nach IATG[2] (SCHWERTNER 1994), soweit dort vorhanden. Hinzu tritt das Abkürzungsverzeichnis von RGG[4] 1, XX–LIV sowie ggf. das von EWNT[2] 1, XV–XXI. Für unbekannte Namen steht »NN.«, für unbekannte Vornamen »N.«; ggf. bleiben Vornamen abgekürzt. Darüber hinaus werden folgende Abkürzungen verwendet:

BDR	BLASS, Friedrich; DEBRUNNER, Albert, Grammatik des neutestamentlichen Griechisch. Bearbeitet von Friedrich REHKOPF. 17. Auflage. Göttingen (Vandenhoeck) (GTL) 1990
DCH 1–5	CLINES, David J.A. (Hg.), The Dictionary of Classical Hebrew. Bisher 5 Bände. Sheffield (Sheffield Academic Press) 1993ff
DSSSE 1, 2	MARTÍNEZ, Florentino García; TIGCHELAAR, Eibert J.C. (Hg.), The Dead Sea Scrolls. Study Edition. 2 Bände. Leiden/ Grand Rapids u.a. (Brill/Eerdmans) 1997–1998
DSSERL 2	TOV, Emanuel (Hg.), The Dead Sea Scrolls Electronic Reference Library. Teil 2: The Dead Sea Scrolls Database. Non-Biblical Texts. CD-ROM. Leiden (Brill) 1999
EDSS 1, 2	SCHIFFMAN, Lawrence H.; VANDERKAM, James C. (Hg.), Encyclopedia of the Dead Sea Scrolls. 2 Bände. Oxford (Oxford University Press) 2000
LOHSE, Texte 1	LOHSE, Eduard (Hg.), Die Texte aus Qumran. [Band 1.] Hebräisch und Deutsch. 4. Auflage. Darmstadt (Wissenschaftliche Buchgesellschaft) 1986
LS	LIDDELL, Henry George; SCOTT, Robert (Hg.), A Greek-English Lexicon. Nachdruck der 9. Auflage [1940]. 2 Bände (1951) und 2 Supplementsbände (1968; 1996). Oxford (Clarendon Press) 1951–1996
MAIER 1–3	MAIER, Johann (Hg.), Die Qumran-Essener: Die Texte vom Toten Meer. 3 Bände. Basel (Ernst Reinhardt) (UTB.W 1862, 1863, 1916) 1995–1996

MAIER, T   MAIER, Johann (Hg.), Die Tempelrolle vom Toten Meer und das
                  »Neue Jerusalem«. 3. Auflage. Basel (Ernst Reinhardt) (UTB.W 829)
                  1997
STEUDEL, Texte 2 STEUDEL, Annette (Hg.), Die Texte aus Qumran. Band 2. Hebräisch/
                  Aramäisch und Deutsch. Darmstadt (Wissenschaftliche Buchgesell-
                  schaft) 2001

Die einzelnen Schriften vom Toten Meer (Qumran) werden ohne Kurztitel nur mit Do-
kumenten-Nummern zitiert, sofern es sich nicht um selbständige Werke innerhalb einer
umfangreicheren Handschrift oder um Rekonstruktionen aus mehreren Einzelmanuskrip-
ten handelt. In solchen Fällen werden die Abkürzungen von RGG^4 1, XXI–XXIII verwendet. Für Stellenangaben gelten die Konventionen von RGG^4 1, XXI.

Ferner:

I–IV Βας   I, II Sam; I, II Reg in LXX
I, II Παρ   I, II Chr in LXX
Ψ   Psalmen in LXX

1.2 Textausgaben und Übersetzungen

1.2.1 Editionen und Übersetzungen kanonisch gewordener Text-überlieferungen bzw. ihrer antiken Versionen (einschließlich Targumim); moderne Bibelausgaben

ALAND, Kurt; BLACK, Matthew, u.a. (Hg.), The Greek New Testament. 3. Auflage. Stutt-
    gart (United Bible Societies) 1975
ALAND, Kurt; ALAND, Barbara, u.a. (Hg.), Novum Testamentum Graece. 27.[,] revidierte
    Auflage. 5., korrigierter Druck. Stuttgart (Deutsche Bibelgesellschaft) 1998
Die Bibel. Nach der Übersetzung Martin Luthers. Stuttgart (Deutsche Bibelgesellschaft)
    1984
Die Bibel. Aus dem Grundtext übersetzt. Revidierte Elberfelder Bibel. Wuppertal (R.
    Brockhaus Verlag) 1986
Bible Works for Windows. Version 4.0. CD-ROM. Big Fork (Bible Works/Hermeneutika
    Computer Bible Research Software) 1999
CLARKE, Ernest G. (Hg.), The Aramaic Bible: The Targums. Targum Neofiti 1: Numbers.
    Targum Pseudo-Jonathan: Numbers. Edinburgh (Clark) (The Aramaic Bible: The
    Targums 4) 1995
ELLIGER, Karl; RUDOLPH, Wilhelm (Hg.), Biblia Hebraica Stuttgartensia. 2. Auflage.
    Stuttgart (Deutsche Bibelgesellschaft) 1983
GALL, August Freiherr v. (Hg.), Der Hebräische Pentateuch der Samaritaner. Gießen
    (Töpelmann) 1918
GROSSFELD, Bernard (Hg.), The Aramaic Bible: The Targums. The Targum Onqelos to
    Leviticus. The Targum Onqelos to Numbers. Edinburgh (Clark) (The Aramaic Bible:
    The Targums 8) 1988a
HARLÉ, Paul; PRALON, Didier (Hg.), Le Lévitique. Paris (Les Éditions du CERF) (La
    Bible d'Alexandrie 3) 1988

Die Heilige Schrift des Alten und Neuen Testaments. Herausgegeben vom Kirchenrat des Kantons Zürich. Zürich (Verlag der Zürcher Bibel) 1970

Die Heilige Schrift. Einheitsübersetzung. Stuttgart (Katholisches Bibelwerk/Deutsche Bibelgesellschaft) 1981

Die Heilige Schrift. Übersetzung von Hermann Menge. Neuausgabe. Stuttgart (Deutsche Bibelgesellschaft) 1994

LE BOLLUEC, Alain; SANDEVOIR, Pierre (Hg.), L'Exode. Paris (Les Éditions du CERF) (La Bible d'Alexandrie 2) 1989

MCNAMARA, Martin M.S.C.; HAYWARD, Robert; MAHER, Michael M.S.C. (Hg.), The Aramaic Bible: The Targums. Targum Neofiti 1: Leviticus. Targum Pseudo-Jonathan: Leviticus. Edinburgh (Clark) (The Aramaic Bible: The Targums 3) 1994a

RAHLFS, A. (Hg.), Septuaginta. Societatis Scientiarum Gottingensis auctoritate. Band 10: Psalmi cum Odis. Göttingen (Vandenhoeck) 1931

–, (Hg.), Septuaginta, id est Vetus Testamentum iuxta LXX interpretes. 2 Bände. Stuttgart (Privilegierte Württembergische Bibelanstalt) 1935

SPERBER, Alexander (Hg.), The Bible in Aramaic. Based on old Manuscripts and printed Texts. Band 3: The Latter Prophets According to Targum Jonathan. Leiden (Brill) 1962

WEBER, Robertus (Hg.), Biblia Sacra Iuxta Vulgatam Versionem. 2 Bände. Stuttgart (Württembergische Bibelgesellschaft) 1969

WEVERS, J.W. (Hg.), Septuaginta. Vetus Testamentum Graece auctoritate Academiae Scientiarum Gottingensis editum. Band 3.2: Deuteronomium. Göttingen (Vandenhoeck) 1977

–, (Hg.), Septuaginta. Vetus Testamentum Graece auctoritate Academiae Scientiarum Gottingensis editum. Band 3.1: Numeri. Göttingen (Vandenhoeck) 1982

–, (Hg.), Septuaginta. Vetus Testamentum Graece auctoritate Academiae Scientiarum Gottingensis editum. Band 2.2: Leviticus. Göttingen (Vandenhoeck) 1986

–, (Hg.), Septuaginta. Vetus Testamentum Graece auctoritate Academiae Scientiarum Gottingensis editum. Band 2.1: Exodus. Göttingen (Vandenhoeck) 1991

ZIEGLER, Joseph (Hg.), Septuaginta. Vetus Testamentum Graece auctoritate Academiae Scientiarum Gottingensis editum. Band 16,1: Ezechiel. Nachtrag und Corrigenda von Detlef FRAENKEL (Sonderausgabe). Göttingen (Vandenhoeck) 1952

–, (Hg.), Septuaginta. Vetus Testamentum Graece auctoritate Academiae Scientiarum Gottingensis editum. Band 15: Ieremias. Baruch. Threni. Epistula Ieremiae. Göttingen (Vandenhoeck) 1957

–, (Hg.), Septuaginta. Vetus Testamentum Graece auctoritate Academiae Scientiarum Gottingensis editum. Band 14: Isaias. 3. Auflage. Göttingen (Vandenhoeck) 1983

1.2.2 Frühjüdische Literatur

1.2.2.1 Apokryphen und Pseudepigraphen

AGOURIDES, S. (Hg.), Apocalypse of Sedrach. In: Charlesworth, James H. (Hg.), The Old Testament Pseudepigrapha. Bd. 1. New York (Doubleday) 1983, 605–613

ANDERSON, F.I., (Hg.), 2 (Slavonic Apocalypse of) Enoch. In: Charlesworth, James H. (Hg.), The Old Testament Pseudepigrapha. Bd. 1. New York (Doubleday) 1983, 91–221

ANDERSON, H. (Hg.), 3 Maccabees. In: Charlesworth, James H. (Hg.), The Old Testament Pseudepigrapha. Bd. 2. New York (Doubleday) 1985, 509–529

–, (Hg.), 4 Maccabees. In: Charlesworth, James H. (Hg.), The Old Testament Pseudepigrapha. Bd. 2. New York (Doubleday) 1985, 531–564

BECKER, Jürgen (Hg.), Die Testamente der zwölf Patriarchen. Gütersloh (Gütersloher) (JSHRZ 3,1) 1974

BEER, G. (Hg.), Das Buch Henoch. In: Kautzsch, Emil (Hg.), Die Apokryphen und Pseudepigraphen des Alten Testaments. Band 2. Nachdruck der Ausgabe Tübingen 1900. Darmstadt (Wissenschaftliche Buchgesellschaft) 1975, 217–310

BERGER, Klaus (Hg.), Das Buch der Jubiläen. Gütersloh (Gütersloher) (JSHRZ 2,3) 1981

BLASS, F. (Hg.), Die Sibyllinen. In: Kautzsch, Emil (Hg.), Die Apokryphen und Pseudepigraphen des Alten Testaments. Band 2. Nachdruck der Ausgabe Tübingen 1900. Darmstadt (Wissenschaftliche Buchgesellschaft) 1975, 177–217

BRANDENBURGER, Egon (Hg.), Himmelfahrt Moses; MÜLLER, Ulrich B. (Hg.), Die griechische Esra-Apokalypse; KLIJN, A.F.J. (Hg.), Die syrische Baruch-Apokalypse. Gütersloh (Gütersloher) (JSHRZ 5,2) 1976

BÖTTRICH, Christfried (Hg.), Das slavische Henochbuch. Gütersloh (Gütersloher) (JSHRZ 5,7) 1995

COLLINS, J.J. (Hg.), Sybilline Oracles. In: Charlesworth, James H. (Hg.), The Old Testament Pseudepigrapha. Bd. 1. New York (Doubleday) 1983, 317–472

DEISSMANN, A. (Hg.), Das sogenannte vierte Buch der Makkabäer. In: Kautzsch, Emil (Hg.), Die Apokryphen und Pseudepigraphen des Alten Testaments. Band 2. Nachdruck der Ausgabe Tübingen 1900. Darmstadt (Wissenschaftliche Buchgesellschaft) 1975, 149–177

DIETZFELBINGER, Christian (Hg.), Pseudo-Philo: Antiquitates Biblicae (Liber Antiquitatum Biblicarum). Gütersloh (Gütersloher) (JSHRZ 2,2) 1975

EGO, Beate (Hg.), Das Buch Tobit. Gütersloh (Gütersloher) (JSHRZ 2,6) 1999

FUCKS, C. (Hg.), Das Leben Adams und Evas. In: Kautzsch, Emil (Hg.), Die Apokryphen und Pseudepigraphen des Alten Testaments. Band 2. Nachdruck der Ausgabe Tübingen 1900. Darmstadt (Wissenschaftliche Buchgesellschaft) 1975, 506–528

GAYLORD, H.E. Jr. (Hg.), 3 (Greek Apocalypse of) Baruch. In: Charlesworth, James H. (Hg.), The Old Testament Pseudepigrapha. Bd. 1. New York (Doubleday) 1983, 653–679

HABICHT, Christian (Hg.), 2. Makkabäerbuch. Gütersloh (Gütersloher) (JSHRZ 1,3) 1976

HARE, D.R.A. (Hg.), The Lives of the Prophets. In: Charlesworth, James H. (Hg.), The Old Testament Pseudepigrapha. Bd. 2. New York (Doubleday) 1985, 379–399

HARRINGTON, D.J. (Hg.), Pseudo-Philo. In: Charlesworth, James H. (Hg.), The Old Testament Pseudepigrapha. Bd. 2. New York (Doubleday) 1985, 297–377

ISAAC, I. (Hg.), 1 (Ethiopic Apocalypse of) Enoch. In: Charlesworth, James H. (Hg.), The Old Testament Pseudepigrapha. Bd. 1. New York (Doubleday) 1983, 5–89

JOHNSON, M.D. (Hg.), Life of Adam and Eve. In: Charlesworth, James H. (Hg.), The Old Testament Pseudepigrapha. Bd. 2. New York (Doubleday) 1985, 249–295

KAUTZSCH, Emil (Hg.), Das sogenannte dritte Buch der Makkabäer. In: Ders. (Hg.), Die Apokryphen und Pseudepigraphen des Alten Testaments. Band 1. Nachdruck der Ausgabe Tübingen 1900. Darmstadt (Wissenschaftliche Buchgesellschaft) 1975, 119–185

KEE, H.C. (Hg.), Testaments of the Twelve Patriarchs. In: Charlesworth, James H. (Hg.), The Old Testament Pseudepigrapha. Bd. 1. New York (Doubleday) 1983, 775–828

KLAUCK, Hans-Josef (Hg.), 4. Makkabäerbuch. Gütersloh (Gütersloher) (JSHRZ 3,6) 1989

KLIJN, A.F.J. (Hg.), 2 (Syriac Apocalypse of) Baruch. In: Charlesworth, James H. (Hg.), The Old Testament Pseudepigrapha. Bd. 1. New York (Doubleday) 1983, 615–652

LITTMANN, E. (Hg.), Das Buch der Jubiläen. In: Kautzsch, Emil (Hg.), Die Apokryphen und Pseudepigraphen des Alten Testaments. Band 2. Nachdruck der Ausgabe Tübingen 1900. Darmstadt (Wissenschaftliche Buchgesellschaft) 1975, 31–119

LÖHR, M. (Hg.), Das Buch Tobit. In: Kautzsch, Emil (Hg.), Die Apokryphen und Pseudepigraphen des Alten Testaments. Band 1. Nachdruck der Ausgabe Tübingen 1900. Darmstadt (Wissenschaftliche Buchgesellschaft) 1975, 135–147

MERKEL, Helmut (Hg.), Sibyllinen. Gütersloh (Gütersloher) (JSHRZ 5,8) 1998

METZGER, B.M. (Hg.), The Fourth Book of Ezra. In: Charlesworth, James H. (Hg.), The Old Testament Pseudepigrapha. Bd. 1. New York (Doubleday) 1983, 517–559

NN. (Hg.), Die Apokalypsen des Baruch. In: Kautzsch, Emil (Hg.), Die Apokryphen und Pseudepigraphen des Alten Testaments. Band 2. Nachdruck der Ausgabe Tübingen 1900. Darmstadt (Wissenschaftliche Buchgesellschaft) 1975, 402–457

PHILONENKO, Marc, und PHILONENKO-SAYAR, Belkis (Hg.), Die Apokalypse Abrahams. Gütersloh (Gütersloher) (JSHRZ 5,5) 1982

ROBINSON, S.E. (Hg.), Testament of Adam. In: Charlesworth, James H. (Hg.), The Old Testament Pseudepigrapha. Bd. 1. New York (Doubleday) 1983, 989–995

–, (Hg.), 4 Baruch. In: Charlesworth, James H. (Hg.), The Old Testament Pseudepigrapha. Bd. 2. New York (Doubleday) 1985, 413–425

RUBINKIEWICZ, R. (Hg.), Apocalypse of Abraham. In: Charlesworth, James H. (Hg.), The Old Testament Pseudepigrapha. Bd. 1. New York (Doubleday) 1983, 681–705

RYSSEL, V. (Hg.), Die Sprüche Jesus', des Sohnes Sirachs. In: Kautzsch, Emil (Hg.), Die Apokryphen und Pseudepigraphen des Alten Testaments. Band 1. Nachdruck der Ausgabe Tübingen 1900. Darmstadt (Wissenschaftliche Buchgesellschaft) 1975, 230–475

SAUER, Georg (Hg.), Jesus Sirach (Ben Sira). Gütersloh (Gütersloher) (JSHRZ 3,5) 1981

SCHALLER, Berndt (Hg.), Paralipomena Jeremiou. Gütersloh (Gütersloher) (JSHRZ 1,8) 1998

SCHNAPP, F./KAUTZSCH, E. (Hg.), Die Testamente der 12 Patriarchen. In: Kautzsch, Emil (Hg.), Die Apokryphen und Pseudepigraphen des Alten Testaments. Band 2. Nachdruck der Ausgabe Tübingen 1900. Darmstadt (Wissenschaftliche Buchgesellschaft) 1975, 458–506

SCHREINER, Josef (Hg.), Das 4. Buch Esra. Gütersloh (Gütersloher) (JSHRZ 5,4) 1981

UHLIG, Siegbert (Hg.), Das äthiopische Henochbuch. Gütersloh (Gütersloher) (JSHRZ 5,6) 1984

VAN DER HORST, P.W. (Hg.), Pseudo-Phocylides. In: Charlesworth, James H. (Hg.), The Old Testament Pseudepigrapha. Bd. 2. New York (Doubleday) 1985, 565–582

VOGT, Ernst (Hg.), Tragiker Ezechiel; WALTER, Nikolaus (Hg.), Fragmente jüdisch-hellenistischer Epik: Philon, Theodotos; Pseudepigraphische jüdisch-hellenistische Dichtung: Pseudo-Phokylides, Pseudo-Orpheus; Gefälschte Verse auf Namen griechischer Dichter. Gütersloh (Gütersloher) (JSHRZ 4,3) 1983

WINTERMUTE, O.S. (Hg.), Jubilees. In: Charlesworth, James H. (Hg.), The Old Testament Pseudepigrapha. Bd. 2. New York (Doubleday) 1985, 35–142

Die ausgangssprachlichen Editionen sind jeweils in den aufgeführten Übersetzungen verzeichnet. Außerdem:

GEFFCKEN, Johannes (Hg.), Die Oracula Sibyllina. Leipzig (Hinrichs) (GCS 8) 1902

HARRINGTON, Daniel J.; CAZEAU, Jaques (Hg.), Pseudo-Philon, Les Antiquités Bibliques. Unter Mitarbeit von Charles PERROT und Pierre-Maurice BOGAERT. 2 Bände. Paris (Les Éditions du CERF) (SC 229, 230) 1976

BEENTJES, Pancratius C. (Hg.), The Book of Ben Sira in Hebrew. A Text Edition of all extant Hebrew Manuscripts & A Synopsis of all parallel Hebrew Ben Sira Texts. Leiden (Brill) (VT.S 68) 1997

PUECH, Émile (Hg.), Le Testament de Lévi en araméen de la Geniza du Caire. RdQ 20, 2002, 511–556

1.2.2.2 Hellenistisch-jüdische Literatur, Inschriften

CLEMENTZ, Heinrich (Hg.), [Flavius Josephus,] Geschichte des Jüdischen Krieges. 6. Auflage. Wiebaden (Fourier) 1984

–, (Hg.), Des Flavius Josephus Jüdische Altertümer. 8. Auflage. Wiesbaden (Fourier) 1989

–, (Hg.), [Flavius Josephus,] Kleinere Schriften. Selbstbiographie. Gegen Apion. Über die Makkabäer. 2. Auflage. Dreieich (MECO) 1995

COHN, Leopold; WENDLAND, Paul (Hg.), Philonis Alexandrini Opera Quae Supersunt. 7 Bände in 8. Berlin (Reimer [Band 7: de Gruyter]) 1896–1930

–, Philonos Alexandrini Opera Quae Supersunt. Editio minor. 6 Bände. Berlin (Reimer) 1896–1915

COHN, Leopold (Hg.), Die Werke Philos von Alexandria in deutscher Übersetzung. 7 Bände. Ab Band 4 hg. v. Isaak HEINEMANN. Breslau (Band 7: Berlin) (Marcus [Band 7: de Gruyter]) (SJHL 2,1–7) 1910–1964

COLSON, F.H.; WHITAKER, G.H. (Hg.), Philo. 10 Bände. London/Cambridge (Heinemann/Harvard University Press) (LCL 226, 227, 247, 261, 275, 289, 320, 341, 363, 379) 1929–1962

FELDMAN, Louis H. (Hg.), Flavius Josephus. Translation and Commentary, hg. v. Steve MASON. Band 3: Judean Antiquities 1–4. Leiden (Brill) 2000

FREY, P. Jean-Baptiste C.S.Sp. (Hg.), Corpus Inscriptionum Iudaicarum. Recueil des inscriptions juives qui vont du IIIe siècle avant Jésus-Christ au VIIe siècle de nôtre ère. 2 Bände. Vatikanstadt (Pontificio Istituto di Archeologia Cristiana) (SSAC 1; 3) 1936/1952

MARCUS, Ralph (Hg.), Philo. Supplement. Band 2: Questions and Answers on Exodus. Translated from the ancient Armenian version of the original Greek. London/ Cambridge (Heinemann/Harvard University Press) (LCL 401) 1953

MICHEL, Otto; BAUERNFEIND, Otto (Hg.), De Bello Judaico. Der Jüdische Krieg. 2 Bände in 3 und 1 Supplements- und Registerband. Darmstadt (Wissenschaftliche Buchgesellschaft) 1959–1969

THACKERAY, Henry Saint John (Hg.), Josephus. With an English Translation. 9 Bände. London/Cambridge (Heinemann/Harvard University Press) (LCL 186, 203, 210, 242, 265, 281, 326, 410, 433) 1966–1969

WALTER, Nikolaus (Hg.), Eupolemos. In: Ders. (Hg.), Fragmente jüdisch-hellenistischer Historiker. Gütersloh (Gütersloher) (JSHRZ 1,1) 1976, 93–108

WHISTON, William; MAIER, Paul L. (Hg.), The New Complete Works of Josephus. Revised and expanded edition. Grand Rapids (Kregel Publications) 1999

1.2.2.3 Schriften vom Toten Meer

ABEGG, Martin Jr.; FLINT, Peter; ULRICH, Eugene (Hg.), The Dead Sea Scrolls Bible. Edinburgh (Clark) 1999

BEYER, Klaus (Hg.), Die aramäischen Texte vom Toten Meer. Samt den Inschriften aus Palästina, dem Testament Levis aus der Kairoer Genisa, der Fastenrolle und den alten talmudischen Zitaten. [Hauptband.] Göttingen (Vandenhoeck) 1984

–, (Hg.), Die aramäischen Texte vom Toten Meer. Samt den Inschriften aus Palästina, dem Testament Levis aus der Kairoer Genisa, der Fastenrolle und den alten talmudischen Zitaten. Ergänzungsband. Göttingen (Vandenhoeck) 1994

CHARLESWORTH, James H. (Hg.), The Dead Sea Scrolls. Hebrew, Aramaic, and Greek Texts with English Translations. Bisher 4 Bände in 5. Tübingen/Louisville (Mohr-Siebeck/Westminster John Knox Press) 1994ff

Discoveries in the Judean Desert (of Jordan). Hg. v. Jordan Department of Antiquities, der École Biblique et Archéologique Française und dem Palestine Archeological Museum. Bisher 37 Bände. Oxford (Oxford University Press) 1955ff

LOHSE, Eduard (Hg.), Die Texte aus Qumran. [Band 1.] Hebräisch und Deutsch. 4. Auflage. Darmstadt (Wissenschaftliche Buchgesellschaft) 1986

MAIER, Johann (Hg.), Die Qumran-Essener: Die Texte vom Toten Meer. 3 Bände. Basel (Ernst Reinhardt) (UTB.W 1862, 1863, 1916) 1995/1996

–, (Hg.), Die Tempelrolle vom Toten Meer und das »Neue Jerusalem«. 3. Auflage. Basel (Ernst Reinhardt) (UTB.W 829) 1997

MARTÍNEZ, Florentino García; TIGCHELAAR, Eibert J.C. (Hg.), The Dead Sea Scrolls. Study Edition. 2 Bände. Leiden/Grand Rapids u.a. (Brill/Eerdmans) 1997/1998

NEWSOM , Carol (Hg.), Songs of the Sabbath Sacrifice. A Critical Edition. Atlanta (Scholars Press) (Harvard Semitic Studies 27) 1985

STEUDEL, Annette (Hg.), Die Texte aus Qumran. Band 2. Hebräisch/Aramäisch und Deutsch. Darmstadt (Wissenschaftliche Buchgesellschaft) 2001

TOV, Emanuel (Hg.), The Dead Sea Scrolls Electronic Reference Library. Teil 2: The Dead Sea Scrolls Database. Non-Biblical Texts. CD-ROM. Leiden (Brill) 1999

YADIN, Yigael (Hg.), The Scroll of the War of the Sons of Light against the Sons of Darkness. Oxford (Oxford University Press) 1962

–, (Hg.), The Temple Scroll. 3 Bände und 1 Supplementsband. Jerusalem (The Israel Exploration Society/The Institute of Archaeology of the Hebrew University of Jerusalem/The Shrine of the Book) 1977–1983

1.2.3 Außerkanonische frühchristliche Literatur; Altkirchliches/Patristisches

AMBROSIUS von Mailand, De Sacramentis. De Mysteriis. Übersetzt und eingeleitet von Josef SCHMITZ CSSR. Freiburg u.a. (Herder) (FC 3) 1990

BEZOLD, Carl (Hg.), Die Schatzhöhle: eine Sammlung biblischer Geschichten aus dem sechsten Jahrhundert jemals Ephraem Syrus zugeschrieben [...]. Nachdruck der Ausgabe Leipzig 1883–1888. Amsterdam (APA – Philo Press) 1981

BONWETSCH, Nathanael (Hg.), Die apokryphen Fragen des Bartholomäus. Göttingen (NGWG.PH Heft 1) 1897

BORRET, Marcel S.J. (Hg.), Origène, Contre Celse. Introduction, Texte critique, traduction et notes. 5 Bände. Paris (Les Éditions du CERF) (SC 132, 136, 147, 150, 227) 1967–1976

BOTTE, Bernard O.S.B. (Hg.), Hippolyte de Rome, La Tradition Apostolique d'après les Anciennes Versions. Introduction, traduction et notes. 2. Auflage. Paris (Les Éditions du CERF) (SC 11) 1984

CONNOLLY, Hugh (Hg.), Didascalia Apostolorum. The Syriac Version Translated and Accompanied by the Verona Latin Fragments. With an Introduction and Notes. Oxford (Oxford University Press) 1929

DE SANTOS OTERO, Aurelio; SCHEIDWEILER, Felix (Hg.), Das Nikodemus-Evangelium. In: Schneemelcher, Wilhelm (Hg.), Neutestamentliche Apokryphen. Band 1: Evangelien. 5. Auflage. Tübingen (Mohr-Siebeck) 1987, 395–424

DIX, Gregory (Hg.), The Treatise on the Apostolic Tradition of St Hippolytus of Rome. Band 1: Historical Introduction, Textual Materials and Translation, with Apparatus Criticus and some Critical Notes. London/New York (SPCK/ Macmillan) 1937

FISCHER, Joseph A. (Hg.), Die Apostolischen Väter. 10. Auflage. Darmstadt (Wissenschaftliche Buchgesellschaft) (SUC 1) 1993

GOODSPEED, Edgar J. (Hg.), Die ältesten Apologeten. Texte mit kurzen Einleitungen. Neudruck der 1. Auflage von 1914. Göttingen (Vandenhoeck) 1984

HAEUSER, Philipp (Hg.), Des heiligen Philosophen und Martyrers Justinus Dialog mit dem Juden Tryphon. Aus dem Griechischen übersetzt und mit einer Einleitung versehen. Kempten, München (Kösel) (BKV 1,33) 1917

HOLL, Karl (Hg.), Epiphanius. Bd. 1: Ancoratus und Panarion Haer. 1–33. Leipzig (Hinrichs) (GCS 25) 1915

IRMSCHER, Johannes (Hg.), Das Buch des Elchasai. In: Schneemelcher, Wilhelm (Hg.), Neutestamentliche Apokryphen. Band 2: Apostolisches, Apokalypsen und Verwandtes. 5. Auflage. Tübingen (Mohr-Siebeck) 1989, 619–623

–; STRECKER, Georg (Hg.), Die Pseudoklementinen. In: Schneemelcher, Wilhelm (Hg.), Neutestamentliche Apokryphen. Band 2: Apostolisches, Apokalypsen und Verwandtes. 5. Auflage. Tübingen (Mohr-Siebeck) 1989, 439–488

JOHANNES Chrysostomus, In Epistolam ad Hebraeos Homiliae. MPG 63, 1862, 9–236

KÖRTNER, Ulrich H.J.; LEUTZSCH, Martin (Hg.), Papiasfragmente[,] Hirt des Hermas. Darmstadt (Wissenschaftliche Buchgesellschaft) (SUC 3) 1998

LINDEMANN, Andreas; PAULSEN, Henning (Hg.), Die Apostolischen Väter. Griechisch-deutsche Parallelausgabe. Tübingen (Mohr-Siebeck) 1992

REHM, Bernhard (Hg.), Die Pseudoklementinen. Band 1: Homilien. Berlin/Leipzig (Akademie-Verlag/Hinrichs) (GCS 42) 1953

SAGNARD, François O.P. (Hg.), Clément d'Alexandrie, Extraits de Théodote. Texte Grec, Introduction, Traduction et Notes. Nouveau tirage. Paris (Les Éditions du CERF) (SC 23) 1970

SCHEIDWEILER, Felix (Hg.), Die Fragen des Bartholomäus. In: Schneemelcher, Wilhelm (Hg.), Neutestamentliche Apokryphen. Band 1: Evangelien. 5. Auflage. Tübingen (Mohr-Siebeck) 1987, 424–437

SCHÖLLGEN, Georg; GEERLINGS, Wilhelm (Hg.), Didache. Zwölf-Apostel-Lehre. Traditio Apostolica. Apostolische Überlieferung. Freiburg u.a. (Herder) (FC 1) 1991

TIDNER, Erik (Hg.), Didascaliae Apostolorum[,] Canonum Ecclesiasticorum[,] Traditionis Apostolicae Versiones Latinae. Berlin (Akademie-Verlag) (TU 75) 1963

WENGST, Klaus (Hg.), Didache (Apostellehre)[,] Barnabasbrief[,] Zweiter Klemensbrief[,] Schrift an Diognet. Unveränderter Nachdruck der Ausgabe 1984. Darmstadt (Wissenschaftliche Buchgesellschaft) (SUC 2) 1998

Die ausgangssprachlichen Editionen sind jeweils in den aufgeführten Übersetzungen verzeichnet.

1.2.4 Samaritanische Literatur

MACDONALD, John (Hg.), Memar Marqah. The Teaching of Marqah. 2 Bände. Berlin (Töpelmann) (BZAW 84) 1963

1.2.5 Gnostische Literatur

BAYNES, Charlotte (Hg.), A Coptic Gnostic Treatise contained in the Codex Brucianus. A Translation from the Coptic, Transcript and Commentary. Cambridge (Cambridge University Press) 1933

1.2.6 Rabbinica

1.2.6.1 Mischna

BEER, G.; HOLTZMANN, O. (Hg.), Die Mischna. Text, Übersetzung und ausführliche Erklärung. II. Seder: Moëd. 5. Traktat: Joma. Gießen (Töpelmann) 1913

Mischnajot. Die sechs Ordnungen der Mischna. Hebräischer Text mit Punktation, deutscher Übersetzung und Erklärung. 6 Bände. 3. Auflage. Basel (Victor Goldschmidt) 1968

RENGSTORF, K.-H.; ROST, L. (Hg.), Die Mischna. Text, Übersetzung und ausführliche Erklärung. VI. Seder: Toharot. 4. Traktat: Para (Die Rote Kuh). Berlin (Töpelmann) 1964

1.2.6.2 Tosefta

HÜTTENMEISTER, Frowald G.; LARSSON, Göran (Hg.), Die Tosefta. Seder 2: Moëd. Band 2: Schekalim – Jom ha-Kippurim. Übersetzt und erklärt. Stuttgart u.a. (Kohlhammer) (RT 1. Reihe 2,2) 1997

LIEBERMAN, Saul (Hg.), The Tosefta. According to Codex Vienna [...]. Band 2: The Order of Mo'ed. New York (Jewish Theological Seminary of America) 1962

NEUSNER, Jacob (Hg.), The Tosefta. Translated from the Hebrew. Fifth Division Qodoshim (The Order of Holy Things). New York (Ktav Publishing House) 1979

–, (Hg.), The Tosefta. Translated from the Hebrew. Second Division Moed (The Order of Appointed Times). New York (Ktav Publishing House) 1981

BIETENHARD, Hans (Hg.), Der Tosefta-Traktat Soṭa. Hebräischer Text mit kritischem Apparat, Übersetzung, Kommentar. Bern u.a. (Peter Lang) (JudChr 9) 1986

WINDFUHR, Walter (Hg.), Die Tosefta. Seder 6: Toharot. 1: Kelim Baba kamma – Nega'im. Übersetzt und erklärt. Stuttgart u.a. (Kohlhammer) (RT 1. Reihe 6,1) 1960

ZUCKERMANDEL, M. S. (Hg.), Tosephta. Based on the Erfurt and Vienna Codices. [1881] With »Supplement to the Tosephta« by Rabbi Saul Liebermann, M.A. New Edition with additional notes and corrections. Jerusalem (Wahrmann Books) 1970

1.2.6.3 Babylonischer Talmud

GOLDSCHMIDT, Lazarus (Hg.), Der babylonische Talmud: mit Einschluß der vollständigen Mischnah. Talmud babli. Nach der ersten, zensurfreien Bombergschen Ausgabe (Venedig 1520–23) [...]. 9 Bände. den Haag (Nijhoff) 1933–1935

1.2.6.4 Abot de Rabbi Natan

GOLDIN, Judah (Hg.), The Fathers According to Rabbi Nathan. Abot de Rabbi Natan. New Haven u.a. (Yale University Press) (YJS 10) 1955

1.2.6.5 Jerusalemer Talmud

BECKER, Hans-Jürgen; HENGEL, Martin; HÜTTENMEISTER, Frowald G.; SCHÄFER, Peter (Hg.), Übersetzung des Talmud Yerushalmi. Band 2,4: Yoma – Versöhnungstag. Übersetzt von Friedrich AVEMARIE. Tübingen (Mohr-Siebeck) 1995

HENGEL, Martin; NEUSNER, Jacob; RÜGER, Hans Peter; SCHÄFER, Peter (Hg.), Übersetzung des Talmud Yerushalmi. Band 2,11: Hagiga – Festopfer. Übersetzt von Gerd A. WEWERS. Tübingen (Mohr-Siebeck) 1983

1.2.6.6 Midraschim

BÖRNER-KLEIN, Dagmar (Hg.), Der Midrasch Sifre zu Numeri. Übersetzt und erklärt. Stuttgart u.a. (Kohlhammer) (RT 2. Reihe 3) 1997

–, (Hg.), Der Midrasch Sifre Zuta. Stuttgart u.a. (Kohlhammer) (RT 2. Reihe 3a) 2002

BRAUDE, William G. (Hg.), The Midrash on Psalms. 2 Bände. New Haven u.a. (Yale University Press) (YJS 13) 1959

FREEDMAN, H.; SIMON, M. (Hg.), Midrash Rabbah. 10 Bände. 2. Auflage. London u.a. (Soncino Press) 1951

KUHN, Karl Georg (Hg.), Der tannaitische Midrasch Sifre zu Numeri. Übersetzt und erklärt. Stuttgart (Kohlhammer) (RT 2. Reihe 3) 1959

WINTER, Jakob (Hg.), Sifra. Halachischer Midrasch zu Leviticus. Breslau (Stefan Münz Jüdischer Buchverlag) 1938

WÜNSCHE, August (Hg.), Aus Israels Lehrhallen. Kleine Midraschim zur jüdischen Eschatologie und Apokalyptik. Zum ersten Male übersetzt und durch religionsgeschichtliche Exkurse erläutert. 5 Bände in 2. Leipzig (Eduard Pfeiffer) 1909–1910

1.2.6.7 Pesikta de Rav Kahana

THOMA, Clemens; LAUER, Simon (Hg.), Die Gleichnisse der Rabbinen. Erster Teil. Pesiktā deRav Kahanā (PesK). Einleitung, Übersetzung, Parallelen, Kommentar, Texte. Bern u.a. (Peter Lang) (JudChr 10) 1986

1.2.7 Profangräzität

ARMSTRONG, A.H. (Hg.), Plotinus. 7 Bände. London/Cambridge (Heinemann/Harvard University Press) (LCL 440–445, 468) 1966–1988

BABBITT, Frank Cole; HELMBOLD, William, u.a. (Hg.), Plutarch's Moralia. 15 Bände in 16. London/Cambridge (Heinemann/Harvard University Press) (LCL 197, 222, 245, 305, 306, 321, 337, 405, 406, 424, 425, 426, 427, 428, 429, 470) 1927–1976

DITTENBERGER, Wilhelm (Hg.), Sylloge Inscriptionum Graecarum. 4 Bände. 3., unveränderter Nachdruck der 3. Auflage [1915–1924]. Hildesheim (Olms) 1982

EIGLER, Gunther (Hg.), Platon, Werke. Griechisch und deutsch. 8 Bände in 9. [1972] Sonderausgabe. Darmstadt (Wissenschaftliche Buchgesellschaft) 1990

GASELEE, S. (Hg.), Achilles Tatius [De Amoribus]. London/Cambridge (Heinemann/ Harvard University Press) (LCL 45) 1969

HARDER, Richard (Hg.), Plotins Schriften. Neubearbeitet mit griechischem Lesetext und Anmerkungen fortgeführt von Rudolf BEUTLER und Willy THEILER. 6 Bände in 12. Hamburg, Leipzig (Felix Meiner) (PhB 211–215, 276) 1930–1971

HARMON, A.M.; KILBURN, K. u.a. (Hg.), Lucian. 8 Bände. London/Cambridge (Heinemann/Harvard University Press) (LCL 14, 54, 130, 162, 302, 430, 431, 432) 1913–1967

ITZKOWITZ, Joel B. (Hg.), Lucianus Samosatensis, Vitarum auctio. Piscator. Stuttgart (Teubner) (BSGRT) 1992

MARG, Walter (Hg.), [Ps.-] Timaeus Locrus, De Natura Mundi et Animae. Überlieferung, Testimonia, Text und Übersetzung. Editio Maior. Leiden (Brill) (PhAnt 24) 1972

PASQUALI, Georg (Hg.), Proklus Diadochus, In Platonis Cratylum Commentaria. [1908] Nachdruck der 1. Auflage. Stuttgart (Teubner) (BSGRT 1731) 1994

SCHÖNBERGER, Otto (Hg.), Longos [Pastoralia]. Hirtengeschichten von Daphnis und Chloë. 3. Auflage. Berlin (Akademie-Verlag) (SQAW 6) 1980

1.2.8 Sonstiges

1.2.8.1 Corpus Hermeticum

COLPE, Carsten; HOLZHAUSEN, Jens (Hg.), Das Corpus Hermeticum Deutsch. Übersetzung, Darstellung und Kommentierung. 2 Bände. Stuttgart-Bad Cannstatt (frommann-holzboog) (Clavis Pansophiae 7,1–2) 1997

NOCK, A.D.; FESTUGIÈRE, A.-J. (Hg.), Corpus Hermeticum. 4 Bände. Paris (Societé d'Edition »Les Belles Lettres«) (CUFr) 1945–1954

1.2.8.2 Koran

Der Koran. Übersetzung von Adel Theodor KHOURY. Unter Mitwirkung von Muhammad Salim ABDULLAH. [1987] 2. Auflage. Gütersloh (Gütersloher) (GTBS 783) 1992

Der Koran. Übersetzung von Rudi PARET. 8. Auflage. Taschenbuchausgabe. Stuttgart u.a. (Kohlhammer) 2001

1.3 Kommentare und Sekundärliteratur

AALEN, Sverre, Das Abendmahl als Opfermahl im Neuen Testament. NT 6, 1963, 128–152

AARTUN, Kjell, Studien zum Gesetz über den großen Versöhnungstag Lv 16 mit Varianten. Ein ritualgeschichtlicher Beitrag. StTh 34, 1980, 73–109

ABRAMOWSKI, Luise, Die Geschichte von der Fußwaschung (Joh 13). ZThK 102, 2005,176–203

ACKROYD, Peter R., Studies in the Religious Tradition of the Old Testament. London (SCM Press) 1987

–, The Temple Vessels: A Continuity Theme. In: Ders., Studies in the Religious Tradition of the Old Testament. London (SCM Press) 1987a, 46–59

ÅDNA, Jostein; HAFEMANN, Scott J.; HOFIUS, Otfried (Hg.), Evangelium Schriftauslegung Kirche. Festschrift für Peter Stuhlmacher zum 65. Geburtstag. Göttingen (Vandenhoeck) 1997

AHLBORN, Erko, Die Septuaginta-Vorlage des Hebräerbriefes. Diss. Göttingen (Typoskript) 1966

ALAND, Kurt; CROSS, F.L. (Hg.), Studia Patristica. Band 2: Papers presented to the second international Conference on Patristic Studies held at Christ Church, Oxford, 1955. Part II. Berlin (Akademie-Verlag) (TU 64) 1957

ALBANI, Matthias; FREY, Jörg; LANGE, Armin (Hg.), Studies in the Book of Jubilees. Tübingen (Mohr-Siebeck) (TSAJ 65) 1997

ALON, Gedalyahu, Jews, Judaism and the Classical World. Studies in Jewish History in the Times of the Second Temple and Talmud. Jerusalem (Magnes Press/The Hebrew University) 1977
–, The Bounds of the Law of Levitical Cleanness. In: Ders., Jews, Judaism and the Classical World. Studies in Jewish History in the Times of the Second Temple and Talmud. Jerusalem (Magnes Press/The Hebrew University) 1977a, 190–234
ALTANER, Berthold; STUIBER, Alfred, Patrologie. Leben, Schriften und Lehre der Kirchenväter. 8. Auflage. Freiburg u.a. (Herder) 1978
AMITAI, Janet (Hg.), Biblical Archeology Today. Proceedings of the International Congress on Biblical Archaeology Jerusalem, April 1984. Jerusalem (Israel Exploration Society; The Israel Academy of Sciences and Humanities in cooperation with the American School of Oriental Research) 1985
ANDERSON, David R., The King-Priest of Psalm 110 in Hebrews. New York u.a. (Peter Lang) (Studies in Biblical Literature 21) 2001
ANDERSON, Gary A., The Interpretation of the Purification Offering (חטאת) in the Temple Scroll (11QTemple) and Rabbinic Literature. JBL 111, 1992, 17–35
–, Intentional and Unintentional Sin in the Dead Sea Scrolls. In: Wright, David P., u.a. (Hg.), Pomegranates and Golden Bells. Studies in Biblical, Jewish, and Near Eastern Ritual, Law, and Literature in Honor of Jacob Milgrom. Winona Lake (Eisenbrauns) 1995, 49–64
–, »Adam/Eva I. Antikes Judentum«. RGG⁴ 1, 1998, 106f
ANDRIESSEN, Paul, Das größere und vollkommenere Zelt (Hebr 9,11). BZ 15, 1971, 76–92
ANDRIESSEN, Paul; LENGLET, A., Quelques Passages difficiles de l'Épître aux Hébreux (5,7.11; 10,20; 12,2). Bib 51, 1970, 207–220
ANGERSTORFER, Andreas, Überlegungen zu Sprache und Sitz im Leben des Toratargums 4QTg Lev (4Q156), sein Verhältnis zu Targum Onkelos. BN 55, 1990, 18–35
ARMSTRONG, A.H. (Hg.), The Cambridge History of Later Greek and Early Medieval Philosophy. Cambridge (Cambridge University Press) 1967
ATTRIDGE, Harold W., The Epistle to the Hebrews. A Commentary on the Epistle to the Hebrews. Philadelphia (Fortress) (Hermeneia) 1989
AUNE, David E., Revelation 6–16. Dallas (Word) (WBC 52b) 1998
AVEMARIE, Friedrich; LICHTENBERGER, Hermann (Hg.), Bund und Tora. Zur theologischen Begriffsgeschichte in alttestamentlicher, frühjüdischer und urchristlicher Tradition. Tübingen (Mohr-Siebeck) (WUNT 92) 1996
–, Auferstehung – Resurrection. The Fourth Durham-Tübingen Research Symposium. Resurrection, Transfiguration and Exaltation in Old Testament, Ancient Judaism and Early Christianity (Tübingen, September, 1999). Tübingen (Mohr-Siebeck) (WUNT 135) 2001
AVERY-PECK, Alan J.; NEUSNER, Jacob (Hg.), Judaism in Late Antiquity. Part Four. Death, Life-After-Death, Resurrection and the World-To-Come in the Judaisms of Antiquity. Leiden (Brill) (HO 1,49/2) 2000
BAARDA, T.; HILHORST, A., LUTTIKHUIZEN, G.P., u.a. (Hg.), Text and Testimony. Essays on New Testament and Apocryphal Literature in Honour of A.F.J. Klijn. Kampen (Uitgeversmaatschappij J.H. Kok) 1988
BACHMANN, Michael, Hohepriesterliches Leiden. Beobachtungen zu Hebr 5,1–10. ZNW 78, 1987, 244–266
–, »... gesprochen durch den Herrn« (Hebr 2,3). Erwägungen zum Reden Gottes und Jesu im Hebräerbrief. Bib 71, 1990, 365–394
BACKHAUS, Knut, Der Hebräerbrief und die Paulus-Schule. BZ 37, 1993, 183–208

–, Der Neue Bund und das Werden der Kirche. Die Diatheke-Deutung des Hebräerbriefs im Rahmen der frühchristlichen Theologiegeschichte. Münster (Aschendorff) (NTA.NF 29) 1996

–, Per Christum in Deum. Zur theologischen Funktion der Christologie im Hebräerbrief. In: Söding, Thomas (Hg.), Der lebendige Gott. Studien zur Theologie des Neuen Testaments. Festschrift für Wilhelm Thüsing zum 75. Geburtstag. Münster (Aschendorff) (NTA.NF 31) 1996a, 258–284

–, Gottes nicht bereuter Bund. Alter und neuer Bund in der Sicht des Frühchristentums. In: Kampling, Rainer; Söding, Thomas (Hg.), Ekklesiologie des Neuen Testaments. Für Karl Kertelge. Freiburg u.a. (Herder) 1996b, 33–55

–, »Licht vom Licht«. Die Präexistenz Christi im Hebräerbrief. In: Laufen, Rudolf (Hg.), Gottes ewiger Sohn. Die Präexistenz Christi. Paderborn u.a. (Schöningh) 1997, 95–114

–, Das wandernde Gottesvolk – am Scheideweg. Der Hebräerbrief und Israel. In: Kampling, Rainer (Hg.),»Nun steht aber diese Sache im Evangelium...«. Zur Frage nach den Anfängen des christlichen Antijudaismus. Paderborn u.a. (Schöningh) 1999, 301–320

–, Das Land der Verheißung. Die Heimat der Glaubenden im Hebräerbrief. NTS 47, 2001, 171–188

–, »Opfer (II) NT«. NBL 3, 2001a, 40–43

–, How to Entertain Angels. Ethics in the Epistle to the Hebrews. In: Gelardini, Gabriella (Hg.), Hebrews. Contemporary Methods – New Insights. Leiden (Brill) (Biblical Interpretation Series 75) 2005, 149–175 = Auf Ehre und Gewissen! Die Ethik des Hebräerbriefes. In: Kampling, Rainer (Hg.), Ausharren in der Verheißung. Studien zum Hebräerbrief. Stuttgart (Katholisches Bibelwerk) (SBS 204) 2005, 111–134

BALDERMANN, Ingo, u.a. (Hg.), Sünde und Gericht. Neukirchen-Vluyn (Neukirchener) (JBTh 9) 1994

–, Die Macht der Bilder. Neukirchen-Vluyn (Neukirchener) (JBTh 13) 1998

BALZ, Horst, »ῥαντίζω« usw. EWNT² 3, 1992, 498–499

–, »ῥαντισμός« usw. EWNT² 3, 1992a, 500

–, »λατρεύω« usw. EWNT² 2, 1992b, 848–852

–, »λειτουργία« usw. EWNT² 2, 1992c, 858–861

–, »παρρησία« usw. EWNT² 3, 1992d, 105–112

–, »εὐλάβεια«. EWNT² 2, 1992e, 197f

BAMMEL, Ernst, ΑΡΧΙΕΡΕΥΣ ΠΡΟΦΗΤΕΥΩΝ. ThLZ 79, 1954, 351–356

BARCLAY, John; SWEET, John (Hg.), Early Christian Thought in its Jewish Context. [Festschrift Morna D. Hooker.] Cambridge (Cambridge University Press) 1996

BARRERA, Julio Trebolle; MONTANER, Luis Vegas (Hg.), The Madrid Qumran Congress. Proceedings of the International Congress on the Dead Sea Scrolls Madrid 18–21 March, 1991. Band 2. Leiden/Madrid (Brill/Editorial Complutense) (StTDJ 11,2) 1992

BARSTAD, H.M., »רצה usw.«. ThWAT 7, 1993, 640–652

BARTH, Gerhard, Der Tod Jesu Christi im Verständnis des Neuen Testaments. Neukirchen-Vluyn (Neukichener) 1992

BARTH, Karl, Die protestantische Theologie im 19. Jahrhundert. Ihre Vorgeschichte und ihre Geschichte. Zollikon-Zürich (Evangelischer Verlag) 1947

BARRETT, Charles Kingsley, The Eschatology of the Epistle to the Hebrews. In: Davies, D.W.; Daube, D. (Hg.), The Background of the New Testament and its Eschatology. In Honour of Charles Harold Dodd. Cambridge (Cambridge University Press) 1956, 363–393

BAUER, Johannes B.; HUTTER, Manfred (Hg.), Lexikon der christlichen Antike. Darmstadt (Wissenschaftliche Buchgesellschaft) 1999

BAUER, Walter, Rechtgläubigkeit und Ketzerei im ältesten Christentum. 2. Auflage. Hg. v. Georg Strecker. Tübingen (Mohr-Siebeck) (BHTh 10) 1964

–, Griechisch-deutsches Wörterbuch zum Neuen Testament. 6. Auflage. Herausgegeben von Kurt und Barbara Aland. Berlin, New York (de Gruyter) 1988

BAUMGARTEN, Albert I., The Paradox of the Red Heifer. VT 43, 1993, 442–451

BAUMGARTEN, Joseph M., Studies in Qumran Law. Leiden (Brill) (SJLA 24) 1977

–, Sacrifice and Worship among the Jewish Sectarians of the Dead Sea (Qumran) Scrolls. In: Ders., Studies in Qumran Law. Leiden (Brill) (SJLA 24) 1977a, 39–56

–, The Essenes and the Temple – A Reappraisal. In: Ders., Studies in Qumran Law. Leiden (Brill) (SJLA 24) 1977b, 57–74

–, The Exclusion of the Netinim and Proselytes in 4Q Florilegium. In: Ders., Studies in Qumran Law. Leiden (Brill) (SJLA 24) 1977c, 75–87

–, The Pharisaic-Sadducean Controversies about Purity in the Qumran Texts. JJS 31, 1980, 157–170

–, Halakhic Polemics in New Fragments from Qumran Cave 4. In: Amitai, Janet (Hg.), Biblical Archeology Today. Proceedings of the International Congress on Biblical Archaeology Jerusalem, April 1984. Jerusalem (Israel Exploration Society; The Israel Academy of Sciences and Humanities in cooperation with the American School of Oriental Research) 1985, 390–399

–, The Purification Rituals in DJD 7. In: Dimant, Devorah; Rappaport, Uriel (Hg.), The Dead Sea Scrolls. Forty Years of Research. Leiden/Jerusalem (Brill/ Magnes Press/Yad Izhak Ben Zvi) (StTDJ 10) 1992, 199–209

–, Zab Impurity in Qumran and Rabbinic Law. JJS 45, 1994, 273–277

–, Liquids and Susceptibility to Defilement in New 4Q Texts. JQR 85, 1994a, 91–101

–, The Red Cow Purification Rites in Qumran. JJS 46, 1995, 112–119

–, The Laws about Fluxes in 4QTohora^a (4Q 274). In: Dimant, Devorah; Schiffman, Lawrence H. (Hg.), Time to prepare the way in the Wilderness. Papers on the Qumran Scrolls by Fellows of the Institute for Advanced Studies of the Hebrew University, Jerusalem, 1989–1990. Leiden (Brill) (STDJ 16) 1995a, 1–8

–, Yom Kippur in the Qumran Scrolls and Second Temple Sources. DSD 6, 1999, 184–191

–, The Purification Liturgies. In: Flint, Peter W.; Vanderkam, James C. (Hg.), The Dead Sea Scrolls after Fifty Years. A Comprehensive Assessment. Bd 2. Leiden (Brill) 1999a, 200–212

–, »Damascus Document«. EDSS 1, 2000, 166–170

BECKER, Jürgen, Das Heil Gottes. Heils- und Sündenbegriffe in den Qumrantexten und im Neuen Testament. Göttingen (Vandenhoeck) (StUNT 3) 1964

–, Untersuchungen zur Entstehungsgeschichte der Testamente der zwölf Patriarchen. Leiden (Brill) (AGJU 8) 1970

–, Das Evangelium nach Johannes. Kapitel 1–10. 3. Auflage. Gütersloh/Würzburg (Gütersloher/Echter) (ÖTBK 4,1/GTBS 505) 1991

BEHM, Johannes, »γεύομαι«. ThWNT 1, 1933, 674–676

BELL, Richard H., Sin Offerings and Sinning with a High Hand. The Journal of Progressive Judaism 4, 1995, 25–59

BENGEL, Johann Albrecht, Gnomon Novi Testamenti. [...] Ed. III (1773), per filium superstitem Ernestum Bengelium quondam curata, sexto recusa, emendata et e ceteris Bengelii scriptis – posthumis ex parte – suppleta et aucta opera Pauli Steudel. Stuttgart (Steinkopf) 1915

BENSELER, Gustav Eduard, Griechisch-Deutsches Schulwörterbuch. [...] 7.[,] verbesserte Auflage von Dr. Georg Autenrieth. Leipzig (Teubner) 1882

BERCHMAN, Robert M., From Philo to Origen. Middle Platonism in Transition. Chico (Scholars Press) (BJSt 69) 1984

BERGER, Klaus, Theologiegeschichte des Urchristentums. Theologie des Neuen Testaments. 2. Auflage. Tübingen, Basel (Francke) (UTB.W) 1995

BERGMAN, Jan, »זבח usw.«. ThWAT 2, 1977, 509–518

BERGMANN, Marianne, Die Strahlen der Herrscher. Theomorphes Herrscherbild und politische Symbolik im Hellenismus und in der römischen Kaiserzeit. Mainz (von Zabern) 1998

BERNHARDT, Karl-Heinz; WILLI, Thomas; BALZ, Horst, »Melchisedek I. Altes Testament; II. Judentum; III. Neues Testament«. TRE 22, 1992, 414–423

BERNSTEIN, Moshe J., Angels at the Aqedah: A Study in the Development of a Midrashic Motif. DSD 7, 2000, 263–291

BERNSTEIN, Moshe; GARCÍA MARTÍNEZ, Florentino; KAMPEN, John (Hg.), Legal Texts and Legal Issues. Proceedings of the Second Meeting of the International Organization for Qumran Studies. Cambridge 1995. Leiden (Brill) (StTDJ 23) 1997

BERTRAM, Georg, Die Himmelfahrt Jesu vom Kreuz aus und der Glaube an seine Auferstehung. In: Festgabe für Adolf Deissmann zum 60. Geburtstag 7. November 1926. Tübingen (Mohr-Siebeck) 1927, 187–217

BEST, Ernest, Spiritual Sacrifice. General Priesthood in the New Testament. Interp. 14, 1960, 273–299

BETZ, Hans Dieter; SCHOTTROF, Luise (Hg.), Neues Testament und christliche Existenz. Festschrift für Herbert Braun zum 70. Geburtstag am 4. Mai 1973. Tübingen (Mohr-Siebeck) 1973

BETZ, Otto, Die Proselytentaufe der Qumransekte und die Taufe im Neuen Testament. RdQ 1, 1958, 213–234

–, Das Problem der Gnosis seit der Entdeckung der Texte von Nag Hammadi. VF 21, 1976, 46–80

–, »Adam. I Altes Testament, Neues Testament und Gnosis«. TRE 1, 1977, 414–424 Jesus. Der Messias Israels. Aufsätze zur biblischen Theologie. Tübingen (Mohr-Siebeck) (WUNT 42) 1987

–, Rechtfertigung in Qumran. In: Ders.: Jesus. Der Messias Israels. Aufsätze zur biblischen Theologie. Tübingen (Mohr-Siebeck) (WUNT 42) 1987a, 39–58

–, Felsenmann und Felsengemeinde. Eine Parallele zu Mt 16,17–19 in den Qumranpsalmen. In: Ders.: Jesus. Der Messias Israels. Aufsätze zur biblischen Theologie. Tübingen (Mohr-Siebeck) (WUNT 42) 1987b, 99–126

BETZ, Otto; HAACKER, Klaus; HENGEL, Martin (Hg.), Josephus-Studien. Untersuchungen zu Josephus, dem antiken Judentum und dem Neuen Testament, Otto Michel zum 70. Geburtstag gewidmet. Göttingen (Vandenhoeck) 1974

BICKERMANN, Elias Ein jüdischer Festbrief vom Jahre 124 v.Chr. (II Macc 1₁₋₉). ZNW 32, 1933, 233–254

BIETENHARD, Hans, Die himmlische Welt im Urchristentum und Spätjudentum. Tübingen (Mohr-Siebeck) (WUNT 2) 1951

BLACK, Matthew, The Scrolls and Christian Origins. Studies in the Jewish Origins of the New Testament. London u.a. (Thomas Nelson and Sons) 1961

–, Qumran Baptismal Rites and Sacred Meal. In: Ders., The Scrolls and Christian Origins. Studies in the Jewish Origins of the New Testament. London u.a. (Thomas Nelson and Sons) 1961a, 91–117

–, The Book of Enoch or I Enoch. A New English Edition with Commentary and Textual Notes. Leiden (Brill) (SVTP 7) 1985

BLASS, Friedrich; DEBRUNNER, Albert, Grammatik des neutestamentlichen Griechisch. Bearbeitet von Friedrich Rehkopf. 17. Auflage. Göttingen (Vandenhoeck) (GTL) 1990

BLEEK, Friedrich, Der Brief an die Hebräer, erläutert durch Einleitung, Übersetzung und fortlaufenden Commentar. Erste Abtheilung. Versuch einer vollständigen Einleitung in den Brief an die Hebräer. Berlin (Dümmler) 1828

–, Der Brief an die Hebräer, erläutert durch Einleitung, Übersetzung und fortlaufenden Commentar. Zweite Abtheilung, die Übersetzung und den Commentar enthaltend, erste Hälfte Kap. I–IV,13. Berlin (Dümmler) 1836

–, Der Brief an die Hebräer, erläutert durch Einleitung, Übersetzung und fortlaufenden Commentar. Zweite Abtheilung, die Übersetzung und den Commentar enthaltend, zweite Hälfte Kap. IV,14–XIII, nebst Registern über den ganzen Commentar. Berlin (Dümmler) 1840

BLUM, Erhard, Studien zur Komposition des Penateteuch. Berlin, New York (de Gruyter) (BZAW 189) 1990

–, (Hg.) Mincha. Festgabe für Rolf Rendtorff zum 75. Geburtstag. Neukirchen-Vluyn (Neukirchener) 2000

BLUMENTHAL, Albrecht von, Τύπος und παράδειγμα. Hermes 63, 1928, 391–414

BOCKMUEHL, Markus, 1QS and Salvation at Qumran. In: Carson, D.A.; O'Brien, Peter T.; Seifrid, Mark A. (Hg.), Justification and Variegated Nomism. Band 1: The Complexities of Second Temple Judaism. Tübingen/Grand Rapids (Mohr-Siebeck/Baker Academic) (WUNT 2,140) 2001, 381–414

BÖCHER, Otto, Kirche in Zeit und Endzeit. Aufsätze zur Offenbarung des Johannes. Neukirchen-Vluyn (Neukirchener) 1983

–, Zur Bedeutung der Edelsteine in Offb 21. In: Ders., Kirche in Zeit und Endzeit. Aufsätze zur Offenbarung des Johannes. Neukirchen-Vluyn (Neukirchener) 1983a, 144–156

BÖHL, Felix, Die Legende vom Verbergen der Lade. FJB 4, 1976, 63–80

BOMAN, Thorleif, Die Jesus-Überlieferung im Lichte der neueren Volkskunde. Göttingen (Vandenhoeck) 1967

–, Der Gebetskampf Jesu. In: Ders.: Die Jesus-Überlieferung im Lichte der neueren Volkskunde. Göttingen (Vandenhoeck) 1967a, 208–221.254f

BORGEN, Peder; FUGLSETH, Kåre; SKARSTEN, Roald, The Philo Index. A Complete Greek Word Index to the Writings of Philo of Alexandria. Grand Rapids u.a./Leiden (Eerdmans/Brill) 2000

BORNHÄUSER, Karl, Die Versuchung Jesu nach dem Hebräerbriefe. In: Giesebrecht, Friedrich, u.a. (Hg.), Theologische Studien. Martin Kähler zum 6. Januar 1905 dargebracht. Leipzig (Deichert) 1905, 71–86

–, Empfänger und Verfasser des Briefes an die Hebräer. Gütersloh (BFChTh 35,3) 1932

BORNKAMM, Günther, Studien zu Antike und Christentum. Gesammelte Aufsätze Band 2. München (Kaiser) (BEvTh 28) 1959

–, Das Bekenntnis im Hebräerbrief. In: Ders.: Studien zu Antike und Christentum. Gesammelte Aufsätze Band 2. München (Kaiser) (BEvTh 28) 1959a, 188–203

–, Sohnschaft und Leiden. In: Eltester, Walther (Hg.), Judentum Urchristentum Kirche. Festschrift für Joachim Jeremias. 2.[,] vielfach berichtigte und ergänzte [...] Auflage. Berlin (Töpelmann) 1964, 188–198

–, Geschichte und Glaube. Erster Teil. Gesammelte Aufsätze Band III. München (Kaiser) (BevTh 48) 1968

–, Lobpreis, Bekenntnis und Opfer. Eine alttestamentliche Studie. In: Ders., Geschichte und Glaube. Erster Teil. Gesammelte Aufsätze Band III. München (Kaiser) (BevTh 48) 1968a, 122–139

BÖRNER-KLEIN, Dagmar, Sifre Zuṭa und Sifre Bamidbar zu Num 19,1–2. FJB 30, 2003, 39–46

BÖTTRICH, Christfried, Weltweisheit Menschheitsethik Urkult. Studien zum slavischen Henochbuch. Tübingen (Mohr-Siebeck) (WUNT 2,50) 1992

–, The Melchizedek Story of 2 (Slavonic) Enoch. A Reaction to A. Orlov. JSJ 32, 2001, 445–470

–, Die vergessene Geburtsgeschichte. Mt 1–2/Lk 1–2 und die wunderbare Geburt des Melchisedek. In: Lichtenberger, Herrmann; Oegema, Gerbern S. (Hg.), Jüdische Schriften in ihrem antik-jüdischen und urchristlichen Kontext. Gütersloh (Gütersloher) (Studien zu den JSHRZ 1) 2002, 222–248

BOUSSET, Wilhelm, Die Religion des Judentums im späthellenistischen Zeitalter. 3.[,] verbesserte Auflage. Hg. v. Hugo Gressmann. Tübingen (Mohr-Siebeck) (HNT 21) 1926

–, Kyrios Christos. Geschichte des Christusglaubens von den Anfängen des Christentums bis Irenaeus. [1913] 4. Auflage. Unveränderter Abdruck der 2.[,] umgearbeiteten Auflage. Göttingen (Vandenheock) (FRLANT 21) 1935

–, Die Offenbarung des Johannes. Neudruck der neubearbeiteten Auflage 1906. Göttingen (Vandenhoeck) (KEK 16) 1966

BOWMAN, John, Did the Qumran Sect burn the Red Heifer? RdQ 1, 1958, 73–84

BRANDENBURGER, Egon, Adam und Christus. Exegetisch-religionsgeschichtliche Untersuchung zu Röm 5,12–21 (1.Kor. 15). Neukirchen-Vluyn (Neukirchener) (WMANT 7) 1962

-, Text und Vorlage von Hebr. V 7–10. Ein Beitrag zur Christologie des Hebräerbriefs. NT 11, 1969, 190–224

BRANDT, Wilhelm,
Die jüdischen Baptismen oder das religiöse Waschen und Baden im Judentum mit Einschluß des Judenchristentums. Gießen (Töpelmann) (BZAW 18) 1910

BRAUN, Herbert, Qumran und das Neue Testament. 2 Bände. Tübingen (Mohr-Siebeck) 1966

–, Wie man über Gott nicht denken soll. Dargelegt an Gedankengängen Philos von Alexandrien. Tübingen (Mohr-Siebeck) 1971

–, Die Gewinnung der Gewißheit in dem Hebräerbrief. ThLZ 96, 1971a, 321–330

–, Die Engel im Hebräerbrief. In: NN. (Hg.), Festgabe für Hartwig Thyen von Kollegen, Freunden und Schülern. Heidelberg (Typoskript) 1977, 98–100

–, An die Hebräer. Tübingen (Mohr-Siebeck) (HNT 14) 1984

BREMMER, Jan N., The Atonement in the Interaction of Jews, Greeks and Christians. In: Ders., u.a. (Hg.), Sacred History and Sacred Texts in Early Judaism. A Symposium in Honour of A.S. van der Woude. Kampen (Kok) (Contributions to Biblical Exegesis and Theology 5) 1992, 75–93

BREMMER, Jan N., u.a. (Hg.), Sacred History and Sacred Texts in Early Judaism. A Symposium in Honour of A.S. van der Woude. Kampen (Kok) (Contributions to Biblical Exegesis and Theology 5) 1992

BREYTENBACH, Cilliers, Versöhnung. Eine Studie zur paulinischen Soteriologie. Neukirchen-Vluyn (Neukirchener) (WMANT 60) 1989

–, (Hg.), Anfänge der Christologie. Festschrift für Ferdinand Hahn zum 65. Geburtstag. Göttingen (Vandenhoeck) 1991

–, Versöhnung, Stellvertretung und Sühne. Semantische und Traditionsgeschichtliche Bemerkungen am Beispiel der paulinischen Briefe. NTS 39, 1993, 59–79

–, Gnädigstimmen und opferkultische Sühne im Urchristentum und seiner Umwelt. In: Janowski, Bernd; Welker, Michael (Hg.), Opfer. Theologische und kulturelle Kontexte. Frankfurt a.M. (Suhrkamp) (stw 1454) 2000, 217–246

»Sühne«. TBLNT[2] 2, 2000a, 1685–1691

BRIN, Gershon, The Laws of the Prophets. JSPE 10, 1992, 19–51

BROOKE, George J., Exegesis at Qumran. 4QFlorilegium in its Jewish Context. Sheffield (JSOT Press) (JSOT.S 29) 1985

–, (Hg.) Temple Scroll Studies. Papers presented at the International Symposium on the Temple Scroll Manchester, December 1987. Sheffield (Sheffield Academic Press) (JSPE.S 7) 1989

–, The Temple Scroll and LXX Exodus 35–40. In: Brooke, George J.; Lindars SSF., Barnabas (Hg.), Septuagint, Scrolls and Cognate Writings. Papers presented to the International Symposium on the Septuagint and Its Relations to the Dead Sea Scrolls and Other Writings (Manchester, 1990). Atlanta (Scholars Press) (SBL Septuagint and Cognate Studies Series 33) 1992, 81–107

–, Miqdash Adam, Eden and the Qumran Community. In: Ego, Beate; Lange, Armin; Pilhofer, Peter (Hg.), Gemeinde ohne Tempel. Community without Temple. Zur Substituierung und Transformation des Jerusalemer Tempels und seines Kults im Alten Testament, antiken Judentum und frühen Christentum. Tübingen (Mohr-Siebeck) (WUNT 118) 1999, 285–301

BROOKE, George J.; LINDARS SSF., Barnabas (Hg.), Septuagint, Scrolls and Cognate Writings. Papers presented to the International Symposium on the Septuagint and Its Relations to the Dead Sea Scrolls and Other Writings (Manchester, 1990). Atlanta (Scholars Press) (SBL Septuagint and Cognate Studies Series 33) 1992

BROOKS, Walter Edward, The Perpetuity of Christ's Sacrifice in the Epistle to the Hebrews. JBL 89, 1970, 205–214

BROWN, J.R., Temple and Sacrifice in Rabbinic Judaism. Evanston (Seabury-Western Theological Seminary) 1963

BROX, Norbert, Der erste Petrusbrief. Zürich/Neukirchen-Vluyn (Benziger/Neukirchener) (EKK 21) 1979

BRUCE, F.F., The Epistle to the Hebrews. Grand Rapids (Eerdmans) (NIC) 1964

BRUNS, Peter, »Spelunca Thesaurorum/Schatzhöhle«. LACL, 1998, 566

BUCHWALD, Wolfgang; HOHLWEG, Armin; PRINZ, Otto, Tusculum-Lexikon griechischer und lateinischer Autoren des Altertums und des Mittelalters. 3. Auflage. München (Artemis) 1982

BÜCHLER, Adolph, Die Priester und ihr Cultus im letzten Jahrzehnt des jerusalemischen Tempels. Wien (Alfred Hölder) 1895

–, Studies in Sin and Atonement in the Rabbinic Literature of the First Century. [1927] New York (Ktav) (LBS) 1967

–, Types of Jewish Palestinian Piety from 70 B.C.E. to 70 C.E. The Ancient Pious Men. [1922] New York (Ktav) 1968

BÜCHSEL, Friedrich, Die Christologie des Hebräerbriefs. Gütersloh (»Der Rufer« Evangelischer Verlag) (BFChTh 27,2) 1922

BULTMANN, Rudolf, »εὐλαβής« usw. ThWNT 2, 1935, 749–751

–, Theologie des Neuen Testaments. [1953] 9. Auflage. Tübingen (Mohr-Siebeck) (UTB.W 630) 1984

BUSINK, Theodor A., Der Tempel von Jerusalem von Salomo bis Herodes. Eine archäologisch-historische Studie unter Berücksichtigung des westsemitischen Tempelbaus.

Band 1: Der Tempel Salomos. Band 2: Von Ezechiel bis Middot. Leiden (Brill) 1970/80

CAHILL, Miachel, A Home for the Homily. An Approach to Hebrews. IThQ 60, 1994, 141–148

CAMACHO, Harold S., The Altar of Incense in Hebrews 9:3–4. AUSS 24, 1986, 5–12

CANCIK, Hubert; LICHTENBERGER, Herrmann; SCHÄFER, Peter (Hg.), Geschichte – Tradition – Reflexion. Festschrift Martin Hengel. Band 3: Frühes Christentum. Tübingen (Mohr-Siebeck) 1996

CAQUOT, André; HADAS-LEBEL, Mireille; RIAUD, Jean (Hg.), Hellenica et Judaica. Hommages à Valentin Nikiprowetzky. Leuven, Paris (Editions Peeters) 1986

CARLSTON, Charles,
The Vocabulary of Perfection in Philo and Hebrews. In: Guelich, Robert A. (Hg.), Unity and Diversity in New Testament Theology. Essays in Honor of George E. Ladd. Michigan (Eerdmans) 1978, 133–160

CARMICHAEL, Calum, Death and Sexuality among Priests (Leviticus 21). In: Rendtorff, Rolf; Kugler, Robert A. (Hg.), The Book of Leviticus. Composition and Reception. Leiden (Brill) (VT.S 93) 2003, 225–244

CARRELL, Peter C., Jesus and the Angels. Angelology and the Christology of the Apocalypse of John. Cambridge (Cambridge University Press) (MSSNTS 95) 1997

CARREZ, Maurice; DORÉ, Joseph; GRELOT, Pierre (Hg.)
De la Tôra au Messie. Études d'exégèse et d'herméneutique bibliques offertes à Henri Cazelles pour ses 25 années d'enseignement à l'Institut Catholique de Paris. Paris (Desclée de Brouwer) 1981

CARSON, D.A.; O'BRIEN, Peter T.; SEIFRID, Mark A. (Hg.), Justification and Variegated Nomism. Band 1: The Complexities of Second Temple Judaism. Tübingen/Grand Rapids (Mohr-Siebeck/Baker Academic) (WUNT 2,140) 2001

CASALINI, Nello OFM, Dal Simbolo alla Realtà. L'espiazione dall'Antica alla Nuova Alleanza secondo Ebr 9,1–14. Una proposta esegetica. Jerusalem (Franciscan Printing Press) (ASBF 26) 1989

CASEL, Odo, Die λογικὴ θυσία der antiken Mysterien in christlich-liturgischer Umdeutung. JLW 4, 1924, 37–47

CHAMBERS, C.D., On a Use of the Aorist Participle in some Hellenistic Writers. JThS 24, 1923, 183–187

CHANDLER, Karen K., The Rite of the Red Heifer in the Epistle of Barnabas VIII and Mishnah Parah. In: Green, William Scott (Hg.), Approaches to Ancient Judaism. Band 5: Studies in Judaism and its Graeco-Roman context. Chico (Scholars Press) (BJSt 32) 1985, 99–114

CHARLESWORTH, James H., »Pseudepigraphen des Alten Testaments«. TRE 27, 1997, 639–645

–, John the Baptizer and Qumran Barriers in Light of the Rule of the Community. In: Parry, Donald W., Ulrich, Eugene (Hg.), The Provo International Conference on the Dead Sea Scrolls. Technological Innovations, New Texts, and Reformulated Issues. Leiden (Brill) (STDJ 30) 1999, 353–375

CHESTER, A.N., Hebrews. The Final Sacrifice. In: Sykes, S.W. (Hg.), Sacrifice and Redemption. Durham Essays in Theology. Cambridge (Cambridge University Press) 1991, 57–72

–, The Sibyl and the Temple. In: Horbury, William (Hg.), Templum Amicitiae. Essays on the Second Temple presented to Ernst Bammel. Sheffield (Sheffield Academic Press) (JSNT.S 48) 1991a, 37–69

CIRILLO, L., Le baptême, remède à la concupiscence, selon la catéchèse ps.-clémentine de Pierre. Hom. XI 26 (Réc. VI 9; IX 7). In: Baarda, T.; Hilhorst, A.; Luttikhuizen, G.P., u.a. (Hg.), Text and Testimony. Essays on New Testament and Apocryphal Literature in Honour of A.F.J. Klijn. Kampen (Uitgevers-maatschappij J.H. Kok) 1988, 79–90

CLARK, Kenneth W., Worship in the Jerusalem Temple after A.D. 70. NTS 6, 1960, 269–280

CLEMENTS, R.E., »קשר usw.«. ThWAT 7, 1993, 10–18

CLINES, David J.A. (Hg.), The Dictionary of Classical Hebrew. Bisher 5 Bände. Sheffield (Sheffield Academic Press) 1993ff

CODY, Aelred OSB, Heavenly Sanctuary and Liturgy in the Epistle to the Hebrews. The achievement of salvation in the Epistle's Perspectives. St. Meinrad (Grail Publications) 1960

COLLINS, John J., The Afterlife in Apocalyptic Literature. In: Avery-Peck, Alan J.; Neusner, Jacob (Hg.), Judaism in Late Antiquity. Part Four. Death, Life-After-Death, Resurrection and the World-To-Come in the Judaisms of Antiquity. Leiden (Brill) (HO 1,49/2) 2000, 119–139

COLLINS, Marilyn F., The hidden Vessels in Samaritan Tradition. JSJ 3, 1972, 97–116

COLPE, Carsten, Die religionsgeschichtliche Schule. Darstellung und Kritik ihres Bildes vom gnostischen Erlösermythos. Göttingen (Vandenhoeck) (FRLANT 75) 1961

CONZELMANN, Hans, Der erste Brief an die Korinther. 11. = 1. Auflage. Göttingen (Vandenhoeck) (KEK 5) 1969

–, »χάρις C–F«. ThWNT 9, 1973, 377–393

CRANFIELD, C.E.B., A Critical and Exegetical Commentary on the Epistle to the Romans. 2 Bände. Edinburgh (T & T Clark) (ICC) 1975/83

CROSS, F.L. (Hg.), Studia Evangelica. Band 4: Papers presented to the Third International Congress on New Testament Studies held at Christ Church, Oxford, 1965. Part I: The New Testament Scriptures. Berlin (Akademie-Verlag) (TU 102) 1968

–, Studia Patristica. Band 11: Papers presented to the fifth international Conference on Patristic Studies held in Oxford 1967. Part II. Berlin (Akademie-Verlag) (TU 108) 1972

CRÜSEMANN, Frank, Der neue Bund im Neuen Testament. Erwägungen zum Verständnis des Christusbundes in der Abendmahlstradition und im Hebräerbrief. In: Blum, Erhard (Hg.), Mincha. Festgabe für Rolf Rendtorff zum 75. Geburtstag. Neukirchen-Vluyn (Neukirchener) 2000, 47–60

CULLMANN, Oscar, Die Christologie des Neuen Testaments. Tübingen (Mohr-Siebeck) 1957

DALMAN, Gustav, Der zweite Tempel zu Jerusalem. PJ 5, 1909, 29–57

D'ANGELO, Mary Rose, Moses in the Epistle to the Hebrews. Missoula (Scholars Press) (SBL.DS 42) 1979

DANIEL, Suzanne, Recherches sur le Vocabulaire du Culte dans la Septante. Paris (Librairie C. Klincksieck) (EeC 61) 1966

DANIÉLOU, Jean, La symbolique du Temple de Jérusalem chez Philon et Josèphe. In: Tucci, Giuseppe (Hg.), Le symbolisme cosmique des mouvements religieux. Actes de la conference internationale qui a eu lieu [...] à Rome, Avril–Mai 1955. Rom (Istituto Italiano per l'Africa e l'Oriente) (SOR 14) 1957 , 83–90

DAUBE, David, The New Testament and Rabbinic Judaism. London (University of London/The Athlone Press) 1956

DAVENPORT, Gene L., The Eschatology of the Book of Jubilees. Leiden (Brill) (StPB 20) 1971

DAVIDS, Peter H., The First Epistle of Peter. Grand Rapids (Eerdmans) (NIC) 1990

DAVIDSON, Maxwell J., Angels at Qumran. A Comparative Study of 1 Henoch 1–36, 72–108 and Sectarian Writings from Qumran. Sheffield (Sheffild Academic Press) (JSPE.S 11) 1992

DAVIES, D.W.; DAUBE, D. (Hg.), The Background of the New Testament and its Eschatology. In Honour of Charles Harold Dodd. Cambridge (Cambridge University Press) 1956

DAVIES, J.H., The Heavenly Work of Christ in Hebrews. In: Cross, F.L. (Hg.), Studia Evangelica. Band 4: Papers presented to the Third International Congress on New Testament Studies held at Christ Church, Oxford, 1965. Part I: The New Testament Scriptures. Berlin (Akademie-Verlag) (TU 102) 1968, 384–389

DEIANA, Giovanni, Il Giorno del Kippūr in Filone di Alessendria. In: Vattioni, Francesco (Hg.), Sangue e antropologia, riti e culto. Atti della V. settimana, Roma, 26 novembre – 1 dicembre 1984. Band 2. Rom (Editrice Pia Unione Preziosissimo Sangue) (Sangue e antropologia 5) 1987, 891–905

DEICHGRÄBER, Reinhard, Gotteshymnus und Christushymnus in der frühen Christenheit. Untersuchungen zu Form, Sprache und Stil der frühchristlichen Hymnen. Göttingen (Vandenhoeck) (StUNT 5) 1967

DEINES, Roland, Jüdische Steingefäße und pharisäische Frömmigkeit. Ein Archäologisch-historischer Beitrag zum Verständnis von Joh 2,6 und der jüdischen Reinheitshalacha zur Zeit Jesu. Tübingen (Mohr-Siebeck) (WUNT 2,52) 1993

DEISSMANN, Adolf, Neue Bibelstudien. Sprachgeschichtliche Beiträge, zumeist aus den Papyri und Inschriften, zur Erklärung des Neuen Testaments. Marburg (Elwert) 1897

–, ΙΛΑΣΤΗΡΙΟΣ und ΙΛΑΣΤΗΡΙΟΝ. Eine lexikalische Studie. ZNW 4, 1903, 193–212

Licht vom Osten. Das Neue Testament und die neuentdeckten Texte der hellenistisch-römischen Welt. [1908] 4. Auflage. Tübingen (Mohr-Siebeck) 1923

DE JONGE, M., The Testaments of the Twelve Patriarchs. A Study of their Text, Composition and Origin. [1953] 2. Auflage. Assen (van Gorcum) (GTB 25) 1975

–, (Hg.) Studies on the Testaments of the Twelve Patriarchs. Text and Interpretation. Leiden (Brill) (SVTP 3) 1975a

–, Levi, the sons of Levi and the Law in Testament Levi X, XIV–XV and XVI. In: Carrez, Maurice; Doré, Joseph; Grelot, Pierre (Hg.), De la Tôra au Messie. Études d'exégèse et d'herméneutique bibliques offertes à Henri Cazelles pour ses 25 années d'enseignement à l'Institut Catholique de Paris. Paris (Desclée de Brouwer) 1981, 513–523

–, Jesus' death for others and the death of the Maccabean Martyrs. In: Baarda, T.; Hilhorst, A., Luttikhuizen, G.P., u.a. (Hg.), Text and Testimony. Essays on New Testament and Apocryphal Literature in Honour of A.F.J. Klijn. Kampen (Uitgeversmaatschappij J.H. Kok) 1988, 142–151

DE JONGE, M., VAN DER WOUDE, A.S., 11Q Melchizedek and the New Testament. NTS 12, 1965/66, 301–326

DELCOR, M., Melchizedek from Genesis to the Qumran Texts and the Epistle to the Hebrews. JSJ 2, 1971, 115–135

DELITZSCH, Franz, Biblischer Commentar über die Psalmen. 4. Auflage. Leipzig (Dörffling und Franke) (BC 4,1) 1883

–, Der Hebräerbrief. [1857] Mit einem Geleitwort herausgegeben von Otto Michel. Nachdruck der 1. Auflage. Giessen, Basel (Brunnen) 1989

DELLING, Gerhard, Jüdische Lehre und Frömmigkeit in den Paralipomena Jeremiae. Berlin (Töpelmann) (BZAW 100) 1967

–, »τέλος« usw. ThWNT 8, 1969, 50–88

DENIS, Albert-Marie O.P., Introduction aux Pseudépigraphes Grecs d'Ancien Testament. Leiden (Brill) (SVTP 1) 1970

–, Concordance Grecque des Pseudépigraphes d'Ancien Testament. Concordance, Corpus des Textes, Indices. Louvain-la-Neuve (Université Catholique de Louvain) 1987

DESILVA, David A., Despising Shame. A Cultural-Anthropological Investigation of the Epistle to the Hebrews. JBL 113, 1994, 439–461

–, Despising Shame. Honor Discourse and Community Maintenance in the Epistle to the Hebrews. Atlanta (Scholars Press) (SBL.DS 152) 1995

–, 4 Maccabees. Sheffield (Sheffield Academic Press) (Guides to Apocrypha and Pseudepigrapha) 1998

–, Perseverance in Gratitude. A Socio-Rhetorical Commentary on the Epistle to the Hebrews. Grand Rapids (Eerdmans) 2000

DEVER, William G.; WRIGHT, J. Edward (Hg.), The Echoes of Many Texts. Reflections on Jewish and Christian Traditions. Essay in Honor of Lou H. Silberman. Atlanta (Scholars Press) (BJSt 313) 1987

DEY, Lala Kalyan Kumar, The Intermediary World and Patterns of Perfection in Philo and Hebrews. Missoula (Scholars Press) (SBL.DS 25) 1975

DIBELIUS, Martin, An die Thessalonicher I,II. An die Philipper. 3. Auflage. Tübingen (Mohr-Siebeck) (HNT 11) 1937

–, Die Pastoralbriefe. 3. Auflage. Neu bearbeitet von Dr. Hans Conzelmann. Tübingen (Mohr-Siebeck) (HNT 13) 1955

–, Botschaft und Geschichte. Gesammelte Aufsätze. Band 2: Zum Urchristentum und zur hellenistischen Religionsgeschichte. In Verbindung mit Heinz Kraft herausgegeben von Günther Bornkamm. Tübingen (Mohr-Siebeck) 1956

–, Der himmlische Kultus nach dem Hebräerbrief. [1942] In: Ders.: Botschaft und Geschichte. Gesammelte Aufsätze. Band 2: Zum Urchristentum und zur hellenistischen Religionsgeschichte. In Verbindung mit Heinz Kraft herausgegeben von Günther Bornkamm. Tübingen (Mohr-Siebeck) 1956a, 160–176

DILLON, John, The Middle Platonists. A Study of Platonism 80 B.C. to A.D. 220. London (Duckworth) 1977

–, Philo's Doctrine of Angels. In: Winston, David; Dillon, John (Hg.), Two Treatises of Philo of Alexandria. A Commentary on De Gigantibus and Quod Deus sit immutabilis. Chico (Scholars Press) (BJSt 25) 1983, 197–205

DIMANT, Devorah, Qumran Sectarian Literature. In: Stone, M.E. (Hg.), Jewish Writings of the Second Temple Period. Apocrypha, Pseudepigrapha, Qumran-Sectarian Writings, Philo, Josephus. Assen/Philadelphia (Gorcum/Fortress) (CRI 2,2) 1984, 483–550

–, 4QFlorilegium and the Idea of the Community as Temple. In: Caquot, André; Hadas-Lebel, Mireille; Riaud, Jean (Hg.), Hellenica et Judaica. Hommages à Valentin Nikiprowetzky. Leuven, Paris (Editions Peeters) 1986, 165–189

DIMANT, Devorah; RAPPAPORT, Uriel (Hg.), The Dead Sea Scrolls. Forty Years of Research. Leiden/Jerusalem (Brill/Magnes Press/Yad Izhak Ben Zvi) (StTDJ 10) 1992

DIMANT, Devorah; SCHIFFMAN, Lawrence H. (Hg.), Time to prepare the way in the Wilderness. Papers on the Qumran Scrolls by Fellows of the Institute for Advanced Studies of the Hebrew University, Jerusalem, 1989–1990. Leiden (Brill) (STDJ 16) 1995

DODD, Charles Harold, The Bible and the Greeks. 3. Auflage. London (Hodder & Stoughton) 1964

–, Atonement. In: Ders., The Bible and the Greeks. 3. Auflage. London (Hodder & Stoughton) 1964a, 82–95

Döpp, Heinz-Martin, Die Deutung der Zerstörung Jerusalems und des Tempels im Jahre 70 in den ersten drei Jahrhunderten. Tübingen (Francke) (TANZ 24) 1998

Doering, Lutz, Schabbat. Sabbathalacha und -praxis im antiken Judentum und Urchristentum. Tübingen (Mohr-Siebeck) (TASJ 78) 1999

–, Überlegungen zum Ansatz der Halacha in den Qumrantexten. In: Frey, Jörg; Stegemann, Hartmut (Hg.), Qumran kontrovers. Beiträge zu den Textfunden vom Toten Meer. Paderborn (Bonifatius) (Einblicke 6) 2003, 89–113

Dörrie, Heinrich, »Timaios 3«. KP 5, 1979, 834f

Dogniez, Cécile, Bibliography of the Septuagint. Bibliographie de la Septante. Brill (Leiden) (VT.S 60) 1995

Dolfe, Karl-Gustav E., Hebrews 2,16 under the magnifying glass. ZNW 84, 1993, 289–294

Douglas, Mary, Reinheit und Gefährdung. Eine Studie zu Vorstellungen von Verunreinigung und Tabu. [Englisch 1966] Berlin (Dietrich Reimer) 1985

–, In the Wilderness. The Doctrine of Defilement in the Book of Numbers. Sheffield (Sheffield Academic Press) (JSOT.S 158) 1993

–, Atonement in Leviticus. Jewish Studies Quarterly 1, 1993/94, 109–129

Leviticus as Literature. Oxford (Oxford University Press) 1999

Dunn, James Douglas Grant (Hg.), Jews and Christians. The Parting of the Ways A.D. 70 to 135. The Second Durham-Tübingen Research Symposium on Earliest Christianity and Judaism (Durham, September, 1989). Tübingen (Mohr-Siebeck) (WUNT 66) 1992

–, Christology in the Making. An Inquiry into the Origins of the Doctrine of the Incarnation. [1980] Nachdruck der 2. Auflage 1989. Grand Rapids (Eerdmans) 1996

–, 4QMMT and Galatians. NTS 43, 1997, 147–153

Dunnill, John, Covenant and sacrifice in the Letter to the Hebrews. Cambridge (Cambridge University Press) (MSSNTS 75) 1988

Duplessis, Paul J., Teleios. The Idea of Perfection in the New Testament. Kampen (Kok) o.J. [1959]

Eberhart, Christian, Studien zur Bedeutung der Opfer im Alten Testament. Die Signifikanz von Blut- und Verbrennungsriten im kultischen Rahmen. Neukirchen-Vluyn (Neukirchener) (WMANT 94) 2002

Eckstein, Hans-Joachim, Der Begiff Syneidesis bei Paulus. Eine neutestamentlich-exegetische Untersuchung zum ›Gewissensbegriff‹. Tübingen (Mohr-Siebeck) (WUNT 2,10) 1983

Edelmann, Diana, The Meaning of Qittēr. VT 35, 1985, 395–404

Ego, Beate, Im Himmel wie auf Erden. Studien zum Verhältnis von himmlischer und irdischer Welt im rabbinischen Judentum. Tübingen (Mohr-Siebeck) (WUNT 2,34) 1989

–, Heilige Zeit – heiliger Raum – heiliger Mensch. Beobachtungen zur Struktur der Gesetzesbegründung in der Schöpfungs- und Paradiesgeschichte des Jubiläenbuches. In: Albani, Matthias; Frey, Jörg; Lange, Armin (Hg.), Studies in the Book of Jubilees. Tübingen (Mohr-Siebeck) (TSAJ 65) 1997, 207–219

Ego, Beate; Lange, Armin; Pilhofer, Peter (Hg.), Gemeinde ohne Tempel. Community without Temple. Zur Substituierung und Transformation des Jerusalemer Tempels und seines Kults im Alten Testament, antiken Judentum und frühen Christentum. Tübingen (Mohr-Siebeck) (WUNT 118) 1999

Eichrodt, Walther, Der Prophet Hesekiel. Göttingen (Vandenhoeck) (ATD 22) 1966

Eisele, Wilfried, Ein unerschütterliches Reich. Die mittelplatonische Umformung des Parusiegedankens im Hebräerbrief. Berlin, New York (de Gruyter) (BZNW 116) 2003

EISSFELDT, Otto, Einleitung in das Alte Testament. 3. Auflage. Tübingen (Mohr-Siebeck) (NTG) 1964

ELIADE, Mircea, Kosmos und Geschichte. [frz. Le mythe de l'éternel retour. Archétypes et répetition, Paris (Gallimard) 1949; dt. Erstausgabe 1953] Taschenbuchausgabe. Frankfurt a.m. (Insel) (it 1580) 1994

ELLIGER, Karl, Leviticus. Tübingen (Mohr-Siebeck) (HAT 4) 1966

ELLINGWORTH, Paul, The Epistle to the Hebrews. A Commentary on the Greek Text. Grand Rapids/Carlisle (Eerdmans/Paternoster Press) (NIGTC) 1993

–; NIDA, Eugene A., A Translator's Handbook on the Letter to the Hebrews. London, New York, Stuttgart (United Bible Societies) (HeTr) 1983

ELLIOTT, John H., 1 Peter. New York (Doubleday) (AnchB 37b) 2001

ELLIS, E. Earle; GRÄSSER; Erich (Hg.), Jesus und Paulus. Festschrift für Werner Georg Kümmel zum 70. Geburtstag. Göttingen (Vandenhoeck) 1975

ELTESTER, Walther, Eikon im Neuen Testament. Berlin (Töpelmann) (BZNW 23) 1958

–, (Hg.) Judentum Urchristentum Kirche. Festschrift für Joachim Jeremias. 2.[,] vielfach berichtigte und ergänzte [...] Auflage. Berlin (Töpelmann) 1964

EMERTON, J.A. (Hg.), Congress Volume Cambridge 1995. Leiden (Brill) (VT.S 66) 1997

ENGEL, Helmut, Das Buch der Weisheit. Stuttgart (Katholisches Bibelwerk) (NSK.AT 16) 1998

ERLEMANN, Kurt, Naherwartung und Parusieverzögerung im Neuen Testament. Ein Beitrag zur Frage religiöser Zeiterfahrung. Tübingen (Francke) (TANZ 17) 1995

–, Alt und Neu bei Paulus und im Hebräerbrief. Frühchristliche Standortbestimmungen im Vergleich. ThZ 54, 1998, 345–367

–, Die Datierung des Ersten Klemensbriefes – Anfragen an eine Communis Opinio. NTS 44, 1998a, 591–607

–, Anfänge, die das Ganze verbürgen. Überlegungen zu einer frühchristlichen Metapherngruppe. ThZ 57, 2001, 60–87

ESHEL, Esther, 4Q414 Fragment 2: Purification of a Corpse-Contaminated Person. In: Bernstein, Moshe; García Martínez, Florentino; Kampen, John (Hg.), Legal Texts and Legal Issues. Proceedings of the Second Meeting of the International Organization for Qumran Studies Cambridge 1995. Leiden (Brill) (StTDJ 23) 1997, 3–10

ESHEL, Hanan, Josephus' View on Judaism without Temple in Light of the Discoveries at Masada and Murabba'at. In: Ego, Beate; Lange, Armin; Pilhofer, Peter (Hg.), Gemeinde ohne Tempel. Community without Temple. Zur Substituierung und Transformation des Jerusalemer Tempels und seines Kults im Alten Testament, antiken Judentum und frühen Christentum. Tübingen (Mohr-Siebeck) (WUNT 118) 1999, 229–238

ESKOLA, Timo, Messiah and the Throne. Jewish Merkabah Mysticism and Early Christian Exaltation Discourse. Tübingen (Mohr-Siebeck) (WUNT 2,142) 2001

EVANG, Martin, u.a. (Hg.), Eschatologie und Schöpfung. Festschrift für Erich Grässer zum siebzigsten Geburtstag. Berlin, New York (de Gruyter) (BZNW 89) 1997

FABRY, Heinz-Josef, »עזר usw. II«. ThWAT 6, 1989, 14–21

FABRY, Heinz-Josef; JÜNGLING, H.-W. (Hg.), Levitikus als Buch. Bonn (Philo) (BBB 119) 1999

FALKENROTH, Arnold; HELD, Heinz Joachim (Hg.), hören und fragen. Eine Predigthilfe. Begründet von Georg Eichholz. Band 4: Zweite Epistelreihe, 1. Teil. Neukirchen-Vluyn (Neukirchener) 1975

FASSBECK, Gabriele, Der Tempel der Christen. Traditionsgeschichtliche Untersuchungen zur Aufnahme der Tempelkonzepts im frühen Christentum. Tübingen (Francke) (TANZ 33) 2000

FEINE, Paul, Theologie des Neuen Testaments. 2. Auflage. Leipzig (Hinrichs) 1912
–, Einleitung in das Neue Testament [1913]. 3. Auflage. Leipzig (Quelle & Meyer) (Evangelisch-theologische Bibliothek) 1923
FELD, Helmut, Der Hebräerbrief. Darmstadt (Wissenschaftliche Buchgesellschaft) (EdF 228) 1985
FELDMEIER, Reinhard, Die Krisis des Gottessohnes. Die Gethsemaneerzählung als Schlüssel der Markuspassion. Tübingen (Mohr-Siebeck) (WUNT 2,21) 1987
FENSHAM, F.C., »Camp« in the New Testament and Milḥamah. RdQ 4, 1964, 557–562
FERGUSON, Everett, Spiritual Sacrifice in Early Christianity and its Environment. ANRW II 23,2, 1980, 1151–1189
Festgabe für Adolf Deissmann zum 60. Geburtstag 7. November 1926. Tübingen (Mohr-Siebeck) 1927
FILSON, Floyd V., »Yesterday«. A Study of Hebrews in the Light of Chapter 13. London (SCM Press) (SBT 2,4) 1967
FINKEL, Asher; FRIZZELL, Lawrence (Hg.), Standing before God. Studies on Prayer in Scripture and in Tradition with Studies in Honor of John M. Oesterreicher. New York (Ktav) 1981
FISCHER, Ulrich, Eschatologie und Jenseitserwartung im hellenistischen Diasporajudentum. Berlin, New York (de Gruyter) (BZNW 44) 1978
FITZER, Gottfried, Auch der Hebräerbrief legitimiert nicht eine Opfertodchristologie. Zur Frage der Intention des Hebräerbriefes und seiner Bedeutung für die Theologe. KuD 15, 1969, 294–319
FITZMYER, Joseph A. S.J., The Targum of Levitcus from Qumran Cave 4. Maarav 1, 1978, 5–23
–, Habakkuk 2:3–4 and the New Testament. In: Carrez, Maurice; Doré, Joseph; Grelot, Pierre (Hg.), De la Tôra au Messie. Études d'exégèse et d'herméneutique bibliques offertes à Henri Cazelles pour ses 25 années d'enseignement à l'Institut Catholique de Paris. Paris (Desclée de Brouwer) 1981, 447–455
–, Romans. New York (Doubleday) (AnchB 33) 1993
–, Melchizedek in the MT, LXX, and the NT. Bib 81, 2000, 63–69
FLETCHER-LOUIS, Crispin H. T., Luke-Acts: Angels, Christology and Soteriology. Tübingen (Mohr-Siebeck) (WUNT 2,94) 1997
–, The High Priest as Divine Mediator. In: Society of Biblical Literature 1997 Seminar Papers. Atlanta (Scholars Press) (SBL Seminar Papers Series 36) 1997a, 161–193
–, Heavenly Ascent or Incarnational Presence? A Revisionist Reading of the Songs of the Sabbath Sacrifice. In: Society of Biblical Literature 1998 Seminar Papers. Atlanta (Scholars Press) (SBL Seminar Papers Series 37) 1998, 367–399
–, Some Reflections on Angelomorphic Humanity Texts among the Dead Sea Scrolls. DSD 7, 2000, 292–312
–, The Revelation of the Sacral Son of Man. The Genre, History of Religions Context and Meaning of the Transfiguration. In: Avemarie, Friedrich; Lichtenberger, Herrmann (Hg.), Auferstehung – Resurrection. The Fourth Durham-Tübingen Research Symposium. Resurrection, Transfiguration and Exaltation in Old Testament, Ancient Judaism and Early Christianity (Tübingen, September, 1999). Tübingen (Mohr-Siebeck) (WUNT 135) 2001, 247–298
–, All the Glory of Adam. Liturgical Anthropology in the Dead Sea Scrolls. Leiden (Brill) (STDJ 42) 2002
FLINT, Peter W.; VANDERKAM, James C. (Hg.), The Dead Sea Scrolls after Fifty Years. A Comprehensive Assessment. Band 2. Leiden (Brill) 1999

FLUSSER, David, Jerusalem in the Literature of the Second Temple Period. Imm. 6, 1976, 43–45

FOERSTER, Werner, »διάβολος A.C.«. ThWNT 2, 1935, 70f.74–80

–, »Σατανᾶς A–B«. ThWNT 7, 1964, 151–164

FOHRER, Georg (Hg.), Hebräisches und Aramäisches Wörterbuch zum Alten Testament. Berlin, New York (de Gruyter) 1971

FOSSUM, Jarl E., The Name of God and the Angel of the Lord. Samaritan and Jewish Concepts of Intermediation and the Origin of Gnosticism. Tübingen (Mohr-Siebeck) (WUNT 36) 1985

–, The image of the Invisible God. Essays on the Influence of Jewish Mysticism on Early Christology. Freiburg (Schweiz)/Göttingen (Universitätsverlag Freiburg/Vandenhoeck) (NTOA 30) 1995

–, Introduction. The New Testament and Early Jewish Mysticism. In: Ders.: The image of the Invisible God. Essays on the Influence of Jewish Mysticism on Early Christology. Freiburg (Schweiz)/Göttingen (Universitätsverlag Freiburg/Vandenhoeck) (NTOA 30) 1995a, 1–11

–, The Angel of the Lord in Samaritanism. JSSt 46, 2001, 51–75

FRAADE, Steven D., To Whom it may concern. 4Q MMT and its Adressee(s). RdQ 19, 2000, 507–536

FRANKEL, Zacharias, Über den Einfluß der palästinischen Exegese auf die alexandrinische Hermeneutik. [1851] Westmead (Gregg International Publishers) 1972

FRANKEMÖLLE, Hubert; KERTELGE, Karl (Hg.), Vom Urchristentum zu Jesus. Für Joachim Gnilka. Freiburg u.a. (Herder) 1989

FRENSCHKOWSKI, Marco, »Kreuzigungsstätte I«. NBL 2, 1995, 550

FREY, Jörg, Die alte und die neue διαθήκη nach dem Hebräerbrief. In: Avemarie, Friedrich; Lichtenberger, Herrmann (Hg.), Bund und Tora. Zur theologischen Begriffsgeschichte in alttestamentlicher, frühjüdischer und urchristlicher Tradition. Tübingen (Mohr-Siebeck) (WUNT 92) 1996, 263–310

–, Zum Weltbild im Jubiläenbuch. In: Albani, Matthias; Frey, Jörg; Lange, Armin (Hg.), Studies in the Book of Jubilees. Tübingen (Mohr-Siebeck) (TSAJ 65) 1997, 261–292

–, Temple and Rival Temple – The Cases of Elephantine, Mt. Garizim, and Leontopolis. In: Ego, Beate; Lange, Armin; Pilhofer, Peter (Hg.), Gemeinde ohne Tempel. Community without Temple. Zur Substituierung und Transformation des Jerusalemer Tempels und seines Kults im Alten Testament, antiken Judentum und frühen Christentum. Tübingen (Mohr-Siebeck) (WUNT 118) 1999, 171–203

–, The New Jerusalem Text in its Historical and Traditio-Historical Context. In: Schiffman, Lawrence H., u.a. (Hg.), The Dead Sea Scrolls Fifty Years after their Discovery. Proceedings of the Jerusalem Congress, July 20–25, 1997. Jerusalem (Israel Exploration Society in Cooperation with The Shrine of the Book, Israel Museum) 2000, 800–816

–, Leidenskampf und Himmelsreise. Das Berliner Evangelienfragment (Papyrus Berolinensis 22220) und die Gethsemane-Tradition. BZ 46, 2002, 71–96

FREY, Jörg; SCHRÖTER, Jens (Hg.), Deutungen des Todes Jesu im Neuen Testament. Tübingen (Mohr-Siebeck) (WUNT 181) 2005

FREY, Jörg; STEGEMANN, Hartmut (Hg.), Qumran kontrovers. Beiträge zu den Textfunden vom Toten Meer. Paderborn (Bonifatius) (Einblicke 6) 2003

FRIEDRICH, Gerhard, Auf das Wort kommt es an. Gesammelte Aufsätze. Zum 70. Geburtstag herausgegeben von Johannes H. Friedrich. Göttingen (Vandenhoeck) 1978

–, Das Lied vom Hohenpriester im Zusammenhang von Hebr. 4,14–5,10. In: Ders., Auf das Wort kommt es an. Gesammelte Aufsätze. Zum 70. Geburtstag herausgegeben von Johannes H. Friedrich. Göttingen (Vandenhoeck) 1978a, 279–299

FRITSCH, Ch. T., TO ANTITYΠON. In: van Unnik, W.C. (Hg.), Studia Biblica et Semitica. Wageningen (Veenman & Zonen) 1966, 100–107

FRÜCHTEL, Ursula, Die kosmologischen Vorstellungen bei Philo von Alexandrien. Ein Beitrag zur Geschichte der Genesisexegese. Leiden (Brill) (ALGHJ 2) 1968

FRYMER-KENSKY, Tikva, Pollution, Purification, and Purgation in Biblical Israel. In: Meyers, Carol L.; O'Connor, M. (Hg.), The Word of the Lord shall go Forth. Essays in Honor of David Noel Freedman in Celebration of His Sixtieth Birhday. Winona Lake (Eisenbrauns) 1983, 399–414

GAMMIE, John G., Holiness in Israel. Minneapolis (Fortress) (Overtures to Biblical Theology) 1989

GÄRTNER, Bertil, The Temple and the Community in Qumran and the New Testament. A Comparative Study in the Temple Symbolism of the Qumran Texts and the New Testament. Cambridge (Cambridge University Press) (MSSNTS 1) 1965

GARCÍA MARTÍNEZ, Florentino, The Problem of Purity: The Qumran Solution. In: Ders.; Trebolle Barrera, Julio, The People of the Dead Sea Scrolls. Leiden (Brill) 1995, 139–157

–, »Temple Scroll«. EDSS 2, 2000, 927–933

GARCÍA MARTÍNEZ, Florentino; TREBOLLE BARRERA, Julio, The People of the Dead Sea Scrolls. Leiden (Brill) 1995

GARNET, Paul, Salvation and Atonement in the Qumran Scrolls. Tübingen (Mohr-Siebeck) (WUNT 2,3) 1977

GAUKESBRINK, Martin, Die Sühnetradition bei Paulus. Rezeption und theologischer Stellenwert. Würzburg (Echter) (FzB 82) 1999

GELARDINI, Gabriella, (Hg.), Hebrews. Contemporary Methods – New Insights. Leiden (Brill) (Biblical Interpretation Series 75) 2005

–, Hebrews, an Ancient Synagogue Homily for Tisha be-Av. Its Function, its Basis, its Theological Interpretation. In: Dies. (Hg.), Hebrews. Contemporary Methods – New Insights. Leiden (Brill) (Biblical Interpretation Series 75) 2005a, 107-127

GEMOLL, Wilhelm, Griechisch-Deutsches Schul- und Handwörterbuch. 9. Auflage, durchgesehen und erweitert von Karl Vretska. Mit einer Einführung in die Sprachgeschichte von Heinz Kronasser. München; Wien (G. Freytag) 1954

GHEORGHITA, Radu, The Role of the Septuagint in Hebrews. An Investigation of its Influence with Special Consideration to the Use of Hab 2:3–4 in Heb 10:37–38. Tübingen (Mohr-Siebeck) (WUNT 2,160) 2003

GERLEMANN, Gillis, »רצה rṣh Gefallen haben«. THAT 2³, 1984, 810–813

GERSTENBERGER, Erhard S., Das 3. Buch Mose. Leviticus. 6. Auflage – 1. Auflage dieser Bearbeitung. Göttingen (Vandenhoeck) (ATD 6) 1993

GESE, Hartmut, Vom Sinai zum Zion. Alttestamentliche Beiträge zur biblischen Theologie. [1974] 3. Auflage. München (Kaiser) (BEvTh 64) 1990

–, Psalm 22 und das Neue Testament. Der älteste Bericht vom Tode Jesu und die Entstehung des Herrenmahles. [1968] In: Ders.: Vom Sinai zum Zion. Alttestamentliche Beiträge zur biblischen Theologie. [1974] 3. Auflage. München (Kaiser) (BEvTh 64) 1990a, 180–201

GESENIUS, Wilhelm, Hebräisches und Aramäisches Handwörterbuch über das Alte Testament, [...] bearbeitet von Frants Buhl. Unveränderter Neudruck der 1915 erschienenen 17. Auflage. Berlin u.a. (Springer) 1962

–, Hebräisches und Aramäisches Handwörterbuch über das Alte Testament. Unter verantwortlicher Mitarbeit von Dr. Udo Rüterswörden bearbeitet und herausgegeben von D. Rudolf Meyer und Dr. Dr. Herbert Donner. 18. Auflage. Bisher 3 Lieferungen. Berlin u.a. (Springer) 1987ff

GIESCHEN, Charles A., Angelomorphic Christology. Antecedents and early Evidence. Leiden (Brill) (AGJU 42) 1998

GIESEBRECHT, Friedrich, u.a. (Hg.), Theologische Studien. Martin Kähler zum 6. Januar 1905 dargebracht. Leipzig (Deichert) 1905

GIESEN, Heinz, Die Offenbarung des Johannes. Regensburg (Pustet) (RNT) 1997

GLEASON, Randall C., Angels and the Eschatology of Heb 1–2. NTS 49, 2003, 90–107

GNILKA, Joachim, Das Matthäusevangelium. 2 Bände. Ungekürzte Sonderausgabe. Nachdruck der Dritten Auflage [1993]. Freiburg u.a. (Herder) (HThK.NT) 2000

GOEBEL, M.,»Menken, Dr. Gottfried«. RE[1] 9, 1858, 328–338

GOLDBERG, Arnold, Service of the Heart. Liturgical Aspects of Synagogue Worship. In: Finkel, Asher; Frizzell, Lawrence (Hg.), Standing before God. Studies on Prayer in Scripture and in Tradition with Studies in Honor of John M. Oesterreicher. New York (Ktav) 1981, 195–211

–, Mystik und Theologie des rabbinischen Judentums. Gesammelte Studien. Band 1. Hg. v. Margarete Schlüter und Peter Schäfer. Tübingen (Mohr-Siebeck) (TSAJ 61) 1997

–, Der Heilige und die Heiligen. Vorüberlegungen zur Theologie des heiligen Menschen im rabbinischen Judentum. [1976] In: Ders., Mystik und Theologie des rabbinischen Judentums. Gesammelte Studien. Band 1. Hg. v. Margarete Schlüter und Peter Schäfer. Tübingen (Mohr-Siebeck) (TSAJ 61) 1997a, 304–320

–, Die Heiligkeit des Ortes in der frühen rabbinischen Theologie. In: Ders., Mystik und Theologie des rabbinischen Judentums. Gesammelte Studien. Band 1. Hg. v. Margarete Schlüter und Peter Schäfer. Tübingen (Mohr-Siebeck) (TSAJ 61) 1997b, 321–325

GOLDIN, Judah,»Avot«. EJ 3, 1971, 983f

–, »Avot de-Rabbi Nathan«. EJ 3, 1971a, 984–986

GOLDMAN, Yohanan; UEHLINGER, Christoph (Hg.), La double transmission du texte biblique. Études d'histoire du texte offertes en hommage à Adrian Schenker. Freiburg (Schweiz)/Göttingen (Universitätsverlag Freiburg/Vandenhoeck) (OBO 179) 2001

GOLDSTEIN, Jonathan A., II Maccabees. New York (Doubleday) (AnchB 41a) 1983

GOODBLATT, David; PINNICK, Avital; SCHWARTZ, Daniel R. (Hg.), Historical Perspectives: From the Hasmoneans to Bar Kokhba in Light of the Dead Sea Scrolls. Leiden (Brill) (StTDJ 37) 2001

GOODENOUGH, Erwin Ramsdell, By Light, Light. The Mystic Gospel of Hellenistic Judaism. New Haven u.a. (Yale University Press) 1935

–, Jewish Symbols in the Greco-Roman Period. Band 4: The Problem of Method. Symbols from Jewish Cult. New York (Pantheon Books) (BollS 37,4) 1954

–, Jewish Symbols in the Greco-Roman Period. Band 10: Symbolism in the Dura Synagogue, 2. New York (Pantheon Books) (BollS 37,10) 1964

–, Jewish Symbols in the Greco-Roman Period. Band 11: Symbolism in the Dura Synagogue, 3. New York (Pantheon Books) (BollS 37,11) 1964a

GOPPELT, Leonhard, Typos. Die typologische Deutung des Alten Testaments im Neuen. Gütersloh (Bertelsmann) (BFChTh.M 43) 1939

–, »τύπος« usw. ThWNT 8, 1969, 246–260

–, Der Erste Petrusbrief. Hg. v. Ferdinand Hahn. 8. Auflage. 1. Auflage dieser Neubearbeitung. Göttingen (Vandenhoeck) (KEK 12,1) 1978

–, Theologie des Neuen Testaments. Hg. v. Jürgen Roloff. 3. Auflage. Göttingen (Vandenhoeck) (UTB.W 850) 1991

GOULDER, Michael, Psalm 8 and the Son of Man. NTS 48, 2002, 18–29

–, Hebrews and the Ebionites. NTS 49, 2003, 393–406

GRABBE, Lester L., Eschatology in Philo and Josephus. In: Avery-Peck, Alan J.; Neusner, Jacob (Hg.), Judaism in Late Antiquity. Part Four. Death, Life-After-Death, Resurrection and the World-To-Come in the Judaisms of Antiquity. Leiden (Brill) (HO 1,49/2) 2000, 163–185

GRAF REVENTLOW, Henning, Die Propheten Haggai, Sacharja und Maleachi. 9. Auflage. 1. Auflage dieser Bearbeitung. Göttingen (Vandenhoeck) (ATD 25,2) 1993

GRÄSSER, Erich, Der Hebräerbrief 1938–1963. ThR 30, 1964, 138–236

–, Der Glaube im Hebräerbrief. Marburg (N.G. Elwert) (MThSt 2) 1965

–, Text und Situation. Gesammelte Aufsätze zum Neuen Testament. Gütersloh (Gütersloher) 1973

–, Der historische Jesus im Hebräerbrief. [1965] In: Grässer, Erich, Text und Situation. Gesammelte Aufsätze zum Neuen Testament. Gütersloh (Gütersloher) 1973a, 152–181

–, Hebräer 1,1–4. Ein exegetischer Versuch. [1971] In: Grässer, Erich, Text und Situation. Gesammelte Aufsätze zum Neuen Testament. Gütersloh (Gütersloher) 1973b, 182–228

–, Der Alte Bund im Neuen. Exegetische Studien zur Israelfrage im Neuen Testament. Tübingen (Mohr-Siebeck) (WUNT 35) 1985

–, Der Alte Bund im Neuen. Eine exegetische Vorlesung. In: Ders.: Der Alte Bund im Neuen. Exegetische Studien zur Israelfrage im Neuen Testament. Tübingen (Mohr-Siebeck) (WUNT 35) 1985a, 1–134

–, Mose und Jesus. Zur Auslegung von Hebr 3,1–6 [1984]. In: Ders.: Der Alte Bund im Neuen. Exegetische Studien zur Israelfrage im Neuen Testament. Tübingen (Mohr-Siebeck) (WUNT 35) 1985b, 290–311

–, An die Hebräer. 1. Teilband Hebr 1–6. Zürich/Neukirchen-Vluyn (Benziger/ Neukirchener) (EKK 17,1) 1990

–, Aufbruch und Verheißung. Gesammelte Studien zum Hebräerbrief. Zum 65. Geburtstag mit einer Bibliographie des Verfassers hg. v. Martin Evang u. Otto Merk. Berlin, New York (de Gruyter) (BZNW 65) 1992

–, Das Heil als Wort. Exegetische Erwägungen zu Hebr 2,1–4. [1972] In: Grässer, Erich, Aufbruch und Verheißung. Gesammelte Studien zum Hebräerbrief. Zum 65. Geburtstag mit einer Bibliographie des Verfassers hg. v. Martin Evang u. Otto Merk. Berlin, New York (de Gruyter) (BZNW 65) 1992a, 129–142

–, Beobachtungen zum Menschensohn in Hebr 2,6. [1975] In: Grässer, Erich, Aufbruch und Verheißung. Gesammelte Studien zum Hebräerbrief. Zum 65. Geburtstag mit einer Bibliographie des Verfassers hg. v. Martin Evang u. Otto Merk. Berlin, New York (de Gruyter) (BZNW 65) 1992b, 155–165

–, Die Heilsbedeutung des Todes Jesu in Hebräer 2,14–18. [1979] In: Grässer, Erich, Aufbruch und Verheißung. Gesammelte Studien zum Hebräerbrief. Zum 65. Geburtstag mit einer Bibliographie des Verfassers hg. v. Martin Evang u. Otto Merk. Berlin, New York (de Gruyter) (BZNW 65) 1992c, 181–200

–, Das wandernde Gottesvolk. Zum Basismotiv des Hebräerbriefes. [1986] In: Grässer, Erich, Aufbruch und Verheißung. Gesammelte Studien zum Hebräerbrief. Zum 65. Geburtstag mit einer Bibliographie des Verfassers hg. v. Martin Evang u. Otto Merk. Berlin, New York (de Gruyter) (BZNW 65) 1992d, 231–250

–, Die Gemeindevorsteher im Hebräerbrief. In: Grässer, Erich, Aufbruch und Verheißung. Gesammelte Studien zum Hebräerbrief. Zum 65. Geburtstag mit einer Bibliographie des Verfassers hg. v. Martin Evang u. Otto Merk. Berlin, New York (de Gruyter) (BZNW 65) 1992e, 213–230

–, An die Hebräer. 2. Teilband Hebr 7,1–10,18. Zürich/Neukirchen-Vluyn (Benziger/Neukirchener) (EKK 17,2) 1993

–, »Viele Male und auf vielerlei Weise...«. BiKi, 48, 1993a, 206–215

–, An die Hebräer. 3. Teilband Hebr 10,19–13,25. Zürich/Neukirchen-Vluyn (Benziger/Neukirchener) (EKK 17,3) 1997

GRAPPE, Christian, D'un temple à l'autre. Pierre et l'Eglise primitive de Jérusalem. Paris (Presses Universitaires de France) (EHPhR 71) 1992

GRAY, George Buchanan, The Heavenly Temple and the Heavenly Altar. Exp., 5, 1908, 385–402.530–546

GRAY, Patrick, Brotherly Love and the High Priest Christology of Hebrews. JBL 122, 2003, 335–351

GRAYSTON, Kenneth, ΙΛΑΣΚΕΣΘΑΙ and related Words in LXX. NTS 27, 1981, 640–656

–, Atonement and Martyrdom. In: Barclay, John; Sweet, John (Hg.), Early Christian Thought in its Jewish Context. [Festschrift für Morna D. Hooker.] Cambridge (Cambridge University Press) 1996, 250–263

GREEN, William Scott (Hg.), Approaches to Ancient Judaism. Band 2: Essays in religion and history. Chico, California (Scholars Press) (BJSt 9) 1980

–, Approaches to Ancient Judaism. Band 5: Studies in Judaism and its Graeco-Roman context. Chico (Scholars Press) (BJSt 32) 1985

GREENBERG, Moshe, Ezekiel 21–37. A New Translation with Introduction and Commentary. New York (Doubleday) (AnchB 22a) 1997

GREER, Rowan A., The Captain of our Salvation. A Study in the Patristic Exegesis of Hebrews. Tübingen (Mohr-Siebeck) (BGBE 15) 1973

GRIMM, Werner, »γεύομαι geuomai schmecken«. TBLNT² 1, 1997, 416f

GROGAN, G.W., The Old Testament Concept of Solidarity in Hebrews. TynB 49, 1998, 159–173

GRUENWALD, Ithamar, Apocalyptic and Merkavah Mysticism. Leiden (Brill) (AGJU 14) 1980

GUELICH, Robert A. (Hg.), Unity and Diversity in New Testament Theology. Essays in Honor of George E. Ladd. Michigan (Eerdmans) 1978

GUNNEWEG, A.H.J.; KAISER, Otto (Hg.), Textgemäß. Festschrift für Ernst Würthwein zum 70. Geburtstag. Göttingen (Vandenhoeck) 1979

GUTHRIE, George H., The Structure of Hebrews. A Text-Linguistic Analysis. Leiden (Brill) (NT.S 73) 1994

GUTTMANN, Alexander, The End of the Jewish Sacrificial Cult. HUCA 38, 1967, 137–148

GYLLENBERG, Rafael, Die Christologie des Hebräerbriefes. ZsTh 11, 1934, 662–690

HAACKER, Klaus, Creatio ex auditu. Zum Verständnis von Hbr 11,3. ZNW 60, 1969, 279–281

–, Gründonnerstag. Hebräer 2,10–18. In: Falkenroth, Arnold; Held, Heinz Joachim (Hg.), hören und fragen. Eine Predigthilfe. Begründet von Georg Eichholz. Band 4: Zweite Epistelreihe, 1. Teil. Neukirchen-Vluyn (Neukirchener) 1975, 203–214

–, Der Brief des Paulus an die Römer. Leipzig (EVA) (ThHK 6) 1999

HAACKER, Klaus; SCHÄFER, Peter, Nachbiblische Traditionen vom Tod des Mose. In: Betz, Otto; Haacker, Klaus; Hengel, Martin (Hg.), Josephus-Studien. Untersuchungen zu Josephus, dem antiken Judentum und dem Neuen Testament, Otto Michel zum 70. Geburtstga gewidmet. Göttingen (Vandenhoeck) 1974, 147–174

HAHN, Ferdinand, 2. Sonntag nach Epiphanias. Hebräer 12,18–25a. GPM 20, 1965/66, 74–84

–, Exegetische Beiträge zum ökumenischen Gespräch. Gesammelte Aufsätze I. Göttingen (Vandenhoeck) 1986

–, Das Verständnis des Opfers im Neuen Testament. In: Ders., Exegetische Beiträge zum ökumenischen Gespräch. Gesammelte Aufsätze I. Göttingen (Vandenhoeck) 1986a, 262–302

–, Christologische Hoheitstitel. Ihre Geschichte im frühen Christentum [1963]. 5. Auflage. Göttingen (Vandenhoeck) (UTB.W 1873) 1995

–, Frühjüdische und urchristliche Apokalyptik. Eine Einführung. Neukirchen-Vluyn (Neukirchener) (BThSt 36) 1998

–, Theologie des Neuen Testaments. 2 Bände. Tübingen (Mohr-Siebeck) 2002

HAHN, Johannes (Hg.), Zerstörungen des Jerusalemer Tempels. Geschehen – Wahrnehmung – Bewältigung. Tübingen (Mohr-Siebeck) (WUNT 147) 2002

HAHN, Scott W., A Broken Covenant and the Curse of Death. A Study of Hebrews 9:15–22. CBQ 66, 2004, 416–436

HALL, Stuart George, »Typologie«. TRE 34, 2002, 208–224

HALPERIN, David J., The Faces of the Chariot. Early Jewish Responses to Ezekiel's Vision. Tübingen (Mohr-Siebeck) (TSAJ 16) 1988

HAMACHER, Elisabeth, Die Sabbatopferlieder im Streit um Ursprung und Anfänge der Jüdischen Mystik. JSJ 27, 1996, 119–154

HANHART, Robert, Das Land in der spätnachexilischen Prophetie. In: Strecker, Georg (Hg.), Das Land Israel in biblischer Zeit. Jerusalem-Symposium 1981 der Hebräischen Universität und der Georg-August-Universität. Göttingen (Vandenhoeck) (GTA 25) 1983, 126–140

HANNAH, Darrell D., Michael and Christ. Michael Traditions and Angel Christology in Early Christianity. Tübingen (Mohr-Siebeck) (WUNT 2,109) 1999

HARNACK, Adolf von, Probabilia über die Adresse und den Verfasser des Hebräerbriefs. ZNW 1, 1900, 16–41

–, Studien zur Geschichte des Neuen Testaments und der Alten Kirche. Band 1: Zur neutestamentlichen Textkritik. Berlin, Leipzig (de Gruyter) 1931

–, Zwei alte dogmatische Korrekturen im Hebräerbrief. [1929] In: Ders.: Studien zur Geschichte des Neuen Testaments und der Alten Kirche. Band 1: Zur neutestamentlichen Textkritik. Berlin, Leipzig (de Gruyter) 1931a, 235–252

HARRINGTON, Hannah K., The Impurity Systems of Qumran and the Rabbis. Biblical Foundations. Atlanta (Scholars Press) (SBL.DS 143) 1993

–, Holiness in the Laws of 4QMMT. In: Bernstein, Moshe; García Martínez, Florentino; Kampen, John (Hg.), Legal Texts and Legal Issues. Proceedings of the Second Meeting of the International Organization for Qumran Studies Cambridge 1995. Leiden (Brill) (StTDJ 23) 1997, 109–128

–, »Atonement«. EDSS 1, 2000, 69–70

–, »Purity«. EDSS 2, 2000a, 724–728

–, »Sin«. EDSS 2, 2000b, 877–880

–, Holiness and Law in the Dead Sea Scrolls. DSD 8, 2001, 124–135

HARTENSTEIN, Friedhelm, Wolkendunkel und Himmelsfeste. Zur Genese und Kosmologie der Vorstellung des himmlischen Heiligtums JHWHs. In: Janowski, Bernd; Ego, Beate (Hg.), Das biblische Weltbild und seine altorientalischen Kontexte. Tübingen (Mohr-Siebeck) (FAT 32) 2001, 125–179

–, Zur symbolischen Bedeutung des Blutes im Alten Testament. In: Frey, Jörg; Schröter, Jens (Hg.), Deutungen des Todes Jesu im Neuen Testament. Tübingen (Mohr-Siebeck) (WUNT 181) 2005, 119–137

HARTMAN, Louis; DI LELLA, Alexander, The Book of Daniel. New York (Doubleday) (AnchB 23) 1978

HAUCK, Friedrich, »καθαρός« usw. ThWNT 3, 1938, 416–412; 427–434

HAY, David M., Glory at the Right Hand. Psalm 110 in Early Christianity. Nashville u.a. (Abingdon Press) (SBL.MS 18) 1973

HAYWARD, C.T.R., The Sacrifice of Isaac and Jewish Polemic against Christianity. CBQ 52, 1990, 292–306

–, Sacrifice and World Order. Some Observations on Ben Sira's Attitude to the Temple Service. In: Sykes, S.W. (Hg.), Sacrifice and Redemption. Durham Essays in Theology. Cambridge (Cambridge University Press) 1991, 22–34

–, The New Jerusalem in the Wisdom of Jesus Ben Sira. SJOT 6, 1992, 123–138

–, The Figure of Adam in Pseudo-Philo's Biblical Antiquities. JSJ 23, 1992a, 1–20

–, Red Heifer and Golden Calf. Dating Targum Pseudo-Jonathan. In: Flesher, P.V.M. (Hg.), Targum Studies. Atlanta (Scholars Press) (SFSHJ 55) 1992b, 9–32

HEGERMANN, Harald, Der Brief an die Hebräer. Berlin (Evangelische Verlagsanstalt) (ThHK 16) 1988

–, Christologie im Hebräerbrief. In: Breytenbach, Cilliers u.a. (Hg.), Anfänge der Christologie. Festschrift für Ferdinand Hahn zum 65. Geburtstag. Göttingen (Vandenhoeck) 1991, 337–351

HEINEMANN, I., »Therapeutai«. PRE 2, 5/2, 1934, 2321–2346

HEININGER, Bernhard, Sündenreinigung (Hebr 1,3). Christologische Anmerkungen zum Exordium des Hebräerbriefs. BZ 41, 1997, 54–68

HELFMEYER, F.J., »חנה usw.«. ThWAT 3, 1982, 4–20

HENGEL, Martin, Der Sohn Gottes. Die Entstehung der Christologie und die jüdisch-hellenistische Religionsgeschichte. Tübingen (Mohr-Siebeck) 1975

–, The Atonement. The Origins of the Doctrine in the New Testament. Philadelphia (Fortress) 1981

–, Judentum und Hellenismus. Studien zu ihrer Begegnung unter besonderer Berücksichtigung Palästinas bis zur Mitte des 2. Jh.s v. Chr. [1969] 3. Auflage. Tübingen (Mohr-Siebeck) (WUNT 10) 1988

–, Studies in Early Christology. Edinburgh (Clark) 1995

–, »Sit at my Right Hand!«. The Enthronement of Christ at the Right Hand of God and Psalm 110:1. In: Ders.: Studies in Early Christology. Edinburgh (Clark) 1995a, 119–225

–, Judaica et Hellenistica. Kleine Schriften I. Unter Mitarbeit von Roland Deines, Jörg Frey, Christoph Markschies, Anna Maria Schwemer und mit einem Anhang von Hanswulf Bloedhorn. Tübingen (Mohr-Siebeck) (WUNT 90) 1996

–, (mit R. Deines) E.P. Sanders' ›Common Judaism‹, Jesus und die Pharisäer. In: Ders., Judaica et Hellenistica. Kleine Schriften I. Unter Mitarbeit von Roland Deines, Jörg Frey, Christoph Markschies, Anna Maria Schwemer und mit einem Anhang von Hanswulf Bloedhorn. Tübingen (Mohr-Siebeck) (WUNT 90) 1996a, 392–479

–, Die Ursprünge der Gnosis und das Neue Testament. In: Ådna, Jostein; Hafemann, Scott J.; Hofius, Otfried (Hg.), Evangelium Schriftauslegung Kirche. Festschrift für Peter Stuhlmacher zum 65. Geburtstag. Göttingen (Vandenhoeck) 1997, 190–223

–, Die »auserwählte Herrin«, die »Braut«, die »Mutter« und die »Gottesstadt«. In: Hengel, Martin; Mittmann, Siegfried; Schwemer, Anna Maria (Hg.), La Cité de Dieu. Die

Stadt Gottes. 3. Symposium Strasbourg, Tübingen, Uppsala 19.–23. September 1998 in Tübingen. Tübingen (Mohr-Siebeck) (WUNT 129) 2000, 245–285

HENGEL, Martin; MITTMANN, Siegfried; SCHWEMER, Anna Maria (Hg.), La Cité de Dieu. Die Stadt Gottes. 3. Symposium Strasbourg, Tübingen, Uppsala 19.–23. September 1998 in Tübingen. Tübingen (Mohr-Siebeck) (WUNT 129) 2000

HENGEL, Martin; SCHWEMER, Anna Maria (Hg.), Königsherrschaft Gottes und himmlischer Kult im Judentum, Urchristentum und in der hellenistischen Welt. Tübingen (Mohr-Siebeck) (WUNT 55) 1991

HERRMANN, Johannes; BÜCHSEL, Friedrich, »ἵλεως« usw. ThWNT 3, 1938, 300–324

HERRMANN, Klaus, »Henochschriften«. RGG⁴ 3, 2000, 1627–1629

HERZER, Jens, Die Paralipomenae Jeremiae. Studien zu Tradition und Redaktion einer Haggada des frühen Judentums. Tübingen (Mohr-Siebeck) (TSAJ 43) 1994

HICKLING, C.J.A., John and Hebrews. The Background of Hebrews 2. 10–18. NTS 29, 1983, 112–116

HIMMELFARB, Martha, Ascent to Heaven in Jewish and Christian Apocalypses. New York u.a. (Oxford University Press) 1993

–, Impurity and Sin in 4QD, 1QS, and 4Q512. DSD 8, 2001, 9–37

HIRSCHBERGER, Johannes, Geschichte der Philosophie. Band 1: Altertum und Mittelalter. 12. Auflage. Freiburg (Herder) 1980

HOEKEMA, Anthony A., The Perfection of Christ in Hebrews. CTJ 9, 1974, 31–37

HOFIUS, Otfried, Katapausis. Die Vorstellung vom endzeitlichen Ruheort im Hebräerbrief. Tübingen (Mohr-Siebeck) (WUNT 11) 1970

–, Inkarnation und Opfertod Jesu nach Hebr 10,19f. In: Lohse, Eduard, u.a. (Hg.), Der Ruf Jesu und die Antwort der Gemeinde. Exegetische Untersuchungen Joachim Jeremias zum 70. Geburtstag gewidmet von seinen Schülern. Göttingen (Vandenhoeck) 1970a, 132–141

–, Das »erste« und das »zweite« Zelt. Ein Beitrag zur Auslegung von Hbr 9,1–10. ZNW 61, 1970b, 271–277

–, Στόματα μαχαίρης Hebr 11,34. ZNW 62, 1971, 129f

–, Der Vorhang vor dem Thron Gottes. Eine exegetisch-religionsgeschichtliche Untersuchung zu Hebräer 6,19f und 10,19f. Tübingen (Mohr-Siebeck) (WUNT 14) 1972

–, Die Unabänderlichkeit des göttlichen Heilsratschlusses. Erwägungen zur Herkunft eines neutestamentlichen Theologumenon. ZNW 64, 1973, 135–145

–, Judika – 16.3.1986. Hebräer 5,7–9. GPM 40, 1986, 184–191

–, Der Christushymnus Philipper 2,6–11. Untersuchungen zu Gestalt und Aussage eines urchristlichen Psalms. [1976] 2. Auflage. Tübingen (Mohr-Siebeck) (WUNT 17) 1991

–, 2. Weihnachtstag – 26.12.1991. Hebräer 1,1–3(4–6). GPM 46, 1991a, 46–53

–, Gemeinschaft mit den Engeln im Gottesdienst der Kirche. Eine traditionsgeschichtliche Studie. ZThK 89, 1992, 172–196

–, »κατάπαυσις« usw. EWNT² 2, 1992a, 655–656

–, »σαββατισμός« usw. EWNT² 3, 1992b, 825–828

–, Biblische Theologie im Lichte des Hebräerbriefes. In: Pedersen, Sigfred (Hg.), New Directions in Biblical Theology. Papers of the Aarhus Conference, 16–19 September 1992. Leiden (Brill) (NT.S 76) 1994, 108–125

–, »Sühne IV. Neues Testament«. TRE 32, 2001, 342–347

HOFFMANN, Ernst G.; VON SIEBENTHAL, Heinrich, Griechische Grammatik zum Neuen Testament. 2. Auflage. Riehen (Immanuel) 1990

HOFMANN, Johann Christian Konrad von, Die heilige Schrift neuen Testaments zusammenhängend untersucht. Fünfter Theil: Außerbibliches über des Paulus letzte Le-

benszeit. Geschichtliche Bezeugung der paulinischen Briefe. Der Brief an die Hebräer. Nördlingen (Beck) 1873

HOFMANN, Johannes, »Ps.[eudo]-Clementinische Literatur«. LACL, 1998, 132f

HOLLANDER, H.W.; DE JONGE, M., The Testaments of the twelve Patriarchs. A Commentary. Leiden (Brill) (SVTP 8) 1985

HOLTZMANN, Heinrich Julius, Lehrbuch der Neutestamentlichen Theologie. 2 Bände. 2.
Auflage. Tübingen (Mohr-Siebeck) 1911

HOOKER, Morna D., Philippians 2:6–11. In: Ellis, E. Earle; Grässer; Erich (Hg.), Jesus
und Paulus. Festschrift für Werner Georg Kümmel zum 70. Geburtstag. Göttingen
(Vandenhoeck) 1975, 151–164

HORBURY, William, The Aaronic Priesthood in the Epistle to the Hebrews. JSNT 19,
1983, 43–71

–, (Hg.) Templum Amicitiae. Essays on the Second Temple presented to Ernst Bammel.
Sheffield (Sheffield Academic Press) (JSNT.S 48) 1991

–, Land, Sanctuary and Worship. In: Barclay, John; Sweet, John (Hg.), Early Christian
Thought in its Jewish Context. [Festschrift für Morna D. Hooker.] Cambridge (Cambridge University Press) 1996, 207–224

–, Jews and Christians in Contact and Controversy. Edinburgh (Clark) 1998

–, Jewish-Christian Relations in Barnabas and Justin Martyr. In: Ders.: Jews and Christians in Contact and Controversy. Edinburgh (Clark) 1998a, 127–161

–, Der Tempel bei Vergil und im herodianischen Judentum. In: Ego, Beate; Lange, Armin; Pilhofer, Peter (Hg.), Gemeinde ohne Tempel. Community without Temple. Zur
Substituierung und Transformation des Jerusalemer Tempels und seines Kults im Alten Testament, antiken Judentum und frühen Christentum. Tübingen (Mohr-Siebeck)
(WUNT 118) 1999, 149–168

HORTON, Fred L. jr., The Melchisedek Tradition. A critical Examination of the Sources
to the fifth Century A.D. and in the Epistle to the Hebrews. Cambridge (Cambridge
University Press) (MSSNTS 30) 1976

HOSSFELD, Frank-Lothar; ZENGER, Erich, Psalmen 51–100. Freiburg u.a. (Herder) (Her-
ders Theologischer Kommentar zum Alten Testament) 2000

HÜBNER, Hans, »τελειόω« usw. EWNT² 3, 1992, 825–828

–, »τέλειος« usw. EWNT² 3, 1992a, 821–824

–, Biblische Theologie des Neuen Testaments. Band 3: Hebräerbrief, Evangelien und
Offenbarung. Epilegomena. Göttingen (Vandenhoeck) 1995

–, Die Weisheit Salomos. Liber Sapientiae Salomonis. Göttingen (Vandenhoeck) (ATD
Apokryphen 4) 1999

HUGHES, Graham, Hebrews and Hermeneutics. The Epistle to the Hebrews as a New
Testament example of biblical interpretation. Cambridge u.a. (Cambridge University
Press) (MSSNTS 36) 1979

HULTGÅRD, Anders, »Adam. III Religionsgeschichte«. TRE 1, 1977, 427–431

HURST, Lincoln D., How »Platonic« are Heb. VIII.5 and IX.23f? JThS NS 34, 1983,
156–168

–, Eschatology and »Platonism« in the Epistle to the Hebrews. In: Society of Biblical
Literature 1984 Seminar Papers. Chico (Scholars Press) (SBL Seminar Papers Series
23) 1984, 41–74

–, The Epistle to the Hebrews. Its background of thought. Cambridge (Cambridge University Press) (MSSNTS 65) 1990

Institut für neutestamentliche Textforschung; Rechenzentrum der Universität Münster
(Hg.), Konkordanz zum Novum Testamentum Graece. Concordance to the Novum
Testamentum Graece. Berlin, New York (de Gruyter) 1987

ISAACS, Mary E., Sacred Space. An Approach to the Theology of the Epistle to the Hebrews. Sheffield (Sheffield Academic Press) (JSNT.S 73) 1992

JACOB, Benno, Das Buch Exodus. Herausgegeben im Auftrag des Leo Baeck Instituts von Shlomo Mayer unter Mitwirkung von Joachim Hahn und Almuth Jürgensen. Stuttgart (Calwer) 1997

JACOBSON, Howard, A Commentary on Pseudo-Philo's Liber Antiquitatum Biblicarum. With Latin Text and English Translation. 2 Bände. Leiden (Brill) (AGJU 31) 1996

JANOWSKI, Bernd, Sühne als Heilsgeschehen. Traditions- und religionsgeschichtliche Studien zur priesterschriftlichen Sühnetheologie. [1982] 2. Auflage. Neukirchen-Vluyn (Neukirchener) (WMANT 55) 2000

–; EGO, Beate (Hg.), Das biblische Weltbild und seine altorientalischen Kontexte. Tübingen (Mohr-Siebeck) (FAT 32) 2001

–; KOCH, Klaus; WILHELM, Gernot (Hg.), Religionsgeschichtliche Beziehungen zwischen Kleinasien, Nordsyrien und dem Alten Testament. Internationales Symposion Hamburg 17.–21. März 1990. Freiburg (Schweiz)/Göttingen (Universitätsverlag Freiburg/Vandenhoeck) (OBO 129) 1993

–; LICHTENBERGER, Hermann, Enderwartung und Reinheitsidee. Zur eschatologischen Deutung von Reinheit und Sühne in der Qumrangemeinde. JJS 34, 1983, 31–62

–; WELKER, Michael (Hg.), Opfer. Theologische und kulturelle Kontexte. Frankfurt a.M. (Suhrkamp) (stw 1454) 2000

–; WILHELM, Gernot, Der Bock, der die Sünden hinausträgt. Zur Religionsgeschichte des Azazel-Ritus Lev 16,10.21f. In: Janowski, Bernd; Koch, Klaus; Wilhelm, Gernot (Hg.), Religionsgeschichtliche Beziehungen zwischen Kleinasien, Nordsyrien und dem Alten Testament. Internationales Symposion Hamburg 17.–21. März 1990. Freiburg (Schweiz)/Göttingen (Universitätsverlag Freiburg/Vandenhoeck) (OBO 129) 1993, 109–169

JAPHET, Sara, People and Land in the Restoration Period. In: Strecker, Georg (Hg.), Das Land Israel in biblischer Zeit. Jerusalem-Symposium 1981 der Hebräischen Universität und der Georg-August-Universität. Göttingen (Vandenhoeck) (GTA 25) 1983, 103–125

–, I & II Chronicles. A Commentary. London (SCM Press) (Old Testament Library) 1993

JEREMIAS, Joachim, »αἴρω« usw. ThWNT 1, 1933, 184–186

–, Die Briefe an Timotheus und Titus. 4. durchgesehene und ergänzte Auflage. In: Jeremias, Joachim; Strathmann, Herrmann, Die Briefe an Timotheus und Titus. Der Brief an die Hebräer. 4.[,] durchgesehene und ergänzte Auflage. Göttingen (Vandenhoeck) (NTD 9) 1947, 1–63

–, »πύλη«. ThWNT 6, 1959, 920–927

–, Abba. Studien zur neutestamentlichen Theologie und Zeitgeschichte. Göttingen (Vandenhoeck) 1966

–, Zwischen Karfreitag und Ostern. Descensus und Ascensus in der Karfreitagstheologie des Neuen Testamentes. [1949] In: Ders.: Abba. Studien zur neutestamentlichen Theologie und Zeitgeschichte. Göttingen (Vandenhoeck) 1966a, 323–331

–, Hebräer 5,7–10. [1952] In: Ders.: Abba. Studien zur neutestamentlichen Theologie und Zeitgeschichte. Göttingen (Vandenhoeck) 1966b, 319–323

–, Hebräer 10,20: τοῦτ' ἔστιν τῆς σαρκὸς αὐτοῦ. ZNW 62, 1971, 131

–; STRATHMANN, Herrmann, Die Briefe an Timotheus und Titus. Der Brief an die Hebräer. 4.[,] durchgesehene und ergänzte Auflage. Göttingen (Vandenhoeck) (NTD 9) 1947

JOBES, Karen H., Rhetorical Achievement in the Hebrews 10 ›Misquote‹ of Psalm 40.
Bib 72, 1991, 387–396
–, The Function of Paronomasia in Hebrews 10:5–7. Trinity Journal 13, 1992, 181–191
–; SILVA, Moisés, Invitation to the Septuagint. Grand Rapids (Baker Academic) 2000
JOHNSON, Richard W., Going outside the Camp. The Sociological Function of the Levitical Critique in the Epistle to the Hebrews. Sheffield (Sheffield Academic Press) (JSNT.S 209) 2001
JOHNSSON, William G., Defilement and Purgation in the Book of Hebrews. Ph.D. Diss. Vanderbilt University 1973 (Microfilm)
–, The Pilgrimage Motif in the Book of Hebrews. JBL 97, 1978, 239–251
–, The Cultus of Hebrews in Twentieth-Century Scholarship. ET 89, 1978a, 104–108
JOOSTEN, Jan, Le camp et la ville. L'arrière-plan vétéro-testamentaire d'une équation étonnante. In: Hengel, Martin; Mittmann, Siegfried; Schwemer, Anna Maria (Hg.), La Cité de Dieu. Die Stadt Gottes. 3. Symposium Strasbourg, Tübingen, Uppsala 19.–23. September 1998 in Tübingen. Tübingen (Mohr-Siebeck) (WUNT 129) 2000, 119–137
KÄSEMANN, Ernst, Leib und Leib Christi. Eine Untersuchung zur paulinischen Begrifflichkeit. Tübingen (Mohr-Siebeck) (BHTh 9) 1933
–, 2. Sonntag nach Epiphanias. Hebr. 12,18–24. GPM 7, 1952, 45–47
–, Exegetische Versuche und Besinnungen. Erster Band. Göttingen (Vandenhoeck) 1960
–, Kritische Analyse von Phil 2,5–11. [1950] In: Ders.: Exegetische Versuche und Besinnungen. Erster Band. Göttingen (Vandenhoeck) 1960a, 51–95
–, Das wandernde Gottesvolk. Eine Untersuchung zum Hebräerbrief. [1939] 4. Auflage. Göttingen (Vandenhoeck) (FRLANT 55) 1961
–, Der Ruf der Freiheit. 5. Auflage. Tübingen (Mohr-Siebeck) 1972
–, An die Römer. [1973] 4. Auflage. Tübingen (Mohr-Siebeck) 1980 (HNT 8a)
KAHLE, Paul, Untersuchungen zur Geschichte des Pentateuchtextes. ThStKr 88, 1915, 399–439
KAISER, Otto, Der Prophet Jesaja. Kapitel 1–12. [1960] 3. Auflage. Göttingen (Vandenhoeck) (ATD 17) 1970
–, Die alttestamentlichen Apokryphen. Eine Einleitung in Grundzügen. Gütersloh (Gütersloher) 2000
KAMPEN, John; BERNSTEIN, Moshe J. (Hg.), Reading 4QMMT. New Perspectives on Qumran Law and History. Atlanta (Scholars Press) (SBL Symposium Series 2) 1996
KAMPLING, Rainer (Hg.), »Nun steht aber diese Sache im Evangelium...«. Zur Frage nach den Anfängen des christlichen Antijudaismus. Paderborn u.a. (Schöningh) 1999
–, Ausharren in der Verheißung. Studien zum Hebräerbrief. Stuttgart (Katholisches Bibelwerk) (SBS 204) 2005
KAMPLING, Rainer; SÖDING; Thomas (Hg.), Ekklesiologie des Neuen Testaments. Für Karl Kertelge. Freiburg u.a. (Herder) 1996
KAPERA, Zdzislaw J. (Hg.), Studies offered to Józef Tadeusz Milik to celebrate forty years of his scholarly work on texts from the wilderness of Judaea. Band 1: Intertestamental essays in honour of Józef Tadeusz Milik. Krakau (Enigma Press) (Qumranica Mogilanensia 6) 1992
KARRER, Martin, Jesus Christus im Neuen Testament. Göttingen (Vandenhoeck) (GNT 11) 1998
–, Der Brief an die Hebräer. Band 1: Kapitel 1,1–5,10. Gütersloh/Würzburg (Gütersloher/Echter) (ÖTBK 20,1) 2002
–, Der Weltkreis und Christus, der Hohepriester. Blicke auf die Schriftrezeption des Hebräerbriefs. In: Kraus, Wolfgang; Niebuhr, Karl-Wilhelm (Hg.), Frühjudentum und

Neues Testament im Horizont Biblischer Theologie. Tübingen (Mohr-Siebeck) (WUNT 162) 2003, 151–179

–, The Epistle to the Hebrews and the Septuagint. In: Kraus, Wolfgang; Wooden, R. Glenn (Hg.), Septuagint Research. Issues and Challenges in the Study of the Greek Jewish Scriptures. Atlanta/Leiden (Scholars Press/Brill) (SBL.SCSt 53) 2006, 335–354

KEDAR-KOPFSTEIN, B., »זהב«. ThWAT 2, 1977, 534–544

KENNEY, John Peter (Hg.), The School of Moses. Studies in Philo and Hellenistic Religion in Memory of Horst R. Moehler. Atlanta (Scholars Press) (BJSt 304; StPhilo Monographs 1) 1995

KHOURY, Adel Theodor, »Adam«. In: Ders.; Hagemann, Ludwig; Heine, Peter, Islam-Lexikon. Geschichte Ideen Gestalten. Band 1: A–F. Freiburg u.a. (Herder) 1991, 38–40

–, »Engel«. In: Ders.; Hagemann, Ludwig; Heine, Peter, Islam-Lexikon. Geschichte Ideen Gestalten. Band 1: A–F. Freiburg u.a. (Herder) 1991a, 203–206

–, »Gebet«. In: Ders.; Hagemann, Ludwig; Heine, Peter, Islam-Lexikon. Geschichte Ideen Gestalten. Band 2: G–N. Freiburg u.a. (Herder) 1991b, 280–286

KINZER, Mark Stephen, »All things under His Feet«. Psalm 8 in the New Testament and in Other Jewish Literature of Late Antiquity. Ph.D. Diss. University of Michigan (Microfilm) 1995

KISTEMAKER, Simon, The Psalm Citations in the Epistle to the Hebrews. Academische Proefschrift. Amsterdam (van Soest) 1961

KISTER, Menahem, Observations on Aspects of Exegesis, Tradition and Theology in Midrash, Pseudepigrapha and other Jewish Writings. In: Reeves, John C. (Hg.), Tracing the Threads. Studies in the Vitality of Jewish Pseudepigrapha. Atlanta (Scholars Press) (SBLEJL 6) 1994, 1–34

KITTEL, Gerhard, u.a. (Hg.), »εἰκών B, E, F«. ThWNT 2, 1935, 380–386.391–396

–, »λογικός«. ThWNT 4, 1942, 145–147

KIUCHI, N., The Purification Offering in the Priestly Literature. Its Meaning and Function. Sheffield (Sheffield Academic Press) (JSOT.S 56) 1987

KLAPPERT, Bertold, Die Eschatologie des Hebräerbriefes. München (Kaiser) (ThExh 156) 1969

KLAUCK, Hans-Josef, Gemeinde Amt Sakrament. Neutestamentliche Perspektiven. Würzburg (Echter) 1989

–, Kultische Symbolsprache bei Paulus. In: Ders., Gemeinde Amt Sakrament. Neutestamentliche Perspektiven. Würzburg (Echter) 1989a, 348–358

–, Thysiastērion in Hebr 13,10 und bei Ignatius von Antiochien. In: Ders., Gemeinde Amt Sakrament. Neutestamentliche Perspektiven. Würzburg (Echter) 1989b, 359–372

–, Der erste Johannesbrief. Zürich/Neukirchen-Vluyn (Benziger/Neukirchener) (EKK 23) 1991

KLAWANS, Jonathan, The Impurity of Immorality in Ancient Judaism. JJS 48, 1997, 1–16

–, Impurity and Sin in Ancient Judaism. New York u.a. (Oxford University Press) 2000

–, Pure Violence. Sacrifice and Defilement in Ancient Israel. HTR 94, 2001, 133–155

–, Interpreting the Last Supper. Sacrifice, Spiritualization, and Anti-Sacrifice. NTS 2002, 48, 1–17

KLEINIG, John W., The Blood for Sprinkling. Atoning Blood in Leviticus and Hebrews. LTJ 33, 1999, 124–135

KLEINKNECHT, Hermann, »εἰκών C«. ThWNT 2, 1935, 386f

KLINZING, Georg, Die Umdeutung des Kultus in der Qumrangemeinde und im NT. Göttingen (Vandenhoeck) (StUNT 7) 1971

KNIBB, Michael A., »Rule of the Community«. EDSS 2, 2000, 793–797

KNIERIM, Rolf, »חטא ḥṭ' sich verfehlen«. THAT ^{4}1, 1984, 541–549

KNOCH, Otto, Der Erste und Zweite Petrusbrief. Der Judasbrief. Regensburg (Pustet) (RNT) 1990

–, Hält der Verfasser des Hebräerbriefs die Feier eucharistischer Gottesdienste für unangemessen? Überlegungen zu einer umstrittenen Frage. LJ 42, 1992, 166–187

KNÖPPLER, Thomas, Sühne im Neuen Testament. Studien zum urchristlichen Verständnis der Heilsbedeutung des Todes Jesu. Neukirchen-Vluyn (Neukirchener) (WMANT 88) 2001

KNOPF, Rudolf, Die Lehre der zwölf Apostel. Die zwei Clemensbriefe. Tübingen (Mohr-Siebeck) (HNT Ergänzungsband) 1920

KOBELSKI, Paul J., Melchizedek and Melchiresa. Washington (The Catholic Biblical Assocication of America) (CBQ.MS 10) 1981

KOCH, Klaus, Die israelitische Sühneanschauung und ihre historischen Wandlungen. Habil. theol. Erlangen (Typoskript) 1956

–, »חטא«. ThWAT 2, 1977, 857–870

–, Deuterokanonische Zusätze zum Danielbuch. Entstehung und Textgeschichte. Band 2: Exegetische Erläuterungen. Kevelaer/Neukirchen-Vluyn (AOAT) 1987

–, Spuren des Hebräischen Denkens. Beiträge zur alttestamentlichen Theologie. Gesammelte Aufsätze Band 1. Herausgegeben von Bernd Janowski und Martin Krause. Neukirchen-Vluyn (Neukirchener) 1991

–, Sühne und Sündenvergebung um die Wende von der exilischen zur nach-exilischen Zeit. In: Ders., Spuren des Hebräischen Denkens. Beiträge zur alttestamentlichen Theologie. Gesammelte Aufsätze. Band 1. Herausgegeben von Bernd Janowski und Martin Krause. Neukirchen-Vluyn (Neukirchener) 1991a, 184–205

–, Some Considerations on the Translation of kapporet in the Septuagint. In: Wright, David P., u.a. (Hg.), Pomegranates and Golden Bells. Studies in Biblical, Jewish, and Near Eastern Ritual, Law, and Literature in Honor of Jacob Milgrom. Winona Lake (Eisenbrauns) 1995, 65–75

–, Die Reiche der Welt und der kommende Menschensohn. Studien zum Danielbuch. Gesammelte Aufsätze Band 2. Herausgegeben von Martin Rösel. Neukirchen-Vluyn (Neukirchener) 1995a

–, Der »Märtyrertod« als Sühne in der aramäischen Fassung des Asarja-Gebetes Dan 3,38–40. In: Ders., Die Reiche der Welt und der kommende Menschensohn. Studien zum Danielbuch. Gesammelte Aufsätze Band 2. Herausgegeben von Martin Rösel. Neukirchen-Vluyn (Neukirchener) 1995b, 66–82

KOECKERT, Matthias, Das Land in der priesterlichen Komposition des Pentateuch. In: Vieweger, Dieter; Wascke, Ernst-Joachim (Hg.), Von Gott reden. Beiträge zur Theologie und Exegese des Alten Testaments. Festschrift für Siegrfied Wagner zum 65. Geburtstag. Neukirchen-Vluyn (Neukirchener) 1995, 147–162

KOEPP, Wilhelm (Hg.), Reinhold Seeberg-Festschrift. Band 1: Zur Theorie des Christentums. Leipzig (Deichert) 1929

KOESTER, Craig R., The Dwelling of God. The Tabernacle in the Old Testament, Intertestamental Literature, and the New Testament. Washington (The Catholic Biblical Association of America) (CBQ.MS 22) 1989

–, Hebrews. A New Translation with Introduction and Commentary. New York (Doubleday) (AnchB 36) 2001

KOESTER, Helmut, »Outside the Camp«. Hebrews 13,9–14. HThR 55, 1962, 297–315

–, Introduction to the New Testament. Band 2: History and Literature of Early Christianity. 2. Auflage. New York u.a. (de Gruyter) 2000

KÖGEL, Julius, Der Sohn und die Söhne. Eine exegetische Studie zu Hebräer 2,5–18. Gütersloh (Evangelischer Verlag »Der Rufer« [Teilweise im Verlag C. Bertelsmann erschienen]) (BFChTh 8,5–6) 1904

–, Der Begriff τελειοῦν im Hebräerbrief im Zusammenhang mit dem neutestamentlichen Sprachgebrauch. In: Giesebrecht, Friedrich, u.a. (Hg.), Theologische Studien. Martin Kähler zum 6. Januar 1905 dargebracht. Leipzig (Deichert) 1905, 35–68

KOOLE, Jan L., Isaiah. Teil III. Band 3: Isaiah Chapter 56–66. Leuven (Peeters) (Historical Commentary on the Old Testament) 2001

KORT, Ann; MORSCHAUSER, Scott (Hg.), Biblical and Related Studies presented to Samuel Iwry. Winona Lake (Eisenbrauns) 1985

KRÄMER, Hans Joachim, Der Ursprung der Geistmetaphysik. Untersuchungen zur Geschichte des Platonismus zwischen Platon und Plotin. 2. Auflage. Amsterdam (B.R. Grüner) 1967

KRAFT, Heinrich, Clavis Patrum Apostolicorum. Darmstadt (Wissenschaftliche Buchgesellschaft) 1964

–, Einführung in die Patrologie. Darmstadt (Wissenschaftliche Buchgesellschaft) 1991

KRAUS, Hans-Joachim, Psalmen. 1. Teilband. Psalmen 1–59. 5. Auflage. Neukirchen-Vluyn (Neukirchener) (BK 15,1) 1978

–, Psalmen. 2. Teilband. Psalmen 60–150. 5. Auflage. Neukirchen-Vluyn (Neukirchener) (BK 15,2) 1978a

KRAUS, Wolfgang, Der Tod Jesu als Heiligtumsweihe. Eine Untersuchung zum Umfeld der Sühnevorstellung in Römer 3,25–26a. Neukirchen-Vluyn (Neukirchener) (WMANT 66) 1991

–, Neuere Ansätze in der Exegese des Hebräerbriefes. VF 48, 2003, 65–80

KRAUS, Wolfgang; NIEBUHR, Karl-Wilhelm (Hg.), Frühjudentum und Neues Testament im Horizont Biblischer Theologie. Tübingen (Mohr-Siebeck) (WUNT 162) 2003

KRAUSE, Oswald, Invokavit – 16.2.1986. Hebräer 4,14–16. GPM 40, 1986, 155–161

KREMER, Jacob, »ἀναφέρω«. EWNT² 1, 1992, 226f

KÜMMEL, Werner Georg, Einleitung in das Neue Testament. 21. Auflage. Heidelberg (Quelle & Meyer) 1983

KUGLER, Robert A., From Patriarch to Priest. The Levi-Priestly Tradition from Aramaic Levi to Testament of Levi. Atlanta (Scholars Press) (SBL Early Judaism and its Literature 9) 1996

–, Making all Experience Religious. The Hegemony of Ritual at Qumran. JSJ 33, 2002, 131–152

KUHLI, Horst, »εἰκών« usw. EWNT² 1, 1992, 942–949

KUHN, Heinz-Wolfgang, Enderwartung und gegenwärtiges Heil. Untersuchungen zu den Gemeindeliedern von Qumran. Göttingen (Vandenhoeck) (StUNT 4) 1966

KUHN, Karl Georg, »Ἄβελ – Κάϊν«. ThWNT 1, 1933, 6f

–, (Hg.) Konkordanz zu den Qumrantexten. Göttingen (Vandenhoeck) 1960

KUMAR DEY, Lala Kalyan, The intermediary World and Patterns of Perfection in Philo and Hebrews. Missoula (Scholars Press) (SBL.DS 25) 1975

KUNDERT, Lukas, Die Opferung/Bindung Isaaks. 2 Bände. Neukirchen (Neukirchener) (WMANT 78) 1998

KUSCHKE, Arnulf, Die Lagervorstellung der priesterschriftlichen Erzählung. ZAW 63, 1952, 74–105

KUSS, Otto, Der Brief an die Hebräer. 2. Auflage. Regensburg (Pustet) (RNT) 1966

LAATO, Antti, The Eschatological Act of Kipper in the Damascus Document. In: Kapera, Zdzislaw J. (Hg.), Studies offered to Józef Tadeusz Milik to celebrate forty years of his scholarly work on texts from the wilderness of Judaea. Band 1: Intertestamental essays in honour of Józef Tadeusz Milik. Krakau (Enigma Press) (Qumranica Mogilanensia 6) 1992, 91–107

LAANSMA, Jon, ›I Will Give You Rest‹. The Rest Motif in the New Testament wih Special Reference to Mt 11 and Hb 3–4. Tübingen (Mohr-Siebeck) (WUNT 2,98) 1997

LANE, William L., Hebrews. 2 Bände. Dallas (Word Books) (WBC 47A, B) 1991

LANG, B., »כפר«. ThWAT 4, 1984, 303–318

–, »Sündopfer«. NBL 3, 2001, 746f

LANGE, Armin; LICHTENBERGER, Hermann, »Qumran«. TRE 28, 1997, 45–79

LANGHE, R. de, L'Autel d'Or du Temple de Jérusalem. Bib 40, 1959, 476–494

LAPORTE, Jean, Sacrifice and Forgiveness in Philo of Alexandria. Studia Philonica Annual 1, 1989, 34–42

–, The High Priest in Philo of Alexandria. Studia Philonica Annual 3, 1991, 71–82

LAUB, Franz, Bekenntnis und Auslegung. Die paränetische Funktion der Christologie im Hebräerbrief. Regensburg (Friedrich Pustet) (BU 15) 1980

–, »Schaut auf Jesus« (Hebr 3,1). Die Bedeutung des irdischen Jesus für den Glauben nach dem Hebräerbrief. In: Frankemölle, Hubert; Kertelge, Karl (Hg.), Vom Urchristentum zu Jesus. Für Joachim Gnilka. Freiburg u.a. (Herder) 1989, 417–432

–, »Ein für allemal hingegangen in das Allerheiligste« (Hebr 9,12) – Zum Verständnis des Kreuzestodes im Hebräerbrief. BZ 35, 1991, 65–85

LAUFEN, Rudolf (Hg.), Gottes ewiger Sohn. Die Präexistenz Christi. Paderborn u.a. (Schöningh) 1997

LAUSBERG, Heinrich, Elemente der literarischen Rhetorik. Eine Einführung für Studierende der klassischen, romanischen, englischen und deutschen Philologie. 2. Auflage. München (Max Hueber) 1963

LAUTERBACH, Jakob Z., The Pharisees and their teachings. HUCA 6, 1929, 69–139

LEBRAM, Jürgen-Christian, Das Buch Daniel. Zürich (Theologischer Verlag Zürich) (ZBK.AT 23) 1984

LEE, Pilchan, The New Jerusalem in the Book of Revelation. A Study of Revelation 21–22 in the Light of its Background in Jewish Tradition. Tübingen (Mohr-Siebeck) (WUNT 2,129) 2001

LÉGASSE, S., Les Voiles du Temple de Jérusalem. RB 87, 1980, 560–589

LEHMANN, Manfred R., »Yom Kippur« in Qumran. RdQ 3, 1961, 117–124

LEONHARDT, Jutta, Jewish Worship in Philo of Alexandria. Tübingen (Mohr-Siebeck) (TSAJ 84) 2001

LEROY, Herbert, »Sündenvergebung (II) NT«. NBL 3, 2001, 744–746

LESCHERT, Dale F., Hermeneutical Foundations of Hebrews. A Study in the Validity of the Epistle's Interpretation of some Core Citations from the Psalms. Lewiston u.a. (Edwin Mellen Press) (NABPR.DS 10) 1994

LEVIN, Christoph, Die Verheißung des Neuen Bundes in ihrem theologiegeschichtlichen Zusammenhang ausgelegt. Göttingen (Vandenhoeck) (FRLANT 137) 1985

LICHTENBERGER, Herrmann, Atonement and sacrifice in the Qumran Community. In: Green, William Scott (Hg.), Approaches to Ancient Judaism. Band 2. Chico, California (Scholars Press) (BJSt 9) 1980, 159–171

–, Studien zum Menschenbild in Texten der Qumrangemeinde. Göttingen (Vandenhoeck) (StUNT 15) 1980a

–, Täufergemeinden und frühchristliche Täuferpolemik im letzten Drittel des 1. Jahrhunderts. ZThK 84, 1987, 36–57

–, »Σάλπιγξ« usw. EWNT² 3, 1992, 536–538

–, Synkretistische Züge in jüdischen und judenchristlichen Taufbewegungen. In: Dunn, J.D.G. (Hg.), Jews and Christians. The Parting of the Ways A.D. 70 to 135. The Second Durham-Tübingen Research Symposium on Earliest Christianity and Judaism (Durham, September, 1989). Tübingen (Mohr-Siebeck) (WUNT 66) 1992a, 85–97

–, Alter und Neuer Bund. NTS 41, 1995, 400–414

–, Zion and the Destruction of the Temple in 4 Ezra 9–10. In: Ego, Beate; Lange, Armin; Pilhofer, Peter (Hg.), Gemeinde ohne Tempel. Community without Temple. Zur Substituierung und Transformation des Jerusalemer Tempels und seines Kults im Alten Testament, antiken Judentum und frühen Christentum. Tübingen (Mohr-Siebeck) (WUNT 118) 1999, 239–249

–, Der Mythos von der Unzerstörbarkeit des Tempels. In: Hahn, Johannes (Hg.), Zerstörungen des Jerusalemer Tempels. Geschehen – Wahrnehmung – Bewältigung. Tübingen (Mohr-Siebeck) (WUNT 147) 2002, 92–107

LICHTENBERGER, Herrmann; OEGEMA, Gerbern S. (Hg.), Jüdische Schriften in ihrem antik-jüdischen und urchristlichen Kontext. Gütersloh (Gütersloher) (Studien zu den JSHRZ 1) 2002

LIDDELL, Henry George; SCOTT, Robert (Hg.), A Greek-English Lexicon. Nachdruck der 9. Auflage [1940]. 2 Bände (1951) und 2 Supplementsbände (1968; 1996). Oxford (Clarendon Press) 1951–96

LIERMAN, John, The New Testament Moses. Christian Perceptions of Moses and Israel in the Setting of Jewish Religion. Tübingen (Mohr-Siebeck) (WUNT 2, 173) 2004

LIETZMANN, Hans, Geschichte der Alten Kirche. 4 Bände. Berlin (de Gruyter) 1937–44

LIMBECK, Meinrad, »ἀθετέω« usw. EWNT[2] 1, 1992, 83–85

LINDARS, Barnabas S.S.F., The Theology of the Letter to the Hebrews. Cambridge u.a. (Cambridge University Press) (New Testament Theology) 1991

–, Hebrews and the Second Temple. In: Horbury, William (Hg.), Templum Amicitiae. Essays on the Second Temple presented to Ernst Bammel. Sheffield (Sheffield Academic Press) (JSNT.S 48) 1991a, 392–433

LINDEMANN, Andreas, Die Clemensbriefe. Tübingen (Mohr-Siebeck) (HNT 17) 1992

–, »Clemensbriefe«. RGG[4] 2, 1999, 397f

LOADER, William R.G., Sohn und Hoherpriester. Eine traditionsgeschichtliche Untersuchung zur Christologie des Hebräerbriefes. Neukirchen-Vluyn (Neukirchener) (WMANT 53) 1981

LOHMEYER, Ernst, Kyrios Jesus. Eine Untersuchung zu Phil. 2,5–11. Heidelberg (Universitätsverlag Carl Winter) (SHAW.PH 1927/28, 4. Abhandlung) 1928

–, Die Offenbarung des Johannes. 2., ergänzte Auflage. Tübingen (Mohr-Siebeck) (HNT 16) 1953

–, Die Briefe an die Philipper, an die Kolosser und an Philemon. [1929] 9. Auflage. Mit Beiheft von Werner Schmauch. Göttingen (Vandenhoeck) (KEK 9) 1961

LÖHR, Hermut, Thronversammlung und preisender Tempel. Beobachtungen am himmlischen Heiligtum im Hebräerbrief und in den Sabbatopferliedern aus Qumran. In: Hengel, Martin; Schwemer, Anna Maria (Hg.), Königsherrschaft Gottes und himmlischer Kult im Judentum, Urchristentum und in der hellenistischen Welt. Tübingen (Mohr-Siebeck) (WUNT 55) 1991, 185–205

–, »Umriß« und »Schatten«. Bemerkungen zur Zitierung von Ex 25,40 in Hebr 8. ZNW 84, 1993, 218–232

–, Umkehr und Sünde im Hebräerbrief. Berlin, New York (de Gruyter) (BZNW 73) 1994

–, Anthropologie und Eschatologie im Hebräerbrief. Bemerkungen zum theologischen Interesse einer frühchristlichen Schrift. In: Evang, Martin, u.a. (Hg.), Eschatologie und Schöpfung. Festschrift für Erich Grässer zum siebzigsten Geburtstag. Berlin, New York (de Gruyter) (BZNW 89) 1997, 169–199

–, Wahrnehmung und Bedeutung des Todes Jesu nach dem Hebräerbrief. Ein Versuch. In: Frey, Jörg; Schröter, Jens (Hg.), Deutungen des Todes Jesu im Neuen Testament. Tübingen (Mohr-Siebeck) (WUNT 181) 2005, 455–476

LOHSE, Eduard, Märtyrer und Gottesknecht. Untersuchungen zur urchristlichen Verkündigung vom Sühnetod Jesu Christi. [1955] 2. Auflage. Göttingen (Vandenhoeck) (FRLANT 64) 1963

–, Umwelt des Neuen Testaments. 8. Auflage. Göttingen (Vandenhoeck) (GNT 1) 1989

LOHSE, Eduard, u.a. (Hg.), Der Ruf Jesu und die Antwort der Gemeinde. Exegetische Untersuchungen Joachim Jeremias zum 70. Geburtstag gewidmet von seinen Schülern. Göttingen (Vandenhoeck) 1970

LONA, Horacio E., Der erste Clemensbrief. Göttingen (Vandenhoeck) (KAV 2) 1998

LONGENECKER, Richard, The Melchizedek Argument of Hebrews. A Study in the Development and Circumstantial Expression of New Testament Thought. In: Guelich, Robert A. (Hg.), Unity and Diversity in New Testament Theology. Essays in Honor of George E. Ladd. Michigan (Eerdmans) 1978, 161–185

LUCK, Ulrich, Himmlisches und irdisches Geschehen im Hebräerbrief. NT 6, 1963, 192–215

LÜHRMANN, Dieter, Der Hohepriester außerhalb des Lagers (Heb 13,12). ZNW 69, 1978, 178–186

LUEKEN, Wilhelm, Michael. Eine Darstellung und Vergleichung der jüdischen und morgenländisch-christlichen Tradition vom Erzengel Michael. Göttingen (Vandenhoeck) 1898

LÜNEMANN, Gottlieb, Kritisch exegetisches Handbuch über den Hebräerbrief. 4. Auflage. Göttingen (Vandenhoeck) 1878

LUNCEFORD, Joe Elbert, An Historical Inquiry into the New Testament Meaning of the ʿΙΛΑΣΚΟΜΑΙ Cognates. Ph.D. Diss. Baylor University (Microfilm) 1979

LUST, Johan; EYNIKEL, Erik; HAUSPIE, Katrin, A Greek-English Lexicon of the Septuagint. Revised Edition. Stuttgart (Deutsche Bibelgesellschaft) 2003

LUTHER, Martin, Hebräerbrief-Vorlesung von 1517/18. Übersetzt und herausgegeben von Erich Vogelsang. Berlin, Leipzig (de Gruyter) (AKG 17) 1930

LUTTIKHUIZEN, Gerard P., The Revelation of Elchasai. Investigations into Evidence for a Mesopotamian Jewish Apocalypse of the Second Century and its Reception by Judeo-Christian Propagandists. Tübingen (Mohr-Siebeck) (TSAJ 8) 1985

LYONNET, Stanislas S.J., The Notion of Sin. In: Lyonnet, Stanislas S.J.; Sabarin, Léopold S.J., Sin, Redemption, and Sacrifice. A Biblical and Patristic Study. Rom (Biblical Institute Press) (AnBib 48) 1970, 1–57

The Terminology of Redemption. In: Lyonnet, Stanislas S.J.; Sabarin, Léopold S.J., Sin, Redemption, and Sacrifice. A Biblical and Patristic Study. Rom (Biblical Institute Press) (AnBib 48) 1970a, 59–184

–; SABARIN, Léopold S.J., Sin, Redemption, and Sacrifice. A Biblical and Patristic Study. Rom (Biblical Institute Press) (AnBib 48) 1970

MAAS, Wilhelm (Hg.), Versuche, das Leiden und Sterben Jesu zu verstehen. Zürich (Schnell und Steiner) (Schriftenreihe der Katholischen Akademie der Erzdiözese Freiburg) 1983

MAASS, F., »כפר kpr sühnen«. THAT [4]1, 1984, 842–857

MACDONALD, John, The Samaritan Doctrine of Moses. SJTh 13, 1960, 149–162

–, The Theology of the Samaritans. London (SCM Press) (New Testament Library) 1964

MACH, Michael, Entwicklungsstadien des jüdischen Engelglaubens in vorrabbinischer Zeit. Tübingen (Mohr-Siebeck) (TSAJ 34) 1992

MACRAE, George W., Heavenly Temple and Eschatology in the Letter to the Hebrews. Semeia 12, 1978, 179–199

MADSEN, Truman G. (Hg.), The Temple in Antiquity. Ancient Records and Modern Perspectives. Provo (Religious Studies Center, Brigham Young University) (RSMS 9) 1984

MAIER, Johann, Vom Kultus zur Gnosis. Studien zur Vor- und Frühgeschichte der »jüdischen Gnosis«. Bundeslade, Gottesthron und Märkabah. Salzburg (Otto Müller) (Kairos.St 1) 1964

–, Zwischen den Testamenten. Geschichte und Religion in der Zeit des Zweiten Tempels. Würzburg (Echter) (NEB.AT Ergänzungsband 3) 1990

–, Sühne und Vergebung in der jüdischen Liturgie. In: Baldermann, Ingo, u.a (Hg.), Sünde und Gericht. Neukirchen-Vluyn (Neukirchener) JBTh 9, 1994, 145–171

–, »Temple«. EDSS 2, 2000, 921–927

MALINA, Bruce J., Rez. deSilva, Despising Shame. JBL 116, 1997, 378–379

MANDEL, Paul, Midrashic Exegesis and its Precedents in the Dead Sea Scrolls. DSD 8, 2001, 149–168

MANSOOR, Menahem, »Therapeutae«. EJ 15, 1971, 1111f

MARCUS, Joel, Son of Man as son of Adam. RB 110, 2003, 38–61

MARKSCHIES, Christoph, »Gnosis/Gnostizismus«. NBL 1, 1991, 868–871

–, Die Gnosis. München (Beck) (C.H.Beck Wissen in der Beck'schen Reihe 2173) 2001

MARTIN, E. L., »Kreuzigungsstätte II«. NBL 2, 1995, 550f

MASON, Steve, Flavius Josephus und das Neue Testament. Tübingen u.a. (Francke) (UTB.W 2130) 2000

MAURER, Christian, »πρόσφατος« usw. ThWNT 6, 1959, 767f

–, »σύνοιδα« usw. ThWNT 7, 1964, 897–918

–, »τίθημι« usw. ThWNT 8, 1969, 152–170

MAYER, Günter, »ידד usw. III«. ThWAT 3, 1982, 460–474

MCKELVEY, R.J., The New Temple. The Church in the New Testament. Oxford (Oxford University Press) (OTM) 1969

MCRAY, John, Atonement and Apocalyptic in the Book of Hebrews. RestQ 23, 1980, 1–9

MEES, Michael, Die Hohepriester-Christologie des Hebräerbriefes im Vergleich mit dem Ersten Clemensbrief. BZ 22, 1978, 115–124

MEIER, Samuel A., »Angel I«. In: van der Toorn, Karel; Becking, Bob; van der Horst, Pieter W. (Hg.), Dictionary of Deities and Demons in the Bible. 2. Auflage. Leiden/Grand Rapids u.a. (Brill/Eerdmans) 1999, 45–50

–, »Destroyer«. In: van der Toorn, Karel; Becking, Bob; van der Horst, Pieter W. (Hg.), Dictionary of Deities and Demons in the Bible. 2. Auflage. Leiden/Grand Rapids u.a. (Brill/Eerdmans) 1999a, 240–244

MEISER, Martin, Die paulinischen Adamaussagen im Kontext frühjüdischer und frühchristlicher Literatur. In: Lichtenberger, Herrmann; Oegema, Gerbern S. (Hg.), Jüdische Schriften in ihrem antik-jüdischen und urchristlichen Kontext. Gütersloh (Gütersloher) (Studien zu den Schriften aus hellenistisch-römischer Zeit 1) 2002, 376–401

MENDELS, Doron, The Land of Israel as a Political Concept in Hasmonean Literature. Tübingen (Mohr-Siebeck) (TSAJ 15) 1987

MENKEN, Gottfried, Homilien über das neunte und zehnte Capitel des Briefes an die Hebräer, nebst einem Anhang etlicher Homilien über Stellen des 12. Capitels. Bremen (Wilhelm Kaiser) 1831

MERKLEIN, Helmut, Studien zu Jesus und Paulus. Tübingen (Mohr-Siebeck) (WUNT 43) 1987

–, Der Tod Jesu als stellvertretender Sühnetod. In: Ders., Studien zu Jesus und Paulus. Tübingen (Mohr-Siebeck) (WUNT 43) 1987a, 181–191

–, Christus als Bild Gottes im Neuen Testament. In: Baldermann, Ingo, u.a. (Hg.), Die Macht der Bilder. JBTh 13, 1998, 53–75

–, Studien zu Jesus und Paulus II. Tübingen (Mohr-Siebeck) (WUNT 105) 1998a

–, Der Sühnetod Jesu nach dem Zeugnis des Neuen Testaments. In: Ders., Studien zu Jesus und Paulus II. Tübingen (Mohr-Siebeck) (WUNT 105) 1998b, 31–59

METZGER, Bruce M., A Textual Commentary on the Greek New Testament. A Companion Volume to the United Bible Societies' Greek New Testament (third edition) [...]. London, New York (United Bible Societies) 1975

METZGER, Manfred, Himmlische und irdische Wohnstatt Jahwes. UF 2, 1970, 139–158

MEYERS, Carol L.; MEYERS, Eric M., Zechariah 9–14. New York u.a. (Doubleday) (AnchB 25c) 1993

MEYERS, Carol L.; O'CONNOR, M. (Hg.), The Word of the Lord shall go Forth. Essays in Honor of David Noel Freedman in Celebration of His Sixtieth Birhday. Winona Lake (Eisenbrauns) 1983

MICHEL, Otto, Die Lehre von der christlichen Vollkommenheit nach der Anschauung des Hebräerbriefes. ThStKr 106, 1934/35, 333–355

–, Der Brief an die Römer. [1955] 14. Auflage – 5. Auflage dieser Auslegung. Göttingen (Vandenhoeck) (KEK 4) 1978

–, Der Brief an die Hebräer. [1936] 14. Auflage – 8. Auflage dieser Bearbeitung. Göttingen (Vandenhoeck) (KEK 13) 1984

MILDENBERGER, Friedrich, »Heilsgeschichte«. RGG⁴ 3, 2000, 1584–1586

MILGROM, Jacob, »Kipper«. EJ 10, 1971, 1039–1044

–, Cult and Conscience. The Asham and the Priestly Doctrine of Repentance. Leiden (Brill) (SJLA 18) 1976

–, Studies in the Temple Scroll. JBL 97, 1978, 501–523

–, Korah's Rebellion: A Study in Redaction. In: Carrez, Maurice; Doré, Joseph; Grelot, Pierre (Hg.), De la Tôra au Messie. Études d'exégèse et d'herméneutique bibliques offertes à Henri Cazelles pour ses 25 années d'enseignement à l'Institut Catholique de Paris. Paris (Desclée de Brouwer) 1981, 135–146

–, Studies in Cultic Theology and Terminology. Leiden (Brill) (SJLA 36) 1983

–, The Priestly Doctrine of Repentance. In: Ders., Studies in Cultic Theology and Terminology. Leiden (Brill) (SJLA 36) 1983a, 47–66

–, Sin-offering or Purification-offering? In: Ders., Studies in Cultic Theology and Terminology. Leiden (Brill) (SJLA 36) 1983b, 67–69

–, Israel's Sanctuary: The Priestly ›Picture of Dorian Gray‹. In: Ders., Studies in Cultic Theology and Terminology. Leiden (Brill) (SJLA 36) 1983c, 75–84

–, The Paradox of the Red Cow (Num xix). In: Ders., Studies in Cultic Theology and Terminology. Leiden (Brill) (SJLA 36) 1983d, 85–95

–, Further Studies in the Temple Scroll. JQR 71, 1983e, 1–17.89–106

–, New Temple Festivals in the Temple Scroll. In: Madsen, Truman G. (Hg.), The Temple in Antiquity. Ancient records and modern perspectives. Provo (Religious Studies Center, Brigham Young University) (RSMS 9) 1984, 126–133

–, Rez. Janowski 2000 [1. Auflage 1982]. JBL 104, 1985, 302–304

–, Numbers במדבר. The traditional Hebrew Text with the New JPS Translation. Commentary by Jacob Milgrom. Philadelphia, New York (The Jewish Publication Society) (The JPS Torah Commentary) 1990

–, The Scriptural Foundations and Deviations in the Laws of Purity of the Temple Scroll. In: Schiffman, Lawrence H. (Hg.), Archaeology and History in the Dead Sea

Scrolls. The New York University Conference in Memory of Yigael Yadin. Sheffield (Sheffield Academic Press) (JSPE.S 8; JSOT/ASOR Monographs 2) 1990a, 83–99

–, Leviticus 1–16. New York (Doubleday) (AncB 3) 1991

–, Deviations from Scripture in the Purity Laws of the Tempel Scroll. In: Jewish Civilization in the Hellenistic-Roman Period. Sheffield (JSOT Press) (JSPE.S 10) 1991a, 159–167

–, First Day Ablutions in Qumran. In: Barrera, Julio Trebolle; Montaner, Luis Vegas (Hg.), The Madrid Qumran Congress. Proceedings of the International Congress on the Dead Sea Scrolls Madrid 18–21 March, 1991. Band 2. Leiden/Madrid (Brill/Editorial Complutense) (StTDJ 11,2) 1992, 561–570

–, On the Purification Offering in the Temple Scroll. RdQ 16, 1993, 99–101

–, Confusing the Sacred and the Impure: A Rejoinder. VT 44, 1994, 554–558

–, 4QTohora[a]: An unpublished Qumran Text on Purities. In: Dimant, Devorah, Schiffman, Lawrence H. (Hg.), Time to prepare the way in the Wilderness. Papers on the Qumran Scrolls by Fellows of the Institute for Advanced Studies of the Hebrew University, Jerusalem, 1989–1990. Leiden (Brill) (STDJ 16) 1995, 59–68

–, Leviticus 17–22. New York (Doubleday) (AncB 3A) 2000

–, »Sacrifice«. EDSS 2, 2000a, 807–812

–, Leviticus 23–27. New York (Doubleday) (AncB 3B) 2001

MITTMANN-RICHERT, Ulrike, Supplementa zu den JSHRZ. Lieferung 1: Einführung zu den Jüdischen Schriften aus hellenistisch-römischer Zeit. Faszikel 1: Historische und legenda-rische Erzählungen. Gütersloh (Gütersloher) (JSHRZ 6,1,1) 2000

MOE, Olaf, Der Gedanke des allgemeinen Priestertums im Hebräerbrief. ThZ 5, 1949, 161–169

–, Das irdische und das himmlische Heiligtum. Zur Auslegung von Hebr. 9,4f. ThZ 9, 1953, 23–29

MOFFATT, James, A Critical and Exegetical Commentary on the Epistle to the Hebrews. [1924] Nachdruck. Edinburgh (Clark) (ICC) 1952

MOULE, C.F.D., Sanctuary and Sacrifice in the Church of the New Testament. JThS NS 1, 1950, 29–41

MOULTON, James Hope, A Grammar of New Testament Greek. 3 Bände. 3. Auflage. Edinburgh (Clark) 1967

MÜLLER, Hans-Peter, Ursprünge und Strukturen alttestamentlicher Eschatologie. Berlin (Töpelmann) (BZAW 109) 1969

MÜLLER, Paul-Gerhard, ΧΡΙΣΤΟΣ ΑΡΧΗΓΟΣ. Der religionsgeschichtliche und theologische Hintergrund einer neutestamentlichen Christusprädikation. Frankfurt a.M. (Peter Lang) (EHS.T 28) 1973

MÜLLER, Ulrich B., Der Brief des Paulus an die Philipper. Leipzig (EVA) (ThHK 11,1) 1993

–, Die Offenbarung des Johannes. [1984] 2. Auflage. Gütersloh/Würzburg (Gütersloher/Echter) (ÖTBK 19) 1995

MÜLLER-FIEBERG, Rita, Das »neue Jerusalem«. Vision für alle Herzen und Zeiten? Eine Auslegung von Offb 21,1–22,5 im Kontext von Alttestamentlich-frühjüdischer Tradition und literarischer Rezeption. Berlin u.a. (Philo) (BBB 144) 2003

MYERS, JACOB M., II Chronicles. New York (Doubleday) (AnchB 13) 1965

NAJMAN, Hindy, Angels at Sinai. Exegesis, Theology and Interpretive Authority. DSD 7, 2000, 313–333

–, Seconding Sinai. The Development of Mosaic Discourse in Second Temple Judaism. Leiden (Brill) (JSJ Supplement 77) 2003

NAUCK, Wolfgang, Zum Aufbau des Hebräerbriefes. In: Eltester, Walther (Hg.), Judentum Urchristentum Kirche. Festschrift für Joachim Jeremias. 2.[,] vielfach berichtigete und ergänzte [...] Auflage Berlin (Töpelmann) 1964, 199–206

NAUDÉ, Jacobus A., Holiness in the Dead Sea Scrolls. In: Flint, Peter W.; Vanderkam, James C. (Hg.), The Dead Sea Scrolls after Fifty Years. A Comprehensive Assessment. Band 2. Leiden (Brill) 1999, 171–199

NEEF, Heinz-Dieter, Aspekte alttestamentlicher Bundestheologie. In: Avemarie, Friedrich; Lichtenberger, Herrmann (Hg.), Bund und Tora. Zur theologischen Begriffsgeschichte in alttestamentlicher, frühjüdischer und urchristlicher Tradition. Tübingen (Mohr-Siebeck) (WUNT 92) 1996, 1–23

NEUSNER, Jacob, The Idea of Purity in Ancient Judaism. With a Critique and Commentary by Mary Douglas. Leiden (Brill) (SJLA 1) 1973

–, (Hg.) Christianity, Judaism and other Greco-Roman Cults. Band 3: Judaism before 70. Leiden (Brill) (SJLA 12) 1975

–, Geschichte und rituelle Reinheit im Judentum des 1. Jahrhunderts n. Chr. Kairos, 21, 1979, 119–132

–, Map without Territory. Mishnah's System of Sacrifice an Sanctuary. HR 19, 1979a, 103–127

–, A History of the Mishnaic Law of Appointed Times. Part Three. Sheqalim, Yoma, Sukkah. Translation and Explanations. Leiden (Brill) (SJLA 34) 1982

–, Introduction to Rabbinic Literature. The Anchor Bible Reference Library. New York (Doubleday) 1994

NEWMAN, Carey C.; DAVILA, James R.; LEWIS, Gladis S. (Hg.), The Jewish Roots of Christological Monotheism. Papers from the St. Andrews Conference on the Historical Origins of the Worship of Jesus. Leiden (Brill) (JSJ Supplement 63) 1999

NEWSOM, Carol, ›He has established for Himself Priests‹. Human and Angelic Priesthood in the Qumran Sabbath Shirot. In: Schiffman, Lawrence H., (Hg.), Archaeology and History in the dead Sea Scrolls. The New York University Conference in Memory of Yigael Yadin. Sheffield (Sheffield Academic Press) (JSPE.S 8; JSOT/ASOR Monographs 2) 1991, 101–120

NEWTON, Michael, The Concept of Purity at Qumran and in the Letters of Paul. Cambridge (Cambridge University Press) (MSSNTS 53) 1985

NICKELSBURG, George W. E., Judgment, Life-After-Death, and Resurrection in the Apocrypha and the non-apocalyptic Pseudepigrapha. In: Avery-Peck, Alan J.; Neusner, Jacob (Hg.), Judaism in Late Antiquity. Part Four. Death, Life-After-Death, Resurrection and the World-To-Come in the Judaisms of Antiquity. Leiden (Brill) (HO 1,49/2) 2000, 141–162

NIEDERWIMMER, Kurt, Die Didache. Göttingen (Vandenhoeck) (KAV 1) 1989

NIELSEN, Kjeld, Incense in Ancient Israel. Leiden (Brill) (VT.S 38) 1986

NIKIPROWETZKY, V., La Spiritualisation des Sacrifices et le Culte Sacrificiel au Temple de Jérusalem chez Philon d'Alexandrie. Sem. 17, 1967, 97–116

Réflexions sur Quelques Problèmes du Quatrième et di Cinquième Livre des Oracles Sibyllins. HUCA 43, 1972, 29–76

NISSILÄ, Keijo, Das Hohepriestermotiv im Hebräerbrief. Eine exegetische Untersuchung. Helsinki (Finnische Exegetische Gesellschaft) (SESJ 33) 1979

NITZAN, Bilhah, Qumran Prayer and Religious Poetry. Leiden (Brill) (StTDJ 12) 1994

–, Harmonic and Mystical Characteristics in Poetic and Liturgical Writings from Qumran. JQR 85, 1994a, 163–183

–, 4QBerakhot^{a-e} (4Q286–290): A Covenantal Ceremony in the Light of related Texts. RevQ, 16, 1995, 487–506

–, Repentance in the Dead Sea Scrolls. In: Flint, Peter W.; Vanderkam, James C. (Hg.), The Dead Sea Scrolls after Fifty Years. A Comprehensive Assessment. Band 2. Leiden (Brill) 1999, 145–170

–, The Concept of the Covenant in Qumran Literature. In: Goodblatt, David; Pinnick, Avital; Schwartz, Daniel R. (Hg.), Historical Perspectives: From the Hasmoneans to Bar Kokhba in Light of the Dead Sea Scrolls. Leiden (Brill) (StTDJ 37) 2001, 85–104

NN. (Hg.), Festgabe für Hartwig Thyen von Kollegen, Freunden und Schülern. Heidelberg. (Typoskript) 1977

–, »τελείωσις« usw. EWNT² 3, 1992, 829

NOMOTO, Shinya, Herkunft und Struktur der Hohenpriestervorstellung im Hebräerbrief. NT 10, 1968, 10–25

NOTH, Martin, Das vierte Buch Mose. Numeri. [1966] 4. Auflage. Göttingen (Vandenhoeck) (ATD 7) 1982

–, Das dritte Buch Mose. Leviticus. [1962] 5. Auflage. Göttingen (Vandenhoeck) (ATD 6) 1985

–, Das zweite Buch Mose. Exodus. [1958] 8. Auflage. Göttingen (Vandenhoeck) (ATD 5) 1988

OBERLINNER, Lorenz, Der erste Timotheusbrief. Der zweite Timotheusbrief. Ungekürzte Sonderausgabe. Nachdruck der 1. Auflage 1995. Freiburg (Herder) (HThK.NT) 2002

OEGEMA, Gerbern S., Der Gesalbte und sein Volk. Untersuchungen zum Konzeptualisierungsprozeß der messianischen Erwartungen von den Makkabäern bis Bar Koziba. Göttingen (Vandenhoeck) (Schriften des Institutum Judaicum Delitzschianum 2) 1994

–, Zwischen Hoffnung und Gericht. Untersuchungen zur Rezeption der Apokalyptik im frühen Christentum und Judentum. Neukirchen (Neukirchener) (WMANT 82) 1999

Ó FEARGHAIL, Fearghas, Sir 50,5–21: Yom Kippur or The Daily Whole-Offering? Bib 59, 1978, 301–316

OLYAN, Saul M., A Thousand Thousands Served Him. Exegesis and the Naming of Angels in Ancient Judaism. Tübingen (Mohr-Siebeck) (TASJ 36) 1993

–, The Exegetical Dimensions of Restrictions on the Blind and the Lame in Texts from Qumran. DSD 8, 2001, 38–50

ORLOV, Andrei A., On the Polemical Nature of 2 (Slavonic) Enoch. A Reply to C. Böttrich. JSJ 34, 2003, 274–303

PAGET, James Carleton, The Epistle of Barnabas. Outlook and Background. Tübingen (Mohr-Siebeck) (WUNT 2,64) 1994

PALZKILL, Elisabeth, »προσέρχομαι« usw. EWNT² 3, 1992, 394–396

PARET, Rudi, Der Koran. Kommentar und Konkordanz. 6. Auflage. Taschenbuchausgabe. Stuttgart u.a. (Kohlhammer) 2001

PARRY, Donald W.; ULRICH, Eugene (Hg.), The Provo International Conference on the Dead Sea Scrolls. Technological Innovations, New Texts, and Reformulated Issues. Leiden (Brill) (STDJ 30) 1999

PASCHER, Joseph, Η ΒΑΣΙΛΙΚΗ ΟΔΟΣ. Der Königsweg zu Wiedergeburt und Vergottung bei Philon von Alexandrien. Paderborn (Schöningh) (SGKA 17,3.4) 1931

PAULSEN, Henning, Der Zweite Petrusbrief und der Judasbrief. Göttingen (Vandenhoeck) (KEK 12,2) 1992

PEDERSEN, Sigfred (Hg.), New Directions in Biblical Theology. Papers of the Aarhus Conference, 16–19 September 1992. Leiden (Brill) (NT.S 76) 1994

PETERSON, Erik, Zur Bedeutungsgeschichte von Παρρησία. In: Koepp, Wilhelm (Hg.), Reinhold Seeberg-Festschrift. Band 1: Zur Theorie des Christentums. Leipzig (Deichert) 1929, 283–297

–, Das Buch von den Engeln. Stellung und Bedeutung der heiligen Engel im Kultus. Leipzig (Jakob Hegner) 1935

–, »Gnosi«. EC 6, 1951, 876–882

–, Frühkirche, Judentum und Gnosis. Studien und Untersuchungen. Rom u.a. (Herder) 1959

–, Die Befreiung Adams aus der 'Ανάγκη. Zum Gedächtnis von F. Cumont. [1948] In: Ders.: Frühkirche, Judentum und Gnosis. Studien und Untersuchungen. Rom u.a. (Herder) 1959a, 107–128

–, Die Behandlung der Tollwut bei den Elchasaiten nach Hippolyt. In: Ders.: Frühkirche, Judentum und Gnosis. Studien und Untersuchungen. Rom u.a. (Herder) 1959b, 221–235

–, Giudaismo e Cristianesimo: Culto giudaico e culto cristiano. RSLR 1, 1965, 67–391

PETERSON, David, Hebrews and Perfection. An Examination of the Concept of Perfection in the Epistle to the Hebrews. Cambridge (Cambridge University Press) (MSSNTS 47) 1982

–, Worship and ethics in Romans 12. TynB 44, 1993, 271–288

PFANN, STEPHEN J., The Essene Yearly Renewal Ceremony and the Baptism of Repentance. In: Parry, Donald W., Ulrich, Eugene (Hg.), The Provo International Conference on the Dead Sea Scrolls. Technological Innovations, New Texts, and Reformulated Issues. Leiden (Brill) (STDJ 30) 1999, 337–352

PHILONENKO, Marc, Les interpolations chrétiennes des Testaments des Douze Patriarches et les Manuscrits de Qumrân. RHPhR 38, 1958, 309–343; 39, 1959, 14–38

PIETERSMA, Albert (Hg.), De Septuaginta. Studies in honor of John William Wevers on his 65. Birthday. Missisauga (Benben Publishers) 1984

PILHOFER, Peter, Die frühen Christen und ihre Welt. Greifswalder Aufsätze 1996–2001. Mit Beiträgen von Jens Börstinghaus und Eva Ebel. Tübingen (Mohr-Siebeck) (WUNT 145) 2002

–, ΚΡΕΙΤΤΟΝΟΣ ΔΙΑΘΗΚΗΣ ΕΓΓΥΟΣ. Die Bedeutung der Präexistenzchristologie für die Theologie des Hebräerbriefs. In: Ders., Die frühen Christen und ihre Welt. Greifswalder Aufsätze 1996–2001. Mit Beiträgen von Jens Börstinghaus und Eva Ebel. Tübingen (Mohr-Siebeck) (WUNT 145) 2002a, 58–72

POIRIER, John C., Purity beyond the Temple in the Second Temple Era. JBL 122, 2003, 247–265

POLA, Thomas, Die ursprüngliche Priesterschrift. Beobachtungen zur Literarkritk und Traditionsgeschichte von P^g. Neukirchen-Vluyn (Neukirchener) (WMANT 70) 1995

POWELL, Douglas, »Clemens von Rom«. TRE 8, 1981, 113–120

PRATSCHER, Wilhelm, Die Sündlosigkeit Jesu im Neuen Testament. BThZ 19, 2002, 159–174

PREISKER, Herbert, »ὀρθός« usw. ThWNT 5, 1954, 450–453

PROSTMEIER, Ferdinand R., Der Barnabasbrief. Göttingen (Vandenhoeck) (KAV 8) 1999

QUISPEL, Gilles, Gnostic Studies. Band 1. Istanbul (Nederlands Historisch-Archaeologisch Instituut in het Nabije Oosten.) (UNHAII 36,1) 1974

–, Der gnostische Anthropos und die jüdische Tradition. [1954] In: Ders.: Gnostic Studies. Band 1. Istanbul (Nederlands Historisch-Archaeologisch Instituut in het Nabije Oosten.) (UNHAII 36,1) 1974a, 173–195

–, Gnosticism and the New Testament. [1965] In: Ders. Gnostic Studies. Band 1. Istanbul (Nederlands Historisch-Archaeologisch Instituut in het Nabije Oosten.) (UNHAII 36,1) 1974b, 196–212

RABIN, Chaim; YADIN, Yigael (Hg.), Aspects of the Dead Sea Scrolls. Jerusalem (Magnes Press) (ScrHie 4) 1958

RAD, Gerhard von, »διάβολος B«. ThWNT 2, 1935, 71–74

–, Das Fünfte Buch Mose. Deuteronomium. Göttingen (Vandenhoeck) (ATD 8) 1964

–, Gesammelte Studien zum Alten Testament. [1958] 4. Auflage. München (Kaiser) (TB 8) 1971

–, Zelt und Lade. [1931] In: Ders.: Gesammelte Studien zum Alten Testament. [1958] 4. Auflage. München (Kaiser) (TB 8) 1971b, 109–129

–, Theologie des Alten Testaments. Band 1: Die Theologie der geschichtlichen Überlieferungen Israels. [1960] 10. Auflage. München (Kaiser) (KT 2) 1992

RAPP, Hans A., Jakob in Bet-El. Gen 35,1–15 und die jüdische Literatur des 3. und 2. Jahrhunderts. Freiburg u.a. (Herder) (HBS 29) 2001

RAURELL, Frederic, Certain Affinities between Ez-LXX and the Epistle to the Hebrews with regard to the »Doxa« and the Cherubins. Estudios Franciscanos, 86, 1985, 209–232

REEVES, John C., What does Noah offer in 1QApGen X,15? RdQ 12, 1985, 415–419

–, (Hg.) Tracing the Threads. Studies in the Vitality of Jewish Pseudepigrapha. Atlanta (Scholars Press) (SBLEJL 6) 1994

REGEV, Eyal, Abominated Temple and a Holy Community. The Formation of the Notions of Purity and Impurity in Qumran. DSD 10, 2003, 243–278

REHKOPF, Friedrich, Septuaginta-Vokabular. Göttingen (Vandenhoeck) 1989

REINHARZ, Jehuda; SWETSCHINSKI, Daniel, u.a. (Hg.), Mystics, Philosophers, and Politicians. Essays in Jewish Intellectual History in Honor of Alexander Altmann. Durham (Duke University) (DMMRS 5) 1982

RENDTORFF, Rolf, Studien zur Geschichte des Opfers im Alten Israel. Neukirchen-Vluyn (Neukirchener) (WMANT 24) 1967

–, Leviticus. Bisher 3 Lieferungen. Neukirchen-Vluyn (Neukirchener) (BK 3,1–3) 1985ff

–, Priesterliche Opfertora in jüdischer Auslegung. In: Janowski, Bernd; Welker, Michael (Hg.), Opfer. Theologische und kulturelle Kontexte. Frankfurt a.M. (Suhrkamp) (stw 1454) 2000, 178–190

RENDTORFF, Rolf; KUGLER, Robert A. (Hg.), The Book of Leviticus. Composition and Reception. Leiden (Brill) (VT.S 93) 2003

RENGSTORF, Karl Heinrich, Das Evangelium nach Lukas. 4.[,] neubearbeitete Auflage. Göttingen (Vandenhoeck) (NTD 3) 1949

–, (Hg.) A Complete Concordance to Flavius Josephus. 4 Bände. Leiden (Brill) 1973-1983

RIEHM, Eduard K.A., Der Lehrbegriff des Hebräerbriefes dargestellt und mit verwandten Lehrbegriffen verglichen. Neue [...] Ausgabe. Basel, Ludwigsburg (Balmer und Riehm) 1867

RIESNER, Rainer, Essener und Urgemeinde in Jerusalem. Neue Funde und Quellen. 2. Auflage. Gießen/Basel (Brunnen) (Biblische Archäologie und Zeitgeschichte 6) 1998

–, Der Hebräer-Brief nach altkirchlichen Zeugnissen. European Journal of Theology 11, 2002, 15–29

RIESS, Richard (Hg.), Abschied von der Schuld? Zur Anthropologie und Theologie von Schuldbekenntnis, Opfer und Versöhnung. Stuttgart u.a. (Kohlhammer) (Theologische Akzente 1) 1996

RIGAUX, Beda, Révélation des Mystères et Perfection à Qumran et dans le Nouveau Testament. NTS 4, 1957/58, 237–262

RIGGENBACH, Eduard, Der Brief an die Hebräer. 2. und 3.[,] vielfach ergänzte und berichtigte Auflage. Leipzig; Erlangen (Deichert) (KNT 14) 1922

RISSI, Matthias, Die Theologie des Hebräerbriefs. Ihre Verankerung in der Situation des Verfassers und seiner Leser. Tübingen (Mohr-Siebeck) (WUNT 2,41) 1987

ROBINSON, John A.T., Twelve New Testament Studies. London (SCM Press) 1962

–, The Baptism of John and the Qumran Community. In: Ders., Twelve New Testament Studies. London (SCM Press) 1962a, 11–27

RÖSEL, Martin, Die Septuaginta und der Kult. Interpretationen und Aktualisierungen im Buch Numeri. In: Goldman, Yohanan; Uehlinger, Christoph (Hg.), La double transmission du texte biblique. Études d'histoire du texte offertes en hommage à Adrian Schenker. Freiburg (Schweiz)/Göttingen (Universitätsverlag Freiburg/Vandenhoeck) (OBO 179) 2001, 25–40

ROKÉAH, D., The Temple Scroll, Philo, Josephus, and the Talmud. JThS NS 34, 1983, 515–526

ROLOFF, Jürgen, Der erste Brief an Timotheus. Zürich/Neukirchen-Vluyn (Benziger/Neukirchener) (EKK 15) 1988

–, Exegetische Verantwortung in der Kirche. Aufsätze, hg. v. Martin Karrer. Göttingen (Vandenhoeck) 1990

–, Der mitleidende Hohepriester. Zur Frage nach der Bedeutung des irdischen Jesus für die Christologie des Hebräerbriefes. In: Ders.: Exegetische Verantwortung in der Kirche. Aufsätze, hg. v. Martin Karrer. Göttingen (Vandenhoeck) 1990a, 144–167

–, »θυσιαστήριον« usw. EWNT^2 2, 1992, 405–407

–, Der Gottesdienst im Urchristentum. In: Schmidt-Lauber, Hans-Christoph; Meyer-Blanck, Michael, Bieritz, Karl-Heinrich (Hg.), Handbuch der Liturgik. Liturgiewissenschaft in Theologie und Praxis der Kirche. 3. Auflage. Göttingen (Vandenhoeck) 2003, 45–71

ROSE, Christian, Verheißung und Erfüllung. Zum Verständnis von ἐπαγγελία im Hebräerbrief. BZ 33, 1989, 60–80.178–191

–, Die Wolke der Zeugen. Eine exegetisch-traditionsgeschichtliche Untersuchung zu Hebräer 10,32–12,3. Tübingen (Mohr-Siebeck) (WUNT 2,60) 1994

ROSSET, Vincent, Bibliographie 1969–1991 zum Opfer in der Bibel. In: Schenker, Adrian (Hg.), Studien zu Opfer und Kult in Alten Testament. Mit einer Bibliographie 1969–1991 zum Opfer in der Bibel. Tübingen (Mohr-Siebeck) (FAT 3) 1992, 107–151

ROST, Leonhard, Einleitung in die alttestamentlichen Apokryphen und Pseudepigraphen einschließlich der großen Qumranhandschriften. Heidelberg (Quelle & Meier) 1971

ROTTZOLL, Dirk U. (Hg.), Rabbinischer Kommentar zur Genesis. Darstellung der Rezeption des Buches Genesis in Mischna und Talmud unter Angabe targumischer und midraschischer Paralleltexte. Berlin, New York (de Gruyter) (SJ 14) 1994

ROWLAND, C.C., The Second Temple: Focus of ideological Struggle? In: Horbury, William (Hg.), Templum Amicitiae. Essays on the Second Temple presented to Ernst Bammel. Sheffield (Sheffield Academic Press) (JSNT.S 48) 1991, 175–198

RUAGER, Søren, »Wir haben einen Altar« (Hebr 13,10). Einige Überlegungen zum Thema: Gottesdienst/Abendmahl im Hebräerbrief. KuD 36, 1990, 72–77

RUDOLPH, Wilhelm, Haggai – Sacharja 1–8 – Sacharja 9–14 – Maleachi. Gütersloh (Gütersloher) (KAT 13,4) 1976

RÜGER, Hans-Peter, »Apokryphen I. Apokryphen des Alten Testaments«. TRE 3, 1978, 289–316

RÜSEN-WEINHOLD, Ulrich, Der Septuaguinta-Psalter in seinen verschiedenen Textformen zur Zeit des Neuen Testaments. In: Zenger, Erich (Hg.), Der Septuaginta-Psalter. Sprachliche und theologische Aspekte. Freiburg u.a. (Herder) 2001, 61–87

–, Der Septuagintapsalter im Neuen Testament. Eine textgeschichtliche Untersuchung. Neukirchen-Vluyn (Neukirchener) 2004

SACCHI, Paolo, »Henochgestalt/Henochschriften«. TRE 15, 1986, 42–54

SAFRAI, Schmuel, Das himmlische Jerusalem. Ariel 8, 1969, 11–16

SAHLIN, Harald, Emendationsvorschläge zum griechischen Text des Neuen Testaments. NT 25, 1983, 73–88

SANDERS, Ed Parish, Jewish Law from Jesus to the Mishnah. Five Studies. London (SCM Press) 1990

SCHÄFER, Peter, Rivalität zwischen Engeln und Menschen. Studien zur rabbinischen Engelvorstellung. Berlin, New York (de Gruyter) (SJ 8) 1975

–, »Adam II. Im Judentum«. TRE 1, 1977, 424–427

–, Studien zur Geschichte und Theologie des rabbinischen Judentums. Leiden (Brill) (AGJU 15) 1978

–, Tempel und Schöpfung. Zur Interpretation einiger Heiligtumstraditionen in der rabbinischen Literatur. In: Ders., Studien zur Geschichte und Theologie des rabbinischen Judentums. Leiden (Brill) (AGJU 15) 1978a, 122–133

–, Geschichte der Juden in der Antike. Die Juden Palästinas von Alexander dem Großen bis zur arabischen Eroberung. Neukirchen-Vluyn/Stuttgart (Neukirchener/Katholisches Bibelwerk) 1983

–, Hekhalot-Studien. Tübingen (Mohr-Siebeck) (TSAJ 19) 1988

–, Engel und Menschen in der Hekhalot-Literatur. In: Ders.: Hekhalot-Studien. Tübingen (Mohr-Siebeck) (TSAJ 19) 1988a, 250–276

–, Der verborgene und der offenbare Gott. Hauptthemen der frühen jüdischen Mystik. Tübingen (Mohr-Siebeck) 1991

–, (Hg.) Geschichte – Tradition – Reflexion. Festschrift für Martin Hengel zum 70. Geburtstag. Band 1: Judentum. Tübingen (Mohr-Siebeck) 1996

SCHÄFER-LICHTENBERGER, Christa, »Sie wird nicht wieder hergestellt werden.« Anmerkungen zum Verlust der Lade. In: Blum, Erhard (Hg.), Mincha. Festgabe für Rolf Rendtorff zum 75. Geburtstag. Neukirchen-Vluyn (Neukirchener) 2000, 229–241

SCHALLER, Berndt, Philon von Alexandreia und das »Heilige Land«. In: Strecker, Georg (Hg.), Das Land Israel in biblischer Zeit. Jerusalem-Symposium 1981 der Hebräischen Universität und der Georg-August-Universität. Göttingen (Vandenhoeck) (GTA 25) 1983, 172–187

–, »Ἀδάμ« usw. EWNT² 1, 1992, 65–67

SCHELKLE, Karl Hermann,
Die Petrusbriefe. Der Judasbrief. Sonderausgabe. Nachdruck der 4. und 5. Auflage [1980]. Freiburg u.a. (Herder) (HThK.NT) 2002

SCHENKE, Hans-Martin, Der Gott »Mensch« in der Gnosis. Ein religionsgeschichtlicher Beitrag zur Diskussion über die paulinische Anschauung von der Kirche als Leib Christi. Göttingen (Vandenhoeck) 1962

–, Erwägungen zum Rätsel des Hebräerbriefes. In: Betz, Hans Dieter; Schottrof, Luise (Hg.), Neues Testament und christliche Existenz. Festschrift für Herbert Braun zum 70. Geburtstag am 4. Mai 1973 Tübingen (Mohr-Siebeck) 1973, 421–437

–, Gnosis. Zum Forschungsstand unter besonderer Berücksichtigung der religionsgeschichtlichen Problematik. VF 32, 1987, 2–21

SCHENKER, Adrian, Das Zeichen des Blutes und Heilsgewißheit im Alten Testament. Die sühnende Funktion des Blutes auf dem Altar nach Lev 17.10–12. In: Maas, Wilhelm (Hg.), Versuche, das Leiden und Sterben Jesu zu verstehen. Zürich (Schnell und Steiner) (Schriftenreihe der Katholischen Akademie der Erzdiözese Freiburg) 1983, 70–91

–, (Hg.) Studien zu Opfer und Kult in Alten Testament. Mit einer Bibliographie 1969–1991 zum Opfer in der Bibel. Tübingen (Mohr-Siebeck) (FAT 3) 1992

–, Once Again, The Expiatory Sacrifices. JBL 116, 1997, 697–699
–, »Sühne II. Altes Testament«. TRE 32, 2001, 335–338
SCHIERSE, Franz Joseph, Verheißung und Heilsvollendung. Zur theologischen Grundfrage des Hebräerbriefs München (Karl Zink) (MThS.H 9) 1955
SCHIFFMAN, Lawrence H., Merkavah Speculation at Qumran. The 4Q Serekh Shirot 'Olat ha-Shabbat. In: Reinharz, Jehuda; Swetschinski, Daniel, u.a. (Hg.), Mystics, Philosophers, and Politicians. Essays in Jewish Intellectual History in Honor of Alexander Altmann. Durham (Duke University) (DMMRS 5) 1982, 15–47
–, Purity and Perfection. Exclusion from the Council of the Community in the Serekh Ha-'Edah. In: Amitai, Janet (Hg.), Biblical Archeology Today. Proceedings of the International Congress on Biblical Archaeology Jerusalem, April 1984. Jerusalem (Israel Exploration Society; The Israel Academy of Sciences and Humanities in cooperation with the American School of Oriental Research) 1985, 373–389
–, Exclusion from the Sanctuary and the City of the Sanctuary in the Temple Scroll. HAR 9, 1985a, 301–320
–, The Temple Scroll and the Systems of Jewish Law of the Second Temple Period. In: Brooke, George J. (Hg.), Temple Scroll Studies. Papers presented at the International Symposium on the Temple Scroll Manchester, December 1987. Sheffield (Sheffield Academic Press) (JSPE.S 7) 1989, 239–255
–, (Hg.) Archaeology and History in the Dead Sea Scrolls. The New York University Conference in Memory of Yigael Yadin. Sheffield (Sheffield Academic Press) (JSPE.S 8; JSOT/ASOR Monographs 2) 1990
–, Miqṣat Ma'aśeh ha-Torah and the Temple Scroll. RdQ 14, 1990a, 435–457
–, The Impurity of the Dead in the Temple Scroll. In: Ders. (Hg.), Archaeology and History in the Dead Sea Scrolls. The New York University Conference in Memory of Yigael Yadin. Sheffield (Sheffield Academic Press) (JSPE.S 8; JSOT/ASOR Monographs 2) 1990b, 135–156
–, Qumran and Rabbinic Halakhah. In: Talmon, Shemaryahu (Hg.), Jewish Civilization in the Hellenistic-Roman Period. Sheffield (JSOT Press) (JSPE.S 10) 1991, 138–146
–, The Furnishings of the Temple according to the Temple Scroll. In: Barrera, Julio Trebolle; Montaner, Luis Vegas (Hg.), The Madrid Qumran Congress. Proceedings of the International Congress on the Dead Sea Scrolls Madrid 18–21 March, 1991. Band 2. Leiden/Madrid (Brill/Editorial Complutense) (StTDJ 11,2) 1992, 621–634
Pharisaic and Sadducean Halakhah in Light of the Dead Sea Scrolls. The Case of Tevul Yom. DSD 1, 1994, 285–299
–, The Theology of the Temple Scroll. JQR 85, 1994/95, 109–123
–, 'ôlâ and ḥaṭṭā't in the Temple Scroll. In: Wright, David P., u.a. (Hg.), Pomegranates and Golden Bells. Studies in Biblical, Jewish, and Near Eastern Ritual, Law, and Literature in Honor of Jacob Milgrom. Winona Lake (Eisenbrauns) 1995, 39–48
–, The Place of 4QMMT in the Corpus of Qumran Manuscripts. In: Kampen, John; Bernstein, Moshe J. (Hg.), Reading 4QMMT. New Perspectives on Qumran Law and History. Atlanta (Scholars Press) (SBL Symposium Series 2) 1996, 81–98
–, Community without Temple. The Qumran Community's Withdrawal from the Jerusalem Temple. In: Ego, Beate; Lange, Armin; Pilhofer, Peter (Hg.), Gemeinde ohne Tempel. Community without Temple. Zur Substituierung und Transformation des Jerusalemer Tempels und seines Kults im Alten Testament, antiken Judentum und frühen Christentum. Tübingen (Mohr-Siebeck) (WUNT 118) 1999, 267–284
–, »Rule of the Congregation«. EDSS 2, 2000, 797–798
–, Descriptions of the Jerusalem Temple in Josephus and the Temple Scroll. In: Goodblatt, David; Pinnick, Avital; Schwartz, Daniel R. (Hg.), Historical Perspectives:

From the Hasmoneans to Bar Kokhba in Light of the Dead Sea Scrolls. Leiden (Brill) (StTDJ 37) 2001, 69–82

SCHIFFMAN, Lawrence H., u.a. (Hg.), The Dead Sea Scrolls Fifty Years after their Discovery. Proceedings of the Jerusalem Congress, July 20–25, 1997. Jerusalem (Israel Exploration Society in Cooperation with The Shrine of the Book, Israel Museum) 2000

SCHIMANOWSKI, Gottfried, Die himmlische Liturgie in der Apokalypse des Johannes. Die frühjüdischen Traditionen in Offenbarung 4–5 unter Einschluß der Hekhalotliteratur. Tübingen (Mohr-Siebeck) (WUNT 2,154) 2002

SCHLATTER, Adolf, Das Evangelium des Lukas. Aus seinen Quellen erklärt. Stuttgart (Calwer) 1931

–, Der Evangelist Matthäus. Seine Sprache, sein Ziel, seine Selbständigkeit. Ein Kommentar zum Ersten Evangelium. 7. Auflage. Stuttgart (Calwer) 1982

SCHLIER, Heinrich, »δείκνυμι« usw. ThWNT 2, 1935, 26–33

–, »παρρησία« usw. ThWNT 5, 1954, 869–884

–, Mächte und Gewalten im Neuen Testament. [1958] 3. Auflage. Freiburg u.a. (Herder) (QD 3) 1963

–, Über die Auferstehung Jesu Christi. [1968] 3. Auflage. Einsiedeln (Johannes) (Kriterien 10) 1970

–, Der Römerbrief. [1977] Ungekürzte Sonderausgabe. Freiburg u.a. (Herder) (HThK.NT) 2002

SCHMID, Konrad, Esras Begegnung mit Zion. Die Deutung der Zerstörung Jerusalems im 4. Esrabuch und das Problem des »bösen Herzens«. JSJ 29, 1998, 261–277

–, Die Zerstörung Jerusalems und seines Tempels als Heilsparadox. Zur Zusammenführung von Geschichtstheologie und Anthropologie im Vierten Esrabuch. In: Hahn, Johannes (Hg.), Zerstörungen des Jerusalemer Tempels. Geschehen – Wahrnehmung – Bewältigung. Tübingen (Mohr-Siebeck) (WUNT 147) 2002, 183–206

SCHMIDT, Christiane, »Elchasai«. LACL, 1998, 187f

SCHMIDT, Karl Ludwig, Jerusalem als Urbild und Abbild. ErJb 18, 1950, 207–248

SCHMIDT-LAUBER, Hans-Christoph; MEYER-BLANCK, Michael, BIERITZ, Karl-Heinrich (Hg.), Handbuch der Liturgik. Liturgiewissenschaft in Theologie und Praxis der Kirche. 3. Auflage. Göttingen (Vandenhoeck) 2003

SCHMITHALS, Walter, Über Empfänger und Anlaß des Hebräerbriefes. In: Evang, Martin, u.a. (Hg.), Eschatologie und Schöpfung. Festschrift für Erich Grässer zum siebzigsten Geburtstag. Berlin, New York (de Gruyter) (BZNW 89) 1997, 321–342

SCHMITZ, Otto, Die Opferanschauung des späteren Judentums und die Opferaussagen des Neuen Testamentes. Eine Untersuchung ihres geschichtlichen Verhältnisses. Tübingen (Mohr-Siebeck) 1910

SCHNACKENBURG, Rudolf, Das Johannesevangelium. 4 Bände. Ungekürzte Sonderausgabe. Nachdruck der 4. Auflage [1979]. Freiburg u.a. (Herder) (HThK.NT) 2000

–, Die Johannesbriefe. Ungekürzte Sonderausgabe. Nachdruck der 7. Auflage [1984]. Freiburg u.a. (Herder) (HThK.NT) 2002

SCHNEIDER, Gerhard, Das Evangelium nach Lukas. Band 2: Kapitel 11–24. Gütersloh, Würzburg (Gütersloher, Echter) (ÖTBK 3,2) 1977

–, Das Evangelium nach Lukas. Band 1: Kapitel 1–10. [1977] 4. Auflage. Gütersloh, Würzburg (Gütersloher, Echter) (ÖTBK 3,1) 1984

SCHNEIDER, Johannes, »ξύλον«. ThWNT 5, 1954, 36–40

SCHNELLE, Udo, Einleitung in das Neue Testament. 3. Auflage. Göttingen (Vandenhoeck) (UTB.W 1830) 1999

SCHOENBORN, Ulrich; PFÜRTNER, Stephan H. (Hg.), Der bezwingende Vorsprung des Guten. Exegetische und theologische Werkstattberichte. Festschrift für Wolfgang Harnisch. Münster (Lit) 1994

SCHOEPS, Hans Joachim, Theologie und Geschichte des Judenchristentums. Tübingen (Mohr-Siebeck) 1949

–, Aus frühchristlicher Zeit. Religionsgeschichtliche Untersuchungen. Tübingen (Mohr-Siebeck) 1950

–, Die Tempelzerstörung des Jahre 70 in der jüdischen Religionsgeschichte. In: Ders., Aus frühchristlicher Zeit. Religionsgeschichtliche Untersuchungen. Tübingen (Mohr-Siebeck) 1950a, 144–183

SCHOLEM, Gershom, Ursprung und Anfänge der Kabbala. Berlin (de Gruyter) (SJ 3) 1962

–, Von der mystischen Gestalt der Gottheit. Studien zu Grundbegriffen der Kabbala. Zürich (Rhein-Verlag) 1962a

–, Die jüdische Mystik in ihren Hauptströmungen. [engl. 1941; dt. 1957] Taschenbuchausgabe. Frankfurt a.m. (Suhrkamp) (stw 330) 1980

SCHOLER, John M., Proleptic Priests. Priesthood in the Epistle to the Hebrews. Sheffield (Sheffield Academic Press) (JSNT.S 49) 1991

SCHREIBER, Stefan, Eine neue varia lectio zu Hebr 3,4b? BZ 44, 2000, 252f

SCHRENK, Gottlob, »θέλω« usw. ThWNT 3, 1938, 43–63

SCHRÖGER, Friedrich, Der Verfasser des Hebräerbriefes als Schriftausleger. Regensburg (Pustet) (BU 4) 1968

–, Der Gottesdienst der Hebräerbriefgemeinde. MThZ 19, 1968a, 161–181

SCHÜNGEL-STRAUMANN, Helen, Tobit. Freiburg u.a. (Herder) (HThK.AT) 2000

SCHÜSSLER-FIORENZA, Elisabeth, Cultic Language in Qumran and in the NT. CBQ 38, 1976, 159–177

SCHULTZ, Joseph P., Angelic Opposition to the Ascension of Moses and the Revelation of the Law. JQR 61, 1970/71, 282–307

SCHUNACK, Gerd, »τύπος« usw. EWNT^2 3, 1992, 892–901

–, Jesu ›Opfertod‹ im Hebräerbrief. In: Schoenborn, Ulrich; Pfürtner, Stephan H. (Hg.), Der bezwingende Vorsprung des Guten. Exegetische und theologische Werkstattberichte. Festschrift für Wolfgang Harnisch. Münster (Lit) 1994, 209–231

–, Der Hebräerbrief. Zürich (Theologischer Verlag Zürich) (ZBK.NT 14) 2002

SCHWAGER, Raymond S.J., Christ's Death and the Prophetic Citique of Sacrifice. Semeia 33, 1985, 109–123

SCHWARTZ, Daniel R., The Three Temples of 4 Q Florilegium. RdQ 10, 1979, 83–91

SCHWARTZ, Joshua, Jubilees, Bethel and the Temple of Jacob. HUCA 56, 1985, 63–85

SCHWEIZER, Eduard, Erniedrigung und Erhöhung bei Jesus und seinen Nachfolgern. [1955] 2.[,] stark umgearbeitete Auflage. Zürich (Zwingli-Verlag) (AThANT 28) 1962

–, »σῶμα [usw.] A.C–E«. ThWNT 7, 1964, 1024–1091

–, »σῶμα« usw. EWNT^2 3, 1992, 770–779

SCHWEMER, Anna Maria, Gott als König und seine Königsherrschaft in den Sabbatliedern aus Qumran. In: Hengel, Martin; Schwemer, Anna Maria (Hg.), Königsherrschaft Gottes und himmlischer Kult im Judentum, Urchristentum und in der hellenistischen Welt. Tübingen (Mohr-Siebeck) (WUNT 55) 1991, 45–118

–, Irdischer und himmlischer König. Beobachtungen zur sogenannten David-Apokalypse in Hekhalot Rabbati §§ 122–126. In: Hengel, Martin; Schwemer, Anna Maria (Hg.), Königsherrschaft Gottes und himmlischer Kult im Judentum, Urchristentum und in der hellenistischen Welt. Tübingen (Mohr-Siebeck) (WUNT 55) 1991a, 309–359

–, Studien zu den frühjüdischen Prophetenlegenden Vitae Prophetarum. Band 1: Die Viten der großen Propheten. Jesaja, Jeremia, Ezechiel und Daniel. Band 2: Die Viten der kleinen Propheten und der Propheten aus den Geschichtsbüchern. Mit einem Beiheft: Synopse zu den Vitae Prophetarum. Tübingen (Mohr-Siebeck) (TSAJ 49, 50) 1995–96

–, Himmlische Stadt und himmlisches Bürgerrecht bei Paulus (Gal 4,26 und Phil 3,20). In: Hengel, Martin; Mittmann, Siegfried; Schwemer, Anna Maria (Hg.), La Cité de Dieu. Die Stadt Gottes. 3. Symposium Strasbourg, Tübingen, Uppsala 19.–23. September 1998 in Tübingen. Tübingen (Mohr-Siebeck) (WUNT 129) 2000, 195–243

SCHWERTNER, Siegfried M., Theologische Realenzyklopädie. Abkürzungsverzeichnis. 2. Auflage. Berlin, New York (de Gruyter) 1994

SCULLION, James Patrick, A Traditio-Historical Study of the the Day of Atonement. Ph.D. Diss. Catholic University of America (Microfilm) 1991

SEEBASS, Horst, »'Αδάμ Adam«. TBLNT^2 1, 1997, 5–8

–, Numeri. 2. Teilband. Numeri 10,11–22,1. Neukirchen-Vluyn (Neukirchener) (BK 4,2) 2003

SEEBERG, Alfred, Der Tod Christi in seiner Bedeutung für die Erlösung. Eine biblisch-theologische Untersuchung. Leipzig (Deichert) 1895

–, Der Brief an die Hebräer. Leipzig (Quelle und Meyer) (Evangelisch-Theologische Bibliothek/Kommentar zum Neuen Testament) 1912

SEIDL, T., Levitikus 16 – »Schlußstein des priesterlichen Systems der Sündenvergebung«. In: Fabry, H.-J.; Jüngling, H.-W. (Hg.), Levitikus als Buch. Bonn (Philo) (BBB 119) 1999, 219–248

SEIDENSTICKER, Philipp, Lebendiges Opfer (Röm 12,1). Ein Beitrag zur Theologie des Apostels Paulus. Münster (Aschendorff) (NTA.NF 20,1–3) 1954

SEITZ, Erich, Das doppelte ὡς (Hebr 13,3). BZ 45, 2001, 251–255

SELAND, Torrey, The ›Common Priesthood‹ of Philo and 1 Peter. A Philonic Reading of 1 Peter 2.5,9. JBL 57, 1995, 87–119

SEYBOLD, Klaus, Die Psalmen. Tübingen (Mohr-Siebeck) 1996 (HAT 1,15) 1996

SHEMESH, Aharon, »The Holy Angels are in their Council«. The Exclusion of Deformed Persons from Holy Places in Qumran and Rabbinic Literature. DSD 4, 1997, 179–206

SIEGERT, Folker, Die Synagoge und das Postulat eines unblutigen Opfers. In: Ego, Beate; Lange, Armin; Pilhofer, Peter (Hg.), Gemeinde ohne Tempel. Community without Temple. Zur Substituierung und Transformation des Jerusalemer Tempels und seines Kults im Alten Testament, antiken Judentum und frühen Christentum. Tübingen (Mohr-Siebeck) (WUNT 118) 1999, 335–356

–, Zwischen Hebräischer Bibel und Altem Testament. Eine Einführung in die Septuaginta. Münster (Lit-Verlag) (Münsteraner Judaistische Studien 9) 2001

SILVA, Moises, Perfection and Eschatology in Hebrews. WThJ, 39, 1976, 61–71

SKEHAN, Patrick W.; DI LELLA, Alexander A. OFM., The Wisdom of Ben Sira. New York (Doubleday) (AnchB 39) 1987

SMEND, Rudolf, Die Entstehung des Alten Testaments. [1978] 4. Auflage. Stuttgart u.a. (Kohlhammer) (ThW 1) 1989

SÖDING, Thomas, Zuversicht und Geduld im Schauen auf Jesus. Zum Glaubensbegriff des Hebräerbriefes. ZNW 82, 1991, 214–241

–, Gemeinde auf dem Weg. Christsein nach dem Hebräerbrief. BiKi, 48, 1993, 180–187

–, (Hg.), Der lebendige Gott. Studien zur Theologie des Neuen Testaments. Festschrift für Wilhelm Thüsing zum 75. Geburtstag. Münster (Aschendorff) (NTA.NF 31) 1996

–, Wege der Schriftauslegung. Methodenbuch zum Neuen Testament. Herder (Freiburg u.a.) 1998

SÖLLNER, Peter, Jerusalem, die hochgebaute Stadt. Eschatologisches und Himmlisches Jerusalem im Frühjudentum und im frühen Christentum. Tübingen (Francke) (TANZ 25) 1998

SOZZINI, Fausto, De Iesu Christi filii Dei natura sive essentia necnon de peccatorum per ipsum expiatione disputatio adversus Andream Volanum. (1588) 2. Auflage. Rakow 1627

–, Fausti Socini Senensis Opera omnia in duos tomos distincta. Irenopolis [i.E. Amsterdam]. (BFPU 1–2) 1656

SPEYER, Heinrich, Die biblischen Erzählungen im Qoran. [1931] 3. Auflage. Hildesheim u.a. (Olms) 1971

SPICQ, Céslas O.P., L'Épître aux Hébreux. Band 1: Introduction. 2. Auflage. Paris (Gabalda) (EtB) 1952

–, L'Épître aux Hébreux. Band 2: Commentaire. 2. Auflage. Paris (Gabalda) (EtB) 1953

–, Theological Lexicon of the New Testament. Translated and edited by James D. Ernest. 3 Bände. Peabody (Hendrickson) 1994

STADELMANN, Andreas, Zur Christologie des Hebräerbriefes in der neueren Diskussion. ThBer 2, 1973, 135–221

STADELMANN, Helge, Ben Sira als Schriftgelehrter. Eine Untersuchung zum Berufsbild des vormakkabäischen Sōfēr unter Berücksichtigung seines Verhältnisses zu Priester-, Propheten- und Weisheitslehrertum. Tübingen (Mohr-Siebeck) (WUNT 2,6) 1980

STAUFFER, Ethelbert, Die Theologie des Neuen Testaments. 4.[,] verbesserte Auflage. Stuttgart (Kohlhammer) 1948

STECK, Odil Hannes, Das apokryphe Baruchbuch. Studien zu Rezeption und Konzentration »kanonischer« Überlieferung. Göttingen (Vandenhoeck) (FRLANT 160) 1993

STEGEMANN, Ekkehard; LICHTENBERGER, Herrmann, Zur Theologie des Bundes in Qumran und im Neuen Testament. KuI, 6, 1991, 134–146

STEGEMANN, Hartmut, »Das Land« in der Tempelrolle und in anderen Texten aus den Qumranfunden. In: Strecker, Georg (Hg.), Das Land Israel in biblischer Zeit. Jerusalem-Symposium 1981 der Hebräischen Universität und der Georg-August-Universität. Göttingen (Vandenhoeck) (GTA 25) 1983, 154–171

–, Zu Textbestand und Grundgedanken von 1QS III, 13 – IV,26. RdQ 13, 1988, 95–130

The literary Composition of the Temple Scroll and its Status at Qumran. In: Brooke, George J. (Hg.), Temple Scroll Studies. Papers presented at the International Symposium on the Temple Scroll, Manchester, December 1987. Sheffield (Sheffield Academic Press) (JSOT.S 7) 1989, 123–148

–, Die Essener, Qumran, Johannes der Täufer und Jesus. Ein Sachbuch. [1993] 4. Auflage. Freiburg u.a. (Herder) (Herder Spektrum 4128) 1994

STEGEMANN, Wolfgang, Der Tod Jesu als Opfer? Anthropologische Aspekte seiner Deutung im Neuen Testament. In: Riess, Richard (Hg.), Abschied von der Schuld? Zur Anthropologie und Theologie von Schuldbekenntnis, Opfer und Versöhnung. Stuttgart u.a. (Kohlhammer) (Theologische Akzente 1) 1996, 120–139

–, Die Metaphorik des Opfers. In: Janowski, Bernd; Welker, Michael (Hg.), Opfer. Theologische und kulturelle Kontexte. Frankfurt a.M. (Suhrkamp) (stw 1454) 2000, 191–216

STEIMER, Bruno, »Apostolische Konstitutionen«. LACL, 1998, 46f

–, »Didascalia«. LACL, 1998a, 167f

STEMBERGER, Günther, Einleitung in Talmud und Midrasch. 8. Auflage. München (Beck) 1992

–, Reaktionen auf die Tempelzerstörung in der rabbinischen Literatur. In: Hahn, Johannes (Hg.), Zerstörungen des Jerusalemer Tempels. Geschehen – Wahrnehmung – Bewältigung. Tübingen (Mohr-Siebeck) (WUNT 147) 2002, 207–236

STEUDEL, Annette, The Houses of Prostration CD XI 21–XII 1 – Duplicates of the Temple. RdQ 16, 1993, 49–68

–, Der Midrasch zur Eschatologie aus der Qumrangemeinde (4QMidrEschat[a.b]). Materielle Rekonstruktion, Textbestand, Gattung und traditionsgeschichtliche Einordnung des durch 4Q174 (»Florilegium«) und 4Q177 (»Catena A«) repräsentierten Werkes aus den Qumranfunden. Leiden (Brill) (STDJ 13) 1994

STEWART, R.A., The Sinless High-Priest. NTS 14, 1967/68, 126–135

STÖKL BEN EZRA, Daniel, The Impact of Yom Kippur on Early Christianity. The Day of Atonement from Second Temple Judaism to the Fifth Century. Tübingen (Mohr-Siebeck) (WUNT 163) 2003

STONE, Michael E., (Hg.) Jewish Writings of the Second Temple Period. Apocrypha, Pseudepigrapha, Qumran-Sectarian Writings, Philo, Josephus. Assen/Philadelphia (Gorcum/Fortress Press) (CRI 2,2) 1984

–, Fourth Ezra. A Commentary on the Book of Fourth Ezra. Minneapolis (Fortress) (Hermeneia) 1990

–, A History of the Literature of Adam and Eve. Atlanta (Scholars Press) (SBL Early Judaism and its Literature 3) 1992

STOTT, Wilfrid, The Conception of »Offering« in the Epistle to the Hebrews. NTS 9, 1963, 62–67

STRACK, Hermann Leberecht; BILLERBECK, Paul, Kommentar zum Neuen Testament aus Talmud und Midrasch. 1. Band: Das Evangelium nach Matthäus. München (Beck) 1922

–, Kommentar zum Neuen Testament aus Talmud und Midrasch. 2. Band: Das Evangelium nach Markus, Lukas und Johannes und die Apostelgeschichte. München (Beck) 1924

–, Kommentar zum Neuen Testament aus Talmud und Midrasch. 3. Band: Die Briefe des Neuen Testaments und die Offenbarung Johannis. München (Beck) 1926

–, Kommentar zum Neuen Testament aus Talmud und Midrasch. 4. Band: Exkurse zu einzelnen Stellen des Neuen Testaments. Abhandlungen zur neutestamentlichen Theologie und Archäologie. Zweiter Teil. München (Beck) 1928

STRATHMANN, Hermann, »λατρεύω« usw. ThWNT 4, 1942, 58–66

–, »λειτουργέω« usw. ThWNT 4, 1942a, 221–229.232–238

–, Der Brief an die Hebräer. In: Jeremias, Joachim; Strathmann, Herrmann: Die Briefe an Timotheus und Titus. Der Brief an die Hebräer. 4.[,] durchgesehene und ergänzte Auflage. Göttingen (Vandenhoeck) (NTD 9) 1947, 64–154

STRECKER, Georg, »Elkesai«. RAC 4, 1959, 1171–1186

–, Das Judenchristentum in den Pseudoclementinen. 2. Auflage. Berlin (Akademie-Verlag) (TU 70) 1981

–, (Hg.) Das Land Israel in biblischer Zeit. Jerusalem-Symposium 1981 der Hebräischen Universität und der Georg-August-Universität. Göttingen (Vandenhoeck) (GTA 25) 1983

–, Die Johannesbriefe. Göttingen (Vandenhoeck) (KEK 14) 1989

STROBEL, August, Der Brief an die Hebräer. 13. Auflage. 4. Auflage dieser Bearbeitung. Göttingen (Vandenhoeck) (NTD 9,2) 1991

STUCKENBRUCK, Loren T., Bibliography on 4QTgLev (4Q 156). JSPE 10, 1992, 53–55

–, Angel Veneration and Christology. A Study in Early Judaism and in the Christology of the Apocalypse of John. Tübingen (Mohr-Siebeck) (WUNT 2,70) 1995

–, The »Angels« and »Giants« of Genesis 6:1–4 in second and third century BCE Jewish Interpretation. Reflections on the Posture of early apocalyptic Traditions. DSD 7, 2000, 354–377

STUHLMACHER, Peter, Vom Verstehen des Neuen Testaments. Eine Hermeneutik. 2. Auflage. Göttingen (GNT 6) 1986

–, Biblische Theologie des Neuen Testaments. Band 1: Grundlegung. Von Jesus zu Paulus. Göttingen (Vandenhoeck) 1992

–, Das Lamm Gottes – eine Skizze. In: Cancik, Hubert; Lichtenberger, Herrmann; Schäfer, Peter (Hg.), Geschichte – Traditione – Reflexion. Festschrift Martin Hengel. Band 3: Frühes Christentum. Tübingen (Mohr-Siebeck) 1996, 529–542

–, Biblische Theologie des Neuen Testaments. Band 2: Von der Paulusschule bis zur Johannesoffenbarung. Göttingen (Vandenhoeck) 1999

SWARTZ, Michael D., The Dead Sea Scrolls and later Jewish Magic and Mysticism. DSD 8, 2001, 182–193

SWETNAM, James, Jesus and Isaac. A Study of the Epistle to the Hebrews in the Light of the Aqedah. Rom (Biblical Institute Press) (AnBib 94) 1981

–, Christology and the Eucharist in the Epistle to the Hebrews. Bib 70, 1989, 74–95

–, A Merciful and Trustworthy High Priest. Interpreting Hebrews 2:17. PJT 21, 1996, 6–25

SYKES, S.W. (Hg.), Sacrifice and Redemption. Durham Essays in Theology. Cambridge (Cambridge University Press) 1991

TALMON, Shemaryahu, Yom Hakkipurim in the Habakkuk Scroll. Bib 32, 1951, 549–563

–, The »Dead Sea Scrolls« or »The Community of the Renewed Covenant«? In: Dever, William G.; Wright, J. Edward (Hg.), The Echoes of Many Texts. Reflections on Jewish and Christian Traditions. Essay in Honor of Lou H. Silberman. Atlanta (Scholars Press) (BJSt 313) 1987, 115–145

–, (Hg.) Jewish Civilization in the Hellenistic-Roman Period. Sheffield (JSOT Press) (JSPE.S 10) 1991

–, The Essential ›Community of the Renewed Covenant‹: How Should Qumran Studies Proceed? In: Schäfer, Peter (Hg.), Geschichte – Tradition – Reflexion. Festschrift für Martin Hengel zum 70. Geburtstag. Band 1: Judentum. Tübingen (Mohr-Siebeck) 1996

–, »Calendars and Mishmarot«. EDSS 1, 2000, 108–117

TARRANT, Harold, Scepticism or Platonism? The philosophy of the Fourth Academy. Cambridge (Cambridge University Press) 1985

THEISSEN, Gerd, Untersuchungen zum Hebräerbrief. Gütersloh (Mohn) (StNT 2) 1969

THIERING, B.E., Inner and outer Cleansing at Qumran as a Background to New Testament Baptism. NTS 26, 1980, 266–277

THOLUCK, Friedrich August Gottreu, Kommentar zum Briefe an die Hebräer. Hamburg (Perthes) 1836

–, »Hebräer, Brief an die«. RE[1] 5, 1856, 591–598

THOMPSON, James W., »That which cannot be shaken«. Some metaphysical assumptions in Heb 12:27. JBL 94, 1975, 580–587

–, Hebrews 9 and Hellenistic Concepts of Sacrifice. JBL 98, 1979, 567–578

THORNTON, T.C.G., The Meaning of αἱματεκχυσία in Heb. IX. 22. JThS NS 15, 1964, 63–65

THURÉN, Jukka, Das Lobopfer der Hebräer. Studien zum Aufbau und Anliegen von Hebräerbrief 13. Åbo (Åbo Akademi) (AAAbo.H 47, 1) 1973

THÜSING, Wilhelm, Studien zur neutestamentlichen Theologie. Hg. v. Thomas Söding. Tübingen (Mohr-Siebeck) (WUNT 82) 1995

–, Das Opfer der Christen nach dem Neuen Testament. In: Ders.: Studien zur neutestamentlichen Theologie. Hg. v. Thomas Söding. Tübingen (Mohr-Siebeck) (WUNT 82) 1995a, 171–183

–, »Laßt uns hinzutreten...« (Hebr 10,22). Zur Frage nach dem Sinn der Kulttheologie im Hebräerbrief. In: Ders.: Studien zur neutestamentlichen Theologie. Hg. v. Thomas Söding. Tübingen (Mohr-Siebeck) (WUNT 82) 1995b, 184–200

THYEN, Hartwig, »καθαρός« usw. EWNT² 2, 1992, 535–542

TILLY, Michael, Jerusalem – Nabel der Welt. Überlieferung und Funktionen von Heiligtumstraditionen im antiken Judentum. Stuttgart (Kohlhammer) 2002

TOV, Emanuel, Die Griechischen Bibelübersetzungen. ANRW II 20,1, 1987, 121–189

TRAUB, Helmut, »οὐρανός A.C–E« usw. ThWNT 5, 1954, 496–501.509–543

ÜBELACKER, Walter G., Der Hebräerbrief als Appell. Unterrsuchungen zu exordium, narratio und postscriptum (Hebr 1–2 und 13,22–25). Stockholm (Almqvist & Wiksell) (CB.NT 21) 1989

ULRICH, Eugene, The Greek Manuscripts of the Pentateuch from Qumran, including newly-identified Fragments of Deuteronomy (4QLXXDeut). In: Pietersma, Albert (Hg.), De Spetuaginta. Studies in honor of John William Wewers on his 65. birthday. Missisauga (Benben Publishers) 1984, 71–82

URBAN, Wacław, »Sozzini/Sozinianer«. TRE 31, 2000, 598–604

UTZSCHNEIDER, Helmut, Vergebung im Ritual. Zu Deutung des ḥaṭṭā't-Rituals (Sündopfer) in Lev 4,1–5,13. In: Riess, Richard (Hg.), Abschied von der Schuld? Zur Anthropologie und Theologie von Schuldbekenntnis, Opfer und Versöhnung. Stuttgart u.a. (Kohlhammer) (Theologische Akzente 1) 1996, 96–119

VAHRENHORST, Martin, »Ihr sollt überhaupt nicht schwören!« Matthäus im halachischen Diskurs. Neukirchen-Vluyn (Neukirchener) (WMANT 95) 2002

VAN DE SANDT, Huub; FLUSSER, David, The Didache. Its Jewish Sources and its Place in Early Judaism and Christianity. Assen/Minneapolis (van Gorcum/Fortress) (CRI 3,5) 2002

VAN DER HORST, Pieter W., »Adam«. In: van der Toorn, Karel; Becking, Bob; van der Horst, Pieter W. (Hg.), Dictionary of Deities and Demons in the Bible. 2. Auflage. Leiden/Grand Rapids u.a. (Brill/Eerdmans) 1999, 5–6

–, »Evil Inclination«. In: van der Toorn, Karel; Becking, Bob; van der Horst, Pieter W. (Hg.), Dictionary of Deities and Demons in the Bible. 2. Auflage. Leiden/Grand Rapids u.a. (Brill/Eerdmans) 1999a, 317–319

VAN DER WOUDE, A.S., Melchisedek als himmlische Erlösergestalt in den neugefundenen eschatologischen Midraschim aus Qumran Höhle XI. OTS 25, 1965, 354–373

–, (Hg.) The Book of Daniel in the Light of New Findings. Leuven (Leuven University Press/Uitgeverij Peeters) (BEThL 106) 1993

VAN OORT, Johannes, »Elkesaiten«. RGG⁴ 2, 1999, 1227f

VAN RUITEN, J.T.A.G.M., Visions of the Temple in the Book of Jubilees. In: Ego, Beate; Lange, Armin; Pilhofer, Peter (Hg.), Gemeinde ohne Tempel. Community without Temple. Zur Substituierung und Transformation des Jerusalemer Tempels und seines Kults im Alten Testament, antiken Judentum und frühen Christentum. Tübingen (Mohr-Siebeck) (WUNT 118) 1999, 215–227

VAN UNNIK, W.C. (Hg.), Studia Biblica et Semitica. Wageningen (Veenman & Zonen) 1966

VANDERKAM, James C., Einführung in die Qumranforschung. Geschichte und Bedeutung der Schriften vom Toten Meer. Göttingen (Vandenhoeck) (UTB.W 1998) 1998

–, »Covenant«. EDSS 1, 2000, 151–155

–, »Yom Kippur«. EDSS 2, 2000a, 1001–1003

VANHOYE, Albert S.J., De »Aspectu« oblationis Christi secundum Epistolam ad Hebraeos. VD 37, 1959, 32–38

–, »Par la tente plus grande et plus parfaite... « (He 9,11). Bib 46, 1965, 1–28

–, Situation du Christ. Hébreux 1–2. Paris (Les Éditions du CERF) (LeDiv 58) 1969

–, La structure littéraire de l'Épître aux Hébreux. [1963] 2. Auflage. o.O. (Desclée de Brouwer) 1976

–, Prêtres anciens, prêtre nouveau selon le Nouveau Testament. Paris (Éditions du Seuil) (Parole de Dieu) 1980

–, La ›Teleiôsis‹ du Christ. Point capital de la christologie sacerdotale d'Hébreux. NTS 42, 1996, 321–338

VERSNEL, H.S., Quid Athenis et Hierosolymis? Bemerkungen über die Herkunft von Aspekten des »Effective Death«. In: van Henten, Jan Willem (Hg.), Die Entstehung der jüdischen Martyrologie. Leiden (Brill) (StPB 38) 1989, 162–196

VIELHAUER, Philipp, 2. Sonntag nach Epiphanias. Hebr. 12,18–24. GPM 2, 1947, 51–55

–, Geschichte der urchristlichen Literatur. Einleitung in das Neue Testament, die Apokryphen und die Apostolischen Väter. Berlin, New York (de Gruyter) (GLB) 1975

VINCENT, L.-H. O.P., Le Temple Hérodien d'après la Mišnah. RB 61, 1954, 5–35

VÖGTLE, Anton, Das Neue Testament und die Zukunft des Kosmos. Düsseldorf (Patmos) (KBANT) 1970

VOGEL, Manuel, Das Heil des Bundes. Bundestheologie im Frühjudentum und im frühen Christentum. Tübingen (Francke) (TANZ 18) 1996

–, Tempel und Tempelkult in Pseudo-Philos Liber Antiquitatum Biblicarum. In: Ego, Beate; Lange, Armin; Pilhofer, Peter (Hg.), Gemeinde ohne Tempel. Community without Temple. Zur Substituierung und Transformation des Jerusalemer Tempels und seines Kults im Alten Testament, antiken Judentum und frühen Christentum. Tübingen (Mohr-Siebeck) (WUNT 118) 1999, 251–263

VOLLENWEIDER, Samuel,Horizonte neutestamentlicher Christologie. Studien zu Paulus und zur frühchristlichen Theologie. Tübingen (Mohr-Siebeck) (WUNT 144) 2002

–, Zwischen Monotheismus und Engelchristologie. Überlegungen zur Frühgeschichte des Christusglaubens. In: Ders., Horizonte neutestamentlicher Christologie. Studien zu Paulus und zur frühchristlichen Theologie. Tübingen (Mohr-Siebeck) (WUNT 144) 2002a, 3–27

VOLZ, Paul, Die Eschatologie der jüdischen Gemeinde im neutestamentlichen Zeitalter. Nach den Quellen der rabbinischen, apokalyptsichen und apokryphen Literatur dargestellt. Tübingen (Mohr-Siebeck) 1934

VORSTER, W.S., The Meaning of ΠΑΡΡΗΣΙΑ in the Epistle to the Hebrews. Neotest. 5, 1971, 51–59

WACHOLDER, Ben Zion, Ezekiel and Ezekielianism as Progenitors of Essenianism. In: Dimant, Devorah; Rappaport, Uriel (Hg.), The Dead Sea Scrolls. Forty Years of Research. Leiden/Jerusalem (Brill/Magnes Press/Yad Izhak Ben Zvi) (StTDJ 10) 1992, 186–196

WALTER, Nikolaus, Praeparatio Evangelica. Studien zur Umwelt, Exegese und Hermeneutik des Neuen Testaments. Herausgegeben von Wolfgang Kraus und Florian Wilk. Tübingen (Mohr-Siebeck) (WUNT 98) 1997

–, Christologie und irdischer Jesus im Hebräerbrief. In: Ders., Praeparatio Evangelica. Studien zur Umwelt, Exegese und Hermeneutik des Neuen Testaments. Herausgegeben von Wolfgang Kraus und Florian Wilk. Tübingen (Mohr-Siebeck) (WUNT 98) 1997a, 151–168

WEDDERBURN, A.J.M., The »Letter« to the Hebrews and Its Thirteenth Chapter. NTS 50, 2004, 390–405

WEFING, Sabina, Beobachtungen zum Ritual der Roten Kuh (Num 19,1–10a). ZAW 93, 1981, 343–364

WEGENAST, Klaus, »Lukianos (Λουκιανός) 1«, KP 3, 1979, 772–777

WEISE, Manfred, Kultzeiten und kultischer Bundesschluss in der »Ordensregel« vom Toten Meer. Leiden (Brill) (StPB 3) 1961

WEISENBERG, Hanne von, 4QMMT – Towards an Understanding of the Epilogue. RdQ 21, 2003, 29–45

WEISS, Bernhard, Der Brief an die Hebräer. 6. Auflage. Göttingen (Vandenhoeck) (KEK 13) 1897

WEISS, Hans-Friedrich, Der Brief an die Hebräer. 15. Auflage – 1. Auflage dieser Auslegung. Göttingen (Vandenhoeck) (KEK 13) 1991

WEISS, Konrad, »φέρω« usw. ThWNT 9, 1973, 57–89

WELTEN, Peter, Lade – Tempel – Jerusalem. Zur Theologie der Chronikbücher. In: Gunneweg, A.H.J.; Kaiser, Otto (Hg.), Textgemäß. Festschrift für Ernst Würthwein zum 70. Geburtstag. Göttingen (Vandenhoeck) 1979, 169–183

WENGST, Klaus, Der erste, zweite und dritte Brief des Johannes. [1978] 2. Auflage. Gütersloh/Würzburg (Gütersloher/Echter) (ÖTBK 16, GTBS 502) 1990

WENSCHKEWITZ, Hans, Die Spiritualisierung der Kultusbegriffe. Tempel, Priester und Opfer im Neuen Testament. Leipzig (Eduard Pfeiffer) (Angelos.B 4) 1932

WERBLOWSKY, Zwi, On the Baptismal Rite According to St. Hippolytus. In: Aland, Kurt; Cross, F.L. (Hg.), Studia Patristica. Band 2: Papers presented to the second international Conference on Patristic Strudies held at Christ Church, Oxford, 1955. Part II. Berlin (Akademie-Verlag) (TU 64) 1957, 93–105

–, A Note on Purification and Proselyte Baptism. In: Neusner, Jacob (Hg.), Christianity, Judaism and other Greco-Roman Cults. Band 3: Judaism before 70. Leiden (Brill) (SJLA 12) 1975, 200–205

WESTCOTT, Brooke Foss, The Epistle to the Hebrews. The Greek text with notes and essays. [1889] Nachdruck der 3. Auflage 1902. London u.a. (Macmillan) 1906

WESTERMANN, Claus, Das Buch Jesaja. Kapitel 40–66. Übersetzt und erklärt von Claus Westermann. Göttingen (Vandenhoeck) (ATD 19) 1966

–, Genesis. Band 1: Genesis 1–11. Neukirchen (Neukirchener) (BK 1,1) 1974

WEVERS, John William, Text History of the Greek Exodus. Göttingen (Vandenhoeck) (MSU 21) 1992

–, Notes on the Greek Text of Leviticus. Atlanta (Scholars Press) (SBL Septuagint and Cognate Studies Series 44) 1997

WICK, Peter, Die urchristlichen Gottesdienste. Entstehung und Entwicklung im Rahmen der frühjüdischen Tempel-, Synagogen- und Hausfrömmigkeit. Stuttgart u.a. (Kohlhammer) (BWANT 150) 2002

WIDER, David, Theozentrik und Bekenntnis. Untersuchungen zur Theologie des Redens Gottes im Hebräerbrief. Berlin, New York (de Gruyter) (BZNW 87) 1997

WIKGREN, Allen, Patterns of Perfection in the Epistle to the Hebrews. NTS 6, 1960, 159–167

WILCKENS, Ulrich, Der Brief an die Römer. Zürich/Neukirchen-Vluyn (Benziger/Neukirchener) (EKK 6,1–3) 1987–82

–, Das Evangelium nach Johannes. 17. Auflage (Erstauflage dieser neuen Bearbeitung). Göttingen (Vandenhoeck) (NTD 4) 1998

WILCOX, Max, »According to the Pattern (TBNYT)...«: Exodus 25,40 in the New Testament and Early Jewish Thought. RdQ 13, 1988, 647–656

WILDBERGER, Hans, Jesaja. Band 1: Jesaja 1–12. Neukirchen-Vluyn (Neukirchener) (BK 10,1) 1972

WILLI, Thomas, »Den Völkern nützlicher als den Israeliten« (NumR I,3). Zerstörung und Bedeutung des Jerusalemer Tempels in jüdischer und christlicher Perspektive. Jud. 60, 2004, 97–117

WILLI-PLEIN, Ina, Opfer und Kult im alttestamentlichen Israel. Textbefragungen und Zwischenergebnisse. Stuttgart (Katholisches Bibelwerk) (SBS 153) 1993

–, Opfer und Ritus im kultischen Lebenszusammenhang. In: Janowski, Bernd; Welker, Michael (Hg.), Opfer. Theologische und kulturelle Kontexte. Frankfurt a.M. (Suhrkamp) (stw 1454) 2000, 150–177

WILLIAMS, Sam K., Jesus' Death as Saving Event. The Background and Origin of a Concept. Missoula (Scholars Press) (HDR 2) 1975

WILLIAMSON, Ronald, Philo and the Epistle to the Hebrews. Leiden (Brill) (ALGHJ 4) 1970

–, The Eucharist and the Epistle to the Hebrews. NTS 21, 1974/75, 300–312

–, The Background of the Epistle to the Hebrews. ET 87, 1976, 232–236

–, Jews in the Hellenistic World. Philo. Cambridge (CCWJCW 1 II) 1989

WILLMS, Hans, ΕΙΚΩΝ. Eine begriffsgeschichtliche Studie zum Platonismus. I. Teil: Philon von Alexandrien. Mit einer Einleitung über Platon und die Zwischenzeit. Münster (Aschendorff) 1935

WINDISCH, Hans, Der Hebräerbrief. 2. Auflage. Tübingen (Mohr-Siebeck) (HNT 14) 1931

WINSTON, David, The Wisdom of Solomon. New York (Doubleday) (AnchB 43) 1979

–, Philo's Doctrine of Repentance. In: Kenney, John Peter (Hg.), The School of Moses. Studies in Philo and Hellenistic Religion in Memory of Horst R. Moehler. Atlanta (Scholars Press) (BJSt 304; StPhilo Monographs 1) 1995, 29–40

WISE, Michael Owen, The Covenant of Temple Scroll XXIX, 3–10. RdQ 14, 1989, 49–60

–, 4QFlorilegium and the Tempel of Adam. RdQ 15, 1991/92, 103–132

–, Thunder in Gemini and other Essays on the History, Languge and Literature of Second Temple Palestine. Sheffield (Sheffield Academic Press) (JSPE.S 15) 1994

–, That which Has Been is that which Shall Be. 4QFlorilegium and the אדם מקדש. In: Ders., Thunder in Gemini and other Essays on the History, Languge and Literature of Second Temple Palestine. Sheffield (Sheffield Academic Press) (JSPE.S 15) 1994a, 152–185

WOLFF, Hans Walter, Dodekapropheton. Band 6: Haggai. Neukirchen-Vluyn (Neukirchener) (BK 14,6) 1986

WOLFF, Christian, Jeremia im Frühjudentum und Urchristentum. Berlin (Akademie-Verlag) (TU 118) 1976

–, Der erste Brief des Paulus an die Korinther. Leipzig (EVA) (ThHK 7) 1996

WOLFSON, Elliot R., Mysticism and the Poetic-Liturgical Compositions from Qumran. A Response to Bilhah Nitzan. JQR 85, 1994, 185–202

WRIGHT, David P., Purification from Corpse-Contamination in Numbers XXXI 19–24. VT 35, 1985, 213–223

–, Deuteronomy 21:1–9 as a Rite of Elimination. CBQ 49, 1987, 387–403

–, »Day of Atonement«. ABD 2, 1992, 72–76

WRIGHT, David P., u.a. (Hg.), Pomegranates and Golden Bells. Studies in Biblical, Jewish, and Near Eastern Ritual, Law, and Literature in Honor of Jacob Milgrom. Winona Lake (Eisenbrauns) 1995

YADIN, Yigael, The Dead Scrolls and the Epistle to the Hebrews. In: Rabin, Chaim; Yadin, Yigael (Hg.), Aspects of the Dead Sea Scrolls. Jerusalem (Magnes Press) (ScrHie 4) 1958, 36–55

YOUNG, Frances M., Christological Ideas in the Greek Commentaries on the Epistle to the Hebrews. JThS NS 20, 1969, 150–163

–, The Idea of Sacrifice in Neoplatonic and Patristic Texts. In: Cross, F. L. (Hg.), Studia Patristica. Band 11: Papers presented to the fifth international Conference on Patristic Studies held in Oxford 1967. Part II. Berlin (Akademie-Verlag) (TU 108) 1972, 278–280

–, Temple Cult and Law in Early Christianity. NTS 19, 1972/73, 325–338

–, Sacrifice and the Death of Christ. London (SPCK) 1975

–, »Opfer IV. Neues Testament und Alte Kirche«. TRE 25, 1995, 271–278

YOUNG, Neil H., The Impact of the Jewish Day of Atonement upon the Thought of the New Testament. Ph.D. Diss. University of Manchester (Microfilm) 1973

–, ΤΟΥΤ᾿ ΕΣΤΙΝ ΤΗΣ ΣΑΡΚΟΣ ΑΥΤΟΥ (Hebr. X.20): Apposition, Dependent or Explicative? NTS 20, 1973a, 100–104

–, The Gospel according to Hebrews 9. NTS 27, 1981, 198–210

ZAHN, Theodor [von], Geschichte des Neutestamentlichen Kanons. Band 1: Das Neue Testament vor Origenes. Erste Hälfte. Erlangen (Deichert) 1888

–, Das Evangelium des Johannes. 1. und 2. Auflage. Leipzig (Deichert) (KNT 4) 1908

–, Die Offenbarung des Johannes. [1924–1926] Nachdruck in einem Band. Wuppertal (R. Brockhaus) 1986

ZENGER, Erich (Hg.), Der Septuaginta-Psalter. Sprachliche und theologische Aspekte. Freiburg u.a. (Herder) 2001

–, u.a., Einleitung in das Alte Testament. 4. Auflage. Stuttgart u.a. (Kohlhammer) (Studienbücher Theologie 1,1) 2001

ZERWICK, Max S.J., Biblical Greek. Illustrated by Examples. English edition adapted from the fourth Latin edition by Joseph Smith S.J. Rom (Editrice Pontifico Istituto Biblico) (SPIB 114) 1994

–; GROSVENOR, Mary, A Grammatical Analysis of the Greek New Testament. Unabridged, 5th, revised edition. Rom (Editrice Pontifico Istituto Biblico) 1996

ZIMMERLI, Walther, Ezechiel. 2 Bände. Neukirchen-Vluyn (Neukirchener) (BK 13,1.2) 1969

ZIMMERMANN, Heinrich, Die Hohepriester-Christologie des Hebräerbriefes. Vortrag beim Antritt des Rektorats [...] der Philosophisch-Theologischen Akademie zu Paderborn [...] am 22. Oktober 1963. Paderborn (Schöningh) 1964

–, Das Bekenntnis der Hoffnung. Tradition und Redaktion im Hebräerbrief. Köln (Hanstein) (BBB 47) 1977

ZIMMERMANN, Johannes, Messianische Texte aus Qumran. Königliche, priesterliche und prophetische Messiasvorstellungen in den Schriftfunden von Qumran. Tübingen (Mohr-Siebeck) (WUNT 2,104) 1998

ZOHAR, Noam, Repentance and Purification. The Significance and Semantics of חטאת in the Pentateuch. JBL 107, 1988, 609–618

2. Register

2.1. Stellenregister

»Altes Testament«/Hebräische Bibel und antike Übersetzungen

Genesis

1,6–8	61
1,26f	143
1,27	121, 125
2,10–12	87f
4,7	176
4,10	383
11	99
14	82, 229
17,7	316
18,27	358
20,5f	413
22	82
24,8	413
27,31	176
28,11–19	56
31,10	358
31,10–13	358
31,12	358
32,21	222
34,5.13.27	402
35,1–15	56
35,22	402
43,26	176
44,10	413
49,4	402

Exodus

9,2f.11	49
10,2	49
12,3–11	456
12,20	30
12,22	337
15,17	29–33, 37, 55, 58f, 101, 239, 409, 469
15,17f	59
19,10–15	342f, 381, 384
19,13	381
19,20.22.24	381
19,21–23	384
20,7	413
24	321
24,3–8	313, 406
24,6	261
24,8	261, 313, 316, 324
24,18	409
25–27	54
25,1ff	409
25,1–31,11	407
25,8	30, 84
25,8f	32, 33, 107, 243
25,8f.40	93, 103
25,9	33, 93, 113, 121, 122, 243
25,31–40	243
25,39f	107, 243
25,40	92, 112f, 120f, 122f, 125f, 243, 456, 470
27,1–8	257
28,9–12	87, 88
28,15–21	86
28,17–20	88
28,29	88
28,30	88
28,42	347
29,1–32	414
29,1–37	261
29,4	389
29,9	49
29,10–14	441, 456
29,16	261

29,20	261, 441
29,20f	405, 408
29,21	328, 389
29,33ff	414
29,36	413f–415
29,38–42	233
30,1–10	225, 258
30,6	272
30,10	226, 413f
30,17–21	389
30,18	359
33,7	330, 436
33,7–11	435
33,11	49
33,13	121
34,7	413
34,11–13	54
34,14–16	54
35,4–39,41	407
36,3.6	176
38,1–7	257
39,29	49
40,9–11	407f
40,5	257
40,26	257

Leviticus

1,5.11	260, 261, 265
2,8	176
4,1–12	438, 459
4,1–21	269, 271f, 324, 456
4,5f	462
4,6	260f, 272f, 332, 408
4,6f	264
4,7	257f, 261
4,11f	260, 324, 332, 438, 460
4,13–21	269, 438, 459
4,16	462
4,16f	332
4,17	260f, 264, 272f, 408
4,18	257f, 261
4,20	222, 410, 459
4,20f	460
4,26.31.35	222, 410
4,21	260, 324, 332, 437
4,22–26	269
5,10.13.16.18	410
6,5f	44

6,9.11	456
6,19.22	456
6,20	328
6,23	324, 326, 332, 456
7,6f	456
8,1–36	261
8,8–23	269
8,10f	407
8,15	414f
8,17	438
8,19.24	260f
8,23f	405, 408
9,9.12	176
9,24	44
10,1–7	44
10,12f	456
10,14	413
10,16f	44
10,17b	326
10,18	332, 456
12	333
12,4	330
13,46	330
14,1–8	438
14,1–9	333
14,2f	330
14,4	407
14,4f	337
14,4–7	410
14,6f	327
14,7	328
14,8	330
14,19	413, 415
14,49ff	337
14,51	327f
15,1–15	333, 355
15,4	403
15,16–18	333
15,19	361
15,19–24	333
15,20f	403
15,25–30	333
15,26	403
15,31	329
15,33	413
16,1f	272
16,2	95, 258f
16,3.4	49
16,4	389f, 435
16,5	269

16,6	233, 411	*Numeri*	
16,7	258		
16,11	233, 270, 411	1,50f.53	437
16,11f	49	2,2	329, 330, 437
16,12	258f, 263	2,17	329, 330, 437
16,12f	94, 264	3,4	176
16,12–15	255f	5,1f	330
16,13	259, 270	5,1–4	330, 331, 342, 362,
16,14	233, 259, 264, 270,		366, 437, 441, 445
	408	5,3b	330
16,14f	224f, 260f, 263,	5,11–31	331
	266, 271f, 332	5,13	402
16,15	259, 271	5,17	323, 327, 332, 389
16,15f	233	5,20	402
16,15–17	270	6,5	327
16,16	410f, 423	6,6–9	333
16,17	268, 410f, 423	6,6f	331
16,18	258–260, 269	6,9	331
16,18f	255f, 261, 410f,	6,13	176
	414, 423, 458	7,2–19	176
16,20	415	7,87f	269
16,20–22	411, 438	8,5–22	331
16,24	389f, 410f, 415,	8,5–26	362
	423, 438	8,6	413
16,25	438, 458	8,7	327–329, 331f, 362,
16,26	438		366
16,27	260, 324, 326, 332,	8,21	413
	435, 437f, 456, 459f	10,35f	435
16,28	438	12,7	217
16,29	265	15,22–27	269
16,30	411, 424	16,40	249
16,33	410f, 415, 424	17,3f	176
18,19–23	412	17,16–26	225
18,22–30	416	18,1–7	437
18,26f.29	412	19	12, 16, 18, 208,
17,1–7	437		289, 320f
17,11	290, 410, 437	19,1f	368
19,5–8	456	19,1–6	456
19,23	414	19,1–10	332f, 354, 357, 373,
19,29	94		374
21,1–4	330, 367	19,2	322
21,4	354	19,3	329, 460
21,10f	367	19,3f	459
21,11	331, 354	19,4	260, 324, 327, 329,
22,29f	456		342
23,27	94	19,5	260, 444, 460
23,29.32	265	19,6	324, 328, 337, 407
24,8f	457	19,7	346
36,3	176	19,7f	438
36,6	176		

19,9	260, 323, 327, 342, 384
19,10	368, 438
19,11f	329, 333, 361
19,11ff	340, 353–355, 362
19,12	324, 331, 341, 346, 357f
19,13	261, 323, 327–329, 334f, 342, 368, 384
19,13f	459
19,14f	356, 363
19,14–16	329
19,16	374
19,17	327, 332
19,17f	357, 361
19,17–21	329
19,18	328, 337, 441, 445
19,18f	327
19,19	324, 328, 331, 333, 334, 341, 346, 357f
19,20	261, 327, 328f, 335, 342, 384
19,21	327, 328, 342, 368, 384
23,10	332
26,61	176
28f	270
28,3–8	233
28,11–29,39	269
29,1–12	94
29,7	94, 265
31,19	331
31,19–24	331, 332
31,21–23	331, 333
31,22	340
31,22f	340
31,22–24	340
31,23	327
31,24	333
31,50	176

Deuteronomium

2,14f	439
4,17	241
5,11	415
7,25f	54
12,29–31	416
16,5–7	456
18,20–22	268

19,13	415
21,1–9	374, 412
21,8	224
23,3f	59
23,9–14	439
23,10–15	441
23,12.14	436
23,13	440
23,12f	444
24,4	402
26,13	415
26,15	30
29,10	439
29,17	402
30,6	415
32,43	415

Josua

5,4	417

Richter

3,17f	176
3,18	176
5,25	176

I. Königtümer (I Βας)

2,6	312
3,14	223
3,35	217

II. Samuel

7,10–14	57–59
21,28–22,1	44
24,18–25	44

II. Königtümer (II Βας)

17,29	176

I. Könige

8,10	92

III. Königtümer (III Βας)

2,46	176
8,22–53	30,
8,30	32, 37
18,30–39	44

IV. Königtümer (IV. Βας)

9,33   328

I. Chronik (auch I. Παρ)

21,6   44
23,28   73
28,11   241

II. Chronik (auch II. Παρ)

6   30, 31
7,1–3   44
24,20–22   88
26,16–21   415
29,15f.   417
29,18   414, 417
29,21f   260, 261
30,7   30f
30,17   346
35,15   73

Esra

8,35   94

Hiob

1,6–12   160
11,15   323, 389
31,11   402

Psalmen

2,7   173, 180
8,2.10   141
8,5   141, 145f
8,5f   141
8,5–7   133f, 137, 144, 161
8,7a   145
8,7b   145
8,8f   141
Ψ 18/Ps 19,13.14   416
Ψ 21/Ps 22,7–19   154f
Ψ 21/Ps 22,20–22.
     23-32   155
Ψ 21/Ps 22,23   153f, 156
Ψ 21/Ps 22,23–25.
     27,29f.31f   155
Ψ 24/Ps 25,11   223
Ψ 29/Ps 30,4   312

Ψ 29/Ps 30,4f   318
Ψ 32/Ps 33,14   31
Ψ 39,6   190
Ψ 39,7–9   188–191
Ψ 39,7   189f
Ψ 39,8   193
Ψ 39,8f   190f, 193
Ψ 39,9   193, 196
40,7   191
40,7–9   187f
40,9   196
40,10f   187
Ψ 50/Ps 51,1–11   337
Ψ 50/Ps 51,4   416
Ψ 50/Ps 51,7   338
Ψ 50/Ps 51,9   327f, 337f, 416
Ψ 50/Ps 51,12   388f
Ψ 55/Ps 56,12–14   318, 337
Ψ 64/Ps 65,4   223
Ψ 70/Ps 71,20   312, 318
Ψ 71/Ps 72,10   176
Ψ 75/Ps 76,3   31
77,20   318
Ψ 77/Ps 78,38   223
Ψ 78/Ps 79,9   223
Ψ 85/Ps 86,13   318
Ψ 94/Ps 95,7   427
Ψ 103/Ps 104,27   218
Ψ 105/Ps 106,39   416
Ψ 106/Ps 107,4.7   31
Ψ 106/Ps 107,26   312
Ψ 109/Ps 110,1   145, 161, 180, 231,
     240, 254
Ψ 109/Ps 110,4   167, 173, 180, 228,
     229, 230–232, 240,
     243, 254
132   409
Ψ 131/Ps 132,3.5–8 36
Ψ 131/Ps 132,8.14 36
Ψ 140/Ps 141,2   95

Proverbien

3,32   416
6,8   176
6,16   416
16,5   416
17,15   416
20,9   416
20,10   416

Kohelet

1,9	207

Jesaja

2,2	99
6,5	416
7,3	155
8,3f	155
8,13f	153, 156
8,16–18	155
8,17f	153, 156
12,2	153
22,14	224
26,20	310
28,18	224
45,8	328
49,16	103
52,7	284
53,10	307
53,12	296, 305f
55,3	316
60,19f	89
61,8	316
63,11	317f
64,5	416

Jeremia

6,16	327
31(LXX 38),31–34	168, 236, 253f, 389
31(LXX 38),33	168, 336, 408f
31(LXX 38),33f	195, 196, 199, 202, 246, 386
31(LXX 38),34	168, 183, 225, 227, 246
32(LXX 39),40	316
33(LXX 40),8	416

Ezechiel

1–3	61, 96
1,22f	61
8,10	241
9,2f.11	49
10,2	49
14,11	416
16,60	316
23,17	402
28,13f	78

36,16–30	408
36,17	352, 416
36,17–19	335
36,20–23	336
36,25	322–324, 328f, 342, 389, 413, 416
36,25–27	337, 375, 379, 386, 389–391, 409
36,25–28	335–337
36,26	323
36,26f	336, 351
36,26ff	196
36,27	352
36,28	336
36,33	336, 408, 416
37,26	316
40–48	52, 92, 107
42,15	241
43,18–23	411
43,22	415
43,26	411, 414, 421
44,25–27	331

Daniel

2,11	31
3,28f (LXX/Θ')	38
3,38 (LXX/Θ')	38
3,39f (LXX/Θ')	38
3,44f (LXX/Θ')	38
8,14	417
9,24 (Θ')	223
10,6	49

Hosea

6,6	105

Joel

1,9.13	238, 455f

Habakuk

2,3	310

Haggai

2,6	432
2,12–14	334
2,13f	417

Sacharja

9,11   316f

Maleachi

1,9   223

Apokryphen und Pseudepigraphen

Abraham-Apokalypse

9,8–10   97
12,1–3   96
14f   96
15,2f   96
17f   96
18   96
19   97
21,1f   97
25–27   97
25,4f   97
27,2f   97
27,5   97
29–31   97
29,17f   97
32   97

Baruch

1,1–15a   76
1,15–2,10   76
2,35   316
4   76
4,21–5,9   76
5,1–4   76

II. Baruch

1,1   103
4,2   103
4,3–6   103
6,7–9   103
32,1–4   104
59,4   103
68,5   103

III. Baruch

1,1–5   104
4,8   138
7f.9   104
11–14   104
14f   453

15f   104
17   104

IV. Esra

7   102
7,26   102
7,28–30   101
7,31–35   101
7,26–38   101
8,52   93, 101, 470
9,38–10,4   101
10,5–8.21f   101
10,25–28   101
10,44   101
13,1–50   101f
13,6–11   101f
13,35–38   102
13,36f   101

I. Henoch

1–36   78f
10   78
14,8   78
14,18–22   78
15f   78
17   78
24–26   78f
26,1   78
25,5f   78f
37–71   80
45–54   80
38,1f   80
39,3.5   80
39,4f   80
39,4–8   80
48,3   89
51,1–5   80
51,5   80
71,5–8   80
72,1   90
83–90   79f

85,1–90,42	79
89,36–38	79
89,50.54.56.72f	79
89,50.73	99
90	55, 79
90,6–16.17	79
90,20–27	79
90,26	79
90,28–32	79
90,28f.30–37	79
90,29	469
90,30–37	93
91	77
91,16	89, 90
93	77
93,7–17	77f

II. Henoch

1–68	81
20.22	81
22,8–11	82
29,4–6	139
30,11f	139
31,1–6	139
45f	83f
51,4	82
55	82
55,2	83
55,2f	82
59	83f
62	83f
65,6–10(.11)	83
65,10	82
66	84
67,3	84
68,5	82
68–72	229
69–72	81f
70,17	82
71f	81
71,32–37	82f
71,34	81
71,35	82
72,6f	81f
72,11	83

Joseph und Asenet

14,12.15	389
18,8–10	389

Jubiläen

1,9.10.11	40
1,15–26	39, 41
1,15–17.26–29	55
1,17	39, 42, 93
1,27–29	40
1,29	42, 90
3,27	40
4,26	40
4,30	41
5,17–19	424
6,6–14	40
6,17–22	40
6,17–38	40
6,21	41
6,37f	40
8,19	40
18,2.8.13	82
19,25	90
23,11f.15	41
23,19f	41
23,21	41
23,22–25.27f	41
27,27	56, 409
31,12–17	42
31,13f	48
31,14	42f, 51, 71
32,1	409
32,1.2–8.9.16.22	56
50,5	40

Judit

9,2	402
9,8	402

Liber Antiquitatum Biblicarum (Ps.-Philo)

11,15	84
12,4	84
19,7	85f
19,7–13	85
19,10	86, 89
19,10–13	86
19,13	86f
21,10	84
22,8f	84
25,10–12	89
26,4	86, 88

26,8f, 12, 13, 15	86
26,6	87, 89, 90
26,10f.	88
26,12	86, 88, 89
26,12f	89
26,12–15	104
26,13	87, 89, 90
26,14	90
26,15	87, 90
28,6–10	86
56,2	90

I. Makkabäer

1,21–24	46
1,46	402
4,36.41.43	417
4,44–49	46
4,45	402

II. Makkabäer

1,1–2,18	43
1,1–9	43
1,10–2,18	43
1,12–17.18	43
1,18	417
1,19–2,15	44
1,19–23	44
1,19–36	44f, 46
2	92, 104
2,1–8	44, 45, 46, 94
2,5	258
2,9	164
2,9–12	44f
2,13–15	47
2,16–18	43
2,16.18f	417
2,18	46
3	37
5,15f	46
10,2f	46
10,3	45, 417
10,5.7	417
14,36	417

III. Makkabäer

2,15	31
2,17	416

IV. Makkabäer

6,29	416

Mose-Apokalypse

17–19.39	138

Odae Salomonis

3,6	312

Paralipomena Jeremiae (IV. Baruch)

1–3	93
2,1–3	94
3	94, 104
3,3–6	94
3,9–11.18–20	94
3f	96
4,4	94
4,4f	105
4,5	94
5,35	96
8,12–9,13	93
9	255
9,1–32	94
9,1–6	94, 267f
9,3f	95
9,3–6	95, 96
9,7–14.14–20	94
9,8	94
9,14–32	93
9,22–32	94

Psalmi Salomonis

2,3	402
3,8	416
9,6	416
10,1f	416
11	76
11,7	76

Sapientia Salomonis

2,23f	138
3,13	402
9	33
9,7–12	33
9,8	32–34, 113, 239, 243

10,1	138
10–19	33
16,13	312
17,22.30	417
18,21	238

Sedrach-Apokalypse

4f	138

Sirach

3,3.30	223
5,6	223
23,10	416
24,3–34	33f,
24,1–12	36
28,5	223
34,19	223
36	36f,
36,13 (LXX)	37
36,13f (hebr.)	37
36,14	37
38,10	416
45,11	88
47,13	38
48,10	37
49,11f	35f,
49,12	36, 38
50,5	37f
50,5–21	255
51,12	36, 38

Testament Abrahams I (Rez. A)

4,2f	82

Testament Adams

1–2; 4	141
3,4	141

Testament Isaaks

8,4	27, 96

Testament Levis

2–5	48
2,10–12	69
3	48
3,6	48
3,8	176
5	48
5,6–6,5	391
8	48f, 56, 409
8,2.6.10	48f
8,5	389
8,14f	48
8,16.18	49
14–18	49, 51
15,1	49
17,2.8	49
17,8–11	49f
18,1–12	50
18,3.6f	50

Tobit

2,9	402
3,10	312
12,9	416
12,15	453
13,2	312
13,10–18	34f
14,2b–15	35

Vita Adae et Evae

10–16	138
47	138

Vitae Prophetarum

2 (= VitJer)	91f
2,9	104
2,9–14	91f
3 (= VitEz)	92f
3,16	93
23,2	89

Schriften vom Toten Meer und Verwandtes

CD II 4f	65, 223	1QS III 13–IV 26	351
CD III 13f	64	1QS IV 20–22	379, 390f
CD III 18–20	58	1QS IV 20–23	351
CD VII 6	444	1QS IV 21	340, 351f
CD XII 1f	444	1QS IV 21f	352
CD XII 17f	340	1QS VI 12	73
CD XII 19f	444	1QS VI 13–23	348
CD XII 23–XIII 7	444	1QS XI 7f	71f
CD XIV 8–10	444	1QS XI 7–9	71f
CD XIV 18f	223f	1QS XI 7f	70
CD XIX 2–5	444		
CD XX 26	444	1QSa II 8f	72
1QH XI 21–23	71, 72f	1QSb III 5f	71
1QH XII 37	223f	1QSb III 22	71
1QH XIV 12f	73	1QSb III 23f.25f	69, 71
1QH XV 34	73	1QSb III 25–27	69, 70
1QH XIX 11f	73	1QSb IV 24–26	69, 70f
1QH XIX 11–14	73	1QSb IV 24–26	69, 70f
1QHa XXIII 13	223f	1QSM II 3	73
		1QSM III 14	444
1Q22 III 7	224	1QSM VII 3f	444
1Q22 III 10.11	264	1QSM VII 6f	444
1Q22 III 10–IV 11	264	1QSM VII 11f	73
1Q22 IV 2	264f	1QSM XII 1f	73
1Q22 IV 8.9.11	264	1QSM XII 7	444
		1QSM XII 7–9	73f
1QS I 24–26	348		
1QS I–III	368, 379, 390, 393	1Q29 5–7	271
1QS I 1–III 12	348		
1QS II 8	223f	1Q34 1 + 2 6	264
1QS II 18–II 25	348f		
1QS II 22	73	4Q156 1 6	263f
1QS II 23	67		
1QS II 25–III 6	348	4Q215	47
1QS II 25–III 12	348		
1QS II 26	350	4Q251 1–2 6	340
1QS III 4	340, 349f		
1QS III 4–6	350	4Q265 7 3	342
1QS III 4–9	345	4Q265 II 2f	340
1QS III 6.8	223		
1QS III 6–9	349	4Q266 6 III 2	340
1QS III 6–12	349		
1QS III 8f	350	4Q269 8 II 2	340
1QS III 11	65		
1QS III 11f	349f	4Q269 8 II 4–6	340

4Q270 2 II 15–17	403
4Q271 2 8f	340
4Q271 2 10–13	340
4Q272 1 II 7ff	341
4Q272 1 II 15	340
4Q274 1 I 4–6	344
4Q274 1 I 7f	344, 355
4Q274 1 I 8f	344
4Q274 1 I 9	340
4Q274 2 I 1f	340
4Q274 2 I 2f	340
4Q276 3	341
4Q276 7	341
4Q277 1 II 1–3	342
4Q277 1 II 1–9	343
4Q277 1 II 3	341f, 369
4Q277 1 II 5f	342
4Q277 1 II 7–9	343
4Q284 1 3–5	343f, 345
4Q284 1 6	344
4Q284 1 7f	341, 344
4Q284 2 I 2	341
4Q284 3 4f	344
4Q375 I 1–9	268
4Q375 I 8f	269
4Q375 II 3f	272
4Q375 II 3–7	269f
4Q375 II 6f	272
4Q375 II 7	272
4Q375 II 7–9	271
4Q375 II 8f	272
4Q376	269, 271
4Q376 1 II 1f	88
4Q385 6	61
4Q385a 18 I 5	45

4QMMT (מקצת מעשי התורה)

4Q394–399	53
B 13–17	341

B 13	341
B 14f	341
B 29–32	342, 442f
B 58f	445
B 60f	442
B 60–62	342, 442
C 27	442

Sabbatopferlieder

MasShirShab (0QShir)	60
4Q400–407	60
4Q400 1 I 1.3	64
4Q400 1 I 5	66
4Q400 1 I 5.9. 14–17	65f
4Q400 1 I 14–16	423
4Q400 1 I 19	64
4Q400 1 I 16	65, 223
4Q400 2 1	62
4Q400 2 2	68
4Q400 2 6–8	63f, 68
4Q401 14 I 7	62
4Q402 4 3–10	423
4Q402 4 6–10	66
4Q402 4 11	66
4Q403 1 I 1–29	66
4Q403 1 I 44	93
4Q403 1 II 16	93
4Q405 14–15 I	61
4Q405 15 II–16.17	61
4Q405 22 II–21–22	61
4Q405 20 II–21–22 6–14	61
4Q405 23 I 9f.12f	66f
11Q17 3–4 1–7 8–9	61
11Q17 IX 4f	48
4Q414 1 II–2 I	345
4Q414 1 II–2 I 3	346
4Q414 2 II 3, 4	341, 346
4Q414 2 II 3, 4 3	350
4Q414 7 3	346
4Q414 7 6	344, 345f
4Q414 7 8	344, 346
4Q414 13 2	346
4Q414 13 4	344
4Q414 13 5	341
4Q414 13 7	346

4Q491 11 I	60
4Q504 2 IV	52
4Q509 54 2	224
4Q512 1–3 5	342
4Q512 1–6 XII	345
4Q512 1–6 XII 3	341, 347
4Q512 1–6 XII 5f	345
4Q512 1–6 XII 6	341, 347
4Q512 1–6 XII 6f	345f
4Q512 29–32 VII	345
4Q512 29–32 VII 6	345
4Q512 29–32 VII 8f	347
4Q512 29–32 VII 9	376
4Q512 29–32 VII 20f	347
4Q512 33+35 IV 1–4	345
4Q512 34 V 15	347
4Q512 36–38 III 17	347, 376
4Q512 39 II/I 1	347
4Q512 42–44 II/I	345
4Q512 42–44 II/I 2f	346

Midrasch zur Eschatologie
(ed. Steudel 1994)

II 19	58
II 14f	58
II 19–III 2	58f
II 19–III 13	57
III 1f	58
III 2–7	57f
III 3	58
III 3f	100
III 6f	59
III 7–9.10f	58
III 7–9.11–13	58

Neues Jerusalem

1Q32	52
2Q24	52
4Q554–555	52

5Q15	52
11Q18	52

Visions of Amram

4Q543	42, 59
4Q534 3 1f	42
4Q545 1 I 17f	42
4Q545–548	42, 59
11Q5 XXII	53
11Q13 II 14	136

Tempelrolle

11Q19	53
11Q19 II	54
11Q19 III–XIII	53
11Q19 VII 12	271
11Q19 VIII 2	271
11Q19 XIII–XXX	53
11Q19 XV 19–XVI 22	441
11Q19 XVI 6f	441
11Q19 XVIf	65
11Q19 XVI 11f	441
11Q19 XVI 15f	441
11Q19 XXVf	264
11Q19 XXVI 5f	264
11Q19 XXVI 6	264
11Q19 XXIX 2–10	55f
11Q19 XXIX 8–10	55f, 57, 80
11Q19 XXIX 9f	56, 59, 409
11Q19 XXX–XLVIII	53
11Q19 XLIV 5	54
11Q19 XLV 7–18	440
11Q19 XLV 13f	342
11Q19 XLV 17	342
11Q19 XLV 24f	340
11Q19 XLV–XLVIII	440
11Q19 XLVI 1–3	440
11Q19 XLVI 13–16	440
11Q19 XLVI 6–XLVIII 5	440
11Q19 XLVII 3–6	440
11Q19 XLVIII–LXVII	53

11Q XLVIII 11–	
LI 10	340
11Q19 XLIX 8f	356
11Q19 XLIX 16f	355f
11Q19 XLIXf	354
11Q19 L 2	341
11Q19 LI 7	54
11Q19 LVI 1–18	268

11Q19 LVI 8	272
11Q19 LVI 8–11	271
11Q19 LVI 9–11	272
11Q19 LVIII 18–21	269
11Q19 LXI 7–12	268
11Q19 LXIII 7	224
11Q20	53

Philo von Alexandrien

De agricultura

42	123

De confusione linguarum

64	114, 124

De decalogo

158	359
159	360

Quod deterius potiori insidiari soleat

160	125, 436

Quod Deus sit immutabilis

8	359

De ebrietate

100	436
127–137	124
132.134	114
132–134	125
133	113, 114

In Flaccum

165	123

De fuga et inventione

80f	359
81	359
108f	354

De gigantibus

52	436
54	436
60f	436

Quis rerum divinarum heres sit

112f	125
256	114, 124

De Josepho

140	123

Legatio ad Gaium

306	265, 267f
306f	265
307	256, 265
320	123

Legum allegoriae

II 53–70	436
II 56	265
III 33	243
III 46	435
III 95f	120f, 125
III 96	113
III 97–101	114
III 97–103	121
III 100	113
III 101	113
III 102	243
III 104	116
III 151f	436

De migratione Abrahami

12	113, 114

De vita Mosis

I 216	359
II 23f	265
II 71–74	123
II 74	113
II 74–76	118
II 76	113, 123
II 122–133	89
II 138	359
II 143–158	261
II 146	408
II 147	377
II 224f	360

De opificio mundi

16	113, 114
19	113, 114, 122
24	122
36	114, 116

De plantatione Noë

27	113, 122

De posteritate Caini

112	123
114	123
122	114, 124

Quaestiones in Exodum

II 52	118, 122

De somniis

I 34	118
I 189–226	358f
I 189–256	435
I 205f	121
I 206	113f
I 209–214	358
I 210–212	358
I 214	89, 358, 367, 437, 459
I 215	118, 437

I 219f	358
II 3	114, 124
II 231–234	42, 49

De specialibus legibus

I 26	123
I 28	123
I 66	118
I 86–92	88
I 131	457
I 159	354
I 186–188	265
I 190	377
I 190f	359
I 205	261, 265
I 221	456
I 231f	265
I 257f	356
I 258	359, 377
I 258–260	359
I 259f	357, 377
I 261	357
I 261–272	356–358
I 262–268	357
I 264f	357
I 266	357
I 267f	357
I 268	362, 367, 444, 459
I 269	359
I 269f	357
I 271f	357
I 272	358
I 273–279	357
I 274f	265
II 148	360
II 193–203	265
III 63	360
III 89	354, 356
III 131	233
III 150	412
III 205	353, 356, 362
III 205f	354
III 205–209	353–356, 359
III 206	356
III 207	353
III 208	354
III 208f	354

De vita contemplativa

| 73 | 486 |
| 81f | 486 |

Sonstige hellenistisch-jüdische Literatur; Inschriften

Eupolemos

Fragment 4 (Euseb, PraepEv 9, 39,2–5)   45

Flavius Josephus

De Bello Iudaico

I 68f	88
I 152	266
II 137–142	348
II 149	440
III 115	266
III 121f	266
III 125	266
III 129	266
III 130	266
III 133	266
III 138f	266
III 142	266
III 150	266
III 353	176
V 145	440
V 227	360, 444
V 236	266
VI 293	204
VI 426f	360

Antiquitates Iudaicae

III 114	359, 389
III 167f	88
III 205f	408
III 214f	88
III 215–218	88
III 240–243	256, 266
III 241	438, 444
III 243	258, 261
III 258	362
III 258–273	361f
III 261–264	445
III 282f	267

III 289f	439
IV 79	357, 459
IV 79–81	362
XII 250	46
XII 318	46
XIII 290-292	41
XIII 299f	88
XVIII 30	362
XVIII 85	100
XVIII 117	391f, 395

Contra Apionem

II 103f	360
II 103–105	445
II 105	362
II 205	354

Oracula Sibyllina

III 265–295	39
III 545–600	39
III 564–567	39
III 570–572	39
III 657–668	39
III 669–709	39
III 685–690	39
III 710–731	39
III 767–795	39
IV 4f	98
IV 6–9	98
IV 10f	98
IV 12–17	98
IV 24–26.30	98
IV 27–30	98
IV 30–39	98
IV 115f	98
IV 116	98
IV 117f	98
IV 167–169	223
IV 171–178	98
IV 179–192	98

V 212	90
V 247–266	99
V 266–285	100
V 397–413	99
V 414–427	99
V 422–424	99
V 423–427	99

Ps.-Phokylides

179–183	403

186	403
188	403
189–192	403
228	377f, 413

Inschriften

CIJ 725 = SIG 1181 285

Neues Testament

Matthäus

7,6	445
15,26f	445
23,35	88

Markus

1,4	392
7,4	387
7,8 v.l.	387
8,38	154
9,1	158
10,45	3
14,24	406

Lukas

1,11	258
1,23	238
9,26	154
18,13	223, 224
22,31f	160
22,37	296

Johannes

1,29	305, 306
2,6	339, 364
8,52	158
13,4–11	395
13,10	397
17,14–16	199f
17,17–19	199
20,22	398

Apostelgeschichte

7,28	239
7,38–50	22
13,2	238

Römer

1,16	154
2,28f	205
3,25*	12, 423
3,25f*	22, 423
4,24	312
4,25	205
6,1	310
6,19	195
8,11	312
8,29f	157
8,33f	160
8,34	22
10,7	311, 312
10,15	284
11,28	205
12,1	195, 207

I. Korinther

6,11	392
10,18	456
10,21	456
15,24–26	161
15,25.27	161
15,27	145, 161

II. Korinther

3,6–9	140
3,7.12f	139
3,18	140
4,4	140
4,14	312
5,21	180
8,9	180

Galater

1,1	312
3,15	230

Epheser

1,20	312
2,19	157
5,2	195
5,26	392

Philipper

2,6–11	143, 160, 162, 180
2,8	180
3,2	445
3,20	157

Kolosser

1,18	157
2,12	312, 387

I. Thessalonicher

1,9	488

I. Timotheus

1,5.9	388
2,8	396, 400
3,16	296

Titus

3,5	392

Hebräer

1f	126, 158, 160
1,1–13	136
1,1f	136, 245, 382
1,2	126

1,2.4f.6.7f	135
1,3	125, 143, 225f, 227, 231, 277, 291, 295
1,3f	287
1,4	245
1,4–13	148
1,4f	136
1,4–13	135
1,5	136
1,5–13	137, 144, 180
1,10–12	431, 433
2,1–4	140, 382, 450f
2,3f	479
2,4	292
2,5	133, 137, 143, 145, 161
2,5–16	132–163, 133f, 141, 144, 158, 162, 179f, 214, 217, 320, 425, 481
2,5.16	134, 144
2,5–18	135, 137, 184
2,6	143, 156
2,6–8	133, 137
2,6b–8a	134, 137, 144, 145f, 161
2,6bc	145
2,6c	142
2,6c–8a	146
2,7.8a	146
2,8	163
2,8a	146, 153
2,8b	153
2,8bc.9	146–151
2,8c	146f, 148, 161
2,8f	148
2,8–10	200
2,8–11	198, 200
2,8–18	250
2,9	137, 145, 147f, 149f, 152, 158f, 161f, 165f, 179, 216f, 458, 462
2,9f	9, 10, 133, 146, 162, 166, 200, 214, 215–217, 288, 311
2,10	133, 136, 144, 150, 151, 153f, 165, 166, 169f, 198, 210, 214, 428, 431

2,10–13	142, 151–158	4,16	181, 209, 226, 381,
2,10f	197, 199		396, 460
2,11	136, 153f, 156f,	5,1	178, 216, 250f, 302
	158, 198	5,1–4	173, 181, 251
2,11–13	133, 153, 157f,	5,1–10	171, 173, 247, 250
2,11–17	136	5,2	178
2,12	155f	5,3	175, 226, 250f, 276f
2,12.17	136	5,5–10	172–181, 231, 254,
2,12f	154, 157		277, 284, 478
2,13	155f, 158, 216f	5,6.10	173
2,13f	136	5,7	155, 175–178, 179,
2,14	142, 154, 158f, 161,		181, 194, 206, 301
	166, 194, 206	5,7–10	150, 311
2,14f	133, 153, 159f, 183,	5,8	164, 179, 209
	217, 301	5,8–10	9, 218, 301
2,14–18	157, 166	5,9	166, 178, 179, 181
2,15	158, 166	5,9f	166, 169
2,16	136f, 142, 144,	5,10	179, 180
	157f, 161	5,11–6,20	166
2,17	154, 159, 179, 212,	5,14	164, 166, 170
	214f, 216f, 222–	6,1	164, 166, 170, 388,
	227, 301		391, 400
2,17f	144, 151, 161f, 202,	6,1–3	166
	208, 212, 213–227,	6,2	312, 321f, 387,
	231, 253, 278, 295,		391f, 400, 404f, 488
	308	6,4	292
2,18	159, 165, 214, 216f,	6,4f	458
	226	6,4–6	159
3,1	140, 210, 214	6,16–19	433
3,1–6	140, 217	6,19	451
3,3	140, 433	6,19f	204, 206, 227f, 277,
3,6	209, 210		431, 454
3,7	292	6,20	180, 209, 228, 428
3,7–4,13	427	7	85
3,14	433, 451, 479	7,3	229
3,19	210	7,8	229, 232
4,1	428, 431	7,11	167, 232, 245, 248
4,2	488	7,11–14	248
4,3–10	431	7,11–19	166
4,11	428, 431	7,11.19.28	170
4,14	151, 162	7,11–25	229–233
4,14f	454	7,11–28	228–232
4,14–16	152, 161, 173, 180,	7,12	167
	202, 212, 213–216,	7,13	455
	217f, 231, 250, 253,	7,13–17	167
	277, 308, 478f	7,14	249
4,14–5,10	166	7,15	232
4,15	159, 164, 175, 181,	7,15f	167
	251	7,16	216, 232, 292
		7,17	167

7,18f	167
7,19	167, 208
7,20	167
7,21	167
7,22	237, 242
7,23	232
7,25	180, 212, 218, 226, 232, 239, 253, 295, 308
7,26	180, 236, 239, 240, 251, 401
7,26f	231f
7,27	226, 232, 233–236, 250, 252, 253, 272, 276f, 279, 282f, 289f, 299, 302, 487
7,28	167, 232, 245
7,28f	231f
8–10	371
8,1	209, 240f, 477
8,1f	212, 238f, 247f, 454, 479
8,1–4	10
8,1–6	186, 213, 236–254, 288
8,2	113, 456
8,2.5	112
8,3	11, 232, 250–253, 279, 282, 283, 289, 299, 302, 463
8,3f	236–254, 288
8,4	248f, 456
8,5	113, 114, 121, 123f, 241–245, 456
8,5f	117, 247f, 456
8,6	182, 195, 245–247
8,6–13	318
8,7–13	212, 236, 247
8,8f	237
8,8–12	168, 196, 202, 207, 246, 253
8,10	186, 196, 237, 386
8,12	195, 225, 253, 386
8,13	186, 195, 207, 253, 280
8,32	199
8,36	199
9f	3
9,1	195, 279f, 375
9,1–10	185f, 279–282, 283, 285, 287, 419, 430, 457, 471, 485
9,1–12	228, 247, 283, 289, 290, 458
9,1–14	324, 378
9,2	457
9,2–5	47, 206, 244, 276, 455, 469, 487
9,4	11, 104
9,5	224
9,6	280
9,6f	8, 195, 244, 257, 279, 281, 375
9,6–10	185f, 225, 234, 470
9,6–11	282
9,7	213, 225, 233, 255, 276–278, 282, 285f, 288f, 299, 418, 463f
9,8	244, 280, 292
9,8–10	281
9,9	167, 168, 170, 244, 280–282, 376, 378, 400, 480
9,9f	430, 485
9,10	168, 280f, 292, 375f, 387, 400, 480
9,11	31, 113, 164, 165, 180, 209, 280, 284f, 469
9,11f	3, 8, 9, 10, 182, 205, 213, 250, 252, 253, 255, 257, 277f, 283–292, 295, 300, 313, 315, 372, 375, 380, 422, 463f
9,11–14	234, 245, 282
9,12	237, 284–291, 310, 315f, 319, 322, 375f
9,13	12, 16, 208, 225, 230, 276, 291f, 322, 324, 329, 369, 371, 373, 385
9,13f	182f, 197, 207, 281f, 295, 313, 320f, 323, 338, 372, 375–380, 384–386, 401, 404, 407, 409, 419, 422, 447, 464
9,13–23	386

9,14	168, 183, 208, 225f, 252, 282, 290–292, 314f, 373, 388, 400, 412	9,26	4f, 8, 213, 237, 292–294, 295f, 299–306, 431, 434
9,15	194, 284, 375, 379, 380, 422, 424	9,26f	301
		9,27	238, 301, 305
9,15–17	171, 181–184, 295, 324, 406, 419	9,27f	226, 277, 304, 434
		9,28	238, 252, 296, 301f, 304–307, 310, 431, 478
9,16f	194		
9,18	183, 194, 286, 417–419, 421	10,1	113, 115, 123, 165, 167f, 201, 208, 235, 242, 246f, 284, 378, 400, 419
9,18–21	289, 313, 316, 324, 406–410		
9,18–23	12, 183, 226, 289, 295, 380, 384, 405–424	10,1–4	196, 378, 422, 457
		10,1–4.9	185–187, 197
		10,1–10	242
9,19	322, 385, 406, 409f, 419	10,1–14	228
		10,1–18	172, 185–204, 427
9,19–21	313, 321, 324, 338, 406–408, 418, 420, 421f, 447	10,1–20	210
		10,2	168, 225, 244
		10,4	236, 246, 276f, 307, 378, 418
9,20	406, 419		
9,21	322, 385, 406–410, 422	10,5	187, 189, 192–195, 252, 460
9,22	12, 183, 225, 286, 289, 290, 321, 406, 410–413, 417, 418f, 420, 422	10,5ff	164
		10,5–7	181, 188, 195
		10,5–10	9, 172, 183f, 185–200, 202, 209f, 246, 290, 305, 452, 454, 461, 464, 481
9,22f	207, 277, 313, 316, 412, 418f, 421f, 447		
9,23	113, 208, 209, 225f, 241, 243, 277, 289, 321, 385, 406, 410, 418, 419–424	10,6	189, 191, 192, 454
		10,7	187, 188, 189, 193, 197
		10,8	194, 252, 454
9,23–28	282	10,8–10	188, 191–196, 478
9,23f	243	10,9	185f, 192, 195, 197
9,24	113f, 232, 242f, 293, 307	10,10	178, 192, 194–200, 209f, 238, 252, 314
9,24f	8–10, 276f, 292–294, 298f, 302f, 463	10,11	199, 201, 238
		10,11–14	200–202, 209
9,24–26	8, 282f	10,12	201, 386, 477
9,24–28	200, 209, 213, 250, 253, 279, 282f, 289, 292–310, 420, 451, 464, 486	10,12f	200
		10,13	201, 477
		10,14	165, 167–169, 194, 196–198, 200f, 252f, 431, 477
9,25	202, 252, 276, 285f, 289, 293, 299, 301–303, 305, 307, 314, 316, 419f	10,15	199, 253, 292
		10,15f	197
		10,15–18	201f
9,25f	289, 300, 303, 304	10,16	194, 196

10,16f	168, 195f, 199, 202, 386	12,1	486
10,17	183	12,2	9, 164, 168f, 428, 461
10,18	194, 200, 252, 386	12,4	486
10,19	181, 203, 205f, 208f, 313, 386f, 454, 460f	12,15	402
		12,16	402, 452, 479, 486
		12,17	452
10,19f	186, 202–210, 277, 382, 425	12,18	382
		12,18–29	381–383
10,19ff	427	12,18–21	381f, 447
10,19f.21f	172, 203–211	12,19	382
10,19–22	198, 427, 453	12,20	384
10,19–25	464	12,21	382
10,20	194, 195, 203–206, 209	12,22	28, 156f, 169f, 381f, 396, 428f, 431f, 434, 460, 479
10,21	208		
10,21f	206, 209f	12,22f	169
10,22	208f, 225, 313, 320–323, 329, 337f, 373, 378, 381, 384f, 385–392, 393, 396, 401, 404, 409, 460f, 488	12,22–24	209, 245, 323, 381f, 383, 427f, 447, 454, 464
		12,23	156, 168f
		12,24	208, 278, 288f, 313, 320f, 323f, 338, 373, 379, 381–385, 386, 391, 401, 404, 407, 419, 469f
10,23	210		
10,23–25	209		
10,26	486		
10,26f	310	12,25	382
10,28	313	12,25–28	447
10,29	197, 313, 324, 383, 385	12,25–29	310, 381f
		12,26	382, 432
10,35	209, 451	12,26f	432, 469
10,36	197, 199	12,26–28	433
10,37	310, 431	12,26–29	432
11,1	168, 433, 479	12,27	434, 480
11,4	381	12,27f	382, 433
11,6	381	12,28	245, 311, 430, 432f, 434, 448, 454, 480
11,8	428f		
11,8f	427	12,28f	381f, 385
11,8–10	426–434	13,1–6	447
11,9	428f	13,1–17	447
11,9f	469	13,4	321f, 401–404, 413, 488
11,10	427, 429, 432		
11,13	427, 429	13,7	449f
11,13–16	426–434	13,7–9	433
11,14	427, 429	13,7–17	133, 311, 385, 425f, 430, 445–466, 486
11,14–16	469		
11,16	427, 432	13,8	478
11,19.35	312, 318	13,8f	449–452, 457
11,39f	168f, 383, 429, 431	13,9	433, 453, 461, 479, 486
11,40	164, 168f, 383		

13,9f	446, 452
13,10	12, 28, 244f, 426, 451, 454–458, 461, 477
13,10–14	448, 462
13,11	260, 287, 303f, 324, 426, 459–462, 463
13,11f	9, 276, 278, 303f, 311, 426, 435, 444f, 446f, 460, 462–464
13,11–13	16, 281, 303f, 418, 426, 458, 460, 462, 478
13,12	197, 304, 313, 426, 450, 459, 461, 462–464
13,12f	198
13,13	426, 428f, 447, 452, 459–462, 463
13,13f	446, 455
13,14	429, 432, 454–458, 461
13,15f	311, 426, 448, 451, 452–454, 457f, 462
13,16	311, 454
13,17	449
13,18–25	312, 447
13,20	213, 310–319, 419
13,20f	312
13,21	197, 311, 452

I. Petrus

1,1f	405
1,20	293, 295f
1,21	312
2,1	323
2,5.9	405
2,22	296
2,24	296, 304, 306
3,18–21	318
3,21	388, 391f
4,6	318
5,10	312

I. Johannes

3,5	293, 295f, 305, 306

Apokalypse

1,5	157
5,8	95, 453
8,3	258
8,3f	95
9,13	258
12,7–12	160
20,1–6	102
20,9	445
20,11–15	102
21	445
21,1.2	10
22,14f	445

Übrige frühchristliche Literatur; Kirchenväter

Ambrosius von Mailand

De Sacramentis

3,7	394

Barnabas

5,1	372f, 405
5,11	372
7f	372
8	405
8,1	372
8,2–6	372
8,3	372

8,7	372, 374
12,7	177
14,5	372
16,3f	95

Clemens Alexandrinus

Excerpta ex Theodoto

27,1f	257
27,1–3	453
38,1f	257

I. Clemens

29,1	396
30,1	396, 403
32,2	238, 455f
35,5	453
36,1	177, 453
44,3	239
52,3	453
61,3	177, 453
64,1	453

II. Clemens

| 2,2 | 177f |

Didache

| 15,1 | 239 |

Didascalia Apostolorum

56,22–57,1	399
56,22–63,8	399
57,1–9	399
57,17–59,35	399
59,34–60,15	399
61,2–9	399
62,22–33	399
62,33–63,8	399
63,4f	399

Elchasai (ed. Irmscher 1989)

| Fragment 4 | 394 |

Epiphanius von Salamis

Haereses (Panarion)

| 30,17,4 | 394 |

Fragen des Bartholomäus

| 4,52–59 | 140 |

Johannes Chrysostomus

In Epistolam ad Hebraeos Homiliae

| zu 9,11f (MPG 63, 199) | 287 |
| zu 13,15 (MPG 63, 229) | 453 |

Justinus Martyr

Dialogus cum Tryphone

| 47 | 400 |

[Ps.-] Hippolyt

Traditio Apostolica (ed. Dix 1937)

20,5f	396
36,9–11	396
36,10	397
36,11	397

Nikodemus-Evangelium

| V/XXI | 158 |

Origenes

Contra Celsum

| 8,13 | 177 |

Hermas

vis I 2,1 (2,1)	223
mand IV 1,9 (29,9)	403
mand X 3,1–3 (42,1–3)	453
sim V 7,1–4 (60,1–4)	403
sim IX 10,3 (87,3)	99
sim IX 12,3 (89,3)	296

Pseudoclementinen

Homilien

4,21,4	394
10,1	395
10,5,1	394
11,1	395
11,11,4	394
11,18,1	394
11,26,1	396
11,26,4	394
11,28	403
11,28,3f	395
11,30	396
11,33,4	396

Samaritanische Literatur

Memar Marqah
(ed. Macdonald 1963)

2,2 (Macdonald 1, 32) 139
5,3 (Macdonald 1, 123) 140
5,4 (Macdonald 1, 128) 139

Gnostische Literatur

Coptic Gnostic Treatise
(ed. Baynes 1933)

p. 180 Baynes   115

Rabbinica

Mischna		7,4	256f
		8,8	424
Avot		8,9	413
1,2	105	Kelim	
Hagiga		1,1–4	365
3,6	346	1,1–9	445
		1,4	363, 365
Joma		1,6–9	365
		1,8	365, 444
1,1	367	1,8f	365
1,3	367	1,9	389
1,4	367		
3,2	389	Keritot	
3,3	389f	6,3	235
3,6	367		
4,2f	267	Makhshirin	
4,3–5,2	261	6,7	440
5,1	257, 263, 267, 273		
5,1–4	256	Middot	
5,3	257, 273		
5,3f	263, 266	2,1	365
5,3–6	261, 267	2,3	365
5,4	257, 271–273	4,7	273
5,5	258, 261		
5,6	261, 265		
6,7	443		

Nazir

7,1	331
7,2	331

Para

3,1	366f, 390
3,5	339
3,7	367
3,8	357, 362, 367
3,11	366
4,1	357, 367

Sevahim

5,3	366
5,5	366

Sheqalim

8,1	346

Tamid

1,1	440

Toharot

2,2–8	365

Tosefta

Hagiga

3,24	346

Joma

1,8	263
3,3f	273
3,4f	273
3,5	267
3,7	104
4,2	262, 265
4,17	443
5,1	267

Sota

6,5	141

Babylonischer Talmud

Baba Batra

3a	273
14a	104

Berakhot

7a	268

Joma

2a	369
5a	410
19b	263
44a	268

Menahot

110a	106

Sanhedrin

38b	141
42b	444

Shabbat

88b	141

Sevahim

6a	410
62a	106, 108
93a	368
105b	444
106a	443
116b	440

Abot de Rabbi Nathan
(ed. Goldin 1955)

1 (Goldin 10f)	141
4 (Goldin 32)	105
4 (Goldin 33f)	105
4 (Goldin 34f)	105
4 (Goldin 35–37)	105
4 (Goldin 37)	94, 105
41 (Goldin 173)	104

Jerusalemer Talmud

Hagiga

78a,47–57   235

Joma

42b,62–67   273
42b,67–70   273
42c,73–42d,1   274
42d,2–7   274
42c,17   267

Makkot

32a,6–10   45

Sota

22c,6   104

Midraschim

Bereschit Rabba
(ed. Freedman/Simon 1951)

8,5f   141

Schemot Rabba
(ed. Freedman/Simon 1951)

38,10   272

Wajjikra Rabba
(ed. Freedman/Simon 1951)

20,12   369

Bemidbar Rabba
(ed. Freedman/Simon 1951)

7,8   257, 440, 445
7,10   335

Sifra

Achare mot
zu Lev 16,12   263

Sifre Numeri

§ 1 zu 5,2   445
§ 1 zu 5,3   440
§ 123 zu 19,3   367
§ 125 zu 19,9   366
§ 128 zu 19,17   332

Sifre Zuta

228 zu 5,2   445
305 zu 19,10   368
307f zu 19,13   368
314 zu 19,19   368

Midrasch Tehillim

8   141

Pesikta de Rav Kahana

4   373
4,8   363
9,5   363

Targumim

Onqelos

Num 19,13.20   335, 352

Pseudo-Jonathan

Lev 16,18   260
Num 19,9   366
Ez 36,25   335, 352

Profangräzität

Achilles Tatius

De amoribus

7,1,3   177

Longos

Daphnis et Chloë

2,33,1   176f

Lukian von Samosata

Vitarum auctio

| 18 | 116 |

Platon

Kratylos

| 439a | 115 |

Politeia

509e	113
515a,b	114
592a,b	118

Timaios

28a–29a	113
29b	33, 113
29b–d	119
48e	33, 113
48e–49a	113
51b–52d	118
51c	113
52b,c	118
92c	113

Plotin

Enneaden

| II 9,6 | 114 |
| V 8,7.8.11.12 | 116 |

Plutarch

Quaestiones convivales (Συμποσιακά)

| VIII 2,1 (718F) | 116 |
| VIII 2,2 (719A) | 116 |

Proklus Diadochus

In Platonis Cratylum Commentaria

| 129 | 114f |

[Ps.-] Timaeus Locrus

De natura mundi et animae

93b	116
99d	116
105a	116

Sonstiges

Corpus Hermeticum

| 13,21 | 177 |

Koran

| 2,67–73 | 373f |
| 15,26.28–33 | 140 |

2.2 Autorenregister

Aalen, S. 446, 457
Aartun, K. 275f, 411
Abramowski, L. 394f
Ackroyd, P. R. 45
Agourides, S. 138
Ahlborn, E. 188–190
Alon, G. 439
Altaner, B./Stuiber, A. 115, 158, 395f, 399
Anderson, D. R. 228, 231f, 241
Anderson, F. I. 81, 139
Anderson, G. A. 137
Anderson, H. 416
Andriessen, P. 11, 203, 206
Armstrong, A. H. 115, 119
Attridge, H. W. 145, 149, 154, 175, 187, 190f, 203, 205, 217, 230, 233f, 238, 242, 258, 279, 286f, 292, 294, 296, 300, 307, 312, 314f, 318, 400, 420–422, 432, 465
Aune, D. E. 160

Backhaus, K. 12f, 182–184, 240, 242, 246, 313, 406, 428f
Balz, H. 175, 228, 238, 244, 289, 323
Bammel, E. 88
Barstad, H. M. 65
Barth, G. 158
Barth, K. 3
Barrett, Ch. K. 6f, 290, 293, 307
Bauer, J. B./Hutter, M. 372, 396, 399
Bauer, W. 207, 230, 280, 285f, 399, 402, 455
Baumgarten, A. I. 325
Baumgarten, J. M. 339f, 342–345, 346f, 350, 356, 369, 392f
Baynes, Ch. 115
Beck, J. T. 21
Becker, J. 47–50
Beentjes, P. C. 37, 221
Beer, G. 78
Behm, J. 159
Bengel, J. A. 3, 151, 158f
Berchman, R. M. 119

Berger, K. 13f, 39, 41, 140, 160, 174–176, 180, 192, 195, 203, 208, 286, 376, 423, 446, 453
Bergman, J. 452
Bergmann, M. 148
Bernhardt, K.-H. 228
Bernstein, M. 141f
Bertram, G. 293, 311
Best, E. 453
Betz, O. 7f, 58, 137, 143, 348f, 393
Beyer, K. 42, 47, 52, 264, 391
Bezold, C. 140
Bickermann, E. 43
Bietenhard, H. 141, 160, 215, 421
Billerbeck, P./ Strack, H. L. 141, 160, 233, 243, 267, 273, 410, 440
Black, M. 78, 348, 392f
Blass, F./Debrunner, A./Rehkopf, F. 151f, 184, 251, 285, 287, 300
Bleek, F. 114, 149, 174–176, 181, 188f, 230, 233f, 237, 240, 243, 249, 251f, 279, 285, 289, 293, 307, 314, 316, 400, 403, 421
Blum, E. 409
Blumenthal, A. v. 114
Bockmuehl, M. 350
Böcher, O. 88
Böhl, F. 103, 106, 110
Börner-Klein, D. 332, 366, 367f, 440, 445
Böttrich, Ch. 11, 81–84, 139
Boman, Th. 174
Bonwetsch, N. 140
Bornkamm, G. 179, 187, 457
Borret, M. 177
Botte, B. 396–398
Bousset, W./Gressmann, H. 160
Bowman, J. 339
Brandenburger, E. 137, 174f
Brandt, W. 387, 395, 400
Braude, W. G. 141
Braun, H. 6, 9, 136, 150, 153f, 156–158, 164, 175f, 178, 184, 203, 205, 292, 294, 296, 314f, 317, 407, 423, 447
Breytenbach, C. 219, 222–224, 265, 416

Brin, G. 270, 272
Brooke, G. J. 40, 57
Brooks, W. E. 12, 238
Brox, N. 296, 388
Bruce, F. F. 118, 143, 146, 149, 174f,
    189f, 192, 307, 318, 422, 463, 488
Bruns, P. 140
Buchwald, W. 177
Büchler, A. 235
Büchsel, F. 219, 293
Bultmann, R. 175
Busink, Th. A. 273

Cahill, M. 457
Camacho, H. S. 11
Carlston, Ch. 164
Carmichael, C. 331
Carrell, P. C. 134
Casalini, N. 12, 286–288, 292
Cazeau, J. 84–86, 89
Chambers, C. D. 287
Chandler, K. K. 372
Charlesworth, J. H. 393
Chester, A. N. 10, 12, 98f, 476, 484
Cirillo, L. 394f
Clark, K. W. 95
Clements, R. E. 438
Clementz, H. 396
Cody, Ae. 11f, 27, 118, 203, 286f, 290,
    422
Cohn, L. 124, 265, 358
Collins, J. J. 39, 97–99
Colpe, C. 7, 153, 177
Colson, F. H./Whitaker, G. H. 116, 265,
    355–357
Connolly, H. 399
Conzelmann, H. 161, 451
Cranfield, C. E. B. 311
Cullmann, O. 143, 164

Dalman, G. 366, 440, 445
Daniélou, J. 120
Daube, D. 393
Davids, P. H. 296
Davidson, M. J. 136
Davies, D. W. 11, 180, 294, 303
Davies, J. H. 245, 463
Davila, J. R. 62
Debrunner, A. ↑ Blass, F./Debrunner,
    A./Rehkopf, F.

Deiana, G. 265
Deines, R. 339, 355, 364, 439
Deissmann, A. 276
De Jonge, M. 47–49
Delcor, M. 11
Delitzsch, F. 146, 148, 150–152, 154,
    157, 161, 164, 189, 191, 233f, 239,
    241, 249, 252, 284–287, 292f, 300,
    307f, 316, 322, 329, 387, 389f, 423
Delling, G. 95, 163f
Denis, A.-M. 95, 377f
DeSilva, D. A. 13f, 461f, 484
Dey, L. K. K. 164
Dibelius, M. 11, 21, 143, 165, 396, 427,
    476
Dietzfelbinger, Ch. 84f, 87
di Lella, A. 38, 255
Dillon, J. 119
Dimant, D. 52, 59, 69, 441, 444
Dix, G. 396–398
Dodd, Ch. H. 219
Döpp, H.-M. 27, 47, 84, 94, 100f, 104
Doering, L. 339f, 345, 347
Dörrie, H. 116
Douglas, M. 20, 438
Dunn, J. D. G. 143, 146, 160
Dunnill, J. 12
DuPlessis, P. J. 164

Eberhart, Ch. 411, 438
Eckstein, H.-J. 388
Ego, B. 26, 34, 39f, 82, 105, 127, 470
Eichrodt, W. 241
Eisele, W. 7, 13, 127, 318, 433f
Eissfeldt, O. 32, 34f, 38f, 43, 48, 76f,
    81, 99f, 103f
Eliade, M. 127
Ellingworth, P. 175, 179, 184, 191, 203,
    205, 216f, 230, 233, 238, 286f, 301,
    305, 307f, 401, 403, 420f, 432, 484,
    488
Elliott, J. H. 296, 388
Eltester, W. 114
Erlemann, K. 14, 151, 484
Eshel, E. 341
Eskola, T. 7

Fassbeck, G. 11, 14, 19, 27, 79, 477,
    484
Feine, P. 5

Feld, H. 484, 488
Feldmeier, R. 174f, 179
Fensham, F. C. 12, 435, 444
Festugière, A.-J. 177
Filson, F. V. 447f
Fitzer, G. 10, 476
Fitzmyer, J. 11, 264, 311
Fletcher-Louis, C. H. T. 43, 62, 134
Flusser, D. 102
Foerster, W. 137, 160
Fossum, J. E. 7, 137, 143
Fraade, S. D. 442
Frankel, Z. 415
Freedman, H./Simon, M. 141, 256, 335, 369, 440, 445
Frenschkowski, M. 447
Frey, J. 39–41, 52, 78, 100, 289, 383
Friedrich, G. 174
Fritsch, Ch. T. 11
Früchtel, U. 119f, 122
Fucks, C. 138

Gall, A. Frhr. v. 263
Gärtner, B. 26, 57, 59
García Martínez, F. 53f
Gaselee, S. 177
Gaylord, H. E. Jr. 104
Geerlings, W. 396f
Geffcken, J. 98
Gelardini, G. 13
Gheorghita, R. 188
Gerstenberger, E. S. 411
Gese, H. 154f
Gieschen, Ch. A. 134
Giesen, H. 160
Girard, R. 22
Gleason, R. C. 134
Gnilka, J. 204
Goebel, M. 3
Goldin, J. 94, 104f
Goldstein, J. A. 43f
Goodenough, E. R. 369–371
Goodspeed, E. J. 400
Goppelt, L. 21, 113–115, 127, 296, 305, 312, 388
Goulder, M. 145
Grässer, E. 6f, 9f, 113f, 117f, 145, 147–154, 156–159, 165, 175, 182, 184f, 187, 189f, 192, 203–206, 215–218, 227, 230, 233, 237f, 240, 251, 280f,

283–288, 292–294, 296, 305, 307f, 311f, 314–318, 322f, 325, 383, 389, 401, 403, 407, 418, 420, 428, 430, 432–434, 446–448, 450, 452, 465, 470, 476
Grappe, Ch. 27
Gray, G. B. 127
Grayston, K. 219
Greenberg, M. 335
Greer, R. A. 114, 204
Grimm, W. 159
Grosvenor, M. ↑ Zerwick, M./ Grosvenor, M.
Gruenwald, I. 62
Guthrie, G. H. 163
Gyllenberg, R. 5, 10

Haacker, K. 140, 160
Haeuser, Ph. 400
Hahn, F. 13f, 182, 289, 383, 446, 453, 455, 457
Hall, S. G. 21
Halperin, D. J. 62
Hamacher, E. 61
Hannah, D. D. 96, 134
Hare, D. R. A. 91
Harnack, A. v. 149f, 155, 175
Harrington, D. J. 84–86, 89
Harrington, H. K. 330, 338f, 355f, 363–365, 435, 439, 440f
Hartenstein, F. 127, 411
Hauck, F. 417
Hayward, C. T. R. 36f, 87, 363
Hegermann, H. 8, 135, 143, 150, 153f, 157f, 165, 175, 180, 191, 203f, 217, 294, 307, 446, 465, 486
Heinemann, I. 265, 358
Heininger, B. 226
Helfmeyer, F. J. 435
Hengel, M. 8, 37, 41, 43, 77, 145, 157, 439
Herrmann, J. 219
Herrmann, K. 77
Herzer, J. 93–96
Hickling, C. J. A. 199
Himmelfarb, M. 40, 78, 82, 97, 350
Hirschberger, J. 119
Hofius, O. 6f, 11, 27, 80, 82, 86, 101, 143, 147, 157, 159f, 164, 169, 204f, 207, 227f, 245, 257, 280, 284, 289,

292f, 311, 314, 389, 421, 427f, 431, 462
Hoffmann, E. G. 251
Hofmann, J. Ch. K. v. 21, 234, 300, 307
Hofmann, J. 395
Hohlweg, A. 177
Hollander, H. W. 47, 49
Holtzmann, H. J. 5, 10, 447
Holzhausen, J. 177
Hooker, M. D. 143
Horbury, W. 11, 29, 98, 101, 369, 373, 400, 484
Horton, F. L. jr. 11, 228
Hossfeld, F.-L. 337, 388
Hübner, H. 10, 164, 192, 286, 294
Hüttenmeister, F./Larsson, G. 257, 263, 267, 273f, 440
Hurst, L. D. 7, 11, 118, 126, 127, 241, 242
Hutter, M. ↑ Bauer, J.B./Hutter, M.

Irmscher, J. 393–395
Isaacs, M. E. 296, 307

Jacob, B. 258, 389
Jacobson, H. 84–87, 89
Janowski, B. 350, 410f
Jeremias, J. 6, 11, 135, 175, 289, 292f, 306, 312, 314, 440
Jobes, K. H. 188f, 193
Johnson, M. D. 138
Johnson, R. W. 13, 462
Johnsson, W.G. 12
Joosten, J. 12, 435

Käsemann, E. 5, 6, 8, 134f, 143, 153f, 157f, 160, 164, 203f, 209, 216, 293, 309, 311, 427f
Kahle, P. 139
Kaiser, O. 155
Karrer, M. 7, 10, 13, 135, 143, 145f, 148f, 163, 173–175, 178, 181, 188, 216–218, 224, 228, 307, 431, 488
Kautzsch, E. 31, 48
Kee, H. C. 47
Khoury, A. Th. 140, 374, 398
Kinzer, M. S. 137, 139, 140f
Kistemaker, S. 154, 196
Kister, M. 141
Kiuchi, N. 325

Klappert, B. 6f, 164, 169, 245, 309
Klauck, H.-J. 12, 306
Klawans, J. 19, 412, 415
Kleinknecht, H. 114
Klijn, A. F .J. 70, 103
Klinzing, G. 26, 59, 69–71, 73f
Knibb, M. A. 348
Knoch, O. 446
Knöppler, Th. 12, 219, 223–225, 227, 264, 410f, 416, 457
Knopf, R. 453
Koch, K. 219
Koester, C. R. 11f, 120, 125, 154, 157, 175, 187, 189, 191, 205, 237
Koester, H. 436, 447, 461
Kögel, J. 11, 135, 147, 150–153, 165, 214
Koole, J. L. 317
Krämer, H. J. 119
Kraft, H. 398
Kraus, H.-J. 154f, 187, 196, 337
Kraus, W. 10, 12, 14, 220, 290, 325, 410f, 418, 420f, 423f, 484
Kremer, J. 305, 307
Kugler, R. A. 47, 391
Kuhli, H. 116
Kuhn, H.-W. 70, 73
Kuhn, K. G. 383, 440, 445
Kundert, L. 82
Kuschke, A. 435
Kuss, O. 238, 418, 420

Lane, W. L. 14, 117
Lang, B. 219
Lange, A. 52f, 60, 69, 72f, 439, 442, 444
Laporte, J. 265
Larsson, G. ↑ Hüttenmeister, F./Larsson, G.
Laub, F. 7–10, 12, 153, 159, 164, 175, 216–218, 227, 237, 246, 252, 294, 429, 432, 450
Lauer, S. ↑ Thoma, C./ Lauer, S.
Lee, P. 27, 76, 78, 80, 82, 86, 90, 97, 101
Lenglet, A. 11, 203, 206
Leschert, D. F. 134, 145f, 152, 228
Levin, Ch. 337

Lichtenberger, H. 26, 52f, 60, 69, 72f, 101, 350, 393f, 401, 439, 442, 444
Lieberman, S. 273
Lierman, J. 140
Lietzmann, H. 393
Limbeck, M. 230
Lindars, B. 165, 465f, 484f
Lindemann, A. 453
Littmann, E. 42
Loader, W. R. G. 12, 135, 150, 152, 158f, 164, 166, 173–176, 181, 184, 203, 218, 285f, 315f
Lohmeyer, E. 143
Löhr, H. 9, 11, 27f, 61, 117, 123, 158, 165, 191f, 194, 203, 205f, 216, 241–243, 245, 289, 315, 381, 383, 388f, 392f, 401, 455
Lohse, E. 59, 67, 69–74, 100, 348f, 444
Lona, H. E. 453
Luck, U. 9
Lührmann, D. 12, 435–437, 447
Lueken, W. 96
Lünemann, G. 147, 175, 192, 307, 314f, 484
Lunceford, J. E. 12, 219, 226
Luther, M. 204
Luttikhuizen, G. P. 393f
Lyonnet, St. 219, 227

Macdonald, J. 139
Mach, M. 60, 75, 82, 135, 148
Maier, J. 40, 52–55, 67, 69, 84, 223f, 268–270, 343, 439, 440f
Marcus, R. 122
Marg, W. 116
Markschies, Ch. 7f
Martin, E. L. 446f
Maurer, Ch. 206f, 230, 388
Mayer, G. 325f, 367, 452
McKelvey, R. J. 11, 26, 114, 118
Merkel, H. 99
Menken, G. 3
Metzger, B. M. 102, 150
Metzger, M. 127
Meyers, C. L./Meyers, E. M. 316f
Michel, O. 11, 118, 134, 150, 154, 157, 164, 175f, 179, 203, 233, 285, 294, 307, 312, 322, 418, 421, 432, 435, 457, 463
Mildenberger, F. 21

Milgrom, J. 20, 41, 49, 258, 264, 272, 325–327, 330–332, 339, 344, 355f, 389, 410–412, 423, 435, 437f, 441
Moe, O. 11, 164
Moffatt, J. 146, 149, 164
Moulton, J. H. 287
Müller, U. B. 143, 160
Müller-Fieberg, R. 27, 102

Najman, H. 54, 139, 141, 275
Nauck, W. 163
Neusner, J. 105, 273, 365
Newsom, C. 60–67, 75, 93, 223
Niederwimmer, K. 403
Nielsen, K. 95
Nikiprowetzky, V. 120, 265
Nissilä, K. 11, 226, 298, 307–309, 446, 448, 451, 453, 455, 460f
Nitzan, B. 62, 348, 351
Nock, A. D. 177
Nomoto, S. 22
Noth, M. 258, 264, 325f, 414, 435

Oberlinner, L. 396
Oegema, G. S. 47f, 81, 100, 105, 107
Ó Fearghail, F. 255
Orlov, A. A. 81

Paget, J. C. 372f, 484
Paret, R. 373f
Peterson, E. 143, 157, 160, 165, 208, 394f
Peterson, D. 11, 163, 195
Pfann, S. J. 348f, 392f
Philonenko, M. 96f
Philonenko-Sayar, B. 96f
Poirier, J. C. 439
Pola, Th. 275, 409
Pratscher, W. 175
Preisker, H. 280
Prinz, O. 177
Prostmeier, F. R. 95, 322, 372
Puech, É. 47

Rad, G. v. 435, 439
Rahlfs, A. 34, 37, 188f, 219
Rapp, H. A. 55f
Rehkopf, F. ↑ Blass, F./ Debrunner, A./Rehkopf, F.
Rehm, B. 394

Reventlow, H. Graf 316f, 334
Rendtorff, R. 65, 275, 411, 452
Riehm, E. 3f, 191, 197, 293
Riesner, R. 14, 440, 484
Riggenbach, E. 9, 146, 149, 175, 178,
    187, 189f, 192, 203, 233f, 250, 252,
    292–294, 301, 305, 307, 315, 317,
    389, 421, 423, 446, 451, 453, 456,
    458, 463, 465, 484, 488
Rissi, M. 164f, 232
Robinson, J. A. T. 391, 393
Robinson, S. E. 93, 140
Roloff, J. 12, 388, 446, 450, 457
Rose, Ch. 126f, 164, 169, 228, 247, 314,
    429, 431
Rost, L. 32, 34f, 38f, 48, 76f, 81, 103
Rottzoll, D. U. 141
Rowland, C. C. 26
Ruager, S. 12, 457
Rubinkiewicz, R. 96f
Rüger, H.-P. 32, 34, 38, 43, 76
Rüsen-Weinhold, U. 188–191, 196

Sagnard, F. 257
Sacchi, P. 77
Safrai, S. 102
Sanders, E. P. 353, 355, 360, 390, 398,
    439
Sauer, G. 38
Schäfer, P. 46, 61, 95, 137, 140–142
Schäfer-Lichtenberger, Ch. 45
Scheidweiler, F. 140
Schelkle, K. H. 305, 388
Schenke, H.-M. 7
Schierse, F. J. 6f, 27, 204, 383, 421f,
    446, 454, 457
Schiffman, L. H. 53, 56, 61f, 268, 339,
    356, 364, 439–443, 445
Schlatter, A. 160, 204
Schlier, H. 113, 160, 195, 209, 241f
Schmid, K. 100f
Schmidt, A. V
Schmidt, Ch. 393
Schmidt, K. L. 127
Schmithals, W. 484, 488
Schmitz, O. 5, 265, 394, 476
Schnackenburg, R. 199, 306
Schnapp, F. 48
Schneider, G. 305
Schnelle, U. 9f

Schöllgen, G. 396f
Schönberger, O. 177
Scholem, G. 61f
Scholer, J. M. 12, 152, 163–165, 381,
    428
Schreiner, J. 100f
Schrenk, G. 192
Schröger, F. 145f, 151, 155, 187–189,
    243, 296, 307, 316, 432
Schultz, J. P. 139, 141
Schüngel-Straumann, H. 34f
Schüssler-Fiorenza, E. 19
Schunack, G. 10, 12, 13, 115, 175, 192,
    207, 217, 224, 251, 285, 292, 294,
    296, 300, 307, 318, 447, 476
Schwartz, D. R. 56f, 59
Schwartz, J. 56
Schweizer, E. 8, 179, 193, 194
Schwemer, A. M. 29, 60, 65, 67f, 75,
    88, 91–93, 97, 106, 157, 223
Scullion, J. P. 255, 258, 263–265
Seebass, H. 325, 332
Seeberg, A. 203, 234, 240, 293, 484
Seidl, T. 275, 411
Seidensticker, Ph. 195
Seybold, K. 154f, 187f, 337
Siebenthal, H. v. 251
Siegert, F. 195, 221f
Simon, M. ↑ Freedman, H./ Simon, M.
Silva, M. 168, 188f, 193
Skehan, P. W. 38, 255
Söding, Th. 306
Söllner, P. 11, 14, 27, 37–39, 52f, 76,
    78–80, 99–103, 427, 429
Sozzini, F. 4
Speyer, H. 140f, 373f
Spicq, C. 113f, 135, 184, 189–191, 203,
    205f, 208, 238f, 241, 244, 249f,
    286f, 289, 292f, 300, 307, 389, 402f,
    421, 453
Stauffer, E. 143
Steck, O. H. 76
Stegemann, H. 40, 52f, 56, 60, 69, 72f,
    195, 348, 351, 442, 444
Stegemann, W. 19
Steimer, B. 399
Stemberger, G. 105f, 142, 236, 363, 368
Steudel, A. 55–59, 269
Stewart, R. A. 11
Stökl Ben Ezra, D. 255, 276, 307, 411

Stone, M. E. 101, 137, 140
Strack, H. L. ↑ Billerbeck, P./ Strack, H.L.
Strathmann, H. 238, 244
Strecker, G. 306, 393, 395, 399
Strobel, A. 174, 446, 457, 484, 488
Stuckenbruck, L. T. 63, 68, 134
Stuhlmacher, P. 14, 21, 306, 457, 484
Stuiber, A. ↑ Altaner, B./ Stuiber, A.
Swartz, M. D. 62
Swetnam, J. 12, 215, 217, 457

Talmon, S. 40
Tarrant, H. 119
Telemann, G. Ph. 3
Theissen, G. 6, 153, 159, 418, 446, 457
Thiering, B. E. 348, 350
Tholuck, F. A. G. 3, 151
Thoma, C./Lauer, S. 363
Thompson, J. W. 12
Thornton, T. C. G. 11, 418
Thurén, J. 312, 316, 318, 447–449, 454, 465
Thüsing, W. 12, 208f, 216
Thyen, H. 302, 417
Tidner, E. 396, 399
Tilly, M. 27, 79, 100
Traub, H. 118

Uhlig, S. 48, 77
Urban, W. 4

Vahrenhorst, M. 236
van der Horst, P. W. 137, 377f
van Oort, J. 393
van Ruiten, J. T. A. 39f
VanderKam, J. C. 348
Vanhoye, A. 11f, 165, 251, 447f, 457
Vielhauer, Ph. 234, 382
Vögtle, A. 432
Vogel, M. 14, 84f, 90, 313, 379f, 406, 484, 488
Vogt, E. 377
Vollenweider, S. 7
Volz, P. 79f
Vorster, W. S. 209

Walter, N. 8, 45, 174f, 179f, 216, 227, 240, 290, 315, 377f, 450
Weber, R. 101

Wedderburn, A. J. M. 447
Wefing, S. 325
Wegenast, K. 116
Weise, M. 348
Weisenberg, H. v. 442
Weiss, B. 154
Weiss, H.-F. 134, 143, 147, 150f, 154, 156, 174–176, 180, 182, 184, 191, 200, 204, 214, 216f, 227, 230, 233, 237, 240, 243, 251, 283f, 294, 296, 306–308, 312, 314–316, 388f, 401, 408, 418, 435, 446f, 454, 463
Weiss, K. 305, 307
Welten, P. 45, 409
Wengst, K. 95, 306, 372
Wenschkewitz, H. 19, 463
Werblowsky, Z. 396
Westcott, B. F. 135, 146, 149–152, 154, 159, 164, 192, 203, 210, 233f, 239, 241, 287, 292, 307, 317f, 390, 403, 420, 423
Westermann, C. 317
Wevers, J. W. 258f
Whitaker, G. H. ↑ Colson, F.H./ Whitaker, G. H.
Wick, P. 21, 484, 488
Wider, D. 13, 147, 149, 151
Wilckens, U. 199, 306
Wilcox, M. 120, 126
Wildberger, H. 155
Wilhelm, G. 411
Willi, Th. 106
Willi-Plein, I. 326
Williamson, R. 7, 117, 120, 122, 126, 240, 446
Willms, H. 114–116
Windisch, H. 203, 234, 286f, 292f, 317, 387, 400, 423
Winston, D. 33
Winter, J. 263
Wintermute, O. S. 39
Wise, M. O. 56f
Wolff, Ch. 44–46, 161
Wolfson, E. R. 62
Wünsche, A. 106

Yadin, Y. 53, 57, 339, 342, 356, 439–441, 444
Young, F. M. 453

Young, N. H. 12, 205, 219, 289, 294, 299

Zahn, Th. [v.] 199, 306
Zenger, E. 32, 34f, 37f, 43, 76, 337, 388
Zerwick, M. 151, 230, 285, 287

Zerwick, M./Grosvenor, M. 152, 300
Ziegler, J. 317
Zimmerli, W. 335
Zimmermann, H. 8, 10, 210
Zimmermann, J. 60
Zuckermandel, M. S. 273

2.3 Begriffsregister

Abendmahl 48, 313, 406, 446, 457f
Adam 154, 160f, 170
– Adam-Christologie 142f, 146, 161
– Adam-Christus-Typologie 140
– Herrlichkeit Adams 139f
– in frühjüdischen Traditionen 138–141
– im Koran 140
– in rabbinischen Traditionen 141
– in samaritanischen Traditionen 139f
Adressaten (des Hebr) 6, 10–15, 17f, 21, 131, 132f, 151, 156, 166, 169, 181, 184, 198, 200–202, 207, 209, 245, 280, 295, 298, 307, 320f, 323, 381f, 384, 387, 392, 400f, 404f, 424, 425–430, 433f, 442, 447f, 450–455, 457, 460–462, 464, 465f, 469f, 472f, 474–480, 482f, 484–488
Akademie, platonische 117–120
Allerheiligstes 365, 370, 381, 423, 438, 459, 461–464
– himmlisches 5, 8, 169, 206, 210f, 257, 282, 382, 387, 401, 404, 420–422, 425, 429f, 431, 434, 453f, 460–464, 487
– Zugang 186, 196, 207, 209, 244
↑ auch Christus; Jom Kippur
Altar 32, 44, 94, 124, 265–262, 266, 276, 324, 328, 365, 370f, 389, 406, 408, 410, 414f, 434, 437f, 451, 458
– himmlischer 106, 425f, 434, 446, 448, 450, 454–458, 461, 466, 474, 479
Altarfeuer 44, 45
Anfechtung/Versuchung 138, 156, 159–162, 170, 212, 215, 217f, 227, 475, 478
Anthropologie, anthropologisch 134, 142–144, 146, 208, 295, 337f, 345, 347f, 352, 376, 378f, 386, 400, 422–424, 480f
↑ auch Mensch
Apokalyptik 6, 7
Astrologie 88f

Auferstehung, Auferstehungsvorstellung 80, 86, 91f, 98, 101, 109, 160, 213, 310f, 316, 318f

Beischlaf 395f, 399, 402–404, 440
Bekenntnis 8, 20, 35, 151, 160, 210
»Bereitete Wohnstatt« (ἕτοιμον κατοικητήριον) 30–32
Besprengungswasser ↑ Reinigungswasser
Blut 14, 40, 88, 142, 154, 159, 161f, 183, 185, 197, 207, 225f, 255, 277–279, 282, 286, 322–325, 327–329, 333, 338, 362, 372f, 375–379, 383, 385f, 388f, 401, 406–410, 412, 414, 416, 418–422, 424, 437f, 459, 462f, 464
– Besprengungsblut; Blutsprengung 209, 224, 260–262, 263–267, 268–276, 288–290, 299, 313, 321, 323f, 326, 328f, 332f, 357, 373, 381, 383, 384–386, 391, 401, 404–408, 419, 438, 462
– Blut Christi ↑ Christus
– Blutvergießen/-ausgießen 41, 412, 418f
– Bundesblut 310, 313–317, 324, 385, 406
– Darbringung von Blut 277, 281, 288
Bund 55f, 70, 213, 316, 336–339, 346, 348f, 350–353, 368, 375, 379f, 383–385, 390, 404, 408f, 419, 424, 447
– neuer 184, 196, 202, 210, 314f, 323, 336, 340, 352, 373, 375, 379, 380, 385f, 388, 390f, 404, 447
– Bundesschluss 56, 183, 289, 313f, 316, 321, 324, 336, 380, 385, 406–410, 418f, 421f, 424, 447, 476
↑ auch Heilssetzung, Διαθήκη, Testament
Bundeslade ↑ Lade
Buße, Bußrituale, Bußliturgien 38, 65, 76, 95, 265, 276, 337–339, 341, 345, 348, 349f, 352f, 375f, 390, 392f, 404f, 488

Cherubim ↑ Keruben
Christologie
- angelomorphe 134f
- des Hebr 5, 8, 10, 14f, 17, 133–137,
  142–144, 149, 214, 227, 240, 424,
  450, 464f, 473f, 480f
- traditionelle 132, 146, 162, 163, 180,
  200, 240, 295, 449, 475, 477
Christus
- Blut Christi 14, 207, 213, 225, 278,
  279, 282f, 285–292, 303f, 310f,
  313–315, 319, 321–324, 372f, 375–
  377, 379, 383f, 386, 388, 401, 404f,
  420–422, 424, 463f, 475
- Eintritt ins himmlische Allerheiligste 8, 206, 212f, 227, 253, 278,
  279–292, 294, 302, 304f, 315, 322,
  375, 379, 386, 463
- Eintritt in den Kosmos 187, 192f
- Erhöhung 4, 8, 15, 132, 143f, 146f,
  149–151, 155, 161–163, 166, 170,
  175, 179, 180f, 200f, 211f, 214, 216,
  227, 231f, 240, 311, 314f, 450, 474,
  476, 478, 480, 483
- Erniedrigung 14f, 132, 143, 144,
  146f, 149f, 161, 163, 170, 180, 200,
  209, 240, 311
- Hingabe/Selbsthingabe 167, 185–
  211, 253, 290, 315, 464, 474, 475f,
  482
- Hoherpriester (himmlischer) 4, 157,
  161, 166, 173, 181, 202, 208, 211,
  215–218, 226f, 230f, 236f, 239f,
  246–248, 250, 253f, 284, 290, 292,
  295, 301, 307, 310, 315, 319, 430,
  452f, 466, 473, 476f, 478
- Interzession/Fürbitte 160, 173, 181,
  208, 212, 218, 226, 230–232, 239,
  246, 252f, 307, 310, 451, 475, 482
- Inthronisation 149, 180, 231
- Investitur als Hoherpriester 170,
  179–181, 211f, 216, 228, 232, 292,
  301, 315, 473f, 475
- Irdischer Weg, irdisches Geschick 4f, 187, 200, 213, 461f, 473,
  475, 480
- Irdischer Jesus 147, 172, 175, 178,
  181, 200, 309, 450, 478
- Opfer/Selbstopfer 4, 14, 167f, 182,
  201, 212f, 225f, 231–234, 249, 251–

254, 279–292, 294, 298, 299f, 302–
306, 308–311, 314f, 320f, 375f, 378,
384, 406, 419–422, 424, 445, 463f,
472, 476, 478f, 480, 482f, 486f
- ›Opfertod‹ 3, 10, 183, 203, 205, 461
- Πνεῦμα Christi 292, 314
- Priesterliches Wirken/Kultvollzug
  im Himmel 5, 8, 10, 14, 156, 161f,
  181, 201, 213, 215, 230, 232, 239,
  252, 293, 295, 298, 307, 309, 450,
  464, 476, 482
- Sessio ad dexteram 200f, 240
- Sterben/Tod auf Erden 4, 5, 8–10,
  13–15, 160, 170, 182, 184, 201, 249,
  286, 288, 293f, 300–302, 304, 309,
  311, 372, 385, 445, 461, 464, 480
  ↑ auch Inkarnation
Conditio humana 158, 159, 162, 179,
  211, 217, 481

Διαθήκη 237, 280, 319, 324, 419, 480f
- alte/erste 172, 183f, 185f, 195, 207,
  281, 375, 382, 385, 406, 418f, 421–
  424, 455, 485
- neue/zweite 182–186, 195f, 199,
  213, 242, 247, 318, 320, 375, 379,
  383f, 418–420, 481
  ↑ auch Bund, Heilssetzung, Testament
Dura Europos, Synagoge 369–372

Edelsteine, heilige 86–90, 103, 109–111
Ehebruch 327, 331, 394, 399, 402–404,
  412
Einleitungsfragen 10f, 14, 484–488
Εἰκών 33, 115f, 185
Endzeit, Endereignisse, Eschaton 40,
  50, 78, 80, 84, 98, 101f, 110, 431–
  434
Engel
- Anweisenheit im irdischen Tempel
  bzw. Allerheiligsten 42, 51
- Christologie und Anthropologie im
  Gegenüber zu Engeln 135–137, 142–
  146, 162
- Gemeinschaft mit Engeln im
  Kult 48, 51, 59f, 69–75, 108f, 470f
- himmlischer Gottesdienst der En-
  gel 43, 48, 63, 67, 68, 75
- Engel als Priester 40, 49, 63, 65–69,
  71, 74f

– Engel als himmlischer Hoherpriester 106, 257
– Rivalität mit Menschen 134, 137–144, 161
– Engelverehrung 134
Erbe (κληρονομία) 183f, 284
Erkenntnistheorie, mittelplatonische 119–126
Eschatologie 6, 318f, 426f, 430, 434, 480
Eschaton ↑ Endzeit
Esoterik, jüdische 7
Exil 35, 38, 49, 97

Fest (βέβαιος), Festigkeit usw. 433f, 451f, 479f
Fleisch (σάρξ) 142, 154, 159, 161f, 172, 179, 203, 205, 225, 282, 291f, 301, 313, 347–350, 352, 376f, 379, 384, 387, 407, 410, 422, 424, 464, 481, 483
Fremdlingschaft, Fremdheit (auf Erden) 425–430, 434, 446, 449f, 451, 466, 469, 473f, 478f, 481, 486
Fromme, alte/frühere (חסידים הראשונים) 233–236

Garizim 100
Gehorsam (ὑπακοή), leiblich/auf Erden gelebt 159–162, 174f, 178–181, 183f, 190–192, 194, 198f, 206, 210f, 218, 227, 253, 305, 425, 427, 434, 451–453, 458, 462, 465f, 473
Geist, heiliger/Geist Gottes 201, 292, 336, 340, 349, 351–353, 379, 393, 397-399
– neuer Geist (im Menschen) 336–338, 408
Gericht 38, 50, 67, 77f, 84, 98, 101, 109, 160, 308, 310, 347, 351f, 392, 402, 432
Geschichtlichkeit 7, 15, 154
Gesetz ↑ Tora; ↑ Kultgesetz
Gestirne ↑ Sterne
Gewissen (συνείδησις) 244, 291f, 384, 391, 451
↑ auch Reinigung des Gewissens
Glaube (πίστις) 6, 34, 84, 96, 132, 147, 168f, 199f, 309, 318, 374f, 383, 388,

425, 427, 429f, 433, 452, 474, 479f, 488
Gnadenthron 209, 214f215, 451–453, 476, 478, 480, 486
Gnosis, gnostisch 5–9, 14, 153, 204
Gottespräsenz (im Heiligtum/inmitten des »Lagers«) 20, 41, 55f, 92, 207, 209, 225, 271, 281, 311, 330, 333, 338, 374, 381f, 423, 437, 440, 459f, 475

Hadesfahrt 158
Halacha, halachisch 236, 339–341, 351, 353f, 362f, 439f, 442f, 445, 460
Heiligung 42, 45, 85, 197, 200f, 209, 304
Heiligtum/Tempel
– gegenwärtiges 29
– himmlisches 3, 17, 20f, 27f, 29, 31–34, 36, 41, 48, 51, 61, 73–75, 78, 80f, 98, 103, 105f, 107–109, 116, 127, 156, 203, 215, 225–227, 237, 240, 242, 244f, 248, 254, 282, 300, 320–322, 371, 375–380, 383, 385–388, 390–392, 401, 404–406, 412, 418–424, 431, 447, 453, 457, 460, 464–466, 470f, 472f, 474f, 476f, 479, 483f
– irdisches 29, 31–34, 36, 41, 43, 51, 55, 70, 71, 78, 80, 86, 98, 105f, 115, 122, 125, 127, 242–244, 246, 320f, 324–326, 328–334, 338, 340, 342f, 353–355, 357–360, 363, 365–374, 378, 381, 384, 386, 389, 391, 398, 404–411, 413–417, 420, 422–424, 437, 440, 442f, 455–457, 469f, 471f, 480, 484f, 487
– Reinigung/Weihe ↑ Reinigung
– spirituelles 57, 72, 74, 75, 322
– zukünftiges/eschatologisches 29, 35, 39, 40f, 52, 55, 57, 59, 69, 78, 80, 81, 97, 99f, 107, 109, 469f
Heilssetzung (kultische) (διαθήκη) 127, 167, 168, 184, 186, 207, 211, 230, 245, 254, 313, 320, 419, 424, 481, 485
Herrlichkeit (δόξα)/Verherrlichung Christi 147–149, 152, 162, 166, 170, 179
– Herrlichkeit des Menschen 146, 157, 161, 170, 214, 483

Herz 83, 172, 195f, 202, 246, 321, 323,
    336–338, 352, 372f, 375f, 378–380,
    386–391, 394f, 397f, 400f, 404f,
    408f, 415, 451, 479
Himmel 30f, 210
Himmelsreise/-vision 48, 51, 61f, 78,
    81, 96, 108, 139, 148
Hoffnung 25, 34, 43f, 76, 84, 99, 102f,
    109–111, 128, 210f, 213, 227, 230f,
    233, 318, 430, 433, 451, 454f, 472,
    474, 479, 487
– Hoffnungsgut 151, 168f
Hoherpriester
– himmlischer ↑ Christus
– irdischer/menschlicher 173, 175,
    181, 228, 232–234, 238, 254–279,
    282, 284, 324, 331f, 357f, 361f, 365,
    367, 369, 375, 381, 390, 402, 415,
    419, 423f

Ideenlehre, platonische 119, 126
Initiation 373, 375, 390f, 393, 424
Inkarnation 154, 164, 203, 205f
Israel 16, 20, 22, 30f, 33f, 36–40, 44,
    46, 48, 55, 57, 64, 74, 76, 79, 82–90,
    92, 94, 97, 99–101, 105f, 108–111,
    134, 141, 155, 183, 217, 224f, 233,
    267f, 316–318, 312f, 325, 330, 336,
    338, 342–344, 346, 351f, 362, 365f,
    368, 374, 382, 408–410, 413f, 423,
    427–429, 435, 437, 439–444, 447

Jakobsbund 56, 380, 409
Jerusalem, himmlisches 34, 82, 83,
    101–104, 156, 169, 209, 245, 289,
    323, 381–386, 425, 427, 429, 431f,
    454f, 460, 479, 483, 485
– irdisches 31, 33, 35, 36, 37, 38, 39,
    50, 76, 79, 102, 104, 330, 342, 359,
    361, 362, 363, 365, 366, 368, 370,
    417, 439–445, 460, 465f
– ideales/utopisches/zukünftiges 52f,
    99f
Jom Kippur (Sühntag) 94, 185, 224,
    226, 234f, 246, 251, 254–279, 283,
    288, 322, 324f, 338, 367, 369, 371f,
    375f, 378–380, 390, 404, 406f, 414f,
    423f, 459, 475

– Eintritt ins Allerheiligste 49, 228,
    255, 256f, 258f, f260, 262–267,
    276f, 281, 283f, 289, 375, 435, 463
– Typologie 115, 233f, 255, 278, 283,
    286f, 289, 292f, 299f, 303–305,
    307–310, 322, 324, 379f, 424, 450,
    458, 461, 463f, 476, 482
Judenchristentum, judenchristlich 47,
    395, 398, 401, 405, 488

Keruben 224
Königsherrschaft Gottes 67f
Kosmologie, mittelplatonische 120–126
Kreuz, Kreuzesgeschehen 7–10, 91,
    149, 158, 191f, 203, 237, 252, 288,
    299, 309, 311, 314, 418, 446f, 457f,
    461
Krise, hellenistische 38, 41, 43, 45, 78,
    80
Kuh, rote ([אדמה] פרה) 16, 18, 208,
    291, 322–375, 376, 384, 405, 407,
    422, 443, 444, 446, 456, 459
– פרה-Typologie 373, 376, 379f, 404,
    408, 424, 476
Kult (Opferkult), himmlischer 20f, 40,
    42, 48, 68–70, 95, 106, 168, 186,
    198, 211, 213, 247, 252, 320–322,
    375f, 380–384, 418–420, 424f, 430,
    434, 446, 449, 451, 455, 457f, 461,
    471, 473f, 475f, 478–480f, 482f, 484
– irdischer 42, 69, 71, 75, 95, 96, 167,
    174f, 181, 183, 185–187, 190–192,
    194, 200, 206, 233–236, 284, 291,
    373, 375–378, 384, 387, 405, 418–
    420, 451, 453f, 460, 469, 470f, 472,
    475f, 480f, 482, 486
Kultgeräte ↑ Tempelgeräte
Kultgesetz (mosaisches), kultgesetz-
    lich 185, 195, 229f, 231–234, 242,
    245, 248–250, 254, 373, 405, 419,
    430, 471, 480, 485, 487
Kultgründung, Kultgründungszeit 16,
    28, 34, 40, 46, 83f, 90, 92, 109f,
    111, 471, 486f
Kultkritik 469, 471, 476, 482, 484, 487
↑ auch Opferkritik
Kultmetaphorik 19, 21
Kultspiritualisierung 19–21

Lade, Bundeslade 45f, 84, 87, 91f, 100,
103, 109, 110f, 260
Lager (מחנה‎/παρεμβολή) 12, 16, 18, 20,
66, 198, 276, 303f, 324f, 329–332,
338f, 342, 353, 361f, 365f, 368, 374,
423, 426, 435–445, 449, 458f, 460,
462, 464f, 478, 483, 486
– Außerhalb des Lagers 426, 435–438,
440–446, 448f, 453f, 458–464
– in 4QMMT 442–444
– bei Philo 435–437
– in der Priesterschrift 437f
– in rabbinischen Texten 439f
– in der »Tempelrolle« 440f
– in weiteren Texten 444f
Landgabe 29, 56, 336, 338
Leib (σῶμα), leibliche (somatische)
Existenz 124, 158f, 164, 178, 185,
188f, 190–195, 197, 199, 200f, 202,
206f, 209–211, 253, 305, 314f, 347,
352, 356f, 376f, 378, 386f, 388f,
392, 396, 399, 400f, 419, 436, 453
Leichenunreinheit 327, 330f, 333f, 336,
338–340, 342–345, 348, 352–358,
361–363, 365–367, 369, 373–377,
379, 407, 413, 440
Leiden
– Christi 5, 9, 13, 15, 132f, 144, 151–
154, 162, 165f, 169f, 171, 173–175,
178–181, 183f, 198, 200f, 211, 214–
217, 227, 278, 288, 292–294, 299–
305, 308f, 313, 462f, 473, 478 , 480
– des Menschen 159, 250, 478, 481,
486
Λειτουργία 238, 242, 245–247, 252f,
358
Lobopfer (θυσία αἰνέσεως) 63, 177,
452f, 457
Los (גורל‎) 71

Mahl, Mähler, sakrale 446, 449, 451f,
457f, 465, 486
Mannagefäß 47
Melchisedek 82f, 227–230, 232
↑ auch Priestertum, melchisedekisches
Mensch, Menschheit, Menschenge-
schlecht 142f, 145, 161f, 170, 214,
216f, 481
Menschensohn 137, 145
Merkabah (-Mystik) 61

Michael 74, 95, 96, 104, 106, 138, 160,
453
– als himmlischer Priester 104, 106
– als himmlischer Hoherpriester 106
Μίμημα 32f, 89, 112
Mittelplatonismus 6f, 16, 112–127
Mose 317f
– Aufstieg zum Sinai 139f
– Vergleich mit Adam 139f
– Vergleich Christus/Mose 140
– im Koran 373f

Nasiräer 331, 333
Neuplatonismus 119, 120, 126

Opfer ↑ Kult; ↑ Christus
Opferkritik 187, 191f, 194, 196
Opferkult ↑ Kult
Opfermetaphorik 19
Orakel, priesterliches 87–90

Παράδειγμα 33, 93, 112, 121f, 243
Paradies 78, 83, 101f, 109f, 139
Παρρησία 186, 203, 206–210, 382, 386,
451, 454f, 460, 474f
Parusie 212, 308, 482
– Parusieverzögerung 6, 13
Platonismus 112–127
↑ auch Akademie, platonische; Mittelplatonismus; Neuplatonismus
Priestertum (Hohepriestertum)
– levitisches/aaronitisches 48–51,
166f, 228, 230, 231f, 237, 245, 248,
370
– melchisedekisches 82, 166f, 173,
178, 180, 227–232, 245f, 248f, 254
Profanität, profan 17, 20f, 178, 196–
198, 425f, 430, 438, 445f, 447, 453,
458f, 460f, 463f, 465f

Reinheit 168, 291, 321f, 331, 343f,
344–346, 348–353, 355, 361, 364f,
369, 375f, 378, 439f, 444, 479f, 488
– Reinheit des Heiligtums/Tempels/im
Kult 329f, 338, 342, 353f, 356f,
358f, 363, 365, 374
Reinigung (-srituale) 16, 183, 207–209,
224, 226, 230, 282, 320–424, 438,
440, 445, 447, 460, 483, 485, 488

– Reinigung, äußere 350, 352, 357, 360, 375–377, 379, 386–388, 390f, 393, 395f, 404, 412, 422
– durch Besprengen 320f, 323, 325, 327, 331, 333–338, 340f, 343f, 346f, 349f, 352–362, 366–369, 372f, 375, 379, 384, 386–392, 401, 404–409, 422
– eschatologische 320f, 335, 338, 351f, 375f, 379f, 385f, 390f, 393, 398, 400, 404f
– des Fleisches 322f, 347, 349f, 376, 384, 387, 407, 422, 424
– des Gewissens (der συνείδησις) 182, 208f, 225f, 245, 281f, 320f, 323, 376f, 379, 384, 385–390, 400f, 404f, 407, 412, 422–424, 480
– des himmlischen Heiligtums (auch Heiligtumsweihe) 313, 419–424, 447, 475f
– des Herzens 321, 326, 336–338, 372f, 379f, 386f, 390, 394, 398, 400, 401, 404f, 408
– innere 291, 350, 352, 360, 375, 377f, 380, 387, 390–392, 395f, 400f, 404f, 409, 412, 422–424
– Reinigungs-/Reinheitsterminologie 225, 413–417
– Reinigungswasser, Besprengungswasser (מי נדה, ὕδωρ ῥαντισμοῦ κτλ.) 321, 323, 325, 327, 329, 331, 333–335, 336f, 340–344, 346–350, 352f, 355, 357f, 360–362, 364, 366–369, 371, 372, 379, 384–386, 389–391, 407
Religionsgeschichte 5–7, 14
Religionssoziologie 13
Revelationsschema 296, 300, 303, 308
Rivalität, Rivalitätsmotiv ↑ Engel
Rote Kuh ↑ Kuh, rote
Ruhe (κατάπαυσις) 36, 58, 85, 101, 183, 327, 379, 427, 430f, 434, 460

Sakralität, sakral 17, 20f, 40, 163, 165, 196–198, 201, 210, 281, 304, 363, 368, 425f, 429, 438, 445f, 449, 451f, 453–455, 457–459, 461f, 464–466
Samaritaner 100
Satan, Teufel, διάβολος 137, 153, 158, 161

– himmlischer Ankläger 160
– Neid auf Adam/Menschen 137–140
Schatten (σκιά) 116f, 121–123, 125, 167, 185, 242, 244, 246f, 456
Schöpfung, neue 40, 55, 432
Sexualität, sexuell 341, 347, 352, 394f, 397–403, 405, 412, 416, 488
Sinai 36, 39f, 46, 54, 91f, 109, 123, 139–141, 243, 275, 313, 316, 324, 343, 381f, 384, 406, 408f, 422, 432, 447
Sohn (υἱός), Sohnestitel 5, 101f, 134–137, 142, 144, 148, 151–158, 162, 166, 177–179, 192, 207, 217, 232, 245, 313
Sphärendifferenz 6, 12f, 15, 25, 204, 245, 254, 318, 375, 404, 419f, 422, 448, 456, 472, 480
Spiritualisierung 19f, 21
Steine, heilige ↑ Edelsteine, heilige
Sühne 65f, 105, 212f, 218, 222–227, 233, 235, 312, 325f, 328, 333f, 338f, 342f, 345–350, 352, 365, 369, 375, 390, 405, 410–419, 423, 452, 459, 463, 483
– Heiligtumssühne 321, 405, 410–413
– nicht-opferkultische 223
– Personsühne 405, 411–413
– Sühneterminologie in LXX 219–222
Sünde 144, 159, 160, 185, 218, 234, 235, 320, 321, 324, 326–328, 335–338, 345, 347–352, 360, 372, 375–379, 385f, 388, 391f, 393–395, 404, 406, 408f, 410f, 414, 416f, 421–424
– Sündenvergebung, Vergebung 183, 184, 202, 212, 223–227, 233, 246, 253, 282, 288f, 303, 310, 321, 328, 335, 337–339, 345–347, 349f, 352, 360, 371, 375–377f, 382, 386, 390–393, 404, 406, 410, 412, 416–418, 422, 475, 478, 480, 483, 485f
Sündlosigkeit, sündlos 159, 175, 251
Sündopfer (חטאת) 191, 256, 260f, 262, 266, 268, 269–271, 273, 276, 325–327, 329, 332–334, 338, 341, 362, 365, 371, 408, 414f, 437, 443f, 458f, 463f, 487
Sterne 87–90

תבנית 33, 92f, 121, 241, 243
Tauchbad, Reinigungsbad 321, 366,
    387, 389, 390f, 393–395, 398, 400,
    405, 413, 488
Taufe 98, 384f, 387–401, 404f, 424,
    479, 487f
– im Hebr 387–392, 405, 424
– im frühen Christentum 392–401
– Johannestaufe 391–393, 395
Tempel
– Wiederaufbau 34f, 50, 79
– Zerstörung 11, 27, 39, 45, 50, 57, 59,
    76f, 79, 84–87, 90f, 92–94, 97–101,
    103–105, 108, 110, 204, 235, 487
– Zweiter 34f, 38–40, 44–46, 50, 55,
    59, 76–80, 83, 88, 90–94, 97f, 106,
    108f, 110f, 235, 487
↑ auch Heiligtum
Tempelberg 342, 365f
Tempelgeräte/Kultgeräte 28, 45 47, 84,
    87, 94, 100, 103f, 109, 407
Testament 181–183, 194, 230, 406
Thron Gottes, himmlischer 28, 48, 78,
    81, 96
Tod, Todesleiden, Todesangst 144, 147–
    150, 158f, 161f, 179, 192, 198,
    214f, 217, 304f, 325, 329, 338, 354,
    357, 369, 381, 383f
– Errettung aus dem Tode 156f, 180
Tora (Toragabe, Toraauslegung) 36, 52–
    54, 58, 95, 101, 105f, 109, 139, 141,
    156, 187, 196, 202, 322, 325, 336–
    338, 349, 353, 361, 369, 381, 404,
    407, 409f, 418
Tote Werke ↑ Werke, tote
Totenreich 158, 312, 316–318
Typologie, typologisch 21, 115, 126,
    226f, 242, 283, 456
↑ auch Jom Kippur-Typologie, פרה-
    Typologie
Τύπος 92f, 112, 126, 243

Unreinheit, Verunreinigung 41, 49, 65f,
    79f, 88, 100, 251, 322, 326f, 329,
    330, 333f, 336–338, 341, 343, 345–
    348, 350–355, 357, 361, 364f, 376f,
    379, 397–399, 401, 403f, 409, 412f,
    415, 417, 423, 437f, 440, 460, 488
Ὑπόδειγμα 93, 113f, 124, 167, 241f,
    243–245, 313

Urbild-Abbild-Relation 16, 32–34, 36,
    84, 105f, 107f, 117, 123–127, 242f,
    295, 456–458, 470, 476f
Urmensch 153f
Urzeit 40, 51, 82, 84, 110

Vaterland (πατρίς), himmlisches 183f,
    379, 425–429, 432, 478
Verbrennung von Kadavern der Opfer-
    tiere 278, 287, 303, 324–326, 330,
    332f, 341, 357, 362, 366f, 369, 371,
    435f, 438, 441, 443f, 458, 461f, 463f
Vergebung ↑ Sündenvergebung
Verheißung, Verheißungsgut 21, 39, 46,
    48, 55, 86, 104, 137, 144, 153, 171f,
    183f, 195–197, 210f, 212, 218, 245,
    247, 253f, 319, 336, 379, 388, 390,
    408f, 427–429, 431, 433, 469, 475,
    479f
– Land der Verheißung 427–429
Verheißungsgeschichte, verheißungsge-
    schichtlich 114–118, 123, 126f, 242,
    244–246, 254, 280, 375, 419f, 448,
    480, 485
Versuchung ↑ Anfechtung
Vollkommenheit, Vollkommen-Machen
    (τελειοῦν κτλ.) 152f, 163–170, 198,
    200f, 214, 244, 376, 378f, 384, 395,
    400f
Vorhang im Heiligtum/Tempel 205,
    260, 268–274, 275, 370
– im himmlischen Heiligtum 28, 204,
    257

Wanderndes Gottesvolk; Wanderschaft
    5, 157, 427f
– Himmelswanderschaft 6, 434
Weihrauchaltar 11, 46f, 103, 226, 257–
    262
Weihrauchopfer 263
Weisheit 33, 36
Werke, tote (νεκρὰ ἔργα) 376f, 379f,
    388, 424
Wille Gottes 184, 187, 191f, 194, 196f,
    199, 206, 211, 246f, 311, 315, 336,
    373, 409, 481f
Wort Gottes 13
Wüstenzeit Israels 16, 84

Zelt (-heiligtum) 16, 28, 33f, 36–38,
    45–47, 54, 84, 109–111, 120–126,
    186, 242, 244, 280–282, 287, 324–
    326, 329f, 331f, 336, 370, 381, 389,
    26, 329f, 331f, 336, 370, 381, 389,
    406f, 415, 430, 435–437, 439, 443,
    446, 455–457, 460, 465, 471, 487

Wissenschaftliche Untersuchungen zum Neuen Testament

Alphabetische Übersicht der ersten und zweiten Reihe

Ådna, Jostein: Jesu Stellung zum Tempel. 2000. *Band II/119.*

Ådna, Jostein (Hrsg.): The Formation of the Early Church. 2005. *Band 183.*

– und *Hans Kvalbein* (Hrsg.): The Mission of the Early Church to Jews and Gentiles. 2000. *Band 127.*

Alkier, Stefan: Wunder und Wirklichkeit in den Briefen des Apostels Paulus. 2001. *Band 134.*

Anderson, Paul N.: The Christology of the Fourth Gospel. 1996. *Band II/78.*

Appold, Mark L.: The Oneness Motif in the Fourth Gospel. 1976. *Band II/1.*

Arnold, Clinton E.: The Colossian Syncretism. 1995. *Band II/77.*

Ascough, Richard S.: Paul's Macedonian Associations. 2003. *Band II/161.*

Asiedu-Peprah, Martin: Johannine Sabbath Conflicts As Juridical Controversy. 2001. *Band II/132.*

Avemarie, Friedrich: Die Tauferzählungen der Apostelgeschichte. 2002. *Band 139.*

Avemarie, Friedrich und *Hermann Lichtenberger* (Hrsg.): Auferstehung – Ressurection. 2001. *Band 135.*

– Bund und Tora. 1996. *Band 92.*

Baarlink, Heinrich: Verkündigtes Heil. 2004. *Band 168.*

Bachmann, Michael: Sünder oder Übertreter. 1992. *Band 59.*

Bachmann, Michael (Hrsg.): Lutherische und Neue Paulusperspektive. 2005. *Band 182.*

Back, Frances: Verwandlung durch Offenbarung bei Paulus. 2002. *Band II/153.*

Baker, William R.: Personal Speech-Ethics in the Epistle of James. 1995. *Band II/68.*

Bakke, Odd Magne: 'Concord and Peace'. 2001. *Band II/143.*

Baldwin, Matthew C.: Whose *Acts of Peter*? 2005. *Band II/196.*

Balla, Peter: Challenges to New Testament Theology. 1997. *Band II/95.*

– The Child-Parent Relationship in the New Testament and its Environment. 2003. *Band 155.*

Bammel, Ernst: Judaica. Band I 1986. *Band 37.*

– Band II 1997. *Band 91.*

Bash, Anthony: Ambassadors for Christ. 1997. *Band II/92.*

Bauernfeind, Otto: Kommentar und Studien zur Apostelgeschichte. 1980. *Band 22.*

Baum, Armin Daniel: Pseudepigraphie und literarische Fälschung im frühen Christentum. 2001. *Band II/138.*

Bayer, Hans Friedrich: Jesus' Predictions of Vindication and Resurrection. 1986. *Band II/20.*

Becker, Eve-Marie: Das Markus-Evangelium im Rahmen antiker Historiographie. 2006. *Band 194.*

Becker, Eve-Marie und *Peter Pilhofer* (Hrsg.): Biographie und Persönlichkeit des Paulus. 2005. *Band 187.*

Becker, Michael: Wunder und Wundertäter im frührabbinischen Judentum. 2002. *Band II/144.*

Becker, Michael und *Markus Öhler* (Hrsg.): Apokalyptik als Herausforderung neutestamentlicher Theologie. 2006. *Band 194.*

Bell, Richard H.: The Irrevocable Call of God. 2005. *Band 184.*

– No One Seeks for God. 1998. *Band 106.*

– Provoked to Jealousy. 1994. *Band II/63.*

Bennema, Cornelis: The Power of Saving Wisdom. 2002. *Band II/148.*

Bergman, Jan: siehe *Kieffer, René*

Bergmeier, Roland: Das Gesetz im Römerbrief und andere Studien zum Neuen Testament. 2000. *Band 121.*

Betz, Otto: Jesus, der Messias Israels. 1987. *Band 42.*

– Jesus, der Herr der Kirche. 1990. *Band 52.*

Beyschlag, Karlmann: Simon Magus und die christliche Gnosis. 1974. *Band 16.*

Bittner, Wolfgang J.: Jesu Zeichen im Johannesevangelium. 1987. *Band II/26.*

Bjerkelund, Carl J.: Tauta Egeneto. 1987. *Band 40.*

Blackburn, Barry Lee: Theios Ane- r and the Markan Miracle Traditions. 1991. *Band II/40.*

Bock, Darrell L.: Blasphemy and Exaltation in Judaism and the Final Examination of Jesus. 1998. *Band II/106.*

Bockmuehl, Markus N.A.: Revelation and Mystery in Ancient Judaism and Pauline Christianity. 1990. *Band II/36.*

Bøe, Sverre: Gog and Magog. 2001. *Band II/135.*

Böhlig, Alexander: Gnosis und Synkretismus. Teil 1 1989. *Band 47* – Teil 2 1989. *Band 48.*

Böhm, Martina: Samarien und die Samaritai bei Lukas. 1999. *Band II/111.*

Böttrich, Christfried: Weltweisheit – Menschheitsethik – Urkult. 1992. *Band II/50.*

Bolyki, János: Jesu Tischgemeinschaften. 1997. *Band II/96.*

Bosman, Philip: Conscience in Philo and Paul. 2003. *Band II/166.*

Bovon, François: Studies in Early Christianity. 2003. *Band 161.*

Brocke, Christoph vom: Thessaloniki – Stadt des Kassander und Gemeinde des Paulus. 2001. *Band II/125.*

Brunson, Andrew: Psalm 118 in the Gospel of John. 2003. *Band II/158.*

Büchli, Jörg: Der Poimandres – ein paganisiertes Evangelium. 1987. *Band II/27.*

Bühner, Jan A.: Der Gesandte und sein Weg im 4. Evangelium. 1977. *Band II/2.*

Burchard, Christoph: Untersuchungen zu Joseph und Aseneth. 1965. *Band 8.*

– Studien zur Theologie, Sprache und Umwelt des Neuen Testaments. Hrsg. von D. Sänger. 1998. *Band 107.*

Burnett, Richard: Karl Barth's Theological Exegesis. 2001. *Band II/145.*

Byron, John: Slavery Metaphors in Early Judaism and Pauline Christianity. 2003. *Band II/162.*

Byrskog, Samuel: Story as History – History as Story. 2000. *Band 123.*

Cancik, Hubert (Hrsg.): Markus-Philologie. 1984. *Band 33.*

Capes, David B.: Old Testament Yaweh Texts in Paul's Christology. 1992. *Band II/47.*

Caragounis, Chrys C.: The Development of Greek and the New Testament. 2004. *Band 167.*

– The Son of Man. 1986. *Band 38.*

– siehe *Fridrichsen, Anton.*

Carleton Paget, James: The Epistle of Barnabas. 1994. *Band II/64.*

Carson, D.A., Peter T. O'Brien und *Mark Seifrid* (Hrsg.): Justification and Variegated Nomism.
Band 1: The Complexities of Second Temple Judaism. 2001. *Band II/140.*
Band 2: The Paradoxes of Paul. 2004. *Band II/181.*

Ciampa, Roy E.: The Presence and Function of Scripture in Galatians 1 and 2. 1998. *Band II/102.*

Classen, Carl Joachim: Rhetorical Criticsm of the New Testament. 2000. *Band 128.*

Colpe, Carsten: Iranier – Aramäer – Hebräer – Hellenen. 2003. *Band 154.*

Crump, David: Jesus the Intercessor. 1992. *Band II/49.*

Dahl, Nils Alstrup: Studies in Ephesians. 2000. *Band 131.*

Deines, Roland: Die Gerechtigkeit der Tora im Reich des Messias. 2004. *Band 177.*

– Jüdische Steingefäße und pharisäische Frömmigkeit. 1993. *Band II/52.*

– Die Pharisäer. 1997. *Band 101.*

Deines, Roland und *Karl-Wilhelm Niebuhr* (Hrsg.): Philo und das Neue Testament. 2004. *Band 172.*

Dettwiler, Andreas und *Jean Zumstein* (Hrsg.): Kreuzestheologie im Neuen Testament. 2002. *Band 151.*

Dickson, John P.: Mission-Commitment in Ancient Judaism and in the Pauline Communities. 2003. *Band II/159.*

Dietzfelbinger, Christian: Der Abschied des Kommenden. 1997. *Band 95.*

Dimitrov, Ivan Z., James D.G. Dunn, Ulrich Luz und *Karl-Wilhelm Niebuhr* (Hrsg.): Das Alte Testament als christliche Bibel in orthodoxer und westlicher Sicht. 2004. *Band 174.*

Dobbeler, Axel von: Glaube als Teilhabe. 1987. *Band II/22.*

Dryden, J. de Waal: Theology and Ethics in 1 Peter. 2006. *Band II/209.*

Du Toit, David S.: Theios Anthropos. 1997. *Band II/91.*

Dübbers, Michael: Christologie und Existenz im Kolosserbrief. 2005. *Band II/191.*

Dunn, James D.G.: The New Perspective on Paul. 2005. *Band 185.*

Dunn, James D.G. (Hrsg.): Jews and Christians. 1992. *Band 66.*

– Paul and the Mosaic Law. 1996. *Band 89.*

– siehe *Dimitrov, Ivan Z.*

Dunn, James D.G., Hans Klein, Ulrich Luz und *Vasile Mihoc* (Hrsg.): Auslegung der Bibel in orthodoxer und westlicher Perspektive. 2000. *Band 130.*

Ebel, Eva: Die Attraktivität früher christlicher Gemeinden. 2004. *Band II/178.*

Ebertz, Michael N.: Das Charisma des Gekreuzigten. 1987. *Band 45.*

Eckstein, Hans-Joachim: Der Begriff Syneidesis bei Paulus. 1983. *Band II/10.*

– Verheißung und Gesetz. 1996. *Band 86.*

Ego, Beate: Im Himmel wie auf Erden. 1989. *Band II/34.*

Ego, Beate, Armin Lange und *Peter Pilhofer* (Hrsg.): Gemeinde ohne Tempel – Community without Temple. 1999. *Band 118.*

– und *Helmut Merkel* (Hrsg.): Religiöses Lernen in der biblischen, frühjüdischen und frühchristlichen Überlieferung. 2005. *Band 180.*

Eisen, Ute E.: siehe *Paulsen, Henning.*

Elledge, C.D.: Life after Death in Early Judaism. 2006. *Band II/208.*

Ellis, E. Earle: Prophecy and Hermeneutic in Early Christianity. 1978. *Band 18.*

– The Old Testament in Early Christianity. 1991. *Band 54.*

Endo, Masanobu: Creation and Christology. 2002. *Band 149.*

Ennulat, Andreas: Die 'Minor Agreements'. 1994. *Band II/62.*

Ensor, Peter W.: Jesus and His 'Works'. 1996. *Band II/85.*

Eskola, Timo: Messiah and the Throne. 2001. *Band II/142.*

– Theodicy and Predestination in Pauline Soteriology. 1998. *Band II/100.*

Fatehi, Mehrdad: The Spirit's Relation to the Risen Lord in Paul. 2000. *Band II/128.*

Feldmeier, Reinhard: Die Krisis des Gottessohnes. 1987. *Band II/21.*

– Die Christen als Fremde. 1992. *Band 64.*

Feldmeier, Reinhard und *Ulrich Heckel* (Hrsg.): Die Heiden. 1994. *Band 70.*

Fletcher-Louis, Crispin H.T.: Luke-Acts: Angels, Christology and Soteriology. 1997. *Band II/94.*

Förster, Niclas: Marcus Magus. 1999. *Band 114.*

Forbes, Christopher Brian: Prophecy and Inspired Speech in Early Christianity and its Hellenistic Environment. 1995. *Band II/75.*

Fornberg, Tord: siehe *Fridrichsen, Anton.*

Fossum, Jarl E.: The Name of God and the Angel of the Lord. 1985. *Band 36.*

Foster, Paul: Community, Law and Mission in Matthew's Gospel. *Band II/177.*

Fotopoulos, John: Food Offered to Idols in Roman Corinth. 2003. *Band II/151.*

Frenschkowski, Marco: Offenbarung und Epiphanie. Band 1 1995. *Band II/79* – Band 2 1997. *Band II/80.*

Frey, Jörg: Eugen Drewermann und die biblische Exegese. 1995. *Band II/71.*

– Die johanneische Eschatologie. Band I. 1997. *Band 96.* – Band II. 1998. *Band 110.*

– Band III. 2000. *Band 117.*

Frey, Jörg und *Udo Schnelle* (Hrsg.): Kontexte des Johannesevangeliums. 2004. *Band 175.*

– und *Jens Schröter* (Hrsg.): Deutungen des Todes Jesu im Neuen Testament. 2005. *Band 181.*

Freyne, Sean: Galilee and Gospel. 2000. *Band 125.*

Fridrichsen, Anton: Exegetical Writings. Hrsg. von C.C. Caragounis und T. Fornberg. 1994. *Band 76.*

Gäbel, Georg: Die Kulttheologie des Hebräerbriefes. 2006. *Band II/212.*

Gäckle, Volker: Die Starken und die Schwachen in Korinth und in Rom. 2005. *Band 200.*

Garlington, Don B.: 'The Obedience of Faith'. 1991. *Band II/38.*

– Faith, Obedience, and Perseverance. 1994. *Band 79.*

Garnet, Paul: Salvation and Atonement in the Qumran Scrolls. 1977. *Band II/3.*

Gemünden, Petra von (Hrsg.): siehe *Weissenrieder, Annette.*

Gese, Michael: Das Vermächtnis des Apostels. 1997. *Band II/99.*

Gheorghita, Radu: The Role of the Septuagint in Hebrews. 2003. *Band II/160.*

Gräbe, Petrus J.: The Power of God in Paul's Letters. 2000. *Band II/123.*

Gräßer, Erich: Der Alte Bund im Neuen. 1985. *Band 35.*

– Forschungen zur Apostelgeschichte. 2001. *Band 137.*

Grappe, Christian (Ed.): Le Repas de Dieu – Das Mahl Gottes. 2004. *Band 169.*

Green, Joel B.: The Death of Jesus. 1988. *Band II/33.*

Gregg, Brian Han: The Historical Jesus and the Final Judgment Sayings in Q. 2005. *Band II/207.*

Gregory, Andrew: The Reception of Luke and Acts in the Period before Irenaeus. 2003. *Band II/169.*

Grindheim, Sigurd: The Crux of Election. 2005. *Band II/202.*

Gundry, Robert H.: The Old is Better. 2005. *Band 178.*

Gundry Volf, Judith M.: Paul and Perseverance. 1990. *Band II/37.*

Häußer, Detlef: Christusbekenntnis und Jesusüberlieferung bei Paulus. 2006. *Band 210.*

Hafemann, Scott J.: Suffering and the Spirit. 1986. *Band II/19.*

– Paul, Moses, and the History of Israel. 1995. *Band 81.*

Hahn, Ferdinand: Studien zum Neuen Testament.
Bd. I: Grundsatzfragen, Jesusforschung, Evangelien. 2006. *Band 191.*
Bd. II: Bekenntnisbildung und Theologie in urchristlicher Zeit. 2006. *Band 192.*

Hahn, Johannes (Hrsg.): Zerstörungen des Jerusalemer Tempels. 2002. *Band 147.*

Hamid-Khani, Saeed: Relevation and Concealment of Christ. 2000. *Band II/120.*

Hannah, Darrel D.: Michael and Christ. 1999. *Band II/109.*

Harrison; James R.: Paul's Language of Grace in Its Graeco-Roman Context. 2003. *Band II/172.*

Hartman, Lars: Text-Centered New Testament Studies. Hrsg. von D. Hellholm. 1997. *Band 102.*

Hartog, Paul: Polycarp and the New Testament. 2001. *Band II/134.*

Heckel, Theo K.: Der Innere Mensch. 1993. *Band II/53.*

– Vom Evangelium des Markus zum viergestaltigen Evangelium. 1999. *Band 120.*

Heckel, Ulrich: Kraft in Schwachheit. 1993. *Band II/56.*

– Der Segen im Neuen Testament. 2002. *Band 150.*

– siehe *Feldmeier, Reinhard.*

– siehe *Hengel, Martin.*

Heiligenthal, Roman: Werke als Zeichen. 1983. *Band II/9.*

Hellholm, D.: siehe *Hartman, Lars.*

Hemer, Colin J.: The Book of Acts in the Setting of Hellenistic History. 1989. *Band 49.*

Hengel, Martin: Judentum und Hellenismus. 1969, ³1988. *Band 10.*

– Die johanneische Frage. 1993. *Band 67.*

– Judaica et Hellenistica. Kleine Schriften I. 1996. *Band 90.*

– Judaica, Hellenistica et Christiana. Kleine Schriften II. 1999. *Band 109.*

– Paulus und Jakobus. Kleine Schriften III. 2002. *Band 141.*

– und *Anna Maria Schwemer:* Paulus zwischen Damaskus und Antiochien. 1998. *Band 108.*

– Der messianische Anspruch Jesu und die Anfänge der Christologie. 2001. *Band 138.*

Hengel, Martin und *Ulrich Heckel* (Hrsg.): Paulus und das antike Judentum. 1991. *Band 58.*

– und *Hermut Löhr* (Hrsg.): Schriftauslegung im antiken Judentum und im Urchristentum. 1994. *Band 73.*

– und *Anna Maria Schwemer* (Hrsg.): Königsherrschaft Gottes und himm-lischer Kult. 1991. *Band 55.*

– Die Septuaginta. 1994. *Band 72.*

–, *Siegfried Mittmann* und *Anna Maria Schwemer* (Hrsg.): La Cité de Dieu / Die Stadt Gottes. 2000. *Band 129.*

Herrenbrück, Fritz: Jesus und die Zöllner. 1990. *Band II/41.*

Herzer, Jens: Paulus oder Petrus? 1998. *Band 103.*

Hill, Charles E.: From the Lost Teaching of Polycarp. 2005. *Band 186.*

Hoegen-Rohls, Christina: Der nachösterliche Johannes. 1996. *Band II/84.*

Hoffmann, Matthias Reinhard: The Destroyer and the Lamb. 2005. *Band II/203.*

Hofius, Otfried: Katapausis. 1970. *Band 11.*

– Der Vorhang vor dem Thron Gottes. 1972. *Band 14.*

– Der Christushymnus Philipper 2,6-11. 1976, ²1991. *Band 17.*

– Paulusstudien. 1989, ²1994. *Band 51.*

– Neutestamentliche Studien. 2000. *Band 132.*

– Paulusstudien II. 2002. *Band 143.*

– und *Hans-Christian Kammler:* Johannesstudien. 1996. *Band 88.*

Holtz, Traugott: Geschichte und Theologie des Urchristentums. 1991. *Band 57.*

Hommel, Hildebrecht: Sebasmata. Band 1 1983. *Band 31* – Band 2 1984. *Band 32.*

Horbury, William: Herodian Judaism and New Testament Study. 2006. *Band 193.*

Horst, Pieter W. van der: Jews and Christians in Their Graeco-Roman Context. 2006. *Band 196.*

Hvalvik, Reidar: The Struggle for Scripture and Covenant. 1996. *Band II/82.*

Jauhiainen, Marko: The Use of Zechariah in Revelation. 2005. *Band II/199.*

Johns, Loren L.: The Lamb Christology of the Apocalypse of John. 2003. *Band II/167.*

Joubert, Stephan: Paul as Benefactor. 2000. *Band II/124.*

Jungbauer, Harry: „Ehre Vater und Mutter". 2002. *Band II/146.*

Kähler, Christoph: Jesu Gleichnisse als Poesie und Therapie. 1995. *Band 78.*

Kamlah, Ehrhard: Die Form der katalogischen Paränese im Neuen Testament. 1964. *Band 7.*

Kammler, Hans-Christian: Christologie und Eschatologie. 2000. *Band 126.*

– Kreuz und Weisheit. 2003. *Band 159.*

– siehe *Hofius, Otfried.*

Kelhoffer, James A.: The Diet of John the Baptist. 2005. *Band 176.*

– Miracle and Mission. 1999. *Band II/112.*

Kelley, Nicole: Knowledge and Religious Authority in the Pseudo-Clementines. 2006. *Volume II/213.*

Kieffer, René und *Jan Bergman* (Hrsg.): La Main de Dieu / Die Hand Gottes. 1997. *Band 94.*

Kim, Seyoon: The Origin of Paul's Gospel. 1981, ²1984. *Band II/4.*

– Paul and the New Perspective. 2002. *Band 140.*

– "The 'Son of Man'" as the Son of God. 1983. *Band 30.*

Klauck, Hans-Josef: Religion und Gesellschaft im frühen Christentum. 2003. *Band 152.*

Klein, Hans: siehe *Dunn, James D.G.*

Kleinknecht, Karl Th.: Der leidende Gerechtfertigte. 1984, ²1988. *Band II/13.*

Klinghardt, Matthias: Gesetz und Volk Gottes. 1988. *Band II/32.*

Kloppenborg, John S.: The Tenants in the Vineyard. 2006. *Band 195.*

Koch, Michael: Drachenkampf und Sonnenfrau. 2004. *Band II/184.*

Koch, Stefan: Rechtliche Regelung von Konflikten im frühen Christentum. 2004. *Band II/174.*

Köhler, Wolf-Dietrich: Rezeption des Matthäusevangeliums in der Zeit vor Irenäus. 1987. *Band II/24.*

Köhn, Andreas: Der Neutestamentler Ernst Lohmeyer. 2004. *Band II/180.*

Kooten, George H. van: Cosmic Christology in Paul and the Pauline School. 2003. *Band II/171.*

Korn, Manfred: Die Geschichte Jesu in veränderter Zeit. 1993. *Band II/51.*

Koskenniemi, Erkki: Apollonios von Tyana in der neutestamentlichen Exegese. 1994. *Band II/61.*

– The Old Testament Miracle-Workers in Early Judaism. 2005. *Band II/206.*

Kraus, Thomas J.: Sprache, Stil und historischer Ort des zweiten Petrusbriefes. 2001. *Band II/136.*

Kraus, Wolfgang: Das Volk Gottes. 1996. *Band 85.*

Kraus, Wolfgang und *Karl-Wilhelm Niebuhr* (Hrsg.): Früh-judentum und Neues Testament im Hori-zont Biblischer Theologie. 2003. *Band 162.*

– siehe *Walter, Nikolaus.*

Kreplin, Matthias: Das Selbstverständnis Jesu. 2001. *Band II/141.*

Kuhn, Karl G.: Achtzehngebet und Vaterunser und der Reim. 1950. *Band 1.*

Kvalbein, Hans: siehe *Ådna, Jostein.*

Kwon, Yon-Gyong: Eschatology in Galatians. 2004. *Band II/183.*

Laansma, Jon: I Will Give You Rest. 1997. *Band II/98.*

Labahn, Michael: Offenbarung in Zeichen und Wort. 2000. *Band II/117.*

Lambers-Petry, Doris: siehe *Tomson, Peter J.*

Lange, Armin: siehe *Ego, Beate.*

Lampe, Peter: Die stadtrömischen Christen in den ersten beiden Jahrhunderten. 1987, ²1989. *Band II/18.*

Landmesser, Christof: Wahrheit als Grundbegriff neutestamentlicher Wissenschaft. 1999. *Band 113.*

– Jüngerberufung und Zuwendung zu Gott. 2000. *Band 133.*

Lau, Andrew: Manifest in Flesh. 1996. *Band II/86.*

Lawrence, Louise: An Ethnography of the Gospel of Matthew. 2003. *Band II/165.*

Lee, Aquila H.I.: From Messiah to Preexistent Son. 2005. *Band II/192.*

Lee, Pilchan: The New Jerusalem in the Book of Relevation. 2000. *Band II/129.*

Lichtenberger, Hermann: Das Ich Adams und das Ich der Menschheit. 2004. *Band 164.*
– siehe *Avemarie, Friedrich.*
Lierman, John: The New Testament Moses. 2004. *Band II/173.*
Lieu, Samuel N.C.: Manichaeism in the Later Roman Empire and Medieval China. ²1992. *Band 63.*
Lindgård, Fredrik: Paul's Line of Thought in 2 Corinthians 4:16-5:10. 2004. *Band II/189.*
Loader, William R.G.: Jesus' Attitude Towards the Law. 1997. *Band II/97.*
Löhr, Gebhard: Verherrlichung Gottes durch Philosophie. 1997. *Band 97.*
Löhr, Hermut: Studien zum frühchristlichen und frühjüdischen Gebet. 2003. *Band 160.*
– siehe *Hengel, Martin.*
Löhr, Winrich Alfried: Basilides und seine Schule. 1995. *Band 83.*
Luomanen, Petri: Entering the Kingdom of Heaven. 1998. *Band II/101.*
Luz, Ulrich: siehe *Dunn, James D.G.*
Mackay, Ian D.: John's Raltionship with Mark. 2004. *Band II/182.*
Maier, Gerhard: Mensch und freier Wille. 1971. *Band 12.*
– Die Johannesoffenbarung und die Kirche. 1981. *Band 25.*
Markschies, Christoph: Valentinus Gnosticus? 1992. *Band 65.*
Marshall, Peter: Enmity in Corinth: Social Conventions in Paul's Relations with the Corinthians. 1987. *Band II/23.*
Mayer, Annemarie: Sprache der Einheit im Epheserbrief und in der Ökumene. 2002. *Band II/150.*
Mayordomo, Moisés: Argumentiert Paulus logisch? 2005. *Band 188.*
McDonough, Sean M.: YHWH at Patmos: Rev. 1:4 in its Hellenistic and Early Jewish Setting. 1999. *Band II/107.*
McDowell, Markus: Prayers of Jewish Women. 2006. *Band II/211.*
McGlynn, Moyna: Divine Judgement and Divine Benevolence in the Book of Wisdom. 2001. *Band II/139.*
Meade, David G.: Pseudonymity and Canon. 1986. *Band 39.*
Meadors, Edward P.: Jesus the Messianic Herald of Salvation. 1995. *Band II/72.*
Meißner, Stefan: Die Heimholung des Ketzers. 1996. *Band II/87.*
Mell, Ulrich: Die „anderen" Winzer. 1994. *Band 77.*

Mengel, Berthold: Studien zum Philipperbrief. 1982. *Band II/8.*
Merkel, Helmut: Die Widersprüche zwischen den Evangelien. 1971. *Band 13.*
– siehe *Ego, Beate.*
Merklein, Helmut: Studien zu Jesus und Paulus. Band 1 1987. *Band 43.* – Band 2 1998. *Band 105.*
Metzdorf, Christina: Die Tempelaktion Jesu. 2003. *Band II/168.*
Metzler, Karin: Der griechische Begriff des Verzeihens. 1991. *Band II/44.*
Metzner, Rainer: Die Rezeption des Matthäusevangeliums im 1. Petrusbrief. 1995. *Band II/74.*
– Das Verständnis der Sünde im Johannesevangelium. 2000. *Band 122.*
Mihoc, Vasile: siehe *Dunn, James D.G..*
Mineshige, Kiyoshi: Besitzverzicht und Almosen bei Lukas. 2003. *Band II/163.*
Mittmann, Siegfried: siehe *Hengel, Martin.*
Mittmann-Richert, Ulrike: Magnifikat und Benediktus. 1996. *Band II/90.*
Mournet, Terence C.: Oral Tradition and Literary Dependency. 2005. *Band II/195.*
Mußner, Franz: Jesus von Nazareth im Umfeld Israels und der Urkirche. Hrsg. von M. Theobald. 1998. *Band 111.*
Mutschler, Bernhard: Das Corpus Johanneum bei Irenäus von Lyon. 2005. *Band 189.*
Niebuhr, Karl-Wilhelm: Gesetz und Paränese. 1987. *Band II/28.*
– Heidenapostel aus Israel. 1992. *Band 62.*
– siehe *Deines, Roland*
– siehe *Dimitrov, Ivan Z.*
– siehe *Kraus, Wolfgang*
Nielsen, Anders E.: "Until it is Fullfilled". 2000. *Band II/126.*
Nissen, Andreas: Gott und der Nächste im antiken Judentum. 1974. *Band 15.*
Noack, Christian: Gottesbewußtsein. 2000. *Band II/116.*
Noormann, Rolf: Irenäus als Paulusinterpret. 1994. *Band II/66.*
Novakovic, Lidija: Messiah, the Healer of the Sick. 2003. *Band II/170.*
Obermann, Andreas: Die christologische Erfüllung der Schrift im Johannesevangelium. 1996. *Band II/83.*
Öhler, Markus: Barnabas. 2003. *Band 156.*
– siehe *Becker, Michael*
Okure, Teresa: The Johannine Approach to Mission. 1988. *Band II/31.*
Onuki, Takashi: Heil und Erlösung. 2004. *Band 165.*

Oropeza, B. J.: Paul and Apostasy. 2000.
Band II/115.

Ostmeyer, Karl-Heinrich: Kommunikation
mit Gott und Christus. 2006. *Band 197.*

– Taufe und Typos. 2000. *Band II/118.*

Paulsen, Henning: Studien zur Literatur und
Geschichte des frühen Christentums. Hrsg.
von Ute E. Eisen. 1997. *Band 99.*

Pao, David W.: Acts and the Isaianic New
Exodus. 2000. *Band II/130.*

Park, Eung Chun: The Mission Discourse
in Matthew's Interpretation. 1995.
Band II/81.

Park, Joseph S.: Conceptions of Afterlife in
Jewish Insriptions. 2000. *Band II/121.*

Pate, C. Marvin: The Reverse of the Curse.
2000. *Band II/114.*

Peres, Imre: Griechische Grabinschriften und
neutestamentliche Eschatologie. 2003.
Band 157.

Philip, Finny: The Origins of Pauline
Pneumatology. 2005. *Band II/194.*

Philonenko, Marc (Hrsg.): Le Trône de Dieu.
1993. *Band 69.*

Pilhofer, Peter: Presbyteron Kreitton. 1990.
Band II/39.

– Philippi. Band 1 1995. *Band 87.* – Band 2
2000. *Band 119.*

– Die frühen Christen und ihre Welt. 2002.
Band 145.

– siehe *Becker, Eve-Marie.*

– siehe *Ego, Beate.*

Pitre, Brant: Jesus, the Tribulation, and the
End of the Exile. 2005. *Band II/204.*

Plümacher, Eckhard: Geschichte und
Geschichten. 2004. *Band 170.*

Pöhlmann, Wolfgang: Der Verlorene Sohn
und das Haus. 1993. *Band 68.*

Pokorný, Petr und *Josef B. Souèek:* Bibelausle-
gung als Theologie. 1997. *Band 100.*

Pokorný, Petr und *Jan Roskovec* (Hrsg.):
Philosophical Hermeneutics and Biblical
Exegesis. 2002. *Band 153.*

Popkes, Enno Edzard: Die Theologie der
Liebe Gottes in den johanneischen
Schriften. 2005. *Band II/197.*

Porter, Stanley E.: The Paul of Acts. 1999.
Band 115.

Prieur, Alexander: Die Verkündigung der
Gottesherrschaft. 1996. *Band II/89.*

Probst, Hermann: Paulus und der Brief. 1991.
Band II/45.

Räisänen, Heikki: Paul and the Law. 1983,
²1987. *Band 29.*

Rehkopf, Friedrich: Die lukanische Sonder-
quelle. 1959. *Band 5.*

Rein, Matthias: Die Heilung des Blindgebore-
nen (Joh 9). 1995. *Band II/73.*

Reinmuth, Eckart: Pseudo-Philo und Lukas.
1994. *Band 74.*

Reiser, Marius: Syntax und Stil des Markusevangeliums. 1984. *Band II/11.*

Rhodes, James N.: The Epistle of Barnabas
and the Deuteronomic Tradition. 2004.
Band II/188.

Richards, E. Randolph: The Secretary in the
Letters of Paul. 1991. *Band II/42.*

Riesner, Rainer: Jesus als Lehrer. 1981, ³1988.
Band II/7.

– Die Frühzeit des Apostels Paulus. 1994.
Band 71.

Rissi, Mathias: Die Theologie des Hebräerbriefs. 1987. *Band 41.*

Röhser, Günter: Metaphorik und Personifika-
tion der Sünde. 1987. *Band II/25.*

Roskovec, Jan: siehe *Pokorný, Petr.*

Rose, Christian: Die Wolke der Zeugen. 1994.
Band II/60.

Rothschild, Clare K.: Baptist Traditions and
Q. 2005. *Band 190.*

– Luke Acts and the Rhetoric of History.
2004. *Band II/175.*

Rüegger, Hans-Ulrich: Verstehen, was Markus
erzählt. 2002. *Band II/155.*

Rüger, Hans Peter: Die Weisheitsschrift aus
der Kairoer Geniza. 1991. *Band 53.*

Sänger, Dieter: Antikes Judentum und die
Mysterien. 1980. *Band II/5.*

– Die Verkündigung des Gekreuzigten und
Israel. 1994. *Band 75.*

– siehe *Burchard, Christoph.*

Salier, Willis Hedley: The Rhetorical Impact of
the Se-meia in the Gospel of John. 2004.
Band II/186.

Salzmann, Jorg Christian: Lehren und
Ermahnen. 1994. *Band II/59.*

Sandnes, Karl Olav: Paul – One of the
Prophets? 1991. *Band II/43.*

Sato, Migaku: Q und Prophetie. 1988.
Band II/29.

Schäfer, Ruth: Paulus bis zum Apostelkonzil.
2004. *Band II/179.*

Schaper, Joachim: Eschatology in the Greek
Psalter. 1995. *Band II/76.*

Schimanowski, Gottfried: Die himmlische
Liturgie in der Apokalypse des Johannes.
2002. *Band II/154.*

– Weisheit und Messias. 1985. *Band II/17.*

Schlichting, Günter: Ein jüdisches Leben Jesu. 1982. *Band 24.*

Schnabel, Eckhard J.: Law and Wisdom from Ben Sira to Paul. 1985. *Band II/16.*

Schnelle, Udo: siehe *Frey, Jörg.*

Schröter, Jens: siehe *Frey, Jörg.*

Schutter, William L.: Hermeneutic and Composition in I Peter. 1989. *Band II/30.*

Schwartz, Daniel R.: Studies in the Jewish Background of Christianity. 1992. *Band 60.*

Schwemer, Anna Maria: siehe *Hengel, Martin*

Schwindt, Rainer: Das Weltbild des Epheserbriefes. 2002. *Band 148.*

Scott, Ian W.: Implicit Epistemology in the Letters of Paul. 2005. *Band II/205.*

Scott, James M.: Adoption as Sons of God. 1992. *Band II/48.*

– Paul and the Nations. 1995. *Band 84.*

Shum, Shiu-Lun: Paul's Use of Isaiah in Romans. 2002. *Band II/156.*

Siegert, Folker: Drei hellenistisch-jüdische Predigten. Teil I 1980. *Band 20* – Teil II 1992. *Band 61.*

– Nag-Hammadi-Register. 1982. *Band 26.*

– Argumentation bei Paulus. 1985. *Band 34.*

– Philon von Alexandrien. 1988. *Band 46.*

Simon, Marcel: Le christianisme antique et son contexte religieux I/II. 1981. *Band 23.*

Snodgrass, Klyne: The Parable of the Wicked Tenants. 1983. *Band 27.*

Söding, Thomas: Das Wort vom Kreuz. 1997. *Band 93.*

– siehe *Thüsing, Wilhelm.*

Sommer, Urs: Die Passionsgeschichte des Markusevangeliums. 1993. *Band II/58.*

Souček, Josef B.: siehe *Pokorný, Petr.*

Spangenberg, Volker: Herrlichkeit des Neuen Bundes. 1993. *Band II/55.*

Spanje, T.E. van: Inconsistency in Paul? 1999. *Band II/110.*

Speyer, Wolfgang: Frühes Christentum im antiken Strahlungsfeld. Band I: 1989. *Band 50.*

– Band II: 1999. *Band 116.*

Stadelmann, Helge: Ben Sira als Schriftgelehrter. 1980. *Band II/6.*

Stenschke, Christoph W.: Luke's Portrait of Gentiles Prior to Their Coming to Faith. *Band II/108.*

Sterck-Degueldre, Jean-Pierre: Eine Frau namens Lydia. 2004. *Band II/176.*

Stettler, Christian: Der Kolosserhymnus. 2000. *Band II/131.*

Stettler, Hanna: Die Christologie der Pastoralbriefe. 1998. *Band II/105.*

Stökl Ben Ezra, Daniel: The Impact of Yom Kippur on Early Christianity. 2003. *Band 163.*

Strobel, August: Die Stunde der Wahrheit. 1980. *Band 21.*

Stroumsa, Guy G.: Barbarian Philosophy. 1999. *Band 112.*

Stuckenbruck, Loren T.: Angel Veneration and Christology. 1995. *Band II/70.*

Stuhlmacher, Peter (Hrsg.): Das Evangelium und die Evangelien. 1983. *Band 28.*

– Biblische Theologie und Evangelium. 2002. *Band 146.*

Sung, Chong-Hyon: Vergebung der Sünden. 1993. *Band II/57.*

Tajra, Harry W.: The Trial of St. Paul. 1989. *Band II/35.*

– The Martyrdom of St.Paul. 1994. *Band II/67.*

Theißen, Gerd: Studien zur Soziologie des Urchristentums. 1979, ³1989. *Band 19.*

Theobald, Michael: Studien zum Römerbrief. 2001. *Band 136.*

Theobald, Michael: siehe *Mußner, Franz.*

Thornton, Claus-Jürgen: Der Zeuge des Zeugen. 1991. *Band 56.*

Thüsing, Wilhelm: Studien zur neutestamentlichen Theologie. Hrsg. von Thomas Söding. 1995. *Band 82.*

Thurén, Lauri: Derhethorizing Paul. 2000. *Band 124.*

Tomson, Peter J. und *Doris Lambers-Petry* (Hrsg.): The Image of the Judaeo-Christians in Ancient Jewish and Christian Literature. 2003. *Band 158.*

Tolmie, D. Francois: Persuading the Galatians. 2005. *Band II/190.*

Trebilco, Paul: The Early Christians in Ephesus from Paul to Ignatius. 2004. *Band 166.*

Treloar, Geoffrey R.: Lightfoot the Historian. 1998. *Band II/103.*

Tsuji, Manabu: Glaube zwischen Vollkommenheit und Verweltlichung. 1997. *Band II/93*

Twelftree, Graham H.: Jesus the Exorcist. 1993. *Band II/54.*

Urban, Christina: Das Menschenbild nach dem Johannesevangelium. 2001. *Band II/137.*

Visotzky, Burton L.: Fathers of the World. 1995. *Band 80.*

Vollenweider, Samuel: Horizonte neutestamentlicher Christologie. 2002. *Band 144.*

Vos, Johan S.: Die Kunst der Argumentation bei Paulus. 2002. *Band 149.*

Wagener, Ulrike: Die Ordnung des „Hauses Gottes". 1994. *Band II/65.*

Wahlen, Clinton: Jesus and the Impurity of Spirits in the Synoptic Gospels. 2004. *Band II/185.*

Walker, Donald D.: Paul's Offer of Leniency (2 Cor 10:1). 2002. *Band II/152.*

Walter, Nikolaus: Praeparatio Evangelica. Hrsg. von Wolfgang Kraus und Florian Wilk. 1997. *Band 98.*

Wander, Bernd: Gottesfürchtige und Sympathisanten. 1998. *Band 104.*

Watts, Rikki: Isaiah's New Exodus and Mark. 1997. *Band II/88.*

Wedderburn, A.J.M.: Baptism and Resurrection. 1987. *Band 44.*

Wegner, Uwe: Der Hauptmann von Kafarnaum. 1985. *Band II/14.*

Weissenrieder, Annette: Images of Illness in the Gospel of Luke. 2003. *Band II/164.*

–, *Friederike Wendt* und *Petra von Gemünden* (Hrsg.): Picturing the New Testament. 2005. *Band II/193.*

Welck, Christian: Erzählte ‚Zeichen'. 1994. *Band II/69.*

Wendt, Friederike (Hrsg.): siehe *Weissenrieder, Annette.*

Wiarda, Timothy: Peter in the Gospels . 2000. *Band II/127.*

Wifstrand, Albert: Epochs and Styles. 2005. *Band 179.*

Wilk, Florian: siehe *Walter, Nikolaus.*

Williams, Catrin H.: I am He. 2000. *Band II/113.*

Wilson, Walter T.: Love without Pretense. 1991. *Band II/46.*

Wischmeyer, Oda: Von Ben Sira zu Paulus. 2004. *Band 173.*

Wisdom, Jeffrey: Blessing for the Nations and the Curse of the Law. 2001. *Band II/133.*

Wold, Benjamin G.: Women, Men, and Angels. 2005. *Band II/2001.*

Wright, Archie T.: The Origin of Evil Spirits. 2005. *Band II/198.*

Wucherpfennig, Ansgar: Heracleon Philologus. 2002. *Band 142.*

Yeung, Maureen: Faith in Jesus and Paul. 2002. *Band II/147.*

Zimmermann, Alfred E.: Die urchristlichen Lehrer. 1984, ²1988. *Band II/12.*

Zimmermann, Johannes: Messianische Texte aus Qumran. 1998. *Band II/104.*

Zimmermann, Ruben: Christologie der Bilder im Johannesevangelium. 2004. *Band 171.*

– Geschlechtermetaphorik und Gottesverhältnis. 2001. *Band II/122.*

Zumstein, Jean: siehe *Dettwiler, Andreas*

Zwiep, Arie W.: Judas and the Choice of Matthias. 2004. *Band II/187.*

Einen Gesamtkatalog erhalten Sie gerne vom Verlag
Mohr Siebeck – Postfach 2040 – D–72010 Tübingen
Neueste Informationen im Internet unter www.mohr.de

Wissenschaftliche Untersuchungen
zum Neuen Testament · 2. Reihe

Herausgegeben von
Jörg Frey, Martin Hengel, Otfried Hofius

160